DIREITO CIVIL
TEORIA GERAL DOS CONTRATOS E CONTRATOS EM ESPÉCIE

③

O GEN | Grupo Editorial Nacional – maior plataforma editorial brasileira no segmento científico, técnico e profissional – publica conteúdos nas áreas de concursos, ciências jurídicas, humanas, exatas, da saúde e sociais aplicadas, além de prover serviços direcionados à educação continuada.

As editoras que integram o GEN, das mais respeitadas no mercado editorial, construíram catálogos inigualáveis, com obras decisivas para a formação acadêmica e o aperfeiçoamento de várias gerações de profissionais e estudantes, tendo se tornado sinônimo de qualidade e seriedade.

A missão do GEN e dos núcleos de conteúdo que o compõem é prover a melhor informação científica e distribuí-la de maneira flexível e conveniente, a preços justos, gerando benefícios e servindo a autores, docentes, livreiros, funcionários, colaboradores e acionistas.

Nosso comportamento ético incondicional e nossa responsabilidade social e ambiental são reforçados pela natureza educacional de nossa atividade e dão sustentabilidade ao crescimento contínuo e à rentabilidade do grupo.

FLÁVIO **TARTUCE**

DIREITO CIVIL
TEORIA GERAL DOS CONTRATOS E CONTRATOS EM ESPÉCIE

3

20ª revista, atualizada e ampliada
edição

- O autor deste livro e a editora empenharam seus melhores esforços para assegurar que as informações e os procedimentos apresentados no texto estejam em acordo com os padrões aceitos à época da publicação, e todos os dados foram atualizados pelo autor até a data de fechamento do livro. Entretanto, tendo em conta a evolução das ciências, as atualizações legislativas, as mudanças regulamentares governamentais e o constante fluxo de novas informações sobre os temas que constam do livro, recomendamos enfaticamente que os leitores consultem sempre outras fontes fidedignas, de modo a se certificarem de que as informações contidas no texto estão corretas e de que não houve alterações nas recomendações ou na legislação regulamentadora.

- Fechamento desta edição: *30.12.2024*

- O Autor e a editora se empenharam para citar adequadamente e dar o devido crédito a todos os detentores de direitos autorais de qualquer material utilizado neste livro, dispondo-se a possíveis acertos posteriores caso, inadvertida e involuntariamente, a identificação de algum deles tenha sido omitida.

- **Atendimento ao cliente: (11) 5080-0751 | faleconosco@grupogen.com.br**

- Direitos exclusivos para a língua portuguesa
  Copyright © 2025 by
  Editora Forense Ltda.
  Uma editora integrante do GEN | Grupo Editorial Nacional
  Travessa do Ouvidor, 11 – Térreo e 6º andar
  Rio de Janeiro – RJ – 20040-040
  www.grupogen.com.br

- Reservados todos os direitos. É proibida a duplicação ou reprodução deste volume, no todo ou em parte, em quaisquer formas ou por quaisquer meios (eletrônico, mecânico, gravação, fotocópia, distribuição pela Internet ou outros), sem permissão, por escrito, da Editora Forense Ltda.

- Capa: Fabricio Vale

CIP-BRASIL. CATALOGAÇÃO NA PUBLICAÇÃO
SINDICATO NACIONAL DOS EDITORES DE LIVROS, RJ

T198d
20. ed.

Tartuce, Flávio, 1976-
  Direito civil : teoria geral dos contratos e contratos em espécie / / Flávio Tartuce. -20. ed., rev., atual. e ampliada. - Rio de Janeiro : Forense, 2025.
  792 p. ; 24 cm.   (Direito civil ; 3)

  Inclui bibliografia
  ISBN 978-85-3099-629-1

  1. Direito civil - Brasil. 2. Responsabilidade (Direito). 3. Contratos - Brasil. I. Título. II. Série.

24-95587   CDU: 347.4(81)

Meri Gleice Rodrigues de Souza - Bibliotecária - CRB-7/6439

A todos aqueles que acreditam
no *Direito Civil Personalizado*,
mais humanizado e digno:

"Vamos precisar de todo mundo
Pra banir do mundo a opressão
Para construir a vida nova
Vamos precisar de muito amor
A felicidade mora ao lado
E quem não é tolo pode ver"

(*O Sal da Terra*.
Beto Guedes e Ronaldo Bastos).

NOTA DO AUTOR À 20.ª EDIÇÃO

As edições 2025 desta minha coleção de Direito Civil, com mais de duas décadas, chegam ao meio editorial brasileiro totalmente atualizadas com o Projeto de Reforma do Código Civil, tendo sido muito intenso e desafiador o trabalho de atualização neste último ano.

Em 24 de agosto de 2023, o Presidente do Senado Federal, Rodrigo Pacheco, nomeou e formou uma Comissão de Juristas para empreender os trabalhos de reforma e de atualização do Código Civil de 2002. Como se sabe, o projeto que gerou a atual codificação privada é da década de 1970, estando desatualizada em vários aspectos, sobretudo em questões relativas ao Direito de Empresa, ao Direito de Família, ao Direito das Sucessões e diante das novas tecnologias.

Voltou-se a afirmar, com muita força, que o atual Código Civil "já nasceu velho". Trata-se de um texto com mais de cinquenta anos de elaboração e que, por óbvio, encontra-se muito desatualizado, como se pode perceber da leitura desta coleção.

A Comissão de Juristas teve a Presidência do Ministro Luis Felipe Salomão e a Vice-Presidência do Ministro Marco Aurélio Bellizze, ambos do Superior Tribunal de Justiça. Tive a honra de atuar como Relator-Geral da Comissão, ao lado da Professora Rosa Maria Andrade Nery.

O prazo para o desenvolvimento dos trabalhos foi de cento e oitenta dias, com a possibilidade de eventual prorrogação. De todo modo, os trabalhos da Comissão de Juristas foram entregues no prazo, cumprindo-se a sua missão institucional, e com a entrega formal ao Congresso Nacional em 17 de abril de 2024.

Foram formados nove grupos de trabalho, de acordo com os livros respectivos do Código Civil e também com a necessidade de inclusão de um capítulo específico sobre o *Direito Civil Digital*, o que nos foi pedido no âmbito do Congresso Nacional.

As composições das Subcomissões, com os respectivos sub-relatores, são foram as seguintes, conjugando Ministros, Desembargadores, Juízes, Advogados, Professores e os principais doutrinadores do Direito Privado Brasileiro.

Na Parte Geral, Professor Rodrigo Mudrovitsch (relator), Ministro João Otávio de Noronha, Professora Estela Aranha e Juiz Rogério Marrone Castro Sampaio.

Em Direito das Obrigações, Professor José Fernando Simão (relator) e Professor Edvaldo Brito.

Em Responsabilidade Civil, Professor Nelson Rosenvald (relator), Ministra Maria Isabel Gallotti e Juíza Patrícia Carrijo.

Quanto ao Direito dos Contratos, Professor Carlos Eduardo Elias de Oliveira (relator), Professora Angelica Carlini, Professora Claudia Lima Marques e Professor Carlos Eduardo Pianovski.

Em Direito das Coisas, Desembargador Marco Aurélio Bezerra de Melo (relator), Professor Carlos Vieira Fernandes, Professora Maria Cristina Santiago e Desembargador Marcelo Milagres.

Em Direito de Família, Juiz Pablo Stolze Gagliano (relator), Ministro Marco Buzzi, Desembargadora Maria Berenice Dias e Professor Rolf Madaleno.

No Direito das Sucessões, Professor Mario Luiz Delgado (relator), Ministro Cesar Asfor Rocha, Professora Giselda Maria Fernandes Novaes Hironaka e Professor Gustavo Tepedino.

Para o novo livro especial do *Direito Civil Digital*, Professora Laura Porto (relatora), Professor Dierle Nunes e Professor Ricardo Campos.

Por fim, para o Direito de Empresa, Professora Paula Andrea Forgioni (relatora), Professor Marcus Vinicius Furtado Coêlho, Professor Flavio Galdino, Desembargador Moacyr Lobato e Juiz Daniel Carnio.

Também foram nomeados como membros consultores da Comissão de Juristas os Professores de Direito Ana Claudia Scalquette, Layla Abdo Ribeiro de Andrada e Maurício Bunazar, a Defensora Pública Fernanda Fernandes da Silva Rodrigues, o Professor de Língua Portuguesa Jorge Miguel e o Juiz Federal e também Professor Vicente de Paula Ataíde Jr, especialista na causa animal.

No ano de 2023, foram realizadas três audiências públicas, em São Paulo (OABSP, em 23 de outubro), Porto Alegre (Tribunal de Justiça do Rio Grande do Sul, em 20 de novembro) e Salvador (Tribunal de Justiça da Bahia, em 7 de dezembro). Além da exposição de especialistas e debates ocorridos nesses eventos, muitos outros seminários jurídicos foram realizados em reuniões de cada subcomissão.

Foram também abertos canais para envio de sugestões pelo Senado Federal e oficiados mais de quatrocentos institutos e instituições jurídicas. Mais de duzentos deles mandaram propostas para a Comissão de Juristas, em um sistema democrático de participação não visto em processos anteriores, de elaboração e alteração da Lei Geral Privada Brasileira, inclusive com ampla participação feminina.

Após um intenso trabalho no âmbito de cada grupo temático, em dezembro de 2023 foram consolidados os textos dos dispositivos sugeridos, enviados para revisão dos Relatores-Gerais.

Em 2024, foi realizada mais uma audiência pública, em Brasília, com a presença do Ministro da Suprema Corte Argentina Ricardo Lorenzetti e da Professora Aída Kemelmajer. Na oportunidade, os juristas argentinos compartilharam conosco um pouco da sua experiência com a elaboração do Novo Código Civil daquele País, de 2014.

Ocorreram, sucessivamente, os debates entre todos os membros da Comis-são de Juristas, a elaboração de "emendas de consenso", a votação dos textos, em abril de 2024, e a sua elaboração final, com a posterior entrega.

Nesse momento, nos dias iniciais de abril de 2024, tivemos o *ponto alto* das nossas discussões, estando os vídeos desses encontros disponíveis para acesso nos canais do Senado Federal, com muito conteúdo técnico, cultura jurídica e interessantes embates.

Sendo assim, apresentado o Anteprojeto, a partir da edição de 2025 desta coleção de Direito Civil, trago para estudo as normas projetadas, com comentários pontuais e exposição dos debates que travamos, sendo imperiosa, sem dúvida, uma reforma e uma atualização do Código Civil de 2002 diante dos novos desafios contemporâneos e por tudo o que está exposto neste livro. Esperamos, assim, que o Projeto seja debatido no Parlamento Brasileiro ano que vem, e aprovado logo a seguir.

Como o leitor poderá perceber desta obra, é evidente a afirmação de não se tratar de uma projeção de um "Novo Código Civil", mas apenas de uma ampla reforma, com atualizações fundamentais e necessárias, para que o Direito Civil Brasileiro esteja pronto para enfrentar os desafios do Século XXI.

Na grande maioria das vezes, como ficará evidentes pelos estudos destes livros da coleção, as propostas apenas confirmam o entendimento majoritário da doutrina e da jurisprudência brasileiras.

Foram mantidos a organização, a estrutura e os princípios da atual Lei Geral Privada, assim como dispositivos fundamentais, que não sofreram qualquer alteração. Em muitos deles, houve apenas a correção do texto - como naqueles relativos do Direito de Família, em que se incluiu o convivente ao lado do cônjuge -, e a atualização frente a leis recentes, de decisões dos Tribunais Superiores e dos enunciados aprovados nas *Jornadas de Direito Civil*; além da retomada do Código Civil como *protagonista legislativo* em matéria do Direito Privado, o que foi esvaziado, nos últimos anos.

Muitos dos temas e institutos tratados há tempos nesta coleção, possivelmente se-rão incorporados pela Reforma, havendo consenso quanto a vários deles. Por certo que essa deve ser a tônica do debate e do estudo do Direito Privado Brasileiro nos próximos anos, até a aprovação do projeto.

Compreender as proposições representa entender também o sistema vigente, em uma metodologia muito útil para os estudantes e para os profissionais do Direito.

Além de um amplo estudo do texto da Reforma do Código Civil, com análise detalhada e até mesmo crítica em alguns aspectos, procurei, como sempre, atualizar os meus livros com as leis recentes que surgiram no último ano, com destaque para a Lei n. 14.905/2024 - que trata dos juros e da correção monetária -, com as principais decisões da jurisprudência nacional e novas reflexões doutrinárias.

Espero, assim, que os meus livros continuem o seu papel de efetivação do Direito Civil, como foram nos últimos vinte e um anos.

Como tenho afirmado sempre, se a minha história como jurista se confunde com a própria História do Código Civil de 2002, o mesmo deve ocorrer com as transformações que virão, pela minha participação neste grupo de Reforma e Atualização da codificação privada, que marco a minha vida para sempre.

Bons estudos a todos, uma excelente leitura e que os livros mudem a vida de vocês, como mudou a minha.

São Paulo, dezembro de 2023.

O autor.

PREFÁCIO

Receber um convite para prefaciar uma obra é sempre motivo de muita alegria. Explico. Se o autor nos pede um prefácio, é porque por nós nutre estima intelectual em razão de nossa própria produção científica, porém, mais que isso, é uma prova de afeto àquele que convida.

No caso de Flávio Tartuce, esse motivo de alegria é multiplicado. Apesar de termos sido contemporâneos no período de graduação na Faculdade de Direito do Largo São Francisco (formei-me em 1996, e Tartuce, em 1998), não o conheci naquela época.

Anos depois, em 2004, quando a Prof.ª Giselda Hironaka criou seu grupo de estudos, Tartuce e eu fomos convidados para participar desse seleto grupo de jovens estudiosos de Direito Civil. Assim o conheci oficialmente. Desde logo admirei o ímpeto e a vontade em defender um Direito Civil mais justo, renovado, passando pela leitura da Constituição Federal.

Confesso que foi Flávio Tartuce quem me apresentou o chamado Direito Civil Constitucional, inicialmente pensado por Pietro Perlingieri na Itália e, no Brasil, por Luiz Edson Fachin, Paulo Luiz Netto Lôbo e Gustavo Tepedino.

Essa visão principiológica me encantou e me encanta, ainda que tenha uma visão crítica sobre a leitura que se faz atualmente do Direito Civil, como se a simples principiologia, constitucional ou não, bastasse para sua compreensão.

A partir de 2005, dividimos cursos diversos, mesas e palestras inesquecíveis (é de se lembrar aquela ocorrida em Portugal no ano de 2006), bem como tive oportunidade de ser coautor dos volumes 4, 5 e 6 desta coleção de Direito Civil publicada pelo Grupo GEN. Mais que isso, tive a oportunidade de conhecer a família do Tartuce, e uma amizade se consolidou.

Antes de aceitar um convite para dar aula em determinado curso preparatório (no qual hoje não mais damos aulas), perguntei a ele (que já era professor da casa) se eu o atrapalharia. Tartuce, de maneira generosa, disse que trabalhar comigo seria motivo de muita alegria, porque nada melhor do que trabalhar com quem comungamos os mesmos ideais.

O livro que se prefacia é obra completa. Tartuce se dedicou ao estudo dos contratos desde seu mestrado na PUCSP, sob a orientação de Maria Helena Diniz: "A função social do contrato". Assim sendo, além de profunda abordagem sobre a teoria geral dos contratos, Tartuce cuida de maneira rica e completa de cada uma das espécies de contrato civil ou empresarial disciplinadas pelo Código Civil, mantendo o marco teórico do Direito Civil constitucional.

A obra, inicialmente pensada para o público dedicado à preparação para concursos públicos, desde o início transbordou em informações e conteúdo, o que fez dela obra de referência em cursos de graduação e de pós-graduação.

A linguagem escorreita e de fácil compreensão logo conquistou o mercado editorial brasileiro, estando o livro sempre na lista dos mais vendidos por bastante tempo.

Conforme tive a chance de refletir quando de meu último estudo sobre o "Tempo e Direito Civil – Prescrição e Decadência", o poder do tempo é devastador. É verdade que, nas palavras de Jean-Claude Carrière, tudo que o tempo toca ele arrasa, aniquila, destrói. Mas, se isso é verdade, não menos verdade é que o tempo tem um poder de reconstrução de velhas amizades.

O tempo permite dizer que sempre admirei e continuo a admirar o trabalho de Flávio Tartuce e sua ânsia por defender um Direito Civil mais justo e solidário.

Fiz poucos prefácios em minha vida acadêmica, mas todos têm uma coisa marcante: a profunda alegria de recomendar a leitura de uma obra que leio e indico aos meus próprios alunos.

Da quente noite paulistana de primavera, em dezembro de 2011.

José Fernando Simão
Livre-Docente, Doutor e Mestre pela Faculdade de Direito
do Largo de São Francisco (USP).

SUMÁRIO

1. TEORIA GERAL DOS CONTRATOS – INTRODUÇÃO 1

1.1 Conceito de contrato. Conceito clássico e conceito contemporâneo 1

1.2 A suposta crise dos contratos 4

1.3 A teoria do diálogo das fontes. Diálogos entre o Código de Defesa do Consumidor e o Código Civil de 2002 em relação aos contratos 7

1.4 Elementos constitutivos dos contratos. A *Escada Ponteana* 15

1.5 Principais classificações contratuais 21

    1.5.1 Quanto aos direitos e deveres das partes envolvidas ou quanto à presença de *sinalagma* 21

    1.5.2 Quanto ao sacrifício patrimonial das partes 22

    1.5.3 Quanto ao momento do aperfeiçoamento do contrato 22

    1.5.4 Quanto aos riscos que envolvem a prestação 23

    1.5.5 Quanto à previsão legal 24

    1.5.6 Quanto à negociação do conteúdo pelas partes. O conceito de contrato de adesão. Diferenças em relação ao contrato de consumo 29

    1.5.7 Quanto à presença de formalidades 38

    1.5.8 Quanto à independência do contrato. O conceito de contratos coligados 42

    1.5.9 Quanto ao momento do cumprimento 46

    1.5.10 Quanto à pessoalidade 47

    1.5.11 Quanto às pessoas envolvidas 47

    1.5.12 Quanto à definitividade do negócio 49

1.6 Resumo esquemático 50

1.7 Questões correlatas 52

Gabarito 55

XIV | DIREITO CIVIL • VOL. 3 – *Flávio Tartuce*

2. TEORIA GERAL DOS CONTRATOS – OS PRINCÍPIOS CONTRATUAIS NO CÓDIGO CIVIL DE 2002 57

2.1 Introdução. O contrato na perspectiva civil-constitucional 57

2.2 O princípio da autonomia privada 60

2.3 O princípio da função social dos contratos 66

   2.3.1 Análise dos arts. 421 e 2.035, parágrafo único, do Código Civil. Estudo pontual das alterações promovidas pela *Lei da Liberdade Econômica* (Lei 13.874/2019) 66

   2.3.2 Eficácia interna e externa da função social dos contratos 79

   2.3.3 Dispositivos do Código de Defesa do Consumidor e do Código Civil de 2002 consagradores da função social dos contratos 86

2.4 O princípio da força obrigatória dos contratos (*pacta sunt servanda*) 104

2.5 O princípio da boa-fé objetiva 107

   2.5.1 Conceitos básicos relacionados à boa-fé objetiva e à eticidade 107

   2.5.2 O princípio da boa-fé objetiva ou boa-fé contratual. Análise do art. 422 do Código Civil 115

   2.5.3 A função de integração da boa-fé objetiva. Os conceitos oriundos do direito comparado: *supressio, surrectio, tu quoque, venire contra factum proprium, duty to mitigate the loss* e *Nachfrist* 125

2.6 O princípio da relatividade dos efeitos contratuais 138

2.7 Resumo esquemático 146

2.8 Questões correlatas 148

Gabarito 158

3. A FORMAÇÃO DO CONTRATO PELO CÓDIGO CIVIL E PELO CÓDIGO DE DEFESA DO CONSUMIDOR 159

3.1 A formação do contrato pelo Código Civil 159

   3.1.1 Fase de negociações preliminares ou de puntuação 160

   3.1.2 Fase de proposta, policitação ou oblação 164

   3.1.3 Fase de contrato preliminar 169

   3.1.4 Fase de contrato definitivo 180

3.2 A formação do contrato pelo Código de Defesa do Consumidor 181

3.3 A formação do contrato pela via eletrônica 187

3.4 Resumo esquemático 193

3.5 Questões correlatas 194

Gabarito 202

4. A REVISÃO JUDICIAL DOS CONTRATOS PELO CÓDIGO CIVIL E PELO CÓDIGO DE DEFESA DO CONSUMIDOR 203

4.1 Introdução 203

4.2 A revisão contratual pelo Código Civil 204

4.3 A revisão contratual pelo Código de Defesa do Consumidor 223

4.4	Resumo esquemático	230
4.5	Questões correlatas	230
	Gabarito	233

5. EFEITOS DOS CONTRATOS – OS VÍCIOS REDIBITÓRIOS, OS VÍCIOS DO PRODUTO E A EVICÇÃO 235

5.1	Introdução	235
5.2	Os vícios redibitórios no Código Civil	235
5.3	Os vícios do produto no Código de Defesa do Consumidor	247
5.4	A evicção	252
5.5	Resumo esquemático	263
5.6	Questões correlatas	265
	Gabarito	275

6. A EXTINÇÃO DOS CONTRATOS 277

6.1	Introdução	277
6.2	Extinção normal dos contratos	278
6.3	Extinção por fatos anteriores à celebração	279
6.4	Extinção por fatos posteriores à celebração	284
6.5	Extinção por morte de um dos contratantes	310
6.6	Resumo esquemático	311
6.7	Questões correlatas	311
	Gabarito	318

7. CONTRATOS EM ESPÉCIE – DA COMPRA E VENDA 319

7.1	Conceito de compra e venda e seus elementos principais	319
7.2	Natureza jurídica do contrato de compra e venda	326
7.3	A estrutura sinalagmática e os efeitos da compra e venda. A questão dos riscos e das despesas advindas do contrato	327
7.4	Restrições à compra e venda	331
	7.4.1 Da venda de ascendente a descendente (art. 496 do CC)	331
	7.4.2 Da venda entre cônjuges (art. 499 do CC)	338
	7.4.3 Da venda de bens sob administração. As restrições constantes do art. 497 do CC	339
	7.4.4 Da venda de bens em condomínio ou venda de coisa comum. O direito de prelação legal do condômino (art. 504 do CC)	341
7.5	Regras especiais da compra e venda	345
	7.5.1 Venda por amostra, por protótipos ou por modelos (art. 484 do CC)	345
	7.5.2 Venda a contento ou sujeita a prova (arts. 509 a 512 do CC)	347
	7.5.3 Venda por medida, por extensão ou *ad mensuram* (art. 500 do CC)	348
	7.5.4 Venda de coisas conjuntas (art. 503 do CC)	352

7.6	Das cláusulas especiais da compra e venda	353
	7.6.1 Cláusula de retrovenda	354
	7.6.2 Cláusula de preempção, preferência ou prelação convencional	357
	7.6.3 Cláusula de venda sobre documentos	361
	7.6.4 Cláusula de venda com reserva de domínio	363
7.7	Resumo esquemático	371
7.8	Questões correlatas	371
	Gabarito	377

8. CONTRATOS EM ESPÉCIE – DA TROCA E DO CONTRATO ESTIMATÓRIO .. 379

8.1	Da troca ou permuta	379
	8.1.1 Conceito e natureza jurídica	379
	8.1.2 Objeto do contrato e relação com a compra e venda	380
	8.1.3 Troca entre ascendentes e descendentes	380
8.2	Contrato estimatório ou venda em consignação	381
	8.2.1 Conceito e natureza jurídica	381
	8.2.2 Efeitos e regras do contrato estimatório	383
8.3	Resumo esquemático	386
8.4	Questões correlatas	387
	Gabarito	388

9. CONTRATOS EM ESPÉCIE – DA DOAÇÃO 389

9.1	Conceito e natureza jurídica	389
9.2	Efeitos e regras da doação sob o prisma das suas modalidades ou espécies	395
	9.2.1 Classificação da doação quanto à presença ou não de elementos acidentais	395
	9.2.2 Doação remuneratória	396
	9.2.3 Doação contemplativa ou meritória	397
	9.2.4 Doação a nascituro	397
	9.2.5 Doação sob forma de subvenção periódica	399
	9.2.6 Doação em contemplação de casamento futuro (doação *propter nuptias*)	400
	9.2.7 Doação de ascendentes a descendentes e doação entre cônjuges	401
	9.2.8 Doação com cláusula de reversão	404
	9.2.9 Doação conjuntiva	406
	9.2.10 Doação manual	408
	9.2.11 Doação inoficiosa	408
	9.2.12 Doação universal	413
	9.2.13 Doação do cônjuge adúltero ao seu cúmplice	414
	9.2.14 Doação a entidade futura	416

	9.2.15 Doação famélica	416
9.3	Da promessa de doação	418
9.4	Da revogação da doação	420
9.5	Resumo esquemático	426
9.6	Questões correlatas	426
	Gabarito	433

10. CONTRATOS EM ESPÉCIE – LOCAÇÃO DE COISAS E FIANÇA 435

10.1	Locação. Conceitos gerais	435
10.2	Locação de coisas no Código Civil (arts. 565 a 578 do CC)	436
10.3	Locação de imóvel urbano residencial ou não residencial. Estudo da Lei de Locação (Lei 8.245/1991) e das alterações incluídas pela Lei 12.112/2009	442
	10.3.1 Introdução	442
	10.3.2 Características e regras gerais da Lei de Locação. Aspectos materiais	448
	10.3.3 Deveres do locador e do locatário na locação de imóvel urbano	456
	10.3.4 Regras quanto à extinção da locação residencial e da locação para temporada	460
	10.3.5 Regras quanto à extinção da locação não residencial	463
	10.3.6 O direito de preferência do locatário	471
	10.3.7 Benfeitorias e nulidades contratuais	475
	10.3.8 Transferência do contrato de locação	478
	10.3.9 As garantias locatícias	481
	10.3.10 Regras processuais relevantes da Lei de Locação. As ações específicas	485
	10.3.10.1 Da ação de despejo (arts. 59 a 66 da Lei 8.245/1991)	486
	10.3.10.2 Da ação de consignação de aluguéis e acessórios da locação (art. 67 da Lei 8.245/1991)	497
	10.3.10.3 Da ação revisional de aluguel (arts. 68 a 70 da Lei 8.245/1991)	499
	10.3.10.4 Da ação renovatória (arts. 51 a 53 e 71 a 75 da Lei 8.245/1991)	502
	10.3.10.5 Das regras processuais comuns (art. 58 da Lei 8.245/1991)	508
10.4	Contrato de fiança	510
	10.4.1 Conceito e natureza jurídica	510
	10.4.2 Efeitos e regras relativas à fiança	517
	10.4.3 Extinção da fiança	529
	10.4.4 A impenhorabilidade do bem de família do fiador	531
10.5	Resumo esquemático	538
10.6	Questões correlatas	541
	Gabarito	548

XVIII | DIREITO CIVIL • VOL. 3 – *Flávio Tartuce*

11. CONTRATOS EM ESPÉCIE – PRESTAÇÃO DE SERVIÇO E EMPREITADA 549

11.1 Introdução 549

11.2 O contrato de prestação de serviço 552

    11.2.1 Conceito e natureza jurídica 552

    11.2.2 Regras do contrato de prestação de serviços previstas no Código Civil de 2002 553

    11.2.3 A extinção da prestação de serviço e suas consequências jurídicas 558

11.3 O contrato de empreitada 569

    11.3.1 Conceito e natureza jurídica 569

    11.3.2 Regras específicas quanto à empreitada no Código Civil de 2002 570

    11.3.3 Extinção do contrato de empreitada 577

11.4 Resumo esquemático 578

11.5 Questões correlatas 579

Gabarito 585

12. CONTRATOS EM ESPÉCIE – DO EMPRÉSTIMO (COMODATO E MÚTUO) E DO DEPÓSITO 587

12.1 Do contrato de empréstimo. Introdução 587

12.2 Do comodato ou empréstimo de uso 588

12.3 Do mútuo ou empréstimo de consumo 598

12.4 Do contrato de depósito 606

    12.4.1 Conceito e natureza jurídica 606

    12.4.2 Regras quanto ao depósito voluntário ou convencional 608

    12.4.3 O depósito necessário 614

    12.4.4 A prisão do depositário infiel na visão civil-constitucional 614

12.5 Resumo esquemático 618

12.6 Questões correlatas 620

Gabarito 625

13. CONTRATOS EM ESPÉCIE – DO MANDATO 627

13.1 Conceito e natureza jurídica 627

13.2 Principais classificações do mandato 632

13.3 Regras e efeitos do mandato 635

13.4 Do substabelecimento 639

13.5 Extinção do mandato 640

13.6 Resumo esquemático 645

13.7 Questões correlatas 647

Gabarito 651

14. CONTRATOS EM ESPÉCIE – DA COMISSÃO, DA AGÊNCIA E DISTRIBUI-ÇÃO E DA CORRETAGEM 653

14.1 Introdução 653

14.2 Da comissão 653

14.3 Da agência e distribuição 663

14.4 Da corretagem 671

14.5 Resumo esquemático 683

14.6 Questões correlatas 683

Gabarito 686

15. CONTRATOS EM ESPÉCIE – DO TRANSPORTE 687

15.1 Conceito e natureza jurídica 687

15.2 Regras gerais para o contrato de transporte 690

15.3 Do transporte de pessoas 697

15.4 Do transporte de coisas 716

15.5 Resumo esquemático 723

15.6 Questões correlatas 723

Gabarito 725

16. CONTRATOS EM ESPÉCIE – DO CONTRATO DE SEGURO 727

16.1 Conceito e natureza jurídica 727

16.2 Regras gerais quanto ao contrato de seguro constantes do Código Civil 731

16.3 Do seguro de dano 755

16.4 Do seguro de pessoa 766

16.5 Resumo esquemático 777

16.6 Questões correlatas 778

Gabarito 783

17. CONTRATOS EM ESPÉCIE – DA CONSTITUIÇÃO DE RENDA E DO JOGO E APOSTA 785

17.1 Da constituição de renda 785

17.2 Do jogo e da aposta 788

17.3 Resumo esquemático 793

17.4 Questões correlatas 794

Gabarito 795

18. CONTRATOS EM ESPÉCIE – DA TRANSAÇÃO E DO COMPROMISSO 797

18.1 Introdução 797

18.2 Da transação 797

18.3 Do compromisso e da arbitragem 804

18.4 Resumo esquemático 816

18.5 Questões correlatas 817

Gabarito 819

19. CONTRATOS EM ESPÉCIE – DO CONTRATO DE ADMINISTRAÇÃO FIDU-CIÁRIA DE GARANTIAS 821

19.1 Introdução 821

19.2 Da tramitação do Projeto de Lei 4.188/2021 e suas modificações. Das Institui-ções Gestoras de Garantia (IGGs) para o contrato de administração fiduciária de garantias 822

19.3 Do tratamento do contrato de administração fiduciária de garantias no Código Civil (art. 853-A) 828

19.4 Resumo esquemático 831

19.5 Questões correlatas 832

Gabarito 832

BIBLIOGRAFIA 833

TEORIA GERAL DOS CONTRATOS – INTRODUÇÃO

Conceitos iniciais

Sumário: 1.1 Conceito de contrato. Conceito clássico e conceito contemporâneo – 1.2 A suposta crise dos contratos – 1.3 A teoria do diálogo das fontes. Diálogos entre o Código de Defesa do Consumidor e o Código Civil de 2002 em relação aos contratos – 1.4 Elementos constitutivos dos contratos. A *Escada Ponteana* – 1.5 Principais classificações contratuais: 1.5.1 Quanto aos direitos e deveres das partes envolvidas ou quanto à presença de *sinalagma;* 1.5.2 Quanto ao sacrifício patrimonial das partes; 1.5.3 Quanto ao momento do aperfeiçoamento do contrato; 1.5.4 Quanto aos riscos que envolvem a prestação; 1.5.5 Quanto à previsão legal; 1.5.6 Quanto à negociação do conteúdo pelas partes. O conceito de contrato de adesão. Diferenças em relação ao contrato de consumo; 1.5.7 Quanto à presença de formalidades; 1.5.8 Quanto à independência do contrato. O conceito de contratos coligados; 1.5.9 Quanto ao momento do cumprimento; 1.5.10 Quanto à pessoalidade; 1.5.11 Quanto às pessoas envolvidas; 1.5.12 Quanto à definitividade do negócio – 1.6 Resumo esquemático – 1.7 Questões correlatas – Gabarito.

1.1 CONCEITO DE CONTRATO. CONCEITO CLÁSSICO E CONCEITO CONTEMPORÂNEO

A doutrina é unânime em apontar que tão antigo como o próprio ser humano é o conceito de contrato, que nasceu a partir do momento em que as pessoas passaram a se relacionar e a viver em sociedade. A própria palavra *sociedade* traz a ideia de contrato.

A feição atual do instituto vem sendo moldada desde a época romana sempre baseada na realidade social. Com as recentes inovações legislativas e com a sensível evolução da sociedade brasileira, não há como desvincular o contrato da atual realidade nacional, surgindo a necessidade de dirigir os pactos para a consecução de finalidades que atendam aos interesses da coletividade. Essa a primeira face da *real função dos contratos*.

O contrato é um ato jurídico bilateral, dependente de pelo menos duas declarações de vontade, cujo objetivo é a criação, a alteração ou até mesmo a extinção de direitos e deveres de conteúdo patrimonial. Os contratos são, em suma, todos os tipos de convenções ou estipulações que possam ser criadas pelo acordo de vontades e por outros fatores acessórios.

Dentro desse contexto, o contrato é um ato jurídico em sentido amplo, em que há o elemento norteador da vontade humana que pretende um objetivo de cunho patrimonial (*ato jurígeno*); constitui um negócio jurídico por excelência. Para existir o contrato, seu objeto ou conteúdo deve ser lícito, não podendo contrariar o ordenamento jurídico, a boa-fé, a sua função social e econômica e os bons costumes.

Em suma, e em uma visão clássica ou moderna, o contrato pode ser conceituado como um *negócio jurídico bilateral ou plurilateral que visa à criação, modificação ou extinção de direitos e deveres com conteúdo patrimonial.* Esse conceito clássico está muito próximo daquele que consta do Código Civil Italiano que, em seu art. 1.321, estipula que "il conttrato è l'accordo di due o più parti per costituire, regolare o estinguere tra loro un rapporto giuridico patrimoniale" (o contrato é um acordo de duas partes ou mais, para constituir, regular ou extinguir entre elas uma relação jurídica patrimonial). Entretanto, como se verá mais adiante, existem tentativas de alteração dessa construção, com a busca de um *conceito contemporâneo ou pós-moderno* de contrato.

O nosso Código Civil de 1916, assim como outros Códigos (*v.g.*, o alemão, o polonês, o suíço e o da antiga URSS), preferiu não trazer o conceito do instituto, talvez porque a tarefa de definição deve caber à doutrina. O Código Civil de 2002 segue na mesma esteira, e não o conceitua, apesar de trazer como um dos seus baluartes o princípio da operabilidade, que tende à facilitação do trabalho do jurista e aplicador da norma, pela menção expressa a conceitos jurídicos, constituindo esse um dos princípios do atual Código Civil, ao lado da eticidade e da socialidade. Aliás, é interessante observar que o Código Civil de 2002 conceitua as figuras contratuais em espécie, mas não diz o que é contrato, o que é certo contrassenso.

Superada essa constatação, é imperioso concluir ser o contrato a fonte principal do direito das obrigações, revestindo-se como instituto primordial ao Direito Privado. Para preencher essa lacuna deixada pela lei, a doutrina pátria ainda procura trazer à tona o conceito de contrato, fazendo-o com grande precisão. Vejamos, então, a excelência dos conceitos apresentados pelos nossos maiores civilistas de ontem, hoje e sempre.

Entre os clássicos, Clóvis Beviláqua afirma ser o contrato "o acordo de vontades para o fim de adquirir, resguardar, modificar ou extinguir direitos" (*Código...*, 1977, p. 194). Para Orlando Gomes o contrato é "o negócio jurídico bilateral, ou plurilateral, que sujeita as partes à observância de conduta idônea à satisfação dos interesses que a regularam" (*Contratos...*, 1996, p. 10). Washington de Barros Monteiro conceitua o contrato como "o acordo de vontades que tem por fim criar, modificar ou extinguir um direito" (*Curso...*, 2003, p. 5).

Entre os contemporâneos, Álvaro Villaça Azevedo, seguindo o conceito italiano, conceitua o contrato como "manifestação de duas ou mais vontades, objetivando criar, regulamentar, alterar e extinguir uma relação jurídica (direitos e obrigações) de caráter patrimonial" (*Teoria...*, 2002, p. 21). Na mesma linha, de acordo com os ensinamentos de Maria Helena Diniz "o contrato é o acordo de duas ou mais vontades, na conformidade da ordem jurídica, destinado a estabelecer uma regulamentação de interesses entre as partes, com o escopo de adquirir, modificar ou extinguir relações jurídicas de natureza patrimonial" (*Curso...*, 2003, p. 25).

Anote-se que esses são conceitos *clássicos* de contrato. Todavia, diante das profundas alterações pelas quais vem passando o instituto, alguns autores, como Paulo Nalin, propõem um *conceito pós-moderno ou contemporâneo* de contrato. Para o doutrinador paranaense, o contrato constitui "a relação jurídica subjetiva, nucleada na solidariedade constitucional, destinada à produção de efeitos jurídicos existenciais e patrimoniais, não só entre os titulares subjetivos da relação, como também perante terceiros" (*Do contrato...*, 2005, p. 255).

Olhando para o futuro, e por que não já para o presente, é de se concordar com esse conceito. Primeiro, porque o contrato está amparado em valores constitucionais. Segundo, porque envolve também situações existenciais das partes contratantes, além do conteúdo patrimonial. Terceiro, porque o contrato pode gerar efeitos perante terceiros, sendo essa, justamente, a feição da *eficácia externa da função social dos contratos*, como será estudado adiante.

Na civilística nacional, porém, ainda prevalece o conceito tradicional ou clássico de contrato, anteriormente exposto. Buscando a estrutura contratual, Maria Helena Diniz aponta dois elementos essenciais para a formação do instituto: um *estrutural*, constituído pela *alteridade* presente no conceito de negócio jurídico; e outro *funcional*, formado pela *composição de interesses* contrapostos, mas harmonizáveis (*Tratado...*, 2002, p. 8-12). Vale lembrar que a *alteridade* constitui-se pela presença de pelo menos duas pessoas quando da constituição do contrato.

Justamente pela existência desses dois elementos é que seria vedada a *autocontratação*, ou celebração de um contrato consigo mesmo. Mas dúvidas surgem quanto a essa possibilidade, se analisado o art. 117 do atual Código Civil Brasileiro, cuja redação nos é pertinente:

> "Art. 117. Salvo se o permitir a lei ou o representado, é anulável o negócio jurídico que o representante, no seu interesse ou por conta de outrem, celebrar consigo mesmo.
>
> Parágrafo único. Para esse efeito, tem-se como celebrado pelo representante o negócio realizado por aquele em quem os poderes houverem sido substabelecidos".

Pois bem, de acordo com o dispositivo em questão é possível a outorga de poderes para que a pessoa que representa outrem celebre um contrato consigo mesmo, no caso, um *mandato em causa própria* (*mandato com cláusula in rem propriam* ou *in rem suam*). Não estando presente essa autorização ou havendo proibição legal, o mandato em causa própria é anulável. A regra ainda merece aplicação nas hipóteses de substabelecimento (cessão parcial do mandato), conforme o parágrafo único do referido dispositivo legal.

Quanto ao prazo para ingressar com a ação anulatória, filia-se ao entendimento pelo qual deve ser aplicado o art. 179 do CC, que traz um prazo geral de dois anos para tanto, contados da constituição do negócio, para constituir negativamente o ato eivado de vício. Consigne-se que este último comando legal traz um prazo geral para anulação de negócio jurídico, não havendo prazo especial fixado pela lei.

A grande dúvida que surge desse dispositivo é se ele traz ou não uma hipótese de autocontratação perfeita, em que não há a referida *alteridade*. Entendo que a resposta é negativa.

Para ilustrar, imagine um caso em que *A* outorga poderes para *B* vender um imóvel, com a autorização para que o último venda o bem para si mesmo. Celebrado esse negócio haveria uma autocontratação, pelo menos aparentemente. Mas é interessante perceber que a *alteridade* continua presente, na outorga de poderes para que o segundo negócio seja celebrado.

Desse modo, entendo que não há uma autocontratação perfeita, sem alteridade, na figura referenciada no art. 117 do CC/2002. O elemento destacado, a presença de duas pessoas, continua sendo essencial para a validade de todo e qualquer contrato.

Superada essa discussão e voltando à concepção histórica do contrato, como exposto, o conceito de contrato é tão antigo como a própria humanidade, eis que desde o início os seres humanos buscaram relacionar-se em sociedade. A partir do momento em que se teve a primeira relação pessoal para a perpetuação da espécie, negócios jurídicos foram firmados com o intuito de manter a vida do ser humano no planeta.

De realce lembrar que a troca ou escambo, contrato tipificado pela codificação privada atual (art. 533 do Código Civil), era comum em várias sociedades arcaicas, constituindo um contrato no melhor sentido da expressão, repousando neste instituto nominado os primórdios do Direito Contratual.

Figura tipificada e presente no direito romano, poucos conceitos evoluíram tanto quanto o contrato. Tal evolução foi objeto de um estudo clássico de San Tiago Dantas, para quem a doutrina contratual representa o "termo de uma evolução, através da qual foram sendo eliminadas normas e restrições sem fundamento racional, ao mesmo tempo em que se criavam princípios flexíveis, capazes de veicular as imposições do interesse público, sem quebra do sistema" (Evolução..., *Revista dos Tribunais...*, 1981, p. 144).

Entretanto, na realidade contemporânea ou pós-moderna, alguns autores, tanto do Direito Comparado como do Direito Pátrio, têm apontado que o contrato estaria em *crise*, próximo do seu fim. Aqui, é interessante abordar essa suposta derrocada como natural evolução do instituto.

1.2 A SUPOSTA CRISE DOS CONTRATOS

Como projeção natural da vontade e do consenso, o contrato é inerente à própria subsistência da sociedade moderna. Caio Mário da Silva Pereira chega a afirmar que "o mundo moderno é o mundo do contrato", eis que "a vida moderna o é também, e, em tal alta escala que, se se fizesse abstração por um momento do fenômeno contratual na civilização de nosso tempo, a consequência seria a estagnação da vida social. O 'homo aeconomicus' estancaria as suas atividades. É o contrato que proporciona a subsistência de toda a gente. Sem ele, a vida individual regrediria e a atividade do homem limitar-se-ia aos momentos primários" (*Instituições...*, 1990, p. 9).

Apesar do respeito e da atenção que merecem os demais institutos civis, é de se concordar com as palavras transcritas, podendo-se afirmar que o contrato é o instituto mais importante de todo o Direito Civil e do próprio Direito Privado.

Mas, há tempos está em voga no Direito Comparado, e mesmo no Brasil, afirmar sobre a *crise dos contratos*, chegando Savatier a profetizar que o contrato tende a desaparecer, surgindo outro instituto em seu lugar.

Luiz Gastão Paes de Barros Leães comenta tal crise, ao elucidar que "há alguns anos, a decadência do Direito contratual é apregoada num tom fúnebre, que anuncia iminente desenlace. Há inclusive quem já tenha lavrado a sua certidão de óbito. Grant Gilmore, em 1974, publicou um livro com título provocador – 'The Death of Contract' (Columbus, Ohio) – onde assinalou a ação demolidora dos novos tempos no edifício conceitual do contrato. O fenômeno da padronização das transações, decorrente de uma economia de '*mass production*', teria subvertido inteiramente o princípio da liberdade contratual, transformando o 'contrato' numa norma unilateral imposta pela empresa situada numa posição dominante. Teria ocorrido assim um retorno ao 'status'" (Prefácio, in STRENGER, Irineu. *Contratos...*, 1999, p. 17).

Sobre tal *profetização*, Fernando Noronha comenta que "para Gilmore, professor da Yale Law School, 'contract is being reabsort into the mainstream of 'tort' A teoria clássica do contrato poderia bem ser descrita como uma tentativa para instituir um enclave dentro do domínio geral da responsabilidade civil ('tort'). Os diques foram erguidos para proteger o enclave, está bastante claro, têm vindo a derrocar a uma velocidade cada vez mais rápida" (*O direito...*, 1994, p. 9).

Pela leitura do trabalho do Direito Comparado aludido, é forçoso deduzir que o contrato está sujeito a todas as variações possíveis pelas quais passa a sociedade, decorrentes da interpretação da lei no campo prático. Em verdade, superada a análise da obra de Grant Gilmore, tida como *clássica* no Direito Norte-Americano, entendo que a palavra *crise* significa mais mudança de estrutura do que possibilidade de extinção. E é realmente isso que está ocorrendo quanto ao contrato, uma intensa e convulsiva transformação, uma renovação dos pressupostos e princípios da Teoria Geral dos Contratos, que tem por função redimensionar seus limites, e não os extinguir.

A Professora Giselda Maria Fernandes Novaes Hironaka também captou que não se pode falar em *crise* propriamente dita, no sentido de derrocada, mas em alteração de estrutura e de função, saudável para o Direito Privado. São suas palavras:

> "Confundindo-se, muitas vezes, liberdade de contratar com liberdade contratual, o diagnóstico foi sempre muito pessimista, a respeito da sobrevida institucional do contrato. Mas, como o 'sonho de John Lennon', o contrato não morreu. Nem declinou, nem encolheu, nem perdeu espaço, nem poder. Rui de Alarcão escreveu, e com toda a razão, que tal pessimismo foi claramente desmentido, a significar que o alarde foi exagerado e que a pós-modernidade prescreve a necessidade de novos modelos de realização do direito, estando entre eles, certamente, os novos modelos contratuais que todos os dias se multiplicam, indicando uma fertilidade inesgotável desses paradigmas e o seu verdadeiro e sempre renovado papel de organizador e autorregulamentador dos interesses privados. Ora mais publicizado, ora mais socializado, ora mais poroso à intervenção estatal, ora mais limitado quanto ao seu conteúdo específico, ora mais funcionalizado, não importa. Todas essas faces

são as faces do contrato que se transmuda e evolui sempre, como a própria transmudação e evolução da pessoa humana e das relações que estabelece com os demais. A dinâmica própria da vida dos homens e a realidade jurídica subjacente conseguem explicar e justificar essa mobilidade, traçando-a naturalmente, conforme convém, e imprimindo o devido grau de certeza acerca da necessidade e urgência desta releitura contratual. Construção e crítica se alternaram [desde o início do anterior século], produzindo um movimento de edificação de uma teoria [geral do direito privado] tão sólida quanto volátil. Esse movimento é absolutamente saudável, rejuvenescedor e revigorante para as instituições privadas, mesmo porque, dizendo respeito a relações de natureza intersubjetiva, quer dizer, dos sujeitos entre si, essas instituições se renovam com o próprio uso, e o seu eventual desuso é que pode acarretar sua morte, por inércia. O contrato não caiu em desuso nunca e, por isso, permanece vivo; sua força revela sua indispensabilidade no trato das relações jurídicas e da mantença da segurança" (HIRONAKA, Giselda Maria Fernandes Novaes. *Contrato...* Disponível em: www.flaviotartuce.adv.br. Acesso em: 10 jan. 2006).

Como não poderia ser diferente, concorda-se integralmente com a Professora Giselda Hironaka, uma vez que o contrato definitivamente não está em decadência, mas sim em seu apogeu como instituto emergente e central do Direito Privado.

Nesse sentido, cumpre observar que uma das principais alterações em matéria contratual se refere à autonomia da vontade das partes na avença. Discute-se cada vez mais a possibilidade da revisão do contrato, a liberdade de extinguir o pacto e de se decidir pela conclusão da relação entre as partes.

A grande problemática do contrato, sem dúvida, está relacionada com os seus efeitos no tempo e no espaço, ou seja, às consequências jurídicas que dele advêm após a sua celebração, inclusive na questão de sua eficácia perante terceiros estranhos à relação contratual. Nesse contexto, aduz-se que haverá uma crescente falta de certeza e segurança com essa alteração de estrutura, o maior desafio a ser encarado pelo civilista contemporâneo.

A *Lei da Liberdade Econômica* (Lei 13.874/2019) – originária da Medida Provisória 881, e que teve a minha atuação no Congresso Nacional quando da sua conversão em norma jurídica –, contribui sobremaneira para intensificar esse debate, diante de uma tendência de volta do liberalismo, como tem sido comum em todo o início de século, não só no Brasil como em todo o mundo. Procurando declarar os chamados *direitos de liberdade econômica*, esse diploma traz em seu art. 2.º os seguintes princípios norteadores: *a)* a liberdade como uma garantia no exercício de atividades econômicas; *b)* a boa-fé do particular perante o poder público; *c)* a intervenção subsidiária e excepcional do Estado sobre o exercício de atividades econômicas; e *d)* o reconhecimento da vulnerabilidade do particular perante o Estado.

Mesmo com o surgimento dessa última norma, continua sendo um grave equívoco aceitar e compreender o contrato com sua estrutura clássica, concebido sob a égide do *pacta sunt servanda* puro e simples, com a impossibilidade da revisão das cláusulas e do seu conteúdo. Estão concretizados no nosso sistema privatista os princípios sociais contratuais como a boa-fé objetiva e a função social dos contratos, sendo a justiça contratual e a equivalência material desdobramentos do último.

Diante de um *campo minado negocial*, em que muitas empresas cometem abusos no exercício da autonomia privada, tais princípios mitigam sobremaneira a força obrigatória do contrato, em prol de uma interpretação mais justa, baseada na lei e nos fatos sociais. Os princípios sociais funcionam como um controle do abuso contratual, tão comum em nosso País.

Assim, é de se repudiar a ideia de *crise de contratos*, conforme construída por alguns autores do direito alienígena. O melhor caminho é acreditar em um novo conceito de contrato, dentro de uma nova realidade. Acatam-se as antigas, mas sempre atuais palavras de Manuel Inácio Carvalho de Mendonça, pelas quais "os contratos hão de ser sempre a fonte mais fecunda, mais comum e mais natural dos direitos de crédito" (*Contratos...*, 1957, p. 7).

Concluindo, não se pode falar em extinção do contrato, mas no renascimento de um novo instituto, como uma verdadeira *Fênix* que surge das cinzas e das trevas. Uma importante revolução atingiu os direitos pessoais puros e as relações privadas, devendo tais institutos ser interpretados de acordo com a sistemática lógica do meio social.

Em suma, sou adepto de uma posição otimista na análise do Direito Privado, acreditando na emergência e na efetividade de novos institutos jurídicos, renovando todo o direito, afastando-se dos cientistas que afirmam estar ocorrendo uma verdadeira crise do Direito Privado. Superado esse ponto de pessimismo sombrio, parte-se para a análise de uma das mais festejadas e atuais teses quanto aos contratos: o *diálogo das fontes*.

1.3 A TEORIA DO DIÁLOGO DAS FONTES. DIÁLOGOS ENTRE O CÓDIGO DE DEFESA DO CONSUMIDOR E O CÓDIGO CIVIL DE 2002 EM RELAÇÃO AOS CONTRATOS

Em outras oportunidades já expus o entendimento pelo qual o contrato é hoje o instituto jurídico mais relevante para o Direito Privado (TARTUCE, Flávio. *Função...*, 2007). Isso porque o contrato exerce um papel importantíssimo, com vistas à circulação de riquezas, pois confere segurança às relações jurídicas.

Porém, não é esse o seu único papel. O seu fundamento é a perpetuação da vida humana, ou seja, o atendimento das necessidades da pessoa. Em tempos em que se procura valorizar sobremaneira a liberdade econômica, é importante lembrar que a real *função* do contrato não é atender aos interesses do mercado, mas sim da pessoa humana!

Por isso é que o contrato deve ser analisado sob o prisma da *personalização do Direito Privado* e do *Direito Civil Constitucional*, a fim de atender o mínimo para que a pessoa viva com dignidade. O foco principal do contrato não é o patrimônio, mas sim o indivíduo ou a pessoa que contrata. Aliás, talvez seja por esse motivo que Luiz Díez-Picazo e Antonio Gullón afirmam que não é correto utilizar a expressão *autonomia da vontade*, mas sim *autonomia privada*, eis que a autonomia não é da vontade, mas da pessoa (*Sistema...*, 2003, p. 379).

Diante da valorização da pessoa e dos três princípios do Direito Civil Constitucional (dignidade da pessoa humana, solidariedade social e igualdade em sentido amplo), não se pode olvidar que houve uma forte aproximação entre dois sistemas legislativos importantes para os contratos, sendo certo que tanto o Código Civil de 2002 quanto o Código de Defesa do Consumidor consagram uma *principiologia social do contrato*.

Nesse contexto, muitos doutrinadores propõem um diálogo necessário entre as duas leis e não mais um distanciamento, como antes era pregado. Por uma questão lógica, o Código de Defesa do Consumidor estava distante do Código Civil de 1916, que era individualista e apegado a um tecnicismo exagerado. Isso não ocorre em relação ao Código Civil de 2002, afirmação que se mantém mesmo com a tentativa buscada pela *Lei da Liberdade Econômica* (Lei 13.874/2019) de voltar àquele sistema anterior.

Não se pode negar que vivemos *ares liberais* em todo o mundo, o que deve ser levado em conta pelo aplicador do Direito Contratual. Todavia, não se pode esquecer que o Direito sempre foi e continuará sendo um importante mecanismo de controle de condutas antifuncionais e de eventuais abusos cometidos pelas partes contratuais.

Voltando-se à essência da teoria que ora se estuda, por muito tempo afirmou-se no Brasil que, em havendo relação jurídica de consumo, não seria possível a aplicação concomitante do Código Civil e do Código de Defesa do Consumidor. Isso, na vigência da codificação privada anterior, do Código Civil de 1916, eminentemente patrimonialista e muito afastado da proteção do vulnerável prevista na Lei Consumerista.

Entretanto, tem-se defendido já há um certo tempo um *diálogo das fontes* entre o Código Civil e o Código de Defesa do Consumidor. Por meio desse diálogo, deve-se entender que os dois sistemas não se excluem, mas, muitas vezes, se complementam (*diálogo de complementaridade*). A tese foi trazida para o Brasil por Claudia Lima Marques, a partir dos ensinamentos que lhe foram transmitidos por Erik Jayme, professor da Universidade de Heidelberg, Alemanha. A renomada professora gaúcha demonstra as razões filosóficas e sociais da tese do *diálogo das fontes* da seguinte forma:

> "Segundo Erik Jayme, as características da cultura pós-moderna no direito seriam o pluralismo, a comunicação, a narração, o que Jayme denomina de 'le retour des sentiments', sendo o Leitmotiv da pós-modernidade a valorização dos direitos humanos. Para Jayme, o direito como parte da cultura dos povos muda com a crise da pós-modernidade. O pluralismo manifesta-se na multiplicidade de fontes legislativas a regular o mesmo fato, com a descodificação ou a implosão dos sistemas genéricos normativos ('Zersplieterung'), manifesta-se no pluralismo de sujeitos a proteger, por vezes difusos, como o grupo de consumidores ou os que se beneficiam da proteção do meio ambiente, na pluralidade de agentes ativos de uma mesma relação, como os fornecedores que se organizam em cadeia e em relações extremamente despersonalizadas. Pluralismo também na filosofia aceita atualmente, onde o diálogo é que legitima o consenso, onde os valores e princípios têm sempre uma dupla função, o 'double coding', e onde os valores são muitas vezes antinômicos. Pluralismo nos direitos assegurados, nos direitos à diferença e ao tratamento diferenciado aos privilégios dos 'espaços de excelência' (Jayme, Erik. Identité..., p. 36 e ss.)" (MARQUES, Claudia Lima. *Comentários...*, 2004, p. 24).

Como reconhece a própria doutrinadora em outra obra, a bela expressão *diálogo das fontes*, de Erik Jayme, já se encontra consagrada em nosso País, diante da constante citação em julgados, inclusive dos Tribunais Superiores (MARQUES, Claudia Lima.

Manual..., 2007, p. 89). Do Superior Tribunal de Justiça, merece destaque inicial o seguinte, por utilizar interessante simbologia que explica bem a teoria:

"Agravo regimental no recurso especial. Direito aduaneiro. Automóvel fabricado no exterior e adquirido no mercado interno, com nota fiscal da empresa importadora, desembaraço aduaneiro e registro no Detran. Presunção de boa-fé do consumidor que não foi afastada. Ilegitimidade da pena de perdimento do bem. Agravo regimental da Fazenda Nacional desprovido. 1. O Direito deve ser compreendido, em metáfora às ciências da natureza, como um sistema de vasos comunicantes, ou de diálogo das fontes (Erik Jayme), que permita a sua interpretação de forma holística. Deve-se buscar, sempre, evitar antinomias, ofensivas que são aos princípios da isonomia e da segurança jurídica, bem como ao próprio ideal humano de Justiça. 2. A pena de perdimento, fundada em importação supostamente irregular de bem de consumo usado, não pode ser aplicada quando não se afasta categoricamente a presunção de boa-fé do consumidor, que adquiriu o bem de empresa brasileira, no mercado interno. Precedentes: Agrg no Ag. 1.217.747/SP, Rel. Min. Mauro Campbell Marques, *DJe* 8.10.2010; Agrg no Ag. 1.169.855/SP, Rel. Min. Benedito Gonçalves, *DJe* 1.º.12.2009 e EREsp 535.536/PR, Rel. Min. Humberto Martins, *DJ* 25.9.2006. 3. Agravo Regimental da Fazenda Nacional desprovido" (STJ, AgRg no REsp 1.483.780/PE, 1.ª Turma, Rel. Min. Napoleão Nunes Maia Filho, j. 23.06.2015, *DJe* 05.08.2015).

No âmbito da jurisprudência estadual, existem milhares de arestos que citam expressamente a teoria, podendo ser transcritos quatro deles, apenas para ilustrar:

"Apelação. Compromisso de compra e venda de imóvel. Ação de rescisão contratual C.C. Devolução de valores pagos. Parcial procedência. Preliminar de carência de ação. Inocorrência. Presença das condições da ação. Preliminar afastada. Incorporação imobiliária. Legislação aplicável. Contrato regido pela Lei n.º 4.591/64 naquilo que for específico da incorporação. Existência, porém, de relação de consumo. CDC. Aplicação complementar no que pertine ao direito obrigacional. Diálogo das fontes. Cabimento. Art. 53, do CDC. Vedação à perda da totalidade do valor pago. Inaplicabilidade das regras contratuais e legais que estabeleçam tal decaimento. Invalidade, para fins de rescisão, do procedimento realizado pela ré. Rescisão do contrato que se deu na data da notificação da requerida pelos autores. Possibilidade de distrato por iniciativa da parte adquirente mesmo inadimplente. Súmula n.º 1, deste E. TJSP. Honorários majorados, a teor do art. 85, § 11, do CPC. Sentença mantida. Adoção do art. 252 do RITJ. Recurso desprovido" (TJSP, Apelação 1012618-14.2016.8.26.0320, Acórdão 12944982, 5.ª Câmara de Direito Privado, Limeira, Rel. Des. Jair de Souza, j. 03.10.2019, rep. *DJESP* 10.10.2019, p. 2.757).

"Direito do consumidor. Demanda indenizatória em que se alega que, em viagem internacional para os Estados Unidos, teria ocorrido equívoco na marcação dos assentos e, ainda, que teria sido realizada uma escala indevida e não prevista em Punta Cana. Excessiva demora na viagem. Problemas de saúde acarretados à 4.ª autora. Sentença reconhecendo a falha no serviço prestado. Condenação da Apelante ao pagamento de indenização por danos morais no valor de R$ 15.000,00, para cada autor, corrigidos monetariamente e acrescidos de juros. Recurso da companhia aérea. Embargos de Declaração. Prequestionamento. Alegação de omissão e contradição na análise da tese de que teria ocorrido omissão e contradição no julgado, uma vez que não se teria analisado as normas indicadas, as quais limitariam a compensação pelos danos morais sofridos e, ainda, que não restou claro quem seriam os beneficiários da indenização fixada. Descabimento. Em razão da norma de hermenêutica denominada pela doutrina como diálogo das fontes, prevista no art. 7.º do Código de Proteção e Defesa do Consumidor, as regras contidas tanto no Código Brasileiro de Aeronáutica, como na Convenção de Varsóvia, continuam em vigor. Todavia, por se tratar de relação consumerista, devem prevalecer as regras mais benéficas para o consumidor, previstas no Código de Defesa do Consumidor, já que este diploma possui *status* constitucional, por dispor sobre normas constitucionais que originam direito e se trata de direito fundamental, insculpido no art. 5.º, XXXII, da CRFB, e considerada, portanto, cláusula pétrea e norma de ordem pública. Alteração da Sentença, tão somente, para adequá-la ao princípio da correlação, fixando-se a indenização nos estritos limites do que foi requerido. Rejeição dos embargos" (TJRJ, Apelação 0023027-06.2016.8.19.0209, 6.ª Câmara Cível, Rio de Janeiro, Rel. Des. Nagib Slaibi Filho, *DORJ* 28.06.2019, p. 325).

"Embargos de declaração. Ensino particular. Desnecessidade de debater todos os argumentos das partes. Aplicação do Código de Defesa do Consumidor. Diálogo das fontes. Em matéria de consumidor vige um método de superação das antinomias chamado de diálogo das fontes, segundo o qual o diploma consumerista coexiste com as demais fontes de direito como o Código Civil e Leis esparsas. Embargos desacolhidos" (TJRS, Embargos de Declaração 70027747146, 6.ª Câmara Cível, Caxias do Sul, Rel. Des. Liége Puricelli Pires, j. 18.12.2008, *DOERS* 05.02.2009, p. 43).

"Responsabilidade civil. Defeito em construção. Contrato de empreitada mista. Responsabilidade objetiva do empreiteiro. Análise conjunta do CC e CDC. Diálogo das fontes. Sentença mantida. Recurso improvido" (TJSP, Apelação com revisão 281.083.4/3, Acórdão 3196517, 8.ª Câmara de Direito Privado, Bauru, Rel. Des. Caetano Lagrasta, j. 21.08.2008, *DJESP* 09.09.2008).

A aplicação do *diálogo das fontes* justifica-se no Brasil diante de uma aproximação principiológica entre os dois sistemas legislativos (CDC e CC/2002), principalmente no que tange aos contratos. Sobre essa aproximação, foi aprovado o Enunciado n. 167 na *III Jornada de Direito Civil*, promovida pelo Conselho da Justiça Federal e pelo Superior Tribunal de Justiça, em dezembro de 2004 ("Com o advento do Código Civil de 2002, houve forte aproximação principiológica entre esse Código e o Código de Defesa do Consumidor, no que respeita à regulação contratual, uma vez que ambos são incorporadores de uma nova teoria geral dos contratos"). As razões apontadas pelo magistrado paraibano e civilista Wladimir Alcibíades Marinho Falcão Cunha, autor da proposta que gerou o enunciado, são pertinentes, merecendo transcrição o seguinte trecho:

"Entretanto pode-se dizer que, até o advento do Código Civil de 2002, somente o Código de Defesa do Consumidor encampava essa nova concepção contratual, ou seja, somente o CDC intervinha diretamente no conteúdo material dos contratos. Entretanto, o Código Civil de 2002 passou também a incorporar esse caráter cogente no trato das relações contratuais, intervindo diretamente no conteúdo material dos contratos, em especial através dos próprios novos princípios contratuais da função social, da boa-fé objetiva e da equivalência material. Assim, a corporificação legislativa de uma atualizada teoria geral dos contratos protagonizada pelo CDC teve sua continuidade com o advento do Código Civil de 2002, o qual, a exemplo daquele, encontra-se carregado de novos princípios jurídicos contratuais e cláusulas gerais, todos hábeis a proteção do consumidor mais fraco nas relações contratuais comuns, sempre em conexão axiológica, valorativa, entre dita norma e a Constituição Federal e seus princípios constitucionais. Código de Defesa do Consumidor e o Código Civil de 2002 são, pois, normas representantes de uma nova concepção de

CAP. 1 • TEORIA GERAL DOS CONTRATOS – INTRODUÇÃO | 11

contrato e, como tal, possuem pontos de confluência em termos de teoria contratual, em especial no que respeita aos princípios informadores de uma e de outra norma".

As palavras do autor do enunciado doutrinário são confirmadas pelo que ensina Claudia Lima Marques, ainda discorrendo sobre o referido diálogo de complementaridade. Para a renomada doutrinadora, em lições que merecem relevo:

"Parece-me que o CDC tende a ganhar com a entrada em vigor do CC/2002, pois seus princípios básicos são quase os mesmos. Como vimos, quatro são os princípios básicos do CDC que afetam diretamente o novo direito obrigacional brasileiro: o da vulnerabilidade, o da confiança, o da boa-fé e o do equilíbrio contratual. O primeiro tem reflexo direto no campo de aplicação do CDC, isto é, determina quais relações contratuais estarão sob a égide desta lei tutelar e de seu sistema de combate ao abuso. O segundo estabelece as bases da garantia legal de produtos e serviços, e possibilita a imputação de uma responsabilidade objetiva para toda a cadeia de fornecimento. O terceiro princípio é basilar de toda conduta contratual, mas aqui deve ser destacada a função limitadora da liberdade contratual. O quarto princípio tem maiores reflexos no combate à lesão ou à quebra da base do negócio, mas pode ser aqui destacada a sua função de manutenção da relação no tempo. Note-se que, à exceção do princípio especial da vulnerabilidade, que dá sustento à especialidade do CDC, os outros três princípios do CDC encontram-se hoje incorporados no sistema geral do direito privado, pois presentes no novo Código Civil, como vimos. Repita-se, pois, que, se o espírito do diálogo das fontes aqui destacado prevalecer, é necessário superar a visão antiga dos conflitos e dar efeito útil às leis novas e antigas! Mister é preservar a *ratio* de ambas as leis e dar preferência ao tratamento diferenciado dos diferentes, concretizado nas leis especiais, como no CDC, e assim respeitar a hierarquia dos valores constitucionais, sobretudo coordenando e adaptando o sistema para uma convivência coerente! A convergência de princípios e cláusulas gerais entre o CDC e o CC/2002 e a égide da Constituição Federal de 1988 garantem que haverá diálogo e não retrocesso na proteção dos mais fracos na relação contratual. O desafio é grande, mas o jurista brasileiro está preparado" (MARQUES, Claudia Lima. *Comentários...*, 2004, p. 52).

Além do *diálogo de complementaridade*, Claudia Lima Marques propõe, ainda, o *diálogo sistemático de coerência*, o *diálogo de subsidiariedade* e o *diálogo das influências recíprocas sistemáticas*. A partir de sua didática obra, *tais diálogos* são assim explicados (*Manual...*, 2007, p. 91):

a) Havendo aplicação simultânea das duas leis, se uma lei servir de base conceitual para a outra, estará presente o *diálogo sistemático de coerência*. Exemplo: os conceitos dos contratos de espécie podem ser retirados do Código Civil mesmo sendo o contrato de consumo, caso de uma compra e venda (art. 481 do CC).

b) Se o caso for de aplicação coordenada de duas leis, uma norma pode completar a outra, de forma direta (*diálogo de complementaridade*) ou indireta (*diálogo de subsidiariedade*). O exemplo típico ocorre com os contratos de consumo que também são de adesão. Em relação às cláusulas abusivas, pode ser invocada a proteção dos consumidores constante do art. 51 do CDC e também a proteção dos aderentes constante do art. 424 do CC.

c) Os *diálogos de influências recíprocas sistemáticas* estão presentes quando os conceitos estruturais de uma determinada lei sofrem influências de outra. Assim, o conceito de consumidor pode sofrer influências do próprio Código Civil. Como diz a própria

Claudia Lima Marques, "é a influência do sistema especial no geral e do geral no especial, um diálogo de *doublé sens* (diálogo de coordenação e adaptação sistemática)" (*Manual...*, 2007, p. 91).

Não há dúvidas de que tais diálogos são possíveis, eis que a citada aproximação principiológica realmente existe. Assim sendo, há algum tempo tenho defendido a aplicação prática do diálogo das fontes, determinando a análise do Direito Privado com base no Código Civil de 2002, no Código de Defesa do Consumidor e, por lógico, na Constituição Federal de 1988. Isso nunca em prejuízo do consumidor vulnerável ou de outra parte que mereça a proteção especial pela lei.

Nesse contexto, por diversas vezes nesta obra, será utilizado o referido *diálogo das fontes* para resolver questões interessantes envolvendo o contrato. Isso ocorrerá, por exemplo, quando da análise dos contratos de seguro e de transporte, normalmente caracterizados como contratos de consumo e de adesão. O que se percebe é que a teoria do *diálogo das fontes* interessa à prática cível, até pela comum citação jurisprudencial.

Além do diálogo entre o Código Civil e o Código de Defesa do Consumidor, merece destaque a interação entre as duas normas e a legislação trabalhista. Anote-se que, conforme o art. 8.º da CLT, o direito comum – incluindo logicamente o Direito Civil –, seria mera fonte subsidiária do Direito do Trabalho. Entendo que o art. 8.º da CLT, nesse ponto, perdeu aplicação em parte, merecendo nova leitura diante da tese do *diálogo das fontes*.

Ora, não se pode mais dizer que o Direito Civil é mera fonte subsidiária do Direito do Trabalho, pois, em alguns casos, terá aplicação direta, como naqueles envolvendo a responsabilidade civil do empregador, o abuso do direito no contrato de trabalho e os contratos de prestação de serviço e empreitada (TARTUCE, Flávio. *Diálogos...*, 2006, p. 30).

Destaque-se que, na jurisprudência trabalhista, numerosos são os arestos que apontam o necessário diálogo das fontes em relação ao contrato de trabalho. Por todos, vejamos duas ementas, a primeira delas ainda mencionando o Código de Processo Civil de 1973 (art. 475-J, que equivale ao art. 523 do CPC/2015):

"Artigo 475-J, CPC. Aplicação ao processo trabalhista. Diálogo das fontes. Cabimento. A circunstância de ser do estatuto de processo a disciplina traduzida no teor de seu artigo 475-J não importa, de per si, em sua inaplicabilidade ao processo trabalhista, nem que a CLT não seja omissa no particular, e isso porque, como se sabe, hodiernamente, diante do aumento dos microssistemas e da grande quantidade de normas inseridas nos mais diversos diplomas legais, regulando situações específicas, imprescindível o recurso ao denominado diálogo das fontes, como meio mais eficaz de proteção à parte mais fraca de uma relação jurídica, no âmbito processual inclusive, preservando-se a sua dignidade de pessoa humana, propiciando que a vontade constitucional prevaleça, quanto à proteção a ser dispensada a determinadas classes de pessoas e servindo mesmo, no campo do processo, de ponto de (re) equilíbrio dos litigantes com desiguais condições de fazer valer suas pretensões e seus interesses em juízo, também por possibilitar uma visão de conjunto que um olhar parcial, por óbvio, não proporciona. Vale acrescentar que a proteção ao trabalhador não deve ser procurada e/ou limitada ao diploma consolidado, mas por todo o ordenamento jurídico, visto cuidar-se de imposição de rasgo constitucional" (TRT da 15.ª Região, RO 0000423-02.2012.5.15.0129, Acórdão 63113/2013, 3.ª Turma, Rel. Des. Francisco Alberto da Motta Peixoto Giordani, *DEJTSP* 02.08.2013, p. 638).

"Terceirização. Súmula n.º 331/TST. Ônus da prova. Omissão do poder público na prova da fiscalização. Princípio da aptidão da prova. Circunstâncias do caso concreto que revelam culpa *in vigilando*, diante da violação dos direitos trabalhistas. Arrastamento da responsabilidade da administração pública direta, autárquica ou fundacional com base no artigo 37, XXI, CF e artigos 58, III, 67, *caput* e parágrafo 1.º, e 82 da Lei n.º 8666/93 c/c arts. 186, 927, *caput*, e 944 do CC. 1. No julgamento da ADC 16, houve pronúncia pela constitucionalidade do artigo 71, parágrafo 1.º, da Lei n.º 8.666/93, mas nos debates restou consignado que a constitucionalidade não inibe o judiciário trabalhista, à luz das circunstâncias do caso concreto, à base de outras normas, reconhecer a responsabilidade subsidiária do poder público (notícias do STF, <www.stf.jus.br>, 26.11.2010). Nesse passo, a Lei n.º 8.666/93, em seu artigo 71, parágrafo 1.º, não traz o princípio da irresponsabilidade estatal, em termos absolutos, apenas alija o poder público da responsabilidade pelos danos a que não deu causa. Havendo inadimplência das obrigações trabalhistas que tenha como causa a falta de fiscalização pelo órgão público contratante, o poder público é responsável. Logo, a excludente de responsabilidade incide, apenas, na hipótese em que o poder público contratante demonstre ter, no curso da relação contratual, fiscalizado o adequado cumprimento das cláusulas e das garantias das obrigações trabalhistas pela fornecedora da mão de obra, o que lhe incumbe nos termos do artigo 37, inciso XXI, da CF e artigos 58, III, e 67, *caput* e parágrafo 1.º, sob pena de responsabilidade civil prevista no artigo 82, ambos da Lei das licitações. Ressalte-se que, nos termos do princípio da aptidão da prova, deve ser imputado o ônus de provar, à parte que possui maior capacidade para produzi-la, no caso, o poder público. Resta clara sua aplicação no processo do trabalho, diante da teoria do diálogo das fontes com o sistema de defesa do consumidor, e que autoriza a inversão do ônus da prova, nos termos do artigo 6.º, VIII do CDC, '(...) quando, a critério do juiz, for verossímil a alegação ou quando for ele hipossuficiente, segundo as regras ordinárias de experiências'. A ausência de prova da fiscalização por parte da administração pública (art. 818 CLT e 333 CPC) quanto ao correto cumprimento das obrigações trabalhistas pela empresa terceirizada licitada, devidas aos seus empregados, evidencia a omissão culposa da administração pública, o que atrai a sua responsabilidade, porque todo aquele que causa dano pratica ato ilícito e fica obrigado a reparar (art. 82, da Lei n.º 8.666/93)" (TRT da 2.ª Região, RO 0001041-44.2012.5.02.0052, Acórdão 2013/0524292, 4.ª Turma, Rel. Des. Fed. Ivani Contini Bramante, *DJESP* 04.06.2013).

A aplicação direta das normas de Direito Civil ao Direito do Trabalho será percebida, por diversas vezes, pela leitura deste livro.

Para encerrar o tópico, anoto que no Projeto de Reforma do Código Civil, elaborado por Comissão de Juristas nomeada no âmbito do Senado Federal, não se fez qualquer alteração na disciplina dos contratos prevista em leis especiais, sobretudo no Código de Defesa do Consumidor.

Muito ao contrário, houve ainda uma preocupação em se manterem as características de cada um dos regimes contratuais, reconhecendo-se, em casos excepcionais, a possibilidade de aplicação da *teoria do diálogo das fontes*, com vistas a trazer mais segurança jurídica para a sua incidência prática. A esse propósito, destaco a sugestão de um novo art. 421-A da Lei Geral Privada, prevendo que "as regras deste Título a respeito dos contratos não afastam o disposto em leis especiais e consideram as funções desempenhadas pelos tipos contratuais, cada um com suas peculiaridades".

Vejamos, a respeito da sugestão, as justificativas dos juristas que compuseram a Subcomissão de Direito Contratual, Professores Carlos Eduardo Elias de Oliveira, Claudia Lima Marques, Angélica Carlini e Carlos Eduardo Pianovski:

"O Código Civil é norma geral, assim sua natureza subsidiária em relação às regras e leis especiais é princípio básico de teoria geral, aceita de forma unânime na jurisprudência e na doutrina brasileira.

O exemplo mais comum é o das relações de consumo, no caso, contratos entre fornecedor e consumidor, onde vários enunciados das *Jornadas* frisaram esta característica subsidiária do Código Civil e a aplicação do Código de Defesa do Consumidor como lei especial e mais favorável aos consumidores (Enunciado 190, da *III Jornada de Direito Civil* e 390 da *IV Jornada de Direito Civil*).

A regra traz segurança jurídica para os contratos civis, empresariais e de consumo, como enunciados das *Jornadas de Direito Comercial* pediram (veja Enunciados 19 e 20 da *I Jornada de Direito Comercial*), mas não impede que, em diálogo das fontes (Art. 7.º do CDC), as normas do Código Civil possam ser aplicáveis seja para regular os tipos contratuais, no que couber, ou para beneficiar consumidores (como o previsto no Enunciado 42 da *I Jornada de Direito Civil* e no Enunciado 369 da *IV Jornada de Direito Civil*)".

Como se sabe, uma das linhas metodológicas de conteúdo adotadas pelo Projeto de Reforma foi seguir o teor dos enunciados aprovados nas *Jornadas* do Conselho da Justiça Federal e do Superior Tribunal de Justiça, que, por regra, traduzem a posição da doutrina contemporânea majoritária.

Sobre as funções de cada um dos tipos contratuais, merece destaque a proposta seguinte, elaborada pela Relatora-Geral, Professora Rosa Maria de Andrade Nery. Nos termos do projetado art. 421-B do CC, deve-se levar em conta, para o tratamento legal e para a identificação das funções realizadas pelos diversos tipos contratuais, a circunstância de disponibilizarem: *a)* bens e serviços ligados à atividade de produção e de intermediação das cadeias produtivas, típicos dos contratos celebrados entre empresas; *b)* bens e serviços terminais das cadeias produtivas ao consumidor final, marca dos contratos de consumo; *c)* força de trabalho a uma cadeia produtiva, característica dos contratos de trabalho; *d)* bens e serviços independentemente de sua integração a qualquer cadeia produtiva, como se dá com os contratos civis. Aprovado o conteúdo da nova norma, ela resolverá muitos dos problemas hoje existentes a respeito de conflitos normativos, trazendo a esperada estabilidade para as relações privadas.

Vale destacar que, após intensos debates, acabou prevalecendo na Comissão de Juristas a proposta de se incluírem no Código Civil regras básicas e fundamentais a respeito dos contratos empresariais, algo inédito na realidade jurídica brasileira, superando-se os muitas vezes desmedidos e até injustificados embates entre civilistas e comercialistas. Prevaleceu, na Comissão de Juristas, um espírito democrático e de consenso, tendo sido esses temas discutidos e votados entre os especialistas.

Consoante o proposto art. 421-C, os contratos civis e empresariais presumem-se paritários e simétricos, se não houver elementos concretos que justifiquem o afastamento desta presunção, e assim interpretam-se pelas regras do próprio Código Civil, ressalvados os regimes jurídicos previstos em leis especiais. E mais, para a sua interpretação, os contratos empresariais exigem os seguintes parâmetros adicionais de consideração e análise: *a)* os tipos contratuais que são naturalmente díspares ou assimétricos, próprios de algumas relações empresariais, devem receber o tratamento específico que consta de leis especiais, assim como os contratos que decorram da incidência e da funcionalidade de cláusulas gerais próprias de suas modalidades; *b)* a boa-fé empresarial mede-se, também, pela expectativa comum que os agentes do setor econômico de atividade dos contratantes têm, quanto à natureza do negócio celebrado e quanto ao comportamento leal esperado de cada parte; *c)* na falta de redação específica de cláusulas necessárias à execução do contrato, o juiz valer-se-á dos usos e dos costumes do lugar de sua celebração e do modo comum adotado pelos empresários para a celebração e para a execução daquele específico tipo contratual; *d)* são lícitas em geral as cláusulas de não concorrência pós-contratual, desde que não violem a ordem econômica e sejam coerentemente limitadas no espaço e no tempo, por razoáveis e fundadas cláusulas contratuais; *e)* a atipicidade natural dos contratos empresariais; *f)* o sigilo empresarial deve ser preservado.

Na linha da doutrina e da jurisprudência hoje consolidadas, são incluídas, portanto, *seis regras básicas interpretativas* para os contratos empresariais, sem falar na possibilidade de aplicação dos princípios próprios do Direito Empresarial, que são propostos para o art. 966-A, pelo Projeto, em prol da valorização da atividade econômica e da consolidação da força obrigatória das convenções, na linha do que já assegura hoje a *Lei da Liberdade Econômica*. Conforme o projetado art. 421-F da Lei Geral Privada, "aos contratos empresariais aplicam-se os princípios que estão descritos no art. 966-A deste Código, no que couber".

Como última proposição formulada pela Comissão de Juristas houve uma preocupação com o empresário hipossuficiente, incluindo-se o § 2.º do art. 421-C, estabelecendo que "nos contratos empresariais, quando houver flagrante disparidade econômica entre as partes, não se aplicará o disposto neste artigo". Assim, em havendo contrato empresarial que seja de adesão, por exemplo, com conteúdo imposto pelo estipulante ao aderente, caberá a aplicação de regras intervencionistas, e que ainda serão estudadas neste livro.

Como se pode notar, todas as proposições são mais do que necessárias, resolvendo-se vários dilemas de conflitos relativos à aplicação das normas jurídicas para os contratos, esperando-se as suas aprovações pelo Parlamento Brasileiro.

1.4 ELEMENTOS CONSTITUTIVOS DOS CONTRATOS. A *ESCADA PONTEANA*

O contrato constitui um negócio jurídico bilateral ou plurilateral. Assim sendo, os elementos constitutivos dos contratos são os mesmos que estão expostos no Volume 1 desta coleção, como elementos constitutivos dos negócios jurídicos em geral. Cumpre aqui rever as questões que foram comentadas naquela obra, agora com um maior aprofundamento e especificidade, como é comum nos volumes mais avançados das coleções de Direito Civil.

Sem prejuízo dessa análise, é fundamental lembrar que o contrato apresenta ainda elementos naturais que o identificam e o diferenciam de outros negócios. É o caso do *preço*, elemento natural da compra e venda e do *aluguel*, nos casos de locação. Esses elementos, como nos casos citados, também podem ser essenciais.

Chegou o momento de recordar a teoria criada pelo grande jurista Pontes de Miranda, que concebeu de forma exemplar a estrutura do negócio jurídico, analisando os seus elementos constitutivos. Trata-se do que se convencionou denominar de *Escada Ponteana* ou *Escada Pontiana*.

Serão expostos os ensinamentos que foram e continuam sendo transmitidos pela professora Giselda Maria Fernandes Novaes Hironaka, Titular do Departamento de Direito Civil da Faculdade de Direito da USP. A construção da *Escada Ponteana* foi concebida, originariamente, a partir das discussões em seu grupo de estudos, sendo uma de suas linhas de pesquisa.

Pois bem, o negócio jurídico, na visão de Pontes de Miranda, é dividido em três planos:

- Plano da existência.
- Plano da validade.
- Plano da eficácia.

No plano da existência estão os pressupostos para um *negócio jurídico*, ou seja, os seus elementos mínimos, seus pressupostos fáticos, enquadrados dentro dos *elementos essenciais* do *negócio jurídico*. Nesse plano há apenas *substantivos sem adjetivos*, ou seja, sem qualquer qualificação (elementos que formam o *suporte fático*). Esses substantivos são: agente, vontade, objeto e forma. Não havendo algum desses elementos, o negócio jurídico é inexistente, conforme defendem os doutrinadores que seguem à risca a doutrina de Pontes de Miranda, caso de Marcos Bernardes de Mello (*Teoria... Plano...*, 2003).

No segundo plano, o da *validade*, as palavras indicadas ganham qualificações, ou seja, *os substantivos recebem adjetivos*, a saber: *agente capaz*; *vontade livre, sem vícios*; objeto lícito, possível, determinado ou determinável e forma prescrita e não defesa em lei. Esses elementos de validade constam do art. 104 do CC/2002.

Na realidade, não há menção à *vontade livre*, mas é certo que tal elemento está inserido no plano da validade, seja na capacidade do agente, seja na licitude do objeto do negócio.

O negócio jurídico que não se enquadra nesses elementos de validade, havendo vícios ou defeitos quanto a estes, é, por regra, nulo de pleno direito, ou seja, haverá nulidade absoluta. Eventualmente, o negócio pode ser também anulável, como aquele celebrado por relativamente incapaz ou acometido por algum vício do consentimento.

Por fim, no plano da eficácia estão os elementos relacionados com as consequências do negócio jurídico, ou seja, com a suspensão e a resolução de direitos e deveres relativos ao contrato, caso da condição, do termo, do encargo, das regras relacionadas com o inadimplemento, dos juros, da multa ou cláusula penal, das perdas e danos, da resolução, da resilição, do registro imobiliário e da tradição (em regra).

De outra forma, nesse plano estão as questões relativas às consequências e aos efeitos gerados pelo negócio em relação às partes e em relação a terceiros.

Logicamente, a *Escada Ponteana* indica que o plano seguinte não pode existir sem o anterior. Elucidando, para que o negócio ou contrato seja eficaz, deve ser existente e válido, em regra. Para ser válido, deve existir.

Todavia, é possível que um negócio ou contrato exista, seja inválido e esteja gerando efeitos. É o caso de um contrato acometido pelo vício da lesão (art. 157 do CC/2002). Aliás, se a ação anulatória não for proposta no prazo decadencial de quatro anos, a contar da celebração do negócio, o contrato será convalidado. A *convalidação* é o fenômeno jurídico pelo qual o negócio inválido passa a ser tido juridicamente como válido. Tudo isso demonstra como a *Escada Ponteana* é valiosa do ponto de vista estrutural, didático e metodológico.

A importância da matéria é inquestionável. Todas as vezes que foi mencionada a expressão *negócio jurídico*, poder-se-ia substituir por *contrato*, pois *todo contrato é negócio jurídico*. Dessa forma, a *Escada Ponteana* pode ser concebida conforme o gráfico a seguir:

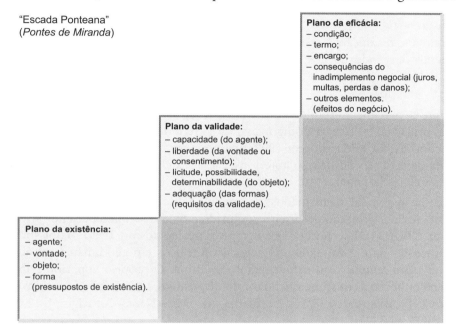

Conforme foi mencionado no Volume 1 da presente coleção, o atual Código Civil Brasileiro não concebeu de forma expressa e distinta o plano da existência. Como se pode perceber, o seu art. 104 trata, diretamente, do plano da validade. Na verdade, melhor considerar que o plano da existência está inserido dentro da validade, ou, didaticamente, que o *plano da existência está embutido no da validade*.

No atual Código Civil, não há dispositivo que explique tão bem a *Escada Ponteana* quanto o art. 2.035, *caput*, relacionando-a à solução de questões de direito intertemporal:

"Art. 2.035. A validade dos negócios e demais atos jurídicos, constituídos antes da entrada em vigor deste Código, obedece ao disposto nas leis anteriores, referidas no art. 2.045, mas os seus efeitos, produzidos após a vigência deste Código, aos preceitos dele se subordinam, salvo se houver sido prevista pelas partes determinada forma de execução".

A redação do dispositivo traz duas constatações. A primeira é que o comando legal também não adota o plano da existência de forma destacada, eis que o artigo começa tratando da "validade dos negócios e demais atos jurídicos". A segunda constatação, regra quanto à aplicação das normas no tempo, é de que, quanto à validade dos negócios jurídicos deve ser aplicada a norma do momento da sua constituição ou celebração.

18 | DIREITO CIVIL • VOL. 3 – *Flávio Tartuce*

Desse modo, prevê o comando legal que se o negócio tiver sido celebrado na vigência do Código Civil de 1916, quanto à sua validade, devem ser aplicadas as regras que constavam na codificação anterior. Isso, em relação à capacidade das partes, à legitimação, à vontade das partes, ao objeto, à forma.

Por outra via, quanto ao plano da eficácia, devem ser aplicadas as normas existentes no momento da produção de seus efeitos ("... mas os seus efeitos, produzidos após a vigência deste Código, aos preceitos dele se subordinam..."). Dessa forma, quanto à condição, ao termo, ao encargo, às consequências do inadimplemento do contrato, aos juros, à multa, à resolução, à resilição, ao registro imobiliário, deve ser aplicada a norma do momento da produção dos efeitos, que pode ser perfeitamente o Código Civil de 2002. Essa deve ser a conclusão, mesmo tendo sido o negócio celebrado na vigência da codificação anterior.

O que se percebe, portanto, é que é possível aplicar a um mesmo contrato as duas leis gerais privadas, ou seja, o Código Civil de 1916 e o Código Civil de 2002. Ilustrando, se o contrato foi celebrado em 1998, quanto à capacidade das partes, ao objeto e à forma será aplicada a codificação anterior, de 1916. Relativamente ao inadimplemento, aos juros, à cláusula penal, entre outros elementos, incidirá a codificação em vigor.

Não há que se falar em inconstitucionalidade do art. 2.035, *caput*, do CC/2002, por suposta lesão à proteção do direito adquirido e do ato jurídico perfeito (art. 5.º, inc. XXXVI, da CF/1988). Isso porque tais institutos protegidos no Texto Maior somente se referem à existência e à validade dos negócios jurídicos em geral, não à eficácia, aplicando-se a regra *tempus regit actum* quanto à última. O próprio Superior Tribunal de Justiça já reconheceu a constitucionalidade do dispositivo, aplicando-o a caso envolvendo a hipoteca (STJ, REsp 691.738/SC, 3.ª Turma, Rel. Min. Nancy Andrighi, j. 12.05.2005, *DJ* 26.09.2005, p. 372).

A par dessa realidade jurídica, este é o momento de trazer exemplos de aplicação da *Escada Ponteana* e do art. 2.035, *caput*, do atual Código Civil aos contratos.

Primeiramente, imagine-se um caso em que foi celebrado um contrato na vigência do Código Civil de 1916 (até 10 de janeiro de 2003). O contrato traz uma multa exagerada, desproporcional, estando presente a *onerosidade excessiva*, a desproporção no negócio jurídico no que toca à cláusula penal. O descumprimento do negócio ocorreu na vigência do Código Civil de 2002 (a partir de 11 de janeiro de 2003, segundo a maioria da doutrina e da jurisprudência).

Pergunta-se: é possível aplicar o art. 413 do atual Código Civil, que prevê o dever do magistrado de reduzir a cláusula penal que for exagerada, a fim de evitar a onerosidade excessiva? Lembrando que essa redução equitativa em caso de desproporção constitui parcial novidade, é de se responder positivamente. Isso porque o inadimplemento ocorreu na vigência da nova lei, estando a multa no plano da eficácia, o que justifica a aplicação da atual legislação.

A título de exemplo, vale citar a sentença proferida pela 13.ª Vara Cível do Foro Central da Capital de São Paulo, no caso envolvendo o apresentador Boris Casoy e a Rede Record. Diante do descumprimento do contrato por parte da emissora, o apresentador resolveu cobrar a multa compensatória prevista no contrato, de cerca de 27 milhões de reais. Aplicando o art. 413 do CC ao contrato, celebrado em 12 de abril de 2002, o magistrado reduziu a cláusula penal para cerca de 6 milhões de reais (Processo 583.00.2006.135945-8; sentença de 18.10.2006; Juiz André Gustavo Cividanes Furlan).

Em junho de 2011, o *decisum* foi parcialmente reformado pelo Tribunal de Justiça de São Paulo, que aumentou o valor da cláusula penal para 10 milhões de reais, por entender que multa fixada pela primeira instância era insuficiente. Vejamos a publicação da ementa do acórdão:

> "Indenizatória. Contrato de prestação de serviços. Apresentador e editor-chefe de telejornal. Rescisão imotivada. Multa compensatória estabelecida em cláusula contratual. Montante manifestamente excessivo. Incidência do art. 413 do CC. Redução equitativa do valor da indenização. Critérios a serem observados. Adoção de cálculo aritmético com vista ao tempo faltante de cumprimento do contrato. Insuficiência. Indenização majorada. Recurso dos autores provido para este fim. Acolhimento de pedido subsidiário formulado na inicial. Reconhecimento da sucumbência recíproca. Apelo da ré provido" (TJSP, Apelação 0062432-17.2007.8.26.0000, Acórdão 5211780, 31.ª Câmara de Direito Privado, São Paulo, Rel. Des. Milton Carvalho, j. 21.06.2011, *DJESP* 28.06.2011).

De qualquer modo, o acórdão mantém a tese de incidência do art. 413 do Código Civil de 2002 a contrato celebrado na vigência do Código Civil de 1916, conforme aqui sustentado.

Como segundo exemplo de aplicação do art. 2.035 do CC, destaque-se o teor do Enunciado n. 164 da *III Jornada de Direito Civil* do Conselho da Justiça Federal, promovida no ano de 2004, segundo o qual: "tendo início a mora do devedor ainda na vigência do Código Civil de 1916, são devidos juros de mora de 6% ao ano até 10 de janeiro de 2003; a partir de 11 de janeiro de 2003 (data da entrada em vigor do novo Código Civil), passa a incidir o art. 406 do CC/2002".

Como se sabe, os juros estão no plano da eficácia de uma obrigação ou de um contrato. Sendo assim, devem ser aplicadas as normas do momento da eficácia do negócio jurídico. É justamente isso que ordena o enunciado em questão, com o qual é de se concordar integralmente. Vários julgados do STJ vêm aplicando o teor dessa conclusão doutrinária (por todos: STJ, AgRg no Ag 714.587/RS, 3.ª Turma, Rel. Min. Sidnei Beneti, j. 11.03.2008, *DJ* 01.04.2008, p. 1; AgRg no REsp 727.842/SP, 3.ª Turma, Rel. Min. Humberto Gomes de Barros, j. 03.12.2007, *DJ* 14.12.2007, p. 398; REsp 813.056/PE, 1.ª Turma, Rel. Min. Luiz Fux, j. 16.10.2007, *DJ* 29.10.2007, p. 184; AgRg no REsp 912.397/PR, 2.ª Turma, Rel. Min. Humberto Martins, j. 04.10.2007, *DJ* 17.10.2007, p. 281).

Outro exemplo envolve a necessidade da outorga conjugal. Como se sabe, o art. 1.647 do atual Código Civil exige a outorga uxória (da esposa) e marital (do marido) para a prática de alguns atos e negócios, salvo se o regime entre eles for o da separação absoluta. A exigência abrange a venda de imóvel, as doações e a prestação de fiança, dentre outros atos. A falta dessa outorga, não suprida pelo juiz, gera a anulabilidade do ato praticado (nulidade relativa), conforme determina o art. 1.649 do CC/2002. Pois bem, o Código Civil de 1916 previa, nos seus arts. 235, 242 e 252, que os atos assim celebrados, sem a outorga, seriam nulos (nulidade absoluta).

No entanto, e se a compra e venda de imóvel foi celebrada na vigência do CC/1916 por um dos cônjuges sem a outorga do outro? Esse negócio é nulo ou anulável? O negócio será nulo, pois se aplica a norma do momento da celebração. Consigne-se que a outorga conjugal é hipótese de legitimação, uma espécie de capacidade, que está no plano da validade. O negócio é nulo mesmo que a ação tenha sido proposta na vigência do Código Civil de 2002 (após 11 de janeiro de 2003), pois a questão a ser analisada é de natureza material, e não processual.

Também a título de ilustração, é imperioso apontar que a *Escada Ponteana* e o art. 2.035 repercutem no contrato de sociedade, típico do Direito Empresarial. De acordo com o art. 977 do atual Código Civil, "faculta-se aos cônjuges contratar sociedade, entre si ou com terceiros, desde que não tenham casado no regime da comunhão universal de bens, ou no da separação obrigatória". O dispositivo citado proíbe que cônjuges casados sob os regimes da comunhão universal ou da separação total obrigatória constituam sociedade entre si. Trata-se de regra de capacidade, que está no plano da validade. Desse modo, o dispositivo somente se aplica às sociedades constituídas após a entrada em vigor do atual Código Civil.

No Código Civil anterior não havia essa restrição em relação à capacidade, havendo direito adquirido quanto à não aplicação do comando legal.

Portanto, as sociedades anteriores não serão atingidas, pois quanto ao plano da validade deve ser aplicada a norma do momento da constituição do negócio. A tese foi adotada na *III Jornada de Direito Civil* do Conselho da Justiça Federal e do Superior Tribunal de Justiça, pelo teor do seu Enunciado n. 204: "a proibição de sociedade entre pessoas casadas sob o regime da comunhão universal ou da separação obrigatória só atinge as sociedades constituídas após a vigência do Código Civil de 2002".

No mesmo sentido, é o Parecer jurídico 125/2003, do antigo Departamento Nacional de Registro do Comércio (DNRC/COJUR). A jurisprudência tem decidido na mesma linha de raciocínio, servindo para ilustrar o seguinte *decisum*:

> "Mandado de segurança. Sociedade regularmente registrada na junta comercial entre marido e mulher. Superveniência do Código Civil de 2002. Artigo 977 a proibir sociedade entre casados no regime da comunhão universal ou no da separação obrigatória. Direito adquirido dos sócios. Segurança concedida. Apelo da Fazenda desprovido. Código Civil. Art. 977. Desnecessidade de adoção de regime diverso de casamento – § 2.º do artigo 1.639 do CC ou de desfazimento da sociedade ou do matrimônio, para cumprir o preceito do artigo 977. Direito adquirido dos cônjuges que formaram sociedade antes da vigência do novo Código Civil. Apelo da Fazenda desprovido. A vedação do artigo 977 do CC não se aplica às sociedades registradas anteriormente à vigência da nova lei, mas incide apenas para as sociedades a serem constituídas após 11.1.2003. O artigo 2.031 do CC não incide sobre sociedades entre cônjuges cujos atos, constitutivos sejam anteriores ao advento da nova normatividade, pois a eles socorre o direito adquirido de índole fundante e de ênfase explicitada na Constituição de 1988, a partir da alteração topográfica do capítulo dos direitos e garantias individuais" (TJSP, Apelação Cível 358.867-5/0, 1.ª Câmara de Direito Público, São Paulo, Rel. Des. Renato Nalini, Data do registro: 26.04.2006, Voto 11.033).

CAP. 1 · TEORIA GERAL DOS CONTRATOS – INTRODUÇÃO | 21

A findar a presente abordagem, deve ficar claro que o art. 2.035, *caput*, do CC/2002 tem grande relevância prática para os contratos em geral. Que fique claro que sou um dos entusiastas do referido comando legal, um dos melhores da atual codificação quanto ao seu conteúdo técnico. Nos próximos volumes da presente coleção outras questões são tratadas envolvendo esse importante dispositivo.

1.5 PRINCIPAIS CLASSIFICAÇÕES CONTRATUAIS

Buscar a natureza jurídica de um determinado contrato é procurar classificá-lo dentre as mais diversas formas e espécies possíveis (*categorização jurídica*). A matéria interessa muito quando são estudados os contratos em espécie. Diante dessa fulcral importância, serão analisadas a partir de então, à luz da melhor doutrina, as principais classificações contratuais.

1.5.1 Quanto aos direitos e deveres das partes envolvidas ou quanto à presença de *sinalagma*

Como é cediço, o negócio jurídico pode ser unilateral, bilateral ou plurilateral, o que depende do número de partes ou vontades presentes. O contrato é sempre negócio jurídico bilateral ou plurilateral, eis que envolve pelo menos duas pessoas (alteridade). No entanto, o contrato também pode ser classificado como *unilateral*, *bilateral* ou *plurilateral*.

O *contrato unilateral* é aquele em que apenas um dos contratantes assume deveres em face do outro. É o que ocorre na doação pura e simples, uma vez que há duas vontades (a do doador e a do donatário), mas do concurso de vontades surgem deveres apenas para o doador; o donatário apenas auferirá vantagens. Também são exemplos de contratos unilaterais o mútuo (empréstimo de bem fungível para consumo) e o comodato (empréstimo de bem infungível para uso). Percebe-se, assim, que nos contratos unilaterais, apesar da presença de duas vontades, apenas uma delas será devedora, não havendo contraprestação.

Atente-se que a doação modal ou com encargo – modalidade de doação onerosa, por trazer um ônus ao donatário – é tida como *contrato unilateral imperfeito*. Essa figura contratual será abordada oportunamente neste livro.

Por outra via, o contrato será *bilateral* quando os contratantes são simultânea e reciprocamente credores e devedores uns dos outros, produzindo o negócio direitos e deveres para ambos, de forma proporcional. O contrato bilateral é também denominado *contrato sinalagmático*, pela presença do *sinalagma*, que é a proporcionalidade das prestações, eis que as partes têm direitos e deveres entre si (*relação obrigacional complexa*).

O típico exemplo de contrato bilateral é a compra e venda, com a seguinte *estrutura sinalagmática*:

– o vendedor tem o dever de entregar a coisa e tem o direito de receber o preço;
– o comprador tem o dever de pagar o preço e tem o direito de receber a coisa.

Também são contratos bilaterais a troca ou permuta, a locação, a prestação de serviços, a empreitada, o transporte, o seguro, entre outros.

Além dessas formas contratuais, há ainda o *contrato plurilateral*, que é aquele que envolve várias pessoas, trazendo direitos e deveres para todos os envolvidos, na mesma proporção. São exemplos de contratos plurilaterais o seguro de vida em grupo e o contrato de consórcio.

O que deve ficar claro é que a classificação do contrato aqui abordada não se confunde com a classificação do negócio jurídico em unilateral, bilateral e plurilateral. Isso porque, como demonstrado, todo contrato é negócio jurídico pelo menos bilateral.

1.5.2 Quanto ao sacrifício patrimonial das partes

Com relação ao sacrifício patrimonial das partes contratuais, os contratos classificam-se em onerosos e gratuitos.

Os contratos onerosos são aqueles que trazem vantagens para ambos os contratantes, pois ambos sofrem o mencionado sacrifício patrimonial (ideia de proveito alcançado). Ambas as partes assumem deveres obrigacionais, havendo um direito subjetivo de exigi-lo. Há uma prestação e uma contraprestação. O exemplo típico de contrato oneroso é a compra e venda.

Por outro lado, os *contratos gratuitos* ou *benéficos* são aqueles que oneram somente uma das partes, proporcionando à outra uma vantagem sem qualquer contraprestação. No que concerne aos contratos gratuitos, deve ser observada a norma do art. 114 do CC, que prevê a interpretação restritiva dos negócios benéficos. O exemplo típico de contrato gratuito é a doação pura ou simples.

Como decorrência lógica da estrutura contratual, em regra, os contratos onerosos são bilaterais e os gratuitos são unilaterais. Mas pode haver exceção, como é o caso do contrato de mútuo de dinheiro sujeito a juros (*mútuo feneratício*), pelo qual, além da obrigação de restituir a quantia emprestada (contrato unilateral), devem ser pagos os juros (contrato oneroso).

Ainda no que diz respeito aos contratos onerosos, será demonstrado que a onerosidade não pode ser excessiva de forma a gerar o enriquecimento sem causa de uma parte em relação à outra. Rompido o ponto de equilíbrio do contrato, o ponto estrutural da proporcionalidade ou *sinalagma*, a base do negócio jurídico, justifica-se a sua revisão, à luz da função social dos contratos e da boa-fé objetiva.

1.5.3 Quanto ao momento do aperfeiçoamento do contrato

No que tange ao momento do aperfeiçoamento, os contratos podem ser consensuais ou reais. Os *contratos consensuais* são aqueles negócios que têm aperfeiçoamento pela simples manifestação de vontade das partes envolvidas. São contratos consensuais a compra e venda, a doação, a locação, o mandato, entre outros, conforme será devidamente desenvolvido quando do estudo dos contratos em espécie.

De outra forma, os *contratos reais* são aqueles que apenas se aperfeiçoam com a entrega da coisa (*traditio rei*), de um contratante para o outro. São contratos reais o comodato, o mútuo, o contrato estimatório e o depósito. Nessas figuras contratuais,

CAP. 1 · TEORIA GERAL DOS CONTRATOS – INTRODUÇÃO | 23

antes da entrega da coisa tem-se apenas uma promessa de contratar e não um contrato perfeito e acabado.

Insta verificar que não se pode confundir o aperfeiçoamento do contrato (plano da validade) com o seu cumprimento (plano da eficácia). A compra e venda gera efeitos a partir do momento em que as partes convencionam sobre a coisa e o seu preço (art. 482 do CC).

No caso da compra e venda de imóveis, o registro mantém relação com a aquisição da propriedade do negócio decorrente, o mesmo valendo para a tradição nos casos envolvendo bens móveis. Utilizando a *Escada Ponteana*, o registro e a tradição estão no *plano da eficácia* desse contrato. Quanto à tradição, é melhor dizer que está, *em regra*, no plano da eficácia. Isso porque, no caso dos contratos reais, a entrega da coisa está no plano da validade.

1.5.4   Quanto aos riscos que envolvem a prestação

Relativamente aos riscos que envolvem a prestação, o contrato oneroso será *comutativo* ou *pré-estimado* quando as partes já sabem quais são as prestações.

Em determinados negócios não existe o fator risco em relação às prestações, que serão certas e determinadas. A compra e venda, por exemplo, é, em regra, um *contrato comutativo*, pois o vendedor já sabe qual o preço a ser pago e o comprador qual é a coisa a ser entregue. Também é contrato comutativo o contrato de locação, pois as partes sabem o que será cedido e qual o valor do aluguel.

Já no *contrato aleatório,* a prestação de uma das partes não é conhecida com exatidão no momento da celebração do negócio jurídico pelo fato de depender da sorte, da *álea*, que é um fator desconhecido. O Código Civil de 2002 trata dos contratos aleatórios nos arts. 458 a 461.

Interessante ressaltar que alguns negócios são aleatórios devido à sua própria natureza, caso dos contratos de seguro e de jogo e aposta. Em outros casos, contudo, o contrato é aleatório em virtude da existência de um elemento acidental, que torna a coisa ou o objeto incerto quanto à sua existência ou quantidade, como ocorre na compra e venda de uma colheita futura. Percebe-se, por esse exemplo, que a compra e venda também pode assumir a forma aleatória, excepcionando a regra relativa à sua natureza comutativa.

Dentro dessa linha de raciocínio, o Código Civil Brasileiro de 2002 consagra duas formas básicas de contratos aleatórios:

a) Contrato aleatório *emptio spei* – é a hipótese em que um dos contratantes toma para si o risco relativo à própria existência da coisa, sendo ajustado um determinado preço, que será devido integralmente, mesmo que a coisa não exista no futuro, desde que não haja dolo ou culpa da outra parte (art. 458 do CC). Como se pode perceber, o risco é maior. No caso de compra e venda, essa forma negocial pode ser denominada *venda da esperança*. Como exemplo, imagine-se que alguém propõe a um pescador uma compra aleatória de peixes, pagando R$ 100,00 por qualquer quantidade obtida em uma hora no mar, inclusive se nada for pescado. O preço deve ser pago de qualquer maneira.

b) Contrato aleatório *emptio rei speratae* – o contrato será dessa natureza se o risco versar somente em relação à quantidade da coisa comprada, pois foi fixado pelas partes um mínimo como objeto do negócio (art. 459 do CC). Nesse contrato o risco, apesar de existente, é menor. Em casos tais, a parte terá direito a todo o preço, desde que de sua parte não tenha concorrido com culpa, ainda que a coisa venha a existir em quantidade inferior à esperada. Mas, se a coisa não vier a existir, alienação não haverá, e o alienante deverá devolver o preço recebido (art. 459, parágrafo único, do Código Civil). Na compra e venda trata-se da *venda da esperança com coisa esperada*. Na mesma ilustração da compra de peixes, a proposta ao pescador é de R$ 200,00 por uma hora no mar. Porém, o comprador fixa uma quantidade mínima de dez peixes que devem ser pescados, um montante mínimo.

Complementando o tratamento da matéria, o Código Civil consagra ainda duas regras quanto aos contratos aleatórios, que merecem ser pontuadas.

De início, "se for aleatório o contrato, por se referir a coisas existentes, mas expostas a risco, assumido pelo adquirente, terá igualmente direito o alienante a todo o preço, posto que a coisa já não existisse, em parte, ou de todo, no dia da celebração do contrato". Essa é a regra do art. 460 do Código Civil que trata da alienação de coisa existente sujeita a risco (DINIZ, Maria Helena. *Código*..., 2005, p. 432).

No entanto, essa alienação aleatória poderá ser anulada pelo prejudicado, por ser dolosa, se esse provar que o outro contratante não ignorava a consumação do risco a que no contrato se considerava exposta a coisa (art. 461 do CC). O caso é de anulabilidade pela presença de dolo essencial, causa do negócio jurídico. Para a ação anulatória deve-se aplicar o art. 178, inc. II, do CC, que prevê prazo decadencial de quatro anos, contado da celebração do ato.

Anoto que no Projeto de Reforma e Atualização do Código Civil, proposto pela Comissão de Juristas nomeada no âmbito do Congresso Nacional, há sugestão de se incluir um parágrafo único nesse art. 461 para, em prol da segurança jurídica, mencionar o citado prazo decadencial e o seu início: "o prazo para o ingresso da ação anulatória referida no *caput* é decadencial, de quatro anos, contado da celebração do contrato". Aguarda-se, assim, a sua inclusão na norma.

Para encerrar o tópico, lembro que não é possível, em regra, rever judicialmente um contrato aleatório que assumir qualquer uma das formas apontadas, seja pela ocorrência de uma imprevisibilidade ou em virtude da simples onerosidade *excessiva*, pois o risco, em casos tais, é da essência do negócio celebrado. Entretanto, é possível rever a parte comutativa desses contratos, conforme está exposto, nesta obra, no capítulo que trata da revisão contratual.

1.5.5   Quanto à previsão legal

A busca de uma *teoria geral dos contratos atípicos* foi muito bem delineada pelo Professor Álvaro Villaça Azevedo, insigne mestre das Arcadas (*Teoria*..., 2002). Por certo que, o Código Civil de 2002, ao mencionar no art. 425 a expressão *contratos atípicos*, acaba por adotar a sua tese. Dessa forma, os contratos típicos são aqueles regulados por lei, enquanto os atípicos aqueles que não encontram previsão legal.

Nos termos do citado dispositivo, é lícito às partes estipular contratos atípicos, desde que observadas as normas gerais estabelecidas pelo próprio Código Civil. Como normas que devem ser respeitadas, no caso normas de ordem pública, podem ser mencionados os arts. 421 e 422 do CC, que tratam dos princípios da função social do contrato e da boa-fé objetiva (*princípios sociais contratuais*).

Alguns doutrinadores apontam que a expressão *contratos atípicos* seria sinônima de *contratos inominados*, enquanto a expressão *contratos típicos* seria sinônima de *contratos nominados*. Entretanto, apesar de respeitar esse posicionamento, entendo ser mais pertinente utilizar a expressão que consta da lei, qual seja, a do art. 425 do CC.

Na verdade, existem sim diferenças entre os conceitos expostos como sinônimos. As expressões *contratos nominados e inominados* devem ser utilizadas quando a figura negocial constar ou não em lei. Por outro turno, os termos *contratos típicos e atípicos* servem para apontar se o contrato tem ou não um tratamento legal mínimo.

Vejamos um exemplo para elucidar essa diferenciação. O art. 1.º, parágrafo único, da Lei de Locação (Lei 8.245/1991) ao prever as hipóteses de sua não aplicação, faz menção ao *contrato de garagem* ou *estacionamento*, nos seguintes termos: "continuam regulados pelo Código Civil e pelas leis especiais: a) as locações: (...) 2. das vagas autônomas de garagem ou de espaços de estacionamento de veículos". Percebe-se que o contrato de garagem ou estacionamento é *nominado*, pois o seu nome consta em lei. Entretanto, como não há uma previsão legal mínima, trata-se de um contrato *atípico*.

Concluindo, o contrato em questão é *nominado e atípico*. Essa diferenciação é adotada, com maestria, pela Professora Giselda Maria Fernandes Novaes Hironaka, merecendo destaque:

> "Nesse passo, levanto pedido de licença para registrar, desde logo, a inconveniência e o desacerto de se prosseguir, doutrinaria e dogmaticamente, com aquela posição que sempre deu, como sinônimas, as expressões inominado e atípico. Sob nenhuma hipótese desconsidero tal crítica, eis que a atipicidade de um contrato não se traduz pelo fato de ter ele, ou não, um 'nomen juris', mas sim pelo fato de não estar devidamente regulamentado em lei. Reconhece-se com frequência cada vez mais acentuada que contratos há que têm nome e nem por isso são nominados-típicos já que, para que assim fossem considerados, estariam a exigir a presença de um regramento legislativo específico. Fico com a melhor e dominante doutrina para admitir que é preferível se referir, nestes casos, a contratos típicos e a contratos atípicos, em lugar de nominados e inominados. Assim, é contrato típico aquele que a lei regulamenta, estabelecendo regras específicas de tratamento e lhe concedendo um 'nomen juris'. Aliás, penso que a denominação decorre da regulamentação, e não vice-versa, como poderia parecer se o adjetivo preferido fosse nominado. A seu turno, portanto, contrato atípico é aquele não disciplinado pelo ordenamento jurídico, embora lícito, pelo fato de restar sujeito às normas gerais do contrato e pelo fato de não contrariar a lei, nem os bons costumes, nem os princípios gerais de direito. Pouco importa se tem ou não um nome, porque este não é a característica da sua essência conceitual; seu traço característico próprio é o fato de não estar sujeito a uma disciplina própria" (HIRONAKA, Giselda Maria Fernandes Novaes. *Contrato...* Disponível em: www.flaviotartuce.adv.br. Acesso em: 10 jan. 2006).

Sabe-se que são contratos tipificados pelo Código Civil: a compra e venda, a troca ou permuta, a locação, a prestação de serviço, a empreitada, o comodato, o mútuo, o contrato estimatório, o depósito, a fiança, a doação, o mandato, o transporte, a comissão, a agência e distribuição, a corretagem, a transação, o compromisso, o jogo e aposta, a constituição de renda e o seguro. Todas essas figuras negociais serão abordadas no presente volume da coleção.

Por outro lado, são contratos atípicos os contratos eletrônicos em geral, celebrados pela via digital, aplicando-lhes as normas do Código Civil, conforme prescreve o mencionado art. 425 da atual codificação material.

Observo que o Projeto de Reforma do Código Civil pretende incluir na Lei Geral Privada um amplo tratamento a respeito deles, inclusive no novo livro denominado de *Direito Civil Digital,* com um capítulo próprio a respeito da celebração dos contratos por meios digitais.

Entre as proposições, destaco, inicialmente, a que define a categoria: "entende-se por contrato digital todo acordo de vontades celebrado em ambiente digital, como os contratos eletrônicos, pactos via aplicativos, *e-mail,* ou qualquer outro meio tecnológico que permita a comunicação entre as partes e a criação de direitos e deveres entre elas, pela aceitação de proposta de negócio ou de oferta de produtos e serviços". Anoto que os dispositivos do novo livro não foram numerados, deixando para o Congresso Nacional a opção de inseri-los na Lei Geral Privada, em qualquer posição.

Também se inclui uma previsão segundo a qual as mesmas regras que regem os contratos celebrados por instrumentos particulares ou públicos também se aplicam à regência da contratação feita em ambiente digital, atendidas suas especificidades e observado o tratamento previsto na própria Lei Geral Privada e na legislação especial.

Sobre os princípios aplicáveis aos contratos celebrados por meios digitais, o projeto consagra os seguintes: *a)* imaterialidade: diante da formação e armazenamento por meio eletrônico; *b)* autonomia privada: com o reconhecimento da liberdade das partes na criação de negócios digitais, desde que não contrariem a legislação vigente, sobretudo as normas cogentes e de ordem pública; *c)* boa-fé: entendida como a exigência de que as partes atuem com honestidade, transparência, probidade, cooperação e lealdade durante a formação, a execução e a resolução dos contratos digitais; *d)* equivalência funcional: com o entendimento de que os contratos digitais possuem a mesma validade legal dos contratos tradicionais e analógicos, desde que cumpridos os requisitos legais para sua formação; *e)* segurança jurídica: com a garantia de proteção aos direitos das partes envolvidas, assegurando a clareza, a precisão e a integridade dos termos acordados; e *f)* função social do contrato: nos termos do que está assegurado nos arts. 421 e 2.035, parágrafo único, do próprio Código Civil. Por sugestão da Professora Claudia Lima Marques também se propõe uma regra segundo a qual, na interpretação dos contratos digitais, devem ser considerados a sua funcionalidade conjunta, a compatibilidade, a interoperabilidade, a durabilidade e o seu uso comum e esperado.

De acordo com outra proposta, e como não poderia ser diferente, os contratos digitais, em regra, são considerados informais e não solenes, nos termos do art. 107 da Lei Geral Privada, submetidos ao *princípio da liberdade das formas.*

CAP. 1 • TEORIA GERAL DOS CONTRATOS – INTRODUÇÃO | **27**

Ademais, sugere-se precisa norma estabelecendo que o contrato celebrado por aplicativo digital é válido e eficaz, se atendidos os requisitos legais previstos no art. 104 da Lei Geral Privada. Entende-se, pela mesma proposição, por aplicativo digital qualquer plataforma, *software* ou sistema eletrônico que permita a celebração, gestão e execução de contratos que tenham por objeto a intermediação do uso, gozo e fruição de coisa não fungível ou imaterial.

Sobre a formação do contrato digital também são inseridas na codificação privada regras claras e objetivas, que serão estudadas oportunamente neste livro.

Ainda a respeito dos contratos eletrônicos, tem-se debatido muito atualmente sobre os *smart contracts*. Como explica Angélica Carlini, esses contratos mantêm relação com a tecnologia *blockchain*:

> "Uma base de dados compartilhada entre diferentes pessoas que não se conhecem, que guardam todos os registros das transações realizadas. Esses registros são ordenados por blocos que contém as informações e protegidos por chaves denominadas *hash*, que são uma assinatura criptografada. Qualquer alteração na base de dados vai gerar um novo *hash*, e todos os participantes da rede saberão disso e poderão certificar a autenticidade da transação realizada. Não há possibilidade de mudanças retroativas porque cada transação é certificada com um carimbo digital que contém a data e o horário, o que contribui para garantir a segurança da transação. Além disso, cada transação realizada na rede é caracterizada como um bloco que é enviado a todos os nós de rede (participantes da rede entre pares) e agregado a outros blocos, de forma que todos conhecem todas as transações realizadas e podem validá-las" (CARLINI, Angélica. *Smart contracts...* Disponível em: https://www.migalhas.com.br/coluna/migalhas-contratuais/358010/smart-contracts-inteligentes-ou-obedientes. Acesso em: 10 out. 2022).

Na sequência, a jurista explica com mais detalhes como se dá a contratação nos *smart contracts*, merecendo destaque as suas palavras:

> "A contratação é totalmente automatizada e a vontade do ser humano só pode se manifestar nos estritos limites do que foi previamente configurado no sistema computacional que rege a máquina. Se o humano desejar alguma coisa que não esteja à venda, ou se quiser que a máquina interprete alguma de suas intenções, isso não será possível porque não há programação para essas variáveis.
>
> Essa é a ideia central dos *smart contracts*, as partes contratantes devem fixar previamente todas as condições que desejam que seja transporta para a linguagem computacional e, depois que isso for feito, não existe mais espaço para modificações para os termos fixados no contrato. Se as condições previstas forem ocorrendo as consequências desejadas igualmente ocorrerão sem intervenção humana, sem subjetividade na interpretação e, principalmente, sem viabilizar a intervenção de terceiros estatais ou privados" (CARLINI, Angélica. *Smart Contracts...* Disponível em: https://www.migalhas.com.br/coluna/migalhas-contratuais/358010/smart-contracts-inteligentes-ou-obedientes. Acesso em: 10 out.).

A par dessa realidade, a doutrinadora conclui que o termo *smart contracts*, em tradução literal "contratos inteligentes", não seria o mais adequado, pois "são, na verdade, contratos obedientes mas não inteligentes porque não tomam decisões sozinhos, são orientados a agir a partir de cláusulas ou condições previamente determinadas por humanos e que devem ser rigorosamente obedecidas, sem qualquer interferência externa". Por isso, conclui que essas figuras não devem ser utilizadas no âmbito das relações de consumo ou de determinadas áreas do Direito Civil, em que certas peculiaridades e aspectos subjetivos devem ser observados, sob pena de serem gerados graves conflitos na interpretação do conteúdo negocial. Estou totalmente filiado a esse entendimento da Professora Angélica Carlini, que passo a adotar, após muito refletir sobre essa nova realidade contratual.

No Projeto de Reforma e Atualização do Código Civil existe proposta de tratamento dessas figuras contratuais. Nos termos do projetado comando para o livro de *Direito Civil Digital*, são considerados contratos inteligentes (*smart contracts*) aqueles nos quais alguma ou todas as obrigações contratuais são definidas ou executadas automaticamente por um programa de computador, por meio da utilização de sequência de registros eletrônicos de dados, e garantindo-se a integridade e a precisão de sua ordenação cronológica.

O preceito terá ainda um parágrafo único, preceituando que o fornecedor que utiliza contratos inteligentes ou, na sua ausência, a pessoa cujo comércio, negócio ou profissão envolva a sua implementação para terceiros, no contexto da execução de um acordo ou parte dele e ao disponibilizar dados, deve garantir que tais contratos cumpram os seguintes requisitos: *a)* robustez e controle de acesso, para assegurar que o contrato inteligente foi projetado para oferecer mecanismos de controle de acesso e um grau muito elevado de segurança, a fim de evitar erros funcionais e resistir à manipulação por terceiros; *b)* término seguro e interrupção, para garantir que exista um mecanismo para encerrar a execução contínua de transações e que o contrato inteligente inclua funções internas capazes de reiniciar ou instruir o contrato a parar ou interromper a operação, especialmente para evitar futuras execuções acidentais; *c)* auditabilidade, com arquivamento de dados e continuidade, para garantir, em circunstâncias em que um contrato inteligente precise ser encerrado ou desativado, a possibilidade de arquivar os seus dados transacionais, a sua lógica e o seu código a fim de manter-se o registro dos dados das operações passadas; *d)* controle de acesso, para assegurar que o contrato inteligente esteja protegido por meio de mecanismos rigorosos de controle de acesso nas camadas de governança; e *e)* consistência, para garantir a conformidade com os termos do acordo que o contrato inteligente executa.

Como se pode notar, as proposições são completas, e mais do que necessárias, para trazer segurança jurídica e estabilidade para as relações privadas, aguardando-se a sua aprovação pelo Congresso Nacional.

Em complemento a respeito dos contratos atípicos, vale dizer que, na *VII Jornada de Direito Civil*, evento promovido pelo Conselho da Justiça Federal em 2015, aprovou-se proposta no sentido de que "com suporte na liberdade contratual e, portanto, em concretização da autonomia privada, as partes podem pactuar garantias contratuais atípicas" (Enunciado n. 582). Assim, é plenamente possível a criação de uma modalidade de garantia pessoal totalmente nova no sistema, inclusive congregando elementos de outras formas de garantias já existentes.

Encerrando a presente seção, é fundamental apontar que Álvaro Villaça Azevedo criou classificação interessante dos contratos atípicos, que deve ser conhecida e estudada.

Para o professor do Largo de São Francisco, os contratos atípicos podem ser singulares ou mistos. "Os contratos atípicos singulares são figuras atípicas, consideradas individualmente. Os contratos atípicos mistos apresentam-se: (a) com contratos ou elementos somente típicos; (b) com contratos ou elementos somente atípicos; e (c) com contratos ou elementos típicos e atípicos" (*Teoria...*, 2002, p. 138).

Para esclarecer tais deduções, reproduzo a minha versão do quadro criado pelo Professor Villaça, completando-o com exemplos dessas figuras negociais por ele propostas:

Teoria Geral dos Contratos

1.5.6 Quanto à negociação do conteúdo pelas partes. O conceito de contrato de adesão. Diferenças em relação ao contrato de consumo

Conforme exposto no início do presente capítulo, não há como afastar o contrato da constante ingerência exercida pelo meio social. Nesse contexto se situa o contrato de adesão, que constitui um fenômeno há muito tempo percebido pela teoria contratual. Notório é que, com a evolução da sociedade, passou-se a exigir uma maior celeridade e intensidade das relações negociais, surgindo, nesse contexto, a *estandardização*. Por isso é que Enzo Roppo utiliza a expressão *contratos standard* para denominar os contratos de adesão, expressão que nos parece a mais apropriada.

Orlando Gomes, em obra específica sobre o tema, lembra que as exigências práticas da vida econômica, a necessidade de circulação intensa de bens e de capital, entre outros fatores consolidaram de forma plena essa figura contratual.

No mesmo trabalho, o autor clássico baiano conceitua o contrato de adesão como "o negócio jurídico no qual a participação de um dos sujeitos sucede pela aceitação em bloco de uma série de cláusulas formuladas antecipadamente, de modo geral e abstrato, pela outra parte, para constituir o conteúdo normativo e obrigacional de futuras relações concretas" (GOMES, Orlando. *Contrato...*, 1972, p. 3).

Caio Mário da Silva Pereira ensina que "chamam-se contratos de adesão aqueles que não resultam do livre debate entre as partes, mas provêm do fato de uma delas aceitar tacitamente cláusulas e condições previamente estabelecidas" (*Instituições...*, 2004, p. 72). Ensina o doutrinador que alguns autores negam natureza contratual ao contrato de adesão, alegando ausência de vontade, o que é rebatido pelos irmãos Mazeaud, pela sua presença (da vontade) na aceitação das cláusulas, tese última com a qual se deve concordar.

Maria Helena Diniz prefere utilizar a expressão *contrato por adesão* para denominar o *contrato de adesão*, verificando que se constitui pela adesão da vontade de um oblato indeterminado à oferta permanente do proponente ostensivo. Desse modo, "os contratos por adesão ('Standard Verträgen') constituem uma oposição à ideia de contrato paritário, por inexistir a liberdade de convenção, visto que excluem a possibilidade de qualquer debate e transigência entre as partes, uma vez que um dos contratantes se limita a aceitar as cláusulas e condições previamente redigidas e impressas pelo outro (*RT* 519:163), aderindo a uma situação contratual já definida em todos os seus termos" (DINIZ, Maria Helena. *Tratado...*, 2003, p. 104).

Compreende-se perfeitamente as razões apontadas pela eminente professora. Entretanto, pela terminologia utilizada tanto pelo Código de Defesa do Consumidor (art. 54), quanto pelo Código Civil de 2002 (arts. 423 e 424), seguirei, pois a prefiro, a expressão *contrato de adesão*. Corroborando parcialmente esse parecer, entendo que as expressões *contratos de adesão* e *contratos por adesão* são sinônimas.

Mas há aqueles que não concluem dessa forma. Orlando Gomes, por exemplo, diferenciava as duas expressões. Para ele, "o que caracteriza o contrato de adesão propriamente dito é a circunstância de que aquele a quem é proposto não pode deixar de contratar, porque tem necessidade de satisfazer a um interesse que, por outro modo, não pode ser atendido". Haveria, portanto, no *contrato de adesão* um monopólio, não presente no *contrato por adesão*. Esta última figura estaria presente nos demais casos em que o conteúdo é imposto por uma das partes, de forma total ou parcial (GOMES, Orlando. *Contratos...*, 1999, p. 120).

Na realidade, defendo há tempos que *contratos de adesão* e *contratos por adesão* são expressões sinônimas visando, inicialmente, a uma facilitação didática e terminológica. Ora, como tanto o Código de Defesa do Consumidor quanto o atual Código Civil utilizam a expressão *contratos de adesão* em sentido amplo, nos comandos citados, melhor caracterizar como de adesão qualquer contrato em que não haja plena discussão das cláusulas contratuais, ao contrário do que ocorre nos *contratos paritários ou negociados*, em que o conteúdo é debatido pelas partes.

Ademais, se fosse feita a diferenciação outrora mencionada, os arts. 423 e 424 da atual codificação privada, normas que protegem o aderente, não se aplicariam aos *contratos por adesão*, mas somente aos *contratos de adesão*. Isso, a meu ver, contrariaria o princípio da função social do contrato, eis que a intenção do legislador parece ter sido a de proteção de todos aqueles que tiveram contra si a imposição de cláusulas contratuais, de forma ampla ou restrita. Com a diferenciação, portanto, poderíamos chegar a situações injustas, em clara lesão ao princípio da igualdade ou isonomia.

Adotando a ideia de que as expressões são sinônimas, cabe transcrever o seguinte voto superior, reconhecendo a nulidade da cláusula compromissória de arbitragem inserida em contrato de franquia, em desrespeito ao que consta do art. 4.º da Lei 9.307/1996: "quanto à diferenciação apresentada pela recorrida segundo a qual contratos 'por adesão' são distintos de contratos 'de adesão', entendo que essa sutileza sintática é incapaz de representar alguma diferença semântica relevante pois o Direito não trata de forma distinta essas duas supostas categorias" (STJ, REsp 1.602.076/SP, 3.ª Turma, Rel. Min. Nancy Andrighi, j. 15.09.2016, *DJe* 30.09.2016).

Trecho da ementa do aresto merece destaque pela utilização do termo *cláusula patológica*, tão comum entre os *arbitralistas*, e que pode ser também usada em outras searas:

> "O contrato de franquia, por sua natureza, não está sujeito às regras protetivas previstas no CDC, pois não há relação de consumo, mas de fomento econômico. Todos os contratos de adesão, mesmo aqueles que não consubstanciam relações de consumo, como os contratos de franquia, devem observar o disposto no art. 4.º, § 2.º, da Lei 9.307/96. O Poder Judiciário pode, nos casos em que *prima facie* é identificado um compromisso arbitral 'patológico', i.e., claramente ilegal, declarar a nulidade dessa cláusula, independentemente do estado em que se encontre o procedimento arbitral" (STJ, REsp 1.602.076/SP, 3.ª Turma, Rel. Min. Nancy Andrighi, j. 15.09.2016, *DJe* 30.09.2016).

Vale lembrar que a norma específica citada exige que nos contratos de adesão a cláusula compromissória seja celebrada por escrito em documento anexo ou em negrito, com a assinatura ou visto especialmente para essa cláusula (art. 4.º, § 2.º, da Lei 9.307/1996).

Portanto, o *contrato de adesão é aquele em que uma parte, o estipulante, impõe o conteúdo negocial, restando à outra parte, o aderente, duas opções: aceitar ou não o conteúdo desse negócio*. O conceito deve ser visto em sentido amplo, de modo a englobar todas as figuras negociais em que as cláusulas são preestabelecidas ou predispostas, caso do *contrato-tipo* e do *contrato formulário*, figuras negociais em que as cláusulas são predeterminadas até por um terceiro. Esses contratos até são comercializados, em alguns casos, inclusive na *internet*.

Eventualmente, caberá a análise cláusula a cláusula para apontar se o contrato possui a natureza de contrato de adesão ou de contrato paritário (plenamente discutido). Assinale-se que o contrato paritário também é denominado como *contrato negociado*.

O Código de Defesa do Consumidor cuidou de definir o contrato de adesão no seu art. 54. De acordo com esse preceito legal "contrato de adesão é aquele cujas cláusulas tenham sido aprovadas pela autoridade competente ou estabelecidas unilateralmente pelo fornecedor de produtos ou serviços, sem que o consumidor possa discutir ou modificar substancialmente seu conteúdo".

A despeito do posicionamento que nesta obra foi adotado, nota-se que o conceito legal traz tanto a ideia daquilo que Orlando Gomes denominava como *contrato de adesão* – uma vez que o monopólio está na menção de aprovação pela autoridade competente – quanto a concepção de *contrato por adesão* em relação aos negócios em que as cláusulas são instituídas ou predeterminadas por uma das partes, de forma ampla ou restrita. O conceito aqui construído, aliás, foi concebido a partir do que consta no art. 54 da Lei 8.078/1990.

Os parágrafos do aludido comando legal trazem outras regras complementares de especial interesse. Inicialmente, o § 1.º do art. 54 do CDC preceitua que a inserção de cláusulas eventualmente discutidas no formulário não afasta a natureza de contrato de adesão. De acordo com a previsão seguinte, § 2.º do art. 54, admite-se na figura negocial a cláusula resolutória, uma condição resolutiva expressa, desde que esta não traga uma desvantagem excessiva ao consumidor, a teor do que estatui o art. 51, inc. IV, da Lei 8.078/1990. Nesse ponto, a função social do contrato tem eficácia interna, ou seja, entre as partes contratantes, visando à proteção da parte vulnerável da relação contratual. Conforme o Enunciado n. 360 do CJF/STJ, aprovado na *IV Jornada de Direito Civil*, seguindo proposta por mim formulada, "o princípio da função social dos contratos também pode ter eficácia interna entre as partes contratantes". O estudo do tema será aprofundado em momento oportuno.

Ato contínuo de análise, o § 3.º do art. 54 do CDC prevê que os contratos de adesão deverão ser escritos de modo a possibilitar o seu entendimento pelo consumidor, em termos "claros e com caracteres ostensivos, cujo tamanho da fonte não será inferior ao corpo doze, de modo a facilitar sua compreensão pelo consumidor". A norma foi alterada pela Lei 11.785/2008, que introduziu a menção ao tamanho mínimo de corpo doze, o que está de acordo com o dever de informar, anexo ao princípio da boa-fé objetiva.

A exemplificar a questão dos termos claros, em decisão datada do ano de 2001, o Superior Tribunal de Justiça entendeu que o contrato de seguro médico-hospitalar que assume a forma de adesão deve ser redigido de forma clara, a possibilitar o seu entendimento pelo aderente leigo. Eventualmente, em caso de dúvidas, a interpretação do contrato deve ser feita da maneira mais favorável ao consumidor, conforme a regra da visualização mais favorável, a ser retirada do art. 47 do CDC:

> "Direito Civil. Contrato de seguro-saúde. Transplante. Cobertura do tratamento. Cláusula dúbia e mal redigida. Interpretação favorável ao consumidor. Art. 54, § 4.º, CDC. Recurso especial. Súmula/STJ, enunciado 5. Precedentes. Recurso não conhecido. I – Cuidando-se de interpretação de contrato de assistência médico-hospitalar, sobre a cobertura ou não de determinado tratamento, tem-se o reexame de cláusula contratual como procedimento defeso no âmbito desta Corte, a teor de seu verbete sumular n. 5. II – Acolhida a premissa de que a cláusula excludente seria dúbia e de duvidosa clareza, sua interpretação deve favorecer o segurado, nos termos do art. 54, § 4.º, do Código de Defesa do Consumidor. Com efeito, nos contratos de adesão, as cláusulas limitativas ao direito do consumidor contratante deverão ser redigidas com clareza e destaque, para que não fujam de sua percepção leiga" (STJ, REsp 311.509/SP (200100318126), 394250 Recurso Especial, data da decisão: 03.05.2001, fonte: *DJ* 25.06.2001, p. 196, *JBCC*, vol. 193, p. 87).

Superada essa conceituação inicial e aprofundando o seu estudo, é interessante trazer à baila uma questão controvertida importante. Muitas vezes, percebe-se, mesmo na doutrina e na jurisprudência, certa confusão entre os conceitos de contrato de consumo e contrato de adesão. E essa confusão não pode ser feita, o que é muito incentivado pelo fato de o Código de Defesa do Consumidor definir o contrato de adesão, equívoco que se pretende corrigir com a Reforma do Código Civil, como se verá no próximo capítulo deste livro.

Isso porque o conceito de contrato de consumo é retirado dos arts. 2.º e 3.º da Lei 8.078/1990 que apontam os elementos da relação jurídica de consumo. O contrato de consumo pode ser conceituado como aquele em que alguém, um profissional, fornece um produto ou presta ou serviço a um destinatário final, fático e econômico, denominado consumidor, mediante remuneração direta ou vantagens indiretas.

Por outro lado, conforme exposto, o contrato de adesão é aquele em que as cláusulas contratuais são predispostas por uma das partes, de forma plena ou restrita, restando à outra a opção de aceitá-las ou não. A construção do que seja contrato de adesão leva em conta a forma de contratação e não as partes envolvidas, ou o seu objeto, como ocorre na classificação dos contratos em civis e de consumo. Vale lembrar que nem todo contrato de consumo é de adesão. Por outro lado, nem todo contrato de adesão é de consumo.

Visualizando em termos práticos, exemplifica-se com uma situação em que uma pessoa adquire um tapete. Ela vai até uma loja especializada e discute todos os termos do contrato, *barganhando* o preço e impondo até mesmo a data de entrega, celebrando para tanto um instrumento sob a forma escrita. Essa pessoa é consumidora, uma vez que é destinatária final, fática e econômica, do tapete; mas o contrato assumiu a forma paritária aplicando-se todo o Código Consumerista, com exceção do que consta do seu art. 54, que conceitua o contrato *standard* e traz regras quanto a essa figura negocial.

Partindo para outro exemplo, da situação oposta, vejamos o caso de um contrato de *franchising* ou franquia. O franqueado recebe toda a estrutura do franqueador que cede, inclusive, o direito de utilização da marca. Observa-se que o franqueado recebe toda essa estrutura não como destinatário final, mas para repassá-la aos consumidores finais, que irão adquirir seus produtos ou serviços. O franqueado não é destinatário final econômico do serviço prestado, pois dele retira o seu lucro. Desse modo, o contrato não assume a forma de contrato de consumo, mas, na prática, é contrato de adesão, eis que o franqueador impõe todo o conteúdo do pacto, na grande maioria das vezes.

Exatamente nesse sentido, entrou em vigor a nova *Lei das Franquias Empresariais*, Lei 13.966, de 26 de dezembro de 2019, que trata da figura contratual em questão. O seu art. 1.º, ao definir a franquia, exclui expressamente a incidência da Lei 8.078/1990, de forma correta. Nos seus exatos termos, "franquia empresarial é o sistema pelo qual um franqueador autoriza por meio de contrato um franqueado a usar marcas e outros objetos de propriedade intelectual, sempre associados ao direito de produção ou distribuição exclusiva ou não exclusiva de produtos ou serviços e também ao direito de uso de métodos e sistemas de implantação e administração de negócio ou sistema operacional desenvolvido ou detido pelo franqueador, mediante remuneração direta ou indireta, sem que, no entanto, se caracterize relação de consumo ou vínculo empregatício, seja em relação ao franqueado ou a seus empregados, ainda que durante o período de treinamento".

Como se pode perceber, nesse sentido, sou adepto de uma interpretação finalista do CDC, conforme propõe Claudia Lima Marques (*Contratos...*, 2003, p. 304-333), razão pela qual não há como concordar com a tendência de ampliar com grandes exageros o conceito de consumidor, assim como fazem os adeptos de uma teoria denominada *maximalista*. Seguindo a corrente finalista, somente será consumidor aquele que for destinatário *fático e econômico* do bem de consumo. Ser *destinatário fático significa* ser o último da cadeia de consumo. Ser *destinatário final econômico* significa não utilizar o produto ou o serviço para lucro.

Esse meu posicionamento foi adotado na *III Jornada de Direito Civil* do Conselho da Justiça Federal e do Superior Tribunal de Justiça, com a aprovação do Enunciado n. 171, pelo qual o contrato de adesão, mencionado nos arts. 423 e 424 do Código Civil, não se confunde com o contrato de consumo.

De qualquer forma, entre os *maximalistas*, que pretendem ampliar o conceito de consumidor e de contrato de consumo, destaca-se a obra de Alinne Arquette Leite Novaes, que lhe valeu o título de mestre em Direito Civil pela Faculdade de Direito da Universidade Estadual do Rio de Janeiro, sob a orientação de Gustavo Tepedino. Mesmo não concordando com o teor do seu conteúdo, conforme faz Claudia Lima Marques na apresentação da obra, vale a sua leitura para reflexão (*A teoria...*, 2001, p. 13).

Nesse trabalho, a partir de uma interpretação do art. 29 do Código de Defesa do Consumidor – que traz o conceito de *consumidor por equiparação* ou *bystander* na ótica contratual –, entende a doutrinadora que a Lei Consumerista deve ser aplicada a todos os contratos de adesão, inclusive aos contratos de locação. Vale transcrever, nesse sentido, as suas palavras finais, conclusivas do citado estudo:

> "Concluímos, então, dizendo que o Código de Defesa do Consumidor é totalmente aplicável aos contratos de adesão, em virtude da extensão do conceito de consumidor, equiparando a este todas as pessoas expostas às práticas previstas nos seus Capítulos V e VI, estando, como é sabido, os contratos de adesão disciplinados dentro desse último. E isso ocorre porque a intenção do legislador, ao elaborar o Código de Defesa do Consumidor, foi garantir justiça e equidade aos contratos realizados sob sua égide, para equilibrar partes contratuais em posições diferentes, tutelando de modo especial o partícipe contratual, que julgou ser vulnerável. Assim, entendeu o legislador que a simples exposição às práticas por ele previstas no CDC era suficiente para gerar uma situação de insegurança e de vulnerabilidade, considerando, portanto, que o simples fato de se submeter a um contrato de adesão colocava o aderente em posição inferior, se equiparando ao consumidor" (NOVAES, Aline Arquette Leite. *A teoria...*, 2001, p. 165).

Com todo o respeito que merece, não há como concordar com esse posicionamento, adepto da interpretação *maximalista* da existência da relação jurídica de consumo.

Isso porque outros sistemas jurídicos não podem sucumbir frente ao Código de Defesa do Consumidor, eis que constituem regras específicas aplicáveis a ramos privados, como é o caso da Lei de Locação (Lei 8.245/1991). O Código Civil de 2002, também, não pode perder prestígio frente ao CDC, principalmente em uma visão que prestigia os diálogos legislativos (*diálogo das fontes*). Além disso, os elementos do contrato de consumo devem ser retirados dos arts. 2.º e 3.º da Lei 8.078/1990, não se confundindo esse conceito com o de contrato de adesão, conforme outrora foi referido.

Mesmo não concordando com a teoria, na essência, entendo que em alguns casos a *teoria maximalista* até se justifica, o que para alguns é geradora de uma teoria denominada como *finalista aprofundada* (para um estudo mais minucioso, ver: TARTUCE, Flávio; ASSUMPÇÃO NEVES, Daniel Amorim. *Manual...*, 2025).

Tal ampliação conceitual vale não para todos os casos envolvendo o contrato de adesão, mas para situações em que fica patente a hipossuficiência da pessoa frente à outra parte contratual. Nesse sentido, o Superior Tribunal de Justiça entende que é consumidor um taxista, quando adquire o seu veículo, que será utilizado para produção. O fundamento da interpretação maximalista daquele Tribunal foi o princípio da isonomia, conforme se extrai dos julgados transcritos a seguir:

> "Direito civil. Vício do produto. Aquisição de veículo zero quilômetro para uso profissional. Responsabilidade solidária. Há responsabilidade solidária da concessionária (fornecedor) e do fabricante por vício em veículo zero quilômetro. A aquisição de veículo zero quilômetro para uso profissional como táxi, por si só, não afasta a possibilidade de aplicação das normas protetivas do CDC. Todos os que participam da introdução do produto ou serviço no mercado respondem solidariamente por eventual vício do produto ou de adequação, ou seja, imputa-se a toda a cadeia de fornecimento a responsabilidade pela garantia de qualidade e adequação do referido produto ou serviço (arts. 14 e 18 do CDC). Ao contrário do que ocorre na responsabilidade pelo fato do produto, no vício do produto a responsabilidade é solidária entre todos os fornecedores, inclusive o comerciante, a teor do que preconiza o art. 18 do mencionado Codex" (STJ, REsp 611.872/RJ, Rel. Min. Antonio Carlos Ferreira, j. 02.10.2012, publicado no *Informativo* n. 505).

> "Código de Defesa do Consumidor. Financiamento para aquisição de automóvel. Aplicação do CDC. O CDC incide sobre contrato de financiamento celebrado entre a CEF e o taxista para aquisição de veículo. A multa é calculada sobre o valor das prestações vencidas, não sobre o total do financiamento (art. 52, § 1.º, do CDC). Recurso não conhecido" (Superior Tribunal de Justiça, Acórdão: REsp 231.208/PE (199900843843), 384732 Recurso Especial, data da decisão: 07.12.2000, Órgão Julgador: Quarta Turma, Rel. Min. Ruy Rosado de Aguiar, fonte: *DJ* 19.03.2001, p. 00114, *JBCC*. vol. 00189, p. 00396, *LEXSTJ*, vol. 00143, p. 00155. Veja: STJ – REsp 160.861-SP, REsp 57.974/RS, REsp 142.799/RS, AGA 49.124-RS (*RSTJ* 66/26)).

Na mesma linha, deduz o Superior Tribunal de Justiça pela existência de relação de consumo no caso de compra de um caminhão por um caminhoneiro, também por sua patente vulnerabilidade:

> "Civil. Relação de consumo. Destinatário final. A expressão *destinatário final*, de que trata o art. 2.º, *caput*, do Código de Defesa do Consumidor abrange quem adquire mercadorias para fins não econômicos, e também aqueles que, destinando-os a fins

econômicos, enfrentam o mercado de consumo em condições de vulnerabilidade; espécie em que caminhoneiro reclama a proteção do Código de Defesa do Consumidor porque o veículo adquirido, utilizado para prestar serviços que lhe possibilitariam sua mantença e a da família, apresentou defeitos de fabricação. Recurso especial não conhecido" (STJ, REsp 716.877/SP, 3.ª Turma, Rel. Min. Ari Pargendler, j. 22.03.2007, *DJ* 23.04.2007, p. 257).

Ainda na mesma esteira de conclusão, o STJ julgou ser consumidora a costureira que adquire uma máquina de bordar para a sua produção de subsistência. A decisão foi assim publicada no *Informativo* n. *441* do STJ, com claras lições a respeito do conceito de consumidor:

> "CDC. Consumidor. Profissional. A jurisprudência do STJ adota o conceito subjetivo ou finalista de consumidor, restrito à pessoa física ou jurídica que adquire o produto no mercado a fim de consumi-lo. Contudo, a teoria finalista pode ser abrandada a ponto de autorizar a aplicação das regras do CDC para resguardar, como consumidores (art. 2.º daquele código), determinados profissionais (microempresas e empresários individuais) que adquirem o bem para usá-lo no exercício de sua profissão. Para tanto, há que demonstrar sua vulnerabilidade técnica, jurídica ou econômica (hipossuficiência). No caso, cuida-se do contrato para a aquisição de uma máquina de bordar entabulado entre a empresa fabricante e a pessoa física que utiliza o bem para sua sobrevivência e de sua família, o que demonstra sua vulnerabilidade econômica. Dessarte, correta a aplicação das regras de proteção do consumidor, a impor a nulidade da cláusula de eleição de foro que dificulta o livre acesso do hipossuficiente ao Judiciário. Precedentes citados: REsp 541.867-BA, *DJ* 16.05.2005; REsp 1.080.719-MG, *DJe* 17.08.2009; REsp 660.026-RJ, *DJ* 27.06.2005; REsp 684.613-SP, *DJ* 1.º.07.2005; REsp 669.990-CE, *DJ* 11.09.2006, e CC 48.647-RS, *DJ* 05.12.2005" (STJ, REsp 1.010.834/GO, Rel. Min. Nancy Andrighi, j. 03.08.2010).

Não obstante a concordância com o teor dos julgados, deduzimos que essa discussão perde relevo com a promulgação do Código Civil de 2002, que traz previsão específica quanto ao contrato de adesão (arts. 423 e 424), muito próxima da proteção constante do CDC e tutelando o aderente contratual como parte vulnerável da relação negocial.

Essa proteção foi ampliada pela *Lei da Liberdade Econômica* (Lei 13.874/2019), que inseriu no sistema outra regra, aplicada aos negócios jurídicos em geral, de interpretação contra aquele que elaborou a cláusula inserida no negócio (*contra proferentem* ou *contra estipulatorem*) – novo art. 113, § 1.º, inc. IV, do Código Civil. Tais comandos legais, por sua feição sociológica, serão estudados nos comentários em que serão abordados os efeitos internos ou *inter partes* da função social dos contratos.

O debate também perde força pela emergência da tese do *diálogo das fontes*, da qual sou adepto, como antes destacado, pela qual é possível aplicar, ao mesmo tempo, tanto o Código Civil quanto o CDC a um determinado contrato, de forma complementar e desde que isso não prejudique o consumidor. Por diversas vezes, no presente trabalho, serão demonstrados exemplos de aplicação desse *diálogo de complementaridade*.

Relembre-se que o contrato de adesão contrapõe-se ao *contrato paritário* ou *negociado*, em que o conteúdo é previamente debatido e convencionado amplamente pelas partes, o que constitui raridade no atual momento contratual.

De toda sorte, muitos contratos celebrados entre grandes empresas assumem essa forma, estando sujeitos à *Lei da Liberdade Econômica,* em muitas de suas previsões. Cite-se a título de ilustração, o art. 3.º, inc. VIII, da Lei 13.874/2019, segundo o qual "são direitos de toda pessoa, natural ou jurídica, essenciais para o desenvolvimento e o crescimento econômicos do País, observado o disposto no parágrafo único do art. 170 da Constituição Federal. (...). VIII – Ter a garantia de que os negócios jurídicos empresariais paritários serão objeto de livre estipulação das partes pactuantes, de forma a aplicar todas as regras de direito empresarial apenas de maneira subsidiária ao avençado, exceto normas de ordem pública".

O dispositivo ressalta a importância da autonomia privada em tais negócios, mas traz a necessidade de observância das normas de ordem pública, muitas delas estudadas no presente capítulo. A previsão é óbvia, no meu entender, pois sempre se considerou como correto o seu conteúdo, especialmente na doutrina.

Outro comando a ser destacado é o novo art. 421-A do Código Civil, inserido pelo mesmo diploma, segundo o qual os contratos civis e empresariais presumem-se paritários e simétricos até a presença de elementos concretos que justifiquem o afastamento dessa presunção.

Por óbvio que a presunção é relativa ou *iuris tantum*, e a realidade fática demonstra que os contratos paritários são exceção na nossa realidade contratual, e não a regra. Mesmo em casos de contratos empresariais, podem ser citadas a franquia, a representação comercial, a agência, a distribuição e a locação empresarial. O mesmo preceito estabelece que estão ressalvados os regimes jurídicos previstos em leis especiais, caso do CDC, em que há a presunção de vulnerabilidade do consumidor, nos termos do seu art. 4.º, inc. III, a ensejar a dedução de que se trata de um contrato de adesão, por regra.

Além disso, a norma prevê que está garantido também nos contratos paritários que: *a)* as partes negociantes poderão estabelecer parâmetros objetivos para a interpretação das cláusulas negociais e de seus pressupostos de revisão ou de resolução, como já estava previsto no Enunciado n. 23, da *I Jornada de Direito Comercial*; *b)* a alocação de riscos definida pelas partes deve ser respeitada e observada, como instrumento de efetivação da racionalidade econômica; e *c)* a revisão contratual somente ocorrerá de maneira excepcional e limitada, o que traduz novamente o óbvio, como se verá no presente capítulo (novo art. 421-A do CC, incluído pela Lei 13.874/2019).

Entendo que a nova regra do art. 113, § 1.º, inc. IV, do Código Civil, antes mencionada, também se aplica aos contratos paritários, caso exista nesses uma cláusula de adesão, imposta por uma das partes. Se essa for identificável, deverá ser interpretada contra quem a elaborou (*contra proferentem*). A título de exemplo, imagine-se o caso de um seguro empresarial, realizado por dois agentes econômicos de grande porte, em que a maioria das cláusulas foi negociada, havendo um contrato paritário na maior extensão do negócio. Caso seja identificada uma determinada previsão como sendo imposta pela seguradora, deverá ela ser interpretada de maneira mais favorável à segurada.

Para encerrar o tópico, anoto que no Projeto de Reforma e Atualização do Código Civil há proposta de se ampliar a liberdade para os contratos paritários – amplamente negociados entre as partes –, e simétricos – com partes em posições de igualdade.

Insere-se, nesse contexto, o seu novo art. 421-D, estabelecendo que, salvo nos contratos de adesão ou por cláusulas predispostas em formulários, as partes podem, para a garantia da paridade contratual, sem prejuízo dos princípios e das normas de ordem pública, prever, fixar e dispor a respeito de: *a)* parâmetros objetivos para a interpretação e para a revisão de cláusulas negociais; *b)* hipóteses e pressupostos para a revisão ou resolução contratual; *c)* alocação de riscos e seus critérios, definida pelas partes, que deve ser observada e respeitada; *d)* glossário com o significado de termos e de expressões utilizados pelas partes na redação do contrato; e *e)* interpretação de texto normativo.

Em outros trechos do Projeto, como se verá neste livro, são inseridas regras de aumento de liberdade de pactuação nesses contratos paritários e simétricos. Destaco, de imediato, a possibilidade de se prever a cláusula de não indenizar ou a cláusula limitativa de indenização, consoante o novo art. 946-A da Lei Geral Privada: "em contratos paritários e simétricos, é lícita a estipulação de cláusula que previamente exclua ou limite o valor da indenização por danos patrimoniais, desde que não viole direitos indisponíveis, normas de ordem pública, a boa-fé ou exima de indenização danos causados por dolo".

Com o intuito de *destravar* a vida das pessoas, um dos *nortes* da Comissão de Juristas, e com maiores possibilidades de pactuação nesses negócios jurídicos, espera-se a sua aprovação pelo Parlamento Brasileiro. O tema voltará a ser analisado em outros trechos deste livro.

1.5.7   Quanto à presença de formalidades

Clóvis Beviláqua conceituava a forma como "o conjuncto de solemnidades, que se devem observar, para que a declaração da vontade tenha efficacia juridica. É o revestimento juridico, a exteriorizar a declaração de vontade. Esta é a substancia do acto, que a fórma revela" (*Código...*, 1977, p. 386).

Na classificação dos contratos, negócios jurídicos por excelência, é mister relembrar que os contratos formais são conceituados como aqueles que somente podem ser celebrados conforme características especiais previstas em lei.

Desse modo, "a forma ou solenidade se apresenta, portanto, como uma condição para a formação do contrato, vale dizer, como um elemento constitutivo. Difere, por isto mesmo, da prova, que nenhuma relação guarda com a formação do laço jurídico" (ANDRADE, Darcy Bessone de Vieira. *Do contrato...*, 1960, p. 112). Essa construção remonta às formalidades da *mancipatio*, existente no Direito Romano. Para o último doutrinador, não há que se distinguir formalidade de solenidade.

Entretanto, outros doutrinadores preferem fazer distinção entre a solenidade e a forma. Para essa corrente, *solenidade* significa a necessidade de ato público (escritura pública), enquanto *formalidade* é a exigência de qualquer forma apontada pela lei, como, por exemplo, a de forma escrita. Seguindo a última corrente, pode-se dizer que a *forma é gênero, enquanto a solenidade é espécie.*

O Código Civil anterior, no seu art. 129, trazia a previsão de que os negócios jurídicos seriam, regra geral, informais, regra esta mantida integralmente pelo art. 107 do Código Civil, o que facilita a circulação de riqueza e de interesses que objetivam os negócios, à luz da operabilidade. Prevê o comando da atual codificação que "a validade das declarações de vontade não dependerá de forma especial, senão quando a lei expressamente exigir" (*princípio da liberdade das formas*). Como é notório, a forma está no plano da validade do contrato, no *segundo degrau* da *Escada Ponteana*.

A despeito dessa regra anterior, previa o art. 134, inc. II, do Código Civil de 1916 que a escritura pública somente seria exigida para transmissão de direitos reais sobre imóveis com valor superior a "cinquenta mil cruzeiros, excetuado o penhor agrícola". A atual codificação atualiza essa regra, prevendo o seu art. 108 que "não dispondo a lei em contrário, a escritura pública é essencial à validade dos negócios jurídicos que visem à constituição, transferência, modificação ou renúncia de direitos reais sobre imóvel de valor superior a 30 (trinta) vezes o maior salário mínimo vigente no País".

Em realidade, esse último comando legal não constitui no todo uma novidade. Comparando-o com a codificação anterior, nota-se que o legislador, inteligente que foi, preferiu utilizar como critério o salário mínimo e não a moeda nacional corrente, ciente das inúmeras possibilidades de desvalorização da moeda, principalmente na sociedade globalizada contemporânea.

Assim, para aqueles que entendem que as expressões são sinônimas, os contratos formais ou solenes são aqueles que exigem uma forma especial para a sua celebração, como é o caso da venda de um imóvel com valor superior a trinta salários mínimos. Por outro lado, os contratos informais ou não solenes são aqueles que admitem a forma livre, como é o caso do contrato do mandato, que pode ser expresso ou tácito, verbal ou escrito (art. 656 do CC).

Dúvida que sempre existiu seria quanto à necessidade de forma escrita para determinados negócios. Seria essa uma formalidade a fazer com que o contrato assuma a característica de contrato *formal* ou *solene*? Tudo depende do caminho seguido pelo doutrinador, quanto aos dois conceitos.

Entre os contemporâneos, Maria Helena Diniz responde positivamente, ao apontar que a fiança, por exemplo, exige a referida forma escrita, segundo prevê o art. 819 do CC (*Curso…*, 2005, p. 99). Para essa autora, as expressões *forma* e *solenidade* são sinônimas.

De qualquer forma, repise-se ser mais pertinente seguir o entendimento de Sílvio de Salvo Venosa que diferencia o contrato solene do formal. Para ele, "o contrato solene entre nós é aquele que exige escritura pública. Outros contratos exigem forma escrita, o que os torna formais, mas não solenes. No contrato solene, a ausência de forma torna-o nulo. Nem sempre ocorrerá a nulidade, e a relação jurídica gerará efeitos entre as partes, quando se trata de preterição de formalidade, em contrato não solene" (*Direito civil...*, 2003, p. 415).

Tal diferenciação voltará a ser abordada quando do tratamento dos contratos em espécie. De imediato, pode-se afirmar que é melhor seguir a última corrente, pela qual a solenidade constitui uma especificidade da formalidade.

Como nota importante sobre o tema, o anterior Provimento n. 100, de 26 de maio de 2020, do Conselho Nacional de Justiça (CNJ) passou a admitir que a escritura pública seja feita pela via digital ou eletrônica. A norma administrativa surgiu em meio ao distanciamento social decorrente da pandemia de Covid-19, facilitando a realização desses atos formais e incrementando o sistema do *e-notariado*. Conforme o seu art. 1.º, o "provimento estabelece normas gerais sobre a prática de atos notariais eletrônicos em todos os tabelionatos de notas do País". Em 2023, as suas regras foram incorporadas ao Código Nacional de Normas (CNN do CNJ), entre os seus arts. 284 a 309.

Assim, passou a ser totalmente possível a realização de escrituras públicas de contratos como de compra e venda e doação por esse meio eletrônico, desde que observados alguns requisitos de validade. Conforme o art. 286 do CNN, são requisitos da prática do ato notarial eletrônico: *a)* a videoconferência notarial para captação do consentimento das partes sobre os termos do ato jurídico; *b)* a concordância expressada pelas partes com os termos do ato notarial eletrônico; *c)* a assinatura digital pelas partes, exclusivamente através do *e-notariado*; *d)* a assinatura do Tabelião de Notas com a utilização de certificado digital ICP-Brasil; e *e)* o uso de formatos de documentos de longa duração com assinatura digital.

Sobre a gravação da videoconferência notarial, nos termos do parágrafo único desse dispositivo, que equivale ao antigo art. 3.º do Provimento n. 100, deverá conter ela, no mínimo: *a)* a identificação, a demonstração da capacidade e a livre manifestação das partes atestadas pelo tabelião de notas; *b)* o consentimento das partes e a concordância com a escritura pública; *c)* o objeto e o preço do negócio pactuado; *d)* a declaração da data e horário da prática do ato notarial; e *e)* a declaração acerca da indicação do livro, da página e do tabelionato onde será lavrado o ato notarial. O desrespeito a qualquer um desses requisitos de validade gera a nulidade absoluta do negócio jurídico correspondente, nos termos dos incs. IV e V do art. 166 do Código Civil.

Ademais, também como requisito específico de validade, é necessário observar uma regra especial de competência, prevista no atual art. 289 do Código Nacional de Normas, antigo art. 6.º do Provimento n. 100, que afasta a premissa-geral da ausência de competência para os atos notariais comuns. Conforme esse comando, "a competência para a prática dos atos regulados neste Provimento é absoluta e observará a circunscrição territorial em que o tabelião recebeu sua delegação, nos termos do art. 9º da Lei n. 8.935/1994". De acordo com os "considerandos" da antiga norma administrativa, a finalidade do comando seria de evitar a concorrência predatória por serviços prestados remotamente, e que podem ofender a fé pública notarial.

Sem prejuízo de outras regras importantes, o art. 300 do atual CNN enuncia que os atos notariais eletrônicos reputam-se autênticos e detentores de fé pública, como regulado na legislação processual. Além disso, está previsto, como não poderia ser diferente, que os atos notariais celebrados por meio eletrônico produzirão os mesmos efeitos previstos no ordenamento jurídico quando observarem os requisitos necessários para a sua validade, estabelecidos em lei e no próprio provimento (art. 299 do CNN). Para aqueles que pretendem realizar as escrituras públicas de contratos solenes pela via digital, necessária a sua leitura integral, o que foge ao objeto desta obra.

Apesar de uma contundente crítica que pode surgir sobre a falta de competência do CNJ para tratar do assunto, que seria de exclusividade do Poder Legislativo, presente ilegalidade, a verdade é que a redução de burocracias e a digitalização dos atos e negócios civis constituem caminhos sem volta, com argumentos jurídicos muito fortes em seu favor.

Entretanto, não se pode afastar argumento da inconstitucionalidade de o tema ser tratado por norma administrativa do Conselho Nacional da Justiça, pois cabe à União legislar sobre temas afeitos ao Direito Civil e às formalidades dos atos e negócios jurídicos, nos termos do art. 22, inc. I, da Constituição Federal. De todas as novas regras previstas, a que mais gera perplexidade é a relativa à competência absoluta, sendo necessário aguardar eventual debate, que pode surgir no âmbito do Supremo Tribunal Federal.

Vale destacar que o Projeto de Reforma do Código Civil pretende resolver esse problema, incluindo na Lei Civil essa normatização administrativa.

Assim como o antigo Provimento n. 100 do CNJ, depois incorporado ao Código Nacional de Normas, a Lei 14.382/2022, originária da Medida Provisória 1.085/2021, instituiu o Sistema Eletrônico dos Registros Públicos (SERP), com a digitalização dos serviços de registros de imóveis. A nova norma modernizou, digitalizou e simplificou os procedimentos relativos aos registros públicos de atos e negócios jurídicos, previstos na Lei 6.015/1973 (Lei de Registros Públicos), e tratou de outros temas, alterando dispositivos do Código Civil. Ao longo dessa coleção, e também desta obra, as principais alterações da Lei do SERP serão analisadas, sobretudo as que impactam o Direito Civil.

Sobre esse registro público eletrônico, é essencial pontuar que, nos termos do art. 3.º da nova lei, são objetivos do novo sistema viabilizar: *a)* o registro público eletrônico dos atos e negócios jurídicos; *b)* a interconexão das serventias dos registros públicos; *c)* a interoperabilidade das bases de dados entre as serventias dos registros públicos e entre as serventias dos registros públicos e o SERP; *d)* o atendimento remoto aos usuários de todas as serventias dos registros públicos, por meio da internet; *e)* a recepção e o envio de documentos e títulos, a expedição de certidões e a prestação de informações, em formato eletrônico, inclusive de forma centralizada, para distribuição posterior às serventias dos registros públicos competentes; *f)* a visualização eletrônica dos atos transcritos, registrados ou averbados nas serventias dos registros públicos; *g)* o intercâmbio de documentos eletrônicos e de informações entre as serventias dos registros públicos, os entes públicos e os usuários em geral, inclusive as instituições financeiras e as demais instituições autorizadas a funcionar pelo Banco Central do Brasil e os tabeliães; *h)* o armazenamento de documentos eletrônicos para dar suporte aos atos registrais; *i)* a divulgação de índices e de indicadores estatísticos apurados a partir de dados fornecidos pelos oficiais dos registros públicos, *j)* a consulta às indisponibilidades de bens decretadas pelo Poder Judiciário ou por entes públicos; às restrições e aos gravames de origem legal, convencional ou processual incidentes sobre bens móveis e imóveis registrados ou averbados nos registros públicos; e aos atos em que a pessoa pesquisada conste como devedora de título protestado e não pago; garantidora real; cedente convencional de crédito; ou titular de direito sobre bem objeto de constrição processual ou administrativa; e *k)* outros serviços, nos termos estabelecidos pela Corregedoria Nacional de Justiça do Conselho Nacional de Justiça.

O mesmo art. 3.º da Lei do SERP prevê no seu § 1.º que os oficiais dos registros públicos, de que trata a Lei 6.015/1973, integram o SERP. Além disso, está preceituado que a consulta a que se refere a norma será realizada com base em indicador pessoal ou, quando compreender bem especificamente identificável, mediante critérios relativos ao bem objeto de busca (art. 3.º, § 2.º, da Lei 14.382/2022).

Nesse contexto, o SERP deverá observar os padrões e os requisitos de documentos, de conexão e de funcionamento estabelecidos pela Corregedoria Nacional de Justiça do Conselho Nacional de Justiça e garantir a segurança da informação e a continuidade da prestação do serviço dos registros públicos (art. 3.º, § 3.º, da Lei 14.382/2022). Está enunciado no mesmo diploma, por fim, que o SERP terá um operador nacional, sob a forma de pessoa jurídica de Direito Privado, seja associação ou fundação, na modalidade de entidade civil sem fins lucrativos, nos termos estabelecidos pela Corregedoria Nacional de Justiça do Conselho Nacional de Justiça (art. 3.º, § 4.º, da Lei 14.382/2022).

Como está em obra escrita em coautoria com Carlos Eduardo Elias de Oliveira, "o chamariz da Lei n. 14.382/2022 é a criação do Sistema Eletrônico de Registros Públicos (SERP), e, por isso, é conhecida como Lei do SERP, denominação que será utilizada neste livro. O SERP pode ser entendido como uma espécie de central eletrônica nacional de todos os serviços notariais e registrais, que permite a prestação remota dos serviços. Quis o legislador disponibilizar um espaço único – como um site –, ao qual o cidadão poderia acorrer para buscar qualquer serviço notarial e registral de qualquer serventia do País. Objetivou também conectar operacionalmente todas as serventias extrajudiciais brasileiras para a prestação dos serviços de modo concentrado" (TARTUCE, Flavio; OLIVEIRA, Carlos Eduardo Elias de. *Lei do Sistema Eletrônico...*, 2023).

O sistema está sendo regulamentado e implementado em nosso País pelo Conselho Nacional de Justiça. Para outros aprofundamentos, sugere-se a leitura dessa nossa obra específica.

1.5.8 Quanto à independência do contrato. O conceito de contratos coligados

No que toca à independência ou levando-se em conta os contratos reciprocamente considerados, estes podem ser *principais* ou *acessórios*.

Os contratos principais ou independentes são aqueles que existem por si sós, não havendo qualquer relação de dependência em relação ao outro pacto. Como exemplo, pode ser citado o contrato de locação de imóvel urbano, regido pela Lei 8.245/1991.

Por outra via, os contratos acessórios são aqueles cuja validade depende de outro negócio, o contrato principal. O exemplo típico é o contrato de fiança, que depende de outro, como, por exemplo, de um contrato de locação de imóvel urbano.

Diante do *princípio da gravitação jurídica*, pelo qual o acessório segue o principal, tudo o que ocorre no contrato principal repercute no acessório. Desse modo, sendo nulo o contrato principal, nulo será o acessório; sendo anulável o principal o mesmo ocorrerá com o acessório; ocorrendo prescrição da dívida do contrato principal, o contrato acessório estará extinto; e assim sucessivamente.

Por outro lado, o contrato acessório não pode trazer mais obrigações do que o contrato principal, pois haveria violação aos princípios constitucionais da isonomia e da proporcionalidade, retirados do art. 5.º, *caput*, da CF/1988. Em outras palavras, o acessório não pode tomar maiores dimensões do que o contrato principal. Alguns exemplos dessa última conclusão ainda serão apresentados na presente obra.

Todavia, deve ficar claro que o que ocorre no contrato acessório não repercute no principal. Assim sendo, a nulidade do contrato acessório não gera a nulidade do contrato principal; a anulabilidade do contrato acessório não gera a nulidade relativa do principal e desse modo de forma sucessiva. A conclusão é retirada do art. 184 do CC, segundo o qual, "respeitada a intenção das partes, a invalidade parcial de um negócio jurídico não o prejudicará na parte válida, se esta for separável; a invalidade da obrigação principal implica a das obrigações acessórias, mas a destas não induz a da obrigação principal".

Conceito de grande importância para o Direito Civil contemporâneo é o de *contratos coligados*, situação em que, em regra, existe uma independência entre os negócios jurídicos cujos efeitos estão interligados. Carlos Roberto Gonçalves, citando a melhor doutrina portuguesa, conceitua-os muito bem:

> "Contratos coligados são, pois, os que embora distintos, estão ligados por uma cláusula acessória, implícita ou explícita. Ou, no dizer de Almeida Costa, são os que se encontram ligados por um nexo funcional, podendo essa dependência ser bilateral (vende o automóvel e a gasolina); unilateral (compra o automóvel e arrenda a garagem, ficando o arrendamento subordinado à compra e venda); alternativa (compra a casa na praia ou, se não for para lá transferido, loca-a para veraneio). Mantém-se a individualidade dos contratos, mas 'as vicissitudes de um podem influir sobre o outro'" (GONÇALVES, Carlos Roberto. *Direito...*, 2004, p. 92).

Rodrigo Xavier Leonardo apresenta interessante classificação dos contratos em questão (LEONARDO, Rodrigo Xavier. Os contratos... Disponível em: http://www.rodrigoxavierleonardo.com.br. Acesso em: 18 de maio de 2015). Segundo o jurista, os *contratos coligados em sentido amplo* dividem-se em três espécies. A primeira delas é a dos *contratos coligados em sentido estrito*, aqueles que são unidos por alguma disposição legal que determine a coligação. A segunda modalidade é a dos *contratos coligados por cláusula expressamente prevista pelos contratantes*, figura comum nos contratos de construção imobiliária.

Por fim, há os *contratos conexos*, unidos por uma razão econômico-social, modalidade mais presente na prática contratualista. Esses últimos são subdivididos nas *redes contratuais*, presentes nos contratos de consumo; e nos *contratos conexos em sentido estrito*, figuras existentes naquelas relações que não são de consumo. Não só louvo, como sigo essa divisão proposta pelo doutrinador.

Do conceito, da classificação e dos exemplos citados percebe-se que há certa independência nos *contratos coligados*, mas há também certa dependência justamente na união parcial, no elo que os liga.

O negócio jurídico em questão é, portanto, intermediário entre os contratos principais e acessórios. O saudoso Ruy Rosado de Aguiar também esclarece nesse sentido: "também aqui é possível que os figurantes fujam do figurino comum e enlacem diversas convenções singulares (ou simples) num vínculo de dependência, acessoriedade, subordinação ou causalidade, reunindo-as ou coligando-as de modo tal que as vicissitudes de um possam influir sobre o outro" (*Extinção...*, 1991, p. 37). Essa natureza híbrida foi reconhecida por nossos Tribunais, inclusive pelo Superior Tribunal de Justiça.

Em uma primeira situação, o STJ entendeu que o inadimplemento de um determinado contrato pode gerar a extinção de outro, diante de uma relação de interdependência:

> "Resolução do contrato. Contratos coligados. Inadimplemento de um deles. Celebrados dois contratos coligados, um principal e outro secundário, o primeiro tendo por objeto um lote com casa de moradia, e o segundo versando sobre dois lotes contíguos, para área de lazer, a falta de pagamento integral do preço desse segundo contrato pode levar à sua resolução, conservando-se o principal, cujo preço foi integralmente pago. Recurso não conhecido" (Superior Tribunal de Justiça, acórdão: REsp 337.040/AM (200100917401), 441.929 Recurso Especial, data da decisão: 02.05.2002, Órgão Julgador: Quarta Turma, rel. Min. Ruy Rosado de Aguiar, fonte: *DJ* 01.07.2002, p. 347, *RDR*, vol. 27, p. 429, *RJA-DCOAS*, vol. 43, p. 26).

Em outro caso envolvendo contratos coligados, o mesmo Tribunal Superior entendeu que o contrato de trabalho entre clube e atleta profissional seria o negócio principal, sendo o contrato de exploração de imagem o negócio jurídico acessório. Essa interpretação foi importante para fixar a competência para apreciar a lide envolvendo o pacto, no caso da Justiça do Trabalho:

> "Conflito de competência. Clube esportivo. Jogador de futebol. Contrato de trabalho. Contrato de imagem. Celebrados contratos coligados, para prestação de serviço como atleta e para uso da imagem, o contrato principal é o de trabalho, portanto, a demanda surgida entre as partes deve ser resolvida na Justiça do Trabalho. Conflito conhecido e declarada a competência da Justiça Trabalhista" (Superior Tribunal de Justiça, acórdão: CC 34.504/SP (200200130906), 490.339 Conflito de Competência, data da decisão: 12.03.2003, Órgão Julgador: Segunda Seção, rel. Min. Nancy Andrighi, rel. acórdão: Min. Ruy Rosado de Aguiar, fonte: *DJ* 16.06.2003, p. 256, *RDDP*, vol. 5, p. 211, *RDR*, vol. 27, p. 252).

A conclusão da última ementa foi repetida em outro acórdão, que merece ser colacionado:

"Agravo regimental no conflito positivo de competência. Contratos coligados de trabalho e de cessão de imagem firmado entre jogador de futebol e clube desportivo. Competência da justiça trabalhista. Decisão mantida. Agravo regimental improvido" (STJ, AgRg no CC 69.689/RJ, 2.ª Seção, Rel. Min. Luis Felipe Salomão, j. 23.09.2009, *DJe* 02.10.2009).

Do ano de 2014, merece ser destacado julgamento do mesmo Tribunal da Cidadania, concluindo que, "no caso, há um elo direto nas obrigações pactuadas, cujos efeitos são totalmente interligados, havendo uma relação concertada entre a empresa de telefonia e a prestadora do 'Disk Amizade' no tocante à disponibilização e cobrança dos serviços, sendo coligadas economicamente, integrantes de um mesmo e único negócio por ação conjunta, havendo conexão e entrelaçamento de suas relações jurídicas. (...) Nesse passo e em uma perspectiva funcional dos contratos, deve-se ter em conta que a invalidade da obrigação principal não apenas contamina o contrato acessório (CC, art. 184), estendendo-se, também, aos contratos coligados, intermediário entre os contratos principais e acessórios, pelos quais a resolução de um influenciará diretamente na existência do outro" (STJ, REsp 1.141.985/PR, 4.ª Turma, Rel. Min. Luis Felipe Salomão, j. 11.02.2014, *DJe* 07.04.2014).

Como última ilustração, em 2018 foi proferida importante decisão superior concluindo que:

> "Nos contratos coligados, as partes celebram uma pluralidade de negócios jurídicos tendo por desiderato um conjunto econômico, criando entre eles efetiva dependência. Reconhecida a coligação contratual, mostra-se possível a extensão da cláusula compromissória prevista no contrato principal aos contratos de 'swap', pois integrantes de uma operação econômica única. No sistema de coligação contratual, o contrato reputado como sendo o principal determina as regras que deverão ser seguidas pelos demais instrumentos negociais que a este se ajustam, não sendo razoável que uma cláusula compromissória inserta naquele não tivesse seus efeitos estendidos aos demais" (STJ, REsp 1.639.035/SP, 3.ª Turma, Rel. Min. Paulo de Tarso Sanseverino, j. 18.09.2018, *DJe* 15.10.2018).

Voltando à doutrina, entre os civilistas contemporâneos, Carlos Nelson Konder procura relacionar a realidade dos *contratos coligados* ou *conexos* à função social e à causa do contrato. São suas palavras: "o conceito de contratos conexos é bastante abrangente e pode ser descrito – mas não definido – pela utilização de uma pluralidade de negócios para a realização de uma mesma operação econômica" (*Contratos...*, 2006, p. 275-277). Ensina o autor que na Itália utiliza-se a expressão *coligação contratual*; na França, *grupos de contratos*; na Argentina, *redes contratuais,* conceito desenvolvido por Ricardo Lorenzetti. Como se nota, no Direito Comparado segue-se uma classificação diversa daquela apresentada por Rodrigo Xavier Leonardo e seguida neste livro.

Conclui-se que os contratos coligados ou conexos constituem realidade de grande importância atual para a teoria geral dos contratos. A demonstrar a importância do tema, na *V Jornada de Direito Civil*, em novembro de 2011, aprovou-se o seguinte enunciado: "Os contratos coligados devem ser interpretados segundo os critérios hermenêuticos do Código Civil, em especial os dos arts. 112 e 113, considerada a sua conexão funcional" (Enunciado n. 421).

46 | DIREITO CIVIL • VOL. 3 – *Flávio Tartuce*

Em complemento, merece relevo também o Enunciado n. 621, da *VIII Jornada de Direito Civil*, realizada em abril de 2018, segundo o qual "os contratos coligados devem ser interpretados a partir do exame do conjunto das cláusulas contratuais, de forma a privilegiar a finalidade negocial que lhes é comum". Assim sendo, a interpretação da coligação negocial deve ser guiada pelo atendimento de sua função social e econômica, tema a ser desenvolvido no próximo capítulo deste livro.

Para encerrar o tópico, mais uma vez em prol da segurança jurídica, anoto que o Projeto de Reforma e Atualização do Código Civil, elaborado pela Comissão de Juristas nomeada no Senado Federal, pretende inserir regra interpretativa a respeito dos contratos coligados, ao lado de outras figuras negociais interdependentes, e trazendo para o texto da lei os enunciados doutrinários destacados.

Trata-se do novo art. 421-E da Lei Geral Privada, segundo o qual devem ser interpretados, a partir do exame conjunto de suas cláusulas contratuais, de forma a privilegiar a finalidade negocial que lhes é comum, os contratos: *a)* coligados; *b)* firmados com unidade de interesses; *c)* celebrados pelas partes de forma a torná-los estrutural e funcionalmente reunidos; *d)* cujos efeitos pretendidos pelas partes dependam da celebração de mais de um tipo contratual; e *e)* que se voltem ao fomento de vários negócios comuns às mesmas partes.

Mais uma vez em prol da certeza, da segurança e da estabilidade das relações privadas, espera-se a aprovação da proposta pelo Parlamento Brasileiro, uma vez que não há, na Lei Geral Privada, uma norma sequer sobre os contratos coligados.

1.5.9 Quanto ao momento do cumprimento

Levando-se em conta o momento de cumprimento, assim como as obrigações, os contratos podem ser *instantâneos* (ou *de execução imediata*), *de execução diferida* e de *execução continuada* (ou *trato sucessivo*).

Os contratos instantâneos ou de execução imediata são aqueles que têm aperfeiçoamento e cumprimento de imediato, caso de uma compra e venda à vista.

Por outra via, os contratos de execução diferida têm o cumprimento previsto de uma vez só no futuro. O exemplo típico é uma compra e venda pactuada com pagamento por cheque pré ou pós-datado.

Por fim, os contratos de execução continuada ou de *trato sucessivo* têm o cumprimento previsto de forma sucessiva ou periódica no tempo. É o caso de uma compra e venda cujo pagamento deva ser feito por meio de boleto bancário, com periodicidade mensal, quinzenal, bimestral, trimestral ou qualquer outra forma sucessiva.

Frise-se que tais formas negociais podem referir-se a ambos os deveres contratuais, dentro da ideia de *sinalagma*. Na compra e venda, por exemplo, podem dizer respeito à entrega da coisa ou ao pagamento do preço.

Outrossim, anote-se que, em regra, os contratos instantâneos já cumpridos não podem ser alterados por fato superveniente, seja por meio da revisão por imprevisibilidade (art. 317 do CC) ou da revisão por simples onerosidade excessiva (art. 6.º, V, do

CDC). A matéria será aprofundada quando do tratamento da revisão dos contratos pelo Código Civil e pelo Código de Defesa do Consumidor.

1.5.10 Quanto à pessoalidade

Os *contratos pessoais*, *personalíssimos* ou *intuitu personae* são aqueles em que a pessoa do contratante é um elemento determinante de sua conclusão. Diante desse fato, o contrato não pode ser transmitido por ato *inter vivos* ou *mortis causa*, ou seja, pelo falecimento da parte.

Ocorrendo a morte do contratante que assumiu uma obrigação infungível, insubstituível, ocorrerá a extinção desse contrato pela *cessação contratual*. Ocorrendo a cessão *inter vivos* sem a devida autorização, esse fato poderá motivar a resolução do contrato em virtude do inadimplemento contratual.

O exemplo típico de negócio pessoal é o contrato de fiança, uma vez que a condição de fiador não se transmite aos herdeiros, mas somente as obrigações vencidas e não pagas enquanto era vivo o fiador e até os limites da herança (art. 836 do CC). Cite-se, ainda, a prestação de serviços, que é extinta com a morte de qualquer das partes, conforme a dicção do art. 607 da codificação material privada.

Para o Superior Tribunal de Justiça, o contrato que traz um plano de benefício de programa de fidelização em companhia aérea constitui um contrato personalíssimo ou *intuitu personae*, devendo ser extinto com a morte do seu beneficiário. Nos termos do aresto, "deve ser considerado como contrato unilateral e benéfico a adesão ao Plano de Benefícios que dispensa contraprestação pecuniária do seu beneficiário e que prevê responsabilidade somente ao seu instituidor. Entendimento doutrinário. Os contratos benéficos, que por sua natureza são *intuito personae*, devem ser interpretados restritivamente, consoante disposto no art. 114 do CC/02" (STJ, REsp 1.878.651/SP, 3.ª Turma, Rel. Min. Moura Ribeiro, j. 04.10.2022, *DJe* 07.10.2022). Estou totalmente filiado a essa forma de julgar, devendo a questão ser regulamentada na lei, o que está sendo proposto pelo Projeto de Reforma do Código Civil.

Por outra via, os *contratos impessoais* são aqueles em que a pessoa do contratante não é juridicamente relevante para a conclusão do negócio. Isso ocorre na compra e venda de um determinado bem, hipótese em que a causa do contrato está relacionada com a transmissão do domínio. Eventualmente, pode ocorrer a transmissão dessa obrigação, por ato *inter vivos* ou *mortis causa*, em casos especificados em lei ou contrato e que serão estudados em breve.

1.5.11 Quanto às pessoas envolvidas

Na classificação quanto às pessoas envolvidas, serão utilizados os conceitos de Roberto Senise Lisboa (*Manual...*, 2005, p. 190). As construções a seguir demonstram que está superada aquela velha regra pela qual os contratos não envolvem a ordem pública, não sendo possível a eventual intervenção do Ministério Público em casos relacionados com essas figuras negociais patrimoniais. Vejamos essa importante classificação do promotor de justiça paulista:

a) *Contrato individual* ou *intersubjetivo*: é aquele que conta com apenas um sujeito em cada polo da relação jurídica.

b) *Contrato individual plúrimo*: é aquele que conta com mais de um sujeito em um ou em ambos os polos da relação jurídica.

c) *Contrato individual homogêneo*: é aquele realizado por uma entidade, com autorização legal, para representar os interesses de pessoas determinadas, cujos direitos são predeterminados ou preestabelecidos, havendo uma relevância social.

d) *Contrato coletivo*: é aquele que possui, ao menos em um dos polos, uma entidade autorizada pela lei para a defesa dos interesses de um grupo, classe ou categoria de pessoas indeterminadas, porém determináveis, vinculadas por uma relação jurídica-base (caso do contrato coletivo de trabalho, celebrado por sindicato).

e) *Contrato difuso*: é aquele que possui, ao menos em um dos polos, uma entidade que tenha autorização legal para a defesa dos interesses de pessoas indeterminadas, vinculadas por uma situação de fato (caso de um termo de compromisso firmado entre o Ministério Público e uma empresa fornecedora de um determinado produto que esteja fora das especificações legais).

Pois bem, havendo questão contratual envolvendo interesses difusos e coletivos, terá o Ministério Público legitimidade para defesa de tais direitos. Quanto aos interesses individuais homogêneos indisponíveis, vale a mesma tese para os casos de relevância social. O julgado a seguir, do STJ, envolvendo contratos para a compra da casa própria, traz um resumo do tratamento jurisprudencial que vem sendo dado ao assunto:

"Processo civil. Ação civil pública. Legitimidade ativa do Ministério Público. Reajustes de prestações. Sistema financeiro de habitação. CF, art. 129, III, Lei 7.347/85. Lei 8.625/93. Utilização da TR como índice de correção monetária dos contratos do SFH. Decisão liminar proferida em sede de ação civil pública mantida pelo tribunal de origem. Ausência de pronunciamento definitivo quanto ao mérito" (STJ, REsp 586.307/MT, 1.ª Turma, Rel. Min. Luiz Fux, j. 14.09.2004, *DJ* 30.09.2004, p. 223).

Do acórdão transcrito é interessante destacar o seguinte trecho:

"Em consequência, legitima-se o 'Parquet' a toda e qualquer demanda que vise à defesa do patrimônio público (neste inserido o histórico, cultural, urbanístico, ambiental, etc.), sob o ângulo material (perdas e danos) ou imaterial (lesão à moralidade). Deveras, o Ministério Público está legitimado a defender os interesses transindividuais, quais sejam os difusos, os coletivos e os individuais homogêneos. Precedentes do STJ: AARESP 229.226/RS, rel. Min. Castro Meira, Segunda Turma, *DJ* 07.06.2004; REsp 183.569/AL, deste relator, Primeira Turma, *DJ* 22.09.2003; REsp 404.239/PR; rel. Min. Ruy Rosado de Aguiar, Quarta Turma, *DJ* 19.12.2002; ERESP 141.491/SC; rel. Min. Waldemar Zveiter, Corte Especial, *DJ* 01.08.2000. Nas ações que versam interesses individuais homogêneos, esses interesses transindividuais participam da ideologia das ações difusas, como sói ser a ação civil pública. A despatrimonialização desses interesses está na medida em que o Ministério Público não veicula pretensão pertencente a quem quer que seja individualmente, mas pretensão de natureza genérica, que, por via de prejudicialidade, resta por influir nas esferas individuais" (REsp 586.307/MT).

CAP. 1 · TEORIA GERAL DOS CONTRATOS – INTRODUÇÃO | **49**

Essa legitimidade do Ministério Público para a defesa de interesses contratuais individuais homogêneos e de relevância social foi confirmada em outro julgado do STJ, da relatoria da Ministra Fátima Nancy Andrighi, que merece elogios:

> "Direito do consumidor e processual civil. Agravo no recurso especial. Recurso especial. Ação civil pública. Legitimidade ativa. Ministério Público. Contratos de financiamento celebrados no âmbito do SFH. Direitos individuais homogêneos. CDC. O Ministério Público tem legitimidade para propor ação civil pública que cuida de direitos individuais homogêneos protegidos pelo Código de Defesa do Consumidor. Negado provimento ao agravo no recurso especial" (STJ, AgRg no REsp 633.470/CE, 3.ª Turma, Rel. Min. Nancy Andrighi, j. 29.11.2005, *DJ* 19.12.2005, p. 398).

Em 2018, na mesma linha, editou-se a Súmula 601 na Corte, segundo a qual "o Ministério Público tem legitimidade ativa para atuar na defesa de direitos difusos, coletivos e individuais homogêneos dos consumidores ainda que decorrente da prestação de serviço público". Na verdade, essa é a posição consolidada em sede de Superior Tribunal de Justiça, que acabou sendo confirmada pela sumular.

Os arestos e a súmula demonstram que o contrato tem hoje um papel social relevante. Com isso adianta-se outra aplicação importante do princípio da função social dos contratos, que pode ter eficácia externa, para além das partes contratantes, visando à tutela dos interesses difusos em sentido amplo.

1.5.12 Quanto à definitividade do negócio

Por derradeiro, assim como fazem Pablo Stolze Gagliano e Rodolfo Pamplona Filho, os contratos podem ser classificados quanto à definitividade (*Novo curso...*, 2005, p. 157) em contratos definitivos e contratos preliminares.

Inicialmente, os contratos preliminares ou pré-contratos (*pactum de contrahendo*) são negócios que tendem à celebração de outros, denominados contratos definitivos. Esses últimos não têm qualquer dependência futura, no aspecto temporal.

O contrato preliminar está tratado de forma específica no Código Civil de 2002, entre os arts. 462 e 466, tema que será estudado quando do capítulo que trata da formação do contrato (Capítulo 3).

1.6 RESUMO ESQUEMÁTICO

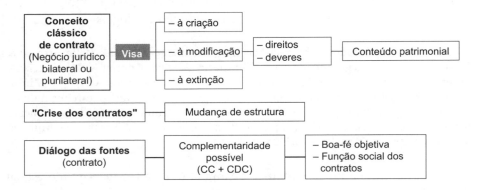

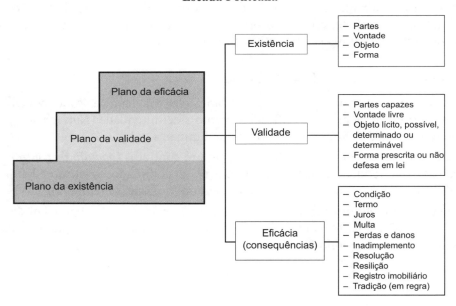

Principais classificações do contrato

I – Quanto às partes envolvidas	– Unilateral – Bilateral – Plurilateral
II – Quanto ao sacrifício patrimonial	– Gratuito – Oneroso
III – Quanto ao momento de aperfeiçoamento	– Consensual – Real
IV – Quanto aos riscos	– Comutativo ou pré-estimado – Aleatório
V – Quanto à previsão legal	– Típico – Atípico
VI – Quanto à negociação do conteúdo	– Contrato de adesão = Contrato de consumo (E. 171 CJF/STJ) – Paritário
VII – Quanto à presença de formalidades	– Formal – Informal
VIII – Quanto à independência	– Principal – Acessório (contratos coligados)
IX – Quanto ao momento de cumprimento	– Contrato instantâneo (execução imediata) – Contrato de execução diferida – Contrato de execução continuada (trato sucessivo)
X – Quanto à pessoalidade	– Pessoal ou *intuitu personae* (contrato personalíssimo) – Impessoal
XI – Quanto às pessoas envolvidas (Senise Lisboa)	– Contrato individual – Contrato individual plúrimo – Contrato individual homogêneo – Contrato coletivo – Contrato difuso
XII – Quanto à definitividade	– Contrato definitivo – Contrato preliminar

52 | DIREITO CIVIL • VOL. 3 – *Flávio Tartuce*

1.7 QUESTÕES CORRELATAS

01. (TJSC – FCC – Juiz Substituto – 2015) Em relação aos contratos de adesão nas relações de consumo, analise os enunciados seguintes:

I – A inserção de cláusula no formulário descaracteriza a natureza de adesão do contrato, por implicar negociação entre as partes.

II – Nos contratos de adesão não se admite cláusula resolutória, pois toda resolução contratual deverá ser precedida de aviso, interpelação ou notificação prévios.

III – Os contratos de adesão escritos serão redigidos em termos claros e com caracteres ostensivos e legíveis, cujo tamanho da fonte não será inferior ao corpo doze, de modo a facilitar sua compreensão pelo consumidor.

É correto o que se afirma APENAS em

(A) I e III.

(B) II e III.

(C) II.

(D) I e II.

(E) III.

02. (TJRO – IESES – Titular de Serviços de Notas e de Registros – Remoção – 2017) Segundo o Código Civil vigente a liberdade de contratar será exercida em razão e nos limites da função social do contrato. A respeito do tema podemos afirmar:

I. Nos contratos de adesão, são anuláveis as cláusulas que estipulem a renúncia antecipada do aderente a direito resultante da natureza do negócio.

II. É defeso às partes estipular contratos atípicos, mesmo que observadas as normas gerais fixadas no Código Civil.

III. Não pode ser objeto de contrato a herança de pessoa viva.

IV. Quando houver no contrato de adesão cláusulas ambíguas ou contraditórias, dever-se-á adotar a interpretação mais favorável ao aderente.

A sequência correta é:

(A) Apenas as assertivas II, III, IV estão corretas.

(B) Apenas as assertivas III e IV estão corretas.

(C) As assertivas I, II, III e IV estão corretas.

(D) Apenas a assertiva IV está correta.

03. (TRF-2.ª Região – Juiz Federal Substituto – 2017) Pessoa jurídica obteve empréstimo junto a certa instituição financeira, pelo qual recebeu determinada quantia, com a obrigação de devolvê-la com correção e juros de 12% ao ano. Exclusivamente à luz dos dados fornecidos e da visão dominante, classifique o contrato citado:

(A) Bilateral imperfeito, de adesão e feneratício.

(B) Unilateral, real e oneroso.

(C) Bilateral, oneroso, formal e de adesão.

(D) Bilateral, real, de adesão e oneroso.

(E) Unilateral, puramente consensual (não real), benéfico e oneroso.

04. (TJRO – IESES – Titular de Serviços de Notas e de Registros – Provimento – 2017) É certo afirmar:

I. Aleatório é o contrato quando os contratantes celebram uma relação em que recebem a vantagem e prestam a obrigação, consistente em coisa certa e determinada, embora sem escapar aos riscos relativos à mesma, nem à oscilação sobre o seu valor.

II. Os contratos coligados também são chamados de "união de contratos", mas não surge a unidade em uma única figura, ou seja, em um único instrumento, permanecendo autônomos quanto aos seus efeitos, mas com dependência recíproca.

III. O contrato comutativo pode ser definido como aquele no qual uma ou ambas as prestações apresentam-se incertas, porquanto a sua quantidade ou extensão fica na dependência de um fato futuro e imprevisível, o que torna viável venha ocorrer uma perda, ou um lucro para uma das partes.

IV. O contrato misto resulta da combinação de elementos de diferentes contratos, formando nova espécie contratual não esquematizada na lei.

Analisando as proposições, pode-se afirmar:

(A) Somente as proposições III e IV estão corretas.
(B) Somente as proposições II e IV estão corretas.
(C) Somente as proposições I e III estão corretas.
(D) Somente as proposições I e II estão corretas.

05. (Juiz Substituto – TJ-CE – CESPE – 2018) Contrato de prestações certas e determinadas no qual as partes possam antever as vantagens e os encargos, que geralmente se equivalem porque não envolvem maiores riscos aos pactuantes, é classificado como

(A) benéfico.
(B) aleatório.
(C) bilateral imperfeito.
(D) derivado.
(E) comutativo.

06. (Advogado – EBSERH – CESPE – 2018) Considerando o que dispõe o Código Civil acerca de negócios jurídicos e contratos, julgue o item a seguir.

Nos contratos de adesão, as cláusulas que estipulem renúncia antecipada do aderente a direito resultante da natureza do negócio serão consideradas abusivas, sendo, portanto, nulas.

( ) Certo   ( ) Errado

07. (Advogado – COPASA – FUMARC – 2018) Segundo as normas de Direito Civil, um contato atípico pode ser considerado

(A) ilícito, porque inobservadas nesse caso norma geral do Código Civil vigente.
(B) ilícito, se uma das partes contratantes for empresa pública ou sociedade de economia mista.
(C) lícito, desde que firmado mediante instrumento público.
(D) lícito, observadas as normas gerais fixadas no Código Civil vigente.

08. (Titular de Serviços de Notas e de Registros – Remoção – TJ-MG – CONSULPLAN – 2019) De acordo com as disposições do Código Civil, analise as afirmativas a respeito dos contratos em geral.

I. O contrato preliminar, inclusive quanto a forma, deve conter todos os requisitos essenciais ao contrato a ser celebrado.

II. Nos contratos bilaterais, pode qualquer dos contratantes alegar em defesa a exceção do contrato não cumprido.

III. Nos contratos de adesão, havendo cláusulas que gerem dúvida na sua interpretação, será adotada a mais favorável ao aderente.

IV. São alguns dos requisitos para a aplicação da cláusula *rebus sic stantibus*: a ocorrência de acontecimentos extraordinários e imprevisíveis e que tenham tornado a prestação de uma das partes excessivamente onerosa, com extrema vantagem para a outra.

Estão corretas as afirmativas

(A) I, II, III e IV.

(B) I e IV, apenas.

(C) I, II e III, apenas.

(D) II, III e IV, apenas.

09. (Advogado – Câmara de Quitandinha – PR – NC-UFPR – 2018) Sobre o direito contratual, é INCORRETO afirmar:

(A) Os contratantes são obrigados a guardar, assim na conclusão do contrato como em sua execução, os princípios de probidade e boa-fé.

(B) Entre os conceitos correlatos à boa-fé objetiva estão os seguintes postulados: *Venire contra factum proprium, Suppressio, Surrectio* e *Tu quoque.*

(C) A proposta de contrato obriga o proponente, se o contrário não resultar dos termos dela, da natureza do negócio ou das circunstâncias do caso.

(D) Os contratos podem ser unilaterais, bilaterais e plurilaterais.

(E) Os contratos reais são aqueles que se formam unicamente pelo acordo de vontades, independentemente da entrega da coisa e da observância de determinada forma.

10. (Advogado – COREN-SC – Dédalus Concursos – 2020) Sobre a teoria geral dos contratos conforme o Código Civil assinale a alternativa correta:

(A) Os requisitos ou condições de validade dos contratos de ordem geral incluem a capacidade do agente, o objeto lícito, possível, determinado ou determinável, e o consentimento recíproco.

(B) A impossibilidade jurídica do objeto do contrato ocorre quando o ordenamento proíbe negócios a respeito de determinado bem, como a herança de pessoa viva.

(C) O silêncio, ainda que for exigida a declaração de vontade expressa, pode ser interpretado como manifestação tácita da vontade quando as circunstâncias ou os usos o autorizarem.

(D) O princípio do consensualismo limita o da autonomia da vontade, dando prevalência ao interesse público.

(E) O fato de os acordos feitos pelos sindicatos beneficiarem toda uma categoria caracteriza uma exceção ao princípio contratual da autonomia de vontade.

11. (Câmara Municipal de Pouso Alegre-MG – Instituto Consulplan – Analista de licitação – 2023) Um dos princípios contratuais mais importantes e reconhecidos do direito dos contratos é aquele conhecido por *pacta sunt servanda*. Este princípio significa que

(A) os contratos devem ter boa-fé.

(B) os contratos devem ser cumpridos.

(C) a vontade de contratar deve ser livre.

(D) os contratos devem ser equilibrados entre as partes.

12. (Câmara Municipal de São Joaquim da Barra-SP – Instituto Consulplan – Procurador Jurídico – 2023) Os contratos são acordos de vontade geradores de obrigações, sendo classificados de acordo com a lei e a doutrina. Podemos afirmar que são, respectivamente, contratos aleatórios, reais e gratuitos, os contratos de:

(A) Seguro; compra e venda; e, mútuo.

(B) Seguro, compra e venda; e, comodato.

(C) Jogo e aposta (lícita); compra e venda; e, doação com encargo.

(D) Compra de safra futura, em que se assumiu o risco de nada existir; depósito; e, doação pura e simples.

13. (AGER-Mato Grosso – Cespe/Cebraspe – Analista Regulador – 2023) No que se refere aos contratos, julgue os itens a seguir.

I – Nas relações contratuais é vedado aos contratantes disporem sobre a herança de pessoa viva.

II – Diz-se comutativo aquele contrato caracterizado pela incerteza e imprevisibilidade, em que as partes não são capazes de antever os seus efeitos e, por esse motivo, constitui um contrato de risco para as partes.

CAP. 1 • TEORIA GERAL DOS CONTRATOS – INTRODUÇÃO | 55

III – Nos contratos de compra e venda, se os contratantes não dispuserem de modo diverso, o comprador responde por todos os débitos que gravem sobre a coisa adquirida até o momento da tradição.

IV – No contrato de doação, o doador pode estipular que os bens doados voltem ao seu patrimônio, se sobreviver ao donatário, mas não poderá estabelecer cláusula de reversão em favor de terceiro.

Assinale a opção correta.

(A) Apenas os itens I e II estão certos.

(B) Apenas os itens I e IV estão certos.

(C) Apenas os itens II e III estão certos.

(D) Apenas os itens III e IV estão certos.

(E) Apenas os itens II, III e IV estão certos.

14. **(TCE-PA – FGV – Auditor de Controle Externo – 2024) Duas empresas paraenses celebraram um contrato atípico com diversas cláusulas que causaram diversas divergências nos setores jurídicos respectivos em relação à interpretação e eficácia do pacto.**

A respeito do tema Teoria Geral dos Contratos, assinale a afirmativa correta.

(A) Nas relações contratuais privadas prevalecerão o princípio da intervenção mínima e a excepcionalidade da revisão contratual.

(B) Os contratos privados, diferentemente dos públicos, não devem atender à função social no momento de sua aplicação.

(C) Os contratos civis presumem-se assimétricos até a presença de elementos concretos que justifiquem o afastamento dessa presunção.

(D) É ilícito às partes estipular contratos atípicos, salvo se a legislação de forma expressa e específica autorizar a celebração.

(E) As partes negociantes não poderão estabelecer parâmetros objetivos para a interpretação das cláusulas negociais.

15. **(Câmara de Rondonópolis-MT – Procurador Jurídico – Selecon – 2024) Bodil e Siv avençaram compra e venda de coisa futura. Nos termos do Código Civil, o contrato ficará sem efeito se a coisa não vier a existir, salvo se a intenção das partes era concluir contrato:**

(A) parcial

(B) aleatório

(C) arbitrado

(D) procrastinatório

GABARITO

01 – E	02 – B	03 – B
04 – B	05 – E	06 – CERTO
07 – D	08 – D	09 – E
10 – B	11 – B	12 – D
13 – B	14 – A	15 – B

2

TEORIA GERAL DOS CONTRATOS – OS PRINCÍPIOS CONTRATUAIS NO CÓDIGO CIVIL DE 2002

Sumário: 2.1 Introdução. O contrato na perspectiva civil-constitucional – 2.2 O princípio da auto-nomia privada – 2.3 O princípio da função social dos contratos: 2.3.1 Análise dos arts. 421 e 2.035, parágrafo único, do Código Civil. Estudo pontual das alterações promovidas pela *Lei da Liberdade Econômica* (Lei 13.874/2019); 2.3.2 Eficácia interna e externa da função social dos contratos; 2.3.3 Dispositivos do Código de Defesa do Consumidor e do Código Civil de 2002 consagradores da função social dos contratos – 2.4 O princípio da força obrigatória dos contratos (*pacta sunt ser-vanda*) – 2.5 O princípio da boa-fé objetiva: 2.5.1 Conceitos básicos relacionados à boa-fé objetiva e à eticidade; 2.5.2 O princípio da boa-fé objetiva ou boa-fé contratual. Análise do art. 422 do Código Civil; 2.5.3 A função de integração da boa-fé objetiva. Os conceitos oriundos do direito comparado: *supressio, surrectio, tu quoque, venire contra factum proprium, duty to mitigate the loss* e *Nachfrist* – 2.6 O princípio da relatividade dos efeitos contratuais – 2.7 Resumo esquemático – 2.8 Questões correlatas – Gabarito.

2.1 INTRODUÇÃO. O CONTRATO NA PERSPECTIVA CIVIL-CONSTITU-CIONAL

Conforme está sendo demonstrado na presente coleção, os princípios assumem um papel de grande importância na codificação privada brasileira em vigor. Atualmente, é até comum afirmar que o vigente Código Civil Brasileiro é um *Código de Princípios*, tão grande a sua presença na codificação vigente.

Além disso, não se pode esquecer a grande importância assumida pelos princípios constitucionais em nosso ordenamento jurídico. A propósito, o Código de Processo Civil de 2015 parece seguir a mesma linha, valorizando sobremaneira os princípios, caso da boa-fé objetiva processual e dos regramentos constitucionais. Entre os vários comandos da codificação instrumental emergente, merece destaque o seu art. 8.º, segundo o qual, ao aplicar o ordenamento jurídico, o juiz atenderá aos fins sociais e às exigências do bem comum, resguardando e promovendo a dignidade da pessoa humana e observando a proporcionalidade, a razoabilidade, a legalidade, a publicidade e a eficiência.

Nessa realidade, os princípios podem ser conceituados como regramentos básicos aplicáveis a um determinado instituto jurídico, no caso em questão, aos contratos. Os princípios são abstraídos das normas, dos costumes, da doutrina, da jurisprudência e de aspectos políticos, econômicos e sociais.

Os princípios podem estar expressos na norma, mas não necessariamente. Mencione-se o princípio da função social dos contratos, que é expresso no Código Civil (arts. 421 e 2.035, parágrafo único), mas implícito ao Código de Defesa do Consumidor e à CLT, normas que protegem o vulnerável da relação contratual. De todo modo, não se pode negar que a recente *Reforma Trabalhista* (Lei 13.467/2017) tirou muitos dos direitos que antes eram consagrados aos trabalhadores, tendo sido guiada pela infeliz afirmação segundo a qual "o clausulado prevalece sobre o legislado".

No caso da Lei 8.078/1990, a função social dos contratos pode ser retirada de vários dos seus dispositivos, caso dos arts. 46, 47, 51, 52, 53, entre outros. Não se pode esquecer a grande importância do Código de Defesa do Consumidor para os contratos, uma vez que a grande maioria dos negócios jurídicos patrimoniais é de consumo, e está enquadrada nos arts. 2.º e 3.º da Lei 8.078/1990. Isso justifica a busca do mencionado *diálogo das fontes*.

Em outras palavras, é possível aplicar a determinado contrato tanto o CDC quanto o CC/2002, desde que isso não prejudique o consumidor vulnerável. Desse modo, é de se concordar plenamente com a apregoada aproximação principiológica, o que gera entusiasmo em relação à teoria do *diálogo das fontes*, que decorre substancialmente dos princípios sociais contratuais encampados pela codificação de 2002, quais sejam a função social dos contratos e a boa-fé objetiva (Enunciado n. 167 CJF/STJ, da *III Jornada de Direito Civil*).

Na verdade, como exposto nos outros volumes desta coleção, sou adepto de uma concepção ampla do Direito Privado, à luz da Constituição Federal e de microssistemas ou estatutos jurídicos importantes, caso do CDC. Por isso, não serão esquecidos na presente obra os princípios do *Direito Civil Constitucional*, que não só podem como devem ser aplicados aos contratos.

Esses princípios são a valorização da dignidade da pessoa humana (art. 1.º, inc. III, da CF/1988), a solidariedade social (art. 3.º, inc. I, da CF/1988) e a igualdade *lato sensu* ou isonomia (art. 5.º, *caput*, da CF/1988). Essa visão também foi valorizada pelo Código de Processo Civil em vigor. Além do citado art. 8.º do CPC/2015, merece destaque o seu art. 1.º, *in verbis*: "o processo civil será ordenado, disciplinado e interpretado conforme os valores e as normas fundamentais estabelecidos na Constituição da República Federativa do Brasil, observando-se as disposições deste Código".

Destaque-se que atualmente está em voga falar em *horizontalização dos direitos fundamentais*, que nada mais é do que o reconhecimento da existência e aplicação desses direitos e princípios constitucionais nas relações entre particulares. Nesse sentido, pode-se dizer que as normas constitucionais que protegem tais direitos têm aplicação imediata. Essa aplicação imediata está justificada, conforme ensina Ingo Wolfgang Sarlet, pelo teor do art. 5.º, § 1.º, da Constituição Federal de 1988, segundo o qual "as normas definidoras dos direitos e garantias fundamentais têm aplicação imediata". Sobre o tema, sugere-se a leitura da obra de referência do autor citado (SARLET, Ingo Wolfgang. *A eficácia...*, 2005).

Para Daniel Sarmento, outro entusiasta da *eficácia horizontal dos direitos fundamentais*, a referida aplicação "é indispensável no contexto de uma sociedade desigual, na qual a opressão pode provir não apenas do Estado, mas de uma multiplicidade de atores privados, presentes em esferas como o mercado, a família, a sociedade civil e a empresa" (*Direitos...*, 2004, p. 223). Filia-se integralmente a essa visão, que tem plena aplicação aos contratos, mormente diante da realidade brasileira.

Por certo é que essa *eficácia horizontal* traz uma visualização diversificada da matéria, eis que as normas de proteção da pessoa previstas na Constituição Federal eram tidas como dirigidas ao legislador e ao Estado (normas programáticas). Essa concepção anterior não mais prevalece, o que faz com que a *eficácia horizontal* seja interessante à prática, a tornar mais evidente e concreta a valorização da dignidade da pessoa humana nas relações interprivadas, entre os particulares.

Como exemplo de aplicação da tese, pode ser citado julgado do Supremo Tribunal Federal em que a eficácia horizontal foi adotada, no sentido de assegurar direito à ampla defesa a associado que fora excluído de uma pessoa jurídica:

> "A Turma, concluindo julgamento, negou provimento a recurso extraordinário interposto contra acórdão do Tribunal de Justiça do Estado do Rio de Janeiro que mantivera decisão que reintegrara associado excluído do quadro da sociedade civil União Brasileira de Compositores – UBC, sob o entendimento de que fora violado o seu direito de defesa, em virtude de o mesmo não ter tido a oportunidade de refutar o ato que resultara na sua punição – v. *Informativos 351, 370* e *385*. Entendeu-se ser, na espécie, hipótese de aplicação direta dos direitos fundamentais às relações privadas. Ressaltou-se que, em razão de a UBC integrar a estrutura do ECAD – Escritório Central de Arrecadação e Distribuição, entidade de relevante papel no âmbito do sistema brasileiro de proteção aos direitos autorais, seria incontroverso que, no caso, ao restringir as possibilidades de defesa do recorrido, a recorrente assumira posição privilegiada para determinar, preponderantemente, a extensão do gozo e da fruição dos direitos autorais de seu associado. Concluiu-se que as penalidades impostas pela recorrente ao recorrido extrapolaram a liberdade do direito de associação e, em especial, o de defesa, sendo imperiosa a observância, em face das peculiaridades do caso, das garantias constitucionais do devido processo legal, do contraditório e da ampla defesa. Vencidos a Min. Ellen Gracie, relatora, e o Min. Carlos Velloso, que davam provimento ao recurso, por entender que a retirada de um sócio de entidade privada é solucionada a partir das regras do estatuto social e da legislação civil em vigor, sendo incabível a invocação do princípio constitucional da ampla defesa" (STF, RE 201.819/RJ, Rel. Min. Ellen Gracie, Rel. p/ acórdão Min. Gilmar Mendes, 11.10.2005).

Interessante observar que, nesse julgado, o Min. Gilmar Mendes diz expressamente que as cláusulas gerais são a *porta de entrada* dos valores constitucionais nas relações privadas. Concorda-se integralmente com essa tomada de posição, pois o preenchimento dos conceitos legais indeterminados que constam da atual codificação privada, caso da

60 | DIREITO CIVIL • VOL. 3 – *Flávio Tartuce*

função social dos contratos e da boa-fé objetiva, deve-se dar a partir de valores constitucionais, caso da dignidade humana, da solidariedade social e da igualdade substancial, em sentido amplo. Esse ponto representa importante interação entre o Direito Civil Constitucional e o sistema de cláusulas gerais.

Vale lembrar que os princípios da função social dos contratos e da boa-fé objetiva constituem igualmente cláusulas gerais, ou seja, conceitos legais indeterminados, *janelas abertas* deixadas pelo legislador para serem preenchidas pelo aplicador do Direito caso a caso. Isso, à luz da *ontognoseologia jurídica* de Miguel Reale, da *concretude* ou *concretitude* do Direito Privado. Essa conclusão poderá ser percebida pelo teor de alguns enunciados doutrinários do Conselho da Justiça Federal e do Superior Tribunal de Justiça que trazem o reconhecimento de que esses regramentos também são cláusulas gerais.

Pois bem, a partir do presente momento serão estudados os princípios contratuais, o que representa o ponto de maior importância do Direito Contratual Contemporâneo Brasileiro, particularmente pelas inúmeras repercussões práticas que surgem do seu estudo. Os princípios que aqui serão abordados são os seguintes:

a) Princípio da autonomia privada.
b) Princípio da função social dos contratos.
c) Princípio da força obrigatória dos contratos (*pacta sunt servanda*).
d) Princípio da boa-fé objetiva.
e) Princípio da relatividade dos efeitos contratuais.

Tais regramentos serão analisados diante da recente Lei 13.874/2019, a *Lei da Liberdade Econômica*, originária da Medida Provisória 881, que trouxe impactos importantes a respeito da teoria geral dos contratos. Também será feito um estudo desses regramentos e da revisão contratual, diante da Lei 14.010/2020, que criou o Regime Jurídico Emergencial Transitório em matéria de Direito Privado diante da pandemia da Covid-19. A norma tem origem no Projeto de Lei 1.179/2020, originário do Senado Federal, e foi elaborada por uma Comissão de Juristas liderada pelo Professor Otávio Luiz Rodrigues Jr., tendo a minha colaboração.

Passa-se então ao estudo dos princípios contratuais, o que é fundamental para o conhecimento do aplicador e estudioso do Direito Civil contemporâneo.

2.2 O PRINCÍPIO DA AUTONOMIA PRIVADA

O contrato, como é cediço, está situado no âmbito dos direitos pessoais, sendo inafastável a grande importância da vontade sobre ele. A vontade é o próprio elemento propulsor do domínio do ser humano em relação às demais espécies que vivem sobre a Terra, ponto diferenciador dos fatos humanos (atos jurídicos ou jurígenos) em relação aos fatos naturais (fatos jurídicos *stricto sensu*).

Percebe-se que o negócio jurídico é verdadeiro instrumento da liberdade humana, tendo sua raiz na vontade. A declaração de vontade, segundo ensina Castro Y Bravo, constitui o elemento central e mais característico do negócio jurídico, sendo o seu estudo comum às declarações que afetam a relação negocial (*La estructura...*, 2002, p. 57).

CAP. 2 · TEORIA GERAL DOS CONTRATOS – OS PRINCÍPIOS CONTRATUAIS NO CÓDIGO CIVIL DE 2002 | **61**

Lembra Carvalho de Mendonça que o domínio da vontade dos contratantes foi uma conquista advinda de um lento processo histórico, culminando com o "respeito à palavra dada", principal herança dos contratos romanos e expressão propulsora da ideia central de contrato como fonte obrigacional" (*Contratos...*, 1957, p. 7). Interessante visualizar, aqui, aquela velha diferenciação clássica entre a *liberdade de contratar* e a *liberdade contratual*, objetivando uma melhor compreensão da matéria.

Inicialmente, percebe-se no mundo negocial plena liberdade para a celebração dos pactos e avenças com determinadas pessoas e em certos momentos, sendo o direito à contratação inerente à própria concepção da pessoa humana, um direito existencial da personalidade advindo do princípio da liberdade. Essa é a *liberdade de contratar*.

Em um primeiro momento, a *liberdade de contratar* está relacionada com a escolha da pessoa ou das pessoas com quem o negócio será celebrado, sendo uma liberdade plena, em regra. Entretanto, em alguns casos, nítidas são as limitações à carga volitiva, eis que não se pode, por exemplo, contratar com o Poder Público se não houver autorização para tanto. Como limitação da liberdade de contratar, pode ser citado o art. 497 do CC/2002, que veda a compra e venda de bens confiados à administração em algumas situações.

Em outro plano, a autonomia da pessoa pode estar relacionada com o conteúdo do negócio jurídico, ponto em que residem limitações ainda maiores à liberdade da pessoa humana. Trata-se, portanto, da *liberdade contratual*. Conforme será exposto, há muito tempo os sujeitos do direito vêm encontrando limitações ao seu modo de viver, inclusive para as disposições contratuais, eis que o velho modelo individualista de contrato encontra-se superado.

Dessa *dupla liberdade* do sujeito contratual é que decorre a autonomia privada, que constitui a liberdade que a pessoa tem para regular os próprios interesses. De qualquer forma, que fique claro que essa autonomia não é absoluta, encontrando limitações em normas de ordem pública.

Estou filiado à parcela da doutrina que propõe a substituição do velho e superado *princípio da autonomia da vontade* pelo *princípio da autonomia privada*, o que leva ao caminho sem volta da adoção do *princípio da função social dos contratos*.

A existência dessa substituição é indeclinável, pois "foi precisamente em consequência da revisão a que foram submetidos o liberalismo econômico e, sobretudo, as concepções voluntaristas do negócio jurídico, que se passou a falar em autonomia privada, de preferência à mais antiga autonomia da vontade. E, realmente, se a antiga autonomia da vontade, com o conteúdo que lhe era atribuído, era passível de críticas, já a autonomia privada é noção não só com sólidos fundamentos, como extremamente importante" (NORONHA, Fernando. *O direito...*, 1994, p. 113).

Diante dessas palavras, são desatualizadas normas recentes que utilizam o superado termo *autonomia da vontade*, caso da Lei de Mediação (Lei 13.140/2015, art. 2.º, inc. V) e da Reforma Trabalhista (Lei 13.467/2017). Quanto à última, merece destaque de crítica o seu art. 8.º, § 3.º, que traz a antes comentada e infeliz máxima segundo a qual o "*clausulado prevalece sobre o legislado*", *in verbis*: "no exame de convenção coletiva ou acordo coletivo de trabalho, a Justiça do Trabalho analisará exclusivamente a conformidade dos elementos essenciais do negócio jurídico, respeitado o disposto no art. 104 da Lei n.º 10.406, de 10 de janeiro de 2002 (Código Civil), e balizará sua atuação pelo princípio da intervenção mínima na autonomia da vontade coletiva". A leitura deste capítulo demonstrará como a regra está em total falta de sintonia com a realidade contratual contemporânea.

A propósito, cite-se que no processo de conversão da Medida Provisória 881 na *Lei da Liberdade Econômica* (Lei 13.874/2019) optou-se por utilizar-se o termo *autonomia privada*, em vez de *autonomia da vontade*, que constava originalmente do art. 3.º, inc. V da primeira norma. Como está previsto atualmente, entre os *direitos de liberdade econômica*, nos termos do art. 170 da Constituição, tem-se "gozar de presunção de boa-fé nos atos praticados no exercício da atividade econômica, para os quais as dúvidas de interpretação do direito civil, empresarial, econômico e urbanístico serão resolvidas de forma a preservar a autonomia privada, exceto se houver expressa disposição legal em contrário".

A norma traz previsão salutar, de presunção da boa-fé no exercício da atividade econômica, inclusive frente aos entes públicos. A afirmação, que deveria ser a realidade fática diante da antiga lição de que *a boa-fé se presume e a má-fé se prova*, não vinha sendo devidamente aplicada no Brasil, realidade que, espera-se, seja alterada no País.

Diante dessa lei emergente, destaque-se que a autonomia privada foi valorizada consideravelmente na afirmação dos seus regramentos fundamentais. Nos termos do art. 2.º da *Lei da Liberdade Econômica*, são princípios que norteiam a sua interpretação: *a)* a liberdade como uma garantia no exercício de atividades econômicas; *b)* a boa-fé do particular perante o poder público; *c)* a intervenção subsidiária e excepcional do Estado sobre o exercício de atividades econômicas; e *d)* o reconhecimento da vulnerabilidade do particular perante o Estado.

Feitas tais anotações de atualização, passa-se especificamente a expor sobre o princípio da autonomia privada, seu conceito e sua natureza jurídica, demonstrando de forma detalhada as razões da referida substituição.

Entre os italianos, Enzo Roppo compreendeu muito bem os elementos que conduzem à formação do contrato. Para esse doutrinador, "a autonomia e a liberdade dos sujeitos privados em relação à escolha do tipo contratual, embora afirmada, em linha de princípio, pelo art. 1.322.º c. 2 Cód. Civ. estão, na realidade, bem longe de ser tomadas como absolutas, encontrando, pelo contrário, limites não descuráveis no sistema de direito positivo" (*O contrato...*, 1988, p. 137). Reconhece Roppo a existência de claras restrições à vontade manifestada nos negócios. Primeiro percebe-se uma limitação quanto à própria liberdade de celebrar ou não o contrato. Em outras ocasiões, sinaliza o autor italiano que as limitações são também subjetivas, pois se referem às pessoas com quem as avenças são celebradas.

Entre os autores nacionais, quem observou muito bem o significado do princípio da autonomia privada foi Francisco Amaral, para quem "a autonomia privada é o poder que os particulares têm de regular, pelo exercício de sua própria vontade, as relações que participam, estabelecendo-lhe o conteúdo e a respectiva disciplina jurídica. Sinônimo de autonomia da vontade para grande parte da doutrina contemporânea, com ela porém não se confunde, existindo entre ambas sensível diferença. A expressão 'autonomia da vontade' tem uma conotação subjetiva, psicológica, enquanto a autonomia privada marca o poder da vontade no direito de um modo objetivo, concreto e real" (*Direito civil...*, 2003, p. 348). Essa diferenciação entre autonomia da vontade e autonomia privada é precisa, reforçando a tese da superação da primeira.

Não há dúvida de que a *vontade pura* perdeu a importância que exercia no passado para a formação dos contratos e dos negócios jurídicos em geral. Outros critérios entram em cena para a concretização prática do instituto. As relações pessoais estão em suposta *crise*, o que representa uma mudança estrutural, sendo certo que tudo deve ser analisado sob o prisma da concretude do instituto *contrato*, e do que isso representa para o meio social. Concluindo, à luz da *personalização do Direito Privado*, que a *autonomia não é da vontade, mas da pessoa* (DÍEZ-PICAZO, Luis; GULLÓN, Antonio. *Sistema...*, 2003, p. 379).

Citando Werner Flume e Menezes Cordeiro, Francisco Amaral defende que a autonomia privada representa um dos princípios fundamentais do Direito Privado, tratando-se "da projeção, no direito, do personalismo ético, concepção axiológica da pessoa como centro e destinatário da ordem jurídica privada, sem o que a pessoa humana, embora formalmente revestida de titularidade jurídica, nada mais seria do que mero instrumento a serviço da sociedade" (*Direito civil...*, 2003, p. 348).

Na realidade, é correta a afirmação de que a autonomia privada constitui o mais importante princípio do Direito Civil, tendo também aplicação ao Direito das Coisas, ao Direito de Família e ao Direito das Sucessões.

Não se pode esquecer que o principal campo de atuação do princípio da autonomia privada é o patrimonial, onde se situam os contratos como ponto central do Direito Privado. Esse princípio traz limitações claras, principalmente relacionadas com a formação e reconhecimento da validade dos negócios jurídicos. A eficácia social pode ser apontada como uma dessas limitações, havendo clara relação entre o preceito aqui estudado e o princípio da função social dos contratos.

Nesse sentido, é interessante deixar claro que a função social não elimina totalmente a autonomia privada ou a liberdade contratual, mas apenas atenua ou reduz o alcance desse princípio, realidade que é mantida, mesmo com a emergência da recente *Lei da Liberdade Econômica* (Lei 13.874/2019). Esse é o teor do Enunciado n. 23 CJF/STJ, aprovado na *I Jornada de Direito Civil*, em 2002, um dos mais importantes enunciados doutrinários entre todos os aprovados nas *Jornadas de Direito Civil*:

> "A função social do contrato, prevista no art. 421 do novo Código Civil, não elimina o princípio da autonomia contratual, mas atenua ou reduz o alcance desse princípio, quando presentes interesses metaindividuais ou interesse individual relativo à dignidade da pessoa humana".

Pela ementa transcrita, observa-se a tão aclamada interação entre os direitos patrimoniais e os direitos existenciais ou de personalidade, o que está relacionado com o que se convém denominar *Direito Civil Personalizado*. A ideia remonta à clássica obra de Antonio Menger, intitulada *O direito civil e os pobres* (MENGER, Antonio. *El derecho...*, 1898). Entre os brasileiros, cumpre citar a célebre teoria do *Estatuto jurídico do patrimônio mínimo*, criada pelo Ministro do STF, Luiz Edson Fachin, que pretende assegurar à pessoa um mínimo para que possa viver com dignidade, um piso mínimo de direitos patrimoniais (*Estatuto...*, 2001).

Concretizando a proteção da pessoa humana no contrato, pode ser citada a tendência de reconhecimento da possibilidade de reparação por danos morais em decorrência do seu mero inadimplemento. Nesse sentido, enunciado então proposto por mim e aprovado na *V Jornada de Direito Civil,* que preconiza: "o descumprimento de contrato pode gerar dano moral, quando envolver valor fundamental protegido pela Constituição Federal de 1988" (Enunciado n. 411). Como se verá, tal conclusão tem sido aplicada especialmente nos casos de inadimplemento de contratos de plano de saúde.

Feito tal esclarecimento, ressalte-se que o contrato de hoje é constituído por uma soma de fatores, e não mais pela *vontade pura* dos contratantes, delineando-se o significado do princípio da autonomia privada, pois outros elementos de cunho particular irão influenciar o conteúdo do negócio jurídico patrimonial. Na formação do contrato, muitas vezes, percebe-se a imposição de cláusulas pela lei ou pelo Estado, o que nos leva ao caminho sem volta da intervenção estatal nos contratos ou *dirigismo contratual.* Como exemplo dessa ingerência estatal ou legal, podem-se citar o Código de Defesa do Consumidor e mesmo o Código Civil de 2002, que igualmente consagra a nulidade absoluta de cláusulas tidas como abusivas.

Também é pertinente lembrar que, muitas vezes, a supremacia econômica de uma pessoa sobre a outra irá fazer com que uma parte economicamente mais forte dite as regras contratuais. Nesse caso, a vontade do mais fraco, sem dúvida, estará mitigada. Essa imposição pode ser, além de econômica, política, como nos casos de um contrato administrativo, âmbito em que a autonomia privada também se faz presente, conforme reconhece o próprio Enzo Roppo.

Importante reconhecer que, na prática, predominam os contratos de adesão, ou *contratos standard*, padronizados, como prefere o doutrinador italiano (*Império dos Contratos-Modelo* ou *Estandardização Contratual*). Do ponto de vista prático e da realidade, essa é a principal razão pela qual se pode afirmar que a autonomia da vontade não é mais princípio contratual. Ora, a vontade tem agora um papel secundário, resumindo-se, muitas vezes, a um *sim* ou *não*, como resposta a uma proposta de contratação (*take it or leave it*, segundo afirmam os americanos, ou seja, *é pegar ou largar*). Em reforço, diante dessa realidade negocial, não se pode dizer, às cegas, que os contratos fazem lei entre as partes, como era comum outrora.

Em outras circunstâncias, uma parte impõe o conteúdo do negócio pelo simples fato de a outra parte não ter outra opção que não seja a de celebrar ou não o contrato. A título de exemplo, a premente necessidade ou eventual inexperiência poderá fazer que um contrato desfavorável seja celebrado (onerosidade excessiva), presente a *lesão*, vício do negócio jurídico (art. 157 do CC) que pode motivar a anulabilidade (art. 171, inc. II, do CC) ou a revisão judicial do contrato (art. 157, § 2.º, do CC).

Por todos esses fatores, conceitua-se o *princípio da autonomia privada como um regramento básico, de ordem particular – mas influenciado por normas de ordem pública –*, pelo

CAP. 2 · TEORIA GERAL DOS CONTRATOS – OS PRINCÍPIOS CONTRATUAIS NO CÓDIGO CIVIL DE 2002 | **65**

qual na formação do contrato, além da vontade das partes, entram em cena outros fatores: psicológicos, políticos, econômicos e sociais. Trata-se do direito indeclinável da parte de autorregulamentar os seus interesses, decorrente da dignidade humana, mas que encontra limitações em normas de ordem pública, particularmente nos princípios sociais contratuais.

Para essa elaboração construtiva, serviu-me muito o conceito de Fernando Noronha, para quem a "autonomia privada consiste na liberdade de as pessoas regularem por meio de contratos, ou mesmo de negócios jurídicos unilaterais, quando possíveis, os seus interesses, em especial quanto à produção e à distribuição de bens e serviços. Na lição de Larenz, e mais concretamente, 'é a possibilidade, oferecida e assegurada aos particulares, de regularem suas relações mútuas dentro de determinados limites, por meio de negócios jurídicos, em especial mediante contratos'. É o poder 'de autorregulamentação dos próprios interesses e relações, exercido pelo próprio titular deles', de que falava Betti, a ser exercido nos limites e com as finalidades assinadas pela função social do contrato" (NORONHA, Fernando. *O direito*..., 1994, p. 114).

Sobre a necessidade de se observar os preceitos de ordem pública ou cogentes, a propósito, a *Lei da Liberdade Econômica* (Lei 13.874/2019) traz regra muito importante para a prática. Como consta novamente do seu art. 3.º, representa outro direito de liberdade econômica "ter a garantia de que os negócios jurídicos empresariais paritários serão objeto de livre estipulação das partes pactuantes, de forma a aplicar todas as regras de direito empresarial apenas de maneira subsidiária ao avençado, exceto normas de ordem pública". Confirmam-se, assim, as palavras de Fernando Noronha, por último transcritas.

Sem dúvidas de que a substituição do princípio da autonomia da vontade pelo princípio da autonomia privada traz sérias consequências para o instituto negocial. Não se pode esquecer esse ponto quando se aponta a relativização do princípio da força obrigatória do contrato (*pacta sunt servanda*). Todavia, não se pode dizer que tal princípio foi eliminado, repise-se.

Além disso, podem surgir questões práticas interessantes relativas ao princípio da autonomia privada, particularmente pelo seu fundamento constitucional nos princípios da liberdade e da dignidade humana. Ora, como as normas restritivas da autonomia privada constituem exceção, não admitem analogia ou interpretação extensiva, justamente diante da tão mencionada valorização da liberdade. Em reforço, em situações de dúvida entre a proteção da liberdade da pessoa humana e os interesses patrimoniais, deve prevalecer a primeira, ou seja, o direito existencial prevalece sobre o patrimonial.

A título de exemplo prático dessa conclusão, enuncia o art. 496, *caput*, do Código Civil de 2002 que é anulável a venda de ascendente para descendente, não havendo autorização dos demais descendentes e do cônjuge do alienante. Surge uma dúvida: o dispositivo também se aplica à hipoteca, direito real de garantia sobre coisa alheia, exigindo-se, para a hipoteca a favor de um filho, a autorização dos demais? A resposta é negativa, pois, caso contrário, estar-se-ia aplicando o citado comando legal, por analogia, a uma determinada situação não alcançada pela subsunção da norma jurídica (HIRONAKA, Giselda Maria Fernandes; TARTUCE, Flávio. O princípio..., *Direito*..., 2008, p. 55).

De qualquer forma, deve ser somada a essa conclusão uma constatação também fundamental, a de que, eventualmente, uma norma restritiva da autonomia privada pode admitir a interpretação extensiva ou a analogia, visando a proteger a parte vulnerável da relação negocial, caso do trabalhador, do consumidor e do aderente. Para reforçar essa constatação, é importante lembrar da proteção constitucional dos vulneráveis, mais especificamente dos trabalhadores (art. 7.º) e dos consumidores (art. 5.º, inc. XXXII da CF/1988).

Finalizando o presente tópico, é pertinente anotar a relação feita por Francisco Amaral entre a autonomia privada e a função social dos contratos. Aponta o jurista que "emprestar ao direito uma função social significa considerar que os interesses da sociedade se sobrepõem ao do indivíduo, sem que isso implique, necessariamente, a anulação da pessoa humana, justificando-se a ação do Estado pela necessidade de acabar com as injustiças sociais" (*Direito civil...*, 2003, p. 367).

Seguindo a trilha deixada por essas palavras, concorda-se que a função social dos contratos representa a perspectiva funcional da autonomia privada, tema sobre o qual se passa a expor a partir de então.

2.3 O PRINCÍPIO DA FUNÇÃO SOCIAL DOS CONTRATOS

2.3.1 Análise dos arts. 421 e 2.035, parágrafo único, do Código Civil. Estudo pontual das alterações promovidas pela *Lei da Liberdade Econômica* (Lei 13.874/2019)

Em matéria de contratos, o Código Civil de 2002 foi o primeiro entre todos – e continua sendo, em todo o planeta –, a afirmar a função social do contrato como limite à autonomia privada, pelo que está previsto nos seus arts. 421 e 2.035, parágrafo único.

Na Exposição de Motivos do Projeto do Código Civil, de autoria de Miguel Reale e datado de 16 de janeiro de 1975, consta como um dos objetivos da antes nova codificação privada "tornar explícito, como princípio condicionador de todo o processo hermenêutico, que a liberdade de contratar só pode ser exercida em consonância com os fins sociais do contrato, implicando os valores primordiais da boa-fé e da probidade. Trata-se de preceito fundamental, dispensável talvez sob o enfoque de uma estreita compreensão do Direito, mas essencial à adequação das normas particulares à concreção ética da experiência jurídica" (REALE, Miguel. *O projeto...*, 1999, p. 71).

Desse modo, os contratos devem ser interpretados de acordo com a concepção do meio social onde estão inseridos, não trazendo onerosidade excessiva às partes contratantes, garantindo que a igualdade entre elas seja respeitada, mantendo a justiça contratual e equilibrando a relação onde houver a preponderância da situação de um dos contratantes sobre a do outro. Sobre a onerosidade excessiva, o tema ganhou especial relevância com a pandemia da Covid-19, tendo sido tratada a revisão contratual por onerosidade excessiva pela Lei 14.010/2020, como se verá a seguir.

Valoriza-se, portanto, a equidade, a razoabilidade, o bom senso, afastando-se o enriquecimento sem causa, ato unilateral vedado expressamente pela própria codificação, nos seus arts. 884 a 886. Por esse caminho, a função social dos contratos visa à proteção da parte vulnerável da relação contratual.

CAP. 2 · TEORIA GERAL DOS CONTRATOS – OS PRINCÍPIOS CONTRATUAIS NO CÓDIGO CIVIL DE 2002 | 67

Essa nova concepção do contrato pode ser sentida em Enzo Roppo, que explicita o papel do contrato e a relação do instituto com as formas de organização econômico-social. Para esse doutrinador, em palavras que merecem especial destaque:

"Analogicamente, se é verdade que a sua disciplina jurídica – que resulta definida pelas leis e pelas regras jurisprudenciais – corresponde instrumentalmente à realização de objetivos e interesses valorados consoante as opções políticas e, por isso mesmo, contingentes e historicamente mutáveis, daí resulta que o próprio modo de ser e de conformar do contrato como instituto jurídico, não pode deixar de sofrer a influência decisiva do tipo de organização político-social a cada momento afirmada. Tudo isto se exprime através da fórmula da relatividade do contrato (como, aliás, de todos os institutos jurídicos): o contrato muda a sua disciplina, as suas funções, a sua própria estrutura segundo o contexto econômico-social em que está inserido" (ROPPO, Enzo. *O contrato...*, 1999, p. 71).

Na realidade, à luz da *personalização e constitucionalização do Direito Civil*, pode-se afirmar que a *real função do contrato não é a segurança jurídica ou a proteção excessiva e cega do mercado, mas sim atender os interesses da pessoa humana*.

De qualquer forma, é interessante analisar o teor do art. 421 do CC, apontando-se que o dispositivo trazia dois equívocos técnicos, que foram corrigidos pela *Lei da Liberdade Econômica* (Lei 13.874/2019). Vejamos o teor do texto, levando-se em conta, ainda, o que constava da Medida Provisória 881, que deu origem à última norma:

Art. 421 do CC. Redação original	Art. 421 do CC. Redação com a MP 881	Art. 421 do CC. Redação após a Lei 13.874/2019
"A liberdade de contratar será exercida em razão e nos limites da função social do contrato."	"A liberdade de contratar será exercida em razão e nos limites da função social do contrato, observado o disposto na Declaração de Direitos de Liberdade Econômica. Parágrafo único. Nas relações contratuais privadas, prevalecerá o princípio da intervenção mínima do Estado, por qualquer dos seus poderes, e a revisão contratual determinada de forma externa às partes será excepcional."	"A liberdade contratual será exercida nos limites da função social do contrato. Parágrafo único. Nas relações contratuais privadas, prevalecerão o princípio da intervenção mínima e a excepcionalidade da revisão contratual."

Sobre a redação original do dispositivo, seguindo a melhor doutrina, sempre sustentei nesta obra que ele trazia dois equívocos técnicos, que tenderiam a ser corrigidos pelo antigo *Projeto de Lei Ricardo Fiuza*, o originário PL 6.960/2002. Acatando as sugestões formuladas por Antônio Junqueira de Azevedo e Álvaro Villaça Azevedo, professores da Faculdade de Direito da Universidade de São Paulo, propunha-se a mudança no texto exatamente como ele se encontra agora. Destaque-se que a Professora Giselda Hironaka também escreveu texto no mesmo sentido, logo após a entrada em vigor da codificação de 2002, apoiando as mudanças.

Pela proposta que acabou sendo adotada, *primeiro*, sempre foi necessária a substituição da expressão *liberdade de contratar* por *liberdade contratual*. Aqui já se demonstrou as diferenças entre os dois institutos, ficando clara a razão da proposta de alteração. Em verdade, a *liberdade de contratar*, relacionada com a celebração do contrato, é, em regra, ilimitada, pois a pessoa celebra o contrato quando quiser e com quem quiser, salvo raríssimas exceções. Por outra via, a *liberdade contratual*, relativa ao conteúdo negocial, é que está limitada pela função social do contrato. Assim sendo, justificava-se plenamente a proposta de alteração que era por mim defendida, inclusive pelo teor do Enunciado n. 23 CJF/STJ.

Segundo, o antigo *Projeto Fiuza* visava a retirar a expressão *em razão e*, pois a função social não é a razão para o contrato, mas sim a autonomia privada. Na verdade, a função social sempre representou, entre outras aplicações, um limite ao conteúdo do contrato, pois fim social quer dizer finalidade coletiva.

Para esclarecer o teor da proposta, vejamos o que apontava o próprio Deputado Ricardo Fiuza: "a alteração, atendendo a sugestão dos Professores Álvaro Villaça Azevedo e Antônio Junqueira de Azevedo, objetiva inicialmente substituir a expressão 'liberdade de contratar' por 'liberdade contratual'. Liberdade de contratar a pessoa tem, desde que capaz de realizar o contrato, já a liberdade contratual é a de poder livremente discutir as cláusulas do contrato. Também se procedeu à supressão da expressão 'em razão'. A liberdade contratual está limitada pela função social do contrato, mas não é a sua razão de ser" (FIUZA, Ricardo. *O novo...*, 2003, p. 76).

Reitero que sempre estive filiado às propostas de mudanças, assim como fazia Giselda Maria Fernandes Novaes Hironaka. Vejamos o que sustentava a Professora Titular da USP, em seu citado texto, publicado nos anos iniciais de vigência da codificação de 2002:

> "Bem adverte Junqueira de Azevedo que a função social do contrato é um limite para a liberdade contratual, e efetivamente é. Não um limite à liberdade de contratar, como consideramos antes. E no que estaria fundada a liberdade de contratar, é a pergunta intrigante de Junqueira Azevedo, que respondeu a S. Exa., o Professor Miguel Reale e a S. Exa., o Deputado Ricardo Fiuza, naquele encontro na Ouvidoria Parlamentar, ao qual já me referi, antes, que no seu modo de ver – e lhe parece ser esse o pensamento implícito na Constituição Brasileira – baseia-se na dignidade da pessoa humana. No entanto – ele prossegue – esse artigo tem um viés trágico, porque determina textualmente que a liberdade de contratar será exercida em razão da função social. Ora. Nem se trata de liberdade de contratar, nem deverá ser exercida em razão da função social do contrato. Na verdade, trata-se de liberdade contratual, aquela pertinente à limitação do Conteúdo do contrato, por força de norma de ordem pública, e não de liberdade de contratar, esta sim fundada na dignidade da pessoa humana e resultante da alta expressão da autonomia privada e, bem por isso, ilimitada" (HIRONAKA, Giselda Maria Fernandes Novaes. *Contrato...* Disponível em: www.flaviotartuce.adv.br. Acesso em: 5 set. 2005).

Diante dessa realidade jurídica, quando da emergência da Medida Provisória 881, na sua tramitação no Congresso Nacional, escrevi artigo científico, publicado em vários canais da *internet,* em que sustentei a necessidade de alteração da lei com a correção desses dois equívocos. O texto trazido originalmente pela MP estabelecia, ignorando a necessidade desses reparos, que "a liberdade de contratar será exercida em razão e nos limites da função social do contrato, observado o disposto na Declaração de Direitos

CAP. 2 • TEORIA GERAL DOS CONTRATOS – OS PRINCÍPIOS CONTRATUAIS NO CÓDIGO CIVIL DE 2002 | **69**

de Liberdade Econômica". Como se percebe da tabela antes exposta, a redação também procurava reduzir consideravelmente a abrangência da função social do contrato, limi-tando-a ao conteúdo art. 3.º da norma, que trata da Declaração de Direitos de Liberdade Econômica o que, por bem, acabou não prosperando.

A proposta de Emenda 199, apresentada pelo Senador Jean Paul Prates ao Congresso Nacional seguiu a minha sugestão a respeito do *caput* do comando, nos seguintes termos de justificativas, "com apoio no texto intitulado 'A MP 881/19 (liberdade econômica) e as alterações do Código Civil. Primeira parte', escrito por um dos mais respeitados civilistas brasileiros – o Professor Flávio Tartuce –, sugerimos a emenda em pauta".

A proposta acabou por ser adotada na tramitação legislativa na linha do que sempre sustentei doutrinariamente e com base nas lições de Antônio Junqueira de Azevedo, Álvaro Villaça Azevedo e Giselda Maria Fernandes Novaes Hironaka. Sendo assim, por bem e de acordo com a melhor técnica, o texto do art. 421 do Código Civil foi finalmente corrigido, para que tenha o real sentido, de que a liberdade contratual – a autonomia privada –, é que é limitada pela função social do contrato.

Pontue-se, a propósito, que, quando da tramitação legislativa, chegou-se a deba-ter outro texto, sugerido pelos Professores Otávio Luiz Rodrigues Jr. e Rodrigo Xavier Leonardo, por meio do Senador Antonio Anastasia (Emenda 158). Pela proposição, o dispositivo teria a seguinte dicção: "O contrato cumprirá a sua função social". A norma proposta era até mais abrangente e louvável, pois colocava a função social do contrato no plano da validade do negócio jurídico. De todo modo, essa interpretação já é rea-lizada pela doutrina, conforme se retira do Enunciado n. 431 da *V Jornada de Direito Civil,* a seguir estudado.

Mas a previsão da função social dos contratos, no Código Civil de 2002, não se restringe ao art. 421, constando ainda do art. 2.035, parágrafo único, da codificação em vigor, dispositivo que é de grande importância para a compreensão de seu sentido. Muitas vezes, esse comando legal é esquecido ao se apontar o princípio em questão, sendo certo que é até mais importante que o primeiro. Por tal razão, cabe a transcrição destacada do seu inteiro teor:

> "Art. 2.035. (...)
> Parágrafo único. Nenhuma convenção prevalecerá se contrariar preceitos de ordem pública, tais como os estabelecidos por este Código para assegurar a função social da propriedade e dos contratos".

Trata-se de uma regra indeclinável em um primeiro plano, por ser comando ex-presso de direito intertemporal que revelou a manifestação inequívoca do legislador em privilegiar os preceitos de ordem pública relacionados com a proteção da função social da propriedade em sentido amplo ou *lato sensu*, incluindo a função social da propriedade *stricto sensu* (art. 1.228, § 1.º, do CC) e a função social do contrato (art. 421 do CC).

Quando se lê no comando a expressão *convenção*, pode-se ali enquadrar qualquer ato jurídico celebrado, particularmente os negócios jurídicos constituídos antes da entrada em vigor da nova lei geral privada e cujos efeitos ainda estão sendo sentidos atualmente, na vigência da atual codificação.

70 | DIREITO CIVIL • VOL. 3 – *Flávio Tartuce*

Em realidade, a princípio, não há como aplicar o preceito a contratos já celebrados, aperfeiçoados, satisfeitos e extintos, por uma questão natural de lógica e pelo que consta do art. 2.035, *caput*, da legislação privada emergente. Prevê esse diploma legal que "a validade dos negócios e demais atos jurídicos, constituídos antes da entrada em vigor deste Código, obedece a dispositivos nas leis anteriores referidas no art. 2.045, mas os seus efeitos, produzidos após a vigência deste Código, aos preceitos dele se subordinam, salvo se houver sido prevista pelas partes determinada forma de execução".

Conforme foi exposto no capítulo anterior deste livro, o aludido comando adotou a teoria de Pontes de Miranda quanto aos planos de existência, validade e eficácia do negócio jurídico, tema muito bem abordado por Marcos Bernardes de Mello e por Antônio Junqueira de Azevedo, entre outros (*Escada Ponteana*).

Isso porque, quanto aos elementos relacionados à existência e validade do negócio, devem ser aplicados os preceitos que constavam na codificação anterior, se o negócio foi constituído na vigência dessa norma. Eventualmente, quanto à eficácia do negócio, poderão se subsumir os comandos legais previstos no Código Civil de 2002.

Em reforço à constitucionalidade do comando legal em questão, opina Maria Helena Diniz que é plenamente justificável a previsão do art. 2.035, parágrafo único, do vigente Código Civil:

> "Como bem assevera Celso Antônio Bandeira de Mello: 'violar um princípio é muito mais grave do que transgredir uma norma qualquer. A desatenção ao princípio implica em ofensa não apenas a um específico mandamento obrigatório, mas a todo o sistema de comandos. É a mais grave forma de ilegalidade ou inconstitucionalidade, conforme o escalão do princípio atingido, porque representa insurgência contra todo o sistema, subversão de seus valores fundamentais, contumélia irremissível a seu arcabouço lógico e corrosão de sua estrutura mestra. Isto porque, ao ofendê-lo, abatem-se as vigas que o sustêm e alui-se toda a estrutura nelas reforçada.' Se assim é, incabível seria e existência de direito adquirido ou ato jurídico perfeito contra norma de ordem pública, aplicável retroativamente a atos anteriores a ela. O direito precedente cede a ela o lugar, submetendo-se aos princípios da função social do contrato e da propriedade, com os quais não pode conflitar, visto que têm supremacia por força da Constituição Federal" (DINIZ, Maria Helena. *Comentários...*, 2003, p. 184).

Pelo trecho final transcrito, não cabe a alegação de inconstitucionalidade da regra ora comentada, pela suposta infração à proteção ao direito adquirido, à coisa julgada e, sobretudo, ao ato jurídico perfeito, de acordo com o previsto no art. 5.º, inc. XXXVI, da CF/1988 e no art. 6.º da Lei de Introdução.

Para afastar a suposta inconstitucionalidade, ensina Maria Helena Diniz que, no caso em questão, pode-se dizer que o legislador da atual codificação previa o surgimento de uma antinomia real entre a proteção constante do art. 5.º, inc. XXXVI, da CF/1888 (direito adquirido, ato jurídico perfeito e coisa julgada) e aquela constante do art. 5.º, incs. XXII e XXIII, da CF/1988 (função social da propriedade em sentido amplo, que engloba a função social da propriedade em sentido estrito e a função social do contrato).

Sendo ambas cláusulas pétreas, por certo que o legislador civil revolveu privilegiar a segunda proteção. Para a renomada professora, "se o princípio da função social do

CAP. 2 • TEORIA GERAL DOS CONTRATOS – OS PRINCÍPIOS CONTRATUAIS NO CÓDIGO CIVIL DE 2002

contrato e da propriedade são limitações de ordem pública ao contrato, sempre deverão ser aplicados pelos juízes e tribunais, sem que isso seja uma aceitação da retroatividade da lei" (DINIZ, Maria Helena. *Código*..., 2005, p. 1.634).

A propósito, na prática, a grande importância desse comando foi reconhecida em acórdão do Superior Tribunal de Justiça, de relatoria do Ministro João Otávio de Noronha. Conforme o julgador:

> "Consoante se extrai do art. 2.035 do CC, a intangibilidade do contrato compreende integralmente os planos de sua existência e validade, mas, apenas parcialmente, o plano de sua eficácia, podendo sua força obrigatória vir a ser mitigada. E essa mitigação terá lugar quando a obrigação assumida, diante das circunstâncias postas, mostrar-se inaceitável do ponto de vista da razoabilidade e da equidade, comprometendo a função social do contrato e a boa-fé objetiva, valores expressamente tutelados pela lei civil e pela própria CF" (STJ, REsp 1.286.209/SP, Rel. Min. João Otávio de Noronha, j. 08.03.2016, *DJe* 14.03.2016).

Eis um aresto superior que analisa muito bem o conteúdo da função social do contrato, no seu sentido de limitar a autonomia privada e evitar os tão comuns abusos negociais.

Na verdade, prefiro dizer que, no caso em questão, há uma *retroatividade justificada ou motivada* em prol da proteção dos preceitos de ordem pública. Isso porque a justificativa para a retroatividade da norma de ordem pública, no caso em questão, também encontra respaldo constitucional na proteção da função social da propriedade *lato sensu*, que consta do art. 5.º da CF/1988, especificamente dos incisos XXII e XXIII.

Ademais, como se sabe, constitui a proteção à função social da propriedade um princípio inerente à ordem econômica nacional, consoante a regra do art. 170, inc. III, do Texto Maior. Com o preceito, reforçando, há a busca pela preservação da dignidade da pessoa humana, sempre invocada (art. 1.º, inc. III, da CF/1988). A ordem econômica constitucional, assim, encontra limitações em outros valores de *justiça social*, como está expressamente previsto no primeiro comando superior citado, a saber:

> "Art. 170. A ordem econômica, fundada na valorização do trabalho humano e na livre iniciativa, tem por fim assegurar a todos existência digna, conforme os ditames da justiça social, observados os seguintes princípios: I – soberania nacional; II – propriedade privada; III – função social da propriedade; IV – livre concorrência; V – defesa do consumidor; VI – defesa do meio ambiente, inclusive mediante tratamento diferenciado conforme o impacto ambiental dos produtos e serviços e de seus processos de elaboração e prestação; VII – redução das desigualdades regionais e sociais; VIII – busca do pleno emprego; IX – tratamento favorecido para as empresas de pequeno porte constituídas sob as leis brasileiras e que tenham sua sede e administração no País".

Miguel Reale alertava em relação ao amparo constitucional do princípio da função social dos contratos, ao discorrer que "as alterações supervenientes de caráter factual ou axiológico podem influir na exegese do contrato – sobretudo quando sobrevêm paradigmas fundamentais, como, por exemplo, o de sua função social, corolário lógico da função social da propriedade, do que ele emerge – mas nunca até o ponto de se olvidar que o objetivo inicialmente visado representa o conteúdo mesmo do contrato, dando-nos o sentido real das operações e meios empregados pelas partes para o seu adimplemento, ou para descumpri-lo" (*Questões...*, 1997, p. 4).

Fica claro que a função social do contrato é matéria de ordem pública, espécie do gênero *função social da propriedade lato sensu*, também com proteção constitucional, particularmente mais forte que a proteção do direito adquirido, do ato jurídico perfeito e da coisa julgada. Assim, não se pode afastar a aplicação da regra contida no art. 2.035, parágrafo único, do Código Civil. Também não se pode retirar do sistema jurídico nacional qualquer proteção relativa à função social do contrato, o que estaria eivado de flagrante inconstitucionalidade.

Por isso é que defendo que o art. 2.035, parágrafo único, do CC, consagra o *princípio da retroatividade justificada ou motivada*, anexo à função social dos contratos, possível em casos excepcionais, em prol da função social da propriedade *stricto sensu* e da função social do contrato.

Entre os doutrinadores contemporâneos, Mário Luiz Delgado também explorou muito bem a questão, apontando que "se, por um lado, exige a vida social que a fé na segurança jurídica e estabilidade das relações não seja ameaçada pelo receio de que uma lei posterior venha a perturbar aquelas que validamente já se formaram, de outro também é de se exigir a submissão do ordenamento jurídico aos interesses maiores da coletividade, de modo a se atingir o ideal de justiça e de utilidade, representação do bem comum" (DELGADO, Mário Luiz. *Problemas...*, 2004, p. 94). Lembra o jurista que várias decisões do Supremo Tribunal Federal aderiram à aplicação imediata das normas de ordem pública. Exemplificando e citando Fernando Noronha, aponta que quando da promulgação da Lei Áurea, que aboliu a escravidão do País, foram declarados inválidos todos os contratos de compra e venda de escravos celebrados antes de sua vigência, em prol do bem comum.

Por tal construção, pode-se constatar mais uma vez a costumeira influência do Direito Público e das normas de ordem pública sobre os institutos privados, o que faz crer que aquela velha dicotomia *público X privado* encontra-se parcialmente superada, conduzindo ao caminho sem volta do Direito Civil Constitucional.

A título de reforço, interessante deixar claro que, quando da *III Jornada de Direito Civil*, promovida pelo Conselho da Justiça Federal e pelo Superior Tribunal de Justiça, foi feita proposta de interessante enunciado pelo Ministro do Supremo Tribunal Federal Luiz Edson Fachin, cujo teor merece destaque especial: "a função social dos contratos, prevista no art. 421 do novo Código Civil e definida como preceito de ordem pública pelo parágrafo único do art. 2.035 do novo Código Civil brasileiro, é condição de validade dos atos e negócios jurídicos em geral cujo cumprimento pode se averiguar *ex officio* pelo juiz". Constam como justificativas do referido enunciado, apresentadas por Fachin:

> "Debate-se no Brasil o sentido e o alcance dos contratos à luz do direito contemporâneo. Presentemente, a função social dos contratos é um preceito de ordem pública. Inválido, por isso, pode ser considerado qualquer negócio ou ato jurídico que contrariar essa disposição, hoje inserida no direito brasileiro pelo parágrafo único do art. 2.035 do

CAP. 2 • TEORIA GERAL DOS CONTRATOS – OS PRINCÍPIOS CONTRATUAIS NO CÓDIGO CIVIL DE 2002 | **73**

novo Código Civil (Lei 10.406, em vigor a partir de 11 de janeiro de 2003). Esse princípio legal é aplicável a todas as espécies de contratos, tanto de Direito Privado quanto de Direito Público. É que no campo jurídico contemporâneo não há mais espaço para a separação absoluta entre o público e o privado. Além disso, tal incidência abrange não apenas atos e negócios realizados após 11 de janeiro do ano de 2003, mas compreende também aqueles concluídos antes da vigência do nosso Código Civil; a consequência, contudo, será diferente: no primeiro caso (contratos posteriores à nova lei), haverá invalidade; na segunda hipótese (contratos pretéritos), ocorrerá ineficácia, total ou parcial. Por conseguinte, aos contratos em geral se impõem os limites da função social, que passa a ser o sentido orientador da liberdade de contratar, pilar e espelho da sociedade brasileira contemporânea. Novos tempos traduzem outro modo de apreender tradicionais institutos jurídicos. Não se trata de aniquilar a autonomia privada, mas sim de superar o ciclo histórico do individualismo exacerbado, substituindo-o pela coexistencialidade. Quem contrata não mais contrata apenas com quem contrata, eis aí o móvel que sinaliza, sob uma ética contratual contemporânea, para a solidariedade social. Probidade e boa-fé são princípios obrigatórios nas propostas e negociações preliminares, na conclusão do contrato, assim em sua execução, e mesmo depois do término exclusivamente formal dos pactos. Desse modo, quem contrata não mais contrata tão só o que contrata, via que adota e oferta um novo modo de ver a relação entre contrato e ordem pública. O equilíbrio entre justiça e segurança jurídica provoca a compreensão desse cenário jurídico. O desafio é decodificá-lo para construir o futuro que não deve se resumir a um requentar do passado. Assim, no debate quanto à validade e à eficácia dos contratos no direito brasileiro, está presente um sistema de valores que contrapesa, no direito, a justiça e seu avesso à da função social como preceito de ordem pública".

Mesmo não tendo sido aprovado, concorda-se integralmente com o teor da proposta formulada pelo Ministro Luiz Edson Fachin. Aliás, em obra mais recente, o jurista sustenta a possibilidade do *inadimplemento contratual por desrespeito à função social do contrato*, pontuando que "o descumprimento da função social, nesse modo de ver, pode então corresponder ao inadimplemento ou inexecução do contrato, e caracterizando-se aí a responsabilidade sem culpa" (FACHIN, Luiz Edson. *Direito Civil...*, 2014, p. 125).

Adiante-se que o reconhecimento de que a função social do contrato pode se situar no plano da validade do contrato foi reconhecida pelo Enunciado n. 431, da *V Jornada de Direito Civil,* segundo o qual "a violação do art. 421 conduz à invalidade ou à ineficácia do contrato ou de cláusulas contratuais".

Utilizando-se os conceitos expostos acima e exemplificando, pela conjugação das regras contidas nos arts. 157, parágrafos, 421 e 2.035, parágrafo único, do Código Civil de 2002, combinados com os arts. 5.º, incs. XXII e XXIII, e 170, III, da Constituição Federal de 1988, há plena possibilidade de se anular, judicialmente, negócio celebrado antes da vigência da atual codificação pela presença da lesão, desde que o contrato esteja gerando efeitos na vigência da atual codificação.

Igualmente, pelo mesmo caminho, é possível declarar como nulo, por simulação, um contrato celebrado na vigência do Código Civil de 1916, que esteja gerando efeitos na vigência da atual lei civil privada. A regra do art. 167 do CC/2002, que trata do vício social em questão, pode retroagir, pela clara relação que mantém com a função social do contrato. Admitindo tal caminho, vejamos ementa do Tribunal de Justiça de São Paulo:

"Ação de anulação de negócio jurídico. Simulação. Escritura pública de venda e compra de imóvel que contém declaração falsa. Réus que admitem que o negócio jurídico consiste em dação em pagamento realizada há 26 anos em razão de dívida trabalhista. Ausência de prova da dívida. Testemunhas que afirmam que o proprietário do imóvel era o falecido pai do réu credor. IPTU e cadastro na Prefeitura em nome do *de cujus*, na condição de compromissário. Escritura e registo nulos. Correta a r. Sentença, cujos fundamentos são ora ratificados nos termos do art. 252 do RITJSP. Recurso improvido" (TJSP, Embargos de Declaração 0000088-79.2010.8.26.0069, Acórdão 6676920, 4.ª Câmara de Direito Privado, Tupã, Rel. Des. Maia da Cunha, j. 08.11.2012, *DJESP* 28.05.2013).

Sendo desse modo, espera-se que esses posicionamentos do Poder Judiciário sejam reiterados no futuro, ciente que deve estar o julgador da concepção axiológica do direito trazida pela nova codificação privada. Aguarda-se, com fé e otimismo na perpetuação do *Novo Direito Civil*, que o Supremo Tribunal Federal não declare a inconstitucionalidade do art. 2.035, parágrafo único, do Código Civil, como querem alguns doutrinadores. Anote-se, por oportuno, que o Superior Tribunal de Justiça, além do julgado aqui antes destacado, aplicou o comando legal a um caso envolvendo a hipoteca, reconhecendo a sua validade jurídica (STJ, REsp 691.738/SC, 3.ª Turma, Rel. Min. Nancy Andrighi, j. 12.05.2005, *DJ* 26.09.2005, p. 372).

Na verdade, entendo que o art. 2.035, parágrafo único, do atual Código Civil é o dispositivo mais importante para a função social dos contratos na atual legislação brasileira, eis que:

a) Compara a função social dos contratos à função social da propriedade *stricto sensu*, dotando a primeira de fundamento constitucional (concepção civil-constitucional do princípio). Por tal constatação merece críticas a Súmula 381 do STJ, que veda ao juiz conhecer de ofício da abusividade em contratos bancários. A súmula em questão viola claramente o princípio da função social dos contratos e a regra em comento; além de representar um atentado ao Código de Defesa do Consumidor. Por isso, clama-se que seja imediatamente revista pelo próprio Tribunal da Cidadania, o que está sendo proposto pelo Ministro Paulo de Tarso Sanseverino.

b) Prevê expressamente que a função social dos contratos é preceito de ordem pública, o que faz com que caiba sempre declarar a sua proteção, *ex officio*, pelo magistrado e eventual intervenção do Ministério Público. Ademais, pelo que consta do art. 3.º, inc. VIII, da *Lei da Liberdade Econômica*, aqui antes citado, eventual previsão contratual que contrarie a função social do contrato deve ser tida como nula.

c) Traz em seu bojo o *princípio da retroatividade motivada ou justificada*, princípio anexo à função social dos contratos.

Por fim, a respeito do comando, quando da *IV Jornada de Direito Civil* foi aprovado o Enunciado n. 300 do CJF/STJ, com o seguinte teor: "a lei aplicável aos efeitos atuais dos contratos celebrados antes do novo Código Civil será a vigente na época da celebração; todavia, havendo alteração legislativa que evidencie anacronismo da lei revogada, o juiz equilibrará as obrigações das partes contratantes, ponderando os interesses traduzidos pelas regras revogada e revogadora, bem como a natureza e a finalidade do negócio".

O enunciado doutrinário em questão reforça o entendimento pela constitucionalidade do dispositivo e pela possibilidade de aplicação do Código Civil de 2002 aos contratos anteriores, recomendando ao aplicador do Direito que faça uma ponderação quanto aos interesses relacionados com o contrato no momento da aplicação. Apesar de não confirmar o meu entendimento, a ementa não deixa de trazer conteúdo justo e interessante.

Para encerrar o presente tópico, é preciso analisar o atual parágrafo único do art. 421, bem como o novo art. 421-A da codificação, tendo sido ambos inseridos pela tão citada *Lei da Liberdade Econômica* (Lei 13.874/2019).

Sobre o parágrafo único do art. 421, traz ele uma obviedade, desde o texto original da Medida Provisória, ao enunciar que a revisão contratual regida pelo Código Civil é excepcional. Na verdade, o Código Civil de 2002 adotou uma teoria de difícil aplicação prática – a *teoria da imprevisão* para uns, *teoria da onerosidade excessiva*, para outros –, com elementos insuperáveis para que a revisão seja efetivada, notadamente o elemento da imprevisibilidade (arts. 317 e 478). O tema será tratado no Capítulo 4 deste livro e, como se verá, afirmar que a revisão de um contrato civil não é a regra significa dizer algo que já era da nossa realidade jurídica.

Ademais, estou totalmente filiado às críticas de Anderson Schreiber, constantes do nosso *Código Civil Comentado*, a respeito da inexistência do princípio da intervenção mínima no campo contratual, agora previsto na norma. Vejamos suas palavras, referentes à anterior MP 881, mas que também servem para o atual texto em vigor:

> "A MP n. 881/2019 também introduziu no art. 421 um parágrafo único, que estabelece a prevalência de um assim chamado 'princípio da intervenção mínima do Estado' e reserva caráter 'excepcional' à revisão contratual 'determinada de forma externa às partes'. Mais uma vez, o equívoco salta aos olhos. Não existe um 'princípio da intervenção mínima do Estado'; a intervenção do Estado nas relações contratuais de natureza privada é imprescindível, quer para assegurar a força vinculante dos contratos, quer para garantir a incidência das normas jurídicas, inclusive das normas constitucionais, de hierarquia superior à referida Medida Provisória. A MP n. 881/2019 parece ter se deixado se levar aqui por uma certa ideologia que enxerga o Estado como inimigo da liberdade de contratar, quando, na verdade, a presença do Estado – e, por conseguinte, o próprio Direito – afigura-se necessária para assegurar o exercício da referida liberdade. No que tange à revisão contratual, também parece ter incorrido a Medida Provisória nessa falsa dicotomia entre atuação do Estado-juiz e liberdade de contratar, quando, ao contrário, a revisão contratual privilegia o exercício dessa liberdade ao preservar a relação contratual estabelecida livremente entre as partes, ao contrário do que ocorre com a resolução contratual, remédio a que já tem direito todo contratante nas mesmas situações em que a revisão é cabível (v. comentários ao art. 478). Se a intenção da MP foi evitar que revisões judiciais de contratos resultem em alterações excessivas do pacto estabelecido entre as partes, empregou meio inadequado: afirmar que a revisão contratual deve ser excepcional nada diz, porque não altera as hipóteses em que a revisão se aplica, as quais são expressamente delimitadas no próprio Código Civil. O novo parágrafo único, acrescentado pela MP, tampouco indica parâmetros, critérios ou limites à revisão contratual, o que leva a crer, mais uma vez, que a alteração não produzirá qualquer efeito relevante no modo como a revisão contratual é aplicada na prática jurisprudencial brasileira – aplicação que, de resto, já se dá com bastante cautela e parcimônia, sem interferências inusitadas no conteúdo contratual" (SCHREIBER, Anderson. *Código Civil Comentado...* 2019, p. 245-246).

De fato, esse tal *princípio da intervenção mínima* é ainda desconhecido pelos civilistas, no âmbito dos contratos, sendo mais um argumento retórico e ideológico do que um princípio contratual com efetividade. Fala-se em *intervenção mínima* apenas no campo do Direito de Família, pelo que consta do art. 1.511 do Código Civil, que veda a qualquer pessoa, de Direito Público ou Direito Privado, interferir nas relações familiares.

Na verdade, a afirmação de que a intervenção do Estado não constitui regra, mas exceção, já poderia ser retirada da própria ideia de autonomia privada ou da força obrigatória da convenção. De todo modo, os abusos contratuais são comuns no Brasil e, em casos tais, é imperiosa a intervenção estatal, por meio do Poder Judiciário. Pela *Lei da Liberdade Econômica*, no máximo, pode-se considerar que a intervenção mínima tem incidência para os contratos paritários, com conteúdo amplamente negociado pelas partes, geralmente grandes empresas, que são o seu principal âmbito de aplicação.

Justamente nesse sentido, destaco que o Projeto de Reforma do Código Civil pretende alterar o parágrafo único do seu art. 421, passando ele a compor o § 1.º do dispositivo e prevendo que "nos contratos civis e empresariais, paritários, prevalecem os princípios da intervenção mínima e da excepcionalidade da revisão contratual". Restringindo-se a intervenção mínima para os contratos civis e empresariais paritários, na linha da correta interpretação da *Lei da Liberdade Econômica*, afasta-se a incredulidade dos civilistas a respeito desse regramento, que deve ser tido como um desdobramento do princípio da autonomia privada.

Sobre o novo art. 421-A, os seus conteúdos estavam nos arts. 480-A e 480-B da MP 881, totalmente fora de contexto, pois o art. 480 trata de revisão de contratos unilaterais. A nova inserção permite deduzir que o diploma emergente traz ideias complementares a respeito da função social dos contratos. Conforme o *caput* do novo comando, "os contratos civis e empresariais presumem-se paritários e simétricos até a presença de elementos concretos que justifiquem o afastamento dessa presunção, ressalvados os regimes jurídicos previstos em leis especiais".

Quanto à diferença entre contratos civis e empresariais, sabe-se que o Código Civil de 2002 unificou o seu tratamento, não se justificando diferenciação quanto a ambos a respeito das normas jurídicas incidentes na atual realidade jurídica. No que concerne aos contratos empresariais – aqueles em que as partes figuram-se como empresários –, aplica-se, assim, a teoria geral dos contratos prevista na codificação material, entre os arts. 421 e 480.

Entendo, por isso, que somente se justifica certa diferenciação quanto ao nível de intervenção estatal desde que o contrato seja paritário ou negociado, hipótese em que a intervenção deve ser menor. Nesse sentido, o Enunciado n. 21, da *I Jornada de Direito Comercial*, de autoria do Professor André Luiz Santa Cruz Ramos, "nos contratos empresariais, o dirigismo contratual deve ser mitigado, tendo em vista a simetria natural das relações interempresariais". Advirto que, na minha visão, essa afirmação de mitigação do dirigismo contratual somente vale para os contratos paritários e não para os de adesão que, como visto, têm especial proteção na codificação em vigor (arts. 423

e 434), até ampliada pela própria *Lei da Liberdade Econômica*, diante do novo art. 113, § 1.º, inc. IV, do CC, que aqui será ainda estudado.

Seguindo essa ideia de menor intervenção nos contratos empresariais, apesar da aplicação do Código Civil de 2002, destaque-se, da jurisprudência superior: "contratos empresariais não devem ser tratados da mesma forma que contratos cíveis em geral ou contratos de consumo. Nestes admite-se o dirigismo contratual. Naqueles devem prevalecer os princípios da autonomia da vontade e da força obrigatória das avenças. Direito Civil e Direito Empresarial, ainda que ramos do Direito Privado, submetem-se a regras e princípios próprios. O fato de o Código Civil de 2002 ter submetido os contratos cíveis e empresariais às mesmas regras gerais não significa que estes contratos sejam essencialmente iguais" (STJ, REsp 936.741/GO, 4.ª Turma, Rel. Min. Antonio Carlos Ferreira, j. 03.11.2011, *DJe* 08.03.2012).

Ou, ainda, como se retira de acórdão publicado no *Informativo* n. *583* da Corte, que trata de contrato agrário celebrado por uma grande empresa como arrendatária e sem prejuízo de outros acórdãos:

> "Efetivamente, no Direito Empresarial, regido por princípios peculiares, como a livre iniciativa, a liberdade de concorrência e a função social da empresa, a presença do princípio da autonomia privada é mais saliente do que em outros setores do Direito Privado. Com efeito, o controle judicial sobre eventuais cláusulas abusivas em contratos empresariais é mais restrito do que em outros setores do Direito Privado, pois as negociações são entabuladas entre profissionais da área empresarial, observando regras costumeiramente seguidas pelos integrantes desse setor da economia" (STJ, REsp 1.447.082/TO, 3.ª Turma, Rel. Min. Paulo de Tarso Sanseverino, j. 10.05.2016, *DJe* 13.05.2016).

Em 2022, a afirmação de que a Lei da Liberdade Econômica é dirigida aos contratos empresariais paritários foi confirmada pelo Tribunal da Cidadania. Consoante trecho da ementa, relatada pela Ministra Nancy Andrighi e que cita a minha posição:

> "A Lei 13.874/19, também intitulada de Lei da Liberdade Econômica, em seu art. 3.º, VIII, determinou que são direitos de toda pessoa, natural ou jurídica, essenciais para o desenvolvimento e o crescimento econômicos do País, observado o disposto no parágrafo único do art. 170 da Constituição Federal, ter a garantia de que os negócios jurídicos empresariais paritários serão objeto de livre estipulação das partes pactuantes, de forma a aplicar todas as regras de direito empresarial apenas de maneira subsidiária ao avençado, exceto normas de ordem pública. O controle judicial sobre eventuais cláusulas abusivas em contratos empresariais é mais restrito do que em outros setores do Direito Privado, pois as negociações são entabuladas entre profissionais da área empresarial, observando regras costumeiramente seguidas pelos integrantes desse setor da economia. A existência de equilíbrio e liberdade entre as partes durante a contratação, bem como a natureza do contrato e as expectativas são itens essenciais a serem observados quando se alega a nulidade de uma cláusula com fundamento na violação da boa-fé objetiva e na função social do contrato. Em se tratado de contrato de prestação de serviços firmado entre dois particulares os quais estão em pé de igualdade no momento de deliberação sobre os termos do contrato, considerando-se a atividade econômica por eles desempenhada, inexiste legislação específica apta a conferir tutela diferenciada para este tipo de relação, devendo prevalecer a determinação do art. 421, do Código Civil" (STJ, REsp 1.799.039/SP, 3.ª Turma, Rel. Min. Moura Ribeiro, Rel. p/ acórdão Min. Nancy Andrighi, j. 04.10.2022, *DJe* 07.10.2022).

Nas linhas dos acórdãos ora destacados, reconhecida a necessidade de uma menor intervenção nos contratos paritários no atual sistema jurídico – sejam civis ou empresariais –, voltando-se à essência do art. 421-A, o seu *caput* consagra uma presunção relativa ou *iuris tantum* de paridade e de simetria econômica nessas figuras. Todavia, sendo evidenciado que o contrato é de adesão – o que pode decorrer não só de prova construída pela parte interessada, mas também das práticas e da realidade do meio social –, afasta-se essa presunção, o que justifica a incidência das regras protetivas do aderente aqui a seguir (arts. 113, § 1.º, inc. IV, 423 e 424 do CC).

A nova norma também exclui expressamente o tratamento previsto em leis especiais, caso do Código de Defesa do Consumidor que, no seu art. 4.º, inc. III, consagra a presunção absoluta ou *iure et de iure* de vulnerabilidade dos consumidores. A propósito, opino que a nova *Lei da Liberdade Econômica* não traz qualquer impacto para os contratos de consumo, sendo dirigida aos contratos civis em geral, não submetidos ao CDC.

O novo art. 421-A do Código Civil ainda preceitua, no seu inciso I, que está garantida às partes contratuais a possibilidade de estabelecer parâmetros objetivos para a interpretação das cláusulas negociais e de seus pressupostos de revisão ou de resolução. Trata-se de reprodução parcial do Enunciado n. 23, da *I Jornada de Direito Comercial*, novamente proposto pelo Professor André Luiz Santa Cruz Ramos, que participou do processo de elaboração da MP 881, que deu origem à *Lei da Liberdade Econômica*. Conforme essa ementa doutrinária, "em contratos empresariais, é lícito às partes contratantes estabelecer parâmetros objetivos para a interpretação dos requisitos de revisão e/ou resolução do pacto contratual". Norma em sentido próximo, aliás, consta do novo art. 113, § 2.º, do Código Civil, que trata da função interpretativa da boa-fé objetiva, ainda a ser abordada.

A título de concreção, as partes de um contrato civil podem fixar previamente quais são os eventos que podem gerar imprevisibilidade, extraordinariedade ou onerosidade excessiva para um determinado negócio, para os fins de rever ou resolver o contrato, e nos termos do que consta dos arts. 317 e 478 da codificação privada. Podem, ainda, a respeito da interpretação do contrato, estabelecer que uma cláusula é a mais importante de toda a avença, devendo guiar a interpretação das demais.

Entretanto, ressalve-se, mais uma vez, que caso haja lesão a norma de ordem pública, essa previsão contratual interpretativa pode não prevalecer, por força do sempre citado art. 3.º, inc. VIII, da própria Lei 13.874/2019. Cite-se, a título de exemplo, uma cláusula de revisão ou de interpretação que procure afastar as regras de limitação ou de redução equitativa da cláusula penal, previstas nos arts. 412 e 413 do Código Civil.

O controle do julgador também deve ser maior caso haja um contrato de adesão, mesmo que celebrado entre empresários, por força do art. 424 do CC/2002, que estabelece a nulidade de qualquer cláusula que implique a renúncia do aderente a direito resultante da natureza do negócio. Mencione-se, como ilustração da última, uma cláusula limitativa de indenização em decorrência da resolução do contrato imposta ao aderente, que deve ser tida como nula de pleno direito.

Seguindo com os estudos, conforme o art. 421-A, inc. II, do CC/2002, a alocação de riscos definida pelas partes deve ser respeitada e observada. Desse modo, é preciso

CAP. 2 • TEORIA GERAL DOS CONTRATOS – OS PRINCÍPIOS CONTRATUAIS NO CÓDIGO CIVIL DE 2002 | 79

levar em conta, por exemplo, os investimentos realizados pelas partes e a oportunidade de reavê-los, sem prejuízo da obtenção dos lucros esperados, de acordo com a racionalidade econômica e as regras de tráfego de cada negócio em si. Repete-se, assim, o sentido já previsto no novo art. 113, § 1.º, inc. V, do Código Civil, que menciona a *racionalidade econômica das partes.*

Mais uma vez, se essa alocação de riscos gerar enriquecimento sem causa de uma parte frente a outra, acarretar onerosidade excessiva, se afrontar a função social do contrato, a boa-fé objetiva ou outro preceito de ordem pública, poderá ser desconsiderada, tida como nula ou ineficaz.

Como última análise do tópico, o inc. III do art. 421-A repete o parágrafo único do art. 421 ao estabelecer que "a revisão contratual somente ocorrerá de maneira excepcional e limitada". Valem os comentários antes desenvolvidos, sobre o último preceito, sendo a regra também desnecessária, pois a revisão contratual já tem caráter excepcional, como será aprofundado, e limitando-se às partes envolvidas.

Por tudo o que foi aqui analisado, nota-se que, em matéria de contratos, a *Lei da Liberdade Econômica* procurou valorizar a autonomia privada e resolver antigos problemas técnicos que existiam no Código Civil, o que é louvável. Todavia, não se pode dizer que a autonomia privada, a força obrigatória do contrato e a tal *intervenção mínima* passaram a ser princípios contratuais inafastáveis e absolutos.

Por óbvio que devem eles ser ponderados e mitigados frente a outros regramentos, caso das sempre citadas função social do contrato e boa-fé objetiva. Com isso, busca-se o eventual equilíbrio contratual perdido e a vedação dos abusos e excessos negociais, tão comuns em nosso País.

2.3.2 Eficácia interna e externa da função social dos contratos

A função social dos contratos pode ser conceituada como *um princípio contratual, de ordem pública, pelo qual o contrato deve ser, necessariamente, visualizado e interpretado de acordo com o contexto da sociedade* (TARTUCE, Flávio. *Função social...*, 2007, p. 415).

Verificadas as previsões legais quanto ao princípio da função social dos contratos no Código Civil de 2002, deixo clara a minha posição quanto à *dupla eficácia* – no *sentido interno* e *externo* –, da função social do contrato. O sentido interno está relacionado a efeitos quanto às partes contratantes; enquanto o sentido externo para além das partes contratantes.

Cumpre destacar que, na doutrina contemporânea, Paulo Nalin não utiliza as expressões *eficácia interna* e *externa*, mas sim *função intrínseca* e *extrínseca*, que querem dizer a mesma coisa, respectivamente. Para ele, a *função intrínseca* está relacionada com a observância de princípios novos pelos titulares contratantes – seria a eficácia interna. Por outra via, a *função extrínseca* "rompe com o aludido princípio da relatividade dos efeitos do contrato", preocupando-se com suas repercussões no largo campo das relações sociais, pois o contrato em tal desenho passa a interessar a titulares outros que não só aqueles imediatamente envolvidos na relação jurídica de crédito" (NALIN, Paulo. *Do contrato...*, 2005, p. 226). O doutrinador foi um dos primeiros, no Brasil, a investigar a dupla eficácia da função social dos contratos.

Aliás, entendo que a eficácia interna da função social é muito mais clara do que a eficácia externa. Justamente por isso, propus, na *IV Jornada de Direito Civil*, em 2006, enunciado tratando da eficácia interna da função, que recebeu o número 360, tendo a seguinte redação: "o princípio da função social dos contratos também tem eficácia interna entre as partes contratantes".

A proposta inicial tinha a seguinte redação: "o princípio da função social dos contratos tem eficácia interna, entre as partes contratuais, podendo gerar a nulidade de cláusulas contratuais tidas como antissociais". Assim, pretendia-se colocar a função social dos contratos também no plano da validade do contrato, além do plano da eficácia, como aqui antes se destacou, com base na doutrina de Luiz Edson Fachin. Mas, infelizmente, tive que alterar a redação do enunciado, pois a nulidade das cláusulas antissociais não é unanimidade doutrinária. Foram os pontos principais das minhas justificativas:

"O princípio da função social dos contratos tem se revelado uma das mais comentadas inovações do Código Civil de 2002, pelas previsões constantes dos seus arts. 421 e 2.035, parágrafo único, sem prejuízo de outros dispositivos que trazem o princípio implicitamente. Quando da *I Jornada de Direito Civil* foi aprovado enunciado no sentido de que a função social dos contratos não exclui o princípio da autonomia contratual, mas apenas atenua o alcance desse princípio, quando presentes interesses metaindividuais ou interesses individuais relativos à dignidade humana (Enunciado 23). Em outras palavras, a função social dos contratos não afasta a autonomia privada, mas com ela se compatibiliza. Além da *eficácia externa* da função social, compreendida pela *tutela externa do crédito* (Enunciado 21 do CJF), o princípio em questão traz consequências para as partes contratantes, o que se pode denominar *eficácia interna*. (...). Para tanto, vale dizer que foram-nos preciosos os ensinamentos transmitidos pelo professor Nelson Nery Jr., no sentido de que a experiência vivida nos contratos de consumo, particularmente no tocante às cláusulas abusivas, serve-nos agora para os contratos civis, visando entender o real sentido do princípio da função social dos contratos. O enunciado aqui proposto está em sintonia com outros, aprovados na *III Jornada de Direito Civil*. Primeiro, com o de número 172, pelo qual as cláusulas abusivas não ocorrem exclusivamente nos contratos de consumo, havendo também cláusulas abusivas nos contratos civis comuns, como aquela estampada no art. 424 do Código Civil de 2002. Segundo, com o Enunciado 167 que confirma a aproximação principiológica entre o novo Código Civil e o Código de Defesa do Consumidor. Assim, a presente proposta visa complementar outros enunciados já aprovados".

Demonstrando clara evolução a respeito da matéria, na *V Jornada de Direito Civil*, realizada em novembro de 2011, foi aprovado enunciado que justamente coloca a função social do contrato no plano da validade do negócio. Vejamos a redação da proposta de Gerson Luiz Carlos Branco, que traduz pensamento sempre seguido por mim: "a violação do art. 421 conduz à invalidade ou à ineficácia do contrato ou de cláusulas contratuais" (Enunciado n. 431).

Na linha parcial do enunciado doutrinário, sem representar qualquer inovação a respeito do posicionamento majoritário da doutrina brasileira, anoto que o Projeto de Reforma e Atualização do Código Civil pretende inserir um § 2.º no seu art. 421, prevendo que "a cláusula contratual que violar a função social do contrato é nula de pleno direito". A proposição já pode ser retirada do texto vigente da lei, uma vez que, como visto, o art. 2.035, parágrafo único, da codificação privada estabelece que nenhuma

CAP. 2 • TEORIA GERAL DOS CONTRATOS – OS PRINCÍPIOS CONTRATUAIS NO CÓDIGO CIVIL DE 2002 | 81

convenção prevalecerá se contrariar preceitos de ordem pública, como é a função social do contrato. Quanto aos contratos paritários, inclusive os empresariais, a conclusão é idêntica, pela exceção à força obrigatória das convenções constante da parte final do art. 3.º, inc. VIII, da *Lei da Liberdade Econômica*, ao mencionar as normas de ordem pública.

Destaco que a proposição veio da Subcomissão de Direito Contratual, formada pelos Professores Carlos Eduardo Elias de Oliveira, Claudia Lima Marques, Angélica Carlini e Carlos Eduardo Pianovski, contando com o apoio da Relatoria Geral, formada por mim e pela Professora Rosa Maria de Andrade Nery. Foi ela então votada na Comissão de Juristas e aprovada pela maioria dos seus membros, pelo *espírito democrático* que motivou os trabalhos. Cabe agora ao Parlamento Brasileiro analisar a sugestão que, reitere-se, traduz hoje a posição majoritária da doutrina civilista.

Partindo-se para uma concretização das cláusulas antissociais, também da *V Jornada de Direito Civil*, merece relevo a proposição de Wladimir A. Marinho Falcão Cunha, com a seguinte redação: "em contratos de financiamento bancário são abusivas cláusulas contratuais de repasse de custos administrativos (como análise do crédito, abertura de cadastro, emissão de fichas de compensação bancária etc.), seja por estarem intrinsecamente vinculadas ao exercício da atividade econômica, seja por violarem o princípio da boa-fé objetiva" (Enunciado n. 432). Ressalve-se que, apesar da menção à boa-fé objetiva, considero que o melhor caminho seria o entendimento pela violação à função social do contrato.

De toda sorte, infelizmente, a jurisprudência superior entende pela possibilidade parcial de cobrança de tais valores pelas entidades bancárias, como fez o Superior Tribunal de Justiça, em 2013, em relação à taxa de abertura de crédito (TAC) e à taxa de emissão de carnê ou boleto (TEC). Conforme consta de ementa publicada no *Informativo* n. *531* da Corte:

> "Nos contratos bancários celebrados até 30.04.2008 (fim da vigência da Resolução 2.303/1996 do CMN), era válida a pactuação de Tarifa de Abertura de Crédito (TAC) e de Tarifa de Emissão de Carnê (TEC), ressalvado o exame de abusividade em cada caso concreto. Nos termos dos arts. 4.º e 9.º da Lei 4.595/1964, recebida pela CF como lei complementar, compete ao Conselho Monetário Nacional (CMN) dispor sobre taxa de juros e sobre a remuneração dos serviços bancários e ao Bacen fazer cumprir as normas expedidas pelo CMN. Ao tempo da Resolução CMN 2.303/1996, a orientação estatal quanto à cobrança de tarifas pelas instituições financeiras era essencialmente não intervencionista. A regulamentação facultava às instituições financeiras a cobrança pela prestação de quaisquer tipos de serviços, com exceção daqueles que a norma definia como básicos, desde que fossem efetivamente contratados e prestados ao cliente, assim como respeitassem os procedimentos voltados a assegurar a transparência da política de preços adotada pela instituição. A cobrança das tarifas TAC e TEC é, portanto, permitida se baseada em contratos celebrados até o fim da vigência da Resolução 2.303/1996 do CMN, ressalvado abuso devidamente comprovado caso a caso, por meio da invocação de parâmetros objetivos de mercado e circunstâncias do caso concreto, não bastando a mera remissão aos conceitos jurídicos abstratos ou à convicção subjetiva do magistrado. Tese firmada para fins do art. 543-C do CPC: 'Nos contratos bancários celebrados até 30.04.2008 (fim da vigência da Resolução CMN 2.303/1996) era válida a pactuação das tarifas de abertura de crédito (TAC) e de emissão de carnê (TEC), ou outra denominação para o mesmo fato gerador, ressalvado o exame de abusividade em cada caso concreto'" (STJ, REsp 1.251.331/RS e REsp 1.255.573/RS, Rel. Min. Maria Isabel Gallotti, j. 28.08.2013).

Em 2016, a questão a respeito dessas taxas se consolidou de tal forma que foram editadas duas súmulas pelo STJ. A primeira, de número 566, estabelece que "nos contratos bancários posteriores ao início da vigência da Resolução-CMN n. 3.518/2007, em 30/4/2008, pode ser cobrada a tarifa de cadastro no início do relacionamento entre o consumidor e a instituição financeira". A segunda enuncia que "a pactuação das tarifas de abertura de crédito (TAC) e de emissão de carnê (TEC), ou outra denominação para o mesmo fato gerador, é válida apenas nos contratos bancários anteriores ao início da vigência da Resolução-CMN n. 3.518/2007, em 30/4/2008" (Súmula n. 565 do STJ). Frise-se que não se filia ao teor das sumulares superiores, mas ao que consta do Enunciado n. 432, da *V Jornada de Direito Civil, em 2011*, sendo a cobrança de tais valores abusiva, realizada em qualquer período de tempo.

Da *VI Jornada de Direito Civil*, evento realizado em 2013, merece destaque outro enunciado doutrinário, que trata de cláusula flagrantemente antissocial. Nos termos do Enunciado n. 542 CJF/STJ, "a recusa de renovação das apólices de seguro de vida pelas seguradoras em razão da idade do segurado é discriminatória e atenta contra a função social do contrato". Vejamos as suas precisas justificativas:

> "Nos seguros de vida, o avanço da idade do segurado representa agravamento do risco para a seguradora. Para se precaverem, as seguradoras costumam estipular aumento dos prêmios conforme a progressão da idade do segurado ou, simplesmente, comunicar-lhe, às vésperas do término de vigência de uma apólice, o desinteresse na renovação do contrato. Essa prática implica, em muitos casos, o alijamento do segurado idoso, que, para contratar com nova seguradora, poderá encontrar o mesmo óbice da idade ou enfrentar prêmios com valores inacessíveis. A prática das seguradoras é abusiva, pois contraria o art. 4.º do Estatuto do Idoso (Lei n. 10.741, de 01.10.2003), que dispõe: 'Nenhum idoso será objeto de qualquer tipo de negligência, discriminação, violência, crueldade ou opressão, e todo atentado aos seus direitos, por ação ou omissão, será punido na forma da lei'. A prática também é atentatória à função social do contrato. A cobertura de riscos é da essência da atividade securitária, assim como o mecanismo distributivo. Os cálculos atuariais permitiriam às seguradoras diluir o risco agravado pela idade entre toda a massa de segurados, equalizando os prêmios em todas as faixas de idade, desde os mais jovens, sem sacrificar os mais idosos. A recusa discriminatória de renovação dos contratos de seguro representa abuso da liberdade de contratar das seguradoras e atenta contra a função social do contrato de seguro, devendo, como tal, ser coibida".

Em verdade, a jurisprudência superior até admite o aumento do valor do plano de saúde por faixa etária, desde que a majoração seja previamente informada ao consumidor e não ocorra de forma drástica e repentina. A premissa foi firmada em julgamento de incidente de recursos repetitivos, ao final de 2016. Conforme a tese resumida, para os devidos fins vinculativos de repercussão geral, "o reajuste de mensalidade de plano de saúde individual ou familiar fundado na mudança de faixa etária do beneficiário é válido desde que (i) haja previsão contratual, (ii) sejam observadas as normas expedidas pelos órgãos governamentais reguladores e (iii) não sejam aplicados percentuais desarrazoados ou aleatórios que, concretamente e sem base atuarial idônea, onerem excessivamente o consumidor ou discriminem o idoso" (STJ, REsp 1.568.244/RJ, 2.ª Seção, Rel. Min. Ricardo Villas Bôas Cueva, j. 14.12.2016, *DJe* 19.12.2016).

CAP. 2 · TEORIA GERAL DOS CONTRATOS – OS PRINCÍPIOS CONTRATUAIS NO CÓDIGO CIVIL DE 2002 | 83

Em outro interessante acórdão, do ano de 2017, a correlação entre função social do contrato e dignidade humana foi feita no seguinte sentido:

"À luz da cláusula geral da função social do contrato (artigo 421 do Código Civil), deve ser observada a dimensão social do consórcio, conciliando-se o bem comum pretendido (aquisição de bens ou serviços por todos os consorciados) e a dignidade humana de cada integrante do núcleo familiar atingido pela morte da consorciada, que teve suas obrigações financeiras (perante o grupo consorcial) absorvidas pela seguradora, consoante estipulação da própria administradora. (...) Consequentemente, os herdeiros da consorciada falecida tinham, sim, direito à liberação imediata da carta de crédito, em razão da impositiva quitação do saldo devedor pelo seguro prestamista, independentemente da efetiva contemplação ou do encerramento do grupo consorcial" (STJ, REsp 1.406.200/AL, 4.ª Turma, Rel. Min. Luis Felipe Salomão, j. 17.11.2016, *DJe* 02.02.2017).

No mesmo sentido, da Terceira Turma da Corte Superior, concluiu-se que "indispensável, portanto, que se analise a formação do contrato de consórcio à luz da própria cláusula geral da função social do contrato. Com efeito, e amparando-se na própria função social do contrato, se existe previsão contratual de seguro prestamista vinculado ao contrato de consórcio, não há lógica em se exigir que o beneficiário aguarde a contemplação do consorciado falecido ou o encerramento do grupo, para o recebimento da carta de crédito, uma vez que houve a liquidação antecipada da dívida (saldo devedor) pela seguradora, não importando em qualquer desequilíbrio econômico-financeiro ao grupo consorcial" (STJ, REsp 1.770.358/SE, 3.ª Turma, Rel. Min. Nancy Andrighi, j. 19.03.2019, *DJe* 22.03.2019).

Além de ser essa a posição consolidada no âmbito do Superior Tribunal de Justiça, merece destaque o Enunciado n. 84, aprovado na *III Jornada de Direito Comercial*, do mesmo ano, que trata do *seguro prestamista*. Conforme o seu teor, "o seguro contra risco de morte ou perda de integridade física de pessoas que vise garantir o direito patrimonial de terceiro ou que tenha finalidade indenizatória submete-se às regras do seguro de dano, mas o valor remanescente, quando houver, será destinado ao segurado, ao beneficiário indicado ou aos sucessores".

Também de 2019, ainda a respeito da tutela da pessoa humana no contrato como desdobramento da eficácia interna da função social do contrato, merece relevo o acórdão que considerou que "a operadora de plano de saúde está obrigada a ressarcir o Sistema Único de Saúde quando seus beneficiários se utilizarem do serviço público de atenção à saúde, conforme procedimento próprio estabelecido na Resolução Normativa 358/2014, da ANS".

Isso porque "se a operadora de plano de saúde é obrigada a ressarcir o SUS na hipótese de tratamento em hospital público, não há razão para deixar de reembolsar o próprio beneficiário que se utiliza dos serviços do hospital privado que não faz parte da sua rede credenciada. O reembolso das despesas efetuadas pelo beneficiário com assistência à saúde deve ser permitido quando não for possível a utilização dos serviços próprios, contratados, credenciados ou referenciados pelas operadoras, sendo as hipóteses de urgência e emergência apenas exemplos (e não requisitos) dessa segurança contratual dada aos consumidores" (STJ, REsp 1.575.764/SP, 3.ª Turma, Rel. Min. Nancy Andrighi, j. 07.05.2019, *DJe* 30.05.2019).

A eficácia interna da função social dos contratos ainda pode ser retirada do Enunciado n. 22 da *I Jornada de Direito Civil* do Conselho da Justiça Federal, que associa o princípio à conservação dos negócios jurídicos e à presença de trocas úteis e justas, que traduz a ideia de *justiça contratual*.

Notório julgado do Superior Tribunal de Justiça estabeleceu tal relação, ao determinar a continuidade de um contrato de seguro de vida celebrado por longo período. Vejamos a publicação no *Informativo* n. 467 daquele Tribunal Superior, afastando a possibilidade de extinção repentina do negócio, diante da função social do contrato e de outros princípios contemporâneos:

"Contrato. Seguro. Vida. Interrupção. Renovação. Trata-se, na origem, de ação para cumprimento de obrigação de fazer proposta contra empresa de seguro na qual o recorrente alega que, há mais de 30 anos, vem contratando, continuamente, seguro de vida individual oferecido pela recorrida, mediante renovação automática de apólice de seguro. Em 1999, continuou a manter vínculo com a seguradora; porém, dessa vez, aderindo a uma apólice coletiva vigente a partir do ano 2000, que vinha sendo renovada ano a ano até que, em 2006, a recorrida enviou-lhe uma correspondência informando que não mais teria intenção de renovar o seguro nos termos em que fora contratado. Ofereceu-lhe, em substituição, três alternativas, que o recorrente reputou excessivamente desvantajosas, daí a propositura da ação. A Min. Relatora entendeu que a pretensão da seguradora de modificar abruptamente as condições do seguro, não renovando o ajuste anterior, ofende os princípios da boa-fé objetiva, da cooperação, da confiança e da lealdade que devem orientar a interpretação dos contratos que regulam relações de consumo. Verificado prejuízo da seguradora e identificada a necessidade de correção da carteira de seguro em razão de novo cálculo atuarial, cabe a ela ver o consumidor como um colaborador, um parceiro que a tem acompanhado por anos a fio. Logo, os aumentos necessários para o reequilíbrio da carteira devem ser estabelecidos de maneira suave e gradual, por meio de um cronograma extenso, do qual o segurado tem de ser comunicado previamente. Agindo assim, a seguradora permite que o segurado se prepare para novos custos que onerarão, a longo prazo, o seguro de vida e colabore com a seguradora, aumentando sua participação e mitigando os prejuízos. A intenção de modificar abruptamente a relação jurídica continuada com a simples notificação entregue com alguns meses de antecedência ofende o sistema de proteção ao consumidor e não pode prevalecer. Daí a Seção, ao prosseguir o julgamento, por maioria, conheceu do recurso e a ele deu provimento" (STJ, REsp 1.073.595/MG, Rel. Min. Nancy Andrighi, j. 23.03.2011).

A correlação entre conservação contratual e função social também ganhou especial destaque nas ações fundadas na crise econômica decorrente da pandemia da Covid-19, com a necessidade de manter negócios, empregos e empresas. Nesse sentido, entre muitos arestos estaduais, destaque-se o seguinte:

"A extinção de vínculos contratuais, a revisão judicial e a suspensão de cláusulas contratuais são medidas a serem evitadas pelas partes, sempre que possível. É vantajosa à decisão judicial a negociação feita pelos próprios contratantes, em atenção à boa-fé, ao dever de cooperação e à solidariedade social, mormente na atual situação, em que restrições ocasionadas pela pandemia de coronavírus são impostas a todos. Padece de razoabilidade a suspensão liminar, total e indefinida das obrigações contratuais de uma das partes em detrimento da outra e anteriormente à oitiva desta, mormente se não realizada qualquer

CAP. 2 • TEORIA GERAL DOS CONTRATOS – OS PRINCÍPIOS CONTRATUAIS NO CÓDIGO CIVIL DE 2002 | **85**

tentativa de reconstrução do equilíbrio econômico do contrato por elas firmado" (TJDF, Agravo de Instrumento 07204.35-84.2020.8.07.0000, Acórdão 128.4452, 5.ª Turma Cível, Rel. Des. Hector Valverde, j. 16.09.2020, *DJe* 30.09.2020).

De qualquer forma, a questão da eficácia da função social dos contratos está longe de ser unânime na doutrina brasileira.

De início, há aqueles que entendem que o princípio em questão somente tem eficácia interna, entre as partes contratantes (SANTOS, Antonio Jeová dos. *Função social...*, 2004; NETO, João Hora. O princípio..., *Revista Trimestral...*, 2003, p. 286; SANTOS, Eduardo Sens dos. O novo Código Civil... *Revista de Direito...*, 2002, p. 9; NORONHA, Fernando. *O direito...*, 1994; e VENOSA, Sílvio de Salvo. *Direito civil...*, 2006, p. 372-374).

Outros apontam que a função social dos contratos somente tem eficácia externa, para além das partes contratantes (NEGREIROS, Teresa. *Teoria...*, 2002; SILVA, Luis Renato Ferreira. A função social..., *O novo Código Civil...*, 2003, p. 135; e THEODORO JÚNIOR, Humberto. *O contrato...*, 2004).

Ademais, há aqueles, como autor é a minha posição, que concluem pela *dupla eficácia*, entendimento este que é o majoritário na doutrina brasileira (FACHIN, Luiz Edson. *Direito...*, 2014, p. 125; MELO, Marco Aurélio Bezerra de. *Curso...*, 2015, p. 62; DINIZ, Maria Helena. *Curso...*, 2007, p. 23-29; LÔBO, Paulo Luiz Netto. *Código Civil...*, 2004, p. 197; NALIN, Paulo. *Do contrato...*, 2005; GODOY, Cláudio Luiz Bueno de. *Função social...*, 2004; NERY JR., Nelson e NERY, Rosa Maria de Andrade. *Código Civil...*, p. 378; MARTINS-COSTA, Judith. Reflexões..., *Revista...*, 2005, p. 41-67; PENTEADO, Luciano de Camargo. *Efeitos...*, 2007; GAGLIANO, Pablo Stolze e PAMPLONA FILHO, Rodolfo. *Novo curso...*, 2005, p. 53; BARROSO, Lucas Abreu. A função..., *Questões controvertidas...*, 2005, p. 283; BIERWAGEN, Mônica Yoshizato. *Princípios e regras...*, 2003, p. 42; SIMÃO, José Fernando. *Direito civil...*, 2005; CASSETTARI, Christiano. A influência..., *Questões controvertidas...*, 2005, p. 295; ROSENVALD, Nelson. A função..., *Direito...*, 2008, p. 81; e SANTIAGO, Mariana Ribeiro. *O princípio...*, 2005, p. 81-83).

Há, ainda, quem negue qualquer eficácia ao princípio da função social dos pactos como fazem tais correntes, limitando a função social à investigação da causa contratual e à frustração do seu fim (RENTERIA, Pablo. Considerações..., *Princípios...*, 2006). Sobre o tema, aliás, o Enunciado n. 166, da *III Jornada de Direito Civil*, estabelece que "a frustração do fim do contrato, como hipótese que não se confunde com a impossibilidade da prestação ou com a excessiva onerosidade, tem guarida no Direito brasileiro pela aplicação do art. 421 do Código Civil". O tema está aprofundado no Capítulo 6 deste livro, que trata da extinção dos contratos.

A partir desse momento, pretende-se reforçar a corrente da dupla eficácia do princípio da função social dos contratos, para o preenchimento desse importante princípio social contratual, contribuindo para o debate jurídico que o envolve. Como é notório, o Código Civil Brasileiro é o único Código Civil no mundo a relacionar a função social do contrato à autonomia privada. Pode-se dizer, assim, que um dos grandes desafios da civilística nacional é dar sentido a esse importante princípio. Passados mais de vinte anos de vigência do Código Civil de 2002, o impacto na doutrina e na jurisprudência é profundo.

Em resumo, a *eficácia interna* da função social dos contratos pode ser percebida: *a)* pela mitigação da força obrigatória do contrato; *b)* pela proteção da parte vulnerável da relação contratual, caso dos consumidores e aderentes; *c)* pela vedação da onerosidade excessiva; *d)* pela tendência de conservação contratual, mantendo a autonomia privada; *e)* pela proteção de direitos individuais relativos à dignidade humana; *f)* pela nulidade de cláusulas contratuais abusivas por violadoras da função social; e *g)* pela tese da frustração do fim da causa.

Ainda quanto à eficácia interna, a função social dos contratos, pelo que consta dos arts. 104, 166, inc. II, 187 e 421 do Código Civil, pode se enquadrar nos planos da validade ou da eficácia do contrato, o que depende de análise caso a caso. Isso porque, havendo no exercício da autonomia privada um abuso do direito, estará configurado o ilícito, que pode eivar de nulidade a cláusula contratual ou mesmo todo o contrato.

Por outro lado, a *eficácia externa* da função social dos contratos pode ser extraída das hipóteses em que um contrato gera efeitos perante terceiros (*tutela externa do crédito*, nos termos do Enunciado n. 21 do CJF/STJ); bem como das situações em que uma conduta de terceiro repercute no contrato. Também, denota-se essa eficácia externa pela proteção de direitos metaindividuais e difusos. Como exemplo de eficácia externa, ainda pode ser citada a *função socioambiental do contrato*.

2.3.3 Dispositivos do Código de Defesa do Consumidor e do Código Civil de 2002 consagradores da função social dos contratos

Não há dúvidas de que a função social dos contratos constitui uma festejada mudança que revolucionou o Direito Contratual Brasileiro, trazendo uma nova concepção do instituto, de acordo com todas as tendências socializantes do direito. As mudanças trazidas pelo novo princípio são inafastáveis e indeclináveis. Aliás, quanto a tudo o que vem ocorrendo nos planos teórico e prático já "profetizava" Giselda Maria Fernandes Novaes Hironaka, em artigo aqui citado (*Contrato...* Disponível em: www.flaviotartuce.adv.br).

Assim, é forçoso interpretar o contrato de acordo com o meio que o cerca. O contrato não pode ser mais concebido como uma *bolha* que envolve as partes, ou uma *corrente* que as aprisiona. Trazendo um sentido de *libertação negocial*, a função social dos contratos funciona como uma *agulha*, forte e contundente, que fura a bolha; como uma *chave* que abre as correntes. Em sentido muito próximo, ensina Teresa Negreiros, cujo trabalho inspirou as presentes conclusões, que "partimos da premissa de que a função social do contrato, quando concebida como um princípio, antes de qualquer outro sentido e alcance que se lhe possa atribuir, significa muito simplesmente que o contrato não deve ser concebido como uma relação jurídica que só interessa às partes contratantes, impermeável às condicionantes sociais que o cercam e que são por ele próprio afetadas" (*Teoria...*, 2002, p. 206).

Verificadas as previsões do princípio da função social do contrato no Código Civil de 2002, o seu conceito e a sua *dupla eficácia* (interna e externa), parte-se para o estudo aprofundado desse preceito de ordem pública, relacionando o princípio com institutos jurídicos emergentes e com outras previsões legais que constam do Código de Defesa do Consumidor e do Código Civil em vigor.

CAP. 2 · TEORIA GERAL DOS CONTRATOS – OS PRINCÍPIOS CONTRATUAIS NO CÓDIGO CIVIL DE 2002 | **87**

Os dispositivos que serão estudados a seguir trazem, sobretudo, efeitos internos da função social, no sentido de mitigação da força obrigatória do contrato e da proteção da parte vulnerável da relação contratual.

Inicia-se pela abordagem do Código de Defesa do Consumidor (Lei 8.078/1990), norma que traz a função social do contrato de forma implícita, em vários dos dispositivos a seguir analisados.

Primeiramente, há, no âmbito da Lei 8.078/1990, a possibilidade de revisão contratual (art. 6.º, inc. V), ou mesmo de resolução ou declaração de nulidade do contrato, devido aos abusos de direitos cometidos pelos fornecedores e prestadores. Podem ser citados os arts. 39 e 51 do CDC, que preveem, respectivamente, as práticas e cláusulas abusivas, que podem gerar a modificação da avença ou a sua invalidade, cessando os seus efeitos.

Esses dispositivos mantêm relação direta com a função social, propondo a mitigação do *pacta sunt servanda*. Relembre-se que não se pode aceitar o contrato da maneira como antes era consagrado; a sociedade mudou, vivemos sob o domínio do capital, e com isso deve mudar a maneira de ver e analisar os pactos, sobretudo os contratos de consumo.

Quanto à adoção do princípio da função social dos contratos pelo Código Consumerista, essa também é a conclusão a que chega Nelson Nery Jr., para quem a função social do contrato constitui uma cláusula geral à luz do CDC (*Código...*, 1999, p. 436). Filia-se plenamente à posição do doutrinador, pois além de constituir importante cláusula geral, a função social dos contratos é princípio de ordem pública.

O princípio da função social do contrato pode ser percebido pela interpretação contratual mais benéfica ao consumidor, conforme prevê o art. 47 do Código de Defesa do Consumidor. Em complemento, a não vinculação de cláusulas incompreensíveis, ininteligíveis ou desconhecidas por parte do consumidor vulnerável, conforme previsão do art. 46 da Lei 8.078/1990, é outro preceito relacionado com o comando social invocado.

Sintonizado com o princípio da função social do contrato, não se pode afastar a importância do art. 51 do CDC para a visualização sociológica dos pactos e avenças celebrados sob a sua égide. Ora, quando o Código Consumerista reconhece a possibilidade de uma cláusula tida como abusiva declarar a nulidade do negócio, está totalmente antenado com a intervenção estatal nos contratos e com aquilo que se espera de um *Direito pós-moderno* mais justo e equilibrado.

Isso é também reconhecido pela obra de Claudia Lima Marques, Antonio Herman Benjamin e Bruno Miragem, no sentido de que "o Código de Defesa do Consumidor inova consideravelmente o espírito do direito das obrigações, e relativo à máxima 'pacta sunt servanda'. A nova lei vai reduzir o espaço antes reservado para a autonomia da vontade proibindo que se pactuem determinadas cláusulas, vai impor normas imperativas, que visam proteger o consumidor, reequilibrando o contrato, garantindo as legítimas expectativas que depositou no vínculo contratual" (*Comentários...*, 2003, p. 623).

Segundo o art. 51 do CDC, devem ser consideradas cláusulas abusivas, o que motiva a sua nulidade absoluta, as previsões contratuais que:

a) Impossibilitem, exonerem ou atenuem a responsabilidade do fornecedor por vícios de qualquer natureza dos produtos e serviços ou impliquem renúncia ou disposição de direitos (cláusula de não indenizar ou de irresponsabilidade).

b) Subtraiam ao consumidor a opção de reembolso da quantia já paga.

c) Transfiram responsabilidades a terceiros.

d) Estabeleçam obrigações consideradas iníquas, abusivas, que coloquem o consumidor em desvantagem exagerada, ou que sejam incompatíveis com a boa-fé ou a equidade.

e) Estabeleçam inversão do ônus da prova em prejuízo do consumidor.

f) Determinem a utilização compulsória de arbitragem.

g) Imponham representante para concluir ou realizar outro negócio jurídico pelo consumidor.

h) Deixem ao fornecedor a opção de concluir ou não o contrato, embora obrigando o consumidor.

i) Permitam ao fornecedor, direta ou indiretamente, variação do preço de maneira unilateral.

j) Autorizem o fornecedor a cancelar o contrato unilateralmente, sem que igual direito seja conferido ao consumidor.

k) Obriguem o consumidor a ressarcir os custos de cobrança de sua obrigação, sem que igual direito lhe seja conferido contra o fornecedor.

l) Autorizem o fornecedor a modificar unilateralmente o conteúdo ou a qualidade do contrato, após sua celebração.

m) Infrinjam ou possibilitem a violação de normas ambientais.

n) Estejam em desacordo com o sistema de proteção ao consumidor.

o) Possibilitem a renúncia do direito de indenização por benfeitorias necessárias.

Frise-se que é até desnecessário o rol constante nos dezesseis incisos do art. 51 do CDC. Isso porque é entendimento quase unânime que o rol constante desse dispositivo é exemplificativo (*numerus apertus*) e não taxativo (*numerus clausus*). Nesse sentido, a ilustrar, da remota jurisprudência estadual:

> "O rol de cláusulas nulas de pleno direito constante do art. 51 da Lei 8.078/1990 é exemplificativo, cabendo ao julgador declarar abusivas outras cláusulas que deixem o consumidor em situação extremamente desvantajosa em relação ao fornecedor, como é o caso daquela que fixa unilateralmente multa moratória, em percentual acima do limite de 2%" (Tribunal de Alçada de Minas Gerais, Acórdão 0414319-1, Ap. Cív., 2003, Belo Horizonte/Siscon, 2.ª Câmara Cível, Rel. Juiz Pereira da Silva, j. 02.04.2004, *RJTAMG* 95/100).

Ou ainda, e mais recentemente, citando o meu entendimento constante de outra obra, do Superior Tribunal de Justiça: "dentre os diversos mecanismos de proteção ao consumidor estabelecidos pela lei, a fim de equalizar a relação faticamente desigual em comparação ao fornecedor, destacam-se os arts. 39 e 51 do CDC, que, com base nos princípios da função social do contrato e da boa-fé objetiva, estabelecem, em rol exemplificativo, as hipóteses, respectivamente, das chamadas práticas abusivas, vedadas pelo ordenamento jurídico, e das cláusulas abusivas, consideradas nulas de pleno direito em contratos de consumo, configurando nítida mitigação da força obrigatória dos contratos (*pacta sunt servanda*)". Ao final, julgou-se que "a previsão de cancelamento unilateral da passagem de volta, em razão do não comparecimento para embarque no trecho de ida (*no show*), configura prática rechaçada pelo Código de Defesa do Consumidor, nos termos dos referidos dispositivos legais, cabendo ao Poder Judiciário o restabelecimento do necessário equilíbrio contratual" (STJ, REsp 1.699.780/SP, 3.ª Turma, Rel. Min. Marco Aurélio Bellizze, j. 11.09.2018, *DJe* 17.09.2018).

E, mesmo se assim não fosse, percebe-se no inciso IV do art. 51 do CDC um tom totalmente genérico, construído em cláusulas gerais, ao prever que são cláusulas abusivas aquelas que colocam o consumidor em desvantagem, contrariando a boa-fé objetiva e a equidade. O mesmo diga-se quanto à previsão contida no inciso XV (cláusulas que estejam em desacordo com a proteção dos consumidores).

Completando esse tom genérico, o § 1.º do art. 51 do CDC expressa que se presume exagerada a vantagem que: *a)* ofende os princípios fundamentais do sistema jurídico a que pertence; *b)* restringe direitos ou obrigações fundamentais inerentes à natureza do contrato, de modo a ameaçar seu objeto ou o equilíbrio contratual; *c)* mostra-se excessivamente onerosa para o consumidor, considerando-se a natureza e o conteúdo do contrato, o interesse das partes e outras circunstâncias peculiares ao caso.

Como exemplo concreto e prático de cláusula abusiva, pode ser ilustrada aquela inserida em contrato de seguro-saúde e que limita os dias de internação do paciente. Entendendo pela nulidade absoluta dessa cláusula, é fundamental transcrever o teor da Súmula 302 do STJ, pela qual: "é abusiva a cláusula contratual de plano de saúde que limita no tempo a internação hospitalar do segurado". A súmula representa outro importante exemplo da eficácia interna da função social dos contratos.

O § 2.º do art. 51 do CDC acaba por consagrar o *princípio da conservação contratual*, que visa à manutenção da autonomia privada. Essa previsão mantém íntima relação com a função social dos contratos, pois revela a importância dos pactos perante o meio social, sendo a nulidade absoluta o último caminho, a *ultima ratio*. Prevê a norma que "a nulidade de uma cláusula contratual abusiva não invalida o contrato, exceto quando de sua ausência, apesar dos esforços de integração, decorrer ônus excessivo a qualquer das partes".

Repise-se que a relação entre o princípio da conservação dos contratos e a função social foi reconhecida pelo Enunciado n. 22 do Conselho da Justiça Federal, aprovado na *III Jornada de Direito Civil*, em 2004 ("A função social do contrato, prevista no art. 421 do novo Código Civil, constitui cláusula geral, que reforça o princípio da conservação do contrato, assegurando trocas úteis e justas").

Como outro aspecto relevante, a ação que visa a reconhecer a nulidade absoluta da cláusula ou mesmo de todo o contrato é imprescritível, ou melhor tecnicamente, não sujeita à prescrição ou à decadência, por envolver ordem pública.

Além disso, é facultado a qualquer consumidor ou entidade que o represente requerer ao Ministério Público que ajuíze a competente ação para declarar a nulidade de cláusula contratual que contrarie o disposto no CDC ou que, de qualquer forma, não assegure o justo equilíbrio entre direitos e obrigações das partes. Essa é a previsão do art. 51, § 4.º, do CDC, que enfatiza a tese pela qual a função social dos contratos envolve preceitos de ordem pública.

Não se pode negar que a primeira tentativa relevante de trazer ao nosso sistema o princípio da função social do contrato ocorreu com a promulgação da Lei 8.078/1990, cuja aplicação aos contratos de consumo era, a princípio, restrita.

Por outro lado, há normas do Código Civil de 2002 que também afastam o caráter absoluto da força obrigatória do contrato e procuram analisar os negócios celebrados em comunhão a outros aspectos sociais, em particular com a proteção da parte vulnerável da relação contratual e com a vedação do desequilíbrio contratual. Na verdade, pela leitura da atual codificação privada, em vários de seus artigos percebe-se a concepção do princípio da função social do contrato. Vejamos alguns desses dispositivos.

Inicialmente, o art. 108 do Código Civil reconhece a proteção dos vulneráveis ao apontar para a necessidade de escritura pública somente para a alienação de imóvel com valor superior a trinta salários mínimos, amparando os direitos do comprador economicamente destituído que muitas vezes não possui recursos para dispor quanto às despesas de escritura. Há, assim, um traço do *Direito Civil dos Pobres*, conforme concebido por Antonio Menger.

Aqui outrora foi dito que mantém relação direta com a função social do contrato o art. 157 do Código Civil, que consagra a possibilidade de anulabilidade dos contratos quando estiver presente a *lesão*, novo vício do negócio jurídico, não previsto na codificação de 1916, mas que tem repercussões sociais, diante da flagrante relativização da força obrigatória. A lesão subjetiva está presente toda vez que o contrato trouxer onerosidade excessiva (elemento objetivo) somada a uma premente necessidade ou inexperiência de quem celebrou o pacto (elemento subjetivo). O contrato é anulável (art. 171, inc. II, do CC) ou passível de revisão judicial (art. 157, § 2.º, do CC). A revisão judicial deve sempre ser incentivada, diante do princípio da conservação contratual, que é anexo à função social.

Nesse sentido, prestigiando a revisão negocial, prevê o Enunciado n. 149 CJF/STJ que: "em atenção ao princípio da conservação dos contratos, a verificação da lesão deverá conduzir, sempre que possível, à revisão judicial do negócio jurídico e não à sua anulação, sendo dever do magistrado incitar os contratantes a seguir as regras do art. 157, § 2.º, do Código Civil de 2002".

Além disso, determina o Enunciado n. 291 CJF/STJ, da *IV Jornada de Direito Civil*, que, "nas hipóteses de lesão previstas no art. 157 do Código Civil, pode o lesionado optar por não pleitear a anulação do negócio jurídico, deduzindo, desde logo, pretensão com vista à revisão judicial do negócio por meio da redução do proveito do lesionador ou do complemento do preço".

Como se pode perceber, a extinção do contrato por meio da anulação é o último caminho a ser seguido no caso concreto, devendo-se sempre buscar a revisão do negócio jurídico celebrado como primeira premissa jurídica. Relembre-se que a relação entre a função social do contrato e a conservação dos negócios jurídicos pode ser evidenciada e reforçada pelo teor do Enunciado n. 22 do CJF. A manutenção da autonomia privada é, assim, preceito de ordem pública, relacionado com a *justiça contratual*, conforme denominação utilizada por Fernando Noronha.

Também traz em seu conteúdo a conservação e a função social contratual o art. 170 do Código Civil, que possibilita a conversão do contrato nulo, desde que preenchidos os requisitos apontados no comando legal em questão. De acordo com esse comando legal, um negócio nulo pode ser convertido em outro se contiver elementos desse outro negócio e se as partes quiserem a conversão substancial (*conversão indireta e subjetiva*).

CAP. 2 · TEORIA GERAL DOS CONTRATOS – OS PRINCÍPIOS CONTRATUAIS NO CÓDIGO CIVIL DE 2002 | **91**

Para ilustrar, é possível converter uma compra e venda de imóvel nula, por ausência de escritura pública, em contrato preliminar de compra e venda, pela conjugação dos arts. 170 e 462 do CC.

A função social do contrato é ainda reconhecida pelo art. 187 do CC/2002, que imputa responsabilidade civil àquele que age com abuso de direito também na esfera contratual, desrespeitando, dessa forma, o fim social do contrato. Não se pode esquecer que a responsabilidade decorrente do abuso de direito é objetiva, independentemente de culpa (Enunciado n. 37 do CJF/STJ).

O comando legal é de suma importância, pois coloca a função social do contrato no plano da validade do negócio jurídico. O dispositivo também mantém relação direta com o princípio da boa-fé objetiva. Eventualmente, o abuso de direito pode gerar a nulidade da cláusula ou até do próprio contrato, que passa a ter um conteúdo ilícito (art. 166, inc. II, do CC). Nesse sentido, pronunciou-se a remota jurisprudência estadual:

> "Arrendamento mercantil – 'Leasing' – Contrato – Cláusula – Nulidade – Previsão de saque de letra de câmbio para cobrança de débito decorrente do contrato – Transformação de crédito contratual em dívida cambial – Abuso de direito – Reconhecimento. A inserção de cláusula que assegura ao arrendante a emissão de nota promissória para a cobrança de dívida constitui abuso de direito, pois converte em cambial relação jurídica que não apresentava tal natureza" (Segundo Tribunal de Alçada Civil de São Paulo, Ap. c/ Rev. 594.202-00/0, 10.ª Câm., Rel. Juiz Gomes Varjão, j. 19.02.2003, anotação no mesmo sentido: Ap. c/ Rev. 519.584-00/4, 1.ª Câm., Rel. Juiz Diogo de Salles, j. 10.08.1998; Ap. c/ Rev. 530.585-00/5, 5.ª Câm., Rel. Juiz Laerte Sampaio, j. 04.11.1998; Ap. c/ Rev. 545.764-00/2, 2.ª Câm., Rel. Juiz Norival Oliva, j. 31.05.1999; Ap. c/ Rev. 553.492-00/7, 1.ª Câm., Rel. Juiz Magno Araújo, j. 13.09.1999; Ap. c/ Rev. 588.867-00/7, 9.ª Câm., Rel. Juiz Jesus Lofrano, j. 27.10.1999; Ap. c/ Rev. 600.022-00/6, 2.ª Câm., Rel. Juiz Norival Oliva, j. 18.06.2001).

Deve ficar bem claro que estou filiado à corrente doutrinária pela qual o abuso de direito também pode existir em sede de autonomia privada. Todavia, não há unanimidade quanto a esse entendimento, pois alguns autores são contrários à aplicação do art. 187 do CC em sede de autonomia contratual, caso do jurista português José de Oliveira Ascensão (A desconstrução..., *Questões controvertidas...*, 2005, p. 33).

O art. 406 do Código Civil em vigor, ao limitar a taxa de juros legais moratórios, também mantém relação direta com a função social. No tocante à polêmica relativa à limitação dos juros, a matéria está tratada no Volume 2 da presente coleção, no capítulo relativo ao inadimplemento obrigacional (Capítulo 5).

No que tange ao direito obrigacional, a relação com a função social do contrato pode ser sentida pela leitura do art. 413 do Código Civil, que visa a adequar a fixação de multa ao contexto social, afastando o enriquecimento sem causa e prevendo o *dever* do juiz de reduzi-la proporcionalmente, utilizando-se da equidade para tanto, quando presente a onerosidade excessiva:

> "Art. 413. A penalidade deve ser reduzida equitativamente pelo juiz se a obrigação principal tiver sido cumprida em parte, ou se o montante da penalidade for manifestamente excessivo, tendo-se em vista a natureza e a finalidade do negócio".

Quando da *IV Jornada de Direito Civil*, ficou clara a relação entre a eficácia interna da função social dos contratos e a redução da cláusula penal, com a aprovação de dois importantes enunciados.

O primeiro deles é o Enunciado n. 355 CJF/STJ, que estatui: "não podem as partes renunciar à possibilidade de redução da cláusula penal se ocorrer qualquer das hipóteses previstas no art. 413 do Código Civil, por se tratar de preceito de ordem pública". O enunciado reconhece a nulidade, por abusividade, da cláusula de renúncia das partes ao que consta do art. 413 do atual CC, preceito de ordem pública justamente pela relação com a função social do contrato. O autor do enunciado é Christiano Cassettari, e com ele concordei integralmente quando daquele evento, realizado em 2006 (sobre o tema: CASSETTARI, Christiano. *Multa contratual...*, 2009).

O outro enunciado doutrinário, também de autoria de Christiano Cassettari, prescreve que "nas hipóteses previstas no art. 413 do Código Civil, o juiz deverá reduzir a cláusula penal de ofício" (Enunciado n. 356 CJF/STJ). Mais uma vez, deve-se deduzir que o fundamento para a redução de ofício da multa, se a obrigação tiver sido cumprida em parte ou se presente onerosidade excessiva, é a função social do contrato, particularmente a previsão do art. 2.035, parágrafo único, do CC.

Na verdade, um dos melhores exemplos de eficácia interna da função social do contrato é o *controle da cláusula penal*, para que esta não traga valores abusivos, tendentes ao enriquecimento sem razão. Estabelecendo tal relação, da jurisprudência estadual:

> "Embargos do devedor. Compra e venda de imóvel. Atraso no pagamento da última parcela. Cláusula penal. Cabimento. Redução. Artigo 413 do Código Civil. É possível a cobrança da cláusula penal, ainda que a obrigação principal tenha sido tardiamente cumprida. Se excessivamente onerosa a cláusula penal, é possível sua redução, levando em conta o princípio da proporcionalidade e da função social do contrato, consoante dispõe o art. 413 do CC/2002 (art. 924 do CC/16)" (TJMG, Apelação Cível 1.0324.08.060413-9/0011, 12.ª Câmara Cível, Itajubá, Rel. Des. Alvimar de Ávila, j. 01.07.2009, *DJEMG* 20.07.2009).

> "Embargos de declaração. Fundamentos da decisão recorrida. Multa Reduzida nos termos do artigo 413 do Código Civil. Multa diária excessivamente onerosa. Redução para 10% sobre o valor total do débito, levando em conta a boa-fé objetiva, o princípio da proporcionalidade e da função social do contrato, consoante dispõe o art. 413 do Código Civil. Embargos acolhidos, sem efeito modificativo" (TJSP, Embargos de Declaração 1146963-1/01, Acórdão 4068821, 20.ª Câmara de Direito Privado, São Paulo, Rel. Des. José Maria Câmara Junior, j. 02.09.2009, *DJESP* 29.09.2009).

Na mesma esteira, destaque-se a conclusão do Ministro Paulo de Tarso Sanseverino, em acórdão componente do *Informativo* n. *500* do STJ. Conforme a publicação do julgado, "a redução da cláusula penal preserva a função social do contrato na medida em que afasta o desequilíbrio contratual e seu uso como instrumento de enriquecimento sem causa" (STJ, REsp 1.212.159/SP, Rel. Min. Paulo de Tarso Sanseverino, j. 19.06.2012). Ainda a ilustrar, afastando a redução estritamente proporcional da cláusula penal, vejamos *decisum* do Superior Tribunal de Justiça, relativo à redução da multa em contrato entre o apresentador Celso de Freitas e a Rede Globo de Televisão, com citação da minha posição doutrinária:

"Recurso especial. Código Civil. Contrato com cláusula de exclusividade celebrado entre rede de televisão e apresentador (âncora) de telejornal. Art. 413 do CC. Cláusula penal expressa no contrato. 1. A cláusula penal é pacto acessório, por meio do qual as partes determinam previamente uma sanção de natureza civil – cujo escopo é garantir o cumprimento da obrigação principal –, além de estipular perdas e danos em caso de inadimplemento parcial ou total de um dever assumido. Há dois tipos de cláusula penal, o vinculado ao descumprimento total da obrigação e o que incide quando do incumprimento parcial desta. A primeira é denominada pela doutrina como compensatória e a segunda como moratória. 2. A redução equitativa da cláusula penal a ser feita pelo juiz quando a obrigação principal tiver sido cumprida em parte não é sinônimo de redução proporcional. A equidade é cláusula geral que visa a um modelo ideal de justiça, com aplicação excepcional nos casos legalmente previstos. Tal instituto tem diversas funções, dentre elas a equidade corretiva, que visa ao equilíbrio das prestações, exatamente o caso dos autos. 3. Correta a redução da cláusula penal em 50%, visto que o critério adotado pelo Código Civil de 2002 é o da equidade, não havendo falar em percentual de dias cumpridos do contrato. No caso, as rés informaram à autora sobre a rescisão contratual quando os compromissos profissionais assumidos com outra emissora de televisão já estavam integralmente consolidados. 4. Entender de modo contrário, reduzindo a cláusula penal de forma proporcional ao número de dias cumpridos da relação obrigacional, acarretaria justamente extirpar uma das funções da cláusula penal, qual seja, a coercitiva, estimulando rupturas contratuais abruptas em busca da melhor oferta do concorrente e induzindo a prática da concorrência desleal. 5. Sob a vigência do Código Civil de 1916, era facultado ao magistrado reduzir a cláusula penal caso o adimplemento da obrigação fosse tão somente parcial, ao passo que no vigente Código de 2002 se estipulou ser dever do juiz reduzir a cláusula penal, se a obrigação principal tiver sido cumprida em parte, ou se o montante da penalidade for manifestamente excessivo, afastando-se definitivamente o princípio da imutabilidade da cláusula penal. A evolução legislativa veio harmonizar a autonomia privada com o princípio da boa-fé objetiva e função social do contrato, instrumentário que proporcionará ao julgador a adequada redução do valor estipulado a título de cláusula penal, observada a moldura fática do caso concreto. 6. No caso ora em exame, a redução da cláusula penal determinada pelas instâncias inferiores ocorreu em razão do cumprimento parcial da obrigação. Ainda que se considere a cláusula penal em questão como compensatória, isso não impossibilita a redução do seu montante. Houve cumprimento substancial do contrato então vigente, fazendo-se necessária a redução da cláusula penal. (...)" (STJ, REsp 1.186.789/RJ, 4.ª Turma, Rel. Min. Luis Felipe Salomão, j. 20.03.2014, *DJe* 13.05.2014).

Destaque-se, mais recentemente, o acórdão relatado pela Ministra Nancy Andrighi, segundo o qual "a redução da cláusula penal é, no adimplemento parcial, realizada por avaliação equitativa do juiz, a qual relaciona-se à averiguação proporcional da utilidade ou vantagem que o pagamento, ainda que imperfeito, tenha oferecido ao credor, ao grau de culpa do devedor, a sua situação econômica e ao montante adimplido, além de outros parâmetros, que não implicam, todavia, necessariamente, uma correspondência exata e matemática entre o grau de inexecução e o de abrandamento da multa" (STJ, REsp 1.641.131/SP, 3.ª Turma, Rel. Min. Nancy Andrighi, j. 16.02.2017, *DJe* 23.02.2017). Como se pode notar, o grande mérito do último aresto é o de trazer alguns critérios complementares para a redução da multa.

Do mesmo ano e como última ilustração a respeito da redução equitativa da cláusula penal, o caso *Latino x Rede TV*, igualmente com menção ao meu trabalho, constando da ementa do aresto o seguinte:

"A multa contratual deve ser proporcional ao dano sofrido pela parte cuja expectativa fora frustrada, não podendo traduzir valores ou penas exorbitantes ao descumprimento do contrato. Caso contrário, poder-se-ia consagrar situação incoerente, em que o inadimplemento parcial da obrigação se revelasse mais vantajoso que sua satisfação integral. Outrossim, a redução judicial da cláusula penal, imposta pelo artigo 413 do Código Civil nos casos de cumprimento parcial da obrigação principal ou de evidente excesso do valor fixado, deve observar o critério da equidade, não significando redução proporcional. Isso porque a equidade é cláusula geral que visa a um modelo ideal de justiça, com aplicação excepcional nas hipóteses legalmente previstas. Tal instituto tem diversas funções, dentre elas a equidade corretiva, que visa ao equilíbrio das prestações" (STJ, REsp 1.466.177/SP, 4.ª Turma, Rel. Min. Luis Felipe Salomão, j. 20.06.2017, *DJe* 01.08.2017).

Ao final, a multa contratual, fixada em R$ 1 milhão, foi reduzida à metade pelos julgadores.

Como derradeira questão de relevo a respeito do art. 413 do CC, tem-se debatido intensamente a possibilidade de seu afastamento em contratos paritários, sobretudo celebrados entre empresas, tese que é defendida por José Fernando Simão desde as discussões travadas na *IV Jornada de Direito Civil* e que ganhou força com a Lei da Liberdade Econômica (Lei 13.874/2019), sobretudo com as novas regras dos arts. 113, § 2.º, e 421-A do Código Civil. Nos termos da nova regra inserida na Parte Geral da codificação, que merece ser revista, "as partes poderão livremente pactuar regras de interpretação, de preenchimento de lacunas e de integração dos negócios jurídicos diversas daquelas previstas em lei".

O meu entendimento continua sendo pela inafastabilidade do art. 413 por convenção entre as partes ou cláusula contratual, por se tratar de norma cogente ou de ordem pública. Pode ser utilizado como argumento a própria Lei da Liberdade Econômica, pelo que está no seu art. 3.º, inc. VIII, ao assegurar, no seu trecho final, a sempre necessária observância a normas de ordem pública.

De toda sorte, parece-me que as partes podem criar normas contratuais prevendo critérios para que a cláusula penal seja reduzida, tendo em vista as suas posições econômicas, o grau de culpa e mesmo o percentual de cumprimento. Assim, chega-se a um *meio de caminho*, onde muitas vezes está a virtude. Nessa linha, o Enunciado n. 649, aprovado na *IX Jornada de Direito Civil*, no ano de 2022: "o art. 421-A, inc. I, confere às partes a possibilidade de estabelecerem critérios para a redução da cláusula penal, desde que não seja afastada a incidência do art. 413". Vale lembrar que o dispositivo citado preceitua que "os contratos civis e empresariais presumem-se paritários e simétricos até a presença de elementos concretos que justifiquem o afastamento dessa presunção, ressalvados os regimes jurídicos previstos em leis especiais, garantido também que: I – as partes negociantes poderão estabelecer parâmetros objetivos para a interpretação das cláusulas negociais e de seus pressupostos de revisão ou de resolução", o que está em sentido muito próximo ao antes citado art. 113, § 2.º, da própria codificação.

CAP. 2 · TEORIA GERAL DOS CONTRATOS – OS PRINCÍPIOS CONTRATUAIS NO CÓDIGO CIVIL DE 2002 | 95

Voltando à análise dos contratos de adesão, iniciada no capítulo anterior, os arts. 423 e 424 do CC igualmente consagram o conteúdo dos efeitos internos da função social dos contratos. Para Paulo Luiz Netto Lôbo, os dois dispositivos consubstanciam o *princípio da equivalência material* (*A teoria...*, 2003, p. 18). A equivalência material também é concebida como princípio por Rodrigo Toscano de Brito, conforme a obra originada de sua tese de doutorado (*Equivalência...*, 2007).

Mesmo ciente da excelência das teses construídas pelos juristas citados, prefiro colocar a equivalência material – que busca uma igualdade não existente no contrato de adesão –, dentro da função social dos contratos, com outro exemplo da sua eficácia interna. A conclusão se dá pelo fato de que o grande desafio do civilista brasileiro contemporâneo é preencher o sentido do que consta dos arts. 421 e 2.035, parágrafo único, do CC.

A primeira previsão quanto ao contrato de adesão consta do art. 423 do CC/2002, pelo qual "quando houver no contrato de adesão cláusulas ambíguas ou contraditórias, dever-se-á adotar a interpretação mais favorável ao aderente". Esse comando, em total sintonia com o art. 47 do CDC, que consagra a interpretação *pro consumidor*, traz a interpretação *pro aderente*, seguindo o entendimento jurisprudencial anteriormente consolidado.

O comando também está sincronizado com a regra de interpretação desfavorável àquele que elaborou o instrumento negocial (*interpretatio contra stipulatorem*), consagrado há muito tempo como princípio geral do ordenamento jurídico. Exemplificando, se um contrato trouxer duas formas de pagamento, prevalecerá o que for mais interessante ao aderente. O mesmo vale para o preço, ou seja, havendo dois valores de remuneração que devem ser pagos pelo aderente, prevalecerá o preço menor.

A meu ver, é a inovação norma de ordem pública e com interesse social relevante, assim como o seu correspondente no CDC. Dessa forma, a referida proteção poderá ser declarada de ofício sem a necessidade de arguição pela parte. Além disso, eventual previsão contratual determinando a não aplicação do art. 423 deve ser tida como nula, pois o seu conteúdo é ilícito, havendo também fraude à lei imperativa (art. 166, incs. II e VI, do CC). Em complemento, vale citar como fundamento para tal conclusão o art. 3.º, inc. VIII, da *Lei da Liberdade Econômica,* que veda a contrariedade a normas de ordem pública nos contratos em geral, especialmente naqueles em que empresários figuram como partes.

Entretanto, o comando legal do Código Civil ora estudado não segue o exemplo consumerista, não trazendo a concepção do que seja o contrato de adesão. Nesse sentido, o antigo PL 6.960/2002 propunha alteração no aludido comando legal, que passaria a ter a seguinte redação:

"Art. 423. Contrato de adesão é aquele cujas cláusulas tenham sido aprovadas pela autoridade competente ou estabelecidas unilateralmente por um dos contratantes, sem que o aderente possa discutir ou modificar substancialmente seu conteúdo.

§ 1.º Os contratos de adesão escritos serão redigidos em termos claros e com caracteres ostensivos e legíveis, de modo a facilitar a sua compreensão pelo aderente.

§ 2.º As cláusulas contratuais, nos contratos de adesão, serão interpretadas de maneira mais favorável ao aderente".

As justificativas apresentadas pelo Deputado Fiuza ao projeto original são pertinentes:

"A proposta pretende dar redação mais completa ao dispositivo, acrescentando a definição de contrato de adesão e compatibilizando o art. 423 com o que já dispõe o art. 54 do CDC. A sugestão, aqui, é do Desembargador Jones Figueirêdo Alves, como aliás são todas as outras a seguir expostas, no que se refere à matéria contratual. Diz ele 'O princípio de interpretação contratual mais favorável ao aderente decorre de necessidade isonômica estabelecendo em seus fins uma igualdade substancial real entre os contratantes'. É que, como lembra Georges Ripert, 'o único ato de vontade do aderente consiste em colocar-se em situação tal que a lei da outra parte é soberana. E, quando pratica aquele ato de vontade, o aderente é levado a isso pela imperiosa necessidade de contratar'. O dispositivo, ao preceituar a sua aplicação, todavia, em casos de cláusulas obscuras ou ambíguas, vem limitá-lo a essas hipóteses, o que contraria o avanço trazido pelo art. 47 do CDC, prevendo o princípio aplicado a todas as cláusulas contratuais. O aderente, como sujeito da relação contratual, deve receber idêntico tratamento dado ao consumidor, diante do significado da igualdade de fato que estimula o princípio, razão pela qual se impõe a alteração do dispositivo" (FIUZA, Ricardo. *O novo Código Civil...*, 2003, p. 77).

Sempre considerei que a proposta de alteração é louvável, porque, além de trazer uma construção interessante sobre o que seja o contrato de consumo, está adaptada ao que consta do art. 54 do CDC, outrora analisado.

Anoto que, inspirado pelo Projeto Ricardo Fiuza, o atual Projeto de Reforma e Atualização do Código Civil, elaborado pela Comissão de Juristas nomeada no Senado Federal, pretende inserir na Lei Geral Privada o conceito de contrato de adesão, além da ampliação de regras interpretativas.

Consoante o projetado art. 423, em seu *caput*, "a expressão 'contrato de adesão' engloba tanto aqueles cujas cláusulas tenham sido aprovadas pela autoridade competente, como aqueles em que as cláusulas sejam estabelecidas unilateralmente por um dos contratantes, sem que o aderente possa discutir ou modificar substancialmente seu conteúdo". Como se pode notar, adota-se um conceito amplo e necessário para a categoria, na linha do que está no art. 54 do CDC, mas com a possibilidade de não confundi-lo com o contrato de consumo, conforme o Enunciado n. 171, da *III Jornada de Direito Civil*.

Seguindo, conforme o seu projetado § 1.º, em prol do dever anexo de informação, amparado na boa-fé objetiva, as cláusulas postas para adesão, no contrato escrito ou disponibilizado em espaço virtual, serão redigidas em termos claros e com caracteres ostensivos e legíveis, de modo a facilitar a sua compreensão pelo aderente. E, por fim, ampliando-se a interpretação *pro aderente*, o novo § 2.º do art. 423: "os contratos de adesão serão interpretados de maneira mais favorável ao aderente". Com a aprovação das proposições, muitos dilemas relativos a essa importante figura contratual restarão superados, sobretudo para a prática contratual.

Voltando-se ao sistema atual e ora em vigor, de igual forma protegendo o aderente é a redação do art. 424 do atual Código Civil: "nos contratos de adesão, são nulas de pleno direito as cláusulas que estipulem a renúncia antecipada do aderente a direito resultante da natureza do negócio". O dispositivo tem forte impacto prático.

CAP. 2 · TEORIA GERAL DOS CONTRATOS – OS PRINCÍPIOS CONTRATUAIS NO CÓDIGO CIVIL DE 2002

Esse comando legal equivale, parcialmente, ao que consta do comentado art. 51 do Código de Defesa do Consumidor, que traz um rol de cláusulas abusivas. Da análise desse comando consumerista percebe-se um rol exemplificativo de previsões contratuais que podem gerar a nulidade do pacto. É certo que o legislador civil fez uma opção mais interessante e inteligente do que o legislador consumerista, pois em vez de trazer dezesseis incisos de forma desnecessária, o legislador civil preferiu trazer uma cláusula geral a ser preenchida caso a caso ("direito resultante da natureza do negócio"). Mas o que seria esse "direito resultante da natureza do negócio"? Ora, isso depende de preenchimento pelo aplicador do direito, pelo juiz da causa no caso de uma lide envolvendo o contrato de adesão.

Pelo fato de estar relacionada com o princípio da função social dos contratos, essa norma também possui a natureza cogente (norma de ordem pública), não podendo a sua aplicação ser afastada por qualquer tipo de convenção volitiva. A autonomia privada, desse modo, não pode fazer sucumbir esse preceito. Por essa natureza, é interessante frisar que também caberá a declaração dessa proteção *ex officio* pelo magistrado bem como mediante provocação pelo Ministério Público.

Formula-se, então, novamente a indagação, para a devida ilustração: o que pode ser entendido como *direito resultante da natureza do negócio*? Passa-se à análise de alguns exemplos, que vêm sendo examinados pela doutrina e pela jurisprudência.

Inicialmente, cabe discutir quanto à denominada *cláusula de eleição de foro*, muito comum nos contratos bancários e de natureza financeira. A possibilidade de sua elaboração está reconhecida no art. 78 do Código Civil, *in verbis*: "nos contratos escritos, poderão os contratantes especificar domicílio onde se exercitem e cumpram os direitos e obrigações deles resultantes". O comando legal em questão traz aquilo que se conhece como domicílio contratual, modalidade especial de domicílio privado.

Há muito tempo se discute na jurisprudência a validade dessa cláusula quando se tratar de um contrato de adesão que não assume a forma de contrato de consumo. Entendo que a cláusula de eleição de foro não merecerá aplicação quando o contrato assumir essa natureza, pois o aderente estará renunciando ao direito de demandar ou ser demandado em seu domicílio. Além disso, trata-se de um direito reconhecido pela lei e que assegura ao devedor a possibilidade de ser demandado no foro de seu domicílio, conforme prevê o art. 46 do Código de Processo Civil de 2015, correspondente ao art. 94 do CPC/1973.

Nesse sentido, vale dizer que a anterior reforma do então Código de Processo Civil por meio da Lei 11.280/2006 introduziu o art. 112, parágrafo único, no CPC/1973, que passou a permitir ao juiz conhecer de ofício a nulidade da cláusula de eleição de foro no contrato de adesão, declinando de sua competência. A função social do contrato era clara no comando processual. Em primeiro lugar, pelo reconhecimento da nulidade da cláusula protegendo o aderente, parte vulnerável da relação contratual. Em segundo lugar, porque a regra passou a ser de incompetência absoluta, conjugando-se a norma com o art. 424 do CC, o que motivaria a declinação de competência pelo juiz. Eis mais um importante exemplo da eficácia interna da função social do contrato, nos termos do Enunciado n. 360 CJF/STJ.

O CPC/2015 repetiu a regra, mas com algumas alterações substanciais, em claro retrocesso, no meu entendimento. De acordo o seu art. 63, *caput*, as partes podem modificar a competência em razão do valor e do território, elegendo foro onde será proposta ação oriunda de direitos e obrigações. Esse preceito equivale, em parte, ao art. 111, *caput,* do CPC/1973.

Ademais, conforme o § 1.º do art. 63 do CPC/2015, em sua redação original, a eleição de foro só produz efeito quando constar de instrumento escrito e aludir expressamente a determinado negócio jurídico. Corresponde a regra ao antigo art. 111, § 1.º, do CPC revogado.

Em 2024, foi ele modificado pela Lei n. 14.879, passando a enunciar que "a eleição de foro somente produz efeito quando constar de instrumento escrito, aludir expressamente a determinado negócio jurídico e guardar pertinência com o domicílio ou a residência de uma das partes ou com o local da obrigação, ressalvada a pactuação consumerista, quando favorável ao consumidor". Essa norma foi alterada por conta de demanda surgida no Tribunal de Justiça do Distrito Federal, diante da concentração de ações na Corte, por razões diferentes, para não admitir a *cláusula de eleição de foro ou de juízo aleatório*, que não tenha relação ou pertinência com os domicílios das partes, o que vem em boa hora, no meu entender.

A mesma norma emergente incluiu também um novo § 5.º no art. 63 do Estatuto Processual, enunciando que o ajuizamento de ação em juízo aleatório, entendido como aquele sem vinculação com o domicílio ou a residência das partes ou com o negócio jurídico discutido na demanda, constitui prática abusiva que justifica a declinação de competência de ofício.

Como não poderia ser diferente, diante de notórios abusos e excessos cometidos, sobretudo em contratos de adesão e de consumo, as modificações têm o meu total apoio doutrinário.

O foro contratual obriga os herdeiros e sucessores das partes (art. 63, § 2.º, do CPC/2015, repetição do art. 111, § 2.º, do CPC/1973). Além disso, antes da citação, a cláusula de eleição de foro, se abusiva, pode ser reputada ineficaz de ofício pelo juiz, que determinará a remessa dos autos ao juízo do foro de domicílio do réu (art. 63, § 3.º, do CPC/2015). Nota-se que a abusividade é reconhecida como possível em qualquer contrato e não somente nos de adesão.

Entendo que a última solução apresentada pelo Estatuto Processual emergente, quando confrontada com o antigo art. 112, parágrafo único, não é das melhores, estando aqui o citado retrocesso. Isso porque a abusividade da cláusula de eleição de foro, por envolver ordem pública – a tutela do aderente como vulnerável contratual –, não deveria gerar a mera ineficácia do ato, mas a sua nulidade absoluta. De toda a sorte, cabe ao legislador fazer tal opção, devendo a norma ser respeitada.

Por fim, como novidade decorrente da última alteração, o CPC/2015 passou a dispor que, citado o réu, incumbe a ele alegar a abusividade da cláusula de eleição de foro na contestação, sob pena de preclusão (art. 63, § 4.º). A pena de preclusão também me parece distante da eficácia interna da função social do contrato.

Outra incursão teórica pode ser feita quanto ao contrato de locação de imóvel urbano. Na prática e na grande maioria das vezes, o contrato de locação assume a forma de contrato de adesão, sendo comum a comercialização de contratos prontos em papelarias,

CAP. 2 · TEORIA GERAL DOS CONTRATOS – OS PRINCÍPIOS CONTRATUAIS NO CÓDIGO CIVIL DE 2002 | 99

em casas do ramo ou mesmo na *internet* (*contratos-tipo* ou *contratos-formulário*). Em situações como essa, o locador, em posição privilegiada, impõe o conteúdo do negócio, como é o caso de previsão de cláusula de renúncia às benfeitorias necessárias.

As benfeitorias, como é cediço, são bens acessórios, acréscimos e melhoramentos introduzidos geralmente por aquele que não é proprietário. O art. 96 do Código Civil em vigor as classifica em necessárias, úteis e voluptuárias. Basicamente, as benfeitorias necessárias são aquelas essenciais ao bem principal, pois visam à sua conservação e manutenção. As úteis não têm essa importância, mas facilitam o uso da coisa principal. Por fim, as voluptuárias são aquelas conceituadas como de mero luxo, mero deleite ou recreio. A Lei de Locações (Lei 8.245/1991), em seu art. 35, reconhece a possibilidade de o locatário renunciar às benfeitorias nos seguintes termos:

> "Art. 35. Salvo expressa disposição contratual em contrário, as benfeitorias necessárias introduzidas pelo locatário, ainda que não autorizadas pelo locador, bem como as úteis, desde que autorizadas, serão indenizáveis, e permitem o exercício do direito de retenção".

Complementando o dispositivo, estabelece a Súmula n. 335 do STJ que, "nos contratos de locação, é válida a cláusula de renúncia à indenização das benfeitorias e ao direito de retenção".

Pois bem, no tocante à possibilidade de renúncia às benfeitorias necessárias e úteis autorizadas, entendo que não deverá prevalecer se o contrato de locação for de adesão, não incidindo a citada súmula em casos tais. Desse modo, será nula a cláusula de renúncia, pois o próprio comando legal reconhece como direito inerente ao locatário-aderente a possibilidade de indenização ou a retenção do bem em virtude da existência de benfeitorias necessárias (mesmo as não autorizadas), bem como as úteis autorizadas.

Para reforçar, é interessante lembrar que o locatário é possuidor de boa-fé. No que tange às benfeitorias necessárias e úteis e ao possuidor de boa-fé, preconiza o art. 1.219 da codificação privada que: "o possuidor de boa-fé tem direito à indenização das benfeitorias necessárias e úteis, bem como, quanto às voluptuárias, se não lhe forem pagas, a levantá-las quando o puder sem detrimento da coisa, e poderá exercer o direito de retenção pelo valor das benfeitorias necessárias e úteis". Esse é o comando legal que reconhece ao possuidor de boa-fé, caso do locatário, o direito às benfeitorias.

Em complemento a essas previsões, merece subsunção o art. 424 do Código Civil, afastando a aplicação da primeira parte do art. 35 da Lei de Locações, caso o contrato de locação assuma a forma de adesão, ou seja, na hipótese de a cláusula específica de renúncia às benfeitorias ser imposta pelo locador. Como a lei assegura o direito de indenização e retenção ao locatário possuidor de boa-fé, não terá validade eventual renúncia efetivada por contrato.

Um argumento contrário ao que está sendo defendido poderia supor que uma norma geral constante do Código Civil (art. 424) não poderá se sobrepor a uma norma especial prevista em *microssistema jurídico* próprio aplicável às relações locatícias que tenham como objeto imóveis urbanos (art. 35 da Lei 8.245/1991).

Mas a questão não é tão simples assim. Na realidade, o art. 424 é norma especial, especialíssima, com maior especialidade ainda do que o art. 35 da Lei de Locações. Isso porque o comando legal em questão é aplicável aos contratos de locação que assumem a forma de adesão, especialidade existente dentro dos contratos de locação. Deverá, portanto, prevalecer o que consta no Código Civil atual. De fato, o Código Civil em si é norma geral, mas está repleto de normas gerais e especiais. Entre essas últimas estão os comandos legais previstos para os contratos de adesão (arts. 423 e 424 do CC). O *diálogo entre as fontes* é intenso e salutar.

No mesmo sentido à tese aqui esposada, cumpre destacar a aprovação de enunciado na *V Jornada de Direito Civil*, prevendo que "a cláusula de renúncia antecipada ao direito de indenização e retenção por benfeitorias necessárias é nula em contrato de locação de imóvel urbano feito nos moldes do contrato de adesão" (Enunciado n. 433). A proposta foi formulada pelo Desembargador do Tribunal de Justiça do Rio de Janeiro Marco Aurélio Bezerra de Melo, com quem geralmente compartilho de várias conclusões sobre o Direito Privado, sendo ele coautor do nosso *Código Civil Comentado*, lançado por este mesmo grupo editorial.

O enunciado doutrinário em destaque acaba funcionando como exceção à regra da possibilidade de renúncia às benfeitorias necessárias, prevista na Súmula n. 335 do STJ. Apesar da aprovação da ementa doutrinária, lamenta-se o fato de a tese exposta não ter recebido ainda a devida aplicação pela jurisprudência nacional, o que representaria um claro avanço quanto ao tema.

Destaco, a esse propósito, que, para resolver o dilema até hoje existente, nos mais de vinte anos de vigência do Código Civil, a Comissão de Juristas encarregada da sua Reforma pretende inserir, no art. 1.219, o teor do Enunciado n. 433, da *V Jornada de Direito Civil*. Assim, nos termos do projetado § 3.º para o dispositivo, "a cláusula de renúncia antecipada ao direito de indenização e retenção por benfeitorias necessárias pelo possuidor de boa-fé é nula quando inserida em contrato de adesão". Aguarda-se, portanto, a sua aprovação pelo Congresso Nacional, para solucionar essa divergência.

Por fim, ainda quanto ao art. 424 do CC/2002, o mesmo pode ser dito quanto a uma situação envolvendo o contrato de fiança elaborado sob a forma de contrato de adesão. Em regra, o fiador tem a seu favor o direito de que sejam demandados, em um primeiro momento, bens do devedor principal. Trata-se do chamado *benefício de ordem* ou *de excussão* (art. 827 do CC). Entretanto, o fiador pode renunciar expressamente, por força do contrato, a esse benefício (art. 828, inc. I, do CC). Não há dúvidas de que a renúncia será perfeitamente válida se a fiança assumir a forma de contrato paritário ou negociado, como vem entendendo a jurisprudência, inclusive do Superior Tribunal de Justiça (STJ, REsp 851.507/RS, 5.ª Turma, Rel. Min. Arnaldo Esteves Lima, j. 08.11.2007, DJ 07.02.2008, p. 1).

Todavia, tratando-se de contrato de fiança sob a forma de adesão, a cláusula de renúncia é nula em decorrência da aplicação direta do art. 424 do CC. É bastante comum a celebração de contratos de fiança sob a forma de adesão por imobiliárias ou mesmo impostos pelo locador por meio de formulários adquiridos em papelarias.

Esse meu entendimento gerou o Enunciado n. 364 CJF/STJ, aprovado na *IV Jornada de Direito Civil*, nos seguintes termos: "no contrato de fiança é nula a cláusula de renúncia antecipada ao benefício de ordem quando inserida em contrato de adesão". Além da minha proposta, também são autores do enunciado os advogados e professores

Marcos Jorge Catalan (RS) e Rodrigo Toscano de Brito (PB); bem como o Juiz Federal Flávio Roberto Ferreira de Lima (PE).

Concluindo da mesma maneira, cumpre colacionar julgado do Tribunal Regional Federal da 2.ª Região, que deduziu a nulidade da cláusula de renúncia ao benefício de ordem em contrato de adesão, passando o fiador a ser tratado como devedor subsidiário:

> "Civil. Ação monitória. FIES. Fiança. Contrato de adesão. Nulidade da cláusula de renúncia ao benefício de ordem. Responsabilidade subsidiária. 1. Insurge-se a exequente contra a exclusão dos fiadores do polo passivo da demanda, sustentando, em síntese, que a nulidade da cláusula de renúncia ao benefício de ordem não afasta a responsabilidade dos fiadores de responder pela dívida, ainda que de forma subsidiária. 2. Nos contratos de fiança, a regra é o fiador gozar do benefício de ordem. O afastamento deste direito nos contratos de adesão foge da excepcionalidade, passando a ser imposto como regra em contrato formulado por apenas uma das partes. 3. Entretanto, a nulidade da cláusula de renúncia ao benefício de ordem nos contratos de adesão, como no caso do FIES, não exime os fiadores de responsabilidade pelas obrigações assumidas perante a CEF, ou seja, de responder pelo crédito concedido ao devedor principal, subsidiariamente, na forma do art. 827 do Código Civil. 4. Assim sendo, deve ser reconhecida a responsabilidade subsidiária dos réus/fiadores pelo título executivo judicial constituído na ação monitória (art. 1.102, *c*, § 3.º do CPC), motivo pelo qual devem ser mantidos no polo passivo da presente demanda. 5. Apelação conhecida e provida" (TRF da 2.ª Região, Apelação Cível 2008.51.17.000802-0, 6.ª Turma Especializada, Rel. Des. Fed. Guilherme Calmon Nogueira da Gama, j. 09.08.2010, *DEJF2* 27.08.2010).

Cabe destacar que, para solucionar divergência ainda verificada nos mais de vinte anos de vigência do Código Civil, a Comissão de Juristas encarregada de sua Reforma, pretende incluir o teor do Enunciado n. 364 no parágrafo único do art. 828, com a seguinte previsão: "em contratos de adesão, são nulas de pleno direito as cláusulas de renúncia ao benefício de ordem ou de imposição de solidariedade ao fiador". Aguarda-se a sua aprovação pelo Parlamento Brasileiro, para resolver mais um dilema hoje existente na prática.

Por tudo o que foi exposto, percebe-se neste comando uma relação direta entre a função social dos contratos e a proteção do aderente, para a busca de uma isonomia material, à luz dos princípios civis-constitucionais (*dignidade-solidariedade-igualdade*) e da própria equivalência material. Ainda neste volume da coleção serão expostos outros exemplos de aplicação do art. 424 do CC em vigor.

Além disso, atualizando a obra, pode-se dizer novamente que *a Lei da Liberdade Econômica* (Lei 13.874/2019) ampliou a proteção dos aderentes, ao incluir um novo critério para a interpretação dos negócios jurídicos em geral. Conforme o art. 113, § 1.º, inc. IV, do CC/2002, a interpretação do negócio jurídico deve lhe atribuir o sentido que for mais benéfico à parte que não redigiu o dispositivo, se identificável.

Nota-se, assim, que qualquer cláusula passa a ser interpretada contra aquele que redigiu o seu conteúdo, outra máxima há muito tempo reconhecida pelo Direito (*interpretatio contra proferentem*). Amplia-se, portanto, o sentido do art. 423 do Código Civil, segundo o qual a interpretação favorável ao aderente se daria apenas em havendo cláusulas ambíguas ou contraditórias.

Sem prejuízo disso, reitero que vejo como possível aplicar essa interpretação a negócios paritários – em que o conteúdo é amplamente discutido pelas partes –, desde que seja possível identificar determinada cláusula ou cláusulas que foram impostas por uma das partes, tidas isoladamente como *de adesão,* hipótese em que serão interpretadas contra quem as redigiu.

Esclareça-se que, visando a um *diálogo das fontes* entre os sistemas civilista e consumerista, de acordo com essa proteção maior, preceitua o Enunciado n. 172 CJF/STJ que: "as cláusulas abusivas não ocorrem exclusivamente nas relações jurídicas de consumo. Dessa forma, é possível a identificação de cláusulas abusivas em contratos civis comuns, como, por exemplo, aquela estampada no art. 424 do Código Civil de 2002". O enunciado doutrinário tem razões didáticas interessantes ao utilizar a expressão *cláusulas abusivas.* Recomenda-se que não se utilize o antigo termo *cláusulas leoninas,* superada pela expressão constante do art. 51 do CDC.

Além disso, o Enunciado n. 172 CJF/STJ reforça a tese de aproximação entre o CC e o CDC, o que é uma realidade indeclinável. Aplicando o *princípio da conservação contratual* (Enunciado n. 22 do CJF/STJ), deve-se buscar somente a nulidade absoluta da cláusula abusiva, mantendo o restante do contrato civil sempre que possível, assim como prevê o Código Consumerista (art. 51, § 2.º).

Outro comando legal que mantém direta relação com a função social dos pactos é o art. 425 do CC. Isso porque o dispositivo reconhece o poder imaginativo da mente humana na criação de novas figuras contratuais, bem como a sua importância social, prevendo a possibilidade de celebração de contratos atípicos (aqueles sem previsão legal), devendo a eles ser aplicadas as normas constantes da codificação novel, em particular os princípios sociais. Em conclusão, pode ser reconhecida a *função social dos contratos atípicos.*

Por fim, e sem prejuízo de outros dispositivos contratuais que também consagram a função social, é importante comentar o art. 426 do CC, que também limita a liberdade contratual no que tange ao conteúdo do negócio. Por esse comando legal, não pode ser objeto de contrato herança de pessoa viva. Trata-se da antiga vedação dos pactos sucessórios ou *pacta corvina.*

Desse modo, exemplificando, ninguém poderá vender um bem que ainda não herdou antes da morte do autor da herança. O contrato assim celebrado estará eivado de *nulidade absoluta virtual,* nos termos do art. 166, inc. VII, 2.ª parte, do CC, segundo o qual: "é nulo o negócio jurídico quando: (...) a lei taxativamente o declarar nulo, *ou proibir-lhe a prática, sem cominar sanção*" (destacamos).

Anoto, porém, que no Projeto de Reforma e Atualização do Código Civil, após intensos debates na Comissão de Juristas, entre subcomissões diferentes, prevaleceu a ideia de se inserirem exceções à vedação do art. 426, *destravando* a vida das pessoas e ampliando-se as possibilidades do planejamento sucessório no Brasil, inclusive com a utilização de contratos para tanto.

Nesse contexto de ampliação da liberdade e da autonomia privada, o comando receberá um § 1.º, prevendo que não são considerados contratos, tendo por objeto herança de pessoa viva, os negócios: *a)* firmados, em conjunto, entre herdeiros necessários,

CAP. 2 · TEORIA GERAL DOS CONTRATOS – OS PRINCÍPIOS CONTRATUAIS NO CÓDIGO CIVIL DE 2002 | **103**

descendentes, que disponham diretivas sobre colação de bens, excesso inoficioso, partilhas de participações societárias, mesmo estando ainda vivo o ascendente comum; e *b)* que permitam aos nubentes ou conviventes, por pacto antenupcial ou convivencial, renunciar à condição de herdeiro. A possibilidade de renúncia à herança por cônjuges ou conviventes é pleito doutrinário antigo e clamor da própria sociedade brasileira.

Seguindo no estudo da proposta, os nubentes poderão, por meio de pacto antenupcial ou por escritura pública pós-nupcial, e os conviventes, por meio de escritura pública de união estável, renunciar reciprocamente à condição de herdeiro do outro cônjuge ou convivente (novo § 2.º do art. 426). Essa renúncia pode ser condicionada, ainda, à sobrevivência ou não de parentes sucessíveis de qualquer classe, bem como de outras pessoas, não sendo necessário que a condição seja recíproca (§ 3.º do art. 426).

Também se inclui um § 4.º no comando, prevendo, em prol da tutela da moradia, que a renúncia não implica, por si só e automaticamente, a perda do direito real de habitação previsto no art. 1.831 deste Código, salvo expressa previsão dos cônjuges ou conviventes em sentido contrário.

Serão considerados nulas de pleno direito – hipótese de nulidade absoluta – quaisquer outras disposições contratuais sucessórias que não as previstas neste Código, sejam unilaterais, bilaterais ou plurilaterais, almejando-se um rol taxativo ou *numerus clausus* de pactos ou contratos sucessórios (§ 5.º do art. 426).

A renúncia será considerada ineficaz se, no momento da morte do cônjuge ou convivente, o falecido não deixar parentes sucessíveis, segundo a ordem de vocação hereditária, pois não se pode falar em pacto ou contrato sucessório nesses casos (§ 6.º do art. 426).

Por fim, insere-se no sistema a possibilidade da substituição sucessória do fideicomisso por ato entre vivos, desde que não viole normas cogentes ou de ordem pública (art. 426-A). Com isso, passará a ser possível no sistema jurídico a doação sucessiva ou a termo, beneficiando-se donatários diferentes por frações de tempos sucessivas e determinadas.

Destaco que todas as propostas foram amplamente debatidas na Comissão de Juristas, e frutos de emendas, de consensos e de votações, pelo *espírito democrático* que orientou os nossos trabalhos, aguardando-se a sua aprovação pelo Parlamento Brasileiro.

Seja como for, no sistema atual, percebe-se que o princípio da função social dos contratos traz um impacto importante para os contratos em geral, particularmente quanto aos *efeitos inter partes* (eficácia interna). Mas, conforme será demonstrado quando da abordagem do princípio da relatividade dos efeitos, o princípio também traz efeitos *extra* ou *ultra partes* (eficácia externa).

De imediato, vale trazer um exemplo dessa eficácia externa do princípio da função social dos contratos. Ora, é possível que um contrato seja perfeitamente equilibrado entre as partes, sem onerosidade excessiva, mas se revele ruim para a sociedade. É o caso, por exemplo, de um contrato que causa dano ambiental ou de um contrato celebrado entre uma empresa e uma agência de publicidade, veiculando a última publicidade abusiva. Quanto aos efeitos ambientais da função social dos contratos, Lucas Abreu Barroso fala em *função ambiental do contrato*, nos seguintes termos:

> "Com efeito, a função ambiental do contrato é erigida ao patamar de substrato do Estado Democrático de Direito. As imposições que dela derivam são a utilização adequada dos

recursos naturais disponíveis e a preservação do meio ambiente, preocupação já contida na legislação brasileira desde a Lei 4.947/1966 (art. 13, III) e seu Regulamento (Decreto 59.566/1966, art. 13, II). Entretanto, faz-se necessário avançar. Nos presentes dias, os fatores ambientais informam dispositivos legais condicionantes, em sentido amplo, da autonomia privada, posto que contidos em normas de ordem pública, não sendo possível a autorregulamentação da vontade pelas partes derrogá-los. E possibilitam, ainda, a oposição de terceiros aos contratos cujo objeto (jurídico ou material) importe em prejuízo para o meio ambiente, o que se dará por intermédio de atuação para tais fins administrativa (pelo Estado) ou judicialmente (pelos particulares, seus substitutos processuais ou pelo próprio Estado)" (BARROSO, Lucas Abreu. *Função...*, 2005).

Pelas palavras do doutrinador, é forçoso reconhecer uma *função socioambiental ao contrato*, como ocorre com a propriedade (art. 1.228, § 1.º, do CC).

Já ficou claro e evidente que a discussão em relação ao princípio da função social dos contratos não termina neste ponto. Como se perceberá, outros comentários serão elaborados em relação a esse importante princípio. A concepção social do contrato voltará à tona em outros capítulos da obra, particularmente quando do tratamento da revisão judicial e da extinção dos contratos; bem como em abordagens importantes dos contratos em espécie.

2.4 O PRINCÍPIO DA FORÇA OBRIGATÓRIA DOS CONTRATOS (*PACTA SUNT SERVANDA*)

Decorrente do princípio da autonomia privada, a força obrigatória dos contratos prevê que tem força de lei o estipulado pelas partes na avença, constrangendo os contratantes ao cumprimento do conteúdo completo do negócio jurídico. Esse princípio importa em autêntica restrição da liberdade, que se tornou limitada para aqueles que contrataram a partir do momento em que vieram a formar o contrato consensualmente e dotados de vontade autônoma. Nesse sentido, alguns autores falam em *princípio do consensualismo*. Entretanto, como a vontade perdeu o papel relevante que detinha, prefiro não utilizar mais esta última expressão.

Ao contrário de outras codificações do Direito Comparado, não há previsão expressa desse princípio no atual Código Civil. Entretanto, os arts. 389, 390 e 391 da atual codificação material, que tratam do cumprimento obrigacional e das consequências advindas do inadimplemento, afastam qualquer dúvida quanto à manutenção da obrigatoriedade das convenções como princípio do ordenamento jurídico privado brasileiro.

Na nova *Lei da Liberdade Econômica* (Lei 13.874/2019), o princípio da força obrigatória – com as suas corriqueiras limitações –, pode ser retirado dos outrora citados art. 3.º, incs. V e VIII, segundo os quais, "são direitos de toda pessoa, natural ou jurídica, essenciais para o desenvolvimento e o crescimento econômicos do País, observado o disposto no parágrafo único do art. 170 da Constituição Federal: (...). V – gozar de presunção de boa-fé nos atos praticados no exercício da atividade econômica, para os quais as dúvidas de interpretação do direito civil, empresarial, econômico e urbanístico serão resolvidas de forma a preservar a autonomia privada, exceto se houver expressa disposição legal em contrário. (...). VIII – ter a garantia de que os negócios jurídicos empresariais paritários serão objeto de livre estipulação das partes pactuantes, de forma a

CAP. 2 · TEORIA GERAL DOS CONTRATOS – OS PRINCÍPIOS CONTRATUAIS NO CÓDIGO CIVIL DE 2002 | **105**

aplicar todas as regras de direito empresarial apenas de maneira subsidiária ao avençado, exceto normas de ordem pública".

Igualmente valorizando o respeito às convenções contratuais, o art. 1.º, § 2.º da norma emergente prescreve que "interpretam-se em favor da liberdade econômica, da boa-fé e do respeito aos contratos, aos investimentos e à propriedade todas as normas de ordenação pública sobre atividades econômicas privadas". Também merece destaque, mais uma vez, a enunciação de seus princípios fundamentais, constantes do art. 2.º da Lei 13.874/2019, a saber *a)* a liberdade como uma garantia no exercício de atividades econômicas; *b)* a boa-fé do particular perante o poder público; *c)* a intervenção subsidiária e excepcional do Estado sobre o exercício de atividades econômicas; e *d)* o reconhecimento da vulnerabilidade do particular perante o Estado.

Voltando-se à essência do regramento, observa Orlando Gomes que "o princípio da força obrigatória consubstancia-se na regra de que o contrato é lei entre as partes. Celebrado que seja, com observância de todos os pressupostos e requisitos necessários à sua validade, deve ser executado pelas partes como se suas cláusulas fossem preceitos legais imperativos. O contrato obriga os contratantes, sejam quais forem as circunstâncias em que tenha de ser cumprido. Estipulado validamente o seu conteúdo, vale dizer, definidos os direitos e obrigações de cada parte, as respectivas cláusulas têm, para os contratantes, força obrigatória" (*Contratos...*, 1996, p. 36).

Essa visão tradicional, sem dúvidas, encontra fundamento no posicionamento doutrinário que procura fundamentar o negócio jurídico nas duas faces da declaração volitiva, particularmente quanto àquela discussão sobre a adoção da *teoria da vontade* ou da *teoria da declaração*, muito bem explorada por Antônio Junqueira de Azevedo. Sobre a adoção de uma ou outra teoria, esse autor propõe uma visão equilibrada. São suas palavras:

> "Em síntese, a posição do direito brasileiro a respeito das influências da vontade sobre a declaração é, a nosso ver, em seu conjunto, uma posição equilibrada; em cinco questões (declarações não sérias, simulação, interpretação, causa ilícita e erro), a legislação ora abre largo campo para a pesquisa da vontade interna, ora a restringe. Ainda que sobre as duas questões mais controvertidas (interpretação e erro) se possa dizer que o Código Civil adotou a teoria da vontade, a verdade é que doutrina e jurisprudência se encarregaram de lhe diminuir os excessos. Diante dos outros direitos da família romano-germânica, o direito brasileiro ocupa, portanto, no tema do papel da vontade sobre a validade e a eficácia do negócio, uma posição bastante moderada" (AZEVEDO, Antônio Junqueira de. *Negócio...*, 2002, p. 116).

O princípio da força obrigatória como regra máxima tinha previsão já no direito romano, segundo o qual deveria prevalecer o *pacta sunt servanda,* ou seja, a força obrigatória do estipulado no pacto. Não poderia, portanto, sem qualquer razão plausível, ser o contrato revisto ou extinto, sob pena de acarretar insegurança jurídica ao sistema.

Entretanto, a realidade jurídica e fática do mundo capitalista e pós-moderno não possibilita mais a concepção estanque do contrato. O mundo globalizado, a livre concorrência, o domínio do crédito por grandes grupos econômicos e a manipulação dos meios de *marketing* geraram um grande impacto no Direito Contratual. Em 1973,

106 | DIREITO CIVIL • VOL. 3 – *Flávio Tartuce*

Washington de Barros Monteiro sinalizava que "acentua-se, contudo, modernamente, um movimento de revolução do contrato pelo juiz; conforme as circunstâncias, pode este, fundando-se em superiores princípios de direito, boa-fé, comum intenção das partes, amparo do fraco contra o forte, interesse coletivo, afastar aquela regra, até agora tradicional e imperativa" (*Curso...*, 2003, p. 10).

Com o intuito de explicar a atual visualização do instituto *contrato*, Ricardo Lorenzetti expõe as duas teses conflitantes quanto à atual concepção desse importante instituto de direito privado (*Fundamentos...*, 1998, p. 554).

A primeira teoria, voluntarista e clássica, é partidária do consensualismo, opondo-se a qualquer intervenção interna. Mantém o caráter individualista que imperou nos séculos passados, concebendo que o contrato traz em si um ordenamento jurídico suficiente às partes, uma espécie de *microssistema privado*, não suscetível de intervenção externa. A meu ver, principalmente pela emergência dos chamados *direitos de terceira geração* – relacionados com o princípio da fraternidade –, pela valorização da dignidade da pessoa humana e pelas alterações sociais pelas quais o mundo passou nos últimos séculos, tal corrente encontra-se superada. E tal afirmação se dá mesmo com a emergência da tão citada *Lei da Liberdade Econômica*, que procurou valorizar a força obrigatória, voltando-se ao liberalismo do início do século XX.

A segunda teoria admite a intervenção externa, pelo interesse coletivo que representa o contrato. Para tal corrente, o "direito é um corretivo de aspirações individuais" que interessam à grande maioria, segundo aponta Lorenzetti. Na minha opinião doutrinária, essa corrente é a que deve imperar e a ela me filio, acompanhado de todos aqueles que visualizam no contrato uma importante função social.

Dentro dessa realidade, o princípio da força obrigatória ou da obrigatoriedade das convenções continua previsto em nosso ordenamento jurídico, mas não mais como regra geral, como antes era concebido. A força obrigatória constitui exceção à regra geral da socialidade, secundária à função social do contrato, princípio que impera dentro da nova realidade do direito privado contemporâneo.

Certo é, portanto, que o princípio da força obrigatória não tem mais encontrado a predominância e a prevalência absoluta que exercia no passado. O princípio em questão está, portanto, mitigado ou relativizado.

A par de tudo isso, não há como concordar com o posicionamento defendido por alguns doutrinadores, segundo os quais o princípio da força obrigatória do contrato foi definitivamente extinto pela codificação emergente. Ora, essa conclusão afasta o mínimo de segurança e certeza que se espera do ordenamento jurídico, principalmente a segurança no direito, ícone também importante, como a própria *justiça*, objetivo maior buscado pelo Direito e pela ciência que o estuda.

Não se pode negar, como palavras finais sobre o tema, que a alegação da força obrigatória do contrato ganhou especial relevo com a grave crise econômica decorrente da pandemia da Covid-19. Se, por um lado, foi necessário rever alguns contratos, por alegações específicas e consequências demonstradas no caso concreto, não se pôde quebrar a confiança de todo o sistema jurídico, alegando-se uma moratória ampla, generalizada e irrestrita.

CAP. 2 • TEORIA GERAL DOS CONTRATOS – OS PRINCÍPIOS CONTRATUAIS NO CÓDIGO CIVIL DE 2002

A título de ilustração, esse dilema foi observado pelo Tribunal de Justiça do Rio de Janeiro, em caso em que se pleiteava a revisão de contrato de fornecimento de energia. Vejamos o trecho de sua ementa que envolve compra de energia com demanda mínima contratada:

> "Pandemia. Covid-19. Decisão agravada que deferiu tutela de urgência para determinar que a *Light* efetue cobrança apenas do valor efetivamente consumido nas contas de cada autor. Insurgência da concessionária que pretende que os agravados efetuem o pagamento da integralidade das suas faturas de energia elétrica, nos termos do contrato firmado pelas partes. Prevalência do princípio da força obrigatória dos contratos. Revisão contratual pelo Judiciário que tem caráter excepcional. Risco concreto de colapso do sistema de distribuição de energia. Necessária instrução probatória exauriente para o deslinde do feito. É impositiva a manutenção das regras vigentes em relação ao faturamento, nos termos em que previsto na regulamentação e nos contratos celebrados pelas distribuidoras com seus usuários até a análise concreta da quebra do equilíbrio econômico financeiro do contrato. Ausência de configuração dos requisitos para o deferimento da tutela antecipada" (TJRJ, Agravo de Instrumento 0034543-29.2020.8.19.0000, 20.ª Câmara Cível, Rio de Janeiro, Rel. Des. Mônica de Faria Sardas, *DORJ* 30.07.2020, p. 604).

Entretanto, trazendo solução diferente a respeito da mesma situação fática, do Tribunal Paulista:

> "Caso fortuito e força maior. Pandemia Covid-19. Contratos firmados (CUSD e CCER) têm equilíbrio afetado. Flexibilização contratual. Inteligência do art. 317 do Código Civil. Redução da demanda contratada. Pagamento pela energia efetivamente consumida. Admissibilidade. Decisão mantida" (TJSP, Agravo 2120327-42.2020.8.26.0000, Acórdão 14033818, 25.ª Câmara de Direito Privado, Campinas, Rel. Des. Claudio Hamilton, j. 05.10.2020, *DJESP* 14.10.2020, p. 2.353).

Essa variação no entendimento demonstra como a Covid-19 trouxe grandes desafios para o Direito Privado Brasileiro.

Finalizando, os tempos foram de busca do equilíbrio, do bom senso e de razoabilidade, com o fim de superar os grandes desafios dos tempos, em decorrência da pandemia.

2.5 O PRINCÍPIO DA BOA-FÉ OBJETIVA

2.5.1 Conceitos básicos relacionados à boa-fé objetiva e à eticidade

Uma das mais festejadas mudanças introduzidas pelo Código Civil de 2002 refere-se à previsão expressa do princípio da boa-fé contratual, que não constava da codificação anterior.

Como se sabe, a boa-fé, anteriormente, somente era relacionada com a intenção do sujeito de direito, estudada quando da análise dos institutos possessórios, por exemplo. Nesse ponto era conceituada como *boa-fé subjetiva*, eis que mantinha relação direta com a pessoa que ignorava um vício relacionado com uma pessoa, bem ou negócio.

Contudo, desde os primórdios do direito romano, já se cogitava outra boa-fé, aquela direcionada à conduta das partes, principalmente nas relações negociais e contratuais.

Com o surgimento do *jusnaturalismo*, a boa-fé ganhou, no Direito Comparado, uma nova faceta, relacionada com a conduta dos negociantes e denominada *boa-fé objetiva*. Da subjetivação saltou-se para a objetivação, o que é consolidado pelas codificações privadas europeias.

Com essa evolução, alguns códigos da era moderna fazem menção a essa nova faceta da boa-fé, caso do Código Civil Português de 1966, do Código Civil Italiano de 1942 e do BGB Alemão.

No BGB Alemão, por exemplo, está prevista a boa-fé objetiva no parágrafo 242, segundo o qual o devedor está obrigado a cumprir a prestação de acordo com os requisitos de fidelidade e boa-fé, levando em consideração os usos e bons costumes. No Direito Alemão, duas expressões são utilizadas para apontar as modalidades de boa-fé ora expostas. O termo *Guten Glauben* – que quer dizer, literalmente, *bom pensamento* ou *boa crença* – denota a boa-fé subjetiva; enquanto *Treu und Glauben* – fidelidade e crença –, a boa-fé objetiva.

Ensina Álvaro Villaça Azevedo que o princípio da boa-fé "assegura o acolhimento do que é lícito e a repulsa ao ilícito" (AZEVEDO, Álvaro Villaça. *Teoria...*, 2002, p. 26). As palavras são exatas, eis que aquele que contraria a boa-fé comete abuso de direito, respondendo no campo da responsabilidade civil, conforme previsão do art. 187 da atual codificação.

Por certo é que adotou o Código Civil em vigor o princípio da eticidade, valorizando as *condutas guiadas pela boa-fé*, principalmente no campo obrigacional. Nossa codificação segue assim a sistemática do Código Civil italiano de 1942, que traz a previsão do preceito ético em vários dos seus dispositivos. Vale destacar o seu art. 1.175, segundo o qual o devedor e o credor devem comportar-se segundo a regra da *correttezza*, entendida como um comportamento leal baseado na boa-fé objetiva, que traz às partes um dever mútuo de cooperação para o cumprimento da avença.

O atual Código Civil Brasileiro, ao seguir essa tendência, adota a dimensão concreta da boa-fé, como já fazia o Código de Defesa do Consumidor em seu art. 4.º, inc. III, entre outros comandos, segundo o qual "a Política Nacional de Relações de Consumo tem por objetivo o atendimento das necessidades dos consumidores, o respeito à sua dignidade, saúde e segurança, a proteção de seus interesses econômicos, a melhoria da sua qualidade de vida, bem como a transparência e harmonia das relações de consumo, atendidos os seguintes princípios: (...) III – harmonização dos interesses dos participantes das relações de consumo e compatibilização da proteção do consumidor com a necessidade de desenvolvimento econômico e tecnológico, de modo a viabilizar os princípios nos quais se funda a ordem econômica (art. 170, da Constituição Federal), *sempre com base na boa-fé e equilíbrio nas relações entre consumidores e fornecedores*" (destacamos).

Quanto a essa confrontação necessária entre o Código Civil e o CDC, preconiza o Enunciado n. 27 CJF/STJ que "na interpretação da cláusula geral da boa-fé objetiva, deve-se levar em conta o sistema do CC e as conexões sistemáticas com outros estatutos normativos e fatores metajurídicos". Um desses estatutos normativos é justamente a Lei 8.078/1990, ou seja, deve ser preservado o tratamento dado à boa-fé objetiva pelo CDC. Além disso, o enunciado também traz como conteúdo a tese do *diálogo das fontes*, ao mencionar a necessidade de levar em conta a conexão com outras leis.

CAP. 2 · TEORIA GERAL DOS CONTRATOS – OS PRINCÍPIOS CONTRATUAIS NO CÓDIGO CIVIL DE 2002 | **109**

Atualizando a obra, frise-se que a boa-fé objetiva também foi valorizada de maneira considerável pelo Código de Processo Civil de 2015, consolidando-se na norma a *boa-fé objetiva processual*. Nos termos do seu art. 5.º, aquele que de qualquer forma participa do processo deve comportar-se de acordo com a boa-fé. Em reforço, todos os sujeitos do processo devem cooperar entre si para que se obtenha, em tempo razoável, decisão de mérito justa e efetiva (art. 6.º do CPC/2015, consagrador do dever de colaboração processual).

Destaque-se, também, a vedação das *decisões-surpresa* pelos julgadores, pois o art. 10 do Estatuto Processual emergente enuncia que o juiz não pode decidir, em grau algum de jurisdição, com base em fundamento a respeito do qual não se tenha dado às partes oportunidade de se manifestar, ainda que se trate de matéria sobre a qual deva decidir de ofício.

Merece ser mencionada, ainda, a regra do art. 489, § 3.º, do CPC/2015, pela qual a decisão judicial deve ser interpretada a partir da conjugação de todos os seus elementos e em conformidade com o princípio da boa-fé. Não deixando dúvidas de que se trata de uma boa-fé que existe no plano da conduta, e não no plano intencional, na *I Jornada de Direito Processual Civil*, promovida pelo Conselho da Justiça Federal em agosto de 2017, aprovou-se enunciado doutrinário estabelecendo que "a verificação da violação da boa-fé objetiva dispensa a comprovação do *animus* do sujeito processual" (Enunciado n. 1).

Feita tal pontuação frente ao CPC/2015, não restam dúvidas de que o princípio da boa-fé objetiva não pode ser desassociado do *novo contrato*, que surge com novos paradigmas, totalmente renovado. Nesse sentido, ensina Giselda Maria Fernandes Novaes Hironaka o seguinte:

> "Acerca desse novo contrato, então – instituto eternamente presente na triangulação básica do Direito Civil, ao lado da propriedade e da família – seria desejável referir, prioritariamente, às denominadas cláusulas gerais, que constituem uma técnica legislativa característica da segunda metade deste século, época na qual o modo de legislar casuisticamente, tão caro ao movimento codificatório do século passado – que queria a lei clara, uniforme e precisa (...) – foi radicalmente transformado, por forma a assumir a lei características de concreção e individualidade que, até então, eram peculiares aos negócios privados. A mais célebre das cláusulas gerais é exatamente a da boa-fé objetiva nos contratos. Mesmo levando-se em consideração o extenso rol de vantagens e de desvantagens que a presença de cláusulas gerais pode gerar num sistema de direito, provavelmente a cláusula da boa-fé objetiva, nos contratos, seja mais útil que deficiente, uma vez que, por boa-fé, 'tout court', se entende que é um fato (que é psicológico) e uma virtude (que é moral)'" (HIRONAKA, Giselda Maria Fernandes Novaes. *Contrato...* Disponível em: www.flaviotartuce.adv. br. Acesso em: 10 jan. 2006).

Ao contrário do que alguns poderiam imaginar, existia previsão expressa anterior quanto à boa-fé objetiva, de cunho contratual, em nosso ordenamento jurídico. Com efeito, esta era a previsão do art. 131, inc. I, do Código Comercial de 1850, constante na parte que foi revogada pelo Código Civil de 2002: "A inteligência simples e adequada que for mais conforme a boa-fé e ao verdadeiro espírito e natureza do contrato deverá sempre prevalecer à rigorosa e restrita significação das palavras".

O comando legal em questão, ao consagrar a boa-fé objetiva como cláusula geral, trazia implícito o princípio da função social do contrato, pois afastava a eficácia das palavras que constavam do instrumento contratual, em benefício do verdadeiro espírito do contrato. Entretanto, infelizmente, esse último dispositivo legal não teve, na prática, a merecida aplicação, conforme lembra Gustavo Tepedino (*A parte...*, 2003, p. XIX).

Tornou-se comum afirmar que a boa-fé objetiva, conceituada como exigência de conduta leal dos contratantes, está relacionada com os *deveres anexos*, que são ínsitos a qualquer negócio jurídico, não havendo sequer a necessidade de previsão no instrumento negocial (MARTINS-COSTA, Judith. *A boa-fé...*, 1999).

A tese dos *deveres anexos, laterais ou secundários* foi muito bem explorada, no Brasil, por Clóvis do Couto e Silva, para quem "os deveres secundários comportam tratamento que abranja toda a relação jurídica. Assim, podem ser examinados durante o curso ou o desenvolvimento da relação jurídica, e, em certos casos, posteriormente ao adimplemento da obrigação principal. Consistem em indicações, atos de proteção, como o dever de afastar danos, atos de vigilância, da guarda de cooperação, de assistência" (*A obrigação...*, 1976, p. 113). O doutrinador gaúcho sustenta que o contrato e a obrigação trazem um *processo de colaboração* entre as partes decorrente desses deveres anexos ou secundários, que devem ser respeitados pelas partes em todo o curso obrigacional, ou seja, em todas as fases pelas quais passa o contrato.

A quebra desses deveres anexos gera a *violação positiva do contrato*, com responsabilização civil daquele que desrespeita a boa-fé objetiva. Isso pode ser evidenciado pelo teor do Enunciado n. 24 CJF/STJ, aprovado na *I Jornada de Direito Civil*, do ano de 2002, com o seguinte teor: "em virtude do princípio da boa-fé, positivado no art. 422 do novo Código Civil, a violação dos deveres anexos constitui espécie de inadimplemento, independentemente de culpa". A *violação positiva do contrato*, com aplicação a todas as fases contratuais, vem sendo reconhecida pela doutrina contemporânea, como nova modalidade de inadimplemento obrigacional.

Essa responsabilização independentemente de culpa está amparada igualmente pelo teor do Enunciado n. 363 CJF/STJ, da *IV Jornada de Direito Civil* (2006), segundo o qual "os princípios da probidade e da confiança são de ordem pública, estando a parte lesada somente obrigada a demonstrar a existência da violação". O grande mérito do último enunciado, de autoria do Professor Wanderlei de Paula Barreto, é a previsão de que a boa-fé objetiva é preceito de ordem pública. A propósito, voltando ao CPC/2015, acredita-se que essa quebra dos deveres anexos também pode ocorrer no âmbito instrumental, gerando uma responsabilidade civil objetiva do violador da boa-fé objetiva processual.

Como deveres anexos, utilizando os ensinamentos de Judith Martins-Costa e de Clóvis do Couto e Silva, podem ser citados, entre outros:

a) o dever de cuidado em relação à outra parte negocial;

b) o dever de respeito;

c) o dever de informar a outra parte quanto ao conteúdo do negócio;

d) o dever de agir conforme a confiança depositada;

e) o dever de lealdade e probidade;

f) o dever de colaboração ou cooperação;

g) o dever de agir conforme a razoabilidade, a equidade e a *boa razão*.

CAP. 2 · TEORIA GERAL DOS CONTRATOS – OS PRINCÍPIOS CONTRATUAIS NO CÓDIGO CIVIL DE 2002 | **111**

Ainda no que concerne a esses deveres anexos, vale dizer que eles se contrapõem a direitos a favor da outra parte. Nesse sentido, foi aprovado o Enunciado n. 168 CJF/STJ, na *III Jornada de Direito Civil*, segundo o qual "o princípio da boa-fé objetiva importa no reconhecimento de um direito a cumprir em favor do titular passivo da obrigação".

No âmbito da jurisprudência, como se retira de aresto do Superior Tribunal de Justiça, "a relação obrigacional não se exaure na vontade expressamente manifestada pelas partes, porque, implicitamente, estão elas sujeitas ao cumprimento de outros deveres de conduta, que independem de suas vontades e que decorrem da função integrativa da boa-fé objetiva. Se à liberdade contratual, integrada pela boa-fé objetiva, acrescentam-se ao contrato deveres anexos, que condicionam a atuação dos contratantes, a inobservância desses deveres pode implicar o inadimplemento contratual" (STJ, REsp 1.655.139/DF, 3.ª Turma, Rel. Min. Nancy Andrighi, j. 05.12.2017, *DJe* 07.12.2017).

No caso julgado, uma modelo foi contratada, por intermédio de uma agência, para realizar um ensaio fotográfico para determinada campanha publicitária, participar de um coquetel de lançamento e nele realizar os desfiles de abertura e encerramento como "noiva-símbolo". Entretanto, no dia do coquetel de lançamento, a modelo chegou atrasada e ficou menos tempo do que o previsto em contrato. Além disso, não participou do desfile de abertura, saindo de Brasília antes do previsto e, por meio de fax, enviado menos de dez minutos antes do desfile, comunicou que a sua ausência foi ocasionada por problemas de saúde constantes em atestado médico, que lhe recomendava três dias de repouso. Entendeu-se no aresto que houve violação positiva do contrato por parte da agência e da modelo, uma vez que "desse cenário extrai-se que o comportamento das recorridas revela absoluta inobservância dos deveres de informação e lealdade na execução do contrato, deveres esses aos quais, por força do art. 422 do CC/02, estavam vinculadas enquanto contratantes, mesmo que não escritos" (REsp 1.655.139).

Além da relação com esses deveres anexos, decorrentes de construção doutrinária, o Código Civil de 2002, em três dos seus dispositivos, apresenta funções importantes da boa-fé objetiva.

A primeira é a *função de interpretação* do negócio jurídico, como consta do art. 113, *caput*, do atual Código Civil, pelo qual os negócios jurídicos devem ser interpretados conforme a boa-fé e os usos do lugar da sua celebração. Nesse dispositivo, a boa-fé é consagrada como meio auxiliador do aplicador do direito para a interpretação dos negócios, particularmente dos contratos. O aludido comando legal não poderá ser interpretado isoladamente, mas em complementaridade com o dispositivo anterior, que traz regra pela qual, nas "declarações de vontade se atenderá mais à intenção nelas consubstanciada do que ao sentido literal da linguagem" (art. 112 do Código Civil). Quando esse último dispositivo menciona a intenção das partes, traz em seu bojo o conceito de boa-fé subjetiva.

De qualquer forma, interessante perceber que o art. 113 do CC não traz como conteúdo somente a boa-fé objetiva, mas também a função social dos contratos, ao prever que os negócios jurídicos devem ser interpretados conforme os usos do lugar da sua celebração. Eventualmente, as diversidades regionais de nosso País entram em cena para integrar essa interpretação, o que está em sintonia com a ideia de contrato analisado de acordo com o meio que o cerca. O art. 113 do Código Civil de 2002 é, portanto, o dispositivo que traz tanto a boa-fé objetiva quanto a função social dos contratos, em uma *relação de interação*.

Por isso, Miguel Reale chegou a afirmar que esse seria o *artigo-chave* da codificação, eis que "desdobrando-se essa norma em seus elementos constitutivos, verifica-se que ela consagra a eleição específica dos negócios jurídicos como disciplina preferida para regulação genérica dos fatos jurídicos, sendo fixadas, desde logo, a eticidade de sua hermenêutica, em função da boa-fé, bem como a sua socialidade, ao se fazer alusão aos 'usos do lugar de sua celebração'" (*Um artigo-chave...*, 2006, p. 240).

Marco Aurélio Bezerra de Melo também faz interessante associação entre a boa-fé objetiva e a função social do contrato, lecionando que "há uma relação muito grande entre a boa-fé objetiva e a função social do contrato, sendo válida a citação do ditado *onde vai a corda vai a caçamba,* que retrata o fato de alguém depositar uma caçamba para pegar água no fundo do poço, ou dizer que as pessoas são como *unha e carne.* Nenhum contrato em que haja desrespeito à função social será reputado de boa-fé objetiva, assim como a má-fé na condução do contrato afeta a função social para o qual o mesmo foi celebrado" (MELO, Marco Aurélio Bezerra de. *Curso...*, 2015, v. III, t. I, p. 89).

Ademais, essa função de interpretação da boa-fé, repise-se, também está presente no CPC/2015, no seu art. 489, § 3.º, devendo o julgador ser guiado pela boa-fé das partes ao proferir sua decisão. Pensamos que essa regra terá grande incidência prática no futuro, podendo o julgador decidir da maneira mais favorável àquele que se comportou com probidade durante todo o processo, em detrimento da parte que sempre agiu de má-fé.

Ainda sobre o art. 113 do Código Civil, é preciso atualizar a obra, uma vez que esse dispositivo também foi alterado pela *Lei da Liberdade Econômica* (Lei 13.874/2019), recebendo dois novos parágrafos trazendo outros critérios para a interpretação dos negócios jurídicos em geral.

Na originária Medida Provisória 881 e, no processo de sua conversão em lei, a ideia era inserir novas regras somente para os negócios jurídicos empresariais. Porém, o relator do projeto de conversão, Deputado Jerônimo Goergen, ouviu a recomendação feita por alguns civilistas, caso de Maurício Bunazar, no sentido de que os novos critérios interpretativos seriam interessantes para todo e qualquer negócio jurídico, não sendo viável que o Código Civil criasse uma separação entre negócios empresariais e civis. Muitos desses critérios, aliás, já eram aplicados na prática do Direito Privado, em julgados e decisões arbitrais, e retirados do art. 131 do Código Comercial, ora revogado. São, portanto, critérios que já encontravam certo nível de aplicação, na prática, sendo salutar a sua inclusão na teoria geral dos negócios jurídicos.

Nesse contexto, na redação do novo § 1.º do art. 113 do Código Civil, a interpretação do negócio jurídico deve lhe atribuir o sentido que: *a)* for confirmado pelo comportamento das partes posterior à celebração do negócio, sendo vedado e não admitido o comportamento contraditório da parte, categoria que ainda será aqui abordada (*venire contra factum proprium non potest*); *b)* corresponder aos usos, costumes e práticas do mercado relativas ao tipo de negócio, o que já está previsto no *caput* do comando, pela valorização das *regras de tráfego*; *c)* corresponder à boa-fé, o que igualmente se retira da norma anterior; *d)* for mais benéfico à parte que não redigiu o dispositivo, se identificável;

CAP. 2 · TEORIA GERAL DOS CONTRATOS – OS PRINCÍPIOS CONTRATUAIS NO CÓDIGO CIVIL DE 2002 | **113**

e *e)* corresponder a qual seria a razoável negociação das partes sobre a questão discutida, inferida das demais disposições do negócio e da racionalidade econômica das partes, consideradas as informações disponíveis no momento de sua celebração. Parece-me que as previsões relativas às letras *b* e *c* ficaram sem sentido, após a retirada da aplicação restrita aos negócios empresariais.

Sobre a penúltima previsão, reitero o meu entendimento de que houve uma ampliação de tutela dos aderentes negociais e contratuais, aqueles para quem o conteúdo do negócio jurídico é imposto. Isso porque qualquer cláusula passa a ser interpretada contra aquele que redigiu o seu conteúdo, máxima há muito tempo reconhecida pelo Direito (*interpretatio contra proferentem* ou *contra estipulatorem*).

Amplia-se, portanto, o sentido do art. 423 do Código Civil, segundo o qual a interpretação favorável ao aderente se daria apenas em havendo cláusulas ambíguas ou contraditórias. Sem prejuízo disso, repise-se que vejo como possível aplicar essa interpretação a negócios paritários – em que o conteúdo é amplamente discutido pelas partes –, desde que seja possível identificar determinada cláusula ou cláusulas que foram impostas por uma das partes, tidas isoladamente como *de adesão,* hipótese em que serão interpretadas contra quem as redigiu.

A respeito do último inciso do novo § 1.º do art. 113 do Código Civil, valoriza-se a negociação prévia das partes, especialmente a troca de informações e de mensagens pré-negociais entre elas. Essas negociações devem ser confrontadas com as demais cláusulas do negócio pactuado, bem como com a *racionalidade econômica das partes.* A expressão destacada é mais uma cláusula geral, a ser preenchida pelo aplicador do Direito nos próximos anos, assim como ocorreu com a boa-fé objetiva e a função social do contrato.

Para tanto, a título de exemplo, devem ser considerados os comportamentos típicos das partes perante o mercado e em outras negociações similares, os riscos alocados nos negócios e as expectativas de retorno dos investimentos, entre outros, o que já é considerado em julgamentos de muitos painéis arbitrais.

A lei passa a adotar, portanto, a *análise econômica do Direito* como critério interpretativo dos negócios jurídicos em geral. Entendo que o argumento econômico não deve ser o primeiro recurso técnico de quem analisa o caso concreto, mas o último, a ser adotado somente se as categorias jurídicas, especialmente aquelas clássicas do Direito Civil, não conseguirem resolver o problema prático levado a julgamento.

Entendendo dessa forma, a racionalidade econômica foi afastada em disputa envolvendo empresários e contrato de parceria no âmbito do Tribunal de Justiça de São Paulo, julgando-se que "a ausência de imediata contrapartida financeira na aquisição das quotas sociais e a não comprovação de investimentos para a execução do contrato de parceria mitigam a tese de que não foi considerada a racionalidade econômica do negócio, ao referendar a rescisão do contrato" (TJSP, Apelação cível 1005274-74.2014.8.26.0506, Acórdão 15367514, Ribeirão Preto, 2.ª Câmara Reservada de Direito Empresarial, Rel. Des. Grava Brazil, j. 1.º.02.2022, *DJESP* 11.02.2022, p. 2.358).

Por fim, foi inserido um § 2.º no mesmo art. 113 do Código Civil, pela Lei 13.874/2019, prevendo que "as partes poderão livremente pactuar regras de interpretação, de preenchimento de lacunas e de integração dos negócios jurídicos diversas daquelas previstas em lei". Como visto, há regra muito próxima no novo art. 421-A, inc. I, da codificação, valendo os mesmos comentários antes desenvolvidos a respeito da necessidade de controle dessas regras de interpretação ou preenchimento de lacunas.

Reitero que a norma pode ser inócua em muitas situações, pois as partes de um negócio jurídico podem sim pactuar a respeito dessas questões, mas isso não afasta a eventual intervenção do Poder Judiciário em casos de abusos negociais ou havendo lesão a norma de ordem pública. Pode-se também sustentar que não haveria a necessidade de inclusão dessa previsão no texto legal, pois o seu conteúdo já vinha sendo admitido parcialmente pela doutrina brasileira. Entretanto, em alguns casos, especialmente em negócios paritários, pode ser até útil para a prática a inclusão de determinada regra de interpretação contratual que não contravenha uma norma de ordem pública, conforme o art. 3.º, inc. VIII, da própria *Lei da Liberdade Econômica*.

Feita essa importante atualização, a segunda função da boa-fé objetiva é a denominada *função de controle*, conforme o art. 187 do Código Civil, segundo o qual aquele que contraria a boa-fé objetiva comete abuso de direito ("Também comete ato ilícito o titular de um direito que, ao exercê-lo, excede manifestamente os limites impostos pelo seu fim econômico ou social, pela boa-fé ou pelos bons costumes"). Vale mais uma vez lembrar que, segundo o Enunciado n. 37 do CJF/STJ, aprovado na *I Jornada de Direito Civil*, a responsabilidade civil que decorre do abuso de direito é objetiva, isto é, não depende de culpa, uma vez que o art. 187 do CC adotou o critério objetivo-finalístico.

Dessa forma, a quebra ou desrespeito à boa-fé objetiva conduz ao caminho sem volta da responsabilidade independentemente de culpa, seja pelo Enunciado n. 24 ou pelo Enunciado n. 37, ambos do Conselho da Justiça Federal e do Superior Tribunal de Justiça. Repito, mais uma vez, com o respeito em relação ao posicionamento contrário, que o abuso de direito também pode estar configurado em sede de autonomia privada ou mesmo no campo processual.

Anoto que o Projeto de Reforma e Atualização do Código Civil pretende inserir na Lei Geral Privada essas ideias, positivando-se a tese da violação positiva do contrato e o teor dos Enunciados n. 24 e 363 das *Jornadas de Direito Civil*. Com isso, sugere-se um novo art. 422-A para a Lei Geral Privada, com o seguinte texto: "os princípios da confiança, da probidade e da boa-fé são de ordem pública e sua violação gera o inadimplemento contratual". A proposição visa a trazer segurança e estabilidade para as relações civis, tendo enorme aplicação prática, como está claro pela leitura deste livro.

A terceira função da boa-fé objetiva é a *função de integração do contrato*, conforme o art. 422 do Código Civil, segundo o qual "os contratantes são obrigados a guardar, assim na conclusão do contrato, como em sua execução, os princípios de probidade e boa-fé". Relativamente à aplicação da boa-fé em todas as fases negociais, foram aprovados dois enunciados pelo Conselho da Justiça Federal e pelo Superior Tribunal de Justiça.

De acordo com o Enunciado n. 25 CJF/STJ, da *I Jornada (2002)*, "o art. 422 do Código Civil não inviabiliza a aplicação, pelo julgador, do princípio da boa-fé nas fases pré e pós-contratual". Pelo Enunciado n. 170, da *III Jornada (2004)*, "a boa-fé objetiva deve ser observada pelas partes na fase de negociações preliminares e após a execução do contrato, quando tal exigência decorrer da natureza do contrato".

CAP. 2 · TEORIA GERAL DOS CONTRATOS – OS PRINCÍPIOS CONTRATUAIS NO CÓDIGO CIVIL DE 2002 | **115**

Apesar de serem parecidos, os enunciados têm conteúdos diversos, pois o primeiro é dirigido ao juiz, ao aplicador da norma no caso concreto, e o segundo é dirigido às partes do negócio jurídico. O último enunciado, o de número 170, é de autoria do Professor mineiro Francisco José de Oliveira, da Faculdade de Direito do Sul de Minas (Pouso Alegre).

De toda sorte, não se pode negar que o art. 422 do Código Civil é hoje insuficiente e precisa ser reparado, para que mencione também a fase pré-contratual ou das tratativas iniciais. Nesse sentido, a Comissão de Juristas encarregada da Reforma do Código Civil sugere a seguinte e nova redação para o dispositivo: "os contratantes são obrigados a guardar os princípios da probidade e da boa-fé nas tratativas iniciais, na conclusão e na execução do contrato, bem como na fase de sua eficácia pós-contratual". Com isso, resolve-se uma das principais lacunas da atual Lei Geral Privada em matéria de Direito Contratual.

O tema de aplicação da boa-fé objetiva a todas as fases dos contratos será aprofundado no próximo tópico desta seção, no qual será analisado o art. 422 do atual Código Civil.

2.5.2   O princípio da boa-fé objetiva ou boa-fé contratual. Análise do art. 422 do Código Civil

Como ficou claro, o sentido do princípio da boa-fé objetiva pode ser percebido da análise do art. 422 do Código Civil, pelo qual "os contratantes são obrigados a guardar, assim na conclusão do contrato, como em sua execução, os princípios da probidade e da boa-fé". Compartilhando do parecer de Judith Martins-Costa, entendo que não restam dúvidas de que a boa-fé objetiva constitui um *princípio geral* (*A boa-fé...*, 1999). Além disso, trata-se de uma *cláusula geral*, a ser preenchida pelo aplicador do Direito caso a caso, de acordo com a ideia de senso comum.

O dispositivo em análise consagra a necessidade de as partes manterem, em todas as fases contratuais, sua conduta de probidade e lealdade. Compreendo, assim como Teresa Negreiros, que tal dispositivo legal traz especializações funcionais da boa-fé: a equidade, a razoabilidade e a cooperação (*Teoria...*, 2003, p. 133-154). Essas três expressões servem como uma luva para demonstrar os deveres anexos.

Com relação à eventual fundamentação constitucional do princípio, entendo, mais uma vez conforme Teresa Negreiros, que "a fundamentação do princípio da boa-fé assenta na cláusula geral de tutela da pessoa humana" (*Teoria...*, 2003, p. 117), constante principalmente do art. 1.º, III, do Texto Maior, além de vários incisos do art. 5.º da CF/1988. Aliás, o próprio art. 5.º, inc. XIV, da Constituição Federal assegura a todos o direito à informação, inclusive no plano contratual, caso visualizada esta em sentido amplo ou *lato sensu*. Nesse dispositivo reside, a meu ver, outro fundamento constitucional da boa-fé objetiva.

Mas não é só. Pela relação direta que mantém com a socialidade, a boa-fé objetiva também encontra fundamento na função social da propriedade, prevista nos arts. 5.º, incs. XXII e XXIII, e 170, inc. III, da Constituição Federal de 1988. A confiança contratual, aliás, é conceito ínsito à própria manutenção da ordem econômica, retirada do citado art. 170 da CF/1988.

A boa-fé objetiva é, portanto, um preceito de ordem pública, como reconhecido pelo Enunciado n. 363 do CJF/STJ, aqui citado. Outros dispositivos do Código Civil também podem conduzir a essa conclusão.

O primeiro deles é o art. 167, § 2.º, do CC, segundo o qual: "Ressalvam-se os direitos de terceiros de boa-fé em face dos contratantes do negócio jurídico simulado". O comando legal em questão consagra a *inoponibilidade do ato simulado em relação a terceiros de boa-fé*. Na minha opinião doutrinária, a boa-fé mencionada nesse comando legal é a objetiva. O negócio simulado é atualmente nulo de pleno direito – nulidade absoluta prevista no art. 167, *caput*, do CC – e envolve matéria de ordem pública. Ora, a boa-fé objetiva por igual está relacionada à ordem pública, pois, caso contrário, nunca poderia se sobrepor ao ato simulado. É notório que somente um instituto de ordem pública pode fazer frente a outros institutos que tenham essa mesma natureza, servindo como *escudo* contra os últimos.

Para Nelson Rosenvald, a boa-fé objetiva seria um preceito de ordem pública pela combinação do art. 422 com o art. 2.035, parágrafo único, do CC/2002, outrora estudado (*Dignidade...*, 2005, p. 100). Em certo sentido, filia-se ao doutrinador, diante da mencionada relação entre a boa-fé e a função social do contrato. Destaque-se que esse mesmo autor expõe muito bem porque o conceito de boa-fé objetiva constitui um modelo: "a boa-fé obrigacional se apresentou inicialmente no direito pátrio como modelo dogmático (puramente teórico), para se concretizar como modelo jurídico em face da atividade concretizadora da jurisprudência" (*Dignidade...*, 2005, p. 85).

Uma pergunta que pode aqui ser formulada e que mantém relação direta com o instituto em debate é a seguinte: a boa-fé que está prevista no art. 422, escrita no texto legal, é a boa-fé *objetiva* – aquela relacionada com a boa conduta de colaboração – ou a boa-fé *subjetiva* – relativa à ignorância de um vício, ou com a intenção?

Entendo que a boa-fé que se encontra *escrita* nominalmente no dispositivo legal é a subjetiva. Ora, como se sabe, o dispositivo do Código Civil em análise consagra o princípio da boa-fé objetiva. Esta constitui a soma de uma boa intenção com a probidade e com a lealdade. Desse modo, a expressão *e*, que consta da norma, conjunção aditiva por excelência, serve como partícula de soma entre uma boa-fé relacionada com intenção (boa-fé subjetiva) e a probidade.

Para fins didáticos, arrisca-se enunciar uma simples fórmula matemática, a auxiliar na conceituação da boa-fé objetiva e que consta do quadro a seguir:

> **Art. 422 do Código Civil – Princípio da Boa-fé Objetiva**:
> Boa-fé Objetiva = Boa-fé Subjetiva (boa intenção) **+** (e) Probidade (Lealdade)

Com essa fórmula, está amparada a construção segundo a qual dentro da boa-fé objetiva está a boa-fé subjetiva, *em regra*. Isso porque, na grande maioria das vezes, aquele que age bem o faz movido por uma boa intenção.

Superado esse ponto, analisando a função do princípio da boa-fé objetiva, percebe-se que ele exige das partes a conduta de probidade em todas as fases pelas quais passa o contrato. Quanto à conclusão e à execução do contrato, não restam dúvidas de que

CAP. 2 • TEORIA GERAL DOS CONTRATOS – OS PRINCÍPIOS CONTRATUAIS NO CÓDIGO CIVIL DE 2002

a boa-fé deverá estar presente, exigida que é das partes em decorrência do que consta expressamente no art. 422 do Código Civil.

Indagações surgem, pela falta de previsão legal, quanto à fase pré-contratual, ou de negociações preliminares: há necessidade da presença da boa-fé nessa fase? Quais as consequências advindas de sua inexistência na fase de tratativas contratuais? Será que, pelo que consta do Código Civil de 2002, comete abuso de direito aquele que desrespeita a boa-fé na fase de negociações preliminares?

No Direito Comparado, do exemplo português, não restam dúvidas de que a resposta é positiva. Ensina Almeida Costa, professor de Coimbra:

> "Entende-se que, durante as fases anteriores à celebração do contrato – quer dizer, na fase negociatória e na fase decisória –, o comportamento dos contratantes terá de pautar-se pelos cânones da lealdade e da probidade. De modo mais concreto: apontam-se aos negociadores certos deveres recíprocos, como, por exemplo, o de comunicar à outra parte a causa da invalidade do negócio, o de não adotar uma posição de reticência perante o erro em que esta lavre, o de evitar a divergência entre a vontade e a declaração, o de abster de propostas de contratos nulos por impossibilidade do objecto; e, ao lado de tais deveres, ainda em determinados casos, o de contratar ou prosseguir as negociações iniciadas com vista à celebração de um acto jurídico. O reconhecimento da responsabilidade pré-contratual reflecte a preocupação do direito de proteger a confiança depositada por cada um dos contratantes nas expectativas legítimas que o outro lhe crie durante as negociações, não só quanto à validade e eficácia do negócio, mas também quanto à sua futura celebração" (ALMEIDA COSTA, Mário Julio. *Direito...*, 1979, p. 224).

Todavia, não há menção expressa no nosso atual Código Civil quanto à responsabilidade pré-contratual, não havendo expressão concreta na lei quanto à necessidade de as partes agirem com boa-fé na fase de negociações do contrato futuro. A codificação brasileira vigente, dessa forma, não seguiu o exemplo do Código Italiano de 1942, que prevê expressamente a necessidade de presença da boa-fé nas tratativas, conforme o seu art. 1.337. Vale lembrar que a aplicação da boa-fé objetiva em tal fase remonta a ideia de *culpa in contrahendo* ou de *culpa ao contratar*, desenvolvida no Direito Alemão por Ihering.

Por tal razão, consta do antigo PL 6.960/2002, de autoria do Deputado Ricardo Fiuza, proposta de alteração do art. 422 do Código Civil, que passaria a ter a seguinte redação: "os contratantes são obrigados a guardar, assim nas negociações preliminares e conclusão do contrato, como em sua execução e fase pós-contratual, os princípios de probidade e boa-fé e tudo mais que resulte da natureza do contrato, da lei, dos usos e das exigências da razão e da equidade".

A proposta, à qual se filia, pelo seu importante fim didático, amplia o conceito de responsabilidade contratual, exigindo a boa-fé, de forma expressa, na fase de negociações preliminares e também na fase pós-contratual.

Vale lembrar que, no Projeto de Reforma elaborado pela Comissão de Juristas, há proposta na mesma linha. De qualquer forma, atualmente é possível aplicar a boa-fé objetiva na fase pré-contratual, como reconhecem os Enunciados n. 25 e n. 170 do CJF/STJ, outrora comentados. Visando a esclarecer e a ilustrar, vejamos alguns exemplos de aplicação da boa-fé objetiva nas fases contratuais, conforme a doutrina e a jurisprudência nacionais.

118 | DIREITO CIVIL • VOL. 3 – *Flávio Tartuce*

Primeiramente, quanto à boa-fé objetiva na *fase pré-contratual*, os primeiros entendimentos jurisprudenciais que trataram da matéria envolveram a empresa CICA e foram pronunciados pelo Tribunal de Justiça do Rio Grande do Sul, casos que ficaram conhecidos em todo o Brasil sob a denominação *caso dos tomates*.

Essa empresa distribuía sementes a pequenos agricultores gaúchos sob a promessa de lhes comprar a produção futura. Isso ocorreu de forma continuada e por diversas vezes, o que gerou uma expectativa quanto à celebração do contrato de compra e venda da produção. Até que certa feita a empresa distribuiu as sementes e não adquiriu o que foi produzido. Os agricultores, então, ingressaram com demandas indenizatórias, alegando a quebra da boa-fé, mesmo não havendo qualquer contrato escrito, obtendo pleno êxito. Transcreve-se uma das ementas dos vários remotos julgados:

> "Contrato. Teoria da aparência. Inadimplemento. O trato, contido na intenção, configura contrato, porquanto os produtores, nos anos anteriores, plantaram para a Cica, e não tinham por que plantar, sem a garantia da compra" (Tribunal de Justiça do Rio Grande do Sul, Embargos Infringentes 591083357, Terceiro Grupo de Câmaras Cíveis, Rel. Juiz Adalberto Libório Barros, j. 01.11.1991, Comarca de origem: Canguçu. Fonte: *Jurisprudência TJRS*, Cíveis, 1992, v. 2, t. 14, p. 1-22).

De igual modo adotando a tese da responsabilidade civil pré-contratual por desrespeito à boa-fé objetiva, o mesmo Tribunal de Justiça do Rio Grande do Sul condenou uma concessionária de veículos do Rio de Janeiro a indenizar um casal de gaúchos pelas despesas de transporte, estadia e alimentação, diante da expectativa gerada para uma suposta celebração de um contrato definitivo de compra e venda de veículo, que se encontrava na Cidade Maravilhosa.

Além da indenização material, ainda foi determinado o ressarcimento moral, diante dos aborrecimentos causados. O entendimento constante do julgado é que o futuro comprador acreditou na celebração do contrato definitivo, crença que foi frustrada pela má-fé da outra parte:

> "Reparação de danos materiais e morais. Responsabilidade pré-contratual. Princípio da boa-fé objetiva dos contratos. Negociações preliminares a induzir os autores a deslocarem-se até o Rio de Janeiro para a aquisição de veículo seminovo da ré, na companhia de seu filho ainda bebê, gerando despesas. Deslealdade nas informações prestadas, pois oferecido como uma joia de carro impecável, gerando falsas expectativas, pois na verdade o veículo apresentava pintura mal feita, a revelar envolvimento em acidente de trânsito. Omissão no fornecimento do histórico do veículo que poderia confirmar as suspeitas de tratar-se de veículo batido. Danos materiais, relativos às passagens aéreas e estadia e danos morais decorrentes do sentimento de desamparo, frustração e revolta diante da proposta enganosa formulada. Sentença confirmada por seus próprios fundamentos" (TJRS, Recurso Cível 71000531376, 2.ª Turma Recursal Cível, Turmas Recursais – JEC, Rel. Juiz Ricardo Torres Hermann, j. 08.09.2004).

Seguindo-se nas ilustrações, do Tribunal Paulista, a boa-fé objetiva foi aplicada à fase pré-contratual em hipótese envolvendo a negociação de compra e venda de um imóvel. A quebra da boa-fé ficou patente pelo fato de os promitentes vendedores falsificarem e omitirem informações pessoais que obstariam a concretização final do negócio:

CAP. 2 • TEORIA GERAL DOS CONTRATOS – OS PRINCÍPIOS CONTRATUAIS NO CÓDIGO CIVIL DE 2002 | 119

"Contrato. Rescisão. Negócio interrompido pela certificação de que os compromissários-
-vendedores apresentavam diversos protestos de títulos. Regular notificação para a dissolução da avença. Apuração de falsidade de documento. Má-fé dos requeridos demonstrada.
Retenção do sinal a título de indenização por perdas e danos. Inadmissibilidade. Violação
do princípio da boa-fé objetiva, inclusive na fase pré-contratual. Sentença de procedência
mantida. Recurso dos réus improvido" (TJSP, Apelação com Revisão 412.119.4/7, Acórdão 2652529, 8.ª Câmara de Direito Privado, Santo André, Rel. Des. Caetano Lagrasta, j.
11.06.2008, *DJESP* 27.06.2008).

Continuando na abordagem de ilustrações concernentes à incidência da boa-fé
objetiva na fase pré-contratual, colaciona-se interessante acórdão do Superior Tribunal
de Justiça, do ano de 2013, julgando que a parte interessada em se tornar revendedora
autorizada de veículos tem direito de ser ressarcida dos danos materiais decorrentes da
conduta da fabricante, "no caso em que esta – após anunciar em jornal que estaria em
busca de novos parceiros e depois de comunicar àquela a avaliação positiva que fizera
da manifestação de seu interesse, obrigando-a, inclusive, a adiantar o pagamento de
determinados valores – rompa, de forma injustificada, a negociação até então levada a
efeito, abstendo-se de devolver as quantias adiantadas". O caso representa uma típica
quebra da confiança na fase das tratativas negociais.

Ainda de acordo com o aresto em destaque:

"Com o advento do CC/2002, dispôs-se, de forma expressa, a respeito da boa-fé (art.
422), da qual se extrai a necessidade de observância dos chamados deveres anexos ou
de proteção. Com base nesse regramento, deve-se reconhecer a responsabilidade pela
reparação de danos originados na fase pré-contratual caso verificadas a ocorrência de
consentimento prévio e mútuo no início das tratativas, a afronta à boa-fé objetiva com o
rompimento ilegítimo destas, a existência de prejuízo e a relação de causalidade entre a
ruptura das tratativas e o dano sofrido. Nesse contexto, o dever de reparação não decorre
do simples fato de as tratativas terem sido rompidas e o contrato não ter sido concluído,
mas da situação de uma das partes ter gerado à outra, além da expectativa legítima de que
o contrato seria concluído, efetivo prejuízo material" (STJ, REsp 1.051.065/AM, Rel. Min.
Ricardo Villas Bôas Cueva, j. 21.02.2013, publicado no seu *Informativo* n. *517*).

Mais recentemente, o mesmo Tribunal Superior aplicou a boa-fé objetiva à fase
pré-contratual ao reconhecer o direito de indenização em favor de uma fabricante, por
erro de desenvolvimento de projeto de produtos de computação, por parte da IBM.
Foram produzidas peças a mais pela última empresa, que se tornaram sucata, causando
prejuízos à primeira, consubstanciados em danos emergentes e lucros cessantes. Nos
termos do acórdão, "as condutas praticadas pela IBM durante todo processo negocial,
pautadas ou não em contrato formal de qualquer natureza, mas suficientemente demonstradas e constantes da sentença e acórdão, estão diretamente ligadas aos prejuízos
suportados pela produção das peças que desnecessariamente produzidas, ou produzidas
em conformidade com a demanda, mas não adquiridas. Não é preciso investigar a
presença ou existência de qualquer outro instrumento contratual que porventura tenha
sido firmado entre a IBM e a Radiall, nem mesmo o teor deste eventual documento
para analisar a responsabilidade da IBM, simplesmente porque não é essa a base de
sua responsabilização" (REsp 1.309.972/SP).

Assim, apesar da ausência de contrato escrito celebrado entre as partes, reconheceu-se o dever de indenizar da IBM quanto aos prejuízos sofridos pela Radiall, uma vez que "a responsabilidade fundada na confiança visa à proteção de interesses que transcendem o indivíduo, ditada sempre pela regra universal da boa-fé, sendo imprescindível a quaisquer negociações o respeito às situações de confiança criadas, estas consideradas objetivamente, cotejando-as com aquilo que é costumeiro no tráfico social" (STJ, REsp 1.309.972/SP, 4.ª Turma, Rel. Min. Luis Felipe Salomão, j. 27.04.2017, *DJe* 08.06.2017).

A mais corriqueira aplicação do princípio da boa-fé objetiva ocorre na *fase contratual*, ou seja, vigente o negócio jurídico entre as partes. Parte da doutrina aponta como exemplo de desrespeito à boa-fé objetiva o célebre caso envolvendo o cantor Zeca Pagodinho e duas cervejarias (ROSENVALD, Nelson. *Dignidade...*, 2005, p. 80).

Relembrando o caso, o cantor Zeca Pagodinho tinha contrato publicitário com a Primo Schincariol S.A., mediante o uso do bordão "Experimenta". Ainda vigente o contrato publicitário com a Nova Schin, o cantor participou de uma campanha publicitária da Brahma, cedendo a sua imagem e o seu talento artístico. No comercial da Brahma, Zeca Pagodinho entoava: "Fui provar outro sabor, eu sei. Mas não largo meu amor, voltei". O que se percebe, portanto, é que além do descumprimento contratual do contrato publicitário, houve violação da boa-fé objetiva por parte do cantor, pelo teor da música engendrada na campanha da Brahma.

Nos autos do Processo 04.109.435-2, em curso perante a 36.ª Vara Cível do Foro Central da Capital de São Paulo, o cantor foi condenado a indenizar a Nova Schin em R$ 930.000,00 a título de danos materiais e R$ 930.000,00 a título de danos morais, tanto pela violação contratual quanto pelos danos causados à autora pela campanha publicitária da Brahma. Em segunda instância, o Tribunal de Justiça de São Paulo reformou a decisão, determinando que o valor de danos materiais deve ser apurado em sede de liquidação de sentença. No tocante aos danos morais da pessoa jurídica, foram reduzidos em R$ 420.000,00, pois se entendeu que o valor anterior era exagerado (TJSP, Apelação Cível 7.155.293-9, 14.ª Câmara de Direito Privado, Rel. Pedro Alexandrino Ablas, j. 09.04.2008).

Além disso, nos autos do Processo 04.046.251-7, perante a 34.ª Vara Cível da Comarca da Capital de São Paulo, há outra sentença. Trata-se de ação indenizatória promovida pelo cantor Zeca Pagodinho (Jessé Gomes da Silva Filho) contra a Primo Schincariol por suposta lesão a direitos da personalidade. Isso porque a Nova Schin, logo após a publicidade da Brahma, lançou nova campanha publicitária, em que ocorria uma festa em um bar. No canto do bar havia um sósia do cantor Zeca Pagodinho; sobre ele, uma placa com os dizeres: "Prato do Dia: Traíra". Portanto, a nova publicidade dava a entender que o cantor era um traidor.

O juiz da causa entendeu que a indenizatória deveria ser julgada improcedente, pois "a conduta do Autor, de bandear-se para outras sendas na vigência de um contrato, é típica do traidor, do desleal e, por isso, não há ofensa alguma a ser considerada". Na minha opinião, o cantor descumpriu o contrato com a Nova Schin e violou a boa-fé objetiva, pelo teor da música da Brahma. Todavia, esse descumprimento contratual nada tem a ver com a lesão à personalidade suportada. Portanto, haveria sim, no meu entendimento, o direito à indenização imaterial.

CAP. 2 · TEORIA GERAL DOS CONTRATOS – OS PRINCÍPIOS CONTRATUAIS NO CÓDIGO CIVIL DE 2002

De toda sorte, saliente-se que a decisão de primeira instância foi confirmada pela 2.ª Câmara de Direito Privado do Tribunal de Justiça de São Paulo, em 24 de julho de 2012. Segundo o relator, Des. Luís Francisco Aguilar Cortez, em complemento à dedução constante da sentença, "a notoriedade adquirida e, por vezes, desejada ou relacionada à própria necessidade da atividade profissional, implica na popularização do uso do nome (ou da imagem) da pessoa e no seu consentimento, implícito, porque aceita aquela condição da notoriedade, quanto ao uso em situações do cotidiano; o nome e a imagem de tais pessoas estão de certa forma, em domínio público, respeitados, evidentemente, os limites legais e, especialmente, o dever de não gerar dano" (Apelação 9062762-55.2007.8.26.0000).

Superada a análise desse intrigante caso, pode ser citado como exemplo de aplicação da boa-fé objetiva na fase contratual o teor da Súmula n. 308 do STJ, a saber: "a hipoteca firmada entre a construtora e o agente financeiro, anterior ou posterior à celebração da promessa de compra e venda, não tem eficácia perante os adquirentes do imóvel". Sabe-se que a hipoteca é um direito real de garantia sobre coisa alheia, que recai principalmente sobre bens imóveis, e vem tratada entre os arts. 1.473 a 1.505 do atual Código Civil.

Sem prejuízo dessas regras especiais, a codificação traz ainda regras gerais quanto aos direitos reais de garantia entre os seus arts. 1.419 a 1.430. Um dos principais efeitos da hipoteca é a constituição de um vínculo real, que acompanha a coisa (art. 1.419). Esse vínculo real tem efeitos *erga omnes*, dando direito de excussão ao credor hipotecário, contra quem esteja na posse do bem (art. 1.422).

Exemplificando, se um imóvel é garantido pela hipoteca, é possível que o credor reivindique o bem contra terceiro adquirente, prerrogativa esta que se denomina *direito de sequela*. Assim, não importa se o bem foi transferido a terceiro; esse também perderá o bem, mesmo que o tenha adquirido de boa-fé.

A constituição da hipoteca é muito comum em contratos de construção e incorporação imobiliária, visando a um futuro condomínio edilício. Como muitas vezes o construtor não tem condições econômicas para levar adiante a obra, celebra um contrato de empréstimo de dinheiro com um terceiro, o agente financeiro ou agente financiador, oferecendo o próprio imóvel como garantia, o que inclui todas as suas unidades do futuro condomínio. Iniciada a obra, o incorporador começa a vender as unidades a terceiros, que no caso são consumidores, pois é evidente a caracterização da relação de consumo, nos moldes dos arts. 2.º e 3.º da Lei 8.078/1990.

Diante da boa-fé objetiva e da força obrigatória que ainda rege os contratos, espera-se que o incorporador cumpra com todas as suas obrigações perante o agente financiador, pagando pontualmente as parcelas do financiamento. Assim sendo, não há maiores problemas.

Mas, infelizmente, como *nem tudo são flores*, nem sempre isso ocorre. Em casos tais, quem acabará perdendo o imóvel, adquirido a tão duras penas? O consumidor, diante do direito de sequela advindo da hipoteca. A referida súmula tende justamente a proteger o último, restringindo os efeitos da hipoteca às partes contratantes. Isso diante da boa-fé objetiva, uma vez que aquele que adquiriu o bem pagou pontualmente as suas parcelas à incorporadora, ignorando toda a sistemática jurídica que rege a incorporação imobiliária.

Presente a boa-fé do adquirente, não poderá ser responsabilizado o consumidor pela conduta da incorporadora, que acaba não repassando o dinheiro ao agente financiador. Fica claro, pelo teor da Súmula n. 308 do STJ, que a boa-fé objetiva também envolve ordem pública, caso contrário não seria possível a restrição do direito real. Em reforço, é interessante perceber que a referida ementa traz, ainda, como conteúdo a eficácia interna da função social dos contratos, pois entre proteger o agente financeiro e o consumidor, *prefere* o último, parte vulnerável da relação contratual. Trata-se de uma importante interação entre os princípios, em uma relação de *simbiose,* o que se tem tornado comum na jurisprudência nacional.

Outro exemplo interessante sobre a boa-fé objetiva na fase contratual envolve contrato de plano de saúde, caracterizado como um contrato de consumo. Viola a boa-fé objetiva a negativa da empresa em arcar com uma determinada cirurgia cuja cobertura consta do instrumento contratual. Nesse sentido, da antiga jurisprudência estadual:

> "Plano de saúde. Despesas médicas. Segurado. Legitimidade ativa. Cirurgia cardiovascular. Cobertura. Código de Defesa do Consumidor. Cláusula contratual. Não se pode negar o direito do consumidor de discutir as cláusulas do contrato de plano de saúde, pelo simples fato de não ter participado da fase pré-contratual, haja vista que é ele o titular dos direitos reconhecidos no contrato, bem como de seus deveres e obrigações. – Estando o consumidor coberto pelo plano de saúde a que se vinculou, mostra-se absurda e atentatória à boa-fé objetiva que deve orientar os contratos de consumo a imposição do pagamento pelo procedimento cirúrgico a que se submeteu, consistente em angioplastia com 'stent', ao fundamento de que, para a eficácia da cirurgia cardiovascular, necessária a implantação de uma prótese, que não estaria incluída na cobertura do contrato" (Tribunal de Alçada de Minas Gerais, Acórdão 0424302-9, Ap. Cív., 2003, Belo Horizonte/Siscon, 8.ª Câm. Cív., Rel. Juiz Mauro Soares de Freitas, j. 18.06.2004, não publicado, v.u.).

Ou, ainda, no mesmo sentido e da jurisprudência superior, apontando ser irrelevante a incidência do CDC para se concluir do mesmo modo, incluindo-se a possibilidade de reparação de danos morais pela negativa injustificada de cobertura pela empresa de plano de saúde:

> "'A jurisprudência desta Corte firmou o entendimento de que é abusiva a negativa de cobertura, pela operadora de plano de saúde – mesmo aquelas constituídas sob a modalidade de autogestão – de algum tipo de procedimento, medicamento ou material necessário para assegurar o tratamento de doenças previstas no contrato' (AgInt no REsp n. 1.776.448/SP, Relatora Ministra Maria Isabel Gallotti, Quarta Turma, julgado em 25/6/2019, *DJe* 1/7/2019). 'É pacífica a jurisprudência da Segunda Seção no sentido de reconhecer a existência do dano moral nas hipóteses de recusa injustificada pela operadora de plano de saúde em autorizar tratamento a que estivesse legal ou contratualmente obrigada, por configurar comportamento abusivo' (AgInt no AREsp n. 1.379.491/PE, Relator Ministro Luis Felipe Salomão, Quarta Turma, julgado em 29/4/2019, *DJe* 2/5/2019)" (STJ, AgInt no AREsp 835.892/MA, 4.ª Turma, Rel. Min. Antonio Carlos Ferreira, j. 27.08.2019, *DJe* 30.08.2019).

Antônio Junqueira de Azevedo, Professor Titular da USP, traz três exemplos interessantes de aplicação da boa-fé na *fase pós-contratual*, situações essas expostas por Menezes Cordeiro:

CAP. 2 • TEORIA GERAL DOS CONTRATOS – OS PRINCÍPIOS CONTRATUAIS NO CÓDIGO CIVIL DE 2002 | **123**

"1.º) O proprietário de um imóvel vendeu-o e o comprador que o adquiriu, por ter o terreno uma bela vista sobre um vale muito grande, constrói ali uma ótima residência, que valia seis vezes o preço do solo. A verdade é que o vendedor gabou a vista e, então, fez a transferência do imóvel para o comprador – negócio acabado. Depois, o ex-proprietário, o vendedor, que sabia da proibição pela prefeitura municipal de construção elevada no imóvel em frente, adquiriu assim mesmo esse imóvel e, em seguida, conseguiu na prefeitura a alteração do plano da cidade, para que fosse permitido fazer a construção, quer dizer, ele construiu um prédio que tapava a vista do próprio terreno que havia vendido a outro – esse ato não era literalmente ato ilícito. Ele, primeiramente, cumpriu a sua parte, depois comprou o outro terreno, foi à prefeitura, mudou o plano e, aí, construiu. A única solução para o caso é aplicar a regra da boa-fé. Ele faltou com a lealdade no contrato que já estava acabado. Perturbou a satisfação do comprador resultante do contrato já executado. É, portanto, falta de boa-fé 'post pactum finitum'.

2.º) Uma dona de boutique encomendou a uma confecção de roupas 120 casacos de pele. A confecção fez os casacos, vendeu-os e entregou-os para a dona da boutique. Liquidado esse contrato, a mesma confecção fez mais 120 casacos de pele, idênticos, e vendeu-os para a dona da boutique vizinha. Há também, evidentemente, deslealdade e falta de boa-fé 'post pactum finitum'.

3.º) Um indivíduo queria montar um hotel e procurou e conseguiu o melhor e mais barato carpete para colocar no seu empreendimento. Conseguiu uma fornecedora que disse ter o melhor preço mas que não fazia a colocação. Ele pediu, então, à vendedora a informação de quem poderia colocar o carpete. A firma vendedora entregou a mercadoria e indicou o nome de uma pessoa, que já tinha alguma prática na colocação de carpete, mas não disse ao colocador que o carpete que estava fornecendo para esse empresário era de um tipo novo, diferente. O colocador do carpete pôs uma cola inadequada e, semanas depois, todo o carpete estava estragado. A vendedora dizia: cumpri a minha parte no contrato, entreguei, recebi o preço, o carpete era esse, fiz favor indicando um colocador. Segundo a regra da boa-fé, porém, ela não agiu com diligência, porque, no mínimo, deveria ter alertado o propósito do novo tipo de carpete – uma espécie de dever de informar e de cuidar, depois de o contrato ter terminado. Há responsabilidade pós-contratual" (AZEVEDO, Antonio Junqueira de. *Insuficiências...*, 2004, p. 151-152).

Dos exemplos podem surgir várias dúvidas, como, a título de ilustração, a questão de o prazo prescricional para o contratado prejudicado pleitear indenização. Também pode surgir dificuldade quanto à prova dos fatos elencados. De qualquer sorte, mesmo diante dessas incertezas, as ilustrações são interessantíssimas para expor a aplicação da boa-fé objetiva na fase posterior à celebração do contrato e a responsabilidade *post pactum finitum*.

Da jurisprudência estadual, o Tribunal de Justiça do Rio Grande do Sul aplicou a responsabilidade pós-contratual decorrente da boa-fé objetiva, responsabilizando a credora que não retirou o nome do devedor de *cadastro de inadimplentes* após o pagamento da dívida:

"Inscrição no SPC. Dívida paga posteriormente. Dever do credor de providenciar a baixa da inscrição. Dever de proteção dos interesses do outro contratante, derivado do princípio da boa-fé contratual, que perdura inclusive após a execução do contrato (responsabilidade pós-contratual)" (TJRS, Proc. 71000614792, 3.ª Turma Recursal Cível, Porto Alegre, Juiz Rel. Eugênio Facchini Neto, j. 01.03.2005).

124 DIREITO CIVIL • VOL. 3 – *Flávio Tartuce*

Esse mesmo raciocínio foi adotado pelo Enunciado n. 26 dos Juizados Especiais Cíveis do Tribunal de Justiça de São Paulo, segundo o qual "o cancelamento de inscrição em órgãos restritivos de crédito após o pagamento deve ser procedido pelo responsável pela inscrição, em prazo razoável, não superior a dez dias, sob pena de importar em indenização por dano moral" (aprovado por maioria de votos).

Destaque-se, ainda, decisão publicada no *Informativo* n. *501* do Superior Tribunal de Justiça, deduzindo que o prazo para a retirada do nome do devedor do cadastro negativo pelo credor é de cinco dias úteis após o pagamento da dívida, sob pena de sua responsabilização civil:

> "Cadastro de inadimplentes. Baixa da inscrição. Responsabilidade. Prazo. O credor é responsável pelo pedido de baixa da inscrição do devedor em cadastro de inadimplentes no prazo de cinco dias úteis, contados da efetiva quitação do débito, sob pena de incorrer em negligência e consequente responsabilização por danos morais. Isso porque o credor tem o dever de manter os cadastros dos serviços de proteção ao crédito atualizados. Quanto ao prazo, a Min. Relatora definiu-o pela aplicação analógica do art. 43, § 3.º, do CDC, segundo o qual o consumidor, sempre que encontrar inexatidão nos seus dados e cadastros, poderá exigir sua imediata correção, devendo o arquivista, no prazo de cinco dias úteis, comunicar a alteração aos eventuais destinatários das informações incorretas. O termo inicial para a contagem do prazo para baixa no registro deverá ser do efetivo pagamento da dívida. Assim, as quitações realizadas mediante cheque, boleto bancário, transferência interbancária, ou outro meio sujeito a confirmação, dependerão do efetivo ingresso do numerário na esfera de disponibilidade do credor. A Min. Relatora ressalvou a possibilidade de estipulação de outro prazo entre as partes, desde que não seja abusivo, especialmente por tratar-se de contratos de adesão. Precedentes citados: REsp 255.269-PR, *DJ* 16.04.2001; REsp 437.234-PB, *DJ* 29.09.2003; AgRg no Ag 1.094.459-SP, *DJe* 1.º.06.2009, e AgRg no REsp 957.880-SP, *DJe* 14.03.2012" (STJ, REsp 1.149.998/RS, Rel. Min. Nancy Andrighi, j. 07.08.2012).

Em outubro de 2015, essa forma de julgar consolidou-se de tal modo que se transformou na Súmula n. 548 do Superior Tribunal de Justiça, segundo a qual "incumbe ao credor a exclusão do registro da dívida em nome do devedor no cadastro de inadimplentes no prazo de cinco dias úteis, a partir do integral e efetivo pagamento do débito".

Ressalte-se apenas que a sumular não deveria mencionar somente o integral e efetivo pagamento da dívida, pois pensamos que o acordo entre as partes já tem o condão de gerar o dever de retirar o nome do devedor do cadastro negativo.

Os casos de revisão dos contratos com base na crise econômica decorrente da pandemia da Covid-19 também trouxeram como argumento a boa-fé objetiva. A título de exemplo, no âmbito do Tribunal de Justiça de São Paulo, podem ser encontradas decisões com a mesma conclusão a seguir:

> "Indeferimento do pedido de tutela provisória de urgência para determinar o restabelecimento do contrato de plano de saúde. Inconformismo. Cabimento. Presença dos requisitos para a concessão da tutela de urgência ao caso. A suspensão ou o cancelamento do plano de saúde por inadimplência durante a pandemia de COVID-19 pode, em tese, caracterizar prática abusiva. Observância da boa-fé objetiva, equilíbrio na relação de consumo e função social do contrato. Agravante teve o seu faturamento diretamente afetado pela brusca diminuição das operações aeroportuárias no aeroporto de Congonhas, local onde exerce suas

CAP. 2 • TEORIA GERAL DOS CONTRATOS – OS PRINCÍPIOS CONTRATUAIS NO CÓDIGO CIVIL DE 2002 | **125**

atividades comerciais. Operadora de plano de saúde impedida de suspender ou rescindir o contrato com fundamento no inadimplemento do consumidor durante a pandemia de COVID-19. Decisão reformada. Agravo provido" (TJSP, Agravo de Instrumento 2098399-35.2020.8.26.0000, Acórdão 13911514, 8.ª Câmara de Direito Privado, São Paulo, Rel. Des. Pedro de Alcântara da Silva Leme Filho, j. 29.08.2020, *DJESP* 02.09.2020, p. 3.571).

Em complemento, tenho sustentado, desde o surgimento da pandemia de Covid-19, que a incidência da boa-fé objetiva em tempos pandêmicos traz a necessidade de se atender ao dever anexo de transparência. Assim, aqueles que almejam a revisão contratual devem "abrir as contas", demonstrando especificamente os problemas econômicos existentes em seus negócios causados pela grave crise sanitária. Não basta, portanto, alegar apenas o surgimento da Covid-19 como hipótese de caso fortuito ou força maior, nos termos do art. 393 do Código Civil, para a exclusão da responsabilidade contratual.

Como antes escrevi, "além da premissa de ser a revisão a regra e a resolução contratual a exceção, é sempre recomendável o atendimento aos deveres de informar e de transparência, relacionados à boa-fé objetiva. Assim, penso que as partes devem, sempre que possível e imediatamente, comunicar qual a sua situação econômica e se pretendem ou não cumprir com as suas obrigações futuras. No caso da impossibilidade de cumprimento, é saudável que a parte apresente já um plano de pagamento, com diluição das parcelas no futuro" (TARTUCE, Flávio. O coronavírus... *Migalhas*, 2020).

Na sequência, proponho no texto a aplicação, por analogia, da moratória legal do art. 916 do CPC/2015, como sugestão de plano de pagamento. Assim seria possível pagar trinta por cento do valor total, em tempos de crise mais aguda, como de fechamento de empresas ou de atividades, e o restante em até seis parcelas mensais, acrescidas de correção monetária e de juros de um por cento ao mês.

Ao lado dos Professores José Fernando Simão e Maurício Bunazar, chegamos a propor que norma nesse sentido constasse do então PL 1.179/2020 – que gerou a Lei 14.010/2020 –, para a tutela dos locatários em locações imobiliárias urbanas, residenciais ou não, mas a nossa sugestão não foi aceita, diante de um movimento nacional de proteção dos locadores (ver em: TARTUCE, Flávio; SIMÃO, José Fernando; BUNAZAR, Maurício. Da necessidade... *Jusbrasil*, 2020).

Com esses exemplos, encerra-se a abordagem da aplicação da boa-fé contratual em todas as fases do negócio. Falta ainda, o que é muito importante, expor de forma detalhada a função de integração que a boa-fé objetiva exerce. É o momento de estudar importantes conceitos advindos do Direito Comparado: *supressio, surrectio, tu quoque, exceptio doli, venire contra factum proprium non potest, duty to mitigate the loss* e *Nachfrist*.

2.5.3 A função de integração da boa-fé objetiva. Os conceitos oriundos do direito comparado: *supressio, surrectio, tu quoque, venire contra factum proprium, duty to mitigate the loss* e *Nachfrist*

Prevê o Enunciado n. 26 do CJF/STJ, aprovado na *I Jornada de Direito Civil*, que "a cláusula geral contida no art. 422 do novo Código Civil impõe ao juiz interpretar e, quando necessário, suprir e corrigir o contrato segundo a boa-fé objetiva, entendida como a exigência de comportamento leal dos contratantes".

No Direito Português, várias são as obras que tratam da boa-fé no direito civil. Dentre elas destaca-se a de António Manuel da Rocha e Menezes Cordeiro, professor da Universidade de Lisboa, da qual podem ser retirados conceitos importantes que merecem ser explorados, os *conceitos parcelares da boa-fé objetiva* (*Da boa-fé...*, 2001, p. 661-853). Nesse ponto, interessante tecer alguns comentários sobre os seguintes institutos: *supressio, surrectio, tu quoque, exceptio doli* e *venire contra factum proprium*. A importância do estudo de tais institutos foi reconhecida por enunciado aprovado na *V Jornada de Direito Civil*, de autoria do Professor Fábio Azevedo, do Rio de Janeiro, *in verbis*: "as diversas hipóteses de exercício inadmissível de uma situação jurídica subjetiva, tais como *supressio, tu quoque, surrectio* e *venire contra factum proprium*, são concreções da boa-fé objetiva" (Enunciado n. 412).

Tais conceitos devem ser utilizados com função integrativa, suprindo lacunas do contrato e trazendo deveres implícitos às partes contratuais. Com a emergência do CPC/2015, penso ser perfeitamente possível a plena aplicação dos conceitos parcelares da boa-fé objetiva no âmbito processual, tema que está tratado em outra obra de minha autoria (TARTUCE, Flávio. *O Novo CPC...*, 2015).

Inicialmente, quanto à *supressio* (*Verwirkung*), significa a supressão, por renúncia tácita, de um direito ou de uma posição jurídica, pelo seu não exercício com o passar dos tempos. O seu sentido pode ser notado pela leitura do art. 330 do CC/2002, que adota o conceito, eis que "o pagamento reiteradamente feito em outro local faz presumir renúncia do credor relativamente ao previsto no contrato".

Assim, caso tenha sido previsto no instrumento obrigacional o benefício da obrigação portável – cujo pagamento deve ser efetuado no domicílio do credor –, e tendo o devedor o costume de pagar no seu próprio domicílio de forma reiterada, sem qualquer manifestação do credor, a obrigação passará a ser considerada quesível – aquela cujo pagamento deve ocorrer no domicílio do devedor.

Ao mesmo tempo que o credor perde um direito por essa supressão, surge um direito a favor do devedor, por meio da *surrectio* (*Erwirkung*), direito este que não existia juridicamente até então, mas que decorre da efetividade social, de acordo com os costumes. Em outras palavras, enquanto a *supressio* constitui a perda de um direito ou de uma posição jurídica pelo seu não exercício no tempo; a *surrectio* é o surgimento de um direito diante de práticas, usos e costumes. Frise-se que ambos os conceitos podem ser retirados do art. 330 do CC, constituindo *duas faces da mesma moeda*, conforme afirma José Fernando Simão (*Direito civil...*, 2008, p. 38).

A jurisprudência do Tribunal de Justiça de Minas Gerais aplicou os dois conceitos à questão locatícia, o que gerou a alteração no valor do aluguel:

> "Direito civil. Locação residencial. Situação jurídica continuada ao arrepio do contrato. Aluguel. Cláusula de preço. Fenômeno da *surrectio* a garantir seja mantido a ajuste tacitamente convencionado. A situação criada ao arrepio de cláusula contratual livremente convencionada pela qual a locadora aceita, por certo lapso de tempo, aluguel a preço inferior àquele expressamente ajustado, cria, à luz do Direito Civil moderno, novo direito subjetivo, a estabilizar a situação de fato já consolidada, em prestígio ao Princípio da Boa-fé contratual" (TJMG, AC 1.0024.03.163299-5/001, 16.ª Câmara Cível, Belo Horizonte, Rel. Des. Mauro Soares de Freitas, j. 07.03.2007, v.u.).

CAP. 2 • TEORIA GERAL DOS CONTRATOS – OS PRINCÍPIOS CONTRATUAIS NO CÓDIGO CIVIL DE 2002 | **127**

O julgado é paradigmático, representando forte mitigação da força obrigatória do contrato, em prol da boa-fé objetiva, da atuação concreta das partes, tendo o meu total apoio doutrinário.

Em outro aresto importante, o Superior Tribunal de Justiça fez incidir a *supressio* para hipótese de cobrança de correção monetária em contrato de mandato judicial, concluindo que o seu não exercício em momento oportuno geraria renúncia tácita em relação aos valores. Vejamos a publicação no *Informativo* n. *478* daquela Corte Superior:

> "Correção monetária. Renúncia. O recorrente firmou com a recorrida o contrato de prestação de serviços jurídicos com a previsão de correção monetária anual. Sucede que, durante os seis anos de validade do contrato, o recorrente não buscou reajustar os valores, o que só foi perseguido mediante ação de cobrança após a rescisão contratual. Contudo, emerge dos autos não se tratar de simples renúncia ao direito à correção monetária (que tem natureza disponível), pois, ao final, o recorrente, movido por algo além da liberalidade, visou à própria manutenção do contrato. Dessarte, o princípio da boa-fé objetiva torna inviável a pretensão de exigir retroativamente a correção monetária dos valores que era regularmente dispensada, pleito que, se acolhido, frustraria uma expectativa legítima construída e mantida ao longo de toda a relação processual, daí se reconhecer presente o instituto da *supressio*" (STJ, REsp 1.202.514/RS, Rel. Min. Nancy Andrighi, j. 21.06.2011).

Como último exemplo de aplicação desse conceito parcial, julgado do STJ, do ano de 2019, analisou se, não tendo exercido o direito de reajustar os aluguéis durante o período de cinco anos e com base em cláusula contratual expressa, poderia o locador exigir o pagamento de tais valores, inclusive de retroativos, após realizada a notificação do locatário. Entendeu-se, de forma correta, pela impossibilidade de cobrança dos montantes retroativos, mas não da correção devida a partir da notificação do locador, que poderia ainda ser cobrada. Conforme o seu teor, "a *supressio* decorre do não exercício de determinado direito, por seu titular, no curso da relação contratual, gerando para a outra parte, em virtude do princípio da boa-fé objetiva, a legítima expectativa de que não mais se mostrava sujeito ao cumprimento da obrigação". Vejamos:

> "Destoa da realidade fática supor que, no caso, o locatário tivesse criado a expectativa de que o locador não fosse mais reclamar o aumento dos aluguéis e, por esse motivo, o decurso do tempo não foi capaz de gerar a confiança de que o direito não seria mais exercido em momento algum do contrato de locação. Viola a boa-fé objetiva impedir que o locador reajuste os aluguéis por todo o período da relação contratual. No caso, a solução que mais se coaduna com a boa-fé objetiva é permitir a atualização do valor do aluguel a partir da notificação extrajudicial encaminhada ao locatário e afastar a cobrança de valores pretéritos" (STJ, REsp 1.803.278/PR, 3.ª Turma, Rel. Min. Ricardo Villas Bôas Cueva, j. 22.10.2019, *DJe* 05.11.2019).

Seguindo no estudo das categorias relativas à boa-fé objetiva, o termo *tu quoque* significa que um contratante que violou uma norma jurídica não poderá, sem a caracterização do abuso de direito, aproveitar-se dessa situação anteriormente criada pelo desrespeito. Lembra Ronnie Preuss Duarte, "a locução designa a situação de abuso que se verifica quando um sujeito viola uma norma jurídica e, posteriormente, tenta tirar proveito da situação em benefício próprio" (*A cláusula...*, 2004, p. 399-433).

Desse modo, está vedado que alguém faça contra o outro o que não faria contra si mesmo (*regra de ouro*), conforme ensina Cláudio Luiz Bueno de Godoy (*Função...*, 2004, p. 87-94). Relata o professor paulista que "pelo 'tu quoque', expressão cuja origem, como lembra Fernando Noronha, está no grito de dor de Júlio César, ao perceber que seu filho adotivo Bruto estava entre os que atentavam contra sua vida ('Tu quoque, filli'? Ou 'Tu quoque, Brute, fili mi'?), evita-se que uma pessoa que viole uma norma jurídica possa exercer direito dessa mesma norma inferido ou, especialmente, que possa recorrer, em defesa, a normas que ela própria violou. Trata-se da regra de tradição ética que, verdadeiramente, obsta que se faça com outrem o que não se quer seja feito consigo mesmo" (*Função...*, 2004, p. 88). Da jurisprudência paulista pode ser extraída interessante ementa, aplicando a máxima para negócio jurídico de transmissão de cotas sociais:

> "Embargos à execução. Título executivo extrajudicial. Cheque oriundo de negócio jurídico de cessão de cotas sociais. Alegação de vício no negócio. Impossibilidade da parte invocar proteção por regra contratual que havia infringido ou, ao menos, colaborado para infringir (*tu quoque*). Não demonstração de induzimento em erro acerca da estimativa de faturamento. Embargos julgados improcedentes. Sentença mantida. Apelação não provida" (TJSP, Apelação 7161983-5, Acórdão 3583050, 13.ª Câmara de Direito Privado, Osasco, Rel. Des. Luís Eduardo Scarabelli, j. 27.03.2009, *DJESP* 12.05.2009).

Em 2020, o Superior Tribunal de Justiça julgou não haver ilicitude na conduta de incorporadora em recusar a entrega das chaves, tendo em vista a cláusula contratual que condicionava essa entrega ao pagamento do saldo devedor, que não havia sido efetivado. No caso concreto, porém, houve atraso na entrega do imóvel pela promitente vendedora, o que ensejaria um direito de indenização à parte contrária, por lucros cessantes. Porém, julgou-se pela necessidade "de se fazer distinção para o caso concreto, tendo em vista o comportamento contraditório dos promitentes compradores, que buscaram reprovação para o atraso da incorporadora, pleiteando lucros cessantes, mas também praticaram conduta reprovável contratualmente, ao deixarem de quitar o saldo devedor após a obtenção do 'Habite-se'. Aplicação do princípio da boa-fé objetiva ao caso, na concreção da fórmula jurídica 'tu quoque'" (STJ, REsp 1.823.341/SP, 3.ª Turma, Rel. Min. Paulo de Tarso Sanseverino, j. 05.05.2020, *DJe* 11.05.2020). Como se percebe, foi também aplicada a vedação do comportamento contraditório (*venire contra factum proprium non potest*), estudado a seguir.

A *exceptio doli* é conceituada como a defesa do réu contra ações dolosas, contrárias à boa-fé. No Direito romano, essa defesa tinha um duplo papel que gerava a sua bipartição em *exceptio doli specialis* e *exceptio doli generalis* (MENEZES CORDEIRO, António Manuel da Rocha e. *Da boa-fé...*, 2001, p. 722). Aqui a boa-fé objetiva é utilizada como defesa, tendo uma importante *função reativa*, conforme ensina José Fernando Simão (*Contratos...*, p. 26).

A *exceptio doli specialis* constitui uma "impugnação da base jurídica da qual o autor pretendia retirar o efeito juridicamente exigido: havendo dolo essencial, toda a cadeia subsequente ficaria afetada". Já na *exceptio doli generalis*, mais utilizada, o "réu contrapunha, à acção o incurso do autor em dolo, em momento da discussão da causa" (MENEZES CORDEIRO, António Manuel da Rocha e. *Da boa-fé...*, 2001, p. 722).

CAP. 2 · TEORIA GERAL DOS CONTRATOS – OS PRINCÍPIOS CONTRATUAIS NO CÓDIGO CIVIL DE 2002 | **129**

A exceção mais conhecida no Direito Civil brasileiro é aquela constante no art. 476 do Código Civil, a *exceptio non adimpleti contractus*, pela qual ninguém pode exigir que uma parte cumpra com a sua obrigação se primeiro não cumprir com a própria. A essa conclusão chega Cristiano de Souza Zanetti (*Responsabilidade...*, 2005, p. 112-114). O jurista aponta que a *exceptio doli* pode ser considerada presente em outros dispositivos do atual Código Civil brasileiro, como nos arts. 175, 190, 273, 274, 281, 294, 302, 837, 906, 915 e 916.

Para ilustrar, aplicando a *exceptio*, extrai-se interessante julgado assim publicado no *Informativo* n. *430* do Superior Tribunal de Justiça:

"Exceção. Contrato não cumprido. Tratou-se de ação ajuizada pelos recorridos que buscavam a rescisão do contrato de compra e venda de uma sociedade empresária e dos direitos referentes à marca e patente de um sistema de localização, bloqueio e comunicação veicular mediante uso de aparelho celular, diante de defeitos no projeto do referido sistema que se estenderam ao funcionamento do produto. Nessa hipótese, conforme precedentes, a falta da prévia interpelação (arts. 397, parágrafo único, e 473, ambos do CC/2002) impõe o reconhecimento da impossibilidade jurídica do pedido, pois não há como considerá-la suprida pela citação para a ação resolutória. Contudo, consta da sentença que os recorrentes já estavam cientes de sua inadimplência mesmo antes do ajuizamento da ação e, por sua inércia, não restou aos recorridos outra alternativa senão a via judicial. Alegam os recorrentes que não poderiam os recorridos exigir o implemento das obrigações contratuais se eles mesmos não cumpriram com as suas (pagar determinadas dívidas da sociedade). Porém, segundo a doutrina, a exceção de contrato não cumprido somente pode ser oposta quando a lei ou o contrato não especificar a quem primeiro cabe cumprir a obrigação. Assim, estabelecido em que ordem deve dar-se o adimplemento, o contratante que primeiro deve cumprir suas obrigações não pode recusar-se ao fundamento de que o outro não satisfará a que lhe cabe, mas o que detém a prerrogativa de por último realizar a obrigação pode sim postergá-la, enquanto não vir cumprida a obrigação imposta ao outro, tal como se deu no caso. Anote-se que se deve guardar certa proporcionalidade entre a recusa de cumprir a obrigação de um e a inadimplência do outro, pois não se fala em exceção de contrato não cumprido quando o descumprimento é mínimo e parcial. Os recorrentes também aduzem que, diante do amplo objeto do contrato, que envolveria outros produtos além do sistema de localização, não haveria como rescindi-lo totalmente (art. 184 do CC/2002). Porém, constatado que o negócio tem caráter unitário, que as partes só o celebrariam se ele fosse válido em seu conjunto, sem possibilidade de divisão ou fracionamento, a invalidade é total, não se cogitando de redução. O princípio da conservação dos negócios jurídicos não pode interferir na vontade das partes quanto à própria existência da transação. Já quanto à alegação de violação da cláusula geral da boa-fé contratual, arquétipo social que impõe o poder-dever de cada um ajustar sua conduta a esse modelo, ao agir tal qual uma pessoa honesta, escorreita e leal, vê-se que os recorridos assim agiram, tanto que buscaram, por várias vezes, solução que possibilitasse a preservação do negócio, o que esbarrou mesmo na intransigência dos recorrentes de se recusar a rever o projeto com o fim de sanar as falhas; isso obrigou os recorridos a suspender o cumprimento das obrigações contratuais e a buscar a rescisão do instrumento. Precedentes citados: REsp 159.661-MS, *DJ* 14.02.2000; REsp 176.435-SP, *DJ* 09.08.1999; REsp 734.520-MG, *DJ* 15.10.2007; REsp 68.476-RS, *DJ* 11.11.1996; REsp 35.898-RJ, *DJ* 22.11.1993; REsp 130.012-DF, *DJ* 1.º.02.1999, e REsp 783.404-GO, *DJ* 13.08.2007" (STJ, REsp 981.750/ MG, Rel. Min. Nancy Andrighi, j. 13.04.2010).

Como se extrai da decisão, deve-se verificar a relevância do descumprimento e do inadimplemento das partes para se aplicar a exceção de contrato não cumprido. Dessa forma, o adimplemento substancial, o cumprimento relevante do pacto com mora insignificante, pode afastar a alegação da *exceptio non adimpleti contractus*. Nessa linha, aliás, quando da *I Jornada de Direito Comercial*, promovida pelo Conselho da Justiça Federal em 2012, aprovou-se o Enunciado n. 24, dispondo que "os contratos empresariais coligados, concretamente formados por unidade de interesses econômicos, permitem a arguição da exceção de contrato não cumprido, salvo quando a obrigação inadimplida for de escassa importância".

Pela máxima *venire contra factum proprium non potest*, determinada pessoa não pode exercer um direito próprio contrariando um comportamento anterior, devendo ser mantida a confiança e o dever de lealdade decorrentes da boa-fé objetiva, depositada quando da formação do contrato. O conceito mantém relação com a *tese dos atos próprios*, muito bem explorada no Direito Espanhol por Luis Díez-Picazo.

Lembre-se que a *Lei da Liberdade Econômica* (Lei 13.874/2019) acabou por positivar a categoria, mesmo que de forma implícita, ao introduzir no art. 113 do Código Civil um § 1.º, inc. I, determinando que a interpretação do negócio jurídico deve lhe atribuir o sentido que for confirmado pelo comportamento das partes posterior à celebração do negócio. Em suma, veda-se que a parte negocial caia em contradição por conduta posterior ao momento da contratação.

Para Anderson Schreiber, que desenvolveu trabalho específico sobre o tema, podem ser apontados quatro pressupostos para aplicação da proibição do comportamento contraditório: *a)* um fato próprio, uma conduta inicial; *b)* a legítima confiança de outrem na conservação do sentido objetivo dessa conduta; *c)* um comportamento contraditório com este sentido objetivo; *d)* um dano ou um potencial de dano decorrente da contradição (A proibição..., *Tutela...*, 2005, p. 124).

A relação com o respeito à confiança depositada, um dos deveres anexos à boa-fé objetiva, é, portanto, muito clara. A importância da máxima *venire contra factum proprium* com conceito correlato à boa-fé objetiva foi reconhecida quando da *IV Jornada de Direito Civil*, com a aprovação do Enunciado n. 362 Conselho da Justiça Federal, segundo o qual "a vedação do comportamento contraditório (*venire contra factum proprium*) funda-se na proteção da confiança, como se extrai dos arts. 187 e 422 do Código Civil".

Além desse reconhecimento doutrinário, a jurisprudência brasileira vem aplicando amplamente a vedação do comportamento contraditório em demandas envolvendo o Direito Civil e o Direito do Consumidor.

A mais citada e conhecida decisão envolvendo a *venire*, proferida pelo Superior Tribunal de Justiça, envolveu um caso de contrato de compromisso de compra e venda. O marido celebrou o referido negócio sem a outorga uxória, sem a anuência de sua esposa, o que, na vigência do Código Civil de 1916, era motivo de sua nulidade absoluta do contrato. A sua esposa, entretanto, informou em uma ação que concordou tacitamente com a venda. Dezessete anos após a sua celebração pretendeu a nulidade, o que foi afastado justamente pela presença de comportamentos contraditórios entre si. A ementa merece transcrição:

CAP. 2 · TEORIA GERAL DOS CONTRATOS – OS PRINCÍPIOS CONTRATUAIS NO CÓDIGO CIVIL DE 2002 | **131**

"Promessa de compra e venda. Consentimento da mulher. Atos posteriores. *Venire contra factum proprium*. Boa-fé. A mulher que deixa de assinar o contrato de promessa de compra e venda juntamente com o marido, mas depois disso, em juízo, expressamente admite a existência e validade do contrato, fundamento para a denunciação de outra lide, e nada impugna contra a execução do contrato durante mais de 17 anos, tempo em que os promissários compradores exerceram pacificamente a posse sobre o imóvel, não pode depois se opor ao pedido de fornecimento de escritura definitiva. Doutrina dos atos próprios. Art. 132 do CC. 3. Recurso conhecido e provido" (STJ, Acórdão REsp 95.539/SP; REsp 1.996/0030416-5, 4.ª Turma, Rel. Min. Ruy Rosado de Aguiar (1102), data da decisão 03.09.1996, *DJ* 14.10.1996, p. 39.015).

Também da jurisprudência superior, merece destaque acórdão relativo a condutas praticadas no âmbito de um contrato de sociedade. Entendeu-se, de forma correta, que "no caso dos autos, impõe-se a aplicação dos princípios do *venire contra factum proprium* e da boa-fé objetiva, tendo em vista que o recorrente, apesar de ter anuído expressamente à alteração contratual para permitir a sucessão *causa mortis*, alega a inoperância de tal cláusula pela ausência do devido registro, omissão a que, como sócio, deu causa (precedentes)" (STJ, AgInt no AREsp 204.801/RS, 4.ª Turma, Rel. Min. Antonio Carlos Ferreira, j. 27.08.2019, *DJe* 30.08.2019).

Em 2022, a mesma Corte Superior analisou questão interessante relativa ao plano de saúde, o *venire contra factum proprium* e a pandemia de Covid-19. Nos termos do aresto, "a boa-fé objetiva impõe à operadora o dever de agir visando à preservação do vínculo contratual, dada a natureza dos contratos de plano de saúde e a posição de dependência dos beneficiários, especialmente dos idosos". Ademais, em afirmação que conta com o meu total apoio, e defendida nesta obra, asseverou-se que "a situação de pandemia não constitui, por si só, justificativa para o não pagamento, mas é circunstância que, por seu grave impacto na situação socioeconômica mundial, não pode ser desprezada pelos contratantes, tampouco pelo Poder Judiciário". Ao final, entendeu-se que "se revela contraditório o comportamento da operadora de rescindir o contrato de plano de saúde em 2020, em meio à crise sanitária provocada pela pandemia do Covid-19, depois de receber pagamentos com atraso desde ao menos 2005 e de todas as mensalidades vencidas terem sido pagas com correção monetária e juros de mora" (STJ, REsp 2.001.686/MS, 3.ª Turma, Rel. Min. Nancy Andrighi, j. 16.08.2022, *DJe* 18.08.2022).

No Tribunal de Justiça de São Paulo, alguns julgados também aplicaram, com maestria, o conceito da vedação do comportamento contraditório. O primeiro deles examinou o caso de uma empresa administradora de cartão de crédito que mantinha a prática de aceitar o pagamento dos valores atrasados, mas, repentinamente, alegou a rescisão contratual com base em cláusula contratual que previa a extinção do contrato em caso de inadimplemento. O Tribunal Paulista mitigou a força obrigatória dessa cláusula, ao apontar que a extinção do negócio jurídico não seria possível. De maneira indireta, acabou por aplicar o princípio da conservação do contrato, que mantém relação com a função social dos negócios jurídicos patrimoniais:

"Dano moral. Responsabilidade civil. Negativação no Serasa e constrangimento pela recusa do cartão de crédito, cancelado pela ré. Caracterização. Boa-fé objetiva. *Venire contra factum proprium*. Administradora que aceitava pagamento das faturas com atraso. Cobrança dos encargos da mora. Ocorrência. Repentinamente invocam cláusula contratual para considerar o contrato rescindido, a conta encerrada e o débito vencido antecipadamente. Simultaneamente providencia a inclusão do nome do titular no Serasa. Inadmissibilidade. Inversão do comportamento anteriormente adotado e exercício abusivo da posição jurídica. Recurso improvido" (TJSP, Apelação Cível 174.305-4/2-00, 3.ª Câmara de Direito Privado – A, São Paulo, Rel. Enéas Costa Garcia, j. 16.12.2005, v.u., Voto 309).

Em outro caso, o mesmo Tribunal Estadual aplicou a vedação do comportamento contraditório ao afastar a possibilidade de uma compromitente vendedora exigir o pagamento de uma quantia astronômica referente ao financiamento para aquisição de um imóvel, eis que tais valores não foram exigidos quando da quitação da dívida. Entendeu-se que, como a dívida foi quitada integralmente, tal montante, por óbvio, não poderia ser exigido:

"Compromisso de compra e venda. Adjudicação compulsória. Sentença de deferimento. Quitação, sem ressalvas, da última das 240 prestações convencionadas, quanto à existência de saldo devedor acumulado. Exigência, no instante em que se reclama a outorga da escritura definitiva, do pagamento de saldo astronômico. Inadmissibilidade, eis que constitui comportamento contraditório (*venire contra factum proprium*). Sentença mantida. Recurso não provido" (TJSP, Apelação Cível 415.870-4/5-00, 4.ª Câmara de Direito Privado, São José dos Campos, Rel. Ênio Santarelli Zuliani, j. 13.07.2006, m.v., Voto 9.786).

Também em outro aresto interessante, o Tribunal de São Paulo aplicou a máxima *venire* contra a CDHU, que se havia comportado de forma a dar a entender que uma cessão do contrato seria concretizada e, depois, *voltou atrás*, o que não seria admitido:

"Contrato. Financiamento hipotecário. Morte do cessionário e consequente discussão sobre quitação derivada de seguro habitacional. Recusa da CDHU em transferir aos autores, sem ônus, a unidade imobiliária. Ofensa aos princípios da boa-fé evidenciada, por ter, anteriormente, se comportado de forma a estimular, no cessionário, confiança de que a cessão se concretizara. Incidência, na hipótese, do princípio *nemo potest venire contra factum proprium* como regra jurídica de consolidação da cessão e, consequentemente, do direito à indenização securitária, o que gera a consolidação do domínio em favor da viúva e dos filhos do mutuário. Sentença mantida. Recurso improvido" (TJSP, Apelação Cível com Revisão 191.845-4/0-00, 4.ª Câmara de Direito Privado, Araçatuba, Rel. Ênio Zuliani, j. 17.11.2005, v.u., Voto 9.036).

Outra decisão envolve a situação de determinada pessoa que pagou parcialmente um seguro obrigatório de veículo (antigo DPVAT). Ao ser cobrada pela complementação do valor do seguro, alegou ilegitimidade de parte, ou seja, declarou que não seria responsável pelo restante. No caso, percebeu-se que essa pessoa caiu em contradição, justamente porque fez o pagamento parcial anterior, de modo a servir como luva a vedação do comportamento contraditório:

"Seguro. Obrigatório (DPVAT). Alegação pela apelante de ilegitimidade de parte. Não acolhimento. *Venire contra factum proprium*. Pagamento do seguro que foi efetuado pela apelante. Tendo sido responsável pelo pagamento a menor, cabe à apelante complementá-lo.

Recurso improvido" (TJSP, Apelação Cível 959.000-00/8, 26.ª Câmara de Direito Privado, Martinópolis, Rel. Ronnie Herbert Barros Soares, j. 13.03.2006, v.u., Voto 01).

Por fim, é de se citar um caso em que a vedação de atos contrários envolve uma transação, contrato pelo qual duas partes resolvem a extinção de uma obrigação por concessões mútuas ou recíprocas (arts. 840 a 850 do CC/2002). A máxima foi utilizada para afastar a discussão judicial de questões que ficaram superadas pela transação entre as partes, tese que também cabe para os casos envolvendo o compromisso e a arbitragem:

> "Transação. Ação anulatória. Pretensão que não pode prosperar se vem fundada apenas nos argumentos de base, ou seja, nas questões suscitadas nos embargos à execução e que ficaram superadas ou desprezadas pela transação, que certamente só foi firmada porque convinha aos interesses das partes. Proibição, pelo direito, do *venire contra factum proprium* visto que este fato próprio ao transcender a esfera do seu praticante repercute fática e objetivamente sobre outras pessoas, nelas infundindo uma confiança que, se legítima, precisa ser respeitada. Recurso improvido" (TJSP, Apelação 1131069-5, 11.ª Câmara de Direito Privado, São Carlos, Rel. Gilberto Pinto dos Santos, j. 12.04.2006, v.u., Voto 7.341).

Sem dúvidas que tais institutos jurídicos, captados do direito alienígena, já aplicados no presente, demonstram a efetividade do princípio da boa-fé objetiva, auxiliando o magistrado na aplicação do *Novo Direito Civil*.

Uma dessas construções inovadoras, relacionada diretamente com a boa-fé objetiva, é justamente o *duty to mitigate the loss*, ou mitigação do prejuízo pelo próprio credor. Sobre essa tese foi aprovado o Enunciado n. 169 do CJF/STJ na *III Jornada de Direito Civil*, pelo qual "o princípio da boa-fé objetiva deve levar o credor a evitar o agravamento do próprio prejuízo".

A proposta, elaborada por Vera Maria Jacob de Fradera, professora da Universidade Federal do Rio Grande do Sul, representa muito bem a natureza do dever de colaboração, presente em todas as fases contratuais e que decorre do princípio da boa-fé objetiva e daquilo que consta do art. 422 do CC. O enunciado está inspirado no art. 77 da Convenção de Viena de 1980, sobre a venda internacional de mercadorias (CISG), no sentido de que "a parte que invoca a quebra do contrato deve tomar as medidas razoáveis, levando em consideração as circunstâncias, para limitar a perda, nela compreendido o prejuízo resultante da quebra. Se ela negligencia em tomar tais medidas, a parte faltosa pode pedir a redução das perdas e danos, em proporção igual ao montante da perda que poderia ter sido diminuída".

Para a autora da proposta, Professora Vera Fradera, há uma relação direta com o princípio da boa-fé objetiva, uma vez que a mitigação do próprio prejuízo constituiria um dever de natureza acessória, um dever anexo, derivado da boa conduta que deve existir entre os negociantes.

Lembre-se de que, conforme outro enunciado aprovado em *Jornada de Direito Civil*, a quebra dos deveres anexos decorrentes da boa-fé objetiva gera a violação positiva do contrato, hipótese de inadimplemento negocial que independe de culpa, gerando responsabilidade contratual objetiva (Enunciado n. 24 do CJF, da *I Jornada*). E mesmo se assim não fosse, a responsabilidade objetiva estaria configurada pela presença do abuso de direito, previsto no art. 187 do Código Civil em vigor e pela interpretação que lhe é dada por outro Enunciado da *I Jornada de Direito Civil*, o de número 37. Pelos dois caminhos citados, a quebra dos deveres anexos gera a responsabilidade objetiva daquele que desrespeitou a boa-fé objetiva.

Exemplificando a aplicação do *duty do mitigate the loss*, ilustre-se com o caso de um contrato de locação de imóvel urbano em que houve inadimplemento. Ora, nesse negócio, há um dever por parte do locador de ingressar, tão logo lhe seja possível, com a competente ação de despejo, não permitindo que a dívida assuma valores excessivos.

O mesmo argumento vale para os contratos bancários em que há descumprimento. Segundo a minha interpretação, não pode a instituição financeira permanecer inerte, aguardando que, diante da alta taxa de juros prevista no instrumento contratual, a dívida atinja montantes astronômicos.

Se assim o faz, desrespeita a boa-fé, podendo os juros ser reduzidos, pela substituição dos juros contratuais pelos juros legais. Anote-se que tal conclusão consta de julgado do Tribunal de Justiça do Mato Grosso do Sul (TJMS, Acórdão 2009.022658-4/0000-00, 3.ª Turma Cível, Campo Grande, Rel. Des. Rubens Bergonzi Bossay, *DJEMS* 24.09.2009, p. 12). A premissa foi aplicada pelo Tribunal de Justiça do Rio de Janeiro, que substituiu os juros contratuais pelos legais, diante da demora do credor em cobrar a sua dívida, permitindo que a dívida crescesse substancialmente (TJRJ, Apelação Cível 0010623-64.2009.8.19.0209, 9.ª Câmara Cível, Apelante: Paulo Roberto de Oliveira, Apelado: Banco de Lage Landen Brasil S.A., Relator: Desembargador Roberto de Abreu e Silva, julgado em junho de 2011).

No âmbito do Superior Tribunal de Justiça, a tese foi afastada diante do mero retardamento da ação de cobrança, por si só, como se extrai de julgado do ano de 2017 da Corte, assim ementado:

"Recurso especial. Ação de cobrança. Contrato de cartão de crédito. Aplicação do princípio *duty to mitigate the loss*. Inviabilidade no caso concreto. Juros remuneratórios. Ausência de contrato nos autos. Distribuição dinâmica do ônus da prova. Taxa média de mercado. Recurso provido. 1. O princípio *duty to mitigate the loss* conduz à ideia de dever, fundado na boa-fé objetiva, de mitigação pelo credor de seus próprios prejuízos, buscando, diante do inadimplemento do devedor, adotar medidas razoáveis, considerando as circunstâncias concretas, para diminuir suas perdas. Sob o aspecto do abuso de direito, o credor que se comporta de maneira excessiva e violando deveres anexos aos contratos (*v.g.*: lealdade, confiança ou cooperação), agravando, com isso, a situação do devedor, é que deve ser instado a mitigar suas próprias perdas. É claro que não se pode exigir que o credor se prejudique na tentativa de mitigação da perda ou que atue contrariamente à sua atividade empresarial, porquanto aí não haverá razoabilidade. 2. O ajuizamento de ação de cobrança muito próximo ao implemento do prazo prescricional, mas ainda dentro do lapso legalmente previsto, não pode ser considerado, por si só, como fundamento para a aplicação do *duty to mitigate the loss*. Para tanto, é necessário que, além do exercício tardio do direito de ação, o credor tenha violado, comprovadamente, alguns dos deveres anexos ao contrato, promovendo condutas ou omitindo-se diante de determinadas circunstâncias, ou levando o devedor à legítima expectativa de que a dívida não mais seria cobrada ou cobrada a menor. 3. A razão utilizada pelas instâncias ordinárias para aplicar ao caso o postulado do *duty to mitigate the loss* está fundada tão somente na inércia da instituição financeira,

CAP. 2 • TEORIA GERAL DOS CONTRATOS – OS PRINCÍPIOS CONTRATUAIS NO CÓDIGO CIVIL DE 2002 | **135**

a qual deixou para ajuizar a ação de cobrança quando já estava próximo de vencer o prazo prescricional e, com isso, acabou obtendo crédito mais vantajoso diante da acumulação dos encargos ao longo do tempo. 4. Não há nos autos nenhum outro elemento que demonstre haver a instituição financeira, no caso em exame, criado no devedor expectativa de que não cobraria a dívida ou que a cobraria a menor, ou mesmo de haver violado seu dever de informação. Não há, outrossim, elemento nos autos no qual se possa identificar qualquer conduta do devedor no sentido de negociar sua dívida e de ter sido impedido de fazê-lo pela ora recorrente, ou ainda qualquer outra circunstância que pudesse levar à conclusão de quebra da confiança ou dos deveres anexos aos negócios jurídicos por nenhuma das partes contratantes, tais como a lealdade, a cooperação, a probidade, entre outros. 5. Desse modo, entende-se não adequada a aplicação ao caso concreto do *duty to mitigate the loss*. (...). 7. Recurso especial provido" (STJ, REsp 1.201.672/MS, 4.ª Turma, Rel. Min. Lázaro Guimarães (Desembargador Convocado do TRF 5.ª Região), j. 21.11.2017, *DJe* 27.11.2017).

Com o devido respeito, não estou filiado a essa última forma de julgar, pois o atraso em promover a demanda enseja sim, e por si só, a aplicação do conceito, uma vez que a inércia do credor acaba por trazer prejuízos consideráveis aos devedores e vantagens incontestáveis ao banco.

Voltando-se à jurisprudência estadual, o Tribunal de Justiça de São Paulo fez incidir o *duty to mitigate the loss* em face de instituição bancária, que não apresentou o contrato que iniciou o relacionamento com o correntista. Ademais, o banco, durante a execução do contrato, manteve a incidência de taxas e de juros sobre essas em relação à conta inativa, não solicitando o comparecimento do cliente na agência para o devido encerramento da conta. Além de reconhecer a impossibilidade da cobrança dos valores, o Tribunal Paulista concluiu pelo dever de indenizar do banco, diante da inscrição indevida do nome do correntista em cadastro de inadimplentes (TJSP, Apelação 0003643-11.2012.8.26.0627, 20.ª Câmara de Direito Privado, Teodoro Sampaio, Rel. Des. Correia Lima, j. 15.06.2015).

Ainda ilustrando a aplicação da tese, vale aqui citar brilhante sentença da lavra do Juiz de Direito Silas Silva Santos, na Comarca de Maracaí, Estado de São Paulo. Em caso envolvendo um contrato de arrendamento rural, o magistrado aplicou o *duty to mitigate the loss*, visando à configuração da mora dos arrendatários. Isso porque os arrendantes assumiram o dever de corte de árvores na área locada, dever este não cumprido e invocado pelos arrendatários para fundamentar a exceção de contrato não cumprido.

Entretanto, como os arrendatários não utilizaram desse seu direito em momento oportuno, não atenderam ao dever de mitigar a perda. Consta da sentença, há muito tempo destacada nos meus escritos:

"Aplicando-se ao caso dos autos o *duty to mitigate the loss*, tenho para mim que os arrendatários não pautaram suas condutas segundo os ditames da boa-fé objetiva. É que, embora favorecidos pela obrigação de os arrendadores conseguirem autorização para corte das árvores, os réus não adotaram conduta compatível com o interesse de atenuar o próprio prejuízo, na consideração de que não havia prazo para o cumprimento da famigerada cláusula décima. Por isso é que, uma vez mais, não se dá guarida à tese invocada pelos réus. Por todos esses fundamentos, não vejo como excluir a mora dos arrendatários, cuja purgação sequer foi requerida, sem que para tanto houvesse qualquer justificativa idônea, já que excluída a viabilidade, *in casu*, do acolhimento da *exceptio non adimpleti contractus*". A decisão encontra-se na íntegra em meu *site*, disponível para consulta (www.flaviotartuce. adv.br. *Seção Jurisprudência*. Acesso em: 10 de abril de 2006).

Especificamente, há normas que trazem o dever de mitigar a perda no contrato de seguro. Prevê o art. 769 do CC/2002 ainda em vigor que o segurado é obrigado a comunicar ao segurador, logo que saiba, todo incidente suscetível de agravar consideravelmente o risco coberto, sob pena de perder o direito à garantia. Além dessa regra, o segurado deve comunicar o sinistro ao segurador logo que dele saiba, novamente sob pena de perder o direito à indenização (art. 771 do CC). Nos dois casos, a violação das normas traz hipóteses de descumprimento contratual.

O *duty to mitigate the loss* do mesmo modo foi aplicado em acórdão publicado no *Informativo* n. *439* do STJ. Vejamos a ementa do julgado que melhor elucida a incidência do instigante conceito:

> "Direito civil. Contratos. Boa-fé objetiva. Standard ético-jurídico. Observância pelas partes contratantes. Deveres anexos. *Duty to mitigate the loss*. Dever de mitigar o próprio prejuízo. Inércia do credor. Agravamento do dano. Inadimplemento contratual. Recurso improvido. 1. Boa-fé objetiva. Standard ético-jurídico. Observância pelos contratantes em todas as fases. Condutas pautadas pela probidade, cooperação e lealdade. 2. Relações obrigacionais. Atuação das partes. Preservação dos direitos dos contratantes na consecução dos fins. Impossibilidade de violação aos preceitos éticos insertos no ordenamento jurídico. 3. Preceito decorrente da boa-fé objetiva. Duty *to mitigate the loss*: o dever de mitigar o próprio prejuízo. Os contratantes devem tomar as medidas necessárias e possíveis para que o dano não seja agravado. A parte a que a perda aproveita não pode permanecer deliberadamente inerte diante do dano. Agravamento do prejuízo, em razão da inércia do credor. Infringência aos deveres de cooperação e lealdade. 4. Lição da doutrinadora Véra Maria Jacob de Fradera. Descuido com o dever de mitigar o prejuízo sofrido. O fato de ter deixado o devedor na posse do imóvel por quase 7 (sete) anos, sem que este cumprisse com o seu dever contratual (pagamento das prestações relativas ao contrato de compra e venda), evidencia a ausência de zelo com o patrimônio do credor, com o consequente agravamento significativo das perdas, uma vez que a realização mais célere dos atos de defesa possessória diminuiriam a extensão do dano. 5. Violação ao princípio da boa-fé objetiva. Caracterização de inadimplemento contratual a justificar a penalidade imposta pela Corte originária, (exclusão de um ano de ressarcimento). 6. Recurso improvido" (STJ, REsp 758.518/PR, 3.ª Turma, Rel. Des. Conv. Vasco Della Giustina, j. 17.06.2010, *DJe* 01.07.2010).

Por fim, quanto às ilustrações, parece-me que há uma relação direta entre o *duty to mitigate the loss* e a cláusula de *stop loss,* tema analisado pelo mesmo Superior Tribunal de Justiça no ano de 2014. Vejamos o teor do julgado, publicado no *Informativo* n. *541* da Corte Superior, que merece destaque:

> "A instituição financeira que, descumprindo o que foi oferecido a seu cliente, deixa de acionar mecanismo denominado *stop loss* pactuado em contrato de investimento incorre em infração contratual passível de gerar a obrigação de indenizar o investidor pelos prejuízos causados. Com efeito, o risco faz parte da aplicação em fundos de investimento, podendo a instituição financeira criar mecanismos ou oferecer garantias próprias para reduzir ou afastar a possibilidade de prejuízos decorrentes das variações observadas no mercado financeiro

interno e externo. Nessa linha intelectiva, ante a possibilidade de perdas no investimento, cabe à instituição prestadora do serviço informar claramente o grau de risco da respectiva aplicação e, se houver, as eventuais garantias concedidas contratualmente, sendo relevantes as propagandas efetuadas e os prospectos entregues ao público e ao contratante, os quais obrigam a contratada. Neste contexto, o mecanismo *stop loss*, como o próprio nome indica, fixa o ponto de encerramento de uma operação financeira com o propósito de 'parar' ou até de evitar determinada 'perda'. Assim, a falta de observância do referido pacto permite a responsabilização da instituição financeira pelos prejuízos suportados pelo investidor. Na hipótese em foco, ainda que se interprete o ajuste firmado, tão somente, como um regime de metas quanto ao limite de perdas, não há como afastar a responsabilidade da contratada, tendo em vista a ocorrência de grave defeito na publicidade e nas informações relacionadas aos riscos dos investimentos" (STJ, REsp 656.932/SP, Rel. Min. Antonio Carlos Ferreira, j. 24.04.2014).

Em casos tais, envolvendo o *duty mitigate the loss*, propõe Vera Jacob de Fradera que o não atendimento a tal dever traz como consequência sanções ao credor, principalmente a imputação de culpa próxima à culpa delitual, com o pagamento de eventuais perdas e danos, ou a redução do seu próprio crédito. Concordamos com tal entendimento e inclusive fomos favoráveis à aprovação do Enunciado n. 169 do CJF/STJ na *III Jornada de Direito Civil*.

Mesmo concordando com tal proposta, entendo que, na verdade, não seria o caso de *culpa delitual*, mas de responsabilidade objetiva pelos caminhos que outrora trilhamos (quebra de dever anexo ou caracterização do abuso de direito). De qualquer forma, a simples aprovação do enunciado significa um avanço importante. Sem dúvidas, a tese é controvertida. E muito. Mas serve para profundas reflexões, para encarar de forma diferente o atual Direito Privado, agora fundado na ética e na boa-fé.

Por derradeiro, outro conceito parcelar relativo à boa-fé objetiva que começa a ser debatido no Brasil é a *Nachfrist* (extensão de prazo), de origem alemã, previsto no art. 47 da mesma Convenção de Viena sobre Compra e Venda (CISG).

Trata-se da concessão de um prazo adicional ou período de carência pelo comprador para que o vendedor cumpra a obrigação, o que tem o intuito de conservar a avença. Diante da relação com a manutenção da autonomia privada, não se pode negar que o conceito também tem amparo na função social do contrato. Vejamos o teor desse comando:

"(1) O comprador poderá conceder ao vendedor prazo suplementar razoável para o cumprimento de suas obrigações. (2) Salvo se tiver recebido a comunicação do vendedor de que não cumprirá suas obrigações no prazo fixado conforme o parágrafo anterior, o comprador não poderá exercer qualquer ação por descumprimento do contrato, durante o prazo suplementar. Todavia, o comprador não perderá, por este fato, o direito de exigir indenização das perdas e danos decorrentes do atraso no cumprimento do contrato".

Como explicam Paulo Nalin e Renata Steiner, "o conceito é desconhecido na experiência nacional (o que não significa que haja incompatibilidade, frise-se) e, mesmo no contexto da aplicação da CISG, é objeto de inúmeros e acurados debates. Dentre as várias peculiaridades, salta aos olhos desde logo o fato de que a resolução independe de reconhecimento judicial. Da mesma forma, não há no Direito Brasileiro algo próximo à *Nachfrist*, expressão que designa a possibilidade de concessão de prazo suplementar para cumprimento da obrigação, findo o qual também se poderá utilizar o remédio resolutório, independentemente da configuração do descumprimento fundamental" (NALIN, Paulo; STEINER, Renata C. *Atraso...*, 2014, p. 327-328).

Pontue-se que, na *VII Jornada de Direito Civil* (2015), o primeiro jurista citado propôs enunciado sobre o tema que, diante do aludido desconhecimento doutrinário, acabou não sendo aprovado. O mesmo ocorreu na *VIII Jornada de Direito Civil* (2018) e na *III Jornada de Direito Comercial* (2019), com propostas por mim formuladas, o que demonstra que o instituto deve ser mais bem estudado pelos aplicadores do Direito.

Em 2017, surgiu o primeiro acórdão estadual aplicando a construção. Trata-se do *caso dos pés de galinha*, julgado pelo Tribunal Gaúcho, envolvendo fornecimento dessa iguaria por empresa brasileira a comprador localizado em Hong Kong. Ali se reconheceu a rescisão do contrato pelo fato de as mercadorias não terem sido entregues, mesmo tendo sido concedida a extensão de prazo ou *Nachfrist* para que o vendedor o fizesse. Nos termos da ementa, "contrato de compra e venda internacional de mercadorias cuja rescisão vai declarada, por força da aplicação conjunta das normas do art. 47 (1), do art. 49 (1) (b) e do art. 81 (2), todos da Convenção das Nações Unidas sobre contratos de compra e venda internacional de mercadorias ('Convenção de Viena de 1980'), a cujo marco normativo se recorre simultaneamente ao teor dos princípios UNIDROIT relativos aos contratos comerciais internacionais" (TJRS, Apelação Cível 0000409-73.2017.8.21.7000, 12.ª Câmara Cível, Estância Velha, Rel. Des. Umberto Guaspari Sudbrack, j. 14.02.2017, *DJERS* 17.02.2017). A tendência é o surgimento de outros julgados sobre o instituto no futuro.

2.6 O PRINCÍPIO DA RELATIVIDADE DOS EFEITOS CONTRATUAIS

Conforme salientado, o contrato está situado na esfera dos direitos pessoais, constituindo negócio jurídico bilateral e fonte principal do direito das obrigações pelo qual as partes procuram regular direitos patrimoniais com objetivos especificados pela vontade e pela composição de seus interesses.

Os direitos pessoais são conceituados como direitos obrigacionais ou de crédito. Nesse sentido, são nítidas as diferenças entre os direitos pessoais – aqui visualizado o contrato – e os direitos reais, que recaem em regra sobre objetos com interesse jurídico e econômico – como é o caso da propriedade.

Ponto que distingue os direitos pessoais dos direitos reais se refere aos efeitos, ensinando Clóvis Beviláqua que "os direitos obrigacionaes consistem exclusivamente em prestações, actos positivos ou negativos, pelo que se fixam apenas no acto ou facto a ser executado, e somente podem ferir a pessoa que se acha vinculada pela obrigação no momento de seu cumprimento" (*Direito...*, 1896, p. 16). Essa é a melhor concepção do *princípio da relatividade contratual*, pelo qual o negócio celebrado, em regra, somente atinge as partes contratantes, não prejudicando ou beneficiando terceiros estranhos a ele. Contrapõe-se tal princípio, inerente ao direito obrigacional, à eficácia *erga omnes* dos direitos reais, regidos pelo princípio da publicidade.

De qualquer forma, o princípio da relatividade dos efeitos contratuais, consubstanciado na antiga regra *res inter alios*, também encontra limitações, na própria codificação privada ou mesmo na legislação extravagante aplicável aos contratos. Em outras palavras, é possível afirmar que o contrato também gera efeitos perante terceiros.

Maria Helena Diniz aponta, como exceções a tal princípio, a responsabilidade dos herdeiros do contratante (art. 1.792 do Código Civil), bem como a estipulação em favor de terceiro, tratada nos arts. 436 e 438 do CC, que "estende seus efeitos a outras pessoas, criando-lhes direitos e impondo deveres, apesar de elas serem alheias à constituição da avença" (*Tratado*..., 2002, p. 74).

Pelo art. 436 do atual Código Civil, "o que estipula em favor de terceiro pode exigir o cumprimento da obrigação". Assim, ao terceiro, em favor de quem se estipulou a obrigação, também é permitido exigi-la, ficando, todavia, sujeito às condições e normas do contrato, se a ele anuir, e o estipulante não o inovar nos termos do art. 438 do CC.

Exemplo típico de estipulação em favor de terceiro é o que ocorre no contrato de seguro de vida, em que consta terceiro como beneficiário. Esse contrato é celebrado entre segurado e seguradora, mas os efeitos atingem um terceiro que consta do instrumento, mas que não o assina. Se ao terceiro, em favor de quem se fez o contrato, se deixar o direito de reclamar-lhe a execução, não poderá o estipulante exonerar o devedor. Essa é a regra do art. 437 do Código Civil.

Por fim, prescreve o art. 438 do CC/2002 que o estipulante pode reservar-se o direito de substituir o terceiro designado no contrato, independentemente da sua anuência e da do outro contratante, podendo essa substituição ser feita por ato entre vivos ou por disposição de última vontade. Sintetizando, é possível a cessão de contrato na estipulação em favor de terceiro.

Em suma, na estipulação em favor de terceiro, os efeitos são *de dentro para fora do contrato*, ou seja, *exógenos*, tornando-se uma clara exceção à relativização contratual. O desenho a seguir pode demonstrar o que ocorre no caso em questão.

Como outra exceção ao princípio da relatividade dos efeitos podem ser citadas as previsões contidas nos arts. 439 e 440 do Código Civil, que tratam da promessa de fato de terceiro, figura negocial pela qual determinada pessoa promete que uma determinada conduta seja praticada por outrem, sob pena de responsabilização civil.

O art. 440 do Código Civil em vigor, entretanto, dispõe que, se o terceiro pelo qual o contratante se obrigou comprometer-se pessoalmente, estará o outro exonerado de responsabilidade. No caso, a promessa pessoal substitui a promessa feita por um terceiro, havendo uma cessão da posição contratual, pois o próprio terceiro é quem terá a responsabilidade contratual.

O exemplo geralmente apontado pela doutrina é o de um promotor de eventos que promete um espetáculo de um cantor famoso. Caso o cantor não compareça ao *show*, no melhor *estilo Tim Maia*, responderá aquele que fez a promessa perante o outro contratante (art. 439 do CC). Entretanto, se o próprio cantor assumiu pessoalmente o compromisso, não haverá mais a referida promessa de terceiro (art. 440 do CC). Outro exemplo pode ser retirado do *Informativo* n. *444* do STJ, envolvendo contrato de transmissão de jogos de futebol:

"Contratos. Televisão. Jogos. A confederação que engloba os times de certa atividade desportiva firmou contrato com a empresa de televisão a cabo, pelo qual lhe cedia, com exclusividade, os direitos de transmissão ao vivo dos jogos em todo o território nacional, referentes a determinada temporada. Sucede que 16 times, em conjunto com a associação que formaram, e outra empresa de televisão também firmaram contratos com o mesmo objetivo. Daí a interposição dos recursos especiais. Pela análise do contexto, conclui-se que, apesar de figurar no primeiro contrato como cedente e detentora dos direitos em questão, a confederação firmou, em verdade, promessa de fato de terceiro: a prestação de fato a ser cumprido por outra pessoa (no caso, os times), cabendo ao devedor (confederação) obter a anuência dela quanto a isso, tratando-se, pois, de uma obrigação de resultado. Pela lei vigente à época (art. 24 da Lei n. 8.672/1993), somente os times detinham o direito de autorizar a transmissão de seus jogos. Assim, visto que a confederação não detém o direito de transmissão, cumpriria a ela obter a anuência dos times ao contrato que firmou, obrigação que constava de cláusula contratual expressa. O esvaziamento desse intento, tal como atesta notificação posta nos autos realizada pela própria confederação, de que não conseguiu a anuência dos clubes, enseja a resolução (extinção) desse contrato e sua responsabilização por perdas e danos (art. 929 do CC/1916, hoje art. 439 do CC/2002). Contudo, não se fala em nulidade ou ineficácia, pois, houve, sim, a inexecução (inadimplemento) de contrato válido, tal como concluiu o tribunal *a quo*. Tampouco há falar em responsabilidade solidária dos times porque, em relação ao contrato firmado pela confederação, são terceiros estranhos à relação jurídica, pois só se vinculariam a ele se cumprida a aludida obrigação que incumbia ao promitente, o que, como dito, não se realizou. Já a associação, mesmo que tenha anuído a esse contrato, não pode ser responsabilizada juntamente com a confederação: não há previsão contratual nesse sentido e pesa o fato de que a obrigação de obter a aceitação incumbia apenas à confederação, quanto mais se a execução dependia unicamente dos times, que têm personalidades jurídicas distintas da associação que participam e são os verdadeiros titulares do direito. Com esse e outros fundamentos, a Turma negou provimento aos especiais" (STJ, REsp 249.008/RJ, Rel. Min. Vasco Della Giustina (Desembargador convocado do TJRS), j. 24.08.2010).

Em complemento, preconiza o parágrafo único do art. 439 do CC que a responsabilidade por fato de terceiro não existirá se o terceiro for o cônjuge do promitente, dependendo de sua anuência o ato a ser praticado, e desde que, pelo regime do casamento, a indenização, de algum modo, venha a recair sobre os seus bens. O comando legal valoriza a boa-fé objetiva ao afastar a responsabilidade do cônjuge que não concordou com o ato praticado por seu consorte.

Como se pode notar, na promessa de fato de terceiro, os efeitos são *de fora para dentro do contrato*, ou *endógenos*, porque a conduta de um estranho ao contrato repercute para dentro deste. O desenho a seguir pode demonstrar tais efeitos:

Em reforço, como terceira exceção ao princípio em comento, pode ser invocado o contrato com pessoa a declarar (com cláusula *pro amico eligendo*), tratado entre os arts. 467 a 471 do CC. Isso porque, no momento da conclusão do contrato, pode uma das partes reservar-se a faculdade de indicar a pessoa que deve adquirir os direitos e assumir as obrigações dele decorrentes (art. 467 do CC). Muito comum no contrato preliminar, o instituto será comentado no próximo capítulo.

Como quarta exceção à relatividade dos efeitos do contrato, apontem-se as previsões dos arts. 17 e 29 do Código de Defesa do Consumidor (Lei 8.078/1990), que trazem o conceito de *consumidor por equiparação ou bystander*. Por tais dispositivos, aplicáveis em matéria de responsabilidade civil e contratual consumerista, respectivamente, todos os prejudicados pelo evento, mesmo não tendo relação direta de consumo com o prestador ou fornecedor, podem ingressar com ação fundada no Código Consumerista, visando à responsabilização objetiva destes.

Tais comandos ampliam o conceito de parte negocial além da visão tradicional anterior do Direito Civil, merecendo o meu apoio doutrinário por atingirem situações em que estão presentes os riscos decorrentes da prestação ou fornecimento. Vale apontar um exemplo envolvendo contratos para elucidar a matéria, tratada no volume anterior desta coleção.

Alguém tem o seu documento de identidade roubado e faz um boletim de ocorrência numa delegacia visando a resguardar direitos. O ladrão substitui a foto da vítima no documento por uma foto sua, vai até uma instituição bancária e abre uma conta-corrente em nome da vítima. Esse ladrão, agora estelionatário, emite vários cheques sem fundo na praça e o nome da vítima é inscrito em cadastro de inadimplentes (SERASA, SPC etc.). Mesmo não havendo uma relação direta de consumo, como a vítima é consumidora equiparada, poderá demandar a instituição bancária utilizando-se de todos os benefícios constantes do CDC (responsabilidade objetiva, inversão do ônus da prova, foro privilegiado etc.). Trata-se do caso do *cliente bancário clonado*, com numerosas análises pela jurisprudência. Nesse sentido, para ilustrar, da jurisprudência estadual:

"Danos morais. Autora que teve seus documentos pessoais extraviados e, logo após ter constatado o fato, dirigiu-se à delegacia de polícia, narrando os fatos, a fim de resguardar seus interesses. Utilização dos documentos por outrem, obtendo crédito em loja de grande porte. Dívida inadimplida. Nome da autora inscrito em órgãos de proteção ao crédito. Demandante equiparada a consumidor. Inteligência do artigo 17 do CDC. Inversão do ônus da prova. Responsabilidade da ré que emerge do risco do empreendimento e de culpa. Indenização devida. Exclusão do nome da autora do rol de maus pagadores. Pedidos procedentes. Recurso provido" (TJSP, Apelação com revisão 447.631.4/4, Acórdão 3648066, 5.ª Câmara de Direito Privado, São Paulo, Rel. Des. A. C. Mathias Coltro, j. 20.05.2009, *DJESP* 17.06.2009).

"Apelação cível. Ação indenizatória. Furto de documentos. Inexistência de relação comercial entre as partes. Consumidor por equiparação. (artigo 17 do CDC). Não observação do dever de cuidado. Responsabilidade civil objetiva do réu. Fato de terceiro que não exclui o dever de indenizar. Aplicação da teoria do risco do empreendimento. Negativação indevida. Dano moral configurado *in re ipsa*. Verba compensatória devidamente arbitrada. Sentença que se mantém. Apelo improvido" (TJRJ, Apelação 2008.001.65086, 11.ª Câmara Cível, Rel. Des. Claudio de Mello Tavares, j. 06.04.2009, *DORJ* 29.04.2009, p. 175).

Na mesma linha, no ano de 2012, o Superior Tribunal de Justiça editou súmula estabelecendo a responsabilidade objetiva dos bancos por fraudes praticadas por terceiros, no seu âmbito de atuação (Súmula 479 do STJ).

Como quinta exceção à relatividade dos efeitos contratuais, Nelson Nery Jr. defende que também a função social do contrato constitui senão ruptura, pelo menos abrandamento do princípio da relatividade dos efeitos contratuais. Isso porque, "mesmo os mais conservadores não deixam de apontar a tendência mundial de 'aceitação do regulamento imposto para afirmar uma mais concreta tutela dos vários interesses da coletividade' (TRABUCCHI, Alberto. *Istituzioni*..., 2001, p. 668), relativizando a autonomia privada em homenagem à função social do contrato" (NERY JR., Nelson. *Contratos*..., 2003, p. 423).

Para demonstrar a ampliação reconhecida dos efeitos contratuais e sua relação com o princípio da função social do contrato, veja-se novamente o teor do Enunciado n. 21 do Conselho da Justiça Federal, aprovado na *I Jornada de Direito Civil*: "a função social do contrato, prevista no art. 421 do novo Código Civil, constitui cláusula geral, a impor a revisão do princípio da relatividade dos efeitos do contrato em relação a terceiros, implicando a tutela externa do crédito".

Essa *tutela externa do crédito* pode ser observada pela leitura do art. 608 do Código Civil, pelo qual "aquele que aliciar pessoas obrigadas em contrato escrito a prestar serviço a outrem pagará a este a importância que ao prestador de serviço, pelo ajuste desfeito, houvesse de caber durante dois anos". Mais uma vez, o comando legal em questão *serve como uma luva* para responsabilizar aquela famosa cervejaria que aliciou o famoso pagodeiro, quando ele mantinha contrato de publicidade com outra cervejaria.

Nesse sentido, aliás, decidiu a Quinta Câmara de Direito Privado do Tribunal de Justiça de São Paulo, na Apelação 9112793-79.2007.8.26.000, conforme acórdão proferido em 12 de junho de 2013 e relatado pelo Desembargador Mônaco da Silva. Ressalve-se apenas que o julgado está fundamentado na função social do contrato e no art. 209 da Lei 9.279/1996, que trata da concorrência desleal, e não no art. 608 do CC.

Ainda sobre o aludido dispositivo, o aliciador ou atravessador que pretende a intromissão em contrato do qual não faz parte poderá ser responsabilizado, prevendo a lei o pagamento de indenização correspondente à remuneração contratual de dois anos ao prestador de serviço. Tal valor engloba apenas os danos materiais sofridos pela parte da avença, e não os danos morais, que não podem ser tarifados por lei ou qualquer convenção.

Da mesma maneira, como exemplo de *aplicação da tutela externa do crédito* pode ser citado o parecer do Professor Antônio Junqueira de Azevedo, titular da Faculdade de Direito da USP, a uma grande distribuidora de combustíveis de nosso País (*Os princípios*..., 2004, p. 137).

Em seu estudo, o culto Professor Junqueira entende que é possível responsabilizar o terceiro que vende combustível ao posto revendedor, que, por sua vez, mantém um contrato de exclusividade com a distribuidora, exibindo a sua *bandeira*. Além da possibilidade de rescisão contratual diante desse fato, é possível à distribuidora *oficial* pleitear indenização por eventuais perdas e danos em relação àquele que aliciou o posto revendedor. Trata-se do que se denomina como *teoria do terceiro cúmplice*.

Entra em cena, para tanto, a função social do contrato, como salienta o próprio Professor Junqueira: "aceita a ideia de função social do contrato, dela evidentemente não se vai tirar a ilação de que, agora, os terceiros são partes do contrato, mas, por outro lado, torna-se evidente que os terceiros não podem comportar-se como se o contrato não existisse" (*Os princípios...*, 2004, p. 142).

Outro exemplo antes ventilado, de aplicação da *tutela externa do crédito*, podia ser extraído do entendimento anterior do Superior Tribunal de Justiça, segundo o qual a vítima de evento danoso poderia propor ação direta contra a seguradora, mesmo não havendo relação contratual direta entre as partes. Nesse sentido, cumpre transcrever:

> "Ação de indenização diretamente proposta contra a seguradora. Legitimidade. 1. Pode a vítima em acidente de veículos propor ação de indenização diretamente, também, contra a seguradora, sendo irrelevante que o contrato envolva, apenas, o segurado, causador do acidente, que se nega a usar a cobertura do seguro. 2. Recurso especial não conhecido" (STJ, REsp 228840, 3.ª Turma, Rel. Min. Carlos Alberto Menezes Direito, m.v., *DJU* 04.09.2000, p. 402; e STJ, REsp 397229/MG, ac. un., 4.ª Turma, Rel. Min. Ruy Rosado de Aguiar, *DJU* 12.08.2002).

O saudoso Luciano de Camargo Penteado, uma das mentes privilegiadas do Direito Civil, que infelizmente nos deixou recentemente, defendeu tese de doutorado na USP, sob orientação do Professor Junqueira, apontando os efeitos contratuais perante terceiros. O autor fez pesquisa, no STJ, desses julgados que reconheceram a tutela externa do crédito, relacionando essa eficácia externa contratual à função social do contrato. Diz o doutrinador que "o que se demonstra, com a percepção do efeito contratual perante terceiro é a inevitável ocorrência de externalidades, ora positivas, ora negativas. Ou seja, que o ato de contratar não remanesce nunca estranho ao conjunto de operações que ocorrem na vida social" (*Efeitos...*, 2007, p. 288).

Um dos principais acórdãos teve como relatora a Ministra Fátima Nancy Andrighi e mereceu do jurista comentários profundos. Do corpo dessa decisão, podem ser extraídos os seguintes ensinamentos da Ministra do Superior Tribunal de Justiça, com menção expressa à função social do contrato:

> "A visão preconizada nestes precedentes abraça o princípio constitucional da solidariedade (art. 3.º, I, da CF), em que se assenta o princípio da função social do contrato, este que ganha enorme força com a vigência do novo Código Civil (art. 421). De fato, a interpretação do contrato de seguro dentro desta perspectiva social autoriza e recomenda que a indenização prevista para reparar os danos causados pelo segurado a terceiro seja por este diretamente reclamada da seguradora. Assim, sem se afrontar a liberdade contratual das partes – as quais quiseram estipular uma cobertura para a hipótese de danos a terceiros –, maximiza-se a eficácia social do contrato com a simplificação dos meios jurídicos pelos quais o prejudicado pode haver a reparação que lhe é devida. Cumpre-se o princípio da solidariedade e garante-se a função social do contrato" (REsp 444.716/BA,

Rel. Min. Nancy Andrighi, j. 11.05.2004. In: PENTEADO, Luciano de Camargo. *Efeitos contratuais perante terceiros*, ob. cit., p. 60).

É interessante perceber que o voto prevalecente relacionava a função social do contrato a um dispositivo constante da Constituição Federal. Mais do que isso, fundamentava essa função social à solidariedade social, regramento de índole constitucional. Conforme anotava Luciano Penteado, "a decisão orienta-se, de certo modo, em um sentido social que se vislumbra importante para fundar e explicar também o direito dos contratos, o qual é subjacente a toda a temática dos terceiros e que, realmente, representa uma evolução no paradigma do direito privado individualista, pautado no princípio da autonomia privada contratual. Referenda ideia de que o contrato não é um elemento estranho ao corpo social em que celebrado e no qual se ambienta" (*Efeitos contratuais...*, 2007, p. 63). De fato, esse entendimento anterior do Superior Tribunal de Justiça representava um grande avanço em matéria de ampliação dos efeitos contratuais.

Porém, infelizmente, a jurisprudência do Superior Tribunal de Justiça acabou por rever esse seu entendimento anterior, passando a concluir que a vítima não pode ingressar com ação apenas e diretamente contra a seguradora do culpado, mas somente contra ambos. Vejamos os principais trechos de uma das publicações constantes do *Informativo* n. *490* daquela Corte:

> "Recurso repetitivo. Seguro de responsabilidade civil. Ajuizamento direto exclusivamente contra a seguradora. A Seção firmou o entendimento de que descabe ação do terceiro prejudicado ajuizada, direta e exclusivamente, em face da seguradora do apontado causador do dano, porque, no seguro de responsabilidade civil facultativo, a obrigação da seguradora de ressarcir os danos sofridos por terceiros pressupõe a responsabilidade civil do segurado, a qual, de regra, não poderá ser reconhecida em demanda na qual este não interveio, sob pena de vulneração do devido processo legal e da ampla defesa. Esse posicionamento fundamenta-se no fato de o seguro de responsabilidade civil facultativa ter por finalidade neutralizar a obrigação do segurado em indenizar danos causados a terceiros nos limites dos valores contratados, após a obrigatória verificação da responsabilidade civil do segurado no sinistro. Em outras palavras, a obrigação da seguradora está sujeita à condição suspensiva que não se implementa pelo simples fato de ter ocorrido o sinistro, mas somente pela verificação da eventual obrigação civil do segurado. Isso porque o seguro de responsabilidade civil facultativo não é espécie de estipulação a favor de terceiro alheio ao negócio, ou seja, quem sofre o prejuízo não é beneficiário do negócio, mas sim o causador do dano. Acrescente-se, ainda, que o ajuizamento direto exclusivamente contra a seguradora ofende os princípios do contraditório e da ampla defesa, pois a ré não teria como defender-se dos fatos expostos na inicial, especialmente da descrição do sinistro. (...)" (STJ, REsp 962.230/RS, Rel. Min. Luis Felipe Salomão, j. 08.02.2012).

A conclusão revisada causa estranheza, eis que, presente a solidariedade, a vítima pode escolher contra quem demandar, nos termos da *opção de demanda* reconhecida pelo art. 275 do CC. Ademais, essa posição acaba representando um retrocesso em relação ao entendimento anterior na perspectiva da função social do contrato e da solidariedade social que deve guiar todas as relações negociais.

A demonstrar a discordância da doutrina quanto a essa alteração na jurisprudência do STJ, na *VI Jornada de Direito Civil*, em 2013, foi aprovado o Enunciado n. 544 que admite a ação proposta diretamente contra a seguradora. É a sua redação: "o seguro de responsabilidade civil facultativo garante dois interesses, o do segurado contra os efeitos patrimoniais da imputação de responsabilidade e o da vítima à indenização, ambos destinatários da garantia, com pretensão própria e independente contra a seguradora".

De toda forma, essa discordância da doutrina definitivamente não convenceu o Superior Tribunal de Justiça que, em 2015, editou a Súmula 529, expressando que "no seguro de responsabilidade civil facultativo, não cabe o ajuizamento de ação pelo terceiro prejudicado direta e exclusivamente em face da seguradora do apontado causador do dano".

Porém, em 2017 a Corte passou a aplicar uma ressalva a esse entendimento, o que representa, em certo sentido, uma volta àquela aplicação da eficácia externa da função social do contrato. Nos termos de uma nova tese firmada, a vítima de acidente de trânsito pode sim ajuizar demanda direta e exclusivamente contra a seguradora do causador do dano quando estiver reconhecida, na esfera administrativa, a responsabilidade deste pela ocorrência do sinistro e quando parte da indenização securitária já tiver sido paga.

Como importante afastamento prático da sumular, o Tribunal Superior concluiu que "há hipóteses em que a obrigação civil de indenizar do segurado se revela incontroversa, como quando reconhece a culpa pelo acidente de trânsito ao acionar o seguro de automóvel contratado, ou quando firma acordo extrajudicial com a vítima obtendo a anuência da seguradora, ou, ainda, quando esta celebra acordo diretamente com a vítima. Nesses casos, mesmo não havendo liame contratual entre a seguradora e o terceiro prejudicado, forma-se, pelos fatos sucedidos, uma relação jurídica de direito material envolvendo ambos, sobretudo se paga a indenização securitária, cujo valor é o objeto contestado". Por isso, "na pretensão de complementação de indenização securitária decorrente de seguro de responsabilidade civil facultativo, a seguradora pode ser demandada direta e exclusivamente pelo terceiro prejudicado no sinistro, pois, com o pagamento tido como parcial na esfera administrativa, originou-se uma nova relação jurídica substancial entre as partes. Inexistência de restrição ao direito de defesa da seguradora ao não ser incluído em conjunto o segurado no polo passivo da lide" (STJ, REsp 1.584.970/MT, 3.ª Turma, Rel. Min. Ricardo Villas Bôas Cueva, j. 24.10.2017, *DJe* 30.10.2017). Como sou entusiasta do entendimento que acabou sendo superado, essa nova forma de julgar parece-me perfeita.

Como último exemplo de incidência da eficácia externa da função social do contrato, rumoroso acórdão do STJ, do ano de 2022, responsabilizou uma associação de atletas por ter enviado cartas desabonadoras a patrocinador de famoso jogador de futebol. Vejamos os termos da sua ementa:

> "De acordo com a Teoria do Terceiro Cúmplice, terceiro ofensor também está sujeito à eficácia transubjetiva das obrigações, haja vista que seu comportamento não pode interferir indevidamente na relação, perturbando o normal desempenho da prestação pelas partes, sob pena de se responsabilizar pelos danos decorrentes de sua conduta. O envio de carta por terceiro a patrocinadora do jogador, relatando e emitindo juízo de valor sobre suposta conduta criminosa, sem nenhum intuito informativo e com nítido caráter difamatório e vingativo, buscou unicamente incentivar a rescisão do contrato firmado entre o atleta e a destinatária da carta, estando configurado ato danoso indenizável" (STJ, REsp 1.895.272/DF, 3.ª Turma, Rel. Min. Marco Aurélio Bellizze, j. 26.04.2022, *DJe* 29.04.2022).

Consoante voto do Ministro Relator, no caso, houve "a necessidade de analisar o comportamento daquele terceiro que interfere ou induz o inadimplemento de um contrato sob o prisma de uma proteção extracontratual, do capitalismo ético, da função social do contrato e da proteção das estruturas de interesse da sociedade, tais como a honestidade e a tutela da confiança. Assim, a responsabilização de um terceiro, alheio à relação contratual, decorre da sua não funcionalização sob a perspectiva social da autonomia contratual, incorporando como razão prática a confiança e o desenvolvimento social na conduta daqueles que exercem sua liberdade" (REsp 1.895.272/DF). Estou totalmente filiado ao entendimento constante dessa importante e emblemática decisão.

Com o estudo da tutela externa do crédito, que tem relação com a função social dos contratos, encerra-se o presente capítulo.

2.7 RESUMO ESQUEMÁTICO

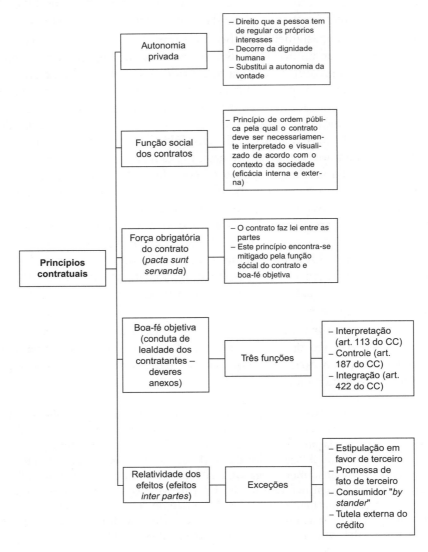

Função social dos contratos. Eficácia interna e externa

Eficácia interna da função social dos contratos:

a) Mitigação da força obrigatória do contrato.

b) Proteção da parte vulnerável da relação contratual, caso dos consumidores e aderentes.

c) Vedação da onerosidade excessiva, tema incrementado quanto à sua importância com a grave crise econômica decorrente da pandemia de Covid-19.

d) Tendência de conservação contratual, mantendo a autonomia privada (Enunciado n. 22 do CJF/STJ).

e) Proteção de direitos individuais relativos à dignidade humana (Enunciado n. 23 do CJF/STJ).

f) Nulidade de cláusulas contratuais abusivas por violadoras da função social (arts. 104, 166, II, 187 e 421).

g) Tese da frustração do fim da causa do contrato, constante do Enunciado n. 166, da *III Jornada de Direito Civil*, presente quando o contrato perde sua razão de ser. O tema está estudado no Capítulo 6 deste livro.

Eficácia externa da função social dos contratos:

a) Tutela externa do crédito. Teoria do terceiro cúmplice.

b) Proteção de direitos metaindividuais e difusos.

c) Função socioambiental do contrato.

Resumo. Conceitos correlatos à boa-fé objetiva (Conceitos Parcelares)

Supressio	Surrectio	Tu quoque	Exceptio doli	Venire contra factum proprium	Duty to mitigate the loss	Nachfrist
Perda de um direito pelo seu não exercício no tempo. Art. 330 do CC.	Surgimento de um direito diante de práticas, usos e costumes. Art. 330 do CC.	Diante da boa-fé objetiva, não faça contra o outro o que você não faria contra si mesmo (*regra de ouro*).	Defesa contra o dolo alheio, caso da exceção de contrato não cumprido. Art. 476 do CC.	Não caia em contradição por conduta. Vedação do comportamento contraditório (teoria dos atos próprios). Julgado do STJ.	Dever do credor de mitigar o prejuízo, a própria perda (Enunciado 169 CJF). Arts. 769 e 771 do CC (contrato de seguro).	Prevista pelo art. 47 da Convenção de Viena sobre Compra e Venda. Trata-se da concessão de um prazo adicional pelo comprador para que o vendedor cumpra a obrigação, o que tem o intuito de conservar a avença. Há também relação com a função social do contrato.

148 | DIREITO CIVIL • VOL. 3 – *Flávio Tartuce*

2.8 QUESTÕES CORRELATAS

01. (TJSC – FCC – Juiz Substituto – 2015) O princípio da boa-fé, no Código Civil Brasileiro, não foi consagrado, em artigo expresso, como regra geral, ao contrário do Código Civil Alemão. Mas o nosso Código Comercial incluiu-o como princípio vigorante no campo obrigacional e relacionou-o também com os usos de tráfico (23). Contudo, a inexistência, no Código Civil, de artigo semelhante ao § 242 do BGB não impede que o princípio tenha vigência em nosso direito das obrigações, pois se trata de proposição jurídica, com significado de regra de conduta. O mandamento engloba todos os que participam do vínculo obrigacional e estabelece, entre eles, um elo de cooperação, em face do fim objetivo a que visam. (Clóvis V. do Couto e Silva. *A obrigação como processo.* **José Bushatsky, Editor, 1976, p. 29-30).**

Esse texto foi escrito na vigência do Código Civil de 1916. O Código Civil de 2002

(A) trouxe, porém, mandamento de conduta, tanto ao credor como ao devedor, estabelecendo entre eles o elo de cooperação referido pelo autor.

(B) trouxe disposição análoga à do Código Civil alemão, mas impondo somente ao devedor o dever de boa-fé.

(C) também não trouxe qualquer disposição semelhante à do Código Civil alemão estabelecendo elo de cooperação entre credor e devedor.

(D) trouxe disposição semelhante à do Código Civil alemão, somente na parte geral e como regra interpretativa dos contratos.

(E) trouxe disposição análoga à do Código civil alemão, mas impondo somente ao credor o dever de boa-fé.

02. (TJMS – VUNESP – Juiz Substituto – 2015) A respeito do direito contratual e os princípios que regem a matéria, afirma-se corretamente que

(A) nos contratos paritários, em relação diversa da relação de consumo, não se admite a declaração judicial de abusividade de cláusula contratual.

(B) a aplicação do instituto da *supressio* é vedada no direito brasileiro, sobrepondo-se o princípio da segurança jurídica.

(C) o dirigismo contratual é vedado pela legislação brasileira, como forma de preservação ao princípio da liberdade contratual.

(D) o credor tem o dever de evitar o agravamento do prejuízo que lhe causou o devedor.

(E) o adimplemento incompleto, mas significativo, das obrigações contratuais por uma das partes, não impede que a parte contrária resolva o contrato, com fundamento em descumprimento contratual.

03. (FAURGS – TJRS – Juiz de Direito Substituto – 2016) Sobre os efeitos da boa-fé objetiva, é incorreto afirmar que

(A) servem de limite ao exercício de direitos subjetivos.

(B) resultam na proibição do comportamento contraditório.

(C) qualificam a posse, protegendo o possuidor em relação aos frutos já percebidos.

(D) servem como critério para interpretação dos negócios jurídicos.

(E) reforçam o dever de informar das partes na relação obrigacional.

04. (VUNESP – TJM-SP – Juiz de Direito Substituto – 2016) A empresa Alegria Ltda., visando parceria comercial com a empresa Felicidade Ltda. na comercialização de produtos para festas, iniciou tratativas pré-contratuais, exigindo da segunda que comprasse equipamento para a produção desses produtos. O negócio não foi concluído, razão pela qual a empresa Felicidade Ltda., entendendo ter sofrido prejuízo, ingressou com ação de reparação de danos morais, materiais e lucros cessantes, assim como na obrigação de contratar, ante a expectativa criada pela empresa Alegria Ltda.

Diante deste caso hipotético, assinale a alternativa correta.

CAP. 2 · TEORIA GERAL DOS CONTRATOS – OS PRINCÍPIOS CONTRATUAIS NO CÓDIGO CIVIL DE 2002 | **149**

(A) Quem negocia com outrem para conclusão de um contrato deve proceder segundo as regras da boa-fé, sob pena de responder apenas pelos danos que dolosamente causar à outra parte.

(B) A boa-fé a ser observada na responsabilidade pré-contratual é a objetiva, haja vista que esta diz respeito ao dever de conduta que as partes possuem, podendo a empresa desistente arcar com a reparação dos danos, se comprovados, sem qualquer obrigação de contratar.

(C) É assegurado o direito à contratação, em razão da boa-fé objetiva, e deverá a empresa que pretendia desistir arcar com os danos comprovados, mas em razão da contratação, estes poderão ser mitigados, principalmente quanto aos lucros cessantes.

(D) Em razão de conveniência e oportunidade, podem as contratantes desistir do negócio, por qualquer razão, considerando o princípio da liberdade contratual, o qual assegura às partes a desistência, motivo pelo qual não há que se falar em indenização.

(E) Não existe no direito brasileiro uma cláusula geral que discipline a responsabilidade pré-contratual, de modo que não há que se falar em quebra de expectativa, vigorando o princípio da livre contratação.

05. (FCC – DPE-BA – Defensor Público – 2016) A boa-fé, como cláusula geral contemplada pelo Código Civil de 2002, apresenta

(A) indeterminação em sua *fattispecie* a fim de permitir ao intérprete a incidência da hipótese normativa a diversos comportamentos do mundo do ser que não poderiam ser exauridos taxativamente no texto legal.

(B) como sua antítese a má-fé, sendo que esta tem a aptidão de macular o ato no plano de sua validade em razão da ilicitude de seu objeto.

(C) alto teor de densidade normativa, estreitando o campo hermenêutico de sua aplicação à hipótese de sua aplicação à hipótese expressamente contemplada pelo texto normativo, em consonância com as exigências de legalidade estrita.

(D) necessidade de aferição do elemento volitivo do agente, consistente na crença de agir em conformidade com o ordenamento jurídico.

(E) duas vertentes, isto é, a boa-fé subjetiva, que depende da análise da consciência subjetiva do agente, e a boa-fé objetiva, como *standard* de comportamento.

06. (FUNRIO – Prefeitura de Trindade/GO – Procurador – 2016) A alternativa correta, de acordo com os novos princípios contratuais, é:

(A) A boa-fé objetiva é um preceito que, embora previsto no Código Civil, pode ser afastado pela vontade das partes, desde que expressamente convencionado.

(B) Ao revogarem os princípios clássicos, os novos princípios exigem uma relação contratual mais clara, transparente e equilibrada, com a tutela da parte mais fraca.

(C) A função social dos contratos possui, segundo posição majoritária da doutrina e jurisprudência, dois principais efeitos: mitiga a autonomia da vontade e atenua o princípio da relatividade dos efeitos dos contratos.

(D) O princípio do equilíbrio econômico-financeiro dos contratos impede qualquer mínimo desequilíbrio porventura existente nas relações contratuais, criando, assim, um equilíbrio objetivo no tráfego jurídico de massas.

(E) É possível que as partes, a qualquer momento, desistam das negociações preliminares, ainda que se tenha criado a legítima expectativa na outra parte de que o contrato seria celebrado, independentemente de perdas e danos.

07. (IBEG – Prefeitura de Guarapari-ES – Procurador – 2016) Nos termos do Código Civil, a liberdade de contratar será exercida em razão e nos limites da função social do contrato sendo que os contratantes são obrigados a guardar, assim na conclusão do contrato, como em sua execução, os princípios de probidade e boa-fé. Assim, analise as assertivas abaixo e assinale a alternativa correta:

I – Em regra, a proposta de contrato obriga o proponente, salvo se o contrário não resultar dos termos dela, da natureza do negócio, ou das circunstâncias do caso.

150 DIREITO CIVIL • VOL. 3 – *Flávio Tartuce*

II – A liberdade de forma é princípio contratual básico que não admite exceções, vez que asse-gurada pela autonomia da vontade.

III – A boa-fé objetiva é princípio contratual com várias funções, não se limitando à interpretação do negócio jurídico.

IV – Pelo princípio da liberdade contratual, é lícito às partes estipular contratos atípicos, desde que sua escolha recaia sobre um dos previstos no Código Civil.

V – O princípio do "pacta sunt servanda" não admite exceções, uma vez que qualquer revisão do contrato atentaria contra o princípio da boa-fé.

(A) Apenas as assertivas I, II e III são verdadeiras.
(B) Apenas as assertivas I e III são verdadeiras.
(C) Apenas as assertivas II e V são verdadeiras.
(D) Apenas as assertivas I, III e IV são verdadeiras.
(E) Apenas as assertivas I, II e IV são verdadeiras.

08. **(VUNESP – IPSMI – Procurador – 2016) Nos contratos de consumo, as cláusulas abusivas**

(A) transferem responsabilidade a terceiros.
(B) impõem a conclusão do negócio.
(C) são nulas de pleno direito.
(D) invalidam o contrato por inteiro.
(E) estabelecem a inversão do ônus da prova.

09. **(MPE/RS – Promotor de Justiça – Reaplicação – 2017) Assinale a alternativa INCORRETA quanto aos Contratos.**

(A) A boa-fé objetiva deve estar presente tanto na conclusão como na execução do contrato, ou seja, em todas as fases do negócio jurídico. Na fase negocial, a proposta vincula o proponente, deixando de ser obrigatória, se, feita sem prazo à pessoa presente, não for imediatamente aceita.
(B) O contrato de compra e venda será anulável no caso de a venda recair sobre bem de família instituído de forma convencional ou voluntária.
(C) Os contratos de transação e doação somente admitem interpretação restritiva.
(D) Para a configuração de sua legitimação, os curadores não poderão dar em comodato bens confiados à sua guarda, sem antes obterem autorização judicial, com a prévia oitiva do Ministério Público.
(E) Os fiadores exoneram-se da garantia prestada no contrato de locação, bem como da solidariedade em relação ao locatário, se não houve anuência em relação ao pacto moratório.

10. **(BANPARÁ – Advogado – 2017) De acordo com a doutrina civilista, os conceitos correlatos à boa-fé objetiva devem ser utilizados como função integrativa, suprindo lacunas do con-trato e trazendo deveres implícitos às partes contratuais. A esse respeito, assinale a única resposta correta:**

(A) O *tu quoque* está relacionado à proteção de uma parte contra aquela que pretende exercer uma posição jurídica em contradição com o comportamento assumido anteriormente.
(B) A *surrectio* refere-se a um direito que não exercido durante determinado lapso de tempo não poderá mais sê-lo, por contrariar a boa-fé.
(C) A *surrectio* é considerada a outra face da *supressio*, ou seja, acarreta o nascimento de um direito em razão da continuada prática de certos atos.
(D) O *venire contra factum proprium* proíbe que uma pessoa faça contra outra o que não faria contra si mesmo, consistindo em aplicação do mesmo princípio inspirador da *exceptio non adimpleti con-tractus*.

11. **(MPE/RR – CESPE – Promotor de Justiça Substituto – 2017) Se, em cumprimento a cláu-sula de uma relação contratual, uma das partes adota determinado comportamento e, tempos depois, ainda sob a vigência da referida relação, passa a adotar comportamento**

CAP. 2 • TEORIA GERAL DOS CONTRATOS – OS PRINCÍPIOS CONTRATUAIS NO CÓDIGO CIVIL DE 2002 **151**

contraditório relativamente àquele inicialmente adotado, tem-se, nesse caso, um exemplo do que a doutrina civilista denomina

(A) *exceptio doli.*

(B) *supressio.*

(C) *surrectio.*

(D) *venire contra factum proprium.*

12. **(Câmara de Mogi das Cruzes/SP – VUNESP – Procurador Jurídico – 2017) Marcos, residente e domiciliado em Goiânia, assinou um contrato de compra e venda de bois, no qual se comprometia a pagar para Pedro, residente e domiciliado em Cuiabá, o valor de trezentos reais mensais, durante 24 meses. Conforme previsão no Código Civil, o pagamento seria efetuado no domicílio do devedor, ou seja, Goiânia. Ocorre que Marcos constantemente viajava para Cuiabá e passou a efetuar o pagamento nessa cidade. Porém, após o pagamento da vigésima parcela, Marcos decidiu pagar o valor em Goiânia, o que não foi aceito por Pedro.**

Diante do narrado, é possível afirmar que

(A) Marcos está correto em razão do instituto conhecido como *duty to mitigate the law.*

(B) Marcos está correto, pois o devedor, por ser a parte mais fraca na relação jurídica, tem o direito de escolher onde irá realizar o pagamento.

(C) Marcos está correto em razão do instituto conhecido como *venire contra factum proprium.*

(D) Pedro está correto em razão do instituto conhecido como *supressio.*

(E) Pedro está correto, pois a relação está fundamentada no Código de Defesa do Consumidor.

13. **(Promotor de Justiça Substituto – MPE – MS – 2018) Em relação aos contratos em geral, assinale a alternativa correta.**

(A) Na revisão judicial de disposições contratuais de execução continuada, em razão de excessiva onerosidade da prestação, com extrema vantagem para a outra parte, em face de acontecimentos extraordinários e imprevisíveis, poderá o devedor pedir a resolução do contrato, retroagindo os efeitos da sentença à data da celebração do negócio jurídico.

(B) A aplicação dos institutos da supressio e da surrectio constituem figuras concomitantes, podendo ser comparadas como verso e reverso da mesma moeda.

(C) A doação pura feita ao nascituro e ao absolutamente incapaz valerá sendo aceita pelo seu representante legal, com presunção jure et jure.

(D) O direito de demandar pela evicção supõe, necessariamente, a perda da coisa adquirida em contrato oneroso, por força de decisão judicial.

(E) O Código Civil de 2002 adotou a teoria da base objetiva do negócio jurídico, inspirado na doutrina alemã desenvolvida por Karl Larenz.

14. **(Procurador de Universidade Assistente – VUNESP – 2018) Considere as seguintes afirmativas: i) não se confunde com a prescrição, resultando na perda de um direito pelo seu não exercício por tempo suficiente para gerar na outra parte da relação jurídica a confiança de que o mesmo não mais será exigido; ii) surgimento de um direito não previsto na relação contratual, mas que se incorpora no patrimônio de uma das partes em razão do comportamento reiterado da outra; iii) vedação ao comportamento de uma das partes da relação contratual que viola regra estabelecida no acordo e tenta se aproveitar de situação favorável decorrente da violação que em que ela mesma incorreu. As assertivas referem-se, respectivamente, a:**

(A) *supressio, surrectio* e *tu quoque.*

(B) *tu quoque, surrectio* e *supressio.*

(C) *surrectio, supressio* e *tu quoque.*

(D) *tu quoque, supressio* e *surrectio.*

(E) *surrectio, tu quoque* e *supressio.*

152 | DIREITO CIVIL • VOL. 3 – *Flávio Tartuce*

15. **(Procurador – IPSM – VUNESP – 2018)** Sobre a boa-fé nas relações contratuais, assinale a alternativa correta.

(A) A boa-fé dá origem a obrigações não constantes expressamente do contrato. Em razão da conduta das partes, surgem, independentemente da vontade destas, os denominados "deveres laterais" que podem servir de fundamento para pretensões no âmbito da relação contratual.

(B) A boa-fé é protegida durante a relação contratual. Dessa forma, antes da formação do vínculo contratual e após o cumprimento da prestação objeto do contrato, não há que se falar em proteção à boa-fé, tendo em vista a inexistência de relação jurídica, salvo se ocorrer qualquer hipótese que possa ensejar responsabilidade aquiliana.

(C) As cláusulas contratuais vinculam as partes. Se estas começarem a se comportar, durante a relação contratual, de forma diversa da pactuada, não pode qualquer delas demandar qualquer pretensão decorrente deste comportamento, tendo em vista que a boa-fé não é apta a alterar o ajustado expressamente no contrato.

(D) A boa-fé protegida no âmbito das relações contratuais é a denominada boa-fé subjetiva. Dessa forma, mesmo que as partes tenham agido segundo o padrão de conduta esperado, se uma delas tiver uma expectativa subjetiva diversa da decorrente dos termos da relação contratual, existe pretensão a ser exercida visando ao reequilíbrio contratual.

(E) Se o contrato prevê a resolução em razão de inadimplemento, mesmo ocorrendo adimplemento substancial, deve o mesmo ser resolvido, tendo em vista que não se pode alegar boa-fé contra cláusula expressa como justificativa para a manutenção da relação contratual.

16. **(Procurador Jurídico – Prefeitura de Marília – SP – VUNESP – 2017)** Maria locou um apartamento de propriedade de João, pelo valor mensal de R$ 3.000,00 (três mil reais), por um prazo de 120 meses. Foi previsto no contrato a aplicação de índice de correção monetária oficial, a ser aplicado anualmente. Contudo, todo o contrato foi cumprido, mediante o pagamento mensal do valor de R$ 3.000,00 (três mil reais), sem qualquer correção monetária, e sem qualquer oposição do locador. Após o término do contrato, foi o imóvel entregue. Contudo, após dois anos da entrega do imóvel, Maria recebeu uma citação decorrente de um processo judicial, no qual o locador pretendia reaver a correção monetária não paga durante todo o período do contrato. A pretensão do locador deve ser julgada

(A) procedente, tendo em vista que o contrato previa a obrigação de pagamento com correção monetária, incidindo o princípio da força obrigatória dos contratos.

(B) improcedente, tendo em vista a prescrição dos valores devidos, cujo prazo é de um ano, contado do término do contrato.

(C) improcedente, tendo em vista a configuração do instituto da *supressio*, decorrente do princípio da boa-fé.

(D) parcialmente procedente, tendo em vista o prazo prescricional de três anos, contados da data de vencimento de cada mensalidade do aluguel.

(E) procedente, tendo em vista que a correção monetária apenas recompõe o valor da moeda, não podendo a locatária se beneficiar da sua torpeza (*venire contra factum proprium*).

17. **(Procurador Jurídico – Câmara de Sumaré – SP – VUNESP – 2017)** A empresa 123 Eventos e Fábio firmaram, no ano 2000, contrato de prestação de serviços, por prazo indeterminado, por meio do qual Fábio prestava assessoria em informática para a empresa. Uma das obrigações contratuais de Fábio era enviar, quinzenalmente, um relatório descritivo das tarefas realizadas naquele período. Fábio nunca enviou os relatórios e o representante legal da empresa também nunca os exigiu. Em 2017, a 123 Eventos exigiu todos os relatórios, desde o início da prestação dos serviços, ameaçando cobrar a multa estipulada em cláusula penal caso Fábio não atendesse à solicitação. Fábio apontou que não poderia atender ao pedido e argumentou que durante os 17 (dezessete) anos de vigência do contrato, tal obrigação jamais havia sido exigida. Desse modo, concluiu Fábio que a obrigação contratual não seria mais exigível. A argumentação e conclusão de Fábio têm suporte, em tese,

(A) na vedação ao comportamento contraditório.

(B) na teoria do adimplemento substancial.

CAP. 2 · TEORIA GERAL DOS CONTRATOS – OS PRINCÍPIOS CONTRATUAIS NO CÓDIGO CIVIL DE 2002 | **153**

(C) na função social dos contratos.

(D) na presumida vulnerabilidade do fornecedor pessoa física.

(E) no instituto da *suppressio*.

18. (Fundação Hemocentro de Brasília – DF – IADES – 2017) A respeito do princípio da boa-fé e do abuso de direito, assinale a alternativa correta.

(A) O Código Civil (CC) determina que os contratantes são obrigados a guardar, assim na conclusão do contrato como em sua execução, os princípios de probidade e boa-fé. Com base nesse último princípio – boa-fé –, a doutrina dominante tem entendido que a violação dos deveres anexos constitui espécie de inadimplemento, o qual depende de comprovação de culpa do inadimplente.

(B) O princípio da boa-fé objetiva assegura que o credor deve evitar o agravamento do próprio prejuízo, conhecido como princípio *duty to mitigate the loss*.

(C) Os princípios da probidade e da boa-fé contratuais não são de ordem pública, restringindo-se à relação privada entre as partes contratantes, embora seja obrigação do ofendido demonstrar a existência da violação.

(D) O contratante lesado pelo inadimplemento pode pedir a resolução do contrato, se não preferir exigir--lhe o cumprimento, cabendo, em qualquer dos casos, indenização por perdas e danos. Por isso mesmo, tanto a doutrina como a jurisprudência têm rechaçado a teoria do adimplemento substancial, por compreendê-la como incompatível com a função social do contrato e com o próprio princípio da boa-fé objetiva.

(E) A boa-fé constitui cláusula geral, que deve ser interpretada à luz do sistema do CC, sem que se possam fazer conexões sistemáticas com outros estatutos normativos, na medida em que parte majoritária da doutrina e o entendimento iterativo do Superior Tribunal de Justiça não aceitam a aplicação da teoria do diálogo das fontes.

19. (Defensor Público – DPE-AC – CESPE – 2017) Em uma relação de consumo, foi estabelecido que o pagamento deveria ser realizado de determinada maneira. No entanto, após certo tempo, o pagamento passou a ser feito, reiteradamente, de outro modo, sem que o credor se opusesse à mudança.

Nessa situação, considerando-se a boa-fé objetiva, para o credor ocorreu o que se denomina

(A) *venire contra factum proprium*.

(B) *tu quoque*.

(C) *surrectio*.

(D) *supressio*.

(E) *exceptio doli*.

20. (Assistente Jurídico – Prefeitura de São Bernardo do Campo – SP – VUNESP – 2018) O hospital X, situado na Cidade de São Bernardo do Campo, passou a oferecer o serviço de plano de saúde para os seus pacientes no valor de R$ 800,00 (oitocentos reais). No anúncio, informou que caso mais de 1.000 (mil) pessoas contratassem o plano, o valor seria reduzido para a metade. Quando o plano de saúde atingiu 900 (novecentas) pessoas contratadas, o valor do plano foi reduzido pela metade. Porém, onze meses após as contratações, o hospital X decidiu que iria cobrar o valor integral do plano de saúde.

Sobre a situação hipotética, considerando os princípios da boa-fé objetiva, é correto afirmar que o hospital X está

(A) correto, pois não houve a contratação pelo número de pessoas previamente estabelecido.

(B) correto, em razão do instituto conhecido como *tu quoque*.

(C) correto, em razão do instituto conhecido como *supressio*.

(D) incorreto, em razão do instituto conhecido como *venire contra factum proprium*.

(E) incorreto, em razão do instituto conhecido como *tu quoque*.

154 | DIREITO CIVIL • VOL. 3 – *Flávio Tartuce*

21. **(Procurador – Câmara de Palmas – TO – COPESE – 2018) Com relação à Teoria dos Contratos, importante matéria do Direito Civil, é INCORRETO afirmar que:**

(A) os contratantes não podem criar situações jurídicas que prejudiquem terceiros, uma vez que a autonomia privada não é um dogma inatacável, devendo a liberdade de contratar ser exercida em razão e nos limites da função social do contrato.

(B) como regra geral as tratativas preliminares não possuem força vinculante, todavia, há responsabilidades quando uma parte cria expectativas e sem motivo justificável as encerra.

(C) é nulo o contrato subordinado a eventos futuros, certos ou incertos, que limitam, mesmo que parcialmente ou total, a sua eficácia contratual.

(D) nos contratos bilaterais nenhum dos contratantes pode exigir o cumprimento da parte do outro, antes de cumprir a sua própria obrigação.

22. **(Procurador Jurídico – Prefeitura de Cerquilho – SP VUNESP – 2019) "A possibilidade de se considerar suprimida uma obrigação contratual, na hipótese em que o não exercício do direito correspondente, pelo credor, gere no devedor a justa expectativa de que esse não exercício se prorrogará no tempo".**

Qual é o instituto a que se refere a citação?

(A) *Supressio*.

(B) Prescrição.

(C) Impossibilidade jurídica do pedido.

(D) Decadência.

(E) *Surrectio*.

23. **(Procurador – Prefeitura de São João da Boa Vista-SP – IPEFAE – 2020) De acordo com o Código Civil "os contratos civis e empresariais presumem-se paritários e simétricos até a presença de elementos concretos que justifiquem o afastamento dessa presunção, ressalvados os regimes jurídicos previstos em leis especiais, garantido também que":**

(A) as partes negociantes poderão estabelecer parâmetros objetivos para a interpretação das cláusulas negociais e de seus pressupostos de revisão ou de resolução.

(B) a alocação de riscos definida pelas partes não será necessariamente respeitada.

(C) a revisão contratual passa a ser a regra, podendo ser realizada de forma ilimitada.

(D) os princípios da probidade e da boa-fé devem ser seguidos pelos contratantes apenas na conclusão do contrato.

24. **(Advogado – Instituto de Previdência Municipal de Uberlândia-MG – Fundep – 2021) No tocante aos contratos regidos pelo Direito Civil, assinale a alternativa correta.**

(A) A lei brasileira admite que, no momento da conclusão do contrato, seja desconhecida a pessoa que deve adquirir os direitos e assumir as obrigações decorrentes da avença.

(B) Conforme expressa disposição do Código Civil, nas relações contratuais entabuladas pela administração pública, prevalecerão o princípio da intervenção mínima e a excepcionalidade da revisão contratual.

(C) Apesar de os contratos possuírem inquestionável relevância econômica, funcionando como meios de circulação de riquezas e de distribuição de renda, eles não possuem necessária função social.

(D) A possibilidade de determinação do objeto do contrato é elemento meramente acidental dos negócios jurídicos e, sendo indeterminável o objeto, considera-se anulável a avença.

25. **(Advogado – CAU-MS – Iades – 2021) A respeito da teoria geral dos contratos, de acordo com o Código Civil brasileiro, assinale a alternativa correta.**

(A) Nos contratos de adesão, são lícitas as cláusulas que estipulem a renúncia antecipada do aderente a direito resultante da natureza do negócio.

(B) A herança de pessoa viva pode ser objeto de contrato, desde que ambas as partes sejam maiores e capazes.

CAP. 2 · TEORIA GERAL DOS CONTRATOS – OS PRINCÍPIOS CONTRATUAIS NO CÓDIGO CIVIL DE 2002 | **155**

(C) Quando houver, no contrato de adesão, cláusulas ambíguas ou contraditórias, dever-se-á adotar a interpretação mais favorável ao estipulante.

(D) O direito brasileiro admite a celebração pelas partes de contratos atípicos, observadas as normas gerais fixadas neste Código.

(E) O princípio da função social dos contratos não tem previsão expressa no Código Civil de 2002.

26. **(Procurador Jurídico – Prefeitura de Guarujá-SP – Vunesp – 2021) Assinale a alternativa correta sobre a interpretação dos contratos.**

(A) Os contratos presumem-se não paritários e não simétricos, salvo se celebrados entre empresários ou entre pessoas que não apresentem características de hipossuficiência.

(B) As partes negociantes poderão estabelecer parâmetros objetivos para a interpretação das cláusulas negociais e de seus pressupostos de revisão ou de resolução.

(C) A alocação de riscos definida pelas partes deve ser respeitada, observados os princípios da intervenção máxima e da possibilidade de revisão geral dos contratos.

(D) Os contratantes são obrigados a guardar, assim na conclusão do contrato, como em sua execução, os princípios de probidade e boa-fé que, entretanto, não se aplicam na fase pós-contratual.

(E) São válidas as cláusulas que estipulem a renúncia antecipada a direito resultante da natureza do negócio, bem como as que o sujeitarem ao puro arbítrio de uma das partes.

27. **(Analista Jurídico – Detran-AM – IBFC – 2022) No que se refere às disposições gerais sobre contratos previstas no Código Civil (CC), analise as afirmativas abaixo:**

I. A liberdade contratual será exercida nos limites da função social do contrato.

II. Nas relações contratuais privadas, prevalecerão o princípio da intervenção mínima e a excepcionalidade da revisão contratual.

III. Não é possível às partes estipularem contratos atípicos, tendo em vista que as disposições específicas sobre os contratos estão previstas no CC.

Assinale a alternativa correta.

(A) As afirmativas I, II e III estão corretas.

(B) Apenas as afirmativas I e II estão corretas.

(C) Apenas as afirmativas II e III estão corretas.

(D) Apenas as afirmativas I e III estão corretas.

28. **(Defensor Público – DPE-SE – CESPE/CEBRASPE – 2022) O princípio da função social do contrato, introduzido no ordenamento jurídico brasileiro pelo Código Civil de 2002, é limitador do princípio contratual**

(A) de autonomia da vontade.

(B) da boa-fé objetiva.

(C) da força obrigatória dos contratos.

(D) da relatividade dos efeitos contratuais.

(E) do equilíbrio econômico.

29. **(Procurador do Estado – PGE-SC – FGV – 2022) Césio celebrou contrato de empreitada com a empresa GL1W. Pela avença, ficou acertado que as medições das obras seriam sempre feitas no dia 5 de cada mês. Subsequentemente, em quinze dias, o pagamento respectivo seria liberado. Nos dois primeiros anos da execução contratual, a empresa não conseguia liberar a medição até o quinto dia, conforme pactuado. Césio, então, por sua mera liberalidade, aceitou, em todas as ocasiões, transferi-las para o dia 10, contando daí o prazo quinzenal para pagamento. A partir do terceiro ano, a situação se normalizou, mas as medições continuaram a ser realizadas no dia 10. Um ano depois, a empresa pede judicialmente as diferenças financeiras pelos atrasos no pagamento, a aplicação de multa moratória sobre cada parcela e de juros de mora, devidos desde o início da execução do contrato. À luz da boa-fé objetiva, Césio poderá alegar, em contestação, a ocorrência de:**

(A) *tu quoque*;

(B) *surrectio*;

(C) *supressio*;

(D) dever de mitigar os próprios prejuízos (*duty to mitigate the loss*);

(E) *exceptio doli*.

30. (TJRJ – Vunesp – Juiz substituto – 2023) A função social do contrato é:

(A) um princípio geral de direito.

(B) um conceito determinado pela função.

(C) um conceito jurídico indeterminado.

(D) uma cláusula geral.

(E) um princípio implícito do direito civil.

31. (AL-MG – Fumarc – Procurador – 2023) Relativamente às regras contratuais previstas no Código Civil brasileiro vigente, é CORRETO afirmar:

(A) A coisa recebida em virtude de contrato comutativo não pode ser enjeitada por vícios ou defeitos ocultos.

(B) A liberdade contratual será exercida nos limites da função social do contrato, sendo que, nas relações contratuais privadas, prevalecerão o princípio da intervenção mínima e a excepcionalidade da revisão contratual.

(C) Os contratos civis e empresariais não se presumem paritários e simétricos até a presença de elementos concretos que justifiquem o afastamento dessa presunção, ressalvados os regimes jurídicos previstos em leis especiais, garantido também que: as partes negociantes poderão estabelecer parâmetros objetivos para a interpretação das cláusulas negociais e de seus pressupostos de revisão ou de resolução; a alocação de riscos definida pelas partes deve ser respeitada e observada; e a revisão contratual somente ocorrerá de maneira excepcional e limitada.

(D) Tanto a cláusula resolutiva expressa, quanto a tácita operam de pleno direito, independentemente de interpelação judicial.

32. (Prefeitura de Balneário Camboriú-SC – Fepese – Advogado – 2023) Assinale alternativa correta de acordo com o Código Civil.

(A) Nas relações contratuais privadas, prevalecerão os princípios da não intervenção e do risco da revisão contratual.

(B) As cláusulas contratuais ambíguas serão interpretadas de forma mais favorável ao contratado.

(C) O contrato que tiver por objeto herança de pessoa viva deverá ser averbado junto ao cartório de registro civil, podendo valer como adiantamento de quinhão hereditário.

(D) A liberdade contratual será exercida nos limites da função social da propriedade.

(E) Nos contratos de adesão, são nulas as cláusulas que estipulem a renúncia antecipada do aderente a direito resultante da natureza do negócio.

33. (CORE-PB – Instituto Consulplan – Assistente jurídico – 2023) O contrato pode ser conceituado como um negócio jurídico bilateral ou plurilateral que visa à criação, modificação ou extinção de direitos e deveres com conteúdo patrimonial. (TARTUCE, Flávio. *Direito Civil: Teoria Geral dos Contratos e Contratos em Espécie*, v. 3, 15ª ed., 2020.)

Partindo das normas legais que regem os contratos, no direito pátrio, assinale a afirmativa correta.

(A) Os contratantes são obrigados a guardar, tanto na conclusão do contrato quanto em sua execução, os princípios da probidade e boa-fé.

(B) A liberdade contratual, ainda que exercida nos limites da chamada "função social do contrato", encontra limitação na inafastabilidade de simetria entre as obrigações pactuadas e tipicidade compulsória de toda forma contratual.

(C) Toda proposta de contrato obriga o proponente nos limites do que se depreende do termo de proposição, ainda que exista erro perceptível na proposta, salvo quando esta for feita sem prazo de validade, o que torna a proposta insusceptível de produzir efeitos válidos.

CAP. 2 · TEORIA GERAL DOS CONTRATOS – OS PRINCÍPIOS CONTRATUAIS NO CÓDIGO CIVIL DE 2002 | 157

(D) Os vícios redibitórios são aqueles ocultos, que tornam a coisa imprópria ao uso a qual é destinado, ou lhe diminuem o valor. A presença de vício redibitório em qualquer bem, que seja objeto de um contrato, implica em nulidade absoluta do contrato, não sendo possível a repactuação ou abatimento de preço. A resolução deve ser sempre a de devolução dos valores e da coisa, com a respectiva indenização por dano.

34. **(TJBA – FGV – Juiz leigo – 2023) Uma grande empresa contrata plano de saúde coletivo, assumindo todos os custos e comprometendo-se a indicar os nomes de seus empregados como beneficiários da apólice. Nesse caso, o contrato se qualifica como:**
(A) promessa de fato de terceiro;
(B) estipulação em favor de terceiro;
(C) preliminar ou pré-contrato;
(D) policitação;
(E) com pessoa a declarar.

35. **(Camprev-SP – Vunesp – Procurador – 2023) Tendo em vista o direito positivo vigente, assinale a alternativa correta acerca dos contratos.**
(A) A liberdade de contratar será exercida em razão e nos limites da função social do contrato.
(B) Nas relações contratuais privadas, prevalecerá o princípio da intervenção judicial máxima, destinado a assegurar o atendimento do princípio da função social do contrato e da propriedade, sempre sendo sempre admitida, independentemente de previsão legal, a revisão contratual.
(C) É vedado às partes negociantes estabelecer parâmetros objetivos para a interpretação das cláusulas negociais e de seus pressupostos de revisão ou de resolução.
(D) A alocação de riscos definida pelas partes deve ser sempre relativizada por meio da revisão contratual com o objetivo de reverter a assimetria dos contratantes, assegurar a justiça social e a função social do contrato.
(E) Os contratos civis e empresariais presumem-se paritários e simétricos até a presença de elementos concretos que justifiquem o afastamento dessa presunção, ressalvados os regimes jurídicos previstos em leis especiais.

36. **(AL-TO – Procurador Jurídico – FGV – 2024) O princípio da confiança conectado à cláusula geral da boa-fé objetiva serve de fundamento para justificar a modulação de certos efeitos negociais. Eis a razão pela qual o Superior Tribunal de Justiça já definiu que é possível a "redução do conteúdo obrigacional pela inércia de uma das partes, ao longo da execução do contrato, em exercer determinado direito ou faculdade, criando para a outra a percepção válida e plausível – a ser apurada casuisticamente – de ter havido a renúncia àquela prerrogativa" (Recurso Especial n.º 1.879.503).**

Com base nesta corrente dogmática, segundo a jurisprudência do Superior Tribunal de Justiça, assinale a opção que, corretamente, deve ser qualificada como hipótese da *supressio* ou da *surrectio*.

(A) Locadora que deixa de aplicar o reajuste no valor do aluguel, ao longo de cinco anos, perdendo o direito de cobrá-lo (*supressio*), tanto os retroativos, quanto os valores posteriores à notificação.
(B) Obrigação alimentar extinta, mas que continua a ser paga por mera liberalidade do alimentante, ao longo de quinze anos, pode ser mantida com fundamento no instituto da *surrectio*.
(C) Credor que, em dívida contratualmente portável, aceita receber o primeiro pagamento no domicílio do devedor, perde o direito de receber em seu domicílio nos vencimentos subsequentes (*supressio*).
(D) Investidor de fundo de investimento que permanece inerte por quarenta anos perde o direito de exigir a prestação de contas sobre o destino de suas aplicações, em razão da *supressio*.
(E) Distribuidora que, por seis anos, não exige obrigação contratual, ao posto varejista, de aquisição de quantidade mínima mensal de combustível, perde o direito de cobrar a multa prevista (*supressio*).

158 | DIREITO CIVIL • VOL. 3 – *Flávio Tartuce*

37. **(MPE-SC – Promotor de Justiça substituto – Instituto Consulplan – 2024) Os contratos civis e empresariais presumem-se paritários e simétricos até a presença de elementos concretos que justifiquem o afastamento dessa presunção, ressalvados os regimes jurídicos previstos em leis especiais, garantido, também, que: as partes negociantes poderão estabelecer parâmetros objetivos para a interpretação das cláusulas negociais e de seus pressupostos de revisão ou de resolução; a alocação de riscos definida pelas partes deve ser respeitada e observada; e, a revisão contratual somente ocorrerá de maneira excepcional e limitada.**

( ) Certo
( ) Errado

GABARITO

01 – A	02 – D	03 – C
04 – B	05 – A	06 – C
07 – B	08 – C	09 – B
10 – C	11 – D	12 – D
13 – B	14 – A	15 – A
16 – C	17 – E	18 – B
19 – C	20 – D	21 – C
22 – A	23 – A	24 – A
25 – D	26 – B	27 – B
28 – A	29 – A	30 – D
31 – B	32 – E	33 – A
34 – B	35 – E	36 – E
37 – CERTO		

A FORMAÇÃO DO CONTRATO PELO CÓDIGO CIVIL E PELO CÓDIGO DE DEFESA DO CONSUMIDOR

Sumário: 3.1 A formação do contrato pelo Código Civil: 3.1.1 Fase de negociações preliminares ou de puntuação; 3.1.2 Fase de proposta, policitação ou oblação; 3.1.3 Fase de contrato preliminar; 3.1.4 Fase de contrato definitivo – 3.2 A formação do contrato pelo Código de Defesa do Consumidor – 3.3 A formação do contrato pela via eletrônica – 3.4 Resumo esquemático – 3.5 Questões correlatas – Gabarito.

3.1 A FORMAÇÃO DO CONTRATO PELO CÓDIGO CIVIL

Como outrora demonstrado, o contrato nasce da conjunção de duas ou mais vontades coincidentes, sem prejuízo de outros elementos, o que consubstancia aquilo que se denomina *autonomia privada*. Sem o mútuo consenso, sem a alteridade, não há contrato.

Reunindo o que há de melhor na doutrina, é possível identificar *quatro fases* na formação do contrato civil:

a) Fase de negociações preliminares ou de *puntuação*.
b) Fase de proposta, policitação ou oblação.
c) Fase de contrato preliminar.
d) Fase de contrato definitivo ou de conclusão do contrato.

As fases serão comentadas a partir das regras constantes no Código Civil de 2002, tendo como pano de fundo a melhor doutrina e a tendência jurisprudencial. A divisão de acordo com as fases é didática e metodológica, para uma melhor compreensão do tema.

3.1.1 Fase de negociações preliminares ou de puntuação

Essa é a fase em que ocorrem debates prévios, entendimentos, tratativas ou conversações sobre o contrato preliminar ou definitivo. Cumpre assinalar que a expressão *puntuação* foi difundida, na doutrina clássica, por Darcy Bessone, estando relacionada a acordos parciais na *fase pré-contratual* (ANDRADE, Darcy Bessone de Vieira. *Aspectos...*, 1949, p. 57). A origem está no francês *pourparlers* e no italiano *puntuazione* (antecontrato, declaração).

Essa fase não está prevista no Código Civil de 2002, sendo anterior à formalização da proposta, podendo ser também denominada fase de *proposta não formalizada*, estando presente, por exemplo, quando houver uma *carta de intenções* assinada pelas partes, em que elas apenas manifestam a sua vontade de celebrar um contrato no futuro.

Justamente por não estar regulamentado no Código Civil, não se pode dizer que o debate prévio vincula as partes, como ocorre com a proposta ou policitação (art. 427 do CC). Desse modo, não haveria responsabilidade civil contratual nessa fase do negócio, conforme ensina Maria Helena Diniz:

> "As negociações preliminares nada mais são do que conversações prévias, sondagens e estudos sobre os interesses de cada contratante, tendo em vista o contrato futuro, sem que haja qualquer vinculação entre os participantes. Deveras, esta fase pré-contratual não cria direitos nem obrigações, mas tem por objeto o preparo do consentimento das partes para a conclusão do negócio jurídico contratual, não estabelecendo qualquer laço convencional. (...) Logo, não se poderá imputar responsabilidade civil àquele que houver interrompido essas negociações, pois, se não há proposta concreta, nada existe, se nada existe de positivo, o contrato ainda não entrou em processo formativo, nem se iniciou. Já que as partes têm por escopo a realização de um ato negocial que satisfaça seus mútuos interesses, se uma delas verificar que isso não será possível, por lhe ser inconveniente, assiste-lhe o direito de recusar, dando por findas as negociações, recusando-se a entabular o acordo definitivo. (...) Todavia, é preciso deixar bem claro que, apesar de faltar obrigatoriedade aos entendimentos preliminares, pode surgir, excepcionalmente, a responsabilidade civil para os que deles participam, não no campo de culpa contratual, mas no da aquiliana (...). Na verdade, há uma responsabilidade pré-contratual, que dá certa relevância jurídica aos acordos preparatórios, fundada no princípio de que os interessados na celebração de um contrato deverão comportar-se de boa-fé e nos arts. 186 e 927 do Código Civil que dispõe que todo aquele que, por ação ou omissão, culposa ou dolosa, causar prejuízo a outrem fica obrigado a reparar o dano" (DINIZ, Maria Helena. *Curso...*, 2002, p. 46).

Sem dúvidas, também entendo que a fase de debates ou negociações preliminares não vincula os participantes quanto à celebração do contrato definitivo. Entretanto, estou filiado à posição doutrinária segundo a qual é possível a responsabilização contratual nessa fase do negócio jurídico pela aplicação do princípio da boa-fé objetiva, que é inerente à eticidade, um dos baluartes da atual codificação privada.

Repise-se que a boa-fé objetiva é aquela relacionada com a conduta dos contratantes e com deveres anexos, ínsitos a qualquer contrato, que sequer necessitam de previsão no instrumento contratual. Os principais deveres anexos, também denominados deveres laterais ou secundários, são: o dever de cuidado, o dever de colaboração ou cooperação, o dever de informar, o dever de respeito à confiança, o dever de lealdade ou probidade, o dever de agir conforme a razoabilidade, a equidade e a *boa razão*.

Nesse sentido, vale transcrever as palavras de Pablo Stolze Gagliano e Rodolfo Pamplona Filho:

> "Todavia, ao se dar início a um procedimento negocitório, é preciso observar sempre se, a depender das circunstâncias do caso concreto, já não se formou uma legítima expectativa de contratar. Dizer, portanto, que não há direito subjetivo de não contratar não significa dizer que os danos daí decorrentes não devam ser indenizados, haja vista que, como vimos, independentemente da imperfeição da norma positivada, o princípio da boa-fé objetiva também é aplicável a esta fase pré-contratual, notadamente os deveres acessórios de lealdade e confiança recíprocas" (*Novo curso...*, 2005, p. 96).

Como se sabe, de acordo com o art. 422 do atual Código Civil, a boa-fé deve integrar tanto a conclusão quanto a execução do contrato. Para a maioria da doutrina, esse dispositivo é o que traz a aplicação da boa-fé objetiva em todas as fases do negócio jurídico. Os Enunciados n. 25 e n. 170 CJF/STJ reconhecem a aplicação da boa-fé objetiva em todas as fases pelas quais passa o contrato, incluindo a fase pré-contratual, de tratativas.

Reitere-se que, para sanar essa insuficiência, o Projeto de Reforma do Código Civil, elaborado pela Comissão de Juristas nomeada no âmbito do Senado Federal, pretende inserir expressamente no seu art. 422 a menção à fase pré-contratual, com os seguintes dizeres a respeito das tratativas iniciais: "os contratantes são obrigados a guardar os princípios da probidade e da boa-fé nas tratativas iniciais, na conclusão e na execução do contrato, bem como na fase de sua eficácia pós-contratual".

Por esse caminho, aquele que desrespeita a boa-fé objetiva na fase de debates pode cometer abuso de direito (art. 187 do CC), o que gera o seu dever de indenizar. A responsabilidade do abusador ou violador da boa-fé é objetiva, conforme o Enunciado n. 37 CJF/STJ, aprovado na *I Jornada de Direito Civil* (2004).

Por outro caminho, com relação à quebra dos deveres anexos, a qual conduz à *violação positiva do contrato*, a conclusão é a mesma, pelo teor do Enunciado n. 24 CJF/STJ, também da *I Jornada*, eis que "em virtude do princípio da boa-fé, positivado no art. 422 do novo Código Civil, a violação dos deveres anexos constitui espécie de inadimplemento, independentemente de culpa".

Por tudo isso, não há dúvidas de que já é possível atualmente denotar uma responsabilização objetiva e de natureza contratual em casos tais, conclusão que também é retirada da análise do Código de Defesa do Consumidor (*responsabilidade pré-contratual*). A responsabilidade, em regra, não depende de culpa, seja pelo Enunciado n. 24, seja pelo Enunciado n. 37, ambos do Conselho da Justiça Federal e do Superior Tribunal de Justiça, que consubstanciam o que há de melhor na doutrina civilista contemporânea. Além desses, vale citar o mais recente Enunciado n. 363 do CJF/STJ, da *IV Jornada de Direito Civil*, segundo o qual: "os princípios da probidade e da confiança são de ordem pública, estando a parte lesada somente obrigada a demonstrar a existência da violação". O último enunciado doutrinário também traz a ideia de desnecessidade de prova de culpa quando houver lesão à probidade e à confiança.

De qualquer forma, deve-se ficar atento, pois a questão da natureza da responsabilidade civil pela quebra das negociações ainda não é pacífica na doutrina. Em estudo aprofundado sobre o tema, Cristiano de Souza Zanetti demonstra toda essa divergência (*Responsabilidade...*, 2005, p. 44-88). Analisando o direito nacional e estrangeiro, aponta que são partidários de uma solução contratual para essa ruptura: Ihering, Luigi Mengoni, Salvatore Romano, Francesco Benatti, Adriano De Cupis e Francesco Galgano. Essa primeira corrente, à qual estou alinhado, é, assim, forte no Direito Italiano.

No Projeto de Reforma do Código Civil também parece ser essa a opção adotada pela Comissão de Juristas, diante da inclusão de um novo art. 422-A na Lei Geral Privada, prevendo que a violação da boa-fé objetiva gera o inadimplemento obrigacional, com a consequente responsabilização contratual. De acordo com a proposição, "os princípios da confiança, da probidade e da boa-fé são de ordem pública e sua violação gera o inadimplemento contratual".

Por outra via, são partidários da solução extracontratual, corrente que acaba prevalecendo e à qual Cristiano Zanetti está alinhado: Saleilles, Faggella, Mário Júlio de Almeida Costa, Antonio Chaves, Antonio Junqueira de Azevedo, Maria Helena Diniz, Carlos Alberto Bittar e Caio Mário da Silva Pereira. Por fim, propondo soluções intermediárias baseadas, sobretudo, nos bons costumes, está alinhado Pontes de Miranda.

A ilustrar, sem prejuízo de outros acórdãos analisados no capítulo anterior deste livro, na jurisprudência podem ser encontrados vários julgados que debatem a imputação da responsabilidade civil à parte, pela quebra da boa-fé na fase de negociações preliminares ou puntuação. Assim, vejamos três ementas estaduais:

"Compra e venda de terreno. Negociações preliminares. 1. É possível em tese a responsabilidade civil em decorrência de quebra das negociações preliminares. 2. Necessidade de comprovação dos pressupostos da responsabilidade civil. Ausente a comprovação de eventuais danos não se pode cogitar. Negaram provimento ao recurso" (TJRS, Recurso Cível 28089-57.2011.8.21.9000, 2.ª Turma Recursal Cível, Rel. Des. Eduardo Kraemer, j. 29.06.2012, *DJERS* 03.07.2012).

"Responsabilidade pré-contratual. Despesas realizadas pela autora, de forma antecipada, com o objetivo de viabilizar negócio futuro com o réu. Não celebração do contrato, após uma séria [sic] de diligências e pagamentos feitos pela autora. Comportamento concludente do réu que gerou expectativa da autora de finalização do contrato e estimulou a realização de despesas para a regularização do imóvel. Composição de interesses negativos, consistentes nos danos que sofreu a autora com a frustração do negócio na fase de puntuação. Sentença de procedência. Recurso improvido" (TJSP, Apelação 0134186-53.2006.8.26.0000, Acórdão 5408504, 4.ª Câmara de Direito Privado, Jacareí, Rel. Des. Francisco Loureiro, j. 15.09.2011, *DJESP* 30.09.2011).

"Obrigação de reparar danos. Contrato verbal para evento religioso. Ausência de comparecimento do palestrante. Se as provas dos autos são suficientes para comprovar as negociações preliminares, proposta e aceitação do contrato verbal realizado entre as partes, havendo descumprimento por parte de uma delas, é devida a indenização pelos prejuízos causados" (TJMG, Apelação 2256933-70.2007.8.13.0105, 18.ª Câmara Cível, Governador Valadares, Rel. Des. Mota e Silva, j. 20.04.2010, *DJEMG* 07.05.2010).

CAP. 3 · A FORMAÇÃO DO CONTRATO PELO CÓDIGO CIVIL E PELO CDC | 163

Do âmbito do Superior Tribunal de Justiça, merece destaque o aresto que confirmou o dever de indenizar por quebra das tratativas, aplicando o regime da responsabilidade contratual, assim como entendo a matéria:

"Recurso especial. Civil e processual civil. Responsabilidade civil pré-contratual. Negociações preliminares. Expectativa legítima de contratação. Ruptura de tratativas. Violação ao princípio da boa-fé objetiva. Juros de mora. Termo 'a quo'. Data da citação. 1. Demanda indenizatória proposta por empresa de eventos contra empresa varejista em face do rompimento abrupto das tratativas para a realização de evento, que já estavam em fase avançada. 2. Inocorrência de maltrato ao art. 535 do CPC quando o acórdão recorrido, ainda que de forma sucinta, aprecia com clareza as questões essenciais ao julgamento da lide, não estando o magistrado obrigado a rebater, um a um, os argumentos deduzidos pelas partes. 3. Inviabilidade de se contrastar, no âmbito desta Corte, a conclusão do Tribunal de origem acerca da expectativa de contratação criada pela empresa varejista. Óbice da Súmula 7/STJ. 4. Aplicação do princípio da boa-fé objetiva na fase pré-contratual. Doutrina sobre o tema. 5. Responsabilidade civil por ruptura de tratativas verificada no caso concreto. 6. Inviabilidade de se analisar, no âmbito desta Corte, estatutos ou contratos de trabalho, para se aferir a alegada inexistência de poder de gestão dos prepostos participaram das negociações preliminares. Óbice da Súmula 5/STJ. 7. Controvérsia doutrinária sobre a natureza da responsabilidade civil pré-contratual. 8. Incidência de juros de mora desde a citação (art. 405 do CC). 9. Manutenção da decisão de procedência do pedido indenizatório, alterando-se apenas o termo inicial dos juros de mora" (STJ, REsp 1.367.955/SP, 3.ª Turma, Rel. Min. Paulo de Tarso Sanseverino, j. 18.03.2014, *DJe* 24.03.2014).

Sobre os fatos em si, como consta do acórdão, "a empresa de eventos (ora recorrida) e a empresa varejista (ora recorrente) iniciaram, em dezembro de 2004, tratativas para a realização do evento 'A MAIOR LOJA DE INFORMÁTICA DO BRASIL', programado para junho de 2005 e orçado em R$ 1.075.000,00. As partes reuniram-se por diversas vezes e trocaram vários *e-mails*. A empresa de eventos realizou uma visita técnica, elaborou memoriais descritivos e, segundo alega, iniciou a contratação de terceiros, efetuando despesas da ordem de R$ 200.000,00. O evento, porém, foi adiado e, posteriormente, cancelado pela empresa varejista, não tendo havido a formalização de um contrato. O Tribunal de origem, soberano na análise das provas, considerou que o comportamento das partes teria criado na empresa de eventos a 'induvidosa expectativa' (cf. fl. 491) de que o contrato viria a ser celebrado, fato que aliado à iminência do evento, justificaria o início da contratação de terceiros antes mesmo da formalização do contrato" (REsp 1.367.955/SP). Sem dúvidas, a geração de expectativas indica a presença da responsabilidade pré-contratual, por quebra da boa-fé objetiva.

Encerrando, deve-se concluir que não é incorreto afirmar que a *fase de puntuação* gera deveres às partes, pois em alguns casos, diante da confiança depositada, a quebra desses deveres pode gerar a responsabilização civil. Esse entendimento constitui indeclinável evolução quanto à matéria, havendo divergência apenas quanto à natureza da responsabilidade civil que surge dessa fase negocial.

Superado esse ponto, passa-se à análise da segunda fase da formação dos contratos: a fase de proposta ou policitação.

3.1.2 Fase de proposta, policitação ou oblação

A fase de proposta, denominada fase de *oferta formalizada*, *policitação* ou *oblação*, constitui a manifestação da vontade de contratar, por uma das partes, que solicita a concordância da outra. Trata-se de uma declaração unilateral de vontade receptícia, ou seja, que só produz efeitos ao ser recebida pela outra parte. Conforme o art. 427 do Código Civil, a proposta vincula o proponente, gerando o dever de celebrar o contrato definitivo sob pena de responsabilização pelas perdas e danos que o caso concreto demonstrar. A ilustrar a aplicação dessa força vinculante, da jurisprudência paulista:

> "Monitoria. Duplicatas sem aceite. Prestação de serviços de projeto de arquitetura. Proposta de elaboração de projeto legal de edifício comercial. Aceitação pelo oblato (aceitante) na proposta de prestação de serviços. Força vinculante dos contratos honorários devidos pela entrega do projeto. Inexistência de cláusula de risco condicionando o pagamento à viabilidade mercadológica do projeto. Aplicação do princípio da irrevogabilidade da proposta, por não configurada qualquer das exceções previstas no art. 427 do Código Civil. Sentença mantida" (TJSP, Apelação 991.06.035987-6, Acórdão 4528740, 20.ª Câmara de Direito Privado, Itu, Rel. Des. Francisco Giaquinto, j. 24.05.2010, *DJESP* 22.06.2010).

O *caráter receptício* da declaração é mantido se a promessa for direcionada ao público, conforme consagra o art. 429 do Código Civil, hipótese em que o oblato é determinável, não determinado. Também nessa hipótese, a proposta vincula aquele que a formulou quando encerrar os requisitos essenciais do contrato, salvo se o contrário resultar das circunstâncias ou dos usos.

Em complemento, é possível revogar a oferta ao público, pela mesma via da divulgação, desde que ressalvada esta faculdade na oferta realizada, isto é, desde que respeitado o dever de informar a outra parte (art. 429, parágrafo único, do CC). A título de exemplo, podem ser mencionadas as propostas realizadas pela internet ou por outro meio de comunicação.

Anoto que o Projeto de Reforma e Atualização do Código Civil pretende incluir no texto de lei essa última afirmação, também melhorando a redação do art. 429 em outros aspectos. Assim, o seu *caput* passará a prever que "a oferta ao público equivale à proposta quando encerra os requisitos essenciais ao contrato, salvo se resultar das circunstâncias ou dos usos e costumes entendimento contrário". Com ressalva importante a respeito de leis especiais, como o Código de Defesa do Consumidor, com destaque à impossibilidade de sua revogação, o seu § 1.º preverá que "respeitados os casos disciplinados em lei especial, pode-se revogar a oferta pela mesma via de sua divulgação, desde que a possibilidade de sua revogação conste aposta claramente no mesmo texto da oferta realizada". No que diz respeito ao ambiente digital, como pontuado, o novo § 2.º estabelecerá: "as regras previstas neste artigo têm aplicação aos ambientes virtuais e aos aplicativos digitais". Por fim, o § 3.º do art. 429 disporá que "a oferta ao público, suficientemente precisa, além de obrigar o ofertante que a veicular ou dela se utilizar, integra o contrato a ser celebrado, salvo estipulação específica em sentido contrário".

CAP. 3 · A FORMAÇÃO DO CONTRATO PELO CÓDIGO CIVIL E PELO CDC | **165**

Espera-se, em prol da segurança jurídica e da estabilidade dos negócios civis, a aprovação de todas as proposições, atualizadas diante da legislação mais recente e do uso das novas tecnologias.

Pois bem, são partes da proposta: de um lado, o *policitante, proponente* ou *solicitante,* que é aquele que formula a proposta; e do outro, o *policitado, oblato* ou *solicitado,* que é aquele que recebe a proposta. Esse último, se acatar a proposta, torna-se *aceitante,* o que gera o aperfeiçoamento do contrato (*choque ou encontro de vontades*). Entretanto, poderá formular uma contraproposta, situação em que os papéis se invertem: o proponente passa a ser oblato e vice-versa.

Sobre a manifestação da vontade na proposta e na aceitação, o Código Civil exige que esteja revestida pelas seguintes características:

Proposta (ou oferta, policitação ou oblação)	Deve ser *séria, clara, precisa* e *definitiva* (igual ao CDC) – art. 427
Aceitação	Deve ser *pura e simples* – art. 431

O art. 428 da atual codificação material consagra casos em que a proposta deixa de ser obrigatória. Primeiramente, se, feita sem prazo a pessoa presente, não for imediatamente aceita (art. 428, inc. I). Esse mesmo dispositivo prevê que deve ser considerada entre presentes a proposta feita por telefone ou outro meio semelhante, o que fundamentará juridicamente a conclusão do final do capítulo. A categoria jurídica em questão é denominada pela doutrina como *contrato com declaração consecutiva* (DINIZ, Maria Helena. *Curso...,* 2005, p. 69).

Também não será obrigatória a proposta se, feita sem prazo a pessoa ausente, tiver decorrido tempo suficiente para chegar a resposta ao conhecimento do proponente (art. 428, inc. II, do CC). Trata-se do *contrato com declarações intervaladas* (DINIZ, Maria Helena. *Curso...,* 2005, p. 69). O *tempo suficiente,* conceito legal indeterminado denominado como *prazo moral,* deve ser analisado caso a caso pelo juiz, de acordo com a boa-fé, os usos e costumes do local e das partes (art. 113 do CC).

Por outra via, não será obrigatória a proposta se, feita a pessoa ausente, não tiver sido expedida a resposta dentro do prazo dado (art. 428, inc. III, do CC). Por fim, não obriga a proposta, se antes dela ou juntamente com ela, chegar ao conhecimento da outra parte – o oblato – a retratação do proponente (art. 428, IV, do CC).

Em verdade, no que diz respeito a esta fase da formação contratual, o Código Civil em vigor traz regras e teorias criadas há muito tempo, em séculos passados, para resolver problemas atinentes à formação de contratos entre ausentes por cartas ou missivas, o chamado *contrato epistolar.* Na atualidade, essas regras encontram-se totalmente superadas e distantes da segurança jurídica, sobretudo diante do uso de novas tecnologias e dos contratos formados pela via digital. Sendo assim, é necessário atualizar o Código Civil, o que está sendo proposto pela Comissão de Juristas nomeada no âmbito do Senado Federal. As proposições de alteração constam não só no livro de Direito Contratual, como também no novo livro de *Direito Civil Digital* que é sugerido.

Sobre o art. 428 da Lei Geral Privada, propõe-se que passe a prever, com melhoras no texto, que "respeitados os casos disciplinados em lei especial, deixa de ser obrigatória a proposta, se: I – feita sem prazo à pessoa presente, não for imediatamente aceita; II – feita sem prazo à pessoa ausente, tiver decorrido tempo suficiente para chegar a resposta ao proponente; III – feita à pessoa ausente, não tiver sido expedida a resposta dentro do prazo definido pelo proponente; IV – antes dela ou simultaneamente, chegar à outra parte a retratação do proponente". A locução visa a afastar a incidência do Código Civil para os contratos de consumo, pois o CDC tem uma regulamentação própria sobre a temática.

Sobre a proposta realizada por correio eletrônico, por aplicativo digital ou por ferramenta de envio de mensagens que, por sua natureza, admita que o conhecimento da proposta ocorra de modo assíncrono à sua remessa, passará gerar, por texto expresso do § 1.º do comando, a contratação entre ausentes. E com aprimoramento mais do que necessário a respeito do contrato entre presentes, o novo § 2.º do art. 428 enunciará: "considera-se presente a pessoa que contrata por telefone, videoconferência, aplicativos digitais de comunicação instantânea ou síncrona ou por qualquer outro meio de comunicação semelhante, em que os contratantes também permaneçam simultaneamente conectados". Como se pode notar de imediato, os textos sugeridos resolvem muitos dos problemas hoje vislumbrados na teoria e na prática.

O art. 430 do Código Civil em vigor dispõe que, se a aceitação, por circunstância imprevista, chegar tarde ao conhecimento do proponente, este comunicará o fato imediatamente ao aceitante, sob pena de responder por perdas e danos. Esse dispositivo que já constava do Código anterior (art. 1.082) reafirma a boa-fé objetiva, que também deve ser aplicada à fase de proposta, uma vez que prevê o dever de informar a outra parte. Tal dever se consubstancia na comunicação do recebimento da proposta sob pena de responsabilização, nos moldes dos arts. 402 a 404 da atual codificação, e sempre prejuízo de danos imateriais.

Observo que, no Projeto de Reforma do Código Civil, a Subcomissão de Direito Contratual propõe melhoras no texto da norma, com dois objetivos: "eliminar dúvidas interpretativas sobre o momento de conclusão do contrato, reforçando a *ratio* da expedição da aceitação nos contratos entre ausentes, e dispor sobre a formação dos contratos celebrados por meio eletrônico". Nesse contexto, sugere-se que o *caput* do seu art. 430 mencione expressamente a consequência da ineficácia, do seguinte modo: "será considerada ineficaz a aceitação que, por circunstância imprevista, chegar tarde ao conhecimento do proponente, gerando a confiança legítima de que o contrato não foi celebrado, por não ser possível ou razoável exigir-se do proponente o cumprimento da proposta". E nos termos do seu novo parágrafo único, que reproduz o que hoje está em vigor: "recebida a resposta de forma tardia, deve o proponente comunicar o fato imediatamente ao aceitante, sob pena de responder por perdas e danos".

Ainda de acordo com a mesma Subcomissão, com total razão, "os acréscimos propostos se destinam a deixar mais claro o sentido da norma do art. 430. A proposta obriga o proponente, e a expedição da aceitação, desde que esta chegue à esfera de controle daquele, enseja a formação do contrato. A norma vigente, porém, prevê hipótese na qual o contrato não se forma, mesmo expedida e recebida a aceitação, por ter esta chegado tarde ao policitante. Trata-se de mitigação da regra da obrigatoriedade da proposta, diante do transcurso de tempo que conduza o proponente à fundada conclusão de que a proposta não foi aceita. A sugestão de redação pretende indicar parâmetro para essa mitigação da obrigatoriedade, que consiste na impossibilidade de cumprir a proposta, pelo atraso da chegada da aceitação, ou a não razoabilidade de se exigir esse cumprimento. Não atendidos a esses requisitos, aplica-se a regra geral de que o contrato está formado desde a expedição da aceitação, desde que esta seja recebida pelo policitante".

Como se pode perceber pelas razões da proposição, almeja-se mais uma vez a segurança jurídica, sendo necessária a aprovação do novo texto pelo Congresso Nacional.

Voltando-se ao sistema em vigor, sob outro aspecto, caso haja aceitação fora do prazo, com adições, restrições ou modificações, haverá nova proposta, de forma a inverterem-se os papéis entre as partes, conforme comentado (art. 431 do CC). A figura prevista é justamente a conhecida *contraproposta*, tão comum em casos que envolvem as negociações pré-contratuais.

Enuncia o art. 432 do atual Código Privado que, se o negócio for daqueles em que não seja costume a aceitação expressa, ou o proponente a tiver dispensado, reputar-se-á concluído o contrato, se não chegar a tempo a recusa. Esse dispositivo trata da aceitação tácita ou *silêncio eloquente*, que é possível no contrato formado entre ausentes. O dispositivo é criticado por parte da doutrina, pelo fato de contrariar a regra contida no art. 111 do Código Civil, pela qual, *quem cala não consente*: "o silêncio importa anuência, quando as circunstâncias ou os usos o autorizarem, e não for necessária a declaração de vontade expressa". Afirmam Cristiano de Souza Zanetti e Bruno Robert que "o teor do art. 432, em resumo, consagraria uma presunção legal de formação do contrato, não por força do encontro de manifestações, mas sim com base em uma ficção legal, de impossível conciliação com os princípios que regem a conclusão dos negócios jurídicos" (A conclusão..., *Direito civil...*, 2006, p. 261).

De todo modo, as críticas não representam a posição majoritária da doutrina, razão pela qual nada foi proposto a respeito do texto do art. 432 na Comissão de Juristas nomeada no âmbito do Senado Federal, para a Reforma do Código Civil.

Após serem analisados esses preceitos gerais, é importante o estudo das regras específicas quanto a essas duas situações básicas relativas à formação dos contratos em geral. Inicialmente, deve-se entender formado o contrato *entre presentes* – ou *inter praesentes* – quando houver uma facilidade de comunicação entre as partes para que a proposta e a aceitação sejam manifestadas em um curto período de tempo. Como não há critérios fixados pela lei, cabe análise caso a caso, particularmente diante dos novos meios de comunicação à distância.

Em outro sentido, o contrato será considerado formado *entre ausentes* – ou *inter absentes* – quando não houver tal facilidade de comunicação quanto à relação *pergunta-resposta*. O exemplo clássico e típico de contrato *inter absentes* é o *contrato epistolar* cuja proposta é formulada por carta, via correio (ANDRADE, Darcy Bessone Vieira de. *Aspectos...*, 1949, p. 91). Entretanto, diante dos novos métodos de comunicação eletrônica, tal figura contratual perdeu a sua importância prática. Nota-se, na verdade, que as regras da vigente codificação para os contratos celebrados entre ausentes foram pensadas para tal figura, revelando a desatualização de muitos dos preceitos aqui comentados.

Pois bem, já foi demonstrado que, caso o negócio seja formado *entre presentes*, a proposta ou oferta pode estipular ou não prazo para a aceitação. Se não houver prazo, a aceitação deverá ser manifestada imediatamente. Porém, se houver prazo, deverá ser pronunciada no termo concedido, sob pena de reputar-se não aceita, ressalvados os casos de aceitação tácita. O contrato entre presentes é formado a partir do momento em que o oblato aceita a proposta, ou seja, torna-se aceitante, por ter ocorrido o *choque ou encontro de vontades* das partes envolvidas.

Sob outro prisma, se a formação ocorrer *entre ausentes*, o contrato deve ser reputado como concluído a partir do momento em que a aceitação for expedida (art. 434, *caput*, do CC). Dessa maneira, conclui-se que o Código Civil em vigor – assim como o anterior – continua adotando a *teoria da agnição* – ou da *informação* –, *na subteoria da expedição*, como regra geral.

Entretanto, tal regra comporta exceções, sendo certo que o Código Civil também adota a *teoria da agnição, na subteoria da recepção*, pela qual o contrato é formado quando a proposta é aceita e recebida pelo proponente (art. 434, incs. I, II e III c/c art. 433 do CC). Essa teoria deve ser aplicada nos seguintes casos:

a) se antes da aceitação ou com ela chegar ao proponente a retratação do aceitante;

b) se o proponente se houver comprometido a esperar resposta, hipótese em que as partes convencionaram a aplicação da *subteoria da recepção*; ou

c) se a resposta não chegar no prazo convencionado (outra hipótese em que houve convenção entre as partes de aplicação da *subteoria da recepção*).

Por tais comandos legais, é correto afirmar que o Código Civil de 2002 adotou tanto a *teoria da expedição* quanto a da *recepção*, sendo a primeira regra e a segunda exceção, de acordo com a própria organização da matéria na legislação privada em vigor. A grande dúvida reside quanto à formação do contrato eletrônico ou digital, ou seja, se deve ser considerado como celebrado entre presentes ou entre ausentes, o que será discutido em tópico próprio, ainda no presente capítulo.

De toda sorte, assim como as previsões anteriores, os arts. 433 e 434 do Código Civil necessitam de reparos urgentes, sobretudo diante das novas tecnologias e do uso de mecanismos digitais para a formação dos contratos entre ausentes. Ademais, é preciso melhorar as suas redações, para que fiquem mais eficientes. Como não poderia ser diferente, a Comissão de Juristas nomeada no Senado Federal para a Reforma do Código Civil sugere ajustes para os dois comandos.

Quanto ao seu art. 434, a proposta é de que o seu *caput* mantenha a *teoria da agnição, na subteoria da expedição*. Quanto às suas exceções, o inciso II passará a expressar, melhor tecnicamente, que o contrato não será formado quando a aceitação é expedida "se o proponente, sem designar prazo, se houver comprometido a esperar resposta, hipótese em que tem-se o contrato formado a partir do momento em que recebê-la". No novo inciso III, de forma mais clara, não se aplicará a regra geral da expedição, "se a resposta não chegar no prazo convencionado" e, no projetado inciso IV, "no caso de o proponente indicar na proposta forma diversa como ela deva ser aceita".

CAP. 3 • A FORMAÇÃO DO CONTRATO PELO CÓDIGO CIVIL E PELO CDC | **169**

São inseridos, ainda, novos parágrafos no art. 434 do CC/2002, para que fique mais clara a questão relativa à formação do contrato. Nos termos do seu § 1.º, "uma vez recebida a aceitação, tem-se o contrato por formado desde o momento em que foi expedida". Porém, "se o proponente não receber a aceitação por fato alheio à sua vontade será considerada ineficaz" (§ 2.º). A respeito de tema que será tratado mais à frente, "nos contratos celebrados entre ausentes por correio eletrônico, por aplicativo de mensagens ou por outro meio de comunicação semelhante, comprova-se a recepção da aceitação pela resposta do proponente ou por ferramenta de identificação de recebimento de mensagens, independentemente da confirmação da efetiva leitura" (§ 3.º).

No que diz respeito ao art. 433 da Lei Geral Privada, a fim de deixar mais evidente o seu conteúdo, ele passará a prever que "considera-se ineficaz a aceitação, se antes dela ou com ela chegar ao proponente a retratação do aceitante, hipótese em que o contrato não será considerado como formado". Segundo as justificativas da Subcomissão de Direito Contratual, "trata-se de substituição da referência à inexistência da aceitação por sua ineficácia, ou seja, a ausência de sua aptidão formativa do contrato, o que se reforça pela inserção, ao final, da afirmação de que o contrato não será formado. Mais uma vez, trata-se de alteração em linha com as premissas de oferecer maior clareza ao momento da formação do contrato, bem como da eficácia da aceitação". Sem dúvidas, a solução apontada é a melhor tecnicamente, e em prol da segurança e da estabilidade das relações civis.

Por fim, cabe mencionar que, segundo o art. 435 da atual codificação material, reputar-se-á celebrado o contrato no lugar em que foi proposto. Eventualmente, e por uma questão lógica, caso haja contraproposta, o local do contrato deve ser reputado onde essa última foi formulada.

Destaque-se que a norma em questão tem incidência para os contratos nacionais, celebrados no Brasil. Para os contratos internacionais, incide a regra do art. 9, § 2.º, da Lei de Introdução, pelo qual, em regra, o local do contrato é o de residência do proponente.

Finalizado esse ponto, parte-se à análise do contrato preliminar, que constitui a terceira fase pela qual pode passar o contrato até o seu aperfeiçoamento pleno.

3.1.3 Fase de contrato preliminar

O contrato preliminar, pré-contrato ou *pactum de contrahendo* encontra-se tratado na atual codificação privada, como novidade, entre os arts. 462 a 466. Contudo, vale esclarecer que a fase de contrato preliminar não é obrigatória entre as partes, sendo dispensável. Na prática, muitas vezes, o contrato preliminar é celebrado em compra e venda de imóvel para dar mais segurança às partes.

Prevê o primeiro dispositivo relativo ao tema que o contrato preliminar, exceto quanto à forma, terá os mesmos requisitos essenciais do contrato definitivo (art. 462 do CC). Em suma, o contrato preliminar exige os mesmos requisitos de validade do negócio jurídico ou contrato previstos no art. 104 do CC, com exceção da forma prescrita ou não defesa em lei.

Melhor seria, contudo, que o dispositivo expressasse a *solenidade*, caso da escritura pública, que é dispensada, pois na grande maioria das vezes, sobretudo nos casos envolvendo imóveis, o contrato preliminar exige ao menos a forma escrita, sobretudo para a eficácia de seu registro. Sendo assim, a Comissão de Juristas encarregada da Reforma do Código Civil propõe que o seu art. 462 passe a expressar que "o contrato preliminar, exceto quanto à solenidade, deve conter todos os requisitos essenciais ao contrato a ser celebrado".

Basicamente, dois são os tipos de contrato preliminar previstos no Direito brasileiro, intitulados como *compromissos de contrato*. Para tal conceituação, serão utilizados os ensinamentos de Maria Helena Diniz constantes em sua obra (*Código...*, 2004, p. 378-381), e das aulas ministradas no curso de mestrado da PUCSP, cursadas entre os anos de 2002 e 2003.

Inicialmente, há o *compromisso unilateral de contrato ou contrato de opção*, hipótese em que as duas partes assinam o instrumento, mas somente uma das partes assume um dever, uma obrigação de fazer o contrato definitivo. Assim, existe para o outro contratante apenas uma *opção* de celebrar o contrato definitivo. Essa forma de contrato preliminar está prevista no art. 466 do atual Código Civil, pelo qual: "se a promessa de contrato for unilateral, o credor, sob pena de ficar a mesma sem efeito, deverá manifestar-se no prazo nela previsto, ou, inexistindo este, no que lhe for razoavelmente assinado pelo devedor".

Essa figura contratual *era* observada no arrendamento mercantil ou *leasing*, uma vez que o arrendatário do bem *podia* assumir a opção de comprá-lo, mediante o pagamento, ao fim do contrato de locação, do *Valor Residual Garantido* – VRG. As expressões verbais foram utilizadas no pretérito por ter havido uma alteração substancial no tratamento jurisprudencial relativo à matéria.

Ora, entendiam os Tribunais pela impossibilidade de antecipação do VRG, ou mesmo a sua diluição nas parcelas do financiamento relacionado com o arrendamento mercantil, o que descaracterizaria o contrato em questão, passando a haver uma compra e venda financiada. Nesse sentido, cumpre transcrever ementa com o anterior entendimento do Superior Tribunal de Justiça:

> "Recurso especial. Contrato de arrendamento mercantil. Código de Defesa do Consumidor. Aplicabilidade. Pagamento antecipado do VRG. Descaracterização do contrato. Estipulação de juros superiores a 12% a.a. e cobrança de comissão de permanência consideradas abusivas. Fundamento não atacado. Reexame de prova. Inviabilidade. Súmula 7/STJ. I – Aplica-se o Código de Defesa do Consumidor aos contratos de arrendamento mercantil. II – 'O pagamento antecipado do Valor Residual (VRG) descaracteriza o contrato de arrendamento mercantil, transformando-o em compra e venda a prestação' (Súmula 263/STJ). III – Se o acórdão considerou abusivas a estipulação de juros superiores a 12% a.a. e a cobrança da comissão de permanência, cumpria a recorrente impugnar, especificamente, esse fundamento (Súmula 283/STF)" (Superior Tribunal de Justiça, AGA 457.889/RS (200200707203), 471.917, Agravo Regimental no Agravo de Instrumento, 3.ª Turma, Rel. Min. Antônio de Pádua Ribeiro, j. 03.12.2002, *DJ* 17.02.2003, p. 276).

Como se pode perceber da leitura da ementa transcrita, esse era o entendimento da Súmula 263 do Superior Tribunal de Justiça, mencionada no julgado, que consolidava a posição majoritária encontrada na prática da civilística nacional.

Entretanto, houve uma reviravolta na jurisprudência, passando a entender o próprio Superior Tribunal de Justiça que a antecipação do VRG não descaracteriza o *leasing*. A

Súmula n. 263 não só foi cancelada, como também substituída por outra, a Súmula n. 293 do STJ, de maio de 2004, com a seguinte redação: "a cobrança antecipada do Valor Residual Garantido (VRG) não descaracteriza o contrato de arrendamento mercantil".

Por essa mudança de pensamento, parece-me que, caso haja a antecipação do VRG, não há mais que se falar em compromisso unilateral de compra e venda no *leasing*, pois o locatário já vem pagando o valor residual mês a mês, o que retira a sua opção de compra ao final do negócio locatício. Na verdade, surge dessa figura negocial um compromisso bilateral de compra e venda e não mais um contrato de opção. Com o pagamento do VRG mensalmente, no curso do contrato, também o arrendatário assumiu um compromisso de celebrar o contrato definitivo.

Isso porque, no *compromisso bilateral de contrato*, as duas partes assinam o instrumento e, ao mesmo tempo, assumem a obrigação de celebrar o contrato definitivo. Para gerar os efeitos constantes no atual Código Civil, no contrato preliminar não poderá constar cláusula de arrependimento, conforme prevê o art. 463 da codificação privada. Assim como ocorre com o compromisso unilateral de contrato, o compromisso bilateral pode ter como objeto bens móveis ou imóveis.

A grande questão surge quando o contrato preliminar tem como conteúdo a compra e venda de bens imóveis. Aqui, interessante verificar os efeitos quando esse compromisso é ou não registrado na matrícula do imóvel.

Cite-se de imediato o meu entendimento, baseado no que consta da atual codificação privada e na melhor doutrina, pelo qual haverá compromisso bilateral de compra e venda quando o instrumento não estiver registrado na matrícula do imóvel. Se ocorrer tal registro, estaremos diante de um direito real de aquisição do promitente comprador, previsto nos arts. 1.225, inc. VII, 1.417 e 1.418 do Código Civil, sem prejuízo da legislação específica que do instituto já tratava e da recente Lei 13.786/2018, estudada no Volume 4 desta coleção.

Surge dúvida sobre essa diferenciação, eis que, pelo art. 463, parágrafo único, do atual Código Privado, "o contrato preliminar deverá ser levado ao registro competente". A questão é esclarecida pelo Enunciado n. 30 do Conselho da Justiça Federal, aprovado na *I Jornada de Direito Civil*, em 2002, pelo qual "a disposição do parágrafo único do art. 463 do novo Código Civil deve ser interpretada como fator de eficácia perante terceiros".

Anoto que o Projeto de Reforma do Código Civil pretende resolver esse dilema, muito debatido nos mais de vinte anos de sua vigência, passando o parágrafo único do seu art. 463, em boa hora, a prever que "o contrato preliminar poderá ser levado ao registro competente". Adota-se, portanto, o teor do Enunciado n. 30, da *I Jornada de Direito Civil*, encerrando-se o debate com o novo texto da lei.

Em suma, a palavra "deve", constante do comando legal em questão, merece ser interpretada como um "pode". Melhor explicando, se o contrato não for registrado, haverá compromisso bilateral de contrato, gerando uma *obrigação de fazer* e efeitos obrigacionais *inter partes*; se houver o registro, haverá direito real de aquisição do promitente comprador, gerando *obrigação de dar* e efeitos reais *erga omnes*.

Pois bem, se houver compromisso bilateral de compra e venda de imóvel não registrado, o compromissário-comprador terá três opções, caso o promitente-vendedor se negue a celebrar o contrato definitivo. Isso, frise-se, desde que não conste do compromisso cláusula de arrependimento.

A *primeira opção* consta do art. 463 da codificação atual, podendo o comprador exigir, por meio da tutela específica das obrigações de fazer, que o vendedor celebre o contrato definitivo.

Como *segunda opção*, se não ocorrer tal efetivação do contrato, ao ser esgotado o prazo assinalado na ação de obrigação de fazer para que a outra parte celebre o contrato definitivo, poderá o juiz suprir a vontade da parte inadimplente, conferindo caráter definitivo ao contrato preliminar (art. 464 do CC). Esse efeito somente é possível se a isso não se opuser a natureza da obrigação.

Deve-se concluir que o efeito, aqui, é similar ao da adjudicação compulsória, desde que o comprador deposite em juízo o preço do imóvel. Isso faz com que continue aplicável a Súmula 239 do STJ, o que é confirmado pelo Enunciado n. 95 do Conselho da Justiça Federal, sendo certo que o direito à adjudicação compulsória não se condiciona ao registro da promessa de compra e venda no registro imobiliário. Vale destacar o teor desse enunciado doutrinário, aprovado na *I Jornada de Direito Civil*: "o direito à adjudicação compulsória (art. 1.418 do novo Código Civil), quando exercido em face do promitente vendedor, não se condiciona ao registro da promessa de compra e venda no cartório de registro imobiliário (Súmula 239 do STJ)".

Esse entendimento pode ser aplicado a qualquer tipo de bem imóvel, pois o Código Civil consolida a matéria, antes tratada em leis especiais (Decreto-lei 58/1937, Decreto 3.079/1938, Leis 4.505/1964 e 6.766/1979). O tema está devidamente aprofundado no Capítulo 7 do Volume 4 da presente coleção, que trata dos institutos reais relativos ao Direito das Coisas e também da Lei 13.786/2018, conhecida como "Lei dos Distratos".

Por fim, como *terceira opção*, caso o bem não interesse mais, poderá o compromissário-comprador requerer a conversão da obrigação de fazer em obrigação de dar perdas e danos, conforme prevê o art. 465 do CC.

Anoto que no Projeto de Reforma do Código Civil há proposta de *desjudicializar* definitivamente as medidas do art. 464 do Código Civil, do seguinte modo: "esgotado o prazo fixado para a celebração do contrato definitivo, poderá o interessado, ao seu exclusivo critério, resolver o contrato ou pedir ao juiz ou ao tabelião de notas que ateste o cumprimento das obrigações contratadas e confira caráter definitivo ao contrato preliminar, cabendo, em qualquer dos casos, indenização por perdas e danos". Vale destacar que a Lei das Garantias (Lei n. 14.711/2023) incluiu no sistema jurídico brasileiro a possibilidade de *atesto de evento* de implemento de condição resolutiva e de outros elementos negociais por tabeliães de notas, por meio do novo art. 7.º-A, inc. I e § 2.º, da Lei n. 8.935/1994, sendo necessário atualizar o Código Civil a essa realidade, e para o contrato preliminar, exatamente como está sendo proposto.

Em complemento, consoante a proposta de seu parágrafo único, que substituirá o art. 465, revogando-se expressamente, para uma melhor organização metodológica do tema: "se a natureza da obrigação obstar que a vontade do inadimplente seja suprida, a obrigação se resolverá em perdas e danos". Não há, contudo, na última proposição, qualquer mudança do conteúdo da norma atual.

CAP. 3 • A FORMAÇÃO DO CONTRATO PELO CÓDIGO CIVIL E PELO CDC

Pois bem, por toda essa visualização do sistema ainda em vigor, foram traçadas as diferenças do compromisso bilateral de compra e venda de imóvel em relação ao *compromisso de compra e venda registrado na matrícula*. Contudo, outros comentários devem ser feitos, com vistas a um esclarecimento total do assunto.

A última figura citada não constitui contrato preliminar, no sentido categórico do termo *contrato*, mas um direito real de aquisição a favor do promitente comprador, que consta do inc. VII do art. 1.225 e dos arts. 1.417 e 1.418 da codificação material em vigor. Em decorrência desse instituto, surge uma obrigação de dar ou entregar o bem, de forma que não resta outra opção ao compromissário-comprador.

Para fazer valer tal direito, o compromissário-comprador poderá ingressar com ação de adjudicação compulsória mediante depósito judicial do valor da coisa, caso não tenha ocorrido o pagamento anterior. Essa ação pode ser proposta em face do próprio promitente vendedor ou contra terceiro que eventualmente tenha adquirido a coisa, o que realça o caráter real do instituto, com efeitos *erga omnes* (art. 1.418 do CC). Não há, como ocorre no compromisso bilateral de compra e venda, outras opções iniciais a favor do promitente comprador, como a de pleitear perdas e danos caso não exista mais interesse quanto ao bem.

A Lei do Sistema Eletrônico dos Registros Públicos – SERP (Lei 14.382/2022), seguindo a linha de extrajudicialização, passou a admitir o procedimento de adjudicação compulsória no Cartório de Registro de Imóveis. Consoante o novo art. 216-B da Lei de Registros Públicos (Lei 6.015/1973), "sem prejuízo da via jurisdicional, a adjudicação compulsória de imóvel objeto de promessa de venda ou de cessão poderá ser efetivada extrajudicialmente no serviço de registro de imóveis da situação do imóvel". Em 2023, a matéria foi regulamentada pelo Conselho Nacional de Justiça, com a edição do Provimento n. 150, depois incluído no Código Nacional de Normas da Corregedoria Nacional de Justiça, no seu art. 440, com várias letras.

Sempre entendi que tal procedimento é cabível tanto no caso de compromisso de compra e venda registrado quanto na hipótese de não constar da matrícula do imóvel, uma vez que a norma não faz distinção entre essas figuras jurídicas. Essa afirmação era feita, mesmo com o veto ao § 2º do preceito pelo Sr. Presidente da República, e que acabou sendo derrubado pelo Congresso Nacional e será exposto a seguir.

Além disso, nos dois casos, esse caminho, pela extrajudicialização, é facultativo, e não obrigatório, como tem decidido a nossa jurisprudência em outras hipóteses envolvendo procedimentos perante os Cartórios.

A norma estabelece que são legitimados a requerer a adjudicação o promitente comprador ou qualquer dos seus cessionários ou promitentes cessionários, ou seus sucessores, bem como o promitente vendedor, representados por advogado (§ 1.º do novo art. 216-B da Lei de Registros Públicos). A adjudicação compulsória em favor do promitente vendedor, denominada *invertida*, visa a evitar que o compromissário comprador se negue a efetivar o contrato definitivo para não suportar as despesas relativas ao imóvel, caso de impostos e dívidas de condomínio.

O mesmo parágrafo estabelece que o pedido de adjudicação compulsória extrajudicial, nessas situações, deverá ser instruído com os seguintes documentos, sob pena de não ter o seu prosseguimento no Cartório: *a)* instrumento de promessa de compra e venda ou de cessão ou de sucessão, quando for o caso; *b)* prova do inadimplemento, caracterizado pela não celebração do título de transmissão da propriedade plena no prazo de quinze dias, contado da entrega de notificação extrajudicial pelo oficial do registro de imóveis da situação do imóvel, que poderá delegar a diligência ao oficial do registro de títulos e documentos; *c)* ata notarial lavrada por Tabelião de Notas da qual constem a identificação do imóvel, o nome e a qualificação do promitente comprador ou de seus sucessores constantes do contrato de promessa, a prova do pagamento do respectivo preço e da caracterização do inadimplemento da obrigação de outorgar ou receber o título de propriedade; *d)* certidões dos distribuidores forenses da Comarca da situação do imóvel e do domicílio do requerente que demonstrem a inexistência de litígio envolvendo o contrato de promessa de compra e venda do imóvel objeto da adjudicação; *e)* comprovante de pagamento do respectivo Imposto sobre a Transmissão de Bens Imóveis (ITBI); e *f)* procuração com poderes específicos.

A exigência da ata notarial havia sido vetada pelo Sr. Presidente da República, sob o argumento de contrariedade ao interesse público, "pois o processo de adjudicação compulsória de imóvel é instruído de forma documental, não havendo necessidade de lavratura de ata notarial pelo tabelião de notas. Assim, tal previsão cria exigência desnecessária que irá encarecer e burocratizar o procedimento, e poderia fazer com que o imóvel permanecesse na informalidade". Porém, esse veto foi derrubado pelo Congresso Nacional, em dezembro de 2022, o que veio em boa hora, pois a ata notarial traz segurança considerável para o procedimento de adjudicação compulsória extrajudicial, assim como ocorre com a usucapião que segue o mesmo caminho.

Outra norma que havia sido vetada pelo Sr. Presidente da República, o § 2º do comando em estudo enuncia que "o deferimento da adjudicação independe de prévio registro dos instrumentos de promessa de compra e venda ou de cessão e da comprovação da regularidade fiscal do promitente vendedor". As justificativas do veto diziam respeito à falta de exigência da comprovação da regularidade fiscal, novamente por suposta contrariedade ao interesse público, uma vez que "o controle da regularidade fiscal dos contribuintes, por um lado, exerce indiretamente cobrança sobre o devedor pela imposição de ressalva à realização de diversos negócios e, por outro lado, procura prevenir a realização de negócios ineficazes entre devedor e terceiro que comprometam o patrimônio sujeito à satisfação do crédito fazendário".

Com o devido respeito, não me parece haver nessa exigência um obstáculo relevante para a efetivação do direito à adjudicação compulsória extrajudicial. Ademais, o veto atingiu a menção ao compromisso de compra e venda não registrado na matrícula do imóvel, o que poderia trazer uma dúvida relevante para a doutrina e jurisprudência quanto à incidência do procedimento nessa situação, tão comum na prática. Assim, penso ter sido correta a derrubada do veto pelo Congresso Nacional.

Como última norma legal a respeito do procedimento, o § 3.º do art. 216 da Lei 6.015/1973 prevê que à vista dos documentos acima aludidos, o oficial do registro de imóveis da circunscrição na qual se situa o imóvel procederá ao registro do domínio em nome do promitente comprador, servindo de título a respectiva promessa de compra e venda ou de cessão ou o instrumento que comprove a sucessão. Como exemplo do último, cite o formal de partilha que demonstra a transmissão da condição de compromissário comprador a um herdeiro.

Como antes pontuado, o Conselho Nacional de Justiça editou o Provimento n. 150, de setembro de 2023, procurando regulamentar a matéria, o que foi incorporado ao seu Código Nacional de Normas, ao art. 440, com várias letras.

A normatização surgiu de um trabalho conjunto do Conselho Consultivo e da Câmara Reguladora do Operador Nacional de Registros Públicos Eletrônicos (ONR), do CNJ, contando com sugestões minhas. A normatização divide o procedimento em quatro fases: *a)* requerimento inicial, perante o Oficial do Registro de Imóveis; *b)* notificação; *c)* anuência ou impugnação do requerido; e *d)* qualificação e registro. Vejamos as suas regras fundamentais.

Entre as regras gerais, o art. 440-B do Código Nacional de Normas (CNN) estabelece que podem dar fundamento à adjudicação compulsória quaisquer atos ou negócios jurídicos que impliquem promessa de compra e venda ou promessa de permuta, bem como as relativas cessões ou promessas de cessão, contanto que não haja direito de arrependimento exercitável. O direito de arrependimento exercitável não impedirá a adjudicação compulsória, se o imóvel houver sido objeto de parcelamento do solo urbano ou de incorporação imobiliária, com o prazo de carência já decorrido.

Sobre a legitimidade para a adjudicação compulsória, caberá a qualquer adquirente ou transmitente constante dos referidos atos e negócios jurídicos, bem como quaisquer cedentes, cessionários ou sucessores. O requerente deverá estar assistido por advogado ou defensor público, constituídos mediante procuração específica (art. 440-C do CNN).

O requerente poderá cumular pedidos referentes a imóveis diversos, contanto que, cumulativamente: *a)* todos os imóveis estejam na circunscrição do mesmo ofício de registro de imóveis; *b)* haja coincidência de interessados ou legitimados, ativa e passivamente; e *c)* da cumulação não resulte prejuízo ou dificuldade para o bom andamento do processo (art. 440-D).

A atribuição para o processo e para a qualificação e registro da adjudicação compulsória extrajudicial será do ofício de registro de imóveis da atual situação do imóvel. Se o registro do imóvel ainda estiver na circunscrição de ofício de registro de imóveis anterior, o requerente apresentará a respectiva certidão. Será admitido o processo de adjudicação compulsória ainda que estejam ausentes alguns dos elementos de especialidade objetiva ou subjetiva, se, a despeito disso, houver segurança quanto à identificação do imóvel e dos proprietários descritos no registro (art. 440-E).

Quanto à ata notarial prevista em lei, será lavrada por Tabelião de Notas de escolha do requerente, salvo se envolver diligências no local do imóvel, e observadas, no caso de ata notarial eletrônica, as regras de competência territorial prevista no Código de Normas Nacional, como no caso dos atos eletrônicos (art. 440-F). Além de seus demais requisitos, para fins de adjudicação compulsória, a ata notarial conterá: *a)* a referência à matrícula ou à transcrição e a descrição do imóvel com seus ônus e gravames; *b)* a identificação dos atos e negócios jurídicos que dão fundamento à adjudicação compulsória, incluído o histórico de todas as cessões e sucessões, bem como a relação de todos os que figurem nos respectivos instrumentos contratuais; *c)* as provas do adimplemento integral do preço ou do cumprimento da contraprestação à transferência do imóvel adjudicando; *d)* a identificação das providências que deveriam ter sido adotadas pelo requerido para a transmissão de propriedade e a verificação de seu inadimplemento; e *e)* o valor venal atribuído ao imóvel adjudicando, na data do requerimento inicial, segundo a legislação local (art. 440-G).

Como outra norma relevante, está previsto no Código de Normas Nacional – art. 440-G, § 6.º – que para os fins de prova de quitação, na ata notarial, poderão ser objeto de constatação, além de outros fatos ou documentos: *a)* ação de consignação em pagamento com valores depositados; *b)* mensagens, inclusive eletrônicas, em que se declare quitação ou se reconheça que o pagamento foi efetuado; *c)* comprovantes de operações bancárias; *d)* informações prestadas em declaração de imposto de renda; *e)* recibos cuja autoria seja passível de confirmação; *f)* averbação ou apresentação de termo de quitação da transferência, de imóvel a sociedade, quando integrar quota social; e *g)* notificação extrajudicial destinada à constituição em mora.

A pendência de processo judicial de adjudicação compulsória não impedirá a via extrajudicial, caso se demonstre suspensão daquele por, no mínimo, noventa dias úteis (art. 440-H do CNN).

Sobre o procedimento em si, quanto ao *requerimento inicial*, o interessado apresentará, para protocolo, ao oficial de registro de imóveis, requerimento de instauração do processo de adjudicação compulsória. Os efeitos da prenotação prorrogar-se-ão até o deferimento ou a rejeição do pedido (art. 440-K).

Consoante o art. 440-L, o requerimento inicial atenderá, no que couber, os requisitos do art. 319 da Código de Processo Civil, trazendo, em especial: *a)* identificação e endereço do requerente e do requerido, com a indicação, no mínimo, de nome e número de CPF ou CNPJ; *b)* a descrição do imóvel, sendo suficiente a menção ao número da matrícula ou transcrição e, se necessário, a quaisquer outras características que o identifiquem; *c)* se for o caso, o histórico de atos e negócios jurídicos que levaram à cessão ou à sucessão de titularidades, com menção circunstanciada dos instrumentos, valores, natureza das estipulações, existência ou não de direito de arrependimento e indicação específica de quem haverá de constar como requerido; *d)* a declaração do requerente, sob as penas da lei, de que não pende processo judicial que possa impedir o registro da adjudicação compulsória, ou prova de que tenha sido extinto ou suspenso por mais de noventa dias úteis; *e)* o pedido de que o requerido seja notificado a se manifestar, no prazo de quinze dias úteis; e *f)* o pedido de deferimento da adjudicação compulsória e de lavratura do registro necessário para a transferência da propriedade.

O requerimento inicial será instruído, necessariamente, pela ata notarial e pelo instrumento do ato ou negócio jurídico em que se funda a adjudicação compulsória (art. 440-M). Caso seja incerto ou desconhecido o endereço de algum requerido, a sua notificação por edital será solicitada pelo requerente, mediante demonstração de que tenha esgotado todos os meios ordinários de localização (art. 440-O). Também se consideram requeridos e deverão ser notificados o cônjuge e o companheiro, nos casos em que a lei exija o seu consentimento para a validade ou eficácia do ato ou negócio jurídico que dá fundamento à adjudicação compulsória, como nas hipóteses envolvendo o compromisso de compra e venda registrado na matrícula (art. 440-P).

CAP. 3 · A FORMAÇÃO DO CONTRATO PELO CÓDIGO CIVIL E PELO CDC

No que diz respeito à *segunda fase*, de *notificação*, se o requerimento inicial preencher seus requisitos, o oficial de registro de imóveis notificará o requerido, passando-se para a segunda fase do procedimento (art. 440-R do Código Nacional de Normas). O instrumento da notificação será elaborado pelo oficial do registro de imóveis, que o encaminhará pelo correio, com aviso de recebimento, facultado o encaminhamento por oficial de registro de títulos e documentos (art. 440-T). Se o requerido for pessoa jurídica, será eficaz a entrega da notificação à pessoa com poderes de gerência geral ou de administração ou, ainda, ao funcionário responsável pelo recebimento de correspondências (art. 440-U).

Nos condomínios edilícios ou outras espécies de conjuntos imobiliários com controle de acesso, a notificação será válida quando entregue a funcionário responsável pelo recebimento de correspondência (art. 440-V). Se o requerido for falecido, poderão ser notificados os seus herdeiros legais, contanto que estejam comprovados a qualidade destes, o óbito e a inexistência de inventário judicial ou extrajudicial, e, em havendo inventário, bastará a notificação do inventariante (art. 440-W). Eventualmente, caso sejam infrutíferas as tentativas de notificação pessoal, e não sendo possível a localização do requerido, o oficial de registro de imóveis procederá à notificação por edital (art. 440-X do CNN).

Passando para a *terceira fase*, de *anuência* ou *impugnação*, a primeira regra de relevo é o art. 440-Y do Código Nacional de Normas, segundo o qual a anuência do requerido poderá ser declarada a qualquer momento por instrumento particular, com firma reconhecida, por instrumento público ou por meio eletrônico idôneo, na forma da lei. Essa anuência também poderá ser declarada perante o oficial de registro de imóveis, em cartório, ou perante o preposto encarregado da notificação, que lavrará certidão no ato da notificação. Mera anuência, desacompanhada de providências para a efetiva celebração do negócio translativo de propriedade, implicará o prosseguimento do processo extrajudicial.

Entretanto, o requerido poderá apresentar impugnação por escrito, no prazo de quinze dias úteis (art. 440-Z). O oficial de registro de imóveis notificará o requerente para que se manifeste sobre a impugnação em quinze dias úteis e, com ou sem a manifestação, proferirá decisão, no prazo de dez dias úteis. Se entender viável, antes de proferir decisão, o oficial de registro de imóveis poderá instaurar a conciliação ou a mediação dos interessados (art. 440-AA do CNN).

Porém, o oficial de registro de imóveis indeferirá a impugnação, indicando as razões que o levaram a tanto, entre outras hipóteses, quando: *a)* a matéria já houver sido examinada e refutada em casos semelhantes pelo juízo competente; *b)* não contiver a exposição, ainda que sumária, das razões da discordância; *c)* versar matéria estranha à adjudicação compulsória; e *d)* for de caráter manifestamente protelatório. Como se pode perceber, a normativa atribuiu ao Oficial do Registro de Imóveis poder decisório, na linha do que foi reconhecido pela Lei do SERP, sendo essa a tendência legislativa (art. 440-AB do CNN).

Se for rejeitada a impugnação, o requerido poderá recorrer, no prazo de dez dias úteis, e o oficial de registro de imóveis notificará o requerente para se manifestar, em igual prazo sobre o recurso (art. 440-AC do Código Nacional de Normas). Acolhida a impugnação, o oficial de registro de imóveis notificará o requerente para que se manifeste em dez dias úteis. Se não houver insurgência do requerente contra o acolhimento da impugnação, o processo será extinto e cancelada a prenotação (art. 440-AD).

Por fim, quanto a essa *terceira fase*, com ou sem manifestação sobre o recurso ou havendo manifestação de insurgência do requerente contra o acolhimento, os autos serão encaminhados ao juízo, que, de plano ou após instrução sumária, examinará apenas a procedência da impugnação. Acolhida a impugnação, o juiz determinará ao oficial de registro de imóveis a extinção do processo e o cancelamento da prenotação. Rejeitada a impugnação, o juiz determinará a retomada do processo perante o oficial de registro de imóveis. Em qualquer das hipóteses, a decisão do juízo esgotará a instância administrativa acerca da impugnação, presente um suprimento judicial (art. 440-AE).

A *quarta* e *última fase* do procedimento de adjudicação compulsória extrajudicial, nos termos da normativa do Conselho Nacional de Justiça, é da *qualificação* e do *registro* da adjudicação compulsória extrajudicial. Não havendo impugnação, afastada a que houver sido apresentada ou anuindo o requerido ao pedido, o oficial de registro de imóveis, em dez dias úteis: *a)* expedirá nota devolutiva para que se supram as exigências que ainda existirem; ou *b)* deferirá ou rejeitará o pedido, em nota fundamentada. Em caso de exigência ou de rejeição do pedido, caberá suscitação de dúvida pelo Registrador de Imóveis (art. 440-AF).

Os direitos reais, ônus e gravames que não impeçam atos de disposição voluntária da propriedade – caso do usufruto, das servidões, das dívidas condominiais e dos impostos devidos que recaiam sobre o imóvel –, não obstarão a adjudicação compulsória (art. 440-AG). Da mesma forma, a indisponibilidade de bens não impede o processo de adjudicação compulsória, mas o pedido será indeferido, caso não seja cancelada até o momento da decisão final do oficial de registro de imóveis (art. 440-AH). Também não é condição para o deferimento e registro da adjudicação compulsória extrajudicial a comprovação da regularidade fiscal do transmitente, a qualquer título, nos termos do que já está previsto na Lei do SERP (art. 440-AI).

Com exatidão sobre o que já se afirmou, o art. 440-AJ do Código Nacional de Normas prevê que, para as unidades autônomas em condomínios edilícios, não é necessária a prévia prova de pagamento das cotas de despesas comuns. É também passível de adjudicação compulsória o bem da massa falida, contanto que o relativo ato ou negócio jurídico seja anterior ao reconhecimento judicial da falência; premissa que igualmente vale para os casos de recuperação judicial (art. 440-AK). Todos esses afastamentos de eventuais entraves para a adjudicação compulsória extrajudicial visam a dar efetividade prática ao instituto, visando à regularização dos imóveis, o que é salutar.

Como última regra a ser destacada, o art. 440-AL do Código Nacional de Normas exige, porém, o pagamento do imposto de transmissão (ITBI), devendo ele ser comprovado pelo requerente antes da lavratura do registro, dentro de cinco dias úteis, contados da notificação que para esse fim lhe enviar o oficial de registro de imóveis. Eventualmente, esse prazo poderá ser sobrestado, se comprovado justo impedimento. Todavia, não havendo pagamento do imposto, o processo será extinto.

Como se pode perceber, a normatização do Conselho Nacional de Justiça é cheia de detalhes, procurando dar certeza, segurança e estabilidade ao instituto da adjudicação compulsória extrajudicial. Acredito que o instituto terá ampla aplicação nos próximos anos, incrementando a atividade extrajudicial, desburocratizando o Direito Civil e dando efetividade ao Direito Civil, o que é sempre desejável.

Pois bem, atualizada a obra, além do procedimento extrajudicial de adjudicação compulsória, a Lei do SERP também incluiu no ordenamento jurídico, novamente na Lei de Registros Públicos, o cancelamento extrajudicial do registro do compromisso de compra e venda na matrícula do imóvel. Aqui, por óbvio, o procedimento não se aplica aos casos de compromisso não registrado e somente pode ser utilizado pelo promitente vendedor e não pelo compromissário comprador.

Enuncia o novo art. 251-A da Lei 6.015/1973 que, a requerimento do promitente vendedor, o promitente comprador, ou seu representante legal ou procurador regularmente constituído, será intimado pessoalmente pelo oficial do competente registro de imóveis a satisfazer, no prazo de trinta dias, a prestação ou as prestações vencidas e as que vencerem até a data de pagamento. Esses valores devem ser acrescidos de juros convencionais, de correção monetária, das penalidades contratuais – como multa convencional –, e dos demais encargos contratuais. Também é preciso incluir os encargos legais, inclusive tributos, as contribuições condominiais ou despesas de conservação e manutenção em loteamentos de acesso controlado, imputáveis ao imóvel, além das despesas de cobrança, de intimação, bem como do registro do contrato, caso esse tenha sido efetuado a requerimento do promitente vendedor.

Novamente, a fim de facilitar o procedimento, o oficial do registro de imóveis poderá delegar a diligência de intimação ao oficial do registro de títulos e documentos da Comarca da situação do imóvel ou do domicílio de quem deva recebê-la (art. 251-A, § 2.º, da Lei 6.015/1973). Ademais, conforme o parágrafo seguinte, aos procedimentos de intimação ou notificação efetuados pelos oficiais de registros públicos, aplicam-se, no que couber, os dispositivos referentes à citação e à intimação previstos no Código de Processo Civil, entre os seus arts. 238 e 275.

Eventualmente, a mora poderá ser purgada pelo compromissário comprador, ora devedor, mediante o pagamento ao oficial do registro de imóveis, que dará quitação ao promitente comprador ou ao seu cessionário das quantias recebidas no prazo de três dias e depositará esse valor na conta bancária informada pelo promitente vendedor no próprio requerimento ou, na falta dessa informação, o cientificará de que o numerário está à sua disposição (art. 251-A, § 4.º, da Lei 6.015/1973).

Por outra via, caso não ocorra o pagamento, o oficial certificará o ocorrido e intimará o promitente vendedor a promover o recolhimento dos emolumentos para efetuar o cancelamento do registro, retirando a eficácia *erga omnes* do compromisso de compra e venda do imóvel (art. 251-A, § 5.º, da Lei 6.015/1973).

Por fim, está previsto, no § 6.º do novo art. 251 da Lei de Registros Públicos, que a certidão do cancelamento do registro do compromisso de compra e venda reputa-se como prova relevante ou determinante para concessão da medida liminar de reintegração de posse. Entendo, todavia, que esse cancelamento não retira toda a eficácia do contrato celebrado entre as partes, o que deve ser analisado na via judicial, inclusive para os fins de se verificar, em juízo e com o contraditório alargado, se houve de fato inadimplemento, se o caso é de aplicação da exceção de contrato não cumprido ou mesmo da teoria do adimplemento substancial.

Atualizada a obra, ainda quanto ao contrato preliminar, cumpre salientar, por fim, que o Código Civil de 2002, em seus arts. 467 a 471, apresenta como novidade a tipificação do *contrato com pessoa a declarar* – cláusula *pro amico eligendo* –, com grande aplicação aos pré-contratos, principalmente quando envolverem compra e venda de imóveis.

Por tal figura jurídica, no momento da conclusão do contrato, pode uma das partes reservar-se a faculdade de indicar outra pessoa que deve adquirir os direitos e assumir as obrigações decorrentes do negócio.

Para que tenha efeitos, a indicação deve ser comunicada à outra parte no prazo de cinco dias da conclusão do negócio definitivo, se não houver outro prazo estipulado no pacto (art. 468 do CC), o que está em sintonia com o dever de informar, anexo à boa-fé objetiva. A pessoa nomeada assumirá todos os direitos e obrigações relacionados ao contrato a partir do momento em que este foi celebrado (art. 469). Nesse contexto, pode aquele que celebrou contrato preliminar de compra e venda indicar terceira pessoa que adquirirá o imóvel, retirando lucro dessa transação.

Não terá eficácia a cláusula *pro amigo eligendo* nos casos previstos no art. 470 do Código Civil, ou seja:

a) se não houver a indicação da pessoa, ou se esta se negar a aceitar a indicação; ou
b) se a pessoa nomeada for insolvente, fato desconhecido anteriormente, situação em que o contrato produzirá efeitos entre os contratantes originais (art. 471 do CC).

Pontuo que no Projeto de Reforma do Código Civil pretende-se alterar o inciso II do seu art. 470, para mencionar que o contrato será eficaz somente entre os contratantes originários "se a pessoa nomeada era insolvente ou incapaz no momento da nomeação". Além disso, sugere-se a revogação expressa do art. 471 do CC/2002. Isso porque, segundo a Subcomissão de Direito Contratual, com base nas doutrinas de Gustavo Tepedino e Edvaldo Brito, há uma contradição parcial entre os dois dispositivos a respeito da insolvência do nomeado como fator de ineficácia da nomeação. Enquanto no atual art. 471 não se exige o desconhecimento da outra parte, no art. 470, inc. II, ele é requisito para que a nomeação seja ineficaz. Por isso, sem dúvidas, são mais do que necessárias as proposições formuladas.

Para encerrar o tópico, filia-se à parcela da doutrina que também considera o contrato com pessoa a declarar como mais uma exceção ao princípio da relatividade dos efeitos (BARROSO, Lucas Abreu. Do contrato..., *Direito...*, 2008, p. 427-441). Entretanto, como o instituto está próximo do contrato preliminar, prefiro, metodologicamente, tratá-lo na presente seção.

3.1.4 Fase de contrato definitivo

A última fase de formação do contrato é a fase do contrato definitivo, quando ocorre o *choque ou encontro de vontades* originário da liberdade contratual ou autonomia

CAP. 3 • A FORMAÇÃO DO CONTRATO PELO CÓDIGO CIVIL E PELO CDC | 181

privada. A partir de então, o contrato estará aperfeiçoado, gerando todas as suas consequências como, por exemplo, aquelas advindas da responsabilidade civil contratual.

Nunca é demais lembrar que essa modalidade de responsabilidade não se encontra prevista no art. 186 do Código Civil, que trata da responsabilidade extracontratual ou *aquiliana*. A responsabilidade civil contratual está estabelecida nos arts. 389 a 391 da atual codificação material, dispositivos que tratam do inadimplemento obrigacional.

De toda a sorte, anote-se que a tendência doutrinária é de unificação da responsabilidade civil, superando-se essa divisão anterior, o que pode ser percebido pelo tratamento constante do Código de Defesa do Consumidor. Também não se pode esquecer que a boa-fé objetiva, com todos os seus deveres anexos ou laterais, também deve ser aplicada a essa fase, bem como à fase pós-contratual.

Encerrada a análise da formação do contrato pelo Código Civil, passamos ao estudo das regras constantes do Código de Defesa do Consumidor (Lei 8.078/1990).

3.2 A FORMAÇÃO DO CONTRATO PELO CÓDIGO DE DEFESA DO CONSUMIDOR

O Código de Defesa do Consumidor (Lei 8.078/1990), ao contrário do Código Civil em vigor, não prevê, com riqueza de detalhes, regras quanto à formação do contrato de consumo. Isso faz com que seja possível, eventualmente, buscar socorro nas regras comuns de Direito Privado quando houver dúvida quanto à constituição da obrigação de natureza consumerista, particularmente tendo em vista a festejada teoria do *diálogo das fontes*, normalmente invocada (*diálogo de complementaridade*).

Porém, o Código Consumerista prevê regras de grande importância quanto à *oferta*, tratadas entre os arts. 30 a 38 da Lei 8.078/1990, sem prejuízo de outros regramentos também aplicáveis à fase pré-negocial, ou seja, às tratativas iniciais para a formação do pacto.

De início, o art. 30 da Lei Consumerista traz em seu conteúdo o princípio da boa-fé objetiva, ao vincular o produto, o serviço e o contrato ao meio de proposta e à publicidade demonstrando que a conduta proba também deve estar presente na fase pré-contratual do contrato de consumo.

Nesse sentido, cite-se notório e já antigo julgado do Tribunal de Justiça de São Paulo, pelo qual uma empresa de plano de saúde foi obrigada a cumprir o informado pela mídia especificamente quanto à ausência de prazo de carência para a prestação de serviços:

> "Ação de indenização – Contrato de seguro-saúde – Responsabilização por despesas de internação e tratamento – Ausência de exame pré-admissional para avaliação de doenças preexistentes – Carência 'zero' difundida através da mídia – Prestação de serviços subordinada ao Código de Defesa do Consumidor – Sistema privado de saúde, que complementa o público e assume os riscos sociais de seu mister – Direito absoluto à vida e à saúde que se sobrepõe ao direito obrigacional – Recurso não provido" (TJSP, Apelação Cível 104.633-4/SP, 3.ª Câmara de Direito Privado de Julho/2000, Rel. Juiz Carlos Stroppa, j. 1.º.08.2000, v.u.).

182 | DIREITO CIVIL • VOL. 3 – *Flávio Tartuce*

Para fazer cumprir os exatos termos da publicidade, o art. 35 da Lei 8.078/1990 menciona, entre suas possibilidades, o cumprimento forçado da obrigação nos termos da oferta, assim dispondo:

"Art. 35. Se o fornecedor de produtos ou serviços recusar cumprimento à oferta, apresentação ou publicidade, o consumidor poderá, alternativamente e à sua livre escolha: I – exigir o cumprimento forçado da obrigação, nos termos da oferta, apresentação ou publicidade; II – aceitar outro produto ou prestação de serviço equivalente; III – rescindir o contrato, com direito à restituição de quantia eventualmente antecipada, monetariamente atualizada, e a perdas e danos".

Entre as medidas de maior efetividade, para o cumprimento forçado da obrigação, está a fixação de multa (*astreintes*), geralmente diária. Sobre a multa, cumpre destacar interessante decisão do pioneiro Tribunal Gaúcho:

"Consumidor. Telefonia móvel. Ação cominatória cumulada com reparação de danos. Promoções *pula-pula* e *amigos toda hora* da Brasil Telecom. Fornecedora dos serviços que, unilateralmente, altera os termos iniciais das promoções, em desfavor ao consumidor. Adendo ao regulamento ditando a não cumulação das vantagens, antes cumuláveis. Em se tratando de relação de consumo, a oferta é vinculativa. Artigo 30 do CDC. Necessidade de assegurar ao cliente a continuidade da promoção original. Danos morais configurados, decorrentes da desconsideração com a pessoa do consumidor. *Astreintes*. Cabimento. Limitação do valor, atendendo a critérios de razoabilidade" (TJRS, Processo 71000931048, 2.ª Turma Recursal Cível, Porto Alegre, Juiz Relator Eduardo Kraemer, 17.05.2006).

O dever de informar na fase pré-negocial consumerista também pode ser percebido pelo art. 33 do CDC, eis que, no caso de contratação por telefone ou reembolso postal, devem constar o nome e o endereço do fabricante na embalagem, na publicidade e em todos os impressos utilizados na transação comercial. Tais exigências têm por objetivo possibilitar ao consumidor o exercício de seus direitos em relação a eventual vício ou fato do produto. Anote-se que foi acrescentado um parágrafo único nesse comando pela Lei 11.800/2008, preceituando que é proibida a publicidade de bens e serviços por telefone, quando a chamada for onerosa ao consumidor que a origina. Em suma, a cobrança pela ligação é considerada abusiva, estando vedada pela legislação.

O art. 31 da Lei 8.078/1990, quanto à oferta e à apresentação do produto, estabelece a necessidade de informações completas e precisas sobre a essência, quantidade e qualidade do produto e do serviço, o que vem sendo observado pela melhor jurisprudência com a imposição de sanções específicas nos casos em que se percebe a má-fé na fase de oferta do produto e do serviço, bem como pela sua coibição via tutela coletiva:

"Consumidor. Ação civil pública. Propaganda enganosa. Indicações imprecisas sobre o número de produtos e duração de ofertas promocionais. Indução do consumidor em erro. Competência e legitimidade ativa do ministério público. Procedência. CDC, arts. 30 e 37 (com doutrina). A veiculação de propaganda com indicações imprecisas sobre as ofertas promocionais configura publicidade enganosa, de que trata o art. 37 da Lei 8.078/90, porquanto capaz de induzir em erro o consumidor, prática que pode ser coibida pelo manejo de ação civil pública" (Tribunal de Alçada de Minas Gerais, Apelação Cível 150436-7, Belo Horizonte, Rel. Juiz Quintino do Prado, j. 22.04.1993. *Jurisprudência Brasileira*, v. 181, p. 112).

A norma é completada por um parágrafo único, incluído pela Lei 11.989/2009, segundo o qual as citadas informações completas e precisas, nos produtos refrigerados oferecidos ao consumidor, serão gravadas de forma indelével. O objetivo, mais uma vez, é o esclarecimento do consumidor a respeito do que está sendo adquirido, em prol da confiança e da boa-fé.

No Código de Defesa do Consumidor, o tratamento dado à formação do contrato e à correspondente boa-fé objetiva ainda pode ser visualizado pela proibição de publicidade simulada, abusiva e enganosa, conforme os arts. 36 e 37 da Lei 8.078/1990, respectivamente. Isso em reforço ao art. 6.º, inc. IV, do mesmo diploma, que prevê ser direito básico do consumidor a proteção contra tais formas de publicidade, bem como contra métodos comerciais coercitivos ou desleais.

Nos termos do art. 36 do CDC, a publicidade deve ser veiculada de forma que o consumidor, de imediato, a identifique como tal. Não é possível juridicamente uma publicidade *mascarada ou simulada*, o que pode gerar eventual dever de indenizar caso haja prejuízos ao consumidor, hipótese em que a responsabilidade é objetiva, pelo próprio sistema do Código do Consumidor.

O art. 37, § 1.º, da lei protetiva do consumidor proíbe a chamada *publicidade enganosa*, seja ela por ação ou omissão, definindo-a como "qualquer modalidade de informação ou comunicação de caráter publicitário, inteira ou parcialmente falsa, ou, por qualquer outro modo, mesmo por omissão, capaz de induzir em erro o consumidor".

Repousam aqui velhos conceitos privados, relativos ao dolo e ao erro como vícios do ato ou negócio jurídico, capazes também de gerar a sua anulabilidade quando criarem falsa noção ou falso juízo quanto à coisa, pessoa ou negócio, muitas vezes induzido o negociante pela conduta maliciosa de alguém. Eventualmente, pela ótica consumerista, é possível a reparação de danos materiais ou morais, se estiver presente essa modalidade de publicidade. O julgado a seguir exemplifica muito bem a aplicação do conceito:

"Ação de indenização por perdas e danos materiais e morais. Publicidade enganosa. Promessa de emprego e estabilidade no exterior. Caracterização. Código de defesa do consumidor. Inversão do ônus da prova. Honorários da sucumbência. Proporção condenada. Inteligência do art. 21 do CPC. Recurso improvido. 1. 'O ônus da prova da veracidade e correção da informação ou comunicação publicitária cabe a quem as patrocina' (Art. 38 do Código de Defesa do Consumidor) 2. Se a parte que elaborou as publicidades enganosas não provou que alterou o teor das mesmas, prestando informações posteriores aos seus consumidores, resta configurada a natureza enganosa da publicidade realizada. 3. Valores auferidos em condenação não têm o condão de determinar a proporcionalidade da sucumbência, e sim, a procedência dos pedidos formulados na exordial" (Tribunal de Alçada do Paraná, Apelação Cível 0190379-9, Maringá, 7.ª Câm. Cível, Rel. Juiz Miguel Pessoa, j. 12.11.2002, Ac. 156916, publ. 22.11.2002).

Na mesma linha, como decidiu em data mais próxima o Superior Tribunal de Justiça, e sem prejuízo de muitos outros julgados:

"Trata-se de ação de indenização por danos morais e materiais decorrentes da publicidade enganosa realizada por instituição de ensino, que ofertou ao consumidor o curso de Comércio Exterior, em desacordo com Resolução do Ministério da Educação, o que ensejou, posteriormente, na realocação do aluno no curso de Administração de Empresas, sem chances de o acadêmico prosseguir com a formação originariamente almejada. O artigo 37, *caput,* do CDC proíbe expressamente a publicidade enganosa, vale dizer, aquela que induz o consumidor ao engano. Se a informação se refere a dados essenciais capazes de onerar o consumidor ou restringir seus direitos, deve integrar o próprio anúncio/ contrato, de forma clara, precisa e ostensiva, nos termos do artigo 31 do CDC, sob pena de configurar publicidade enganosa por omissão. Precedentes. Na hipótese, a ausência de informação acerca do teor da Resolução 4/2005/MEC, a qual prevê a extinção do curso de administração em comércio exterior, dados estes essenciais sobre o produto/serviço fornecido pela demandada, configura a prática de publicidade enganosa por omissão. A situação vivenciada pelo autor, em razão da omissão na publicidade do curso pela instituição de ensino, ultrapassou a barreira do mero aborrecimento, porquanto atentou contra o direito do consumidor de não ser enganado, por criar falsas expectativas de obter um título de graduação que, ante as condições concretas do caso, jamais terá como obter, gerando angústias e frustrações passíveis de ser indenizadas. Danos morais caracterizados. As despesas com matrículas e mensalidades do curso, do qual o recorrente desistiu por não ter interesse na graduação em Administração de Empresas, merecem ser indenizadas a título de danos materiais" (STJ, REsp 1.3425.71/MG, 4.ª Turma, Rel. Min. Marco Buzzi, j. 07.02.2017, *DJe* 16.02.2017).

Lembre-se da regra pela qual o ônus da prova quanto à veracidade da publicidade cabe a quem a patrocina (art. 38 da Lei 8.078/1990), diante do fato de que há uma boa-fé presumida a favor do consumidor.

O conceito de publicidade abusiva pode ser encontrado no art. 37, § 2.º, do Código de Defesa do Consumidor, *in verbis*: "é abusiva, dentre outras, a publicidade discriminatória de qualquer natureza, a que incite à violência, explore o medo ou a superstição, se aproveite da deficiência do julgamento e experiência da criança, desrespeita valores ambientais, ou que seja capaz de induzir o consumidor a se comportar de forma prejudicial ou perigosa à sua saúde ou segurança".

Se ocorrerem tais formas de publicidade, surgirá o dever de indenizar de todos os envolvidos com o meio de oferta. Trata-se de aplicação direta do art. 34 do CDC, que estabelece a solidariedade dos prestadores e fornecedores em relação aos seus prepostos.

Podem responder, em casos tais, a empresa que contratou o serviço de publicidade para a venda de um produto ou serviço, a agência de publicidade, o profissional responsável quanto à mesma e até o veículo de comunicação, na minha opinião doutrinária. Nesse sentido, vale transcrever acórdão de interessante conteúdo, do extinto Tribunal de Alçada de Minas Gerais, principalmente o teor do voto vencido:

"Consórcio – Responsabilidade solidária – Teoria da aparência – Publicidade enganosa. Para que se reconheça a responsabilidade solidária de duas empresas em decorrência da adoção da teoria da aparência é indispensável que haja prova de que houve participação

CAP. 3 · A FORMAÇÃO DO CONTRATO PELO CÓDIGO CIVIL E PELO CDC | **185**

da empresa comercial no negócio da administradora do consórcio, dele tirando proveito econômico, seja pela participação em sua administração e atividades, seja pela participação na veiculação de sua campanha publicitária tendente a induzir em erro o consorciado. É indispensável que se prove que o consorciado contratou com a empresa administradora do consórcio acreditando contratar com empresa diversa da contratada, escudando-se na garantia de seu renome nacional, pois a falta dessa prova torna inaplicável a teoria da aparência. Voto vencido: Correção monetária – Finalidade – Teoria da aparência – Consórcio empresa cuja logomarca vem estampada no contrato e na publicidade – Solidariedade. A empresa que empresta sua logomarca a grupo de consórcio, além de outras particularidades, levando o consorciado a acreditar que se tratava de negócio cuja solidez estava por ela amparada, em razão da publicidade e da identidade de ramo de atuação, é solidariamente responsável pelos prejuízos causados, em virtude da aplicação da Teoria da Aparência" (Tribunal de Alçada de Minas Gerais, Embargos Infringentes (Cv) Cível 0310810-5/02-2001, comarca Belo Horizonte/Siscon, 4.ª Câmara Cível, rel. Juíza Maria Elza, Rel. Acórdão: Juiz Paulo Cézar Dias, j. 06.03.2002. Não publicado, decisão por maioria).

Aliás, cumpre destacar que o Superior Tribunal de Justiça orientou-se pela *teoria da aparência* e pela responsabilidade solidária de todos os envolvidos e beneficiados pela publicidade, ao determinar a responsabilidade da montadora de veículos por oferta enganosa veiculada por concessionária:

"Consumidor. Recurso especial. Publicidade. Oferta. Princípio da vinculação. Obrigação do fornecedor. O CDC dispõe que toda informação ou publicidade, veiculada por qualquer forma ou meio de comunicação com relação a produtos e serviços oferecidos ou apresentados, desde que suficientemente precisa e efetivamente conhecida pelos consumidores a que é destinada, obriga o fornecedor que a fizer veicular ou dela se utilizar, bem como integra o contrato que vier a ser celebrado. Constatado pelo eg. Tribunal *a quo* que o fornecedor, através de publicidade amplamente divulgada, garantiu a entrega de veículo objeto de contrato de compra e venda firmado entre o consumidor e uma de suas concessionárias, submete-se ao cumprimento da obrigação nos exatos termos da oferta apresentada. Diante da declaração de falência da concessionária, a responsabilidade pela informação ou publicidade divulgada recai integralmente sobre a empresa fornecedora" (STJ, REsp 363.939/MG, 3.ª Turma, Rel. Min. Nancy Andrighi, j. 04.06.2002, *DJ* 01.07.2002, p. 338).

Com exceção do profissional liberal, todos os envolvidos com a oferta ou publicidade terão responsabilidade objetiva, independentemente de culpa. Porém, a responsabilização mediante culpa – responsabilidade subjetiva – dos profissionais liberais constitui exceção no sistema consumerista, estando prevista no art. 14, § 4.º, da Lei 8.078/1990 e aplicando-se para os casos de oferta ou publicidade.

Não se pode esquecer, nesse sentido, sobre a exposição aos meios de oferta e informação, sendo quase impossível a situação em que o consumidor tenha conhecimento preciso sobre todos os produtos e serviços colocados no mercado. A publicidade e os demais meios de oferecimento do produto ou serviço estão relacionados à vulnerabilidade do consumidor, eis que o deixam à mercê das vantagens sedutoras expostas pelos veículos de comunicação e informação, principalmente pelos meios de *marketing*.

O art. 48 do CDC regula especificamente a responsabilidade pré-contratual no negócio de consumo. De acordo com esse dispositivo, todas as declarações de vontade constantes de escritos particulares, recibos e pré-contratos decorrentes da relação de consumo vinculam o fornecedor ou prestador, ensejando, inclusive, a execução específica, prevista no art. 84 da Lei Consumerista. São interessantes alguns exemplos a fim que não pairem dúvidas sobre a lógica do comando legal em comentário.

Como primeiro exemplo, imagine-se o caso em que foi elaborado um orçamento prévio com a previsão de um determinado valor para prestação ou fornecimento. Diante da confiança depositada, não poderá o prestador de serviços ou fornecedor de produtos alterar tal preço, por estar presente a sua responsabilidade pré-contratual diante do compromisso firmado. Caso se negue o profissional a cumprir a obrigação assumida, caberá ação de execução de obrigação de fazer, com fixação de preceito cominatório – multa ou *astreintes* –, nos termos do citado art. 84 do CDC.

Como segunda ilustração, aperfeiçoando-se a prestação ou o fornecimento, não pode quem o executou pedir alteração do preço, principalmente nos casos em que a quitação foi dada, com recibo ou não. Isso, aliás, representa a aplicação da máxima *venire contra factum proprium non potest*, ou seja, a vedação de a pessoa cair em contradição por conduta, conceito inerente à boa-fé objetiva, conforme reconheceu o Enunciado n. 362 CJF/STJ, aprovado na *IV Jornada de Direito Civil*.

Para as vendas realizadas fora do estabelecimento comercial, consagra o art. 49 do CDC um prazo de arrependimento de sete dias, contados da assinatura do contrato ou do ato de recebimento do produto ou do serviço, o que ocorrer por último, diante da interpretação *pro consumidor* (art. 47 do CDC). Se o consumidor manifestar o seu arrependimento, os valores pagos durante esse dito *prazo de reflexão* serão devolvidos de imediato, com atualização monetária. Anotam Nelson Nery Jr. e Rosa Maria de Andrade Nery que esse dispositivo deve ser aplicado às vendas realizadas por telefone, fax, videotexto, mala direta, reembolso postal, catálogo, prospectos, listas de preços, a domicílio, via internet etc. (*Código...*, 2005, p. 985). Isso, obviamente, se houver relação de consumo, nos termos dos arts. 2.º e 3.º do CDC.

De toda a sorte, o consumidor não pode abusar desse direito seu, não incidindo o art. 49 do CDC em casos de excesso. Para ilustrar, não haverá direito de arrependimento se o consumidor contrata um serviço de TV a cabo pela internet e se arrepende de forma sucessiva, para nunca pagar pelo serviço.

Pelo art. 52 da Lei 8.078/1990, em sintonia com o dever de informação, um dos baluartes da boa-fé objetiva, no caso de outorga de crédito ou financiamento a favor do consumidor, deverá o fornecedor informar o consumidor prévia e adequadamente sobre:

a) o preço do produto ou serviço em moeda nacional corrente;

b) o montante dos juros de mora e da taxa efetiva anual de juros;

c) os acréscimos legalmente previstos;

d) o número e a periodicidade das prestações;

e) a soma total a pagar, com e sem financiamento.

Sem dúvidas, também aqui se vislumbra a fase pré-negocial do contrato de consumo.

CAP. 3 · A FORMAÇÃO DO CONTRATO PELO CÓDIGO CIVIL E PELO CDC | 187

Por fim, é forçoso lembrar que o art. 39 do CDC veda algumas práticas consideradas abusivas. Entre as práticas vedadas encontram-se a recusa ao atendimento às demandas do consumidor (inc. II) e a execução de serviços sem a prévia elaboração de um orçamento (inc. VI), com aplicação direta à formação do contrato. Tais práticas constituem abuso de direito, podendo gerar até a nulidade absoluta, se previstas em contrato, passando a merecer o tratamento de cláusula abusiva (art. 51 do CDC). Eventualmente, até o contrato inteiro poderá ser considerado nulo.

Por tudo o que foi aqui exposto, percebe-se, por um lado, que o Código de Defesa do Consumidor tem um tratamento mais completo quanto à fase de negociações preliminares do contrato. Entretanto, não trata das demais fases – *policitação* e *contrato preliminar* –, razão pela qual deverá o aplicador do Direito procurar socorro nas regras do Código Civil brasileiro. Por outro lado, ocorre justamente o contrário com a atual codificação privada, que não apresenta previsões suficientes quanto à fase das tratativas. Na verdade, aqui é necessária uma complementaridade entre os dois sistemas, conforme já demonstrado em outras oportunidades (*diálogo das fontes*).

O presente capítulo será encerrado com o estudo da formação do contrato pela via eletrônica, tema de suma importância para o Direito Civil Contemporâneo.

3.3   A FORMAÇÃO DO CONTRATO PELA VIA ELETRÔNICA

Diante das dificuldades encontradas pelos estudiosos do Direito em relação a temas tidos como *novos*, contemporâneos ou pós-modernos, foi feita a opção de trazer no presente capítulo discussão de enorme interesse prático, qual seja a formação do contrato pela via eletrônica, pela internet. Como já demonstrado em outros trechos deste livro, o Projeto de Reforma e Atualização do Código Civil pretende inserir na Lei Geral Privada regras relativas ao tema, nos seus livros respectivos e no novo livro do *Direito Civil Digital*.

Por certo que, atualmente, poucas pessoas ainda fazem propostas contratuais por carta (o que se denominava *contrato epistolar*), principalmente diante dos atuais meios de comunicação digital. Esse cenário demonstra a total desatualização do vigente Código Civil à realidade contemporânea, sendo mais do que necessária a sua atualização.

O assunto internet é relativamente *novo* no âmbito jurídico, trazendo aspectos polêmicos e desafiadores. O tema provoca calorosos debates, pois não se trata somente de debater os princípios protetivos da intimidade humana, havendo a necessidade de concepção de um novo conceito de privacidade, além do aspecto corpóreo, eis que se está lidando com o aspecto *virtual-imaterial*.

No âmbito jurídico, o *Direito Digital* ou *Eletrônico* ainda está em vias de formação, como qualquer ciência relacionada à grande rede virtual de computadores. A expressão *Direito Digital* é utilizada pela especialista Patrícia Peck Pinheiro, que leciona: "o Direito Digital consiste na evolução do próprio Direito, abrangendo todos os princípios fundamentais e institutos que estão vigentes e são aplicados até hoje, assim como introduzindo novos institutos e elementos para o pensamento jurídico, em todas as suas áreas (Direito Civil, Direito Autoral, Direito Comercial, Direito Contratual, Direito Econômico, Direito Financeiro, Direito Tributário, Direito Penal, Direito Internacional etc.)" (PINHEIRO, Patrícia Peck. *Direito...*, 2008, p. 29).

A via digital repercute diretamente na órbita civil, influenciando os contratos, o direito de propriedade, a responsabilidade civil e até o Direito de Família. Na realidade da sociedade da informação, podem ser apontadas como características do *Direito Digital* ou *Eletrônico*: a celeridade, o dinamismo, a autorregulamentação, a existência de poucas leis, uma base legal na prática costumeira, o uso da analogia e a busca da solução por meio da arbitragem (PINHEIRO, Patrícia Peck. *Direito...*, 2008, p. 35).

Mais uma vez quanto ao Projeto de Reforma do Código Civil, foi solicitada à Comissão de Juristas a elaboração de um novo livro a tratar do que a Professora Rosa Maria de Andrade Nery, nossa relatora-geral, denominou *Direito Civil Digital*.

Como está no primeiro comando sugerido, "o Direito Civil Digital, conforme regulado neste Código, visa a fortalecer o exercício da autonomia privada, a preservar a dignidade das pessoas e a segurança de seu patrimônio, bem como apontar critérios para definir a licitude e a regularidade dos atos e das atividades que se desenvolvem no ambiente digital". E nos termos da proposta seguinte, "caracteriza-se como ambiente digital o espaço virtual interconectado por meio da *internet*, compreendendo redes mundiais de computadores, dispositivos móveis, plataformas digitais, sistemas de comunicação *online* e quaisquer outras tecnologias interativas que permitam a criação, o armazenamento, a transmissão e a recepção de dados e informações".

Entre os vários tópicos propostos para esse novo livro, o seu Capítulo VIII tratará da celebração do contrato por meio digital, entendido e definido esse como todo acordo de vontades celebrado em ambiente digital, como os contratos eletrônicos, pactos via aplicativos, *e-mail*, ou qualquer outro meio tecnológico que permita a comunicação entre as partes e a criação de direitos e deveres entre elas, pela aceitação de proposta de negócio ou de oferta de produtos e serviços.

Na doutrina contemporânea, Pablo Stolze Gagliano e Rodolfo Pamplona Filho criticam o fato de o Código Civil de 2002 não trazer regras quanto à formação do contrato pela via eletrônica, o que é totalmente inconcebível em pleno século XXI. São suas palavras, sempre atuais:

> "Afigura-se-nos totalmente inconcebível que, em pleno século XXI, época em que vivemos uma verdadeira revolução tecnológica, iniciada especialmente após o reforço bélico do século passado, um código que pretenda regular as relações privadas em geral, unificando as obrigações civis e comerciais, simplesmente haja ignorado as relações jurídicas travadas por meio da rede mundial de computadores. Importantes questões atinentes à celebração do contrato à distância, ao resguardo da privacidade do internauta, ao respeito à sua imagem, à criptografia, às movimentações financeiras, aos *home banking*, à validade dos documentos eletrônicos, à emissão desenfreada de mensagens publicitárias indesejadas (SPAMs), tudo isso mereceria imediato tratamento do legislador" (GAGLIANO, Pablo Stolze; PAMPLONA FILHO, Rodolfo. *Novo curso...*, 2003, p. 100).

A crítica procede, aguardando-se que leis, ainda em projeção, acabem regulamentando a matéria. Já ficou claro que a Reforma do Código Civil pretende fazê-lo, mas essa *pendência legislativa*, contudo, não impede a aplicação das regras do atual Código Civil ou mesmo do Código de Defesa do Consumidor aos contratos eletrônicos.

Anote-se, por oportuno, que um dos projetos anteriores de reforma da última lei visava a regulamentar a contratação eletrônica. Por meio do originário Projeto de Lei 281/2012, em curso inicial no Senado Federal e depois na Câmara dos Deputados (sob o n. 3.514/2015), a Lei 8.078/1990 tenderia a receber um capítulo próprio relativo à contratação eletrônica, pela introdução dos arts. 44-A a 44-F.

De acordo com a primeira norma projetada, "esta seção dispõe sobre normas gerais de proteção do consumidor no comércio eletrônico e à distância, visando fortalecer a sua confiança e assegurar a tutela efetiva, com a diminuição da assimetria de informações, a preservação da segurança nas transações, a proteção da autodeterminação e da privacidade dos dados pessoais. Parágrafo único. As normas desta Seção aplicam-se às atividades desenvolvidas pelos fornecedores de produtos ou serviços por meio eletrônico ou similar".

Nesse contexto, quanto ao mundo cibernético ou digital, sempre um assunto importante vem à tona, qual seja, a formação do contrato pela via eletrônica, pelo ambiente virtual, pela *web*, no sistema hoje vigente.

Já tive a oportunidade de discutir há tempos a questão na própria *grande rede*, na *Revista Eletrônica Intelligentia Jurídica*, então editada por Mário Luiz Delgado (endereço eletrônico www.intelligentiajuridica.com.br). Na ocasião, foi debatida a formação do contrato via *internet* com Fernanda Tartuce, advogada e professora, mestre e doutora em Direito Processual Civil pela USP.

A debatedora entendeu na ocasião que o contrato formado pela *internet* seria, em regra, entre ausentes. Foram as suas palavras:

> "Entendemos que a realização de contratos via *e-mail* constitui contrato entre ausentes, tendo em vista que, tal como ocorre nas cartas, há uma diferença de tempo entre os contatos das partes.
>
> Pode inclusive revelar-se necessário algum tempo para esclarecer eventuais diferenças, já que a forma de comunicação exige o envio de informações que pode demorar, assim como pode demorar a resposta do destinatário, tal como se verifica nas cartas. Com isso, pode transcorrer um tempo maior para se refletir e até mais cuidado ao se realizar a proposta, que estará documentada no texto do *e-mail*. Estas circunstâncias absolutamente não são sentidas nas negociações entre presentes, em que as partes realizam suas tratativas 'ao vivo', seja por estarem frente a frente no mesmo local, seja por estarem ao telefone; nesses casos, as respostas a perguntas podem ser respondidas de pronto e as reflexões e ponderações são feitas imediatamente entre as partes. Entendemos, assim, que o contrato via *e-mail* constitui um contrato entre ausentes, tal como ocorre nas cartas" (TARTUCE, Fernanda. Seção..., *Revista Eletrônica*... Acesso em: 10 maio 2006).

Como contraponto, defendo há tempos que o contrato formado via *internet* seria, em regra, entre presentes – afirmação que ganhou força com o incremento dos meios de comunicação digitais, nos últimos anos. As minhas conclusões foram as seguintes:

> "De acordo com as regras acima, entendemos que o contrato cuja proposta se deu pela via eletrônica não pode ser considerado *inter absentes*, mas *inter praesentes*, não sendo aplicadas as duas teorias acima citadas. Isso, pelo que consta do art. 428, I, segunda parte, cujo destaque nos é pertinente: 'Considera-se também presente a pessoa que contrata por telefone ou por meio de comunicação semelhante'. Ora, a internet convencional é meio

semelhante ao telefone, já que a informação é enviada via linha. Aliás, muitas vezes, a internet convencional é até mais rápida do que o próprio telefone. O que dizer então da internet 'banda larga', via cabos? Trata-se de meio de comunicação mais rápido ainda. Não há como associar o *e-mail*, portanto, ao contrato epistolar. Logicamente, há uma maior proximidade quanto ao telefone do que à carta, reconhecido seu caráter misto de proposta. Dessa forma, com todo o respeito em relação ao posicionamento em contrário, estamos inclinados a afirmar que, quando a proposta é feita pela via digital, não restam dúvidas que o contrato é formado entre presentes" (TARTUCE, Flávio, Seção Bate-Boca. A proposta celebrada via internet faz com que o contrato seja formado entre presentes? *Revista Eletrônica Intelligentia Jurídica*. Acesso em: 10 maio 2006).

Esse último posicionamento constou de obra de Jones Figueirêdo Alves e Mário Luiz Delgado, que anotam o seguinte:

"A proposta via *e-mail* só poderá dar ensejo à formação do contrato entre ausentes, uma vez que, à semelhança das cartas tradicionais, existe sempre um espaço de tempo entre os contatos das partes. Entretanto, quando o policitante e o oblato estiverem conectados em tempo real, como ocorre nos *chats* de bate-papo, ou ainda nos sítios especializados em comércio eletrônico, em que a resposta é imediata, estaremos diante de um contrato entre presentes. Em sentido contrário, entendendo que o contrato cuja proposta se deu pela via eletrônica não pode ser considerado *inter absentes*, mas sempre *inter praesentes*, pelo que consta do art. 428, I, cf. Flávio Tartuce" (*Código Civil...*, 2005, p. 226).

Na realidade, é preciso esclarecer que não entendo ser o contrato formado pela *internet sempre* entre presentes, como constou na última obra. Compreendo que tal forma de negociação faz com que o contrato formado pela rede de computadores seja, *em regra*, entre presentes, podendo ser formado também entre ausentes, dependendo do caso concreto.

Inicialmente, o contrato é formado, em regra, entre presentes pela própria previsão atual do art. 428, inc. I, do Código Civil, que trata da contratação por telefone ou meio semelhante, conforme já foi demonstrado. Essa também é a opinião de Roberto Senise Lisboa (*Manual...*, 2005, p. 216) e Luiz Guilherme Loureiro (*Contratos...*, 2005, p. 174). No mesmo sentido, conclui Caitilin Mulholland o seguinte:

"Os contratos celebrados via Internet, por analogia ao sistema utilizado no caso dos contratos celebrados pelo telefone, e utilizando-se do mesmo princípio da interatividade e comunicação direta, devem considerar-se como contratos celebrados entre presentes, sendo a estes atribuídos os efeitos quanto à sua formação e conclusão. A rapidez no intercâmbio eletrônico de dados, característica da tecnologia da sociedade da informação, tende a reduzir a importância da referida disparidade de soluções, na medida em que facilita a simultaneidade das comunicações, fato em que o caráter instantâneo e não sucessivo da informação do contrato provoca a consideração de que o contrato eletrônico se refere a um tipo de contrato realizado entre presentes" (MULHOLLAND, Caitilin Sampaio. Relações..., *Jornal Carta Forense...*, jun. 2009, p. b-11).

Além dessas justificativas jurídicas, há outra, de cunho prático. Isso porque, na maioria das vezes, quem utiliza a contratação via *internet* nos dias de hoje o faz por meio de um computador com acesso à rede via cabos, ou *banda larga*. Há tempos ninguém mais contrata por meio de um sistema de discador, em que as partes não estão conectadas em tempo real, o que remonta aos anos iniciais de surgimento da *internet*, há muito tempo superado.

Em outros casos, quem acessa a rede até pode o fazer pelo sistema lento, mas a contratação ocorre em sítio de rápida comunicação, que informa a realização da transação comercial mediante uma confirmação imediata. Isso é comum nos *sites* especializados em compra e venda de produtos. Vale reforçar que é mais comum a contratação por meio desses *sites* do que via *e-mail*. Comenta Nelson Rosenvald que "em sede de internet, qualquer aceitação poderá se realizar enquanto a oferta se mantiver no servidor, pois quando subtraída do *site* já não será acessível ao público e não mais subsistirá" (*Código Civil...*, 2007, p. 323).

Em suma, nos últimos anos tornaram-se muito raras as situações em que as partes não estão em comunicação em *tempo real*, muito mais rápida até que o telefone, mesmo porque geralmente as pessoas permanecem grande parte do tempo *on-line*. Essa conclusão até pode ser aplicada aos casos de comunicação via mensagens eletrônicas – *e-mails*. Em conclusão, é correto afirmar que somente excepcionalmente o contrato será formado entre ausentes.

Não obstante, se esse contrato houver sido formado por *e-mail*, em que a comunicação não ocorre de forma imediata – entre ausentes –, deve ser aplicada a *teoria da agnição, na subteoria da recepção*, outrora comentada. Essa é a conclusão constante do Enunciado n. 173 do Conselho da Justiça Federal e do Superior Tribunal de Justiça, aprovado na *III Jornada de Direito Civil*, pelo qual: "a formação dos contratos realizados entre pessoas ausentes por meio eletrônico, completa-se com a recepção da aceitação pelo proponente".

Para esclarecer o assunto, é pertinente transcrever trecho da justificativa do enunciado, proposto pelo promotor do Estado do Rio de Janeiro, Guilherme Magalhães Martins:

> "Por esse motivo, o *e-mail* não apresenta qualquer analogia em face dos meios de comunicação marcados pela instantaneidade, como o telefone ou o telex, ao passo que as regras dos contratos por correspondência igualmente não se aplicam, pois têm como pressuposto uma única organização responsável pelo serviço postal, na qual as partes possam razoavelmente confiar. É por esse motivo que a lei modelo da UNCITRAL acerca do comércio eletrônico, em seu artigo 15, adota a teoria da recepção, ao dispor que a mensagem de dados considera-se expedida quando do seu ingresso em um sistema de informação que se situe além do controle do emissor ou daquele que a enviou em nome deste. Tal regra foi adotada pelo art. 22 do projeto 4.906-A/2001, atualmente em tramitação no Congresso Nacional" (MARTINS, Guilherme Magalhães. *Formação...*, 2003, p. 180-184)."

Até o presente momento, filia-se à conclusão final desse enunciado e também com o fato de o contrato eletrônico poder ser formado entre ausentes, o que constitui, em minha visão, exceção da regra pela qual o contrato eletrônico é formado entre presentes.

De toda sorte, cabe esclarecer que o originário PLS 281/2012 pretendia introduzir regra no Código de Defesa do Consumidor sobre a formação dos contratos eletrônicos entre ausentes, consagrando a *teoria da confirmação*, que é a mesma adotada pelos países da Comunidade Europeia. Nesse contexto, a projeção estabelecia o dever de o fornecedor confirmar o recebimento da aceitação da oferta, bem como dos eventuais arrependimentos do consumidor (arts. 44-C e 44-D). Trata-se do que se também se denomina na Europa como *teoria do duplo-clique*.

A verdade é que há necessidade de alteração urgente da legislação brasileira, o que está sendo buscado pelo Projeto de Reforma do Código Civil, em tramitação no Congresso Nacional, como já foi aqui demonstrado.

Nesse cenário, conforme já se adiantou, a Comissão de Juristas pretende inserir a *teoria da confirmação* na nova redação do § 3.º do art. 434, que vale ser mais uma vez transcrita: "nos contratos celebrados entre ausentes por correio eletrônico, por aplicativo de mensagens ou por outro meio de comunicação semelhante, comprova-se a recepção da aceitação pela resposta do proponente ou por ferramenta de identificação de recebimento de mensagens, independentemente da confirmação da efetiva leitura".

Também se almeja a inclusão de um novo art. 435-A na Lei Geral Privada, estabelecendo que a proposta de celebração de um contrato pode ser oferecida para aceitação por aplicativos digitais interativos ou autoexecutáveis no ambiente da *internet* e sua existência, validade e eficácia dependem dos seguintes requisitos: *a)* que seja completa e clara; *b)* plena clareza das informações prestadas ao oblato quanto ao manejo da sequência de assentimentos da cadeia de blocos posta para a aceitação da proposta; *c)* forma clara e de fácil acesso, para que seja procedida a verificação da interrupção do processo de aceitação da proposta; *d)* plena clareza acerca do mecanismo que autentica a veracidade dos dados externalizados como elementos integrantes da futura contratação; e *e)* plena clareza das condições de sua celebração e dos seus riscos, no momento da manifestação inicial do aderente.

O dispositivo também terá três parágrafos, igualmente com o objetivo de trazer mais segurança, certeza e estabilidade para os contratos formados pela *internet*. Nos termos do seu novo § 1.º, a proposta e a aceitação realizadas por essas vias eletrônicas vinculam a parte que, em nome próprio ou representada por outrem, realizou ou autorizou a sequência de assentimentos da cadeia proposta para a realização dessa específica contratação. Consoante o seu projetado § 2.º, os contratos autoexecutáveis dependem de prévia e plena clareza das condições de sua celebração e dos seus riscos, no momento da manifestação inicial do aderente. Por fim, o § 3.º do emergente art. 435-A preverá que, para a plena clareza dessas informações, a proposta deverá conter informações que permitam ao oblato verificar a autenticidade de dados externos ser expressada por escrito, ainda que em meio virtual.

Existem outras proposições necessárias no novo livro de *Direito Civil Digital*, destacando-se a proposta que preceitua que o contrato formalizado por meio digital é considerado celebrado quando: *a)* as partes manifestarem claramente a sua intenção de contratar, podendo a manifestação ser expressa por cliques, seleção de opções em interfaces digitais, assinaturas eletrônicas, ou por outros meios que demonstrem claramente a concordância com os termos propostos; *b)* o objeto do contrato for lícito, possível, determinado ou determinável; e *c)* o contrato atender aos requisitos de forma e de solenidade previstos em lei, quando for o caso, incluindo a identificação das partes e a assinatura eletrônica, quando necessária.

Não se olvide que, nesse novo livro, adota-se como regra geral a liberdade das formas do art. 107 do CC para os contratos digitais, que serão informais e não solenes.

Como não poderia ser diferente, aguarda-se a aprovação urgente de todas essas propostas da Comissão de Juristas, pelo Congresso Nacional.

3.4 RESUMO ESQUEMÁTICO

1. Formação do contrato pelo Código Civil

Podem ser identificadas *quatro fases* na formação do contrato:

a) ***Fase de negociações preliminares ou de puntuação*** – Nessa fase ocorrem os debates prévios visando à formação do contrato definitivo no futuro. Sigo o entendimento pelo qual há que se falar em *responsabilidade pré-contratual* nessa fase, nos casos de desrespeito à boa-fé objetiva.

b) ***Fase de proposta, policitação ou oblação*** (arts. 427 a 435 do CC) – Fase de proposta formalizada, que vincula as partes contratantes. São partes dessa fase contratual:

   – ***Proponente, policitante ou solicitante*** – aquele que faz a proposta.

   – ***Oblato, policitado ou solicitado*** – aquele que recebe a proposta. Se este aceitá-la, o contrato estará aperfeiçoado (*o oblato torna-se aceitante*).

ATENÇÃO: Duas são as formas básicas de contrato, quanto à sua formação.

   – ***Contrato entre presentes*** (**inter praesentes**) – facilidade de comunicação. Formado quando o oblato aceitar a proposta ("choque ou encontro de vontades").

   – ***Contrato entre ausentes*** (**inter absentes**) – não há essa facilidade de comunicação.

Em regra, o contrato é formado quando o oblato expede a resposta positiva ao proponente (*teoria da agnição, na subteoria da expedição*).

Entretanto, em alguns casos previstos em lei o contrato entre ausentes estará formado a partir do momento em que o proponente receber a resposta positiva do oblato (*teoria da agnição, na subteoria da recepção*).

c) ***Fase de contrato preliminar*** (arts. 462 a 466 do CC)

Agora tratada especificamente pelo Código Civil, essa fase não é obrigatória, mas dispensável entre as partes. O contrato preliminar, exceto quanto à forma, terá os mesmos elementos do contrato definitivo (art. 462 do CC).

Essa fase também gera efeitos jurídicos, vinculando as partes quanto à obrigação de celebrar o contrato definitivo, podendo assumir duas modalidades:

   – ***Compromisso unilateral de contrato ou contrato de opção*** – as duas partes assinam o instrumento, apenas uma delas assume o compromisso de celebrar o contrato definitivo.

   – ***Compromisso bilateral de contrato*** – as duas partes assinam o instrumento, ambas assumem o compromisso de celebrar o contrato definitivo.

d) ***Fase de contrato definitivo*** – Aperfeiçoado o contrato pelo "choque ou encontro de vontades", haverá responsabilidade civil contratual plena (arts. 389 a 391 do CC).

2. Formação do contrato pelo Código de Defesa do Consumidor

Há regras específicas quanto à oferta e publicidade na Lei 8.078/1990, entre os seus arts. 30 a 38, que devem ser sempre revistas e estudadas, principalmente à luz da boa-fé objetiva.

Vale lembrar que qualquer forma de oferta vincula o produto, o serviço e o contrato (art. 30 do CDC).

3. Formação do contrato pela via eletrônica (internet)

Podem ser aplicadas tanto as regras previstas no Código Civil quanto no Código de Defesa do Consumidor, sem que isso traga prejuízo à parte vulnerável (*diálogo das fontes*).

O contrato pode ser formado entre presentes (*chat*, bate-papo, videoconferência) ou entre ausentes (por *e-mail*, segundo a maioria da doutrina). Reafirmo o meu entendimento doutrinário, no sentido de que o contrato é, pelo menos em regra, formado entre presentes.

No último caso, o entendimento majoritário aponta que deverá ser aplicada a *teoria da agnição, na subteoria da recepção* (Enunciado n. 173 do Conselho da Justiça Federal, aprovado na *III Jornada de Direito Civil*: "a formação dos contratos realizados entre pessoas ausentes por meio eletrônico, completa-se com a recepção da aceitação pelo proponente").

3.5   QUESTÕES CORRELATAS

01. (TJPB – CESPE – Juiz Substituto – 2015) A respeito da oferta e da publicidade de produtos e serviços, assinale a opção correta.

(A) Cabe ao consumidor a prova da ausência da veracidade da informação ou comunicação publicitária veiculada pelo patrocinador.

(B) A publicidade enganosa resultante de erro de terceiro não obriga a empresa por ela beneficiada.

(C) Cessada a produção ou a importação de determinado produto, sua oferta deverá ser mantida pelo período de cinco anos.

(D) Os fornecedores de produtos ou serviços são subsidiariamente responsáveis pelos atos de seus prepostos que não possuam vínculo trabalhista ou de subordinação.

(E) Para que ocorra o reconhecimento da publicidade enganosa, exige-se que haja capacidade de indução a erro do consumidor, sem que seja necessária a comprovação de qualquer prejuízo.

02. (TRT/RJ – FCC – Juiz do Trabalho Substituto – 2015) Sobre o Código de Defesa do Consumidor (Lei 8.078/1990), considere:

I. É enganosa qualquer modalidade de informação ou comunicação de caráter publicitário, inteira ou parcialmente falsa ou, por qualquer outro modo, capaz de induzir em erro o consumidor a respeito da natureza, características, qualidade, quantidade, propriedades, origem, preço e quaisquer outros dados sobre produtos e serviços.

II. A publicidade é simulada por omissão quando deixar de informar sobre dado essencial do produto.

III. É abusiva, dentre outras, a publicidade discriminatória de qualquer natureza, a que explore o medo ou a superstição ou a que desrespeita valores ambientais.

IV. É abusiva a publicidade que seja capaz de induzir o consumidor a se comportar de maneira prejudicial ou perigosa à sua saúde ou segurança.

CAP. 3 • A FORMAÇÃO DO CONTRATO PELO CÓDIGO CIVIL E PELO CDC | 195

Está correto o que se afirma APENAS em

(A) I e III.

(B) II e III.

(C) I, III e IV.

(D) II e IV.

(E) I, II e IV.

03. **(TJRR – FCC – Juiz Substituto – 2015) Construtora Muro Alto lançou empreendimento imobiliário pelo qual se interessou André, especialmente pelo fato de que, em publicidade escrita, verificou que o imóvel contaria com ampla academia de ginástica, com os mais diversos aparelhos. Levando isto em conta, adquiriu uma unidade do empreendimento, por intermédio de imobiliária. Quando da entrega do imóvel, porém, no que seria a sala de ginástica, havia apenas um aparelho para exercícios abdominais. Inconformado, contatou a Construtora Muro Alto, que se recusou a adquirir outros aparelhos sob o fundamento de que a imagem constante da publicidade escrita seria meramente ilustrativa, conforme informado, em letras minúsculas, no verso do panfleto publicitário. Nesse caso, André**

(A) não possui direito fundado na publicidade escrita, a qual trouxe informação de que as imagens eram meramente ilustrativas.

(B) poderá aceitar outro produto, rescindir o contrato ou exigir o cumprimento forçado da obrigação assumida pela Construtora Muro Alto na publicidade escrita, a qual deve ser clara e precisa.

(C) poderá apenas postular perdas e danos diretamente contra a Construtora Muro Alto e subsidiariamente contra a imobiliária.

(D) não possui direito fundado na publicidade escrita, pois a publicidade não vincula o fornecedor.

(E) poderá apenas postular perdas e danos, contra a construtora Muro Alto e contra a imobiliária, que respondem solidariamente.

04. **(TJAL – FCC – Juiz Substituto – 2015) Maria adquiriu, pela internet, vestido que utilizaria no casamento de seu filho. Ao receber o produto, embora tenha constatado ser de boa qualidade, concluiu não ter gostado da cor. Por esta razão, no dia em que o recebeu, contatou o *site* de compras postulando o desfazimento do negócio, com a devolução da quantia paga. O *site*, porém, afirmou que desfaz negócios apenas em caso de produtos defeituosos, e que a responsabilidade por atender o pedido de Maria seria do fabricante do vestido, conforme disposto nos termos e condições aceitos quando da realização da compra. Alegou ainda que, para exercer direito de arrependimento, Maria deveria ter contratado serviço de garantia complementar oferecido pela empresa. A loja virtual**

(A) deverá aceitar o vestido e devolver o dinheiro com atualização, sendo nula a cláusula que transfere ao fabricante referida responsabilidade, a qual não é afastada pela possibilidade de contratação de garantia contratual.

(B) não terá que aceitar o vestido e devolver o dinheiro, pois Maria não adquiriu garantia contratual oferecida pela empresa, optando por pagar menos e devendo arcar com as consequências de sua decisão.

(C) não terá que desfazer o negócio, pois o direito de arrependimento garante apenas a troca do bem, não a devolução das quantias pagas.

(D) não terá que desfazer o negócio, tendo em vista que o Código de Defesa do Consumidor garante este direito somente no caso de produtos defeituosos.

(E) poderá, por liberalidade, apenas, aceitar o vestido e devolver o dinheiro com atualização, embora possa transferir ao fabricante referida responsabilidade, eximindo-se de cumpri-la.

05. **(UECE-CEV – DER-CE – Procurador Autárquico – 2016) No que tange à temática da formação dos contratos, é correto afirmar que**

(A) a aceitação fora do prazo, com adições, restrições, ou modificações, não importará nova proposta.

(B) reputar-se-á celebrado o contrato no lugar em que foi aceito.

(C) a oferta ao público equivale a proposta quando encerra os requisitos essenciais ao contrato, salvo se o contrário resultar das circunstâncias ou dos usos.

(D) a proposta de contrato sempre obriga o proponente.

06. (VUNESP – TJSP – Titular de Serviços de Notas e de Registros – 2016) O contrato preliminar, tal como regulado no Código Civil,

(A) prescinde da observância da forma prescrita para o contrato definitivo.

(B) pode deixar para o futuro, na promessa de venda, a determinação do preço.

(C) é privado de efeito, enquanto não levado ao registro competente.

(D) não admite cláusula de arrependimento, considerada ineficaz, quando prevista.

07. (TRT – 4.ª Região/RS – Juiz do Trabalho Substituto – 2016) Assinale a assertiva incorreta sobre contratos.

(A) A proposta de contrato obriga o proponente, se o contrário não resultar dos termos dela, da natureza do negócio, ou das circunstâncias do caso.

(B) A aceitação fora do prazo, com adições, restrições, ou modificações, importará nova proposta.

(C) Reputar-se-á celebrado o contrato no lugar em que foi aceito.

(D) Não pode ser objeto de contrato a herança de pessoa viva.

(E) O contrato preliminar, exceto quanto à forma, deve conter todos os requisitos essenciais ao contrato a ser celebrado.

08. (PGE-AC – FMP Concursos – Procurador do Estado – 2017) Considere as seguintes afirmativas sobre o tema dos contratos no âmbito do Código Civil.

I – Não pode ser objeto de contrato a herança de pessoa viva.

II – Se o contrato for aleatório, por dizer respeito a coisas ou fatos futuros, cujo risco de não virem a existir um dos contratantes assuma, terá o outro direito de receber integralmente o que lhe foi prometido, mesmo que de sua parte tenha agido com dolo ou culpa, ainda que nada do avençado venha a existir.

III – O contrato preliminar, exceto quanto à forma, deve conter todos os requisitos essenciais ao contrato a ser celebrado.

IV – No momento da conclusão do contrato, pode uma das partes reservar-se a faculdade de indicar a pessoa que deve adquirir os direitos e assumir as obrigações dele decorrentes.

Estão CORRETAS apenas as alternativas

(A) I e II.

(B) II e III.

(C) II e IV.

(D) I, III e IV.

(E) II, III e IV.

09. (EBSERH/IBFC – Advogado (HUGG-UNIRIO) – 2017) Analise as afirmativas abaixo e assinale a alternativa correta.

I. Deixa de ser obrigatória a proposta se, feita sem prazo a pessoa presente, não foi imediatamente aceita.

II. Deixa de ser obrigatória a proposta se, feita sem prazo a pessoa ausente, tiver decorrido tempo suficiente para chegar a resposta ao conhecimento do proponente.

III. Deixa de ser obrigatória a proposta se, feita a pessoa presente, não tiver sido expedida a resposta dentro do prazo dado.

IV. Deixa de ser obrigatória a proposta se, antes dela, ou simultaneamente, chegar ao conhecimento da outra parte a retratação do proponente.

V. A oferta ao público equivale a proposta quando encerra os requisitos essenciais ao contrato, ainda que o contrário resultar das circunstâncias ou dos usos.

Assinale a alternativa correta sobre os itens apresentados acima, considerando as normas da Lei Federal n.º 10.406, de 10/01/2002 (Código Civil).

(A) Apenas os itens I e III estão corretos.

(B) Apenas os itens II e IV estão corretos.

(C) Apenas os itens I e IV estão corretos.

(D) Apenas os itens III e V estão incorretos.

(E) Apenas os itens IV e V estão incorretos.

10. **(Procurador Jurídico – Câmara de Altinópolis – SP – VUNESP – 2017) Tânia, empresária individual, está interessada em abrir seu próprio negócio como revendedora autorizada de veículos. A fabricante XYZ anuncia em jornal de grande circulação que está em busca de novos parceiros. Tânia manifesta seu interesse e recebe da fabricante XYZ uma avaliação positiva, obrigando-a, inclusive a adiantar o pagamento de determinados valores. Porém, poucos dias após a manifestação positiva, a fabricante XYZ rompe, de forma injustificada, a negociação com Tânia, abstendo-se de devolver as quantias adiantadas.**

Diante da situação apresentada, Tânia

(A) não deve ser indenizada, pois trata-se de risco do negócio.

(B) deve ser indenizada em razão da responsabilidade *post factum finitum*.

(C) deve ser indenizada, pois trata-se de hipótese de responsabilidade pré-contratual.

(D) não deve ser indenizada, pois o contrato ainda não havia sido assinado, não gerando direitos e obrigações para as partes.

(E) não deve ser indenizada, pois a proposta da fabricante XYZ foi revogada pela mesma via de sua divulgação.

11. **(Procurador do Município – Prefeitura de Paranavaí – PR – FAUEL – 2018) Assinale a alternativa correta, a respeito dos contratos.**

(A) Não pode ser objeto de contrato a herança de pessoa falecida.

(B) A oferta ao público equivale a proposta quando encerra os requisitos essenciais ao contrato, ainda que o contrário resulte das circunstâncias ou dos usos.

(C) Na estipulação em favor de terceiro, o estipulante pode reservar-se o direito de substituir o terceiro designado no contrato, exceto se houver oposição do outro contratante.

(D) Na evicção tem direito o evicto a receber o preço que pagou pela coisa evicta, se não soube do risco da evicção, ou, dele informado, não o assumiu, salvo no caso de cláusula de exclusão da garantia contra a evicção.

(E) O contrato preliminar, exceto quanto à forma, deve conter todos os requisitos essenciais ao contrato a ser celebrado.

12. **(Advogado – Câmara de Piracicaba – SP – VUNESP – 2019) A quantidade de contratos celebrados nos dias de hoje é muito expressiva. Pode-se dizer que é um instrumento jurídico de grande relevância no mundo contemporâneo. O contrato é a mais comum e importante fonte de obrigação, cuja formação depende da presença de, pelo menos, *duas partes*. Face ao exposto, é correto afirmar:**

(A) no contrato de prestação de serviços, não se tendo estipulado, nem chegado as partes ao acordo, fixar-se-á a retribuição segundo os índices oficiais regularmente estabelecidos para o tempo de serviço e sua qualidade.

(B) no silêncio do contrato de empreitada, a obrigação do empreiteiro de fornecer os materiais é presumida.

(C) no contrato de doação, é anulável a doação de todos os bens sem reserva de parte ou renda suficiente para a subsistência do doador.

(D) o contrato preliminar, exceto quanto à forma, deve conter todos os requisitos essenciais ao contrato a ser celebrado.

(E) no contrato de compra e venda, até a tradição, em regra, os riscos pela perda da coisa objeto do contrato correm por conta do comprador.

198 | DIREITO CIVIL • VOL. 3 – *Flávio Tartuce*

13. **(Procurador – Prefeitura de Valinhos – SP – VUNESP – 2019) Sobre as condições gerais dos contratos, indique a alternativa correta.**

(A) Nos contratos de adesão, são anuláveis as cláusulas que estipulem a renúncia antecipada do aderente a direito resultante da natureza do negócio.

(B) O estipulante pode reservar-se o direito de substituir o terceiro designado no contrato, independentemente da sua anuência e da do outro contratante.

(C) O contrato preliminar, e também quanto à forma, não necessita conter todos os requisitos essenciais ao contrato a ser celebrado.

(D) As cláusulas resolutivas expressa e tácita operam de pleno direito, independentemente de interpelação judicial.

(E) Pode o adquirente demandar pela evicção, mesmo sabendo que a coisa era alheia ou litigiosa.

14. **(Procurador Jurídico – Câmara de Serrana – SP – VUNESP – 2019) Manuel estava viajando em férias pelo Rio Grande do Sul e viu uma casa que se interessou em comprar, em razão de seu aspecto arquitetônico histórico. Voltando para São Paulo, onde residia, Manuel enviou uma proposta, via correspondência física (carta), pelo correio, para o endereço da casa, no dia 01.09.2018, propondo o pagamento de R$ 2.000.000,00 (dois milhões de reais). O dono do imóvel, Joaquim, recebeu a proposta no dia 05.09.2018 e expediu uma carta, no dia 07.09.2018, para Manuel, aceitando o preço oferecido. A proposta foi recebida por Manuel no dia 09.09.2018.**

Pode-se afirmar que a data e o local da celebração do contrato são, respectivamente:

(A) 07.09.2018 e Rio Grande do Sul.

(B) 05.09.2018 e São Paulo.

(C) 09.09.2018 e São Paulo.

(D) 05.09.2018 e Rio Grande do Sul.

(E) 07.09.2018 e São Paulo.

15. **(Procurador Municipal – Analista Jurídico – Prefeitura de Itapevi – SP – VUNESP – 2019) A respeito da formação dos contratos, assinale a alternativa correta.**

(A) A proposta é obrigatória se, antes dela, ou simultaneamente, chegar ao conhecimento da outra parte a retratação do proponente.

(B) Pode revogar-se a oferta pela mesma via de sua divulgação, ainda que não ressalvada esta faculdade na oferta realizada.

(C) Considera-se aceita a proposta se, antes dela ou com ela, chegar ao proponente a retratação do aceitante.

(D) A aceitação fora do prazo importará nova proposta.

(E) Em regra, os contratos entre ausentes tornam-se perfeitos desde que a aceitação é recebida pelo proponente.

16. **(Titular de Serviços de Notas e de Registros – Provimento – TJ-PR – NC-UFPR – 2019) A dinâmica do circuito econômico é marcada por relações de transferência de patrimônio de uma pessoa para outra, e assim se dá com os contratos empresariais. A respeito do assunto, considere as seguintes afirmativas:**

1. Os contratantes são obrigados a guardar, assim na conclusão do contrato como em sua execução, os princípios de probidade e boa-fé.

2. Deixa de ser obrigatória a proposta se, antes dela, ou simultaneamente, chegar ao conhecimento da outra parte a retratação do proponente.

3. A aceitação fora do prazo, com adições, restrições ou modificações, importará nova proposta.

4. Reputar-se-á celebrado o contrato no lugar em que foi proposto.

Assinale a alternativa correta.

(A) Somente a afirmativa 4 é verdadeira.

(B) Somente as afirmativas 1 e 4 são verdadeiras.

(C) Somente as afirmativas 1, 2 e 3 são verdadeiras.

(D) Somente as afirmativas 2, 3 e 4 são verdadeiras.

(E) As afirmativas 1, 2, 3 e 4 são verdadeiras.

17. (Advogado – Prefeitura de Assis Chateaubriand - PR - FAUEL – 2020) A respeito dos contratos, assinale a alternativa INCORRETA, conforme o Código Civil de 2002.

(A) A proposta de contrato obriga o proponente, se o contrário não resultar dos termos dela, da natureza do negócio, ou das circunstâncias do caso.

(B) O adquirente decai do direito de obter a redibição ou abatimento no preço no prazo de trinta dias se a coisa for móvel, e de um ano se for imóvel, contado da entrega efetiva; se já estava na posse, o prazo conta-se da alienação, reduzido à metade.

(C) Se for aleatório o contrato, por serem objeto dele coisas futuras, tomando o adquirente a si o risco de virem a existir em qualquer quantidade, terá também direito o alienante a todo o preço, ainda que de sua parte não tiver concorrido culpa, desde que a coisa venha a existir em quantidade inferior à esperada.

(D) O contrato preliminar, exceto quanto à forma, deve conter todos os requisitos essenciais ao contrato a ser celebrado.

18. (Advogado – Prefeitura de Brasilândia-MS – Fafipa – 2021) Sobre as regras dispostas na redação do Código Civil de 2002 acerca dos contratos em geral, analise as assertivas a seguir e marque "V" para a(s) verdadeira(s) e "F" para a(s) falsa(s) e, na sequência, assinale a alternativa que apresenta a sequência CORRETA:

I – A proposta de contrato obriga o proponente, se o contrário não resultar dos termos dela, da natureza do negócio, ou das circunstâncias do caso. No entanto, deixa de ser obrigatória a proposta se, antes dela, ou simultaneamente, chegar ao conhecimento da outra parte a retratação do proponente.

II – Na formação dos contratos, a aceitação fora do prazo, com adições, restrições, ou modificações, importará nova proposta.

III – Aquele que tiver prometido fato de terceiro responderá por perdas e danos, quando este o não executar, ainda que seja cônjuge do promitente.

IV – Se o alienante conhecia o vício ou defeito da coisa, restituirá o que recebeu com perdas e danos; se não o conhecia, nada restituirá.

V – Nos contratos onerosos, o alienante responde pela evicção. Subsiste esta garantia ainda que a aquisição se tenha realizado em hasta pública.

(A) V-F-V-F-V.

(B) F-V-V-F-F.

(C) V-V-F-F-V.

(D) F-F-F-V-V.

19. (Procurador do Estado – PGE-PB – Cespe/Cebraspe – 2021) Caso, no momento da conclusão de compromisso de compra e venda de imóvel urbano, o contratante reserve-se a faculdade de indicar terceiro para figurar como adquirente na escritura definitiva, configurar-se-á

(A) estipulação em favor de terceiro.

(B) contrato com pessoa a declarar.

(C) contrato preliminar.

(D) promessa de fato de terceiro.

(E) contrato aleatório.

20. (Assessor Jurídico – Câmara de Pirapora-MG – Fundep – 2022) Analise as seguintes proposições referentes aos contratos.

I. Contrato com pessoa a declarar é aquele que é pactuado por uma das partes em nome de terceiro, conhecido ou não no momento da celebração.

II. O princípio da autonomia da vontade possui caráter absoluto e, assim sendo, não se limita à ordem pública e aos bons costumes.

III. A compra e venda, quando pura, considerar-se-á obrigatória e perfeita, desde que as partes acordarem no objeto e no preço.

IV. O Código Civil brasileiro prevê expressamente a possibilidade de ser objeto de contrato civil a herança de pessoa viva.

Nesse contexto, pode-se afirmar:

(A) Todas as afirmativas estão corretas.

(B) Todas as afirmativas estão incorretas.

(C) Estão corretas as afirmativas II e IV, apenas.

(D) Estão incorretas as afirmativas II e IV, apenas.

21. **(CRC-RJ – Instituto Consulplan – Advogado – 2023) Na parte geral do Código Civil, são estabelecidas as diretrizes e os princípios fundamentais que regem os contratos. Considerando que esta seção do Código Civil trata dos elementos essenciais dos contratos, sua formação, execução, inadimplemento, extinção e outros aspectos relacionados, assinale a afirmativa correta.**

(A) A aceitação fora do prazo, com adições, restrições ou modificações, não importará nova proposta.

(B) Considera-se existente a aceitação, se antes dela ou com ela chegar ao proponente a retratação do aceitante.

(C) A proposta de contrato obriga o proponente, se o contrário resultar dos termos dela, da natureza do negócio, ou das circunstâncias do caso.

(D) Se a aceitação, por circunstância imprevista, chegar tarde ao conhecimento do proponente, este comunicá-lo-á imediatamente ao aceitante, sob pena de responder por perdas e danos.

22. **(PGE-RN – Procurador – CESPE/CEBRASPE – 2024) ABC Alimentação S.A., por intermédio de seus sócios acionistas e diretores, realizou, por instrumento público, contrato preliminar de compra e venda com a empresa Fomento Mercantil Ltda. Entre as cláusulas do referido instrumento, havia a previsão de que a compradora – ABC Alimentação S.A. – assumiria todo o passivo tributário e trabalhista da empresa Fomento Mercantil Ltda. Posteriormente, ao celebrar o contrato definitivo, por instrumento particular, e com a anuência dos contratantes, a referida cláusula foi alterada em sentido diametralmente oposto, passando a prever expressamente que os débitos tributários e trabalhistas seriam de responsabilidade do alienante.**

Em relação à situação hipotética apresentada, julgue os itens a seguir, com base nas disposições do Código Civil e no entendimento jurisprudencial do STJ.

I. Concluído o contrato preliminar, qualquer contratante pode exigir o cumprimento do contrato definitivo, ainda que haja previsão de cláusula de arrependimento no referido contrato.

II. Deve prevalecer, no caso, o contrato preliminar, e qualquer contratante pode exigir o cumprimento da obrigação nos moldes do que fora inicialmente pactuado.

III. A liberdade contratual pode desconstituir obrigações anteriormente assumidas, devendo prevalecer aquilo que foi convencionado no contrato definitivo.

Assinale a opção correta.

(A) Nenhum item está certo.

(B) Apenas o item II está certo.

(C) Apenas o item III está certo.

(D) Apenas os itens I e II estão certos.

(E) Apenas os itens I e III estão certos.

23. **(TJRJ – Programa de Residência – FGV – 2024) Natascha, sócia majoritária e administradora do Restaurante Aliôcha Ltda., apresenta por meio de mensagem eletrônica (*e-mail*) a Ivana, proprietária do imóvel sede do restaurante, proposta de renovação do contrato de locação empresarial. De acordo com ela, o contrato durará dez anos, sendo o valor do aluguel reajustado em vinte e três por cento. Dois dias após o recebimento da proposta, a**

CAP. 3 · A FORMAÇÃO DO CONTRATO PELO CÓDIGO CIVIL E PELO CDC | 201

proprietária emite mensagem eletrônica aceitando a proposta, condicionando a renovação ao prazo de duração de cinco anos. Diante da resposta, Natascha não tem mais interesse na renovação, até porque há uma melhor oportunidade no imóvel vizinho.

Diante da situação hipotética, assinale a afirmativa correta.

(A) O Restaurante Aliôcha, representado por Natascha, não poderá desistir da proposta, visto que ela vincula o proponente.

(B) Como a proposta foi feita sem prazo e não foi imediatamente aceita, Natascha, em nome do Restaurante Aliôcha, não está obrigada a cumpri-la.

(C) A aceitação de Ivana foi feita com restrições, sendo considerada como nova proposta, permitindo à Natascha, em nome do restaurante, a recusa.

(D) A proposta não vincula Natascha, haja vista que o contrato de locação é considerado como sinalagmático, não obrigando, por sua natureza, o proponente.

(E) Se a retratação de Natascha tivesse chegado à Ivana até vinte e quatro horas depois da proposta, geraria a sua desobrigação.

24. (Câmara de Belo Horizonte-MG – Instituto Consulplan – Procurador – 2024) Mévio, conversando com Tício via chamada de vídeo do aplicativo WhatsApp, oferece seu carro à venda com um desconto de quinze por cento do valor constante da tabela FIPE, com pagamento à vista, porque se mudará e precisa de dinheiro. Tício nada fala no momento; porém, no dia seguinte, liga novamente, pelo mesmo meio de comunicação, e aceita a proposta, ao que é informado por Mévio que não pode cumprir a proposta feita anteriormente, eis que já ofereceu o carro, nas mesmas condições, a outra pessoa que aceitou. Tício insiste, e informa que a proposta foi inicialmente feita a ele. Indique a alternativa, que está de acordo com a teoria geral dos contratos, especificamente, quanto à sua formação, nos termos do Código Civil, Lei n.º 10.406/2002.

(A) Tício tem razão, eis que só se pode revogar a oferta pela mesma via de sua divulgação.

(B) Tício tem razão, eis que a proposta de contrato obriga o proponente, se o contrário não resultar dos termos dela, da natureza do negócio, ou das circunstâncias do caso.

(C) Mévio tem razão, eis que deixa de ser obrigatória a proposta se, feita sem prazo a pessoa ausente, tiver decorrido tempo suficiente para chegar a resposta ao conhecimento do proponente.

(D) Mévio tem razão, eis que deixa de ser obrigatória a proposta se, feita sem prazo a pessoa presente, não foi imediatamente aceita, considerando-se também presente a pessoa que contrata por telefone ou por meio de comunicação semelhante.

25. (AL-TO – Procurador Jurídico – FGV – 2024) Ana decidiu comprar o imóvel oferecido por Matheus, seu colega de trabalho. Contudo, afirma que não tem o dinheiro para o pagamento à vista, oferecendo o pagamento de um valor de entrada correspondente a 60% do preço, com o restante dividido em 24 (vinte e quatro) prestações mensais, sem interveniência de terceiro agente financiador.

Matheus aceita a contraproposta de Ana, mas decide que, enquanto o preço não estiver integralmente pago, a propriedade deve permanecer consigo, ainda que a posse do imóvel seja transferida à Ana desde o início, exigindo-se novo acordo de vontades após a quitação, para a transferência definitiva do bem. Por outro lado, Ana pretende firmar um acordo que garanta, após a quitação do preço, o direito de obter a propriedade de forma compulsória, isto é, ainda que encontre resistência da parte vendedora, desejando, também, obter direito real de aquisição, pelo registro do contrato. Ambas as partes pretendem que o negócio seja irretratável.

Diante desse caso, assinale a opção que indica o contrato que as partes devem firmar para atender ao concreto regulamento de interesses.

(A) Contrato de compra e venda com reserva de domínio.

(B) Promessa de compra e venda.

(C) Contrato de arrendamento com opção de compra.

(D) Alienação fiduciária em garantia.

(E) Compromisso de compra e venda com cláusula de hipoteca.

GABARITO

01 – E	02 – C	03 – B
04 – A	05 – C	06 – A
07 – C	08 – D	09 – D
10 – C	11 – E	12 – D
13 – B	14 – E	15 – D
16 – E	17 – C	18 – C
19 – B	20 – D	21 – D
22 – C	23 – C	24 – C
25 – B		

4

A REVISÃO JUDICIAL
DOS CONTRATOS PELO CÓDIGO CIVIL
E PELO CÓDIGO DE DEFESA DO CONSUMIDOR

Sumário: 4.1 Introdução – 4.2 A revisão contratual pelo Código Civil – 4.3 A revisão contratual pelo Código de Defesa do Consumidor – 4.4 Resumo esquemático – 4.5 Questões correlatas – Gabarito.

4.1 INTRODUÇÃO

A revisão judicial dos contratos é tema de suma importância na atual realidade dos negócios jurídicos. Isso porque, muitas vezes, as questões levadas à discussão no âmbito do Poder Judiciário envolvem justamente a possibilidade de se rever um determinado contrato.

Sobre o assunto, tenho defendido por diversas vezes, amparado na melhor doutrina, que a extinção do contrato deve ser a *ultima ratio*, o último caminho a ser percorrido, somente se esgotados todos os meios possíveis de revisão. Isso, diante do *princípio da conservação contratual* que é anexo à função social dos contratos (TARTUCE, Flávio. *Função social...*, 2007).

A relação entre os dois princípios é reconhecida pelo Enunciado n. 22 CJF/STJ, transcrito em outros trechos da presente obra, que reforça a ideia de se assegurarem trocas úteis e justas no concreto. Em reforço, a busca da preservação da autonomia privada é um dos exemplos da *eficácia interna* do princípio da função social dos contratos, reconhecida pelo Enunciado n. 360 CJF/STJ.

Por oportuno, cabe pontuar que, em artigo escrito em coautoria com Giselda Maria Fernandes Novaes Hironaka, tivemos a oportunidade de fazer a ligação entre a valorização da autonomia privada e a prioridade que deve ser dada à revisão contratual em casos de abusos, pelo reconhecimento da importância social dos contratos (HIRONAKA, Giselda Maria Fernandes Novaes; TARTUCE, Flávio. *Direito contratual...*, 2008, p. 56-62).

Diante desse relevante papel social, a revisão judicial dos contratos deve ser estudada tendo como parâmetro tanto o Código Civil como o Código de Defesa do Consumidor. Vale lembrar que a grande maioria dos contratos é formada por contratos de consumo, regidos pela Lei 8.078/1990.

Além disso, é importante que o aplicador do Direito tenha conhecimento de que a revisão contratual por fato superveniente prevista no CDC não é igual à revisão contratual por fato superveniente prevista no CC/2002. Isso ficou ainda mais evidenciado com a Lei 14.010/2020, que criou um Regime Jurídico Emergencial Transitório de Direito Privado em meio à pandemia de Covid-19 (RJET).

Com essa importante constatação, passa-se ao estudo do tema da revisão dos contratos, com visão atualizada diante do surgimento da *Lei da Liberdade Econômica* (Lei 13.874/2019).

4.2 A REVISÃO CONTRATUAL PELO CÓDIGO CIVIL

Dos glosadores extrai-se a seguinte expressão: *contractus qui habent tractum sucessivum et dependentiam de futuro, rebus sic stantibus intelligentur*. Vale dizer, *os pactos de execução continuada e dependentes do futuro entendem-se como se as coisas permanecessem como quando da celebração*. Em outras palavras, o contrato só pode permanecer como está se assim permanecerem os fatos. Tal cláusula (*rebus sic stantibus*) consagra a *teoria da imprevisão*, usual em nossas páginas de doutrina e corriqueira nos julgados de nossos Tribunais.

Desde a Antiguidade, a afirmação está presente na sistemática dos contratos de execução continuada ou diferida (contratos não instantâneos), tendo atualmente uma grande utilização no mundo prático, principalmente em socorro aos prejudicados por uma alteração substancial da realidade em que se encontravam quando da celebração do contrato, colocados então em situação de desigualdade contratual grave, por fato superveniente e imprevisível para as partes e que justifique a sua revisão, com o reajustamento das prestações (MORAES, Renato José de. *Cláusula...*, 2001).

Esclareça-se, porém, que a teoria da imprevisão recebeu um novo dimensionamento pela doutrina francesa um pouco diferente de sua origem, que remonta à cláusula *rebus sic stantibus*. Nesse contexto, nota-se que, para a aplicação desta teoria, há a necessidade da comprovação dessas alterações da realidade, ao lado da ocorrência de um fato imprevisível ou extraordinário, sem os quais não há como invocá-la.

Nelson Nery Jr. lembra que, no Direito Alemão, a *teoria da imprevisão* é denominada ainda como *teoria da pressuposição* (*A base...*, 2004, p. 61). De qualquer forma, alguns autores diferenciam a teoria da imprevisão da teoria da pressuposição. Ensina Otávio Luiz Rodrigues Junior que "a teoria da pressuposição de Bernard Windscheid (1902:394-395) é baseada na premissa de que, se alguém manifesta sua vontade em um contrato, o faz sob um determinado conjunto de pressuposições que, se mantidas, conservam a vontade, e, se alteradas, exoneram o contratante" (*Revisão...*, 2006, p. 82).

Como regra geral, portanto, os contratos devem ser cumpridos enquanto as condições externas vigentes no momento da celebração se conservarem imutáveis. Caso haja alterações modificando-se a execução, deverá ser aplicada a regra *rebus sic stantibus*, restabelecendo-se o *status quo ante*. A *Lei da Liberdade Econômica* (Lei 13.874/2019) acabou por dar primazia à autonomia privada e à força obrigatória do contrato, como antes destacado, prevendo que a revisão do contrato civil é excepcional e limitada às partes contratantes (novos arts. 421, parágrafo único, e 421-A, inc. III, do CC). Todavia, reitere-se que essa já era a realidade quanto aos contratos regidos pela codificação privada de 2002.

A aplicação da teoria da imprevisão está presente em nossa jurisprudência, apesar da restrição às hipóteses práticas tidas como *imprevistas* pelos Tribunais brasileiros. Na realidade, a amplitude restrita de fatos imprevisíveis diminui as possibilidades dessa revisão contratual, comprovando a afirmação de ser a revisão do contrato excepcional, conforme se pode notar em julgados mais antigos do Superior Tribunal de Justiça (STJ, AgRg no Ag 12.795/RJ, 3.ª Turma, Rel. Min. Dias Trindade, j. 23.08.1991, *DJ* 16.09.1991, p. 12.639; STJ, REsp 5.723/MG, 3.ª Turma, Rel. Min. Eduardo Ribeiro, j. 25.06.1991, *DJ* 19.08.1991, p. 10.991).

Como ensina a Professora Maria Helena Diniz, "o órgão judicante deverá, para lhe dar ganho de causa, apurar rigorosamente a ocorrência dos seguintes requisitos: a) vigência de um contrato comutativo de execução continuada; b) alteração radical das condições econômicas no momento da execução do contrato, em confronto com as do benefício exagerado para o outro; c) onerosidade excessiva para um dos contraentes e benefício exagerado para o outro; d) imprevisibilidade e extraordinariedade daquela modificação, pois é necessário que as partes, quando celebraram o contrato, não possam ter previsto esse evento anormal, isto é, que está fora do curso habitual das coisas, pois não se poderá admitir a *rebus sic stantibus* se o risco advindo for normal ao contrato" (*Curso...*, 2007, p. 164). Na esteira dos ensinamentos da renomada professora, podem ser elencados alguns elementos para a referida revisão.

Mas, antes da análise pontual desses elementos, é preciso aqui demonstrar a dúvida doutrinária quanto à teoria adotada pelo Código Civil em relação à revisão contratual por fato superveniente, ou seja, em decorrência de fato posterior à celebração.

Alguns autores entendem que o Código Civil de 2002 realmente adotou a citada *teoria da imprevisão*, cuja origem está na cláusula *rebus sic stantibus*. É o caso de Maria Helena Diniz, na obra já citada; de Álvaro Villaça Azevedo (*O novo Código Civil...*, 2004, p. 9); de Renan Lotufo (*Código Civil...*, 2003, p. 227); de Paulo Luiz Netto Lôbo (*Teoria geral...*, 2003, p. 207); de Nelson Rosenvald (*Código...*, 2007, p. 373); e de José Fernando Simão (SIMÃO, José Fernando. *Código Civil Comentado...*, 2019, p. 183). Estou filiado a essa corrente, pois predomina na prática a análise do fato imprevisível a possibilitar a revisão por fato superveniente.

Entretanto, também é forte a corrente doutrinária pela qual o Código Civil de 2002 adotou a teoria da onerosidade excessiva, com inspiração no Código Civil Italiano de 1942 (art. 1.467 do *Codice*). Esse é o entendimento de Judith Martins-Costa (*Comentários...*, 2003, p. 245), Laura Coradini Frantz (Bases dogmáticas..., 2005, p. 157), Paulo R. Roque Khouri (*A revisão judicial...*, 2006) e Antonio Junqueira de Azevedo, em atualização à obra de Orlando Gomes (*Contratos...*, 2007, p. 214).

A questão referente à teoria adotada pelo atual Código Civil quanto à revisão contratual por fato superveniente é demais controvertida, sendo certo que, tanto na *III Jornada* (2004) quanto na *IV Jornada de Direito Civil* do Conselho da Justiça Federal

(2006), não se chegou a um consenso. Cabe reafirmar a filiação à corrente segundo a qual a atual codificação adotou a última versão da teoria da imprevisão. De fato, o art. 478 do Código Civil Brasileiro equivale ao art. 1.467 do Código Civil Italiano. Entretanto, a nossa lei traz o art. 317, que não tem correspondente naquela codificação estrangeira. Essa é a fundamental diferença entre as duas leis gerais privadas.

A partir dessas constatações, entendo ser interessante dizer que, até afastando qualquer discussão quanto à teoria adotada, o Código Civil de 2002 traz a *revisão contratual por fato superveniente diante de uma imprevisibilidade somada a uma onerosidade excessiva*.

Superada essa questão técnica, voltamos aos requisitos para essa revisão, tendo como base os arts. 317 e 478 do atual Código Civil brasileiro, em uma análise pontual retirada da leitura dos dois comandos.

Primeiramente, a revisão não será possível quando o contrato assumir a forma unilateral e gratuita. O contrato deve ser bilateral ou sinalagmático, presentes o caráter da onerosidade e o interesse patrimonial, de acordo com a ordem natural das coisas. Todavia, como exceção, a doutrina vem sustentando que o art. 480 do Código Civil possibilita a revisão dos contratos unilaterais, desde que onerosos (TEPEDINO, Gustavo; BARBOZA, Heloísa Helena; MORAES, Maria Celina Bodin de. *Código Civil...*, 2006, p. 134; SCHREIBER, Anderson. *Código Civil Comentado...*, 2019, p. 286). O tema será aprofundado no capítulo que trata da extinção contratual.

Como outro requisito, o contrato deve assumir a forma comutativa, tendo as partes envolvidas total ciência quanto às prestações que envolvem a avença. A revisão por imprevisibilidade e onerosidade excessiva não poderá ocorrer caso o contrato assuma a forma aleatória, em regra, instituto negocial tipificado nos arts. 458 a 461 do Código Civil de 2002.

Entretanto, como se sabe, os contratos aleatórios têm uma parte comutativa, como é o caso do prêmio pago nos contratos de seguro. Nesse sentido, é possível rever a parte comutativa desses contratos, diante da presença da onerosidade excessiva. Os Tribunais Brasileiros têm entendido há tempos dessa maneira, ao determinar a revisão de contratos de plano de saúde:

> "Plano de Saúde. Reajuste. Limitação a 11,75%. Liminar. Confirmação. Requisitos legais. Existência. Código de Defesa do Consumidor. Aplicação. Proteção do consumidor contra fatos supervenientes que tornem as prestações excessivamente onerosas. Art. 6.º, V. Nulidade das cláusulas contratuais que coloquem o consumidor em desvantagem exagerada. Art. 51, IV, combinado com seu § 1.º. Vida e saúde. Bens supremos. Reajuste muitas vezes superiores ao fixado pela ANS. Liminar concedida pelo Colendo Supremo Tribunal Federal em decisão declaratória de inconstitucionalidade. Possibilidade de revisão a qualquer momento. Recurso não provido" (TJSP, Agravo de Instrumento 366.368-4/3, 7.ª Câmara de Direito Privado, São Bernardo do Campo, Rel. Juiz Sousa Lima, j. 16.02.2005, v.u.).

Não tem sido diferente a conclusão da doutrina, conforme o seguinte enunciado, aprovado na *V Jornada de Direito Civil*: "é possível a revisão ou resolução por excessiva onerosidade em contratos aleatórios, desde que o evento superveniente, extraordinário e imprevisível não se relacione com a álea assumida no contrato" (Enunciado n. 440).

De acordo com a classificação dos contratos quanto à forma do seu cumprimento no tempo, os *contratos instantâneos* ou *de execução imediata* – que são aqueles em que o cumprimento ocorre de imediato, caso da compra e venda à vista – estão fora da aplicação da revisão judicial por imprevisibilidade, somente sendo possível a revisão dos *contratos de execução diferida* e *de execução periódica* ou *continuada*, esses últimos também denominados *contratos de trato sucessivo*.

Repise-se que os contratos de execução diferida são aqueles em que o pagamento ou cumprimento ocorre de uma vez só no futuro. Exemplifica-se com uma compra e venda mediante pagamento com cheque pós-datado, realidade que se tornou comum no mercado. Para essa modalidade contratual, a revisão poderá ser aplicada. Já nos contratos de trato sucessivo, o pagamento ou cumprimento ocorre repetidamente no tempo, de forma sucessiva. Como exemplos, podem ser citados o contrato de consórcio, a locação ou uma compra e venda financiada, em que o pagamento é feito em várias parcelas.

Apesar do entendimento consagrado de não ser possível rever contrato instantâneo ou de execução imediata, já aperfeiçoado, é interessante apontar que a jurisprudência tem admitido a revisão desses negócios. A título de exemplo, mencione-se a Súmula 286 do STJ, segundo a qual a renegociação de contrato bancário ou a confissão de dívida não afasta a possibilidade de revisão de contratos extintos, se houver abusividade.

Para que a revisão judicial por fato imprevisto seja possível, deve estar presente a onerosidade excessiva (ou *quebra do sinalagma obrigacional*), situação desfavorável a uma das partes da avença, normalmente à parte mais fraca ou vulnerável, que assumiu o compromisso obrigacional. Essa onerosidade excessiva é também denominada pela doutrina como *lesão objetiva* ou *lesão enorme* (*laesio enormis*) (AZEVEDO, Álvaro Villaça. *O novo Código Civil...*, 2004).

Deve-se entender que o fator *onerosidade*, a fundamentar a revisão ou mesmo a resolução do contrato, não necessita da prova de que uma das partes auferiu vantagens, bastando a prova do prejuízo e do desequilíbrio negocial. Nesse sentido, foi aprovado na *IV Jornada de Direito Civil* o Enunciado n. 365 CJF/STJ, que prevê que "a extrema vantagem do art. 478 deve ser interpretada como elemento acidental da alteração de circunstâncias, que comporta a incidência da resolução ou revisão do negócio por onerosidade excessiva, independentemente de sua demonstração plena".

Por fim, entra em cena o fator *imprevisibilidade*, que tanto suscita dúvidas e debates. No presente capítulo foi demonstrado que, para a aplicação da revisão por imprevisibilidade, há a necessidade de comprovação dessas alterações da realidade, ao lado da ocorrência de um fato imprevisível e/ou extraordinário, sem os quais não há como invocá-la. O pressuposto é, portanto, que o contrato deve ser cumprido enquanto se conservarem imutáveis as condições externas. Havendo alterações das circunstâncias, modifica-se a execução, tentando restabelecer-se o *status quo ante*.

Estabelecidos esses requisitos, por consequência, é possível afirmar que nos casos em que a onerosidade excessiva provém da álea normal e não de acontecimento imprevisível, bem como nos contratos aleatórios, em regra, incabível torna-se a revisão contratual.

Em sentido parcial, foi aprovado o Enunciado n. 366 CJF/STJ prevendo que "o fato extraordinário e imprevisível causador de onerosidade excessiva é aquele que não está coberto objetivamente pelos riscos próprios da contratação". Segundo o autor do enunciado, o advogado e professor Paulo Roque Khouri: "o regime da 'onerosidade excessiva superveniente' não pode ser acionado diante de uma simples oscilação econômica para mais ou para menos do valor da prestação. Essa oscilação encontra-se coberta pelos riscos próprios da contratação compreendida pelos riscos próprios do contrato" (*A revisão judicial...*, 2006, p. 157).

Diante da justificativa do enunciado é que me posicionei de forma contrária ao seu conteúdo, naquele evento. Isso porque uma pequena oscilação de preço pode trazer extrema onerosidade a uma parte que seja vulnerável, ou, no sentido literal da expressão, pobre. Imagine-se uma oscilação de R$ 100,00 (cem reais) na parcela de um financiamento. No caso de uma família de baixa renda, essa oscilação pode ser tida como absurda. Por isso é que se recomenda a análise caso a caso no que concerne ao teor do enunciado aprovado.

Como exemplo atual de aplicação desse enunciado doutrinário, em acórdão que cita esta obra, o Superior Tribunal de Justiça analisou hipótese fática em que distribuidoras de laticínios pretendiam ser indenizadas por danos materiais e morais decorrentes da celebração de instrumentos de confissão de dívida que lhes geravam uma suposta onerosidade excessiva. Entretanto, as provas construídas não permitiram concluir que houve culpa da ré no ato danoso. Vejamos os seus termos:

> "Não configuram onerosidade excessiva os riscos ordinários assumidos nas relações negociais no exercício da autonomia privada das partes contratantes. Inteligência do Enunciado n. 366, aprovado na *IV Jornada de Direito Civil* do Conselho da Justiça Federal: 'O fato extraordinário e imprevisível causador de onerosidade excessiva é aquele que não está coberto objetivamente pelos riscos próprios da contratação'. No caso, o inadimplemento das distribuidoras com o posterior parcelamento do débito em 70 vezes por instrumento de confissão de dívida constituiu risco negocial assumido para garantir a continuidade do contrato, não se incluindo o endividamento daí resultante no conceito de fato imprevisível ou extraordinário". Foi ainda afastado o instituto da *supressio*, uma vez que "as circunstâncias fáticas traçadas no acórdão recorrido não permitem concluir que tenha sido criada uma justa expectativa de continuidade do contrato de distribuição. A renegociação do pagamento das dívidas das distribuidoras não poderia ter sido interpretada como renúncia ao direito da credora de resolver motivadamente o contrato de distribuição, diante do inadimplemento do pactuado nas confissões de dívida" (STJ, REsp 1.581.075/PA, 3.ª Turma, Rel. Min. Moura Ribeiro, j. 19.03.2019, *DJe* 22.03.2019).

Como se percebe, o enunciado doutrinário transcrito é argumento relevante que afasta a revisão contratual, comprovando ser essa, de fato, excepcional, nos termos do que consta dos novos arts. 421, parágrafo único, e 421-A, inc. III, do CC, incluídos pela *Lei da Liberdade Econômica* (Lei 13.874/2019).

Pois bem, chega o momento de discutir outra questão controvertida: qual o dispositivo que ampara a revisão contratual por fato superveniente no Código Civil de 2002?

Com todo o respeito que merecem, vários autores de renome têm destacado que essa forma de revisão foi recepcionada pelo Código Civil brasileiro de 2002 no art. 478, *in verbis*:

"Art. 478. Nos contratos de execução continuada ou diferida, se a prestação de uma das partes se tornar excessivamente onerosa, com extrema vantagem para a outra, em virtude de acontecimentos extraordinários e imprevisíveis, poderá o devedor pedir a resolução do contrato. Os efeitos da sentença, que a decretar, retroagirão à data da citação".

Há tempos não concordo com tal entendimento, uma vez que o citado artigo está inserto no Capítulo II do Título V do Código, que trata da "Extinção do Contrato" e não da sua revisão, objeto do presente estudo. Por tal constatação, é forçoso concluir que, na verdade, o dispositivo que trata da revisão do contrato por imprevisibilidade é o art. 317 do CC, que possui a seguinte redação:

"Art. 317. Quando, por motivos imprevisíveis, sobrevier uma desproporção manifesta entre o valor da prestação da dívida e o do momento de sua execução, poderá o juiz corrigi-lo, a pedido da parte, de modo que assegure, quando possível, o valor real da prestação".

Isso porque o comando legal por último destacado consta da parte da codificação que trata do pagamento da obrigação. Sabe-se que o contrato é fonte principal do direito obrigacional, razão desse meu entendimento. Compartilhando dessa mesma opinião cabe destacar os ensinamentos de Paulo Luiz Netto Lôbo quanto ao art. 317 do CC:

"Essa norma tem significado distinto do que prevê o art. 478, pois este é voltado para a resolução do contrato, em virtude de onerosidade excessiva da prestação de uma das partes, provocada por acontecimentos imprevisíveis e extraordinários, enquanto aquela não atinge o fato jurídico fonte da obrigação, inclusive o negócio jurídico, mas apenas a prestação, com o fito de sua revisão ou correção" (LÔBO, Paulo Luiz Netto. *Teoria geral...*, 2005, p. 205).

A partir dessa conclusão, fiz proposta de enunciado na *III Jornada de Direito Civil* do Conselho da Justiça Federal e do Superior Tribunal de Justiça (2004), no sentido de que a revisão contratual por fato superveniente estaria prevista no art. 317, e não no art. 478 do CC. Entretanto e infelizmente, a proposta não foi aprovada naquele evento.

Muito ao contrário, é interessante deixar claro que, quando da *III Jornada de Direito Civil* do CJF/STJ, a conclusão a que se chegou é que o art. 478 do Código Civil também possibilita a revisão judicial, pelo teor do seu Enunciado n. 176, a saber: "em atenção ao princípio da conservação dos negócios jurídicos, o art. 478 do Código Civil de 2002 deverá conduzir, sempre que possível, à revisão judicial dos contratos e não à resolução contratual". Percebe-se, pelo enunciado transcrito, a valorização da conservação contratual, ou seja, que a extinção do negócio é o último caminho. Para a prática cível, é necessário que fique claro que o enunciado deve ser considerado, ou seja, o art. 478 do Código Civil também deve ser utilizado para a revisão do contrato.

Voltando ao tema central deste capítulo, apesar do conhecimento pacífico e da aceitação da revisão contratual por fato superveniente, infelizmente poucos casos vêm sendo enquadrados como *imprevisíveis* por nossos Tribunais, realidade que se esperava mudar com o advento do Código Civil de 2002. Isso porque a jurisprudência nacional sempre considerou o fato imprevisto tendo como parâmetro o mercado, o meio que envolve o contrato, não a parte contratante. A partir dessa análise, em termos econômicos, na sociedade pós-moderna globalizada, nada é imprevisto, tudo se tornou previsível. Não seriam imprevisíveis a escala inflacionária, o aumento do dólar ou o desemprego, não sendo possível a revisão contratual motivada por tais ocorrências. A título exemplificativo, veja-se antiga decisão do STJ:

> "Civil. Teoria da Imprevisão. A Escalada Inflacionária não é um fator imprevisível, tanto mais quando avençada pelas partes a incidência de Correção Monetária precedentes. Recurso não conhecido" (STJ, REsp 87.226/DF (9600074062), 3.ª Turma, Rel. Min. Costa Leite, Decisão: por unanimidade, não conhecer do Recurso Especial, j. 21.05.1996, *DJ* 05.08.1996, p. 26.352. Veja: AgA 12.795/RJ, AgA 51.186/SP, AgA 58.430/SP).

Esse tipo de interpretação, na verdade, torna praticamente impossível rever um contrato por fato superveniente a partir do Código Civil de 2002, retirando a efetividade do princípio da função social dos contratos e da boa-fé objetiva, normalmente utilizados como fundamentos para a revisão contratual. E também se comprova, mais uma vez, a afirmação de que revisão do contrato prevista no Código Civil é excepcional, como consta da Lei 13.874/2019, a tão citada *Lei da Liberdade Econômica* (novos arts. 421, parágrafo único, e 421, inc. III, do CC). Na verdade, como gosto de afirmar, a revisão por fato superveniente prevista na codificação não é excepcional, mas *excepcionalíssima*. Em mais de 20 anos de vigência da codificação de 2002, não existia um precedente sequer, no âmbito da jurisprudência do Superior Tribunal de Justiça, que efetivasse essa revisão. Talvez a pandemia de Covid-19 e a grave crise econômica dela decorrente sejam enquadradas como fatos imprevisíveis para a revisão dos contratos.

À mesma conclusão sobre as dificuldades de revisão de um contrato civil chega o Professor Álvaro Villaça Azevedo, que foi nosso professor na graduação da USP e que nos inspirou a tomar esse posicionamento, contrário à antiga interpretação do que seria *motivo imprevisível* (AZEVEDO, Álvaro Villaça. *O novo...*, 2004, p. 9-30).

Na mesma linha, como bem aponta o magistrado paulista Ênio Santarelli Zuliani a respeito do fator *imprevisibilidade,* "não cabe esperar que os acontecimentos sejam espetaculares, porque, se não for minimizado o conceito de magnitude, poder-se-á estagnar o instituto no reino da fantasia" (ZULIANI, Ênio Santarelli. Resolução..., *Revista Magister...*, n. 40. jan.-fev./2011, p. 35). Anderson Schreiber compartilha essa forma de pensar, sendo importante destacar suas palavras:

> "O que se deve fazer é justamente o oposto daquilo que atualmente ocorre em nossa jurisprudência. O foco da análise deve se deslocar da questão da imprevisibilidade e extraordinariedade (do acontecimento apontado como 'causa') para o desequilíbrio contratual em concreto. Trata-se, em essência, de assegurar o equilíbrio contratual, e não de proteger as partes contra acontecimentos que não poderiam ou não puderam antecipar no momento de sua manifestação originária de vontade. A superação do voluntarismo exacerbado por uma tábua axiológica de caráter solidarista consagrada em sede constitucional, se não exige afastar inteiramente os requisitos da imprevisibilidade e extraordinariedade, expressamente adotados pelos dispositivos legais constantes do Código Civil brasileiro, impõe, todavia, que se reserve a tais expressões um papel instrumental na atividade interpretativa voltada precipuamente à preservação do equilíbrio do contrato. A imprevisibilidade e extraordinariedade do acontecimento não devem representar um requisito autônomo, a ser perquirido em abstrato com base em um acontecimento localizado a maior ou menor

distância do impacto concreto sobre o contrato, mas sim ficar intimamente associadas ao referido impacto, o qual passa a consistir no real objeto da análise judicial.

Em outras palavras: se o desequilíbrio do contrato é exorbitante, isso por si só deve fazer presumir a imprevisibilidade e extraordinariedade dos antecedentes causais que conduziram ao desequilíbrio. O que se afigura indispensável à atuação da ordem jurídica é que o desequilíbrio seja suficientemente grave, afetando fundamentalmente o sacrifício econômico representado pelas obrigações assumidas. Uma alteração drástica e intensa desse sacrifício recai presumidamente sob o rótulo da imprevisibilidade e extraordinariedade, pois é de se assumir que os contratantes não celebram contratos vislumbrando tamanha modificação do equilíbrio contratual; se a tivessem vislumbrado, poderiam ter disposto sobre o tema, para lhe negar efeitos por força de alguma razão inerente ao escopo perseguido com aquele específico contrato (*v.g.*, deliberada assunção de risco por uma das partes). Os contratantes sujeitam-se, por essa razão, à presunção de que não anteciparam a possibilidade do manifesto desequilíbrio – presunção, em uma palavra, de imprevisão –, pela simples razão de que se espera que as partes procurem ingressar em relações contratuais equilibradas" (SCHREIBER, Anderson. *Manual...*, 2018, p. 493-494).

Em resumo, pode-se afirmar que, infelizmente, a atual codificação continua trazendo as expressões *fatos imprevisíveis* (art. 317) e *fatos imprevisíveis e extraordinários* (art. 478), razão pela qual foi feita a proposta, em artigo escrito em 2003, de sua retirada do art. 317 da Lei 10.406/2002 (TARTUCE, Flávio. A revisão..., In: DELGADO, Mário Luiz; ALVES, Jones Figueirêdo (Coord.). *Questões controvertidas...*, 2003. v. 1).

Primeiro, porque a atual codificação privada adotou o princípio da função social dos contratos de maneira explícita, no seu art. 421. Ora, já foi demonstrado que o Código de Defesa do Consumidor também adotou tal princípio, implicitamente, conclusão essa retirada da análise de vários dos seus dispositivos, principalmente do art. 6.º, inc. V, da Lei 8.078/1990. Logicamente, se o Código Consumerista, que adotou a função social do contrato como princípio, abraçou também a *teoria da base objetiva do negócio* (*revisão por simples onerosidade excessiva*, dispensando a prova de imprevisibilidade), como poderia o Código Civil de 2002, que traz o mesmo regramento básico contratual, adotar uma forma de revisão que exige a imprevisibilidade?

É forçoso concluir que tal constatação contraria a ordem natural das coisas e toda a tendência social do direito surgida com a emergência dos direitos existenciais de personalidade e com a proteção do vulnerável negocial, conforme exposto nos dois primeiros capítulos da presente obra. Acrescente-se que, doutrinariamente, a crítica também é formulada por Nelson Nery Jr. (*A base...*, 2004).

Em reforço aos argumentos de autoridade que aqui foram expostos, é pertinente lembrar o magistério de Emilio Betti, para quem "tal como os direitos objetivos, também os poderes da autonomia, efetivamente, não devem ser exercidos em oposição com a função social a que são destinados: o instrumento da autonomia privada, colocado à disposição dos indivíduos, não deve ser desviado do seu destino" (*Teoria...*, 2003, p. 248). Além disso, percebe-se no atual Código Civil uma antinomia entre o disposto no art. 317 e o art. 480, que tem a seguinte redação:

> "Art. 480. Se no contrato as obrigações couberem a apenas uma das partes, poderá ela pleitear que a sua prestação seja reduzida, ou alterado o modo de executá-la, a fim de evitar a onerosidade excessiva".

Dentro desse contexto, enquanto o art. 317 menciona a necessidade de prova de *motivos imprevisíveis* para que surja o direito à revisão contratual, o art. 480 não faz a mesma exigência, ficando a dúvida sobre qual dispositivo deve ser aplicado pelo magistrado no caso concreto visando à revisão contratual.

Defendendo a adoção do princípio da função dos contratos, que tem eficácia interna entre as partes contratantes (Enunciado n. 360 CJF/STJ), seria mais adequado dizer que o último dispositivo deverá ser aplicado. Mas, a exemplo do art. 478, o art. 480 do atual Código Civil está inserido no capítulo que trata da extinção do contrato e não da sua revisão, o que nos afasta da possibilidade de adotar o segundo dispositivo de forma direta, a fundamentar a revisão contratual por fato superveniente.

Outro ponto que merece destaque é que o art. 478 menciona a necessidade de existência de eventos imprevisíveis e extraordinários, razão pela qual, na minha opinião doutrinária, se o magistrado fizer a opção pela revisão, mesmo tendo sido solicitada a resolução do negócio pela parte, será imprescindível provar que o fato superveniente é imprevisível em sentido amplo. A exceção prevista no art. 480 somente poderá ser aplicada se presentes os requisitos apontados no primeiro dispositivo (art. 478).

Concluindo sobre a norma, o art. 480 do CC somente incidirá naqueles casos em que, apesar de a parte requerer inicialmente a extinção do contrato, a parte contratual e o magistrado fazem a opção pela revisão, aplicando o princípio da conservação negocial.

Apesar desse conflito e da dificuldade de auferir os fatos imprevisíveis na prática, dois outros enunciados doutrinários do Conselho da Justiça Federal e do Superior Tribunal de Justiça, aprovados nas *Jornadas de Direito Civil*, parecem trazer uma solução plausível para o dilema relativo ao *fator imprevisibilidade*.

O primeiro deles é o Enunciado n. 17, aprovado pela *I Jornada de Direito Civil*, segundo o qual "a interpretação da expressão 'motivos imprevisíveis', constante do art. 317 do Código Civil, deve abarcar tanto causas de desproporção não previsíveis como também causas previsíveis, mas de resultado imprevisíveis". O que o enunciado traz como conteúdo é uma interpretação do fato imprevisível tendo como parâmetro as suas consequências para a parte contratante e não tendo em vista o mercado, a sua origem tão somente.

Em outras palavras, são levados em conta critérios subjetivos, relacionados com as partes negociais, o que é mais justo, do ponto de vista social. Isso seria uma espécie de *função social às avessas*, pois o fato que fundamenta a revisão é interpretado na interação da parte contratante com o meio, para afastar a onerosidade excessiva e manter o equilíbrio do negócio, a sua base estrutural.

No mesmo sentido, o Enunciado n. 175, aplicável ao art. 478 do atual Código Civil, e que tem a seguinte redação: "a menção à imprevisibilidade e à extraordinariedade, insertas no art. 478 do Código Civil, deve ser interpretada não somente em relação ao fato que gere o desequilíbrio, mas também em relação às consequências que ele produz".

Mais uma vez, levam-se em conta as consequências do fato imprevisível na interpretação da sua ocorrência, a partir de uma análise subjetiva e pessoal do fenômeno. Essa via de interpretação aproxima em muito a revisão do contrato prevista no Código Civil em vigor à revisão do contrato consagrada no CDC, o que está em harmonia com o princípio da função social dos contratos e da boa-fé objetiva (diálogo das fontes, *diálogo de aproximação*).

Penso que, nos tempos atuais, os enunciados doutrinários podem ser utilizados para concluir que as repercussões internas da pandemia de Covid-19 para os contratos podem ser tidas como eventos imprevisíveis para os fins de revisão negocial.

Como o próprio Código Civil Brasileiro estabelece em seu art. 2.035, parágrafo único, a matéria de relativização da força obrigatória e a função social dos contratos são regras de ordem pública e interesse social. Sob tal enfoque, não está a antiga interpretação de *motivos imprevisíveis* de acordo com a concepção social aqui demonstrada e defendida.

Em conclusão, acredito que, atualmente, o único e melhor caminho é aplicar o teor dos Enunciados do CJF/STJ por último transcritos, que afasta o rigor que se tem dado à aplicação dessa forma de revisão. Na realidade, esperava-se que nossos Tribunais dessem interpretação idêntica ao que ensina Enzo Roppo, para quem "justifica a resolução do contrato, por exemplo, a imprevista desvalorização da moeda" (*O contrato...*, 1988, p. 262). Como isso não vem ocorrendo atualmente, os referidos enunciados representam a melhor solução.

Dessa forma, para afastar maiores riscos ao meio social, deve-se entender como motivos imprevisíveis os fatos supervenientes e alheios à vontade das partes e à sua atuação culposa. Sobrevindo a desproporção em casos tais, poderá ocorrer a revisão do negócio jurídico.

Aliás, é interessante lembrar que a atual codificação material, em seus arts. 423 e 424, traz regras visando a proteger o aderente, geralmente a parte economicamente mais fraca do contrato de adesão (ou contrato *standard*, segundo conceito de Enzo Roppo, na obra citada), a quem são impostos os ditames negociais.

Mais uma vez a incoerência se faz presente no Código Civil de 2002, eis que o aderente, que tem proteção ampliada pela nova codificação, com a previsão de preceitos já previstos no Código de Defesa do Consumidor, somente terá direito à revisão do contrato se provar a existência de fatos imprevisíveis. Isso contraria o princípio da função social dos contratos, razão pela qual entendo que um dispositivo diferente do que prevê o art. 317 deveria ser inserido no Código Civil para ser aplicável aos contratos de adesão. Talvez um artigo que determinasse a aplicação aos contratos de adesão do previsto no art. 6.º, inc. V, do CDC viesse em boa hora.

Como aponta o próprio Enzo Roppo, em artigo publicado no Brasil, a tendência da legislação mundial é de proteger a parte mais frágil da relação negocial, não necessariamente o consumidor, naqueles que são denominados como *contratos assimétricos* (ROPPO, Vincenzo. Morte e transfiguração..., *Revista do Centro...*, 2009, p. 1). O jurista italiano chega a afirmar que "a figura do contrato de consumo é a do passado, enquanto a do contrato assimétrico é a do futuro, sendo este último filho do contrato de consumo". E conclui com as seguintes palavras: "os indícios desta generalização do paradigma – cada vez mais aplicados à proteção de sujeitos de mercado 'fracos', que não correspondem necessariamente aos consumidores – são numerosos. Apresentam-se nos direitos nacionais de importantes Estados europeus".

Seguindo no estudo da revisão contratual por fato superveniente prevista no Código Civil, cumpre debater a ausência de mora como requisito da revisão contratual.

Destaque-se que tal elemento, a ausência de inadimplemento, não consta da lei para a ação de revisão, seja no art. 317 ou 478 do Código Civil. A jurisprudência continua debatendo a questão, havendo julgados exigindo tal requisito (STJ, REsp 1061530/RS, 2.ª Seção, Rel. Min. Nancy Andrighi, j. 22.10.2008, *DJe* 10.03.2009). Mais do que isso, o Superior Tribunal de Justiça editou a Súmula 380, prevendo que "a simples propositura da ação de revisão de contrato não inibe a caracterização da mora do autor".

Todavia, o próprio STJ tem feito um contraponto a respeito da mora, concluindo que a cobrança de valores abusivos por entidades bancárias descaracteriza esse inadimplemento relativo do devedor (ver: STJ, AgRg no REsp 979.132/RS, 4.ª Turma, Rel. Min. Fernando Gonçalves, j. 21.10.2008, *DJe* 03.11.2008). Os julgados estão inspirados no Enunciado n. 354 do CJF/STJ, da *IV Jornada de Direito Civil*, cuja redação é a seguinte: "a cobrança de encargos e parcelas indevidas ou abusivas impede a caracterização da mora do devedor".

A grande dúvida é saber o que são encargos abusivos, uma vez que o próprio STJ tem entendimento de que as entidades bancárias não estão sujeitas às limitações da Lei de Usura. Nessa linha, também foi editada a Súmula 382, prevendo que "a estipulação de juros remuneratórios superiores a 12% ao ano, por si só, não indica abusividade". Ressalte-se que a problemática relativa à cobrança de juros convencionais abusivos está tratada no Volume 2 da presente coleção.

De toda sorte, entendo que a ausência de mora não é requisito para a revisão do contrato. Compartilhando desse pensamento, anota Fábio Podestá: "temos, portanto, que fechar as portas do devedor para a revisão judicial pela alegação contrária de que está em mora, não atende a qualquer rigor legal, especialmente porque o que está em jogo é a justiça contratual vinculada à necessária comutatividade das prestações" (Notas..., 2006, p. 343). Realmente, tem razão o magistrado paulista, uma vez que na grande maioria das vezes aquele que está em mora é quem mais precisa da revisão, justamente para demonstrar a abusividade contratual.

Em acréscimo, pontue-se que a jurisprudência, notadamente a superior, tem entendido pela necessidade de depósito da parte incontroversa, em juízo ou fora dele, para que a revisão contratual seja possível (por todos: STJ, AgRg no Ag. 1.165.354/DF, 3.ª Turma, Rel. Min. Sidnei Beneti, j. 15.12.2009, *DJe* 02.02.2010). A questão concretizou-se de tal forma que foi introduzido dispositivo nesse sentido no Código de Processo Civil de 1973 pela Lei 12.810/2013.

De acordo com o art. 285-B do Estatuto Processual anterior, nos litígios que tenham por objeto obrigações decorrentes de empréstimo, financiamento ou arrendamento mercantil, o autor da ação de revisão contratual deveria discriminar na petição inicial, dentre as obrigações contratuais, aquelas que pretende controverter, quantificando o valor incontroverso. Em complemento, estabelecia o seu § 1.º que o valor incontroverso deveria continuar sendo pago no tempo e no modo contratados.

O Código de Processo Civil de 2015 repetiu a regra e até a ampliou, impondo expressamente a pena de inépcia da petição inicial, no caso de seu desrespeito. Conforme o art. 330, § 2.º, do CPC/2015, "nas ações que tenham por objeto a revisão de obrigação decorrente de empréstimo, de financiamento ou de alienação de bens, o autor terá de, sob pena de inépcia, discriminar na petição inicial, dentre as obrigações contratuais, aquelas que pretende controverter, além de quantificar o valor incontroverso do débito". O § 3.º do comando complementa esse tratamento, na linha do anterior, prescrevendo que o valor incontroverso deverá continuar a ser pago no tempo e modo contratados. O entendimento jurisprudencial e os comandos processuais estão fundados na boa-fé objetiva, pois aquele que pretende a revisão deve demonstrar a sua pontualidade.

Na *minha opinião doutrinária*, realizado o pagamento, de forma judicial ou extrajudicial, o credor deve recebê-lo, sob pena de violação da própria boa-fé. Como bem pondera Sérgio Iglesias Nunes de Souza, trata-se de aplicação do dever de mitigar o prejuízo (*duty to mitigate the loss*), aqui antes estudado. Pontua o jurista que:

> "Caso o credor se recuse a receber a parcela do valor sob ordem judicial, a atitude daquele poderá afrontar o princípio do *duty to mitigate the loss* (dever de mitigar o próprio prejuízo) atualmente muito utilizado pelos tribunais brasileiros, já que não há crime de desobediência, ainda que assim fosse determinado pelo juiz da causa, pois este só existe na expressa hipótese legal (*nullum crime sine lege*), em que pese divergência de opiniões neste sentido" (SOUZA, Sérgio Iglesias Nunes de. O novo... Disponível em: www.migalhas.com.br. Acesso em: 4 set. 2013).

Vejamos como a jurisprudência se pronunciará sobre tal situação no futuro.

Alguns julgados estaduais já têm aplicado a redação do art. 330, § 2.º, do CPC/2015. Alguns deles trazem uma interpretação *dura* ou *rigorosa* do comando, exigindo, na literalidade da lei, todos os requisitos que nele constam para que a revisão contratual seja efetivada. Assim, por exemplo, do Tribunal do Paraná:

> "Nas demandas que tenham por objeto obrigações decorrentes de financiamentos, empréstimos ou arrendamentos mercantis, o autor deverá discriminar na inicial as obrigações contratuais que pretende revisar e o valor que reputa incontroverso. Os pedidos não podem ser formulados de forma vaga para posterior especificação quando da apresentação do contrato pois, depois de estabilizada a demanda, é defeso à parte modificar o pedido ou a causa de pedir" (TJPR, Apelação Cível 1645322-6, 5.ª Câmara Cível, Lapa, Rel. Des. Nilson Mizuta, j. 23.05.2017, *DJPR* 06.06.2017, p. 234).

Ou, ainda, do Tribunal Paulista:

> "Petição inicial que, referindo-se genericamente à revisão contratual, não discrimina, dentre as obrigações contratuais, as que se pretende controverter, menos ainda qual o valor incontroverso que o autor teria pago, apesar de determinada a emenda. Descumprimento do art. 330, §§ 2.º e 3.º, do CPC/2015. Indeferimento da inicial bem decretada. Sentença mantida" (TJSP, Apelação 1001802-07.2016.8.26.0438, Acórdão 10467555, 22.ª Câmara de Direito Privado, Penápolis, Rel. Des. Roberto Mac Cracken, j. 18.05.2017, *DJESP* 01.06.2017, p. 2.230).

Outros arestos, contudo, e com maior maleabilidade, não exigem rigorosamente o preenchimento de todos os requisitos legais, bastando a indicação genérica das cláusulas controvertidas e a juntada do contrato. Assim, por exemplo:

> "O art. 330 do CPC/15 exige que o demandante aponte, precisamente, as cláusulas que deseja controverter. Caso não aponte as cláusulas e o valor incontroverso, necessária

216 | DIREITO CIVIL • VOL. 3 – *Flávio Tartuce*

a extinção do processo sem resolução do mérito. Contudo, se indicadas as cláusulas controvertidas e juntado aos autos o contrato revisando, reputam-se preenchidas as exigências do art. 330, CPC/15" (TJMG, Apelação Cível 1.0024.14.203353-9/002, Rel. Des. Luiz Artur Hilário, j. 23.05.2017, *DJEMG* 07.06.2017).

Existem acórdãos que são até menos rigorosos, dispensando o depósito da parte incontroversa da obrigação e concluindo que tal pagamento somente é essencial para a concessão de tutelas provisórias, como no caso da retirada do nome do devedor do cadastro de inadimplentes. Por todos eles, do Tribunal do Rio Grande do Sul, aduziu-se que:

"Nos termos do art. 330 do CPC/15, nas ações que tenham por objeto a revisão de obrigação decorrente de empréstimo, de financiamento ou de alienação de bens, o autor terá de, sob pena de inépcia, discriminar na petição inicial, dentre as obrigações contratuais, aquelas que pretende controverter, além de quantificar o valor incontroverso do débito e esse valor deverá continuar sendo pago no tempo e modo contratados. Caso concreto. (...). Narrativa e fundamentação que apontam as matérias submetidas à apreciação judicial. Apresentado cálculo e quantificado o valor incontroverso para pagamento das prestações restantes do contrato. Atendidas as exigências legais. Impossibilidade de condicionar o prosseguimento da ação revisional a regularidade dos depósitos mensais. Afronta ao princípio constitucional do acesso à justiça, previsto no art. 5.º, XXXV, da CF. Valor incontroverso que deve continuar a ser pago no tempo e modo contratados tem pertinência na concessão e na manutenção da tutela provisória. Copiosa jurisprudência nesse sentido. Sentença desconstituída. Apelo provido" (TJRS, Apelação Cível 0155762-09.2017.8.21.7000, 13.ª Câmara Cível, Cruz Alta, Rel. Des. Angela Terezinha de Oliveira Brito, j. 29.06.2017, *DJERS* 04.07.2017).

Como se pode perceber, o último julgamento aponta que o depósito da parte incontroversa do contrato somente é necessário para a concessão de alguma tutela provisória, como aquela que visa a retirada do nome do autor-devedor do cadastro de inadimplentes. Estou filiado à última posição, até porque a análise rígida do art. 330, § 2.º, do CPC/2015 torna a revisão contratual ainda mais dificultosa. O argumento do acesso à justiça é indeclinável, devendo ser considerado em tais demandas, em uma sadia interpretação civil-constitucional do sistema jurídico.

Além da revisão contratual por fato superveniente, ainda é preciso verificar a revisão do contrato por fatos anteriores à celebração, tendo como parâmetro o Código de 2002. A título de exemplo, é possível rever um contrato pela presença da *lesão,* vício do negócio jurídico. De acordo com o art. 157 do CC, ocorre a lesão quando uma pessoa, sob premente necessidade ou por inexperiência, submete-se a uma situação manifestamente desproporcional por meio de um negócio jurídico, presente a onerosidade excessiva. Interpretando-se o aludido comando legal, conclui-se que essa desproporção deve estar presente desde a celebração do contrato.

Prevê o art. 171, inc. II, do CC que a lesão gera a anulabilidade do negócio, desde que proposta a ação anulatória no prazo decadencial de quatro anos, contados da sua celebração (art. 178, inc. II, do CC). Entretanto, possível será a revisão do negócio, se a parte beneficiada com a lesão oferecer suplemento suficiente visando equilibrar o contrato – redução do proveito (art. 157, § 2.º, do CC).

Diante do princípio da conservação contratual, o juiz deve incentivar essa revisão, o que mantém relação direta com a função social dos contratos. Essa a conclusão constante do Enunciado n. 149 do CJF/STJ: "em atenção ao princípio da conservação dos contratos, a verificação da lesão deverá conduzir, sempre que possível, à revisão judicial do negócio jurídico e não à sua anulação, sendo dever do magistrado incitar os contratantes a seguir as regras do art. 157, § 2.º, do Código Civil de 2002".

Esse enunciado, de autoria do juiz paraibano Wladimir Alcebíades Marinho Falcão, tem alcance social interessante, não sendo exigida a presença de fato imprevisível e/ou extraordinário em casos tais, pois o problema é de formação do contrato (FALCÃO, Wladmir Alcebíades Marinho. *Revisão*..., 2007). O enunciado confirma a tese de que, no caso de lesão, a regra não é a anulação do negócio, mas a sua revisão.

No mesmo sentido foi aprovado, na *IV Jornada de Direito Civil*, o Enunciado n. 291, que preconiza que, "nas hipóteses de lesão previstas no art. 157 do Código Civil, pode o lesionado optar por não pleitear a anulação do negócio jurídico, deduzindo, desde logo, pretensão com vista à revisão judicial do negócio por meio da redução do proveito do lesionador ou do complemento do preço". Fica a conclusão de que o *princípio da conservação contratual* é um dos temas mais importantes do atual Direito Contratual, estando subentendido na função social dos contratos. Aqui, mais uma vez, o princípio ganha força, trazendo a conclusão de que a lesão, vício do negócio jurídico, possibilita a revisão contratual como regra.

Como outro tema relevante para o estudo da revisão contratual pelo Código Civil, deve ser citada a tese desenvolvida por Anderson Schreiber a respeito da existência de um verdadeiro *dever de negociar*, fundado na boa-fé objetiva. De acordo com suas lições:

"A revisão judicial do contrato, embora mais útil que a resolução, não representa panaceia para todos os males. A necessidade de propositura de uma ação judicial para obtenção da revisão do contrato serve, por vezes, de desestímulo ao contratante, que teme ver sua relação contratual deteriorada pelo litígio. Daí ter se tornado cada vez mais comum a busca por soluções extrajudiciais que permitam o reequilíbrio do contrato sem a intervenção do Poder Judiciário. O problema é que, mesmo diante do aviso da contraparte de que o contrato se tornou desequilibrado, o outro contratante, não raro, silencia, beneficiando-se do passar do tempo. De outro lado, ocorre, às vezes, que um contratante só venha a invocar a onerosidade excessiva quando cobrado por sua prestação, ainda que o fato ensejador do desequilíbrio seja muito anterior. Para evitar essas vicissitudes, a legislação de diversos países tem procurado disciplinar o comportamento das partes em caso de excessiva onerosidade, exigindo, por exemplo, que o desequilíbrio contratual seja prontamente comunicado à contraparte e que, uma vez chamado a avaliar tal desequilíbrio, o contratante não possa simplesmente se omitir. O mesmo caminho pode ser trilhado, a meu ver, no direito brasileiro, com base na boa-fé objetiva". Assim, segundo o jurista, "o *dever de renegociar exsurge, assim, como um dever anexo ou lateral de comunicar a outra parte prontamente acerca de um fato significativo na vida do contrato – seu excessivo desequilíbrio – e de empreender esforços para superá-lo por meio da revisão extrajudicial. Como dever anexo, o dever de renegociar integra o objeto do contrato independentemente de expressa previsão das partes*" (SCHREBIER, Anderson. *Manual*..., 2018, p. 497-498).

A quebra desse dever – seja pelo silêncio, pela sua recusa, pela sua ruptura ou pela ausência de comunicação imediata da intenção de renegociar – configuraria a violação positiva do contrato, gerando a responsabilidade civil do violador, segundo propõe o doutrinador.

Acrescente-se que se pode falar, ainda, em desrespeito à eficácia interna da função social do contrato, mais uma vez na perspectiva de conservação do negócio jurídico (Enunciado n. 22 da *I Jornada de Direito Civil*). Eis uma tese que tem sido muito debatida nos âmbitos doutrinário e jurisprudencial, notadamente diante da grave crise econômica decorrente da pandemia de Covid-19, tendo o meu apoio integral, possibilitando que a revisão do contrato prevista no Código Civil atinja maior efetividade, quando for cabível, o que não ocorreu nos vinte primeiros anos de vigência do Código Civil. A propósito, quando da tramitação na Câmara dos Deputados, havia proposta de emenda ao então Projeto 1.179 – que originou a Lei 14.010/2020 –, com o fim de introduzir esse dever de renegociar na norma emergente, o que acabou não prosperando, infelizmente.

Essa última lei, que criou o Regime Jurídico Emergencial Transitório de Direito Privado (RJET), trouxe regra importante a respeito da revisão dos contratos, no seu art. 7.º. A sua inspiração, segundo o Professor Otávio Luiz Rodrigues Jr., foi a Lei Failliot, da França, de 21 de janeiro de 1918. Segundo ele, "era uma lei de guerra, de caráter transitório, mas que introduziu no ordenamento jurídico um suporte normativo que possibilitou a resolução, por qualquer das partes contratantes, de obrigações de fornecimento de mercadorias e alimentos, contraídas antes de 1º de agosto de 1914, bem assim que ostentassem a natureza sucessiva e continuada, ou apenas diferida" (RODRIGUES JÚNIOR, Otávio Luiz. A célebre lei... *Consultor Jurídico*, 2020).

Inicialmente, o preceito havia sido vetado pelo Sr. Presidente da República, sob o argumento de que a legislação civil já disporia de mecanismos suficientes para a revisão contratual. Todavia, o Congresso Nacional derrubou o veto, pois, de fato, apesar da existência de normas a respeito da temática, haveria a necessidade de sua adaptação e de pequenos ajustes para atender aos desafios decorrentes da pandemia de Covid-19.

Conforme o *caput* desse art. 7.º da Lei 14.010/2020, não se consideram fatos imprevisíveis, para os fins exclusivos dos arts. 317, 478, 479 e 480 do Código Civil, o aumento da inflação, a variação cambial, a desvalorização ou a substituição do padrão monetário. Assim, adota-se o entendimento consolidado, e aqui antes demonstrado, de análise da imprevisibilidade, o que acaba por dificultar ou limitar a revisão contratual; algo que se sustenta para os tempos pandêmicos, em prol da conservação dos contratos.

De todo modo, tais afastamentos não se aplicam à revisão dos contratos de consumo, regida pelo Código de Defesa do Consumidor (Lei 8.078/1990) que, como será aprofundado a seguir, não exige o elemento da imprevisibilidade. É o que estabelece o § 1.º do comando, ao enunciar que "as regras sobre revisão contratual previstas na Lei nº 8.078, de 11 de setembro de 1990 (Código de Defesa do Consumidor), e na Lei nº 8.245, de 18 de outubro de 1991, não se sujeitam ao disposto no *caput* deste artigo".

Além do CDC, constata-se que é mantido totalmente, sem ser alcançado pela lei emergencial, o regime de revisão da Lei de Locação, que se aplica aos imóveis urbanos. Entre os seus comandos mais importantes, destaque-se o art. 19, segundo o qual "não havendo acordo, o locador ou locatário, após três anos de vigência do contrato ou do acordo anteriormente realizado, poderão pedir revisão judicial do aluguel, a fim de ajustá-lo ao preço de mercado". Os procedimentos da ação revisional de aluguéis e encargos constam dos arts. 68 a 70 do mesmo diploma. Um dos grandes desafios foi saber se a pandemia de Covid-19 poderia ou não propiciar a revisão dos aluguéis antes do prazo de três anos, sendo a minha resposta positiva, a depender da gravidade das consequências geradas ao contrato em questão.

Como última regra do art. 7.º do RJET, o seu § 2.º preceitua que "para os fins desta Lei, as normas de proteção ao consumidor não se aplicam às relações contratuais subordinadas ao Código Civil, incluindo aquelas estabelecidas exclusivamente entre empresas ou empresários". Assim, não será possível aplicar a revisão contratual prevista no CDC aos contratos civis ou mesmo aos contratos que se enquadram como de consumo, mas que sejam celebrados somente por empresas ou empresários. Afastou-se, portanto, para as ações revisionais fundadas na crise decorrente da Covid-19, a chamada *teoria finalista aprofundada*, que possibilita a utilização da Lei Protetiva em favor de sujeitos que não sejam destinatários finais do produto ou serviço, mas que estejam em situação de vulnerabilidade ou hipossuficiência.

Não incide, portanto, para essas revisões fundadas na pandemia, entre empresários, a tese n. 1 constante da Edição n. 39 da ferramenta *Jurisprudência em Teses*, do STJ, *in verbis*: "o Superior Tribunal de Justiça admite a mitigação da teoria finalista para autorizar a incidência do Código de Defesa do Consumidor – CDC nas hipóteses em que a parte (pessoa física ou jurídica), apesar de não ser destinatária final do produto ou serviço, apresenta-se em situação de vulnerabilidade". Novamente, essa limitação visou trazer maior estabilidade aos contratos, limitando-se aos fins da lei transitória.

Em todas as hipóteses de revisão, as consequências decorrentes da pandemia do coronavírus nas execuções dos contratos não terão efeitos jurídicos retroativos ou *ex tunc*, mas apenas efeitos a partir de então ou *ex nunc*. É o que consta do art. 6.º da Lei 14.010/2020, outra norma que também traz segurança aos contratos em tempos tão difíceis, sendo louvável. Esse comando também havia sido vetado pelo Sr. Presidente da República, de forma inexplicável, uma vez que tutela, mais uma vez, a segurança e a estabilidade das relações contratuais, afastando pedidos retroativos oportunistas.

Muitas foram as ações propostas para a revisão dos contratos a partir de 2020, em virtude da pandemia de Covid-19, em especial no âmbito da locação imobiliária, havendo uma grande variação dos julgados, o que justifica a necessidade de uma regra a respeito do tema, como propusemos quando da elaboração do RJET.

As decisões verificadas dizem respeito à concessão de tutelas provisórias para a revisão dos aluguéis. A título de ilustração, trazendo a sua impossibilidade, pela ausência de prova dos requisitos do art. 317 do Código Civil e também pelos problemas econômicos que a revisão pode acarretar, vejamos dois acórdãos do Tribunal Paulista:

> "Processual. Locação não residencial. Posto de combustíveis. Pedido de tutela antecipada antecedente voltado à redução provisória de aluguel comercial em função da pandemia causada pelo novo coronavírus. Denegação pela r. decisão agravada. Pertinência. Continuidade da atividade exercida pela autora. Ausência por outro lado de quebra da base objetiva do negócio ou de desproporção das prestações, não calculadas ou previstas em função da capacidade econômica da locatária ou do maior ou menor sucesso de sua atividade.

Invocação do art. 317 do Código Civil que não se tem por relevante. Decisão agravada confirmada. Agravo de instrumento da autora desprovido" (TJSP, Agravo de Instrumento 2091118-28.2020.8.26.0000, Acórdão 13993849, 29.ª Câmara de Direito Privado, Serra Negra, Rel. Des. Fabio Tabosa, j. 24.09.2020, *DJESP* 30.09.2020, p. 2.831).

"Agravo de instrumento. Locação. Tutela provisória. R. decisão agravada que deferiu a redução do aluguel. Pandemia do vírus Covid-19. Medidas administrativas de isolamento durante a pandemia do Covid-19 que afetam todos os agentes econômicos e membros da sociedade. Inexistência de relação de consumo ou hipossuficientes. Precedente deste E. Tribunal de Justiça. Decisão reformada. Revogação da tutela provisória de urgência. Obrigação locatícia referente ao período de ocupação que deverá ser adimplida nos termos propostos extrajudicialmente pela ré aos lojistas. Agravo de instrumento provido" (TJSP, Agravo de Instrumento 2150442-46.2020.8.26.0000, Acórdão 14018003, 26.ª Câmara de Direito Privado, São Paulo, Rel. Des. Carlos Dias Motta, j. 30.09.2020, *DJESP* 05.10.2020, p. 2.315).

Todavia, em sentido contrário, deferindo provisoriamente a revisão, com base na teoria da imprevisão e pelas peculiaridades de cada caso concreto, contando com o meu apoio doutrinário:

"Agravo de instrumento. Execução de título extrajudicial. Decisão agravada que autorizou a redução dos depósitos a 30% dos valores atualmente vigentes por seis meses desde fevereiro até julho de 2020; a partir de agosto, a terceira, Casa & Vídeo deverá voltar a depositar os valores na integralidade. (...). Situação de pandemia do COVID-19 que permite a aplicação da Teoria da Imprevisão. Inteligência do artigo 317 do Código Civil. Evidente impacto econômico direto na atividade exercida em decorrência da pandemia e de seus meios de enfrentamento. Redução do valor dos depósitos (30%) que foi bem determinado pelo MM. Juízo *a quo*. (...)" (TJSP, Agravo de Instrumento 2176041-84.2020.8.26.0000, Acórdão 13970384, 20.ª Câmara de Direito Privado, São Paulo, Rel. Des. Roberto Maia, j. 14.09.2020, *DJESP* 23.09.2020, p. 2.304).

"Ação revisional ajuizada por locatária, visando a redução das obrigações a que se comprometera, em razão da pandemia do coronavírus. R. despacho que indeferiu a pleiteada tutela de urgência, que objetivava a redução em 80% dos valores locatícios, durante a pandemia pela Covid-19. Agravo instrumental interposto pela locatária/demandante. Presentes os requisitos do art. 300 do CPC. Plausível a redução temporária ao patamar de 50% do aluguel vigente, devido à atual pandemia do Covid-19. Observância aos princípios da razoabilidade e proporcionalidade. Intelecção do art. 294, do CPC e 317, do Cód. Civil. Deu-se parcial provimento ao agravo instrumental da empresa acionante, observados os estreitos limites do presente recurso" (TJSP, Embargos de Declaração 2170416-69.2020.8.26.0000/50000, Acórdão 14004471, 27.ª Câmara de Direito Privado, São Paulo, Rel. Des. Campos Petroni, j. 28.09.2020, *DJESP* 01.10.2020, p. 1.926).

"Agravo de instrumento. Insurgência contra decisão que indeferiu o pedido de tutela de urgência. Pedido de redução do locativo, devido à atual pandemia. Possibilidade. Aplicação do princípio da proporcionalidade e do art. 300, do NCPC. Redução ao patamar de 50% do valor do locativo, pelo período em que perdurar a atual situação pandêmica. Inteligência dos artigos 317 e 421, parágrafo único, do Código Civil. Decisão reformada. Recurso parcialmente provido" (TJSP, Agravo de Instrumento 2081207-89.2020.8.26.0000, Acórdão 14004469, 27.ª Câmara de Direito Privado, São Caetano do Sul, Rel. Des. Fábio Podestá, j. 28.09.2020, *DJESP* 01.10.2020, p. 1.923).

A variação dos julgados, notadamente quanto ao percentual de revisão para pagamento dos aluguéis, demonstra como seria importante um parâmetro legal – com a mesma solução da moratória legal do art. 916 do CPC/2015, em trinta por cento e pagamento do restante em seis meses –, o que acabou por não ser adotado pelos legisladores quando do debate do Projeto 1.179, que gerou a Lei 14.010/2020. Ficamos à mercê do entendimento jurisprudencial de acordo com o caso concreto, o que gera instabilidade e uma indesejada judicialização do tema.

Para encerrar a análise do tema da revisão contratual em virtude da pandemia, em 2022 e 2023, surgiram julgados no âmbito do Superior Tribunal de Justiça, a confirmar a variação de entendimentos a respeito do tema. Os julgados também evidenciam como é fundamental analisar as peculiaridades do caso concreto, sobretudo o requisito dos impactos pandêmicos para cada contrato, a gerar a onerosidade excessiva, requisito fundamental para a revisão.

O primeiro acórdão disse respeito à redução proporcional do valor das mensalidades escolares em contrato de consumo, tema que será analisado a seguir. A revisão foi afastada, pois foi comprovada a continuidade da prestação dos serviços durante o isolamento social, com aulas *on-line*. Considerou-se, conforme aqui defendido, que "a revisão dos contratos em razão da pandemia não constitui decorrência lógica ou automática, devendo ser analisadas a natureza do contrato e a conduta das partes – tanto no âmbito material como na esfera processual –, especialmente quando o evento superveniente e imprevisível não se encontra no domínio da atividade econômica do fornecedor". Assim, vejamos:

> "Os princípios da função social e da boa-fé contratual devem ser sopesados nesses casos com especial rigor a fim de bem delimitar as hipóteses em que a onerosidade sobressai como fator estrutural do negócio – condição que deve ser reequilibrada tanto pelo Poder Judiciário quanto pelos envolvidos, – e aquelas que evidenciam ônus moderado ou mesmo situação de oportunismo para uma das partes. No caso, não houve comprovação do incremento dos gastos pelo consumidor, invocando-se ainda como ponto central à revisão do contrato, por outro lado, o enriquecimento sem causa do fornecedor – situação que não traduz a tônica da revisão com fundamento na quebra da base objetiva dos contratos. A redução do número de aulas, por sua vez, decorreu de atos das autoridades públicas como medida sanitária. Ademais, somente foram inviabilizadas as aulas de caráter extracurricular (aulas de cozinha experimental, educação física, robótica, laboratório de ciências e arte/música). Nesse contexto, não se evidencia base legal para se admitir a revisão do contrato na hipótese" (STJ, REsp 1.998.206/DF, 4.ª Turma, Rel. Min. Luis Felipe Salomão, j. 14.06.2022, *DJe* 04.08.2022).

O segundo acórdão, por sua vez, deferiu a revisão de contrato de locação não residencial, envolvendo empresa de *coworking*, justamente porque se provou que a pandemia gerou repercussões econômicas diretas para a parte. Consoante o *decisum*, que cita a última ementa e merece destaque:

> "A revisão dos contratos com base nas teorias da imprevisão ou da onerosidade excessiva, previstas no Código Civil, exige que o fato (superveniente) seja imprevisível e extraordinário e que dele, além do desequilíbrio econômico e financeiro, decorra situação

de vantagem extrema para uma das partes, situação evidenciada na hipótese. (...). Na hipótese, ficou demonstrada a efetiva redução do faturamento da empresa locatária em virtude das medidas de restrição impostas pela pandemia da Covid-19. Por outro lado, a locatária manteve-se obrigada a cumprir a contraprestação pelo uso do imóvel pelo valor integral e originalmente firmado, situação que evidencia o desequilíbrio econômico e financeiro do contrato. (...). Nesse passo, embora não se contestem os efeitos negativos da pandemia nos contratos de locação para ambas as partes – as quais são efetivamente privadas do uso do imóvel ou da percepção dos rendimentos sobre ele – no caso em debate, considerando que a empresa locatária exercia a atividade de *coworking* e teve seu faturamento drasticamente reduzido, a revisão do contrato mediante a redução proporcional e temporária do valor dos aluguéis constitui medida necessária para assegurar o restabelecimento do equilíbrio entre as partes" (STJ, REsp 1.984.277/DF, 4.ª Turma, Rel. Min. Luis Felipe Salomão, j. 16.08.2022, *DJe* 09.09.2022).

O terceiro *decisum*, de 2023, segue a mesma linha do aresto anterior a respeito da locação do espaço em "*coworking*", deferindo a revisão contratual de locação em favor de lojista estabelecido em *shopping center*. Após expor os requisitos para revisão contratual do Código Civil, bem na linha do que foi desenvolvido neste capítulo, julgou-se o seguinte:

"A superveniência de doença disseminada mundialmente, que, na tentativa de sua contenção, ocasionou verdadeiro *lockdown* econômico e isolamento social, qualifica-se como evento imprevisível, porquanto não foi prevista, conhecida ou examinada pelos contratantes quando da celebração do negócio jurídico, e extraordinário, pois distante da álea e das consequências ínsitas e objetivamente vinculadas ao contrato. Conclui-se que a pandemia ocasionada pela Covid-19 pode ser qualificada como evento imprevisível e extraordinário apto a autorizar a revisão dos aluguéis em contratos estabelecidos pelo *shopping center* e seus lojistas, desde que verificados os demais requisitos legais estabelecidos pelo art. 317 ou 478 do Código Civil" (STJ, REsp 2.032.878/GO, 3.ª Turma, Rel. Min. Nancy Andrighi, j. 18.04.2023, *DJe* 20.04.2023).

Como advertência que consta igualmente nos arestos anteriores, mais uma vez se reafirmou que a pandemia não constitui, por si só, justificativa para o inadimplemento do contrato, para uma moratória ou uma revisão contratual automática.

Por fim, a última ementa a ser apontada, também da Terceira Turma do Tribunal da Cidadania, deferiu a revisão contratual em favor de transportadora que celebrou contrato de mútuo com instituição financeira, em contrato considerado como civil e paritário, justamente diante da grave crise econômica causada pela pandemia e das repercussões diretas para o negócio, pela queda do seu faturamento. Vejamos, assim, trecho resumido de sua ementa:

"A revisão de contratos paritários com fulcro nos eventos decorrentes da pandemia não pode ser concebida de maneira abstrata, mas depende, sempre, da análise da relação contratual estabelecida entre as partes, sendo imprescindível que a pandemia tenha interferido de forma substancial e prejudicial na relação negocial. (...) Na hipótese, o contexto fático-probatório delineado pelas instâncias ordinárias corrobora a possibilidade da revisão contratual com fundamento nas teorias supra-analisadas. Houve demonstração de que as rotas realizadas pela empresa de transporte intermunicipal foram efetivamente suspensas e que esta foi impedida de exercer suas atividades em razão de determinação do Poder

CAP. 4 · A REVISÃO JUDICIAL DOS CONTRATOS PELO CÓDIGO CIVIL E PELO CDC | **223**

Público, com a comprovação de queda abrupta e temporária no faturamento empresarial. A manutenção de cobrança de prestações mutuárias, nos moldes do originariamente pactuado, para fomentar atividade que foi paralisada no período pandêmico, mostra-se excessivamente onerosa, devendo-se revisar o contrato para preservar o seu equilíbrio" (STJ, REsp 2.070.354/SP, 3.ª Turma, Rel. Min. Nancy Andrighi, j. 20.06.2023, *DJe* 26.06.2023).

Acredito que essa variação de entendimentos se fará presente nos próximos anos, sempre com atenção para as peculiaridades do caso concreto e das repercussões da pandemia para os contratantes, como exatamente deve ser. Reafirmo que aprovação de normas jurídicas sobre o tema talvez tivesse trazido uma maior segurança, o que acabou não ocorrendo.

Para encerrar o tópico, faço uma breve observação a respeito do Projeto de Reforma e Atualização do Código Civil, proposto pela Comissão de Juristas constituída no âmbito do Senado Federal.

A Subcomissão de Direito Contratual – formada pelos Professores Carlos Eduardo Elias de Oliveira, Claudia Lima Marques, Angélica Carlini e Carlos Eduardo Pianovski – sugeriu um *espelhamento* entre os arts. 317 e 478 da Lei Geral Privada, para que ambos tratem da revisão contratual e somente o último da resolução do contrato. Também se almeja uma *objetivação* das circunstâncias que possibilitem essa revisão, afastando-se razões subjetivas ou pessoais da parte, premissa que acabou prevalecendo na Comissão de Juristas, mesmo com as minhas resistências doutrinárias.

Especificamente quanto ao art. 317 do CC/2002, sugere-se a seguinte redação para o seu *caput*: "se, em decorrência de eventos imprevisíveis, houver alteração superveniente das circunstâncias objetivas que serviram de fundamento para a constituição da obrigação e que isto gere onerosidade excessiva, excedendo os riscos normais da obrigação, para qualquer das partes, poderá o juiz, a pedido do prejudicado, corrigi-la, de modo que assegure, tanto quanto possível, o valor real da prestação".

Em complemento, na linha não só do Enunciado n. 175, da *III Jornada*, como também do Enunciado n. 17, *da I Jornada*, há a proposta de um parágrafo único para o comando: "para os fins deste artigo devem ser também considerados os eventos previsíveis, mas de resultados imprevisíveis". Como se nota, apenas se consolidam no texto as ideias da doutrina majoritária, retiradas das tão citadas *Jornadas de Direito Civil*.

O tema será tratado no Capítulo 6 desta obra, com uma análise mais profunda das proposições feitas para os arts. 478, 479 e 480 do Código Civil, sendo pertinente anotar que as propostas em nada alteram o regime de revisão contratual previsto na Lei Consumerista, e sobre o qual passo a tratar.

4.3   A REVISÃO CONTRATUAL PELO CÓDIGO DE DEFESA DO CONSUMIDOR

Como é notório, a Lei 8.078/1990, que instituiu o Código de Defesa do Consumidor constitui norma de ordem pública e de interesse social, pelo que consta do seu art. 1.º, sendo também norma principiológica pela previsão expressa de proteção aos consumidores constante no Texto Maior, particularmente do seu art. 5.º, inc. XXXII, e art. 170, inc. III.

Na esfera contratual, o CDC inseriu no sistema a regra de que mesmo uma simples onerosidade excessiva ao consumidor poderá ensejar a chamada revisão contratual por fato superveniente, prevendo também o afastamento de uma cláusula abusiva, onerosa, ambígua ou confusa (arts. 51 e 46) e a interpretação do contrato sempre em benefício do consumidor (art. 47).

Assim, conclui-se que a expressão *função social do contrato* está intimamente ligada ao ponto de equilíbrio que o negócio celebrado deve atingir e ao que se denomina *teoria da equidade contratual* ou *teoria da equivalência material* (BRITO, Rodrigo Toscano. *Equivalência...*, 2007). Dessa forma, um contrato que acarreta onerosidade excessiva a uma das partes – tida como vulnerável – não está cumprindo o seu papel sociológico, necessitando de revisão pelo órgão judicante.

No tocante à revisão judicial do contrato de consumo por fato superveniente, esta consta do art. 6.º, inc. V, da Lei 8.078/1990, *in verbis*:

> "Art. 6.º São direitos básicos do consumidor:
> (...)
> V – a modificação das cláusulas contratuais que estabelecem prestações desproporcionais ou sua revisão em razão de fatos supervenientes que as tornem excessivamente onerosas".

No que concerne à revisão judicial do contrato de consumo, ensina José Geraldo Brito Filomeno, um dos autores do Projeto que gerou o Código de Defesa do Consumidor Brasileiro, o seguinte:

> "Aqui se cuida, em Capítulo especial, de n. VI (Da Proteção Contratual), e expressamente, de amparar o consumidor frente aos contratos, e ainda mais particularmente aos chamados 'contratos de adesão', reproduzidos aos milhões, como no caso das obrigações bancárias, por exemplo, e que podem surpreender aquele com cláusulas iníquas e abusivas, dando-se então preponderância à questão de informação prévia sobre o conteúdo de tais cláusulas, fulminando-se, assim, de nulidade as cláusulas abusivas, elencando o art. 51, dentre outras que possam ocorrer, as mais comuns no mercado de consumo. Além da informação que o contratante-fornecedor deve prestar ao consumidor-contratante potencial (art. 46), prevê-se claramente a interpretação mais favorável ao consumidor, na hipótese de cláusula obscura ou com vários sentidos (art. 47). (...). *Fica ainda definitivamente consagrada entre nós a cláusula* rebus sic stantibus, *implícita em qualquer contrato, sobretudo nos que impuserem ao consumidor obrigações iníquas ou excessivamente onerosas*" (destacamos) (FILOMENO, José Geraldo Bruto. *Código...*, 1999, p. 126).

Pelo entendimento transcrito e destacado, a teoria da imprevisão que remonta à cláusula *rebus sic stantibus* teria sido recepcionada pela Lei Consumerista. Seguindo essa construção, possível seria a revisão do contrato, desde que presente um fato imprevisível que trouxesse ao negócio um desequilíbrio de forma a produzir uma onerosidade excessiva a uma das partes do pacto.

Discorda-se desse posicionamento, veementemente, uma vez que para a revisão de um contrato de consumo não há a necessidade da prova da imprevisibilidade, mas somente de uma simples onerosidade ao vulnerável decorrente de um fato novo, superveniente.

Na verdade, tem razão o Desembargador do Tribunal de Justiça de São Paulo, Luiz Antônio Rizzatto Nunes, que ensina: "a garantia de revisão das cláusulas contratuais em razão de fatos supervenientes que as tornem excessivamente onerosas tem, também, fundamento nos outros princípios instituídos no CDC citados no item anterior: boa-fé e equilíbrio (art. 4.º, III), vulnerabilidade do consumidor (art. 4.º, I), que decorre do princípio maior, constitucional da isonomia (art. 5.º, *caput*, da CF). Entenda-se, então claramente o sentido de revisão trazido pela lei consumerista. Não se trata da cláusula 'rebus sic stantibus', mas sim de revisão pura, decorrente de fatos posteriores ao pacto, independentemente de ter havido ou não a previsão ou possibilidade de previsão dos acontecimentos" (RIZZATTO NUNES, Luiz Antônio. *Comentários...*, 2000, p. 118).

No mesmo sentido, Nelson Nery Jr. e Rosa Maria de Andrade Nery, em comentários ao art. 6.º, inc. V, da Lei 8.078/1990, lecionam o seguinte:

> "Para que o consumidor tenha direito à revisão do contrato, basta que haja onerosidade excessiva para ele, em decorrência de fato superveniente. Não há necessidade de que esses fatos sejam extraordinários nem que sejam imprevisíveis. As soluções da teoria da imprevisão, com o perfil que a ela é dado pelo CC italiano 1467 e pelo CC 478, não são suficientes para as soluções reclamadas nas relações de consumo. Pela teoria da imprevisão, somente os fatos extraordinários e imprevisíveis pelas partes por ocasião da formação do contrato é que autorizariam, não sua revisão, mas sua resolução. A norma sob comentário não exige nem a extraordinariedade nem a imprevisibilidade dos fatos supervenientes para conferir, ao consumidor, o direito de revisão efetiva do contrato; não sua resolução" (NERY JR., Nelson; NERY, Rosa Maria de Andrade. *Código...*, 2003, p. 955).

Também Claudia Lima Marques aponta que "a norma do art. 6.º do CDC avança, em relação ao Código Civil (arts. 478-480 – Da resolução por onerosidade excessiva), ao não exigir que o fato superveniente seja imprevisível ou irresistível – apenas exige a quebra da base objetiva do negócio, a quebra de seu equilíbrio intrínseco, a destruição da relação de equivalência entre prestações, o desaparecimento do fim essencial do contrato" (MARQUES, Claudia Lima. *Manual...*, 2007, p. 58).

Muitas vezes, percebe-se tanto em sede de Tribunais Estaduais como no próprio Superior Tribunal de Justiça tendência em apontar que a Lei 8.078/1990 adotou a teoria da imprevisão ou a revisão fundada em imprevisibilidade, o que é ledo engano. Na realidade, essa forma de revisão está prevista sim no Código Civil de 2002, pela previsão que consta do seu art. 317 (e no art. 478, para aqueles que assim entendem), mas não no CDC. Justamente por isso, o CDC não exige todos aqueles requisitos da antiga teoria da imprevisão outrora estudados.

Demonstrando esse equívoco cometido, quanto à suposta aplicação da teoria da imprevisão, transcreve-se o seguinte julgado do STJ:

> "Recurso especial. *Leasing*. Contrato de arrendamento mercantil expresso em dólar americano. Variação cambial. CDC. Teoria da imprevisão. Aplicabilidade. Alegação de ofensa aos arts. 115 e 145 do Código Civil. Ausência de prequestionamento (Súmulas 282/STF e 211/STJ). Dissenso jurisprudencial não caracterizado. Acórdão local em consonância com recentes decisões do Superior Tribunal de Justiça. I – Aplica-se o Código de Defesa do Consumidor aos contratos de arrendamento mercantil. II – A abrupta e forte

desvalorização do real frente ao dólar americano constitui evento objetivo e inesperado apto a ensejar a revisão de cláusula contratual, de modo a evitar o enriquecimento sem causa de um contratante em detrimento do outro (art. 6.º, V, do CDC). III – Agravo regimental desprovido" (STJ, Acórdão AGA 430.393/RJ (200101405575), 442.937 Agravo regimental no agravo de instrumento, 3.ª Turma, Rel. Min. Antônio de Pádua Ribeiro, *DJ* 05.08.2002, p. 00339, Veja: STJ – REsp 293.864/SE, REsp 361.694/RS, REsp 331.082/SC).

Dentro da melhor técnica, conclui-se, portanto, que o Código de Defesa do Consumidor adotou outro fundamento para a revisão contratual por fato superveniente, o da *revisão por simples onerosidade excessiva*, que tem como embrião a *teoria da equidade contratual*, que é motivada pela busca, em todo o momento, de um ponto de equilíbrio nos contratos, afastando-se qualquer situação desfavorável ao protegido legal. Pode também ser invocada a *teoria da base objetiva do negócio jurídico*, que tem como precursor o trabalho de Karl Larenz, referência quanto ao tema, sendo dispensada, também por esse caminho, a prova de fato imprevisto (LARENZ, Karl. *Base...*, 2002). Por isso, a propósito, fez bem o art. 7.º, § 1.º, da Lei 14.010/2020 em afastar essa revisão daquela prevista em dispositivos do Código Civil.

Do que foi exposto, fica claro que estou filiado ao entendimento doutrinário e jurisprudencial pelo qual basta uma simples onerosidade excessiva para que o contrato de consumo seja revisto por fato superveniente, não havendo a necessidade da prova de imprevisibilidade.

Seguindo essa corrente, é interessante transcrever a seguinte ementa do Superior Tribunal de Justiça, sem prejuízo de outras que também muito bem trataram da revisão, nos notórios casos envolvendo o contrato de *leasing*, cujas parcelas do financiamento eram atreladas à variação cambial:

"Processual civil e civil. Revisão de contrato de arrendamento mercantil (*leasing*). Recurso especial. Nulidade de cláusula por ofensa ao direito de informação do consumidor. Fundamento inatacado. Indexação em moeda estrangeira (dólar). Crise cambial de janeiro de 1999 – Plano real. Aplicabilidade do art. 6.º, inciso V, do CDC. Onerosidade excessiva caracterizada. Boa-fé objetiva do consumidor e direito de informação. Necessidade de prova da captação de recurso financeiro proveniente do exterior. Recurso Especial. Reexame de provas. Interpretação de cláusula contratual. Inadmitida a alegação de inaplicabilidade das disposições do Código de Defesa do Consumidor aos contratos de arrendamento mercantil (*leasing*), e não impugnado especificamente, nas razões do Recurso Especial, o fundamento do v. acórdão recorrido, suficiente para manter a sua conclusão, de nulidade da cláusula que prevê a cobrança de taxa de juros por ofensa ao direito de informação do consumidor, nos termos do inc. XV do art. 51 do referido diploma legal, impõe-se o juízo negativo de admissibilidade do Recurso Especial quanto ao ponto. O preceito esculpido no inciso V do artigo 6.º do CDC dispensa a prova do caráter imprevisível do fato superveniente, bastando a demonstração objetiva da excessiva onerosidade advinda para o consumidor. A desvalorização da moeda nacional frente à moeda estrangeira que serviu de parâmetro ao reajuste contratual, por ocasião da crise cambial de janeiro de 1999, apresentou grau expressivo de oscilação, a ponto de caracterizar a onerosidade excessiva que impede o devedor de solver as obrigações pactuadas. A equação econômico-financeira deixa de ser respeitada quando o valor da parcela mensal sofre um reajuste que não é acompanhado pela correspondente valorização do bem da vida no mercado, havendo quebra da paridade contratual, à medida que apenas a instituição financeira está assegurada quanto aos riscos da variação cambial, pela prestação do consumidor indexada em dólar americano. É ilegal a transferência de risco da atividade financeira, no mercado de capitais, próprio das instituições de crédito, ao consumidor, ainda mais que não observado o seu direito de informação (arts. 6.º, III, 31, 51, XV, 52, 54, § 3.º, do CDC). Incumbe à arrendadora desincumbir-se do ônus da prova de captação específica de recursos provenientes de empréstimo em moeda estrangeira, quando impugnada a validade da cláusula de correção pela variação cambial. Esta prova deve acompanhar a contestação (art. 297 e 396 do CPC), uma vez que os negócios jurídicos entre a instituição financeira e o banco estrangeiro são alheios ao consumidor, que não possui meios de averiguar as operações mercantis daquela, sob pena de violar o art. 6.º da Lei 8.880/94. Simples interpretação de cláusula contratual e reexame de prova não ensejam recurso especial" (STJ, Acórdão AGREsp 374.351/RS (200101503259), 439.018 Agravo regimental no recurso especial, 3.ª Turma, Rel. Min. Nancy Andrighi, data da decisão 30.04.2002, *DJ* 24.06.2002, p. 299).

Dessa forma, pelo entendimento jurisprudencial que ampara o posicionamento ao qual estou alinhado, é forçoso concluir que, com a possibilidade de se rever um contrato por simples onerosidade excessiva, vislumbra-se um contrato amparado na *teoria da equidade contratual* ou na *teoria da base objetiva do negócio jurídico*, concebidas diante da tendência de socialização do Direito Privado, pela valorização da dignidade da pessoa humana, pela solidariedade social e pela igualdade material que deve sempre estar presente nos negócios jurídicos em geral. Essa ideia também está amparada no que consta no art. 170, inc. III, da Carta Política e Fundamental, qual seja a busca da justiça social, um dos princípios gerais da atividade econômica.

Sem sombra de dúvidas, o tema Direito do Consumidor é de suma importância na atual sistemática do Direito Privado, cabendo aos estudiosos e operadores do direito encontrarem um ponto de equilíbrio entre a sua socialização e a manutenção da segurança jurídica do sistema. Essa tendência surgiu a partir da valorização, no âmbito contratual, dos chamados *direitos de terceira geração*, relacionados com o princípio da fraternidade, com a pacificação social e com a busca do equilíbrio nas relações negociais.

Nessa nova realidade, tende-se a colocar, em primeiro plano, os direitos difusos, coletivos e individuais homogêneos, em detrimento do interesse particular e de interesses egoísticos. Lembra Guido Alpa que o movimento de defesa do consumidor é recente, motivado pela conscientização surgida no mundo ocidental entre os meios populares após a última revolução industrial, motivado também pela influência norte-americana que se percebeu nos últimos tempos (*Il diritto...*, 2002, p. 3-10).

Certamente, o Direito do Consumidor nasceu para evitar os constantes abusos por parte das prestadoras ou fornecedoras, encasteladas em sua posição de *hipersuficiência*, em detrimento do consumidor comum, enfraquecido em sua condição de parte contratual vulnerável. A interpretação dos casos práticos, na busca do equilíbrio de decisões justas, é jornada de caminhos tortuosos.

De qualquer forma, há de se apontar que nos conhecidos casos de revisão judicial dos contratos de *leasing*, diante da onerosidade excessiva causada pela desvalorização do real em face do dólar (conforme julgados transcritos), o Superior Tribunal de Justiça

228 | DIREITO CIVIL • VOL. 3 – *Flávio Tartuce*

tem dividido essa onerosidade excessiva entre as partes contratantes. Nesse sentido, transcreve-se um desses julgados:

"Direito do consumidor. *Leasing*. Contrato com cláusula de correção atrelada à variação do dólar americano. Aplicabilidade do Código de Defesa do Consumidor. Revisão da cláusula que prevê a variação cambial. Onerosidade excessiva. Distribuição dos ônus da valorização cambial entre arrendantes e arrendatários. Recurso parcialmente acolhido. I – Segundo assentou a jurisprudência das Turmas que integram a Segunda Seção desta Corte, os contratos de *leasing* submetem-se ao Código de Defesa do Consumidor. II – A cláusula que atrela a correção das prestações à variação cambial não pode ser considerada nula *a priori*, uma vez que a legislação específica permite que, nos casos em que a captação dos recursos da operação se dê no exterior, seja avençado o repasse dessa variação ao tomador do financiamento. III – Consoante o art. 6.º, V, do Código de Defesa do Consumidor, sobrevindo, na execução do contrato, onerosidade excessiva para uma das partes, é possível a revisão da cláusula que gera o desajuste, a fim de recompor o equilíbrio da equação contratual. IV – No caso dos contratos de *leasing* atrelados à variação cambial, os arrendatários, pela própria conveniência e a despeito do risco inerente, escolheram a forma contratual que no momento da realização do negócio lhes garantia prestações mais baixas, posto que o custo financeiro dos empréstimos em dólar era bem menor do que os custos em reais. A súbita alteração na política cambial, condensada na maxidesvalorização do real, ocorrida em janeiro de 1999, entretanto, criou a circunstância da onerosidade excessiva, a justificar a revisão judicial da cláusula que a instituiu. *V – Contendo o contrato opção entre outro indexador e a variação cambial e tendo sido consignado que os recursos a serem utilizados tinham sido captados no exterior, gerando para a arrendante a obrigação de pagamento em dólar, enseja-se a revisão da cláusula de variação cambial com base no art. 6.º, V, do Código de Defesa do Consumidor, para permitir a distribuição, entre arrendantes e arrendatários, dos ônus da modificação súbita da política cambial com a significativa valorização do dólar americano*" (destacamos) (STJ, REsp 437.660/SP, 4.ª Turma, Rel. Min. Sálvio de Figueiredo Teixeira, j. 08.04.2003, *DJ* 05.05.2003, p. 306, *RDDP*, v. 6, p. 111, *RSTJ*, v. 168, p. 412).

Com o devido respeito, não há como concordar com tal conclusão jurisprudencial, pois consumidores e empresas de *leasing* não estão em situação de igualdade para que o prejuízo seja distribuído de forma igualitária. De qualquer modo, os julgados devem ser considerados como majoritários para a prática do Direito Privado e para as provas em geral.

Ainda no que diz respeito ao âmbito prático jurisprudencial, ressalte-se que aresto do Superior Tribunal de Justiça, publicado no ano de 2015, fez a devida comparação entre a revisão do contrato tratada pelo Código Civil e pelo Código de Defesa do Consumidor, exatamente na linha do que foi desenvolvido no presente capítulo. Nos termos da ementa, a desvalorização do real frente ao dólar não é motivo imprevisível ou extraordinário para motivar a revisão de um contrato civil, pela incidência da teoria da imprevisão ou da teoria da onerosidade excessiva, adotada pela Lei Geral Privada de 2002. Consta da publicação no *Informativo* n. 556 do Tribunal da Cidadania, com menção expressa à antes estudada *teoria do diálogo das fontes*:

"A intervenção do Poder Judiciário nos contratos, à luz da teoria da imprevisão ou da teoria da onerosidade excessiva, exige a demonstração de mudanças supervenientes das circunstâncias iniciais vigentes à época da realização do negócio, oriundas de evento imprevisível (teoria da imprevisão) e de evento imprevisível e extraordinário (teoria da onerosidade excessiva), que comprometam o valor da prestação, demandando tutela jurisdicional específica, tendo em vista, em especial, o disposto nos arts. 317, 478 e 479 do CC. Nesse passo, constitui pressuposto da aplicação das referidas teorias, a teor dos arts. 317 e 478 do CC, como se pode extrair de suas próprias denominações, a existência de um fato imprevisível em contrato de execução diferida, que imponha consequências indesejáveis e onerosas para um dos contratantes. A par disso, o histórico inflacionário e as sucessivas modificações no padrão monetário experimentados pelo País desde longa data até julho de 1994, quando sobreveio o Plano Real, seguido de período de relativa estabilidade até a maxidesvalorização do real em face do dólar, ocorrida a partir de janeiro de 1999, não autorizam concluir pela inexistência de risco objetivo nos contratos firmados com base na cotação da moeda norte-americana, em se tratando de relação contratual paritária" (STJ, REsp 1.321.614/SP, Rel. originário Min. Paulo de Tarso Sanseverino, Rel. para acórdão Min. Ricardo Villas Bôas Cueva, j. 16.12.2014, *DJe* 03.03.2015).

O julgamento tem a vantagem técnica de bem diferenciar as duas revisões contratuais. Todavia, demonstra as dificuldades atuais de incidência prática da teoria da imprevisão, como antes se expôs. E, ainda, confirma, mais uma vez, que a Lei 14.010/2020 trouxe um tratamento correto e diferenciado da revisão contratual prevista no Código Civil e no CDC, nos termos do seu art. 7.º, § 2.º.

A propósito, sobre a revisão contratual efetivada pela jurisprudência, em virtude da pandemia, já foi aqui exposto um acórdão superior que analisou os impactos para os contratos educacionais de consumo, afastando a revisão, pois os serviços continuaram sendo prestados, dentro do possível e pelo modo *on-line* (STJ, REsp 1.998.206/DF, 4.ª Turma, Rel. Min. Luis Felipe Salomão, j. 14.06.2022, *DJe* 04.08.2022).

Superada a revisão do contrato de consumo por fato superveniente, consigne-se que é possível rever um contrato por motivo anterior à celebração, tendo como base o Código de Defesa do Consumidor. Isso se estiver presente uma das cláusulas abusivas previstas no rol exemplificativo no art. 51 do CDC, a caracterizar a lesão, também na ótica consumerista. Como o art. 51, § 2.º, da Lei 8.078/1990 consagra o *princípio da conservação contratual* de forma expressa, em regra somente a cláusula abusiva será tida como nula, preservando- -se o restante do contrato, se isso for possível. Com esse procedimento de integração do contrato, não há dúvida de que o negócio jurídico também é revisto, conforme entendeu indiretamente o Superior Tribunal de Justiça no seguinte julgado:

> "Civil e processual civil. Agravo regimental. Depósito. Consignação em pagamento. Plano de saúde. Faixa etária. Alteração. Aplicação do CDC. Contrato. Impacto da modificação. Ausência de esclarecimento. Cláusula abusiva. Art. 15 da Lei 9.656/98. Revisão de cláusulas contratuais e do conjunto fático-probatório" (STJ, AGA 627.014/RJ, j. 01.03.2005, 4.ª Turma, Rel. Min. Aldir Passarinho Junior, *DJ* 18.04.2005, p. 344).

Por fim, é preciso comentar a Súmula 381 do STJ, que é expressa ao prever que "nos contratos bancários, é vedado ao julgador conhecer, de ofício, da abusividade das cláusulas". A súmula representa um total contrassenso, tendo em vista o art. 1.º do Código de Defesa do Consumidor, e a comum aplicação da Lei 8.078/1990 aos contratos bancários, conforme reconhecido pela Súmula 297 do mesmo STJ. Há um total retrocesso, pois o próprio STJ vinha ampliando a proteção dos consumidores nos últimos anos.

O art. 1.º da Lei 8.078/1990 é expresso ao prever que o CDC é norma de ordem pública e interesse social. Ora, assim sendo, deve o juiz conhecer de ofício a proteção dos consumidores, até pela previsão constitucional de sua tutela constante do art. 5.º, inc. XXXV, da CF/1988. Por contrariar a lei consumerista e a Constituição Federal de 1988, espera-se que a citada súmula do Superior Tribunal seja revista imediatamente. O entendimento sumulado fere o espírito de proteção dos vulneráveis constante do ordenamento jurídico brasileiro.

4.4 RESUMO ESQUEMÁTICO

Tabela comparativa – revisão contratual por fato superveniente

Revisão contratual pelo Código Civil (arts. 317 e 478 do CC)	Revisão contratual pelo Código de Defesa do Consumidor (art. 6.º, V, da Lei 8.078/1990)
Teoria da imprevisão ou teoria da onerosidade excessiva. Não há unanimidade na doutrina.	Teoria da equidade contratual ou teoria da base objetiva do negócio (Karl Larenz).
Revisão por imprevisibilidade somada à onerosidade excessiva.	Revisão por simples onerosidade excessiva.
Exige-se um fato imprevisível e/ou extraordinário. A jurisprudência sempre analisou esses fatos tendo como parâmetro o mercado. Recomenda-se a análise pelo enfoque das consequências ou resultados para o contratante, de acordo com o teor dos Enunciados 17 e 175 CJF/STJ, a saber: Enunciado 17: "Art. 317. A interpretação da expressão 'motivos imprevisíveis', constante do art. 317 do novo Código Civil, deve abarcar tanto causas de desproporção não previsíveis como também causas previsíveis, mas de resultados imprevisíveis". Enunciado 175: "Art. 478. A menção à imprevisibilidade e à extraordinariedade, insertas no art. 478 do Código Civil, deve ser interpretada não somente em relação ao fato que gere o desequilíbrio, mas também em relação às consequências que ele produz". A revisão do contrato prevista no Código Civil sempre foi excepcional, o que confirma os textos dos novos arts. 421, parágrafo único, e 421-A, inc. III, do CC, incluídos pela *Lei da Liberdade Econômica* (Lei 13.874/2019).	Não há exigência de um fato imprevisível, bastando um motivo superveniente, ou seja, um fato novo, a motivar o desequilíbrio do contrato.

4.5 QUESTÕES CORRELATAS

01. (TJSP – VUNESP – Juiz Substituto – 2015) Em tema de abusividade contratual, é correto afirmar que

(A) a nulidade de uma cláusula contratual abusiva não invalida o contrato, desde que não caracterizada a onerosidade excessiva.

(B) é válida a obrigação cambial assumida por procurador do mutuário vinculado ao mutuante, no exclusivo interesse deste.

CAP. 4 · A REVISÃO JUDICIAL DOS CONTRATOS PELO CÓDIGO CIVIL E PELO CDC | 231

(C) a estipulação de juros moratórios superiores a 12% ao ano, por si só, não indica abusividade.

(D) se admite limitação temporal de internação hospitalar do segurado em contrato de plano de saúde.

02. (DPE/MA – FCC – Defensor Público – 2015) Sobre a proteção contratual do consumidor, é correto afirmar:

(A) Adimplido o contrato de consumo, extinguem-se os deveres recíprocos entre fornecedor e consumidor.

(B) O adimplemento substancial do contrato pode impedir a resolução em caso de inadimplemento, desde que expressamente previsto pelas partes.

(C) A autonomia privada não se aplica às relações contratuais de consumo.

(D) A declaração de nulidade de uma cláusula que gerava onerosidade excessiva ao consumidor, gera a nulidade do negócio como um todo.

(E) A imposição de interpretação mais favorável ao consumidor, não corresponde à proibição genérica de limitações dos direitos contratados, desde que pactuados de forma expressa e clara.

03. (TRF-5.ª Região – CESPE – Juiz Federal Substituto – 2015) No que se refere à teoria da imprevisão prevista no Código Civil, assinale a opção correta.

(A) Mesmo quando comprovada a imprevisibilidade do evento, o enriquecimento sem causa de uma parte em detrimento da outra, em função desse evento, não é requisito essencial à extinção do contrato.

(B) Será afastada a aplicabilidade dessa teoria se assim estiver expressamente estipulado em contrato de execução continuada ou diferida.

(C) Os efeitos da sentença que extinguir o contrato retroagirão à data da citação, e não à data do evento imprevisível que tiver dado causa à extinção do contrato.

(D) A referida teoria não pode ser utilizada pelo devedor quando se tratar de evento que afete contrato unilateral pelo qual ele assumiu obrigações.

(E) A teoria da imprevisão pode dar causa à redução da prestação da parte prejudicada pelo acontecimento, mas não pode ser utilizada para modificar as condições do contrato.

04. (BANPARÁ – Advogado – 2017) Assinale a alternativa CORRETA:

(A) De acordo com o entendimento do Superior Tribunal de Justiça, a renegociação de contrato bancário ou a confissão da dívida impede a possibilidade de discussão sobre eventuais ilegalidades dos contratos anteriores, sendo vedada a revisão em contratos findos.

(B) Não é possível a revisão ou resolução por excessiva onerosidade, em contratos aleatórios, quando o evento superveniente, extraordinário e imprevisível não se relacione com a álea assumida no contrato.

(C) Não dispondo a lei em contrário, a escritura pública é essencial à validade dos negócios jurídicos que visem à constituição, transferência, modificação ou renúncia de direitos reais sobre imóveis de valor superior a trinta vezes o maior salário mínimo vigente no País.

(D) A manifestação de vontade subsiste ainda que o seu autor haja feito a reserva mental de não querer o que manifestou, inclusive se dela o destinatário tinha conhecimento.

05. (ALERJ/FGV – Procurador – 2017) Tício, costureiro renomado, celebra, em dezembro de 1998, contrato de compra e venda para a aquisição de equipamento importado, de alta tecnologia, destinado à confecção. O valor avençado com o vendedor do equipamento foi de US$ 50.000,00 (cinquenta mil dólares americanos), parcelado em 5 (cinco) prestações de US$ 10.000,00 (dez mil dólares americanos) cada uma. A primeira, com vencimento 2 (dois) meses após a assinatura do contrato, e a última, a 10 (dez) meses desta. Diante da maxidesvalorização do real em face do dólar, ocorrida a partir de janeiro de 1999, Tício paga apenas a primeira parcela, ingressando em seguida com ação judicial pleiteando a revisão do contrato mediante a aplicação da teoria da imprevisão, para a alteração das cláusulas de modo a converter as parcelas para moeda nacional, com observância do Índice Nacional de Preços ao Consumidor – INPC.

232 | DIREITO CIVIL • VOL. 3 – *Flávio Tartuce*

Seguindo a orientação consolidada no Superior Tribunal de Justiça, quanto à pretensão de Tício, é correto afirmar que:

(A) deve ser negado o pedido revisional, considerando que a possibilidade de revisão dos contratos assume, no direito brasileiro, caráter excepcional, por representar restrição ao princípio da autonomia da vontade, o qual deve orientar axiologicamente a interpretação do Código Civil;

(B) deve ser privilegiado o conteúdo originalmente ajustado, negando-se a revisão contratual, já que, não obstante o fato imprevisível que alterou a base do contrato de compra e venda, a função social do contrato impõe a manutenção dos contratos firmados em moeda estrangeira, privilegiando o interesse coletivo de garantir eficiência máxima às trocas econômicas;

(C) deve ser aplicado o princípio do equilíbrio contratual, de modo que a superveniência de fato, impre-visível ou não, que determine desequilíbrio na relação contratual diferida ou continuada, afigura-se suficiente para que se reconheça a possibilidade de revisão do contrato;

(D) embora inaplicável o Código de Defesa do Consumidor, deve ser aplicada a teoria da imprevisão, conforme previsto no artigo 317 do Código Civil, tendo em vista a ocorrência de mudança super-veniente das circunstâncias iniciais vigentes à época da realização do negócio, oriunda de evento imprevisível, que comprometeu o valor da prestação;

(E) a teoria da imprevisão não deve ser aplicada ao caso, já que a variação cambial integra, nos con-tratos firmados com base na cotação da moeda norte-americana, o risco objetivo da contratação, especialmente ao se considerar o histórico inflacionário do país na década de 1990.

06. **(Procurador FAPESP – VUNESP – 2018) A simples propositura da ação de revisão de contrato**

(A) não inibe a caracterização da mora do autor.

(B) determina prazo para a purga da mora.

(C) faz com que responda pela impossibilidade da prestação.

(D) acarretará no pagamento de perdas e danos.

(E) torna a prestação inútil ao credor.

07. **(CESPE – TCE-BA – Auditor de Controle Externo – 2016) No que diz respeito às normas jurídicas, à prescrição, aos negócios jurídicos e à personalidade jurídica, julgue o item a seguir.**

Em observância ao princípio da conservação contratual, caso ocorra o vício do consentimento denominado lesão, a parte lesionada pode optar pela revisão judicial do negócio jurídico, ao invés de pleitear sua anulação.

(   ) Certo   (   ) Errado

08. **(Juiz de Direito substituto – TJMG – FGV – 2022) Em 2020, o Brasil e o mundo foram assola-dos pela pandemia da Covid-19. Houve graves consequências econômicas, que interferiram no cumprimento dos contratos.**

Sobre a possibilidade de revisão contratual, em tempos de pandemia, assinale a afirmativa correta.

(A) É possível a revisão dos contratos, desde que, analisado cada caso concreto, fique demonstrado que a prestação de uma das partes se tornou excessivamente onerosa, com extrema vantagem para a outra.

(B) É possível a revisão dos contratos de maneira geral e abstrata, porque, na ocorrência de pandemia, é presumida a onerosidade excessiva.

(C) A cláusula pacta sunt servanda protege a segurança jurídica de modo absoluto, impedindo a revisão de contratos.

(D) A cláusula rebus sic stantibus flexibiliza de modo absoluto a segurança jurídica na ocorrência de pandemia, permitindo a revisão de contratos.

CAP. 4 · A REVISÃO JUDICIAL DOS CONTRATOS PELO CÓDIGO CIVIL E PELO CDC | 233

09. **(Defensor Público – DPE-RR – FCC – 2022)** Paulo alugou um quiosque em um centro comercial na cidade de Boa Vista-RR, em janeiro de 2018, pelo valor de R$ 2.000,00 (dois mil reais) mensais, além de pagamento de verbas condominiais e outras despesas. Com a pandemia, o centro comercial permaneceu fechado por vários meses, em razão de restrições sanitárias impostas pelas autoridades responsáveis. Durante todo esse tempo, Paulo não pôde explorar comercialmente o ponto e ficou sem qualquer renda que auferia da atividade desenvolvida no local e ficou inadimplente com o valor dos aluguéis e demais despesas. Em tal situação, Paulo

(A) deverá alegar a aplicação do princípio da conservação contratual, da obrigatoriedade das disposições contratuais.

(B) deve se valer das normas protetivas do consumidor, diante de sua hipossuficiência, pois somente desta forma terá proteção contra as circunstâncias imprevistas e a onerosidade excessiva.

(C) poderá alegar a teoria da imprevisão, situação em que caberá somente o pedido de revisão dos termos contratuais, mas não a resolução do contrato.

(D) não poderá pleitear a revisão dos termos contratuais, pois não se aplicam ao caso as normas de proteção ao consumidor.

(E) poderá alegar a onerosidade excessiva, para pleitear a resolução ou revisão dos termos contratuais, mesmo que não seja o caso de aplicação das regras de proteção ao consumidor.

10. **(TJAP – TJAP – Residência jurídica – 2023)** Após a formação da relação contratual que traga prestações de trato sucessivo, se ocorrerem fatos que independam da vontade das partes, de natureza extraordinária e anormais, de modo que não havia como antevê-los e que tornem a relação contratual desequilibrada, causando uma onerosidade excessiva a uma das partes. Pode a parte prejudicada pela nova realidade em juízo alegar:

(A) Estado de perigo

(B) Lesão

(C) Erro ou fraude

(D) Teoria da Imprevisão

(E) Simulação

GABARITO

01 – A	02 – E	03 – C
04 – C	05 – E	06 – A
07 – CERTO	08 – A	09 – E
10 – D		

5

EFEITOS DOS CONTRATOS – OS VÍCIOS REDIBITÓRIOS, OS VÍCIOS DO PRODUTO E A EVICÇÃO

Sumário: 5.1 Introdução – 5.2 Os vícios redibitórios no Código Civil – 5.3 Os vícios do produto no Código de Defesa do Consumidor – 5.4 A evicção – 5.5 Resumo esquemático – 5.6 Questões correlatas – Gabarito.

5.1 INTRODUÇÃO

Um dos principais efeitos relacionados com os contratos refere-se à garantia legal existente quanto aos vícios contratuais (vícios redibitórios e vícios do produto) e em relação à evicção, que é a perda da coisa diante de um fato superveniente. Além de interessar à prática, a matéria traz diferenças teóricas interessantes que são muito arguidas em provas de graduação e em concursos públicos.

É interessante esclarecer que os vícios contratuais mencionados atingem o objeto do negócio, não se confundindo com os vícios da vontade (erro, dolo, coação, estado de perigo e lesão) ou com os vícios sociais do negócio jurídico (simulação e fraude contra credores), que por razões óbvias também repercutem nos contratos.

Passa-se, assim, ao estudo de tais vícios, a partir da análise do Código Civil em vigor, do Código de Defesa do Consumidor e do Estatuto Processual.

5.2 OS VÍCIOS REDIBITÓRIOS NO CÓDIGO CIVIL

Os vícios redibitórios, na versão atual, podem ser conceituados como os defeitos que desvalorizam a coisa ou a tornam imprópria para uso. A matéria está tratada no Código Civil, entre os arts. 441 a 446, sendo aplicável aos contratos civis. O conceito demonstrado por Maria Helena Diniz indica que tais vícios são sempre os ocultos. São suas palavras:

"Os vícios redibitórios são defeitos ocultos existentes na coisa alienada, objeto de contrato comutativo ou de doação onerosa, não comum às congêneres, que a tornam imprópria ao uso a que se destina ou lhe diminuem sensivelmente o valor, de tal modo que o negócio não se realizaria se esses defeitos fossem conhecidos, dando ao adquirente ação para redibir o contrato ou para obter abatimento no preço. Por exemplo, novilhas escolhidas para reprodução de *gado vacum*, porém estéreis" (DINIZ, Maria Helena. *Código...*, 2005, p. 421).

Entretanto, como será exposto, o art. 445 do atual Código Civil diferencia os prazos nos casos em que os vícios podem ser conhecidos de imediato ou mais tarde, razão pela qual entendo que a atual codificação também trata dos vícios aparentes, como já fazia, mas de forma diferenciada, o Código de Defesa do Consumidor (Lei 8.078/1990). Aqui reside mais um diálogo em relação à Lei Consumerista (*diálogo das fontes*). Essa tese, ainda minoritária, já foi debatida pela doutrina, conforme posfácio de Mário Luiz Delgado à obra *Introdução crítica ao Código Civil* (Org. Lucas Abreu Barroso. Rio de Janeiro: Forense, 2006, p. DLXXXV).

Sem prejuízo do exemplo apontado por Maria Helena Diniz, vejamos outro caso prático para ilustrar o tratamento dos vícios redibitórios. Imagine-se uma situação em que alguém compra um automóvel do vizinho, que não é profissional nessa atividade de venda de veículos. O carro seminovo apresenta problemas de funcionamento. Como não há relação de consumo, o caso envolve um vício redibitório, aplicando-se o Código Civil. Sendo assim, o adquirente terá a seu favor as opções e prazos previstos no art. 445 do CC/2002, como será estudado mais adiante.

Superada a exemplificação, conforme esclarece José Fernando Simão, não há que se confundir o vício redibitório com o erro. Nesse sentido, ensina que:

"Quanto às diferenças, podemos dizer que são várias. A principal delas diz respeito à *coisa* em si. Na hipótese de erro quanto ao objeto ou sobre a qualidade a ele essencial, *in ipso corpore rei*, a coisa é outra, diferente daquela que o declarante tinha em mente ao emitir a declaração, ou, ainda, falta-lhe uma qualidade importante. Exemplo clássico, já utilizado pelos romanos, é o dos candelabros prateados que o comprador adquire pensando serem de prata.

Não há defeito ou vício intrínseco à coisa. O que ocorre é vício no consentimento, consentimento defeituoso, pois o declarante acreditava que eram realmente de prata. Se soubesse que os candelabros não eram de prata, o comprador sequer os teria comprado (o erro, nesse caso, é essencial). O defeito, como vício de consentimento, é subjetivo, há uma falsa ideia da realidade. Em última análise, o comprador não queria comprar.

No caso de vício redibitório, o negócio é ultimado tendo em vista um objeto com aquelas qualidades que todos esperam que possua, *comum a todos os objetos da mesma espécie*. Porém, àquele objeto específico falta uma dessas qualidades, apresenta um defeito oculto, não comum aos demais objetos da espécie. Nesse caso, o comprador realmente queria comprar aquela coisa, mas há defeito no objeto, o defeito como vício oculto é objetivo. Não há disparidade entre a vontade e a declaração" (SIMÃO, José Fernando. *Vícios...*, 2003, p. 75).

Em complemento às lições de José Fernando Simão, pode-se afirmar que o erro é vício do consentimento ou subjetivo que atinge a vontade, gerando a anulabilidade do

CAP. 5 · EFEITOS DOS CONTRATOS – OS VÍCIOS REDIBITÓRIOS, OS VÍCIOS DO PRODUTO E A EVICÇÃO

negócio jurídico. Está, portanto, no plano da validade do contrato. O vício redibitório é vício da coisa (objetivo), que gera o abatimento no preço ou a resolução do negócio. Não há dúvidas, por sua natureza, de que está no plano da eficácia do contrato. Da jurisprudência superior, destaque-se acórdão que diferencia as categorias dos vícios redibitórios e do erro:

> "Direito civil. Vício de consentimento (erro). Vício redibitório. Distinção. Venda conjunta de coisas. Art. 1.138 do CC/16 (art. 503 do CC/02). Interpretação. Temperamento da regra. O equívoco inerente ao vício redibitório não se confunde com o erro substancial, vício de consentimento previsto na Parte Geral do Código Civil, tido como defeito dos atos negociais. O legislador tratou o vício redibitório de forma especial, projetando inclusive efeitos diferentes daqueles previstos para o erro substancial. O vício redibitório, da forma como sistematizado pelo CC/16, cujas regras foram mantidas pelo CC/02, atinge a própria coisa, objetivamente considerada, e não a psique do agente. O erro substancial, por sua vez, alcança a vontade do contratante, operando subjetivamente em sua esfera mental. O art. 1.138 do CC/16, cuja redação foi integralmente mantida pelo art. 503 do CC/02, deve ser interpretado com temperamento, sempre tendo em vista a necessidade de se verificar o reflexo que o defeito verificado em uma ou mais coisas singulares tem no negócio envolvendo a venda de coisas compostas, coletivas ou de universalidades de fato. Recurso especial a que se nega provimento" (STJ, REsp 991.317/MG, 3.ª Turma, Rel. Min. Nancy Andrighi, j. 03.12.2009, *DJe* 18.12.2009).

Por todos os ensinamentos transcritos, nota-se que há uma garantia legal contra os vícios redibitórios nos contratos bilaterais (*sinalagmáticos*), onerosos e comutativos, caso da compra e venda, devendo também ser incluídas as doações onerosas, conforme preceitua o art. 441, parágrafo único, do CC. São modalidades de doação onerosa: a *doação remuneratória* e a *doação modal* (ou com encargo), ambas previstas no art. 540 do CC.

No que diz respeito aos contratos aleatórios, admite-se a alegação de vício redibitório quanto aos seus elementos comutativos, predeterminados. Nesse sentido, proposta aprovada na *VII Jornada de Direito Civil,* promovida pelo Conselho da Justiça Federal em 2015, *in verbis:* "o art. 441 do Código Civil deve ser interpretado no sentido de abranger também os contratos aleatórios, desde que não abranja os elementos aleatórios do contrato" (Enunciado n. 583). Nos termos das suas justificativas, às quais estou filiado:

> "Segundo a literalidade do dispositivo, a garantia contra vícios redibitórios se aplicaria apenas aos contratos comutativos diante da incerteza dos contratantes inerente aos contratos aleatórios. Entretanto, a interpretação do art. 441 deve ser revisitada à luz do princípio do equilíbrio contratual, para abranger também os contratos aleatórios, desde que a álea se refira apenas à existência da coisa. Com efeito, se a álea se circunscrever à quantidade da coisa contratada, não abrangendo sua qualidade, a parte que recebeu a coisa defeituosa, mesmo que em virtude de contrato aleatório, poderá se valer da garantia por vícios redibitórios. Caso, por outro lado, a álea recaia sobre a qualidade da coisa, há de se afastar necessariamente a aplicação da disciplina pertinente aos vícios redibitórios, vez que as partes assumiram o risco de a coisa a ser entregue se encontrar com vício de qualidade que a torne imprópria ao uso a que se destina ou lhe diminua o valor. Caberá, portanto, ao intérprete, diante do caso concreto, estabelecer com precisão os limites da álea do negócio, verificando se nela se insere a qualidade da coisa, sua quantidade ou ambas".

Retornando à questão de conceituação do vício, que agora merecerá esclarecimentos, ensina o próprio José Fernando Simão que o Código Civil de 2002 somente trata dos vícios ocultos, a exemplo do posicionamento de Maria Helena Diniz. Para esse doutrinador, "vício oculto é aquele defeito cuja existência nenhuma circunstância pode revelar, senão mediante exames e testes. É o vício que desvaloriza a coisa ou torna-a imprestável ao uso a que se destina. Como é comum na doutrina, tal vício é chamado de redibitório, pois confere à parte prejudicada o direito de redibir, ou seja, rescindir o contrato, devolvendo a coisa e recebendo do vendedor a quantia paga" (SIMÃO, José Fernando. *Vícios...*, 2003, p. 62). Comenta, ainda, o jurista que o Código Civil de 2002, a exemplo do anterior, não trata dos vícios aparentes, ao contrário do que fez o Código de Defesa do Consumidor.

Mesmo ciente de que esse é o entendimento doutrinário majoritário, com ele não se concorda de forma integral. Isso porque o Código Civil de 2002, em seu art. 445, § 1.º, consagra um prazo diferenciado para o caso de vícios que, por sua natureza, somente podem ser conhecidos mais tarde, especificamente revelados ocultos após o contato efetivo do adquirente com a coisa. É interessante esclarecer esse meu posicionamento.

Por certo é que, no momento em que o bem é adquirido, o vício deve ser tido como *oculto* para que exista a garantia legal, conforme prescreve o próprio art. 441, *caput*, do CC, pelo qual "a coisa recebida em virtude de contrato comutativo pode ser enjeitada por vícios ou defeitos ocultos, que a tornem imprópria ao uso a que é destinada, ou lhe diminuam o valor".

Na realidade, esse dispositivo leva em conta o primeiro contato da pessoa com a coisa. Mas, pode ser que, estando o bem na posse do adquirente, após uma análise mais apurada e profunda, este perceba o vício de imediato, sendo o mesmo do tipo *aparente* nesse momento de contato com a coisa, aplicando-se o art. 445, *caput*, do CC, quanto ao prazo decadencial.

Por outro lado, pode ser que o vício somente seja conhecido mais tarde, caracterizando-se como um vício oculto também quanto ao seu conhecimento posterior, aplicando-se o prazo previsto no art. 445, § 1.º, do CC.

Vejamos um exemplo para esclarecer. Uma empresa adquire azulejos diretamente de uma fábrica para a revenda no varejo, estando estes armazenados em caixas. Não há relação de consumo, pois os azulejos serão vendidos a terceiros, ou seja, repassados aos consumidores. O adquirente abre uma das caixas e percebe que os azulejos daquela caixa estão em ordem. Entretanto, os azulejos de todas as outras caixas estão quebrados. No caso em questão, o vício é oculto num primeiro momento, sendo somente conhecido mais tarde, quando houver um contato maior com a coisa. Nessa hipótese, deve ser aplicado o art. 445, § 1.º, do CC.

Se, no mesmo exemplo, os azulejos estiverem em ordem na primeira superfície da caixa, mas todos os demais, na mesma caixa, estiverem quebrados, haverá um vício oculto na compra, mas que se revela aparente quando houver um contato efetivo com a coisa. Nessa última ilustração, deverá ser aplicado o art. 445, *caput*, do CC. O Professor Simão, mais à frente em sua obra, chega a uma conclusão muito próxima a essa que aqui foi adotada:

CAP. 5 • EFEITOS DOS CONTRATOS – OS VÍCIOS REDIBITÓRIOS, OS VÍCIOS DO PRODUTO E A EVICÇÃO | **239**

"Em resumo, o Código Civil traz duas situações distintas: aquela em que o vício redibitório pode ser conhecido desde logo (art. 445, *caput*), e nessa hipótese, o prazo decadencial inicia-se com a entrega efetiva da coisa ou da alienação, se o adquirente já estava da posse; e aquela em que o vício, por sua natureza, só pode ser conhecido mais tarde e, então, o prazo só se inicia no momento em que o adquirente tomar ciência do vício (§ 1.º). Há duas contagens de prazos distintas, pois o diploma civil cria duas espécies de vícios ocultos. Caberá à doutrina e à jurisprudência fixar o conceito de vício oculto que, por sua natureza, só pode ser conhecido a posterior. Podemos dizer que certas doenças, que têm um período de incubação, são vícios ocultos que, por sua natureza, manifestam-se mais tarde. Os veículos adquiridos que manifestam um vício nos faróis que, depois de três anos de uso, deixam de funcionar, por exemplo, certamente têm vício que somente se manifesta, por sua natureza, mais tarde" (SIMÃO, José Fernando. *Vícios...*, 2003, p. 111).

Essa interpretação está de acordo com a teoria da confiança, que é adotada pelo Código Civil de 2002, particularmente diante da boa-fé objetiva e da função social dos contratos. Conclui-se, por isso, que o atual Código Civil aproxima-se do Código de Defesa do Consumidor, ao tratar, porém de uma forma diferenciada, do vício aparente.

De todo modo, não se pode negar que a definição atual a respeito do que seja o vício, melhor definido como *oculto* – expressão mais conhecida e difundida na prática –, precisa ser aperfeiçoada na lei, o que foi objeto de discussão na Comissão de Juristas nomeada no Congresso Nacional e encarregada da Reforma do Código Civil.

Nesse contexto de melhor técnica, propõe-se uma maior objetividade na sua definição, passando o art. 441 a prever que "a coisa recebida em virtude de contrato comutativo pode ser rejeitada por vícios ocultos, que a tornem imprópria ao uso a que é destinada ou lhe diminuam o valor". O atual parágrafo único do comando passará a compor o seu § 1.º: "a disposição deste artigo é aplicável às doações onerosas". E insere-se um novo § 2.º, na norma, definindo-se que "os vícios ocultos de que trata o *caput* já devem ser ao menos existentes ao tempo da aquisição da coisa, não sendo necessário que estejam manifestados nessa ocasião".

Ademais, com vistas a uma melhor definição categórica é incluído na Lei Geral Privada também um novo art. 441-A, estabelecendo que "o transmitente não será responsável por qualquer vício do bem se, no momento da conclusão do contrato, o adquirente sabia ou não podia ignorar a sua existência, considerados as circunstâncias do negócio e os usos e os costumes do lugar da sua celebração". E, sobre a sua presença na prática, o parágrafo único do novo dispositivo projetado, seguindo o que já está previsto no Código Civil Argentino, disporá que, "se a identificação do vício demandar preparação científica ou técnica, deve-se levar em consideração se, diante da qualificação do adquirente, de sua atividade profissional, ou da natureza do negócio, era seu ônus buscar elementos técnicos que permitissem aferir a presença ou não de vícios".

Superada essa visualização das propostas de Atualização e Reforma da Lei Civil, é interessante lembrar que o adquirente prejudicado poderá fazer uso das *ações edilícias*, sendo reconhecidos os seus direitos entre os arts. 442 a 444 da atual codificação. A expressão *edilícias* tem origem no Direito Romano, pois a questão foi regulamentada pela *aediles curules*, por volta do século II a.C., "com o objetivo de evitar fraudes praticadas pelos vendedores no mercado romano. Ressaltemos que os vendedores eram, em geral, estrangeiros (peregrinos) que tinham por hábito dissimular muito bem os defeitos da coisa que vendiam" (SIMÃO, José Fernando. *Vícios...*, 2003, p. 46).

Estando prejudicado o adquirente, terá ele as seguintes possibilidades jurídicas:

1) Pleitear abatimento proporcional no preço, por meio de ação *quanti minoris* ou *ação estimatória*.

2) Requerer a resolução do contrato (devolvendo a coisa e recebendo de volta a quantia em dinheiro que desembolsou), sem prejuízo de perdas e danos, por meio de *ação redibitória*. Para pleitear as perdas e danos, deverá comprovar a má-fé do alienante, ou seja, que o mesmo tinha conhecimento dos vícios redibitórios (art. 443 do CC). Todavia, a ação redibitória, com a devolução do valor pago e o ressarcimento das despesas contratuais, cabe mesmo se o alienante não tinha conhecimento do vício.

Com relação a essas possibilidades, merece aplicação o princípio da conservação do contrato. Sendo assim, deve-se entender que a resolução do contrato é o último caminho a ser percorrido. Nos casos em que os vícios não geram grandes repercussões quanto à utilidade da coisa, não cabe a ação redibitória, mas apenas a ação *quanti minoris*, com o abatimento proporcional do preço. Anote-se que, segundo a doutrina, se o vício for insignificante ou ínfimo e não prejudicar as finalidades do contrato, não cabe sequer esse pedido de abatimento no preço (BUSATTA, Eduardo. *Resolução dos contratos...*, 2007, p. 122).

Outrossim, é pertinente deixar claro que a responsabilidade do alienante permanece ainda que a coisa pereça em poder do adquirente em virtude do vício oculto já existente no momento da entrega (art. 444 do CC). Aplicando a norma, concluiu o Tribunal do Distrito Federal que:

> "Assim, mesmo em se tratando de veículo com quase dez anos de uso, deve o alienante responder pelo defeito oculto no motor, o qual após dois meses da venda veio a fundir, necessitando de retífica completa" (TJDF, Recurso Cível 2007.06.1.004531-8, Acórdão 339.162, 2.ª Turma Recursal dos Juizados Especiais Cíveis e Criminais, Rel. Juiz Jesuíno Rissato, *DJDFTE* 21.01.2009, p. 170).

Além das opções mencionadas, no caso em questão, discute-se a possibilidade de o adquirente pleitear a troca do bem, uma vez que o Código Civil de 2002 não enuncia expressamente essa possibilidade. Lembre-se de que, muitas vezes, tal pleito não será possível, pois o alienante não é profissional na atividade que desempenhou, como no exemplo de alguém que adquire um veículo do vizinho. Em outras hipóteses, ou seja, em situações em que o alienante é profissional na atividade que desempenha, será possível esse pedido, não havendo qualquer ilicitude quanto ao mesmo, a meu ver.

O exemplo pode ocorrer quando uma empresa, profissional em sua atividade, vende para outra empresa uma máquina industrial, que será utilizada na linha de produção desta. Nessa situação, não há que se falar em relação de consumo, pois a última empresa não é destinatária final econômica do bem, pois utiliza a máquina para dela retirar lucro. É forçoso concluir que será possível pleitear a troca do bem, fazendo diálogo com o Código de Defesa do Consumidor.

CAP. 5 · EFEITOS DOS CONTRATOS – OS VÍCIOS REDIBITÓRIOS, OS VÍCIOS DO PRODUTO E A EVICÇÃO | **241**

Como outra opção plausível, pode-se cogitar a possibilidade de o adquirente ficar com o próprio bem, sanado o vício oculto. No Projeto de Reforma do Código Civil, há proposição de se incluir no art. 442 essa possibilidade, passando a norma a prever que, "caracterizado o vício oculto, o adquirente pode, à sua escolha: I – rejeitar a coisa, resolvendo o contrato, sem prejuízo das perdas e danos; II – reclamar o abatimento no preço ou; III – salvo pacto em contrário, exigir seja sanado o vício da coisa, mediante o custeio de reparos, salvo se o alienante dispuser-se a realizá-los diretamente ou por terceiro". No que diz respeito a esses reparos, também se pretende incluir um parágrafo único no art. 442, enunciando que, quando eles ficarem a cargo do alienante e não forem realizados no prazo de até trinta dias ou prazo superior que tenha sido pactuado pelas partes, o adquirente poderá optar pela resolução do contrato ou pelo abatimento no preço.

De acordo com as justificativas da Subcomissão de Direito Contratual, "a proposta de reforma do regime de vícios redibitórios se pauta na tendência internacional de permitir o saneamento dos vícios, e não apenas a redibição ou o abatimento do preço. Exemplos dessa tendência são a CISG, em seu regime de desconformidade das mercadorias, e o Código Civil e Comercial da Nação Argentina. Embora a redibição e o abatimento do preço se mantenham como alternativas para o adquirente, mantendo fidelidade à tradição do Direito Civil brasileiro, inclui-se a possibilidade de exigir custeio de reparos – assegurando-se a possibilidade de o alienante realizá-los". A sugestão teve apoio unânime da Relatoria-Geral e da Comissão de Juristas, sendo necessária a sua inclusão na Lei Geral Privada.

Superada a análise dos pleitos do adquirente prejudicado e das propostas de alteração da Lei Civil, voltando-se ao sistema em vigor, o art. 445 do atual Código Civil prevê prazos decadenciais para o adquirente ingressar com as *ações edilícias*, a saber:

a) Nos casos de vícios de fácil constatação, que podem ser percebidos de imediato, após o bem ser adquirido, conforme já demonstrado (art. 445, *caput*, do CC):
   – 30 (trinta) dias para bens móveis;
   – 1 (um) ano para bens imóveis.

Tais prazos devem ser contados, em regra, da entrega efetiva da coisa (tradição real). Mas, se o comprador já estava na posse do bem, os prazos serão reduzidos à metade (15 dias para móveis e 6 meses para imóveis). Como exemplo desse último caso, pode ser o locatário quem adquire o bem, devendo o prazo ser contado da data da alienação, da celebração do contrato de compra e venda, momento em que ocorre a tradição ficta (*traditio brevi manus*).

b) Nos casos de vícios ocultos ou que, por sua natureza, somente podem ser conhecidos mais tarde (art. 445, § 1.º, do CC):
   – 180 (cento e oitenta) dias para bens móveis;
   – 1 (um) ano para bens imóveis.

A redução de prazo prevista no art. 445, *caput*, do CC não se aplica a essas hipóteses que estão previstas no § 1.º do mesmo dispositivo. Esses prazos devem ser contados do conhecimento do vício, o que é mais justo diante do que já previa o Código de Defesa do Consumidor. Mais uma vez, o diálogo com a Lei Consumerista é evidente.

Como novidade perante a codificação de 1916, prevê o art. 445, § 2.º, do atual Código Civil que, no caso de vendas de animais, os prazos de garantia quanto aos vícios redibitórios serão aqueles previstos na legislação ordinária especial. Essa lei especial pode ser o CDC, caso estejam presentes os elementos da relação de consumo (arts. 2.º e 3.º da Lei 8.078/1990). A título de exemplo, pode ser citada a compra por consumidores de animais de estimação em lojas especializadas ou *pet shops* (TJRS, Processo 71000962233, 1.ª Turma Recursal Cível, Porto Alegre, Juiz Relator Ricardo Torres Hermann, 19.10.2006).

Na falta de previsão legal, devem ser aplicados os usos e costumes locais, o que está em sintonia com a parte final do art. 113 do CC e com a concepção social do contrato. Na falta de usos é que incidem os prazos constantes do § 1.º do art. 445 do CC, por analogia. Como os animais são bens móveis semoventes, em regra, aplica-se o prazo de 180 dias. Nessa linha, da jurisprudência estadual: "tratando-se de venda de animais, o adquirente decai do direito de obter a redibição ou abatimento no preço no prazo de 180 (cento e oitenta) dias, a partir do conhecimento do vício redibitório, nos termos do artigo 445, §§ 1.º e 2.º, do Código Civil" (TJGO, Apelação Cível 0313744-52.2014.8.09.0137, 4.ª Câmara Cível, Rio Verde, Rel. Des. Nelma Branco Ferreira Perilo, *DJGO* 26.07.2016, p. 148).

Nota-se que, pela norma, os costumes têm prioridade de aplicação em relação à analogia, o que representa uma subversão à ordem prevista no art. 4.º da Lei de Introdução. Como foi observado no Volume 1 desta coleção, a ordem ali prevista não é necessariamente obrigatória, o que é confirmado pelo dispositivo em comento.

Vale lembrar, quanto aos usos e costumes da venda de gado, o exemplo citado por Maria Helena Diniz como de aplicação de costume *contra legem* e que foi referendado pelo Tribunal de Justiça de São Paulo. De acordo com um dos julgados, citados pela renomada professora da PUCSP: "segundo os usos e costumes dominantes no mercado de Barretos, os negócios de gado, por mais avultados que sejam, celebram-se dentro da maior confiança, verbalmente, sem que entre os contratantes haja troca de qualquer documento. Exigi-lo agora seria, além de introduzir nos meios pecuaristas locais um fator de dissociação, condenar de antemão, ao malogro, todos os processos judiciais que acaso se viessem intentar e relativos à compra e venda de gado" (*Lei...*, 2001, p. 123). O exemplo, na verdade, serve apenas para demonstrar como, na prática, podem surgir problemas quanto à aplicação desse novo dispositivo legal (art. 445, § 2.º, do CC). Isso porque pode até surgir a tese de aplicação de costumes contra a lei.

Quanto à natureza de todos esses prazos, não há dúvidas de que são decadenciais, pois as ações edilícias são, essencialmente, ações constitutivas negativas, levando-se em conta os critérios de Agnelo de Amorim Filho (Critério científico..., *Revista dos Tribunais...*, 1960, p. 7). Nesse sentido, prevê o Enunciado n. 28 CJF/STJ da *I Jornada de Direito Civil* que "o disposto no art. 445, §§ 1.º e 2.º, do Código Civil reflete a consagração da doutrina e da jurisprudência quanto à natureza decadencial das ações edilícias".

Superados esses esclarecimentos quanto aos prazos, consigne-se que durante a *III Jornada de Direito Civil*, do Conselho da Justiça Federal e do Superior Tribunal de Justiça, foi aprovado o Enunciado n. 174, com teor controvertido, a saber: "Em se tratando de vício oculto, o adquirente tem os prazos do *caput* do art. 445 para obter redibição ou abatimento de preço, desde que os vícios se revelem nos prazos estabelecidos no parágrafo primeiro, fluindo, entretanto, a partir do conhecimento do defeito".

CAP. 5 • EFEITOS DOS CONTRATOS – OS VÍCIOS REDIBITÓRIOS, OS VÍCIOS DO PRODUTO E A EVICÇÃO | **243**

A proposta de enunciado foi formulada pelos professores Gustavo Tepedino e Carlos Edison do Rêgo Monteiro Filho, da Universidade Estadual do Rio de Janeiro. Foram suas palavras, nas justificativas do enunciado doutrinário:

"Das várias possibilidades interpretativas do comando legal em análise – que vão desde a solução de se agravar a responsabilidade do alienante indefinidamente, nos moldes em que o Código de Defesa do Consumidor impõe ao fornecedor, até as correntes que extraem dos prazos aludidos no bojo do parágrafo primeiro os limites máximos para o adquirente propriamente exercer o direito que lhe é conferido – deve prevalecer a que entrevê naqueles prazos a explicitação dos marcos temporais dentro dos quais, na hipótese de surgimento do defeito, o adquirente poderá exigir a redibição do contrato ou reclamar o abatimento do preço (art. 442).

Sob tal ótica, atende-se à diferenciação axiológica entre os sistemas de proteção e tutela que iluminam as relações de consumo e os modelos paritários subjacentes aos negócios celebrados entre partes equipolentes, além de se evitar a incoerência de se conferir prazo maior (cento e oitenta dias) a contar da descoberta – exagero que extrapolaria mesmo o modelo protetivo do CDC. Por outro lado, não se incorreria no aparente equívoco de tornar vazia a garantia quando em jogo estivesse um bem imóvel; vale dizer, se os prazos a que se refere o parágrafo primeiro se dirigissem ao exercício das ações edilícias, o adquirente de um imóvel terá, nas hipóteses em que o vício, por sua natureza, só pudesse ser conhecido mais tarde, rigorosamente o mesmo prazo assinalado como regra geral, tornando sem sentido o raciocínio de exceção contemplado no parágrafo.

Diante do exposto, resta claro que o benefício erigido em favor do adquirente tão só protrai o termo inicial do fluxo dos prazos de decadência previstos no *caput* do artigo em foco, quando em jogo se encontrarem vícios ocultos especificados segundo os requisitos da parte inicial do parágrafo primeiro."

Esclarecendo o teor do enunciado, ele está prevendo que, nos casos de vícios ocultos, o adquirente terá contra si os prazos de 30 dias para móveis e 1 ano para imóveis (art. 445, *caput,* do CC), desde que os vícios surjam nos prazos de 180 dias para móveis e 1 ano para imóveis (art. 445, § 1.º, do CC), a contar da venda. Parte da doutrina concorda com a aplicação do raciocínio (por todos: CATALAN, Marcos Jorge. *Direito...,* 2008, p. 150; BESSA, Leonardo Roscoe. *Manual...,* 2008, p. 143).

Ao final de 2014, surgiu decisão do Superior Tribunal de Justiça aplicando esse enunciado doutrinário, sendo pertinente transcrever sua breve e objetiva ementa:

"Recurso especial. Vício redibitório. Bem móvel. Prazo decadencial. Art. 445 do Código Civil. 1. O prazo decadencial para o exercício da pretensão redibitória ou de abatimento do preço de bem móvel é de 30 dias (art. 445 do CC). Caso o vício, por sua natureza, somente possa ser conhecido mais tarde, o § 1.º do art. 445 estabelece, em se tratando de coisa móvel, o prazo máximo de 180 dias para que se revele, correndo o prazo decadencial de 30 dias a partir de sua ciência. 2. Recurso especial a que se nega provimento" (STJ, REsp 1.095.882/SP, 4.ª Turma, Rel. Min. Maria Isabel Gallotti, j. 09.12.2014, *DJe* 19.12.2014).

Após o surgimento desse julgado superior, emergiram outros arestos estaduais seguindo o mesmo caminho. Assim, a título de exemplo:

"O art. 445, § 1.º, do Código Civil, dispõe que o prazo para reclamar dos vícios ocultos é de 30 dias, contados da data em que o adquirente teve ciência do vício, até o prazo máximo de 180 dias, em se tratando de bem móvel. Ação ajuizada 09 meses após a ciência do defeito. Extinção da ação pelo reconhecimento da decadência" (TJRS, Acórdão 0103829-94.2017.8.21.7000, 18.ª Câmara Cível, Guaporé, Rel. Des. Marlene Marlei de Souza, j. 29.08.2017, *DJERS* 06.09.2017).

"Nos termos do art. 445, § 1.º do CC/02, o prazo decadencial para se invocar os vícios redibitórios de difícil constatação em imóveis é de 1 ano a contar da data em que se tomou conhecimento destes. Com o intuito de reforçar o princípio da segurança jurídica, o § 1.º do art. 445 do CC/02 também impõe uma limitação temporal para serem detectados os referidos vícios, qual seja, a de 01 ano da entrega do imóvel. Ou seja, existem dois prazos, o para a constatação da existência de vícios e o para ajuizar a demanda" (TJMG, Apelação Cível 1.0382.14.001815-3/001, Rel. Des. Mariza Porto, j. 01.06.2016, *DJEMG* 08.06.2016).

"Alegação de que o prazo decadencial do art. 445, § 1.º, CC, teria início apenas com a ciência do vício. Presunção que não poderia ter sido utilizada para o pronunciamento da decadência. Perícia que teria sido desvirtuada. Constatação dos vícios alegados. Necessidade de reparação. Não acolhimento. Decadência bem decretada. Vícios redibitórios, ainda que ocultos, têm prazo legal para exteriorização. 1 ano (art. 445, § 1.º, CPC). Problemas surgidos nesse ínterim, prazo decadencial do *caput* do art. 445, CC, tem início da ciência do vício" (TJSP, Apelação 0000309-51.2013.8.26.0071, Acórdão 9604129, 3.ª Câmara de Direito Privado, Bauru, Rel. Des. Carlos Alberto de Salles, j. 15.07.2016, *DJESP* 26.07.2016).

Com o devido respeito, não há como filiar-se a essa visão. Isso porque a interpretação pode privilegiar condutas de má-fé. Imagine-se a situação em que alguém vende um imóvel *mascarando* um problema no encanamento, que somente estourará depois de um ano e meio da venda. Ora, seria ilógico pensar que não cabe a alegação de vício redibitório, principalmente levando-se em conta que um dos princípios contratuais do Código Civil de 2002 é a boa-fé objetiva.

Em síntese, mesmo respeitando o teor do enunciado e dos julgados, a eles não me alinho, pois podem gerar implicações de ordem prática no caso de sua aplicação, traduzindo-se em injustiças. Em conclusão, deve-se deduzir que os dois comandos legais previstos na ementa do Enunciado n. 174 não se complementam, tendo aplicação isolada de acordo com o tipo de vício no caso concreto.

A propósito, com relação a bens imóveis, igualmente no âmbito do Superior Tribunal de Justiça há outro aresto mais remoto, que traz interpretação diferente, apesar de se referir ao Código Civil de 1916. Trata-se do julgamento do Recurso Especial 431.353/SP, analisado pela Segunda Seção da Corte, e que foi assim resumido:

"Embargos de divergência no recurso especial. Admissibilidade. Compromisso de compra e venda. Possibilidade de rescisão fundada em vício redibitório. Prescrição. Termo inicial. Data do conhecimento do vício oculto. Se o vício, por sua natureza, não podia ser percebido no ato da tradição, o prazo, estabelecido no art. 178, § 5.º, inc. IV, do CC de 1916, para ajuizar ação reclamando o defeito conta-se do momento que o adquirente do bem toma conhecimento de sua existência, prevalecendo o entendimento dominante na Terceira Turma (REsp n. 489.867/SP, de minha relatoria, pub. no *DJ* de 23.06.2003). Dado provimento aos embargos de divergência" (STJ, EREsp 431.353/SP, 2.ª Seção, Rel. Min. Nancy Andrighi, j. 23.02.2005, *DJ* 1.º.07.2005, p. 363).

CAP. 5 · EFEITOS DOS CONTRATOS – OS VÍCIOS REDIBITÓRIOS, OS VÍCIOS DO PRODUTO E A EVICÇÃO

Trata-se de um acórdão de pacificação do tema na Corte, decidido por maioria e com citação de outro precedente. Votaram com a Relatora os Ministros Castro Filho, Antônio de Pádua Ribeiro, Humberto Gomes de Barros e Jorge Scartezzini. Foram vencidos os Ministros Cesar Asfor Rocha, Fernando Gonçalves e Aldir Passarinho Junior, sendo a votação final 5 a 3. Os magistrados vencidos pretendiam afastar a aplicação da regra da contagem do prazo a partir da ciência do vício. No final do seu voto, conclui a Ministra Nancy Andrighi, citando a norma em debate: "a solução que ora se propõe visa proteger o direito de ação da parte lesada, considerando como termo inicial para o cômputo do prazo decadencial o momento em que efetivamente tomou conhecimento dos vícios até então ocultos. Esta, inclusive, foi a solução adotada pelo Código Civil/2002, que assim dispõe em seu art. 445, § 1.º (...)".

Aprofundando a pesquisa para parecer jurídico elaborado em 2018, penso haver divergência na Corte Superior, com dois julgados em posições conflitantes: um mais remoto, que segue a interpretação por mim compartilhada quanto a imóveis, de que o início do prazo para alegar o vício deve ser contado da sua ciência; outro mais recente, que segue a interpretação do art. 445, § 1.º, do Código Civil, guiada pelo Enunciado n. 174 da *III Jornada de Direito Civil*.

A divergência repete-se na doutrina. José Fernando Simão, Jones Figueirêdo Alves, Mário Luiz Delgado, Pablo Stolze e Rodolfo Pamplona estão com a primeira corrente, compartilhada por mim. Além dos autores já citados, Cristiano Chaves de Farias, Nelson Rosenvald, Cristiano Zanetti e Marco Aurélio Bezerra de Melo perfilham-se ao enunciado doutrinário. O tema deve ser pacificado, em breve, no âmbito da Segunda Seção do STJ.

Todos os meus comentários e anotações jurisprudenciais demonstram a necessidade urgente de se resolver esses dilemas, com a necessária alteração legislativa. Cumprindo a sua missão, a Comissão de Juristas nomeada para a Reforma do Código Civil sugere aperfeiçoamentos no art. 445 da Lei Geral Privada.

Após muitas discussões, acabou prevalecendo a proposta de se positivar, pelo menos em parte, o teor do Enunciado n. 174, da *III Jornada de Direito Civil*, vencidas as minhas ressalvas doutrinárias hoje existentes. Nesse contexto, o *caput* do art. 445 passará a prever que "os prazos de garantia legal contra vícios ocultos, contados da data da entrega efetiva do bem, são de: I – sessenta dias, se a coisa for móvel e tiver sido adquirida por valor inferior a dez salários mínimos; II – um ano, se a coisa for móvel e tiver sido adquirida por valor igual ou superior a dez salários mínimos; III – dois anos, se a coisa for imóvel". Como se pode perceber, incluem-se na lei regras diferenciadoras para bens móveis de valores superiores, o que é louvável.

Seguindo no estudo das propostas, consoante o seu projetado § 1.º, com melhor técnica, "se o adquirente já estava na posse da coisa, os prazos de garantia contam-se da data do contrato e serão reduzidos à metade". Além disso, transcorridos os prazos previstos neste artigo, cessa a garantia legal por vícios ocultos (art. 445, § 2.º). E, limitando-se um lapso temporal para que o vício apareça, na linha do enunciado doutrinário tão citado: "o adquirente tem o prazo decadencial de sessenta dias, tratando-se de bem móvel, e de um ano, tratando-se de bem imóvel, para o exercício dos direitos previstos no art. 442, contado da data final do prazo de garantia, desde que o vício tenha aparecido antes de findo esse prazo" (§ 3.º).

Vencida a posição por mim seguida, a verdade é que o texto da norma jurídica precisa adotar uma das soluções hoje trilhadas pela doutrina e pela jurisprudência, em prol da segurança jurídica e da estabilidade dos negócios civis. Espera-se, portanto, que o Congresso Nacional aprove as alterações propostas para o art. 445 do Código Civil.

A encerrar o tema dos vícios redibitórios ou ocultos, enuncia o art. 446 do CC/2002 que: "não correrão os prazos do artigo antecedente na constância de cláusula de garantia; mas o adquirente deve denunciar o defeito ao alienante nos trinta dias seguintes ao seu descobrimento, sob pena de decadência". O dispositivo sempre gerou dúvidas, desde a entrada em vigor do Código Civil de 2002, persistindo a controvérsia, sobretudo na doutrina.

Em verdade, trata o comando legal de prazo de garantia convencional que independe do legal e vice-versa, conforme preconiza o CDC (art. 50). Mais uma vez, um dispositivo do CDC ajudará na interpretação de comando legal do Código Civil, havendo um *diálogo de complementaridade*.

Com efeito, na vigência de prazo de garantia (decadência convencional) não correrão os prazos legais (decadência legal), mas, diante da boa-fé objetiva, o alienante deverá denunciar o vício no prazo de trinta dias contados do seu descobrimento, sob pena de decadência. A dúvida relativa ao dispositivo gira em torno da decadência mencionada ao seu final. Essa decadência se refere à perda da garantia convencional ou à perda do direito de ingressar com as ações edilícias?

Entendo doutrinariamente que a decadência referenciada no final do art. 446 do CC está ligada à perda do direito de garantia e não ao direito de ingressar com as ações edilícias. Sendo assim, findo o prazo de garantia convencional ou não exercendo o adquirente o direito no prazo de 30 dias fixado no art. 446 do CC, iniciam-se os prazos legais previstos no art. 445 do CC, já visualizados. Essa é a melhor interpretação, dentro da ideia de justiça, pois, caso contrário, seria pior aceitar um prazo de garantia convencional, uma vez que o prazo de exercício do direito é reduzido para trinta dias.

Dentro dessa ideia, comenta Maria Helena Diniz que "com o término do prazo de garantia ou não denunciando o adquirente o vício dentro do prazo de trinta dias, os prazos legais do art. 445 iniciar-se-ão" (DINIZ, Maria Helena. *Curso...*, 2007, p. 128).

No mesmo sentido é a opinião de Marco Aurélio Bezerra de Melo: "se o adquirente perder o prazo de trinta dias para denunciar ao alienante o vício encontrado na coisa, perderá inexoravelmente a garantia contratual, mas a legal, se ainda estiver no prazo, poderá exercer" (MELO, Marco Aurélio Bezerra de. *Curso...*, 2015, p. 281-282). No âmbito da jurisprudência estadual, seguindo essa correta interpretação:

> "Ação de indenização por danos morais e materiais. Pedido de redibição de contrato de compra e venda de uma retroescavadeira que apresentou defeitos logo após a aquisição. Acórdão rescindindo que condenou a autora, sucessora da fabricante, à devolução dos valores pagos pela requerida. Pleito de rescisão fundamentado no art. 485, V, do Código de Processo Civil. Violação dos artigos 445, § 1.º e 446 do Código Civil. Vício oculto de coisa móvel que surgiu durante o período da garantia contratual. Acórdão rescindindo que incorreu em erro na contagem do prazo decadencial. Decurso da garantia contratada. Início imediato da contagem do prazo de 30 (trinta) dias" (TJPR, Acórdão em Rescisória 0828097-7, 10.ª Câmara Cível em Composição Integral, Londrina, Rel. Des. Guilherme Freire de Barros Teixeira, j. 10.03.2016, *DJPR* 26.04.2016, p. 325).

CAP. 5 • EFEITOS DOS CONTRATOS – OS VÍCIOS REDIBITÓRIOS, OS VÍCIOS DO PRODUTO E A EVICÇÃO | **247**

Ou, ainda, do Tribunal do Distrito Federal: "mister se faz ressaltar que as práticas de mercado fazem com que os próprios fornecedores, de modo espontâneo, ofereçam garantia contratual autônoma para o produto ou serviço fornecido, cuja natureza é complementar à garantia legal (CDC, art. 50). Nesse passo, o prazo decadencial somente se inicia após o esgotamento do prazo da garantia contratual (CC, art. 446; CDC, art. 50), o que também não foi trazido aos autos" (TJDF, Recurso 2015.03.1.001572-8, Acórdão 900.924, 2.ª Turma Recursal dos Juizados Especiais do Distrito Federal, Rel. Juiz Arnaldo Corrêa Silva, *DJDFTE* 23.10.2015, p. 376).

Ressalte-se que os prazos decadenciais previstos no art. 445 não podem ser suspensos nem interrompidos (art. 207 do CC), com exceção da suspensão ou impedimento para beneficiar absolutamente incapaz, prevista no próprio Código Civil (art. 208).

Como palavras finais para o tópico, não se pode negar que o art. 446 do Código Civil também necessita de reparos, para se superar as divergências e os dilemas ora expostos, e trazer maior clareza para a sua aplicação prática.

Como não poderia ser diferente, a Comissão de Juristas encarregada da Reforma do Código Civil propõe melhoras para o texto, na linha de tudo o que foi aqui desenvolvido, e agora sim adotando a minha posição doutrinária.

Assim, sugere-se que o *caput* desse art. 446 passe a preceituar que "a garantia contratual é complementar à garantia legal e será conferida mediante termo escrito", exatamente como está no art. 50 do CDC. Em complemento, e na mesma linha da Lei Consumerista, o seu novo § 1.º passará a prever, em prol do dever anexo de informação, inerente à boa-fé objetiva, que "esse termo deve esclarecer, de maneira adequada e clara, em que consiste a garantia, bem como a forma, o prazo e o lugar em que pode ser exercitada e os ônus a cargo do adquirente".

Sobre a contagem do prazo, o projetado § 2.º enunciará que "não correrão os prazos de garantia legal por vícios ocultos na constância de cláusula de garantia, mas o adquirente deve denunciar o vício ao alienante no prazo de trinta dias, sob pena de perda da garantia contratual". E, resolvendo totalmente a divergência hoje existente, o novo § 3.º do art. 446: "cessada a garantia contratual, nos termos do parágrafo anterior, inicia-se o prazo de decadência da garantia legal, nos termos do art. 445".

Aguarda-se, por razões óbvias aqui demonstradas, a sua aprovação integral pelo Parlamento Brasileiro.

5.3   OS VÍCIOS DO PRODUTO NO CÓDIGO DE DEFESA DO CONSUMIDOR

A matéria que trata dos vícios contratuais é também regulamentada pela Lei 8.078/1990 (Código de Defesa do Consumidor), aplicável aos contratos de consumo. Os vícios do produto previstos na Lei Consumerista, como se sabe, não *revogaram* os vícios redibitórios previstos no Código Civil de 1916.

Por razões óbvias, diante do critério da especialidade, o Código Civil de 2002 também não revogou o Código de Defesa do Consumidor no tocante à matéria. Para as relações entre desiguais (relações de consumo), aplica-se o CDC. Para as relações entre iguais (relações civis), terá aplicação o Código Civil.

Os vícios do produto são aqueles que, na relação jurídica de consumo, atingem o objeto do negócio, gerando desvalorização ou inutilidade do bem de consumo. Não existem outros danos além da diminuição do valor da coisa, pois caso contrário haverá *fato do produto* ou *defeito*.

O conceito pode ser retirado do art. 18 do CDC, pelo qual os *vícios do produto* são os "vícios de qualidade ou quantidade que os tornem impróprios ou inadequados ao consumo a que se destinam ou lhes diminuam o valor, assim como por aqueles decorrentes da disparidade, com as indicações constantes do recipiente, da embalagem, rotulagem ou mensagem publicitária, respeitadas as variações decorrentes de sua natureza, podendo o consumidor exigir a substituição das partes viciadas". Além dessa previsão, a matéria está tratada nos arts. 19, 23, 24, 25, 26 e 50 da Lei Consumerista.

Por tais vícios responderão solidariamente todos os envolvidos com o fornecimento, seja o produtor (fornecedor mediato) seja o comerciante (fornecedor imediato), regra esta não aplicável aos vícios redibitórios, pois segundo o Código Civil responde apenas o alienante da coisa.

Exemplificando, se uma pessoa adquire um veículo de um particular, a reclamação será regida pelo Código Civil. Por outro lado, se o bem for adquirido de uma concessionária de veículos, a situação será regida pelo Código de Defesa do Consumidor, respondendo tanto o comerciante quanto o fabricante do bem de consumo. A Lei Consumerista engloba tanto os vícios aparentes quanto os ocultos, de forma diferenciada, diga-se de passagem.

O consumidor prejudicado com os vícios do produto poderá pleitear (art. 18 do CDC):

1.º) A substituição do produto por outro da mesma espécie, em perfeitas condições de uso.
2.º) A restituição imediata da quantia paga, monetariamente atualizada, sem prejuízo de eventuais perdas e danos.
3.º) O abatimento proporcional do preço.

Para tais ações, esclareça-se que não se utiliza a expressão *ações edilícias*, própria do Direito Civil, pela sua origem romana.

Em complemento ao *caput* do art. 18 do CDC, prevê o seu § 1.º que, não sendo o vício sanado no prazo máximo de 30 dias, pode o consumidor exigir, alternativamente e à sua escolha: *a)* a substituição do produto por outro da mesma espécie, em perfeitas condições de uso; *b)* a restituição imediata da quantia paga, monetariamente atualizada, sem prejuízo de eventuais perdas e danos; ou *c)* o abatimento proporcional do preço. Assim, a lei traz uma "chance" para que o fornecedor de produto sane o problema em 30 dias.

Trata-se de um dos poucos dispositivos no Código Consumerista que traz um direito fundamental do fornecedor de produtos. E qual a consequência jurídica se o consumidor não respeitar esse prazo de trinta dias, colocado à disposição do fornecedor?

Na doutrina, em profundo estudo, José Fernando Simão aponta que a corrente majoritária, à qual estão filiados Odete Novais Carneiro Queiroz, Alberto do Amaral Jr.,

Zelmo Denari, Jorge Alberto Quadros de Carvalho Silva e Luiz Antonio Rizzatto Nunes, reconhece que se o consumidor não respeitar tal prazo de trinta dias, não poderá fazer uso das medidas previstas nos incisos do comando legal, caso da opção de resolução do contrato (SIMÃO, José Fernando. *Vícios...*, 2003, p. 102).

Em sentido muito próximo, esclarece Leonardo Roscoe Bessa que o art. 18, § 1.º, do Código Consumerista tem ampla aplicação nos casos em que se configura o abuso de direito por parte do consumidor (BESSA, Leonardo Roscoe. *Manual...*, 2008, p. 154). Ilustrando, esse abuso de direito está presente quando o consumidor, além de não respeitar o prazo de trinta dias para que o fornecedor sane o suposto vício, ingressa com demanda para a rescisão contratual, mesmo sendo o caso de *vício ínfimo*, de pequena dimensão e plenamente sanável.

Na jurisprudência, o prazo de trinta dias é também apontado como um direito do fornecedor:

> "Agravo de instrumento. Bem móvel/semovente. Indenização. Vícios no produto adquirido. Controvérsia. Existência. Prova pericial. Necessidade. O artigo 18, § 1.º, do CDC, prevê que ao consumidor se dará qualquer das opções contidas nos incisos do referido dispositivo legal quando o fornecedor não logre sanar o vício no prazo ali estipulado. Destarte, a prova pericial se faz necessária para que se apure a existência do vício. Agravo de instrumento. Bem móvel/semovente. Indenização. Honorários periciais. Perícia não requerida por qualquer das partes. Produção da prova determinada pelo juízo *a quo*. Exegese do artigo 33 do CPC. Inversão do ônus da prova. Regra de julgamento que não afasta a responsabilidade do autor pelo pagamento das despesas processuais. Recurso improvido" (TJSP, Agravo de Instrumento 1102616000, Rel. Rocha de Souza, j. 17.05.2007, Data do Registro 17.05.2007).

Ademais, há julgados concluindo pela carência de ação, por falta de adequação e interesse de agir, em casos em que o consumidor não respeita esse prazo de trinta dias para a solução do vício:

> "Consumidor. Vício do produto. Omissão de pedido de conserto na assistência técnica. Hipótese em que não foi conferida ao fornecedor a possibilidade de sanar o vício. Carência de ação decretada. Extinção do processo sem resolução do mérito. Recurso provido" (TJRS, Processo 71001106194, 2.ª Turma Recursal Cível, Comarca de Guaíba, Juiz Relator Mylene Maria Michel, 24.01.2007).

A mesma jurisprudência já reconheceu ser o caso de improcedência, afastando o direito material à resolução contratual:

> "Consumidor. Pleito de restituição das quantias pagas. Alegada publicidade enganosa. Aquisição de máquina de fazer pão. Produto que não apresentou funcionamento de acordo com sua publicidade. O Código de Defesa do Consumidor, em seu art. 18, § 1.º, estabelece o prazo máximo de 30 dias para que o comerciante/fornecedor possa sanar o vício existente no produto. Não tendo o consumidor encaminhado o produto para a assistência técnica, a fim de verificar a real existência do defeito alegado, descabe o pedido de restituição do valor do mesmo. Recurso desprovido" (TJRS, Processo 71001132851, 3.ª Turma Recursal Cível, Porto Alegre, Juiz Rel. Eugênio Facchini Neto, 12.12.2006).

Superado esse ponto, as partes poderão convencionar a redução ou ampliação desse prazo de trinta dias, não podendo ser inferior a sete nem superior a cento e oitenta dias (art. 18, § 2.º, do CDC). Não obstante isso, o CDC determina que nos contratos de adesão a cláusula de prazo deverá ser convencionada em separado, por meio de manifestação expressa do consumidor.

Quanto aos direitos conferidos ao consumidor, ele poderá fazer uso imediato das alternativas expostas, sempre que, em razão da extensão do vício, a substituição das partes viciadas puder comprometer a qualidade ou características do produto, diminuir-lhe o valor ou se tratar de produto essencial (art. 18, § 3.º, do CDC). A regra representa exceção ao respeito do prazo de trinta dias a favor do fornecedor, para que ele solucione o problema que atinge o produto (art. 18, § 1.º, do CDC).

Eventualmente, tendo o consumidor optado pela alternativa de substituição do produto e não sendo esta possível, poderá haver substituição por outro de espécie, marca ou modelo diversos, mediante complementação ou restituição de eventual diferença de preço (art. 18, § 4.º, da Lei 8.078/1990).

Já no caso de fornecimento de produtos *in natura*, será responsável perante o consumidor o fornecedor imediato, exceto quando identificado claramente seu produtor. Isso consta do art. 18, § 5.º, do CDC, que quebra com a regra de solidariedade entre todos os envolvidos com o fornecimento (produtor e comerciante), constante no *caput* do dispositivo.

Em reforço, o § 6.º do mesmo comando legal prevê que são impróprios ao uso e consumo gerando a presunção absoluta da presença do vício:

a) Os produtos cujos prazos de validade estejam vencidos.
b) Os produtos deteriorados, alterados, adulterados, avariados, falsificados, corrompidos, fraudados, nocivos à vida ou à saúde, perigosos ou, ainda, aqueles em desacordo com as normas regulamentares de fabricação, distribuição ou apresentação.
c) Os produtos que, por qualquer motivo, se revelem inadequados ao fim a que se destinam.

O art. 19 da Lei Consumerista trata especificamente dos vícios de quantidade, que também geram a responsabilidade solidária dos fornecedores "sempre que, respeitadas as variações decorrentes de sua natureza, seu conteúdo líquido for inferior às indicações constantes do recipiente, da embalagem, rotulagem ou de mensagem publicitária". Em casos tais, poderá o consumidor exigir, de forma alternativa e de acordo com a sua escolha:

1.º) O abatimento proporcional do preço.
2.º) A complementação do peso ou medida.
3.º) A substituição do produto por outro da mesma espécie, marca ou modelo, sem os aludidos vícios.
4.º) A restituição imediata da quantia paga, monetariamente atualizada, sem prejuízo de eventuais perdas e danos.

Uma importante ressalva quanto à solidariedade é feita no § 2.º desse art. 19 do CDC, pelo qual somente o fornecedor imediato (comerciante) será o responsável civil

CAP. 5 • EFEITOS DOS CONTRATOS – OS VÍCIOS REDIBITÓRIOS, OS VÍCIOS DO PRODUTO E A EVICÇÃO | 251

na hipótese em que fizer a pesagem ou a medição do produto e o instrumento utilizado não estiver aferido segundo os padrões oficiais.

O art. 23 do CDC não exime a responsabilidade do fornecedor diante do fato de ele ignorar os vícios de qualidade por inadequação dos produtos e serviços, consagrando a *teoria da confiança*, que mantém relação com a boa-fé objetiva.

Com relação à garantia legal de adequação do produto, esta independe de termo expresso, estando vedada a exoneração contratual do fornecedor, conforme consta do art. 24 do CDC, que está em sintonia com o art. 50 do mesmo diploma, pelo qual a garantia contratual é complementar à legal e será concedida por escrito.

A Lei Consumerista preceitua, ainda, que é vedada a estipulação contratual de cláusula que impossibilite, exonere ou atenue a obrigação de indenizar nos casos de vícios (art. 25 do CDC). A cláusula de exoneração ou de não responsabilidade deve ser considerada abusiva, o que gera a sua nulidade absoluta, nos termos do art. 51, inc. I, do CDC.

Superada a análise das regras de responsabilização, o art. 26 do CDC prevê os prazos decadenciais para que o consumidor exerça tais direitos. Os prazos são os mesmos, sendo os vícios aparentes (de fácil constatação) ou ocultos, a saber:

– 30 dias, tratando-se de fornecimento de produtos não duráveis (aqueles que desaparecem facilmente com o consumo, caso de alimentos perecíveis).
– 90 dias, tratando-se de fornecimento de produtos duráveis (aqueles que não desaparecem facilmente com o consumo, caso de veículos e de eletrodomésticos).

Presentes os vícios aparentes, os prazos são contados a partir da entrega efetiva da coisa (art. 26, § 1.º, do CDC). Por outro lado, havendo vícios ocultos, os prazos serão contados a partir do seu conhecimento por parte do consumidor (art. 26, § 3.º, do CDC).

Critica-se o fato de o CDC trazer prazos menores do que aqueles previstos em favor do adquirente no Código Civil (art. 445 – em regra, 30 dias para móveis e um ano de imóveis). Como poderia isso ocorrer, eis que a Lei 8.078/1990 tende justamente a proteger o consumidor? Diante de tal constatação, alguns doutrinadores e julgadores chegam a defender a aplicação dos prazos previstos no Código Civil para os casos de vícios do produto.

Não concordo com esse entendimento, pois não é o caso de complementaridade entre os dois sistemas, que preveem normas especiais para tais hipóteses e que devem ser respeitadas. O diálogo, no caso dos prazos decadenciais, é de *exclusão*, ou seja, aplica-se o Código de Defesa do Consumidor para as relações de consumo e o Código Civil para as relações civis.

Na verdade, apesar de o consumidor ter prazos menores para a defesa dos seus interesses individuais, a seu favor haverá a possibilidade de obstação de decadência, uma forma de *suspensão especial* prevista no art. 26, § 2.º, do CDC. Prevê esse comando legal que *obstam a decadência*:

a) A reclamação comprovadamente formulada pelo consumidor perante o fornecedor de produtos até a resposta negativa correspondente, que deve ser transmitida de forma inequívoca.
b) A instauração de inquérito civil, pelo Ministério Público, até o seu encerramento.

A ilustrar, caso um consumidor formule uma reclamação dez dias após o surgimento de um vício em bem durável, o prazo ficará suspenso até a resposta inequívoca do fornecedor. Após essa resposta, o prazo voltará a fluir exatamente do ponto onde parou. Assim sendo, o consumidor terá mais oitenta dias para exercer os seus direitos, sob pena de perdê-los.

Em havendo prazo de garantia convencional ou contratual, o prazo de garantia legal somente será contado a partir do término do primeiro (art. 50 do CDC). Quanto ao tema, esclarece o Desembargador do TJSP Luiz Antonio Rizzatto Nunes que: "para ficar com um exemplo real – que é bastante elucidativo –, se o fabricante do televisor Mitsubishi, que há muitos anos garante os seus aparelhos de televisão até a próxima Copa do Mundo de Futebol, tiver que utilizar a lei nesses termos (somando o prazo legal), para manter o seu cálculo empresarial de risco diante da garantia oferecida, terá que considerar que a TV Mitsubishi é garantida até 90 dias após o término da Copa" (*Comentários...*, 2007, p. 574).

Esclarece ainda o magistrado e professor que "não se deve confundir prazo de reclamação com garantia legal de adequação. Se o fornecedor dá prazo de garantia contratual (até a Copa de 2002, um ou dois anos, etc.), *dentro* do tempo garantido até o fim (inclusive o último dia) o produto não pode apresentar vício. Se *apresentar*, o consumidor tem o direito de reclamar, que se estende até 30 ou 90 dias após o término da garantia. Se o fornecedor não dá prazo, então os 30 ou 90 dias correm do dia da aquisição ou término do serviço. Claro que sempre haverá, como vimos, a hipótese de vício oculto, que gera o início do prazo para reclamar quando ocorre" (NUNES, Luiz Antônio Rizzatto. *Comentários...*, 2007, p. 574).

Com esses interessantes esclarecimentos, encerra-se o importante estudo dos vícios do produto.

5.4   A EVICÇÃO

A evicção é um instituto clássico do Direito Civil que sempre trouxe consequências e efeitos de cunho material e processual, diante de suas claras repercussões práticas. Aliás, a categoria tem origem no pragmatismo romano, especialmente na expressão latina *evincere*, que significa *ser vencido* ou *ser um perdedor*. Como bem esclarece Sílvio de Salvo Venosa, a responsabilidade civil por evicção surge nos contratos consensuais em Roma, em momento correspondente, com menos formalidades, à *stipulatio* (VENOSA, Sílvio de Salvo. *Direito civil...*, 2012, v. IV, p. 548).

Naquela época, segundo o mesmo autor, se o adquirente de bens pela *mancipatio* era demandado por um terceiro, antes de ocorrer a usucapião da coisa, poderia chamar o vendedor a fim de que ele se apresentasse em juízo para assisti-lo e defendê-lo na lide. Isso se o vendedor se negasse a comparecer no pleito, ou se, mesmo comparecendo, o adquirente se visse privado da coisa; tendo este último direito à chamada *actio auctoritatis*, para obter o dobro do preço que havia pago ao alienante originário (VENOSA, Sílvio de Salvo. *Direito civil...*, 2012. v. IV, p. 548).

Tendo em vista as regras constantes da codificação privada material e a interpretação doutrinária e jurisprudencial que vem sendo dada à categoria, a evicção

CAP. 5 • EFEITOS DOS CONTRATOS – OS VÍCIOS REDIBITÓRIOS, OS VÍCIOS DO PRODUTO E A EVICÇÃO | 253

pode ser conceituada como a perda da coisa diante de uma decisão judicial ou de um ato administrativo que a atribui a um terceiro. Quanto aos efeitos da perda, a evicção pode ser total ou parcial. A matéria está tratada entre os arts. 447 a 457 do atual Código Civil.

De toda a sorte, é interessante deixar claro que o conceito *clássico* de evicção é que ela decorre de uma *sentença judicial*. Entretanto, o Superior Tribunal de Justiça tem entendido que a evicção pode estar presente em casos de apreensão administrativa. Por todos os julgados, transcreve-se o seguinte:

> "Civil – Recurso especial – Evicção – Apreensão de veículo por autoridade administrativa – Desnecessidade de prévia sentença judicial – Responsabilidade do vendedor, independentemente da boa-fé – Art. 1.107 do CC de 1916 – Dissídio pretoriano existente e comprovado" (STJ, Acórdão REsp 259.726/RJ (200000495557), 568304 Recurso Especial, 4.ª Turma, Rel. Min. Jorge Scartezzini, data da decisão 03.08.2004, *DJ* 27.09.2004, p. 361).

Seguindo esse entendimento jurisprudencial, hoje consolidado, em 2022, na *IX Jornada de Direito Civil*, aprovou-se o Enunciado n. 651, prevendo que "a evicção pode decorrer tanto de decisão judicial como de outra origem, a exemplo de ato administrativo". A ementa demonstra que a questão está cristalizada, tanto na doutrina quanto na jurisprudência.

Seguindo em parte esse último entendimento, a mesma Corte Superior, em acórdão mais recente, deduziu que a evicção não exige o trânsito em julgado da decisão para o devido exercício do direito. Conforme aresto publicado no seu *Informativo* n. *519*, julgou o STJ:

> "Para que o evicto possa exercer os direitos resultantes da evicção, na hipótese em que a perda da coisa adquirida tenha sido determinada por decisão judicial, não é necessário o trânsito em julgado da referida decisão. A evicção consiste na perda parcial ou integral do bem, via de regra, em virtude de decisão judicial que atribua seu uso, posse ou propriedade a outrem em decorrência de motivo jurídico anterior ao contrato de aquisição. Pode ocorrer, ainda, em razão de ato administrativo do qual também decorra a privação da coisa. A perda do bem por vício anterior ao negócio jurídico oneroso é o fator determinante da evicção, tanto que há situações em que os efeitos advindos da privação do bem se consumam a despeito da existência de decisão judicial ou de seu trânsito em julgado, desde que haja efetiva ou iminente perda da posse ou da propriedade e não uma mera cogitação da perda ou limitação desse direito. Assim, apesar de o trânsito em julgado da decisão que atribua a outrem a posse ou a propriedade da coisa conferir o respaldo ideal para o exercício do direito oriundo da evicção, o aplicador do direito não pode ignorar a realidade comum do trâmite processual nos tribunais que, muitas vezes, faz com que o processo permaneça ativo por longos anos, ocasionando prejuízos consideráveis advindos da constrição imediata dos bens do evicto, que aguarda, impotente, o trânsito em julgado da decisão que já lhe assegurava o direito" (STJ, REsp 1.332.112/GO, 4.ª Turma, Rel. Min. Luis Felipe Salomão, j. 21.03.2013, *DJe* 17.04.2013).

Como se nota, a categoria é analisada socialmente, como deve ocorrer com os institutos privados na contemporaneidade. E, ponderando sobre a mudança conceitual de perspectiva na doutrina, arremata o Ministro Luis Felipe Salomão que, "com efeito, os civilistas contemporâneos ao CC/1916 somente admitiam a evicção mediante sentença transitada em julgado, com base no art. 1.117, I, do referido código, segundo o qual o adquirente não poderia demandar pela evicção se fosse privado da coisa não pelos meios judiciais, mas por caso fortuito, força maior, roubo ou furto. Ocorre que o Código Civil vigente, além de não ter reproduzido esse dispositivo, não contém nenhum outro que preconize expressamente a referida exigência. Dessa forma, ampliando a rigorosa interpretação anterior, jurisprudência e doutrina passaram a admitir que a decisão judicial e sua definitividade nem sempre são indispensáveis para a consumação dos riscos oriundos da evicção" (STJ, REsp 1.332.112/GO, Rel. Min. Luis Felipe Salomão, j. 21.03.2013).

Mais do que isso, em 2018, o mesmo Tribunal Superior concluiu que também caracteriza a evicção a conduta da parte de incluir gravame capaz de impedir a transferência livre e desembaraçada de veículo objeto de negócio jurídico de compra e venda (STJ, REsp 1.713.096/SP, 3.ª Turma, Rel. Min. Nancy Andrighi, j. 20.02.2018, *DJe* 23.02.2018, publicado no seu *Informativo* n. *621*). O acórdão reconheceu o direito da intermediadora da compra e venda do veículo em ser reparada pelos prejuízos causados pelo alienante, em virtude da resolução do contrato pela evicção.

Como não poderia ser diferente, no Projeto de Reforma do Código Civil pretende-se incluir no seu art. 447 dois parágrafos, na linha dos citados entendimentos doutrinários e jurisprudenciais. Assim, consoante o seu projetado § 1.º, "a evicção pode decorrer de decisão judicial ou de ato administrativo de apreensão que tenham por fundamento fato anterior à alienação". E mais, "também ocorre evicção quando a decisão judicial ou administrativa anteriores à alienação impuserem gravame que limite consideravelmente os direitos do adquirente sobre a coisa" (§ 2.º). Espera-se que as proposições sejam aprovadas pelo Parlamento Brasileiro, somente confirmando a posição hoje consolidada no Direito Civil Brasileiro.

Feitas tais considerações conceituais, da leitura do atual art. 447 do atual Código Civil percebe-se que há uma garantia legal em relação a essa perda da coisa, objeto do negócio jurídico celebrado, que atinge os contratos bilaterais, onerosos e comutativos, mesmo que tenha sido adquirida em hasta pública. A responsabilidade pela evicção de bem arrematado em hasta pública é novidade do Código Civil de 2002.

Com relação à evicção do bem arrematado, podem ser identificados problemas processuais bem práticos. E, para solucioná-los, serão utilizados os ensinamentos de Alexandre Freitas Câmara, autor que é referência na doutrina processualista contemporânea, particularmente pelos constantes *diálogos* com o Direito Civil (*Evicção...* Disponível em: www.flaviotartuce.adv.br). A grande questão é saber como proteger o arrematante quanto aos riscos da evicção em casos tais. Sobre a dúvida esclarece o doutrinador o seguinte:

> "A melhor forma de se proteger o arrematante dos riscos da evicção é adotar a teoria liebmaniana, que prega a aplicação analógica das regras sobre evicção. O arrematante evicto poderá, então, ir a juízo em face do executado, já que foi este que se beneficiou diretamente (por ter sido extinta sua obrigação), a fim de buscar o preço que pagou pela coisa mais as perdas e danos que tenha sofrido. Subsidiariamente, porém, deve ser reconhecida a responsabilidade do exequente, que viu seu crédito satisfeito à custa da arrematação de um bem que não poderia ter sido adquirido pelo arrematante por não pertencer ao executado" (CÂMARA, Alexandre Freitas. *Evicção...* Disponível em: www.flaviotartuce.adv.br).

CAP. 5 • EFEITOS DOS CONTRATOS – OS VÍCIOS REDIBITÓRIOS, OS VÍCIOS DO PRODUTO E A EVICÇÃO | **255**

Portanto, na esteira das lições do eminente processualista, há que se concluir pela responsabilidade das partes do processo em que a arrematação foi determinada: a responsabilidade direta é do executado; a indireta ou subsidiária, do exequente. Não há que se deduzir, dentro dessa ideia, a responsabilidade estatal pela perda da coisa arrematada. Também não há solidariedade entre as partes, pois esta não se presume, decorre de lei ou da vontade das partes (art. 265 do CC).

Superada essa análise da matéria, deve-se ter em mente que são elementos subjetivos ou pessoais da evicção:

a) O *alienante*, aquele que transferiu a coisa viciada, de forma onerosa.
b) O *evicto* (adquirente ou evencido), aquele que perdeu a coisa adquirida.
c) O *evictor* (ou evencente), aquele que teve a decisão judicial ou a apreensão administrativa a seu favor.

Consigne-se que o art. 199, inc. III, do Código Civil prevê que não corre a prescrição, pendendo a ação de evicção. Somente após o trânsito em julgado da sentença a ser proferida na ação em que se discute a evicção, com a decisão sobre a destinação do bem evicto, é que o prazo prescricional voltará a correr.

A responsabilidade pela evicção decorre da lei, assim não precisa estar prevista no contrato, mas as partes podem reforçar a responsabilidade, atenuando ou agravando seus efeitos (art. 448 do Código Civil).

Quanto ao reforço com relação à evicção, diante da vedação do enriquecimento sem causa, tem-se entendido que o limite é o dobro do valor da coisa (DINIZ, Maria Helena. *Código...*, 2005, p. 426). Tendo em vista a função social dos contratos e a boa-fé objetiva, concorda-se com essa corrente doutrinária.

No que concerne à exclusão da responsabilidade, esta pode ocorrer desde que feita de forma expressa (cláusula de *non praestaenda evictione* ou cláusula de irresponsabilidade pela evicção), não se presumindo tal exclusão em hipótese alguma. Todavia, mesmo excluída a responsabilidade pela evicção, se esta ocorrer, o alienante responde pelo preço da coisa. Isso se o evicto não sabia do risco da evicção ou, informado do risco, não o assumiu (art. 449 do Código Civil).

Fica claro que sigo o entendimento dominante, pelo qual o alienante somente ficará totalmente isento de responsabilidade se pactuada a cláusula de exclusão *e* o adquirente for informado sobre o risco da evicção (sabia do risco e o aceitou). Podem-se assim utilizar as seguintes fórmulas, criadas por Washington de Barros Monteiro (*Curso...*, 1973, p. 63):

– Cláusula expressa de exclusão da garantia + conhecimento do risco da evicção pelo evicto = isenção de toda e qualquer responsabilidade por parte do alienante.
– Cláusula expressa de exclusão da garantia – ciência específica desse risco por parte do adquirente = responsabilidade do alienante apenas pelo preço pago pelo adquirente pela coisa evicta.
– Cláusula expressa de exclusão da garantia, sem que o adquirente haja assumido o risco da evicção de que foi informado = direito deste de reaver o preço que desembolsou.

De toda sorte, apesar de ser essa a posição amplamente majoritária, melhor seria introduzir tais premissas e afirmações na lei, o que é almejado pela Comissão de Juristas nomeada no Congresso Nacional para a Reforma do Código Civil. Assim, propõe-se uma nova e mais precisa redação para o seu art. 449, passando ele a prever que a plena eficácia da cláusula de exclusão da garantia pela evicção depende da assunção, pelo adquirente, do risco específico que ensejou a perda da coisa. E, nos termos do seu projetado parágrafo único, o evicto tem direito a receber o preço que pagou pela coisa evicta, se não soube do risco da evicção ou, dele informado, expressamente não o assumiu.

Feita essa nota, no sistema atual, não havendo a referida cláusula de exclusão da garantia pela evicção – cláusula de *non praestaenda evictione*, ou cláusula de irresponsabilidade pela evicção –, a responsabilidade do alienante será plena. Em casos tais, levando-se em conta o art. 450 do CC/2002, poderá o evicto prejudicado pleitear, nos casos de *evicção total*:

a) A restituição integral do preço pago.

b) A indenização dos frutos que tiver sido obrigado a restituir.

c) A indenização pelas despesas dos contratos e pelos prejuízos que diretamente resultarem da evicção (danos emergentes, despesas de escritura e registro e lucros cessantes, nos termos dos arts. 402 a 404 do CC; além de danos imateriais).

d) As custas judiciais e os honorários advocatícios do advogado por ele constituído.

Quanto ao preço da coisa, havendo evicção total ou parcial, respectivamente, será o do valor da coisa à época em que ocorreu a perda total ou proporcional ao desfalque sofrido no caso de perda parcial (art. 450, parágrafo único, do CC). A norma, como se vê, veda o enriquecimento sem causa, pois leva em conta o momento efetivo da perda.

Eis outro comando que precisa de aperfeiçoamentos técnicos, especialmente para se incluir a menção expressa aos honorários contratuais, na linha de outras proposições, e sanar alguns problemas redacionais, o que está sendo proposto pelo Projeto de Reforma do Código Civil.

Em complemento, merecem estudo os arts. 451 a 454 do Código Civil. O primeiro comando legal prevê que a responsabilidade do alienante pela evicção total ou parcial permanece ainda que a coisa alienada esteja deteriorada, exceto havendo dolo do adquirente. Exemplificando, não poderá o adquirente haver a coisa deteriorada para si sabendo do vício e depois se insurgir, pleiteando o que consta do art. 450 do CC. No caso em questão, o dispositivo, em sintonia com a boa-fé objetiva, veda o comportamento contraditório, aplicação da máxima *nemo potest venire contra factum proprium*.

Mas, se o evicto tiver auferido vantagens das deteriorações e não tiver sido condenado a pagar tais valores ao evictor, o valor dessas vantagens deverá ser deduzido da quantia pleiteada do alienante (art. 452 do CC), regra também sintonizada com a vedação do enriquecimento sem causa. Maria Helena Diniz exemplifica com os valores advindos da venda de materiais decorrentes da demolição do prédio realizada pelo evicto, montantes que devem ser abatidos do valor a ser pleiteado (*Código...*, 2005, p. 428).

Com relação às benfeitorias necessárias e úteis não abonadas ao evicto pelo evictor, deverão ser pagas pelo alienante ao adquirente da coisa, já que o último é tido como possuidor de boa-fé (art. 453 do CC). Aplicando esse comando, concluiu o Tribunal Paulista:

CAP. 5 · EFEITOS DOS CONTRATOS – OS VÍCIOS REDIBITÓRIOS, OS VÍCIOS DO PRODUTO E A EVICÇÃO | 257

"Evicção. Indenização por benfeitorias que são de responsabilidade do alienante, contra quem o adquirente deve manejar a ação competente. Inteligência do artigo 453 do Código Civil" (TJSP, Apelação 0000257-24.2005.8.26.0366, Acórdão 7532301, 14.ª Câmara Extraordinária de Direito Privado, Mongaguá, Rel. Des. Fábio Podestá, j. 03.09.2015, *DJESP* 14.09.2015).

Por outro lado, se as benfeitorias abonadas ao que sofreu a evicção tiverem sido feitas pelo alienante, o valor destas deverá ser levado em conta na restituição devida (art. 454 do CC). Os dois últimos dispositivos também estão em sintonia com a vedação do locupletamento sem razão, do enriquecimento sem causa.

Como exposto, a evicção ainda pode ser parcial. Sendo parcial, mas considerável a perda, poderá o evicto optar entre a rescisão do contrato e a restituição da parte do preço correspondente ao desfalque. Sendo parcial a evicção, mas não considerável, poderá o evicto somente pleitear indenização por perdas e danos (art. 455 do CC).

No primeiro caso – evicção parcial e considerável –, parece que convém ao evicto fazer a opção de rescindir o contrato, podendo pleitear tudo o que consta do art. 450 do CC. De qualquer modo, ele tem ainda a opção de pleitear o abatimento no preço quanto ao valor da perda. Vale dizer que, também no caso de evicção parcial, merece aplicação o princípio da conservação do contrato. Assim, o juiz da causa pode entender que a rescisão contratual é o último caminho a ser percorrido.

O grande problema é justamente saber o que é *evicção parcial considerável*. Em regra, pode-se afirmar que esta é aquela que supera a metade do valor do bem. Entretanto, também se pode levar em conta a *essencialidade* da parte perdida em relação às finalidades sociais e econômicas do contrato (BUSATTA, Eduardo. *Resolução dos contratos...*, 2007, p. 123). Concorda-se com o último argumento, que representa aplicação do princípio da função social dos contratos. A título de exemplo, imagine-se o caso em que a parte menor da fazenda perdida é justamente a sua parte produtiva. A evicção, aqui, pode ser tida como parcial, mas considerável, cabendo a rescisão contratual.

Sem dúvidas, é preciso incluir esses parâmetros para a evicção parcial no art. 455, o que se almeja pelo Projeto de Reforma do Código Civil, além de melhoras na redação do seu *caput*. A proposta da Comissão de Juristas, portanto, é que ele passe a prever que, "ainda que parcial, sendo considerável a evicção, poderá o evicto optar entre a resolução do contrato e o pagamento do valor da coisa ao tempo em que se perdeu, de modo proporcional ao desfalque sofrido; caso contrário, caberá somente o direito à indenização pela parte perdida".

Em complemento, quanto aos referidos critérios para se verificar a evicção parcial considerável ou não, o seu parágrafo único projetado: "considerável é a evicção quando supera a metade do valor do bem ou, não a superando, demonstrar-se a essencialidade da parte perdida em relação ao uso ou à fruição do bem ou, ainda, às finalidades sociais e econômicas do contrato".

Com os mesmos fundamentos da grande maioria das proposições formuladas, os objetivos são aumentar a segurança jurídica e facilitar a circulação dos negócios civis.

Superados esses pontos, de cunho sobretudo material, é interessante abordar as principais questões processuais relativas à evicção e os impactos gerados pelo Código de Processo Civil de 2015.

O principal impacto, sem dúvida, diz respeito à revogação expressa do art. 456 do Código Civil pelo art. 1.072, inciso II, do Estatuto Processual em vigor. Como é notório, dispunha o *caput* do comando material anterior que "para poder exercitar o direito que da evicção lhe resulta, o adquirente notificará do litígio o alienante imediato, ou qualquer dos anteriores, quando e como lhe determinarem as leis do processo". Sempre se utilizou a denunciação da lide, prevista no art. 70, inc. I, do antigo Código de Processo Civil, sendo ela *supostamente obrigatória*, para que o evicto pudesse exercer o direito que da evicção lhe resultasse, pela dicção que estava no *caput* do último comando citado.

Depois de muitos debates em sua tramitação, a denunciação da lide continua sendo o caminho processual para tanto. Nos termos do novel art. 125, inc. I, do CPC/2015, é admissível a denunciação da lide, promovida por qualquer das partes, ao alienante imediato, no processo relativo à coisa cujo domínio foi transferido ao denunciante, a fim de que possa exercer os direitos que da evicção lhe resultam. Nota-se que não há mais menção à obrigatoriedade da denunciação da lide, o que vem em boa hora, encerrando profundo debate. Em complemento, o § 1.º do art. 125 do CPC/2015 passou a esclarecer que "o direito regressivo será exercido por ação autônoma quando a denunciação da lide for indeferida, deixar de ser promovida ou não for permitida".

Como é notório, o Superior Tribunal de Justiça tinha entendimento antigo de que essa denunciação não seria *obrigatória*, mas *facultativa*, sendo possível reaver o preço da coisa por meio de ação própria, mesmo na falta da intervenção de terceiro mencionada (assim concluindo, entre numerosos acórdãos: STJ, AgRg no Ag 917.314/PR, 4.ª Turma, Rel. Min. Fernando Gonçalves, j. 15.12.2009, *DJe* 22.02.2010; STJ, REsp 132.258/RJ, 3.ª Turma, Rel. Min. Nilson Naves, *DJ* 17.04.2000, p. 56, *RDTJRJ* 44/52).

Na mesma linha, enunciado doutrinário aprovado na *V Jornada de Direito Civil* (2011), de autoria de Marcos Jorge Catalan: "a ausência de denunciação da lide ao alienante, na evicção, não impede o exercício de pretensão reparatória por meio de via autônoma" (Enunciado n. 434). Em suma, essa tese era adotada amplamente pelos civilistas, sem falar em muitos processualistas, caso de Alexandre Freitas Câmara, Daniel Amorim Assumpção Neves e Fredie Didier Jr.

Feitas as devidas considerações, constata-se, como outra alteração relevante, que a revogação do *caput* do art. 456 do Código Civil de 2002 levou consigo a possibilidade jurídica de denunciação da lide por saltos ou *per saltum*, com a convocação para o processo de qualquer um dos alienantes da cadeia de transmissão que tivesse responsabilidade pelo vício da evicção. Tal caminho processual era possível pelo uso da expressão "*o adquirente notificará do litígio o alienante imediato, ou qualquer dos anteriores*", no comando material em estudo, anterior e ora revogado.

Sobre esse assunto, na *I Jornada de Direito Civil*, realizada em 2002, foi aprovado Enunciado n. 29 do CJF/STJ, dando chancela a essa forma de denunciação mediata, *in verbis*: "a interpretação do art. 456 do novo Código Civil permite ao evicto a denunciação direta de qualquer dos responsáveis pelo vício". O tema sempre dividiu a doutrina processual, havendo juristas que a chancelavam, caso de Cândido Rangel Dinamarco (*Intervenção...*, 2006, p. 142). Porém, outros processualistas que não a admitiam, apesar da clareza do comando civil (por todos: CÂMARA, Alexandre Freitas. Da evicção...,

In: HIRONAKA, Giselda Maria Fernandes Novaes; TARTUCE, Flávio (Coord.). *Direito contratual...*, 2008, p. 705).

Em conversa informal com este autor, quando da tramitação do então Projeto do Novo CPC, Fredie Didier afirmou que o instituto *não havia caído no gosto dos processualistas*, não sendo frutífera a sua experiência nos mais de dez anos de Código Civil. Por isso, talvez, a sua retirada do sistema civil e processual.

A propósito dessa resistência, quando da *III Jornada de Direito Civil*, promovida pelo Conselho da Justiça Federal e pelo Superior Tribunal de Justiça, foi apresentada a proposta de cancelar o Enunciado n. 29, substituindo-o por outro em sentido contrário. A proposta, à época, não foi aprovada, uma vez que a denunciação *per saltum* gozava de prestígio entre os civilistas. Foram as justificativas da autora do enunciado não aprovado, a advogada e professora Érica Pimentel, o que acaba por sintetizar os argumentos de resistência anterior:

> "Embora o art. 456 do nCC já tenha sido objeto do Enunciado 29 da *I Jornada*, se faz necessário novo enunciado que reflita seu real significado.
>
> Infelizmente esta ilustre *Jornada de Estudos* não pode atuar a ponto de alterar a letra da lei ou a intenção do legislador. Ora, se o art. 456 diz, em sua parte final, 'quando e como lhe determinarem as leis do processo' deve interpretar que não caberá a denunciação *per saltum*, que é proibida pela lei do processo (art. 73 CPC).
>
> A busca pela instrumentalidade e economia processual não pode trazer *modificações não permitidas em lei, a função legislativa não cabe ao* operador do direito, sob pena de ferir o princípio da separação dos poderes.
>
> Desta forma, para que caiba a denunciação da lide *per saltum*, claro instrumento de economia processual, deverá a mesma estar autorizada no Estatuto Processual, o que ainda não ocorreu".

Na ocasião, votei de forma contrária ao enunciado, pois as *Jornadas de Direito Civil* buscam a correta interpretação da lei, razão principal de sua importância. E a correta interpretação era justamente aquela que constava do Enunciado n. 29, ora prejudicado pelo CPC/2015, pois o art. 456, *caput*, do CC, que possibilitava a denunciação *per saltum*, era norma especial e de cunho processual. Ademais, no CPC/1973 não pareceria haver qualquer proibição para essa ampliação de responsabilidade pela evicção.

Com o devido respeito, a retirada da categoria do Código Civil de 2002 e o seu afastamento pelo Código de Processo Civil 2015 nos parece um retrocesso. Sempre vi a *denunciação da lide por saltos* como mais uma opção de demanda ao evicto prejudicado, tutelando mais efetivamente o direito material.

Os efeitos contratuais eram ampliados, além da primeira relação jurídica estabelecida, o que representava aplicação da eficácia externa da função social do contrato, da *tutela externa do crédito* (art. 421 do CC/2002). Ora, conforme se retira do Enunciado n. 21 do CJF/STJ, da *I Jornada de Direito Civil*, a função social do contrato representa uma exceção ao princípio da relatividade dos efeitos contratuais, trazendo efeitos externos do negócio jurídico. Na jurisprudência nacional, aliás, poderiam ser encontradas decisões aplicando a justa e correta denunciação da lide *per saltum*. Por todos, para ciência dos casos práticos que a envolviam:

"Agravo de instrumento. Ação ordinária. Direito de evicção. Imóvel. Denunciação à lide *per saltum*. Admissibilidade. Legitimidade de todos os compradores e alienantes no polo passivo da ação ordinária. Recurso conhecido e provido. 1 – A garantia da evicção será concedida pela totalidade de transmitentes que deverão assegurar a idoneidade jurídica da coisa não só em face de quem lhes adquiriu diretamente como dos que, posteriormente, depositaram justas expectativas de confiança na origem lícita e legítima dos bens evencidos, possibilitando a denunciação no primeiro caso, e *per saltum,* no segundo, admitida sua cumulação em cadeia de alienação de imóvel. (...) Recurso conhecido e provido" (TJES, Agravo de Instrumento 0050200-05.2012.8.08.0030, 1.ª Câmara Cível, Rel. Des. Fabio Clem de Oliveira, j. 19.02.2013, *DJES* 01.03.2013).

"Agravo de instrumento. Evicção. Denunciação da lide por sucessividade ou por salto. Possibilidade. Art. 456 do Código Civil c/c art. 70, inciso I, e art. 73 do CPC. A garantia da evicção será concedida pela totalidade de transmitentes que deverão assegurar a idonei-dade jurídica da coisa não só em face de quem lhes adquiriu diretamente como dos que, posteriormente, depositaram justas expectativas de confiança na origem lícita e legítima dos bens evencidos, possibilitando a denunciação sucessiva no primeiro caso, e *per saltum,* no segundo, admitida sua cumulação em cadeia de alienação de veículo composta de no mínimo três pessoas" (TJMG, Agravo Interno 1.0702.08.457470-7/0011, 13.ª Câmara Cível, Uberlândia, Rel. Des. Cláudia Maia, j. 02.04.2009, *DJEMG* 18.05.2009).

"Denunciação da lide *per saltum*. Art. 70, I, do CC. Denunciação do alienante imediato. Contrato de compra e venda de veículo. Ação cominatória para entrega do veículo movida contra a financeira. Denunciante e denunciada alienantes. A hipótese prevista no inciso I do art. 70 do CPC prevê a denunciação do alienante pelo adquirente no caso em que terceiro reivindica a propriedade da coisa. Todavia, tem-se permitido a denunciação da lide *per saltum*, conforme dicção do art. 456 do CC" (TJMG, Agravo 1.0024.06.996963-2/002, 9.ª Câmara Cível, Belo Horizonte, Rel. Des. Antônio de Pádua, j. 31.10.2006, *DJMG* 08.12.2006).

Consigne-se que igualmente existiam ementas que afastavam esse tipo de denuncia-ção, seguindo a tese antes aludida, de alguns processualistas. Nessa esteira, do Tribunal de Justiça de Santa Catarina:

"Não é admitida a denunciação à lide *per saltum,* pois a interpretação sistemática do art. 456 do CC – disposta, no próprio artigo, *in fine* – faz incidir os ditames do art. 73 do CPC, que somente a permite de forma sucessiva, sob pena de haver demanda entre sujeitos sem qualquer relação de direito material" (TJSC, Agravo de Instrumento 2014.018952-9, Câmara Especial Regional de Chapecó, Chapecó, Rel. Des. Júlio César M. Ferreira de Melo, *DJSC* 19.08.2014, p. 402).

A propósito da mudança engendrada pelo CPC/2015, são precisas as palavras de José Fernando Simão, que menciona a prevalência do clássico princípio da relatividade dos efeitos contratuais sobre o contemporâneo princípio da função social do contrato, o que demonstra o retrocesso. Vejamos suas lições:

"A conclusão a que se chegou, então, é que por força do Código Civil, a denunciação *per saltum* passou a ser admitida no sistema para o caso de evicção, já que o art. 456, parágrafo único é lei especial e afasta o alcance da regra geral do art. 73 do atual CPC. Com a revogação do art. 456 do Código Civil a pergunta que resta é: continua facultado ao evicto demandar qualquer um dos alienantes por meio da denunciação *per saltum*? A

CAP. 5 • EFEITOS DOS CONTRATOS – OS VÍCIOS REDIBITÓRIOS, OS VÍCIOS DO PRODUTO E A EVICÇÃO | 261

resposta é negativa. O princípio não pode ser aplicado se o legislador revoga a regra que o previa. Note-se: se regra não existisse o princípio teria plena aplicação. Seria hipótese de vácuo da lei. Quando a regra existe e é expressamente revogada, há um imperativo do ordenamento para que, naquele caso, o princípio ceda, deixe de ter eficácia. Aliás, os princípios podem ceder diante do texto expresso de lei sem maiores problemas. Quando o Código Civil atribui ao possuidor de má-fé indenização por benfeitorias necessárias (art. 1.220), há uma prevalência da vedação ao enriquecimento sem causa sobre a boa-fé. A revogação do art. 456 e o texto do art. 125, I do novo CPC pelo qual a denunciação é possível ao alienante imediato e a não reprodução da regra do art. 73 do atual CPC indicam que o princípio da relatividade dos efeitos se sobrepôs ao da função social quanto à evicção. Mas a função social não é norma de ordem pública que não pode ser afastada pela vontade das partes? Sim, mas o princípio cede por força de lei para dar espaço ao tradicional *res inter alios acta*" (SIMÃO, José Fernando. Novo CPC... Disponível em: www. cartaforense.com.br. Acesso em: 8 abr. 2015).

Para encerrar este debate sobre a denunciação por saltos, cabe esclarecer que o vigente Código de Processo Civil admite apenas uma denunciação sucessiva por parte do primeiro litisdenunciado. Nos termos do § 2.º do art. 125 da Lei 13.105/2015, "admite-se uma única denunciação sucessiva, promovida pelo denunciado, contra seu antecessor imediato na cadeia dominial ou quem seja responsável por indenizá-lo, não podendo o denunciado sucessivo promover nova denunciação, hipótese em que eventual direito de regresso será exercido por ação autônoma".

Como outro ponto processual a ser destacado, constituindo inovação interessante da codificação material de 2002, constava do ora revogado art. 456, parágrafo único, do CC/2002, que, "não atendendo o alienante à denunciação da lide, e sendo manifesta a procedência da evicção, pode o adquirente deixar de oferecer contestação, ou usar de recursos". O dispositivo afastava a aplicação do art. 75, inciso II, do Código de Processo Civil de 1973, com a seguinte dicção: "se o denunciado for revel, ou comparecer apenas para negar a qualidade que lhe for atribuída, cumprirá ao denunciante prosseguir na defesa até o final".

Como era percebido, a redação do parágrafo único do art. 456 do CC/2002 estabelecia justamente o contrário do disposto na norma processual de 1973. Mesmo assim, sempre defendi que deveria prevalecer a primeira regra, pois se tratava de norma especial e também de cunho processual, aplicável às hipóteses de evicção. Para as demais hipóteses de denunciação da lide, continuava tendo aplicação o art. 75, inc. II, do CPC de 1973.

Entre os processualistas, Fredie Didier Jr. via a anterior inovação material com bons olhos, apontando que, "ao mencionar expressamente a possibilidade de o réu 'deixar de oferecer contestação, ou usar de recursos', o legislador refere-se exatamente ao conteúdo que a doutrina emprestava à locução 'prosseguir na defesa', contida no inciso II do art. 75 do CPC. Também aqui aparece a sintonia do legislador civilista com as manifestações doutrinárias em derredor do chamamento à autoria e, empós, da denunciação à lide" (DIDIER JR., Fredie. *Regras processuais*..., 2004, p. 91).

Por bem, o Código de Processo Civil de 2015 confirmou o que estava no parágrafo único do ora revogado art. 456 do Código Civil de 2002. Nos termos do seu art. 128, inciso II, feita a denunciação pelo réu, se o denunciado for revel, o denunciante pode deixar de prosseguir com sua defesa, eventualmente oferecida, e abster-se de recorrer, restringindo sua atuação à ação regressiva.

Como se nota, a inovação introduzida para evicção foi tão salutar que passou a ser a regra para todos os casos de denunciação da lide elencados pelo art. 125 do CPC/2015. Em outras palavras, a ideia passou a alcançar também a hipótese daquele que estiver obrigado, por lei ou pelo contrato, a indenizar, em ação regressiva, o prejuízo do que for vencido no processo.

A encerrar o tratamento da evicção, prevê o art. 457 do CC que "não pode o adquirente demandar pela evicção, se sabia que a coisa era alheia e litigiosa". Entendo que o dispositivo veda a possibilidade de o evicto demandar o alienante se tinha conhecimento do vício e do risco de perder a coisa, o que de fato ocorreu. A relação com o princípio da boa-fé objetiva é, portanto, explícita. Isso foi reconhecido recentemente pelo Superior Tribunal de Justiça, ao julgar que "reconhecida a má-fé do arrematante no momento da aquisição do imóvel, não pode ele, sob o argumento de ocorrência de evicção, propor a ação de indenização com base no art. 70, I, do CPC, para reaver do alienante os valores gastos com a aquisição do bem. Para a configuração da evicção e consequente extensão de seus efeitos, exige-se a boa-fé do adquirente" (STJ, REsp 1.293.147/GO, 3.ª Turma, Rel. Min. João Otávio de Noronha, j. 19.03.2015, *DJe* 31.03.2015).

Como palavras finais sobre o tema, o art. 457 do Código Civil deve ser analisado em conjunto com a Lei 13.097/2015, segundo a qual somente será oposta a evicção em relação a imóveis se a controvérsia constar, de algum modo, da matrícula do bem.

Nos termos do seu art. 54, os negócios jurídicos que tenham por fim constituir, transferir ou modificar direitos reais sobre imóveis são eficazes em relação a atos jurídicos precedentes, nas hipóteses em que não tenham sido registradas ou averbadas na matrícula do bem as seguintes informações: *a)* registro de citação de ações reais ou pessoais reipersecutórias; *b)* averbação, por solicitação do interessado, de constrição judicial, do ajuizamento de ação de execução ou de fase de cumprimento de sentença, *c)* averbação de restrição administrativa ou convencional ao gozo de direitos registrados, de indisponibilidade ou de outros ônus quando previstos em lei; e *d)* averbação, mediante decisão judicial, da existência de outro tipo de ação cujos resultados ou responsabilidade patrimonial possam reduzir seu proprietário à insolvência.

Em complemento, nos termos do seu § 1º "não poderão ser opostas situações jurídicas não constantes da matrícula no Registro de Imóveis, inclusive para fins de evicção, ao terceiro de boa-fé que adquirir ou receber em garantia direitos reais sobre o imóvel, ressalvados o disposto nos arts. 129 e 130 da Lei 11.101, de 9 de fevereiro de 2005, e as hipóteses de aquisição e extinção da propriedade que independam de registro de título de imóvel". Assim, não havendo tais informações na matrícula do imóvel, não caberá o reconhecimento da evicção, o que visa prestigiar a boa-fé e a conservação do negócio jurídico, concentrando-se os atos no registro.

Ademais, conforme o art. 55 da mesma lei, a alienação ou oneração de unidades autônomas integrantes de incorporação imobiliária, parcelamento do solo ou condomínio edilício, devidamente registrada, não poderá ser objeto de evicção ou de decretação de ineficácia, mas eventuais credores do alienante ficam sub-rogados no preço ou no eventual

CAP. 5 · EFEITOS DOS CONTRATOS – OS VÍCIOS REDIBITÓRIOS, OS VÍCIOS DO PRODUTO E A EVICÇÃO | 263

crédito imobiliário, sem prejuízo das perdas e danos imputáveis ao incorporador ou empreendedor, decorrentes de seu dolo ou culpa, bem como da aplicação das disposições constantes do Código de Defesa do Consumidor. Mais uma vez, o objetivo é de conservação dos negócios jurídicos, bem como a própria efetivação da incorporação imobiliária.

5.5 RESUMO ESQUEMÁTICO

Quadro comparativo. Vícios contratuais objetivos

Vícios redibitórios (arts. 441 a 446 do CC)	Vícios do produto (arts. 18 e 26 do CDC)
Relação civil. Vícios ocultos que desvalorizam a coisa ou tornam a mesma imprópria para uso.	**Relação de consumo.** Vícios aparentes e ocultos, de qualidade ou identidade.
O adquirente prejudicado poderá pleitear, por meio das ações edilícias: a) abatimento no preço (ação *quanti minoris* ou estimatória; b) resolução do contrato com a devolução do valor pago (ação redibitória).	O consumidor prejudicado poderá pleitear: a) abatimento no preço; b) complementação de preço ou medida; c) novo produto, igual ou similar; d) resolução do contrato, com a devolução do valor pago. Não se utilizam as expressões comuns do Direito Civil.
Prazos Decadenciais: I) Quando o vício for de conhecimento imediato: a) 30 dias para bens móveis; b) 1 ano para imóveis. Os prazos são reduzidos à metade se o adquirente já estava na posse do bem (15 dias para móveis, 6 meses para imóveis). Esses prazos serão contados da entrega efetiva da coisa. II) Quando os vícios, por sua natureza, somente puderem ser conhecidos mais tarde: a) 180 dias para bens móveis; b) 1 ano para bens imóveis. Os prazos serão contados do conhecimento do vício. Não se aplica, nesses casos, a redução dos prazos.	**Prazos Decadenciais:** a) 30 dias para bens não duráveis. b) 90 dias para bens duráveis. Os prazos serão contados da entrega da coisa (vícios aparentes) ou do conhecimento do vício (vícios ocultos). Os prazos são sempre os mesmos.
Art. 446 do CC. Não correm os prazos legais na vigência de garantia convencional.	Art. 50 do CDC. A garantia contratual é complementar à legal e será concedida por escrito.

Resumo – Evicção (arts. 447 a 457 do CC)

Conceito. A evicção pode ser conceituada como a perda da coisa diante de uma decisão judicial ou de um ato administrativo que a atribui a um terceiro. Há uma garantia legal quanto à evicção nos contratos bilaterais, onerosos e comutativos. Essa garantia existe ainda que a venda tenha sido realizada por hasta pública.

Partes da evicção:

a) O *alienante*, aquele que transferiu a coisa viciada, de forma onerosa.

b) O *evicto* (adquirente ou evencido), aquele que perdeu a coisa adquirida.

c) O *evictor* (terceiro ou evencente), aquele que ganhou a ação judicial ou teve a seu favor a apreensão da coisa.

Esquema da evicção:

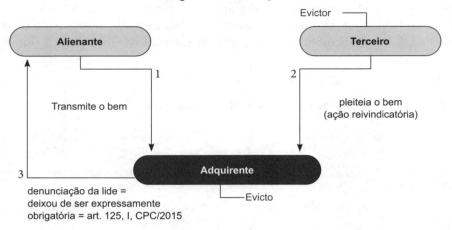

Fórmulas da evicção. Washington de Barros Monteiro (*Curso...*, 1973, p. 63):

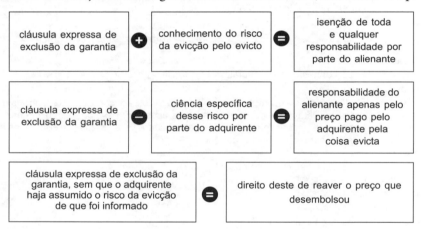

Não havendo a referida cláusula de exclusão da garantia pela evicção – cláusula de *non praestaenda evictione* ou cláusula de irresponsabilidade pela evicção –, a responsabilidade do alienante será total. A partir do art. 450 do CC, poderá o evicto prejudicado pleitear nos casos de *evicção total:*

a) A restituição integral do preço pago.
b) A indenização dos frutos que tiver sido obrigado a restituir.
c) A indenização pelas despesas dos contratos e pelos prejuízos que diretamente resultarem da evicção (danos emergentes, despesas de escritura e registro e lucros cessantes, nos termos dos arts. 402 a 404 do CC).
d) As custas judiciais e os honorários advocatícios do advogado por ele constituído.

Denunciação da lide na evicção e o CPC/2015. Para responsabilizar o alienante, o adquirente pode, quando for instaurado o processo judicial, denunciar da lide o alienante. A matéria passou a ser concentrada no Código de Processo Civil de 2015,

CAP. 5 · EFEITOS DOS CONTRATOS – OS VÍCIOS REDIBITÓRIOS, OS VÍCIOS DO PRODUTO E A EVICÇÃO | **265**

tendo sido revogado, por este, o art. 456 do Código Civil. A denunciação da lide, no CPC/2015, não é mais obrigatória, encerrando-se polêmica anterior e seguindo-se a posição majoritária da doutrina e da jurisprudência. Com a revogação do art. 456 do Código Civil, deixou de ser viável juridicamente a denunciação *per saltum* ou por saltos, com a responsabilização de qualquer um dos alienantes da cadeia de vendas. Lamenta-se essa revogação, pois se tratava de concretização da eficácia externa da função social dos contratos. Previa o art. 456, parágrafo único, do CC/2002, também ora revogado, que "não atendendo o alienante à denunciação da lide, e sendo manifesta a procedência da evicção, pode o adquirente deixar de oferecer contestação, ou usar de recursos". O dispositivo afastava a aplicação do art. 75, inc. II, do Código de Processo Civil anterior, com a seguinte dicção: "se o denunciado for revel, ou comparecer apenas para negar a qualidade que lhe for atribuída, cumprirá ao denunciante prosseguir na defesa até o final". De maneira correta, o Código de Processo Civil de 2015, ora em vigor, confirmou o que estava previsto no preceito material revogado. Nos termos do art. 128, inciso II, do CPC/2015, feita a denunciação pelo réu, se o denunciado for revel, o denunciante pode deixar de prosseguir com sua defesa, eventualmente oferecida, e abster-se de recorrer, restringindo sua atuação à ação regressiva. Constata-se que a inovação introduzida para evicção foi tão salutar que passou a ser a regra para todos os casos de denunciação da lide elencados pelo art. 125 do CPC/2015. Em outras palavras, a ideia passou a alcançar também a hipótese daquele que estiver obrigado, por lei ou pelo contrato, a indenizar, em ação regressiva, o prejuízo do que for vencido no processo.

5.6   QUESTÕES CORRELATAS

01. (TJGO – FCC– Juiz Substituto – 2015) Renato adquiriu imóvel e assinou contrato no âmbito do qual foi excluída, por cláusula expressa, a responsabilidade pela evicção. A cláusula é

(A) válida, mas, se Renato restar evicto, terá direito de receber o preço que pagou pelo imóvel, ainda que soubesse do risco da evicção.

(B) válida, excluindo, em qualquer caso, o direito de Renato receber quaisquer valores em caso de evicção.

(C) nula, porque fere preceito de ordem pública.

(D) válida, mas, se Renato restar evicto, terá direito de receber o preço que pagou pelo imóvel, se não soube do risco da evicção ou se, dele informado, não o assumiu.

(E) válida, mas, se Renato restar evicto, terá direito de receber o preço que pagou pelo imóvel mais indenização pelos prejuízos decorrentes da evicção, tais como despesas de contrato e custas judiciais, se não soube do risco da evicção ou se, dele informado, não o assumiu.

02. (SEFAZ/PI – FCC – Analista do Tesouro Estadual – 2015) De acordo com o Código Civil,

(A) a garantia contra os vícios redibitórios independe de estipulação expressa.

(B) nos contratos de adesão, pode-se renunciar antecipadamente a direito inerente à natureza do negócio.

(C) pode-se estipular, como objeto de contrato, herança de pessoa viva que tenha sido interditada.

(D) em contrato de adesão, quando houver cláusulas ambíguas ou contraditórias, o juiz deverá interpretá--lo em favor da parte que o elaborou.

(E) o contrato preliminar deve conter todos os requisitos do contrato a ser celebrado, incluindo a forma.

266 | DIREITO CIVIL • VOL. 3 – *Flávio Tartuce*

03. **(FCC – PGE-MT – Procurador do Estado – 2016) Isac vendeu seu veículo a Juliano, por preço bem inferior ao de mercado, fazendo constar, no contrato de compra e venda, que o bem estava mal conservado e poderia apresentar vícios diversos e graves. Passados quarenta dias da realização do negócio, o veículo parou de funcionar. Juliano ajuizou ação redibitória contra Isac, requerendo a restituição do valor pago, mais perdas e danos. A pretensão de Juliano**

(A) improcede, porque, embora a coisa possa ser enjeitada, em razão de vício redibitório, as perdas e danos apenas seriam devidas se Isac houvesse procedido de má-fé.

(B) procede, porque a coisa recebida em virtude de contrato comutativo pode ser enjeitada por vícios ou defeitos ocultos, que a tornem imprópria ao uso a que é destinada, ou lhe diminuam o valor.

(C) improcede, porque firmou contrato comutativo, assumindo o risco de que o bem viesse a apresentar avarias.

(D) improcede, porque não configurados os elementos definidores do vício redibitório e o comprador assumiu o risco de que o bem viesse a apresentar avarias.

(E) procede, porque a coisa recebida em virtude de contrato comutativo pode ser enjeitada por vícios ou defeitos ocultos, que a tornem imprópria ao uso a que é destinada, ou lhe diminuam o valor, mas está prescrita, porque se passaram mais de 30 dias da realização do negócio.

04. **(VUNESP – Câmara de Marília-SP – Procurador Jurídico – 2016) Assinale a alternativa correta sobre o instituto da evicção.**

(A) É plenamente válida e eficaz a cláusula que exclua a responsabilidade pela evicção, ainda que o alienante tenha omitido dolosamente a existência do vício.

(B) Há garantia pela evicção quando a aquisição tenha sido realizada em hasta pública.

(C) Se parcial, mas considerável, for a evicção, poderá o alienante optar entre a rescisão do contrato e a restituição da parte do preço equivalente ao desfalque sofrido.

(D) Pode o adquirente demandar pela evicção, ainda que soubesse que a coisa era alheia ou litigiosa.

(E) É nula a cláusula que dispõe que a indenização pela evicção, caso ocorra, não contemplará despesas do contrato, custas judiciais e honorários advocatícios.

05. **(VUNESP – Prefeitura de Sertãozinho/SP – Procurador – 2016) Assinale a alternativa correta sobre direito contratual, conforme disposições do Código Civil de 2002.**

(A) Nos contratos de adesão, são nulas as cláusulas ambíguas ou contraditórias, ainda que possível adotar interpretação mais favorável ao aderente.

(B) É nula a cláusula que dispõe que o evicto não tem direito à indenização dos frutos que tiver sido obrigado a restituir.

(C) Admite-se, nas doações com encargo, a rescisão contratual com fundamento na existência de vício redibitório.

(D) A resolução do contrato por onerosidade excessiva é possível nos contratos de execução imediata ou continuada, retroagindo os efeitos da sentença à data da citação.

(E) A proposta de contrato não obriga o proponente, se o contrário não resultar dos termos dela, da natureza do negócio, ou das circunstâncias do caso.

06. **(CESPE – TJ-DFT – Analista Judiciário – Oficial de Justiça Avaliador Federal – 2015) A respeito dos direitos das obrigações e dos contratos, julgue o item subsequente.**

Caso ocorra vício ou defeito oculto em coisa que a torne imprópria ao uso a que se destina ou que lhe diminua o valor, a coisa poderá ser enjeitada se for recebida em virtude de contrato comutativo ou doação onerosa.

( ) Certo ( ) Errado

07. **(TJRO – IESES – Titular de Serviços de Notas e de Registros – Provimento – 2017) É certo afirmar:**

I. Vícios redibitórios e vícios de qualidade e quantidade tratam da mesma espécie de defeito.

CAP. 5 • EFEITOS DOS CONTRATOS – OS VÍCIOS REDIBITÓRIOS, OS VÍCIOS DO PRODUTO E A EVICÇÃO | **267**

II. A estipulação em favor de terceiro é o negócio jurídico por meio do qual se ajusta uma vantagem pecuniária em prol de pessoa que não o celebra, mas se restringe a colher seus benefícios.

III. A lei consumerista adotou o mesmo critério do Código Civil, uma vez que estabelece que os prazos de reclamação pelo vício intrínseco são de natureza decadencial, pouco importando se o pedido deduzido em juízo será o da redibição ou da estimação.

IV. Uma das regras básicas da promessa de fato de terceiro é de que uma vez notificado, o terceiro deve declarar se concorda ou não em integrar o vínculo, na condição de devedor de uma obrigação de fazer.

Analisando as proposições, pode-se afirmar:

(A) Somente as proposições II e IV estão corretas.
(B) Somente as proposições III e IV estão corretas.
(C) Somente as proposições I e III estão corretas.
(D) Somente as proposições I e II estão corretas.

08. (ALERJ/FGV – Procurador – 2017) Joana, comerciante, celebra verbalmente com Sapatos e Acessórios Ltda. contrato de compra e venda de lote contendo 105 (cento e cinco) pares de sapatos, no valor total de R$ 4.000,00. Recebidos os sapatos, Joana começa a revendê-los em sua loja, mas percebe que os 6 (seis) primeiros pares vendidos apresentaram defeito (quebra do salto), sendo devolvidos pelos consumidores.

Diante desse cenário, é correto afirmar que:

(A) se trata de vício do produto, regulado pelo Código de Defesa do Consumidor, sendo garantido a Joana pleitear, à sua escolha, a substituição do produto por outro da mesma espécie, a restituição imediata da quantia paga, sem prejuízo de eventuais perdas e danos, ou o abatimento proporcional do preço;

(B) se trata de vício redibitório, regulado pelo Código Civil, podendo Joana redibir todo o lote, não se sujeitando ao mero abatimento no preço dos sapatos que, comprovadamente, apresentaram vício oculto;

(C) o contrato encontra-se maculado por erro substancial quanto à qualidade essencial do objeto, podendo Joana postular sua anulação, com o retorno à situação original;

(D) se trata de vício redibitório, regulado pelo Código Civil, e Joana poderá devolver os 6 (seis) pares de sapatos defeituosos, com o abatimento proporcional do preço, mas não poderá redibir todo o lote, considerando o baixo percentual de pares de sapatos que apresentaram defeito, a atrair a incidência do art. 503 do Código Civil, segundo o qual, "nas coisas vendidas conjuntamente, o defeito oculto de uma não autoriza a rejeição de todas";

(E) o vício que atinge a relação é o erro, vez que houve falsa percepção da realidade, mas Joana não poderá postular a anulação do contrato, pois, sendo comerciante experiente, deveria conferir as mercadorias antes de efetuar a compra, sendo tal erro inescusável.

09. (CRBio – 1.ª Região – VUNESP – Advogado – 2017) Havendo constatação de vício redibitório, o alienante que conhecia o vício da coisa fica obrigado a restituir o que recebeu

(A) em dobro.
(B) acrescido da metade.
(C) em dobro, mais perdas e danos.
(D) mais perdas e danos.
(E) acrescido das despesas do contrato.

10. (Auditor Fiscal de Tributos – FCC – 2018) Quanto à evicção e aos vícios redibitórios,

(A) nos contratos onerosos, o alienante responde pela evicção, salvo se a aquisição se houver realizado em hasta pública, quando então não subsiste a garantia.

(B) como a responsabilidade pelo vício redibitório é objetiva, o alienante do bem restituirá o valor recebido com perdas e danos, conhecendo ou não o defeito da coisa por ocasião da alienação.

268 | DIREITO CIVIL • VOL. 3 – *Flávio Tartuce*

(C) a responsabilidade do alienante subsiste ainda que a coisa pereça em poder do alienatário, se perecer por vício oculto, já existente ao tempo da tradição.

(D) as partes podem, por cláusula expressa, reforçar a responsabilidade pela evicção, mas não diminuí--la ou excluí-la, dado seu caráter cogente.

(E) se a evicção for parcial, caberá somente direito indenizatório ao evicto, seja qual for a extensão do desfalque sofrido.

11. (Advogado – EBSERH – CESPE – 2018) Considerando o que dispõe o Código Civil acerca de negócios jurídicos e contratos, julgue o item a seguir.

Nos contratos onerosos, a responsabilidade do alienante pela evicção pode ser excluída por convenção das partes em cláusula expressa.

( ) Certo ( ) Errado

12. (Juiz de Direito Substituto – TJ-RS – VUNESP – 2018) Sobre os vícios redibitórios, assinale a alternativa correta.

(A) O adquirente que já estava na posse do bem decai do direito de obter a redibição ou abatimento no preço no prazo de trinta dias se a coisa for móvel, e de um ano se for imóvel.

(B) No caso de bens móveis, quando o vício, por sua natureza, só puder ser conhecido mais tarde, se ele aparecer em até 180 dias, terá o comprador mais 30 dias para requerer a redibição ou abatimento no preço.

(C) Somente existe o direito de obter a redibição se a coisa foi adquirida em razão de contrato comutativo, não se aplicando aos casos em que a aquisição decorreu de doação, mesmo onerosa.

(D) O prazo para postular a redibição ou abatimento no preço, quando o vício, por sua natureza, só puder ser conhecido mais tarde, somente começa a correr a partir do aparecimento do vício, o que pode ocorrer a qualquer tempo.

(E) No caso de bens imóveis, quando o vício, por sua natureza, só puder ser conhecido mais tarde, o prazo é de um ano para que o vício apareça, tendo o comprador, a partir disso, mais 180 dias para postular a redibição ou abatimento no preço.

13. (Juiz Leigo – TJ-MT – 2018) A garantia contra evicção e vícios redibitórios vigora em todos os contratos abaixo, à EXCEÇÃO do contrato de:

(A) dação em pagamento.

(B) compra e venda.

(C) permuta.

(D) doação pura e simples.

14. (Analista Jurídico de Defensoria – DPE-AM – FCC – 2018) À luz da disciplina dos vícios redibitórios no Código Civil, é correto afirmar:

(A) Tratando-se de venda de animais, não se caracterizam vícios redibitórios.

(B) O adquirente decai do direito de obter a redibição ou abatimento no preço no prazo de noventa dias se a coisa for móvel, e de um ano se for imóvel.

(C) O adquirente da coisa viciada poderá se valer de uma das ações edilícias.

(D) Se o alienante conhecia o vício da coisa, restituirá ao adquirente o que recebeu sem perdas e danos.

(E) Não se aplica às doações onerosas, por expressa previsão legal, nenhuma disposição relativa aos vícios redibitórios.

15. (Procurador – Prefeitura de Pontal – SP – VUNESP – 2018) Em 1.º de abril de 2018, Clinton vendeu um veículo para Roberto, pelo valor de R$ 30.000,00 (trinta mil reais), pagos à vista, imediatamente transferindo a posse do bem para o adquirente. Como era de conhecimento de Clinton, Roberto utilizaria o veículo para transportar passageiros, em chamadas por aplicativos de celular. No dia 26 de abril, enquanto utilizava o veículo, Roberto não conseguiu mais engatar as marchas do câmbio manual, razão pela qual encaminhou o veículo para uma oficina mecânica credenciada pelo fabricante. O laudo da oficina diagnosticou que

CAP. 5 · EFEITOS DOS CONTRATOS – OS VÍCIOS REDIBITÓRIOS, OS VÍCIOS DO PRODUTO E A EVICÇÃO | **269**

a transmissão ("câmbio manual") havia sido modificada, comprometendo completamente seu bom funcionamento. Não havia possibilidade de reparar a transmissão com segurança, razão pela qual deveria ser totalmente substituída, pelo custo de R$ 4.000,00 (quatro mil reais). Roberto deixou o carro parado e, no dia 21 de maio de 2018, entrou em contato com Clinton para noticiar o vício. Clinton justificou que havia adquirido o veículo de um amigo, alguns meses antes, mas que desconhecia o vício alegado. Nesse contexto, assinale a alternativa correta, de acordo com as disposições do Código Civil de 2002.

(A) Clinton poderá optar entre a redibição do contrato ou o abatimento do preço, proporcional ao valor da substituição do equipamento viciado.

(B) Roberto poderá exigir a devolução do valor pago, acrescido de dano emergente e lucros cessantes, considerando que adquiriu o veículo para fins profissionais.

(C) Roberto poderá exigir a redibição do contrato ou o abatimento do preço, mas, no primeiro caso, receberá tão somente o valor pago acrescido das despesas do contrato.

(D) Decaiu o direito de Roberto de obter a redibição do contrato ou abatimento do preço.

(E) Decaiu o direito de Roberto de obter a redibição do contrato, mas ainda pode exigir o abatimento do preço.

16. (Defensor Público – DPE-MA – FCC – 2018) O vício redibitório e o erro substancial

(A) geram a nulidade do negócio jurídico e, consequentemente, impõem a declaração de nulidade e a indenização pelos danos causados.

(B) constituem espécies de vício da vontade, uma vez que o negócio não teria sido realizado se não se verificasse o vício ou erro.

(C) são distintos uma vez que no primeiro o vício oculto pertence ao objeto adquirido, ao passo que no segundo, o vício é da manifestação da vontade.

(D) dizem respeito somente ao âmbito da eficácia do negócio jurídico e apresentam como consequência o abatimento do valor pago.

(E) constituem vício do objeto do negócio jurídico contraído, pois o objeto adquirido possui algum vício que torna a coisa inútil para o fim a que se destina.

17. (Analista Judiciário de Procuradoria – PGE-PE – CESPE – 2019) Com base nas disposições do Código Civil acerca de contratos, julgue o item subsequente.

Na hipótese de defeito oculto de coisa recebida em decorrência de contrato comutativo, caso o alienante não tenha conhecimento do referido vício, ele deverá restituir o valor recebido do contrato, acrescido de indenização por perdas e danos

( ) Certo

( ) Errado

18. (Juiz Substituto – TJ-AL – FCC – 2019) Renato emprestou seu automóvel a Paulo. Quinze dias depois, ainda na posse do veículo, Paulo o comprou de Renato, que realizou a venda sem revelar que o automóvel possuía grave defeito mecânico, vício oculto que só foi constatado por Paulo na própria data da alienação. Nesse caso, de acordo com o Código Civil, Paulo tem direito de obter a redibição do contrato de compra e venda, que se sujeita a prazo

(A) prescricional, de trinta dias, contado da data em que recebeu o automóvel.

(B) prescricional, de quinze dias, contado da data da alienação.

(C) decadencial, de trinta dias, contado da data em que recebeu o automóvel.

(D) decadencial, de quinze dias, contado da data da alienação.

(E) decadencial, de noventa dias, contado da data em que recebeu o automóvel.

19. (Procurador – Prefeitura de Curitiba – PR – NC-UFPR – 2019) Acerca dos contratos, é IN-CORRETO afirmar:

(A) A parte lesada pelo inadimplemento pode pedir a resolução do contrato, se não preferir exigir-lhe o cumprimento, cabendo, em qualquer dos casos, indenização por perdas e danos.

(B) A proposta de contrato obriga o proponente, se o contrário não resultar dos termos dela, da natureza do negócio, ou das circunstâncias do caso. No entanto, deixará de ser obrigatória se, feita sem prazo a pessoa presente, não foi imediatamente aceita.

(C) Nos contratos onerosos, o alienante responde pela evicção, salvo se a aquisição tenha se realizado em hasta pública.

(D) O contrato preliminar, exceto quanto à forma, deve conter todos os requisitos essenciais ao contrato a ser celebrado.

(E) A cláusula resolutiva expressa opera de pleno direito; a tácita depende de interpelação judicial.

20. **(Procurador – Prefeitura de Curitiba – PR – NC-UFPR – 2019) São requisitos necessários à configuração de vício redibitório, EXCETO:**

(A) coisa adquirida em virtude de contrato comutativo ou doação onerosa.

(B) vício ou defeito prejudicial à utilização da coisa ou determinante da diminuição de seu valor.

(C) coisa desfalcada em sua quantidade ou que apresente ausência de qualidade em relação ao prometido pelo alienante.

(D) defeito grave e oculto.

(E) defeito já existente no momento da celebração do ato negocial e que perdure até o instante da reclamação.

21. **(Advogado Legislativo – Procurador – AL-AP – FCC – 2020) No tocante à evicção e aos vícios redibitórios, é correto afirmar:**

(A) Não obstante a cláusula que exclui a garantia contra a evicção, se esta se der, tem direito o evicto a receber o preço que pagou pela coisa evicta, se não soube do risco da evicção, ou, dele informado, não o assumiu.

(B) O alienante que conhecia ou não o vício ou defeito da coisa restituirá o que recebeu com perdas e danos.

(C) São aplicáveis as disposições dos vícios redibitórios às doações simples.

(D) Nos contratos onerosos, o alienante responde pela evicção, salvo se a aquisição houver ocorrido em hasta pública, quando então não subsistirá a garantia.

(E) O adquirente decai do direito de obter a redibição ou abatimento no preço no prazo de noventa dias se a coisa for móvel, e de um ano se for imóvel, contado da entrega efetiva; se já estava na posse, o prazo conta-se da alienação, reduzido à metade.

22. **(Analista Jurídico – Prefeitura de Betim-MG – INSTITUTO AOCP – 2020) No que diz respeito à temática dos contratos, assinale a alternativa correta.**

(A) Os contratos entre ausentes tornam-se perfeitos desde que a aceitação é expedida, ainda que ela não chegue no prazo convencionado.

(B) O adquirente decai do direito de obter a redibição ou abatimento no preço no prazo de trinta dias se a coisa for móvel, e de um ano se for imóvel, contado da entrega efetiva; se já estava na posse, o prazo conta-se da alienação, reduzido à metade.

(C) Quando o vício redibitório, por sua natureza, só puder ser conhecido mais tarde, o prazo contar-se-á do momento em que dele tiver ciência, até o prazo máximo de 90 (noventa) dias, em se tratando de bens móveis; e de um ano, para os imóveis.

(D) É vedado as partes, ainda que por cláusula expressa, diminuir ou excluir a responsabilidade pela evicção.

(E) Pode ser objeto de contrato a herança de pessoa viva.

23. **(Advogado – EBSERH – VUNESP – 2020) Maria comprou um veículo automotor em 01.01.2019 de José, um colega de trabalho. No dia 01.08.2019, o veículo fundiu o motor, em razão de um defeito no sistema de arrefecimento do motor, defeito oculto e desconhecido por Maria e por José. No dia 01.12.2019, Maria requereu que José abatesse do preço o valor a ser gasto para retificar o motor fundido. Acerca do caso hipotético, pode-se corretamente afirmar:**

CAP. 5 • EFEITOS DOS CONTRATOS – OS VÍCIOS REDIBITÓRIOS, OS VÍCIOS DO PRODUTO E A EVICÇÃO | 271

(A) não há qualquer direito de Maria a requerer o abatimento do preço por vício redibitório, tendo em vista que este não era de conhecimento de José.

(B) a pretensão para pedir o abatimento do preço decaiu após 30 (trinta) dias contados da data da compra do veículo automotor.

(C) a pretensão para pedir o abatimento do preço decaiu após 30 (trinta) dias contados da data da descoberta do vício oculto.

(D) a pretensão para pedir o abatimento do preço decaiu após 180 (cento e oitenta) dias contados da data da compra do veículo automotor.

(E) o direito de Maria requerer o abatimento do preço pode ser exercido em até cinco anos da data da celebração do contrato.

24. (Procurador do Estado – PGE-RS – Fundatec – 2021) Assinale a alternativa correta.

(A) A evicção parcial só pode gerar o desfazimento do contrato se a parte perdida for considerável.

(B) A evicção não se aplica se a aquisição for feita em hasta pública.

(C) Não é possível excluir a responsabilidade por evicção.

(D) Entre as indenizações devidas pela evicção não se encontram as benfeitorias.

(E) O conhecimento de que a coisa era litigiosa não elide a evicção.

25. (Auditor Fiscal da Receita Estadual – Sefaz-ES – FGV – 2021) Em 30 de janeiro de 2015, Ricardo devolve a Rita, o imóvel que dela havia alugado. Os contratantes extinguiram a locação, com a ressalva da dívida de um mês de aluguel, que Ricardo se obrigou a pagar em 10 de fevereiro seguinte. Rita nada fez para receber seu crédito, ante dificuldades financeiras de Ricardo. Em 10 de março de 2021, Ricardo recebeu um computador em contraprestação a trabalho desenvolvido e resolveu entregá-lo no mesmo dia à Rita, de modo a extinguir a obrigação decorrente da locação. Embora seja de valor inferior ao crédito, Rita recebe o objeto dando quitação sem ressalva a Ricardo. Todavia, após alguns dias do recebimento, Rita recebe oficial de justiça em sua residência, o qual, munido de mandado de busca e apreensão expedido em cumprimento de sentença, leva o computador, que pertencia a terceiro. Diante destes fatos, assinale a afirmativa correta.

(A) Ante a consumação do prazo prescricional, a transmissão do computador deve ser tida como doação e Ricardo não está sujeito às consequências da evicção.

(B) O recebimento do computador, dentro do prazo prescricional, indica dação em pagamento, pelo que Ricardo responde pela evicção.

(C) Ainda que consumado o prazo prescricional, a dação em pagamento, diante da evicção, importa em renúncia à prescrição.

(D) Apesar da consumação do prazo prescricional, a transmissão do bem produz efeitos liberatórios da pretensão de Rita, ainda que ocorra a evicção.

(E) O recebimento do computador, dentro do prazo prescricional, indica dação em pagamento, pelo que Ricardo não deve responder pela evicção.

26. (Promotor de Justiça substituto – MPE-SE – CESPE/CEBRASPE – 2022) Se uma pessoa perde a posse da coisa transferida, por força de sentença judicial que reconheça o direito anterior de terceiro, configura-se o que o direito denomina de

(A) posse de má-fé.

(B) posse injusta.

(C) redibição.

(D) preempção.

(E) evicção.

27. (Promotor de Justiça substituto – MPE-SE – CESPE/CEBRASPE – 2022) Uma pessoa natural vende um automóvel usado ao seu vizinho. Constata-se, logo após a venda, haver vício redibitório. Ainda não decorreu o prazo decadencial. O adquirente quer desfazer o negócio, devolvendo o bem e recebendo seu dinheiro de volta, além das despesas que arcou com

272 | DIREITO CIVIL • VOL. 3 – *Flávio Tartuce*

a transferência da documentação junto ao Departamento de Trânsito. Ainda almeja ser ressarcido pelo que gastou com o reboque do veículo, isto a título de perdas e danos. Ocorre que o alienante alega e prova que definitivamente desconhecia o vício. Pode-se dizer que

(A) o alienante comprovou estar de boa-fé e, por tal razão, fica isento de responsabilidade e não deve restituir, nem total, nem parcialmente, o valor recebido, tampouco ressarcir as despesas havidas. A boa-fé aqui se equipara ao caso fortuito e à força maior, sendo excludente de culpabilidade e de antijuridicidade.

(B) embora não haja previsão legal regulando a referida situação, doutrina e jurisprudência exigem prova do conhecimento do vício por parte do alienante, sendo presumida, até que o contrário se demonstre, a boa-fé objetiva.

(C) mesmo que de boa-fé, há responsabilidade do alienante, embora em menor extensão do que ocorreria em caso de má-fé. Assim, só estaria ele isento em relação às perdas e danos.

(D) a solução do problema dependerá de uma análise casuística a ser feita pelo magistrado, à míngua de previsão na legislação em vigor e deverá ser estribada, principalmente, no princípio da função social do contrato. Há que se perquirir a respeito de quem é a parte mais fraca na relação negocial.

(E) como o vício redibitório recai sobre a coisa, sendo, portanto, objetivo, a boa-fé, enquanto elemento subjetivo, é aqui irrelevante e nada altera em relação à extensão da responsabilidade do alienante.

28. **(Analista de Previdência Complementar – FUNPRESP-EX – CESPE/CEBRASPE – 2022) A respeito das obrigações, dos contratos, do Marco Civil da Internet e da Proteção de Dados, julgue o item que se segue.**

Celebrado contrato oneroso com cláusula que exclua a garantia contra a evicção, poderá o evicto receber o preço que pagou pela coisa evicta se comprovar que não soube do risco da evicção.

( ) Certo

( ) Errado

29. **(Defensor Público – DPE-PA – CESPE/CEBRASPE – 2022) João adquiriu um carro novo em uma concessionária em janeiro de 2020. No dia em que retirou da loja o automóvel, ele percebeu que o veículo fazia um ruído quando a embreagem era acionada, o que o levou a retornar à concessionária para verificar se havia algum problema. Ao conversar com os funcionários a respeito disso, foi informado de que o ruído era natural, uma vez que o motor era novo. Oito meses depois, ao retornar à concessionária para realizar a revisão de dez mil quilômetros do veículo, João, mais uma vez, queixou-se desse ruído, porém foi informado na ocasião de que o barulho era normal e de que se tratava de uma característica do modelo do carro adquirido. Uma semana depois, o veículo parou de funcionar e foi rebocado até a concessionária, lá permanecendo por mais de 60 dias. Em razão dessa situação, João acionou o Poder Judiciário, alegando vício oculto e pleiteando ressarcimento por danos materiais e indenização por danos morais.**

Considerando essa situação hipotética, julgue os itens a seguir.

I. Uma vez viciado o produto, o fornecedor tem 30 dias para sanar o vício; caso não o faça, o consumidor pode exigir a restituição da quantia paga.

II. Em se tratando de vício oculto, o prazo decadencial de 90 dias se inicia no momento em que fica evidenciado o defeito.

III. Reclamação comprovadamente formulada pelo consumidor perante o fornecedor é causa de suspensão do prazo decadencial.

IV. Nessa situação, por se tratar de vício do produto, a responsabilidade entre a concessionária e o fabricante do veículo é solidária.

Assinale a opção correta.

(A) Apenas os itens I e II estão certos.

(B) Apenas os itens I e IV estão certos.

(C) Apenas os itens II e III estão certos.

(D) Apenas os itens III e IV estão certos.

(E) Todos os itens estão certos.

CAP. 5 · EFEITOS DOS CONTRATOS – OS VÍCIOS REDIBITÓRIOS, OS VÍCIOS DO PRODUTO E A EVICÇÃO

30. **(CORE-RS – Instituto Consulplan – Advogado – 2023)** Os vícios redibitórios e a evicção são conceitos relacionados ao direito civil, especificamente no âmbito dos contratos de compra e venda. Eles dizem respeito a defeitos ou problemas que podem surgir após a conclusão de uma transação, afetando a validade ou a qualidade do objeto vendido. Sobre os referidos defeitos, analise as afirmativas a seguir.

I. Se o alienado conhecia o vício ou defeito da coisa, restituirá o que recebeu com perdas e danos; se o não conhecia, tão somente restituirá o valor recebido, mais as despesas do contrato.

II. Quando o vício, por sua natureza, só puder ser conhecido mais tarde, o prazo contar-se-á do momento em que dele tiver ciência, até o prazo máximo de cento e oitenta dias, em se tratando de bens móveis; e, de um ano, para os imóveis.

III. Não obstante a cláusula que exclui a garantia contra a evicção, se esta se der, tem direito o evicto a receber o preço que pagou ela coisa evicta, se não soube do risco da evicção, ou, dele informado, não o assumiu.

IV. Se o adquirente tiver auferido vantagens das deteriorações, e tiver sido condenado a indenizá-las, o valor das vantagens será deduzido da quantia que lhe houver de dar o alienante.

Está correto o que se afirma apenas em

(A) I e III.
(B) II e III.
(C) II e IV.
(D) III e IV.

31. **(RBPREV-AC – Ibade – Procurador Jurídico Previdenciário – 2023)** Márcia adquiriu um imóvel de Jorge, com cláusula de garantia de 5 (cinco) anos. Jorge conhecia de um vício, não aparente anterior à entrega do bem, e não informou à Márcia.

Conforme o caso acima narrado e o disposto no Código Civil, é correto afirmar que:

(A) após Márcia descobrir o vício, poderá denunciar o defeito a Jorge a qualquer tempo, desde que dentro do prazo de garantia.
(B) Márcia, decidindo por redibir o contrato, poderá demandar de Jorge apenas a restituição do valor pago pelo imóvel e as despesas do contrato.
(C) se o imóvel perecer em poder de Márcia em razão de outro vício oculto não conhecido por Jorge, este não poderá ser responsabilizado.
(D) Márcia poderá optar pelo abatimento do preço ou rejeitar a coisa, uma vez conhecido o vício, no prazo máximo de 1 (um) ano da efetiva entrega do imóvel.
(E) Márcia deverá denunciar o vício a Jorge no prazo máximo de 30 (trinta) dias do seu descobrimento, sob pena de, não o fazendo, incorrer na decadência.

32. **(PROCERGS – Fundatec – Advogado na área civil – 2023)** Nos contratos onerosos, o alienante responde pela evicção. Subsiste esta garantia ainda que a aquisição se tenha realizado em hasta pública. Sobre as disposições do Código Civil que tratam da evicção, assinale a alternativa INCORRETA.

(A) Podem as partes, por cláusula expressa, reforçar, diminuir ou excluir a responsabilidade pela evicção.
(B) As benfeitorias necessárias ou úteis, não abonadas ao que sofreu a evicção, não serão pagas pelo alienante.
(C) Salvo estipulação em contrário, tem direito o evicto, além da restituição integral do preço ou das quantias que pagou, à indenização dos frutos que tiver sido obrigado a restituir.
(D) Se parcial, mas considerável, for a evicção, poderá o evicto optar entre a rescisão do contrato e a restituição da parte do preço correspondente ao desfalque sofrido. Se não for considerável, caberá somente direito à indenização.
(E) Não pode o adquirente demandar pela evicção se sabia que a coisa era alheia ou litigiosa.

274 | DIREITO CIVIL • VOL. 3 – *Flávio Tartuce*

33. **(MPE-SC – Cespe/Cebraspe – Promotor de Justiça substituto – 2023) Julgue o próximo item, relativo ao direito do consumidor, às garantias, à prescrição, à decadência, à inversão do ônus da prova, à oferta e à desconsideração da personalidade jurídica.**

O CDC, ao tratar dos vícios ocultos, adota como critério a garantia, de forma que, expiradas as garantias legal e contratual, cessa a responsabilidade do fornecedor.

( ) Certo
( ) Errado

34. **(TJSP – Juiz substituto – Vunesp – 2024) Na hipótese de evicção, é correto dispor que**

(A) caberá ao evicto o direito de receber o preço que pagou pela coisa evicta, se não soube do risco da evicção, ou, dele informado, não o assumiu, ainda que prevista cláusula de exclusão da garantia.

(B) não fará jus, o evicto, a eventual reparação do prejuízo sofrido, prevista cláusula expressa de exclusão da garantia contra a evicção.

(C) a cláusula de *non praestanda evictione* (exclusão da garantia) não afasta o direito de ressarcimento em favor do evicto que, cientificado do risco da evicção, veio a assumi-lo.

(D) às partes não é dado, ainda que por cláusula expressa, reforçar, diminuir ou excluir a responsabilidade por evicção.

35. **(TCE-PA – Auditor de Controle Externo – FGV – 2024) Tereza, experiente negociadora de veículos usados, anuncia um veículo por preço bem abaixo do mercado, despertando o interesse de Cristina. Cristina então procurou Tereza a fim de adquirir o veículo.**

Curiosa para entender a razão pela qual Tereza estava vendendo o bem por um valor bem abaixo de mercado, interrogou Tereza, que então explicou que o veículo foi adquirido por herança de seu avô e que seus primos estariam reclamando judicialmente a propriedade do bem, informando, inclusive, o número do processo. Considerando o valor do bem, Cristina resolveu fechar o negócio, que foi firmado por escrito, constando cláusula específica de exclusão de responsabilidade de Tereza caso os primos lograssem êxito na referida ação judicial e o carro fosse por eles retomado. Foi acertado ainda o pagamento à vista.

Seis meses após a celebração da compra e venda, Cristina teve o carro apreendido por autoridade policial, que informou que o veículo era roubado e vinha sendo procurado há cerca de dois anos. Em seguida, Cristina procurou Tereza, requerendo a restituição dos valores pagos. Tereza, no entanto, se recusou, sob o argumento de que o contrato celebrado entre as partes excluía integralmente a sua responsabilidade por eventual perda do bem.

Diante da situação hipotética narrada e em conformidade com a legislação vigente, avalie as assertivas a seguir.

I. Tereza poderá ser responsabilizada pela evicção, a qual abarca a restituição integral do preço pago por Cristina, bem como a indenização pelas despesas dos contratos e as custas judiciais e honorários advocatícios.

II. Tereza está correta em sua argumentação, pois constou do contrato cláusula específica de exclusão de responsabilidade pela eventual perda do bem, o que abarca a apreensão por autoridade judicial.

III. Eventual responsabilidade de Tereza, dependerá de sentença transitada em julgado determinando a perda do bem, sendo insuficiente para tal, a apreensão por autoridade policial.

IV. Tereza não poderá ser responsabilizada pela perda do bem, pois informou a Cristina que se tratava de coisa litigiosa e, para compensar o risco, o preço pactuado foi abaixo do valor de mercado.

Está correto o que se afirma em

(A) I, apenas.
(B) II, apenas.
(C) I e III, apenas.
(D) II e IV, apenas.
(E) IV, apenas.

CAP. 5 · EFEITOS DOS CONTRATOS – OS VÍCIOS REDIBITÓRIOS, OS VÍCIOS DO PRODUTO E A EVICÇÃO | **275**

36. **(TJSP – Juiz substituto – Vunesp – 2024) Nas hipóteses em que verificado vício do produto ou do serviço e inércia do fornecedor quanto à reparação no prazo legal, faculta(m)-se ao consumidor**

(A) a restituição do valor pago, em caso de impossibilidade de substituição por outro produto, ainda que de espécie, marca e modelo diversos, providências que não se subordinam à natureza e extensão dos vícios e podem ser adotadas de forma imediata.

(B) a substituição imediata do produto ainda que de outra espécie, marca ou modelo, independentemente de complementação ou restituição de eventual diferença de preço.

(C) a substituição do produto por outro da mesma espécie, a restituição da quantia paga, sem prejuízo das perdas e danos ou o abatimento do preço, alternativas passíveis de utilização imediata, se comprovados comprometimento da qualidade, das características do produto ou diminuição do valor, em razão da extensão dos vícios.

(D) a substituição do produto por outro da mesma espécie ou a restituição da quantia paga, alternativas que não se sujeitam à prova de eventual comprometimento da qualidade do produto ou diminuição do valor, tampouco da adoção de providências pelo fornecedor em qualquer prazo, uma vez executada a prestação defeituosa.

37. **(TJSP – Juiz substituto – Vunesp – 2024) Em relação aos elementos que caracterizam o defeito do produto, fixando a abrangência da responsabilidade daí decorrente, é correto afirmar:**

(A) o produto é considerado defeituoso se outro de melhor qualidade tiver sido colocado no mercado.

(B) o produto é defeituoso quando não oferece a segurança que dele se espera, levando-se em consideração a sua apresentação, os usos e riscos que razoavelmente dele se esperam e a época em que foi colocado em circulação.

(C) nas hipóteses de defeito do produto, a culpa exclusiva do consumidor ou de terceiro não exclui a responsabilidade do fornecedor.

(D) constituem circunstâncias irrelevantes na configuração do defeito do produto os riscos, independentemente de sua natureza e da época em que foi colocado em circulação.

GABARITO

01 – D	02 – A	03 – D
04 – B	05 – C	06 – CERTO
07 – A	08 – B	09 – D
10 – C	11 – CERTO	12 – B
13 – D	14 – C	15 – C
16 – C	17 – ERRADO	18 – D
19 – C	20 – C	21 – A
22 – B	23 – D	24 – A
25 – C	26 – E	27 – C
28 – CERTO	29 – E	30 – B
31 – E	32 – B	33 – ERRADO
34 – A	35 – A	36 – C
37 – B		

A EXTINÇÃO DOS CONTRATOS

Sumário: 6.1 Introdução – 6.2 Extinção normal dos contratos – 6.3 Extinção por fatos anteriores à celebração – 6.4 Extinção por fatos posteriores à celebração – 6.5 Extinção por morte de um dos contratantes – 6.6 Resumo esquemático – 6.7 Questões correlatas – Gabarito.

6.1 INTRODUÇÃO

Ensina Maria Helena Diniz que o contrato, como qualquer negócio jurídico, possui um ciclo de existência: nasce do mútuo consentimento, sofre as vicissitudes de sua *carreira jurídica* e termina normalmente com o cumprimento das prestações (*Curso...*, 2003, p. 150). Nesse contexto, a execução ou o cumprimento do contrato é o modo normal de extinção de uma relação contratual.

O devedor executa a prestação e o credor atesta o cumprimento por meio da quitação – consubstanciada em um recibo –, sobre o qual tem direito o devedor, visando a provar a satisfação obrigacional. Se a quitação não lhe for entregue ou se lhe for oferecida de forma irregular, poderá o sujeito passivo da relação obrigacional reter o pagamento, sem que se configure a mora, ou, ainda, efetuar a consignação em pagamento, de forma judicial ou extrajudicial, conforme prevê o art. 334 do Código Civil.

No entanto, um contrato pode ser extinto antes do seu cumprimento, ou no decurso deste. Como o Direito é *ciência endêmica*, de solução de problemas sociais, nesses casos é que surgem as situações de maior relevância jurídica. Filosofando, como faz Gustavo Tepedino em suas palestras e exposições, *se o contrato for bom, não há a necessidade do Direito Contratual.*

Desse modo, há formas de extinção por causas anteriores ou contemporâneas ao nascimento do contrato, como é o caso da nulidade e da anulabilidade contratual; ou supervenientes à sua formação, como ocorrem com a resolução e a resilição.

Eventualmente, o contrato também pode ser extinto, em casos específicos, pela morte de um dos contratantes, sendo ele personalíssimo ou *intuitu personae*.

O Código Civil de 2002, muito melhor que a codificação anterior, trata da matéria entre os arts. 472 a 480. A tentativa de organização metodológica do assunto é, assim, elogiável. Entretanto, a codificação não esgota o tema, sendo interessante buscar socorro na melhor doutrina nacional, visando clarear o obscuro. Não há unanimidade doutrinária quanto à diferenciação de todos os conceitos relacionados com a matéria. Miguel Maria de Serpa Lopes, em 1963, já reconhecia que "os modos extintivos do contrato constituem um aspecto de difícil sistematização" (*Curso...*, 1963, p. 197).

Visando mais uma vez à facilitação, a presente obra procura unir o que de melhor traz a doutrina nacional a respeito do tema, para formular uma proposição final. Para essa difícil empreitada, foram utilizados os ensinamentos de Orlando Gomes (*Contratos...*, 1996), Arnoldo Wald (*Curso...*, 1999) e Maria Helena Diniz (*Tratado...*, 2002). Foram também preciosos os esclarecimentos do saudoso Ruy Rosado de Aguiar, em obra específica sobre o tema, intitulada *Extinção dos contratos por incumprimento do devedor (Resolução)*. Isso sem prejuízo de outros autores renomados e de civilistas da geração contemporânea, que serão devidamente citados no presente capítulo.

A partir dos ensinamentos da doutrina, de uma interpretação sistemática do Código Civil atual, e também da legislação especial, passa-se a demonstrar as quatro formas básicas de extinção dos contratos, a saber:

I) Extinção normal do contrato.
II) Extinção por fatos anteriores à celebração.
III) Extinção por fatos posteriores à celebração.
IV) Extinção por morte.

Vejamos, de forma pontual e sucessiva.

6.2 EXTINÇÃO NORMAL DOS CONTRATOS

Inicialmente, como primeira forma básica, o contrato poderá ser extinto de forma *normal*, pelo cumprimento da obrigação. A forma normal de extinção está presente, por exemplo, quando é pago o preço em obrigação instantânea; quando são pagas todas as parcelas em obrigação de trato sucessivo a ensejar o fim da obrigação; quando a coisa é entregue conforme pactuado; quando na obrigação de não fazer o ato não é praticado, entre outros casos possíveis.

Também haverá a extinção normal findo o prazo previsto para o negócio, ou seja, no seu termo final, desde que todas as obrigações pactuadas sejam cumpridas. Extinto o contrato, não há que se falar em obrigações dele decorrentes, em regra. Entretanto, não se pode esquecer que a boa-fé objetiva deve estar presente mesmo após a celebração do contrato (art. 422 do CC), sob pena de caracterização da violação de um dever anexo ou de abuso de direito (art. 187 do CC), a gerar uma responsabilidade civil pós-contratual ou *post pactum finitum*.

6.3 EXTINÇÃO POR FATOS ANTERIORES À CELEBRAÇÃO

Como segunda forma básica, a extinção dos contratos pode se dar por motivos anteriores à celebração, surgindo como sua primeira hipótese a invalidade contratual (*teoria das nulidades*).

Haverá invalidade nos casos envolvendo o contrato nulo (eivado de nulidade absoluta) e o contrato anulável (presente a nulidade relativa ou anulabilidade). As regras quanto a essas hipóteses, é interessante frisar, não se encontram no capítulo específico da teoria geral dos contratos (arts. 421 a 480 do Código Civil), mas na Parte Geral do Código Privado, particularmente nos seus arts. 166, 167 e 171.

Há quem entenda ser possível se falar, ainda, em *contrato inexistente*. Entre os autores de renome, como Álvaro Villaça Azevedo, estão aqueles adeptos da *teoria da inexistência do contrato*, para quem esta forma de extinção estará presente quando faltar um dos elementos essenciais do pacto, os seus pressupostos de existência. Para o professor das Arcadas: "a inexistência do contrato ocorrerá quando faltar qualquer um dos seus elementos essenciais, como, por exemplo, a vontade dos contratantes" (AZEVEDO, Álvaro Villaça. *Teoria...*, 2002, p. 110). Miguel Maria de Serpa Lopes é outro doutrinador que defende a *teoria da inexistência* em relação ao contrato, ensinando que a ausência de vontade no negócio não pode ser considerada como causa de nulidade absoluta, sendo certo que o ato inexistente não gera qualquer efeito no plano jurídico (SERPA LOPES, Miguel Maria de. *Curso...*, 1963, p. 447).

No entanto, conforme foi apontado, não há unanimidade doutrinária quanto à *teoria da inexistência do negócio jurídico* ou inexistência contratual, eis que o Código Civil trata apenas do negócio nulo e anulável. Silvio Rodrigues, por exemplo, sempre criticou a teoria da inexistência, considerando-a inexata, inútil e inconveniente. Inexata, pois, muitas vezes, o ato inexistente cria algo cujos efeitos devem ser afastados por uma ação judicial. Inútil, porque a noção de nulidade absoluta pode substituir a ideia de inexistência muito bem. Inconveniente, uma vez que, sendo considerada desnecessária uma ação judicial para afastar os efeitos do negócio inexistente, o direito à prestação jurisdicional está sendo afastado, principalmente no que concerne às pessoas de boa-fé (RODRIGUES, Silvio. *Direito civil...*, 1994, p. 291-292).

Realmente, a teoria da inexistência do negócio jurídico, particularmente quanto ao contrato, parece ser insatisfatória tecnicamente, uma vez que o Código Civil de 2002 não adotou, de forma destacada, o plano da existência. Em suma, também não sou favorável à teoria da inexistência do contrato. Nas hipóteses apontadas pela doutrina como casos de inexistência, entendo ser o contrato nulo, resolvendo-se os problemas jurídicos com o plano da validade. Em verdade, de forma didática, pode-se reafirmar que o plano da existência está *embutido* no plano da validade.

De todo modo, para uma melhor compreensão do tema, cabe rever as situações em que o contrato é tido como nulo ou anulável, mesmas situações de nulidade e de anulabilidade do negócio jurídico, previstas de forma geral nos arts. 166 e 171 do Código Civil de 2002, respectivamente.

No que concerne às hipóteses de nulidade do contrato, estatui o art. 166, inc. I, do CC, mantendo regra anterior, que nulo será o negócio jurídico celebrado por absolutamente incapaz, no caso de ausência de representação, instituto jurídico apto a trazer a validade desse ato celebrado. Cabe lembrar que o rol dos absolutamente incapazes foi alterado substancialmente pela Lei 13.146/2015, conhecida como *Estatuto da Pessoa com Deficiência*, cujo objetivo foi a inclusão civil dessas pessoas, especialmente para os atos existenciais. Anteriormente, eram considerados como absolutamente incapazes, pelo art. 3.º do Código Civil, os menores de 16 anos; os enfermos e deficientes mentais sem o necessário discernimento para a prática dos atos da vida civil e as pessoas que, por causa transitória ou definitiva, não pudessem exprimir sua vontade. Com a mudança, a norma passa a mencionar apenas os menores de 16 anos.

De acordo com o inciso seguinte, será nulo o negócio ou contrato quando houver sério problema a acometer o seu objeto, sendo este ilícito, impossível, indeterminado ou indeterminável (art. 166, inc. II, do CC). Caso o motivo determinante, comum a ambas as partes, seja ilícito, a nulidade também se fará presente (art. 166, inc. III).

Será nulo o contrato caso não seja revestido da forma prevista em lei ou sendo preterida alguma solenidade que a lei considere essencial para a sua validade (art. 166, incs. IV e V). Em suma, o desrespeito à forma ou à solenidade é causa de nulidade absoluta. Ilustre-se com a venda de um imóvel com valor superior a trinta salários mínimos celebrado sem escritura pública.

Segundo o inc. VI do art. 166 do Código, será nulo o negócio jurídico que "tiver como objetivo fraudar a lei imperativa". A previsão pode ser concebida como desnecessária, pois o objeto do negócio que traz a fraude pode ser tido como ilícito, razão pela qual esta hipótese já estaria enquadrada no inciso II do comando legal em questão. De qualquer forma, o legislador quis destacar essa causa de nulidade, que merece atenção. Exemplo típico de nulidade por fraude à lei imperativa ocorre na hipótese em que se pactua a venda de um bem inalienável, caso do bem de família convencional ou voluntário, tratado entre os arts. 1.711 a 1.722 do CC.

Nos termos do último inciso do art. 166 (inc. VII), o contrato será passível de nulidade, quando a lei assim o declarar (*nulidade textual*) ou proibir o ato sem cominar sanção (*nulidade virtual*). Concretizando, entre as várias hipóteses previstas na legislação nacional, como *nulidade textual* cite-se a nulidade prevista pelo art. 51 do Código de Defesa de Consumidor (rol de cláusulas abusivas), bem como a nulidade da *doação universal*, que se refere à transmissão de todos os bens, sem a reserva do mínimo para a sobrevivência do doador (art. 548 do CC). Como exemplo de *nulidade virtual*, proíbe o art. 426 do CC que os contratos tenham por objeto a herança de pessoa viva (proibição do pacto sucessório ou *pacta corvina*). Na última hipótese, o ato é proibido, apesar de não haver sanção expressa nesse sentido. Sendo o contrato celebrado não obstante a proibição, o caso é de nulidade absoluta.

Seguindo, o art. 167 do CC/2002 traz inovação importantíssima, frente ao Código Civil de 1916, pois a simulação passou a gerar a nulidade absoluta do contrato caso esteja presente qualquer uma das modalidades desse vício social do negócio jurídico. Entretanto, nulo será o negócio simulado (da aparência), mas válido o negócio dissimulado (da essência), se o for na substância e na forma, priorizando-se a conservação negocial.

Finalizando quanto a essa forma de extinção dos pactos, sou adepto do posicionamento pelo qual a coação física, vício do consentimento, gera nulidade e não a anulabilidade do contrato. A coação física ou *vis absoluta*, conforme os romanos, pode ser conceituada como o constrangimento corporal que retira toda a capacidade de manifestação de vontade, implicando ausência total de consentimento e acarretando nulidade do ato.

A nulidade absoluta estava bem justificada, pois a situação de coação física fazia que a pessoa se enquadrasse na antiga previsão do art. 3.º, inc. III, do CC, como um alguém que, por causa transitória, não pudesse exprimir sua vontade. Entretanto, reafirma-se que o sistema de incapacidades foi alterado substancialmente, passando tais pessoas a ser consideradas como relativamente incapazes, com o Estatuto da Pessoa com Deficiência (novo art. 4.º, inc. III, do CC, modificado pela Lei 13.146/2015). Por isso, acredito que haverá dificuldade nesse enquadramento anterior. Talvez, a tese da nulidade absoluta possa ser mantida pela afirmação de que o objeto é indeterminado (art. 166, inc. II, do CC), diante de uma vontade que não existe. Vejamos como a doutrina se posicionará nos próximos anos sobre essa hipótese.

Ademais, é fundamental esclarecer que alguns autores, como Renan Lotufo, entendem que, se tal modalidade de coação estiver presente, o negócio será inexistente. São suas palavras:

> "No que concerne à coação, o Novo Código Civil apresenta algumas alterações de relevo. Da mesma forma que o Código de 1916, não existe alusão à coação física, também denominada absoluta, mas tão somente à coação moral, ou relativa, a 'vis compulsiva', ao contrário do que é feito no Código Civil português de 1966. É que na chamada 'vis absoluta' não ocorre consentimento; logo, não se pode falar em vício do mesmo, mas em ausência, o que impede falar em negócio jurídico. É da coação moral, da intimidação, da 'vis compulsiva', que trata o Código. Optou o legislador por não mencionar a coação física, que é o desenvolvimento de força material a que não pode resistir o paciente, tolhendo inteiramente a sua liberdade, não permitindo a formação do negócio, razão pela qual não pode e não deve ser tratado no plano da validade, sendo considerado negócio inexistente. A coação absoluta tem sua maior regulamentação na esfera penal" (LOTUFO, Renan. *Código*..., 2003, p. 412).

Mesmo respeitando a posição do doutrinador citado, não sou seguidor da *teoria da inexistência do negócio* e por isso não há como se filiar a esse entendimento, que, entretanto, merece respeito e citação.

No estudo da invalidade do negócio jurídico, a gerar a sua extinção por fatos anteriores à celebração, segunda forma básica de extinção dos negócios jurídicos contratuais, cabe lembrar os casos de anulabilidade do contrato.

Haverá anulabilidade do negócio jurídico, nos termos do art. 171, inc. I, do Código Civil, quando o contrato for celebrado por pessoa relativamente incapaz, sem a devida assistência. Mais uma vez, consigne-se que o rol dos relativamente incapazes, previsto no art. 4.º do Código Civil, foi modificado substancialmente pelo Estatuto da Pessoa com Deficiência. Antes dessa alteração, de 2015, eram relativamente incapazes os maiores de 16 e menores de 18 anos, os ébrios habituais (entendidos como os alcoólatras), os viciados em tóxicos, os deficientes mentais com discernimento mental reduzido, os excepcionais sem desenvolvimento completo e os pródigos.

Com a nova redação, não há mais menção às pessoas com discernimento reduzido no inciso II do art. 4.º do CC. Além disso, os excepcionais sem desenvolvimento completo foram substituídos pelas pessoas que por causa transitória ou definitiva não puderem exprimir vontade (inciso III), antes tratados como absolutamente incapazes. No mais, os menores de 18 anos e maiores de 16 anos (inciso I) e os pródigos (inciso IV) foram mantidos no dispositivo, sem alterações.

Reafirme-se que todas essas alterações visaram à inclusão das pessoas com deficiência, regulamentando a Convenção de Nova York, tratado internacional de direitos humanos do qual o Brasil é signatário, com força de Emenda à Constituição. Para os devidos aprofundamentos, o tema está tratado no Volume 1 desta coleção.

Ainda, haverá anulabilidade quando presentes os demais vícios do negócio jurídico: erro, dolo, coação moral, lesão, estado de perigo e fraude contra credores (art. 171, inc. II). Para os casos envolvendo tais vícios, o prazo decadencial para a propositura da ação anulatória pelo interessado está previsto no art. 178 do CC, sendo de quatro anos e variando o início de sua contagem de acordo com o defeito presente.

Para encerrar o estudo da anulabilidade contratual, o *caput* do art. 171 reconhece a nulidade relativa em casos previstos ou especificados em lei. Ilustrando, pode ser citada a regra do art. 1.649 do Código Civil de 2002, que consagra a anulabilidade dos contratos de compra e venda de imóvel, doação e fiança celebrados em desobediência ao art. 1.647, que exige a *outorga conjugal* (*uxória*, da mulher, e *marital*, do marido). O prazo para a ação anulatória é decadencial de dois anos, a contar da dissolução da sociedade conjugal. Outrossim, mencione-se a importante regra do art. 496 do CC que prevê que é anulável a venda de ascendente para descendente não havendo autorização dos demais descendentes e do cônjuge do alienante. O tema está aprofundado no próximo capítulo do livro.

Ao lado da invalidade contratual (*teoria das nulidades*), ainda existem outras formas de extinção do negócio jurídico, decorrentes de fatos anteriores, quais sejam a existência no negócio de uma *cláusula resolutiva expressa* ou a inserção de *cláusula de arrependimento* no pacto. Essas duas formas de extinção decorrem da autonomia privada, da previsão contratual, razão pela qual são tratadas como motivos anteriores ou contemporâneos à celebração do contrato.

Desse modo, pode existir previsão no negócio de uma cláusula resolutiva expressa, podendo um evento futuro e incerto (condição) acarretar a extinção do contrato. Justamente porque essa previsão consta da origem do pacto é que há a extinção por fato anterior ou contemporâneo à celebração. Em total sintonia com o princípio da operabilidade, preceitua o art. 474 do Código Civil que "a cláusula resolutiva expressa opera de pleno direito; a tácita depende de interpelação judicial". Assim, conforme o Enunciado n. 436, aprovado na *V Jornada de Direito Civil*, "a cláusula resolutiva expressa produz seus efeitos extintivos independentemente de pronunciamento judicial", o que deve ser tido como regra.

Exatamente nessa linha, importante precedente do Superior Tribunal de Justiça, do ano de 2021, dispensou a ação de resolução contratual em caso de cláusula resolutiva expressa incluída em compromisso de compra e venda, possibilitando o manejo direto da ação de reintegração de posse. O *decisum* revê a posição anterior da própria Quarta Turma, sendo fundamental destacar o seguinte trecho de sua ementa:

"Inobstante a previsão legal (art. 474 do Código Civil) que dispensa as partes da ida ao Judiciário quando existente a cláusula resolutiva expressa por se operar de pleno direito, esta Corte Superior, ao interpretar a norma aludida, delineou a sua jurisprudência, até então, no sentido de ser 'imprescindível a prévia manifestação judicial na hipótese de rescisão de compromisso de compra e venda de imóvel para que seja consumada a resolução do contrato, ainda que existente cláusula resolutória expressa, diante da necessidade de observância do princípio da boa-fé objetiva a nortear os contratos' (REsp 620.787/SP, 4.ª Turma, Rel. Min. Luis Felipe Salomão, *DJe* 27.04.2009). Na situação em exame, revela-se incontroverso que: (i) há cláusula resolutiva expressa no bojo do compromisso de compra e venda de imóvel firmado entre as partes; (ii) a autora procedeu à notificação extrajudicial do réu, considerando, a partir do prazo para a purga da mora, extinto o contrato decorrente de inadimplemento nos termos de cláusula contratual específica entabulada pelas partes, sem ajuizar prévia ação de rescisão do pacto; e (iii) a pretensão deduzida na inicial (reintegração na posse do imóvel) não foi cumulada com o pedido de rescisão do compromisso de compra e venda. Desse modo, caso aplicada a jurisprudência sedimentada nesta Corte Superior, sem uma análise categórica dos institutos a ela relacionados e das condições sobre as quais ancorada a compreensão do STJ acerca da questão envolvendo a reintegração de posse e a rescisão de contrato com cláusula resolutória expressa, sobressairia a falta de interesse de agir da autora (na modalidade inadequação da via eleita), por advir a posse do imóvel da celebração do compromisso de compra e venda cuja rescisão supostamente deveria ter sido pleiteada em juízo próprio. Entende-se, todavia, que casos como o presente reclamam solução distinta, mais condizente com as expectativas da sociedade hodierna, voltadas à mínima intervenção estatal no mercado e nas relações particulares, com foco na desjudicialização, simplificação de formas e ritos e, portanto, na primazia da autonomia privada" (STJ, REsp 1.789.863/MS, 4.ª Turma, por maioria, Rel. Min. Marco Buzzi, j. 10.08.2021).

De fato, os últimos argumentos são fortes, especialmente o afeito à extrajudicialização dos conflitos, devendo ser privilegiados para resolver a questão até porque, no caso concreto, houve a prévia notificação extrajudicial do devedor para constituí-lo em mora.

No contexto da última afirmação, é forçoso apontar que, em algumas situações, mesmo havendo uma cláusula resolutiva expressa, haverá necessidade de notificação da parte para constituí-la em mora e, posteriormente, extinguir o contrato. Isso ocorre, por exemplo, nos contratos de *leasing* ou arrendamento mercantil. Nesse sentido, a dicção da Súmula 369 do STJ, segundo a qual "no contrato de arrendamento mercantil (*leasing*), ainda que haja cláusula resolutiva expressa, é necessária a notificação prévia do arrendatário para constituí-lo em mora".

O exemplo típico de cláusula resolutiva expressa é o *pacto comissório contratual*, instituto que estava previsto pelo art. 1.163 do Código Civil de 1916 como cláusula especial da compra e venda. Estaria permitida a sua previsão no contrato, como cláusula resolutiva expressa ou haveria vedação, por suposta ilicitude do seu conteúdo? Na minha opinião, não há vedação para a sua previsão, principalmente porque os seus efeitos são próximos aos da exceção de contrato não cumprido, consagrada para os contratos bilaterais (art. 476 do CC). Conclui-se, por tal, que o *pacto comissório contratual* enquadra-se no art. 474 do CC. No mesmo sentido, entendem Sílvio de Salvo Venosa (*Direito civil...*, 2003, p. 95) e Ruy Rosado de Aguiar (*Extinção...*, 2004, p. 58).

A título de ilustração concreta do *pacto comissório contratual*, imagine-se a inserção da seguinte cláusula em uma venda de bem móvel: "Se até o dia X, o vendedor não entregar a coisa e o comprador não pagar o preço, o contrato estará extinto e resolvido". Não há necessidade de atuação de qualquer uma das partes para que, vencido o prazo, o negócio seja considerado como desfeito, de forma automática.

De qualquer modo, não se pode confundir essa figura negocial com o *pacto comissório real*, vedado no art. 1.428 do CC/2002, dispositivo que enuncia ser nula a cláusula que autoriza o credor de um direito real de garantia (penhor, hipoteca ou anticrese) a ficar com o bem dado em garantia sem levá-lo à excussão (ou execução). Os institutos jurídicos em estudo são totalmente distintos, particularmente quanto à categorização jurídica.

Outrossim, é forma de extinção por fato anterior à celebração a previsão no negócio do direito de arrependimento, inserido no próprio contrato, hipótese em que os contraentes estipulam que o negócio será extinto, mediante declaração unilateral de vontade, se qualquer um deles se arrepender (*cláusula de arrependimento*).

Com a inserção dessa cláusula já existe uma intenção presumida e eventual de aniquilar o negócio, sendo assegurado um direito potestativo à extinção para a parte contratual. Esse direito de arrependimento, de origem contratual, não se confunde com o direito de arrependimento de origem legal previsto, por exemplo, no art. 49 do CDC, pelo qual, para as vendas realizadas fora do estabelecimento comercial, o consumidor tem um prazo de arrependimento de sete dias, a contar da assinatura do contrato ou do ato de recebimento do produto. Frise-se que são exemplos de vendas realizadas fora do estabelecimento comercial aquelas realizadas pela internet ou por catálogo.

Para encerrar o tópico, anoto que no Projeto de Reforma e Atualização do Código Civil são feitas sugestões para o aprimoramento desse art. 474. Nesse contexto, o seu *caput* passará a mencionar também a interpelação extrajudicial, na linha da esperada extrajudicialização: "a cláusula resolutiva expressa opera de pleno direito; a tácita, depende de interpelação judicial ou extrajudicial". Além disso, insere-se um novo § 1.º, prevendo que "a cláusula resolutiva expressa produz efeitos extintivos independentemente de pronunciamento judicial". Adota-se, portanto, o teor do Enunciado n. 436, da *V Jornada de Direito Civil*. Por fim, de acordo com o projetado § 2.º, o beneficiário poderá eventualmente afastar o efeito da cláusula resolutiva expressa, o que representa uma notável e necessária valorização da liberdade e da autonomia privada.

Analisadas essas três formas de extinção dos contratos por motivos anteriores à celebração, parte-se para o estudo das razões posteriores ou supervenientes que geram a extinção do negócio jurídico.

6.4 EXTINÇÃO POR FATOS POSTERIORES À CELEBRAÇÃO

Como terceira forma básica, o contrato pode ser extinto por fatos posteriores ou supervenientes à sua celebração. Toda vez em que há a extinção do contrato por fatos posteriores à celebração, tendo uma das partes sofrido prejuízo, fala-se em *rescisão contratual*. Nesse sentido, a ação que pretende extinguir o contrato nessas hipóteses é denominada *ação de rescisão contratual*, seguindo rito ordinário, no sistema do CPC/1973, correspondente ao atual procedimento comum, no CPC/2015.

A partir dos entendimentos doutrinários referenciados no início do capítulo, pode-se afirmar que a *rescisão* (que é o gênero) possui as seguintes espécies: *resolução* (extinção do contrato por descumprimento) e *resilição* (dissolução por vontade bilateral ou unilateral, quando admissível por lei, de forma expressa ou implícita, pelo reconhecimento de um direito potestativo). Todas as situações envolvem o plano da eficácia do contrato, ou seja, o *terceiro degrau da Escada Ponteana*.

Com o devido respeito, está superada a ideia de que o termo *rescisão* seria sinônimo de invalidade (nulo e anulável), como afirmavam Caio Mário da Silva Pereira e Orlando Gomes, entre os *civilistas clássicos*. O próprio Código Civil em vigor parece adotar a visão no sentido de ser a rescisão gênero das espécies resolução e resilição.

De início, o art. 455 da Norma Privada usa a expressão *rescisão* no sentido de resolução, ao estabelecer que, "se parcial, mas considerável, for a evicção, poderá o evicto optar entre a rescisão do contrato e a restituição da parte do preço correspondente ao desfalque sofrido". Mais à frente, no tratamento relativo à prestação de serviços, a palavra rescisão surge como resilição no art. 607 do CC/2002, que assim enuncia: "o contrato de prestação de serviço acaba com a morte de qualquer das partes. Termina, ainda, pelo escoamento do prazo, pela conclusão da obra, pela rescisão do contrato mediante aviso prévio, por inadimplemento de qualquer das partes ou pela impossibilidade da continuação do contrato, motivada por força maior". Pelas próprias dicções dos textos codificados, constata-se, facilmente, que *rescisão* não está sendo utilizada com o sentido de ser nulo ou anulável o contrato correspondente.

Feitas tais considerações técnicas, como formas de *resolução*, surgem quatro categorias, analisadas pontualmente a seguir:

a) a inexecução voluntária;
b) a inexecução involuntária;
c) a cláusula resolutiva tácita; e
d) a resolução por onerosidade excessiva.

A *resolução por inexecução voluntária* está relacionada com a impossibilidade da prestação por culpa ou dolo do devedor, podendo ocorrer tanto na obrigação de dar como nas obrigações de fazer e de não fazer. Conforme as regras que constam dos arts. 389 e 390 do Código Civil, a inexecução culposa sujeitará a parte inadimplente ao ressarcimento pelas perdas e danos sofridos – danos emergentes, lucros cessantes, danos morais, estéticos e outros danos imateriais –, de acordo com aquilo que pode ser interpretado à luz dos arts. 402 a 404 da codificação material, da Constituição Federal e da atual jurisprudência.

Especificamente, enuncia o art. 475 do CC/2002 que a parte lesada pelo inadimplemento pode pedir a resolução do contrato. Mas, se não preferir essa resolução, a parte poderá exigir da outra o cumprimento do contrato, de forma forçada, cabendo, em qualquer uma das hipóteses, indenização por perdas e danos.

Sempre entendi que caberia ao credor escolher entre uma dessas duas opções. Nos termos de julgado da Quarta Turma do STJ, de 2021, está presente uma obrigação alternativa do devedor, podendo o credor optar entre elas. Vejamos trecho da sua ementa:

"(...). É lícito à parte lesada optar pelo cumprimento forçado ou pelo rompimento do contrato, não lhe cabendo, todavia, o direito de exercer ambas as alternativas simultaneamente. A escolha, uma vez feita, pode variar, desde que antes da sentença. Julgado procedente o pedido de condenação do devedor ao cumprimento do contrato, não cabe deferir, simultaneamente, ao credor, a pretensão de resolução do pacto" (STJ, REsp 1.907.653/RJ, 4.ª Turma, Rel. Min. Maria Isabel Gallotti, j. 23.02.2021, *DJe* 10.03.2021).

De todo modo, a Lei n. 14.833/2024 alterou esse quadro, passando a prever que a resolução do contrato, com a imputação das perdas e danos, é a última medida a ser tomada, em determinadas situações.

A alteração foi feita no art. 499 do CPC/2015 que, em seu *caput*, enuncia que "a obrigação somente será convertida em perdas e danos se o autor o requerer ou se impossível a tutela específica ou a obtenção de tutela pelo resultado prático equivalente". Nos termos do seu novo parágrafo único, "nas hipóteses de responsabilidade contratual previstas nos arts. 441, 618 e 757 da Lei n.º 10.406, de 10 de janeiro de 2002 (Código Civil), e de responsabilidade subsidiária e solidária, se requerida a conversão da obrigação em perdas e danos, o juiz concederá, primeiramente, a faculdade para o cumprimento da tutela específica".

Como se pode perceber, o comando menciona os casos de vícios redibitórios (art. 441), de vícios estruturais em empreitadas de grandes proporções (art. 618) e de seguro (art. 757), além de todas as hipóteses de responsabilidade contratual solidária e subsidiária, com vários devedores, havendo prioridade no cumprimento da tutela específica para o adimplemento contratual nessas hipóteses. Prestigia-se, sem dúvidas, o princípio da conservação do negócio jurídico que, nos termos do Enunciado n. 22, da *I Jornada de Direito Civil*, é anexo à função social dos contratos.

Ainda é preciso aguardar como a nova norma será aplicada na prática, sobretudo pelo Superior Tribunal de Justiça, estando atento este autor, para as futuras atualizações desta obra.

No tocante a essas perdas e danos, prevê o Enunciado n. 31 do CJF/STJ que dependem de imputação da causa da possível resolução. Em outras palavras, o enunciado doutrinário afirma que a resolução em perdas e danos depende da prova de culpa do devedor, ou seja, que a responsabilidade contratual também é, em regra, subjetiva.

A conclusão também é retirada do art. 392 do CC/2002, que faz referência ao dolo e à culpa, nos seguintes termos: "nos contratos benéficos, responde por simples culpa o contratante, a quem o contrato aproveite, e por dolo aquele a quem não favoreça. Nos contratos onerosos, responde cada uma das partes por culpa, salvo as exceções previstas em lei". De toda sorte, mesmo presente a responsabilidade culposa do devedor, a doutrina de ontem e de hoje sustenta a inversão do ônus da prova a favor do credor, se for comprovada a violação do dever contratual. Sintetizando tal forma de pensar, o Enunciado n. 548, da *VI Jornada de Direito Civil* (2013), expressa que "caracterizada a violação de dever contratual, incumbe ao devedor o ônus de demonstrar que o fato causador do dano não lhe pode ser imputado".

Ainda no que interessa ao art. 475 do Código Civil em vigor, foi aprovado, na *IV Jornada de Direito Civil*, o Enunciado n. 361 CJF/STJ, estabelecendo que "o adimplemento substancial decorre dos princípios gerais contratuais, de modo a fazer preponderar a função social do contrato e o princípio da boa-fé objetiva, balizando a aplicação do art. 475". São autores do enunciado os juristas Jones Figueirêdo Alves e Eduardo Bussatta. Para o último, "a teoria do adimplemento substancial corresponde a uma limitação ao direito formativo do contratante não inadimplente à resolução, limite este que se oferece quando o incumprimento é de somenos gravidade, não chegando a retirar a utilidade e função da contratação" (BUSATTA, Eduardo. *Resolução dos contratos...*, 2007, p. 83).

Em outras palavras, pela teoria do adimplemento substancial (*substancial performance*), em hipóteses em que o contrato tiver sido quase todo cumprido, não caberá a sua extinção, mas apenas outros efeitos jurídicos, visando sempre a manutenção da avença. Entendo que a relação da teoria se dá mais com o princípio da função social dos contratos, diante da conservação do negócio jurídico, assegurando-se trocas úteis e justas (Enunciado n. 22 CJF/STJ). Aliás, trata-se de mais um exemplo de eficácia interna da função social dos contratos entre as partes contratantes (Enunciado n. 360 CJF/STJ). Ressalte-se, contudo, que, para Eduardo Bussatta, o fundamento do adimplemento substancial é a boa-fé objetiva, residindo aqui a discordância quanto ao autor (*Resolução dos contratos...*, 2007, p. 59-83).

De qualquer forma, estando amparada na função social dos contratos ou na boa-fé objetiva, a *teoria do adimplemento substancial* traz uma nova maneira de visualizar o contrato, mais justa e efetiva, conforme vem reconhecendo a jurisprudência brasileira. A ilustrar, vejamos três ementas de acórdãos do Superior Tribunal de Justiça:

"Recurso especial. *Leasing.* Ação de reintegração de posse. Carretas. (...). Aplicação da teoria do adimplemento substancial e da exceção de inadimplemento contratual. Ação de reintegração de posse de 135 carretas, objeto de contrato de 'leasing', após o pagamento de 30 das 36 parcelas ajustadas. Processo extinto pelo juízo de primeiro grau, sendo provida a apelação pelo Tribunal de Justiça, julgando procedente a demanda. Interposição de embargos declaratórios, que foram rejeitados, com um voto vencido que mantinha a sentença, com determinação de imediato cumprimento do julgado. (...). Correta a decisão do tribunal de origem, com aplicação da teoria do adimplemento substancial. Doutrina e jurisprudência acerca do tema. O reexame de matéria fática e contratual esbarra nos óbices das súmulas 05 e 07/STJ. Recurso especial desprovido" (STJ, REsp 1.200.105/AM, 3.ª Turma, Rel. Min. Paulo de Tarso Sanseverino, j. 19.06.2012, *DJe* 27.06.2012, publicação no *Informativo* n. *500* do STJ).

"Agravo regimental. Venda com reserva de domínio. Busca e apreensão. Indeferimento. Adimplemento substancial do contrato. Comprovação. Reexame de prova. Súmula 7/STJ. 1. Tendo o decisum do Tribunal de origem reconhecido o não cabimento da busca e apreensão em razão do adimplemento substancial do contrato, a apreciação da controvérsia importa em reexame do conjunto probatório dos autos, razão por que não pode ser conhecida em sede de recurso especial, ut Súmula 07/STJ. 2. Agravo regimental não provido" (STJ, AGA 607.406/RS (200400674920), 581181, 4.ª Turma, Rel. Min. Fernando Gonçalves, j. 09.11.2004, *DJ* 29.11.2004, p. 346).

"Alienação fiduciária. Busca e apreensão. Deferimento liminar. Adimplemento substancial. Não viola a lei a decisão que indefere o pedido liminar de busca e apreensão considerando o pequeno valor da dívida em relação ao valor do bem e o fato de que este é essencial à atividade da devedora. Recurso não conhecido" (STJ, REsp 469.577/SC (200201156295), 483305, Rel. Min. Sálvio de Figueiredo Teixeira, 4.ª Turma, Rel. Min. Ruy Rosado de Aguiar, j. 25.03.2003, *DJ* 05.05.2003, p. 310, *RNDJ*, v. 43, p. 122).

Nos três casos, foram afastadas a busca e apreensão e a reintegração da posse da coisa, com a consequente resolução do contrato, pois a parte tinha cumprido o negócio jurídico substancialmente. Quanto a esse *cumprimento relevante*, deve-se examiná-lo casuisticamente, tendo em vista a finalidade econômico-social do contrato. Sobre a análise dos critérios para a aplicação da teoria, elucida Anderson Schreiber:

"O atual desafio da doutrina está em fixar parâmetros que permitam ao Poder Judiciário dizer, em cada caso, se o adimplemento afigura-se ou não significativo, substancial. À falta de suporte teórico, as cortes brasileiras têm se mostrado tímidas e invocado o adimplemento substancial apenas em abordagem quantitativa. A jurisprudência tem, assim, reconhecido a configuração de adimplemento substancial quando se verifica o cumprimento do contrato 'com a falta apenas da última prestação', ou o recebimento pelo credor de '16 das 18 parcelas do financiamento', ou a 'hipótese em que 94% do preço do negócio de promessa de compra e venda de imóvel encontrava-se satisfeito'. Em outros casos, a análise judicial tem descido mesmo a uma impressionante aferição percentual, declarando substancial o adimplemento nas hipóteses 'em que a parcela contratual inadimplida representa apenas 8,33% do valor total das prestações devidas', ou de pagamento 'que representa 62,43% do preço contratado'.

Por outro lado, com base no mesmo critério percentual – e às vezes no mesmo percentual em si – as cortes brasileiras têm negado a aplicação da teoria ao argumento de que 'o adimplemento de apenas 55% do total das prestações assumidas pelo promitente comprador não autoriza o reconhecimento da execução substancial do contrato', ou que 'o pagamento de cerca de 43% contraindica a hipótese de adimplemento substancial', ou ainda que 'a teoria do adimplemento substancial do contrato tem vez quando, como o próprio nome alude, a execução do contrato abrange quase a totalidade das parcelas ajustadas, o que, por certo, não é o caso do pagamento de apenas 70%'.

Pior que a disparidade entre decisões proferidas com base em situações fáticas semelhantes – notadamente, aquelas em que há cumprimento quantitativo de 60 a 70% do contrato –, o que espanta é a ausência de uma análise qualitativa, imprescindível para se saber se o cumprimento não integral ou imperfeito alcançou ou não a função que seria desempenhada pela relação obrigacional em concreto. Em outras palavras, urge reconhecer que não há um parâmetro numérico fixo que possa servir de divisor de águas entre o adimplemento substancial ou o inadimplemento *tout court*, passando a aferição de substancialidade por outros fatores que escapam ao mero cálculo percentual" (SCHREIBER, Anderson. A boa-fé..., *Direito contratual...*, 2008, p. 140).

Aliás, como têm pontuado doutrina e jurisprudência italianas, a análise do adimplemento substancial passa por *dois filtros*. O primeiro deles é *objetivo*, a partir da medida econômica do descumprimento, dentro da relação jurídica existente entre os envolvidos. O segundo é *subjetivo*, sob o foco dos comportamentos das partes no *processo contratual* (CHINÈ, Giuseppe; FRATINI, Marco; ZOPPINI, Andrea. *Manuale...*, p. 1369; citando a Decisão n. 6463, da Corte de Cassação italiana, prolatada em 11 mar. 2008).

Acredito há tempos que tais parâmetros também possam ser perfeitamente utilizados nos casos brasileiros, incrementando a sua aplicação em nosso País. Vale lembrar que no Código Civil italiano há previsão expressa sobre o adimplemento substancial, no seu art. 1.455, segundo o qual o contrato não será resolvido se o inadimplemento de uma das partes tiver escassa importância, levando-se em conta o interesse da outra parte.

Em suma, para a caracterização do adimplemento substancial, entram em cena fatores quantitativos e qualitativos, conforme o preciso enunciado aprovado na *VII Jornada de Direito Civil*, de 2015: "para a caracterização do adimplemento substancial (tal qual reconhecido pelo Enunciado 361 da *IV Jornada de Direito Civil* – CJF), leva-se em conta tanto aspectos quantitativos quanto qualitativos" (Enunciado n. 586). A título de exemplo, de nada adianta um cumprimento relevante quando há clara prática do abuso de direito, como naquelas hipóteses em que a purgação da mora é sucessiva em um curto espaço de tempo.

De toda sorte, como está aprofundado no Volume 4 desta coleção, a Segunda Seção do Superior Tribunal de Justiça, em julgamento de pacificação da matéria e com força vinculativa, afastou a possibilidade de aplicação do adimplemento substancial aos casos envolvendo a alienação fiduciária em garantia de bens móveis, diante das mudanças que foram feitas recentemente no Decreto-lei 911/1969 (STJ, REsp 1.622.555/MG, 2.ª Seção, Rel. Min. Marco Buzzi, Rel. p/ acórdão Min. Marco Aurélio Bellizze, j. 22.02.2017, *DJe* 16.03.2017). Entendo tratar-se de um grande retrocesso, que deve ser imediatamente revisto pelo Tribunal da Cidadania.

Cabe ainda anotar que, tendo em vista os princípios da conservação do negócio jurídico e da função social do contrato, a aplicação da teoria do adimplemento substancial foi incrementada por conta da pandemia de Covid-19, com o fim de manter negócios, empresas e atividades econômicas. Aplicando o instituto diante da crise pandêmica, cabe destacar, apenas a título de ilustração:

> "Locação. Ação renovatória. Sentença de improcedência. Interposição de apelação pela autora. Alegação de cerceamento de defesa aduzida pela parte autora está relacionada ao mérito da demanda, e como tal será examinada. Exame do mérito. Partes desta demanda celebraram contrato e sucessivos termos aditivos, por meio dos quais a locadora, ora ré, tem locado à locatária, ora autora, imóvel não residencial destinado à instalação de restaurante, desde meados do ano de 2002. Locatária, ora autora, ajuizou a presente ação com o propósito de obter a renovação do aludido contrato de locação não residencial pelo prazo de cinco anos, compreendidos entre o dia 01.11.2022 e o dia 31.10.2027, com fixação do aluguel no patamar de R$ 55.275,14, a partir de novembro de 2022, mantidas as demais condições previstas na referida avença. Locadora, ora ré, impugnou a pretensão renovatória formulada nesta demanda, sob a alegação de que a locatária, ora autora, não pagou pontualmente os aluguéis e encargos vencidos no período de março de 2020 a junho de 2021, de modo a descumprir os requisitos previstos nos incisos II e III do artigo 71 da Lei nº 8.245/1991. Afastamento. Sopesando o fato de o atraso no pagamento dos aluguéis e encargos vencidos entre março de 2020 e junho de 2021 ter sido uma situação pontual e isolada decorrente de evento imprevisível e inevitável (pandemia de Covid-19), a informação de quitação dos aluguéis e encargos atrasados, a ausência de notícia de atraso no pagamento de outros aluguéis e encargos, a aplicabilidade da teoria do adimplemento substancial e a necessidade de atendimento da função social da empresa, infere-se que, excepcionalmente no caso concreto,

a impontualidade dos pagamentos realizados pela locatária, ora autora, não tem o condão de inviabilizar a pretendida renovação, de modo a flexibilizar os requisitos previstos nos incisos II e III do artigo 71 da Lei nº 8.245/1991. Afora a já superada impontualidade dos pagamentos dos aluguéis e encargos, a locadora, ora ré, não aduziu qualquer outro óbice ao acolhimento da pretensão renovatória, razão pela qual o reconhecimento do direito da locatária, ora autora, à renovação do contrato de locação em discussão pelo prazo de cinco anos, compreendidos entre os dias 01.11.2022 e 31.10.2027, é medida que se impõe, consoante inteligência dos artigos 51 e 71, da Lei nº 8.245/1991. (...)" (TJSP, Apelação Cível 1035487-39.2022.8.26.0100, Acórdão 17707541, 26.ª Câmara de Direito Privado, São Paulo, Rel. Des. Carlos Dias Motta, j. 21.03.2024, *DJESP* 16.04.2024, p. 1.881).

"Rescisão contratual c/c reintegração de posse. Contrato de compra e venda. Inadimplemento contratual configurado. Caso, porém, em que o compromissário comprador efetuou o pagamento de 90% da avença. Aplicação da teoria do adimplemento substancial. Impossibilidade de rescisão. Reintegração de posse incabível. Impugnação à justiça gratuita. Afastada. Impugnante que não se desincumbiu do ônus de comprovar a capacidade financeira da autora. Sentença de parcial procedência, mantida. Recurso desprovido. Reconvenção. Pedido de substituição do reajuste contratual fixado pelo IGP-M, para outro. Possibilidade. Aplicação da teoria da imprevisão contratual, prevista nos artigos 317 e 478, do Código Civil e artigo 6.º, V, do CDC. Aumento excessivo do IGP-M após o início da pandemia da Covid-19. A aplicação deste índice acarretou verdadeiro aumento das prestações e do saldo devedor, muito além da mera reposição do valor monetário, o que caracteriza e comprova o desequilíbrio contratual. Precedentes. Sentença de parcial procedência, mantida. Recurso desprovido" (TJSP, Apelação Cível 1014262-30.2021.8.26.0477, Acórdão 16370453, 14.ª Câmara de Direito Privado, Praia Grande, Rel. Des. Anna Paula Dias da Costa, j. 12.01.2023, *DJESP* 23.01.2023, p. 2.383).

Essa constatação revela a grande utilidade da aplicação do instituto, sobretudo em tempos de crise.

Justamente por isso, e por todas as razões aqui destacadas, é preciso incluir no Código Civil uma regulamentação a respeito do instituto, o que está sendo proposto na Reforma do Código Civil, pela Comissão de Juristas nomeada no âmbito do Senado Federal.

Assim, sugere-se a inclusão de um novo art. 475-A na Lei Geral Privada, prevendo o seu *caput* que "o adimplemento substancial do contrato pelo devedor pode ser oposto ao credor, evitando a resolução, observando-se especialmente: I – a proporção da prestação satisfeita em relação à parcela inadimplida; II – o interesse útil do credor na efetivação da prestação; III – a tutela da confiança legítima gerada pelos comportamentos das partes; IV – a possibilidade de conservação do contrato, em prol de sua função social e econômica". São inseridos na lei, como se nota, critérios objetivos e claros para a aplicação do adimplemento substancial, também com um parágrafo único, enunciando que "o disposto neste artigo não afasta eventual pretensão do credor pela reparação por perdas e danos". A proposição é mais do que necessária, é essencial, para trazer um aumento da segurança jurídica para os contratos, sobretudo para os momentos de crise que surgirem no futuro.

Superado o estudo da *teoria do adimplemento substancial*, o descumprimento contratual poderá ocorrer por fato alheio à vontade dos contratantes, situação em que estará caracterizada a *resolução por inexecução involuntária*, ou seja, as hipóteses em que ocorrer a impossibilidade de cumprimento da obrigação em decorrência de caso fortuito (evento totalmente imprevisível) ou de força maior (evento previsível, mas inevitável). Como consequência, a outra parte contratual não poderá pleitear perdas e danos, sendo tudo o que foi pago devolvido e retornando a obrigação à situação primitiva (*resolução sem perdas e danos*).

Só haverá responsabilidade por tais eventos, totalmente imprevisíveis ou previsíveis, mas inevitáveis, nas seguintes situações:

–   Se o devedor estiver em mora, a não ser que prove ausência de culpa ou que a perda da coisa objeto da obrigação ocorreria mesmo não havendo o atraso (art. 399 do CC).
–   Havendo previsão no contrato para a responsabilização por esses eventos por meio da *cláusula de assunção convencional* (art. 393 do CC), cuja validade é discutível nos contratos de consumo e de adesão.
–   Em casos especificados em norma jurídica, como consta, por exemplo, do art. 583 do CC, para o contrato de comodato, segundo o qual "se correndo risco o objeto do comodato, juntamente com outros do comodatário, antepuser este a salvação dos seus abandonando o do comodante, responderá pelo dano ocorrido, ainda que se possa atribuir a caso fortuito, ou força maior".

Também gera a extinção do contrato por resolução a *cláusula resolutiva tácita*, aquela que decorre da lei e que gera a resolução do contrato em decorrência de um evento futuro e incerto, geralmente relacionado ao inadimplemento (condição).

Como essa cláusula decorre de lei, necessita de interpelação judicial para gerar efeitos jurídicos (art. 474 do CC). Ora, justamente por não decorrer da autonomia privada, mas da lei, é que a cláusula resolutiva tácita gera a extinção por fato superveniente à celebração, ponto que a diferencia da cláusula resolutiva expressa, repise-se.

Como exemplo de condição resolutiva tácita cite-se a exceção do contrato não cumprido (*exceptio non adimpleti contractus*), prevista no art. 476 do Código Civil, e que pode gerar a extinção de um contrato bilateral ou sinalagmático, nos casos de mútuo descumprimento total do contrato. Por esse dispositivo, uma parte somente pode exigir que a outra cumpra com a sua obrigação, se primeiro cumprir com a própria. Como efeito resolutivo, havendo descumprimento bilateral, ou seja, de ambas as partes, o contrato reputar-se-á extinto.

A exceção de contrato não cumprido, em caso de descumprimento total, sempre foi tida como forma de defesa. Entretanto, sendo essa uma cláusula resolutiva tácita para os contratos bilaterais, é possível e recomendável alegá-la em sede de petição inicial, com o objetivo de interpelar judicialmente a outra parte visando à extinção contratual, nos termos do art. 474 do CC.

A ilustrar a aplicação concreta da exceção de contrato não cumprido, interessante trazer à colação julgado do STJ, que demonstra os requisitos para sua incidência:

"Direito civil. Contratos. Rescisão. Prévia constituição em mora. Necessidade. Exceção de contrato não cumprido. Requisitos. Nulidade parcial. Manutenção do núcleo do negócio jurídico. Boa-fé objetiva. requisitos. A ausência de interpelação importa no reconhecimento da impossibilidade jurídica do pedido, não se havendo considerá-la suprida pela citação para a ação resolutória. Precedentes. A exceção de contrato não cumprido somente pode ser oposta quando a lei ou o próprio contrato não determinar a quem cabe primeiro cumprir a obrigação. Estabelecida a sucessividade do adimplemento, o contraente que deve satisfazer a prestação antes do outro não pode recusar-se a cumpri-la sob a conjectura de que este não satisfará a que lhe corre. Já aquele que detém o direito de realizar por último a prestação pode postergá-la enquanto o outro contratante não satisfizer sua própria obrigação. A recusa da parte em cumprir sua obrigação deve guardar proporcionalidade com a inadimplência do outro, não havendo de se cogitar da arguição da exceção de contrato não cumprido quando o descumprimento é parcial e mínimo. (...). A boa-fé objetiva se apresenta como uma exigência de lealdade, modelo objetivo de conduta, arquétipo social pelo qual impõe o poder-dever de que cada pessoa ajuste a própria conduta a esse modelo, agindo como agiria uma pessoa honesta, escorreita e leal. Não tendo o comprador agido de forma contrária a tais princípios, não há como inquinar seu comportamento de violador da boa-fé objetiva. Recurso especial a que se nega provimento" (STJ, REsp 981.750/MG, 3.ª Turma, Rel. Min. Nancy Andrighi, j. 13.04.2010, *DJe* 23.04.2010).

Ainda ilustrando, conforme *decisum* publicado no *Informativo* n. *496* daquela Corte Superior:

"A Turma entendeu que o descumprimento parcial na entrega da unidade imobiliária, assim como o receio concreto de que o promitente vendedor não transferirá o imóvel ao promitente comprador impõe a aplicação do instituto da exceção do contrato não cumprido. Isso porque se tem a *exceptio non adimpleti contractus* como um meio de defesa, pois, nos contratos bilaterais, nenhum dos contraentes, antes de cumprida a sua obrigação, pode exigir o implemento da do outro. E se, depois de concluído o contrato, em especial nos contratos de prestação continuada, e comprovada a dificuldade do outro contratante em adimplir a sua obrigação, poderá ser recusada a prestação que lhe cabe, até que se preste garantia de que o sinalagma será cumprido" (STJ, REsp 1.193.739/SP, Rel. Min. Massami Uyeda, j. 03.05.2012).

Acrescente-se, ainda sobre o tema, que a teoria do adimplemento substancial é um fator a ser levado para a aplicação da exceção de contrato não cumprido, podendo afastar a incidência da última regra. Nessa linha, vale citar o Enunciado n. 24, aprovado na *I Jornada de Direito Comercial*, promovida pelo Conselho da Justiça Federal em 2012, segundo o qual cabe a alegação da exceção de contrato não cumprido nos contratos empresariais, inclusive nos negócios coligados, salvo quando a obrigação inadimplida for de escassa importância. Aplicando essa ideia a um contrato de transação, do âmbito da jurisprudência superior, merece destaque a seguinte ementa:

"O Tribunal de Justiça do Distrito Federal e dos Territórios consignou que as partes celebraram acordo extrajudicial após a propositura da ação de reconhecimento e dissolução de sociedade de fato, tendo a autora se obrigado a desistir de sua pretensão desde que o réu doasse imóvel à filha comum do casal, com usufruto pela mãe, sendo que o demandado cumpriu substancialmente com a avença, embora não em sua integralidade; a autora, por seu turno, quedou-se inadimplente. Desta forma, não incide a teoria da *exceptio non adimpleti contractus*" (STJ, REsp 656.103/DF, 4.ª Turma, Rel. Min. Jorge Scartezzini, j. 12.12.2006, *DJ* 26.02.2007, p. 595).

Além disso, a exceção de contrato não cumprido pode ser aplicada não só em relação aos deveres principais do contrato, mas também quanto aos deveres anexos, relacionados à boa-fé objetiva e nesta obra antes estudados. Nessa linha, o Enunciado n. 652, aprovado na *IX Jornada de Direito Civil*, "é possível opor exceção de contrato não cumprido com base na violação de deveres de conduta gerados pela boa-fé objetiva". Aplicando a ideia, do Tribunal do Distrito Federal:

> "Nos contratos bilaterais as partes são, ao mesmo tempo, credoras e devedoras uma da outra. Desta forma, estando uma das partes inadimplente, a outra está desonerada de sua obrigação. A *exceptio non adimpleti contractus* é uma maneira de assegurar o cumprimento recíproco das obrigações assumidas. Não pode a autora requerer a rescisão do contrato com o recebimento de indenizações, baseando-se no inadimplemento dos réus, se também está em mora. Nos termos do Enunciado nº 24 da I Jornada de Direito Civil do Conselho da Justiça Federal, 'Em virtude do princípio da boa-fé, positivado no art. 422 do novo Código Civil, a violação dos deveres anexos constitui espécie de inadimplemento, independentemente de culpa'" (TJDF, Recurso 2014.01.1.052781-6, Acórdão 884.566, 6.ª Turma Cível, Rel. Des. Carlos Rodrigues, *DJDFTE* 05.08.2015, p. 317).

Pois bem, nos casos de risco de descumprimento parcial do contrato, o art. 477 do atual Código Civil consagra a *exceptio non rite adimpleti contractus* (DINIZ, Maria Helena. *Código...*, 2005, p. 442). A norma prevê que, se depois de concluído o contrato, sobrevier a uma das partes diminuição em seu patrimônio capaz de comprometer ou tornar duvidosa a prestação pela qual se obrigou, poderá a outra parte recusar-se à prestação que lhe incumbe, até que o primeiro satisfaça a sua ou dê garantia bastante para satisfazê-la. Eventualmente, se a parte que beira à inadimplência não cumprir com o que prescreve o dispositivo, o contrato bilateral estará extinto, após a devida interpelação judicial por parte do interessado na extinção, nos termos do citado art. 474 do CC.

O art. 477 do atual Código Civil parece ter relação, também, com o que a doutrina contemporânea tem conceituado como *quebra antecipada do contrato* ou *inadimplemento antecipado* (*anticipated breach of contract*). Isso porque, pela citada teoria, se uma parte perceber que há risco real e efetivo, demonstrado pela realidade fática, de que a outra não cumpra com a sua obrigação, poderá antecipar-se, pleiteando a extinção do contrato antes mesmo do prazo para cumprimento. A ressalva é que o dispositivo em comento ordena que a parte tente buscar garantias para o cumprimento, para então depois pleitear a resolução (SCHREIBER, Anderson. A boa-fé..., *Direito contratual...*, 2008, p. 133).

A respeito do instituto, na *V Jornada de Direito Civil* foi aprovado o seguinte enunciado doutrinário, de autoria de Cristiano Zanetti, professor da Universidade de São Paulo: "a resolução da relação jurídica contratual também pode decorrer do inadimplemento antecipado" (Enunciado n. 437). O julgado a seguir, do Distrito Federal, traz interessante aplicação do inadimplemento antecipado:

> "Civil. Ação de cobrança c/c danos morais. Contrato de empreitada. Descumprimento do avençado por parte da requerida. Atrasos na conclusão dos serviços. Não obstante a previsão de pagamento dos serviços por etapas, segundo um cronograma físico-financeiro, realizando-se o pagamento sem que a etapa correspondente tivesse sido concluída. Pedidos de adiantamento de pagamento recusado pelo contratante. Rescisão contratual.

Devolução dos valores pagos reconhecida. Sentença mantida. Recurso improvido. 1. Correta se mostra a sentença que, à vista do provado nos autos, reconhece a culpa da requerida no descumprimento do contrato de empreitada, e a condena a restituir os valores pagos e que corresponderiam a etapas da obra não realizadas. 2. Se, conforme o contrato, o pagamento dos serviços obedeceria a um cronograma físico da obra, realizado o pagamento, mas restando incontroverso que a etapa correspondente não fora executada, a conclusão a que se chega é que os valores adiantados pelo dono da obra ao empreiteiro devem ser devolvidos. 3. 'Contrato de construção de imóvel. Cooperativa habitacional. Construtora. Legitimidade passiva. Inadimplemento antecipado. Rescisão c/c devolução de parcelas. Retenção parcial. Inadmissibilidade. Lucros cessantes. Inexistência. Ônus de sucumbência. *1. Omissis. 2.* O acentuado e injustificado atraso da obra e a evidente impossibilidade, reconhecida pela própria contratada, de entregá-la no termo ajustado deixam claro o inadimplemento antecipado. *2.1.* Nesse caso, inconfundível com a exigência antecipada da obrigação, não está o contratante compelido a aguardar o advento do *dies ad quem*, cujo descumprimento lhe foi anunciado, para só então demandar a desconstituição do negócio com perdas e danos. Pode, desde logo, propor a ação. 3. *Omissis*' (20020110877544 APC, Relator Valter Xavier, 1.ª Turma Cível, j. 10.05.2004, *DJ* 07.04.2005, p. 79). 4. Tem-se como correta a decisão que julga improcedente o pedido contraposto, quando o julgador fundamenta o seu convencimento na culpa do formulador de tal pedido e conclui de forma acertada que ele fora o causador da quebra contratual, sem direito à indenização por danos morais e materiais não comprovados. 5. Sentença mantida por seus próprios e jurídicos fundamentos, com súmula de julgamento servindo de acórdão, na forma do artigo 46 da Lei 9.099/1995. Considero pagas as custas processuais. Honorários advocatícios, fixados em 10% do valor da condenação, a cargo do recorrente" (TJDF Processo ACJ Apelação Cível do Juizado Especial 20060110565437ACJ DF, Acórdão 276.718, 1.ª Turma Recursal dos Juizados Especiais Cíveis e Criminais do DF, Rel. José Guilherme, 19.06.2007, *DJDF* 27.07.2007, p. 173).

Merece relevo, em complemento, o seguinte precedente superior, um dos pioneiros a tratar do instituto: "evidenciado que a construtora não cumprirá o contrato, o promissário comprador pode pedir a extinção da avença e a devolução das importâncias que pagou" (STJ, REsp 309.626/RJ, 4.ª Turma, Rel. Min. Ruy Rosado de Aguiar, j. 07.06.2001, *DJ* 20.08.2001, p. 479).

Como não poderia ser diferente, a Comissão de Juristas encarregada da Reforma do Código Civil pretende inserir na Lei Geral Privada um tratamento legal mínimo a respeito do instituto, com um novo art. 477-A, a saber: "a resolução antecipada é admitida quando, antes de a obrigação tornar-se exigível, houver evidentes elementos indicativos da impossibilidade do cumprimento da obrigação". Trata-se de mais uma proposição que visa a trazer uma maior segurança jurídica para o ambiente dos contratos no Brasil.

Ainda no que concerne ao art. 477 do CC/2002 em vigor, o dispositivo consagra a chamada *exceção de inseguridade*, conforme o seguinte enunciado, aprovado na *V Jornada de Direito Civil*: "a exceção de inseguridade, prevista no art. 477, também pode ser oposta à parte cuja conduta põe manifestamente em risco a execução do programa contratual" (Enunciado n. 438). Sobre a matéria, com interessante aplicação prática, vejamos as palavras do proponente do enunciado, Professor Cristiano de Souza Zanetti, da Universidade de São Paulo:

"Caso a conduta de uma das partes submeta a risco a execução do avençado, o contratante inocente pode desde logo suspender o cumprimento da respectiva prestação, com arrimo na interpretação analógica do art. 477 do Código Civil. Trata-se de uma decorrência da boa-fé, pois não é dado a quem põe em perigo o pactuado ignorar a repercussão da própria conduta, para exigir o adimplemento alheio. O direito privado não confere espaço para que os contratantes adotem critérios distintos para julgar e julgar-se. Para evitar a caracterização do *tu quoque*, vedado pelo art. 187 do Código Civil, a parte honesta pode sustar a execução da própria prestação, até que o outro contratante cumpra aquilo a que se obrigou ou, ao menos, ofereça garantia de que irá fazê-lo no momento azado. Dada a identidade de fundamentos, tem lugar o recurso à analogia, destinada, em última análise, a evitar que situações essencialmente idênticas sejam julgadas de modo diverso. A aplicação analógica do art. 477 fomenta, ademais, a comunicação e cooperação entre as partes, do que decorre o aumento das chances de que o contrato venha ser integralmente cumprido. Trata-se de orientação recentemente defendida pela doutrina brasileira e que encontra respaldo no art. 71 da Convenção de Viena das Nações Unidas sobre Contratos de Compra e Venda Internacional de Mercadorias, no art. III. – 3:401 do *Draft Common Frame of Reference* e no art. 7.3.4. dos Princípios Unidroit".

Também se almeja, no Projeto de Reforma do Código Civil, um tratamento a respeito da *exceção da inseguridade*, modificando-se o seu art. 477, também para que fique mais claro e efetivo na prática. A sugestão para a norma é que o seu *caput* passe a prever que, "se, depois de concluído o contrato, a parte tornar-se insolvente ou lhe sobrevier grave insuficiência em sua capacidade de cumprir as obrigações, a ponto de tornar duvidoso o cumprimento das prestações pelas quais se obrigou, pode a outra parte recusar-se à prestação que lhe incumbe, até que aquela satisfaça a obrigação que lhe compete ou dê garantia bastante de satisfazê-la".

Em complemento, consoante o seu parágrafo único, em que a categoria está tratada, na linha do Enunciado n. 438, da *V Jornada de Direito Civil*: "se o devedor não satisfizer a prestação devida nem oferecer garantia bastante de satisfazê-la após interpelação judicial ou extrajudicial, o credor poderá resolver antecipadamente o contrato". Pretende-se, ainda, que a seção relativa ao assunto seja denominada, de forma mais coerente e técnica, "Da Exceção de Contrato não Cumprido, da Exceção de Inseguridade e da Quebra Antecipada do Contrato". Espera-se a sua aprovação pelo Congresso Nacional, em prol da certeza, da estabilidade dos negócios e da segurança jurídica.

Superados tais esclarecimentos, a doutrina clássica sempre apontou para a existência de uma cláusula pela qual a parte contratual renuncia ao benefício da *exceptio non adimpleti contractus*. Trata-se da cláusula *solve et repete*.

Diante da socialidade e da eticidade, não há dúvida de que tal cláusula será tida como abusiva, e, portanto, nula nos contratos de consumo e de adesão, pois a parte está renunciando a um direito que lhe é inerente, como parte em um contrato sinalagmático. Esse entendimento será possível desde que sejam aplicados diretamente o art. 51 do CDC e o art. 424 do CC, respectivamente. Eis mais um exemplo da eficácia interna da função social dos contratos, visando à proteção da parte vulnerável: o consumidor ou o aderente. Nos contratos civis e paritários, por sua vez, a cláusula *solve et repete* é perfeitamente válida, inclusive pelo teor da *Lei da Liberdade Econômica*.

Como última nota sobre a categoria em estudo, não restam dúvidas quanto à possibilidade de aplicação da exceção de contrato não cumprido em tempos de crise, sobretudo como se deu na pandemia de Covid-19, sendo certo que a crise, por si só, não pode ensejar o descumprimento do pacto.

Continuando na análise da terceira forma básica de extinção dos pactos, poderá ocorrer a resolução do negócio em decorrência de um evento extraordinário e imprevisível que dificulte extremamente o adimplemento do contrato, gerando a extinção do negócio de execução diferida ou continuada (trato sucessivo).

Aqui está presente a utilização da resolução contratual por fato superveniente, em decorrência de uma imprevisibilidade e extraordinariedade somadas a uma onerosidade excessiva. A matéria está tratada no já comentado art. 478 do CC, que estabelece, ainda, que os efeitos da sentença que determinar a resolução retroagirão à data da citação do processo em que se pleiteia a extinção (efeitos *ex tunc*).

Valem os comentários que foram feitos quando da discussão da revisão do contrato por fato superveniente (Capítulo 4). Provadas aquelas condições outrora estudadas, pode haver a rescisão contratual. Entretanto, outros acréscimos doutrinários devem, aqui, ser feitos.

De início, da forma como está previsto no art. 478 do Código Civil, com a exigência de um fato imprevisível e extraordinário, é praticamente impossível a sua incidência. Todavia, pode-se sustentar a previsão legal, eis que a extinção do contrato é medida extrema, somente possível em casos de situação insustentável para uma das partes, decorrente de evento totalmente imprevisível e extraordinário, tendo em vista a valorização da conservação contratual.

De qualquer modo, a verdade é que, passados mais de vinte anos de vigência da codificação privada, não havia uma aplicação considerável, na jurisprudência nacional, da regra em comento. Em outras palavras, o dispositivo vinha se revelando pouco operável na realidade jurídica brasileira.

A pandemia de Covid-19 pode ser tida, no meu entendimento, como fato imprevisível e extraordinário, desde que gere repercussões econômicas para o contrato, gerando onerosidade excessiva para uma das partes. Depois de mais de vinte anos de vigência do Código Civil, de poucos enquadramentos práticos da imprevisibilidade, a crise revelou uma situação que deve gerar a aplicação do art. 478. De toda sorte, como antes pontuado, a regra deve ser a revisão e não a resolução dos negócios.

Vale lembrar, ademais, que o art. 7.º, *caput*, da Lei 14.010/2020 afastou alguns eventos como imprevisíveis, não só para a incidência desse comando, mas também dos dois dispositivos subsequentes. Nos seus termos, "não se consideram fatos imprevisíveis, para os fins exclusivos dos arts. 317, 478, 479 e 480 do Código Civil, o aumento da inflação, a variação cambial, a desvalorização ou a substituição do padrão monetário". Seguiu-se, nesse contexto, a posição majoritária da jurisprudência a respeito desses fatos.

Em complemento, opina-se que melhor seria tecnicamente se a seção em que está inserido o art. 478 tivesse como título: "Da resolução por imprevisibilidade e onerosidade excessiva". Na verdade, pelo texto legal, sem a imprevisibilidade e extraordinariedade não poderá ocorrer a extinção do pacto, sendo esse o fator predominante para a discussão prática.

CAP. 6 • A EXTINÇÃO DOS CONTRATOS | **297**

Aprofundando, quanto ao art. 478 do atual Código Civil, merecem ser relembrados dois enunciados doutrinários aprovados na *III Jornada de Direito Civil*, evento do ano de 2004.

O primeiro deles é o Enunciado n. 175 do CJF/STJ, pelo qual "a menção à imprevisibilidade e à extraordinariedade, insertas no art. 478 do Código Civil, deve ser interpretada não somente em relação ao fato que gere o desequilíbrio, mas também em relação às consequências que ele produz". Como foi dito no Capítulo 4 deste livro, esse enunciado tem redação muito parecida com a do Enunciado n. 17, determinando a análise da imprevisibilidade tendo em vista as consequências ou resultados para o contratante e não somente o mercado (aspectos subjetivos, relacionados com as partes contratantes). Foram as justificativas de Luis Renato Ferreira da Silva, um dos autores do referido enunciado:

> "A discussão que se trava quanto à exigência de extraordinariedade e imprevisibilidade dos fatos que possam justificar a resolução por onerosidade excessiva tem versado sobre a extensão das duas expressões. Muitas vezes, o fato que pode gerar a onerosidade é, em si mesmo previsível, como, por exemplo, o fenômeno da desvalorização da moeda. Entretanto, as consequências que o evento, em si previsível, possa acarretar aos contratantes está fora da norma de previsão dos mesmos. Assim, de há muito a doutrina e a jurisprudência estrangeira vêm amenizando os requisitos. Ganham especial relevo as doutrinas italianas, em cuja codificação há dispositivo semelhante (art. 1.467). Pode-se mencionar os ensinamentos de Alberto Buffa: 'Pur ammetendo che un certo deprezzamento monetario dovesse ragionevolmente ritenersi conseguenza inevitabile del conflitto che, per una ipotesi, abbiamo supposto prevedibile all'epoca del contratto, resterebbe sempre da esaminare se fossero prevedibili le proporzioni da esso assunte' ('Di alcuni principi interpretativi in materia di risoluzione per onerosità eccessiva' in *Rivista del Diritto Commerciale*, 1948/56). Não é diferente a orientação que a jurisprudência do STJ vem seguindo, como se pode ver na sequência de acórdãos que julgaram a elevação do dólar nos contratos de *leasing*, nos quais, muito embora a variação cambial, mais do que previsível, estivesse prevista, o impacto na relação contratual tornou-se imprevisivelmente acarretador de uma onerosidade excessiva (veja-se, por todos, o acórdão no REsp 475.594/SP). Assim, a fim de consolidar a interpretação que se vem dando aos termos em debate, sugere-se a adoção do enunciado".

Votei favoravelmente ao seu teor, quando da participação naquele evento, eis que o enunciado doutrinário procura analisar o fator imprevisibilidade de acordo com a realidade fática nacional, tema desenvolvido no Capítulo 4 deste livro, repise-se.

Além desse, o Enunciado n. 176 do CJF/STJ possibilita a utilização do art. 478 também para a revisão do contrato, conforme consta da própria justificativa acima transcrita. É a sua redação: "em atenção ao princípio da conservação dos negócios jurídicos, o art. 478 do Código Civil de 2002 deverá conduzir, sempre que possível, à revisão judicial dos contratos e não à resolução contratual". Essa questão também foi analisada naquele capítulo anterior do livro.

No tocante à resolução contratual por imprevisibilidade e extraordinariedade + onerosidade excessiva, foram aprovados outros dois enunciados na *IV Jornada de Direito Civil* (2006), também comentados quando do estudo da revisão contratual (Capítulo 4) e que aqui devem ser repisados e aprofundados.

O primeiro é o Enunciado n. 365 CJF/STJ, que assim dispõe: "a extrema vantagem do art. 478 deve ser interpretada como elemento acidental da alteração de circunstâncias, que comporta a incidência da resolução ou revisão do negócio por onerosidade excessiva, independentemente de sua demonstração plena". Como também foi visto em momento anterior, concluiu-se, corretamente, que a extrema vantagem para o beneficiado não é fator essencial para a incidência do art. 478 do CC, bastando a prova do desequilíbrio negocial e da onerosidade excessiva para um dos contratantes.

O outro enunciado doutrinário da *IV Jornada* é o de número 366, cuja redação é a seguinte: "o fato extraordinário e imprevisível causador de onerosidade excessiva é aquele que não está coberto objetivamente pelos riscos próprios da contratação". Ano-te-se que, com base na ideia constante desse enunciado, a jurisprudência do Superior Tribunal de Justiça tem afastado a resolução ou a revisão dos contratos de safra, diante de eventos como chuvas, pragas e oscilações no preço, pois tais fatos poderiam ser previstos pelas partes contratantes (ver: REsp 835.498/GO, 3.ª Turma, Rel. Min. Sidnei Beneti, j. 18.05.2010, *DJe* 1.º.06.2010).

Sustenta-se, ainda, que o contrato é aleatório, não cabendo discussão quanto ao risco assumido (STJ, REsp 783.520/GO, 3.ª Turma, Rel. Min. Humberto Gomes de Barros, j. 07.05.2007, *DJ* 28.05.2007, p. 328). Na mesma linha e do mesmo Tribunal, conforme publicação no seu *Informativo* n. *492*, colaciona-se:

> "Onerosidade excessiva. Contrato de safra futura de soja. Ferrugem asiática. Reiteran-do seu entendimento, a Turma decidiu que, nos contratos de compra e venda futura de soja, as variações de preço, por si só, não motivam a resolução contratual com base na teoria da imprevisão. Ocorre que, para a aplicação dessa teoria, é imprescindível que as circunstâncias que envolveram a formação do contrato de execução diferida não sejam as mesmas no momento da execução da obrigação, tornando o contrato extremamente oneroso para uma parte em benefício da outra. E, ainda, que as alterações que ensejaram o referido prejuízo resultem de um fato extraordinário e impossível de ser previsto pelas partes. No caso, o agricultor argumenta ter havido uma exagerada elevação no preço da soja, justificada pela baixa produtividade da safra americana e da brasileira, motivada, entre outros fatores, pela ferrugem asiática e pela alta do dólar. Porém, as oscilações no preço da soja são previsíveis no momento da assinatura do contrato, visto que se trata de produto de produção comercializado na bolsa de valores e sujeito às demandas de compra e venda internacional. A ferrugem asiática também é previsível, pois é uma doença que atinge as lavouras do Brasil desde 2001 e, conforme estudos da Embrapa, não há previsão de sua erradicação, mas é possível seu controle pelo agricultor. Sendo assim, os imprevistos alegados são inerentes ao negócio firmado, bem como o risco assumido pelo agricultor que também é beneficiado nesses contratos, pois fica resguardado da queda de preço e fica garantido um lucro razoável. Precedentes citados: REsp 910.537-GO, *DJe* 07.06.2010; REsp 977.007-GO, *DJe* 02.12.2009; REsp 858.785-GO, *DJe* 03.08.2010; REsp 849.228-GO, *DJe* 12.08.2010; AgRg no REsp 775.124-GO, *DJe* 18.06.2010, e AgRg no REsp 884.066-GO, *DJ* 18.12.2007" (STJ, REsp 945.166/GO, Rel. Min. Luis Felipe Salomão, j. 28.02.2012).

Tais conclusões demonstram quão difícil é a incidência do art. 478 do Código Civil, sendo praticamente impossível o preenchimento de todos os requisitos nele constantes para que as condições do contrato sejam revistas, até o surgimento da pandemia de Co-vid-19, que pode alterar o panorama jurídico. Os julgados transcritos merecem ressalvas, eis que distantes da concretização do princípio da função social do contrato (art. 421 do CC), que busca um contrato mais consentâneo com os interesses coletivos. Quanto à revisão contratual, a propósito, confirma-se a ideia de ter um caráter excepcional, como acabou sendo positivado pela *Lei da Liberdade Econômica* (Lei 13.874/2019) pelas novas previsões dos arts. 421, parágrafo único, e 421-A, inc. III, do CC/2002.

Igualmente no que interessa à revisão contratual, na ação em que a parte pleiteou a resolução por imprevisibilidade e onerosidade excessiva, poderão ser utilizados os arts. 479 e 480 da atual codificação.

Pelo primeiro dispositivo, o réu poderá oferecer-se a modificar de forma equitativa as condições do contrato. Quanto ao oferecimento da revisão pelo réu, Daniel Amorim Assumpção Neves entende que o dispositivo material criou nova forma de pedido contraposto, tese com a qual se concorda até o presente momento (Pretensão..., 2005). Essa também é a minha posição, confirmada com a emergência do CPC/2015.

Ainda quanto ao art. 479 do CC, foi aprovado, na *IV Jornada de Direito Civil*, enunciado segundo o qual a parte autora deve ser ouvida quanto à sua intenção de rever o contrato, devendo ser respeitada a sua vontade. Em outras palavras, o juiz não tem o poder de impor a revisão contratual contra a vontade do autor que pleiteou a resolução do contrato.

O Enunciado n. 367 CJF/STJ tem a seguinte redação: "em observância ao princípio da conservação do contrato, nas ações que tenham por objeto a resolução do pacto por excessiva onerosidade, pode o juiz modificá-lo equitativamente, desde que ouvida a parte autora, respeitada a sua vontade e observado o contraditório". Restou concluído, na comissão de Direito das Obrigações daquele evento, que ainda é muito cedo para falar amplamente em revisão contratual de ofício pelo juiz, por força do comando em análise, devendo esse tema ser discutido amplamente pela comunidade jurídica em geral.

Nos termos do art. 480 do CC, se no contrato as obrigações couberem a apenas uma das partes, poderá esta pleitear que a sua prestação seja reduzida, ou que alterado o modo de executá-la, a fim de evitar a onerosidade excessiva, o desequilíbrio contratual. Em casos tais caberá ao magistrado intervir revendo ou não o contrato. Sendo assim parece-me que a iniciativa trazida pelo comando legal é do autor da ação. Primeiramente, ele requer a resolução do contrato e, no curso desta, formula um pedido subsidiário de revisão, que poderá ser acatado pelo juiz.

Vale esclarecer que, no meu entendimento, os contratos referenciados no art. 480 da codificação material não são os que envolvem negócios unilaterais puros, que não podem ser revistos, em regra, por não apresentarem *sinalagma*. Assim, segundo a minha opinião, o comando legal refere-se àqueles negócios em que uma parte já cumpriu com a sua prestação, restando apenas à outra o dever jurídico obrigacional. É o caso dos contratos de financiamento para a aquisição de um determinado bem ou do mútuo oneroso. Quanto ao último, cumpre ressaltar que apesar de ser um contrato unilateral, apresenta onerosidade.

De qualquer forma, é interessante esclarecer que a doutrina majoritária considera viável e plenamente possível a revisão dos contratos unilaterais puros, com base nesse art. 480 do CC (DINIZ, Maria Helena. *Código Civil*..., 2005, p. 445; TEPEDINO, Gustavo; BARBOZA, Heloísa Helena; MORAES, Maria Celina Bodin de. *Código Civil*..., 2006, p.

134; ROSENVALD, Nelson. *Código Civil...*, 2007, p. 376; SCHREIBER, Anderson. *Código Civil Comentado...*, 2019, p. 286). Desse modo, por essa visão majoritária podem ser revistos contratos como a doação, o mútuo, o comodato e o depósito.

Anoto que no Projeto de Reforma e Atualização do Código Civil, após intensos debates na Comissão de Juristas, foram feitas propostas de alteração dos arts. 478, 479, 480, e também do seu art. 317, a fim de se aprimorar o tratamento do tema, *objetivando--se* as possibilidades de revisão contratual, e visando a trazer uma maior previsibilidade e segurança para o panorama contratual no Brasil.

De início, a respeito do art. 478, ele passará a prever, com valorização dos riscos contratados, e na linha das ideias inseridas pela *Lei da Liberdade Econômica*, que, "nos contratos de execução continuada ou diferida, havendo alteração superveniente das circunstâncias objetivas que serviram de fundamento para a celebração do contrato, em decorrência de eventos imprevisíveis que gerem onerosidade excessiva para um dos contratantes e que excedam os riscos normais da contratação, o devedor poderá pedir a sua revisão ou a sua resolução". Como se pode perceber, além da menção aos riscos próprios da contratação, é retirada do texto legal a menção à extrema vantagem para a outra parte, na linha do Enunciado n. 365, da *IV Jornada de Direito Civil*, e pela sua comum mitigação pela jurisprudência brasileira.

Em continuidade de estudo, afastando-se da mesma forma os fatores subjetivos para a resolução ou revisão contratual, os seus §§ 1.º e 2.º preverão que, "para a identificação dos riscos normais da contratação, deve-se considerar a sua alocação, originalmente pactuada" e "há imprevisibilidade do evento quando a alteração superveniente das circunstâncias ou dos seus efeitos não poderiam ser razoavelmente previstos por pessoa de diligência normal ou com a mesma qualificação da parte prejudicada pela onerosidade excessiva e diante das circunstâncias presentes no momento da contratação". Nota-se, mais uma vez, uma *objetivação* das circunstâncias que podem ensejar a revisão ou resolução contratual.

Segundo justificaram os juristas que compuseram a Subcomissão de Direito Contratual, as proposições estão inspiradas no art. 313 do BGB Alemão, eis que "a norma do Direito Alemão se funda na alteração das circunstâncias que serviram de fundamento para o contrato e que não tenha sido prevista pelas partes, extrapolando os riscos legais e contratuais (ou seja, aqueles que derivam da gestão de riscos realizada pelas partes), autorizando a revisão do contrato. Propõe-se a alteração sugerida a estabelecer requisitos que permitam a revisão do contrato por iniciativa da parte prejudicada pela onerosidade excessiva derivada da alteração de circunstâncias – o atual art. 478 se refere expressamente apenas à resolução, sendo que a redação do atual art. 317 se mostra insuficiente para assegurar adequado instrumento de revisão contratual. Daí por que se propõe mecanismo que, a um só tempo, permita a revisão contratual e assegure, quando necessário, a resolução contratual". Também se inseriu no texto, como eles mesmos afirmaram, o teor do Enunciado n. 175, da *III Jornada de Direito Civil*, e do Enunciado n. 366, da *IV Jornada de Direito Civil*.

Destaco que, mesmo com as minhas ressalvas doutrinárias aqui antes pontuadas, acabei cedendo à posição da maioria, em prol da segurança jurídica e do espírito democrático que guiou os trabalhos da nossa Comissão de Juristas.

Com outra proposta relevante, o projetado § 3.º do art. 478 do CC/2002 precei-tuará que "a revisão se limitará ao necessário para eliminar ou mitigar a onerosidade excessiva, observadas a boa-fé, a alocação de riscos originalmente pactuada pelas partes e a ausência de sacrifício excessivo às partes", o que visa a conservar o máximo possível o contrato, em prol de suas funções social e econômica. Ademais, o § 4.º sugerido, mais uma vez com vistas a afastar argumentos subjetivos das partes, preverá que "não se aplica o disposto neste artigo para a mera impossibilidade econômica de adimplemento decor-rente de fato pertinente à esfera pessoal ou subjetiva de um dos contratantes". E o § 5.º afastará a incidência da revisão ou resolução prevista do Código Civil para os contratos de consumo, sendo certo que o CDC adota outra teoria, como visto: "o disposto nesta seção não se aplica aos contratos de consumo, cuja revisão e resolução se sujeitam ao Código de Defesa do Consumidor".

Quanto ao art. 317 do CC, vale repisar que a ideia é de um *diálogo* perfeito ou *espelhamento* com o art. 478, com a seguinte redação para o seu *caput*: "se, em decorrência de eventos imprevisíveis, houver alteração superveniente das circunstâncias objetivas que serviram de fundamento para a constituição da obrigação e que isto gere onerosidade excessiva, excedendo os riscos normais da obrigação, para qualquer das partes, poderá o juiz, a pedido do prejudicado, corrigi-la, de modo que assegure, tanto quanto possí-vel, o valor real da prestação". E na linha não só do Enunciado n. 175, da *III Jornada*, como também do Enunciado n. 17, *da I Jornada*, há a proposta de um parágrafo único para o comando: "para os fins deste artigo devem ser também considerados os eventos previsíveis, mas de resultados imprevisíveis". Novamente, apenas se consolidam no texto as ideias da doutrina majoritária, retiradas das tão citadas *Jornadas de Direito Civil*.

Em relação ao art. 479 do CC/2002, já se demonstraram as insuficiências e defi-ciências que hoje existem na norma, sobretudo as dificuldades de sua aplicação. Nesse contexto, buscando-se aprimorar o seu conteúdo, ele receberá um parágrafo único, para que preveja que, na hipótese em que o devedor tenha optado por pedir a revisão do contrato, poderá a outra parte, em resposta ao pedido, requerer a sua resolução, caben-do-lhe demonstrar, nesse caso, que, nos termos do art. 478, a revisão: *a)* não é possível ou não é razoável a sua imposição em razão das funções social e econômica do contrato; *b)* viola a boa-fé; *c)* acarreta sacrifício excessivo; e *d)* não é eficaz, pois, a alteração su-perveniente das circunstâncias frustrou a finalidade do contrato. Percebe-se, mais uma vez, a inclusão de critérios objetivos na lei, em prol da estabilidade dos negócios e da segurança jurídica, além de se colocar a extinção do contrato como *ultima ratio*, como último caminho jurídico a ser buscado.

No que diz respeito ao art. 480 do CC, diante de seu atual conteúdo confuso, e da sua aplicação praticamente inexistente nos mais de vinte anos da Lei Geral Privada, a proposição da Comissão de Juristas é de que trate de outro assunto, passando a regular a cláusula de *hardship*, ou *cláusula de cura*, tão comum e importante para os grandes contratos empresariais, paritários e simétricos. Pela norma projetada, "as partes podem estabelecer que, na hipótese de eventos supervenientes que alterem a base objetiva do contrato, negociarão a sua repactuação". Em complemento, com seu parágrafo único, propõe-se que "o disposto no *caput* não afasta eventual direito à revisão ou resolução do contrato no caso de frustração da negociação, desde que atendidos os requisitos legais". A opção da Comissão de Juristas, portanto, foi pela não inclusão de um dever de renegociação legal, mas apenas contratual, decorrente da autonomia privada.

Como se pode perceber pelas breves anotações doutrinárias, todas as proposições têm fundamentos consideráveis, sendo imperiosa a sua aprovação pelo Parlamento Brasileiro.

Ainda quanto à resolução, há outras formas especiais, como aquela constante do Enunciado n. 166 do CJF/STJ, da *III Jornada de Direito Civil,* cujo teor segue: "a frustração do fim do contrato, como hipótese que não se confunde com a impossibilidade da prestação ou com a excessiva onerosidade, tem guarida no Direito brasileiro pela aplicação do art. 421 do Código Civil". A proposta que gerou o enunciado foi formulada pelo advogado Rodrigo Barreto Cogo. É interessante transcrevê-la para esclarecer a matéria com os fundamentos principais da sua proposta, para eventual aplicação prática do enunciado:

> "Trata-se de um dos aspectos – ao lado da destruição da relação de equivalência – em que se configura a perda da base em sentido objetivo, exposta por Karl Larenz (*Base...,* 2002). Imagine-se o famoso exemplo do locador que aluga um imóvel com a finalidade exclusiva de poder assistir ao desfile de coroação do rei, cujo cortejo passará na rua para a qual o imóvel tem vista privilegiada. O rei adoece e o desfile não se realizará. Tem-se um caso em que: a) as prestações são perfeitamente exequíveis (o locador pode alugar e o locatário pode pagar); b) o preço ajustado não se alterou. Mesmo assim, o contrato não tem mais utilidade, razão de ser. Não se trata de um caso de impossibilidade, nem mesmo de excessiva onerosidade, ou, ainda de perda de objeto. Tem-se, em verdade, a frustração do fim do contrato" (Justificativas do Enunciado enviadas pelo Conselho da Justiça Federal aos participantes da *III Jornada*).

Cumpre elucidar que Antônio Junqueira de Azevedo e Francisco Paulo de Crescenzo Marino, em atualização à obra de Orlando Gomes, também associam a função social do contrato à frustração do fim do contrato (GOMES, Orlando. *Contratos...,* 2007, p. 51). Desse modo, percebe-se mais uma influência do princípio da função social dos contratos, agora na extinção do contrato por resolução diante da frustração do fim do contrato ou da perda do seu objeto. A conclusão é interessante e, por isso, fomos favoráveis ao enunciado quando da *III Jornada de Direito Civil*. Conforme ressaltado por diversas vezes na presente obra, um dos grandes desafios dos civilistas brasileiros é o preenchimento do princípio da função social do contrato.

O tema da frustração do fim do contrato também é abordado por Marcos Jorge Catalan. Para o doutrinador, "na medida em que a parte, por fatos alheios a sua esfera de atuação, teve sua pretensão fática frustrada, não se pode sustentar que a mesma seja obrigada a fielmente observar o *pacta sunt servanda*, sendo lícito à mesma resolver o negócio jurídico ante o natural e inesperado desaparecimento da causa do negócio" (*Descumprimento...,* 2005, p. 196).

Atualizando o exemplo clássico citado, da coroação do rei, imagine-se o caso em que alguém aluga um imóvel para assistir à festa do carnaval de Salvador, constando essa finalidade no instrumento contratual. Entretanto, por decisão do governador do Estado, a festa não mais se realizará, em virtude de uma pandemia. Nesse caso, o contrato perdeu a sua razão de ser, devendo ser reputado extinto, sem a imputação de culpa a qualquer uma das partes.

CAP. 6 · A EXTINÇÃO DOS CONTRATOS 303

Da jurisprudência estadual existem acórdãos que fazem exatamente a citada correlação entre o desaparecimento da causa e a função social do contrato. Entre os mais remotos, aresto do Tribunal de Justiça do Rio Grande do Sul, segundo o qual a "frustração da finalidade do contrato em tese cabe ser reconhecida como interpretação mais consoante com sua função social" (TJRS, Agravo de Instrumento 70007944739, 19.ª Câmara Cível, Porto Alegre, Rel. Des. Leoberto Narciso Brancher, j. 09.03.2004).

Entre os mais recentes, decisão do Tribunal de Justiça de São Paulo analisou contrato de prestação de serviços de *telemarketing* e *call center* integrado à rede de lojas de *fast-food* de comida chinesa, deduzindo que os elementos dos autos evidenciaram:

> "A resolução por frustração do fim do contrato. Frustrado o escopo do contrato, programado, previsto e desejado por ambas as partes no momento da celebração, por fato imputável a terceiros, não integrantes da relação negocial, sem que se possa afirmar que qualquer dos contratantes seja culpado pela inexecução da avença, resolve-se o negócio, por força do esvaziamento de sua função social (art. 421 do Código Civil), retornando as partes ao estado anterior, sem aplicação da cláusula penal ou indenização por perdas e danos" (TJSP, Apelação 0061241-41.2011.8.26.0114, Acórdão 10976647, 27.ª Câmara Extraordinária de Direito Privado, Campinas, Rel. Des. Edgard Rosa, j. 07.08.2017, *DJESP* 23.11.2017, p. 2.363).

Também em virtude da pandemia de Covid-19, a tese em questão ganhou força, diante da intervenção estatal de proibição de determinadas atividades, fazendo com que alguns negócios perdessem a sua razão de ser. Tivemos até um carnaval que foi cancelado, em 2021, trazendo para a realidade o exemplo antes citado, que sempre utilizei como ilustração em salas de aula e palestras.

A propósito da aplicação dessa tese pela crise então vivida, cabe destacar: "o advento da Covid-19 configura circunstância externa ao contrato que, dada a interrupção do fluxo de pessoas no *shopping* gerenciado pela parte ré, onde a parte autora tem sua loja, inviabiliza a consecução da finalidade do contrato, entendida como aquela considerada por ambos os contratantes como relevante e apta a impactar na eficácia da contratação, razão pela qual impõe-se a readequação dos encargos inicialmente contratados" (TJMG, Apelação Cível n. 5050881-83.2020.8.13.0024, 9.ª Câmara Cível, Rel. Des. Leonardo de Faria Beraldo, j. 14.03.2023, *DJEMG* 16.03.2023).

Não se pode negar, todavia, que o princípio da função social do contrato pode entrar em conflito com ele mesmo em alguns casos, diante da ideia de conservação, que é antagônica à extinção pelo fim da causa, tensão que foi percebida nos últimos anos, justamente em virtude da crise pandêmica.

Sobre o Projeto de Reforma do Código Civil, como não poderia ser diferente, há proposta de se incluir na Lei Geral Privada uma regulamentação mínima e necessária, sobre a frustração do fim do contrato, como ocorre com o Código Civil Italiano. Nesse contexto, insere-se nela um novo art. 480-A, prevendo o seu *caput* que "o contrato de execução continuada ou diferida poderá ser resolvido por iniciativa de qualquer uma das partes, quando frustrada a finalidade contratual". Sobre a sua definição, preceituará o § 1.º do comando que "dá-se a frustração da finalidade do contrato por fatos supervenientes quando deixa de existir o fim comum que justificou a contratação, desde que isso ocorra por motivos alheios ao controle das partes e não integre os riscos normais do negócio ou os que tenham sido alocados pelas partes no momento da celebração do contrato". E, para que não haja confusão entre institutos distintos, como hoje prevê o Enunciado n. 166, da *III Jornada de Direito Civil*, destaco a proposição de um § 2.º para esse art. 480-A: "a resolução por frustração do fim do contrato não depende da demonstração dos requisitos do art. 478 deste Código".

De acordo com as justificativas da Subcomissão de Direito Contratual, "trata-se de hipótese que recolhe a dimensão funcional do contrato, quanto à efetividade do proveito que seria derivado da operação econômica que a ele serve de base, constatando-se que as suas finalidades, por razão não imputável às condutas das partes, restam inviabilizadas, impondo a desconstituição do vínculo contratual". Em prol da segurança jurídica e da estabilidade dos negócios civis, sobretudo diante de novas crises que virão, espera-se a inclusão do instituto no Código Civil Brasileiro.

Seguindo no estudo da extinção por fatos posteriores à celebração do negócio, ao lado desses casos de resolução, poderá ocorrer a *resilição*, quando a lei prever a extinção do negócio como um direito potestativo reconhecido à própria parte ou às partes.

Na classificação da resilição, o Código Civil em vigor consagra de forma expressa, no seu art. 472, a *resilição bilateral* ou *distrato*, que é feita mediante a celebração de um novo negócio em que ambas as partes resolvem, de comum acordo, pôr fim ao negócio anterior que firmaram. O distrato submete-se à mesma forma exigida para o contrato conforme previsão taxativa do comando legal em questão.

Desse modo, se o contrato foi celebrado por escritura pública, o distrato deverá obedecer à mesma formalidade, sob pena de nulidade absoluta, por desrespeito à forma e à solenidade essencial (art. 166, incs. IV e V, do CC). É importante ressaltar que a quitação não se submete a essa exigência, sendo válida qualquer que seja a sua forma.

Por outra via, se as partes elegeram que a escritura pública é essencial para o ato, nos termos do art. 109 do Código Civil, a regra do art. 472 não se aplica, o que prestigia o *princípio da liberdade das formas*, previsto no art. 107 da mesma codificação material. Nesse sentido enunciado aprovado na *VII Jornada de Direito Civil* (2015), segundo o qual "desde que não haja forma exigida para a substância do contrato admite-se que o distrato seja pactuado de forma livre" (Enunciado n. 584). Vejamos os termos das justificativas da proposta, que contou com o meu apoio quando da plenária daquele evento:

> "O art. 472 do Código Civil não prescreve que o distrato deve obedecer à forma utilizada para a celebração do contrato originário, mas que deve ser implementado 'pela mesma forma exigida para o contrato' originário. Não é, pois, exatamente a forma do contrato originário que subordina a forma do distrato. O que define a forma do distrato é a forma exigida pela lei para o contrato originário. Portanto, a coincidência formal entre contrato e distrato nem sempre é obrigatória. Só o será nas hipóteses de contratos de forma especial. Nesse sentido, eventual distrato que tenha sido celebrado de forma tácita, seja através de comunicações via *e-mail* ou telegrama, nestes casos, havendo uma prova irrefutável de que as mesmas partes que contrataram também resolveram colocar fim antecipado de forma consensual ao vínculo jurídico, não importa nessa situação se a forma do contrato celebrado foi ou não foi obedecido. Deve-se prestigiar a vontade das partes. Se o princípio do consensualismo é a regra nas relações contratuais, com muito mais razão a autonomia

da vontade manifestada quanto ao encerramento prematuro do vínculo contratual, de forma bilateral, deve ser prestigiado, assim procedendo estará fazendo valer a boa-fé nos contratos e respeitando a vontade das partes".

Em complemento, adotando essas ideias, decisão monocrática do Ministro Marcos Buzzi, do STJ, acabou por concluir que não é possível a resilição bilateral tácita ou presumida. Conforme o *decisum,* "somente pela leitura do disposto (...), observa-se que é de difícil aceitação a ocorrência de uma 'resilição tácita', ou presumida, pois as partes, para alterar o contrato anteriormente estabelecido, deveriam ter firmado novo compromisso, o que não ocorreu, restando cogente a observação quanto às penalidades decorrentes do inadimplemento" (decisão monocrática proferida no Agravo em Recurso Especial 791.470/PR, prolatada em 31.05.2016).

Ao lado da *resilição bilateral,* há contratos que admitem dissolução pela simples declaração de vontade de uma das partes, situações em que se tem a denominada *resilição unilateral,* desde que a lei, de forma explícita ou implícita, admita essa forma de extinção.

Na resilição unilateral há o exercício de um direito potestativo, aquele que se contrapõe a um estado de sujeição. Sendo assim, não há que se falar, pelo menos em regra, na existência de responsabilização civil da parte que exerce esse direito potestativo. Conforme se extrai de aresto superior, "a simples resilição do contrato, a exemplo do que ocorre com o mero inadimplemento contratual, não é suficiente para caracterizar danos morais" (STJ, REsp 1.630.665/BA, 3.ª Turma, Rel. Min. Moura Ribeiro, j. 23.05.2017, *DJe* 02.06.2017).

De todo modo, essa resilição não pode configurar abuso de direito da parte que a efetiva, sob pena de incidência do art. 187 do Código Civil. Assim concluindo, consoante outro julgado superior que merece destaque:

> "A resilição unilateral e injustificada do contrato, conquanto aparentemente lícita, pode, a depender das circunstâncias concretas, constituir um ato antijurídico quando, ao fazê-lo, a parte violar o dever de agir segundo os padrões de lealdade e confiança previamente estabelecidos, assim frustrando, inesperadamente, aquela justa expectativa criada na outra parte. Assim, salvo quando houver estipulação contratual que a autorize ou quando ocorrer fato superveniente que a justifique, inclusive relacionado à atuação do profissional, a denúncia imotivada, pelo cliente, do contrato de prestação de serviços advocatícios firmado com cláusula de êxito, antes do resultado final do processo, configura abuso do direito, nos termos do art. 187 do CC/02" (STJ, REsp 1.724.441/TO, 3.ª Turma, Rel. Min. Nancy Andrighi, j. 19.02.2019, *DJe* 06.03.2019).

Entendo e defendo que a resilição somente decorre da lei, e não da vontade das partes, sendo o art. 473 do Código Civil uma norma de ordem pública. A questão está longe de ser pacífica, pois muitos juristas acreditam ser possível inserir cláusulas de resilição nos contratos, presente uma *resilição convencional.* A título de exemplo, essa é a posição de Alexandre Junqueira Gomide, citando as lições coincidentes de Caio Mário da Silva Pereira, Antônio Junqueira de Azevedo, Araken de Assis e Francisco Loureiro (GOMIDE, Alexandre Junqueira. *Contratos...,* 2017, p. 157).

Seguindo essa visão, como se retira de aresto do Superior Tribunal de Justiça, "os contratantes podem, no exercício da autonomia da vontade, prever expressamente o direito

306 | DIREITO CIVIL • VOL. 3 – *Flávio Tartuce*

à resilição unilateral, ou arrependimento, o qual constitui direito potestativo – um poder a ser exercido por qualquer dos contratantes independentemente do consentimento da outra parte – que não acarreta o descumprimento do contrato" (STJ, REsp 1.580.278/SP, 3.ª Turma, Rel. Min. Nancy Andrighi, j. 21.08.2018, *DJe* 03.09.2018).

De acordo com a posição que compartilho, a resilição unilateral, pelo que consta desse dispositivo, só é prevista em hipóteses excepcionais, como, por exemplo, na locação, na prestação de serviços, no mandato, no comodato, no depósito, na doação, na fiança, operando-se mediante denúncia notificada à outra parte. Essa notificação pode ser judicial ou extrajudicial. Na última, mais comum na prática, enquadram-se as notificações realizadas por Cartórios de Títulos e Documentos ou por carta com aviso de recebimento. Para os contratos que foram citados, de forma a exemplificar, são casos de resilição unilateral:

a) *Denúncia vazia e cheia*: cabível na locação de coisa móvel ou imóvel regida pelo Código Civil e de coisa imóvel regida pela Lei 8.245/1991 (Lei de Locação). Findo o prazo, extingue-se de pleno direito o contrato celebrado entre as partes, sem qualquer motivo para tanto. Em alguns casos, de acordo com regras específicas, a denúncia depende de notificação prévia. Entretanto, essa não é a regra geral. A denúncia cheia, prevista na Lei de Locação, também é forma de resilição, sendo cabível quando não houver inadimplemento. Isso ocorre, por exemplo, nos casos de retomada para uso próprio, de ascendente e descendente, alienação do imóvel, quando a locação tiver sido celebrada por prazo inferior a trinta meses (cinco anos) e o contrato tiver sido prorrogado tacitamente por prazo indeterminado (art. 47, § 1.º). Por outro lado, nas hipóteses em que houver denúncia cheia oriunda de descumprimento do contrato, haverá resolução por inexecução voluntária, como ocorre, por exemplo, nos casos de falta de pagamento e de infração contratual. Como se verá no capítulo específico, é possível utilizar o termo *denúncia* também para o contrato de prestação de serviços com prazo indeterminado, pelo que consta do art. 599 do CC.

b) *Revogação*: espécie de resilição unilateral cabível quando há quebra de confiança naqueles pactos em que esta se faz presente como fator predominante. Cabe revogação por parte do mandante – no mandato –, do comodante – no comodato –, do depositante – no depósito –, do doador – no caso de doação modal ou com encargo e por ingratidão.

c) *Renúncia*: outra forma de resilição unilateral cabível nos contratos baseados na confiança, quando houver quebra desta. Também é possível a renúncia por parte do mandatário, comodatário, depositário e donatário, nos contratos acima mencionados.

d) *Exoneração por ato unilateral*: novidade da codificação privada, a exoneração unilateral é cabível por parte do fiador, na fiança por prazo indeterminado. Prevista no art. 835 do Código Civil, terá eficácia plena depois de 60 dias da notificação do credor, efetivada pelo fiador. Pelo teor desse dispositivo legal, a exoneração unilateral não se aplica ao contrato de fiança celebrado por prazo determinado. Essa nova forma de resilição unilateral pretende proteger o fiador, sempre em posição desprivilegiada, havendo relação direta com a eficácia interna do princípio da função social dos contratos. Por tal razão, o art. 835 é norma de ordem pública, não podendo a proteção nele prevista ser afastada por convenção das partes, sob pena de nulidade, o que vem sendo aplicado pela melhor jurisprudência (por todos: TJSP, Apelação 0013026-96.2009.8.26.0019, Acórdão 6910434, 31.ª Câmara de Direito Privado, Americana, Rel. Des. Paulo Ayrosa, j. 06.08.2013, *DJESP* 13.08.2013; e TJSP, Apelação 9272865-06.2008.8.26.0000, Acórdão 6348865, 32.ª Câmara de Direito Privado, São Bernardo do Campo, Rel. Des. Luís Fernando Nishi, j. 22.11.2012, *DJESP* 29.11.2012). Ademais, deve o magistrado declarar essa proteção de ofício, pelo mesmo fundamento de ser a norma cogente. O dispositivo terá estudo

CAP. 6 · A EXTINÇÃO DOS CONTRATOS | **307**

aprofundado no capítulo que trata da fiança. De toda sorte, cumpre adiantar que a Lei 12.112, de dezembro de 2009, que introduziu alterações relevantes na Lei de Locação, passou a consagrar expressamente tal exoneração unilateral na fiança locatícia, ampliando o prazo de vigência da fiança por 120 dias após a notificação do locador (art. 40, inc. X, da redação atual da Lei 8.245/1991).

Ainda no que interessa à resilição unilateral, sintonizado com a função social dos contratos e a boa-fé objetiva, o parágrafo único do art. 473 do CC estabelece que, se diante da natureza do contrato, uma das partes houver feito investimentos consideráveis para a execução do negócio, a resilição unilateral só produzirá efeito depois de transcorrido prazo compatível com a natureza e o vulto dos investimentos. A título de exemplo, eventual despejo por denúncia vazia até pode não ser concedido se o locatário tiver introduzido investimentos consideráveis no imóvel, sendo omisso o instrumento contratual quanto a esses investimentos. A aplicação do comando diz respeito a contratos com prazo indeterminado, pois nesses é possível o exercício do direito de resilição unilateral, por força da lei.

Diante dessa relação com os dois regramentos citados, especialmente com a função social do contrato, princípio de ordem pública pelo que consta do art. 2.035, parágrafo único, do CC/2002, a regra do art. 473, parágrafo único, da mesma codificação não pode ser contrariada pelo acordo das partes. Isso sob pena de nulidade absoluta da cláusula que pretende afastar a incidência da regra, por fraude à lei imperativa (art. 166, inc. VI, do Código Civil).

A relação com os efeitos internos da função social dos contratos é explícita, pois se pretende impedir uma situação de injustiça, conservando o contrato por tempo razoável. O Tribunal de Justiça de São Paulo já aplicou muito bem o dispositivo:

> "Contrato. Rescisão. Cláusula contratual que permite a rescisão unilateral e imotivada do contrato mediante aviso prévio de 30 dias. Tutela antecipada pleiteada a fim de que fique suspensa a rescisão do contrato até sentença final (trânsito em julgado). Inadmissibilidade, eis que, desse modo, esse prazo pode se estender por vários anos. Alegação de que tal cláusula viola a boa-fé objetiva e desrespeita a função social do contrato. Tese que merece acolhida em face da nova concepção da relação jurídica contratual operada com o novo Código Civil. Existência de prova inequívoca de que a contratante fez investimentos consideráveis em função da relação contratual operada em função da relação contratual até então existente. Prazo de rescisão que, assim, se mostra desarrazoado. Possibilidade de dilatação. Artigo 473, parágrafo único, do novo Código Civil, aplicável ao caso. Inexistência de prova, por ora, do volume de investimentos feitos pela contratante. Dilação que assim se defere até prolação da sentença de primeiro grau, ficando, a critério do juízo 'a quo' estendê-lo, ou não, diante dos argumentos da parte contrária, ainda não citada, e da prova realizada. Deferimento parcial da tutela pleiteada. Recurso provido em parte" (Tribunal de Justiça de São Paulo, Agravo de Instrumento 7.148.853-4, 12.ª Câmara de Direito Privado, São Paulo, Rel. Rui Cascaldi, 13.06.2007, v.u., Voto 11.706).

Cite-se, ainda, sobre a *continuidade compulsória do contrato* prevista no art. 473, parágrafo único, excelente acórdão do Tribunal de Justiça do Distrito Federal, segundo o qual "impõe-se a aplicação da referida regra diante da frustração da legítima expectativa

308 | DIREITO CIVIL • VOL. 3 – *Flávio Tartuce*

da autora, em face da resilição unilateral do contrato de transporte que a ré pretendeu operar, sem que tivesse decorrido prazo razoável para o retorno dos vultosos investimentos empreendidos pela requerente a fim de proporcionar a correta execução do que restou pactuado" (TJDF, Recurso 2008.09.1.015066-2, Acórdão 535.206, 2.ª Turma Cível, Rel. Desig. Des. Carmelita Brasil, *DJDFTE* 23.09.2011, p. 79).

Mais recentemente, o dispositivo foi aplicado em outro aresto do Tribunal de Justiça de São Paulo, igualmente com conteúdo ilustrativo bem interessante e com manutenção de liminar para a conservação do contrato. Vejamos:

"Agravo de instrumento. Medida cautelar preparatória. Transporte aéreo de carga liminar deferida para o fim de determinar que a agravante continue a fornecer os números de conhecimentos de transporte aéreo ('awb') necessários aos embarques diários da agravada, bem como se abstenha de exigir garantia financeira para tanto. Insurgência da agravante, sob a alegação de que a exigência de garantia e a possibilidade de resilição unilateral estão previstas no contrato celebrado entre as partes. Contrato que realmente prevê tais possibilidades, o que tornaria lícita a exigência. Necessidade, todavia, de verificação da validade do contrato apresentado pela agravante no presente recurso agravada que alegou vício pelo fato de o instrumento ter sido assinado por apenas um de seus sócios e o contrato social prever a necessidade de assinatura de pelo menos dois sócios. Cláusula contratual que submete a agravada às resoluções editadas exclusivamente pela agravante que se mostra, em primeira análise, puramente potestativa, pois sujeita uma das contratantes ao puro arbítrio da outra, o que é vedado pelo art. 122 do Código Civil. Mesmo a resilição unilateral imediata, que seria hipoteticamente possível, no caso dos autos, pode não ser aplicável pois, pela natureza do contrato, é possível que a agravada tenha feito investimentos consideráveis para a sua execução. Hipótese em que a denúncia unilateral só poderia produzir efeito depois de transcorrido prazo compatível com a natureza e o vulto dos investimentos, nos termos do art. 473, parágrafo único do Código Civil. Diante das circunstâncias apresentadas, conveniência de manutenção da liminar concedida em 1.º grau até que as questões acima levantadas e outras constantes do processo sejam desatadas na ação principal a ser proposta pela agravada liminar que não impede, por óbvio, a rescisão do contrato ante eventual inadimplemento da agravada necessidade de observância do prazo previsto no art. 806 do CPC, sob pena de perda da eficácia da cautelar. Agravo desprovido, com observações" (TJSP, Agravo de Instrumento 2070976-47.2013.8.26.0000, Acórdão 7661242, 15.ª Câmara de Direito Privado, Campinas, Rel. Des. Castro Figliolia, j. 27.06.2014, *DJESP* 08.07.2014).

Do ano de 2017, merece destaque do Superior Tribunal de Justiça, que afastou a resilição unilateral de uma das partes, em contrato de prestação de serviços, diante da exigência anterior de investimentos consideráveis, em flagrante contradição. Conforme consta da ementa:

"Estando claro, nos autos, que o comportamento das recorridas, consistente na exigência de investimentos certos e determinados como condição para a realização da avença, somado ao excelente desempenho das obrigações pelas recorrentes, gerou legítima expectativa de que a cláusula contratual que permitia a qualquer dos contratantes a resilição imotivada do contrato, mediante denúncia, não seria acionada naquele momento, configurado está o abuso do direito e a necessidade de recomposição de perdas e danos, calculadas por perito habilitado para tanto" (STJ, REsp 1.555.202/SP, 4.ª Turma, Rel. Min. Luis Felipe Salomão, j. 13.12.2016, *DJe* 16.03.2017).

O voto condutor, com precisão, fundamenta suas conclusões nos princípios da função social do contrato e da boa-fé objetiva. Como ali apontou o Ministro Relator, Luis Felipe Salomão, a simples existência de cláusula contratual permissiva da resilição unilateral a qualquer tempo, sob condição exclusiva de aviso prévio datado de cinco dias do encerramento do pacto, não deve ser o único argumento a decidir pela possibilidade de extinção da avença, o que acaba por confirmar a premissa segundo a qual a norma é de ordem pública (REsp 1.555.202/SP).

Também destaco outro acórdão superior, do ano de 2021, que reafirmou a impossibilidade de o direito de resilição ser exercido em abuso de direito:

"A regra extraída do parágrafo único do art. 473 do CC/2002 revela que o prazo expressamente avençado para o aviso prévio será plenamente eficaz desde que o direito à resilição unilateral seja exercido por uma parte quando já transcorrido tempo razoável à recuperação dos investimentos realizados pela outra parte para o devido cumprimento das obrigações assumidas no contrato; do contrário, o legislador considera abusiva a denúncia, impondo, por conseguinte, a suspensão dos seus efeitos até que haja a absorção do capital aplicado por uma das partes para a execução do contrato em favor da outra" (STJ, REsp 1.874.358/SP, 3.ª Turma, Rel. Min. Nancy Andrighi, j. 17.08.2021, *DJe* 19.08.2021).

Ao final considerou-se o direito de a parte contratual ser indenizada pelos prejuízos que sofreu com a extinção do contrato: "hipótese em que, não sendo a suspensão dos efeitos da resilição unilateral determinada em momento oportuno, apto a permitir a recuperação dos investimentos realizados pelas recorrentes, faz-se imperioso determinar o ressarcimento dos valores por elas dispendidos e estritamente necessários ao cumprimento das obrigações assumidas perante a recorrida" (STJ, REsp 1.874.358/SP, 3.ª Turma, Rel. Min. Nancy Andrighi, j. 17.08.2021, *DJe* 19.08.2021).

Anoto que no Projeto de Reforma e Atualização do Código Civil existem proposições para aprimorar o tratamento da resilição unilateral, resolvendo-se divergências verificadas nos mais de vinte anos da Lei Geral Privada. Nesse contexto, a Comissão de Juristas sugere que o *caput* do art. 473 passe a prever, com menção à notificação extrajudicial, que "a resilição unilateral, nos casos em que a lei expressa ou implicitamente a permita, opera mediante notificação, judicial ou extrajudicial, da outra parte". O atual parágrafo único do comando passa a ser o seu § 1.º, com pequena melhora no texto, mas sem alteração no conteúdo: "se, porém, dada a natureza do contrato, uma das partes houver feito investimentos consideráveis para a sua execução, a resilição unilateral só produzirá efeito depois de transcorrido prazo compatível com a natureza e o vulto dos investimentos".

Ademais, são incluídos quatro novos parágrafos nesse art. 473, com vistas à segurança jurídica, visando a afastar eventual abuso de direito. Nos termos do seu § 2.º, "a suspensão dos efeitos da resilição levará em consideração o prazo razoável para que uma pessoa diligente, no mesmo ramo e porte da atividade do contratante, possa recuperar os custos estritamente necessários ao cumprimento das obrigações assumidas no contrato". Essa suspensão não poderá, porém, importar sacrifício excessivo ao contratante que pretende realizar a resilição (§ 3.º). Nos termos da proposta seguinte, com o escopo de limitar o prazo de prorrogação do contrato e mencionando a possibilidade de sua aplicação para os casos de contrato com prazo determinado, "quando a resilição unilateral se destinar a extinguir contrato celebrado por tempo determinado, o prazo de suspensão dos seus efeitos não poderá ser superior ao próprio prazo remanescente originalmente pactuado pelas partes" (§ 4.º). Por fim, insere-se regra segundo a qual "a constatação, em concreto, da ausência de recuperação dos custos estritamente necessários ao cumprimento das obrigações assumidas no contrato, após transcorrido o prazo de suspensão da eficácia da resilição, não autoriza a sua extensão nem impõe ao contratante que o extinguiu o dever de indenizar a outra parte".

Como bem justificou a subcomissão de Direito Contratual, formada pelos Professores Carlos Eduardo Elias de Oliveira, Claudia Lima Marques, Angélica Carlini e Carlos Eduardo Pianovski, "a proposta de reforma do artigo visa a trazer parâmetros para a fixação do tempo de congelamento eficacial da resilição, distinguindo a resilição em contratos por prazo determinado e indeterminado. Propõe-se critério no qual a ineficácia da resilição perdurará pelo tempo necessário para o contratante recobrar os custos estritamente necessários ao cumprimento do contrato celebrado. Com efeito, se a regra visa a evitar o abuso do direito de quem opta pela resilição, não se pode olvidar que a celebração de contrato por prazo indeterminado, ou, ainda, de contrato por prazo determinado com cláusula de resilição, gera direito potestativo para qualquer das partes quanto à extinção da relação contratual".

Sem dúvidas, todas as proposições trazem segurança para o instituto, resolvendo alguns dos dilemas práticos surgidos nos mais de vinte anos de vigência da atual Lei Geral Privada.

Por derradeiro, para encerrar o tópico, e visando mais uma vez a elucidar a matéria, tão controvertida, deve ficar claro que todas as hipóteses acima, tanto de *resolução* quanto de *resilição*, são casos de *rescisão*. A partir do momento em que a parte prejudicada vai a juízo pleiteando eventuais danos suportados, a referida ação proposta é denominada *ação de rescisão contratual*, seguindo por regra o rito ordinário no sistema processual anterior, atual procedimento comum.

6.5   EXTINÇÃO POR MORTE DE UM DOS CONTRATANTES

Encerrando a análise do tema da extinção do contrato, como última forma básica de extinção dos contratos, para algumas formas negociais a morte de um dos contratantes pode gerar o fim do pacto. Isso somente ocorre nos casos em que a parte contratual assume uma obrigação personalíssima ou *intuitu personae*, sendo denominada *cessação contratual*, conforme expressão de Orlando Gomes (*Contratos...*, 2007, p. 228).

Em casos tais, o contrato se extingue de pleno direito, situação que ocorre, por exemplo, na fiança. Para este contrato, os herdeiros não recebem como herança o encargo de ser fiador, só respondendo até os limites da herança por dívidas eventualmente vencidas durante a vida do seu antecessor (art. 836 do CC). Em reforço, a condição de fiador não se transmite, pois ele tem apenas uma responsabilidade, sem que a dívida seja sua ("*obligatio sem debitum*" ou "*Haftung sem Schuld*").

Como se pode perceber, a matéria de extinção do contrato é extensa e cheia de detalhes. Para o seu estudo, portanto, recomenda-se que, primeiro, seja memorizado o esquema a seguir. Somente depois do trabalho de memorização das categorias é que se deve estudar a matéria de forma aprofundada.

6.6 RESUMO ESQUEMÁTICO

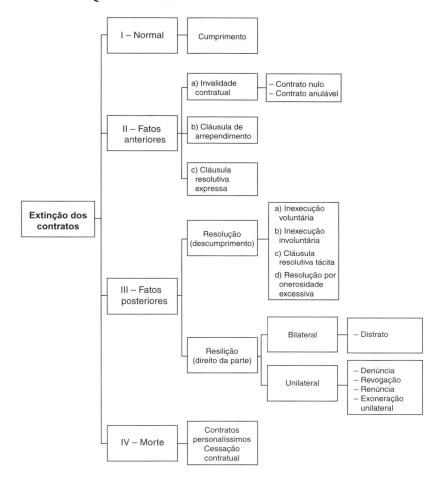

6.7 QUESTÕES CORRELATAS

01. (FCC – Prefeitura de São Luiz/MA – Procurador – 2016) Constitui característica da onerosidade excessiva, conforme regrado no Código Civil de 2002,
- (A) a manutenção das cláusulas contratuais que estabeleçam prestações desproporcionais ou sua revisão em razão de fatos antecedentes ou supervenientes que as tornem excessivamente onerosas.
- (B) o comprovado inadimplemento, pelo credor, de sua obrigação contratual, pois responde por perdas e danos, mais juros e atualização monetária segundo índices oficiais regularmente estabelecidos, e honorários de advogado.
- (C) a efetiva alteração radical da estrutura contratual, em decorrência da desproporção manifesta entre o valor da prestação devida e o do momento de sua execução, decorrentes de circunstâncias previstas ou previsíveis.
- (D) nos contratos de execução continuada ou diferida, a excessiva onerosidade da prestação de uma das partes, com extrema vantagem para a outra, em virtude de acontecimentos extraordinários e imprevisíveis.
- (E) o enriquecimento inesperado e absolutamente infundado (injusto) para o credor, em detrimento do devedor, como decorrência direta da situação superveniente e imprevista.

312 | DIREITO CIVIL • VOL. 3 – *Flávio Tartuce*

02. (IBGP – Prefeitura de Nova Ponte-MG – Advogado – 2016) Sobre os contratos, é CORRETO afirmar que:

(A) Os contratos têm uma obrigatoriedade relativa, segundo princípio da relatividade, podendo, como regra, a parte optar pela revisão das cláusulas contratuais, ou simplesmente não cumpri-lo.

(B) O contrato aleatório é instrumento oneroso, pelo qual um dos contratantes transfere coisa incerta em troca de coisa certa.

(C) A *exceptio non rite adimpleti contractus* é uma cláusula resolutiva que deve ser sempre expressa e se prende a um contrato bilateral.

(D) Segundo o atual Código Civil brasileiro para que possa haver intervenção judicial por onerosidade excessiva em um contrato é necessário que o mesmo seja decorrente de um fato extraordinário e imprevisível.

03. (VUNESP – IPSMI – Procurador – 2016) Nos contratos bilaterais, nenhum dos contratantes, antes de cumprida a sua obrigação, pode exigir o implemento da do outro. Tal disposição trata de

(A) resolução por onerosidade excessiva.

(B) cláusula resolutiva.

(C) extinção do contrato por distrato.

(D) exceção de contrato não cumprido.

(E) princípio que veda o enriquecimento ilícito.

04. (CESPE – TCE-PA – Auditor de Controle Externo – 2016) A respeito das obrigações, dos contratos e dos atos unilaterais, julgue o item que se segue.

O adimplemento substancial do contrato tem sido reconhecido como impedimento à resolução unilateral, havendo ou não cláusula expressa.

( ) Certo ( ) Errado

05. (CESPE – DPE-RN – Defensor Público Substituto – 2015) No tocante à extinção dos contratos, assinale a opção correta.

(A) Nos contratos bilaterais, o credor pode exigir a realização da obrigação pela outra parte, ainda que não cumpra a integralidade da prestação que lhe caiba.

(B) A extinção do contrato decorrente de cláusula resolutiva expressa configura exercício do direito potestativo de uma das partes do contrato de impor à outra sua extinção e depende de interpelação judicial.

(C) **Situação hipotética**: Joaquim, mediante contrato firmado, prestava serviços de contabilidade à empresa de Joana. Joaquim e Joana decidiram encerrar, consensualmente, o pactuado e dar fim à relação contratual. **Assertiva**: Nessa situação, configurou-se a resilição do contrato por meio de denúncia de uma das partes.

(D) A cláusula resolutiva tácita é causa de extinção contemporânea à celebração ou formação do contrato, e a presença do vício torna o contrato nulo.

(E) A resolução do contrato por onerosidade excessiva não se aplica aos contratos de execução instantânea, pois ocorre quando, no momento da efetivação da prestação, esta se torna demasiadamente onerosa para uma das partes, em virtude de acontecimentos extraordinários e imprevisíveis.

06. (FMP – DPE-PA – Defensor Público Substituto – 2016) Assinale a alternativa correta.

(A) No sistema do Código Civil, a onerosidade excessiva é exceção que impõe revisão do contrato, em atenção ao princípio da conservação dos atos jurídicos, motivo pelo qual não está autorizada a resolução da avença.

(B) A exceção por onerosidade excessiva é aplicável a qualquer espécie contratual.

(C) A impossibilidade inicial do objeto do negócio jurídico pode ser classificada em absoluta ou relativa. A classificação não tem valor no que concerne aos efeitos, porque, em quaisquer dos casos, a repercussão da eiva se dará no plano da eficácia dos negócios jurídicos.

(D) *Exceptio non rite adimpleti contractus* é a exceção do cumprimento defeituoso do contrato.

(E) A cláusula resolutiva expressa exige interpelação judicial para produzir efeitos.

CAP. 6 · A EXTINÇÃO DOS CONTRATOS | **313**

07. (Juiz Federal Substituto – TRF 3.ª Região – 2018) Em matéria de extinção dos contratos é correto afirmar:

(A) considerando os postulados da boa-fé objetiva e da função social do contrato, é eventualmente possível, mesmo diante do inadimplemento, recusar-se a resolução do contrato pela invocação da teoria do substancial adimplemento.

(B) na resolução do contrato por onerosidade excessiva, segundo a lei, os efeitos da sentença que a decretar retroagirão ao momento da ocorrência dos acontecimentos tidos por extraordinários e imprevisíveis.

(C) a resilição unilateral é vedada e deve ser juridicamente qualificada como violação do contrato a justificar sua resolução por justa causa.

(D) não havendo no contrato expressa cláusula resolutiva, não há como presumir que exista disposição tácita de tal natureza.

08. (Procurador Jurídico – Prefeitura de Bauru – SP – VUNESP – 2018) Sobre a extinção dos contratos, assinale a alternativa correta.

(A) Para os casos de distrato, não há que se falar em atendimento ao princípio do paralelismo entre as formas.

(B) No caso de um contrato em que houve investimentos consideráveis por uma das partes, a denúncia unilateral só produzirá efeitos após o transcurso de prazo compatível com a natureza e valor dos investimentos.

(C) Tanto a cláusula resolutiva tácita quanto a expressa dependem de interpelação judicial.

(D) Nos contratos bilaterais, não é permitida a alegação de exceptio non adimpleti contractus caso um dos contratantes, antes de cumprida a sua obrigação, exija o implemento da obrigação do outro.

(E) Nos contratos por execução continuada, a resolução por onerosidade excessiva só poderá ser alegada em casos de extrema vantagem para uma das partes, decorrentes de eventos previsíveis.

09. (Defensor Público – DPE-AM – FCC – 2018) No Código Civil, para que se dê a resolução contratual por onerosidade excessiva, será preciso o preenchimento dos requisitos seguintes:

(A) os contratos devem ser de parcelas sucessivas, ou diferidos no tempo, exigindo-se a onerosidade excessiva à parte prejudicada e vantagem extrema à outra, mas não a imprevisibilidade dos acontecimentos.

(B) a natureza dos contratos é irrelevante, bem como a vantagem a uma das partes, bastando a onerosidade excessiva à parte prejudicada e os acontecimentos extraordinários e imprevisíveis.

(C) os contratos devem ser bilaterais e as prestações sucessivas, bastando a onerosidade excessiva a uma das partes, sem se cogitar de vantagem à outra parte mas exigindo-se a imprevisibilidade dos acontecimentos.

(D) na atual sistemática civil, basta a onerosidade excessiva, não se cogitando seja de vantagem à outra parte, seja da imprevisibilidade dos eventos.

(E) os contratos devem ser de execução continuada ou diferida; e à onerosidade excessiva a uma das partes deve corresponder a extrema vantagem à outra, em virtude de acontecimentos extraordinários e imprevisíveis.

10. (Juiz Federal Substituto – TRF – 5.ª Região – CESPE – 2017) Estabelecido contrato de fornecimento de insumos para empresa que comercializa produtos químicos, será juridicamente possível o fornecedor pedir, de acordo com a lei civil, a resolução do contrato, se a sua prestação se tornar excessivamente onerosa,

(A) com extrema vantagem para a outra parte, por acontecimento extraordinário, ainda que previsível.

(B) por acontecimento extraordinário, ainda que sem proveito para a outra parte.

(C) com vantagem extrema para a outra parte em razão de acontecimento extraordinário e imprevisível.

(D) por acontecimento extraordinário, ainda que não imprevisível.

(E) por acontecimento extraordinário, ainda que não imprevisível, provocado por fato do príncipe.

314 | DIREITO CIVIL • VOL. 3 – *Flávio Tartuce*

11. **(Procurador Jurídico – SANASA Campinas – FCC – 2019) Sobre contratos, é INCORRETO afirmar:**

(A) Nos de execução continuada, se a prestação de uma das partes se tornar excessivamente onerosa, em virtude de acontecimentos extraordinários e imprevisíveis, poderá o devedor pedir a resolução do contrato.

(B) A exceção de contrato não cumprido aplica-se a todos os contratos.

(C) Os benéficos devem ser interpretados de forma restrita.

(D) É proibido o que tem por objeto herança de pessoa viva.

(E) É possível a manifestação tácita de vontade em matéria contratual, quando não for necessária que seja expressa.

12. **(Analista Judiciário de Procuradoria – PGE-PE CESPE – 2019) Com base nas disposições do Código Civil acerca de contratos, julgue o item subsequente.**

Se, na execução do contrato, uma das partes houver realizado elevado investimento em razão da natureza do contrato, o distrato unilateral, exercido pela outra parte, produzirá efeitos somente após o decurso de período condizente com a importância investida.

( ) Certo

( ) Errado

13. **(Titular de Serviços de Notas e de Registros – Remoção – TJ-MG – CONSULPLAN – 2019) De acordo com as disposições do Código Civil, analise as afirmativas a respeito dos contratos em geral.**

I. O contrato preliminar, inclusive quanto a forma, deve conter todos os requisitos essenciais ao contrato a ser celebrado.

II. Nos contratos bilaterais, pode qualquer dos contratantes alegar em defesa a exceção do contrato não cumprido.

III. Nos contratos de adesão, havendo cláusulas que gerem dúvida na sua interpretação, será adotada a mais favorável ao aderente.

IV. São alguns dos requisitos para a aplicação da cláusula rebus sic *stantibus*: a ocorrência de acontecimentos extraordinários e imprevisíveis e que tenham tornado a prestação de uma das partes excessivamente onerosa, com extrema vantagem para a outra.

Estão corretas as afirmativas

(A) I, II, III e IV.

(B) I e IV, apenas.

(C) I, II e III, apenas.

(D) II, III e IV, apenas.

14. **(Advogado – Câmara de Apucarana-PR – FAUEL – 2020) A respeito dos contratos, com base exclusivamente no Código Civil, assinale a alternativa INCORRETA:**

(A) A cláusula resolutiva expressa opera de pleno direito, mas a tácita depende de interpelação extrajudicial.

(B) Nas relações contratuais privadas, prevalecerão o princípio da intervenção mínima e a excepcionalidade da revisão contratual.

(C) Podem as partes, por cláusula expressa, reforçar, diminuir ou excluir a responsabilidade pela evicção.

(D) O contrato preliminar, exceto quanto à forma, deve conter todos os requisitos essenciais ao contrato a ser celebrado.

15. **(Advogado – EBSERH – IBFC – 2020) A teoria das obrigações contratuais tem por escopo caracterizar o contrato, abrangendo nesse conceito, todos os negócios jurídicos resultantes de acordo de vontades, de modo a uniformizar sua feição e excluir, assim, quaisquer controvérsias, seja qual for o tipo de contrato, desde que tenha acordo bilateral ou plurilateral**

CAP. 6 · A EXTINÇÃO DOS CONTRATOS | **315**

de vontades. **Sobre as formas de extinção dos contratos, assinale a alternativa que contém causa de dissolução do contrato anteriores ou contemporâneas à sua formação.**

(A) Resolução por inexecução voluntária do contrato.

(B) Resilição Unilateral.

(C) Resilição bilateral ou distrato.

(D) Direito de arrependimento.

(E) Morte de um dos contraentes em todos os tipos de contratos.

16. (Juiz substituto – TJSP – Vunesp – 2021) Assinale a alternativa incorreta sobre a extinção dos contratos.

(A) O distrato deve seguir a mesma forma exigida para o contrato.

(B) O direito de resolver o contrato por inadimplemento tem natureza de pretensão e se encontra sujeito à prescrição.

(C) A cláusula resolutiva expressa opera de pleno direito, ou seja, sem a necessidade de intervenção judicial.

(D) A resolução por inadimplemento nos contratos de execução diferida e prestação fracionada provoca efeitos *ex tunc*, enquanto nos contratos de execução continuada, ou sucessiva, provoca efeitos *ex nunc*.

17. (Defensor Público – DPE-GO – FCC – 2021) A respeito dos contratos, analise as proposições a seguir:

I. A *exceptio non adimpleti contractus* é aplicável somente aos contratos sinalagmáticos.

II. É abusiva a inserção de cláusula solve et repete em contratos de consumo.

III. A doação de ascendente para descendente é válida, ainda que realizada sem a anuência dos demais descendentes.

IV. Nos contratos onerosos, o alienante responde pela evicção, ainda que a aquisição tenha se realizado em hasta pública.

Está correto o que se afirma em

(A) I, II e IV, apenas.

(B) I, II e III, apenas.

(C) I, III e IV, apenas.

(D) II, III e IV, apenas.

(E) I, II, III e IV.

18. (Analista da Receita Estadual – SEFAZ-SC – FCC – 2021) De acordo com a disciplina do Código Civil acerca da extinção do contrato, a

(A) cláusula resolutiva tácita independe de interpelação judicial.

(B) resilição unilateral exige prévio inadimplemento injustificado da outra parte.

(C) parte lesada pelo inadimplemento não poderá reclamar indenização por perdas e danos se, em vez de pedir a resolução do contrato, exigir-lhe o cumprimento.

(D) exceção do contrato não cumprido se aplica aos contratos bilaterais.

(E) resolução por onerosidade excessiva não poderá ser determinada se não tiver sido prevista, por escrito, no contrato.

19. (Advogado – Prefeitura de Manaus-AM – FGV – 2022) Festas de Formatura Ltda. ("Festas") e Cenografia Ltda. ("Cenografia") são sociedades empresárias que construíram uma parceria de 10 anos. No início da relação, estabeleceu-se um contrato escrito entre as partes, prevendo, apenas, que Cenografia sempre realizaria orçamento prévio a pedido de Festas. Se aprovado o valor, Festas pagaria e Cenografia executaria o serviço. No início de 2022, Festas passou a investir em outros tipos de evento e notificou Cenografia com objetivo de encerrar a relação contratual.

Ao receber a notificação, Cenografia mostrou-se favorável à extinção da avença, requerendo apenas uma indenização no valor de R$ 30.000,00 pelos investimentos realizados para atender sua antiga cliente na primeira temporada de formaturas após o arrefecimento da pandemia. Festas concordou com os termos de negociação propostos por Cenografia e as partes resolveram levar seu acordo a termo.

A respeito da extinção do contrato, é correto afirmar:

(A) a resolução ocorreu por inadimplemento absoluto.

(B) houve resolução por inadimplemento relativo.

(C) a hipótese foi de resilição do contrato.

(D) houve o distrato do contrato entre as partes.

(E) a rescisão ocorreu em razão de cláusula resolutiva expressa.

20. **(RBPREV-AC – Ibade – Procurador Jurídico Previdenciário – 2023) Os contratos podem ser extintos de diferentes formas, seja pelo acordo das partes, por previsão contratual, pelo inadimplemento, entre outras. É correto afirmar que os contratos podem ser extintos:**

(A) pelo distrato verbal, independentemente da forma exigida para realização do contrato.

(B) em razão de qualquer inadimplemento, mesmo se cumprido em sua maior parte de seu objeto.

(C) se torne excessivamente oneroso para uma das partes e vantajoso para a outra, por circunstância acontecimentos extraordinários e imprevisíveis e posteriores à contratação, caso seja de execução continuada.

(D) pelo esgotamento do prazo de vigência, salvo se manifestado o interesse por uma das partes pela sua continuidade no prazo de 30 (trinta) dias contados do termo final.

(E) pelo não implemento de condições resolutiva tácita, de pleno direito, independentemente de interpelação judicial.

21. **(IFC-SC – Fundatec – Professor de Direito – 2023) A exceção de contrato não cumprido:**

(A) Não é admitida no direito brasileiro.

(B) Pode ser aplicada aos contratos bilaterais.

(C) Exige o prévio adimplemento de uma das partes para ser exercida.

(D) Somente pode ser aplicada aos contratos firmados por adesão.

(E) Não pode ser aplicada aos contratos de consumo.

22. **(TRF-1ª Região – FGV – Juiz Federal substituto – 2023) Paulo obteve empréstimo do Banco Dinheiro na Mão S/A. Em garantia, empenhou joias de família cuja avaliação alçava a 50% do valor da dívida.**

Após ter quitado 45% do saldo devedor, é comunicado de que, em um assalto ao banco, as joias foram roubadas. Nesse caso, à luz exclusivamente do Direito Civil, é correto afirmar que:

(A) com o perecimento da coisa empenhada, resolve-se o contrato entre as partes, retornando ambas ao status quo ante, de modo que Paulo ficará exonerado da dívida;

(B) a instituição financeira deverá indenizar Paulo pelo valor dos bens perdidos, sendo certo que, enquanto não proceder a esse pagamento, será lícito ao devedor suspender o das parcelas do empréstimo, invocando a exceção de contrato não cumprido (*exceptio non adimpleti contractus*);

(C) embora a instituição financeira deva indenizar Paulo pelo valor das joias roubadas, não é possível a compensação entre o valor do empréstimo e o das joias, por expressa vedação legal na hipótese de penhor e pela diferença de origem dos débitos;

(D) a instituição financeira deve indenizar Paulo pelo valor das joias roubadas, sendo certo que é possível a compensação entre o valor do empréstimo e o das joias; assim, considerando a quitação de 95% do saldo devedor (45% pelo pagamento das parcelas e 50% pela compensação), Paulo poderá invocar a teoria do adimplemento substancial para dar por cumprida sua obrigação;

(E) a instituição financeira não responde pelo caso fortuito/força maior, uma vez que não pode ser responsabilizada por danos decorrentes de atividades criminosas, notadamente roubo à mão armada.

CAP. 6 · A EXTINÇÃO DOS CONTRATOS | **317**

23. **(TJSP – Vunesp – Juiz substituto – 2023) Assinale a alternativa correta sobre os contratos bilaterais.**

(A) As perdas e danos não dependem da imputabilidade da causa da resolução por inadimplemento.

(B) Se a prestação de uma das partes se tornar excessivamente onerosa, na hipótese de execução continuada ou diferida, com extrema vantagem para a outra, em razão de acontecimentos extraordinários e imprevisíveis, poderá o devedor pedir a resolução do contrato. A onerosidade excessiva, no Código Civil, enseja apenas a resolução, não se autorizando que se peça a revisão do contrato.

(C) Nenhum dos contratantes, antes de cumprida a sua obrigação, pode exigir o implemento da do outro. Não se admite, porém, que o devedor exerça a exceção de contrato não cumprido por antecipação, ou seja, antes do termo da prestação. Vale dizer, não existe, em hipótese alguma, exceção por antecipação.

(D) A parte lesada pelo inadimplemento pode pedir a resolução do contrato, se não preferir exigir-lhe o cumprimento, cabendo, em qualquer dos casos, indenização por perdas e danos. Apesar da literalidade do Código Civil de 2002, em harmonia com a função social do contrato e em atendimento ao princípio da boa-fé objetiva, a teoria do substancial adimplemento do contrato, quando aplicável, visa a impedir o uso potestativo do direito de resolução por parte do credor.

24. **(PGE-ES – Cespe/Cebraspe – Procurador do Estado – 2023) Com relação à cláusula resolutiva tácita prevista no Código Civil, o STJ entende que a parte lesada pode optar pelo**

(A) cumprimento forçado e pelo rompimento do contrato, podendo ambas as opções ser exercidas simultaneamente.

(B) cumprimento forçado ou pelo rompimento do contrato, não podendo ambas as opções ser exercidas simultaneamente. Feita a escolha, a parte não pode variar entre elas.

(C) cumprimento forçado ou pelo rompimento do contrato, não podendo ambas as opções ser exercidas simultaneamente. Feita a escolha, a parte pode variar entre elas, desde que antes da sentença.

(D) cumprimento forçado do contrato, apenas.

(E) rompimento do contrato, apenas.

25. **(PGE-GO – FCC – Procurador do Estado substituto – 2024) Considere o texto abaixo.**

"Ora, é irrecusável o caráter individualista do Código Civil de 1916, mas bem poucos cuidam de examinar e prevenir, na vida prática, os danos resultantes dessa constatação fundamental. Não se leva em conta, por exemplo, a grave injustiça decorrente da irrevisibilidade dos contratos, quaisquer que sejam as condições supervenientes, rompendo a paridade ou equivalência que deve haver entre as prestações e contraprestações estipuladas, sendo os contraentes surpreendidos por alterações operadas nos parâmetros econômicos por fatores inteiramente alheios ao acordo das vontades.

Não se trata apenas das hipóteses em que, bem ou mal, a jurisprudência tem procurado impedir o *summum jus, summa injuria*, aplicando, não raro temerosamente, os princípios que inspiram o chamado 'dirigismo contratual', recorrendo, entre outras, à cláusula *rebus sic stantibus*. Esta, porém, tem sido considerada inaplicável, na maioria das sentenças, quando houver texto expresso de lei".

(REALE, Miguel. *O projeto de Código Civil* – situação atual e seus problemas fundamentais. São Paulo: Saraiva, 1986, p. 30)

Assinale a alternativa que deu uma solução, no Código Civil, para a injustiça referida:

(A) Nos contratos bilaterais, nenhum dos contratantes, antes de cumprida a sua obrigação, pode exigir o implemento da do outro.

(B) Se o contrato for aleatório, por dizer respeito a coisas ou fatos futuros, cujo risco de não virem a existir um dos contratantes assuma, terá o outro direito de receber integralmente o que lhe foi prometido, desde que de sua parte não tenha havido dolo ou culpa, ainda que nada do avençado venha a existir.

(C) A proposta de contrato obriga o proponente, se o contrário não resultar dos termos dela, da natureza do negócio, ou das circunstâncias do caso.

318 | DIREITO CIVIL • VOL. 3 – *Flávio Tartuce*

(D) Nos contratos de execução continuada ou diferida, se a prestação de uma das partes se tornar excessivamente onerosa, com extrema vantagem para a outra, em virtude de acontecimentos extraordinários e imprevisíveis, poderá o devedor pedir a resolução do contrato. Os efeitos da sentença que a decretar retroagirão à data da citação.

(E) Se, depois de concluído o contrato, sobrevier a uma das partes contratantes diminuição em seu patrimônio capaz de comprometer ou tornar duvidosa a prestação pela qual se obrigou, pode a outra recusar-se à prestação que lhe incumbe, até que aquela satisfaça a que lhe compete ou dê garantia bastante de satisfazê-la.

26. **(Câmara de Altônia-PR – Procurador Jurídico – Maranatha Assessoria – 2024) Pelo que consta do atual Código Civil e das lições da doutrina, quatro são as formas básicas de extinção dos contratos. Nas hipóteses em que os contraentes estipulam que o negócio será extinto, mediante declaração unilateral de vontade, se qualquer um deles se arrepender, trata-se da extinção:**

(A) normal do contrato;

(B) por fatos posteriores à celebração;

(C) por fatos anteriores à celebração;

(D) por morte.

GABARITO

01 – D	02 – D	03 – D
04 – CERTO	05 – E	06 – D
07 – A	08 – B	09 – E
10 – C	11 – B	12 – CERTO
13 – D	14 – A	15 – D
16 – B	17 – E	18 – D
19 – D	20 – C	21 – B
22 – B	23 – D	24 – C
25 – D	26 – C	

7

CONTRATOS EM ESPÉCIE – DA COMPRA E VENDA

Sumário: 7.1 Conceito de compra e venda e seus elementos principais – 7.2 Natureza jurídica do contrato de compra e venda – 7.3 A estrutura sinalagmática e os efeitos da compra e venda. A questão dos riscos e das despesas advindas do contrato – 7.4 Restrições à compra e venda: 7.4.1 Da venda de ascendente a descendente (art. 496 do CC); 7.4.2 Da venda entre cônjuges (art. 499 do CC); 7.4.3 Da venda de bens sob administração. As restrições constantes do art. 497 do CC; 7.4.4 Da venda de bens em condomínio ou venda de coisa comum. O direito de prelação legal do condômino (art. 504 do CC) – 7.5 Regras especiais da compra e venda: 7.5.1 Venda por amostra, por protótipos ou por modelos (art. 484 do CC); 7.5.2 Venda a contento ou sujeita a prova (arts. 509 a 512 do CC); 7.5.3 Venda por medida, por extensão ou *ad mensuram* (art. 500 do CC); 7.5.4 Venda de coisas conjuntas (art. 503 do CC) – 7.6 Das cláusulas especiais da compra e venda: 7.6.1 Cláusula de retrovenda; 7.6.2 Cláusula de preempção, preferência ou prelação convencional; 7.6.3 Cláusula de venda sobre documentos; 7.6.4 Cláusula de venda com reserva de domínio – 7.7 Resumo esquemático – 7.8 Questões correlatas – Gabarito.

7.1 CONCEITO DE COMPRA E VENDA E SEUS ELEMENTOS PRINCIPAIS

O art. 481 do CC/2002, seguindo o princípio da operabilidade – no sentido de facilitação dos institutos privados –, conceitua a compra e venda como o contrato pelo qual alguém (o vendedor) se obriga a transferir ao comprador o domínio de coisa móvel ou imóvel mediante uma remuneração, denominada *preço*. Portanto, trata-se de um *contrato translativo*, mas que por si só não gera a transmissão da propriedade.

Como é notório, regra geral, a propriedade móvel se transfere pela tradição (entrega da coisa) enquanto a propriedade imóvel transfere-se pelo registro do contrato no Cartório de Registro Imobiliário (CRI). Dessa forma, o contrato de compra e venda traz somente o compromisso do vendedor em transmitir a propriedade, denotando efeitos obrigacionais (art. 482 do CC).

Em outras palavras, o contrato é translativo no sentido de trazer como conteúdo a referida transmissão, que se perfaz pela tradição nos casos que envolvem bens móveis ou pelo registro, nas hipóteses de bens imóveis (DINIZ, Maria Helena. *Código...*, 2005, p. 448). O julgado a seguir demonstra essa realidade jurídica:

"Civil. Compra e venda. Imóvel. Transcrição. Matéria de prova. I – Ensina a doutrina que na compra e venda de imóvel a transcrição no registro imobiliário do título translativo da propriedade apenas completa, ainda que necessariamente, a operação iniciada com o contrato, ou qualquer outro negócio translativo. O *modus* é condicionado pelo *titulus*. O registro é ato automático, independente de providências do transmitente. II – Em sede do Especial, inviável qualquer intento no sentido de reexame de matéria que envolva reavaliação de provas. III – Recurso não conhecido" (STJ, REsp 5.801/SP, 3.ª Turma, Rel. Min. Waldemar Zveiter, j. 10.12.1990, *DJ* 04.02.1991, p. 576).

Interessante apontar, ainda, que a coisa transmitida deve ser corpórea, pois se for incorpórea não há compra e venda, mas contrato de cessão de direitos. Na visão clássica e contemporânea, os elementos da compra e venda são os seguintes:

a) Partes (comprador e vendedor), sendo implícita a vontade livre, o consenso entre as partes, sem vícios (*consensus*).
b) Coisa (*res*).
c) Preço (*pretium*).

Primeiramente, quanto às partes, estas devem ser capazes sob pena de nulidade ou anulabilidade da compra e venda, o que depende da modalidade de incapacidade. Nesse sentido, não se pode esquecer das regras especiais de *legitimação*, como a que consta do art. 1.647, inc. I, do CC, que trata da necessidade de outorga conjugal para venda de bens imóveis a terceiros. Não havendo tal outorga (uxória ou marital), a compra e venda será anulável (art. 1.649 do CC), desde que proposta ação anulatória pelo cônjuge no prazo decadencial de dois anos, contados da dissolução da sociedade conjugal. A referida outorga é dispensável se o regime entre os cônjuges for o da *separação absoluta*.

No que concerne ao consentimento emitido pelas partes, que deve ser livre e espontâneo, deve ainda recair sobre os demais elementos do contrato de compra e venda, quais sejam a *coisa* e o *preço*. Havendo um dos vícios do consentimento (erro, dolo, coação moral, estado de perigo e lesão), o contrato de compra e venda é anulável, conforme as regras que constam da Parte Geral do Código Civil (art. 171, inc. II, do CC).

A coisa deve ser lícita, determinada (coisa certa) ou determinável (coisa incerta, indicada pelo gênero e quantidade). O art. 483 do CC trata da compra e venda de coisa futura, como ocorre nas *vendas sob encomenda*. Mas essa coisa futura deve existir em posterior momento sob pena de ineficácia do contrato, salvo se a intenção das partes era celebrar um contrato aleatório, dependente da sorte ou risco.

Aliás, diante da boa-fé objetiva a doutrina recomenda que, no momento da realização do contrato de *venda sob encomenda*, o vendedor já tenha a coisa à sua disposição (VENOSA, Sílvio de Salvo. *Direito civil...*, 2003, p. 33). Caso contrário, poderá estar caracterizada situação em que o vendedor pretende transmitir coisa que não lhe pertence (venda *a non domino*). Ilustrando a hipótese, relacionada à emissão de títulos de crédito, da jurisprudência paulista:

"Ação declaratória de inexigibilidade de título c/c indenização por danos morais. Duplicatas sacadas indevidamente e levadas a protesto. Alegação do réu de 'venda futura'. Impossibilidade, no caso, porque o réu vendeu mercadorias que não lhe pertenciam, emitindo notas fiscais e duplicatas sem concretizar o negócio. Inteligência do art. 483, do Novo Código Civil. Registro de inidoneidade financeira. Ato que por si só acarreta preconceito e gera difamação. Dever de indenizar que é de rigor. Valor da indenização fixado de acordo com precedentes da jurisprudência. Sentença mantida. Recurso improvido" (TJSP, Apelação 991.06.060682-7, Acórdão 4508389, 14.ª Câmara de Direito Privado, Americana, Rel. Des. Ligia Araujo Bisogni, j. 12.05.2010, *DJESP* 09.06.2010).

A propósito, pontue-se que a venda *a non domino*, por aquele que não é o dono, é, no meu entendimento, hipótese de ineficácia do contrato, e não de sua inexistência ou invalidade. Essa foi a opção do art. 1.268 do Código Civil 2002, quanto aos bens móveis, prescrevendo o *caput* do diploma que, "feita por quem não seja proprietário, a tradição não aliena a propriedade". O presente autor segue a corrente que entende pela mesma solução em caso de bens imóveis, o que já era aplicado pela melhor jurisprudência superior. Nessa linha, da jurisprudência superior, entre os julgados mais antigos:

"Direito civil. Venda *a non domino*. Validade da escritura entre as partes. Art. 145, CC. Ineficácia em relação ao *verus dominus*. Recurso provido. I – A compra e venda de imóvel a *non domino* não é nula ou inexistente, sendo apenas ineficaz em relação ao proprietário, que não tem qualidade para demandar a anulação da escritura não transcrita. II – Os atos jurídicos são nulos nos casos elencados no art. 145, CC" (STJ, REsp 39.110/MG, 4.ª Turma, Rel. Min. Sálvio de Figueiredo Teixeira, j. 28.03.1994, *DJ* 25.04.1994, p. 9.260).

Ou, ainda: "Venda *a non domino*. A ineficácia pode ser alegada pelo réu da ação reivindicatória (art. 622 do CC" (STJ, REsp 94.270/SC, 4.ª Turma, Rel. Min. Cesar Asfor Rocha, Rel. p/ Acórdão Min. Ruy Rosado de Aguiar, j. 21.03.2000, *DJ* 25.09.2000, p. 101).

Em complemento, mais recentemente, citando ser esta então a posição majoritária da doutrina, baseada nas lições de Pontes de Miranda, colaciona-se a seguinte decisão:

"Recursos especiais. Leilão de imóvel rural anteriormente desapropriado. Art. 535 do CPC. Venda *a non domino*. Ineficácia do negócio. Ação *ex empto*. Irregularidade das dimensões do imóvel. Lucros cessantes. Necessidade de comprovação. Dissídio jurisprudencial. 1. Não há violação ao artigo 535, II do CPC, quando embora rejeitados os embargos de declaração, a matéria em exame foi devidamente enfrentada pelo Tribunal de origem, que emitiu pronunciamento de forma fundamentada, ainda que em sentido contrário à pretensão da recorrente. 2. A venda *a non domino* é aquela realizada por quem não é o proprietário da coisa e que, portanto, não tem legitimação para o negócio jurídico. Soma-se a essa condição, o fato de que o negócio se realiza sob uma conjuntura aparentemente perfeita, instrumentalmente hábil a iludir qualquer pessoa. 3. A *actio ex empto* tem como escopo garantir ao comprador de determinado bem imóvel a efetiva entrega por parte do vendedor do que se convencionou em contrato no tocante à quantidade ou limitações do imóvel vendido, não valendo para os casos em que há impossibilidade total do apossamento da área para gozo e fruição, por vício na titularidade da propriedade. 4. A jurisprudência do Superior Tribunal de Justiça firmou-se no sentido de que, para a concessão de indenização por perdas e danos com base em lucros cessantes, faz-se necessária a comprovação dos prejuízos sofridos pela parte. 5. A demonstração da divergência jurisprudencial não se satisfaz com a simples transcrição de ementas, mas com o confronto entre trechos do acórdão recorrido e das decisões apontadas como divergentes, mencionando-se as circunstâncias que identifiquem ou assemelhem os casos confrontados, providência não verificada nas razões recursais. 6. Recursos especiais não providos" (STJ, REsp 1.473.437/GO, 4.ª Turma, Rel. Min. Luis Felipe Salomão, j. 07.06.2016, *DJe* 28.06.2016).

Todavia, nos anos de 2018 e 2019, surgiram acórdãos entendendo que a consequência é a nulidade do ato:

"Polêmica em torno da existência, validade e eficácia de escritura pública de compra e venda do imóvel dos demandantes, lavrada em Tabelionato por terceiros que atuaram como vendedores com base em procuração pública também fraudada, constando, inclusive, dados errôneos na qualificação dos outorgantes, efetivos proprietários, como reconhecido pelas instâncias de origem. (...). Escritura de compra e venda realizada com base em procuração na qual constam nomes incorretos do casal proprietário, troca de numeração de documentos pessoais, utilização de número de identidade de outro Estado. Questões fático-probatórias. Insindicabilidade. Negligência do Tabelião que, ao confeccionar a escritura pública de compra e venda, não conferiu os dados dos supostos alienantes. Nulidade do registro mantida" (STJ, REsp 1.748.504/PE, 3.ª Turma, Rel. Min. Paulo de Tarso Sanseverino, j. 14.05.2019, *DJe* 21.05.2019).

"Agravo interno na ação rescisória. Acórdão rescindendo. Venda de imóvel a *non domino*. Nulidade absoluta. Impossibilidade de convalidação. Ausência de violação a literal disposição de lei. Improcedência da ação rescisória. Agravo desprovido. 1. O entendimento desta Corte preconiza que, no caso de venda por quem não tem o título de propriedade do bem alienado, venda a *non domino* não tem mera anulabilidade por vício de consentimento, mas sim nulidade absoluta, impossível de ser convalidada. 2. 'Inaplicabilidade do prazo prescricional previsto no art. 178, § 9.º, V, *b*, do Código Civil, se a hipótese cuidar, como no caso, de venda por quem não tinha o título de propriedade do bem alienado em garantia (venda a *non domino*), ou seja, venda nula, não se enquadrando, assim, nos casos de mera anulação do contrato por vício de consentimento' (REsp 185.605/RJ, Rel. Ministro Cesar Asfor Rocha). 3. O acolhimento da ação rescisória fundada no art. 485, V, do CPC exige que a interpretação dada pelo *decisum* rescindendo seja de tal modo discrepante que viole o dispositivo legal em sua literalidade, porque, se a decisão rescindenda elege uma dentre as interpretações cabíveis, a ação rescisória não merece prosperar. 4. Agravo interno a que se nega provimento" (STJ, Ag. Int. na AR 5.465/TO, 2.ª Seção, Rel. Min. Raul Araújo, j. 12.12.2018, *DJe* 18.12.2018).

Diante do último acórdão, da Segunda Seção da Corte, outros julgados emergiram, com a mesma conclusão, pela nulidade do negócio, podendo ser colacionados os seguintes:

"Processual civil e civil. Agravo interno nos embargos de declaração no recurso especial. Ação declaratória. Contrato particular e compromisso de compra e venda de imóvel sem a ciência de determinados coproprietários. Nulidade do negócio jurídico reconhecida. Acórdão em consonância com jurisprudência do STJ. Súmula 83 do STJ. Agravo desprovido. 1. Na hipótese de venda a *non domino*, a transferência da propriedade negociada não ocorre, pois o negócio não produz efeito algum, padecendo de nulidade absoluta, impossível de ser convalidada, sendo irrelevante a boa-fé do adquirente. Os negócios jurídicos absolutamente nulos não produzem efeitos jurídicos, não são suscetíveis de confirmação, tampouco convalescem com o decurso do tempo. Precedentes. 2. O entendimento adotado no acórdão recorrido coincide com a jurisprudência assente desta Corte Superior, circunstância que atrai a incidência da Súmula 83/STJ. 3. Agravo interno a que se nega provimento" (STJ, Ag. Int nos EDcl no REsp 1.811.800/RS, 4.ª Turma, Rel. Min. Raul Araújo, j. 12.12.2022, *DJe* 14.12.2022).

"Civil e processual civil. Agravo interno no agravo em recurso especial. Tutela declaratória. Nulidade de ato jurídico. Quitação. Prescrição ou decadência. Descabimento. Venda de imóvel *a non domino*. Nulidade absoluta. Impossibilidade de convalidação. Ausência de prova do pagamento. Litigância de má-fé. Reexame de provas. Súmula 7/STJ. Decisão mantida. 1. 'Os negócios jurídicos inexistentes e os absolutamente nulos não produzem efeitos jurídicos, não são suscetíveis de confirmação, tampouco não convalescem com o decurso do tempo, de modo que a nulidade pode ser declarada a qualquer tempo, não se sujeitando a prazos prescricionais ou decadenciais' (AgRg no AREsp 489.474/MA, 4.ª Turma, Rel. Min. Marco Buzzi, j. 08.05.2018, *DJe* 17.05.2018). 2. Segundo a jurisprudência desta Corte Superior, na venda *a non domino*, a propriedade transferida não produz efeito algum, havendo uma nulidade absoluta, impossível de ser convalidada pelo transcurso do tempo, sendo irrelevante a boa-fé do adquirente. Precedentes. 3. O recurso especial não comporta exame de questões que impliquem revolvimento do contexto fático-probatório dos autos (Súmula 7/STJ). 4. No caso concreto, a reforma do acórdão recorrido, quanto à ocorrência da venda *a non domino*, à nulidade da quitação e à ausência de prova do pagamento, demandaria o reexame de fatos e provas, vedado em recurso especial. 5. O Tribunal de origem, com base na interpretação dos elementos de convicção anexados aos autos, concluiu pela caracterização da litigância de má-fé. A alteração das conclusões do julgado também demandaria o reexame da matéria fática. 6. Agravo interno a que se nega provimento" (STJ, Ag. Int no AREsp 1.342.222/DF, 4.ª Turma, Rel. Min. Antonio Carlos Ferreira, j. 09.11.2021, *DJe* 26.11.2021).

Todas as ementas recentes indicam, portanto, que a posição atual da Corte Superior é pela nulidade absoluta da venda *a non domino*, o que deve ser seguido, neste momento, para os devidos fins práticos. Reafirmo, porém, a minha opinião doutrinária no sentido de ser a venda *a non domino* ineficaz, pela clara opção do legislador, adotada pelo art. 1.268 do Código Civil.

A coisa deve ser também alienável, ou seja, deve ser consumível no âmbito jurídico, conforme consagra a segunda parte do art. 86 do CC (*consuntibilidade jurídica*). A venda de um bem inalienável, caso do bem de família voluntário ou convencional (arts. 1.711 a 1.722 do CC), é considerada nula, seja pela ilicitude do objeto (art. 166, inc. II) ou por fraude à lei imperativa (art. 166, inc. VI).

No tocante ao preço, remuneração do contrato, este deve ser certo e determinado e em moeda nacional corrente, pelo valor nominal, como prevê o art. 315 do CC (*princípio do nominalismo*). O preço, em regra, não pode ser fixado em moeda estrangeira ou em ouro, sob pena de nulidade absoluta do contrato (art. 318 do CC). Todavia, pelo que está no novo tratamento constante da Lei 14.286/2021, novas exceções devem surgir por lei ou por regulamentação pelo Banco Central. Como é notório, essa lei especial acabou por revogar expressamente o Decreto-lei 857/1976.

Cumpre salientar que o preço pode ser cotado dessas formas, desde que conste o valor correspondente em Real, nossa moeda nacional corrente. Isso porque o art. 487 da codificação material consagra a licitude dos contratos de compra e venda cujo preço é fixado em função de índices ou parâmetros suscetíveis de objetiva determinação, caso do dólar e do ouro (*preço por cotação*).

O preço pode ser arbitrado pelas partes ou por terceiro de sua confiança (*preço por avaliação*), conforme faculta o art. 485 do CC. A título de exemplo, cite-se que é comum, na venda de bens imóveis, a avaliação por uma imobiliária ou por um especialista do ramo. No que interessa a essa confiança, deve-se mencionar que o princípio da boa-fé objetiva está implícito nesse comando legal. Se esse terceiro não aceitar a incumbência, ficará sem efeito o contrato (ineficácia), salvo quando os contratantes concordarem em indicar outra pessoa.

Seguindo nos estudos, determina o art. 486 do CC que o preço pode ser fixado conforme taxa de mercado ou de bolsa, em certo e determinado dia e lugar. É de se concordar com Maria Helena Diniz quando afirma que "se a taxa de mercado ou de bolsa variar no dia marcado para fixar o preço, este terá por base a média da oscilação naquela data" (DINIZ, Maria Helena. *Código...*, 2005, p. 451). Isso para evitar a onerosidade excessiva, o desequilíbrio negocial, à luz da função social do contrato e da boa-fé objetiva.

Julgado de 2023 da Quarta Turma do Superior Tribunal de Justiça bem aplicou esse dispositivo para hipótese de compra e venda de soja, com preço indexado à cotação futura na Bolsa de Mercadorias de Chicago (CBOT), "no qual foi acordado que as partes posteriormente elegeriam, dentro de determinado prazo contratual, a data da cotação em bolsa a ser utilizada para determinação do preço. No entanto, nenhuma das partes exerceu a prerrogativa nos respectivos prazos contratuais". Ao final, entendeu-se que pela falta da indicação desses parâmetros o título executivo não teria liquidez para cobrança, uma vez que se verificou "a existência de lacunas relevantes quanto ao critério de fixação do preço (data de referência da cotação em bolsa), fazendo-se necessário seu prévio acertamento, o que implica a iliquidez da obrigação de pagar nele representada e, por consequência, a inviabilidade da satisfação da dívida pela via executiva" (STJ, Ag. Int. nos EDcl. no REsp 1.491.537/MT, 4.ª Turma, Rel. Min. Raul Araújo, j. 16.05.2023, *DJe* 23.05.2023).

O art. 488 do CC é uma novidade da atual codificação privada, frente ao Código Civil de 1916. Dispõe esse comando legal que "convencionada a venda sem fixação do preço ou de critérios para a sua determinação, se não houver tabelamento oficial, entende-se que as partes se sujeitaram ao preço corrente nas vendas habituais do vendedor. Parágrafo único. Na falta de acordo, por ter havido diversidade de preço, prevalecerá o termo médio".

Aqui, surge a seguinte dúvida: há previsão no art. 488 do CC de compra e venda sem preço? A resposta é negativa. Conforme leciona Paulo Luiz Netto Lôbo, "não há compra e venda sem preço, pois o comando legal em questão menciona que, se não houver preço inicialmente fixado, deverá ser aplicado o preço previsto em tabelamento oficial; ou, ausente este, o preço de costume adotado pelo vendedor. Ademais, na falta de acordo, deverá ser adotado o *termo médio*, a ser fixado pelo juiz" (LÔBO, Paulo Luiz Netto. *Código...*, 2004, p. 265).

Nesse sentido, a conclusão constante em enunciado aprovado na *V Jornada de Direito Civil*, de autoria de Cristiano Zanetti: "na falta de acordo sobre o preço, não se presume concluída a compra e venda. O parágrafo único do art. 488 somente se aplica se houver diversos preços habitualmente praticados pelo vendedor, caso em que prevalecerá o termo médio" (Enunciado n. 441).

Em complemento, entende Paulo Lôbo, com razão, que o preço de tabelamento envolve matéria de ordem pública, não podendo ser sobreposto por outro preço fixado pela autonomia privada, por aplicação do princípio da função social dos contratos, que, na sua eficácia interna, limita a liberdade das partes (*Código...*, 2004, p. 265).

Por fim, quanto ao comando, partindo para as ilustrações, a jurisprudência paulista já aplicou a regra quanto ao *preço de costume* para compromisso de compra e venda de petróleo, aduzindo o seguinte:

> "(...). É admissível que, em compromisso de compra e venda de derivados de petróleo, se estipule que o valor dos produtos vendidos será aquele cobrado à época da entrega da mercadoria, conforme artigo 488 do Código Civil e, inexistindo qualquer impugnação às duplicatas emitidas em razão de tal avença, acompanhadas do comprovante de entrega das mercadorias, é de rigor a improcedência dos embargos à execução" (TJSP, Apelação 9287748-55.2008.8.26.0000, Acórdão 5971911, 24.ª Câmara de Direito Privado, São Paulo, Rel. Des. Nelson Jorge Júnior, j. 14.06.2012, *DJESP* 27.06.2012).

Do Tribunal de Justiça do Paraná, igualmente aplicando a norma e determinando a realização de perícia para a busca do *preço médio*:

> "Ação de cobrança. Ausência de acordo em relação ao preço de sacas de soja. Nomeação de perito para indicação do preço médio. Inteligência do artigo 488 do Código Civil. Recurso desprovido" (TJPR, Agravo de Instrumento 0990547-3, 7.ª Câmara Cível, Campo Mourão, Rel. Des. Guilherme Luiz Gomes, *DJPR* 16.08.2013, p. 191).

Anoto que no Projeto de Reforma e Atualização do Código Civil almeja-se trazer mais clareza à norma, para que nela conste o teor do Enunciado n. 441, da *V Jornada de Direito Civil*. Também se inclui no dispositivo a possibilidade de o preço médio ser fixado em decisão arbitral, na linha de outras proposições. Assim, consoante o seu projetado § 1.º, "havendo diversidade de preços habitualmente praticados pelo vendedor, prevalecerá o termo médio, conforme apurado em processo judicial ou arbitral". E, conforme o novo § 2.º, que adota o enunciado doutrinário, "tem-se por não concluída a compra e venda quando, na hipótese descrita no *caput*, não houver preço habitualmente praticado pelo vendedor quanto ao objeto da prestação". Espera-se, assim, a sua aprovação pelo Parlamento Brasileiro.

Voltando-se ao sistema em vigor, o art. 489 do CC/2002 estabelece a nulidade da compra e venda se a fixação do preço for deixada ao livre-arbítrio de uma das partes. Surge outra dúvida atroz: como interpretar esse dispositivo diante da prevalência dos contratos de adesão em que o preço é determinado de forma unilateral, imposto por uma das partes?

Na verdade, o comando legal em questão só está proibindo o *preço cartelizado*, ou seja, manipulado por cartéis – grupo de empresas que se reúnem para estabelecer acordos sobre fixação elevada de preços e cotas de produção para cada membro, com o fim de dominar o mercado e disciplinar a concorrência –, o que caracteriza abuso do poder econômico. Essa deve ser a correta interpretação do dispositivo, para *salvá-lo*

326 | DIREITO CIVIL • VOL. 3 – *Flávio Tartuce*

e dar a ele um sentido prático. Realmente, o comando legal deveria ter sido suprimido da atual codificação, pois não se coaduna com a realidade contemporânea do *Império dos Contratos-Modelo* ou *estandardização contratual*, em que prevalecem os contratos padronizados (*standard*) ou de adesão.

Superada a análise dos elementos fundamentais da compra e venda, passamos ao estudo da sua natureza jurídica, de suas características principais.

7.2   NATUREZA JURÍDICA DO CONTRATO DE COMPRA E VENDA

Como se expôs no Capítulo 1, buscar a natureza jurídica de um determinado contrato é enquadrar a sua classificação diante das mais diversas modalidades contratuais. Pode-se afirmar que a compra e venda possui as seguintes características:

a) O contrato de compra e venda é *bilateral* ou *sinalagmático*, havendo *sinalagma* (direitos e deveres proporcionais entre as partes, que são credoras e devedoras entre si).

b) Constitui contrato *oneroso*, porque há sacrifícios patrimoniais para ambas as partes, ou seja, para o comprador e para o vendedor (prestação + contraprestação). Essa onerosidade é confirmada pela presença de uma remuneração que é denominada *preço*.

c) Por regra, a compra e venda é contrato *comutativo* porque as partes já sabem de antemão quais serão as suas prestações. Eventualmente, incidirá o elemento *álea* ou sorte, podendo a compra e venda assumir a forma de contrato aleatório, envolvendo riscos. Em casos tais, surgem duas vendas aleatórias (arts. 458 a 461 do CC): *i)* venda de coisas futuras quanto à existência (art. 458 do CC) e à quantidade (art. 459 do CC); e *ii)* venda de coisas existentes, mas expostas a risco (art. 460 do CC). Em relação à venda de coisas futuras, o risco do contrato pode referir-se:

– Venda da esperança quanto à existência da coisa ou venda da esperança (*Emptio spei)* – refere-se à assunção de riscos por um dos contratantes quanto à existência da coisa, caso em que o outro terá direito de receber integralmente o que lhe foi prometido, desde que de sua parte não tenha havido dolo ou culpa, ainda que nada do avençado venha a existir. No contrato em questão não é fixada nem mesmo uma quantidade mínima como objeto, fazendo que o risco seja maior.

– Venda da esperança quanto à quantidade da coisa ou venda da esperança com coisa esperada (*Emptio rei speratae)* – refere-se à assunção de riscos por um dos contratantes quanto à quantidade da coisa, caso em que o alienante terá direito a todo o preço, desde que de sua parte não tenha concorrido culpa, ainda que a coisa venha a existir em quantidade inferior à esperada. Nessa situação, é fixada uma quantidade mínima para a compra, ou seja, neste contrato há um objeto mínimo fixado para compra e venda. As condições para negociar o preço são piores porque o risco é menor; há uma taxa mínima em relação ao objeto.

Nas hipóteses de venda de coisas já existentes, mas expostas a risco assumido pelo adquirente, terá igualmente direito o alienante a todo o preço, ainda que a coisa não mais exista, no todo ou em parte, no dia da formalização do contrato (art. 460 do CC). Entretanto, o contrato poderá ser anulado se o prejudicado provar que o outro contratante agiu com dolo, ou seja, que não ignorava a consumação a que no contrato se considerava exposta a coisa (art. 461 do CC).

d) Pode surgir a dúvida se a compra e venda é um contrato *consensual* (que tem aperfeiçoamento com a manifestação da vontade) ou real (o aperfeiçoamento ocorre com a entrega da coisa). Na verdade, a compra e venda assume a primeira categoria, pois o aperfeiçoamento ocorre com a composição das partes. Isso pode ser retirado do art. 482 do CC ("A compra e venda, quando pura, considerar-se-á obrigatória e perfeita, desde que as partes acordarem no objeto e no preço"). A entrega da coisa ou o registro do negócio no Cartório de Registro Imobiliário (CRI), como apontado, não tem qualquer relação com o seu aperfeiçoamento de validade, e sim com o cumprimento do contrato, com a eficácia do negócio jurídico, particularmente com a aquisição da propriedade pelo comprador.

e) A compra e venda pode ser negócio *formal* (solene) ou *informal* (não solene). Repise-se que sigo o entendimento doutrinário segundo o qual a solenidade está relacionada com a escritura pública e não com a forma escrita (*formalidade é gênero, solenidade é espécie*). O contrato de compra e venda exige escritura pública quando o valor do bem imóvel objeto do negócio for superior a 30 salários mínimos (art. 108 do CC), sendo em casos tais um contrato formal e solene.

Importante lembrar, conforme foi desenvolvido no Capítulo 1 deste livro, que o Provimento n. 100 do Conselho Nacional de Justiça (CNJ), editado em maio de 2020 e em meio à pandemia de Covid-19, passou a admitir a escritura pública, inclusive de compra e venda, pela via digital. De todo modo, devem ser observados os requisitos específicos de validade, previstos no seu art. 3.º, e a regra de competência absoluta dos Tabelionatos (art. 6.º).

Caso o imóvel tenha valor inferior ou igual a 30 salários mínimos, não haverá necessidade de escritura pública, a ser lavrada no Tabelionato de Notas. No entanto, em todos os casos envolvendo imóveis, é necessária a forma escrita para registro no CRI, estando a eficácia no mesmo plano que a validade do contrato em questão (contrato formal e não solene). Relembro, ainda sobre o tema, que a Lei 14.382/2022 instituiu o SERP, Sistema Eletrônico de Registros Públicos, com a viabilidade jurídica do registro público eletrônico dos atos e negócios jurídicos.

Nas hipóteses de compra e venda de bem móvel, de qualquer valor, não há necessidade de escritura pública nem de forma escrita, pois não há registro (contrato informal e não solene).

f) A compra e venda é um contrato típico, pois está tratado pela codificação privada, sem prejuízo de outras leis específicas. Por diversas vezes, a compra e venda assume a forma de adesão, podendo ainda ser contrato de consumo, nos termos dos arts. 2.º e 3.º da Lei 8.078/1990 (*venda de consumo*). Para a última hipótese, a teoria do *diálogo das fontes* é fundamental, pois as regras relativas ao contrato previstas no Código Civil devem ser interpretadas de acordo com os princípios de proteção ao consumidor e com os artigos do CDC.

7.3 A ESTRUTURA SINALAGMÁTICA E OS EFEITOS DA COMPRA E VENDA. A QUESTÃO DOS RISCOS E DAS DESPESAS ADVINDAS DO CONTRATO

É notória, no Direito Civil Contemporâneo, a prevalência na prática das *relações obrigacionais complexas*, ou seja, situações em que as partes são credoras e devedoras entre si, ao mesmo tempo. Essa realidade obrigacional é precursora do *sinalagma obrigacional ou contratual*, presente em contratos como o de compra e venda.

Os esquemas a seguir simbolizam muito bem o que ocorre no contrato em questão:

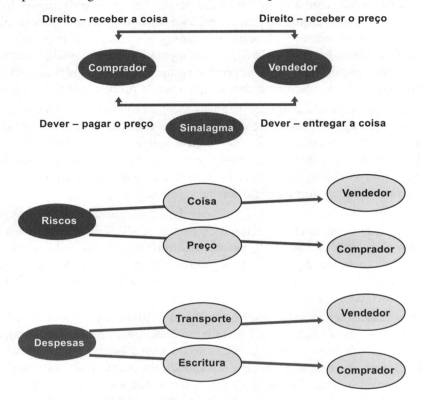

Percebe-se na compra e venda uma proporção igualitária de direitos e de deveres. Como se sabe, o conceito de *sinalagma* mantém íntima relação com o equilíbrio contratual, com a base estrutural do negócio jurídico. O direito do comprador é de receber a coisa e o seu dever é de pagar o preço. Por outro lado, o direito de vendedor é receber o preço, e o seu dever é de entregar a coisa.

Diante dessa *estrutura sinalagmática*, os riscos relacionados com a coisa, o preço, as despesas de transporte, escritura e registro correm por conta de quem, respectivamente? Essas questões devem ser respondidas e estão relacionadas com os deveres assumidos pelas partes, como apontado a seguir:

a) Os riscos quanto à coisa correm por conta do vendedor, que tem o dever de entregá-la ao comprador, pois enquanto não o fizer, a coisa ainda lhe pertence incidindo a regra *res perit domino* (a coisa perece para o dono).

b) Os riscos pelo preço correm por conta do comprador (art. 492 do CC), que tem os deveres dele decorrentes.

c) As despesas com transporte e tradição correm, em regra, por conta do vendedor (art. 490 do CC).

d) As despesas com escritura e registro serão pagas pelo comprador (art. 490 do CC).

Vale lembrar que o art. 490 do CC, que consagra regras quanto às despesas de escritura, registro, transporte e tradição, é norma de ordem privada, podendo haver previsão em sentido contrário no instrumento contratual, conforme a convenção das partes.

Relativamente aos riscos do contrato e despesas de transporte, de acordo com os entendimentos doutrinários e jurisprudenciais dominantes, é possível a sua divisão entre as partes. Ilustre-se com o art. 393 do CC, pelo qual é possível que a parte se responsabilize por caso fortuito e força maior quanto à responsabilidade contratual por meio da *cláusula de assunção convencional*. Também é pertinente apontar a possibilidade de *socialização dos riscos*, que se dá pelo contrato de seguro.

A divisão das despesas de transportes é comum na compra e venda internacional, por meio dos *INCOTERMS* (*International Commercial Terms* ou Cláusulas Especiais da Compra e Venda no Comércio Internacional). A título de exemplo, cite-se a *cláusula FOB* (*Free On Board*), pela qual o vendedor responde pelas despesas do contrato até o embarque da coisa no navio.

Ainda quanto à estrutura interna do contrato de compra e venda, outras regras merecem ser comentadas.

De início, prescreve o art. 491 do CC que "não sendo a venda a crédito, o vendedor não é obrigado a entregar a coisa antes de receber o preço". Esse comando legal complementa a previsão da exceção de contrato não cumprido, prevista no art. 476 da mesma codificação. Assim sendo, na venda à vista, diante do *sinalagma*, somente se entrega a coisa mediante o pagamento imediato do preço. Entretanto, por se tratar de norma de ordem privada, as partes podem afastá-la, por meio da cláusula *solve et repete*, em regra.

Como visto, o art. 492 do atual Código Privado traz regra segundo a qual até o momento da tradição os riscos da coisa correm por conta do vendedor, e os do preço por conta do comprador. Em complemento, os parágrafos do citado comando legal trazem regras interessantes.

Primeiramente, os casos fortuitos (eventos totalmente imprevisíveis) que ocorrerem no ato de contar, marcar ou assinalar coisas, que normalmente se recebem dessa forma (contando, pesando, mediando ou assinalando), e que tiverem já sido colocadas à disposição do comprador, correrão por conta deste (§ 1.º). Em outras palavras, os riscos em situações tais serão por conta daquele que adquire a coisa.

Além disso, correrão também por conta do comprador os riscos das referidas coisas, se este estiver em mora de recebê-las, quando postas à sua disposição no tempo, lugar e pelo modo ajustado (§ 2.º). A exemplo do que consta do art. 400 do CC, acaba-se punindo o credor pelo atraso no recebimento da obrigação.

Com relação à tradição da coisa vendida, não havendo estipulação entre as partes, a entrega deverá ocorrer no lugar onde se encontrava ao tempo da celebração da venda (art. 493 do CC). Como o próprio dispositivo autoriza, trata-se de uma norma de ordem privada e, como tal, é possível que o instrumento contratual traga previsão de outro local para a entrega da coisa móvel (tradição).

Complementando, é possível que as partes negociem a expedição da coisa por parte do vendedor, como é comum nas vendas realizadas fora do estabelecimento comercial. Em casos tais, se a coisa for expedida para lugar diverso, por ordem do comprador, por sua conta correrão os riscos, uma vez entregue a coisa a quem deva transportá-la, salvo se o vendedor não seguir as instruções dadas pelo comprador (art. 494 do CC).

Em resumo, se o comprador determinou a expedição de forma errada e, em decorrência disso, ela veio a se perder, a responsabilidade será sua, já que agiu com culpa por ação (*culpa in comittendo*). Por outra via, se o erro foi do vendedor, que desobedeceu às ordens do comprador, por sua conta correrão os riscos pelo fato de ter agido como um *mandatário infiel*.

No Projeto de Reforma do Código Civil, pretende-se incluir no seu art. 494 novos parágrafos, incorporando ao texto da lei brasileira regras da Convenção de Viena sobre vendas de mercadorias (CISG), previstas nos seus arts. 67 e 69. Nesse contexto, segundo a proposta do § 1.º, "não se aplica a regra do *caput* se o próprio vendedor estiver obrigado a entregar a coisa em local determinado". Além disso, nos termos do novo § 2.º, "o fato de o vendedor estar autorizado a reter os documentos representativos das mercadorias em nada prejudica a transferência do risco". Por fim, "na hipótese do § 2.º deste artigo, o risco não se transferirá ao comprador até que a coisa esteja claramente identificada, para os efeitos do contrato, pelos documentos de expedição, por comunicação enviada ao comprador ou por qualquer outro modo" (proposta de um § 3.º para o art. 494). Essas regras já guiam a interpretação do comando, no momento, pois a citada Convenção foi incorporada ao sistema jurídico nacional, por força do Decreto n. 8.327/2014.

Encerrando o tópico, enuncia o vigente art. 495 do CC/2002 que não obstante o prazo ajustado para o pagamento, se antes da tradição o comprador cair em insolvência civil, poderá o vendedor sobrestar a entrega da coisa objeto de contrato, até que o comprador lhe dê caução, ou seja, que preste uma garantia real ou fidejussória de pagar no tempo ajustado. O mesmo entendimento deve ser aplicado para a situação em que o vendedor se tornar insolvente, caso em que o comprador poderá reter o pagamento até que a coisa lhe seja entregue ou que seja prestada caução.

Esse dispositivo está sintonizado com o art. 477 do mesmo Código, que traz a *exceptio non rite adimpleti contractus* ("se depois de concluído o contrato, sobrevier a uma das partes contratantes diminuição em seu patrimônio capaz de comprometer ou tornar duvidosa a prestação pela qual se obrigou, pode a outra se recusar à prestação que lhe incumbe, até que aquela satisfaça a que lhe compete ou dê garantia bastante de satisfazê-la"). Os comandos legais citados visam a afastar o enriquecimento sem causa, mantendo-se o *sinalagma obrigacional*, se isso for possível. Não sendo dada a garantia, nas duas hipóteses, resolve-se o contrato de compra e venda, operando-se a cláusula resolutiva tácita por meio da interpelação judicial (art. 474, segunda parte, do CC).

Seguindo essa linha de aproximação dos dois comandos citados, o Projeto de Reforma do Código Civil também traz proposições de incorporação ao seu art. 495 de outra regra da Convenção de Viena sobre Vendas de Mercadorias. Trata-se do seu art. 71, que trata da *exceção de insegurança* ou de *insegurdade*, a saber: "(1) uma parte poderá suspender o cumprimento de suas obrigações se, após a conclusão do contrato, tornar-se evidente que a outra parte não cumprirá parcela substancial de suas obrigações, devido: (a) à grave insuficiência em sua capacidade de cumpri-las, ou em sua solvência; ou (b) à maneira como se dispõe a cumprir ou como cumpre o contrato".

CAP. 7 · CONTRATOS EM ESPÉCIE – DA COMPRA E VENDA | **331**

Com isso, o art. 495 passará a enunciar, em seu *caput*, que, "não obstante o prazo ajustado no contrato, a obrigação de entrega da coisa vendida antes de efetuado o pagamento do preço pode ser sobrestada pelo vendedor, se, entre o ato da venda e o da entrega da coisa, o comprador der mostras de que lhe sobreveio grave insuficiência da sua capacidade de cumprir obrigações e, mesmo assim, não prestar garantia idônea de pagar no tempo ajustado". E, nos termos do seu projetado parágrafo único, em texto elaborado pela relatora-geral, Professora Rosa Nery, "o pedido de recuperação judicial, a falência e a insolvência civil são indicadores seguros da mudança do estado de solvabilidade do devedor, além de outros fatos comprovados que evidenciem que se tornou notoriamente duvidoso o cumprimento das prestações pelas quais o devedor se obrigou".

Como se pode perceber, as proposições trazem segurança jurídica para a venda de bens móveis, sobretudo de mercadorias, tão importante para a economia nacional, sendo imperiosa a sua aprovação pelo Parlamento Brasileiro.

7.4 RESTRIÇÕES À COMPRA E VENDA

Como é notório, foi demonstrado no presente volume da coleção que a autonomia privada contratual não é sempre soberana, encontrando limitações na ordem pública, o que muito bem expressa o princípio da função social dos contratos. Não é diferente para a compra e venda, havendo limitações quanto ao conteúdo do negócio, sob pena de sua nulidade, anulabilidade ou ineficácia da avença.

A partir desse momento, serão estudadas as restrições ao negócio tratadas pelo Código Civil de 2002 no capítulo específico da compra e venda pela seguinte ordem: venda de ascendente a descendente (art. 496 do CC), venda entre cônjuges (art. 499 do CC), venda de bens sob administração (art. 497 do CC) e venda de bens em condomínio ou venda de coisa comum (art. 504 do CC).

Passa-se, então, à análise dessas importantes restrições da compra e venda.

7.4.1 Da venda de ascendente a descendente (art. 496 do CC)

Enuncia o art. 496 do CC que "É anulável a venda de ascendente a descendente, salvo se os outros descendentes e o cônjuge do alienante expressamente houverem consentido. Parágrafo único. Em ambos os casos, dispensa-se o consentimento do cônjuge se o regime de bens for o da separação obrigatória".

No tocante a esse diploma legal, comentam Jones Figueirêdo Alves e Mário Luiz Delgado, juristas que participaram do processo de elaboração da atual Lei Geral Privada, o seguinte:

> "No que se refere ao contrato de compra e venda feita por ascendente a descendente, torna-se ele suscetível de anulabilidade, não mais se podendo falar de nulidade. Esta, a significativa inovação. O dispositivo espanca a vacilação então dominante na doutrina, diante do preceituado pelo art. 1.132 do Código Civil de 1916, tornando defeso que os ascendentes pudessem vender aos descendentes, sem que os outros descendentes expressamente consentissem. A referência expressa à anulabilidade contida na nova norma encerra, por definitivo, dissenso jurisprudencial acerca das exatas repercussões à validade do negócio jurídico, quando superada por decisões recentes do STJ, a Súmula 494 do STF" (*Código...*, 2005, p. 255).

O art. 496 do CC, portanto, afasta a discussão anterior que atormentava a jurisprudência a respeito de ser o caso de nulidade absoluta ou relativa. A questão está superada, pois o caso é de anulabilidade ou nulidade relativa. Saliente-se que as hipóteses de nulidade absoluta ou relativa são fixadas por opção legislativa, não podendo ser contrariadas.

Interessante confrontar o parágrafo único do art. 496 CC que excepciona o regime da separação obrigatória (de origem legal), com o art. 1.647, inc. I, também do CC, que trata da necessidade de outorga conjugal para a venda de imóvel a terceiro, sob pena de anulabilidade (art. 1.649). Isso porque o art. 1.647 dispensa a dita autorização se o regime entre os cônjuges for o da *separação absoluta*. Mas o que seria *separação absoluta*?

Entendo que a *separação absoluta* é apenas a separação convencional, pois continua sendo aplicável a Súmula 377 do STF. Por essa súmula, no regime da separação legal ou obrigatória comunicam-se os bens havidos pelos cônjuges durante o casamento *pelo esforço comum, afirmação que restou pacificada no âmbito do Superior Tribunal de Justiça em 2018* (EREsp 1.623.858/MG, 2.ª Seção, Rel. Min. Lázaro Guimarães (Desembargador convocado do TRF 5.ª Região), j. 23.05.2018, *DJe* 30.05.2018).

Em síntese, o regime da separação legal ou obrigatória não constitui um regime de *separação absoluta*, uma vez que alguns bens se comunicam. Em outras palavras, a outorga conjugal é dispensada apenas se o regime de separação de bens for estipulado de forma convencional, por pacto antenupcial. Na doutrina, essa também é a conclusão de Nelson Nery Jr., Rosa Maria de Andrade Nery, Rolf Madaleno, Zeno Veloso, Rodrigo Toscano de Brito, Pablo Stolze, Rodolfo Pamplona, entre outros.

Entretanto, autores como Silvio Rodrigues, Francisco Cahali e Inácio de Carvalho Neto defendem o cancelamento da referida súmula, o que repercute no art. 1.647 do CC, pois, entendendo dessa forma, haverá *separação absoluta* tanto na separação legal quanto na convencional, sendo desnecessária a outorga conjugal em ambos os casos. O tema é abordado de forma profunda no Volume 5 desta coleção, que trata do Direito de Família, inclusive com todas as referências bibliográficas. De todo modo, como se verá a seguir, penso que seria o caso de se fazer uma adequação entre os dois comandos.

Voltando-se ao art. 496 do Código de 2002, trata-se de norma restritiva de direitos, que não se aplica por analogia aos casos de união estável, a exemplo do art. 1.647 do CC. Assim sendo, nos dois casos, não há necessidade de autorização do companheiro para os referidos atos (*outorga convivencial*), segundo a corrente seguida pelo autor desta obra. Todavia, a questão não é pacífica, devendo ser aprofundado o debate nos próximos anos, por duas razões.

Como primeira razão, o CPC/2015 equiparou a união estável ao casamento para praticamente todos os fins processuais, o que trará repercussões materiais. A segunda razão diz respeito ao fato de o Supremo Tribunal Federal ter concluído, em julgamento encerrado em maio de 2017 e com maioria de votos, que o art. 1.790 do CC/2002 é inconstitucional, devendo haver a equiparação sucessória da união estável ao casamento, com a aplicação do art. 1.829 do Código Civil para as duas entidades familiares (Recurso Extraordinário 878.694/MG, Rel. Min. Roberto Barroso, com repercussão geral, publicado no *Informativo* n. *864* da Corte).

Diante do *decisum*, não se pode negar que há uma tendência em se estender a aplicação de outras regras previstas para o casamento também para a união estável, caso do art. 496 do Código Civil. De todo modo, aguardemos como a jurisprudência, e também a doutrina, interpretará essa revolucionária decisão superior. Da minha parte, penso que as repercussões de equiparação dizem respeito apenas ao Direito das Sucessões, como o reconhecimento do companheiro como herdeiro necessário, o que gera consequências para a doação, como se verá no Capítulo 9. Todavia, não atinge, salvo melhor juízo, o Direito de Família e o Direito Contratual.

No que concerne ao prazo para anular a referida compra e venda em virtude da falta de autorização dos demais descendentes e do cônjuge, deve-se entender que a Súmula 494 do STF está cancelada. Isso porque a dita ementa estabelece um prazo prescricional de 20 anos, contados da celebração do ato, para anular a compra e venda de ascendente a descendente celebrada sem as referidas autorizações. Ora, como o Código Civil adota os critérios científicos de Agnelo Amorim Filho, para o caso em questão o prazo é decadencial e não prescricional, o que é comum para as ações condenatórias. Por isso, aplica-se o prazo de dois anos, contados da celebração do negócio, previsto no art. 179 do CC que, na minha opinião doutrinária, cancelou tacitamente a citada sumular. O último dispositivo traz um prazo geral de decadência para a anulação de contratos e negócios jurídicos.

Na doutrina, assim também entendem Paulo Luiz Netto Lôbo (*Comentários...*, 2003, p. 88), Maria Helena Diniz (*Curso...*, 2002, p. 175), José Fernando Simão (*Aspectos...*, 2005, p. 343) e Inácio de Carvalho Neto (*A venda...*, 2005, p. 393). Também defendi a tese do cancelamento da Súmula 494 do STF em artigo científico anterior sobre o tema, escrito há mais de uma década (TARTUCE, Flávio. *A outra face...*, 2005, p. 173).

Nesse sentido, adotando a nossa proposta, em conjunto com o Professor José Fernando Simão, foi aprovado, na *IV Jornada de Direito Civil*, o Enunciado n. 368 CJF/STJ, prevendo que "o prazo para anular venda de ascendente para descendente é decadencial de dois anos (art. 179 do Código Civil)". É importante ressaltar que o Superior Tribunal de Justiça tem decidido pela aplicação do prazo decadencial de dois anos para a venda de ascendente para descendente, não havendo a referida autorização, notadamente para os atos praticados na vigência da codificação privada de 2002, ou seja, após 11 de janeiro de 2003:

> "Recurso especial. Ação objetivando a 'declaração de nulidade' da venda de cotas de sociedade realizada por ascendente a descendente sem a anuência de filha assim reconhecida por força de investigação de paternidade *post mortem*. Sob a égide do Código Civil de 1916, o exercício do direito de anular venda de ascendente a descendente – que não contara com o consentimento dos demais e desde que inexistente interposta pessoa –, submetia-se ao prazo 'prescricional' vintenário disposto no artigo 177 do *Codex*. Inteligência da Súmula 494 do STF. Tal lapso, na verdade decadencial, foi reduzido para dois anos com a entrada em vigor do Código Civil de 2002 (artigo 179). (...)" (STJ, REsp 1.356.431/DF, 4.ª Turma, Rel. Min. Luis Felipe Salomão, j. 08.08.2017, *DJe* 21.09.2017).

> "Civil e processo civil. Embargos de Declaração no recurso especial. Recebimento como agravo regimental. ação anulatória de venda de ascendente a descendente. Anulabilidade, ainda que na vigência do Código Civil de 1916. Sujeição a prazo decadencial. Redução do

prazo pelo Código Civil vigente. Regra de transição. Aplicabilidade. Integral transcurso do prazo legal. Decadência reconhecida. Recurso desprovido. Decisão mantida. 1. A venda de ascendente a descendente caracteriza ato anulável, ainda que praticado na vigência do Código Civil de 1916, condição reafirmada no art. 496 do atual diploma material. Precedentes. 2. Segundo o art. 179 do Código Civil de 2002, 'quando a lei dispuser que determinado ato é anulável, sem estabelecer prazo para pleitear-se a anulação, será este de dois anos, a contar da data da conclusão do ato'. 3. O prazo fixado pelo Código Civil revogado, reduzido pela atual lei civil, só prevalece se não transcorrida mais da metade (inteligência do art. 2.028 do CC/2002). O novel prazo legal deve ser contado a partir do início de vigência do atual diploma material civil. Precedentes. 4. No caso concreto, ajuizada ação após o prazo fixado pelo art. 179 do Código Civil vigente, afigura-se impositivo o reconhecimento da decadência do direito de o autor pleitear a anulação do ato jurídico contrário à norma do art. 1.132 do CC/1916, atual art. 496 do CC/2002. 5. Embargos de declaração recebidos como agravo regimental, ao qual se nega provimento" (STJ, EDcl no REsp 1.198.907/RS, 4.ª Turma, Rel. Min. Antonio Carlos Ferreira, j. 09.09.2014, *DJe* 18.09.2014).

"Civil. Venda de ascendente para descendente. Interposta pessoa. Ato jurídico anulável. Prescrição. CC/1916, art. 178, § 9.º, V, 'b'. CC/2002, arts. 179 e 496. Venda de ascendente para descendente por interposta pessoa. Ato jurídico anulável. Prescrição de quatro anos, na forma do art. 178, § 9.º, V, 'b', do Código Civil de 1916. Precedentes da Corte e do Supremo Tribunal Federal. 1. A anulação da venda de ascendente para descendente por interposta pessoa, sob o regime do Código Civil anterior, prescreve em quatro anos. A configuração de ato anulável, de resto, já está consolidada no Código Civil vigente (art. 496) que reduziu o prazo para dois anos, 'a contar da data da conclusão do ato' (art. 179). 2. Recurso especial conhecido e provido" (STJ, REsp 771.736-0/SC, 3.ª Turma, Rel. Min. Carlos Alberto Menezes Direito, j. 07.02.2006, v.u.).

No ano de 2020, a tese foi reafirmada pela Corte, que ainda julgou que a anulabilidade é a solução, mesmo havendo debate sobre a presença de uma simulação subjetiva, por ter sido o contrato celebrado por interposta pessoa. Vejamos trecho da sua ementa:

"Direito civil. Recurso especial. Ação declaratória de nulidade de atos jurídicos cumulada com cancelamento de registro público. Venda de bem. Ascendente a descendente. Interposta pessoa. Negócio jurídico anulável. Prazo decadencial de 2 (dois) anos para anular o ato. (...) O STJ, ao interpretar a norma inserta no artigo 496 do CC/02, perfilhou o entendimento de que a alienação de bens de ascendente a descendente, sem o consentimento dos demais, é ato jurídico anulável, cujo reconhecimento reclama: (i) a iniciativa da parte interessada; (ii) a ocorrência do fato jurídico, qual seja, a venda inquinada de inválida; (iii) a existência de relação de ascendência e descendência entre vendedor e comprador; (iv) a falta de consentimento de outros descendentes; e (v) a comprovação de simulação com o objetivo de dissimular doação ou pagamento de preço inferior ao valor de mercado. Precedentes. Quando ocorrida a venda direta, não pairam dúvidas acerca do prazo para pleitear a desconstituição do ato, pois o CC/02 declara expressamente a natureza do vício da venda – qual seja, o de anulabilidade (art. 496) –, bem como o prazo decadencial para providenciar a sua anulação – 2 (dois) anos, a contar da data da conclusão do ato (art. 179). Nas hipóteses de venda direta de ascendente a descendente, a comprovação da simulação é exigida, de forma que, acaso comprovada que a venda tenha sido real, e não simulada para mascarar doação – isto é, evidenciado que o preço foi realmente pago pelo descendente, consentâneo com o valor de mercado do bem objeto da venda, ou que não tenha havido prejuízo à legítima dos demais herdeiros –, a mesma poderá ser mantida. 8. Considerando que a venda por interposta pessoa não é outra coisa que não a tentativa

CAP. 7 · CONTRATOS EM ESPÉCIE – DA COMPRA E VENDA | **335**

reprovável de contornar-se a exigência da concordância dos demais descendentes e também do cônjuge, para que seja hígida a venda de ascendente a descendente, deverá ela receber o mesmo tratamento conferido à venda direta que se faça sem esta aquiescência. Assim, considerando anulável a venda, será igualmente aplicável o art. 179 do CC/02, que prevê o prazo decadencial de 2 (dois) anos para a anulação do negócio. Inaplicabilidade dos arts. 167, § 1.º, I, e 169 do CC/02. (...)" (STJ, REsp 1.679.501/GO, 3.ª Turma, Rel. Min. Nancy Andrighi, j. 10.03.2020, *DJe* 13.03.2020).

Não tem sido diferente a conclusão dos Tribunais Estaduais, podendo ser encontradas ementas que fazem incidir o prazo de dois anos do art. 179 do CC, caminho mais correto para a solução da questão (ver: TJSP, Apelação com Revisão 644.440.4/9, Acórdão 3671454, 6.ª Câmara de Direito Privado, São Caetano do Sul, Rel. Des. Vito Guglielmi, j. 04.06.2009, *DJESP* 26.06.2009; TJMG, Apelação Cível 1.0518.05.085096-6/0011, 15.ª Câmara Cível, Poços de Caldas, Rel. Des. Bitencourt Marcondes, j. 08.05.2008, *DJEMG* 04.06.2008).

Em suma, a Súmula 494 do STF não tem mais aplicação. Destaque-se, contudo, que o Pleno do Supremo Tribunal Federal não a cancelou e talvez não haveria a pretensão de fazê-lo, uma vez que o Direito Civil fugiria da sua esfera de trabalho desde a Constituição Federal de 1988. O trabalho, dessa forma, caberia à doutrina, devendo o estudioso do Direito ter cuidado com as antigas súmulas do STF relativas ao Direito Privado, todas anteriores ao Texto Maior em vigor.

Contudo, com o CPC/2015, as súmulas do STF passaram a ter força vinculativa aos advogados (art. 332, inciso I) e aos juízes de primeira e segunda instâncias (art. 489, § 1.º, inciso VI). Assim, é imperioso e urgente o cancelamento imediato da Súmula 494 do STF, pois ela entra em conflito com o expresso texto legal, especialmente com o art. 179 do Código Civil. Tal cancelamento trará mais estabilidade ao tema, com grande relevo prático.

Ainda a respeito do referido prazo para a anulação, na *VI Jornada de Direito Civil* foi aprovada outra ementa doutrinária, confirmando a incidência do prazo de dois anos. Conforme o Enunciado n. 545 CJF/STJ, "o prazo para pleitear a anulação de venda de ascendente a descendente sem anuência dos demais descendentes e/ou do cônjuge do alienante é de 2 (dois) anos, contados da ciência do ato, que se presume absolutamente, em se tratando de transferência imobiliária, a partir da data do registro de imóveis". O enunciado em questão, como se nota, estabelece ainda que o início do prazo se dá com o registro imobiliário em se tratando de imóveis.

Com o devido respeito, entendo que o prazo deve ser contado da escritura pública, e não do registro, uma vez que o art. 179 do CC/2002 menciona a "conclusão do ato", no sentido de sua celebração. Em suma, negócio jurídico concluído é aquele que existe e é válido. Para os devidos aprofundamentos, o tema está mais bem desenvolvido no Volume 1 da presente coleção.

Ainda em relação ao tema da venda de ascendente para descendente, surge outro problema: o que significa a expressão "em ambos os casos", prevista no parágrafo único do art. 496? Conforme o Enunciado n. 177 CJF/STJ, esta expressão deve ser desconsiderada, pois houve erro de tramitação, sendo certo que o projeto original da codificação trazia

336 | DIREITO CIVIL • VOL. 3 – *Flávio Tartuce*

no *caput* tanto a venda de ascendente para descendente quanto a venda de descendente para ascendente, apontando a necessidade da referida autorização nos dois casos. Porém, a segunda hipótese (venda de descendente para ascendente) foi retirada do dispositivo. Mas esqueceu-se, no trâmite legislativo, de alterar o parágrafo único! Para que a questão fique bem clara, é interessante transcrever as justificativas do autor do enunciado, o Desembargador do TJSP e Professor da PUCSP José Osório de Azevedo Júnior:

> "Na realidade, não existem ambos os casos. O caso é um só: a venda de ascendente para descendente. Houve equívoco no processo legislativo. O artigo correspondente do Ante-projeto do Código Civil, publicado no *DOU* de 07.08.1972, (art. 490) não previa qualquer parágrafo. A redação era a seguinte: Art. 490 – Os ascendentes não podem vender aos descendentes, sem que os outros descendentes expressamente consintam. A venda não será, porém, anulável, se o adquirente provar que o preço pago não era inferior ao valor da coisa. No Projeto 634/1975, *DOU* 13.06.1975, houve alteração: Art. 494. É anulável a venda de ascendente a descendente, salvo se os outros descendentes expressamente houverem consentido. Em Plenário, foram apresentadas pelo Dep. Henrique Eduardo Alves as Emendas 390, 391 e 392 ao art. 494. A primeira delas para tornar nula a venda e para exigir a anuência do cônjuge do vendedor: Art. 494. É nula a venda de ascendente a descendente, salvo se os outros descendentes e o cônjuge do vendedor expressamente houverem consentido. A segunda, para acrescentar um parágrafo considerando nula também a venda de descendente para ascendente: Art. 494. § 1.º É nula a venda de descendente para ascendente, salvo se o outro ascendente do mesmo grau, e o cônjuge do vendedor expressamente houverem consentido. A terceira emenda acrescentava mais um parágrafo (2.º), com a redação do atual parágrafo único, com a finalidade de dispensar o consentimento do cônjuge se o regime de bens for o da separação obrigatória: Art. 494. § 2.º Em ambos os casos, dispensa-se o consentimento do cônjuge se o regime de bens for o da separação obrigatória. Pelo que se vê do texto do Código, a primeira emenda (390) foi aprovada em parte, só para exigir a anuência do cônjuge. A segunda emenda (391) foi inteiramente rejeitada. E a terceira (392) foi acolhida e transformada no atual parágrafo único. Esqueceu-se de que a segunda emenda, que previa uma segunda hipótese de nulidade – a venda de descendente para ascendente – foi rejeitada. Assim, no contexto das emendas, fazia sentido lógico a presença da expressão em ambos os casos, isto é, nos dois casos de nulidade, venda de ascendente para descendente e venda de descendente para ascendente. Agora não faz sentido, porque, como foi dito no início, a hipótese legal é uma só: a venda de ascendente para descendente. Houve erro material, s.m.j., e a expressão em ambos os casos deve ser tida como não escrita, dispensáveis maiores esforços do intérprete para achar um significado impossível. *A regra de que a lei não contém expressões inúteis não é absoluta*. Cumpre, portanto, desconsiderar a expressão em ambos os casos" (destaque nosso).

As justificativas do enunciado trazem uma interpretação histórica do processo legislativo, servindo também para responder que não haverá necessidade de autorização dos herdeiros em caso de venda de descendente a ascendente. Fica a mensagem do doutrinador: "A regra de que a lei não contém expressões inúteis não é absoluta". Ora, o que se percebe no Brasil muitas vezes é a inutilidade de algumas leis e previsões legais...

Anote-se, ainda, que o antigo Projeto de Lei 6.960/2002, originariamente proposto pelo Deputado Ricardo Fiuza, pretendia alterar o dispositivo, introduzindo previsão pela qual "é igualmente anulável a venda feita de um cônjuge, sem o consentimento expresso dos descendentes do vendedor". Entretanto, trata-se de uma proposta legislativa que não se aplica no momento, pois essa restrição não consta do art. 499 do atual Código Privado, que disciplina a venda entre cônjuges, próximo objeto de estudo do presente capítulo.

Como tenho sustentado há tempos, a norma necessita de reparos técnicos, o que era objeto de outro projeto de lei em tramitação na Câmara dos Deputados, de número 4.639/2019, de autoria do Deputado Carlos Bezerra. A proposição original visava a retirar a expressão "em ambos os casos", na linha do citado enunciado doutrinário. Além disso, fiz sugestão de emenda, pelo saudoso Deputado Luiz Flávio Gomes, para que no parágrafo único do art. 496 passasse a constar o regime da separação convencional e não o da separação obrigatória.

Isso porque, como está antes pontuado, o único regime de separação absoluta é o fixado por pacto antenupcial, sendo necessário adequar o dispositivo ao art. 1.647, *caput*, do CC, que trata da dispensa da outorga conjugal apenas nesse regime. Vale lembrar que, na dicção da Súmula 377 do STF, no regime da separação obrigatória comunicam-se os bens havidos durante o casamento, sendo necessária a autorização do outro cônjuge em qualquer alienação realizada pelo seu consorte. Como se verá a seguir, existem necessárias propostas de alteração da norma no atual Projeto de Reforma do Código Civil.

Ressalte-se que a anuência dos descendentes e do cônjuge do alienante deve ser manifestada expressamente. Apesar de o Código Civil não ter indicado qual a forma a ser adotada, deve ser aplicada a regra geral prevista no art. 220, segundo o qual "a anuência ou a autorização de outrem, necessária à validade de um ato, provar-se-á do mesmo modo que este, e constará, sempre que se possa, do próprio instrumento". Desse modo, em se tratando de bem imóvel de valor superior a 30 salários mínimos, a anuência deve ser manifestada por meio de instrumento público; em se tratando de bem móvel, o instrumento particular poderá ser utilizado.

Como outro aspecto importante, pontue-se que a jurisprudência superior tem entendido que a anulação da venda de ascendente para descendente somente é cabível se houver prova do prejuízo pela parte que alega a anulabilidade (ver: STJ, REsp 476.557/ PR, 3.ª Turma, Rel. Min. Nancy Andrighi, *DJ* 22.03.2004; EREsp 661.858/PR, 2.ª Seção, Rel. Min. Fernando Gonçalves, *DJe* 19.12.2008; e REsp 752.149/AL, 4.ª Turma, Rel. Min. Raul Araújo, 02.10.2010, citados em REsp 953.461/SC, 3.ª Turma, Rel. Min. Sidnei Beneti, j. 14.06.2011, *DJe* 17.06.2011). Mais recentemente, foi pronunciado naquela Corte Superior o seguinte:

> "Não é possível ao magistrado reconhecer a procedência do pedido no âmbito de ação anulatória da venda de ascendente a descendente com base apenas em presunção de prejuízo decorrente do fato de o autor da ação anulatória ser absolutamente incapaz quando da celebração do negócio por seus pais e irmão. Com efeito, tratando-se de negócio jurídico anulável, para que seja decretada a sua invalidade é imprescindível que se comprove, no caso concreto, a efetiva ocorrência de prejuízo, não se admitindo, na hipótese em tela, que sua existência seja presumida" (STJ, REsp 1.211.531/MS, Rel. Min. Luis Felipe Salomão, j. 05.02.2013).

Os julgados citados seguem a linha de conservar ao máximo o negócio jurídico, prestigiando a função social do contrato de compra e venda. Por isso, os seus conteúdos têm o meu total apoio doutrinário.

338 | DIREITO CIVIL • VOL. 3 – *Flávio Tartuce*

Para encerrar o tópico, todos os meus comentários e anotações jurisprudenciais demonstram a necessidade de reparos urgentes no art. 496, o que está sendo objeto do Projeto de Reforma do Código Civil. Nesse contexto, a Comissão de Juristas encarregada desse trabalho sugere que o seu *caput* passe a prever, com a inclusão do convivente, que "é anulável a venda de ascendente a descendente, salvo se os outros descendentes e o cônjuge ou o convivente do alienante expressamente houverem consentido".

No novo § 1.º, retira-se a equivocada menção a "ambos os casos", na linha do que pontuei, bem como à separação obrigatória, que será excluída da Lei Geral Privada, permanecendo apenas a separação convencional: "dispensa-se o consentimento do cônjuge ou do convivente se o regime de bens for o da separação".

Ademais, o projetado § 2.º trará regra importante para impedir o registro da venda de imóvel, caso não haja a referida autorização: "em caso de venda que tenha por objeto bens imóveis, o oficial não poderá proceder ao registro da compra e venda na matrícula do bem, se não constar da escritura o grau de parentesco e a existência ou não, do consentimento a que aludem o *caput* e § 1.º deste artigo". A proteção da segurança jurídica é inequívoca nessa previsão, fruto de proposta da relatora-geral, Professora Rosa Nery.

Consoante o § 3.º proposto para o art. 496, a respeito do prazo, e resolvendo outro dilema hoje existente, "a anulação da venda deverá ser pleiteada no prazo de dois anos, contados da data da ciência do negócio ou do registro no órgão registral competente, o que ocorrer primeiro". Como visto, outras propostas adotam semelhante critério para o início do prazo decadencial, novamente resolvendo-se polêmica verificada na prática.

Por fim, com vistas à proteção do *tráfego jurídico* e dos terceiros de boa-fé, o seu § 4.º, segundo o qual "a anulação de que trata este artigo não prejudicará direitos de terceiros, adquiridos onerosamente e de boa-fé".

Como se pode perceber, todas as proposições resolvem problemas práticos atualmente existentes, sendo necessária a sua aprovação pelo Parlamento Brasileiro.

7.4.2 Da venda entre cônjuges (art. 499 do CC)

O art. 499 do CC/2002 possibilita a compra e venda entre cônjuges, desde que o contrato seja compatível com o regime de bens por eles adotado. Em outras palavras, somente é possível a venda de bens excluídos da comunhão, residindo no final do dispositivo a restrição específica da compra e venda. Se um bem que já fizer parte da comunhão for vendido, a venda é nula, por impossibilidade do objeto (art. 166, inc. II, do CC).

A norma em questão não é totalmente restritiva, ao contrário da anteriormente comentada. Portanto, o art. 499 pode ser aplicado por analogia à união estável, sendo possível a venda entre companheiros de bens excluídos da comunhão. Lembre-se que, em regra e a exemplo do que ocorre com o casamento, o regime de bens da união estável é o da comunhão parcial de bens, não havendo contrato de convivência prevendo o contrário (art. 1.725 do CC).

Anoto que no Projeto de Reforma do Código Civil, assim como em outras proposições, sugere-se a inclusão do convivente que viva em união estável no dispositivo, que passará a prever o seguinte: "é lícita a compra e venda, entre cônjuges ou conviventes, que tenham por objeto bens excluídos da comunhão, desde que sobre a coisa não paire a cláusula de incomunicabilidade". A menção à cláusula de incomunicabilidade também me parece necessária.

Deve ser feito o alerta de que a compra e venda entre cônjuges não poderá ser celebrada com fraude contra credores, fraude à execução ou simulação. No primeiro caso será anulável, no segundo será ineficaz e no terceiro será nula.

Portanto, não havendo vícios, é perfeitamente possível a referida venda entre cônjuges. Primeiro, pelo seu caráter bilateral e oneroso. Segundo, porque o Código Civil de 2002 possibilita até a mudança de regime de bens, desde que justificada (art. 1.639, § 2.º, do CC). Aliás, a segunda razão afasta a crítica formulada pela doutrina tradicional, pela qual a venda entre cônjuges constituiria uma fraude ao regime de bens.

Assim, não há que se defender, portanto, a impossibilidade dessa venda, mesmo no regime da separação total legal ou obrigatória, a não ser nos casos de fraude ou violação à ordem pública. Havendo compra e venda entre os cônjuges, real no plano fático, o contrato é válido e eficaz.

A venda é possível mesmo no regime da comunhão universal, pois há bens excluídos nesse regime, caso dos bens de uso pessoal e dos utensílios de trabalho de cada um dos consortes (art. 1.668 do CC). Nesse regime, surge uma questão polêmica: é possível a venda entre cônjuges dos bens recebidos com *cláusula de incomunicabilidade* (art. 1.668, inc. I, do CC)? Dois posicionamentos surgem quanto ao tema.

Pelo primeiro entendimento, a venda estaria vedada, pois constituiria uma fraude à disposição de vontade que instituiu a *cláusula de incomunicabilidade*.

Pelo segundo posicionamento, com o qual concordo totalmente, não há óbice para o negócio, pois a incomunicabilidade não gera a inalienabilidade do bem. Muito pelo contrário, a inalienabilidade é que gera a incomunicabilidade (art. 1.911 do CC). Lembre-se de que a inalienabilidade somente é possível nos casos especificados em lei. Esse segundo entendimento ganha força pelo fato de a referida compra e venda constituir negócio oneroso.

Entretanto, vale repetir que para ser válida, não pode estar presente qualquer vício. Reforçando, para que a compra e venda seja possível, o bem vendido deve ser particular, ou seja, excluído da comunicação dos bens.

7.4.3 Da venda de bens sob administração. As restrições constantes do art. 497 do CC

De acordo com o art. 497 do CC, não podem ser comprados, ainda que em hasta pública:

> I – *Pelos tutores, curadores, testamenteiros e administradores, os bens confiados à sua guarda ou administração.* A lei receia que estas pessoas façam prevalecer sua posição especial para obter vantagens, em detrimento dos titulares, sobre os bens que guardam ou administram.

> II – *Pelos servidores públicos em geral os bens ou direitos da pessoa jurídica a que servirem ou que estiverem sob sua administração direta ou indireta.* A lei visa, aqui, a proteger a moralidade pública. Afastando a aplicação do dispositivo, interessante trazer a lume, para ilustrar, julgado do Superior Tribunal de Justiça, no sentido de que "o real significa-

do e extensão da vedação prevista do art. 497, III, do Código Civil é impedir influências diretas, ou até potenciais, de juízes, secretários de tribunais, arbitradores, peritos e outros serventuários ou auxiliares da justiça no processo de expropriação do bem. O que a Lei visa é impedir a ocorrência de situações nas quais a atividade funcional da pessoa possa, de qualquer modo, influir no negócio jurídico em que o agente é beneficiado. 'O Superior Tribunal de Justiça firmou compreensão no sentido de que o impedimento de arrematar diz respeito apenas ao serventuário da justiça que esteja diretamente vinculado ao juízo que realizar o praceamento, e que, por tal condição, possa tirar proveito indevido da hasta pública que esteja sob sua autoridade ou fiscalização (REsp 774.161/SC, 2.ª Turma, Rel. Min. Castro Meira, DJ 19.12.2005)' (AgRg no REsp 1.393.051/PR, 1.ª Turma, Rel. Min. Sérgio Kukina, j. 02.12.2014, DJe 10.12.2014). Não é a qualificação funcional ou o cargo que ocupa que impede um serventuário ou auxiliar da justiça de adquirir bens em hasta pública, mas sim a possibilidade de influência que a sua função lhe propicia no processo de expropriação do bem, o que não ocorre na espécie, visto que a situação de aposentado do oficial de justiça arrematante o desvincula do serviço público e da qualidade de serventuário ou auxiliar da justiça" (STJ, REsp 1.399.916/RS, 2.ª Turma, Rel. Min. Humberto Martins, DJe 06.05.2015).

III – *Pelos juízes e serventuários da Justiça em geral (secretários de tribunais, arbitradores, peritos e outros serventuários) os bens a que se litigar no Tribunal onde servirem.* Aqui o motivo é também a moralidade e a estabilidade da ordem pública. Aplicando o preceito, julgou o STJ que "nos termos do art. 1.133, III, do Código Civil de 1916 (art. 497, III, do Código Civil de 2002) é nula a arrematação de bem imóvel por funcionário que se encontrava lotado no mesmo lugar em que foi realizado esse ato processual. Não cabe a esta Corte decidir acerca de eventual ressarcimento em decorrência da anulação, tema não enfrentado na instância ordinária. Essa questão deve ser submetida ao juízo de primeiro grau" (STJ, EDcl-EDcl-REsp 774.161/SC, 2.ª Turma, Rel. Min. José de Castro Meira, j. 15.08.2006, DJU 25.08.2006, p. 327). Mas excepciona o art. 498 do CC, prevendo que, em tais hipóteses, não haverá proibição nos casos de compra ou cessão entre coerdeiros, em pagamento de dívida ou para garantia de bens já pertencentes a essas pessoas (juízes e serventuários).

IV – *Pelos leiloeiros e seus prepostos quanto aos bens de cuja venda estejam encarregados.* O motivo é também a moralidade, diante do *munus* que reveste tais administradores temporários.

As restrições envolvem a própria *liberdade de contratar*, pois há vedação de celebração do negócio jurídico entre determinadas pessoas. As proibições constantes do dispositivo atingem também a cessão de crédito que tenha caráter oneroso (art. 497, parágrafo único, do CC). A aplicação da restrição somente à cessão onerosa é defendida pelo Professor Álvaro Villaça Azevedo, a quem se filia (*Comentários...*, 2005, p. 205).

O art. 497 do atual Código Civil não faz mais menção à restrição constante do art. 1.133, inc. II, do CC/1916, seu correspondente, qual seja a impossibilidade de compra pelos mandatários de bens de cuja administração ou alienação estejam encarregados. Aliás, previa anteriormente a antiga Súmula 165 do STF que "a venda realizada diretamente pelo mandante ao mandatário não é atingida pela nulidade do art. 1.133, II, do Código Civil".

Álvaro Villaça Azevedo, citando o posicionamento coincidente de Sílvio Rodrigues, aplaude a exclusão, mesmo concluindo que o rol constante do art. 497 do CC não é taxativo ou *numerus clausus*. Entende o primeiro autor que outras situações existem em que a ética manda que esteja presente a proibição de compra (*Comentários*, 2005, p. 199). Quanto ao mandato, realmente o Código Civil de 2002 não poderia trazer mais essa restrição, eis que autoriza o *mandato em causa própria*, em que o mandatário pode adquirir o bem do mandante (arts. 117 e 685 do CC).

Como visto, os dispositivos precisam de reparos pontuais, o que foi objeto de estudo pela Comissão de Juristas encarregada da Reforma do Código Civil, nomeada no Senado Federal. Assim, sugere-se que o *caput* do seu art. 497 utilize a locução "sob pena de nulidade absoluta", para que fique clara a consequência da infringência da norma. Ademais, propõe-se que o seu parágrafo único expresse apenas a cessão de crédito onerosa: "as proibições deste artigo estendem-se à cessão onerosa de crédito".

Sobre o art. 498 do CC, na linha das minhas anotações, propõe-se que receba um parágrafo único, prevendo que a proibição do inciso III, referente aos juízes e serventuários da justiça em geral, "somente gera a nulidade absoluta da compra e venda se o serventuário estiver diretamente vinculado ao juízo que realizar o praceamento, e que, por tal condição, possa tirar algum proveito indevido da hasta pública que esteja sob sua autoridade ou fiscalização". Com isso, retira-se uma restrição que hoje pode gerar exageros na prática.

Nota-se, portanto, que as propostas são de aprovação necessária pelo Congresso Nacional, trazendo clareza e segurança para a aplicação dos dispositivos ora estudados.

7.4.4 Da venda de bens em condomínio ou venda de coisa comum. O direito de prelação legal do condômino (art. 504 do CC)

O condômino, enquanto pender o estado de indivisão da coisa, não poderá vender a sua parte a estranho, se o outro condômino a quiser, tanto por tanto – em igualdade de condições (art. 504, 1.ª parte, do CC/2002). O condômino, a quem não se der conhecimento da venda, poderá, depositando o preço, haver para si a parte vendida a estranhos, se o requerer no prazo de cento e oitenta dias, sob pena de decadência.

Como resta claro pela leitura do dispositivo, a restrição tem aplicação em casos de negócios jurídicos celebrados por um dos condôminos com terceiros, em detrimento dos direitos de outros condôminos. Não incide, portanto, para vendas entre os próprios condôminos, internamente considerada. Confirmando essa premissa básica sobre o tema, na *VIII Jornada de Direito Civil*, promovida pelo Conselho da Justiça Federal em 2018, aprovou-se o Enunciado n. 623, a saber: "ainda que sejam muitos os condôminos, não há direito de preferência na venda da fração de um bem entre dois coproprietários, pois a regra prevista no art. 504, parágrafo único, do Código Civil, visa somente a resolver eventual concorrência entre condôminos na alienação da fração a estranhos ao condomínio". Nessa mesma linha, julgado do STJ do ano de 2016, no seguinte sentido:

> "A alienação/cessão de frações ideais entre condôminos refoge à finalidade intrínseca ao direito de preferência, uma vez que não se trata de hipótese de ingresso de terceiro/ estranho à comunhão, mas de manutenção dos consortes (à exceção daquele que alienou integralmente a sua parcela), apenas com alterações no percentual da parte ideal daquele que adquiriu a parte de outrem. Inaplicabilidade dos artigos 1.322 do Código Civil e 1.118 do Código de Processo Civil, visto que não instituem qualquer direito de prelação, mas, tão somente, os critérios a serem adotados em caso de extinção do condomínio pela alienação da coisa comum. Ademais, tratando-se de restrição à liberdade de contratar, o instituto em

comento – direito de preferência – deve ser interpretado de forma restritiva. Assim, se a Lei de regência – artigo 504 – apenas o institui em relação às alienações a estranhos, não cabe ao intérprete, extensivamente, aplicar tal norma aos casos de compra e venda entre consortes" (STJ, REsp 1.137.176/PR, 4.ª Turma, Rel. Min. Marco Buzzi, j. 16.02.2016, *DJe* 24.02.2016).

Também para esclarecer essa importante restrição relacionada com a compra e venda, é preciso lembrar a seguinte classificação do condomínio:

a) Condomínio *pro indiviso* – quando o bem não se encontra dividido no plano físico ou fático entre os vários proprietários, de modo que cada um apenas possui parte ou fração ideal. Nesse caso, aplica-se a restrição do art. 504 do CC.

b) Condomínio *pro diviso* – quando apesar de possuírem em condomínio, cada condômino tem a sua parte delimitada e determinada no plano físico. Nesse caso, cada condômino pode vender sua parte a terceiro, sem estar obrigado a oferecê-la aos outros condôminos. É o que ocorre em relação à unidade autônoma em condomínio edilício, que pode ser vendida a terceiro, sem qualquer direito de preferência a favor dos demais condôminos. Aqui não se aplica a restrição do art. 504 do CC.

Pois bem, surge uma primeira dúvida prática, referente à aplicação do art. 504 do CC. Isso porque, quando da *IV Jornada de Direito Civil*, José Osório de Azevedo Jr., um dos grandes especialistas no tema da compra e venda no Brasil, fez proposta de enunciado no seguinte sentido: "o preceito do art. 504 do Código Civil aplica-se tanto às hipóteses de coisa indivisível como às de coisa divisível". Foram as suas justificativas:

"O texto é praticamente o mesmo do art. 1.139 do código anterior. As alterações apenas se referem à indicação de que o prazo é de decadência (em relação a que não havia dúvida) e que o período é de 180 dias, e não de seis meses, dificultando a contagem. Durante os 86 anos de vigência do velho código, o direito brasileiro não chegou a uma conclusão segura sobre a interpretação a ser dada ao texto: se literal e restrita, ou se sistemática e ampla. Por outras palavras, se a preferência do condômino só ocorre quando se trata de coisa indivisível ou se acontece em qualquer hipótese de condomínio, seja a coisa indivisível ou não. Beviláqua criticou o texto, que foi trasladado do velho CC Português pelo Senado. O direito português aboliu, em 1930, a restrição e fez com que o direito de preferência também incida nos casos de venda de coisa divisível. O CC/1966, art. 1.409, manteve essa orientação. O Projeto Orlando Gomes, art. 466, também estabelece expressamente o direito de preferência na venda da coisa comum, divisível ou indivisível. O STJ julga nos dois sentidos: a) *DIREITO DE PREFERÊNCIA – Condomínio – Condômino – Restringe-se esse direito à hipótese de coisa indivisível e não simplesmente indivisa. (STJ – REsp. n. 60.656 – SP – Rel. Min. Eduardo Ribeiro – J. 06.08.96 – DJU 29.10.96). CONDOMÍNIO – Coisa divisível – Alienação de fração ideal – Direito de preferência – Artigo 1.139 do CC. O condômino não pode alienar o seu quinhão a terceiro, sem prévia comunicação aos demais consortes, a fim de possibilitar a estes o exercício do direito de preferência, tanto por tanto, seja a coisa divisível ou não (STJ – REsp. n. 71.731 – SP – 4.ª T – Rel. Min. Cesar A. Rocha – DJU 13.10.98).* O CC/2002 perdeu a oportunidade de dirimir a controvérsia. Urge dar ao texto interpretação sistemática, harmonizando-o com o preceito do art. 1.314, § único, a saber: *Art. 1.314 – Cada condômino pode usar da coisa conforme sua destinação, sobre ela exercer todos os direitos compatíveis com a indivisão, reivindicá-la de terceiro, defender a sua posse e alhear a respectiva parte ideal, ou gravá-la. Parágrafo único. Nenhum dos condôminos pode alterar a destinação da coisa comum, nem dar posse, uso ou gozo dela a estranhos, sem o consenso dos outros.* Não é coerente exigir o consenso dos condôminos para transmitir posse a estranhos e afastar essa exigência em caso de transmissão de propriedade, e, consequentemente, da própria posse. Em abono dessa tese, também se observam os art. 1.794 e 1.795, a propósito de venda de quota hereditária. Aqui o CC inovou e deixou expresso o direito de preferência dos herdeiros, sem qualquer distinção quanto à indivisibilidade dos bens que compõem o acervo. Quanto a esse ponto, também diverge a jurisprudência: Pela preferência: STJ, REsp 33.176, r. Min. Cláudio Santos, j. 03.10.95, indicando precedentes – REsp 4.180 e 9.934; Em sentido contrário: REsp 60.656-0-SP – 3.ª T., j. 06.08.1996, *DJU* 29.10.1996, *RT* 737/192. Diante do exposto, propõe-se o enunciado supra, prestigiando a interpretação sistemática em detrimento da literal, que é a mais tosca de todas".

A questão sempre foi polêmica no próprio STJ, como se pode perceber pelo teor da proposta de enunciado doutrinário. Todavia, restou como majoritário, naquele evento, o entendimento de que a restrição somente se aplicaria aos casos de condomínio de coisa indivisível. A norma do art. 504 do CC é restritiva da autonomia privada e, sendo assim, não admitiria interpretação extensiva.

Em 2015, o Superior Tribunal de Justiça voltou a julgar essa divergência, acabando por seguir o entendimento constante da proposta de enunciado doutrinário, especialmente em casos de bens divisíveis que se encontram em situação de indivisibilidade. Conforme consta da ementa do acórdão, que teve como relator o Ministro Salomão:

"Ao conceder o direito de preferência aos demais condôminos, pretendeu o legislador conciliar os objetivos particulares do vendedor com o intuito da comunidade de coproprietários. Certamente, a função social recomenda ser mais cômodo manter a propriedade entre os titulares originários, evitando desentendimento com a entrada de um estranho no grupo. Deve-se levar em conta, ainda, o sistema jurídico como um todo, notadamente o parágrafo único do art. 1.314 do CC/2002, que veda ao condômino, sem prévia aquiescência dos outros, dar posse, uso ou gozo da propriedade a estranhos (que são um *minus* em relação à transferência de propriedade), somado ao art. 504 do mesmo diploma, que proíbe que o condômino em coisa indivisível venda a sua parte a estranhos, se outro consorte a quiser, tanto por tanto. Não se pode olvidar que, muitas vezes, na prática, mostra-se extremamente difícil a prova da indivisibilidade. Precedente: REsp 9.934/SP, Rel. Ministro Sálvio de Figueiredo Teixeira, Quarta Turma. Na hipótese, como o próprio acórdão reconhece que o imóvel *sub judice* se encontra em estado de indivisão, apesar de ser ele divisível, há de se reconhecer o direito de preferência do condômino que pretenda adquirir o quinhão do comunheiro, uma vez preenchidos os demais requisitos legais" (STJ, REsp 1.207.129/MG, 4.ª Turma, Rel. Min. Luis Felipe Salomão, j. 16.06.2015, *DJe* 26.06.2015).

Assim, a jurisprudência superior acabou por seguir posição contrária daqueles que participaram da *IV Jornada de Direito Civil*, inclusive a minha, honrosamente citada no último *decisum*. Desse modo, para os devidos fins práticos, no caso de o condomínio ser *pro indiviso* e o bem indivisível ou mesmo divisível, cada condômino só pode vender sua parte a estranhos se antes oferecer aos outros condôminos. Tal situação poderá abranger tanto os bens móveis quanto os imóveis.

Portanto, a *prelação legal* ou *preempção legal* é o direito de preferência do condômino sobre a venda de bem indivisível. O condômino a quem não se der conhecimento da venda poderá, depositando o preço, haver para si a parte vendida a estranhos, no

344 | DIREITO CIVIL • VOL. 3 – *Flávio Tartuce*

prazo decadencial de 180 dias. Conforme reconhece parte da doutrina, trata-se de uma ação anulatória de compra e venda, que segue o procedimento comum do CPC/2015; rito ordinário, no CPC/1973 (DINIZ, Maria Helena. *Código...*, 2005, p. 463). Entretanto, há quem entenda que a ação é de adjudicação, pois o principal efeito da ação é constituir positivamente a venda para aquele que foi preterido (AZEVEDO, Álvaro Villaça. *Comentários...*, 2005, p. 246). A última posição parece ser a mais correta tecnicamente, mas a primeira também é muito adotada, inclusive pela jurisprudência do Superior Tribunal de Justiça (STJ, REsp 174.080/BA, 4.ª Turma, Rel. Min. Sálvio de Figueiredo Teixeira, j. 26.10.1999, *DJ* 13.12.1999, p. 153).

Em reforço, tendo em vista o princípio da boa-fé objetiva, o depósito deve ser integral para que a parte preterida em seu direito de preferência o exercite. Por outra via, também por aplicação desse princípio, aresto do STJ do ano de 2021 concluiu que a tomada de empréstimo para o cumprimento desse requisito do depósito do preço não constitui abuso de direito hábil a tolher o exercício do direito de preferência. Nos termos do *decisum*:

> "O art. 504 do CC/2002 enumera taxativamente requisitos a serem observados para o exercício do direito de preferência: i) a indivisibilidade da coisa; ii) a ausência de prévia ciência, pelo condômino preterido acerca da venda realizada a estranho; iii) o depósito do preço, que deve ser idêntico àquele que fora pago pelo estranho na aquisição; e iv) a observância do prazo decadencial de 180 (cento e oitenta) dias. (...) a origem do dinheiro utilizado para o depósito do preço do bem não tem qualquer relevância para o exercício do direito de preferência. Na hipótese, verifica-se que o TJ/SP concluiu, com base unicamente nos fatos de que a autora não possuía patrimônio para fazer frente à aquisição do bem e de que o empréstimo realizado ocorreu sem a prestação de qualquer garantia, que teria havido suposto abuso de direito no exercício do direito de preferência" (STJ, REsp 1.875.223/SP, 3.ª Turma, Rel. Min. Nancy Andrighi, j. 25.05.2021, *DJe* 31.05.2021).

Quanto ao início da contagem do prazo de 180 dias, leciona Maria Helena Diniz, citando jurisprudência, que esse se dará com a ciência da alienação – *RT* 432/229 e 543/144 (DINIZ, Maria Helena. *Código...*, 2005, p. 463). Entretanto, há quem entenda que o prazo será contado da consumação do negócio (VENOSA, Sílvio de Salvo. *Direito...*, 2005, p. 54). Por fim, há corrente que sustente que no caso de bens imóveis o prazo começa a fluir do registro imobiliário (AZEVEDO, Álvaro Villaça. *Comentários...*, 2005, p. 199). Considero ser a primeira conclusão a mais justa, mais adequada à boa-fé, por valorizar a informação. Adotando tal premissa, da jurisprudência:

> "Compra e venda. Direito de preferência. Prazo decadencial. Depósito do preço. Condomínio horizontal. Coisa indivisa. Inaplicabilidade do art. 1.139 do CC/1916. (...). O prazo decadencial do direito de preferência tem por termo inicial a data em que o condômino preterido teve ciência inequívoca da venda, e não a da sua efetivação. Se a aquisição de imóveis apenas se aperfeiçoa com a transcrição do título de transferência no registro de imóvel, não há que se falar em decurso do prazo de decadência anterior a tal fato. O retardamento da citação provocado por circunstâncias alheias à vontade do condômino preterido, por naturais delongas do expediente forense, não pode obstar o exercício de seu direito, se a ação de preferência foi proposta dentro do prazo. A insuficiência do depósito do preço pelo condômino preterido, simplesmente pela falta de acréscimo dos emolumentos cartorários e impostos, e não do próprio valor do imóvel alienado, é irregularidade passível

CAP. 7 · CONTRATOS EM ESPÉCIE – DA COMPRA E VENDA | **345**

de saneamento a qualquer tempo. Se o condomínio é horizontal, afasta-se a aplicação do art. 1.139 do CC/1916, não se podendo falar em direito de preferência. A regra do art. 1.139 do Código Civil tem aplicação restrita às coisas indivisíveis, não sendo por ela abrangidas as simplesmente indivisas" (TJMG, Apelação Cível 1.0433.01.018810-3/0011, 14.ª Câmara Cível, Montes Claros, Rel. Des. Elias Camilo, j. 05.02.2009, *DJEMG* 24.04.2009).

Sendo muitos os condôminos, deverá ser respeitada a seguinte ordem, conforme o parágrafo único do art. 504 do Código Civil:

1.º) Terá preferência o condômino que tiver benfeitorias de maior valor (vedação do enriquecimento sem causa, em sintonia com a boa-fé).

2.º) Na falta de benfeitorias, terá preferência o dono do quinhão maior (também diante da vedação do enriquecimento sem causa).

3.º) Na falta de benfeitorias e sendo todos os quinhões iguais, terá preferência aquele que depositar judicialmente o preço (princípio da anterioridade, em sintonia com a boa-fé objetiva).

Como outro aspecto importante, é importante deixar claro que essa forma de preferência não se confunde com outras preferências, como a *preempção convencional* (arts. 513 a 520 do CC) e com o direito de preferência do locatário (art. 33 da Lei 8.245/1991), institutos que serão oportunamente estudados e que diferem quanto aos seus efeitos.

Encerrando o estudo do tema, tudo o que foi aqui desenvolvido demonstra a necessidade de reparos no art. 504. Nesse contexto, a Comissão de Juristas encarregada da Reforma do Código Civil propõe que o seu *caput* passe a mencionar expressamente o início do prazo decadencial, a saber: "não pode um condômino em coisa indivisível vender a sua parte a estranhos, se outro consorte a quiser, tanto por tanto, podendo o condômino, a quem não se der conhecimento da venda, depositar o preço, haver para si a parte vendida a estranhos, se o requerer no prazo de cento e oitenta dias, sob pena de decadência, a contar do registro da venda ou da ciência do negócio, o que ocorrer primeiro".

Também se sugere melhora nas regras relativas à pluralidade de condôminos preferentes, passando o seu novo § 1.º a prever, para vedar o abuso de direito, que, "sendo muitos os condôminos, preferirá o que tiver benfeitorias de maior valor e, na falta de benfeitorias, o de quinhão maior, não se admitindo a inclusão de benfeitorias de valor irrisório para se obter vantagem indevida". Ademais, consoante o projetado § 2.º, mais técnico e claro, "nas hipóteses do § 1.º, se as partes forem iguais, haverão a parte vendida os comproprietários, que a quiserem, depositando previamente o preço".

Espera-se, portanto, a sua aprovação pelo Congresso Nacional, em prol da segurança jurídica e da estabilidade para as relações privadas.

7.5 REGRAS ESPECIAIS DA COMPRA E VENDA

7.5.1 Venda por amostra, por protótipos ou por modelos (art. 484 do CC)

A primeira regra especial da compra e venda a ser estudada é a venda por amostra, por protótipos ou por modelos, que funciona sob condição suspensiva. Inicialmente, é preciso diferenciar o que seja amostra, protótipo e modelo.

A amostra pode ser conceituada como a reprodução perfeita e corpórea de uma coisa determinada. O protótipo é o primeiro exemplar de uma coisa criada (invenção). Por fim, o modelo constitui uma reprodução exemplificativa da coisa, por desenho ou imagem, acompanhada de uma descrição detalhada (DINIZ, Maria Helena. *Código...*, 2005, p. 450).

Como exemplo desses contratos, podem ser citados os negócios celebrados por viajantes que vendem tecidos, roupas e outras mercadorias em lojas do interior do Brasil, sob a promessa de entregar as peças conforme o *mostruário*. São os antigos *mascates* ou *caixeiros viajantes*.

Se a venda tiver como objeto bens móveis e se realizar por amostra, protótipos ou modelos, há uma presunção de que os bens serão entregues com a qualidade prometida. Caso tal entrega não seja efetuada de acordo com o pactuado, terão aplicação as regras relacionadas com os vícios redibitórios e do produto, outrora estudadas. Adotando o referido entendimento, a ilustrar, vejamos aresto do Tribunal Gaúcho, que trata da venda de máquinas:

> "Apelação cível. Rescisão contratual. Perdas e danos. Máquina de corte CNC. Produto viciado. Diversas falhas apresentadas. Mau uso decorrente da exposição ao tempo e da carga de resistividade inadequada não comprovado. Art. 333, II, CPC. Ônus da prova da parte ré. A procedência do pedido inicial encontra amparo nas provas documentais produzidas, testemunhais e na prova pericial. As alegações da parte ré de que as falhas no equipamento decorreram do acúmulo de água na chapa de corte e da carga de resistividade inadequada, não foram comprovadas – ônus que lhe competia nos termos do artigo 333, II, Código de Processo Civil –, ao contrário, foram expressamente rechaçadas em laudo pericial. Aplicação do disposto no artigo 484 do Código Civil, cujo teor determina que, havendo a demonstração do equipamento, o vendedor assegura qualidades similares à coisa vendida. As diversas falhas constatadas pelas provas produzidas impõem a majoração da restituição à empresa autora à razão de 80% do valor gasto na compra do produto, que não atendeu aos fins a que se destinava, considerando uma estimativa de desgaste anual na ordem de 10% e atentando-se para o fato de que equipamento foi comprado em 2005, tendo parado de funcionar, definitivamente, em 2007. Inteligência do art. 944 do Código Civil. Recurso da ré desprovido e recurso da autora provido. Unânime" (TJRS, Apelação Cível 70040581050, 9.ª Câmara Cível, Ibirubá, Rel. Des. Iris Helena Medeiros Nogueira, j. 26.01.2011, *DJERS* 03.02.2011).

Assim, a venda por amostra, que funciona como cláusula tácita, tem eficácia suspensiva, não ocorrendo o aperfeiçoamento do negócio até ulterior tradição, com a qualidade esperada. Se os bens *não* forem entregues conforme o modelo, amostra ou protótipo, poderá o contrato de compra e venda ser desfeito (condição resolutiva). As questões envolvem o plano da eficácia do contrato (terceiro degrau da *Escada Ponteana*).

Conforme dispõe o parágrafo único do art. 484 do CC/2002, prevalece a amostra, o protótipo ou o modelo havendo contradição ou diferença em relação ao modo de descrição da coisa no contrato. O meio de oferta acaba prevalecendo, o que está em sintonia com o art. 30 do CDC. Ambos os dispositivos dialogam, relativizando a força obrigatória do contrato (*pacta sunt servanda*) e mantendo relação com o princípio da função social dos contratos e com a boa-fé objetiva.

7.5.2 Venda a contento ou sujeita a prova (arts. 509 a 512 do CC)

A venda a contento (*ad gustum*) e a sujeita a prova são tratadas no Código Civil como cláusulas especiais da compra e venda, devendo assim ser consideradas para os devidos fins práticos.

Mas, como muitas vezes são presumidas em alguns contratos (*v.g.*, venda de vinhos, perfumes, gêneros alimentícios etc.), não havendo a necessidade de previsão no instrumento, as categorias serão tratadas como regras especiais. Isso somente para fins didáticos, diga-se de passagem, pois a venda a contento e a venda sujeita a prova podem ser inseridas em contratos, constituindo cláusulas especiais ou pactos adjetos.

Nos dois casos, a venda não se aperfeiçoa enquanto o comprador não se declara satisfeito com o bem a ser adquirido (condição suspensiva). Percebe-se que os seus efeitos são similares à venda por amostra. A venda não se reputará perfeita, enquanto o adquirente não manifestar seu agrado (art. 509 do CC). Desse modo, a tradição não gerará a transferência da propriedade, mas tão somente a da posse direta.

Enquanto o comprador não manifestar sua vontade, suas obrigações serão as de um mero comodatário (art. 511 do CC). Em suma, até o ato de aprovação, a coisa pertence ao vendedor.

Entendo que a eventual rejeição da coisa por parte do comprador que não aprovou a coisa entregue, funciona como condição resolutiva. A recusa deve ser motivada no bom senso, não podendo estar fundada em mero capricho. Também aqui a boa-fé objetiva pode ser utilizada pelo juiz para interpretar o contrato.

Em complemento, em muitas situações concretas a venda a contento estará configurada como contrato de consumo, devendo as regras em comento ser analisadas em diálogo com o CDC. A título de ilustração, acórdão do Tribunal de Justiça do Rio Grande do Sul, com o seguinte trecho na ementa:

> "Evidenciado pela prova dos autos que os autores acreditavam estar comprando um colchão com as mesmas características de maciez daquele experimentado no *showroom* da loja, essa fez a eles uma venda a contento, sujeita a condição suspensiva, ou seja, até que os compradores manifestassem seu agrado, o que não veio a ocorrer, pois a própria vendedora reconheceu em gravação de diálogo com o marido da autora que assumiu o compromisso de aceitar a devolução do produto se não fosse o mesmo do agrado do casal comprador, no prazo de trinta dias. Desta forma, cabível a devolução do produto à loja, tendo os autores o direito à restituição do valor pago, cabendo àquela recolher a mercadoria, depois de cumprida a condenação. Dano moral caracterizado, não se limitando o episódio a um simples aborrecimento decorrente de mero descumprimento contratual" (TJRS, Recurso Cível 56654-31.2011.8.21.9000, 1.ª Turma Recursal Cível, Porto Alegre, Rel. Des. Pedro Luiz Pozza, j. 26.07.2012, *DJERS* 31.07.2012).

Destaque-se, outrossim, que a venda a contento gera um direito personalíssimo, ou seja, que não se transmite aos sucessores do comprador por ato *inter vivos* ou *causa mortis*, sendo que o falecimento do comprador extingue tal direito.

Ainda quanto à venda a contento *ad gustum*, não havendo prazo estipulado para a manifestação do comprador, o vendedor terá direito de intimá-lo, judicial ou

348 | DIREITO CIVIL • VOL. 3 – *Flávio Tartuce*

extrajudicialmente, para que o faça em prazo improrrogável (art. 512 do CC). Logicamente, na venda de vinhos isso não ocorre, eis que o contrato é instantâneo. Tendo sido intimado o comprador, que é tratado como mero comodatário até a aprovação, incidirá a parte final do art. 582 do CC, surgindo para ele o dever de pagar, até a restituição da coisa, um aluguel a ser arbitrado pelo comodante (a título de pena), sendo também cabível a propositura de ação de reintegração de posse para reaver a coisa.

A diferença básica primordial entre venda a contento e sujeita a prova é que no primeiro caso o comprador não conhece ainda o bem que irá adquirir, havendo uma aprovação inicial. Na venda sujeita a prova, a coisa já é conhecida. No último caso, o comprador somente necessita da prova de que o bem a ser adquirido é aquele que ele já conhece, tendo as qualidades asseguradas pelo vendedor e sendo idôneo para o fim a que se destina. A venda sujeita a prova também funciona sob condição suspensiva, aplicando-se os mesmos efeitos jurídicos previstos para a venda *ad gustum* (art. 510 do CC).

Por fim, é importante anotar que, nos contratos de consumo em que ocorre a venda fora do estabelecimento comercial, o adquirente não necessita expor o motivo de sua recusa, nem podendo o fornecedor a ela se opor. Estabelece o antes comentado art. 49 do CDC que "o consumidor tem o direito de desistir do contrato, no prazo de sete dias a contar de sua assinatura ou do ato de recebimento do produto ou serviço, sempre que a contratação de fornecimento de produtos e serviços ocorrer fora do estabelecimento comercial, especialmente por telefone ou a domicílio".

Sílvio de Salvo Venosa entende que tal dispositivo "mais se aproxima da venda a contento em razão da natureza das relações de consumo, do que propriamente do direito de arrependimento, que o legislador denominou no parágrafo, de *prazo de reflexão*" (*Direito...*, 2003, p. 87). Entretanto, o entendimento majoritário, ao qual estou filiado, aponta que se trata de um direito de arrependimento previsto a favor do consumidor (nessa linha: STJ, REsp 57.789/SP, 4.ª Turma, Rel. Min. Ruy Rosado de Aguiar, j. 25.04.1995, *DJ* 12.06.1995, p. 17.631).

7.5.3 Venda por medida, por extensão ou *ad mensuram* (art. 500 do CC)

No caso de compra e venda de um bem imóvel, poderão as partes estipular o preço por medida de extensão, situação em que a medida passa a ser condição essencial ao contrato efetivado, presente a venda *ad mensuram*. Nessa hipótese, a área do imóvel não é simplesmente enunciativa ao contrário do que ocorre na venda *ad corpus*, onde um imóvel é vendido como corpo certo e determinado, independente das medidas especificadas no instrumento, que são apenas enunciativas. Como exemplo de venda *ad mensuram*, pode ser citado o caso de compra e venda de um *imóvel por metro quadrado (m²)*.

Sobre a distinção das duas figuras, segundo aresto do Superior Tribunal de Justiça, que tem a minha concordância doutrinária nessas afirmações, "a compra e venda de um imóvel na qual prepondera a coisa certa e discriminada, revelando-se secundárias à realização do negócio jurídico as menções porventura feitas à extensão da área, considera-se *ad corpus*. A prevalecer, por outro lado, a extensão da sua área, afigurando-se menos importantes as características e confrontações da coisa descritas no instrumento contratual, tem-se a venda *ad mensuram*". Nesse contexto, "não se mostrando inequívoca a forma pela qual se deu a avença, deve o julgador perquirir as bases contratuais determinantes à celebração da compra e venda, a fim de verificar o fator determinante de realização do negócio (a extensão da área do imóvel ou a sua devida discriminação), considerando notadamente a vontade das partes exteriorizada em seu conjunto no respectivo instrumento, além de outros fatores circunscritos à avença, na esteira dos arts. 85 do CC/1916 e 112 e 113 do CC/2002" (STJ, REsp n. 2.111.549/DF, 3.ª Turma, Rel. Min. Marco Aurélio Bellizze, j. 02.04.2024, *DJe* 10.04.2024).

No caso de venda por extensão *ou ad mensuram* admite-se, em regra, uma variação de área de até 1/20 (um vigésimo), ou seja, 5% (cinco por cento), existindo uma presunção relativa ou *iuris tantum* de que tal variação é tolerável pelo comprador. Mas este pode provar o contrário, requerendo a aplicação das regras relacionadas com esse *vício redibitório especial*, nos termos do art. 500 do CC/2002. A ilustrar, do Tribunal Paulista:

> "Contrato de compra e venda de terreno com 'mais ou menos' 1.250 metros quadrados. Constatação de que o imóvel possuía metragem inferior. Pedido de restituição de parte do montante pago. Parcial procedência do pedido" (TJSP, Apelação 00161472120138260625, 5.ª Câmara de Direito Privado, São Paulo, Rel. Des. J. L. Mônaco da Silva, j. 29.03.2017, data de publicação: 31.03.2017).

Ademais, como entendeu o Superior Tribunal de Justiça em 2023, se a variação for inferior a 5%, sendo ínfima, não há que se reconhecer a possibilidade de resolução do contrato pela presença do citado vício, mesmo diante da viabilidade jurídica de se aplicar o Código de Defesa do Consumidor. Nos termos do aresto, "em contrato de compra e venda de imóvel na planta, a diferença ínfima a menor na metragem, que não inviabiliza ou prejudica a utilização do imóvel para o fim esperado, não autoriza a resolução contratual, ainda que a relação se submeta às disposições do Código de Defesa do Consumidor" (STJ, REsp 2.021.711/RS, 3.ª Turma, Rel. Min. Nancy Andrighi, Rel. para acórdão Min. Moura Ribeiro, 3.ª Turma, por maioria, j. 14.03.2023).

Assim, se a área não corresponder ao que for pactuado e o imóvel não tiver sido vendido como coisa certa e discriminada (ainda que não conste de modo expresso que a venda foi *ad corpus* – art. 500, § 3.º do CC), havendo uma variação superior ao tolerável estará presente o vício, podendo o comprador prejudicado exigir:

a) A complementação da área, por meio da ação *ex empto*.

b) O abatimento proporcional no preço, por meio da ação *quanti minoris*.

c) A resolução do contrato, com a devolução do que foi pago (ação redibitória). Havendo má-fé por parte do alienante, esta induz culpa, podendo o comprador requerer as perdas e danos que o caso concreto indicar, nos moldes dos arts. 402 a 404 do CC.

Por razões óbvias, para a complementação da área, é necessário que o vendedor seja proprietário do imóvel vizinho.

Questionamento importante é saber se se trata de opções do comprador, ou se a ordem acima descrita deve ser seguida. Apesar de o primeiro entendimento ser muito plausível, deve-se aplicar o princípio da conservação contratual, que mantém relação com a função social (Enunciado n. 22 CJF/STJ).

Desse modo, a resolução do contrato deve ser encarada como a *ultima ratio*, o último caminho a ser percorrido. Na prática, o que se vê, é a prevalência da ação visando o abatimento de preço (*quanti minoris*), como no caso do exemplo a seguir:

"Venda e compra de imóvel rural. Ação estimatória ou *quanti minoris*. Negócio imobiliário comprovado nos autos. Área menor daquela que foi objeto do negócio. Possibilidade do manejo de ação visando o abatimento do preço. Aplicação do disposto no art. 1.105 do Código Civil de 1916. Alegação de impossibilidade jurídica do pedido afastada. Agravo retido desprovido. Venda *ad mensuram*. Aquisição de 5,00 alqueires pelo recorrido; imóvel, no entanto, que exibia como área apenas 2, 82 alqueires. Necessidade de abatimento do preço pelo réu, com o pagamento correspondente a área faltante, ou seja, 2,18 alqueires, a ser apurado em fase de liquidação. Sentença mantida. Recursos improvidos (agravo retido e apelação)" (TJSP, Apelação 994.09.031826-9, Acórdão 4483226, 3.ª Câmara de Direito Privado, Mogi Mirim, Rel. Des. Donegá Morandini, j. 11.05.2010, *DJESP* 14.06.2010).

Mas, se, em vez de faltar área, houver excesso, quem estará em uma situação de prejuízo é o vendedor. O último ingressará com ação específica, devendo provar que tinha motivos justos para ignorar a medida exata da área. O fundamento dessa ação é o enriquecimento sem causa por parte do comprador. Assim sendo, na ação proposta pelo vendedor, o comprador tem duas opções:

a) completar o valor correspondente ao preço; ou
b) devolver o excesso.

Ensina Paulo Luiz Netto Lôbo que se trata de obrigação alternativa do comprador, nos termos do art. 252 do CC (*Comentários...*, 2003, p. 114). No que toca à devolução do excesso, obviamente surgirão despesas que deverão ser arcadas por alguém (exemplo: destruição e construção de cercas e muros). Para a divisão dessas despesas, deve ser aplicado o princípio da boa-fé. Se houver indícios de que o vendedor sabia do vício, deverá ele arcar com tais despesas de forma integral. Havendo má-fé do comprador, este é quem deverá arcar com tais valores. Caso contrário, as despesas deverão ser divididas entre as partes, sendo vedada a caracterização da onerosidade excessiva.

De qualquer forma, poderá surgir o entendimento pelo qual o vendedor deverá sempre arcar com tais prejuízos, por ter dado causa à situação, o que é aplicação do princípio da imputação civil dos danos. A questão, como se vê, é controvertida.

O prazo decadencial para o ingresso de todas as ações referenciadas é de um ano, contado do registro do título (art. 501 do CC). Aresto superior de 2021 afirmou a incidência desse prazo mesmo para a ação em que se pleiteia o abatimento do preço (*quanti minoris*), afastando-se o prazo de 90 dias do art. 26 do CDC e o de 10 anos do art. 205 do Código Civil. O último prazo não foi aplicado porque se entendeu, de forma correta, que a ação *quanti minoris* é demanda constitutiva negativa, e não condenatória, tendo sido vencido o Ministro Moura Ribeiro em tal aspecto. Nos termos do *decisum*:

"Para as situações em que as dimensões do imóvel adquirido não correspondem às noticiadas pelo vendedor, cujo preço da venda foi estipulado por medida de extensão ou com determinação da respectiva área (venda *ad mensuram*), aplica-se o disposto no art.

501 do CC/2002, que prevê o prazo decadencial de 1 (um) ano para a propositura das ações previstas no antecedente artigo (exigir o complemento da área, reclamar a resolução do contrato ou o abatimento proporcional do preço)" (STJ, REsp 1.890.327/SP, 3.ª Turma, Rel. Min. Nancy Andrighi, j. 20.04.2021, *DJe* 26.04.2021).

De acordo com o parágrafo único do dispositivo estudado, tal prazo decadencial de ano não correrá enquanto o interessado não for imitido na posse do bem. Trata-se de um caso excepcionalíssimo de impedimento ou suspensão da decadência, em sintonia com o art. 207 do CC.

Por fim, se a venda for realizada *ad corpus*, ou seja, sendo o imóvel vendido como coisa certa e discriminada, não caberão os pedidos aqui descritos, eventualmente formulados pelo suposto comprador ou vendedor prejudicados. Exemplo típico é o caso de compra e venda de um rancho, interessando mais ao comprador que seja banhado por águas de um rio, onde pretende pescar nos finais de semana, do que a extensão exata do imóvel. Ainda ilustrando, vale transcrever julgado do Tribunal de São Paulo a envolver a venda *ad corpus*:

"Compromisso de compra e venda. Ação *ex empto*. Improcedência. Muito embora a conclusão pericial (no sentido de que, de fato, a área mencionada no contrato é 10,64% maior que o tamanho real do imóvel), não se cuida de venda *ad mensuram*, mas *ad corpus*. Objeto da avença. Propriedade rural identificada (Sítio São Benedito). Chamada 'venda de porteira fechada', sem especificação do valor das benfeitorias. Hipótese que se amolda à exceção contida na parte final do artigo 1.136 do Código Civil de 1916 (então vigente), qual seja, imóvel vendido como coisa certa e determinada. Precedentes. Sentença mantida. Recurso improvido" (TJSP, Apelação 994.03.044171-0, Acórdão 4755262, 8.ª Câmara de Direito Privado, Itapetininga, Rel. Des. Salles Rossi, j. 13.10.2010, *DJESP* 26.10.2010).

Para encerrar o estudo da venda *ad mensuram* é importante destacar que o Superior Tribunal de Justiça entendeu pela incidência do Código de Defesa do Consumidor ao contrato em questão, aplicando o conceito de cláusula abusiva no caso de uma previsão contratual que previa a possibilidade de variação da área em até 5%, conforme preconiza o art. 500 do CC. Em suma, o julgado é um exemplo típico de incidência da *teoria do diálogo das fontes* a uma *venda de consumo*, conforme outrora destacado. Vejamos a ementa do julgado:

"Civil. Recurso especial. Contrato de compra e venda de imóvel regido pelo Código de Defesa do Consumidor. Referência à área do imóvel. Diferença entre a área referida e a área real do bem inferior a um vigésimo (5%) da extensão total enunciada. Caracterização como venda por corpo certo. Isenção da responsabilidade do vendedor. Impossibilidade. Interpretação favorável ao consumidor. Venda por medida. Má-fé. Abuso do poder econômico. Equilíbrio contratual. Boa-fé objetiva. A referência à área do imóvel nos contratos de compra e venda de imóvel adquiridos na planta regidos pelo CDC não pode ser considerada simplesmente enunciativa, ainda que a diferença encontrada entre a área mencionada no contrato e a área real não exceda um vigésimo (5%) da extensão total anunciada, devendo a venda, nessa hipótese, ser caracterizada sempre como por medida, de modo a possibilitar ao consumidor o complemento da área, o abatimento proporcional do preço ou a rescisão do contrato. A disparidade entre a descrição do imóvel objeto de contrato de compra e venda e o que fisicamente existe sob titularidade do vendedor provoca instabilidade na relação contratual. O Estado deve, na coordenação da ordem econômica, exercer a repressão do abuso do poder econômico, com o objetivo de compatibilizar os objetivos das empresas com a necessidade coletiva. Basta, assim, a ameaça do desequilíbrio para ensejar a correção das cláusulas do contrato, devendo sempre vigorar a interpretação mais favorável ao consumidor, que não participou da elaboração do contrato, consideradas a imperatividade e a indisponibilidade das normas do CDC. O juiz da equidade deve buscar a Justiça comutativa, analisando a qualidade do consentimento. Quando evidenciada a desvantagem do consumidor, ocasionada pelo desequilíbrio contratual gerado pelo abuso do poder econômico, restando, assim, ferido o princípio da equidade contratual, deve ele receber uma proteção compensatória. Uma disposição legal não pode ser utilizada para eximir de responsabilidade o contratante que age com notória má-fé em detrimento da coletividade, pois a ninguém é permitido valer-se da lei ou de exceção prevista em lei para obtenção de benefício próprio quando este vier em prejuízo de outrem. Somente a preponderância da boa-fé objetiva é capaz de materializar o equilíbrio ou justiça contratual. Recurso especial conhecido e provido" (STJ, REsp 436.853/DF, 3.ª Turma, Rel. Min. Nancy Andrighi, j. 04.05.2006, *DJ* 27.11.2006, p. 273).

O julgado é perfeito, punindo um conhecido construtor de Brasília, que tinha o costume de inserir cláusulas nesse sentido em seus contratos de compra e venda de imóvel. Fez-se justiça a partir da aplicação da boa-fé objetiva e da função social do contrato, vedando-se uma situação de notória injustiça, uma vez que a cláusula de variação tolerável de área era inserida em larga escala nos contratos, presente claro abuso de direito.

7.5.4   Venda de coisas conjuntas (art. 503 do CC)

A prática do contrato de compra e venda possibilita a venda de coisas conjuntas. A título de exemplo, pode ser citada a venda de um rebanho bovino, em que há uma *universalidade de fato*, decorrente da autonomia privada, nos termos do art. 90 do CC ("Constitui universalidade de fato a pluralidade de bens singulares que, pertinentes à mesma pessoa, tenham destinação unitária. Parágrafo único. Os bens que formam essa universalidade podem ser objeto de relações jurídicas próprias").

A venda de coisas conjuntas também está presente nos casos de alienação de bens que compõem a *universalidade de direito*, o complexo de relações jurídicas de uma pessoa, dotado de valor econômico, caso da herança e do patrimônio (art. 91 do CC).

Em todas essas situações, prescreve o art. 503 do Código Civil uma regra especial, pela qual nas coisas vendidas conjuntamente o defeito oculto de uma coisa não autoriza a rejeição de todas. Não há dúvidas de que o dispositivo está inspirado no princípio da conservação negocial, que tem relação com a eficácia interna da função social dos contratos (Enunciados n. 22 e 360 CJF/STJ).

Ilustrando, o vício que atinge o boi não gera a rejeição de todo o rebanho; o problema que atinge uma coisa que compõe o acervo patrimonial não gera a extinção de todo o contrato. Conforme se depreende de acórdão do STJ, tal preceito "deve ser interpretado com temperamento, sempre tendo em vista a necessidade de se verificar o reflexo que o defeito verificado em uma ou mais coisas singulares tem no negócio envolvendo a venda de coisas compostas, coletivas ou de universalidades de fato" (STJ, REsp 991.317/MG, 3.ª Turma, Rel. Min. Fátima Nancy Andrighi, j. 03.12.2009, *DJe* 18.12.2009).

Inicialmente, o dispositivo tem relação com o tratamento dos vícios redibitórios, previstos para as relações civis, nos termos dos arts. 441 a 446 da codificação, não cabendo as ações edilícias em casos tais. Porém, invocando-se a teoria do *diálogo das fontes*, o *defeito* presente também pode constituir um vício ou fato do produto, conforme dispõem os arts. 12, 13, 18 e 19 do Código de Defesa do Consumidor. Isso, desde que preenchidos os requisitos da relação de consumo (arts. 2.º e 3.º da Lei 8.078/1990).

Exemplificando a última hipótese, a compra de uma coleção de livros jurídicos não pode ser resolvida se apenas um livro apresentar defeito como a existência de algumas páginas em branco. Conclusão em contrário feriria a função social dos pactos e a própria teoria do adimplemento substancial, aqui invocada.

Como exceção, o art. 503 da codificação não deve ser aplicado para os casos de *venda coletiva*, ou seja, "a venda na qual as coisas vendidas constituem um todo só, como no caso da parelha de cavalos ou do par de sapatos" (SIMÃO, José Fernando. *Direito civil...*, 2008, p. 146). Também, segundo a doutrina, o comando legal em apreço não se aplica aos casos em que os bens defeituosos se acumulam ou se avultam, ou se o vício de um deles gerar uma depreciação significativa do conjunto (ROSENVALD, Nelson. *Código Civil...*, 2007, p. 397). Os civilistas citados têm total razão.

Para encerrar o tópico, no Projeto de Reforma do Código Civil são feitas sugestões de reparos necessários, para que a venda de coisas conjuntas se adeque ao uso das novas tecnologias e aos novos tempos.

Assim, o *caput* do seu art. 503 passará a prever que "nas coisas vendidas conjuntamente, o vício oculto de uma não autoriza a rejeição de todas, salvo se afetar a funcionalidade, a compatibilidade, a interoperabilidade ou a durabilidade das outras coisas vendidas ou do próprio conjunto". Ademais, nos termos do sugerido parágrafo único, "aplica-se o disposto no *caput* no caso de prestação conjunta de serviços digitais ou com conteúdos eletrônicos".

Como bem justificou a Subcomissão de Direito Contratual, "a sociedade em rede trouxe novas realidades, assim as coisas vendidas conjuntamente podem ser hoje partes de um conjunto ou interoperativas, sendo assim o defeito de uma contamina todas as outras. A doutrina e a jurisprudência (REsp 1.721.669/SP) brasileira destacam também a evolução dos aplicativos ou dos conteúdos digitais em 'coisas corpóreas', os chamados novos produtos interoperativos com a Internet (sejam 'inteligentes/*smart*'/autoexecutáveis ou não), e atual simbiose entre produtos e serviços para alcançar as finalidades e 'fazeres' esperados na sociedade de informação". As proposições, ainda segundo a Subcomissão, visam a adequar a Lei Geral Privada às alterações realizadas nas Diretivas de 2019 – 770 e 771 –, na União Europeia, sendo imperiosas as mudanças, e esperando-se a sua aprovação pelo Congresso Nacional.

7.6 DAS CLÁUSULAS ESPECIAIS DA COMPRA E VENDA

Conforme o magistério de Maria Helena Diniz, "o contrato de compra e venda, desde que as partes o consintam, vem, muitas vezes, acompanhado de cláusulas especiais, que embora não lhe retire os seus caracteres essenciais, alteram sua fisionomia, exigindo a observância de normas particulares, visto que esses pactos subordinam os

354 | DIREITO CIVIL • VOL. 3 – *Flávio Tartuce*

efeitos de contrato a evento futuro e incerto, tornando condicional o negócio" (DINIZ, Maria Helena. *Curso...*, 2005, p. 206). Essas cláusulas especiais, também chamadas de *pactos adjetos*, previstas pela atual codificação privada, são as seguintes:

a) *Cláusula de retrovenda (arts. 505 a 508 do CC).*
b) *Cláusula de venda a contento e cláusula de venda sujeita a prova (arts. 509 a 512 do CC).*
c) *Cláusula de preempção ou preferência (arts. 513 a 520 do CC).*
d) *Cláusula de venda com reserva de domínio (arts. 521 a 528 do CC).*
e) *Cláusula de venda sobre documentos (arts. 529 a 532 do CC).*

As cláusulas especiais, para valerem e terem eficácia, devem constar expressamente do instrumento, ponto que as diferencia das regras especiais, antes estudadas. Repita-se que justamente por serem presumidas em alguns contratos é que a venda a contento e a venda sujeita a prova foram elencadas como *regras especiais*, para fins didáticos. De qualquer modo, alerto, mais uma vez, que tais figuras jurídicas são tratadas como *cláusulas especiais*.

Com exceção desses institutos, já visualizados, passa-se a tratar das demais cláusulas especiais ou pactos adjetos da compra e venda. É pertinente assinalar que o CC/2002 não consagra mais, expressamente, o pacto comissório (art. 1.163 do CC/1916) e o pacto de melhor comprador (arts. 1.158 a 1.162 do CC/1916). O pacto comissório contratual ainda é possível, retirado do art. 474 do CC. Entretanto, a figura do pacto de melhor comprador foi totalmente banida pela codificação privada de 2002, por ser incompatível com a boa-fé objetiva, um dos baluartes contratuais da atual lei geral privada.

7.6.1 Cláusula de retrovenda

Constitui um pacto inserido no contrato de compra e venda pelo qual o vendedor reserva-se o direito de reaver o imóvel que está sendo alienado, dentro de certo prazo, restituindo o preço e reembolsando todas as despesas feitas pelo comprador no período de resgate, desde que previamente ajustadas (art. 505 do CC). Tais despesas incluem as benfeitorias necessárias, conforme o citado texto legal.

Na verdade, essa cláusula especial confere ao vendedor o direito de desfazer a venda, reavendo de volta o bem alienado dentro do prazo máximo de três anos (prazo decadencial). Deve ficar claro que a cláusula de retrovenda (*pactum de retrovendendo* ou cláusula de resgate) somente é admissível nas vendas de bens imóveis.

Critica-se o fato de o Código Civil de 2002 continuar a tratar dessa cláusula especial. Isso porque, na prática, encontra-se presente, muitas vezes, em casos envolvendo fraudes ou atos ilícitos. Comenta José Osório de Azevedo Jr. que "raramente apreçem nos tribunais negócios de retrovenda autênticos. Geralmente são utilizados por emprestadores de dinheiro que querem fugir dos percalços de uma execução judicial, sempre complexa e demorada e na qual certamente virá à tona o valor das taxas dos juros. Por isso, usam do pacto de retrovenda como garantia do empréstimo; se o devedor não conseguir pagar e não exercer o direito de recompra, a coisa fica definitivamente na titularidade do comprador" (AZEVEDO JR., José Osório de. *Compra...*, 2005, p. 83).

CAP. 7 · CONTRATOS EM ESPÉCIE – DA COMPRA E VENDA | 355

Da jurisprudência do Superior Tribunal de Justiça, reconhecendo a presença de simulação quanto à cláusula de retrovenda, podem ser transcritas as seguintes ementas:

"Recurso especial. Ação de imissão de posse cumulada com ação condenatória. Compromisso de compra e venda firmado com cláusula de retrovenda. Ao concluir que o negócio jurídico foi celebrado no intuito de garantir contrato de mútuo usurário e, portanto, consistiu em simulação para ocultar a existência de pacto comissório, o Tribunal de Origem procedeu à reforma da sentença proferida pelo magistrado singular, julgando improcedentes os pedidos veiculados na demanda. Pacto comissório. Vedação expressa. Art. 765 do Código Civil de 1916. Nulidade absoluta. Mitigação da regra inserta no art. 104 do Diploma Civilista (1916). Possibilidade de arguição como matéria de defesa – Insurgência recursal da parte autora. (...). 2. É nulo o compromisso de compra e venda que, em realidade, traduz-se como instrumento para o credor ficar com o bem dado em garantia em relação a obrigações decorrentes de contrato de mútuo usurário, se estas não forem adimplidas. Isso porque, neste caso, a simulação, ainda que sob o regime do Código Civil de 1916 e, portanto, concebida como defeito do negócio jurídico, visa encobrir a existência de verdadeiro pacto comissório, expressamente vedado pelo art. 765 do Código Civil anterior (1916). 2.1 Impedir o devedor de alegar a simulação, realizada com intuito de encobrir ilícito que favorece o credor, vai de encontro ao princípio da equidade, na medida em que o 'respeito aparente ao disposto no art. 104 do Código Civil importaria manifesto desrespeito à norma de ordem pública, que é a do art. 765 do mesmo Código', que visa, a toda evidência, proteger o dono da coisa dada em garantia (Cf. REsp 21.681/SP, Rel. Min. Eduardo Ribeiro, Terceira Turma, *DJ* 03.08.1992). 2.2 Inexiste para o interessado na declaração da nulidade absoluta de determinado negócio jurídico, o ônus de propor ação ou reconvenção, pois, tratando-se de objeção substancial, pode ser arguida em defesa, bem como pronunciada *ex officio* pelo julgador. 3. Recurso especial conhecido em parte e, na extensão, não provido" (STJ, REsp 1.076.571/SP, 4.ª Turma, Rel. Min. Marco Buzzi, j. 11.03.2014, *DJe* 18.03.2014).

"Compra e venda. Retrovenda. Simulação. Medida cautelar. É cabível o deferimento de medida liminar para suspender os efeitos de escritura de compra e venda de imóveis que teria sido lavrada com o propósito de encobrir negócio usurário. Fatos processuais que reforçam essa ideia. Conveniência, porém, de que seja prestada caução (art. 804 do CPC). Recurso conhecido em parte e nessa parte provido" (STJ, REsp 285.296/MT, 4.ª Turma, Rel. Min. Ruy Rosado de Aguiar, j. 22.03.2001, *DJ* 07.05.2001, p. 150).

Voltando à análise da retrovenda válida juridicamente, percebe-se que a cláusula tem o condão de tornar a compra e venda resolúvel. Assim sendo, tecnicamente, trata-se de cláusula resolutiva expressa, porque enseja ao vendedor a possibilidade de desfazer a venda, operando-se o resgate do bem e a consequente extinção do contrato, reconduzindo as partes ao estado anterior. Em outras palavras, a propriedade do comprador, até o prazo de três anos, é resolúvel.

Esse direito de retrato deve ser exercido dentro do prazo *máximo* de três anos, podendo ser por prazo inferior desde que as partes convencionem, pois a lei utiliza a expressão destacada. Porém, não se admite que as partes estipulem um prazo superior, caso em que será reputado não escrito somente o excesso. Portanto, na última hipótese, deve ser aplicada a primeira parte do art. 184 do CC, pelo qual "respeitada a intenção das partes, a invalidade parcial de um negócio jurídico não o prejudicará na parte válida, se esta for separável", prevalecendo os três anos como prazo para o resgate.

Esse prazo decadencial é improrrogável, ininterrupto e insuscetível de suspensão, e é contado da data em que se concluiu o contrato.

Se o comprador se recusar a receber as quantias a que faz *jus*, o vendedor, para exercer o direito de resgate, as depositará judicialmente (art. 506 do CC). O dispositivo possibilita o ingresso da ação de resgate, de procedimento comum, antigo rito ordinário, pela qual o vendedor obtém o domínio do imóvel a seu favor. Essa ação é constitutiva positiva, o que justifica o prazo decadencial de três anos (critérios de Agnelo Amorim Filho, publicados na *RT* 300/7 e na *RT* 744/725).

Mas, nessa ação de resgate, se verificada a insuficiência do depósito judicial realizado, não será o vendedor restituído no domínio da coisa, até e enquanto não for integralmente pago o comprador (art. 506, parágrafo único, do CC/2002). O vendedor tem, desse modo, uma última chance para quitar o preço, à luz da boa-fé objetiva, havendo a coisa para si.

O direito de resgate ou de retrato poderá ser exercido pelo devedor ou pelos seus herdeiros e legatários, particularmente em relação a terceiro adquirente (art. 507 do CC). Está reconhecida, assim, a transmissibilidade *causa mortis* da cláusula de retro-venda. Dúvidas existem quanto à possibilidade de transmissão *inter vivos* desse direito, inclusive de forma onerosa.

Para Maria Helena Diniz, não é possível a cessão por ato *inter vivos*, por tratar-se de direito personalíssimo do vendedor (*Código...*, 2005, p. 465). Entretanto, para Paulo Luiz Netto Lôbo, seria possível a transmissão, inclusive por escritura pública (*Comentários...*, 2003, p. 154). Concorda-se com esse último autor, eis que não consta qualquer proibição expressa da lei nesse sentido. Além disso, norma restritiva da autonomia privada não admite analogia ou interpretação extensiva. É pertinente transcrever as palavras do jurista quanto à possibilidade de venda do bem gravado com a cláusula de retrovenda:

> "Não há impedimento a que o imóvel onerado com a cláusula de retrovenda possa ser vendido a terceiro. Terceiro será sempre sabedor do ônus, em virtude do registro do contrato de compra e venda, originário da cláusula. O registro da cláusula, contida no contrato, não gera direito real próprio mas produz eficácia 'erga omnes'. Assim, independentemente de quem seja o titular do domínio sobre o imóvel, ficará sujeito às consequências do exercício do direito pelo primitivo comprador ou por seus sucessores. Não será a ele oponível o direito se não tiver havido prévio registro público da escritura" (LÔBO, Paulo Luiz Netto. *Comentários...*, 2003, p. 155).

Cite-se que também compartilha desse último entendimento o Desembargador do TJSP José Osório de Azevedo Jr. (*Compra...*, 2005, p. 87).

O art. 508 do Código Civil em vigor trata da retrovenda feita por condôminos. Quando a duas ou mais pessoas couber o direito de retrato sobre o mesmo imóvel, e só uma delas o exercer, poderá o comprador intimar as demais para nele acordarem. No entanto, prevalecerá o pacto em favor de quem haja efetuado o depósito, contanto que seja integral. O comando legal em questão acaba por prestigiar a conduta de boa-fé.

Por fim, é importante salientar que a compra e venda com cláusula de retrovenda, de acordo com o art. 1.647, inc. I, do CC, deve ser celebrada com a anuência do cônjuge de ambos os contratantes, salvo quando casados no regime de separação absoluta de bens, entendida como a separação convencional, fixada por pacto antenupcial.

7.6.2 Cláusula de preempção, preferência ou prelação convencional

A cláusula de preempção, preferência ou prelação convencional é aquela pela qual o comprador de um bem móvel ou imóvel terá a obrigação de oferecê-lo a quem lhe vendeu, por meio de notificação judicial ou extrajudicial, para que este use do seu direito de prelação em igualdade de condições, ou seja, "tanto por tanto", no caso de alienação futura (art. 513 do CC). O instituto se aplica aos casos de venda e dação em pagamento.

De início, é importante não confundir a *preempção,* que significa preferência, com a *perempção civil.* Esta última é a extinção da hipoteca pelo decurso temporal de 30 anos, conforme art. 1.485 do CC, de acordo com a redação dada pela Lei 10.931/2004. Quanto a tal preempção, o Código Civil de 2002 consagra dois prazos com tratamento distinto.

Primeiramente, o art. 513, parágrafo único, do CC traz os *prazos de extensão temporal máxima (prazos de cobertura)*, ou seja, a preferência somente abrangerá o prazo de cento e oitenta dias para bens móveis e dois anos para imóveis. Quanto ao início da contagem dos prazos, Maria Helena Diniz entende que começarão a fluir a partir da tradição, para os casos de bens móveis, ou do registro da venda, para os imóveis (DINIZ, Maria Helena. *Código...*, 2005, p. 468). Com o devido respeito, entendo que tais prazos devem ser contados da data da realização da venda original.

O transcurso desses prazos máximos torna possível a venda do bem a outrem, sem que haja o direito de preferência. A título de exemplo, se *A* vendeu a *B* um imóvel constando cláusula de preferência a favor do primeiro, se *B* (comprador) pretende vender a terceiro três anos após a venda originária, *A* (vendedor) não terá mais o referido direito de preempção na compra do bem.

Os esquemas a seguir demonstram como funcionam os citados prazos de extensão:

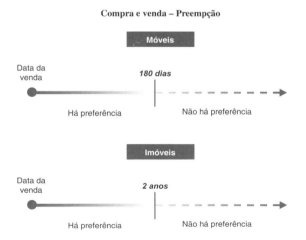

Para Paulo Lôbo, os prazos acima, de extensão, não podem ser alterados pelas partes, pois se trata de prazos de decadência legal. Entretanto, concluo que os prazos podem ser reduzidos, pois o art. 513, parágrafo único do CC, ao mencionar a expressão "não poderá exceder" traz a ideia de que esses prazos podem ser alterados a menor. De qualquer forma, a questão é controversa.

Por conseguinte, o art. 516 do CC/2002 consagra prazos decadenciais para a manifestação do vendedor originário, aquele que tem o direito de preferência, pois o vendedor deve ser notificado judicial ou extrajudicialmente pelo comprador, que pretende vender ou dar o bem a terceiro (art. 514 do CC).

Inexistindo prazo previamente estipulado pelas partes, o direito de preempção caducará, se a coisa for móvel, não se exercendo nos três dias, e se for imóvel, nos sessenta dias subsequentes à data em que o comprador tiver notificado o vendedor, judicial ou extrajudicialmente. A não execução do direito de preempção implica em renúncia tácita a tal direito, sendo certo que tais prazos também são decadenciais. Em outras palavras, se o vendedor não se manifestar perderá a preferência. Pelo próprio texto legal, percebe-se que tais prazos não podem ser diminuídos pelas partes interessadas, mas apenas aumentados.

Os prazos referidos, portanto, não se confundem, conforme quadro abaixo:

> Prazos do art. 513, parágrafo único, do CC ➜ *180 dias* para móveis e *2 anos* para imóveis ➜ Prazos de extensão da preferência.

> Prazos do art. 516 do CC ➜ *3 dias* para móveis e *60 dias* para imóveis ➜ Prazos para manifestação do vendedor, após a notificação. Isso, dentro do *período de extensão da preferência.*

De acordo com o art. 515 do CC, aquele que exerce a preferência, o preemptor ou antigo proprietário da coisa, tem a obrigação de pagar o preço ajustado ou encontrado, em igualdade de condições com o terceiro, sob pena de perder a preferência. Não exercido o referido direito, o bem poderá ser dado ou vendido a terceiro livremente.

Se o direito de prelação for conjunto, isto é, estipulado a favor de dois ou mais indivíduos em comum, só poderá ser exercido em relação à coisa no seu todo. Desse modo, percebe-se que o direito à preempção é indivisível por força de lei (art. 517 do CC). Leciona Maria Helena Diniz que "cada um dos preemptores deverá exercer o direito sobre a totalidade do bem. Se um dos condôminos perder o prazo para exercer a prelação ou não pretender fazer uso desse direito, os demais poderão exercê-lo sobre a totalidade da coisa preempta e nunca na proporção de seu quinhão, pois a preferência não pode incidir sobre a quota ideal. Mas se o adquirente recebeu a coisa mediante compra de cotas ideais de vários condôminos, assegurando a cada um deles a preferência na reaquisição da respectiva cota-parte, a prelação poderá ser exercida *pro parte*" (DINIZ, Maria Helena. *Código...*, 2005, p. 470).

O vendedor preterido no seu direito de preferência, sendo a prelação convencional, não poderá anular a venda ou haver a coisa para si por meio de ação adjudicatória, como ocorre na prelação legal, mas tão somente, pleitear perdas e danos, inclusive do adquirente de má-fé, que sabia da referida cláusula, nos moldes dos arts. 402 a 404 do CC. Isso consta taxativamente no art. 518 do CC, *in verbis*:

> "Art. 518. Responderá por perdas e danos o comprador, se alienar a coisa sem ter dado ao vendedor ciência do preço e das vantagens que por ele lhe oferecem. Responderá solidariamente o adquirente, se tiver procedido de má-fé".

CAP. 7 · CONTRATOS EM ESPÉCIE – DA COMPRA E VENDA | 359

Quanto à responsabilidade do terceiro adquirente, entendeu o Tribunal do Distrito Federal que "presume-se a má-fé da adquirente do imóvel, mormente porque é investidora com bom conhecimento acerca do mercado imobiliário e ignorou a cláusula de preferência, dotada de ampla publicidade" (TJDF, Recurso 2014.01.1.066935-9, Acórdão 906.311, 3.ª Turma Cível, Rel. Des. Fátima Rafael, *DJDFTE* 20.11.2015, p. 165). De todo modo, os casos devem ser analisados com cautela pelos julgadores, sendo certo que o que se presume é a boa-fé, e não a má-fé.

Para a pretensão dessas perdas e danos, deve ser aplicado o prazo geral de prescrição de dez anos (art. 205 do CC), uma vez que a ação condenatória está fundada na responsabilidade contratual (ver: STJ, EREsp 1.280.825/RJ, 2.ª Seção, Rel. Min. Nancy Andrighi, j. 27.06.2018, *DJe* 02.08.2018). Na linha desse julgado de pacificação, não se deve aplicar o prazo de três anos, previsto no art. 206, § 3.º, inc. V, do CC, pois tal comando subsume-se apenas para a responsabilidade extracontratual ou *aquiliana*.

Em regra, o prazo terá início do surgimento da pretensão, ou seja, de quando é realizada a venda em detrimento daquele que tem a seu favor a preferência. Nesse sentido, prevê o Enunciado n. 14 CJF/STJ que: "1) o início do prazo prescricional ocorre com o surgimento da pretensão, que decorre da exigibilidade do direito subjetivo; 2) o art. 189 diz respeito a casos em que a pretensão nasce imediatamente após a violação do direito absoluto ou da obrigação de não fazer".

Eventualmente, pode-se defender que o prazo será contado de quando o vendedor tem *ciência* que foi preterido no seu direito, o que é até mais justo, representando aplicação da teoria *actio nata,* em sua feição subjetiva. Ademais, havendo relação de consumo, deve-se aplicar o prazo de cinco anos do art. 27 do CDC, contados também da ocorrência da venda ou do seu conhecimento.

Como se pode perceber, os efeitos da prelação legal – existente a favor do condômino na compra e venda de coisa comum indivisível – são completamente diversos dos efeitos decorrentes da prelação convencional, o que pode ser visto no quadro abaixo:

> **Preempção legal** – a favor do condômino (art. 504 do CC) – cabe anulação da compra e venda ou adjudicação (efeitos *erga omnes*). Prazo decadencial de cento e oitenta dias.

> **Preempção convencional** (arts. 513 a 520 do CC) – cabem perdas e danos (efeitos *inter partes*). Prazo prescricional de dez anos.

Justamente porque os seus efeitos são *inter partes*, gerando o dever de pagar perdas e danos, é que a cláusula de preempção também se diferencia da cláusula de retrovenda. Além disso, as estruturas e as decorrências práticas dos institutos são completamente diversas, particularmente quanto às suas caracterizações.

Superada a análise estrutural do instituto, parte-se à análise de polêmico dispositivo que consta do atual Código Civil. O art. 519 do CC volta a tratar do *direito de retrocessão* a favor do expropriado, merecendo também transcrição integral, visando a discussões importantes:

"Art. 519. Se a coisa expropriada para fins de necessidade ou utilidade pública, ou por interesse social, não tiver o destino para que se desapropriou, ou não for utilizada em obras ou serviços públicos, caberá ao expropriado direito de preferência, pelo preço atual da coisa".

O dispositivo é um *estranho no ninho*, tendo a natureza de instituto de Direito Administrativo e não de Direito Civil. Pelo comando legal destacado, se a coisa expropriada para fins de necessidade ou utilidade pública ou por interesse social, não tiver o destino para o qual se desapropriou, ou se não for utilizada em obras ou serviços públicos, caberá ao expropriado exercer o direito de preferência pelo preço atual da coisa, para, então, reincorporá-la ao seu patrimônio. Ocorre o desvio de finalidade, já que o bem expropriado para determinado fim é empregado em outro, sem utilidade pública ou interesse social, o que se denomina *tredestinação*. Não havendo qualquer destinação da coisa, está presente o instituto da *adestinação*.

Quem comenta muito bem sobre o instituto tratado no dispositivo é o Desembargador do Tribunal de Justiça do Estado do Rio de Janeiro, Marco Aurélio Bezerra de Melo (*Novo Código Civil...*, 2004, p. 162-163). Ensina o doutrinador que o instituto não se confunde com a preempção convencional, o que é cristalino. Isso porque "retrocessão é a possibilidade de o expropriado readquirir o bem que fora objeto de desapropriação por não ter sido dado a ele o destino de interesse público para o qual se desapropriou". Conclui que "a matéria continua sendo regulada no lugar errado e de forma incompleta, isto é, em um estatuto de direito privado, sendo que o artigo se refere primordialmente ao interesse público e, o que é pior, não se tem em conta o real alcance do instituto. Os equívocos acarretarão na continuação de uma das grandes divergências doutrinárias e jurisprudenciais acerca da verdadeira natureza da retrocessão". É de se concordar integralmente com as palavras do jurista.

Assim sendo, diante do fato de o dispositivo estar no lugar errado, a Comissão de Juristas encarregada da Reforma do Código Civil propõe a sua revogação expressa, o que virá em boa hora.

Também a justificar a sua retirada da Lei Civil, a grande divergência que pode surgir do instituto refere-se à sua natureza real ou pessoal. Deve-se compreender hoje que a natureza do direito de retrocessão é real, o que é mais justo, se a Administração Pública não der a devida finalidade ao bem expropriado. Aliás, essa a interpretação correta da redação do art. 519 do CC. Entretanto, o STJ já entendeu que os efeitos são meramente pessoais, cabendo apenas ao expropriado o direito de pleitear perdas e danos nos casos de tredestinação:

"Processual civil. Agravo regimental. Embargos de divergência. Dissídio pretoriano superado. Súmula 168/STJ. 1. A jurisprudência do STJ pacificou-se no sentido de que, independentemente de configuração de desvio de finalidade no uso do imóvel desapropriado, havendo sua afetação ao interesse público, não cabe pleitear a retrocessão, mas a indenização, se for o caso, por perdas e danos, se configurado o desvirtuamento do decreto expropriatório. 2. 'Não cabem embargos de divergência, quando a jurisprudência do tribunal se firmou no mesmo sentido do acórdão embargado'. Súmula 168/STJ. 3. Agravo regimental improvido" (STJ, AEREsp 73.907/ES, Agravo regimental nos embargos de divergência no Recurso Especial, 1.ª Seção, Rel. Min. Castro Meira, j. 24.03.2004, *DJ* 07.06.2004, p. 153, Veja: STJ – AR 769-CE, REsp 43.651/SP, EDcl no REsp 412.634/RJ).

Mas a questão, de fato, não é realmente pacífica, pois houve outra decisão daquele Tribunal reconhecendo a eficácia real da retrocessão (STJ, REsp 868.120/SP, 1.ª Turma, Rel. Min. Luiz Fux, j. 27.11.2007, *DJ* 21.02.2008, p. 37).

Adotando o último caminho, que parece ser o mais correto, quando da *VII Jornada de Direito Civil* aprovou-se proposta prevendo que "o art. 519 do Código Civil derroga o art. 35 do Decreto-lei n. 3.365/1941 naquilo que diz respeito a cenários de tredestinação ilícita. Assim, ações de retrocessão baseadas em alegações de tredestinação ilícita não precisam, quando julgadas depois da incorporação do bem ao patrimônio da entidade expropriante, resolver-se em perdas e danos" (Enunciado n. 592).

Cabe aqui esclarecer a redação da norma citada no enunciado aprovado: "os bens expropriados, uma vez incorporados à Fazenda Pública, não podem ser objeto de reivindicação, ainda que fundada em nulidade do processo de desapropriação. Qualquer ação, julgada procedente, resolver-se-á em perdas e danos". Em suma, a eficácia real da retrocessão deve ser a regra a ser aplicada, e não mais o pagamento de perdas e danos.

A encerrar o estudo da preempção convencional, enuncia o art. 520 do CC que "o direito de preferência não se pode ceder nem passa aos herdeiros". Portanto, está reconhecida a intransmissibilidade *mortis causa* da cláusula de prelação convencional, por se tratar de uma cláusula personalíssima ou *intuitu personae*.

7.6.3 Cláusula de venda sobre documentos

A cláusula de venda sobre documentos é uma cláusula especial da compra e venda originária da *Lex Mercatoria*, fonte do Direito Internacional Privado formada pela prática dos comerciantes e os costumes dos empresários no mercado internacional.

A venda sobre documentos é também denominada *crédito documentário* ou *trust receipt*. Por essa cláusula, que tem por objeto bens móveis, a tradição, ou entrega da coisa, é substituída pela entrega do documento correspondente à propriedade, geralmente o título representativo do domínio (art. 529, *caput*, do CC). Sendo prevista a cláusula e estando a documentação em ordem, não pode o comprador recusar o pagamento, a pretexto de defeito de qualidade ou do estado da coisa vendida, salvo se o defeito houver sido comprovado (art. 529, parágrafo único, do CC).

Há, na espécie, uma tradição simbólica (*traditio longa manus*), uma vez que a coisa é colocada à disposição do comprador. Exemplificando, uma empresa brasileira compra de uma empresa belga uma máquina industrial. Inserida a cláusula e sendo o contrato celebrado no Brasil, a empresa vendedora vem até o país para a entrega do documento correspondente à propriedade. A partir de então, a empresa brasileira é proprietária, respondendo pelos riscos e despesas referentes à coisa.

Não havendo estipulação em contrário, por regra, o pagamento deve ocorrer na data e no lugar da entrega do documento, no exemplo acima, no Brasil (art. 530 do CC). A norma é aplicação da regra *locus regit actum*.

Havendo apólice de seguro, visando a cobrir os riscos de transporte, o prêmio deverá ser pago pelo comprador, salvo se houver má-fé do vendedor, que tinha ciência da perda ou avaria da coisa (art. 531 do CC). A parte final do dispositivo valoriza o princípio da boa-fé objetiva.

Finalmente, estabelece o art. 532 do CC que, "estipulado o pagamento por intermédio de estabelecimento bancário, caberá a este efetuá-lo contra a entrega dos documentos, sem obrigação de verificar a coisa vendida, pela qual não responde. Parágrafo único. Nesse caso, somente após a recusa do estabelecimento bancário a efetuar o pagamento, poderá o vendedor pretendê-lo, diretamente do comprador".

Pelo teor do comando legal, se a venda for realizada por intermédio de estabelecimento bancário, este não responde pela integridade da coisa. Cumpre destacar que tal entendimento, de exclusão da responsabilidade bancária, foi adotado pelo Superior Tribunal de Justiça conforme ementa a seguir transcrita:

"Comercial. Recurso especial. Operação de importação de mercadorias. Carta de crédito documentário. Análise das regras específicas relacionadas a tal forma de crédito. 'Brochura 500' da Câmara de Comércio Internacional. Limitação da responsabilidade do banco confirmador à análise formal dos documentos requeridos para o pagamento ao exportador. Prevalência da interpretação que confere maior segurança às operações internacionais. – O crédito documentário é utilizado em operações internacionais de comércio. Além da relação entre o importador e o exportador, envolve uma instituição financeira que garante o pagamento do contrato por intermédio de uma carta de crédito. Na prática, o banco emitente da carta de crédito é procurado por um cliente com o objetivo de efetuar o pagamento a um terceiro, beneficiário, ou, ainda, autorizar outro banco a fazer o pagamento ou a negociar. Precedente. – Como importante instrumento de fomento às operações internacionais de comércio, ao crédito documentário costuma-se atribuir as qualidades relativas à irrevogabilidade e à autonomia. Assim, uma eventual mudança posterior de ideia do tomador do crédito (importador) quanto à realização do negócio é irrelevante, pois, para que o banco confirmador honre seu compromisso perante o exportador, basta que este tenha cumprido os requisitos formais exigidos anteriormente pelo importador, salientando-se, ainda, que o banco sequer participa do contrato de compra e venda (...)" (STJ, REsp 885.674/RJ, 3.ª Turma, Rel. Min. Nancy Andrighi, j. 07.02.2008, *DJe* 05.03.2008).

Dúvidas ficam se confrontado o dispositivo com o art. 7.º, parágrafo único, do Código de Defesa do Consumidor (Lei 8.078/1990), que traz o princípio da solidariedade na responsabilidade consumerista, pelo qual o estabelecimento bancário responderia em conjunto com o vendedor. Interessante lembrar que a relação estabelecida com o banco pode ser configurada como relação de consumo (Súmula 297 do STJ: "O Código de Defesa do Consumidor é aplicável às instituições financeiras").

Como resolver a questão? O caso é de antinomia jurídica ou conflito de normas.

Aplicando-se o critério da especialidade, prevalecerá a norma do Código Civil, que é norma especial para os casos de venda sobre documentos. Entretanto, adotando-se o entendimento pelo qual o CDC é *norma principiológica*, com posição fixa na Constituição Federal (arts. 5.º, incs. XXXII, e 170, inc. III) prevaleceria a Lei 8.078/1990, entrando em cena o critério hierárquico. Na doutrina, contudo, tem predominado o primeiro posicionamento, da aplicação do Código Civil em vigor.

Entendo que o caminho da solução está na visualização do contrato. Se o bem é adquirido por alguém, na condição de destinatário final, aplica-se o Código de Defesa do Consumidor, desde que preenchidos todos os elementos constantes dos arts. 2.º e 3.º do CDC para a caracterização do contrato de consumo, ou seja, desde que o comprador

CAP. 7 · CONTRATOS EM ESPÉCIE – DA COMPRA E VENDA | 363

seja destinatário final e econômico da coisa comprada e o vendedor, profissional na atividade de venda.

Caso contrário, subsume-se o Código Civil em vigor. Mais uma vez, o caso é de incidência da *teoria do diálogo das fontes*. Vale dizer que no exemplo aqui exposto não se aplica o CDC, pois a máquina adquirida da empresa belga será utilizada pela empresa brasileira diretamente na produção.

Observo que no Projeto de Reforma do Código Civil há proposta que resolve mais esse dilema, incluindo-se previsão na parte final do *caput* do art. 532, no sentido de que ele somente se aplica, na exclusão da responsabilidade do estabelecimento bancário, em se tratando de contrato paritário e simétrico, não incidindo para os contratos de consumo e de adesão.

7.6.4   Cláusula de venda com reserva de domínio

A cláusula de venda com reserva de domínio ou *pactum reservati dominii* ganhou tratamento no Código Civil de 2002, entre os seus arts. 521 a 528. Havia previsão legal anterior no Decreto 1.027/1939, no CPC/1973 (arts. 1.070 e 1.071) e na Lei de Registros Públicos (Lei 6.015/1973).

Por meio dessa cláusula, inserida na venda de coisa móvel infungível, o vendedor mantém o domínio da coisa (exercício da propriedade) até que o preço seja pago de forma integral pelo comprador.

O comprador recebe a mera posse direta do bem, mas a propriedade do vendedor é resolúvel, eis que o primeiro poderá adquirir a propriedade com o pagamento integral do preço. Todavia, pelos riscos da coisa responde o comprador, a partir de quando essa lhe é entregue (art. 524 do CC). Essa hipótese revela a adoção pelo Código de 2002 do princípio *res perit emptoris* (a coisa perece para o comprador) como exceção ao princípio *res perit domino* (a coisa perece para o dono).

Essa propriedade resolúvel do vendedor – nos termos dos arts. 1.359 e 1.360 do CC – é condicional, ou seja, dependente de evento futuro e incerto, em que a condição é o pagamento integral do preço ou da última parcela caso a venda não tenha sido à vista. Enquanto esse pagamento não ocorrer, a aquisição do domínio e a transmissão da propriedade ficarão suspensas.

O requisito objetivo para tal cláusula é que não pode ser objeto da venda com reserva de domínio a coisa insuscetível de caracterização perfeita, para estremá-la de outras congêneres. Na dúvida, decide-se a favor do terceiro adquirente de boa-fé (art. 523 do CC). Em outras palavras e para esta finalidade, a coisa deve ser móvel e infungível.

Como é notório, é comum a cláusula de venda com reserva de domínio nas vendas a crédito, como no caso de aquisição de veículos na qual o comprador investe-se desde logo na posse direta do bem. Mas a discussão que surge muitas vezes é a seguinte: o veículo automotor é bem fungível ou infungível? Pelo menos para esses fins contratuais, o automóvel é bem infungível, porque tem algo que o identifica, que é o número do chassi.

O art. 522 do CC/2002 estipula como formalidade para a cláusula de venda com reserva de domínio a sua estipulação por escrito e o registro no Cartório de Títulos e

Documentos do domicílio do comprador, como condição de validade perante terceiros de boa-fé (eficácia *erga omnes*). Não sendo levada a registro, a referida cláusula não produzirá efeitos perante terceiros, mas apenas efeitos *inter partes*. Os efeitos *erga omnes* constavam anteriormente da Lei dos Registros Públicos (art. 129, n. 5.º, da Lei 6.015/1973).

No caso de mora do comprador, o vendedor tem duas opções previstas no art. 526, do atual Código Civil:

a) promover a competente ação de cobrança das parcelas vencidas e vincendas e o mais que lhe for devido; ou

b) recuperar a posse da coisa vendida.

Mesmo o comando legal mencionando a existência de *mora (no sentido de impon-tualidade ou atraso)*, parece querer referir-se ao *inadimplemento absoluto da obrigação*. Assim, é de se concordar, mais uma vez, com José Osório de Azevedo Jr., para quem "o que o Código está dizendo agora é que, não pagando no prazo contratualmente previsto nem no prazo de protesto ou da interpelação, o comprador estará sujeito às consequências da inexecução definitiva do contrato" (*Compra...*, 2005, p. 120).

Observo que pelo Projeto de Reforma do Código Civil corrige-se esse equívoco, a saber e na norma projetada: "verificado o inadimplemento do comprador, poderá o vendedor mover contra ele a competente ação de cobrança das prestações vencidas e vincendas e o mais que lhe for devido ou poderá recuperar a posse da coisa vendida".

Quanto à ação para a retomada do bem na venda com reserva de domínio, o Código de Processo Civil de 1973 previa a ação de busca e apreensão, de rito especial, conforme os seus arts. 1.070 e 1.071. Todavia, tais dispositivos não encontram correspondentes no CPC/2015. Surge então a dúvida sobre a ação cabível em casos tais.

Para alguns processualistas, instados pessoalmente por mim, passa a caber a ação pelo procedimento comum, sujeita à concessão de alguma forma de tutela provisória (arts. 294 a 311 do CPC/2015). Essa é a opinião, por exemplo, de Fredie Didier Jr., Daniel Amorim Assumpção Neves e Rodrigo Mazzei.

Porém, com o devido respeito a essa visão, como o Código Civil faz menção à *recuperação da posse*, no seu art. 526, parece ser mais viável a ação de reintegração de posse, sujeita a liminar, nos termos dos arts. 554 a 566 do CPC/2015.

Para amparar a minha visão, cumpre anotar que o Superior Tribunal de Justiça, antes mesmo da entrada em vigor do CPC de 2015, já vinha entendendo pela possibilidade de o vendedor ingressar com ação possessória em face do comprador, havendo cláusula de venda com reserva de domínio. Nesse sentido, citando o meu entendimento, destaque-se o seguinte aresto superior:

"A controvérsia diz respeito à necessidade ou não de prévia rescisão do contrato de compra e venda com reserva de domínio a fim de viabilizar a manutenção/recuperação da posse do bem vendido, ante o inadimplemento do comprador. (...) Quanto aos meios judiciais cabíveis para o vendedor/credor salvaguardar o seu direito, esse pode optar por duas vias. Caso não objetive resolver o contrato, mas apenas cobrar as parcelas inadimplidas: a) se munido de título executivo, intentar ação executiva contra o devedor pelo rito dos arts. 646 a 731 do Código de Processo Civil, ou seja, execução por quantia certa contra devedor solvente; b) se desprovido de título executivo, ação de cobrança, nos termos do artigo 526 do Código Civil. Na hipótese de pretender rescindir o negócio jurídico mediante a retomada do bem, viável o ajuizamento de a) ação de busca e apreensão e depósito da coisa vendida pelo vendedor/credor, conforme preceituado no art. 1.071 do CPC, desde que provada a mora pelo protesto do título ou interpelação judicial. Nessa medida já está prevista a recuperação da coisa, nos termos dos arts. 526, parte final, e 527 do diploma civilista, visto que esses dispositivos remetem ao procedimento previsto na lei processual civil, o que se relaciona à retomada liminar do bem constante do artigo 1.071 daquele diploma legal e à b) ação desconstitutiva pelo procedimento ordinário, quando desprovida a parte de título executivo ou, embora munida de título executivo não tenha realizado o protesto/interpelação judicial, sendo que nessa a reintegração liminar somente pode ser conferida se provados os requisitos do art. 273 do CPC. (...) Cabia ao vendedor/credor optar por qualquer das vias processuais para haver aquilo que lhe é de direito, inclusive mediante a recuperação da coisa vendida (ação de manutenção de posse), sem que fosse necessário o ingresso preliminar com demanda visando rescindir o contrato, uma vez que a finalidade da ação é desconstituir a venda e reintegrar o vendedor na posse do bem que não chegou a sair do seu patrimônio, dando efetivo cumprimento à cláusula especial de reserva de domínio" (STJ, REsp 1.056.837/RN, 4.ª Turma, Rel. Min. Marco Buzzi, j. 03.11.2015, *DJe* 10.11.2015).

No âmbito estadual, outros acórdãos recentes também adotam a posição segundo a qual cabe a ação de reintegração de posse cumulada com a rescisão contratual, sujeita a liminar, para retomar o bem vendido com cláusula com reserva de domínio. Nesse sentido, três ementas:

"Agravo de instrumento. Compra e venda de bem móvel com cláusula de reserva de domínio. Ação de reintegração de posse. Restando demonstrado o inadimplemento contratual, bem como havendo comprovação específica da constituição da devedora em mora, por meio do protesto dos títulos, mostra-se viável a imediata retomada, pela credora, do veículo objeto do contrato de compra e venda com reserva de domínio celebrado entre os litigantes, nos termos dos artigos 525 e 526, ambos do Código Civil. Agravo de instrumento provido" (TJRS, Agravo de Instrumento 0436501-19.2016.8.21.7000, 14.ª Câmara Cível, Venâncio Aires, Rel. Des. Mario Crespo Brum, j. 30.03.2017, *DJERS* 07.04.2017).

"Agravo de instrumento. Reintegração de posse. Contrato de compra e venda com reserva de domínio. Liminar indeferida. Decisão mantida. Ausência dos requisitos autorizadores da tutela de urgência. Art. 300, CPC/2015. Autor/agravante que deixou de demonstrar a constituição do devedor em mora. Recurso desprovido. De acordo com as disposições do Código Civil, somente após verificada a mora do comprador (art. 525, CC), é que poderá o vendedor mover contra ele a competente ação de cobrança das prestações vencidas e vincendas ou recuperar a posse da coisa vendida (art. 526, CC)" (TJPR, Agravo de Instrumento 1562493-2, 17.ª Câmara Cível, Sertanópolis, Rel. Des. Lauri Caetano da Silva, j. 14.12.2016, *DJPR* 26.01.2017, p. 414).

"Ação de reintegração de posse. Contrato de compra e venda com reserva de domínio. Insurgência contra decisão que indeferiu a liminar de reintegração de posse. Mora da agravada comprovada por meio do protesto de título. Esbulho possessório caracterizado na espécie que autoriza a concessão da medida liminar. Aplicação dos artigos 525 e 526 do CC/2002 c.c. artigos 560 e 562 do CPC/2015. Recurso provido" (TJSP, Agravo de Instrumento 2129307-17.2016.8.26.0000, Acórdão 9700566, 28.ª Câmara de Direito Privado, Taboão da Serra, Rel. Des. Dimas Rubens Fonseca, j. 15.08.2016, *DJESP* 22.08.2016).

366 | DIREITO CIVIL • VOL. 3 – *Flávio Tartuce*

Todavia, a posição que sustenta a viabilidade de uma ação pelo procedimento comum, sujeita a tutela provisória, também tem sido seguida no âmbito jurisprudencial. Da Terceira Turma do Superior Tribunal de Justiça, aresto de 2017 adotou a outra corrente aqui antes exposta. Conforme consta do trecho final constante da publicação no *Informativo* n. *601*:

"Convém salientar que, com a vigência do CPC/2015, essa aparente antinomia entre as regras processuais e o CC/2002 restou superada, pois o novo CPC deixou de regulamentar o procedimento especial da ação de apreensão e depósito. Desse modo, a partir da vigência do CPC/2015, a venda com reserva de domínio encontra disciplina exclusiva no CC/2002, aplicando-se, quando as partes estiverem em Juízo, as regras relativas ao procedimento comum ordinário ou, se for o caso, das normas afetas ao processo de execução" (STJ, REsp 1.629.000/MG, 3.ª Turma, Rel. Min. Nancy Andrighi, j. 28.03.2017, *DJe* 04.04.2017).

Exposta a polêmica, advirta-se que somente a prática construída na emergência do Estatuto Processual vindouro poderá demonstrar qual será o novo caminho instrumental a ser percorrido nos casos de inadimplemento da venda com reserva de domínio.

Feitas tais considerações processuais, de acordo com o art. 525 do CC, o vendedor somente poderá executar a cláusula de reserva de domínio após constituir o devedor em mora, mediante o protesto do título ou interpelação judicial. O seguinte julgado do STJ é exemplar quanto à necessidade de sua prova:

"Processual civil. Busca e apreensão. Contrato de compra e venda com reserva de domínio. Comprovação da mora. Protesto do título. Art. 1.071 do CPC. I – A comprovação da mora para a busca e apreensão, relativa a bem objeto de contrato de compra e venda com reserva de domínio, se faz com o protesto do título no cartório correspondente (art. 1.071, *caput*, do CPC). II – Para tanto, insuficiente a notificação extrajudicial, em razão do procedimento especial diverso do Decreto-lei 911/1969. Precedentes. III – Recurso especial não conhecido" (STJ, REsp 785.125/SP, 4.ª Turma, Rel. Min. Aldir Passarinho Junior, j. 01.03.2007, *DJ* 23.04.2007, p. 274).

Ato contínuo, a jurisprudência tem entendido que o protesto já basta para a constituição em mora do devedor, sendo desnecessária a interpelação pessoal do devedor:

"Direito civil e processual civil. Contrato de compra e venda. Reserva de domínio. Constituição do devedor em mora. Protesto. Desnecessidade de interpelação pessoal. Precedentes. 1. A mora *ex re* independe de interpelação, porquanto decorre do próprio inadimplemento de obrigação positiva, líquida e com termo implementado, cuja matriz normativa é o art. 960, primeira parte, do Código Civil de 1916. À hipótese, aplica-se o brocardo *dies interpellat pro homine* (o termo interpela no lugar do credor). 2. No caso dos autos, havendo contrato de compra e venda com pacto de reserva de domínio, o art. 1.071 do CPC determina a constituição em mora do devedor mediante protesto – independentemente de notificação pessoal –, o que foi providenciado na espécie. Precedentes. 3. Comprovada a mora do devedor, o pedido reconvencional alusivo à rescisão contratual com busca e apreensão dos bens vendidos deve ser acolhido. 4. Recurso especial conhecido e provido" (STJ, REsp 762.799/RS, 4.ª Turma, Rel. Min. Luis Felipe Salomão, j. 16.09.2010, *DJe* 23.09.2010).

De todo modo, julgado ainda mais recente – e aqui antes destacado – admitiu que a notificação do devedor se dê de forma extrajudicial. Nos termos da ementa, "a mora do comprador, na ação ajuizada pelo vendedor com o intuito de recuperação da coisa vendida com cláusula de reserva de domínio, pode ser comprovada por meio de notificação extrajudicial enviada pelo Cartório de Títulos e Documentos" (STJ, REsp 1.629.000/MG, 3.ª Turma, Rel. Min. Nancy Andrighi, j. 28.03.2017, *DJe* 04.04.2017).

Conforme consta da mesma ementa, que visa à sadia *desjudicialização* das medidas e contendas, comentando o art. 525 do CC/2002:

> "A redação desse dispositivo legal pode levar à equivocada compreensão de que a mora do comprador apenas se caracteriza a partir do ato do protesto ou da interpelação judicial. Contudo, não é esse o verdadeiro alcance da norma. Com efeito, deve ser observado que a mora do comprador se configura com sua simples omissão em efetuar o pagamento das prestações ajustadas, haja vista que essas têm data certa de vencimento. É, portanto, mora *ex re,* cujos efeitos – a exemplo da incidência de juros – se operam a partir do inadimplemento. Nesse contexto, a determinação contida no art. 525 do CC/2002 para o protesto do título ou a interpelação judicial não tem a finalidade de transformar a mora *ex re* em *ex persona.* A regra estabelece, apenas, a necessidade de comprovação da mora do comprador como pressuposto para a execução da cláusula de reserva de domínio, tanto na ação de cobrança das prestações vencidas e vincendas, como na ação de recuperação da coisa. Visa o ato, desse modo, conferir segurança jurídica às partes, funcionando, também, como oportunidade para que o comprador, adimplindo as prestações, evite a retomada do bem pelo vendedor. O advento da nova codificação civil impõe uma exegese sistêmica da questão, de modo a admitir a documentação da mora do comprador por meio de quaisquer dos instrumentos previstos no parágrafo único do art. 397, quais sejam: a) o protesto; b) a interpelação judicial; e, c) a notificação extrajudicial" (publicado no *Informativo* n. *601* do STJ).

Exatamente na linha do que consta do trecho transcrito do último aresto, estou filiado ao entendimento segundo o qual, no caso de cobrança das parcelas *vencidas*, não há necessidade de prévia notificação, eis que não sendo pagas as parcelas, haverá mora *ex re*, ou mora automática do devedor, aplicando-se a máxima latina *dies interpellat pro homine.* Nesse sentido, ensina Paulo Luiz Netto Lôbo:

> "Contudo, quando o vendedor optar pela cobrança apenas das prestações vencidas, não haverá necessidade de prévia constituição em mora. Nada impede que o vendedor se satisfaça com a cobrança de prestações apenas vencidas, sem executar a cláusula de reserva de domínio. Nessa hipótese, incidem as regras normais de exigibilidade das obrigações, em virtude do inadimplemento. Quando o fizer, não poderá cumular o pedido com a antecipação das dívidas vincendas nem com a recuperação da coisa vendida" (LÔBO, Paulo Luiz Netto. *Comentários…*, 2003, p. 207).

Também se concorda com o doutrinador quando comenta que, havendo relação de consumo, deve ser aplicado o art. 53 do CDC, que consagra a nulidade de cláusulas contratuais que estabeleçam a perda total das prestações pagas pelo devedor, em benefício do credor (nulidade da *cláusula de decaimento* ou *de perdimento*).

Além disso, a *teoria do adimplemento substancial* (*substantial performance*) ou *teoria do quase cumprimento total do contrato* aplica-se também à venda com reserva de domínio. Se grande parte das parcelas já foi paga, não caberá ação de busca e apreensão, mas apenas a cobrança das parcelas vencidas e vincendas. Assim já entendeu a melhor jurisprudência do Tribunal de Justiça do Rio Grande do Sul, conforme comenta o Desembargador do TJPE e jurista Jones Figueirêdo Alves:

"Diante de contrato de financiamento, garantido por cláusula de reserva de domínio, observou-se a medida apreensiva postulada como impositiva de lesão desproporcional em face da teoria do adimplemento substancial, a significar, afinal, no pleito ajuizado, evidente quebra da boa-fé que deve presidir toda e qualquer relação contratual (TJRGS, 14.ª Câm. Cível, Ap. Cível 70009127531, Rel. Des. Sejalmo Sebastião de Paulo Nery, j. 28.10.2004)" (ALVES, Jones Figueirêdo. *A teoria...*, 2005, p. 410).

Anote-se, por oportuno, que a teoria também vem sendo aplicada pelo STJ ao contrato em questão (STJ, AgRg no Ag 607.406/RS, 4.ª Turma, Rel. Min. Fernando Gonçalves, j. 09.11.2004, *DJ* 29.11.2004, p. 346). Reafirme-se que, além da relação com a boa-fé objetiva, a *teoria do adimplemento substancial* mantém relação direta com a função social dos contratos, pois visa à preservação da autonomia privada, à conservação do negócio jurídico. Concebe-se o contrato de acordo com o contexto da sociedade, pois é evitada uma situação de injustiça, que é aquela em que o comprador perde a posse da coisa, mesmo tendo quase cumprido o contrato de forma integral. Nesse sentido, vale mais uma vez transcrever o Enunciado n. 361 CJF/STJ, segundo o qual: "O adimplemento substancial decorre dos princípios gerais contratuais, de modo a fazer preponderar a função social do contrato e o princípio da boa-fé objetiva, balizando a aplicação do art. 475". A relação existe, portanto, entre os dois princípios sociais contratuais, aplicados em relação de interdependência, como em uma *simbiose*.

No caso da ação de retomada do bem, e perdendo o comprador a coisa, terá ele direito de reaver o que pagou, descontados os valores relacionados com a depreciação da coisa e todas as despesas que teve o vendedor. O art. 527 do CC, aliás, preceitua que o vendedor tem direito de retenção das parcelas pagas enquanto não receber o que lhe é direito. O excedente da importância apurada será devolvido ao comprador, e o que faltar lhe será cobrado, na forma da lei processual.

De qualquer modo, não se pode aceitar que, inserida em contrato de consumo ou de adesão, seja válida uma cláusula que traga onerosidade excessiva quanto às despesas do contrato. Eventual cláusula nesse sentido deve ser tida como abusiva e nula, nos termos dos arts. 51 do CDC e 424 do CC. É de se lembrar que há uma regra muito parecida prevista no art. 53, § 2.º, do Código de Defesa do Consumidor para os contratos de consórcio, nos seguintes termos: "nos contratos do sistema de consórcio de produtos duráveis, a compensação ou a restituição das parcelas quitadas, na forma deste artigo, terá descontada, além da vantagem econômica auferida com a fruição, os prejuízos que o desistente ou inadimplente causar ao grupo".

Encerrando o tratamento quanto à cláusula de venda com reserva de domínio, transcreve-se o teor do art. 528 do CC, dispositivo que apresenta um erro técnico:

"Art. 528. Se o vendedor receber o pagamento à vista, ou, posteriormente, mediante financiamento de instituição do mercado de capitais, a esta caberá exercer os direitos e

CAP. 7 · CONTRATOS EM ESPÉCIE – DA COMPRA E VENDA **369**

ações decorrentes do contrato, a benefício de qualquer outro. A operação financeira e a respectiva ciência do comprador constarão do registro do contrato".

O erro técnico poderia ter passado despercebido se não tivesse sido constatado por José Osório de Azevedo Jr., autor da proposta que gerou o Enunciado n. 178, aprovado pela *III Jornada de Direito Civil*, promovida pelo Conselho da Justiça Federal em 2004:

"Na interpretação do art. 528, devem ser levadas em conta, após a expressão 'a benefício de', as palavras 'seu crédito, excluída a concorrência de' que foram omitidas por manifesto erro material".

Interessante colacionar as justificativas do proponente, para esclarecer:

"O art. 528 assim dispõe: 'Se o vendedor receber o pagamento à vista, ou, posteriormente, mediante financiamento de instituição do mercado de capitais, a esta caberá exercer os direitos e ações decorrentes do contrato, a benefício de qualquer outro. A operação financeira e a respectiva ciência do comprador constarão do registro do contrato'. O primeiro período do artigo está com a redação truncada e não faz sentido. O artigo não constava do projeto original e é fruto da emenda parlamentar n. 405, proposta pelo desembargador paulista Bruno Afonso de André, encampada, para efeitos regimentais, pelo Deputado Tancredo Neves, estando assim redigida: 'Se o vendedor receber o preço à vista, ou posteriormente, mediante financiamento de instituição do mercado de capitais, legalmente autorizada, a esta caberá exercer os direitos e ações decorrentes do contrato, a benefício de *seu crédito, excluída a concorrência de qualquer outro*. A operação financeira e a ciência do comprador a respeito constarão do registro do contrato'. A par de mínimas alterações de redação, houve, no texto aprovado, manifesta omissão da parte em negrito, o que acabou por tornar desconexo o período. Em futura revisão, o Legislativo por certo corrigirá o erro material. Não se trata de erro de publicação do código. O erro já constava da redação final do Projeto Final aprovado pela Câmara e publicada no Diário do Congresso de 17.05.1984. Cumpre, portanto, na interpretação do referido texto, ter como incluída a parte omitida por manifesto erro material, a saber: 'seu crédito, excluída a concorrência de'".

Votei favoravelmente ao enunciado quando da *III Jornada de Direito Civil*, pois ele faz com que o texto legal passe a ter um sentido lógico.

Anoto que no Projeto de Reforma do Código Civil, seguindo-se o teor do enunciado doutrinário, há proposição de alteração do seu art. 528, que passará a prever o seguinte: "se o vendedor receber o pagamento à vista, ou, posteriormente, mediante financiamento de instituição do mercado de capitais, a esta caberá exercer os direitos e ações decorrentes do contrato, a benefício de seu crédito, excluída a concorrência de qualquer outro". A superação desse erro material é fundamental, portanto.

Encerrando, é preciso ter em mente que a cláusula de venda com reserva de domínio não se confunde com a alienação fiduciária em garantia ou com o *leasing* ou arrendamento mercantil. As diferenças constam do quadro abaixo. Tratamos especificamente da alienação fiduciária em garantia no Volume 4 desta coleção, para o qual se remete aquele que deseja maiores aprofundamentos.

CLÁUSULA DE VENDA COM RESERVA DE DOMÍNIO	ALIENAÇÃO FIDUCIÁRIA EM GARANTIA	*LEASING* OU ARRENDAMENTO MERCANTIL
Natureza jurídica: cláusula especial da compra e venda (arts. 521 a 528 do CC).	Natureza jurídica: constitui direito real de garantia sobre coisa própria (arts. 1.361 a 1.368 do CC, Decreto-lei 911/1969 e Lei 9.514/1997).	Natureza jurídica: contrato típico ou atípico, debate que divide doutrina e jurisprudência (Lei 6.099/1974 e resoluções do Banco Central do Brasil).
O vendedor mantém o domínio (propriedade resolúvel), enquanto o comprador tem a posse direta da coisa alienada. Pagas as parcelas de forma integral, o comprador adquire a propriedade plena da coisa.	O devedor fiduciante compra o bem de um terceiro, mas como não pode pagar o preço, aliena-o, transferindo a propriedade ao credor fiduciário. O proprietário do bem é o credor fiduciário, mas a propriedade é resolúvel, a ser extinta se o preço for pago de forma integral pelo devedor fiduciante.	Constitui uma locação com opção de compra, com o pagamento do VRG (Valor Residual Garantido). A jurisprudência vem entendendo que o VRG pode ser diluído nas parcelas ou pago no final do contrato de arrendamento (Súmula 293 do STJ).
A ação cabível para reaver a coisa era a ação de busca e apreensão, na vigência do CPC/1973 (arts. 1.070 e 1.071). Como o CPC/2015 não reproduziu tais comandos, surgirá polêmica sobre a ação cabível na sua emergência. Podem ser expostas, de imediato, duas visões. A primeira aponta ser cabível uma ação pelo procedimento comum, sujeita à tutela provisória (arts. 294 a 311 do CPC/2015). A segunda corrente, por mim seguida, entende ser viável uma ação de reintegração de posse, sujeita a liminar.	A ação cabível para reaver a coisa móvel é a ação de busca e apreensão prevista no Decreto-lei 911/1969. Não cabe prisão, segundo decisões do STJ e do STF, mais recentemente.	A ação cabível para reaver a coisa é a ação de busca e apreensão, conforme o art. 3.º, § 15, do Decreto-lei 911/1969, incluído pela Lei 13.043/2014. Não cabe prisão civil.

7.7 RESUMO ESQUEMÁTICO

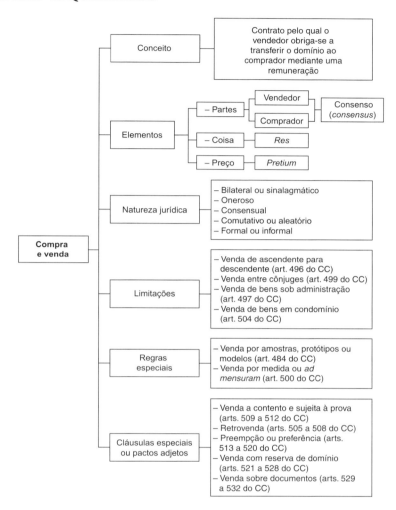

7.8 QUESTÕES CORRELATAS

01. (TCE/CE – FCC – Procurador de Contas – 2015) Em relação à compra e venda, considere:

I. A compra e venda só pode ter por objeto coisa atual, sendo ineficaz o contrato que aliene coisa futura.

II. A fixação do preço deve ser feita sempre em moeda corrente, defeso convencioná-lo em função de índices ou parâmetros diversos, ainda que suscetíveis de objetiva determinação.

III. Anulável é o contrato de compra e venda, quando se deixa ao arbítrio exclusivo de uma das partes a fixação do preço.

IV. É anulável a venda de ascendente a descendente, salvo se os outros descendentes e o cônjuge do alienante expressamente houverem consentido.

V. Não sendo a venda a crédito, o vendedor não é obrigado a entregar a coisa antes de receber o preço.

372 | DIREITO CIVIL • VOL. 3 – *Flávio Tartuce*

Está correto o que se afirma APENAS em

(A) I, II e IV.
(B) II, III, IV e V.
(C) I, II, III e V.
(D) IV e V.
(E) I, III e IV.

02. (MANAUSPREV – FCC – Procurador Autárquico – 2015) Na compra e venda

(A) os riscos da tradição, em regra, correm por conta do vendedor.
(B) o vendedor é obrigado a entregar a coisa antes de receber o preço, mesmo que o negócio tenha sido praticado à vista.
(C) não pode o cônjuge, na constância do casamento, alienar um bem a outro, ainda que particular.
(D) a entrega da coisa é pressuposto de existência do contrato.
(E) o vendedor sempre responde pelos débitos, até o momento da tradição.

03. (TJMG – CONSULPLAN – Titular de Serviços de Notas e de Registro – 2015) Com relação às cláusulas especiais à compra e venda, especificamente sobre a preempção ou preferência, conforme disciplina o Código Civil brasileiro, é correto afirmar:

(A) Quando o direito de preempção for estipulado a favor de dois ou mais indivíduos em comum, só pode ser exercido em relação à coisa no seu todo. Se alguma das pessoas, a quem ele toque, perder ou não exercer o seu direito, poderão as demais utilizá-lo na forma sobredita.
(B) O direito de preferência pode ser cedido a terceiros.
(C) O vendedor não pode exercer o seu direito de prelação, intimando o comprador, quando lhe constar que este vai vender a coisa.
(D) Responderá por perdas e danos o comprador, se alienar a coisa sem ter dado ao vendedor ciência do preço e das vantagens que por ela lhe oferecem. O adquirente responderá subsidiariamente se tiver procedido de má-fé.

04. (CESPE – AGU – Advogado da União – 2015) A respeito dos contratos, julgue o próximo item à luz do Código Civil.

Se vendedor e comprador estipularem o cumprimento das obrigações de forma simultânea em venda à vista, ficará afastada a utilização do direito de retenção por parte do vendedor caso o preço não seja pago.

( ) Certo ( ) Errado

05. (TJRO – IESES – Titular de Serviços de Notas e de Registros – Provimento – 2017) É certo afirmar:

I. Nos contratos de compra e venda de bens móveis e imóveis, admite-se que a venda ocorra de forma *ad mensuram* ou *ad corpus*.

II. São características do contrato de compra e venda: a bilateralidade; a consensualidade; a onerosidade; geralmente, a comutatividade; e a instantaneidade.

III. A venda com reserva de domínio é cláusula especial do contrato de compra e venda pela qual o comprador assume a posse da coisa, mas só se torna seu proprietário após pagar o preço integral.

IV. As cláusulas especiais do contrato de compra e venda previstas no Código Civil são cláusulas obrigatórias por rigor legal, sendo, opcionais, somente naqueles negócios que a própria lei criar a exceção.

Analisando as proposições, pode-se afirmar:

(A) Somente as proposições I e III estão corretas.
(B) Somente as proposições II e IV estão corretas.
(C) Somente as proposições I e IV estão corretas.
(D) Somente as proposições II e III estão corretas.

CAP. 7 · CONTRATOS EM ESPÉCIE – DA COMPRA E VENDA | **373**

06. (Procurador – Prefeitura de São Bernardo do Campo – SP – VUNESP – 2018) Assinale a alternativa correta sobre a venda com reserva de domínio.

(A) a reserva de domínio pode ser ajustada verbalmente ou por escrito.

(B) responde o comprador pelos riscos da coisa desde o momento da tradição do bem.

(C) o instrumento contratual que prever a reserva de domínio deverá ser submetido a registro, sob pena de invalidade da cláusula.

(D) havendo mora do comprador, este poderá optar entre purgá-la ou devolver a posse do bem ao vendedor, exigindo a devolução do valor pago.

(E) com a quitação da compra e venda, o vendedor tem 10 (dez) dias para transferir o domínio ao comprador, sob pena de multa equivalente a 10% (dez por cento) do valor da compra e venda.

07. (Analista Judiciário – TRT 2.ª Região – FCC – 2018) Sobre o contrato de compra e venda, nos termos estabelecidos pelo Código Civil, é correto afirmar:

(A) Não pode um condômino em coisa indivisível vender a sua parte a estranhos, se outro consorte a quiser, tanto por tanto. O condômino, a quem não se der conhecimento da venda, poderá, depositando o preço, haver para si a parte vendida a estranhos, se o requerer no prazo máximo de noventa dias, sob pena de decadência.

(B) É anulável a venda de descendente a ascendente, salvo se os outros descendentes e o cônjuge do alienante, independentemente do regime de bens do casamento, expressamente houverem consentido.

(C) É lícita a compra e venda entre cônjuges com relação a bens excluídos da comunhão.

(D) A fixação do preço não pode ser deixada ao arbítrio de terceiro, que os contratantes logo designarem ou prometerem designar, havendo expressa vedação legal nesse sentido.

(E) Nas coisas vendidas conjuntamente, o defeito oculto de uma autoriza a rejeição de todas.

08. (Juiz Leigo – TJ-MT – 2018) A venda de coisa móvel, na qual pode o vendedor reservar para si a propriedade, até que o preço esteja integralmente pago, configura o instituto da:

(A) preempção.

(B) venda com reserva de domínio.

(C) venda a contento.

(D) retrovenda.

09. (Juiz de Direito Substituto – TJ-MG – CONSULPLAN – 2018) Quanto aos contratos, segundo o Código Civil, analise as afirmativas a seguir.

I. A parte lesada pelo inadimplemento pode pedir a resolução do contrato, se não preferir exigir-lhe o cumprimento, cabendo, em qualquer dos casos, indenização por perdas e danos. II. Aquele que tiver prometido fato de terceiro responderá por perdas e danos, quando este o não executar, exceto se o terceiro for o cônjuge do promitente, dependendo da sua anuência o ato a ser praticado, e desde que, pelo regime do casamento, a indenização, de algum modo, venha a recair sobre os seus bens. III. É anulável a venda de ascendente a descendente, salvo se os outros descendentes e o cônjuge do alienante, independente do regime de bens, expressamente houverem consentido. IV. O vendedor pode executar a cláusula de reserva de domínio em razão do não pagamento integral do valor devido, independente de constituir o comprador em mora pelo protesto do título ou interpelação judicial.

Estão corretas as afirmativas

(A) I, II, III e IV.

(B) I e II, apenas.

(C) III e IV, apenas.

(D) I, II e III, apenas.

10. (Procurador do Município – Prefeitura de Londrina – PR – COPS-UEL – 2019) Pode-se classificar o contrato de compra e venda como

(A) bilateral, oneroso, formal e aleatório.

374 | DIREITO CIVIL • VOL. 3 – *Flávio Tartuce*

(B) gratuito, bilateral, formal e aleatório.

(C) comutativo, unilateral, de execução simultânea e translativo.

(D) unilateral, translativo, oneroso e de execução diferida.

(E) oneroso, translativo, bilateral e comutativo.

11. (Juiz Substituto – TJ-MS – FCC - 2020) A compra e venda

(A) transfere o domínio da coisa pelo só fato da celebração do contrato.

(B) pode ter por objeto coisa atual ou futura; neste caso, ficará sem efeito o contrato se esta não vier a existir, salvo se a intenção das partes era a de concluir contrato aleatório.

(C) deve ter a fixação do preço efetuada somente pelas partes, vedada a fixação por terceiros por sua potestividade.

(D) não pode ter o preço fixado por taxa de mercado ou de bolsa, por sua aleatoriedade e incerteza.

(E) é defesa entre cônjuges, em relação a bens excluídos da comunhão.

12. (Procurador do Estado – PGE-RS – Fundatec – 2021) A compra e venda de ascendente para descendente:

(A) Importa em nulidade da compra e venda.

(B) Para ser válida precisa do consentimento dos demais descendentes e do cônjuge independentemente do regime de bens.

(C) Para ser válida precisa do consentimento dos demais descendentes e do cônjuge, exceto no regime da separação total voluntária.

(D) O prazo para a ação é de 4 anos contados da data do falecimento do vendedor.

(E) O prazo para ação é de 2 anos contados da data do ato de compra e venda.

13. (Advogado – Indústria de Material Bélico do Brasil – FGV – 2021) A sociedade empresária M aliena onerosamente seu parque industrial para a sociedade empresária N. Estipula-se, no contrato de venda, que N receberá imediatamente a propriedade dos ativos de M, mas que o preço da compra somente será pago quando N alcançar uma determinada receita da produção advinda do parque industrial alienado.

Quanto à hipótese apresentada, é correto dizer que se previu, em relação ao pagamento,

(A) uma condição suspensiva.

(B) um encargo.

(C) uma condição resolutiva.

(D) um termo inicial.

(E) um termo final.

14. (Promotor de Justiça substituto – MPE-TO – CESPE/CEBRASPE – 2022) Valéria comprou, no ano de 2017, um apartamento pronto de João, pelo valor de R$ 400 mil. João havia indicado que o imóvel tinha área de 168 m², tendo sido expresso no contrato que se tratava de venda ad mensuram. Ao realizar uma reforma, em 2021, decorridos quatro anos da data em que recebera o apartamento, Valéria percebeu que a metragem estava a menor. Depois de realizada a perícia, descobriu que, na verdade, o imóvel media 153 m².

Considerando essa situação hipotética e a jurisprudência do Superior Tribunal de Justiça a respeito do tema, assinale a opção correta.

(A) A entrega de bem imóvel em metragem diversa da contratada pode ser considerada vício oculto, razão pela qual o prazo decadencial iniciou-se apenas no momento em que Valéria tomou conhecimento do defeito.

(B) Como se trata de vício aparente, o prazo decadencial para Valéria exigir o complemento da área, reclamar a resolução do contrato ou o abatimento proporcional do preço é de um ano.

(C) Como se trata de bem durável, o direito de Valéria reclamar pelo vício de metragem caducou em noventa dias após a aquisição.

(D) O prazo prescricional para Valéria ajuizar ação de reparação de danos contra João é de três anos.

CAP. 7 · CONTRATOS EM ESPÉCIE – DA COMPRA E VENDA | **375**

(E) Como a diferença de metragem foi inferior a 10% do prometido, presume-se que a referência às dimensões no contrato tenha sido simplesmente enunciativa, de modo que Valéria poderá reclamar apenas se provar que, em tais circunstâncias, não teria realizado o negócio.

15. **(IFC-SC – Fundatec – Professor de Direito – 2023) Em relação à cláusula de venda com reserva de domínio, é correto afirmar que:**

(A) É vedada nos contratos de consumo.

(B) Pode ser estabelecida nos contratos escritos ou verbais.

(C) Acarreta a transferência imediata da posse e da propriedade do bem alienado ao comprador.

(D) Somente pode ser aplicada aos contratos de compra e venda de bens móveis.

(E) Impõe a necessidade de intervenção de instituição financeira como intermediadora no contrato.

16. **(Câmara Municipal de Santa Bárbara D'Oeste-SP – Vunesp – Procurador Legislativo – 2023) Caio vendeu a Tício um imóvel. No contrato constou que o imóvel vendido era a coisa certa e determinada localizada na Rua das Amoras no 1.000, com dimensões aproximadas e meramente enunciativas de 1.000 m2 de terreno. Após a compra, Tício descobriu que a metragem real do imóvel era de 700 m2. Acerca do caso hipotético, pode-se corretamente afirmar que:**

(A) como constou do contrato a dimensão do imóvel, a venda pode ser considerada ad mensuram e deve Caio indenizar Tício do valor correspondente à diferença encontrada na dimensão do imóvel vendido.

(B) como a diferença entre a metragem constante da escritura de compra e venda e a dimensão real do imóvel é superior a um vigésimo, há direito à indenização, mesmo tendo a venda sido realizada *ad corpus*.

(C) Tício não terá direito à indenização em razão da diferença entre a dimensão real do terreno e a constante do contrato de compra e venda, tendo em vista que se trata de venda *ad corpus*.

(D) apesar de a venda ser ad mensuram, não há direito à indenização, pois Tício não teve a diligência média que se espera de um comprador de imóvel, pois não foi verificar a real dimensão do imóvel.

(E) a venda *ad corpus* não pode ter qualquer menção à dimensão do imóvel, mesmo de forma enunciativa, transformando-se em *ad mensuram*, gerando o dever de indenizar em caso de diferença entre a metragem constante do contrato e a real apurada pelo comprador.

17. **(TJSC – Cespe/Cebraspe – Titular de Serviços de Notas e de Registros – 2023) Mário vendeu um apartamento a Mauro, seu colega de trabalho. Além das cláusulas gerais dos contratos de venda e compra, ambos optaram por incluir, nos termos legais, a cláusula de retrovenda, que foi devidamente incluída na matrícula do imóvel. Após o falecimento de Mário, dois anos depois da venda regular, Victor, seu único filho e herdeiro, quer acionar imediatamente a cláusula para reaver o imóvel vendido.**

Nessa situação hipotética, de acordo com o disposto no Código Civil, Victor

(A) poderá reaver o apartamento vendido por seu pai, desde que restitua o preço recebido à época da venda e reembolse as despesas do comprador, inclusive as que tenham sido efetuadas após autorização escrita ou para realizar benfeitorias necessárias.

(B) poderá reaver o apartamento vendido por seu pai, desde que restitua o preço recebido à época da venda, sendo dispensado de ressarcir as despesas do comprador, inclusive as que tenham sido efetuadas com autorização escrita ou para realizar benfeitorias necessárias.

(C) poderá reaver o apartamento vendido por seu pai, desde que restitua o preço recebido à época da venda, sendo dispensado de ressarcir as despesas do comprador, salvo aquelas que tenham sido efetuadas com autorização escrita ou para realizar benfeitorias necessárias.

(D) não poderá reaver o imóvel, haja vista que a cláusula especial de retrovenda perde a validade com o falecimento do vendedor, sendo intransferível a herdeiros.

(E) não poderá reaver o imóvel, haja vista o transcurso do prazo legal para exercer esse direito.

376 | DIREITO CIVIL • VOL. 3 – *Flávio Tartuce*

18. **(Prefeitura de Dom Pedrito-RS – Fundatec – Procurador – 2023) Na compra e venda com reserva de domínio:**

(A) A propriedade e a posse devem ser transferidas ao comprador logo após a assinatura do contrato.

(B) A propriedade e a posse são transferidas ao comprador após o pagamento integral das prestações.

(C) A propriedade deve ser transferida logo após a assinatura do contrato, e a posse após o pagamento integral das prestações.

(D) A posse deve ser transferida logo após a assinatura do contrato, e a propriedade após o pagamento integral das prestações.

(E) Ocorre a transferência da posse e da propriedade resolúvel após a assinatura do contrato.

19. **(Prefeitura de Marília-SP – Vunesp – Procurador Jurídico – 2023) No contrato de compra e venda, salvo cláusula em contrário, ficarão as despesas de escritura**

(A) e registro a cargo do comprador, e a cargo do vendedor as da tradição.

(B) e registro a cargo do vendedor, e a cargo do comprador as da tradição.

(C) a cargo do comprador, ou a cargo do vendedor as da tradição.

(D) a cargo do vendedor, e a cargo do comprador as da tradição.

(E) registro e tradição a cargo do comprador.

20. **(TJSP – Vunesp – Juiz substituto – 2023) Assinale a alternativa correta sobre os contratos de compra e venda.**

(A) Da mesma forma que o Código Civil de 1916, o Código Civil de 2002 considera nula a venda de ascendente a descendente, salvo se os outros descendentes e o cônjuge do alienante expressamente houverem consentido. Em ambos os casos, dispensa-se o consentimento do cônjuge se o regime de bens for o da separação obrigatória.

(B) Sob pena de anulação, não podem ser comprados, ainda que em hasta pública, pelos juízes, secretários de tribunais, arbitradores, peritos e outros serventuários ou auxiliares da justiça, os bens ou direitos que estejam sob a sua esfera administrativa imediata.

(C) Anula-se a venda de ascendente a descendente, salvo se os outros descendentes e o cônjuge do alienante expressamente consentirem. Engloba-se nessa regra qualquer relação na linha reta. A anuência de netos e bisnetos será exigível apenas quando tiverem interesse sucessório direto. Desse modo, os netos devem consentir com a venda de um imóvel pelo avô ao seu tio se o pai já faleceu. Se os filhos estiverem vivos, os netos não serão chamados.

(D) As despesas de escritura e registro ficarão sempre a cargo do comprador; e a cargo do vendedor, as da tradição.

21. **(Câmara de Americana-SP – Procurador Jurídico – Avança SP – 2024) Relativamente ao contrato de compra e venda, considere as seguintes assertivas:**

I – A compra e venda somente poderá ter por objeto coisa futura se a intenção das partes for de concluir contrato aleatório se a coisa não vier a existir.

II – É válido o contrato de compra e venda, quando se deixa ao arbítrio exclusivo de uma das partes a fixação do preço, em havendo consentimento expresso.

III – Salvo cláusula em contrário, ficarão as despesas de escritura e registro a cargo do vendedor, e a cargo do comprador as da tradição.

IV – Até o momento da tradição, os riscos da coisa correm por conta do vendedor, e os do preço por conta do comprador.

Está CORRETO o que se afirma em:

(A) IV, apenas.

(B) I, II e IV, apenas.

(C) III e IV, apenas

(D) I, II e III, apenas.

(E) I, II, III e IV.

CAP. 7 · CONTRATOS EM ESPÉCIE – DA COMPRA E VENDA | 377

22. **(Câmara de Belo Horizonte-MG – Procurador – Instituto Consulplan – 2024) O Código Civil, art. 505, dispõe da cláusula especial de retrovenda: "o vendedor de coisa imóvel pode reservar-se o direito de recobrá-la no prazo máximo (...) de três anos, restituindo o preço recebido e reembolsando as despesas do comprador, inclusive as que, durante o período de resgate, se efetuaram com a sua autorização escrita, ou para a realização de benfeitorias necessárias". Sobre o prazo nela contido, analise as afirmativas a seguir.**

I. Trata-se de prazo prescricional, podendo, em regra, ser interrompido ou suspenso.

II. Trata-se de prazo decadencial, não se aplicando, em regra, as normas que impedem, suspendem ou interrompem a prescrição.

III. A parte a quem aproveita pode alegá-la em qualquer grau de jurisdição, mas o juiz não pode suprir a alegação.

IV. Deve o juiz, de ofício, conhecê-la.

Sobre os itens aplicados ao prazo constante da retrovenda, tendo em vista a sua natureza jurídica, está correto o que se afirma apenas em

(A) II e III.
(B) II e IV.
(C) I, II e III.
(D) II, III e IV.

GABARITO

01 – D	02 – A	03 – A
04 – ERRADO	05 – D	06 – B
07 – C	08 – B	09 – B
10 – E	11 – B	12 – E
13 – A	14 – B	15 – D
16 – C	17 – A	18 – D
19 – A	20 – C	21 – A
22 – A		

8

CONTRATOS EM ESPÉCIE – DA TROCA E DO CONTRATO ESTIMATÓRIO

Sumário: 8.1 Da troca ou permuta: 8.1.1 Conceito e natureza jurídica; 8.1.2 Objeto do contrato e relação com a compra e venda; 8.1.3 Troca entre ascendentes e descendentes – 8.2 Contrato estimatório ou venda em consignação: 8.2.1 Conceito e natureza jurídica; 8.2.2 Efeitos e regras do contrato estimatório – 8.3 Resumo esquemático – 8.4 Questões correlatas – Gabarito.

8.1   DA TROCA OU PERMUTA

8.1.1   Conceito e natureza jurídica

O contrato de troca, permuta ou escambo é aquele pelo qual as partes se obrigam a dar uma coisa por outra que não seja dinheiro. Operam-se, ao mesmo tempo, duas vendas, servindo as coisas trocadas para uma compensação recíproca. Isso justifica a aplicação residual das regras previstas para a compra e venda (art. 533, *caput*, do CC).

A troca é um contrato bilateral ou sinalagmático, pois traz direitos e deveres proporcionais. Constitui contrato oneroso, pela presença de sacrifício de vontade para as partes. É um contrato comutativo, em regra, e translativo da propriedade, eis que serve como *titulus adquirendi*. Trata-se de um contrato consensual, que tem aperfeiçoamento com a manifestação de vontade das partes, assim como ocorre com a compra e venda (art. 482 do CC).

Quanto à presença ou não de formalidade, diante da aplicação residual, devem subsumir as mesmas regras vistas para a compra e venda, outrora estudadas, podendo o contrato ser formal ou informal, solene ou não solene.

As partes do contrato são denominadas permutantes ou tradentes (*tradens*).

380 | DIREITO CIVIL • VOL. 3 – *Flávio Tartuce*

8.1.2 Objeto do contrato e relação com a compra e venda

O objeto da permuta há de ser dois bens. Eventualmente, se um dos contraentes der dinheiro ou prestar serviços, não haverá troca, mas compra e venda (DINIZ, Maria Helena. *Curso...*, Teoria geral..., 2007, p. 221). Podem ser trocados todos os bens que puderem ser vendidos, ou seja, os bens alienáveis (*consuntibilidade jurídica*, conforme a segunda parte do art. 86 do CC), mesmo sendo de espécies diversas e valores diferentes. A permuta gera para cada contratante a obrigação de transferir para o outro o domínio da coisa objeto de sua prestação.

Na troca, as partes também devem se preocupar com a manutenção do *sinalagma*, não sendo admitida qualquer situação de onerosidade excessiva, o que justifica a revisão ou resolução do negócio, de acordo com o caso concreto.

Como o contrato é oneroso e comutativo, em regra, podem ser aplicadas as regras previstas para os vícios redibitórios e evicção, outrora estudadas. As restrições à liberdade de contratar e contratual, aplicadas à compra e venda, por razões óbvias, igualmente devem ser subsumidas à permuta. Ato contínuo de análise, merecem aplicação as regras relacionadas com os riscos sobre a coisa e, sendo possível, as regras e cláusulas especiais da compra e venda estudadas no último capítulo.

Especificamente em relação às despesas com a tradição da coisa, o art. 533, inc. I, do CC consagra a sua divisão em igualdade, metade a metade, salvo disposição em contrário no instrumento. Prevendo o instrumento uma divisão diferente, o que é autorizado expressamente pela lei, não pode estar presente uma situação de injustiça contratual, de desproporção no negócio jurídico ou onerosidade excessiva; sob pena de revisão do contrato.

Como se percebe, há uma grande similaridade entre a troca e a compra e venda, o que justifica a já mencionada aplicação residual. Tanto isso é verdade que, na *V Jornada de Direito Civil*, evento promovido pelo Conselho da Justiça Federal em 2011, foi aprovado enunciado admitindo a promessa de permuta, nos seguintes termos: "o contrato de promessa de permuta de bens imóveis é título passível de registro na matrícula imobiliária" (Enunciado n. 435).

Entretanto, os institutos se diferem nos seguintes pontos, conforme leciona Maria Helena Diniz (*Curso...*, Teoria geral..., 2007, v. 3, p. 222):

a) Na troca, ambas as prestações são em espécie (coisas são trocadas), enquanto na compra e venda a prestação do comprador é em dinheiro ou em dinheiro e outra coisa (a entrega do dinheiro seria um complemento ao pagamento feito mediante a entrega de uma coisa em valor menor ao da prestação estipulada).

b) Na compra e venda, o vendedor, uma vez entregue a coisa vendida, não poderá pedir-lhe a devolução no caso de não ter recebido o preço, enquanto na troca o tradente terá o direito de repetir o que deu se a outra parte não lhe entregar o objeto permutado.

8.1.3 Troca entre ascendentes e descendentes

Prescreve o art. 533, inc. II, do CC que é anulável a troca de valores desiguais entre ascendentes e descendentes se não houver consentimento dos demais descendentes e do

CAP. 8 · CONTRATOS EM ESPÉCIE – DA TROCA E DO CONTRATO ESTIMATÓRIO | 381

cônjuge do alienante. Trata-se de norma específica aplicável à troca, pois se presume a onerosidade excessiva, em prejuízo aos demais herdeiros do tradente que deu a maior parte.

Desse modo, o dispositivo pretende proteger os direitos dos herdeiros necessários, sendo certo que, tratando-se de coisas de valores iguais, não haverá necessidade de consentimento dos outros descendentes e do cônjuge do tradente ou permutante. O raciocínio é o mesmo se a coisa mais valiosa pertencer ao descendente.

A troca entre ascendentes e descendentes pode ser resumida por meio do seguinte quadro:

Troca entre ascendentes e descendentes	Se de valores desiguais e o objeto mais valioso pertencer ao ascendente:	exige consentimento expresso dos demais descendentes.
	Se de valores iguais:	dispensa o consentimento dos demais descendentes.
	Se de valores desiguais e o objeto mais valioso pertence ao descendente:	dispensa o consentimento dos demais descendentes.

Como se trata de norma específica a regulamentar a matéria, não se justifica a aplicação do art. 496, parágrafo único, do CC/2002, que dispensa a autorização do cônjuge se o regime de bens for o da separação obrigatória. Para a troca, haverá a necessidade de autorização do cônjuge qualquer que seja o regime em relação ao permutante.

Ainda por se tratar de norma especial e restritiva, a norma não se aplica à união estável. Em outras palavras, se o permutante ou tradente viver em união estável, não haverá necessidade de autorização do companheiro.

Quanto ao prazo para anular a troca em casos tais, deve ser aplicado o art. 179 do CC que traz prazo decadencial de dois anos, contados da celebração do negócio jurídico (nesse sentido: STJ, Ag. Int. no AREsp 1.610.087/SC, 4.ª Turma, Rel. Min. Raul Araújo, j. 19.10.2020, *DJe* 16.11.2020; TJSC, Apelação Cível 2009.055861-8, 6.ª Câmara de Direito Civil, Orleans, Rel. Des. Subst. Stanley da Silva Braga, j. 15.05.2013, *DJSC* 24.05.2013, p. 23 e TJPR, Recurso 216012-1, Acórdão 1.409, 19.ª Câmara Cível, Marilândia do Sul, Rel. Des. Luiz Antônio Barry, j. 14.07.2005).

Com o fim de deixar claro esse prazo na lei, o Projeto de Reforma do Código Civil pretende alterar o texto do seu art. 533, inc. II, para que expresse o seguinte: "é anulável a troca de valores desiguais entre ascendentes e descendentes, sem consentimento dos outros descendentes, do cônjuge ou convivente do alienante, aplicando-se o prazo decadencial de dois anos, a contar do registro da venda ou da ciência do negócio, o que ocorrer primeiro".

Além da inclusão do convivente que viva em união estável, tem-se, portanto, mais uma proposta que traz segurança jurídica, inclusive quanto ao início do prazo, o que demanda uma aprovação pelo Parlamento Brasileiro.

8.2 CONTRATO ESTIMATÓRIO OU VENDA EM CONSIGNAÇÃO

8.2.1 Conceito e natureza jurídica

O Código Civil de 2002 passou a tratar da figura do contrato estimatório, entre os seus arts. 534 a 537. O contrato estimatório ou *venda em consignação* pode ser conceituado como o contrato em que alguém, o consignante, transfere ao consignatário bens móveis, para que o último os venda, pagando um *preço de estima*; ou devolva os bens findo o contrato, dentro do prazo ajustado (art. 534 do CC).

Apesar da utilização da expressão *venda em consignação*, não se trata de uma regra ou cláusula especial da compra e venda, mas de um novo contrato tipificado pela codificação privada. Desse modo, com a compra e venda não se confunde, apesar de algumas similaridades.

Segundo o entendimento majoritário, trata-se de um contrato bilateral ou sinalagmático, pois, segundo a maioria da doutrina, ambas as partes assumem deveres, tendo também direitos, presente o *sinalagma obrigacional* (DINIZ, Maria Helena. *Curso...*, Teoria geral..., 2007, v. 3, p. 224; VENOSA, Silvio de Salvo. *Direito...*, Contratos..., 2005, v. III, p. 117; GONÇALVES, Carlos Roberto. *Direito...*, Contratos..., 2009, v. III, p. 252). É contrato oneroso, diante do pagamento do *preço de estima* e por envolver uma disposição patrimonial (prestação + contraprestação).

O contrato é real, tendo aperfeiçoamento com a entrega da coisa consignada. Nesse sentido, julgou o Superior Tribunal de Justiça que "conforme assentado pela doutrina, o contrato estimatório apenas se aperfeiçoa com a efetiva entrega do bem móvel com o preço estimado ao consignatário, tratando-se, portanto, de contrato real. Nesse cenário, o consignante, ao entregar o bem móvel, cumpre com a sua prestação, com o que passa a assumir a condição de credor, ocasião em que é conferido à outra parte (consignatário/devedor) um prazo para cumprir com a sua contraprestação, qual seja, a de pagar o preço ajustado ou restituir a coisa consignada". O caso concreto, que deve ser citado por ser interessante exemplo de aplicação do contrato estimatório na prática, dizia respeito a situação em que "as recorrentes, integrantes do chamado 'Grupo Abril', receberam em consignação diversas revistas das recorridas/interessadas (editoras) antes do ajuizamento do pedido de recuperação judicial, porém a venda a terceiros dessas mercadorias se efetivou em data posterior" (STJ, REsp n. 1.934.930/SP, 3.ª Turma, Rel. Min. Marco Aurélio Bellizze, j. 02.04.2024, *DJe* 10.04.2024).

Feita essa nota, também é o contrato estimatório comutativo, pelo fato de as partes já saberem quais serão as suas prestações, não havendo o elemento aleatório como sua causa, ou razão de ser.

Como exposto, o entendimento majoritário da doutrina aponta que o contrato é bilateral. Entretanto, há quem entenda que o contrato é unilateral. É o caso de José Fernando Simão, professor da USP, que ensina o seguinte:

> "Trata-se de um contrato real, pois só se aperfeiçoa quando o bem consignado é entregue ao consignatário. Assim, antes da entrega da posse, o contrato não se aperfeiçoa. Cabe destacar a posição minoritária de Pontes de Miranda, que acredita se tratar de um contrato consensual (t. 39, 1984: 396). Questão controvertida diz respeito à natureza bilateral ou unilateral do contrato estimatório. Segundo Sylvio Capanema de Souza, em com ele a doutrina majoritária, diante da onerosidade do contrato em que ambas as partes buscam um proveito econômico, o contrato seria bilateral (2004: 55). Entretanto, entendemos que a natureza seria unilateral, já que com a entrega da coisa e nascimento do contrato, todas as obrigações são do consignatário, sendo a principal delas o pagamento do preço estimado. Não visualizamos nenhuma obrigação para o consignante, razão pela qual não

CAP. 8 · CONTRATOS EM ESPÉCIE – DA TROCA E DO CONTRATO ESTIMATÓRIO | 383

mais afirmamos tratar-se de contrato bilateral, conforme ocorria anteriormente" (SIMÃO, José Fernando. *Direito civil...*, 2008, p. 170).

Realmente, parece ter razão o doutrinador, o que é aplicação da *Escada Ponteana*. Ora, a partir da entrega da coisa, eis que o contrato é real, haverá aperfeiçoamento da avença. Sendo o contrato válido, a partir dessa entrega, não substituirá qualquer obrigação para o consignante. Apenas o consignatário é quem terá o dever principal de pagar o preço de estima ou de devolver as coisas consignadas.

Não há solenidade prevista em lei para o contrato estimatório, sendo o contrato informal e não solene, não havendo sequer a necessidade de ser adotada a forma escrita. O contrato pode ser instantâneo, mas também pode assumir a forma continuada. Como exemplo, cite-se o caso do fornecimento de bebidas por uma distribuidora a um bar. O fornecimento pode ocorrer de uma só vez ou mês a mês. No final de cada período, o consignatário pode optar entre pagar o preço de estima ou devolver as bebidas consignadas.

Do exemplo percebe-se que o consignatário (bar) pode retirar lucro do contrato vendendo as bebidas por preço superior ao estimado. Aliás, é justamente esse o intuito econômico do negócio em questão.

8.2.2 Efeitos e regras do contrato estimatório

Como restou claro no volume anterior da presente coleção, a grande discussão que surge quanto ao contrato estimatório refere-se à natureza jurídica da obrigação assumida pelo consignatário. Alguns autores entendem que a obrigação assumida por ele é *alternativa*; outros sustentam que se trata de uma *obrigação facultativa*. A polêmica é muito bem exposta e desenvolvida pela doutrina contemporânea (RÉGIS, Mário Luiz Delgado. *Código Civil...*, 2008, p. 230).

É imperioso lembrar que a *obrigação alternativa* é espécie do gênero *obrigação composta*, sendo esta a que se apresenta com mais de um sujeito ativo, ou mais de um sujeito passivo, ou mais de uma prestação. A obrigação *alternativa* ou *disjuntiva* é, assim, uma obrigação composta objetiva, tendo mais de um conteúdo ou prestação. Normalmente, a obrigação *alternativa* é identificada pela conjunção *ou*, que tem natureza disjuntiva, justificando a outra denominação utilizada pela doutrina (arts. 252 e 256 do CC).

Por outra via, a *obrigação facultativa* não está prevista no Código Civil. De qualquer modo, é normalmente tratada pela doutrina. A título de exemplo, ilustre-se com o caso em que alguém assume a obrigação de entregar determinada coisa (prestação), que eventualmente pode ser substituída por determinada quantia em dinheiro, de acordo com a escolha do devedor (faculdade).

Neste último caso, o credor não pode exigir do devedor a faculdade, mas apenas a prestação, o dever obrigacional assumido, o que faz com que a obrigação seja simples, não composta. Consequência disso, se houver a impossibilidade de cumprimento da prestação sem culpa do devedor, a obrigação se resolverá sem perdas e danos. Mas, se houver fato imputável ao devedor, o credor poderá exigir o equivalente à prestação, mais a indenização cabível.

Não se filia ao entendimento segundo o qual o consignatário assume uma *obrigação facultativa*. Assim, estou alinhado, entre outros, a Paulo Luiz Netto Lôbo, para quem "o consignatário contrai dívida e obrigação alternativa" (*Do contrato...*, 2004, p. 327). Assim também entendem Caio Mário da Silva Pereira e Waldirio Bulgarelli.

Mas a questão é por demais controvertida, entendendo outros tantos autores que a obrigação assumida pelo consignatário é *facultativa* (Maria Helena Diniz, Sílvio de Salvo Venosa e Arnaldo Rizzardo). Todos esses posicionamentos são expostos por Sylvio Capanema, que se filia à segunda corrente (*Comentários...*, 2004, p. 61). Também se perfilha a esse entendimento José Fernando Simão (*Direito civil...*, 2008, p. 168-169).

De qualquer forma, ciente da controvérsia, pretendo expor as razões pelas quais me filio ao primeiro entendimento, ou seja, de que *a obrigação do consignatário é alternativa*.

Prescreve o Enunciado n. 32 CJF/STJ, aprovado na *I Jornada de Direito Civil*, que "no contrato estimatório (art. 534), o consignante transfere ao consignatário, temporariamente, o poder de alienação da coisa consignada com opção de pagamento do preço de estima ou sua restituição ao final do prazo ajustado". Pelo que consta do enunciado doutrinário transcrito e dos arts. 536 e 537 do Código Civil, conclui-se que o consignante mantém a condição de proprietário da coisa. Interessante transcrever e comentar os dois dispositivos.

De acordo com o art. 536, "a coisa consignada não pode ser objeto de penhora ou sequestro pelos credores do consignatário, enquanto não pago integralmente o preço". Isso porque o proprietário da coisa é o consignante, tendo o consignatário apenas a sua posse direta. Entretanto, a propriedade do consignante é resolúvel, sendo extinta se a outra parte pagar o preço de estima. Eventualmente, se a coisa consignada foi apreendida ou sequestrada, poderá o consignante opor embargos de terceiro em eventual ação de execução promovida contra o consignatário.

Por outro lado, o art. 537 do CC/2002 dispõe que o consignante não pode dispor da coisa antes de lhe ser restituída ou de lhe ser comunicada a restituição. O dispositivo limita o direito de propriedade do consignante, sendo o bem inalienável em relação a ele, na vigência do contrato estimatório. A propriedade, portanto, além de ser resolúvel, é limitada. Não há dúvidas de que o comando legal em questão está fundamentado na boa-fé objetiva, um dos baluartes da atual codificação material.

Diante desses dois dispositivos, percebe-se que a obrigação do consignatário só pode ser alternativa, justamente diante dessa transmissão temporária do domínio. Tanto isso é verdade que, findo o prazo do contrato, o consignante terá duas opções: *a)* cobrar o preço de estima *ou b)* ingressar com ação de reintegração de posse para reaver os bens cedidos. A possibilidade de propositura da ação possessória decorre da própria natureza da obrigação assumida e também do fato de o consignante, que ainda não recebeu o preço, ser o proprietário do bem.

Ora, se a conclusão for a de que a obrigação do consignatário é facultativa, havendo apenas o dever de pagar o preço de estima e uma faculdade quanto à devolução da coisa, o consignante não poderá fazer uso da ação de reintegração de posse.

Mas, muito ao contrário, a possibilidade de reintegração de posse nos casos que envolvem o contrato estimatório vem sendo reconhecida pela jurisprudência, conforme ementas a seguir transcritas:

CAP. 8 · CONTRATOS EM ESPÉCIE – DA TROCA E DO CONTRATO ESTIMATÓRIO | 385

"Agravo de instrumento. Contrato estimatório. Denúncia pela consignante. Direito à retomada do bem (veículo automotor). Ação de reintegração de posse. Hipótese, que legitima a concessão de medida liminar. Recurso da autora. Provimento" (TJSP, Agravo de Instrumento 0085582-17.2013.8.26.0000, Acórdão 6874714, 30.ª Câmara de Direito Privado, Suzano, Rel. Des. Carlos Russo, j. 24.07.2013, *DJESP* 31.07.2013).

"Possessória – Reintegração de posse – Veículo entregue a uma revendedora para venda em consignação – Configuração como contrato estimatório – Art. 534 do novo Código Civil – Alienação, entretanto, do bem sem pagar o preço estipulado pela consignante – Desnecessidade de prévia ação de resolução contratual por traduzir possessória contra atividade delitual – Interpretação da função social do contrato – Art. 421 do Código Civil – Indeferimento determinado, examinando-se, com urgência, o pedido de liminar – Recurso provido para esse fim" (Primeiro Tribunal de Alçada Civil de São Paulo, Processo 1226974-0, Recurso Apelação, 10.ª Câmara de Férias de Janeiro de 2004, São José dos Campos, Rel. Enio Zuliani, Revisor Simões de Vergueiro, j. 10.02.2004, deram provimento, v.u.).

Interessante notar que o último julgado até dispensa o ingresso de ação visando à resolução do negócio, utilizando-se para tanto da função social do contrato, prevista no art. 421 do Código Civil de 2002. Assim, a ação de reintegração de posse pode ser proposta imediatamente.

Para reforçar a discussão, pode-se concluir que a obrigação assumida pelo consignatário é alternativa, traçando um paralelo entre os arts. 253 e 535 do Código Civil.

De acordo com o art. 253 do CC, na obrigação alternativa, se uma das duas prestações não puder ser objeto de obrigação ou se uma delas se tornar inexequível, subsistirá o débito quanto à outra. Esse dispositivo prevê a redução do objeto obrigacional, ou seja, a conversão da *obrigação composta objetiva alternativa* em *obrigação simples* (aquela com apenas uma prestação).

Nesse diapasão, se uma das prestações não puder ser cumprida, a obrigação se concentra na restante. Quanto ao contrato estimatório, há regra semelhante no art. 535 do CC/2002, pelo qual "o consignatário não se exonera da obrigação de pagar o preço, se a restituição da coisa, em sua integridade, se tornar impossível, ainda que por fato a ele não imputável". Também diante dessa equivalência entre os comandos legais, entende-se que a obrigação assumida pelo consignatário é *alternativa* e não *facultativa*.

A encerrar a discussão e o estudo do contrato em questão, cumpre assinalar que o próprio Superior Tribunal de Justiça já entendeu que a obrigação do consignatário é alternativa, sendo interessante transcrever a ementa do julgado, com relevante aplicação prática:

"Direito comercial. Falência. Pedido de restituição de dinheiro. Alienação de mercadorias recebidas em consignação antes da quebra. Contabilização indevida pela falida do valor equivalente às mercadorias. Dever da massa restituir ou as mercadorias ou o equivalente em dinheiro. Súmula 417 do STF. O que caracteriza o contrato de venda em consignação, também denominado pela doutrina e pelo atual Código Civil (arts. 534 a 537) de contrato estimatório, é que (i) a propriedade da coisa entregue para venda não é transferida ao consignatário e que, após recebida a coisa, o consignatário assume uma obrigação alternativa de restituir a coisa ou pagar o preço dela ao consignante. Os riscos são do consignatário, que suporta a perda ou deterioração da coisa, não se exonerando da obrigação de pagar o preço, ainda que a restituição se impossibilite sem culpa sua. Se o consignatário vendeu as mercadorias entregues antes da decretação da sua falência e recebeu o dinheiro da venda, inclusive contabilizando-o indevidamente, deve devolver o valor devidamente corrigido ao consignante. Incidência da Súmula 417 do STF. A arrecadação da coisa não é fator de obstaculização do pedido de restituição em dinheiro quando a alienação da mercadoria é feita pelo comerciante anteriormente à decretação da sua quebra. Recurso especial ao qual se nega provimento" (STJ, REsp 710.658/RJ, 3.ª Turma, Rel. Min. Nancy Andrighi, j. 06.09.2005, *DJ* 26.09.2005, p. 373).

Com esse importante precedente superior, encerra-se o presente capítulo.

8.3 RESUMO ESQUEMÁTICO

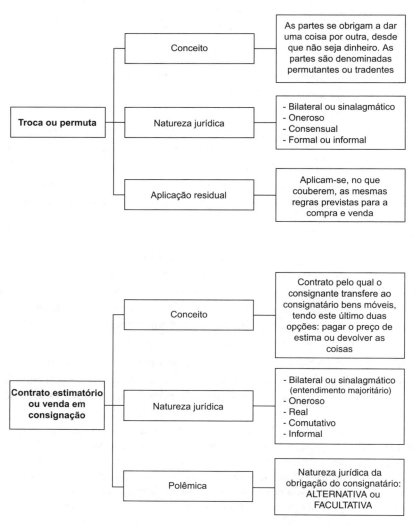

CAP. 8 · CONTRATOS EM ESPÉCIE – DA TROCA E DO CONTRATO ESTIMATÓRIO | 387

8.4 QUESTÕES CORRELATAS

01. (CESPE – TCE-PR – Auditor – 2016) A respeito dos contratos em geral e suas espécies, assinale a opção correta.

(A) Em se tratando de venda *ad mensuram* de imóveis, há presunção relativa de tolerância de variação de até 5% na extensão do imóvel.

(B) O defeito oculto de uma coisa autoriza a rejeição de todas as outras vendidas em conjunto com ela, dado o princípio da função social do contrato.

(C) É anulável a permuta de bens de valores desiguais entre ascendentes e descendentes sem o consentimento dos demais descendentes, ainda que o ascendente receba o bem de maior valor.

(D) É ilícita a compra e venda, entre cônjuges, de imóvel que pertença exclusivamente a um deles.

(E) O condômino de condomínio *pro diviso* não poderá vender a sua parte a estranho se outro condômino a quiser em igualdade de condições.

02. (Juiz Substituto – TJ-AL – FCC – 2019) Por força de contrato estimatório, Laura entregou certa quantidade de peças de vestuário a Isabela, que ficou autorizada a vender esses produtos a terceiros, pagando àquela o preço ajustado. Nesse caso, de acordo com o Código Civil,

(A) Isabela, se preferir, poderá restituir os produtos a Laura, no prazo estabelecido, caso em que ficará dispensada de pagar-lhe o preço ajustado.

(B) os produtos não poderão ser objeto de penhora ou sequestro pelos credores de Isabela, nem mesmo depois de pago integralmente o preço a Laura.

(C) Isabela se exonerará da obrigação de pagar o preço, se a restituição dos produtos, em sua integridade, se tornar impossível por fato não imputável a ela.

(D) Antes da concretização da venda por Isabela, Laura poderá dispor dos produtos, mesmo antes de lhe serem restituídos ou de lhe ser comunicada a restituição.

(E) Isabela atuará como mandatária de Laura, dado que ao contrato estimatório se aplicam, no que couber, as regras concernentes ao mandato.

03. (Advogado – FITO – VUNESP – 2020) No que diz respeito ao contrato estimatório, previsto no código civil, assinale a alternativa correta.

(A) Pelo contrato estimatório, o consignante entrega bens móveis ou imóveis ao consignatário, que fica autorizado a vendê-los, pagando àquele o preço ajustado, salvo se preferir, no prazo estabelecido, restituir-lhe a coisa consignada.

(B) O consignatário se exonera da obrigação de pagar o preço, se a restituição da coisa, em sua integridade, se tornar impossível, ainda que por fato a ele não imputável.

(C) A coisa consignada pode ser objeto de penhora ou sequestro pelos credores do consignatário, enquanto não pago integralmente o preço.

(D) O consignante não pode dispor da coisa antes de lhe ser restituída ou de lhe ser comunicada a restituição.

(E) É anulável a consignação de bens de valores desiguais entre ascendentes e descendentes, sem consentimento dos outros descendentes e do cônjuge do alienante.

04. (Analista Judiciário – TJ-PA – CESPE – 2020) José e Rafael realizaram um negócio jurídico em que ficou estipulado que: José entregaria determinado bem móvel para Rafael, que ficaria autorizado a vender o bem, pagando a José, em contrapartida, o valor de quinhentos reais; e Rafael poderia optar por devolver o bem, no prazo de vinte dias, para José.

De acordo com o Código Civil, nessa situação hipotética foi firmado um contrato classificado como

(A) atípico.

(B) solene.

(C) unilateral.

(D) consensual.

(E) comutativo.

388 | DIREITO CIVIL • VOL. 3 – *Flávio Tartuce*

05. (Analista Judiciário – TJRJ – CESPE/CEBRASPE – 2021) Entre as diversas formas de classificação dos contratos, o contrato de troca ou permuta, por meio do qual dois indivíduos se obrigam, de forma recíproca, a entregar coisa diferente de dinheiro, pode ser classificado como:

(A) informal, gratuito e sinalagmático.

(B) atípico, informal e unilateral.

(C) gratuito, típico e consensual.

(D) oneroso, atípico e unilateral.

(E) sinalagmático, oneroso e consensual.

06. (Juiz substituto – TJPE – FGV – 2022) Jurema deixou consignada uma estatueta sua em uma loja de antiguidades, a Salomão Ltda. Os representantes da loja incumbiram-se de buscar vendê-la, obrigando-se a pagar a Jurema o preço ajustado ou devolver a estatueta ao final de um mês.

Sobre o caso, é correto afirmar:

(A) durante a vigência do contrato, Jurema não perde a possibilidade de vender ela própria a estatueta;

(B) a Salomão Ltda. ficará exonerada de sua obrigação se a estatueta perecer por fato não imputável à loja de antiguidades;

(C) eventuais credores da Salomão Ltda. podem vir a penhorar a estatueta antes do término do contrato;

(D) a escolha entre o pagamento do preço ou a devolução da estatueta é direito da Salomão Ltda.;

(E) a entrega da estatueta para a venda implica transferência de sua propriedade à loja Salomão Ltda.

07. (TCE-AC – Analista Ministerial – CESPE/CEBRASPE – 2024) Julgue o item a seguir, em relação à Lei de Introdução às Normas do Direito Brasileiro (LINDB) bem como ao tratamento dado pelo Código Civil aos contratos, à prescrição e à decadência.

Em um contrato estimatório, enquanto não pago integralmente o preço, a coisa consignada não pode ser objeto de penhora ou sequestro pelos credores do consignatário.

( ) Certo

( ) Errado

GABARITO

01 – A	02 – A	03 – D
04 – E	05 – E	06 – D
07 – CERTO		

9

CONTRATOS EM ESPÉCIE – DA DOAÇÃO

Sumário: 9.1 Conceito e natureza jurídica – 9.2 Efeitos e regras da doação sob o prisma das suas modalidades ou espécies: 9.2.1 Classificação da doação quanto à presença ou não de elementos acidentais; 9.2.2 Doação remuneratória; 9.2.3 Doação contemplativa ou meritória; 9.2.4 Doação a nascituro; 9.2.5 Doação sob forma de subvenção periódica; 9.2.6 Doação em contemplação de casamento futuro (doação *propter nuptias*); 9.2.7 Doação de ascendentes a descendentes e doação entre cônjuges; 9.2.8 Doação com cláusula de reversão; 9.2.9 Doação conjuntiva; 9.2.10 Doação manual; 9.2.11 Doação inoficiosa; 9.2.12 Doação universal; 9.2.13 Doação do cônjuge adúltero ao seu cúmplice; 9.2.14 Doação a entidade futura; 9.2.15 Doação famélica – 9.3 Da promessa de doação – 9.4 Da revogação da doação – 9.5 Resumo esquemático – 9.6 Questões correlatas – Gabarito.

9.1 CONCEITO E NATUREZA JURÍDICA

A doação é um contrato que gera inúmeras consequências jurídicas, estando tipificado entre os arts. 538 a 564 do Código Civil. Por esse negócio jurídico, o doador transfere do seu patrimônio bens ou vantagens para o donatário, sem a presença de qualquer remuneração. Pelo que consta no art. 538 do CC, trata-se de ato de mera liberalidade, sendo um contrato benévolo, unilateral e gratuito. Sendo negócio jurídico benévolo ou benéfico, somente se admite a interpretação restritiva, nunca a interpretação declarativa ou extensiva (art. 114 do CC).

Ao contrário do que constava no art. 1.165 do CC/1916, seu correspondente na codificação anterior, o art. 538 do CC/2002 deixou de mencionar a locução "que os aceita", trazendo dúvidas se a aceitação do donatário é ou não requisito essencial do contrato. A doutrina atual encontra-se dividida diante do tema.

Maria Helena Diniz entende que a aceitação do donatário continua sendo elemento essencial do contrato, pois "a doação não se aperfeiçoará enquanto o beneficiário não manifestar sua intenção de aceitar a doação" (*Código Civil...*, 2005, p. 482). Porém, para Paulo Luiz Netto Lôbo, a aceitação do donatário não é mais elemento essencial do contrato, sendo "elemento complementar para tutela dos interesses do donatário porque ninguém é obrigado a receber ou aceitar doação de coisas ou vantagens, inclusive por razões subjetivas" (*Comentários...*, 2003, p. 279).

Entendo, com todo o respeito ao posicionamento contrário, que para que o contrato seja válido basta a intenção de doar, ou seja, o ânimo do doador em fazer a liberalidade (*animus donandi*). Dessa forma, a aceitação do donatário está no plano da eficácia desse negócio jurídico e não no plano da sua validade. Por isso, tem razão Paulo Lôbo. Esse entendimento pode ser confirmado pela redação do art. 539 do atual Código Civil:

> "Art. 539. O doador pode fixar prazo ao donatário, para declarar se aceita ou não a liberalidade. Desde que o donatário, ciente do prazo, não faça, dentro dele, a declaração, entender-se-á que aceitou, se a doação não for sujeita a encargo".

Como o dispositivo menciona que o doador "pode" fixar prazo para que o donatário declare se aceita ou não a liberalidade, percebe-se que a aceitação não é essencial ao ato. Aliás, eventual silêncio do donatário traz a presunção relativa (*iuris tantum*) de aceitação. Essa é a minha opinião doutrinária.

De qualquer forma, a doutrina tradicional sempre apontou que a aceitação não pode ser presumida sem que haja a ciência do donatário. Tem razão essa corrente, pois afinal de contas ninguém está obrigado a aceitar determinado bem se não o quiser. Conclui-se, portanto, que a aceitação pode ser expressa ou presumida. Mesmo não sendo elemento essencial, não se presume de forma absoluta essa aceitação se o donatário não foi cientificado.

Dispensa-se a aceitação expressa quando se tratar de doação pura feita em favor de absolutamente incapaz, hipótese prevista no art. 543 do CC/2002. Tal dispensa protege o interesse do incapaz, pois a doação pura só pode beneficiá-lo. Trata-se de uma novidade parcial perante o Código Civil de 1916, uma vez que o seu art. 1.170 previa que "às pessoas que não puderam contratar é facultado, não obstante, aceitar doações puras".

Assim, no sistema anterior, a doação a incapaz somente seria possível se houvesse a sua aceitação expressa, o que é dispensado no sistema anterior. Aplicando a norma vigente, colaciona-se, a título de exemplo: "se o donatário for absolutamente incapaz, dispensa-se a aceitação, desde que se trate de doação pura (artigo 543 do Código Civil). Incumbe ao autor provar que a doação é inoficiosa, a partir da demonstração da existência de excesso, a ensejar a declaração de nulidade do negócio" (TJMG, Apelação Cível 1.0024.11.022401-1/001, Rel. Des. Márcio Idalmo Santos Miranda, j. 23.02.2016, *DJEMG* 08.03.2016).

Maria Helena Diniz entende que este dispositivo "conflita, em parte, com o artigo 1.748, II. O artigo 543 dispensa a aceitação de doação pura e simples se o donatário que se encontre sob o poder familiar for absolutamente incapaz, com o escopo de protegê-lo, possibilitando que receba a liberalidade ao desobrigá-lo da aceitação, que deixa de ser exigida, por haver presunção 'juris tantum' de benefício da doação, mas nada impede que o representante legal demonstre em juízo a desvantagem da liberalidade para o incapaz" (DINIZ, Maria Helena. *Código...*, 2005, p. 484). Paulo de Tarso Sanseverino opina no sentido de que se o incapaz estiver submetido à tutela, "o seu tutor deverá obter autorização judicial expressa para aceitar a doação com encargo (art. 1.748, II, do CC/2002)" (*Contratos...*, 2006, p. 104). A questão, portanto, divide a doutrina.

De todo modo, no Projeto de Reforma do Código Civil almeja-se que, em lugar da dispensa de aceitação, seja possível ao representante do incapaz a recusa, desde que com justa causa, o que facilita uma maior circulação dos atos de liberalidade. Nesse sentido, o *caput* do seu art. 543 passará a prever que "se o donatário for absolutamente incapaz, dispensa-se a aceitação, desde que se trate de doação pura, mas pode seu representante justificar a não aceitação, se houver justa causa". Além disso, nos termos do projetado parágrafo único, "se com encargo, caberá ao representante do incapaz aceitá-la ou não, justificando sua decisão". De fato, essa solução parece ser mais correta tecnicamente.

Voltando-se ao sistema vigente, a aceitação tácita pode resultar do silêncio do interessado, mas também pode ser revelada pelo comportamento do donatário que se mostrar incompatível com a intenção de recusa. Como exemplo, pode ser citada a conduta do donatário que não aceita expressamente o imóvel, mas recolhe o *Imposto de Transmissão Inter Vivos*, nos termos da Súmula 328 do STF, que estabelece ser legítima a incidência de tal tributo na doação de imóvel.

Nesses casos, há que se falar em aceitação do imóvel. Silvio Rodrigues traz outro exemplo interessante: "se o doador revela seu propósito de doar um automóvel ao donatário, que a despeito de silente o recebe, licencia, emplaca-o e passa a usá-lo como dono, evidente que deu sua aceitação tácita, pois tal comportamento é incompatível com a deliberação de recusar" (RODRIGUES, Silvio. *Direito...*, 2003, p. 201).

A aceitação ainda poderá ser tácita na hipótese em que a doação for feita em contemplação de casamento futuro com certa e determinada pessoa, quer pelos nubentes entre si, quer por terceiro a um deles, a ambos ou aos filhos que, de futuro, houverem um do outro, não podendo ser impugnada por falta de aceitação, e só ficando sem efeito se o casamento não se realizar (art. 546 do CC). Nessa situação, a celebração do casamento gerará a presunção de aceitação, não podendo ser arguida a sua falta.

Por outro lado, havendo doação com encargo, é imprescindível que o donatário a aceite de forma expressa e consciente (art. 539, parte final, do CC).

Superada essa visão estrutural, é importante continuar na análise da natureza jurídica da doação. Como foi dito, trata-se de contrato benévolo, unilateral e gratuito, pois não há qualquer dever ao donatário.

A despeito disso, o doador não é obrigado a pagar juros moratórios, nem está sujeito às consequências da evicção ou dos vícios redibitórios (art. 552 do CC). Isso, salvo em relação às doações com encargo e as remuneratórias (doações onerosas), casos em que o doador estará obrigado até o limite do ônus imposto ou do serviço prestado. Nas doações para casamento com certa e determinada pessoa (*propter nuptias*), o doador ficará sujeito à evicção, salvo convenção em contrário (art. 552, parágrafo único, do CC).

Superado esse ponto, anote-se que, quanto aos riscos da evicção e vícios redibitórios na doação, há a seguinte disciplina:

Riscos da evicção e vícios redibitórios	
Doações puras e simples	Em regra, não obrigam o devedor. Excepcionalmente obrigarão se forem *propter nuptias* e se não houver disposição em contrário em relação à evicção (art. 552, 2.ª parte).
Doações com encargo Doações remuneratórias	Obrigam o devedor até o limite do serviço prestado ou do ônus imposto.

Por outro lado, o donatário é obrigado a executar os encargos da doação, caso tenham sido instituídos em benefício do doador, de terceiro, ou do interesse geral (art. 553, *caput*, do CC). Se o encargo foi instituído em favor do doador ou de terceiro, ambos poderão exigir judicialmente o seu cumprimento em havendo mora. Se de interesse geral for o encargo, o Ministério Público poderá exigir sua execução depois da morte do doador, se este não tiver feito (parágrafo único).

De todo modo, é importante não confundir os legitimados para exigir o *cumprimento* do encargo (doador, terceiro ou Ministério Público) com o legitimado para pleitear a *revogação* da doação em virtude do não cumprimento do encargo pelo donatário, que é o doador (este pedido só pode ser feito em juízo e a ação é de natureza personalíssima). Em relação à natureza jurídica da doação modal ou com encargo, o tema será abordado oportunamente.

Anoto que são feitas propostas de alterações nos dois últimos dispositivos estudados, no Projeto de Reforma e Atualização do Código Civil, em tramitação no Congresso Nacional.

Para o art. 552 propõe-se uma melhora no texto, separando-o em *caput* e em parágrafo único, além de a última norma passar a prever, em sentido geral, a doação com encargo, já que a doação *propter nuptias* é retirada do sistema, como se verá. Nesse sentido, consoante o seu novo *caput*, "o doador não é obrigado a pagar juros moratórios nem é sujeito às consequências da evicção ou do vício oculto". E, conforme o projetado parágrafo único, "nas doações com encargo, o doador ficará sujeito à garantia legal por evicção e por vício oculto, até o valor do cumprimento do encargo". Como se pode notar, também se almeja, na linha de outras propostas, trocar o vício redibitório pelo vício oculto.

Quanto ao art. 553 do Código Civil, são inseridos dois novos parágrafos, mais claros a respeito da atuação do Ministério Público e da reversão das liberalidades em prol de fundos coletivos de proteção, regra cuja inclusão é mais do que necessária. Assim, conforme o seu § 1.º, em havendo encargo do interesse geral, "o Ministério Público poderá exigir a sua execução, depois da morte do doador, se este a não tiver feito, sob pena de revogação da doação". Além disso, de acordo com o almejado § 2.º, "nas duas últimas hipóteses do *caput* deste artigo, caberá a revogação da doação pelo Ministério Público ou pelo terceiro beneficiado, e o bem doado será revertido ao fundo gerido por um Conselho Federal ou por Conselhos Estaduais de que participarão necessariamente o Ministério Público e representantes da comunidade, nos termos da lei". Espera-se, portanto, a sua aprovação pelo Parlamento Brasileiro.

O contrato de doação é também um contrato consensual, que tem aperfeiçoamento com a manifestação de vontade das partes. Lembra Maria Helena Diniz "a nítida natureza contratual da doação, visto que gera apenas direitos pessoais, não sendo idônea a transferir a propriedade do bem doado. A doação acarreta unicamente a obrigação do doador de entregar, gratuitamente, a coisa doada ao donatário serve de 'titulus adquirendi', pois o domínio só se transmitirá pela tradição se móvel o bem doado, e pelo registro, se imóvel (*RT* 534:111)" (DINIZ, Maria Helena. *Curso...*, 2005, p. 233).

Diante do que expõe a doutrinadora, não se trata de contrato real, que é aquele que tem aperfeiçoamento com a entrega da coisa. Também da obra de Orlando Gomes pode-se extrair que a doação é um contrato *simplesmente consensual*, "porque não requer, para seu aperfeiçoamento, a entrega da coisa doada ao donatário" (GOMES, Orlando. *Contratos...*, 2007, p. 254). Porém, como se verá a seguir, a chamada *doação manual* quebra com essa regra, sendo contrato real.

O contrato é ainda comutativo, pois as partes já sabem de imediato quais são as prestações. No tocante às formalidades em sentido genérico, o contrato pode ser assim classificado:

a) A doação será *formal e solene* no caso de doação de imóvel com valor superior a 30 salários mínimos, pela necessidade de se lavrar a escritura pública, que pode ser feita pela via digital ou eletrônica, conforme estabelecia o Provimento n. 100 do Conselho Nacional de Justiça, editado em maio de 2020, em 2023 incorporado ao seu Código Nacional de Normas. Exatamente na linha dessa afirmação, julgou o STJ, em setembro de 2021, que, "em interpretação sistemática dos arts. 107, 108, 109 e 541 do CC, a doação – por consistir na transferência de bens ou vantagens do patrimônio do doador para o do donatário –, quando recair sobre imóvel cujo valor supere o equivalente a 30 (trinta) salários mínimos, deve observar a forma solene, efetivando-se, com isso, mediante escritura pública" (STJ, REsp 1.938.997/MS, 3.ª Turma, Rel. Min. Marco Aurélio Bellizze, j. 28.09.2021, *DJe* 30.09.2021).

b) A doação será *formal e não solene* nos casos envolvendo imóvel com valor inferior ou igual a 30 salários ou bens móveis (arts. 108 e 541 do CC). Nos dois casos não é necessária escritura pública (contrato não solene), mas sim escrito particular, o que faz com que o contrato seja formal.

Entretanto, há uma exceção para a segunda regra, pois o art. 541, parágrafo único, do CC/2002 preceitua que a doação de bens de pequeno valor dispensa a forma escrita, podendo ser celebrada verbalmente, desde que seguida pela tradição (entrega da coisa). Essa doação é denominada *doação manual*. Para a doutrina e a jurisprudência, a caracterização de *bem de pequeno valor* deve levar em conta o patrimônio do doador, cabendo a análise de acordo com o caso concreto (ALVES, Jones Figueirêdo. *Código Civil...*, 2008, p. 493). O autor citado traz à colação interessante julgado do Superior Tribunal de Justiça, cuja ementa deve ser aqui transcrita, para a devida compreensão do tema:

"Direito civil e processual civil. Doação à namorada. Empréstimo. Matéria de prova. I – O pequeno valor a que se refere o art. 1.168 do Código Civil há de ser considerado em relação à fortuna do doador; se se trata de pessoa abastada, mesmo as coisas de valor elevado podem ser doadas mediante simples doação manual (Washington de Barros Monteiro). II – No caso, o acórdão recorrido decidiu a lide à luz da matéria probatória, cujo reexame é incabível no âmbito do recurso especial. III – Recurso especial não conhecido" (STJ, REsp 155.240/RJ, 3.ª Turma, Rel. Min. Antônio de Pádua Ribeiro, j. 07.11.2000, *DJ* 05.02.2001, p. 98).

Adotando essa forma de pensar o Direito, na *VIII Jornada de Direito Civil*, evento de 2018, aprovou-se o Enunciado n. 622, fruto de proposta formulada por mim, *in verbis*: "para a análise do que seja bem de pequeno valor, nos termos do que consta do art. 541, parágrafo único, do Código Civil, deve-se levar em conta o patrimônio do doador".

Cumpre observar que o Código Civil Brasileiro não fez a opção expressa, por exemplo, do art. 783 do Código Civil Italiano, que trata da *doação de módico valor*. De acordo com tal comando, esse tipo de doação tem por objeto bens móveis, sendo válida se faltar o ato público, mas ocorrer a tradição da coisa. Nos termos do mesmo dispositivo, essa modicidade – a configuração do bem de pequeno valor –, deve levar em conta a potencialidade econômica do doador, ou seja, o seu patrimônio.

Pontue-se que a jurisprudência italiana tem concluído que essa condição econômica deve ser analisada com outros fatores, subjetivos e objetivos, tendo como fator essencial o tempo em que a disposição foi realizada pelo doador (ver: IZZO, Luciano Ciafardini Fausto. *Codice Civile...*, 2013, p. 586-587. Com citação da Decisão da Corte de Cassação Italiana n. 3.672, de 6 de junho de 1980). Entendo que tais premissas também servem para interpretar o art. 541, parágrafo único, do Código Civil Brasileiro, na linha do último enunciado doutrinário citado.

Relevante pontuar que no Projeto de Reforma do Código Civil pretende-se melhorar a redação desse dispositivo. De início, o seu § 1.º passará a prever que "a doação verbal será válida, se, versando sobre bens móveis e de pequeno valor, ou de bens móveis de uso pessoal, se lhe seguir *incontinenti* a tradição". Incluindo-se no texto da lei o citado enunciado doutrinário e solucionando a lacuna legal hoje presente, o novo § 2.º do art. 541 preceituará que "para a aferição do que seja bem de pequeno valor, nos termos do que consta do § 1.º deste artigo, deve-se levar em conta o patrimônio do doador".

Também há sugestão de se colocar um § 3.º no art. 541, segundo o qual "é válida a doação de valores pecuniários empregados pelo donatário para o pagamento do preço ao alienante na compra de bens, ainda que não declarada expressamente a liberalidade no instrumento contratual e ainda que o pagamento tenha sido feito diretamente ao alienante". O seu objetivo é inserir na norma o tratamento das denominadas "doações indiretas", hoje inexistente no direito positivo brasileiro, diante do caráter solene desse contrato no atual sistema. Assim, a proposição visa a regular a prática frequente de realização de pagamento em favor de outrem para aquisição onerosa de bens, trazendo segurança jurídica para a categoria.

Ainda no tocante à classificação da doação quanto às formalidades, ressalte-se que, quando da *IV Jornada de Direito Civil* (outubro de 2006), o jurista Sílvio de Salvo Venosa propôs enunciado no sentido de que o art. 108 do CC, que dispensa a escritura pública para atos de disposição de imóveis com valor igual ou inferior a 30 salários mínimos, não se aplicaria à doação. Isso porque o art. 541 do CC seria norma especial para o contrato em questão.

O enunciado doutrinário proposto tinha a seguinte redação: "para a validade do contrato de doação, a norma do art. 541 do CC faculta ao doador a opção pela forma pública ou particular, não se lhe aplicando a norma do art. 108 do CC". A ementa não foi discutida e votada naquela ocasião por falta de tempo e excesso de trabalho. De qualquer forma, vale dizer que não se filia em parte à proposta e com o posicionamento de Venosa, pois o art. 108 do CC é norma protetiva dos vulneráveis, tendo relação direta com o princípio da função social dos contratos. Pode-se dizer que o art. 108 do atual Código tem relação com a visão sociológica do Direito Civil, que procura tutelar os direitos dos pobres e desfavorecidos, dentro da ideia de um *Direito Civil Personalizado* (MENGER, Antonio. *El derecho civil...*, 1898).

Superada a classificação da doação, segue o estudo dos seus efeitos, tendo como pano de fundo as suas diversas modalidades.

9.2 EFEITOS E REGRAS DA DOAÇÃO SOB O PRISMA DAS SUAS MODALIDADES OU ESPÉCIES

9.2.1 Classificação da doação quanto à presença ou não de elementos acidentais

Os elementos acidentais de um contrato ou negócio jurídico estão no plano de sua eficácia (terceiro degrau da *Escada Ponteana*). São eles:

a) Condição – subordina a eficácia do contrato a um evento futuro e incerto.
b) Termo – subordina a eficácia do contrato a um evento futuro e certo.
c) Encargo ou modo – ônus introduzido no ato de liberalidade.

De início, a *doação pura* ou *simples* é aquela feita por mera liberalidade ao donatário, sem lhe impor qualquer contraprestação, encargo ou condição.

Ademais, a *doação condicional* é aquela em que a eficácia do contrato está subordinada à ocorrência de um evento futuro e incerto, caso da doação a nascituro (art. 542 do CC), daquela realizada em contemplação de casamento futuro (*propter nuptias* – art. 546 do CC) e da doação com cláusula de reversão (art. 547 do CC), que ainda serão estudadas.

A *doação a termo*, por sua via, é aquela cuja eficácia do ato está subordinada à ocorrência de um evento futuro e certo. A título de exemplo, é possível se estipular que um bem permaneça com um donatário por um determinado lapso temporal, oportunidade em que será transmitido a outro. Anote-se que esse evento futuro e certo não pode ser a morte, sendo vedada a *doação sucessiva*. Como é cediço, para tanto existe o instituto do *fideicomisso, forma de substituição testamentária* (arts. 1.951 a 1.960 do CC).

O fundamento da vedação hoje é o art. 426 do CC/2002, segundo o qual não pode ser objeto de contrato a herança de pessoa viva (nulidade do pacto sucessório ou *pacta corvina*). Havendo a doação sucessiva, atualmente esta será nula por nulidade virtual, pois a lei proíbe o ato, sem, contudo, cominar sanção (art. 166, inc. VII, do CC).

De todo modo, vale lembrar que o Projeto de Reforma do Código Civil pretende *destravar* o sistema, trazendo exceções ao art. 426 do Código Civil, inclusive com a proposta de um fideicomisso *inter vivos*, que possibilitará as *doações sucessórias*. Consoante a proposição, "é admitido o fideicomisso por ato entre vivos, desde que não viole normas cogentes ou de ordem pública" (art. 426-A).

Por fim, a *doação modal* ou com encargo é aquela gravada com um ônus, havendo liberalidade somente no valor que exceder o ônus (art. 540 do CC). Não sendo atendido o

396 | DIREITO CIVIL • VOL. 3 – *Flávio Tartuce*

encargo cabe a revogação da doação, como forma de resilição unilateral. A título de exemplo, alguém doa um terreno a outrem para que o donatário construa em parte dele um asilo.

Apesar de alguns doutrinadores entenderem que a doação modal é um contrato bilateral, opino no sentido de que o contrato é *unilateral imperfeito*. Isso porque o encargo não constitui uma contraprestação, um dever jurídico a fazer com que o contrato seja sinalagmático. Constitui sim um ônus, que não atendido traz consequências ao donatário. Quanto às diferenças entre *ônus* e *dever*, remete-se o leitor ao Volume 2 desta coleção. De qualquer forma, o contrato é oneroso, mesmo sendo unilateral imperfeito. É importante ressaltar que, na doutrina contemporânea, também Pablo Stolze Gagliano e Rodolfo Pamplona Filho entendem que o encargo "não tem o peso da contraprestação, a ponto de desvirtuar a natureza do contrato" (*Novo curso...*, 2008, p. 95-96).

Por outra via, há quem entenda que o contrato é *bilateral*, ou mesmo *bilateral imperfeito*, sendo altamente controvertida a questão. Para aprofundamentos sobre o tema, sugere-se a leitura da obra de Luciano de Camargo Penteado, fruto de dissertação de mestrado defendida na Faculdade de Direito da USP (*Doação...*, 2004).

Didaticamente, a doação modal não se confunde com a doação condicional, pois esta última é identificada pela conjunção *se*, havendo suspensão da aquisição e do exercício do direito enquanto não ocorrer o implemento do evento futuro e incerto. Por outra via, a doação modal é identificada pelas locuções conjuntivas *para que* ou *com o fim de*, não havendo suspensão da aquisição nem do exercício do direito, pois o donatário já recebe a coisa doada.

Superada essa análise preliminar classificatória, parte-se para o estudo de outras modalidades de doação. Como se poderá notar, várias delas constituem doações condicionais.

9.2.2   Doação remuneratória

A doação remuneratória é aquela feita em caráter de retribuição por um serviço prestado pelo donatário, mas cuja prestação não pode ser exigida pelo último. Isso porque, se fosse exigível, a retribuição deveria ser realizada por meio do *pagamento*, uma das formas de extinção das obrigações.

Em regra, não constitui ato de liberalidade, havendo remuneração por uma prestação de serviços executada pelo donatário. A título de exemplo, imagine-se o caso de uma doação de um automóvel feita ao médico que salvou a vida do doador. Somente haverá liberalidade na parte que exceder o valor do serviço prestado, conforme dispõe o art. 540 do Código Civil em vigor, cabendo análise de acordo com as circunstâncias fáticas.

A prova da remuneração cabe a quem alega, a fim de retirar o caráter de liberalidade. Nesse sentido, vejamos interessante aresto pronunciado pelo Tribunal de Justiça de São Paulo em 2013, que envolve os conceitos de doação remuneratória e doação com encargo:

> "Bem móvel/semovente. Revogação de doação cumulada com indenização por perdas e danos. Alegação de doação onerosa, com encargo. Doação de felino com o encargo da donatária vir a castrá-lo, a fim de se evitar a proliferação da espécie. Procriação do animal. Ocorrência. Incontrovérsia quanto à doação. Controvérsia quanto a que condição se deu a celebração do contrato. Donatária que alega doação remuneratória por serviços veterinários prestados aos felinos do gatil da doadora. Revogação condicionada à demonstração do encargo.

Art. 562 do Código Civil. Inteligência. Ônus probatório atribuído à autora, que dele não se desincumbiu. Art. 333, I, do CPC. Exegese. Ação julgada improcedente. Sentença mantida. Recurso improvido" (TJSP, Apelação 0108797-57.2006.8.26.0100, Acórdão 6631511, 32.ª Câmara de Direito Privado, São Paulo, Rel. Des. Rocha de Souza, j. 04.04.2013, *DJESP* 11.04.2013).

Para o Direito Civil, a análise ou configuração da doação remuneratória é pertinente por três razões. Primeiro, porque cabe a alegação de vício redibitório quanto ao bem doado, eis que se trata de uma forma de doação onerosa (art. 441, parágrafo único, do CC). Segundo, porque não se revogam por ingratidão as doações puramente remuneratórias (art. 564, inc. I, do CC). Terceiro, porque as doações remuneratórias de serviços feitos ao ascendente não estão sujeitas a colação (art. 2.011 do CC).

Por fim, não se pode esquecer que a doação remuneratória também deve respeitar a proteção da legítima, quota correspondente aos herdeiros necessários e que equivale a 50% do patrimônio do doador, tema que ainda será devidamente aprofundado. Como se retira de acórdão do Superior Tribunal de Justiça, que também traz a necessidade de observância de outros limites legais:

> "A doação remuneratória, caracterizada pela existência de uma recompensa dada pelo doador pelo serviço prestado pelo donatário e que, embora quantificável pecuniariamente, não é juridicamente exigível, deve respeitar os limites impostos pelo legislador aos atos de disposição de patrimônio do doador, de modo que, sob esse pretexto, não se pode admitir a doação universal de bens sem resguardo do mínimo existencial do doador, nem tampouco a doação inoficiosa em prejuízo à legítima dos herdeiros necessários sem a indispensável autorização desses, inexistente na hipótese em exame" (STJ, REsp 1.708.951/SE, 3.ª Turma, Rel. Min. Nancy Andrighi, j. 14.05.2019, *DJe* 16.05.2019).

A conclusão do aresto é perfeita, tendo o meu total apoio doutrinário.

9.2.3   Doação contemplativa ou meritória

Também de acordo com o que consta no art. 540 do CC, a doação contemplativa é aquela feita em contemplação a um merecimento do donatário. Exemplo típico pode ocorrer no caso de alguém que doa vários livros a um professor famoso, pois aprecia o seu trabalho, constando esse motivo no instrumento contratual.

Em hipóteses tais, o doador prevê, expressamente, quais são os motivos que o fizeram decidir pela celebração do contrato de doação. Geralmente o doador leva em consideração uma qualidade pessoal do donatário, não perdendo o caráter de liberalidade – ou seja, o caráter de doação pura e simples –, caso se descubra que o donatário não a mereça. Não há qualquer consequência prática dessa denominação, sendo certo que essa terminologia apenas interessa como conceito a ser indagado em provas de graduação e concursos públicos.

9.2.4   Doação a nascituro

Prevê o art. 542 do CC que "a doação feita ao nascituro valerá, sendo aceita pelo seu representante legal". O nascituro, aquele que foi concebido, mas ainda não nasceu (*infans conceptus*), poderá receber a doação, mas a sua aceitação deverá ser manifestada pelos pais ou pelo curador incumbido de cuidar dos seus interesses, nesse último caso, com autorização judicial. A aceitação por parte do representante legal do nascituro está no plano da validade do contrato. Além disso, a eficácia do contrato depende do nascimento com vida do donatário, havendo uma doação condicional, segundo o entendimento majoritário.

Em outras palavras, se o donatário não nascer com vida, caduca a liberalidade, pois se trata de direito eventual, sob condição suspensiva. No entanto, se tiver um instante de vida, receberá o benefício, transmitindo-o a seus sucessores (CHINELLATO, Silmara Juny. *Tutela...*, 1999, p. 337).

O art. 542 do Código Civil em vigor reforça a tese pela qual o nascituro não tem *personalidade jurídica material*, ou seja, aquela relacionada com direitos patrimoniais e que só é adquirida pelo nascimento com vida. Nesse plano, portanto, há mera expectativa de direitos. Mas, segundo a doutrina majoritária brasileira, o nascituro é pessoa, tendo *personalidade jurídica formal*, aquela relacionada com os direitos da personalidade, conforme pode ser retirado do Enunciado n. 1 CJF/STJ, aprovado na *I Jornada de Direito Civil*: "a proteção que o Código defere ao nascituro alcança o natimorto no que concerne aos direitos da personalidade, tais como nome, imagem e sepultura".

Para demonstrar que a teoria concepcionista, aquela que reconhece personalidade ao nascituro, prevalece na doutrina contemporânea, escrevi há tempos artigo científico sobre o tema, intitulado *A situação jurídica do nascituro: uma página a ser virada no direito civil brasileiro* (*Questões controvertidas...*, 2007, v. 6). Na pesquisa realizada para o trabalho, foram encontrados, como adeptos da corrente segundo a qual o nascituro tem direitos (*teoria concepcionista*), os seguintes autores: Silmara Juny Chinellato, Pontes de Miranda, Rubens Limongi França, Giselda Maria Fernandes Novaes Hironaka, Pablo Stolze Gagliano e Rodolfo Pamplona Filho, Roberto Senise Lisboa, Cristiano Chaves de Farias e Nelson Rosenvald, Francisco Amaral, Gustavo Rene Nicolau, Renan Lotufo, Maria Helena Diniz e Maria Berenice Dias.

Assim, interpretando o art. 2.º do CC/2002, na *doutrina viva* do Direito Civil atual prevalece a tese concepcionista, pela qual o nascituro é pessoa, devendo ser reconhecidos os seus direitos da personalidade: direito à vida e à integridade físico-psíquica, à honra, ao nome, à imagem, à intimidade, entre outros. Como não poderia ser diferente, sou adepto dessa corrente, mais harmonizada com a personalização do Direito Civil, ou seja, com a proteção da pessoa humana e sua dignidade (art. 1.º, inc. III, da CF/1988) – *Direito Civil Personalizado*. Entender que o nascituro é uma *coisa* contraria toda essa tendência.

Os estudos a respeito do tema do nascituro têm me levado a repensar a ideia de que o nascituro não teria direitos patrimoniais desde a concepção, mas somente com o nascimento com vida. Tal posição, na verdade, parece restringir sobremaneira os direitos do nascituro, que deve ser tratado como pessoa humana integralmente, para todos os fins. De qualquer modo, deve ser considerada como majoritária, trazendo a conclusão de que a doação a nascituro é condicional ao nascimento.

Relata Maria Helena Diniz que há jurisprudência reconhecendo a possibilidade de doação à prole eventual, pessoa que sequer foi concebida (*Código Civil...*, 2005, p. 484). A ilustrar, antigo julgado do TJRJ, admitindo a figura e aplicando, por analogia, o dispositivo referente à doação em contemplação a casamento futuro:

CAP. 9 · CONTRATOS EM ESPÉCIE – DA DOAÇÃO | **399**

"Prole eventual. Art. 1.173. Código Civil de 1916. Interpretação analógica. Doação. Prole eventual. Feita pelos avós aos netos já existentes e outros que viessem a nascer. Aplicação analógica das disposições pertinentes à doação 'propter nuptias'. Embora não a tenha previsto expressamente, o nosso Código Civil não é avesso à doação em favor de prole eventual, tanto assim que a admite na doação 'propter nuptias', consoante artigo 1.173, norma essa que pode ser aplicada analogicamente ao caso vertente. A inteligência das Leis é obra de raciocínio, mas também de bom senso, não podendo o seu aplicador se esquecer que o rigorismo cego pode levar a 'summa injuria'. Tal como na interpretação de cláusula testamentária, deve também o juiz, na doação, ter por escopo a inteligência que melhor assegure a vontade do doador. Provimento do recurso" (TJRJ, Acórdão 5629/1994, 2.ª Câmara Cível, Santa Maria Madalena, Rel. Des. Sergio Cavalieri Filho, j. 08.11.1994).

Em casos tais, na atualidade, merece aplicação o art. 1.800, § 4.º, do CC/2002, pelo qual se, decorridos dois anos após a abertura da sucessão do doador, não for concebido o donatário, o bem doado será transmitido para os herdeiros legítimos. Ressalte-se que esse entendimento também deve ser aplicado à doação em favor do embrião, que funciona sob condição resolutiva.

9.2.5 Doação sob forma de subvenção periódica

Trata-se de uma doação de trato sucessivo, em que o doador estipula rendas a favor do donatário (art. 545 do CC). Por regra, terá como causa extintiva a morte do doador ou do donatário, mas poderá ultrapassar a vida do doador, havendo previsão contratual nesse sentido. Porém, em hipótese alguma, poderá ultrapassar a vida do donatário, sendo eventual cláusula nesse sentido revestida por nulidade virtual (art. 166, inc. VII, do CC). O dispositivo em comento reforça o caráter personalíssimo parcial da doação de rendas. Em realidade, essa doação constitui um favor pessoal, como uma pensão ao donatário, não se transferindo a obrigação aos herdeiros do doador.

Em uma análise sistemática da codificação, surge aqui uma dúvida: quais as diferenças entre a doação sob forma de subvenção periódica ou doação de rendas e o contrato de constituição de renda (arts. 803 a 813 do CC)?

Como é notório, o contrato de constituição de renda é uma figura típica, de acordo com o Código Civil de 2002, que substituiu o antigo instituto das *rendas constituídas sobre bem imóvel*, tratado no CC/1916 como um direito real de gozo ou fruição (arts. 749 a 754). As diferenças entre os dois institutos constam da tabela a seguir:

Doação sob forma de subvenção periódica	Contrato de constituição de renda
Constitui espécie. "Trata-se de uma constituição de renda vitalícia a título gratuito" (DINIZ, Maria Helena. *Código...*, p. 486).	Constitui gênero.
É sempre negócio jurídico gratuito.	Pode assumir forma gratuita ou onerosa (art. 804 do CC).
Nunca estará relacionada com imóvel. A renda tem origem no patrimônio do doador de forma direta.	A renda pode estar relacionada com imóvel, de onde é retirada.

400 | DIREITO CIVIL • VOL. 3 – *Flávio Tartuce*

Na dúvida, nada obsta que as normas previstas para o contrato de constituição de renda sejam aplicadas à doação de rendas, sendo o último contrato espécie do primeiro.

9.2.6 Doação em contemplação de casamento futuro (doação *propter nuptias*)

De acordo com o art. 546 do CC, a doação *propter nuptias* é aquela efetuada em contemplação de casamento futuro com pessoa certa e determinada. Trata-se de uma doação condicional, havendo uma condição suspensiva, pois o contrato não gera efeitos enquanto o casamento não se realizar. O contrato em questão é considerado por Carlos Roberto Gonçalves como um presente de casamento, mas não se confunde com os presentes enviados pelos parentes e amigos, como é costume fazer (*Direito...*, 2004, p. 266). Em suma, pode-se dizer que no caso de presentes enviados após a declaração de casamento há uma doação pura, e não uma doação condicional.

Segundo os ensinamentos de Paulo Luiz Netto Lôbo, tal modalidade de doação se perfaz pelos nubentes entre si, por terceiro a um deles, a ambos ou aos filhos que, no futuro, houverem um do outro. Portanto, pode-se beneficiar a prole eventual do futuro casal. Na hipótese em que o casamento não for realizado ou inviabilize-se a futura prole, o nubente deverá devolver a coisa com os mesmos efeitos do possuidor de boa-fé (*Comentários...*, 2003, p. 319-322). Em quaisquer das hipóteses, a doação não pode ser impugnada por falta de aceitação.

Sobre o fato de ser uma doação condicional, acórdão do Tribunal Paulista determinou a reintegração de posse de um anel de noivado, pois o casamento não se efetivou:

> "Reintegração de posse. Anel de noivado. Casamento não realizado. Aplicação do artigo 546 do Código Civil. Doação feita em contemplação a casamento futuro. Condição suspensiva. Celebração do casamento que é condição para a eficácia da doação" (TJSP, Apelação Cível 1002483-39.2016.8.26.0482, Acórdão 12677501, 33.ª Câmara de Direito Privado, Presidente Prudente, Rel. Des. Sá Moreira de Oliveira, j. 15.07.2019, *DJESP* 19.07.2019, p. 2.043).

Como se trata de norma especial, deve-se entender que o art. 546 do CC não se aplica à união estável, até porque, ao contrário do casamento, há uma dificuldade em apontar, no plano fático, a existência de uma união livre, eis que os seus requisitos são abertos e demandam a análise caso a caso: relação pública, contínua e duradoura, estabelecida com o objetivo de constituição de família (art. 1.723 do CC).

Entretanto, é possível prever uma doação condicional e atípica, que somente terá aperfeiçoamento se alguém passar a viver com outrem de forma duradoura, conforme ordena o art. 1.723 do CC. Não há qualquer ilicitude no conteúdo desse contrato, sendo o mesmo perfeitamente válido.

De todo modo, no Projeto de Reforma do Código Civil pretende-se a revogação expressa desse comando pois, segundo a Subcomissão de Direito Contratual, "a norma, tal como vigente, chancela concepção contrária à família como comunidade de afeto". De fato, o argumento é forte, estando a norma desatualizada, e cabendo ao Parlamento analisar essa proposição.

CAP. 9 · CONTRATOS EM ESPÉCIE – DA DOAÇÃO | 401

9.2.7 Doação de ascendentes a descendentes e doação entre cônjuges

Nos termos do art. 544 do CC, as doações de ascendentes a descendentes, ou de um cônjuge a outro, importam em adiantamento do que lhes cabe por herança. Houve relevantes alterações do dispositivo, pois o art. 1.171 do CC/1916 previa que "a doação de pais aos filhos importa em adiantamento da legítima". Além da inclusão dos demais ascendentes e descendentes, foi também incluído o cônjuge, que é herdeiro necessário pelo Código Civil de 2002 (art. 1.845 do CC/2002), podendo concorrer com os descendentes na herança (art. 1.829, I, do CC/2002). Em complemento, o dispositivo não utiliza mais o termo "legítima", mas "herança". Apesar da última alteração, o objetivo é a proteção dessa legítima, que é a quota que cabe aos herdeiros necessários.

Relativamente à doação de ascendente a descendente, os bens deverão ser colacionados no processo de inventário por aquele que os recebeu, sob *pena de sonegados*, ou seja, sob pena de o herdeiro perder o direito que tem sobre a coisa (arts. 1.992 a 1.996 do CC/2002). Todavia, é possível que o doador dispense essa colação (art. 2.006 do CC).

No Projeto de Reforma do Código Civil, com vistas a uma maior clareza ao dispositivo, é incluída ressalva importante a respeito da colação, passando o seu art. 544 a prever que a "doação de ascendente a descendente importa adiantamento de legítima, respeitadas as exigências legais para a dispensa de colação". A proposição vem em boa hora, na linha dos comentários praticamente pacíficos da doutrina contemporânea.

Conclui-se, no sistema vigente e como parte da doutrina, que poderá haver doação de um cônjuge a outro sendo o regime de separação convencional de bens, de comunhão parcial (havendo patrimônio particular), ou de participação final nos aquestos (quanto aos bens particulares) (DINIZ, Maria Helena. *Código...*, 2005, p. 486).

Vale dizer que o STJ entende ser nula a doação entre cônjuges no regime da comunhão universal. Entre os julgados mais antigos: "Doação entre cônjuges. Incompatibilidade com o regime da comunhão universal de bens. A doação entre cônjuges, no regime da comunhão universal de bens, é nula, por impossibilidade jurídica do seu objeto" (Superior Tribunal de Justiça, AR 310/PI, 2.ª Seção, Rel. Min. Dias Trindade, j. 26.05.1993, *DJ* 18.10.1993, p. 21.828). Ou, do ano de 2020, o seguinte acórdão:

> "É nula a doação entre cônjuges casados sob o regime da comunhão universal de bens, na medida em que a hipotética doação resultaria no retorno do bem doado ao patrimônio comum amealhado pelo casal diante da comunicabilidade de bens no regime e do exercício comum da copropriedade e da composse" (STJ, REsp 1.7870.27/RS, 3.ª Turma, Rel. Min. Nancy Andrighi, j. 04.02.2020, *DJe* 24.04.2020).

De qualquer forma, na minha opinião doutrinária, a doação é possível no tocante aos bens excluídos da comunhão universal (art. 1.668 do CC), caso de um bem de uso pessoal.

Essa doação não pode implicar em fraude à execução – será ineficaz; fraude contra credores – será anulável; simulação – será nula; ou fraude à lei – será nula. A respeito da fraude, surge dúvida quanto à possibilidade de doação entre cônjuges se o regime entre eles for o da separação obrigatória, nos moldes do art. 1.641 do CC.

Conforme Sílvio de Salvo Venosa, há fraude à lei em casos tais (art. 166, inc. VI, do CC), razão de nulidade dessa doação, eis que buscam os cônjuges burlar o regime imposto de forma compulsória (*Direito...*, 2005, p. 136). Citando a jurisprudência do STJ, ensina o Ministro Paulo de Tarso Sanseverino que "na separação obrigatória de bens, instituída em determinadas situações pelo legislador (art. 1.641 do CC/2002) para proteção de determinadas pessoas (*v.g.* maiores de sessenta anos), se a doação representar burla do regime de bens do casamento, será inválida" (*Contratos nominados II...*, 2006, p. 109).

A questão, contudo, não é pacífica, havendo uma tendência atual em se afirmar que essa doação é plenamente válida. Como se sabe, o regime da separação total de origem legal ou obrigatória estará presente em três casos, nos termos do art. 1.641 do CC/2002:

I – Das pessoas que contraírem casamento com inobservância das causas suspensivas para a celebração do casamento (art. 1.523 do CC);

II – Da pessoa maior de setenta anos, tendo sido a idade aumentada dos sessenta anos, por força da Lei 12.344/2010;

III – De todos os que dependerem de suprimento judicial para casar, caso dos menores e dos incapazes.

Ora, prevê o Enunciado n. 262 CJF/STJ que é possível a alteração do regime de bens, nos termos do art. 1.639, § 2.º, do CC, podendo ser estendida aos casos dos incisos I e III do art. 1.641 se cessarem as causas de imposição do regime. Já o Enunciado n. 125 CJF/STJ considerava inconstitucional a norma do inciso II do art. 1.641, por ser discriminatória, violando a dignidade humana e a autonomia privada do idoso, que pode se casar com quem bem entenda e por qualquer regime. Concorda-se doutrinariamente com os dois enunciados doutrinários, apesar de a última tese não ter sido adotada no plano jurisprudencial superior.

Vale lembrar que o Supremo Tribunal Federal analisou, no início de 2024, a inconstitucionalidade do art. 1.641, inc. II, do Código Civil, concluindo não ser a norma inconstitucional, mas que ela pode ser afastada por escritura pública firmada entre as partes. Nos termos da tese fixada para os fins de repercussão geral, "nos casamentos e uniões estáveis envolvendo pessoa maior de 70 anos, o regime de separação de bens previsto no art. 1.641, II, do Código Civil, pode ser afastado por expressa manifestação de vontade das partes, mediante escritura pública". O julgado também concluiu ser possível alterar judicialmente o regime de bens da separação legal da pessoa maior de setenta anos, deixando de haver, na minha opinião doutrinária, uma verdadeira *separação obrigatória* nesses casos.

Assim sendo, por todo o exposto, é realmente possível a doação de bens entre cônjuges nesse regime previsto no art. 1.641 do Código Civil. Se possível é a alteração do regime, também válida é a doação entre os cônjuges em casos tais, por razões óbvias.

Como reforço à possibilidade de doação entre cônjuges no regime da separação legal, frise-se que sou adepto da manutenção da Súmula 377 do STF, amplamente aplicada pela nossa jurisprudência, pela qual nesse regime comunicam-se os bens havidos durante o casamento, pelo esforço comum dos cônjuges (STJ, EREsp 1.623.858/MG, 2.ª Seção, Rel. Min. Lázaro Guimarães (Desembargador convocado do TRF 5.ª Região), j. 23.05.2018, *DJe* 30.05.2018).

Pois bem, se havia a comunicação de alguns bens, a separação já não era tão obrigatória assim, não havendo óbice para a doação de alguns bens, desde que não haja simulação, fraude contra credores ou fraude à execução. Em suma, não se pode presumir a fraude à lei nos casos em questão. Nessa linha, concluindo pela possibilidade de doação entre cônjuges no regime da separação obrigatória de bens, colaciona-se julgado do Tribunal Paulista:

> "Anulação de doação. Ex-cônjuges. Alegação de que o regime de separação obrigatória de bens impedia o ato. Doação de imóvel que não se estende ao alegado impedimento. Ato de mera liberalidade. Valor que não dilapidou o patrimônio do doador. Inexistência de coação. Sentença de improcedência mantida. Provimento negado. Litigância de má-fé. Não configuração. Inexistência de intuito protelatório. Provimento negado" (TJSP, Apelação com Revisão 546.548.4/7, Acórdão 2548431, 8.ª Câmara de Direito Privado, São Paulo, Rel. Des. Caetano Lagrasta, j. 02.04.2008, *DJESP* 16.04.2008).

Na mesma trilha, acórdão do Superior Tribunal de Justiça do ano de 2011, segundo o qual, com precisão:

> "São válidas as doações promovidas, na constância do casamento, por cônjuges que contraíram matrimônio pelo regime da separação legal de bens, por três motivos: (I) o CC/16 não as veda, fazendo-o apenas com relação às doações antenupciais; (II) o fundamento que justifica a restrição aos atos praticados por homens maiores de sessenta anos ou mulheres maiores que cinquenta, presente à época em que promulgado o CC/16, não mais se justificam nos dias de hoje, de modo que a manutenção de tais restrições representam ofensa ao princípio da dignidade da pessoa humana; (III) nenhuma restrição seria imposta pela Lei às referidas doações caso o doador não tivesse se casado com a donatária, de modo que o Código Civil, sob o pretexto de proteger o patrimônio dos cônjuges, acaba fomentando a união estável em detrimento do casamento, em ofensa ao art. 226, § 3.º, da Constituição Federal" (STJ, AgRg-REsp 194.325/MG, 3.ª Turma, Rel. Des. Conv. Vasco Della Giustina, j. 08.02.2011, *DJe* 01.04.2011).

Em 2022, a doação entre cônjuges no regime da separação obrigatória passou a ser admitida por dois enunciados doutrinários, oriundos de duas propostas por mim formuladas. Nos termos do Enunciado n. 654, da *IX Jornada de Direito Civil,* e do Enunciado n. 82, da *I Jornada de Direito Notarial e Registral,* "em regra, é válida a doação celebrada entre cônjuges que vivem sob o regime da separação obrigatória de bens". De fato, essa parece ser a posição majoritária da doutrina neste momento.

Superado esse tema, sempre estive filiado à premissa segundo a qual o art. 544 do CC não se aplicaria à doação ao convivente. Em primeiro lugar porque o companheiro não seria herdeiro necessário, não estando previsto, de forma expressa, no rol do art. 1.845 do CC. Em segundo, porque a norma é especial e restritiva, não admitindo aplicação da analogia ou interpretação extensiva. O último aresto, como se nota, segue tais premissas.

De toda sorte, como está aprofundado no Volume 6 desta coleção, o Supremo Tribunal Federal concluiu, em julgamento iniciado em 2016 e encerrado em maio de 2017, que o art. 1.790 do CC/2002 é inconstitucional, devendo haver a equiparação sucessória

404 | DIREITO CIVIL • VOL. 3 – *Flávio Tartuce*

da união estável ao casamento, aplicando-se o art. 1.829 da codificação para as duas entidades familiares (STF, Recurso Extraordinário 878.694/MG, Rel. Min. Roberto Barroso, com repercussão geral, publicado no seu *Informativo* n. *864*). Penso que a tendência é incluir o companheiro como herdeiro necessário, o que altera substancialmente as bases da minha conclusão anterior.

A propósito, o Superior Tribunal de Justiça, antes mesmo de findo o julgamento pelo STF, já havia concluído que, "salvo expressa disposição de lei, não é vedada a doação entre os conviventes, ainda que o bem integre o patrimônio comum do casal (aquestos), desde que não implique a redução do patrimônio do doador ao ponto de comprometer sua subsistência, tampouco possua caráter inoficioso, contrariando interesses de herdeiros necessários, conforme os arts. 548 e 549 do CC/2002" (STJ, REsp 1.171.488/RS, 4.ª Turma, Rel. Min. Raul Araújo, j. 04.04.2017, *DJe* 11.05.2017). Aguardemos novos posicionamentos no mesmo sentido, que devem surgir.

9.2.8 Doação com cláusula de reversão

A doação com cláusula de reversão (ou *cláusula de retorno*) é aquela em que o doador estipula que os bens doados voltem ao seu patrimônio se sobreviver ao donatário (art. 547 do CC). Trata-se esta cláusula de uma condição resolutiva expressa, demonstrando o intento do doador de beneficiar somente o donatário e não os seus sucessores, sendo, portanto, uma cláusula *intuitu personae* que veda a doação sucessiva.

Para ilustrar, a propósito da vedação do benefício em favor de terceiro, julgou o Tribunal Paulista, em 2013:

> "Doação. Cláusula de reversão em favor de Terceiro. Inviabilidade. Ausência, ademais, de implemento de condição a estabelecer a transmissão à autora. Indeferimento da inicial. Sentença mantida. Recurso desprovido" (TJSP, Apelação 9133437-09.2008.8.26.0000, Acórdão 6865510, 1.ª Câmara de Direito Privado, Araçatuba, Rel. Des. Claudio Godoy, j. 16.07.2013, *DJESP* 26.08.2013).

Porém, o pacto de reversão só tem eficácia se o doador sobreviver ao donatário. Se falecer antes deste, a condição não ocorre e os bens doados incorporam-se ao patrimônio do donatário definitivamente, podendo transmitir-se, aos seus próprios herdeiros, com sua morte.

Essa cláusula é personalíssima, a favor do doador, não podendo ser estipulada a favor de terceiro, pois isso caracterizaria uma espécie de fideicomisso por ato *inter vivos*, o que é vedado pela legislação civil, a saber, pelo art. 426 do CC, o qual proíbe os pactos sucessórios ou *pacta corvina*.

Marco Aurélio Bezerra de Melo ensina que essa cláusula não institui a inalienabilidade do bem, que pode ser transferido a terceiro (*Novo Código...*, 2004, p. 198). Tem razão o doutrinador, pois, como se sabe, a inalienabilidade de um bem não pode ser presumida, diante da notória proteção da autonomia privada como valor constitucional relacionado com os princípios da liberdade e da dignidade humana (art. 1.º, inc. III, da CF/1988).

No entanto, segundo uma visão tradicional, alienando o bem e falecendo o donatário, essa alienação é tornada sem efeito, havendo condição resolutiva, nos termos do art. 1.359 do atual Código (DINIZ, Maria Helena. *Código Civil...*, 2005, p. 487; GONÇALVES, Carlos Roberto. *Direito civil...*, 2004, p. 271; VENOSA, Sílvio de Salvo. *Direito civil...*, 2003, p. 126). Isso porque a propriedade daquele que adquiriu o bem com a referida cláusula é resolúvel. Concluindo, eventual adquirente do bem sofrerá os efeitos da evicção outrora estudados.

Todavia, acredita-se que esse posicionamento será alterado substancialmente no futuro. Isso porque há uma grande preocupação legal, doutrinária e jurisprudencial de proteção dos direitos de terceiros de boa-fé. Por esse caminho, a cláusula de reversão não poderia ter efeitos em face de terceiros que não têm conhecimento da cláusula de retorno e realizam negócios movidos pela probidade, pela boa-fé objetiva.

Como exemplo dessa tendência, pode ser citado o art. 167, § 2.º, do CC/2002, que consagra a *inoponibilidade do ato simulado*, que gera a nulidade do contrato, em face de terceiros de boa-fé. Isso confirma a tese segundo a qual a boa-fé objetiva é preceito de ordem pública, conforme reconhecido pelo Enunciado n. 363 do CJF/STJ, aprovado na *IV Jornada de Direito Civil*: "os princípios da probidade e da confiança são de ordem pública, estando a parte lesada somente obrigada a demonstrar a existência da violação". Espera-se pela mudança, prestigiando a boa-fé, que é valor fundamental do Direito Civil Contemporâneo.

Como última observação a respeito do instituto, julgado de 2021 do Superior Tribunal de Justiça entendeu ser plenamente válida e eficaz a cláusula de reversão em favor de terceiro, inserida em contrato de doação celebrado na vigência do Código Civil de 1916, ainda que a condição resolutiva se verifique apenas sob a vigência do atual Código Civil. Conforme se decidiu, trata-se de aplicação do art. 2.035, *caput*, da vigente codificação, segundo o qual, quanto ao plano de validade, aplica-se a norma do momento de celebração ou constituição do negócio jurídico. Pontuou a Ministra Relatora o seguinte:

> "Na hipótese, levando-se em consideração que o contrato de doação foi celebrado em 1987, a validade da cláusula de reversão em apreço deve ser aferida à luz das disposições do CC/1916, não havendo que se cogitar da aplicação do novo Código Civil para esse mister. Feita essa consideração, cumpre verificar, portanto, se, no sistema anterior ao advento do CC/2002, era possível inserir a referida cláusula em contrato de doação. No que diz respeito ao seu conteúdo, tanto o art. 1.174 do CC/1916 quanto o *caput* do art. 547 do CC/2002 admitem a denominada cláusula de reversão, também denominada de cláusula de retorno ou de devolução: (...). Observa-se dos dispositivos legais acima mencionados que, ao contrário do CC/2002, o diploma anterior, a despeito de autorizar a cláusula de reversão em favor do doador, nada dizia acerca da reversão em favor de terceiro. Muito embora existam respeitáveis opiniões em contrário, ante a lacuna legislativa, deve-se admitir a cláusula de reversão em favor de terceiro na hipótese de doações celebradas na vigência do CC/1916 em prestígio à liberdade contratual e à autonomia privada" (STJ, REsp 1.922.153/RS, 3.ª Turma, Rel. Min. Nancy Andrighi, j. 20.04.2021, *DJe* 26.04.2021).

O aresto também considera que a cláusula de reversão não pode exceder a proteção da legítima, ou seja, não pode se configurar como doação inoficiosa.

Com o devido respeito, entendo que a cláusula de reversão instituída em favor de terceiro na vigência da codificação anterior deve ser tida nula, por ser um pacto

406 | DIREITO CIVIL • VOL. 3 – *Flávio Tartuce*

sucessório, enquadrado no art. 1.089 do CC/1916, que tinha a mesma redação do art. 426 do CC/2002, seu equivalente. De todo modo, como o próprio acórdão reconhece, a questão é polêmica.

Como último aspecto a ser destacado sobre o instituto, a Comissão de Juristas encarregada da Reforma do Código Civil propõe a revogação do parágrafo único do seu art. 547, que hoje veda a cláusula de reversão em benefício de terceiros. Isso porque, como visto, há proposta de se incluírem exceções no art. 426, *destravando* a proibição hoje existente a respeito dos pactos sucessórios ou *pacta corvina*.

Com isso, será possível a doação sucessória, pela modalidade do fideicomisso entre vivos, diante da proposição de um novo art. 426-A, perdendo totalmente razão o comando em estudo, que deve ser mesmo revogado.

9.2.9 Doação conjuntiva

A doação conjuntiva é aquela que conta com a presença de dois ou mais donatários (art. 551 do CC), presente uma obrigação divisível. Em regra, incide uma presunção relativa (*iuris tantum*) de divisão igualitária da coisa em quotas iguais entre os donatários. Entretanto, o instrumento contratual poderá trazer previsão em contrário.

Por regra, não há *direito de acrescer* entre os donatários na doação conjuntiva. Dessa forma, falecendo um deles, sua quota será transmitida diretamente a seus sucessores e não ao outro donatário. Mas o direito de acrescer pode estar previsto no contrato (*direito de acrescer convencional*) ou na lei (*direito de acrescer legal*).

O art. 551, parágrafo único, do CC, consagra uma hipótese de *direito de acrescer legal*, sendo aplicada quando os donatários forem marido e mulher. Nessa hipótese, falecendo um dos cônjuges, a quota do falecido é transmitida para o seu consorte, sendo desprezadas as regras sucessórias.

A norma não é aplicada quando o casal estiver separado judicial ou extrajudicialmente. Da jurisprudência mineira, colaciona-se acórdão que afastou o direito de acrescer de casal separado de fato, conclusão que parece ser a mais correta:

> "Direito civil. Agravo de instrumento. Doação conjuntiva. Direito de acrescer. Parágrafo único, art. 551, CC/2002. Inaplicabilidade. Separação de fato. Comprovação inequívoca. Efeitos patrimoniais. Nos termos do que dispõe o parágrafo único do art. 551 do CC/2002, se os beneficiados da doação conjuntiva são marido e mulher, a regra é o direito de acrescer, e, portanto, com o falecimento de um dos donatários, a doação subsiste, na totalidade, para o cônjuge sobrevivente. Inaplicável a regra do direito de acrescer quando inequívoca a separação de fato, o que, consoante a assente jurisprudência pátria, põe fim não só aos deveres conjugais, mas igualmente faz cessar a relação patrimonial do casal" (TJMG, Agravo de Instrumento 1.0069.01.000209-0/005, Rel. Des. Versiani Penna, j. 30.08.2013, *DJEMG* 09.09.2013).

Como decidiu o Superior Tribunal de Justiça, ainda sobre o dispositivo correspondente no Código Civil de 1916, "a aplicação do art. 1.178, parágrafo único do CC, no sentido de subsistir a doação em relação ao cônjuge supérstite, condiciona-se ao fato de terem expressamente figurado como donatários marido e mulher. Se apenas o marido figurou como donatário, ocorrendo a sua morte, eventual benefício à mulher somente se configurará se o regime de bens do matrimônio permitir. Precedentes específicos do STJ" (REsp 1.695.201/SP, 3.ª Turma, Rel. Min. Paulo de Tarso Sanseverino, j. 04.12.2018, *DJe* 10.12.2018, p. 2.722). O entendimento é correto e deve guiar a interpretação do dispositivo da atual codificação privada.

Como se trata de norma especial (ou melhor, excepcional) prevista para o casamento, não sou favorável à sua aplicação para a união estável, até porque a convivência é de difícil caracterização. Essa forma de pensar é confirmada, apesar da decisão do STF de equiparação sucessória da união estável ao casamento (*Informativo* n. *864* da Corte). Penso que tal conclusão se limita ao Direito das Sucessões, e não se aplica a outras órbitas do Direito Privado, como o Direito de Família e o Direito Contratual.

De todo modo, existem julgados que aplicam o art. 551, parágrafo único, do CC, para a união estável, caso do seguinte do Tribunal do Distrito Federal:

> "Embora a escritura pública de reconhecimento de união estável tenha sido registrada no ano de 2011, seu teor remete ao início da união no ano de 1976, pelo que a doação de imóvel realizada em 2009 foi efetivada na constância da entidade familiar. A jurisprudência desta Corte firmou o entendimento de que a doação de imóvel pelo Distrito Federal no contexto de programa habitacional de natureza assistencial presume-se realizada em proveito ou em função da entidade familiar e assim não pode ser considerada exclusiva para o fim do artigo 1.659, inciso I, do Código Civil. Precedentes. O direito de acrescer do companheiro sobrevivente, previsto no art. 551, parágrafo único, do Código Civil, ante a natureza meramente patrimonial e disponível do direito, é faculdade que pode ou não ser exercida, de forma que a manifestação de vontade expressa na proposta de partilha dos bens da falecida, em que este incluiu a parte do bem que cabia ao *de cujus*, deve prevalecer" (TJDF, Processo 07049.79-31.2019.8.07.0000, Acórdão 118.7839, 7.ª Turma Cível, Rel. Des. Romeu Gonzaga Neiva, j. 24.07.2019, *DJDFTE* 25.07.2019).

Com o devido respeito, não me filio a tal forma de julgar, que subsume norma restritiva e especialíssima do casamento para a união estável.

Para encerrar o tópico, anoto que o Projeto de Reforma do Código Civil pretende atualizar o conteúdo do art. 551 e resolver os dilemas hoje existentes, com a inclusão de dois novos parágrafos.

Nos termos do seu novo § 1.º, com a inclusão do convivente no referido direito de acrescer legal, "se os donatários, em tal caso, forem casados entre si ou viverem em união estável, subsistirá na totalidade a doação para o cônjuge ou convivente sobrevivos, desde que haja estipulação expressa nesse sentido". Com a mudança da norma, encerra-se de forma definitiva o debate sobre a sua não aplicação à união estável.

Ademais, inclui-se na norma a possibilidade do direito de acrescer convencional, conforme o projetado § 2.º do art. 551: "se os doadores indicarem como donatários mais de uma pessoa, e pretenderem que, na falta de uma, os donatários remanescentes recebam a parte que ao outro cabia, devem expressamente fazer constar da escritura pública disposição fixando o direito de acrescer".

Com isso, é resolvida a polêmica hoje existente quanto à sua viabilidade jurídica, em prol da certeza e da segurança jurídica.

9.2.10 Doação manual

Conforme no presente capítulo foi demonstrado, a doação de bem móvel de pequeno valor pode ser celebrada verbalmente, desde que seguida da entrega imediata da coisa (tradição). Essa é a regra constante do art. 541, parágrafo único, do CC, que traz a denominada *doação manual*.

A doação é um contrato consensual em que se exige a forma escrita, por regra. Porém, a doação manual constitui exceção a essa regra, pois tem aperfeiçoamento com a entrega da coisa (contrato real). Estamos tratando novamente dessa forma de doação para fins didáticos, para que o estudioso não se esqueça dessa modalidade contratual.

Repise-se que a caracterização do que seja *bem de pequeno valor* depende de análise casuística. É o que ensina Marco Aurélio Bezerra de Melo, merecendo destaque suas palavras: "o problema está na concepção do que significa bem de pequeno valor. Qual o critério que deverá ser usado pelo intérprete? Diante de uma previsão vaga, mister será atentar para a lógica do razoável (princípio da razoabilidade) e aferir no concreto a capacidade econômica do doador e do donatário e as circunstâncias da doação, consultando-se, outrossim, o real intento do doador. Entendemos que, na dúvida, deverá o intérprete concluir pela validade da doação, pois desta forma se prestigiará a manifestação de vontade dos contratantes" (*Novo Código...*, 2004, p. 192). O que o desembargador fluminense defende, no final do seu texto, é a aplicação do princípio da conservação contratual, que é anexo à função social (Enunciado n. 22 CJF/STJ).

Apesar desse entendimento, pode surgir outro, ou seja, o de que um bem de pequeno valor é aquele com valor inferior a 30 salários mínimos, levando-se em conta o art. 108 do CC. Também há quem sustente como índice o valor correspondente a um salário mínimo (GAGLIANO, Pablo Stolze; PAMPLONA FILHO, Rodolfo. *Novo curso...*, 2008, p. 96-97). Esses parâmetros também parecem lógicos, apesar de que o posicionamento anterior, de análise caso a caso, é o considerado como majoritário, sendo seguido por mim, na linha da interpretação italiana exposta anteriormente neste livro.

9.2.11 Doação inoficiosa

Segundo o art. 549 do CC, é nula a doação quanto à parte que exceder o limite de que o doador, no momento da liberalidade, poderia dispor em testamento. Essa doação, que prejudica a legítima (quota dos herdeiros necessários), é denominada *doação inoficiosa*.

Como herdeiros necessários, na literalidade do art. 1.845 do Código Civil estão previstos os descendentes, os ascendentes e o cônjuge. Porém, com a recente e tão comentada decisão do STF, de inconstitucionalidade do art. 1.790 e equiparação sucessória da união estável ao casamento, penso que ali também deve ser incluído o companheiro (*Informativo* n. *864* da Corte, com repercussão geral de maio de 2017). Cabe esclarecer que se trata de consequência sucessória do *decisum* que, indiretamente, repercute no plano contratual.

Pois bem, é interessante verificar que o caso atualmente é de nulidade absoluta textual (art. 166, inc. VII, do CC), mas de uma nulidade diferente das demais, eis que atinge tão somente a parte que excede a legítima. Há, portanto, uma nulidade parcial e não uma nulidade total, que atinge todo o negócio jurídico.

Exemplificando, se o doador tem o patrimônio de R$ 100.000,00 e faz uma doação de R$ 70.000,00, o ato será válido até R$ 50.000,00 (parte disponível) e nulo nos R$ 20.000,00 que excederam a proteção da legítima. O que se percebe é que o art. 549 do CC tem como conteúdo o princípio da conservação do contrato, que é anexo à função social dos contratos, uma vez que procura preservar, dentro do possível juridicamente, a autonomia privada manifestada na doação. O julgado do STJ a seguir é ilustrativo dessa solução:

> "Civil. Doação inoficiosa. 1. A doação ao descendente é considerada inoficiosa quando ultrapassa a parte que poderia dispor o doador, em testamento, no momento da liberalidade. No caso, o doador possuía 50% dos imóveis, constituindo 25% a parte disponível, ou seja, de livre disposição, e 25% a legítima. Este percentual é que deve ser dividido entre os 6 (seis) herdeiros, tocando a cada um 4,16%. A metade disponível é excluída do cálculo. 2. Recurso especial não conhecido" (STJ, REsp 112.254/SP, 4.ª Turma, Rel. Min. Fernando Gonçalves, j. 16.11.2004, *DJ* 06.12.2004, p. 313).

Ainda em sede de Superior Tribunal de Justiça, pontue-se que a Corte tem entendido que o valor a ser apurado com o fim de se reconhecer a nulidade deve levar em conta o momento da liberalidade. Assim, "para aferir a eventual existência de nulidade em doação pela disposição patrimonial efetuada acima da parte de que o doador poderia dispor em testamento, a teor do art. 1.176 do CC/1916, deve-se considerar o patrimônio existente no momento da liberalidade, isto é, na data da doação, e não o patrimônio estimado no momento da abertura da sucessão do doador. O art. 1.176 do CC/1916 – correspondente ao art. 549 do CC/2002 – não proíbe a doação de bens, apenas a limita à metade disponível. Embora esse sistema legal possa resultar menos favorável para os herdeiros necessários, atende melhor aos interesses da sociedade, pois não deixa inseguras as relações jurídicas, dependentes de um acontecimento futuro e incerto, como o eventual empobrecimento do doador" (STJ, AR 3.493/PE, Rel. Min. Massami Uyeda, j. 12.12.2012, publicado no seu *Informativo* n. *512*).

Entretanto, tratando-se de doações sucessivas, realizadas em trato sucessivo e praticadas por meio de vários atos, tal regra não só pode, como deve ser mitigada. Como pontua, entre os clássicos, Pontes de Miranda, "se houve diferentes doações, todas – desde que houve herdeiros necessários – se computam, para saber se há violação da porção disponível. Não se levam em conta as doações que foram feitas ao tempo em que o doador não tinha herdeiros necessários; mas somam-se os valores das que se fizeram em todo o tempo em que o doador tinha herdeiros necessários" (PONTES DE MIRANDA, Francisco Cavalcanti. *Tratado*..., 1972, p. 250-251).

No mesmo sentido, Agostinho Alvim leciona que, "quando várias doações são feitas, o ponto de partida, para o cálculo da inoficiosidade, é a primeira. Do contrário, o doador iria doando, cada vez metade do que tem atualmente, e todas as doações seriam legais até extinguir a fortuna" (ALVIM, Agostinho. *Da doação*, 1963, p. 184-185). Entre os autores contemporâneos, Paulo Luiz Netto Lôbo afirma:

> "O valor de cada doação será considerado no momento em que for feita. A soma dos valores da doação não poderá ultrapassar a metade do patrimônio. Se ocorrer, terá de ser calculado o excesso; este será pronunciado nulo, considerando a doação que por último for

realizada. Se a coisa é indivisível, a nulidade alcançará todo o contrato de doação. O momento de cada doação para se aferir o limite, somando-se as anteriores, é fundamental. O direito brasileiro não optou pelo momento da abertura da sucessão para se verificar o excesso da parte disponível ou da legítima dos herdeiros necessários, mas o da liberalidade. O patrimônio sofre flutuações de valor, ao longo do tempo, mercê das vicissitudes por que passa. Se a redução se der posteriormente à data da doação, comprometendo a legítima, a nulidade não será retroativa. Se houve aumento do patrimônio, posteriormente ao momento da doação em excesso, não altera este fato; a nulidade é cabível. Se de nada poderia dispor, no momento da doação, toda ela é nula" (LÔBO, Paulo Luiz Netto. *Comentários...*, 2012, p. 332-338).

Constata-se, portanto, que a autorizada doutrina defende que, tratando-se de aferir se houve violação da legítima, devem ser consideradas todas as liberalidades realizadas, e não apenas o valor de cada doação, isoladamente considerada. Sigo a posição de se considerar da última doação até a primeira qual foi a que invadiu a legítima, reconhecendo-se a invalidade de todas aquelas que extrapolaram a quota dos herdeiros necessários.

Exatamente no mesmo sentido, já decidiu o Tribunal de Justiça do Rio de Janeiro em célebre julgado, verdadeiro precedente estadual sobre o tema, que restou assim ementado:

"Doação inoficiosa. Doação feita a netos, desfalcando a legítima das filhas. Laudos comprovando a parte excedente. Interpretação finalística do art. 1.176 do C.C. Procedência" (TJRJ, Apelação Cível 4344/92, 4.ª Câmara Cível, Rel. Des. Semy Glanz, j. 19.02.1993).

Observe-se que, além de constar da ementa do acórdão o caráter finalístico da interpretação do art. 1.176 do Código Civil de 1916, correspondente ao atual art. 549 do Código Civil de 2002, o Desembargador Relator explicitou que a finalidade da nulidade imposta por esses dispositivos não é outra que não o respeito à legítima dos herdeiros necessários. Após citar a doutrina de Agostinho Alvim, ora mencionada, arrematou o julgador: "logo, a finalidade da nulidade é a proteção das legítimas".

Como a questão envolve ordem pública, entendo que a ação declaratória de nulidade da parte inoficiosa – também denominada de *ação de redução* – é não sujeita à prescrição ou à decadência (didaticamente, imprescritível), podendo ser proposta a qualquer tempo (art. 169 do CC). Por isso, não há necessidade de aguardar o falecimento do doador para a sua propositura. Em outras palavras, poderá ser proposta mesmo estando vivo o doador que instituiu a liberalidade viciada.

Visando a esclarecer, o antigo Projeto de Lei Ricardo Fiuza (PL 6.960/2002) pretendia acrescentar um parágrafo único ao art. 549, com o seguinte teor: "Art. 549. (...) Parágrafo único. A ação de nulidade pode ser intentada mesmo em vida do doador". A proposta confirma o entendimento doutrinário atual, que pode ser invocado (ALVES, Jones Figueirêdo. *Código Civil...*, 2008, p. 500; GONÇALVES, Carlos Roberto. *Direito civil...*, 2007, p. 270). Como se verá a seguir, há proposições necessárias de alteração do comando pelo atual Projeto de Reforma do Código Civil, elaborado pela Comissão de Juristas nomeada no âmbito do Senado Federal.

Quanto ao prazo, surge outro entendimento no sentido de que, pelo fato de a questão envolver direitos patrimoniais, está sujeita a prazo prescricional, que é próprio dos direitos subjetivos. Como não há prazo especial previsto, deverá ser aplicado o prazo geral de prescrição. Na vigência do CC/1916 esse prazo era de vinte anos; na vigência do CC/2002 é de dez anos (art. 205). A respeito da aplicação do prazo geral de prescrição para essa hipótese, vem entendendo o Superior Tribunal de Justiça:

"Civil e processual. Acórdão estadual. Nulidade não configurada. Ação de reconhecimento de simulação cumulada com ação de sonegados. Bens adquiridos pelo pai, em nome dos filhos varões. Inventário. Doação inoficiosa indireta. Prescrição. Prazo vintenário, contado da prática de cada ato. Colação dos próprios imóveis, quando ainda existentes no patrimônio dos réus. Exclusão das benfeitorias por eles realizadas. CC anterior, arts. 177, 1.787 e 1.732. § 2.º Sucumbência recíproca. Redimensionamento. CPC, art. 21. Se a aquisição dos imóveis em nome dos herdeiros varões foi efetuada com recursos do pai, em doação inoficiosa, simulada, em detrimento dos direitos da filha autora, a prescrição da ação de anulação é vintenária, contada da prática de cada ato irregular. Achando-se os herdeiros varões ainda na titularidade dos imóveis, a colação deve se fazer sobre os mesmos e não meramente por seu valor, a teor dos arts. 1.787 e 1.792, § 2.º, do Código Civil anterior. Excluem-se da colação as benfeitorias agregadas aos imóveis realizadas pelos herdeiros que os detinham (art. 1.792, § 2.º). Sucumbência recíproca redimensionada, em face da alteração decorrente do acolhimento parcial das teses dos réus. Recurso especial conhecido em parte e provido" (STJ, REsp 259.406/PR (200000489140), 600816, 4.ª Turma, Rel. Min. Aldir Passarinho Junior, data da decisão: 17.02.2005, *DJ* 04.04.2005, p. 314).

A aplicação do prazo geral de dez anos foi confirmada em aresto mais recente (de 2014), do mesmo Tribunal da Cidadania, segundo o qual "aplica-se às pretensões declaratórias de nulidade de doações inoficiosas o prazo prescricional decenal do CC/2002, ante a inexistência de previsão legal específica. Precedentes" (STJ, REsp 1.321.998, 3.ª Turma, Rel. Min. Nancy Andrighi, j. 07.08.2014).

Todavia, merece destaque o voto vencido do Ministro João Otávio de Noronha, seguindo o mesmo entendimento por mim compartilhado, de imprescritibilidade da pretensão. Ponderou o julgador que:

"Discute-se, em ação declaratória de nulidade de partilha e doação, qual o prazo para que a herdeira necessária possa insurgir-se contra a transferência da totalidade dos bens do pai para a ex-esposa e para a filha do casal, sem observância da reserva da legítima, circunstância que caracteriza a doação inoficiosa. Trata-se, portanto, de caso de nulidade expressamente prevista no art. 549 do atual Código Civil, em razão do disposto nos arts. 1.789 e 1.846 do mesmo diploma legal. E, a teor da norma contida no art. 169 do mesmo Código, 'o negócio jurídico nulo não é suscetível de confirmação, nem convalesce pelo decurso do tempo', a significar que a nulidade é imprescritível. Essa é a tese que defendo. Não desconheço a discussão existente a respeito dessa norma e que, em nome da paz social, levou ao entendimento jurisprudencial de que tal nulidade não fica imune à ocorrência de prescrição. Reservo-me o direito de, em momento oportuno, trazer a matéria a debate na profundidade que entendo necessária".

Realmente, o tema merece ser debatido e aprofundado pela civilística nacional.

A propósito, vale acrescentar que a temática voltou a ser debatida no âmbito da Terceira Turma da Corte em 2019, prevalecendo mais uma vez o entendimento pela incidência do prazo geral de prescrição e vencido o argumento pela não sujeição ao prazo. Também foi analisado se o caso seria de nulidade absoluta ou relativa – tendo o Ministro Moura Ribeiro votado pela última solução –, vencendo mais uma vez a primeira posição. O aresto traz citações à doutrina contemporânea, inclusive ao meu posicionamento, ao lado de Pablo Stolze e José Fernando Simão, entre outros. Como constou da sua ementa:

> "O Superior Tribunal de Justiça há muito firmou entendimento no sentido de que, no caso de ação anulatória de doação inoficiosa, o prazo prescricional é vintenário e conta-se a partir do registro do ato jurídico que se pretende anular. Precedentes. Na hipótese, tendo sido proposta a ação mais de vinte anos após o registro da doação, é de ser reconhecida a prescrição da pretensão autoral" (STJ, REsp 1.755.379/RJ, 3.ª Turma, Rel. Min. Moura Ribeiro, Rel. p/ Acórdão Ministro Ricardo Villas Bôas Cueva, j. 24.09.2019, *DJe* 10.10.2019). A menção ao prazo de vinte anos novamente se deu pois os fatos ocorreram na vigência do Código Civil de 1916.

Destaco que outros arestos superiores têm seguido a solução de que o prazo é contado do registro da doação, pelo menos em regra e como consequência do princípio da publicidade registral. Todavia, tem-se ressalvado essa premissa na Corte, afirmando-se que, "na ação de nulidade de doação inoficiosa, o prazo prescricional é contado a partir do registro do ato jurídico que se pretende anular, salvo se houver anterior ciência inequívoca do suposto prejudicado" (STJ, REsp 1.933.685/SP, 3.ª Turma, Rel. Min. Nancy Andrighi, j. 15.03.2022, *DJe* 31.03.2022). Trata-se, no julgado, de correta aplicação da *teoria da actio nata subjetiva*, segundo a qual o prazo deve ter início na ciência da lesão ao direito subjetivo, o que pode ser anterior ou mesmo posterior ao registro imobiliário.

Como outro aspecto importante, pontuo que sigo o entendimento, também majoritário na doutrina e na jurisprudência, pelo qual a ação somente poderá ser proposta pelos interessados, ou seja, pelos herdeiros necessários do doador (MELO, Marco Aurélio Bezerra de. *Novo Código*..., 2004, p. 201). Isso ressalta o seu caráter de nulidade especial, pois, apesar de envolver ordem pública, a ação somente cabe a quem tem interesse (STJ, REsp 1.361.983/SC, Rel. Min. Nancy Andrighi, j. 18.03.2014, publicado no seu *Informativo* n. *539*; e REsp 167.069/DF, 3.ª Turma, Rel. Min. Eduardo Ribeiro, Rel. p/ Acórdão Min. Waldemar Zveiter, j. 20.02.2001, *DJ* 02.04.2001, p. 285).

Para encerrar o estudo do tema, no Projeto de Reforma do Código Civil, a Comissão de Juristas sugere aperfeiçoamentos mais do que necessários para o seu art. 549. De início, para o *caput,* a proposta é de que a doação inoficiosa passe a gerar a ineficácia parcial do contrato, o que encerra polêmica doutrinária e jurisprudencial hoje existente, e facilita o tráfego jurídico: "salvo na hipótese do art. 544, é ineficaz a doação quanto à parte que exceder à de que o doador poderia dispor em testamento, no momento da liberalidade".

Também se almeja um § 1.º no dispositivo, para que fique claro o cálculo da parte a ser restituída pelo injusto beneficiário da liberalidade: "o cálculo da parte a ser restituída considerará o valor nominal do excesso ao tempo da liberalidade, corrigido monetariamente até a data da restituição, ainda que o objeto da doação não tenha sido dinheiro". Insere-se, ainda, uma imperiosa regra a respeito das doações sucessivas, ou realizadas em trato sucessivo, como antes pontuei: "§ 2.º Em casos de doações realizadas de forma sucessiva, o excesso levará em conta todas as liberalidades efetuadas".

Por fim, é urgente trazer regra a respeito do prazo a ser aplicado, prevendo o projetado § 3.º do art. 549 que "não sendo proposta a ação de reconhecimento da ineficácia no prazo de cinco anos, a doação considerar-se-á eficaz desde a data em que foi realizada".

Não se pode negar, portanto, que todas as proposições visam a alcançar a necessária segurança jurídica, resolvendo-se dilemas práticos hoje existentes.

9.2.12 Doação universal

Nula é a doação de todos os bens, sem a reserva do mínimo para a sobrevivência do doador (art. 548 do CC). Essa doação, que é vedada expressamente pela lei – sendo, por isso, uma hipótese de *nulidade textual*, nos termos do art. 166, inc. VII, primeira parte, do CC –, é denominada *doação universal*.

Anote-se que o art. 1.176 do CC/1916, que corresponde a esse dispositivo, foi um dos comandos legais explorados na *obra-prima* do Direito Civil intitulada *Estatuto jurídico do patrimônio mínimo* do Ministro do STF Luiz Edson Fachin (2001). Recomenda-se a sua leitura integral, eis que esse trabalho foi essencial para a minha formação técnica e de outros civilistas da geração contemporânea (como é o caso de: GAGLIANO, Pablo Stolze; PAMPLONA FILHO, Rodolfo. *Novo curso...*, 2008, p. 111).

Por esta brilhante tese, diante do princípio da proteção da dignidade da pessoa humana (art. 1.º, inc. III, da CF/1988), deve ser assegurado à pessoa o mínimo para a sua sobrevivência, ou melhor, o mínimo para que possa viver com dignidade (*piso mínimo de direitos patrimoniais*). Isso diante da tendência de *personalização do Direito Privado*. A tese acaba entrelaçando os direitos existenciais aos patrimoniais. A ilustrar, estabelecendo a relação entre a vedação da doação universal e a proteção da dignidade humana, veja-se julgado assim publicado no *Informativo* n. 433 do STJ:

"Doação universal. Bens. Separação. Discute-se no REsp se a proibição de doação universal de bens, óbice disposto no art. 1.175 do CC/1916 (atual art. 548 do CC/2002), incidiria no acordo da separação consensual de casal. Segundo o recorrente, da abrangência total dos bens, uns foram doados e outros ficaram para a ex-mulher na partilha. Já o Tribunal *a quo* posicionou-se no sentido da inaplicabilidade do art. 1.175 do CC/1916, visto que, à época das doações, o recorrente possuía partes ideais de outros imóveis e, na partilha da separação consensual, os bens que ficaram com a ex-mulher foram doados ao casal pelos pais dela. Explica o Min. Relator que a proibição do citado artigo deve incidir nos acordos de separação judicial, pois se destina à proteção do autor da liberalidade, ao impedi-lo de, em um momento de impulso ou de depressão psicológica, desfazer-se de todos seus bens, o que o colocaria em estado de pobreza. Ademais, a dissipação completa do patrimônio atenta contra o princípio da dignidade da pessoa humana (art. 1.º, II, da CF/1988). Considera, ainda, o Min. Relator que os acordos realizados nas separações judiciais são transações de alta complexidade, haja vista os interesses a serem ajustados (guarda dos filhos, visitas, alimentos etc.). Por esse motivo, é corriqueira a prática de acordos a transigir com o patrimônio a fim de compor ajustes para resolver questões que não seriam solucionadas sem a condescendência econômica de uma das partes. Observa que as doações, nos casos de separação, também se sujeitam à validade das doações ordinárias; assim, a nulidade da doação dar-se-á quando o doador não reservar parte de seus bens, ou não tiver renda suficiente para a sua sobrevivência e só não será nula quando o doador tiver outros rendimentos. Diante do exposto, a Turma deu provimento ao recurso para anular o acórdão recorrido, a fim de que o tribunal de origem analise a validade das doações, especialmente quanto à existência de recursos financeiros para a subsistência do doador" (STJ, REsp 285.421/RS, Rel. Min. Vasco Della Giustina (Desembargador convocado do TJRS), j. 04.05.2010).

Ou, mais recentemente, do mesmo Tribunal da Cidadania e com as mesmas conclusões, merece destaque o seguinte trecho de ementa:

"O art. 548 do Código Civil estabelece ser nula a doação de todos os bens sem reserva de parte, ou renda suficiente para a subsistência do doador. A *ratio* da norma em comento, ao prever a nulidade da doação universal, foi a de garantir à pessoa o direito a um patrimônio mínimo, impedindo que se reduza sua situação financeira à miserabilidade. Nessa linha, acabou por mitigar, de alguma forma, a autonomia privada e o direito à livre disposição da propriedade, em exteriorização da preservação de um mínimo existencial à dignidade humana do benfeitor, um dos pilares da Carta da República e chave hermenêutica para leitura interpretativa de qualquer norma" (STJ, REsp 1.183.133/RJ, 4.ª Turma, Rel. Min. Luis Felipe Salomão, j. 17.11.2015, *DJe* 1.º.02.2016).

Como a nulidade é absoluta e envolve ordem pública, poderá a ação declaratória de nulidade ser proposta a qualquer tempo, sendo imprescritível. Caberá ainda intervenção do MP e declaração de ofício dessa nulidade absoluta pelo juiz, que dela tenha conhecimento (art. 169 do CC).

A leitura correta do art. 548 do CC traz a conclusão de que é até possível que a pessoa doe todo o seu patrimônio, desde que faça uma reserva de usufruto, de rendas ou alimentos a seu favor, visando à sua manutenção e a sua sobrevivência de forma digna. Nesse sentido, outro trecho do último julgado transcrito, segundo o qual "é possível a doação da totalidade do patrimônio pelo doador, desde que remanesça uma fonte de renda ou reserva de usufruto, ou mesmo bens a seu favor, que preserve um patrimônio mínimo à sua subsistência (CC, art. 548). Não se pode olvidar, ainda, que a aferição da situação econômica do doador deve ser considerada no momento da liberalidade, não sendo relevante, para esse efeito, o empobrecimento posterior do doador" (REsp 1.183.133/RJ, 4.ª Turma, Rel. Min. Luis Felipe Salomão, j. 17.11.2015, *DJe* 1.º.02.2016). Em casos tais, para esclarecer qual é o *piso mínimo*, recomenda-se análise casuística.

9.2.13 Doação do cônjuge adúltero ao seu cúmplice

Enuncia o art. 550 do Código Civil em vigor que é anulável a doação do cônjuge ao seu cúmplice, desde que proposta ação anulatória pelo outro cônjuge ou pelos seus herdeiros necessários, até dois anos depois de dissolvida a sociedade conjugal. O dispositivo merece críticas e comentários, pois apresenta uma série de problemas.

Primeiro, tal proibição tem por alcance somente as pessoas casadas, não se aplicando às solteiras, separadas ou divorciadas, que podem dispor de seus bens livremente aos seus companheiros, desde que a doação não seja inoficiosa ou passível de declaração de nulidade ou anulação por outra razão.

Diante da proteção constitucional das entidades familiares, deve-se entender que o dispositivo não se aplica se o doador viver com o donatário em união estável (doação à

CAP. 9 · CONTRATOS EM ESPÉCIE – DA DOAÇÃO | 415

companheira ou companheiro). Assim entendeu a Quarta Turma do Superior Tribunal de Justiça, em julgamento anterior ao Código Civil de 2002 (*RSTJ* 62/193 e *RT* 719/258). Esse entendimento deve ser aplicado aos casos de ser o doador casado, mas separado de fato, judicial ou extrajudicialmente (art. 1.723, § 1.º, do CC), mesmo sendo o donatário *o pivô* da separação.

Segundo, é de se condenar a utilização das expressões "adúltero" e "cúmplice", que se encontram superadas. Doutrinadores que compõem o Instituto Brasileiro de Direito de Família (IBDFAM), entidade máxima do Direito de Família no País, também entendem dessa forma (por todos: LÔBO, Paulo Luiz Netto. *Código Civil...*, 2004, p. 317). Ademais, não se pode esquecer que a Lei 11.106/2005 fez desaparecer o tipo penal do adultério.

Terceiro, o art. 550 do CC entra em conflito com o art. 1.642, V, do CC ("Qualquer que seja o regime de bens, tanto o marido quanto a mulher podem livremente: (...) V – reivindicar os bens comuns móveis ou imóveis, doados ou transferidos pelo outro cônjuge ao concubino, desde que provado que os bens não foram adquiridos pelo esforço comum destes, se o casal estiver separado de fato por mais de 5 (cinco) anos"). Isso porque o primeiro dispositivo menciona a anulação nas hipóteses de doação ao cúmplice, enquanto o último prevê a possibilidade de uma ação reivindicatória a ser proposta pelo outro cônjuge. Como se sabe, a ação de anulação está sujeita a prazo decadencial, enquanto a ação reivindicatória ou está sujeita à prescrição ou é imprescritível. Ademais, o inciso V do art. 1.642 acaba prevendo um prazo para a união estável, de forma invertida (cinco anos). Pelo menos para esse caso. Nesse sentido, acaba entrando em conflito com o art. 1.723, *caput*, do CC, que dispensa prazo para a sua caracterização.

Na verdade, o art. 550 do CC é polêmico, parecendo-me a sua redação um verdadeiro descuido do legislador, um *grave cochilo*. A sua aplicação somente será possível se o doador não viver em união estável com o donatário, havendo uma *doação a concubino*, de bem comum, na vigência do casamento. Para esses casos, por ter sentido de maior especialidade, o art. 550 do CC prevalece sobre o art. 1.642, V, da mesma codificação material.

Cumpre ainda observar que, havendo doação inoficiosa, por exceder a legítima, em caso de liberalidade feita a concubina, há que se reconhecer a nulidade absoluta do ato, por força do atual art. 549 do Código Civil. Nesse sentido, recente julgado do STJ, segundo o qual "o art. 550 do CC/2012 estabelece que a doação do cônjuge adúltero ao seu cúmplice pode ser anulada pelo outro cônjuge, ou por seus herdeiros necessários, até 2 (dois) anos depois de dissolvida a sociedade conjugal. Com efeito, a lei prevê prazo decadencial para exercício do direito potestativo para anulação da doação, a contar do término do casamento, isto é, pela morte de um dos cônjuges ou pelo divórcio". Todavia, como consta do *decisum*:

> "O caso é peculiar, pois é vindicada pelos autores anulação de doação praticada pelo cônjuge alegadamente infiel, já falecido por ocasião do ajuizamento da ação, sendo certo que consta da causa de pedir e do pedido a anulação de escrituras para que os bens imóveis doados passem a constar do acervo hereditário, em proveito do inventário. Com efeito, em vista do disposto no art. 1.176 do CC/1916 [similar ao art. 549 do CC/2002], que estabelece ser nula a doação quanto à parte que exceder a de que o doador, no momento

da liberalidade poderia dispor em testamento, e como o feito foi julgado antecipadamente, sem ter sido instruído, se limitando as instâncias ordinárias a enfrentar a tese acerca da decadência para anulação da doação à apontada cúmplice, é prematuro cogitar em reconhecimento da ilegitimidade ativa do autor" (STJ, REsp 1.192.243/SP, 4.ª Turma, Rel. Min. Luis Felipe Salomão, j. 07.05.2015, *DJe* 23.06.2015).

Como reconhecido implicitamente pelo aresto, deve prevalecer o debate a respeito da nulidade absoluta da doação, por lesão à legítima.

Diante de todos esses problemas e dilemas, no Projeto de Reforma do Código Civil almeja-se uma nova redação para o art. 550, a fim se saná-los. Assim, o comando passará a prever que "a doação de pessoa casada ou em união estável a terceiro com quem mantenha relação na forma do art. 1.564-D pode ser anulada pelo outro cônjuge ou convivente, ou por seus herdeiros necessários, até dois anos depois de dissolvida a sociedade conjugal ou a união estável". Vale lembrar que, nos termos do último dispositivo citado na proposta, "a relação não eventual entre pessoas impedidas de casar não constitui família".

Também se almeja alterar a redação do seu art. 1.642, inc. V, sanando a antinomia hoje existente, para enunciar que "qualquer que seja o regime de bens, os cônjuges ou os conviventes podem livremente: (...). V – anular as doações da pessoa casada ou em união estável a terceiro, na forma do art. 550, e reivindicar os bens comuns, móveis ou imóveis, transferidos pelo outro cônjuge ou convivente a outra pessoa, na hipótese do art. 1.564-D". Assim, pelo novo texto, de forma mais técnica, será possível um pleito anulatório inicial, com o posterior pedido de reivindicação, submetido ao prazo decadencial de dois anos, a contar da dissolução da sociedade conjugal ou da união estável.

Com isso, sem dúvidas, haverá maior segurança jurídica, hoje praticamente inexistente, na aplicação do preceito legal, esperando-se a aprovação das propostas pelo Congresso Nacional.

9.2.14 Doação a entidade futura

A lei possibilita a doação a uma pessoa jurídica que ainda não exista, condicionando a sua eficácia à regular constituição da entidade, nos termos do art. 554 do CC em vigor. Se a entidade não estiver constituída no prazo de dois anos contados da efetuação da doação, caducará essa doação. A utilização da expressão "caducará" pelo dispositivo deixa claro que o prazo referido no dispositivo é decadencial.

Por isso, a doutrina é unânime em apontar a existência de uma doação sob condição suspensiva, pois o negócio fica pendente até a regularização da empresa (DINIZ, Maria Helena. *Código...*, 2005, p. 490; ROSENVALD, Nelson. *Código...*, 2007, p. 437).

9.2.15 Doação famélica

Entende-se como doação famélica aquela que é realizada para atender à subsistência dos famintos, ou seja, para "matar a fome de alguém". Foi ela regulamentada pela Lei 14.016, de 23 de junho de 2020, que trata do combate ao desperdício de alimentos e da doação de excedentes de alimentos para o consumo humano. A sua aprovação se deu em meio à pandemia de Covid-19, estando mais do que justificada pela crise recente que passamos não só no Brasil, mas também em todo o mundo. Nos termos do seu art. 1.º:

"Art. 1.º Os estabelecimentos dedicados à produção e ao fornecimento de alimentos, incluídos os *in natura*, produtos industrializados e refeições prontas para o consumo, ficam autorizados a doar os excedentes não comercializados e ainda próprios para o consumo humano, que atendam aos seguintes critérios:

I – estejam dentro do prazo de validade e nas condições de conservação especificadas pelo fabricante, quando aplicáveis;

II – não tenham comprometidas a sua integridade e a segurança sanitária, mesmo que haja danos à sua embalagem;

III – tenham mantidas suas propriedades nutricionais e a segurança sanitária, ainda que tenham sofrido dano parcial ou apresentem aspecto comercialmente indesejável [caso daqueles amassados ou deformados]".

A norma se aplica a empresas, hospitais, supermercados, cooperativas, restaurantes, lanchonetes, bares e a todos os demais estabelecimentos que forneçam alimentos preparados prontos para o consumo de trabalhadores, de empregados, de colaboradores, de parceiros, de pacientes e de clientes em geral (art. 1.º, § 1.º, da Lei 14.016/2020). Essa doação poderá ser feita diretamente, em colaboração com o Poder Público, ou por meio de bancos de alimentos, de outras entidades beneficentes de assistência social certificadas na forma da lei ou de entidades religiosas, que geralmente atuam em programas dessa natureza (art. 1.º, § 2.º). Essa doação será realizada de modo totalmente gratuito, sem a incidência de qualquer encargo que a torne onerosa; tratando-se de uma *liberalidade pura* (art. 1.º, § 3.º, da Lei 14.016/2020).

Quanto aos beneficiários das doações famélicas, ou seja, os seus donatários, serão pessoas, famílias ou grupos em situação de vulnerabilidade ou de risco alimentar ou nutricional. Essa regra consta do art. 2.º da nova lei, que ainda estabelece que não haverá uma relação de consumo em casos tais, o que tem o objetivo de afastar a incidência da responsabilidade objetiva prevista pela Lei 8.078/1990. De fato, a eventual aplicação da responsabilidade sem culpa aos doadores sempre foi vista como um desincentivo para esses atos de solidariedade. Assim sendo, o doador, mesmo sendo um restaurante, supermercado ou outro estabelecimento comercial, não pode ser tido como fornecedor nessas hipóteses abrangidas pela norma.

A propósito dessa responsabilização, estabelece o art. 3.º da Lei 14.016/2020 que o doador e o eventual intermediário das doações dos alimentos somente responderão nas esferas civil e administrativa por danos causados pelos alimentos doados se agirem com dolo, ou seja, com a intenção de lesar norma jurídica ou de causar prejuízo. Ainda conforme o mesmo comando, a responsabilidade do doador encerra-se no momento da primeira entrega do alimento ao intermediário ou, no caso de doação direta, ao beneficiário final (§ 1.º). Quanto ao eventual intermediário, caso de uma transportadora que colabora com os atos de liberalidade do doador, a sua responsabilidade encerra-se no momento da entrega do alimento ao beneficiário final (§ 2.º). Entende-se por primeira entrega o primeiro desfazimento do objeto doado pelo doador ao intermediário ou ao beneficiário final, ou pelo intermediário ao beneficiário final (art. 3.º, § 3.º, da Lei 14.016/2020).

Questão de debate a respeito da responsabilidade civil é saber se o doador também deve responder nos casos de culpa grave que, desde o Direito Romano, é equiparada ao dolo para os fins de imputação do dever de indenizar, diante da máxima *culpa lata dolus aequiparatur*. A minha resposta é positiva, podendo ser citado o exemplo das situações em que o doador não verifica as condições gerais de consumo dos alimentos, fora do que consta do art. 1.º da própria lei. Como é notório, na culpa grave há um descuido crasso do agente.

Como última regra que interessa para o Direito Civil – uma vez que o art. 4.º da norma emergente tem conteúdo penal –, está previsto na Lei 14.016/2020 que durante a vigência da emergência de saúde pública de importância internacional decorrente da pandemia de Covid-19, o Governo Federal procederá preferencialmente à aquisição de alimentos, pelo Programa de Aquisição de Alimentos (PAA), da parcela da produção de agricultores familiares e pescadores artesanais comercializada de forma direta e frustrada em consequência da suspensão espontânea ou compulsória do funcionamento de feiras e de outros equipamentos de comercialização direta por conta das medidas de combate à pandemia (art. 5.º). Está também previsto no parágrafo único do comando que tal regra não se aplica às situações nas quais os governos estaduais ou municipais já estejam adotando medidas semelhantes. O objetivo do comando, também com um caráter social importante, é de auxiliar esses pequenos produtores.

9.3   DA PROMESSA DE DOAÇÃO

Discute-se muito em sede doutrinária e jurisprudencial a viabilidade jurídica da promessa de doação, ou seja, a possibilidade de haver contrato preliminar unilateral que vise a uma liberalidade futura. Sintetizando, pela promessa de doação, uma das partes compromete-se a celebrar um contrato de doação futura, beneficiando o outro contratante.

Na minha opinião, não há óbice em se aceitar tal promessa, uma vez que não há no ordenamento jurídico qualquer dispositivo que a vede, não contrariando esta figura negocial qualquer princípio de ordem pública como, por exemplo, o da função social dos contratos e o da boa-fé objetiva. Muito ao contrário, o art. 466 do Código Civil em vigor, que trata da promessa unilateral de contrato, acaba dando sustentáculo a essa possibilidade.

Em reforço, a promessa de doação está dentro do exercício da autonomia privada do contratante. Adotando em parte tais premissas, na *VI Jornada de Direito Civil* (2013) foi aprovado o Enunciado n. 549, *in verbis*: "a promessa de doação no âmbito da transação constitui obrigação positiva e perde o caráter de liberalidade previsto no art. 538 do Código Civil". O enunciado é perfeito ao admitir a promessa de doação, havendo polêmica quanto à perda ou não do seu caráter de liberalidade.

Admitidas a validade e a eficácia desse negócio, dentro dos princípios gerais que regem o contrato preliminar, o futuro beneficiário é investido no direito de exigir o cumprimento da promessa de doação da coisa, pois a intenção de praticar a liberalidade manifestou-se no momento da sua celebração.

Sílvio de Salvo Venosa apresenta entendimento contrário de outros doutrinadores, ou seja, de que não seria possível admitir uma forma coativa de doação, o que ocorre no caso de promessa anterior. Relata esse autor que são desfavoráveis à promessa de doação Caio Mário da Silva Pereira e Miguel Maria de Serpa Lopes, uma vez que o ato de liberalidade não pode ser forçado. Entretanto, Venosa entende ser possível a promessa de doação, "quando emanar de vontade límpida e sem vícios e seu desfecho não ofender qualquer princípio jurídico" (VENOSA, Sílvio de Salvo. *Direito...*, 2003, p. 132).

Em nosso entender, diante da versão pós-moderna do Direito Contratual e da atual visualização da autonomia privada, a posição contrária à promessa de doação não procede. Washington de Barros Monteiro, entre os clássicos, é um dos autores favoráveis à sua previsão. Entre os contemporâneos, Marco Aurélio Bezerra de Melo (*Novo Código...*, 2004, p. 188) tem entendimento muito próximo, citando o fato de o atual Código Civil ter regulamentado o contrato preliminar.

Quanto ao cumprimento da promessa de doação, esta era possível pela redação do art. 466-B do CPC/1973, introduzido pela Lei 11.232/2005 e que revogou o art. 639 do mesmo Estatuto Processual. Previa a norma: "Se aquele que se comprometeu a concluir um contrato não cumprir a obrigação, a outra parte, sendo isso possível e não excluído pelo título, poderá obter uma sentença que produza o mesmo efeito do contrato a ser firmado".

Todavia, infelizmente, esse dispositivo processual, de grande efetividade para os contratos, não foi reproduzido pelo CPC/2015. Espera-se que esse silêncio não prejudique a possibilidade de tutela para cumprimento da promessa de doação no futuro, o que até pode ser retirado do art. 501 do CPC/2015, *in verbis*: "na ação que tenha por objeto a emissão de declaração de vontade, a sentença que julgar procedente o pedido, uma vez transitada em julgado, produzirá todos os efeitos da declaração não emitida".

Encerrando, lembre-se de que o próprio Superior Tribunal de Justiça já reconheceu a validade e a eficácia da promessa de doação, em caso envolvendo a dissolução da sociedade conjugal: "Doação. Promessa de doação. Dissolução da sociedade conjugal. Eficácia. Exigibilidade. Ação cominatória. O acordo celebrado quando do desquite amigável, homologado por sentença, que contém promessa de doação de bens do casal aos filhos, é exigível em ação cominatória. Embargos de divergência rejeitados" (STJ, EREsp 125.859/RJ, 2.ª Seção, Rel. Min. Ruy Rosado de Aguiar, j. 26.06.2002, *DJ* 24.03.2003, p. 136).

Mais recentemente, confirmando tal posição, ao admitir a validade e eficácia de promessa de doação firmada em pacto antenupcial:

> "Hipótese dos autos em que a liberalidade não animou o pacto firmado pelas partes, mas sim as vantagens recíprocas e simultâneas que buscaram alcançar a aquiescência de ambos ao matrimônio e ao regime de separação total de bens, estabelecendo o compromisso de doação de um determinado bem à esposa para o acertamento do patrimônio do casal. Aplicação analógica da tese pacificada pela Segunda Seção no sentido da validade e eficácia do compromisso de transferência de bens assumidos pelos cônjuges na separação judicial, pois, nestes casos, não se trataria de mera promessa de liberalidade, mas de promessa de um fato futuro que entrou na composição do acordo de partilha dos bens do casal (EREsp n.º 125.859/RJ, Rel. Ministro Ruy Rosado de Aguiar, Segunda Seção, *DJ* 24.03.2003)" (STJ, REsp 1.355.007/SP, 3.ª Turma, Rel. Min. Paulo de Tarso Sanseverino, j. 27.06.2017, *DJe* 10.08.2017).

Porém, a questão é demais controvertida, havendo decisão do próprio STJ em sentido oposto (STJ, REsp 730.626/SP, 4.ª Turma, Rel. Min. Jorge Scartezzini, j. 17.10.2006, *DJ* 04.12.2006, p. 322). De todo modo, como consta do julgado mais recente, parece prevalecer na Corte Superior a resposta afirmativa quanto à possibilidade de se exigir o cumprimento da promessa de doação.

9.4 DA REVOGAÇÃO DA DOAÇÃO

Na presente obra foi exposto que a revogação é forma de resilição unilateral, de extinção de um contrato por meio de pedido formulado por um dos contratantes em virtude da quebra de confiança entre eles. O instituto está tratado entre os arts. 555 e 564 do atual Código Civil e é reconhecido como um *direito potestativo a favor do doador*.

A revogação pode se dar por dois motivos, quais sejam, por ingratidão do donatário ou pela inexecução do encargo ou modo (art. 555 do CC).

Primeiramente, quanto à ingratidão, esta envolve matéria de ordem pública. Tanto isso é verdade, que o art. 556 da codificação privada em vigor proíbe a renúncia prévia ao direito de revogar a doação por ingratidão. Se houver cláusula nesse sentido, tal disposição será nula, mantendo-se o restante do contrato (princípio da conservação contratual). De qualquer modo, mesmo sendo nula a cláusula de renúncia, o doador pode abrir mão desse direito, não o exercendo no prazo fixado em lei, já que se trata de um direito potestativo.

O art. 557 do CC/2002 traz um rol de situações que podem motivar a revogação por ingratidão, a saber:

a) Se o donatário atentou contra a vida do doador ou cometeu crime de homicídio doloso contra ele.

b) Se cometeu contra ele ofensa física.

c) Se o injuriou gravemente ou o caluniou.

d) Se, podendo ministrá-los, recusou ao doador os alimentos de que este necessitava (desamparo quanto aos alimentos).

A discussão a respeito desse dispositivo refere-se à natureza taxativa ou exemplificativa desse rol. A matéria é de ordem pública, o que justificaria o argumento de que o rol é *numerus clausus* ou taxativo. Entretanto, preconiza o Enunciado n. 33 CJF/STJ, aprovado na *I Jornada de Direito Civil*, que "o novo Código Civil estabeleceu um novo sistema para a revogação da doação por ingratidão, pois o rol legal do art. 557 deixou de ser taxativo, admitindo outras hipóteses". O enunciado, que consubstancia o entendimento doutrinário majoritário, segue a tendência de entendimento pelo qual as relações tratadas pelo Código Civil são meramente exemplificativas, e não taxativas.

Ademais, como dizem Pablo Stolze Gagliano e Rodolfo Pamplona Filho, "não há limites para a ingratidão humana. Assim sendo, a perspectiva de caracterização de ingratidão como violações à boa-fé objetiva pós-contratual faz com que reconheçamos que ao contrário do que estava assentado na vigência do Código Civil brasileiro de 1916, o novo rol não é mais taxativo, aceitando, em nome do princípio, outras hipóteses, ainda que de forma excepcional" (*Novo curso...*, 2008, p. 139). Conclui-se, portanto, que qualquer atentado à dignidade do doador por parte do donatário pode acarretar a revogação da doação por ingratidão, cabendo análise caso a caso. Em suma, o rol é exemplificativo (*numerus apertus*).

Entendendo da mesma forma, adotando a minha posição e o constante do citado Enunciado n. 33, importante aresto do Tribunal da Cidadania pontifica que "o conceito jurídico de ingratidão constante do artigo 557 do Código Civil de 2002 é aberto, não se encerrando em molduras tipificadas previamente em lei". Ao final o acórdão concluiu que a injúria a que se refere o dispositivo envolve também o campo da moral, podendo ser "revelada por meio de tratamento inadequado, tais como o descaso, a indiferença e a omissão de socorro às necessidades elementares do doador, situações suficientemente aptas a provocar a revogação do ato unilateral em virtude da ingratidão dos donatários" (STJ, REsp 1.593.857/MG, 3.ª Turma, Rel. Min. Ricardo Villas Bôas Cueva, j. 14.06.2016, *DJe* 28.06.2016).

De toda sorte, mesmo sendo o rol ilustrativo, deve o ato de ingratidão ser de especial gravidade, a fundamentar a revogação e consequente ineficácia da doação. No trilhar de aresto relatado pelo Ministro Sidnei Benetti no Superior Tribunal de Justiça:

> "Para a revogação da doação por ingratidão, exige-se que os atos praticados, além de graves, revistam-se objetivamente dessa característica. Atos tidos, no sentido pessoal comum da parte, como caracterizadores de ingratidão, não se revelam aptos a qualificar-se juridicamente como tais, seja por não serem unilaterais ante a funda dissensão recíproca, seja por não serem dotados da característica de especial gravidade injuriosa, exigida pelos termos expressos do Código Civil, que pressupõem que a ingratidão seja exteriorizada por atos marcadamente graves, como os enumerados nos incisos dos arts. 1.183 do Código Civil de 1916 e 557 do Código Civil de 2002" (STJ, REsp 1.350.464/SP, 3.ª Turma, Rel. Min. Sidnei Beneti, j. 26.02.2013, *DJe* 11.03.2013).

No Projeto de Reforma do Código Civil pretende-se corrigir alguns problemas do seu art. 557 e sanar as citadas omissões, hoje existentes. Assim, sugere a Comissão de Juristas que passe a prever o seguinte, com clareza quanto à presença de um rol exemplificativo: "entre outras hipóteses de especial gravidade, podem ser revogadas por ingratidão as doações, se o donatário: I – atentou contra a vida do doador ou cometeu crime de homicídio doloso contra ele; II – cometeu contra ele ofensa física ou contra algum membro de sua família; III – cometeu contra o doador crime contra a honra, inclusive em meio virtual; IV – podendo, recusou ao doador ajuda patrimonial em situação de necessidade; V – incorrer em uma das causas de deserdação prevista neste Código". A inclusão de crimes contra a honra praticados pela via virtual é imperiosa, na linha de se tratar de um *Direito Civil Digital*.

Também pode ocorrer a revogação por indignidade quando o ofendido for cônjuge, ascendente, descendente, ainda que adotivo, ou irmão do doador (art. 558 do CC).

Havia proposta de alteração desse dispositivo, por meio do antigo Projeto de Lei Ricardo Fiuza, com o objetivo de incluir neste rol o companheiro, equiparado em parte ao cônjuge pela Constituição Federal.

O dispositivo em comento reforça a tese de que o rol do art. 557 do CC é aberto ou exemplificativo, pois o atentado a fundamentar a ingratidão não necessariamente ocorrerá em relação ao donatário, mas em relação a uma pessoa de sua família. Observo que no Projeto de Reforma do Código Civil não há proposta de alteração desse art. 558, pois o *caput* do art. 557 passará a mencionar que o rol é *numerus apertus*, como visto, sendo dispensável a sua modificação.

Segundo o vigente art. 561 do CC/2002 a revogação por ingratidão no caso de homicídio doloso do doador caberá aos seus herdeiros, exceto se o doador tiver perdoado o donatário. Esse perdão, logicamente, poderá ser concedido no caso de declaração de última vontade provada por testemunhas idôneas. A título de exemplo, o doador, antes de falecer e convalescendo em um hospital, declara verbalmente que perdoou o ato praticado pelo donatário, o que deve ser comprovado pelo interessado. Por óbvio que essa declaração não pode ser dada após a morte do doador, pois não se admite a *prova psicografada*.

A revogação por ingratidão não prejudicará os direitos adquiridos por terceiros, nem obrigará o donatário a restituir os frutos percebidos antes da citação válida, pois nessa situação a sua condição de possuidor de boa-fé é presumida. No entanto, sujeita-o a pagar os frutos posteriores, e, quando não possa restituir em espécie as coisas doadas, a indenizá-la pelo meio-termo de seu valor (art. 563 do CC).

Estava sendo proposta, também pelo antigo Projeto de Lei Ricardo Fiuza, a alteração desse dispositivo, que passaria a redigir-se: "Art. 563. A revogação por ingratidão não prejudica os direitos adquiridos por terceiros, nem obriga o donatário a restituir os frutos percebidos antes da citação válida; mas sujeita-o a pagar os posteriores, e, quando não possa restituir em espécie as coisas doadas, a indenizá-las pelo meio-termo de seu valor". Relatam Jones Figueirêdo Alves e Mário Luiz Delgado que se trata de mera correção gramatical, o que pode ser percebido pelas palavras grifadas – *la* e *las* (*Código Civil...*, 2005, p. 278). A proposta não visava a alterar o sentido do texto, muito menos o seu conteúdo. No atual Projeto de Reforma não foi feita projeção semelhante.

De acordo com a lei, em alguns casos não é admitida a revogação da doação por ingratidão, a saber (art. 564 do CC):

a) Doações puramente remuneratórias, salvo na parte que exceder o valor do serviço prestado pelo donatário ao doador.
b) Doações modais com encargo já cumprido, também diante do seu caráter oneroso.
c) Doações relacionadas com cumprimento de obrigação natural ou incompleta, como, por exemplo, gorjetas, dívidas de jogo não regulamentado, entre outras, por serem inexigíveis (são os casos de "*Schuld* sem *Haftung*").
d) Doações *propter nuptias*, feitas em contemplação de determinado casamento.

Anoto que no Projeto de Reforma do Código Civil, são feitos reparos necessários no seu art. 564, revogando-se o seu inciso IV, pela retirada do sistema da doação *propter nuptias*. Também para deixar o comando mais claro e técnico, o seu inciso I passará a mencionar apenas as doações remuneratórias; o seu inciso II, as doações oneradas com encargo já cumprido, total ou parcialmente; e o seu inciso III, "as que se fizerem em cumprimento de obrigação natural, como nos casos de gorjetas ou remunerações graciosas".

Além disso, é incluído no comando um necessário parágrafo único, para prever que, "nas hipóteses dos incisos I e II deste artigo, a revogação é admitida apenas no excedente ao valor dos serviços remunerados ou ao encargo imposto". Conforme bem justificou a Subcomissão de Direito Contratual, esse último preceito "tem o escopo de esclarecer a distinção entre doação remuneratória e a parte puramente remuneratória. Esta não se sujeita à ingratidão, diversamente daquilo que exceder esta parte". Como não poderia ser diferente, a sugestão teve o total apoio dos relatores-gerais e dos demais membros da Comissão de Juristas.

O prazo para a revogação da doação consta no art. 559 do CC, cuja redação merece transcrição, para os aprofundamentos necessários:

> "Art. 559. A revogação por qualquer desses motivos deverá ser pleiteada dentro de um ano, a contar de quando chegue ao conhecimento do doador o fato que a autorizar, e de ter sido o donatário o seu autor".

Pois bem, a grande dúvida que surge do dispositivo é a seguinte: o prazo decadencial previsto no art. 559 do CC aplica-se tanto à revogação por ingratidão quanto ao caso de inexecução do encargo? Opino que sim, pois o dispositivo, ao mencionar "qualquer desses motivos" está fazendo referência ao art. 555 do CC. Reforçando, a ação de revogação é de natureza constitutiva negativa, fundada em direito potestativo, o que justifica o prazo decadencial.

Mas há quem entenda, amparado em entendimento jurisprudencial, que o prazo para revogar a doação por inexecução do encargo é prescricional de 10 anos em virtude da aplicação do art. 205 do CC. Quando da *III Jornada de Direito Civil* do Conselho da Justiça Federal, foi elaborada proposta de enunciado pelo então Desembargador do TJRS, atualmente Ministro do STJ, Paulo de Tarso Sanseverino, nos seguintes termos: "o prazo para revogação da doação por descumprimento do encargo é de dez (10) anos no novo Código Civil, não se aplicando o disposto no seu art. 559."

É interessante verificar os principais trechos de suas justificativas, aqui referenciadas como doutrina, inclusive com citação do entendimento jurisprudencial:

> "O prazo para a propositura da ação de revogação da doação por ingratidão continua fixado em um ano pelo artigo 559 do novo CC, que repetiu, com pequenas alterações de redação, a norma do artigo 1184 do CC de 1916. Discute-se a incidência dessa regra para regulamentação do prazo para revogação da doação por descumprimento do encargo, estabelecendo-se rara e interessante divergência entre doutrina e jurisprudência. Na doutrina, predomina o entendimento no sentido de que o prazo também é de um ano para revogação da doação por descumprimento do encargo. (...) Esses argumentos doutrinários, que se prendiam às remissões sistemáticas feitas entre si pelos artigos 178, § 6.º, I, e 1184 do CC/1916, perderam a sua força com o advento novo CC, que não elencou, novamente, entre as hipóteses de prescrição do art. 206 a situação regulada pelo art. 178, § 6.º, I, do CC/16. Na jurisprudência do STJ, encontram-se os mais sólidos argumentos em prol da

tese de que a regra do art. 559 do novo CC não se aplica à revogação por inexecução do encargo. (...) Nesse sentido, a 3.ª Turma do STJ, no julgamento do Recurso Especial 27019/SP, em 10.05.1993, tendo por relator o Min. Eduardo Ribeiro, decidiu: 'Doação modal. Inexecução do encargo. Prazo Prescricional. O prazo de prescrição para a ação tendente a obter a revogação da doação por inexecução do encargo é de vinte anos. A prescrição anual refere-se à revogação em virtude de ingratidão do donatário. Recurso especial conhecido e provido' (*RSTJ* 48/312). (...) Posteriormente, o STJ, através da sua 4.ª Turma, tendo por relator o Ministro Sálvio de Figueiredo Teixeira, em 26/06/1996, teve oportunidade de reafirmar esse mesmo entendimento em uma ação de revogação proposta por um Município contra uma empresa que recebera a doação de um terreno de dez mil metros quadrados para a construção de uma indústria em determinado prazo e não o fizera (*LEXSTJ* 89/119). Na mesma linha, orientou-se o acórdão proferido no Recurso Especial 69.682-MS (STJ, 4.ª Turma, Rel. Min. Ruy Rosado, *DJ* 12.02.1996). Assim, no estabelecimento do prazo para o ingresso da ação de revogação da doação por descumprimento do encargo, ocorre uma interessante e rara divergência entre, de um lado, a doutrina brasileira e, de outro lado, a jurisprudência do STJ. Mais consistentes mostram-se os argumentos que alicerçam a posição jurisprudencial do STJ, que devem ser plenamente acatados. Desse modo, na vigência do novo CC, o prazo prescricional para a ação de revogação da doação por inexecução do encargo passou a ser de dez anos, conforme previsto pelo art. 206 do CC/2002".

Como se pode perceber, a proposta confronta o entendimento da doutrina e da jurisprudência, em um embate que sempre existiu. De qualquer modo, o enunciado não foi aprovado, sendo certo que participei do caloroso debate que circundou a questão quando da *III Jornada* do CJF/STJ, em dezembro de 2004. O enunciado não foi aprovado, pois não houve unanimidade quanto à natureza jurídica do direito do doador que, em casos tais, trata-se de um potestativo ou subjetivo. Como foi aqui demonstrado, sou favorável ao entendimento pelo qual o direito do doador, mesmo na inexecução do encargo, é potestativo, o que justifica o prazo decadencial.

Ainda quanto ao art. 559 do CC, o antigo Projeto Ricardo Fiuza pretendia alterá-lo, nos seguintes termos: "Art. 559. A revogação por qualquer desses motivos deverá ser pleiteada em 1 (um) ano, a contar de quando chegue ao conhecimento do doador o fato que a autorizar, e de ter sido o donatário, seu cônjuge, companheiro ou descendente, o autor da ofensa". Pela proposta fica claro que o dispositivo somente seria aplicado aos casos de ingratidão, *de lege ferenda*.

No mesmo sentido, para sanar essa grande controvérsia, é necessário alterar o texto da lei, o que foi objeto de proposta pela Comissão de Juristas nomeada pelo Senado Federal para a Reforma do Código Civil. Nesse contexto, o seu art. 559, em boa hora, passará a prever que "a revogação da doação por ingratidão do donatário deverá ser pleiteada dentro do prazo decadencial de um ano, a contar de quando chegue ao conhecimento do doador o fato que a autorize". Adota-se, portanto, a solução de que o prazo decadencial de um ano somente será aplicável para os casos de ingratidão. Para os casos de revogação por inexecução do encargo, passará a ser aplicado o prazo geral de prescrição de cinco anos, do novo e projetado art. 205 do CC/2002.

Apesar de não ser essa a posição com a qual concordo hoje, acabei me filiando à maioria dos membros da citada comissão, movido por um *espírito democrático*, pois um dos objetivos da Reforma é trazer segurança jurídica para os grandes dilemas que surgiram nos mais de vinte anos de vigência da atual Lei Geral Privada.

Superado esse ponto, entendo que também o art. 560 do atual Código Privado deverá ser aplicado para ambos os casos de revogação da doação. De acordo com esse dispositivo, o direito de revogar a doação não se transmite aos herdeiros do doador, nem prejudica os do donatário. Mas aqueles podem prosseguir na ação iniciada pelo doador, continuando-a contra os herdeiros do donatário, se este falecer depois de ajuizada a lide.

Especificamente quanto à revogação da doação onerosa por inexecução do encargo, essa somente é possível se o donatário incorrer em mora. Aqui, é importante não confundir o legitimado para a revogação, que é somente o doador, com os legitimados para exigir a execução do encargo na doação, que podem ser o doador, o terceiro ou o Ministério Público caso o encargo seja de interesse geral. Não havendo prazo para o cumprimento, ou melhor, para a execução, o doador poderá notificar judicialmente o donatário, assinando-lhe prazo razoável para que cumpra a obrigação assumida, ou melhor, com o ônus assumido (art. 562 do CC).

Apesar de a norma mencionar que a notificação é judicial, recente aresto do Superior Tribunal de Justiça, em prol da extrajudicialização e da redução de burocracias, concluiu que é possível que essa constituição em mora seja feita de forma extrajudicial. Nos termos de trecho da ementa, que conta com o meu apoio, apesar da literalidade da lei, "não previsto prazo determinado para o cumprimento da contraprestação, o doador, mediante notificação judicial ou extrajudicial, na forma do art. 397 do CCB, pode constituir em mora o donatário, fixando-lhe prazo para a execução do encargo, e, restando este inerte, ter-se-á por revogada a doação. Doutrina acerca do tema" (STJ, REsp 1.622.377/MG, 3.ª Turma, Rel. Min. Paulo de Tarso Sanseverino, j. 11.12.2018, *DJe* 14.12.2018). Acrescente-se que, após esse prazo fixado pelo doador, é que se conta o prazo decadencial de um ano para o ingresso da ação de revogação da doação, previsto no art. 559 do CC.

Por fim, consigne-se que a Lei 12.122, de dezembro de 2009, introduziu uma nova letra no art. 275 do CPC/1973 (letra *g*), passando a prever que a ação de revogação seguiria o rito sumário. Logicamente, o objetivo era tornar mais célere a referida ação, pelo rito abreviado. Porém, o CPC/2015 não tratou do rito sumário, devendo a ação de revogação da doação seguir o procedimento comum, a partir da sua entrada em vigor, em março de 2016.

9.5 RESUMO ESQUEMÁTICO

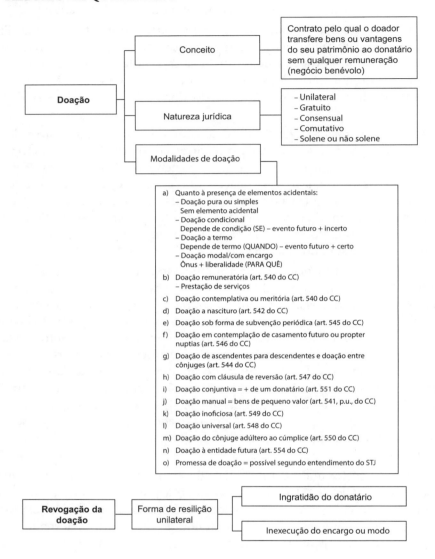

9.6 QUESTÕES CORRELATAS

01. (TRT/MT – FCC – Juiz do Trabalho Substituto – 2015) Joana possui três filhos, mas doou apenas ao mais velho, Juan, parte de seu patrimônio. De acordo com o Código Civil, a doação feita a Juan

(A) produzirá efeitos apenas se houver concordância dos irmãos de Juan.
(B) é nula, não podendo o juiz invalidá-la de ofício.
(C) é nula, devendo assim ser declarada de ofício, pelo juiz.
(D) importa adiantamento do que lhe cabe por herança.
(E) é anulável, invalidando-se apenas a pedido dos demais herdeiros.

CAP. 9 · CONTRATOS EM ESPÉCIE – DA DOAÇÃO | **427**

02. (FAURGS – TJRS – Juiz de Direito Substituto – 2016) Sobre as várias espécies de contratos típicos, é INCORRETO afirmar que

(A) a garantia, no seguro de dano, como expressão do princípio indenitário, é limitada, no máximo, ao valor do interesse.

(B) a obrigação de incolumidade assumida pelo transportador implica a responsabilidade objetiva pela interrupção da execução contratual.

(C) todos terão direito à remuneração, quando concluído o negócio com a intermediação de mais de um corretor.

(D) a doação de ascendentes a descendentes é inválida se não houver a anuência dos demais herdeiros.

(E) pode o comissário reter bens do comitente que estejam em seu poder, como garantia para o recebimento de comissões devidas e reembolso de despesas efetuadas.

03. (PUC-PR – Prefeitura de Maringá-PR – Procurador – 2015) Doação é o contrato tipificado no Código Civil, em seu artigo 538, em que o doador transfere de seu patrimônio bens ou vantagens, por liberalidade, ao patrimônio do donatário. No que diz respeito à evicção e ao vício redibitório em relação ao contrato de doação, é correto afirmar:

(A) A coisa recebida em virtude de contrato de doação pura e simples pode ser enjeitada pelo donatário por vícios ou defeitos ocultos, que a tornem imprópria ao uso a que é destinada ou lhe diminuam o valor.

(B) Por se tratar de contrato essencialmente oneroso, em qualquer de suas modalidades, o donatário, além de enjeitar a coisa em caso de vícios redibitórios, poderá exigir que o doador responda pelas consequências da evicção.

(C) Independentemente de dolo ou culpa por parte do doador, este sempre responderá pelos vícios redibitórios que recaiam sobre a coisa objeto da doação.

(D) Por se tratar de contrato benéfico, o doador não responde pela evicção, nem mesmo pelo vício redibitório. Contudo, nas doações para casamento com certa e determinada pessoa, o doador ficará sujeito à evicção, salvo se convencionado em contrário.

(E) Nas doações puras, se o doador conhecia o vício ou defeito da coisa, pagará as perdas e danos; se não o conhecia, restituirá somente as despesas do contrato.

04. (TJRO – IESES – Titular de Serviços de Notas e de Registros – Remoção – 2017) Considera-se doação o contrato em que uma pessoa, por liberalidade, transfere do seu patrimônio bens ou vantagens para o de outra. São corretas as sentenças abaixo EXCETO:

(A) O doador pode estipular que os bens doados voltem ao seu patrimônio, se sobreviver ao donatário.

(B) A doação far-se-á por escritura pública ou instrumento particular.

(C) A doação do cônjuge adúltero ao seu cúmplice pode ser anulada pelo outro cônjuge, ou por seus herdeiros necessários, até cinco anos depois de dissolvida a sociedade conjugal.

(D) O doador pode fixar prazo ao donatário, para declarar se aceita ou não a liberalidade. Desde que o donatário, ciente do prazo, não faça, dentro dele, a declaração, entender-se-á que aceitou, se a doação não for sujeita a encargo.

05. (TJRJ – CETRO – Titular de Serviços de Notas e de Registros – Remoção – 2017) No que se refere ao instituto da doação, assinale a alternativa correta.

(A) Somente pode ser considerado fraude de execução a doação de imóvel ao descendente quando já há sentença judicial em demanda capaz de reduzir o devedor e seu descendente à insolvência.

(B) Não configura mero ato de liberalidade a promessa de doação aos filhos como condição para realização de acordo de bens homologado por sentença nos autos do divórcio consensual dos pais, detendo, ele, a mesma eficácia da escritura pública de doação.

(C) O prazo decadencial para que o cônjuge exerça o direito potestativo de invalidar a doação realizada pelo outro sem a sua autorização, quando esta era necessária, é de 2 (dois) anos a contar da separação de fato da sociedade conjugal.

428 | DIREITO CIVIL • VOL. 3 – *Flávio Tartuce*

(D) A revogação de doação por ingratidão obedece a rol taxativo indicado no Código Civil, conforme jurisprudência do STJ.

(E) Bem imóvel gravado com cláusula de incomunicabilidade e recebido por doação pelo *de cujus* afeta a vocação hereditária do cônjuge sobrevivente.

06. **(SAAE de Barra Bonita/SP – Instituto Excelência – Procurador Jurídico – 2017) De acordo com o Código Civil, art. 557, podem ser revogadas por ingratidão as doações:**

I – as doações puramente remuneratórias;

II – se o donatário atentou contra a vida do doador ou cometeu crime de homicídio doloso contra ele;

III – se cometeu contra ele ofensa física;

IV – as oneradas com encargo já cumprido;

V – se o injuriou gravemente ou o caluniou;

VI – se, podendo ministrá-los, recusou ao doador os alimentos de que este necessitava;

VII – as que se fizerem em cumprimento de obrigação natural;

VIII – as feitas para determinado casamento.

Estão CORRETOS os itens:

(A) I, III, V, VI e VII.

(B) II, III, V e VI.

(C) III, IV- VI e VII.

(D) I, III, IV, V, VII e VIII.

07. **(Procurador do Município – Prefeitura de Sorocaba – SP – VUNESP – 2018) Assinale a alternativa correta sobre o contrato de doação.**

(A) é nula a cláusula que estabeleça que o bem doado voltará ao patrimônio do doador, se este sobreviver ao donatário.

(B) é permitida a cláusula que estabeleça que o bem será destinado a terceiro, em caso de falecimento do donatário.

(C) em regra, o doador não é sujeito às consequências do vício redibitório, mas é sujeito às consequências da evicção.

(D) na doação à entidade futura, se esta não for constituída no prazo de 2 (dois) anos, o objeto da doação será destinado à entidade já constituída, com objeto social igual ou semelhante àquela que seria constituída.

(E) na doação onerosa, é permitido que o encargo seja estipulado em benefício de pessoa diversa do doador.

08. **(Analista Jurídico – TJ-SC – FGV – 2018) Paulo e Mônica, pais de Rubens e Carolina, decidem presentear a filha com um de seus imóveis, o que fazem mediante escritura de doação, sem a participação de Rubens.**

No caso, esse contrato:

(A) não surte efeito em relação a Rubens, visto que dele não participou;

(B) é nulo, pois Rubens deveria ter subscrito como interveniente anuente;

(C) é inexistente, pois viola o princípio da solidariedade familiar;

(D) deve ser ratificado por Rubens para ganhar eficácia;

(E) é válido, ainda que não tenha contado com a anuência de Rubens.

09. **(Advogado Júnior – TRANSPETRO – CESGRANRIO – 2018) Ao saber que sua irmã estava no terceiro mês de gestação, J. resolve doar um de seus apartamentos para o nascituro.**

De acordo com o Código Civil de 2002, sobre esse contrato constata-se que o(a)

(A) contrato é nulo por incapacidade absoluta do agente.

(B) contrato é inexistente, pois a personalidade civil começa com o nascimento com vida.

(C) aceitação da doação é dispensada por se tratar de doação pura a agente absolutamente incapaz.

CAP. 9 · CONTRATOS EM ESPÉCIE – DA DOAÇÃO | **429**

(D) doação feita ao nascituro valerá, sendo aceita pelo seu representante legal.

(E) doação valerá, mas seus efeitos ficam sujeitos à aceitação do donatário quando cessar a incapacidade.

10. (Titular de Serviços de Notas e de Registros – TJ-MG – CONSULPLAN – 2017) As doações podem ser revogadas por ingratidão, EXCETO:

(A) As feitas para determinado casamento.

(B) Se cometeu contra o doador ofensa física.

(C) Se injuriou ou caluniou gravemente o doador.

(D) Se, podendo ministrá-los, recusou ao doador os alimentos de que este necessitava.

11. (Titular de Serviços de Notas e de Registros – Provimento – TJ-RS – VUNESP – 2019) A doa certo imóvel para B e C, casados pelo regime da separação de bens, sendo a doação registrada no Registro de Imóveis. Pode-se afirmar que a doação

(A) não é conjuntiva e, em caso de morte de um dos donatários, a sua fração ideal deverá ser partilhada, e a partilha registrada.

(B) não é conjuntiva e, em caso de morte de um dos donatários, o bem não deverá ser partilhado, ficando na totalidade para o donatário sobrevivente, bastando para tanto um ato de averbação.

(C) é conjuntiva e, em caso de morte de um dos donatários, o bem não deverá ser partilhado, ficando na totalidade para o donatário sobrevivente, bastando para tanto um ato de averbação.

(D) é conjuntiva e, em caso de morte de um dos donatários, o bem ficará na totalidade para o cônjuge sobrevivente, independentemente de partilha, devendo haver ato de registro *stricto sensu*.

(E) é conjuntiva e, em caso de morte de um dos donatários, a sua fração ideal deverá ser partilhada, e a partilha registrada.

12. (Titular de Serviços de Notas e de Registros – Remoção – TJ-MG – CONSULPLAN – 2019) De acordo com o Código Civil Brasileiro, analise as afirmativas sobre o contrato de doação. I. O contrato de doação, por si só, não opera a transferência da propriedade. II. Na doação, a cláusula de reversão por premoriência do donatário pode ser estipulada em favor de terceiro a quem o doador designar. III. É nula a doação de todos os bens do doador, sem reserva de parte, ou renda suficiente para a sua subsistência. IV. Só o doador tem legitimidade para propor a ação de revogação da doação, mas os herdeiros podem prosseguir na ação iniciada pelo doador.

Estão corretas as afirmativas

(A) I, II, III e IV.

(B) II e III, apenas.

(C) I, II e IV, apenas.

(D) I, III e IV, apenas.

13. (Promotor Substituto – MPE-PR – 2019) Assinale a alternativa *incorreta*:

(A) A doação de um cônjuge a outro importa adiantamento do que lhe cabe por herança.

(B) O doador pode estipular que os bens doados voltem ao seu patrimônio, se sobreviver ao donatário.

(C) É anulável a doação de todos os bens sem reserva de parte, ou renda suficiente para a subsistência do doador.

(D) É nula é a doação quanto à parte que exceder à de que o doador, no momento da liberalidade, poderia dispor em testamento.

(E) A doação em comum a mais de uma pessoa entende-se distribuída entre elas por igual, salvo declaração em contrário.

14. (Juiz Substituto – TJ-SC – CESPE – 2019) A doação de determinado bem a mais de uma pessoa é denominada

(A) contemplativa.

(B) mista.

430 | DIREITO CIVIL • VOL. 3 – *Flávio Tartuce*

(C) conjuntiva.

(D) divisível.

(E) híbrida.

15. (Procurador – AL-GO – IADES – 2019) Em relação ao direito contratual brasileiro, assinale a alternativa correta.

(A) O empréstimo gratuito de bens infungíveis é denominado mútuo.

(B) A doação pode ser revogada por ingratidão do donatário, ou por inexecução do encargo.

(C) No contrato de empreitada, a obrigação do empreiteiro de fornecer os materiais é presumida.

(D) O mandato não pode ser tácito.

(E) No transporte de pessoas, a responsabilidade contratual do transportador por acidente com o passageiro é elidida pela demonstração de culpa de terceiro.

16. (Promotor de Justiça substituto – MPE-SC – Cespe/Cebraspe – 2021) A respeito dos contratos e do direito das coisas, julgue o item subsequente.

Em se tratando de doação pura, caso o donatário seja pessoa absolutamente incapaz, será dispensada a aceitação.

( ) Certo

( ) Errado

17. (Defensor Público – DPE-BA – FCC – 2021) Vilma doou R$ 200.000,00 a José, que se apresentava como líder religioso e dizia a Vilma que tal doação lhe garantiria melhoras na sua vida profissional e pessoal. O numerário era fruto de poupança de uma vida inteira de Vilma, que é viúva e tem um filho, já maior e capaz. Meses depois, Vilma procura atendimento na Defensoria Pública mostrando arrependimento em relação à doação. Nesse caso,

(A) a revogação da doação se justifica pela inexecução do encargo estabelecido no contrato verbal de doação.

(B) é válida a doação verbal, ainda que sobrem bens móveis, independentemente do valor, se for seguida da tradição.

(C) é nula a doação dos bens que não garantam o mínimo de subsistência ao doador, estando sujeita ao prazo prescricional geral de dez anos.

(D) a doação realizada por Vilma pode ser considerada doação inoficiosa, porque, no momento da liberalidade, excedeu o limite disponível em relação à legítima.

(E) a doação somente poderá ser anulada se alegado vício de consentimento, prescrevendo a ação em quatro anos.

18. (Procurador do Município – Prefeitura de Jundiaí-SP – Vunesp – 2021) Sobre a doação, assinale a alternativa correta.

(A) O doador pode fixar prazo ao donatário, para declarar se aceita ou não a liberalidade; desde que o donatário, ciente do prazo, não faça, dentro dele, a declaração, entender-se-á que aceitou a doação, pura ou sujeita a encargo.

(B) A doação far-se-á por escritura pública ou instrumento particular, somente sendo admitida a doação verbal se esta versar sobre bens móveis e de pequeno valor, devendo a tradição ser realizada dentro do prazo acordado verbalmente.

(C) A doação feita a nascituro ou a menor absolutamente incapaz dispensa a aceitação do representante legal, desde que se trate de doação pura.

(D) O doador pode estipular que os bens doados voltem ao seu patrimônio, se sobreviver ao donatário, bem como estipular cláusula de reversão em favor de terceiro.

(E) Salvo declaração em contrário, a doação em comum a mais de uma pessoa entende-se distribuída entre elas por igual; se os donatários, em tal caso, forem marido e mulher, subsistirá na totalidade a doação para o cônjuge sobrevivo.

CAP. 9 · CONTRATOS EM ESPÉCIE – DA DOAÇÃO | **431**

19. **(Promotor de Justiça substituto – MPE-MG – Fundep – 2022) Assinale a alternativa INCORRETA:**

(A) Ressalvados os regimes jurídicos previstos em leis especiais, os contratos civis e empresariais presumem-se paritários e simétricos até a presença de elementos concretos que justifiquem o afastamento dessa presunção.

(B) A doação pode ser revogada por ingratidão do donatário, ou por inexecução do encargo, sendo possível que as partes estipulem, expressamente, a renúncia antecipada do direito de revogar a liberalidade por ingratidão.

(C) As dívidas futuras podem ser objeto de fiança; mas o fiador, neste caso, não será demandado senão depois que se fizer certa e líquida a obrigação do principal devedor.

(D) Nos casos de inadimplemento do vendedor em virtude do atraso na entrega de imóvel em construção objeto de contrato ou promessa de compra e venda, a cláusula penal moratória tem a finalidade de indenizar pelo adimplemento tardio da obrigação, e, em regra, estabelecida em valor equivalente ao locativo, afasta-se sua cumulação com lucros cessantes.

20. **(Defensor Público de Entrância Inicial – DPE-CE – FCC – 2022) Marcos é solteiro e pai de três filhos. Ao longo de sua vida, ele angariou um patrimônio aproximado de 500 mil reais, quando decidiu presentear seu filho mais novo com uma casa cujo valor é de 350 mil reais. Ele realizou a doação em favor do filho mais novo, sem comunicar os demais filhos. Em tais circunstâncias, a doação deve ser considerada**

(A) válida, mas o bem doado deverá ser colacionado quando do inventário.

(B) nula de pleno direito, por ausência de anuência dos demais herdeiros.

(C) anulável, por ausência de anuência dos demais herdeiros, que deverão alegar judicialmente a anulabilidade do ato.

(D) válida, porém o que exceder à tutela da legítima é nulo.

(E) nula, uma vez que a doação de bens que excedem a legítima acarreta a nulidade de todo o ato.

21. **(Defensor Público – DPE-PI – CESPE/CEBRASPE – 2022) Juliana devia a Paulo R$ 1 mil por serviços prestados. Para o pagamento da dívida, e como forma de gratificá-lo, Juliana doou-lhe um anel de ouro no valor de R$ 10 mil.**

No que se refere a essa situação hipotética, assinale a opção correta.

(A) Juliana deverá efetivar a doação por escritura pública.

(B) Se Paulo for absolutamente incapaz, dispensa-se a aceitação por seu representante legal.

(C) Juliana poderá disciplinar que o anel será transferido a sua filha, em caso de morte de Paulo.

(D) Caso Juliana assinale prazo para o aceite e não obtenha resposta, será presumido que Paulo aceitou a doação, se ciente do prazo estipulado.

(E) Juliana poderá, no mesmo ato que se efetivar a doação, renunciar a seu direito de revogar a doação por ingratidão.

22. **(TRF-1ª Região – FGV – Juiz Federal substituto – 2023) Quanto ao contrato de doação, segundo as diretivas do Código Civil, é correto afirmar que:**

(A) a doação de descendente a ascendente, ou de um cônjuge a outro, importa adiantamento do que lhes cabe por herança;

(B) a doação de bens móveis, a depender do valor, pode ser verbal, caso acompanhada da tradição;

(C) a cláusula de reversão não é personalíssima em favor do doador;

(D) a doação feita àquele não nascido é possível, desde que aceita pelo representante legal. Caso o nascituro não chegue a adquirir personalidade, será considerada nula;

(E) o doador, como qualquer contratante, está sujeito às consequências da evicção, mas não se sujeita às consequências do vício redibitório.

23. **(Prefeitura de São José do Rio Preto-SP – Vunesp – Procurador do Município – 2023) A revogação da doação por ingratidão**

(A) obriga o donatário a restituir os frutos percebidos antes da citação válida.

(B) pode prejudicar os direitos adquiridos por terceiros.

432 | DIREITO CIVIL • VOL. 3 – *Flávio Tartuce*

(C) não se aplica para as doações feitas para determinado casamento.

(D) sujeita o donatário, quando não for possível restituir as coisas doadas em espécie, a indenizar pelo valor integral.

(E) pode ser aplicada para os casos das doações puramente remuneratórias.

24. **(TJMS – FGV – Juiz substituto – 2023) Mário prometeu a seus três filhos, no bojo de ação de divórcio combinada com partilha, que lhes doaria os imóveis em seu nome. O termo de homologação desse acordo foi levado ao Registro Geral de Imóveis.**

Nesse caso, com o registro da promessa de doação, verifica-se:

(A) a constituição de um ônus real *stricto sensu* sobre os imóveis;

(B) o estabelecimento de uma obrigação com eficácia real;

(C) a existência de uma obrigação natural;

(D) a afirmação de uma obrigação ambulatória ou *propter rem*;

(E) a criação de um direito potestativo em favor dos filhos.

25. **(TJSC – Juiz substituto – FGV – 2024) Hermínia tinha três filhos: Chico, Chiquinha e Chicó. Em 2007, resolveu doar, resguardando-se o usufruto, seu único patrimônio, uma casa avaliada em R$ 1.200.000,00, apenas para Chiquinha e Chicó.**

Nesse caso, à luz da jurisprudência do STJ, Chico, o filho excluído da doação, poderá alegar:

(A) doação universal, dentro de prazo decadencial decenal;

(B) doação universal, sem estar sujeito a prazo prescricional por se tratar de ato nulo;

(C) doação inoficiosa, quanto ao excesso de doação de R$ 400.000,00, sem estar sujeito a prazo prescricional, por se tratar de ato nulo;

(D) doação inoficiosa, quanto ao excesso de doação de R$ 200.000,00, dentro de prazo prescricional decenal;

(E) doação inoficiosa, quanto ao excesso de doação de R$ 400.000,00, dentro de prazo decadencial de quatro anos.

26. **(TJSP – Juiz substituto – Vunesp – 2024) Na doação com cláusula de reversão, é correto afirmar:**

(A) havendo comoriência entre o doador e o donatário, a cláusula de reversão não surtirá efeitos, transferindo-se o bem doado aos sucessores do doador.

(B) a cláusula de reversão impõe limitação exclusivamente ao donatário, em virtude de premoriência ao doador, condicionando o contrato de doação a uma condição resolutiva.

(C) a reversão do bem ao patrimônio do doador subordina-se exclusivamente ao evento morte, vedada a estipulação da cláusula para as hipóteses de descumprimento de condição ou encargo ou ainda ao perfazimento de termo.

(D) admite-se a cláusula de reversão em favor do doador ou de terceiro.

27. **(Câmara Municipal de Itapecerica da Serra-SP – Procurador – Avança SP – 2024) A respeito da doação, considere as seguintes assertivas:**

I – O doador pode fixar prazo ao donatário, para declarar se aceita ou não a liberalidade. Se o donatário, ciente do prazo estipulado, não declarar se aceita ou não a liberalidade, entender-se-á que não aceitou, mesmo se a doação não for sujeita a encargo.

II – O doador pode estipular que os bens doados sejam revertidos em seu favor ou de terceiros, em caso de falecimento do donatário.

III – É nula a doação de todos os bens sem reserva de parte, ou renda suficiente para a subsistência do doador.

IV – A doação a entidade futura caducará se, em dois anos, esta não estiver constituída regularmente.

Está CORRETO o que se afirma em:

(A) I, III e IV, apenas.

(B) III e IV, apenas.

CAP. 9 · CONTRATOS EM ESPÉCIE – DA DOAÇÃO | 433

(C) I, II, III e IV.

(D) I e IV, apenas.

(E) II, III e IV, apenas.

28. **(TJSC – Juiz substituto – FGV – 2024) Adamastor, que não teve filhos, sempre teve um carinho especial por seu afilhado Euclides. Por isso, quando este completou 18 anos, doou a ele um automóvel. Após a doação, veio a saber que quem vinha divulgando nas redes sociais graves acusações quanto à lisura e honestidade de Lucrécia, sua companheira, era o próprio Euclides. Diante das ofensas à mulher com quem mantinha união estável há muitos anos, Adamastor pretende a revogação da doação por ingratidão de Euclides.**

Sobre o caso, é correto afirmar que:

(A) o prazo de um ano para pretender a revogação da doação por ingratidão conta-se da data em que Adamastor veio a ter conhecimento da autoria das ofensas, mesmo ele já sabendo da existência delas antes disso;

(B) se Adamastor vier a falecer, seus herdeiros poderão pretender a revogação da doação por ingratidão de Euclides, se o fizerem dentro do prazo legal, que não se interrompe pela morte do doador;

(C) a revogação da doação por ingratidão não é possível nesse caso, pois o rol de hipóteses que a ensejam é reputado taxativo e não inclui injúria grave à companheira, somente ao cônjuge;

(D) Adamastor pode realizar a revogação por notificação extrajudicial, cumprindo recorrer ao Judiciário somente se Euclides se recusar a devolver o bem e, nesse caso, a decisão será meramente declaratória da revogação;

(E) os efeitos da revogação retroagirão à data em que foi realizada a doação, cabendo a Euclides devolver eventuais frutos percebidos e, em caso de deterioração ou perda do bem, indenizar o doador pelo seu atual valor de mercado.

GABARITO

01 – D	02 – D	03 – D
04 – C	05 – B	06 – B
07 – E	08 – E	09 – D
10 – A	11 – C	12 – D
13 – C	14 – C	15 – B
16 – CERTO	17 – D	18 – E
19 – B	20 – D	21 – D
22 – B	23 – C	24 – B
25 – D	26 – B	27 – B
28 – A		

10

CONTRATOS EM ESPÉCIE – LOCAÇÃO DE COISAS E FIANÇA

Sumário: 10.1 Locação. Conceitos gerais – 10.2 Locação de coisas no Código Civil (arts. 565 a 578 do CC) – 10.3 Locação de imóvel urbano residencial ou não residencial. Estudo da Lei de Locação (Lei 8.245/1991) e das alterações incluídas pela Lei 12.112/2009: 10.3.1 Introdução; 10.3.2 Características e regras gerais da Lei de Locação. Aspectos materiais; 10.3.3 Deveres do locador e do locatário na locação de imóvel urbano; 10.3.4 Regras quanto à extinção da locação residencial e da locação para temporada; 10.3.5 Regras quanto à extinção da locação não residencial; 10.3.6 O direito de preferência do locatário; 10.3.7 Benfeitorias e nulidades contratuais; 10.3.8 Transferência do contrato de locação; 10.3.9 As garantias locatícias; 10.3.10 Regras processuais relevantes da Lei de Locação. As ações específicas – 10.4 Contrato de fiança: 10.4.1 Conceito e natureza jurídica; 10.4.2 Efeitos e regras relativas à fiança; 10.4.3 Extinção da fiança; 10.4.4 A impenhorabilidade do bem de família do fiador – 10.5 Resumo esquemático – 10.6 Questões correlatas – Gabarito.

10.1 LOCAÇÃO. CONCEITOS GERAIS

Genericamente, em sentido amplíssimo, o contrato de locação é aquele pelo qual uma das partes, mediante remuneração (aluguel, salário civil ou preço), compromete-se a fornecer à outra, por certo tempo, o uso de uma coisa não fungível, a prestação de um serviço, ou a execução de uma obra determinada. Nesse sentido largo, podem ser estabelecidos três tipos de locação, o que remonta ao Direito Romano:

a) Locação de coisas (*locatio rei*) – tem como conteúdo o uso e gozo de bem infungível.

b) Locação de serviços (*locatio operarum*) – tem como conteúdo a prestação de um serviço com interesse econômico.

c) Locação de obras ou empreitada (*locatio operis faciendi*) – tem como conteúdo a execução de uma obra ou trabalho.

Relevante observar que, pela sistemática do atual Código Civil brasileiro, a prestação de serviços e a empreitada deixaram de ser espécies de locação, mesmo porque o

436 | DIREITO CIVIL • VOL. 3 – *Flávio Tartuce*

legislador as colocou após o contrato de empréstimo – que se subdivide nos contratos de comodato e mútuo –, fazendo questão de separar esses contratos (prestação de serviços e empreitada) da locação de coisas. Desse modo, os conceitos clássicos ou tradicionais expostos perdem relevância teórica e prática diante do tratamento dado pela atual codificação privada.

Conveniente também esclarecer que os termos *locação* e *arrendamento* podem ser utilizados como expressões sinônimas. Em Portugal, a propósito, a segunda expressão aparece com mais frequência. Entretanto, na prática, utiliza-se *arrendamento* para os casos de imóveis rurais e rústicos e *locação* para os imóveis urbanos. Para outros autores, caso de Roberto Senise Lisboa, o que diferencia os dois contratos é que no arrendamento há uma opção de compra colocada à disposição do arrendatário, o que não ocorre na locação comum (*Manual...*, 2005, p. 391). Isso ocorre no *leasing* ou arrendamento mercantil, em que a opção de compra se dá com pagamento do VRG (*valor residual garantido*). A última diferenciação é também pertinente.

No tocante à natureza jurídica do contrato de locação de coisas, trata-se de contrato bilateral ou *sinalagmático* (pois traz obrigações recíprocas), oneroso (pela presença de remuneração), comutativo (as partes já sabem quais são as prestações), consensual (aperfeiçoa-se com a manifestação de vontades) e informal e não solene (não é necessária escritura pública ou forma escrita, como regra geral). Trata-se também de típico contrato de execução continuada (ou de trato sucessivo), uma vez que o cumprimento se protrai no tempo na maioria das hipóteses fáticas.

Superada essa importante introdução, veja-se então a análise da locação prevista no Código Civil de 2002.

10.2 LOCAÇÃO DE COISAS NO CÓDIGO CIVIL (ARTS. 565 A 578 DO CC)

A locação de coisas pode ser conceituada como o contrato pelo qual uma das partes (locador ou senhorio) se obriga a ceder à outra (locatário ou inquilino), por tempo determinado ou não, o uso e gozo de coisa não fungível, mediante certa remuneração, denominada aluguel (art. 565 do CC). Na hipótese em que as partes não estipularem expressamente, o pagamento dos aluguéis deverá ser feito no domicílio do devedor, conforme determina o art. 327 do CC ("Efetuar-se-á o pagamento no domicílio do devedor, salvo se as partes convencionarem diversamente, ou se o contrário resultar da lei, da natureza da obrigação ou das circunstâncias").

O que diferencia o contrato de locação do contrato de empréstimo, particularmente em relação ao comodato, é a presença de remuneração, o que não ocorre no último. Ademais, caso o contrato se refira a bem fungível, a hipótese é de mútuo. No entanto, em certas hipóteses, bens fungíveis poderão ser alugados, quando o seu uso e gozo for concedido *ad pompam vel ostenationem*, como no caso em que o locador cede ao locatário garrafas de vinho ou uma cesta de frutas para que sirvam de ornamentação em uma festa.

A forma do contrato de locação pode ser qualquer uma, inclusive a verbal, posto que é um contrato consensual e informal. O prazo da locação pode ser determinado ou indeterminado, dependendo do que se fixar no instrumento. No silêncio das partes, deve-se concluir que o prazo é indeterminado.

A locação prevista no Código Civil pode ter como objeto coisas móveis ou imóveis, desde que não esteja tratada pela legislação especial. Para os casos de imóveis urbanos aplica-se a Lei 8.245/1991, que será oportunamente estudada, com as alterações introduzidas nos últimos anos. Para os imóveis rurais, aplica-se o Estatuto de Terra (Lei 4.504/1964), que disciplina os contratos de arrendamento rural e parceria agrícola.

Como deveres que lhe são inerentes, o locador é obrigado a entregar ao locatário a coisa, com todas as suas pertenças e em condições de ser utilizada, manter o bem nesse estado na vigência da locação e garantir o seu uso pacífico, nos termos do pactuado (art. 566, incs. I e II, do CC). Havendo desrespeito a tais deveres, o locatário poderá rescindir a locação, sem prejuízo das perdas e danos cabíveis.

Ocorrendo deterioração da coisa durante o prazo da locação e não havendo qualquer culpa do locatário, poderá este pleitear a redução do valor locatício ou resolver o contrato, caso a coisa não lhe sirva mais (art. 567 do CC). Isso porque, como se sabe, a coisa perece para o dono (*res perit domino*), regra que é retirada da teoria geral das obrigações. Aplicando bem a norma a uma locação de equipamentos, cumpre colacionar decisão do Tribunal de Minas Gerais:

> "Ação de anulação de título cambial c/c indenização por danos materiais e morais. Locação de bens móveis. Equipamento com defeito. Plano de contingência para conclusão dos serviços. Redução proporcional da locação. Danos materiais e morais não provados. Diante do descumprimento parcial do contrato, em razão da locação do equipamento com defeito, em observância ao princípio geral de conservação dos contratos, mister se faz reduzir proporcionalmente as prestações, conforme autoriza o disposto no art. 567 do Código Civil. A ausência de comprovação da efetiva ocorrência dos danos materiais e morais, não autoriza à concessão da respectiva indenização" (TJMG, Apelação Cível 1.0079.04.144899-8/0011, 16.ª Câmara Cível, Contagem, Rel. Des. Wagner Wilson, j. 11.02.2009, *DJEMG* 13.03.2009).

Como outro dever que lhe é inerente, o locador deve resguardar o locatário contra as turbações e os esbulhos cometidos por terceiros, tendo ambos legitimidade para promover as competentes ações possessórias, pois o locador é possuidor indireto e o locatário possuidor direto.

Também responderá o locador por eventuais vícios e defeitos que acometem a coisa (art. 568 do CC). Os vícios referenciados são os redibitórios ou, eventualmente, os de produto, caso a relação jurídica seja caracterizada como de consumo, como é a situação de uma locação de veículo para um período de férias.

O art. 569 do Código Civil de 2002 traz as obrigações legais do locatário, comuns a todos os que assumem essa condição, a saber:

a) Servir-se da coisa alugada para os usos convencionados ou presumidos conforme a natureza dela, tratando a coisa como se sua fosse.

b) Pagar pontualmente o aluguel nos prazos ajustados e na falta de ajuste, segundo os costumes do lugar, sob pena de caracterização do inadimplemento contratual.

438 DIREITO CIVIL • VOL. 3 – *Flávio Tartuce*

c) Levar ao conhecimento do locador as turbações de terceiro, que se pretendam fundadas de direito.

d) Restituir a coisa, finda a locação, no estado em que a recebeu, salvo as deteriorações naturais do uso.

Também nesses casos, se o locatário desrespeitar um dos seus deveres, caberá a rescisão do contrato, por parte do locador, sem prejuízo das perdas e danos (resolução por inexecução voluntária).

Eventualmente, empregando o locatário a coisa em uso diverso do que consta no instrumento ou mesmo tendo em vista a destinação normal da coisa e vindo esta a deteriorar-se, mais uma vez poderá o locador pleitear a rescisão do contrato por resolução, sem prejuízo de eventuais perdas e danos (art. 570 do CC).

Superado esse ponto, duas regras importantes que constam do art. 571 do CC devem ser estudadas.

A primeira é que, se a locação for estipulada com prazo fixo, antes do seu vencimento não poderá o locador reaver a coisa alugada, a não ser que indenize o locatário pelas perdas e danos resultantes dessa quebra do contrato, gozando o locatário de direito de retenção do imóvel até o seu pagamento. Como segunda regra, dispõe o comando legal que o locatário somente poderá devolver a coisa pagando a multa prevista no contrato, proporcionalmente ao tempo que restar para o seu término.

Complementando, o art. 572 do Código Civil, em sintonia com a redução da cláusula penal (art. 413 do CC) e com o princípio da função social do contrato, prevê que, se a multa ou a obrigação de pagar aluguel pelo tempo que restar para o término do contrato constituir uma indenização excessiva, será facultado ao juiz reduzi-la em bases razoáveis. Isso se o contrato previr tal pagamento, como forma de multa ou cláusula penal.

Sendo esse último artigo norma de ordem pública, não cabe sua renúncia, por força do instrumento contratual. Contudo, há um grande problema no art. 572 do CC. Isso porque o dispositivo menciona que "será facultado ao juiz fixá-lo em bases razoáveis", enquanto o art. 413 do CC expressa que a "penalidade deve ser reduzida equitativamente pelo juiz". Pelo primeiro comando, há uma *faculdade*, pelo segundo um *dever*, o que inclui a redução da multa de ofício pelo juiz (Enunciado n. 356 CJF/STJ).

Como o art. 572 do CC é norma especial, deve ser aplicado para a locação de coisas que segue a codificação privada. Para os demais casos incide o art. 413 do CC/2002, particularmente para aqueles envolvendo a locação de imóvel urbano, como se verá a seguir.

Desse modo, nas edições anteriores desta obra, não me filiava ao teor do Enunciado n. 179 CJF/STJ, pelo qual "a regra do art. 572 do novo CC é aquela que atualmente complementa a norma do art. 4.º, 2.ª parte, da Lei 8.245/1991 (Lei de Locações), balizando o controle da multa mediante a denúncia antecipada do contrato de locação pelo locatário durante o prazo ajustado". Foram as justificativas do Ministro Paulo de Tarso Sanseverino, do Superior Tribunal de Justiça, autor da proposta daquele enunciado, aprovado na *III Jornada de Direito Civil*:

"Observe-se que a Lei 8.245/91, ao regular, na parte final de seu art. 4.º, a denúncia imotivada do locatário no curso do prazo da locação, permite a sua redução equitativa na forma prevista pelo art. 924 do CC/16, buscando estabelecer uma sanção proporcional ao tempo restante do contrato. A partir da edição do novo Código Civil, a complementação da regra do art. 4.º da Lei 8.245/91 deverá ser feita não apenas pelo art. 413, que é o correspondente do art. 924 do CC/16, mas também, especialmente, por este art. 572, que regula a mesma situação para o caso específico dos contratos de locação. Competirá ao locatário requerer ao juiz a redução equitativa da multa, conforme a extensão do tempo que faltar para a execução do contrato. O legislador confia mais uma vez no senso de equidade dos juízes para que se estabeleça um valor justo para a multa contratual. Constitui concreção da diretriz da eticidade, traçada por Miguel Reale, buscando abrir espaço para os valores éticos no ordenamento jurídico (Reale, Miguel. *Visão geral do Código Civil*, p. 16). O presente caso representa exatamente uma abertura expressa do ordenamento jurídico ao juízo de equidade dos magistrados, permitindo alcançar a justiça do caso concreto".

Na verdade, não concordei com o enunciado e votei contra a sua aprovação, quando da *III Jornada de Direito Civil* (2004), sendo pertinente expor as razões anteriores desse entendimento. De imediato, destaque-se, todavia, que o art. 4.º da Lei de Locação foi alterado pela Lei 12.112/2009. De toda sorte, apesar da alteração, é importante expor a tese anterior, pois entendo ser ela ainda aplicável.

Pois bem, o art. 4.º da Lei de Locação prescrevia, em sua redação original, que "durante o prazo estipulado para a duração do contrato, não poderá o locador reaver o imóvel alugado. O locatário, todavia, poderá devolvê-lo, pagando a multa pactuada segundo a proporção prevista no art. 924 do Código Civil e, na sua falta, a que foi judicialmente estipulada". Como se sabe, o art. 924 antes referenciado era dispositivo do CC/1916, que equivale ao art. 413 do CC/2002. Ora, o último dispositivo menciona o *dever* do magistrado em reduzir a multa, enquanto o art. 572 faz alusão a uma *faculdade*.

O enunciado doutrinário anterior desprezava essa correlação entre os dispositivos dos dois Códigos Civis, ao mesmo tempo que contrariava a função social dos contratos, uma vez que um dos principais aspectos desse princípio é a redução equitativa da cláusula penal como um dever do magistrado (redução *ex officio*).

Na primeira edição desta obra, foi ressaltado que seria feita proposta de substituição desse enunciado na *IV Jornada de Direito Civil*. Foi exatamente o que ocorreu, pois foi aprovado o Enunciado n. 357 CJF/STJ, a saber: "o art. 413 do Código Civil é o que complementa o art. 4.º da Lei 8.245/1991. Revogado o Enunciado 179 da III Jornada".

Assim sendo, a tese defendida na primeira edição deste volume foi adotada na *IV Jornada de Direito Civil*, evento que se tornou o mais importante para os civilistas brasileiros. Para a Professora Claudia Lima Marques, que trabalhou na coordenação dos trabalhos daquele evento, o novo enunciado aprovado representa uma evolução doutrinária em relação à matéria. Na doutrina contemporânea, outros autores também se posicionam favoravelmente ao último enunciado, caso de Nelson Rosenvald, em sua tese de doutorado defendida na PUCSP (ROSENVALD, Nelson. *Cláusula...*, 2007, p. 260-261).

Sucessivamente, o art. 4.º da Lei de Locação foi alterado pela Lei 12.112/2009, passando a prever que, durante o prazo estipulado para a duração do contrato, não poderá o locador reaver o imóvel alugado. O locatário, todavia, poderá devolvê-lo, pagando a multa pactuada, proporcionalmente ao período de cumprimento do contrato, ou, na sua falta, a que for judicialmente estipulada. Ressalte-se, por oportuno, que mais recentemente o dispositivo foi mais uma vez alterado pela Lei 12.744/2012, fazendo ressalva ao contrato "built-to-suit", hipótese em que a redução da multa não se aplica. O tema ainda será analisado no presente capítulo.

Como se pode perceber, a alteração principal, e que interessa ao presente momento, é que não há mais menção ao art. 924 do Código Civil de 1916, mas apenas à redução da cláusula penal proporcionalmente ao cumprimento do contrato.

Na minha opinião doutrinária, a redação dada pela Lei 12.112/2009 não afasta a incidência do art. 413 do Código Civil de 2002 à multa locatícia, sendo perfeitamente possível a redução por equidade da cláusula penal. De outra forma, pode-se afirmar que o Enunciado n. 357 CJF/STJ ainda tem incidência.

Primeiro, pela tese do *diálogo das fontes*, que procura um sentido de complementaridade entre as normas (Lei 8.245/1991 + Código Civil de 2002). Segundo, porque, repise-se, o art. 413 do CC, norma específica sobre a cláusula penal, tem relação direta com a função social do contrato, princípio de ordem pública com aplicação emergencial e prioritária (art. 2.035, parágrafo único, do CC). Entre julgados publicados nos últimos anos, fazendo incidir o art. 413 para a multa locatícia, colaciona-se:

"Ação de cobrança. Locação de imóvel. Prazo de vigência ajustado em dez (10) anos. Denúncia imotivada do contrato locatício pela inquilina. Multa pela rescisão antecipada que se mostra devida por força contratual e legal, porém, de forma proporcional ao período em que não vigorou o negócio jurídico. Aplicação do artigo 4.º, *caput*, da Lei n.º 8.245/91 e do artigo 413 do Código Civil. Recurso desprovido" (TJSP, Apelação 1075179-89.2015.8.26.0100, Acórdão 10115616, 28.ª Câmara de Direito Privado, São Paulo, Rel. Des. Dimas Rubens Fonseca, j. 31.01.2017, *DJESP* 06.02.2017).

"Ação de cobrança. Alegação de decadência feita com base no parágrafo único, art. 324, do Código Civil. Inaplicabilidade. Rescisão prematura de contrato de locação. Multa. Excesso. Redução. O prazo previsto no parágrafo único, art. 324, do Código Civil só se aplica para os casos em que a dívida se encontra representada em título. Se o locatário prematuramente extingue contrato de locação, ele tem o dever de pagar multa destinada a compensar os prejuízos causados ao locador em razão deste fato. Se a multa prevista no contrato se mostra excessiva deverá haver redução, conforme art. 413 do Código Civil" (TJMG, Apelação Cível 1.0024.11.210358-5/001, Rel. Des. Pedro Bernardes, j. 02.02.2016, *DJEMG* 19.02.2016).

"Apelação. Ação de despejo c.c. cobrança. Contrato de locação. (...). Validade do contrato de locação e da fiança prestada por outra corré. Entrega das chaves em agosto, fazendo-se necessário o pagamento das prestações locatícias vencidas até então. Multa também devida, pela rescisão imotivada e antes do termo final ajustado contratualmente, porém reduzida na proporção do adimplemento parcial (art. 413 do Código Civil). Demonstração de que houve exercício da atividade pela locatária, sem qualquer impedimento. Obrigação de alvará de funcionamento que foi contratualmente incumbia à locatária. Atividade de *show room* que podia ser exercida sem ressalvas. Recurso parcialmente provido" (TJSP, Apelação 0400978-63.2010.8.26.0000, Acórdão 6984622, 25.ª Câmara de Direito Privado, São Paulo, Rel. Des. Hugo Crepaldi, j. 29.08.2013, *DJESP* 12.09.2013).

"Direito civil. Locação. Cláusula penal. Artigo 413 do Código Civil. Matéria de ordem pública. Redução do valor da multa de ofício. Possibilidade. 1. A norma do artigo 413 do Código Civil é de ordem pública, sendo possível de alegação em sede recursal, ainda que não suscitada na instância *a quo*. Preliminar rejeitada. 2. A multa prevista no contrato locatício para o caso de desocupação antecipada do imóvel há que ser reduzida a valor condizente à proporcionalidade do adimplemento do ajuste, pois, de resto, afigura-se injusto impor ao locatário a penalidade integral, quando cumpriu parte da obrigação. 3. Recurso conhecido e parcialmente provido" (TJDF, Recurso 2010.07.1.015264-2, Acórdão 486.005, 1.ª Turma Cível, Rel. Des. Sandoval Oliveira, *DJDFTE* 11.03.2011, p. 113).

No mesmo sentido, e mais recentemente, do Superior Tribunal de Justiça, citando o meu entendimento:

"Como o artigo 924 do Código Civil de 1916 (indicado na Lei do Inquilinato) equivale ao artigo 413 do novel *Codex,* o critério da proporcionalidade matemática, dantes adotado para a redução judicial de cláusula penal inserta em contrato de locação, foi também substituído pelo critério da equidade corretiva. Inteligência do Enunciado 357 da *IV Jornada de Direito Civil* promovida pelo Conselho da Justiça Federal. Na espécie, o pacto locatício, celebrado em 13.4.2006, previa que, em havendo a devolução da loja pela locatária, antes do término do prazo de 36 (trinta e seis) meses (contados a partir de 1.º.05.2006), esta obrigar-se-ia ao pagamento de multa compensatória no valor equivalente a 6 (seis) aluguéis (fl. 164), ou seja, R$ 10.260,00 (dez mil, duzentos e sessenta reais). Diferentemente da proporcionalidade matemática adotada pela Corte estadual – que reduziu a multa para 2,34 aluguéis, por terem sido cumpridos 14 (catorze) meses da relação jurídica obrigacional, faltando 22 (vinte e dois) meses para o encerramento regular do ajuste –, o caso reclama a observância do critério da equidade, revelando-se mais condizente a redução para 4 (quatro) aluguéis, dadas as peculiaridades do caso concreto" (STJ, REsp 1.353.927/SP, 4.ª Turma, Rel. Min. Luis Felipe Salomão, j. 17.05.2018, *DJe* 11.06.2018).

Esse último aresto demonstra que a tese aqui defendida ganhou grande adesão jurisprudencial, para os devidos fins práticos.

Destaque-se, conforme se extrai do último do julgado, que pela subsunção do art. 413 do CC/2002 à multa locatícia a sua redução não será obrigatoriamente proporcional, mas razoável. Nessa linha, estabelece o Enunciado n. 359 CJF/STJ, também da *IV Jornada de Direito Civil*, que "a redação do art. 413 do Código Civil não impõe que a redução da penalidade seja proporcionalmente idêntica ao percentual adimplido". Para ilustrar, se o contrato de locação for cumprido pela metade, não obrigatoriamente a redução da multa será em 50%. Caso o magistrado entenda que o seu valor ainda é exagerado, reduzirá ainda mais a cláusula penal. Em outras palavras, vale a razoabilidade e não obrigatoriamente a proporcionalidade.

Superada essa questão controvertida e interessante, por outra via, sendo por prazo determinado, a locação cessará de pleno direito com o término do prazo estipulado e independentemente de qualquer notificação ou aviso. Percebe-se, portanto, que a codificação adota, como regra, a possibilidade de *denúncia vazia*, ou seja, aquela sem fundamento em qualquer motivo (art. 573 do CC). A hipótese é de resilição unilateral, pois a lei reconhece esse direito potestativo de extinguir o contrato à parte contratual, nos moldes do art. 473, *caput,* do CC.

Mas, se findo o prazo da locação, e o locatário continuar na posse da coisa alugada, sem oposição do locador, presumir-se-á prorrogada a avença sem prazo determinado, com o mesmo aluguel (art. 574 do CC). Em circunstâncias tais, a qualquer tempo e desde que vencido o prazo do contrato, poderá ainda o locador notificar o locatário para restituir a coisa (*denúncia vazia*) – resilição unilateral.

Não sendo a coisa devolvida, pagará o locatário, enquanto estiver na sua posse, o aluguel que o locador arbitrar na notificação, respondendo também por eventuais danos que a coisa venha a sofrer, mesmo em decorrência de caso fortuito (evento totalmente imprevisível), conforme o art. 575 do CC.

De acordo com o art. 575, parágrafo único, do CC, se o aluguel arbitrado pelo locador quando da notificação for excessivo, poderá o juiz reduzi-lo, mas tendo como parâmetro o seu intuito de penalidade. Em suma, a fixação do aluguel pelo locador deve ser pautada pela boa-fé. Mais uma vez, percebe-se a possibilidade de controle da multa pelo magistrado, havendo um *poder* e não um *dever*, ao contrário do que consta do art. 413 do CC. Entretanto, mais uma vez, trata-se de norma especial que deve ser aplicada para os casos em questão, envolvendo a locação de coisas do Código Civil.

Sendo alienada a coisa, o novo proprietário não será obrigado a respeitar o contrato a não ser que o contrato esteja em sua vigência, por prazo determinado, e contenha cláusula de sua vigência no caso de alienação, a constar do Registro de Imóveis ou do Cartório de Títulos e Documentos (art. 576, *caput* e § 1.º, do CC). A redação do dispositivo material confirma o teor da Súmula 442 do STF, segundo a qual "a inscrição do contrato no registro de imóveis, para a validade da cláusula de vigência contra o adquirente do imóvel, ou perante terceiros, dispensa a transcrição no registro de títulos e documentos".

Para os casos envolvendo imóvel, e ainda na situação em que o locador não esteja obrigado a respeitar o contrato, não poderá ele despedir o locatário, senão observado o prazo de 90 (noventa) dias após a notificação, visando à desocupação do imóvel (art. 576, § 2.º, do CC).

Morrendo o locador ou locatário, transfere-se a locação a seus herdeiros, o que comprova que o contrato não tem natureza personalíssima ou *intuitu personae* no que se refere à questão sucessória. Nesse âmbito, o contrato é considerado como impessoal (art. 577 do CC).

A respeito das benfeitorias, o locatário tem direito de retenção quanto às necessárias, em todos os casos. Quanto às úteis, o locatário só terá direito de retenção se forem autorizadas (art. 578 do CC). É muito pertinente verificar o teor da Súmula 158 do STF, segundo a qual: "Salvo estipulação contratual averbada no registro imobiliário, não responde o adquirente pelas benfeitorias do locatário". Mais recentemente, o STJ editou a Súmula 335, também aplicável à locação de imóveis regida pelo Código Civil, a saber: "nos contratos de locação, é válida a cláusula de renúncia à indenização das benfeitorias e ao direito de retenção".

Finalizando, lembre-se o que ensina Sílvio de Salvo Venosa, no sentido de que para reaver a coisa móvel cabe ação de rescisão contratual, cumulada com reintegração de posse. Por outro lado, no caso de imóveis caberá ação de despejo (*Direito...*, 2003).

10.3 LOCAÇÃO DE IMÓVEL URBANO RESIDENCIAL OU NÃO RESIDENCIAL. ESTUDO DA LEI DE LOCAÇÃO (LEI 8.245/1991) E DAS ALTERAÇÕES INCLUÍDAS PELA LEI 12.112/2009

10.3.1 Introdução

Como é notório, a *Lei de Locação* (Lei 8.245/1991) constitui um *microssistema jurídico* ou *estatuto jurídico* próprio que regulamenta a locação de imóveis urbanos residenciais e não residenciais. Fazendo uma análise histórica do surgimento desse importante diploma, Silvio Capanema de Souza demonstra os seus objetivos fundamentais. O primeiro foi a gradual liberação do mercado, "rompendo-se, após tantos anos, o engessamento produzido pela camisa de força do dirigismo estatal". O segundo objetivo foi o de incentivar a construção de novas unidades para locação. O terceiro, a aceleração da prestação jurisdicional. Por fim, como último objetivo, sinaliza o doutrinador para "unificar o regime jurídico da locação de imóvel urbano, pondo fim ao emaranhado legislativo que antes existia" (SOUZA, Sylvio Capanema. *A Lei do Inquilinato...*, 2012, p. 2).

Apesar da corriqueira utilização da expressão *Lei do Inquilinato*, prefiro a primeira expressão, pois há um tom não muito agradável no termo *inquilino*. Primeiro, pois a palavra tem um sentido de subalterno e de precário, diante da origem romana da expressão *inquilinus* (MEIRA, Sílvio A. B. *Instituições...*, 1971, p. 374). Segundo, porque a utilização do termo parece indicar que a norma é protetiva do locatório ou inquilino, o que não é verdade. A Lei 8.245/1991 de forma alguma constitui um sistema de proteção, assim como é a Lei 8.078/1990 em relação ao consumidor. Por tais conclusões, na presente obra será utilizada a legenda *LL*, para denotar dispositivos da Lei de Locação.

Em 9 de dezembro de 2009 foi publicada a Lei 12.112 com alterações relevantes da Lei de Locação, entrando em vigor em janeiro de 2010. Cumpre anotar que o art. 3.º da novel lei previa a sua entrada em vigor de imediato. Todavia, a proposta foi vetada, nos seguintes termos, trazendo a conclusão aqui esposada, a respeito da entrada em vigor somente no primeiro mês de 2010:

> "Nos termos do art. 8.º, *caput*, da Lei Complementar 95, de 26 de fevereiro de 1998, a entrada em vigor imediata somente deve ser adotada em se tratando de normas de pequena repercussão, o que não é o caso do presente projeto de lei.
>
> Assim, de modo a garantir tempo hábil para que os destinatários da norma examinem o seu conteúdo e estudem os seus efeitos, propor-se (*sic*) que a cláusula de vigência seja vetada, fazendo-se com que o ato entre em vigor em quarenta e cinco dias, nos termos do art. 1.º do Decreto-lei 4.657, de 4 de setembro de 1942 – Lei de Introdução ao Código Civil Brasileiro".

Consigne-se que, no que concerne à subsunção da legislação emergente, o Superior Tribunal de Justiça concluiu ser de aplicação imediata, diante de sua natureza eminentemente processual, desde que o contrato esteja gerando efeitos sob a égide da nova legislação (STJ, REsp 1.207.161/AL, 4.ª Turma, Rel. Min. Luis Felipe Salomão, j. 08.02.2011, *DJe* 18.02.2011). No mesmo sentido, a premissa 5, constante da Edição n. 53 da ferramenta *Jurisprudência em Teses* do STJ, do ano de 2016, que trata da Locação Imobiliária: "a Lei n. 12.112/2009, que alterou regras e procedimentos sobre locação de imóvel urbano, por se tratar de norma processual tem aplicação imediata, inclusive a processos em curso".

Como se verá, a nova norma confirma a tese de que a Lei de Locação não é uma norma protetiva do locatário, uma vez que as inovações mais protegem o locador, e também o fiador.

O Código Civil de 2002 não afastou a aplicação da Lei 8.245/1991 à locação de imóvel urbano, conclusão retirada da simples leitura do seu art. 2.036 segundo o qual "a locação de prédio urbano, que esteja sujeita à lei especial, por esta continua a ser regida". Entretanto, deve-se concluir que o Código Civil terá aplicação subsidiária à locação de prédio urbano, em casos específicos e quando for omissa a lei especial, sendo essa a leitura necessária do art. 2.036 do CC, que possui conteúdo de norma de direito intertemporal.

O art. 2.036 do CC/2002 apenas afasta a aplicação das normas relativas à locação de coisas, previstas no Código Civil de 2002, às locações de imóveis urbanos. Porém, o dispositivo não tem o condão de afastar as regras gerais da teoria geral dos contratos, sobretudo aquelas relativas aos princípios contratuais (função social do contrato e boa-fé objetiva); ou os preceitos especiais de outros contratos típicos, caso da fiança, nas relações envolvendo a locação urbana.

Inicialmente, é fundamental verificar que o critério utilizado pela Lei de Locação (LL) para diferenciar imóvel urbano de imóvel rural ou rústico é a sua *destinação* e não a sua localização ou estado (com ou sem construção). Desse modo, urge classificar:

a) *Imóvel rural, agrário* ou *rústico* – é aquele destinado à agricultura, à pecuária, ao extrativismo ou terrenos baldios. Está regulado pelo Estatuto da Terra (Lei 4.504/1964) ou pelo Código Civil.

b) *Imóvel urbano* – é aquele destinado à residência, indústria, comércio e serviços com intuito empresarial. Está regulado pela Lei de Locação (Lei 8.245/1991). Em se tratando de locação comercial ou empresarial, a presença de elementos de negócios atípicos na sublocação não afasta a incidência da Lei de Locação. Nesse sentido julgou a Terceira Turma do Superior Tribunal de Justiça, a respeito de locação de posto de serviços, que "nos contratos coligados ou conexos há uma justaposição de modalidades diversas de contratos, de maneira que cada um destes mantém sua autonomia, preservando suas características próprias, haja vista que o objetivo da junção de tais contratos é possibilitar uma atividade econômica específica. O fato de o contrato de sublocação possuir outros pactos adjacentes não retira sua autonomia nem o desnatura, notadamente quando as outras espécies contratuais a ele se coligam com o único objetivo de concretizar e viabilizar sua finalidade econômica, de modo que as relações jurídicas dele decorrentes serão regidas pela Lei 8.245/1991" (STJ, REsp 1.4754.77/MG, 3.ª Turma, Rel. Min. Marco Aurélio Bellizze, j. 18.05.2021, *DJe* 24.05.2021).

Eventualmente, um imóvel localizado no perímetro urbano pode ser rural para fins locatícios (exemplo: plantação de tomates no centro de uma grande cidade). Ainda ilustrando, um posto de combustíveis localizado na zona rural ou próximo a uma rodovia deve ser tido como imóvel urbano para esses fins, incidindo as regras previstas na Lei 8.245/1991. Para tal classificação, é pertinente sempre verificar a *atividade preponderante* desenvolvida no imóvel. Portanto, deve ficar claro que não interessa, em regra, a localização do imóvel ou o seu estado (com construção ou sem construção).

Como ilustra Sylvio Capanema de Souza, "a solução para o problema está na predominância da utilização. Se o interesse econômico prioritário é o da exploração da terra, ou a criação, a locação deve ser considerada rústica, regendo-se pelo Estatuto da Terra, como no primeiro exemplo formulado. No caso contrário, em que prevalece o interesse da habitação, como no segundo exemplo, a locação é urbana, subsumindo-se a Lei do Inquilinato. Também, nesse caso, será sempre útil valer-se o juiz das regras de hermenêutica consagradas nos arts. 112 e 113 do Código Civil, perquirindo a verdadeira intenção das partes e atentando ao princípio da boa-fé e aos costumes do lugar da celebração" (SOUZA, Sylvio Capanema. *A Lei do Inquilinato...*, 2012, p. 14-15).

Porém, outras regras devem ser estudadas, uma vez que, de acordo com o art. 1.º da Lei de Locação, a norma especial não terá incidência no caso de locação de imóveis:

a) *Públicos ou bens que integram o patrimônio público*: a esses bens devem ser aplicados o Decreto-lei 9.760/1946 e a Lei 8.666/1993 (Lei de Licitações). A Lei de Locação poderá ser aplicada no caso de imóvel locado ao Poder Público, situação em que este for locatário e dependendo da atividade desenvolvida no imóvel.

b) *Vagas autônomas de garagem ou espaços destinados a veículos.* A locação desses bens deverá ser regida pelo Código Civil. Eventualmente se forem locados apartamento e vaga de garagem, a Lei de Locação deverá incidir pela aplicação do princípio pelo qual *o acessório segue o principal.* Além disso, a Lei de Locação também tem aplicação para os casos de locação de espaços destinados para estacionamentos, eis que a utilização do imóvel para prestação de serviços está no conteúdo dessa norma especial (STJ, REsp 1.046.717/RJ, *DJe* 27.04.2009; REsp 769.170/RS, *DJ* 23.04.2007 e AgRg no REsp 1.230.012/SP, Rel. Min. Massami Uyeda, j. 02.10.2012, o último publicado no seu *Informativo* n. *505*).

c) *Espaços publicitários*, ou *outdoors*: sobre eles incidem as regras do Código Civil.

d) *Locação de espaços em apart-hotéis, hotéis residência ou equiparados (flats)*: sobre esses bens aplicam-se as regras do Código Civil. Alguns defendem a aplicação do Código de Defesa do Consumidor, eis que há uma prestação de serviço, tese com a qual se concorda.

e) *Arrendamento Mercantil* ou *leasing*: deve ser aplicada a Lei 6.099/1974, para fins tributários, e resoluções do Banco Central do Brasil (BACEN). A Lei 11.649/2008 dispõe, essencialmente, no seu art. 1.º: "Nos contratos de arrendamento mercantil de veículos automotivos, após a quitação de todas as parcelas vencidas e vincendas, das obrigações pecuniárias previstas em contrato, e do envio ao arrendador de comprovante de pagamento dos IPVAs e dos DPVATs, bem como das multas pagas nas esferas Federal, Estaduais e Municipais, documentos esses acompanhados de carta na qual a arrendatária manifesta formalmente sua opção pela compra do bem, exigida pela Lei 6.099, de 12 de setembro de 1974, a sociedade de arrendamento mercantil, na qualidade de arrendadora, deverá, no prazo de até trinta dias úteis, após recebimento destes documentos, remeter ao arrendatário: I – o documento único de transferência (DUT) do veículo devidamente assinado pela arrendadora, a fim de possibilitar que o arrendatário providencie a respectiva transferência de propriedade do veículo junto ao departamento de trânsito do Estado; II – a nota promissória vinculada ao contrato e emitida pelo arrendatário, se houver, com o devido carimbo de 'liquidada' ou 'sem efeito', bem como o termo de quitação do respectivo contrato de arrendamento mercantil (*leasing*)".

Pelo fato de constituir outro *microssistema jurídico* ou estatuto jurídico, próprio de proteção dos vulneráveis, o entendimento majoritário é pela não subsunção do Código de Defesa do Consumidor (Lei 8.078/1990) às locações de imóveis urbanos. Nesse sentido, é interessante transcrever o entendimento jurisprudencial dominante:

"Locação. Recurso especial. Inaplicabilidade do código de defesa do consumidor. Acessão. Indenização. Renúncia. 1. Esta Corte firmou compreensão no sentido de que o

Código de Defesa do Consumidor não é aplicável aos contratos locatícios. 2. Não é nula a cláusula em que se renuncia ao direito de indenização nas hipóteses de acessão em terreno locado, prestigiando o princípio da autonomia das vontades. 3. Recurso conhecido e improvido" (STJ, REsp 439.797/SP, 6.ª Turma, Rel. Min. Paulo Gallotti, j. 19.11.2002, *DJ* 26.05.2003, p. 380).

"Locação. Código de Defesa do Consumidor (Lei 8.078/90). Inaplicabilidade. Não se aplica aos contratos de locação o limite estabelecido para as multas contratuais pelo Código de Defesa do Consumidor" (2.º TACSP, Ap. c/ rev. 537.151, 3.ª Câm., Rel. Juiz João Saletti, j. 23.02.1999. Anotação: AI 533.688, 8.ª Câm., Rel. Juiz Walter Zeni, j. 18.06.1998; Ap. s/ rev. 518.303, 1.ª Câm., Rel. Juiz Vieira de Moraes, j. 29.06.1998; Ap. s/ rev. 510.521, 5.ª Câm., Rel. Juiz Luís de Carvalho, j. 29.07.1998; Ap. c/ rev. 523.863, 4.ª Câm., Rel. Juiz Mariano Siqueira, j. 15.09.1998; Ap. c/ Rev. 528.330, 7.ª Câm., Rel. Juiz Américo Angélico, j. 20.10.1998; Ap. c/ rev. 516.014, 5.ª Câm., Rel. Juiz Luís de Carvalho, j. 04.11.1998; Ap. c/ rev. 535.366, 7.ª Câm., Rel. Juiz Paulo Ayrosa, j. 17.11.1998, AI 555.510, 7.ª Câm., Rel. Juiz Paulo Ayrosa, j. 17.11.1998; Ap. c/ rev. 527.250, 12.ª Câm., Rel. Juiz Oliveira Prado, j. 11.03.1999; Ap. s/ rev. 552.886-00/2, 2.ª Câm., Rel. Juiz Peçanha de Moraes, j. 05.07.1999).

Esse mesmo entendimento consta do Enunciado n. 11 do Tribunal de Justiça do Paraná, pelo qual "o Código de Defesa do Consumidor não se aplica às locações de imóveis". Cite-se, ainda, a premissa 1, constante da Edição n. 53 da ferramenta *Jurisprudência em Teses* do STJ, que trata da Locação de Imóveis Urbanos, do ano de 2016: "o Código de Defesa do Consumidor não é aplicável aos contratos locatícios regidos pela Lei n. 8.245/91".

Todavia, entendo de forma contrária em determinadas e específicas situações em que o locador for profissional nessa atividade, tirando dela todos os seus recursos. Em casos tais, parecem estar configurados os elementos da relação de consumo previstos nos arts. 2.º e 3.º da Lei 8.078/1990. O locador pode ser enquadrado como um prestador do serviço de moradia no caso em questão. Na outra *ponta* da relação o locatário é o seu destinatário final, fático e econômico, pagando uma determinada remuneração, que é o aluguel.

Em reforço, a tese do *diálogo das fontes* entra em cena para compatibilizar o CDC à Lei 8.245/1991, sem sacrificar a última norma. A teoria de Erik Jayme e Claudia Lima Marques também serve para afastar o argumento segundo o qual as duas normas constituem microssistemas próprios, que não se interpenetram. Esse novo enquadramento olha para o futuro, no meu entender.

Como *primeiro passo* para essa nova tese, a jurisprudência admite a existência de relação de consumo entre o locador e a imobiliária contratada para administrar o imóvel, o que é caracterizada como uma prestação de serviços. Vejamos duas ementas nesse sentido:

"Direito do consumidor. Aplicabilidade do CDC aos contratos de administração imobiliária. É possível a aplicação do CDC à relação entre proprietário de imóvel e a imobiliária contratada por ele para administrar o bem. Isso porque o proprietário do imóvel é, de fato, destinatário final fático e também econômico do serviço prestado. Revela-se, ainda, a presunção da sua vulnerabilidade, seja porque o contrato firmado é de adesão, seja porque é uma atividade complexa e especializada ou, ainda, porque os mercados se comportam de forma diferenciada e específica em cada lugar e período. No cenário caracterizado pela presença da administradora na atividade de locação imobiliária sobressaem pelo menos duas relações jurídicas distintas: a de prestação de serviços, estabelecida entre o proprietário de um ou mais imóveis e a administradora; e a de locação propriamente dita, em que a imobiliária atua como intermediária de um contrato de locação. Nas duas situações, evidencia-se a destinação final econômica do serviço prestado ao contratante, devendo a relação jurídica estabelecida ser regida pelas disposições do diploma consumerista" (STJ, REsp 509.304/PR, Rel. Min. Villas Bôas Cueva, j. 16.05.2013, publicado no seu *Informativo* n. *523*).

"Civil. Direito do consumidor. Contrato de prestação de serviços de administração de imóvel. Inadimplência imputada à contratada quanto a obrigação de cobrar do inquilino a pintura do imóvel e outros encargos. Omissão caracterizada. Prejuízo constatado. Manifesto dever de indenizar. Configura relação de consumo, e como tal sujeita aos ditames do Código de Defesa do Consumidor, a relação travada entre proprietário de imóvel e empresa imobiliária, com vista à administração do bem e sua locação a terceiros. Assentada a relação consumerista (na modalidade de prestação de serviços), o contrato firmado deverá ter as suas cláusulas interpretadas de forma mais favorável ao consumidor, nos termos autorizados pelo artigo 47 do CDC. Comprovado que o proprietário do imóvel entregou à imobiliária os comprovantes de despesas e orçamentos, com vistas à sua cobrança judicial, bem como a omissão da administradora no cumprimento de seu ofício, impossibilitando assim a realização dos serviços e nova locação do imóvel, é manifesto o dever de indenizar os prejuízos materiais, na modalidade de lucros cessantes, daí advindos. A mora da imobiliária no repasse dos aluguéis ao locador enseja o acréscimo dos juros correspondentes, bem como a multa prevista no artigo 52, § 1.º, do Código Consumerista. Sentença mantida por seus próprios e jurídicos fundamentos, com súmula de julgamento servindo de acórdão, na forma do artigo 46 da Lei 9.099/1995. Honorários advocatícios, fixados em 10% do valor da condenação, mais custas processuais, a cargo da recorrente" (Tribunal de Justiça do Distrito Federal, Processo: Apelação Cível no Juizado Especial 20050710186232, Acórdão: 25.6576, Órgão julgador: Primeira Turma Recursal dos Juizados Especiais Cíveis e Criminais do DF. Data: 12.09.2006, Relator: José Guilherme, Publicação: Diário da Justiça do DF: 17.10.2006, p. 127).

Como *segundo passo*, o Tribunal de Justiça do Distrito Federal admitiu a figura do *locatário* consumidor por equiparação ou *bystander*, incidindo os arts. 17 e 29 do CDC. Na hipótese, um falsário celebrou contrato de locação em nome de outrem, que foi prejudicado pela relação jurídica estabelecida, diante da sua inscrição em cadastro de inadimplentes. De toda sorte, o julgado afastou o dever de indenizar do locador, pela presença da culpa exclusiva de terceiro, uma das excludentes da responsabilidade objetiva do fornecedor. Vejamos a ementa da decisão:

"Civil e direito do consumidor. Contratos de locação. Celebração mediante fraude. Falsificação impassível de ser aferida. Cautelas observadas pela locadora. Exibição de todos os documentos pessoais, comprovante de residência e de propriedade de imóvel. Inserção do nome do consumidor vitimado pela fraude em cadastro de devedores inadimplentes. Fatos decorrentes da culpa de terceiro. Causa excludente de responsabilidade (CDC, art. 14, § 3.º, II). Responsabilização da fornecedora. Impossibilidade. 1. Conquanto não tenha concertado nenhum vínculo obrigacional nem mantido relacionamento comercial com a empresa especializada na locação e administração de imóveis, o autor, em tendo experimentado as consequências derivadas da celebração de contratos de locação em seu nome pelo falsário que se passara por sua pessoa, equipara-se ao consumidor ante o enquadramento do havido na conceituação que está impregnada no artigo 17 do Código de Defesa do Consumidor. 2. Emoldurado o relacionamento havido como sendo de consumo, a responsabilidade da fornecedora de serviços é de natureza objetiva, prescindindo sua caracterização da comprovação de que tenha agido com culpa, bastando tão somente a comprovação de que ocorrera o ilícito e que dele tenha emergido efeitos materiais afetando o consumidor para que sua obrigação emerja, sendo-lhe ressalvado, contudo, o direito de se eximir da sua responsabilização se evidenciar que o havido derivara da culpa exclusiva do consumidor ou de terceiro, qualificando-se essas ocorrências como causas excludentes de responsabilidade (CDC, art. 14, § 3.º, II). 3. Aferido que as celebrações dos contratos que foram concertados de forma fraudulenta em nome do consumidor foram precedidas de todas as cautelas possíveis e passíveis de serem exigidas da fornecedora, pois lhe foram exibidos todos os documentos pessoais daquele com quem contratara, comprovantes de residência e de que possuía imóvel e as assinaturas apostas nos instrumentos pelo falsário reconhecidas por notário público, não lhe pode ser debitada nenhuma responsabilidade pelo havido e pelas consequências que dele germinaram ante a circunstância de que derivara de fato de terceiro, ensejando a caracterização da excludente de responsabilidade apta a alforriá-la da responsabilização pelo ilícito e pelos efeitos que irradiaram, afetando sua pessoa, e do alcançado diretamente pela fraude. 4. Recurso conhecido e improvido. Unânime" (TJDF, Apelação Cível 740007019988070001, 2.ª Turma Cível, Rel. Des. Teófilo Caetano, j. 1.º.08.2007, Data de Publicação: 11.09.2007).

Apesar da conclusão final, a decisão representa um caminhar para a incidência do CDC às relações locatícias, o que parece ser tendência para o futuro.

Superada essa visualização inicial da relação locatícia, parte-se para a análise das regras materiais da Lei 8.245/1991.

10.3.2 Características e regras gerais da Lei de Locação. Aspectos materiais

Inicialmente, determina o art. 2.º da Lei de Locação que havendo pluralidade de locadores e locatários todos serão solidários entre si, salvo estipulação em contrário no instrumento contratual. Dessa forma, em regra, haverá solidariedade legal ativa e passiva, entre locadores e locatários. Em complemento, o parágrafo único do comando em questão estabelece que também se presume a solidariedade entre ocupantes de habitações coletivas multifamiliares, que devem ser tratados como locatários ou sublocatários, conforme a análise do caso concreto. Por razões óbvias, a presunção é relativa, *iuris tantum*, admitindo prova ou previsão em contrário no próprio contrato de locação instrumentalizado.

Aqui, transcreve-se o conceito de habitação coletiva exposto por Maria Helena Diniz: "a habitação coletiva é a casa, apartamento ou prédio que serve de residência a várias pessoas, sem relação de parentesco, podendo, ainda, designar o local em que, mesmo acidentalmente, vivem várias pessoas. Mas, tratando-se de imóvel urbano que serve de moradia a pessoas pertencentes a várias famílias, os seus ocupantes presumir-se-ão locatários ou sublocatários" (*Lei...*, 1999, p. 42). Essas habitações são também conhecidas na prática como *cortiços*, *pensões* ou *casas de cômodos*, sendo ainda comuns nos grandes centros urbanos, caso da cidade de São Paulo. Com importante análise histórica e social, Sylvio Capanema de Souza demonstra:

CAP. 10 · CONTRATOS EM ESPÉCIE – LOCAÇÃO DE COISAS E FIANÇA | **449**

"Desenvolveu-se, nas grandes cidades brasileiras, uma execrável 'indústria dos cortiços', com a qual enriqueceram muitos locadores e sublocadores, cujas rendas, cada vez mais elevadas, ainda ficavam a salvo da incidência fiscal, já que era comum a não declaração dos aluguéis pagos, todos sem recibo. Esses fenômenos são um dos piores reflexos do *déficit* habitacional, que obriga milhares de famílias a se amontoarem, em lamentável promiscuidade e falta de higiene, em espaços cada vez menores, favorecendo uns poucos exploradores da miséria. A atual Lei procura resgatar o pecado da omissão anterior. E começa a fazê-lo no parágrafo único do art. 2.º, ainda que a regra ali inserida não nos parece guardar afinidade com o *caput*, o que constituiu uma impropriedade técnica. Como a experiência revela que as locações em imóveis coletivos, em sua expressiva maioria, são verbais e sem recibos de pagamento de aluguel, os seus ocupantes, agora, presumem-se locatários e sublocatários. Inverte-se, assim, o ônus da prova, a favor do hipossuficiente, o que está de acordo com a tendência da legislação moderna, do que é significativo exemplo o Código de Defesa do Consumidor" (SOUZA, Sylvio Capanema. *A Lei do Inquilinato...*, 2012, p. 26).

Conforme o art. 3.º da Lei 8.245/1991, se o contrato for celebrado com prazo superior a dez anos, haverá necessidade de outorga uxória ou marital. Se não houver tal vênia, o cônjuge não estará obrigado a observar o prazo excedente. Entendo que não há que se invocar a aplicação subsidiária do art. 1.647 do CC/2002 que dispensa a outorga conjugal se o regime for o da separação absoluta. Isso porque a última norma é especial e com caráter restritivo, que não admite interpretação extensiva ou mesmo a submissão à analogia.

Percebe-se, ademais, que o art. 3.º da Lei de Locação não menciona a anulabilidade, não sendo o seu caso, mas apenas a ineficácia em relação ao outro cônjuge. A norma locatícia é mais especial, portanto.

José Fernando Simão, por outra via, entende que o art. 3.º da Lei de Locação deve ser influenciado pelo art. 1.647, *caput*, do CC/2002 em vigor, no sentido de que é dispensada a outorga conjugal para a locação com prazo superior a dez anos se o regime entre o locador e o seu cônjuge for o da separação absoluta. São suas palavras:

"A lei especial não distingue este ou aquele regime de bens para exigir a vênia conjugal. Então, conclui-se que, a princípio, a lei se aplica às pessoas casadas, qualquer que seja o regime de bens, por se tratar de norma protetiva da família. Com a vigência do novo Código Civil, as pessoas casadas pelo regime da separação total de bens necessitariam da vênia conjugal para as locações por prazo superior a 10 anos?

A resposta é não. Se o novo diploma admite que, na hipótese de alienação, ou seja, em que haverá disposição patrimonial, as pessoas casadas pelo regime da separação total de bens não necessitam da concordância de seu consorte, ilógico seria imaginar tal necessidade para o caso de simples locação.

Não faria sentido admitir-se a alienação sem vênia conjugal, mas exigi-la para os casos de locação. Se a família, que teve por origem o casamento pelo regime da separação total de bens, não merece mais tal proteção quanto à alienação de bens, a mesma deve ser estendida para as hipóteses de locação por prazo superior a 10 anos. E note-se que, no caso, o regime pode ser o da separação convencional, estabelecido por meio de pacto antenupcial (CC, art. 1.687) ou da separação obrigatória (CC, art. 1.641).

Assim, após a promulgação do novo Código Civil, deve-se compreender o art. 3.º da Lei 8.245/1991 da seguinte maneira: 'O contrato de locação pode ser ajustado por qualquer prazo, dependendo de vênia conjugal, se por mais de dez anos, salvo se o regime adotado for o da separação absoluta de bens'" (SIMÃO, José Fernando. *Legislação civil...*, 2007, p. 24).

Em reforço aos seus argumentos, o jurista cita a tese do *diálogo das fontes*. Na mesma linha, pontue-se que essa é a opinião de Sylvio Capanema de Souza, para quem "é imperioso levar em conta, ao se fazer a necessária opção doutrinária, que a redação da Lei 8.245/1991 é anterior ao advento do Código Civil de 2002" (SOUZA, Sylvio Capanema. *A Lei do Inquilinato...*, 2012, p. 31).

Apesar do respeito a esses posicionamentos, a eles não se filia. Como foi dito, o art. 1.647 do CC é norma restritiva especial, assim como é o art. 3.º da Lei de Locação, não admitindo aplicação por analogia, por restringir a liberdade.

Por fim, ainda no que toca ao art. 3.º da LL, compreendo que não deve ser aplicado à união estável, mais uma vez por se tratar de norma especial restritiva, que não merece aplicação analógica ou mesmo interpretação extensiva.

Durante o prazo convencionado não poderá o locador reaver o imóvel alugado (art. 4.º da Lei 8.245/1991). Trata-se de um dever legal que, se violado, gera a possibilidade de o locatário pleitear as perdas e danos cabíveis, nos termos dos arts. 402 a 404 do CC.

No entanto, o locatário poderá devolvê-lo, na vigência do contrato, pagando a multa pactuada, nos termos do mesmo art. 4.º da Lei de Locação. Essa multa deve ser reduzida proporcionalmente ao cumprimento do contrato ou nos termos do art. 413 do CC, se entender o juiz da causa que a penalidade é exagerada (Enunciado n. 357 CJF/STJ). Já foram comentadas as razões pelas quais opino que o art. 413 do CC é o que complementa esse dispositivo da Lei de Locação e não o art. 572 do CC, sendo certo que o meu entendimento gerou o citado enunciado do Conselho da Justiça Federal e do Superior Tribunal de Justiça.

Conforme outro enunciado, também aprovado na *IV Jornada de Direito Civil*, a redução da cláusula penal deve se dar de ofício pelo juiz (Enunciado n. 355 CJF/STJ). Também foi exposto que a Lei 12.112/2009 alterou o art. 4.º da Lei de Locação, não fazendo mais referência ao art. 924 do Código Civil de 1916, o que confirma a tese de aplicação subsidiária do art. 413 do Código Civil de 2002. Em complemento, consigne-se que Sylvio Capanema de Souza entende do mesmo modo, ensinando que "se houver excessos, o poder cautelar genérico do juiz, com base no que lhe permite o art. 413 do Código Civil, poderá restabelecer o reequilíbrio, reduzindo a multa cominada, ajustando-a à hipótese concreta" (SOUZA, Sylvio Capanema. *A Lei do Inquilinato...*, 2012, p. 35).

Frise-se, ainda, que a Lei 12.744/2012, que trata da locação nos contratos de construção ajustada ("built-to-suit"), introduziu outra alteração no comando. Com a nova redação passou-se a estabelecer que a redução da multa não é cabível em tais contratos, valorizando-se a autonomia privada das partes e afastando-se a redução equitativa da cláusula penal pelas peculiaridades existentes em tais negócios. A estrutura de tal locação ainda será abordada mais à frente no presente capítulo.

Há debate interessante, no âmbito da jurisprudência, sobre a possibilidade de cumulação de multa moratória e do *abono pontualidade*, um desconto dado pelo locador em caso de pagamento antecipado pelo locatário. Recente aresto do Superior Tribunal de Justiça entendeu por sua possibilidade jurídica. Vejamos a publicação no *Informativo* n. *572* da Corte:

"O desconto para pagamento pontual do aluguel (abono pontualidade) é, em princípio, liberalidade do locador, em obediência ao princípio da livre contratação, representando um incentivo concedido ao locatário, caso venha a pagar o aluguel em data convencionada. Referido bônus tem, portanto, o objetivo de induzir o locatário a cumprir corretamente sua obrigação de maneira antecipada. A multa contratual, por sua vez, também livremente acordada entre as partes, tem a natureza de sanção, incidindo apenas quando houver atraso no cumprimento da prestação (ou descumprimento de outra cláusula), sendo uma consequência de caráter punitivo pelo não cumprimento do que fora acordado, desestimulando tal comportamento (infração contratual). Portanto, apesar de ambos os institutos – o bônus e a multa – objetivarem o cumprimento pontual da obrigação contratada, não possuem eles a mesma natureza, pois o primeiro constitui um prêmio ou incentivo, enquanto a multa representa uma sanção ou punição. Por isso, em princípio, as cláusulas de abono pontualidade e de multa por impontualidade são válidas, não havendo impedimento a que estejam previstas no contrato de locação de imóvel, desde que compatibilizadas entre si, nas respectivas lógicas de incidência antípodas. Nessa ordem de ideias, a compatibilização dos institutos requer, para a validade do desconto, bônus ou prêmio por pontualidade, que este, constituindo uma liberalidade do locador, esteja previsto para ser aplicado apenas no caso de pagamento antes da data do vencimento normal do aluguel mensal, cumprindo seu objetivo 'premial', representando uma bonificação, um desconto para o pagamento antes do dia do vencimento. Para pagamento efetuado no dia do vencimento da obrigação, entretanto, já não poderá incidir o bônus, mas o valor normal do aluguel (valor cheio), pois, caso contrário, esse 'valor normal do aluguel' inexistirá na prática" (STJ, REsp 832.293/PR, 4.ª Turma, Rel. Min. Raul Araújo, j. 20.08.2015, *DJe* 28.10.2015).

Ou, ainda, de data mais próxima, agora da Terceira Turma, a demonstrar que esse é o entendimento consolidado da Corte Superior:

"Embora o abono de pontualidade e a multa moratória sejam, ambos, espécies de sanção, tendentes, pois, a incentivar o adimplemento da obrigação, trata-se de institutos com hipóteses de incidência distintas: o primeiro representa uma sanção positiva (ou sanção premial), cuja finalidade é recompensar o adimplemento; a segunda, por sua vez, é uma sanção negativa, que visa à punição pelo inadimplemento. À luz dos conceitos de pontualidade e boa-fé objetiva, princípios norteadores do adimplemento, o abono de pontualidade, enquanto ato de liberalidade pela qual o credor incentiva o devedor ao pagamento pontual, revela-se, não como uma 'multa moratória disfarçada', mas como um comportamento cooperativo direcionado ao adimplemento da obrigação, por meio do qual ambas as partes se beneficiam. Hipótese em que não configura duplicidade (*bis in idem*) a incidência da multa sobre o valor integral dos aluguéis vencidos, desconsiderando o desconto de pontualidade" (STJ, REsp 1.7459.16/PR, 3.ª Turma, Rel. Min. Nancy Andrighi, j. 19.02.2019, *DJe* 22.02.2019).

Com o devido respeito à posição jurisprudencial superior, não me filio à premissa adotada, pois há sim um *bis in idem penalizador* nessas hipóteses. Em complemento, o objetivo do tal abono é disfarçar uma nova multa moratória, cujo limite está sujeito aos 10% do valor da dívida, conforme previsto no art. 9.º do Decreto-lei 22.626/1973 (Lei de Usura), norma de ordem pública aplicável às locações. Por fim, como a locação assume, na grande maioria das vezes, a forma de contrato de adesão, pode-se cogitar a nulidade da previsão, por força do que consta do art. 424 do Código Civil.

Ainda sobre o art. 4.º da Lei de Locação, o locatário ficará dispensado da multa se a devolução do imóvel decorrer de transferência, pelo seu empregador, privado ou público, para prestar serviços em localidade diversa daquela informada no início do contrato, e se notificar, por escrito, o locador com, no mínimo, trinta dias de antecedência (parágrafo único do art. 4.º). Essa última norma tem um forte caráter social, mitigando a força obrigatória do contrato. A hipótese, segundo a doutrina, é de *resilição unilateral*, ou seja, um direito colocado à disposição do locatário (NERY JR., Nelson; NERY, Rosa Maria de Andrade. *Código...*, 2005, p. 1.330).

Em todos os casos, a ação para reaver o imóvel é a de despejo (art. 5.º da LL), não se aplicando essa regra se a locação terminar em decorrência de desapropriação com a imissão do expropriante na posse do imóvel. Segundo o reiterado entendimento juris-prudencial, não há que se falar em ação de reintegração de posse nos casos de locação de imóvel urbano regida pela Lei 8.245/1991. Proposta a ação de reintegração em vez do despejo, deve ela ser julgada extinta sem a resolução do mérito, por falta de interesse processual, particularmente por falta de adequação (art. 485, inc. VI, do CPC/2015, cor-respondente ao art. 267, inc. VI, do CPC/1973). Nesse sentido, interessante transcrever duas ementas de julgados estaduais anteriores, com referência a outras decisões:

> "Locação. Reintegração de posse. Rescisão. Mútuo acordo. Descumprimento pelo locatário. Descabimento. Despejo. Via adequada. A posse do agravante sobre o imóvel objeto da ação de reintegração de posse decorre do contrato de locação firmado entre as partes. Em razão desse pacto locatício é aplicável a regra do art. 5.º da Lei 8.245/91, onde, qualquer que seja o fundamento do término da locação, a ação do locador para reaver o imóvel deve ser a de despejo. Ausência de interesse processual" (2.º Tribunal de Alçada de São Paulo, AI 867.231-00/2, 10.ª Câm., Rel. Juiz Irineu Pedrotti, j. 29.09.2004. Anotação no mesmo sentido: quanto à Lei 6.649/79: Ap. c/ Rev. 294.748-00/3, *JTA [LEX]* 134/240).

> "Ação de reintegração de posse. Ausência de interesse processual da agravada para a presente ação, eis que restou configurado contrato de locação do imóvel que pretende reintegrar. Art. 5.º da Lei 8.245/91. A ação cabível para reaver imóvel locado é a ação de despejo. Extinção da ação sem julgamento do mérito. Recurso prejudicado. Jurisprudência: TJES, AC 010020002803, 4.ª CC, rel. Des. Frederico Guilherme Pimentel, j 06.10.03; 2.º TACSP, AP 678.439-00/0, 2.ª C, rel. Juiz Norival Oliva, *DOESP* 31.08.01; 2.º TACSP, AP 695.880-00/7, 7.ª CC, rel. Juiz Willian Campos, *DOESP* 30.11.01; TJRJ, AC 12.947/2001, 1.ª CC, rel. Des. Luiz Fux, j. 07.11.01; STJ, AgRg no MC 610/SP, 3.ª T, rel. Min. Menezes Direito, *DJ* 03.11.97" (Tribunal de Alçada do Paraná, Agravo de Instrumento 0286791-8, 16.ª Câmara Cível, Curitiba, Desembargador Eugênio Achille Grandinetti, j. 13.04.2005, Ac. 236.530, Public. 22.04.2005).

Esse entendimento deve ser mantido sob a égide do Código de Processo Civil de 2015. Exatamente nessa linha, concluiu a Quarta Turma do STJ, em 2023, que "a via processual adequada para a retomada, pelo proprietário, da posse direta de imóvel locado é a ação de despejo, na forma do art. 5.º da Lei 8.245/1991, não servindo para esse propósito o ajuizamento de ação possessória" (STJ, REsp 1.812.987/RJ, 4.ª Turma, Rel. Min. Antonio Carlos Ferreira, v.u., j. 27.04.2023, *DJe* 04.05.2023).

Ademais, essa ação de despejo não necessariamente será proposta pelo proprietário, havendo legitimidade, por exemplo, do usufrutuário do imóvel. Nessa linha, aresto do Superior Tribunal de Justiça concluindo do seguinte modo:

> "O locador, ainda que não seja o proprietário do imóvel alugado, é parte legítima para a propositura de ação de despejo fundada na prática de infração legal/contratual ou na

falta de pagamento de aluguéis. A Lei n. 8.245/1991 (Lei de Locações) especifica as hipóteses nas quais é exigida a prova da propriedade para o ajuizamento da ação de despejo. Nos demais casos, entre os quais se encontram os ora analisados, deve-se atentar para a natureza pessoal da relação de locação, de modo a considerar desnecessária a condição de proprietário para a propositura da demanda. Ademais, cabe invocar o princípio da boa-fé objetiva, cuja função de relevo é impedir que o contratante adote comportamento que contrarie o conteúdo de manifestação anterior, em cuja seriedade o outro pactuante confiou. Assim, uma vez celebrado contrato de locação de imóvel, fere o aludido princípio a atitude do locatário que, após exercer a posse direta do imóvel, alega que o locador, por não ser o proprietário do imóvel, não tem legitimidade para o ajuizamento de eventual ação de despejo nas hipóteses em que a lei não exige essa condição do demandante" (STJ, REsp 1.196.824/AL, Rel. Min. Ricardo Villas Bôas Cueva, j. 19.02.2013, publicado no seu *Informativo* n. *515*).

Como se percebe, o acórdão cita a máxima que veda o comportamento contraditório – *venire contra factum proprium non potest* –, que tem relação direta com o princípio da boa-fé objetiva, um dos baluartes teóricos do Código Civil de 2002.

O art. 6.º da Lei Locatícia dispõe que o locatário poderá denunciar a locação por prazo indeterminado a qualquer tempo, mediante aviso por escrito ao locador, com antecedência mínima de trinta dias. Nesse sentido, nota-se que a Lei 8.245/1991 adota como regra a *denúncia vazia*, sem motivos, também a favor do locatário – forma de resilição unilateral, nos termos do art. 473, *caput*, do CC.

Ausente esse aviso, o seu parágrafo único determina a imposição de uma penalidade, qual seja o pagamento do correspondente a um mês de aluguel e encargos, vigentes quando da resilição. Trata-se de multa compensatória que, eventualmente, pode ser descontada da caução de até três aluguéis dada pelo locatário para garantir o contrato. Acredita-se na redução dessa multa, se ela for exagerada, representando onerosidade excessiva, nos termos do art. 413 do Código Civil em vigor, o que representa incidência dos efeitos *intra partes* ou internos do princípio da função social dos contratos, na linha do Enunciado n. 360 CJF/STJ.

No que concerne ao aluguel, enuncia o art. 17 da LL que é livre a sua convenção, vedada a sua estipulação em moeda estrangeira, nem vinculado a variação cambial ou salário mínimo. A vedação de estipulação em moeda estrangeira está de acordo com o *princípio do nominalismo*, que pode ser retirado do art. 315 do Código Civil em vigor.

O aluguel não pode ser cobrado antecipadamente, salvo na locação por temporada ou na ausência de garantias locatícias (art. 20 da LL). Os índices e a periodicidade dos reajustes são os previstos na legislação específica.

Sem prejuízo disso, as partes poderão fixar, de comum acordo, novo valor para o aluguel, bem como inserir ou modificar cláusula de reajuste (art. 18 da LL). Isso pode ser feito desde que não se configure uma situação de injustiça contratual ou onerosidade excessiva, o que não pode prevalecer diante dos princípios da boa-fé objetiva e da função social dos contratos.

Em relação ao art. 18 da Lei da Locação, prescreve o Enunciado n. 16 do extinto Segundo Tribunal de Alçada Civil de São Paulo (2.º TACSP), tribunal que era competente para apreciar as questões locatícias nesse Estado, que: "o acordo das partes que, no contrato de locação, inserir ou modificar a periodicidade dos reajustes, interrompe prazo para ajuizamento da ação revisional". Deixo claro que os enunciados do extinto 2.º TACSP, agora TJSP, ainda têm sido aplicados na prática, servindo como exemplo de aplicação do atual entendimento jurisprudencial a respeito da locação urbana.

Não havendo acordo, poderão as partes pleitear a revisão judicial do aluguel, após três anos da celebração do contrato, visando a adequá-lo ao real valor de mercado (art. 19 da LL). Também do extinto 2.º TACSP (agora TJSP) preconiza o Enunciado n. 10 que "é possível a revisão do contrato durante o prazo previsto no contrato de locação, ainda que para fins não residenciais, após três anos de sua vigência". Em outras palavras, a revisão é possível para qualquer locação regida pela lei em comento.

Relativamente ao aluguel da sublocação, o valor deste não poderá exceder ao da locação (art. 21 da LL). Exceção é feita para as habitações coletivas multifamiliares, sendo o limite da soma dos aluguéis o dobro do valor da locação. Sendo desrespeitada essa última regra, o sublocatário está autorizado a reduzir o aluguel até esse limite legal, inclusive judicialmente. Saliente-se que, na prática, a norma é desrespeitada com frequência no mercado imobiliário.

Outra exceção à regra geral consta do art. 3.º, parágrafo único, da nova *Lei de Franquias Empresariais*, Lei 13.966, de 26 de dezembro de 2019. Conforme o seu texto, o valor do aluguel a ser pago pelo franqueado ao franqueador, nas sublocações, poderá ser superior ao valor que o franqueador paga ao proprietário do imóvel na locação originária do ponto comercial, desde que: *a)* essa possibilidade esteja expressa e clara na Circular de Oferta de Franquia e no contrato; e *b)* o valor pago a maior ao franqueador na sublocação não implique excessiva onerosidade ao franqueado, garantida a manutenção do equilíbrio econômico-financeiro da sublocação na vigência do contrato de franquia. Penso que, pela boa prática locatícia, o dobro do valor da locação acaba sendo um parâmetro para a análise dessa onerosidade excessiva e para eventual redução do aluguel da sublocação.

A alienação do imóvel rompe o contrato, salvo se a locação for por tempo determinado e o contrato contiver cláusula de vigência em caso de alienação, averbada no registro de imóveis (art. 8.º da LL). A ação de despejo deve ser proposta pelo adquirente do imóvel, tendo igual direito o promissário comprador e o promissário cessionário, em caráter irrevogável. A denúncia deve ser exercida no prazo de noventa dias, contados do registro da venda ou do compromisso, presumindo-se após esse prazo a concordância pelo adquirente quanto à manutenção do locatário no imóvel.

Aplicando corretamente a boa-fé objetiva ao interpretar tal comando, concluiu o Superior Tribunal de Justiça, em julgado de 2013, o seguinte:

> "É certo que, de acordo com o art. 8.º da Lei n. 8.245/1991, se o imóvel for alienado durante a locação, o adquirente poderá denunciar o contrato, com o prazo de 90 dias para a desocupação, salvo se, além de se tratar de locação por tempo determinado, o contrato tiver cláusula de vigência em caso de alienação e estiver averbado junto à matrícula do imóvel. Todavia, em situações como a discutida, apesar da inexistência de averbação, há de se considerar que, embora por outros meios, foi alcançada a finalidade precípua do registro público, qual seja, a de trazer ao conhecimento do adquirente do imóvel a existência da cláusula de vigência do contrato de locação. Nessa situação, constatada a ciência

CAP. 10 · CONTRATOS EM ESPÉCIE – LOCAÇÃO DE COISAS E FIANÇA | **455**

inequívoca, tem o adquirente a obrigação de respeitar a locação até o seu termo final, em consonância com o princípio da boa-fé" (STJ, REsp 1.269.476/SP, Rel. Min. Nancy Andrighi, j. 05.02.2013).

Ainda mais recentemente, em julgado de 2018, o art. 8.º da Lei 8.245/1997 foi aplicado a contrato de locação em *shopping center*, aduzindo o Tribunal da Cidadania da seguinte forma:

"A lei de locações exige, para que a alienação do imóvel não interrompa a locação, que o contrato seja por prazo determinado, haja cláusula de vigência e que o ajuste esteja averbado na matrícula do imóvel. Na hipótese dos autos, não há como opor a cláusula de vigência à adquirente do *shopping center*. Apesar de no contrato de compra e venda haver cláusula dispondo que a adquirente se sub-rogaria nas obrigações do locador nos inúmeros contratos de locação, não há referência à existência de cláusula de vigência, muito mesmo ao fato de que o comprador respeitaria a locação até o termo final. Ausente o registro, não é possível impor restrição ao direito de propriedade, afastando disposição expressa de lei, quando o adquirente não se obrigou a respeitar a cláusula de vigência da locação" (STJ, REsp 1.669.612/RJ, 3.ª Turma, Rel. Min. Ricardo Villas Bôas Cueva, j. 07.08.2018, *DJe* 14.08.2018).

Do ano de 2022, igualmente com importante relevância prática, entendeu o Tribunal da Cidadania que "o adquirente de imóvel locado tem direito de denunciar o contrato de locação na forma do art. 8.º da Lei 8.245, mas só poderá reaver a posse direta do imóvel mediante o ajuizamento da ação de despejo, nos termos do art. 5.º da mesma lei, sob pena de malferir o direito de terceiro que regularmente ocupa o bem. A ação adequada para reaver o imóvel em casos de aquisição de imóvel locado é a ação de despejo, não servindo para esse propósito a ação de imissão de posse" (STJ, REsp 1.864.878/AM, 3.ª Turma, Rel. Min. Ricardo Villas Bôas Cueva, j. 30.08.2022, *DJe* 05.09.2022). Reafirmou-se, assim, a correta interpretação do art. 5.º da Lei de Locação, no sentido de sempre ser cabível a ação de despejo e não uma ação possessória.

O art. 9.º da Lei de Locação traz os casos gerais que geram a *denúncia cheia*, com motivos, cabíveis mesmo na vigência do contrato, a saber:

a) Mútuo acordo descumprido pelo locatário.
b) Prática de infração contratual ou legal.
c) Falta de pagamento de aluguéis e encargos da locação.
d) Realização de reparos urgentes determinados pelo Poder Público, que não possam ser normalmente executados com a permanência do locatário do imóvel.

Conforme mencionado outrora, em casos tais a ação do locador para reaver o imóvel é sempre a de despejo, que pode ser cumulada com a cobrança de aluguéis. Como regra geral, a ação de despejo seguia o rito ordinário, a vigência do CPC/1973, o que corresponde ao procedimento comum do CPC/2015.

O art. 7.º da Lei de Locação também elenca como motivo da extinção do contrato, a fundamentar o despejo, a extinção do usufruto ou do fideicomisso, no caso de o contrato ter sido celebrado pelo usufrutuário ou fiduciário. A denúncia, no meu entender, é cheia nesse caso, uma vez que poderá ou não ser exercida, não sendo obrigatória (no mesmo sentido: PEDROTTI, Irineu e PEDROTTI, William. *Comentários...*, 2005, p. 46). A questão, todavia, não é pacífica, havendo julgados apontando que a denúncia nesse caso é vazia, pois não se declinam os motivos:

"Despejo. Denúncia vazia. Extinção do usufruto (art. 7.º da Lei 8.245/1991). Cabimento. O despejo com fundamento no art. 7.º da Lei 8.245/1991 dispensa a explicitação ou justificação do pedido" (Segundo Tribunal de Alçada Civil de São Paulo, Apelação sem Revisão 466.567, 2.ª Câmara, Rel. Juiz Andreatta Rizzo, j. 21.10.1996).

Ocorrendo a referida denúncia, o prazo para desocupação será de trinta dias, salvo se tiver havido concordância escrita do nu-proprietário ou do fideicomissário – terceiros interessados no contrato –, ou se a propriedade estiver consolidada nas mãos do usufrutuário ou do fiduciário.

A denúncia deverá ser exercitada no prazo de noventa dias, contados da extinção do fideicomisso ou da averbação da extinção do usufruto, presumindo-se, após esse prazo, a concordância na manutenção da locação (art. 7.º, parágrafo único, da LL). Como se pode perceber, o dispositivo traz um prazo decadencial para o exercício do despejo, nesse caso específico, o que ressalta a ideia de que a denúncia é cheia e não vazia.

10.3.3 Deveres do locador e do locatário na locação de imóvel urbano

Os arts. 22 e 23 da Lei de Locação preveem, respectivamente, deveres para o locador e para o locatário, o que confirma a tese de que ambas as partes assumem *obrigações conjuntivas ou cumulativas*, com várias prestações de natureza diversa. Nesse sentido, nota-se que o contrato de locação traz como conteúdo uma relação obrigacional complexa, em que as partes são credoras e devedoras entre si, estando aí presente o *sinalagma obrigacional*.

De início, de acordo com o art. 22 da Lei 8.245/1991 são deveres do locador:

I) Entregar o imóvel ao locatário para que este o utilize conforme pactuado no instrumento contratual. Conforme a jurisprudência do STJ, em se tratando de locação para fins empresariais, "salvo disposição contratual em sentido contrário, a obrigação do locador restringe-se tão somente à higidez e à compatibilidade do imóvel ao uso comercial e não abrange a adaptação do bem às peculiaridades da atividade a ser explorada pelo locatário ou mesmo o dever de diligenciar perante os órgãos públicos para obter alvará de funcionamento ou qualquer outra licença necessária ao desenvolvimento do negócio. A extensão do dever do locador em entregar imóvel compatível com a destinação é aferida considerando-se o objetivo do uso, ou seja, a depender da modalidade de locação, se residencial, para temporada ou comercial (art. 22, I, da Lei n. 8.245/1991)" (STJ, REsp 1.317.731/SP, Rel. Min. Ricardo Villas Bôas Cueva, j. 26.04.2016, *DJe* 11.05.2016, publicado no seu *Informativo* n. *583*).

II) Garantir o uso pacífico do imóvel durante a locação.

III) Manter, durante a locação, a forma e o destino do imóvel.

IV) Responder pelos vícios ou defeitos no imóvel, desde que anteriores à locação.

V) Fornecer ao locatário, caso solicitadas, informações precisas quanto ao estado geral de conservação do imóvel.

CAP. 10 · CONTRATOS EM ESPÉCIE – LOCAÇÃO DE COISAS E FIANÇA | 457

VI) Fornecer ao locatário recibo discriminado das importâncias pagas a título de aluguel e encargos da locação, já que o devedor tem direito à quitação.

VII) Pagar as taxas de administração imobiliária e de intermediações, nestas compreendidas as despesas de coleta de informações quanto à idoneidade do locatário ou fiador.

VIII) Pagar impostos e taxas, inclusive o IPTU que incidir sobre o imóvel. Eventualmente, conforme previsão dos arts. 22, inc. VIII, e 25 da Lei de Locação, tais encargos poderão ser transferidos ao locatário por força do instrumento contratual. Mesmo com essa transferência, por se tratar de uma obrigação que grava a coisa (*propter rem*), o locatário não possui legitimidade ativa para discutir a relação jurídico-tributária de IPTU nem para repetir indébito desse tributo (Súmula 614 do STJ, do ano de 2018). O locador deverá pagar, ainda, o seguro complementar contra o incêndio, cabendo também a sua transferência ao locatário por força do contrato.

IX) Exibir ao locatário, quando solicitado, os comprovantes relativos às parcelas que estejam sendo exigidas, devendo constar a discriminação detalhadas dos valores relativos aos aluguéis, encargos, impostos, taxas em geral, despesas de condomínio etc.

X) Pagar as despesas extraordinárias de condomínio, referentes à manutenção ou ao uso rotineiro do mesmo, e que não podem ser transferidas ao locatário, englobando:

a) obras de reformas ou acréscimos que interessem à estrutura do edifício;

b) pinturas de fachadas, poços e iluminação, bem como das esquadrias externas;

c) obras destinadas a repor as condições habitacionais do prédio;

d) indenizações trabalhistas e previdenciárias pela dispensa do empregado, ocorridas em data anterior ao início da locação;

e) instalação de equipamentos de segurança, de incêndio, de telefonia, de intercomunicação, de lazer e esporte;

f) despesas de decoração e paisagismo nas partes comuns do edifício;

g) constituição de fundo de reserva. Quanto ao *fundo de reserva*, que visa a manter sanada a contabilidade do condomínio, ensinam Nelson Nery Jr. e Rosa Maria de Andrade Nery que o "locatário só participará das despesas para a recomposição do fundo de reserva se este tiver sido utilizado para suportar as despesas elencadas no art. 23, § 1.º, letras *a* a *h*, da Lei do Inquilinato, ocorridas em período posterior do início da locação (Lei do Inquilinato, art. 23, § 1.º, *i*). Não sendo o caso dessa exceção, a regra é que o locador é obrigado a fazer a reconstituição do fundo de reserva" (*Código...*, 2005, p. 1.346).

O art. 23 da Lei 8.245/1991 traz os deveres do locatário, a saber:

I) Pagar pontualmente o aluguel e encargos da locação, exigidos por força de lei ou convenção. Tais valores deverão ser pagos conforme previsão no contrato ou, na sua falta, até o sexto dia útil ao mês seguinte ao vencimento, no imóvel locado, se não tiver sido previsto outro local para o pagamento.

II) Servir-se do imóvel conforme pactuado, compatível com a sua natureza e destinação, devendo tratá-lo como se seu fosse (dever de lealdade, relativo à boa-fé objetiva). Aplicando o comando, julgou o STJ, em 2021, que é devida indenização por lucros cessantes pelo período em que o imóvel objeto de contrato de locação permaneceu indisponível para uso, após sua devolução pelo locatário em condições precárias. Consoante trecho da ementa, "nos termos dos arts. 569 do CC/2002 e 23 da Lei 8.245/1991, incumbe ao locatário usar e gozar do bem locado de forma regular, tratando-o com o mesmo cuidado como se fosse seu e, finda a locação, restituí-lo ao locador no estado em que o recebeu, ressalvadas as deteriorações decorrentes do seu uso normal. Recai sobre o locatário a responsabilidade pela deterioração anômala do bem, circunstância que autoriza o locador a exigir, para além da rescisão do ajuste, indenização por perdas e danos. A determinação das perdas e danos está submetida ao princípio da reparação integral, de maneira que devem abranger tanto o desfalque efetivo e imediato no patrimônio do credor, como a perda patrimonial futura, a teor do disposto no art. 402 do CC/02. Para além dos danos emergentes, a restituição do imóvel locado em situação de deterioração enseja o pagamento de indenização por lucros cessantes, pelo período em que o bem permaneceu indisponível para o locador" (STJ, REsp 1.919.208/MA, 3.ª Turma, Rel. Min. Nancy Andrighi, j. 20.04.2021, *DJe* 26.04.2021). Esclareça-se, contudo, que os lucros cessantes acabaram não sendo demonstrados no caso concreto, uma vez que não foi comprovado que o imóvel seria imediatamente locado a outrem.

III) Restituir o imóvel finda a locação, no estado em que o recebeu, salvo as deteriorações comuns e decorrentes do seu uso normal.

IV) Levar imediatamente ao conhecimento do locador o surgimento de qualquer dano no imóvel, bem como eventuais turbações praticadas por terceiros (dever de informação, também decorrente da boa-fé objetiva).

V) Realizar a imediata reparação de danos causados no imóvel, por culpa sua ou de seus prepostos, visitantes ou dependentes. Esse dever de diligência também decorre da lealdade, da boa-fé objetiva, pois a coisa deve ser tratada pelo locatário como se fosse sua.

VI) Não modificar a forma externa ou interna do imóvel sem o consentimento prévio e por escrito do locador. Percebe-se, aqui, uma obrigação de não fazer do locatário, o que confirma a tese da existência de *obrigação cumulativa ou conjuntiva.*

VII) Entregar imediatamente ao locador os documentos de cobrança de tributos e encargos condominiais, bem como qualquer intimação, multa ou exigência da autoridade pública, mesmo que não dirigidas especificamente ao locador.

VIII) Pagar as despesas de telefone, de água, luz, gás e esgoto. Tais despesas são pessoais do usuário do serviço e não do proprietário da coisa.

IX) Permitir a vistoria do imóvel pelo locador ou seu preposto, mediante combinação prévia de dia e hora, bem como admitir que seja o imóvel visitado e examinado por terceiros nos casos de venda, promessa de venda, cessão ou promessa de cessão de direitos ou dação em pagamento.

X) Cumprir integralmente com a convenção de condomínio e regulamento interno, caso o imóvel esteja localizado em edifício condominial.

XI) Pagar o prêmio do seguro de fiança, no caso de ser esta a forma de garantia pactuada.

XII) Pagar as despesas ordinárias de condomínio, relacionadas com a administração do condomínio e que englobam:

a) salários, encargos trabalhistas, contribuições previdenciárias e sociais dos empregados do condomínio;

b) consumo de água e esgoto, gás e luz das áreas comuns;

c) despesas com limpeza e conservação das instalações e equipamentos hidráulicos, elétricos e de segurança, de uso de todos;

d) manutenção e conservação das instalações e equipamentos de uso comum, destinados à prática de esportes e lazer;

e) limpeza, conservação e pintura das instalações das áreas comuns;

f) manutenção e conservação dos elevadores, porteiro eletrônico e antenas coletivas;

CAP. 10 · CONTRATOS EM ESPÉCIE – LOCAÇÃO DE COISAS E FIANÇA | 459

g) pequenos reparos nas dependências e instalações elétricas e hidráulicas de uso de todos;

h) rateios de saldo devedor, salvo se referentes a período anterior ao início da locação;

i) reposição de fundos de reserva, total ou parcialmente, desde que comprovadas a previsão orçamentária e o rateio mensal, podendo o locatário exigir a qualquer tempo a sua comprovação.

O locatário fica ainda obrigado ao pagamento das despesas ordinárias de condomínio desde que comprovadas a previsão orçamentária e o rateio mensal, podendo exigir a qualquer tempo a comprovação das mesmas (art. 23, § 2.º, da Lei de Locação). Além disso, em um edifício constituído por unidades imobiliárias autônomas, sendo estas de propriedade da mesma pessoa, os locatários ficam obrigados ao pagamento das despesas ordinárias de condomínio desde que comprovadas (art. 23, § 3.º, da Lei de Locação). Nos dois casos, não sendo provada a existência das despesas, não há que se falar em pagamento.

Para os imóveis utilizados como habitação coletiva multifamiliar, os locatários ou sublocatários poderão depositar judicialmente o aluguel e os encargos se a construção for considerada em condições precárias pelo Poder Público (art. 24 da Lei de Locação). Trata-se, portanto, de uma ação consignatória a ser proposta pelos locatários ou sublocatários visando a manter vigente o contrato.

No entanto, o levantamento dos depósitos somente será deferido com a comunicação, pela autoridade pública, da regularização do imóvel (art. 24, § 1.º, da LL). Os locatários ou sublocatários que deixarem o imóvel em casos tais estarão desobrigados do aluguel devido durante a execução das obras necessárias à regularização (art. 24, § 2.º, da LL).

Por fim, no tocante aos depósitos efetuados em juízo pelos locatários e sublocatários, esses poderão ser levantados, mediante ordem judicial, para a realização das obras ou serviços necessários à regularização do imóvel (art. 24, § 3.º, da LL).

O art. 25 da Lei 8.245/1991 dispõe que, atribuída ao locatário a responsabilidade pelo pagamento dos tributos relativos ao imóvel (como, por exemplo, o IPTU), bem como os encargos e as despesas ordinárias de condomínio, o locador poderá cobrar tais verbas juntamente com o pagamento do aluguel do mês a que se refiram. Se o locador antecipar os pagamentos desses tributos e das despesas, a ele pertencerão as vantagens do pagamento advindas, salvo se o locatário reembolsá-lo integralmente. A última regra, constante do parágrafo único do dispositivo, refere-se a eventuais benefícios tributários referentes ao pagamento antecipado do imposto. Lembre-se que, silente o contrato, as verbas aqui referidas serão devidas pelo locador, e não pelo locatário.

Prevê o Enunciado n. 4 do extinto 2.º TACSP que "as despesas com elaboração do contrato de locação, conhecidas como 'taxas de contrato', não podem ser cobradas do locatário". Em outras palavras, tais despesas são da incumbência do locador, por serem do seu interesse, não podendo ser transferidas ao locatário em hipótese alguma. Eventual cláusula nesse sentido deve ser considerada abusiva e, portanto, nula de pleno direito, nos termos do art. 45 da Lei de Locação.

Encerrando o item, o art. 26 da LL expressa que necessitando o imóvel de reparos urgentes, cuja realização incumba ao locador, o locatário é obrigado a consentir com a

460 | DIREITO CIVIL • VOL. 3 – *Flávio Tartuce*

sua realização. Se os reparos durarem mais de dez dias, o locatário terá direito ao abatimento no aluguel, proporcional ao período excedente. Se a obra durar mais de trinta dias, o locatário poderá resilir unilateralmente o contrato, sendo caso de denúncia cheia (art. 26, parágrafo único, da LL).

Por derradeiro, vale aqui destacar as anotações de Nelson Nery Jr. e Rosa Maria de Andrade Nery:

> "Se o locatário recusar seu consentimento para a realização de obra urgente, assim considerada por perícia, poderá o locador pedir o desfazimento da relação locatícia (LI 9.º IV). Se consentir nas obras, mister que se distingam as hipóteses: a) o locatário consente nas obras, mas elas não podem ser realizadas com ele dentro do imóvel. O locador tem duas soluções. Pede o desfazimento da relação locatícia (LI 9.º IV) ou faz os reparos e depois recebe o locatário de volta, caso a locação seja de habitação coletiva (LI 24 § 2.º); b) o locatário consente nas obras e elas podem ser realizadas com ele dentro do imóvel. (...) O locador é obrigado a reduzir o valor do aluguel se a obra perdurar por mais de 10 dias. Se o período ultrapassar 30 dias, o locatário pode resilir a relação locatícia, não havendo necessidade da intimação da LI 4.º, nem a antecedência da LI 6.º. É criminoso o ato do locador que não promove, em 60 dias da entrega do imóvel, os reparos e obras a que se comprometeu (LI 44 III), podendo o locatário prejudicado reclamar perdas e danos (LI 44 par. ún.)" (NERY JR., Nelson; NERY, Rosa Maria de Andrade. *Código Civil...*, 2005, p. 1.351).

Estou totalmente filiado às palavras dos doutrinadores, que são precisas e tecnicamente corretas a respeito do tema.

10.3.4 Regras quanto à extinção da locação residencial e da locação para temporada

No que concerne à extinção da locação de imóvel residencial, incluindo a locação para temporada, o legislador estabeleceu as seguintes hipóteses, a seguir estudadas de forma pontual:

a) *Contratos fixados por escrito por trinta meses ou mais* – nestes casos, o contrato se rescinde no término do prazo, com prorrogação por tempo indeterminado, caso silentes as partes por mais de trinta dias. Ocorrida a prorrogação, caberá denúncia imotivada (*denúncia vazia*), a qualquer tempo, com 30 dias para a desocupação. Sobre a última regra, o Superior Tribunal de Justiça tem entendido que o despejo por denúncia vazia deve ser precedido por uma notificação premonitória. Conforme julgado de 2020, que cita outros: "Mesmo de forma indireta, o STJ já apontava para a obrigatoriedade da ocorrência da notificação premonitória, ao denominá-la de 'necessária' ou mesmo de 'obrigatória'. A necessidade de notificação premonitória, previamente ao ajuizamento da ação de despejo, encontra fundamentos em uma série de motivos práticos e sociais, e tem a finalidade precípua de reduzir os impactos negativos que necessariamente surgem com a efetivação do despejo. 'Caso a ação de despejo seja ajuizada sem a prévia notificação, deverá ser extinto o processo, sem a resolução do mérito, por falta de condição essencial ao seu normal desenvolvimento'" (STJ, REsp 1.812.465/MG, 3.ª Turma, Rel. Min. Nancy Andrighi, j. 12.05.2020, *DJe* 18.05.2020). Porém, na ação de despejo, se o locatário concordar em sair do imóvel, terá seis meses para a desocupação. Essas são as regras que podem ser retiradas dos arts. 46 e 61 da Lei de Locação. Determina o Enunciado n. 12 do extinto 2.º TACSP que: "Locação residencial ajustada antes da Lei do Inquilinato admite denúncia vazia e retomada imotivada".

b) *Contratos fixados verbalmente ou por escrito, por menos de trinta meses* – as duas formas de locação, verbal ou por escrito com prazo inferior a trinta meses, merecem o mesmo tratamento no art. 47 da Lei de Locação. Quanto à locação verbal, esta se presume por prazo indeterminado, conforme o entendimento jurisprudencial (Enunciado n. 20 do extinto 2.º TACSP). No que toca ao contrato celebrado por escrito, findo o prazo ajustado sem a celebração de novo contrato, a locação prorrogar-se-á automaticamente. Em todos esses casos, a retomada do imóvel só será possível por meio da *denúncia cheia*, fundamentada em uma das hipóteses previstas nos incisos do citado art. 47 da LL, a saber:

I) Hipóteses do art. 9.º da Lei de Locação (mútuo acordo, infração contratual ou legal, falta de pagamento e obras aprovadas pelo Poder Público).

II) Em decorrência de extinção do contrato de trabalho, se a ocupação do imóvel estiver relacionada com o seu emprego.

III) Em havendo pedido para uso próprio, do cônjuge, companheiro ou para uso residencial de ascendente ou descendente que não disponha, assim como seu cônjuge ou companheiro, de imóvel residencial próprio. Interessante lembrar, aqui, o teor de quatro antigas súmulas do Supremo Tribunal Federal, que ainda são aplicadas na prática, a saber: Súmula 175 ("Admite-se a retomada do imóvel alugado para uso de filho que vai contrair matrimônio"); Súmula 409 ("Ao retomante, que tenha mais de um prédio alugado, cabe optar entre eles, salvo abuso de direito"); Súmula 410 ("Se o locador utilizando prédio próprio para a residência ou atividade comercial, pede o imóvel próprio, diverso do que tem o por ele ocupado, não está obrigado a provar a necessidade, que se presume"); Súmula 484 ("Pode, legitimamente, o proprietário pedir o prédio para a residência de filho, ainda que solteiro").

IV) Se o imóvel for pedido para demolição licenciada ou para a realização de obras aprovadas pelo Poder Público, que aumentem a área construída em, no mínimo, vinte por cento (20%), ou se o imóvel for destinado a exploração de hotel ou pensão, em cinquenta por cento (50%). Conforme a Súmula 374 do STF, "na retomada para construção mais útil, não é necessário que a obra tenha sido ordenada pela autoridade pública".

V) Se a vigência sem interrupção do contrato superar cinco anos, o que é denominado *locação velha.*

Alguns comentários devem ser feitos em relação a essas regras. Inicialmente, para a jurisprudência superior, não é cabível a denúncia vazia quando o prazo de 30 meses previsto no art. 46 da Lei de Locação é atingido com sucessivas prorrogações do contrato de locação de imóvel residencial urbano. Nos termos exatos do acórdão, "o art. 46 da Lei n.º 8.245/1991 somente admite a denúncia vazia se um único instrumento escrito de locação estipular o prazo igual ou superior a 30 (trinta) meses, não sendo possível contar as sucessivas prorrogações dos períodos locatícios (*accessio temporis*). Para contrato de locação inicial com duração inferior a 30 (trinta) meses, o art. 47, V, da Lei n.º 8.245/1991 somente autoriza a denúncia pelo locador se a soma dos períodos de prorrogações ininterruptas ultrapassar o lapso de 5 (cinco) anos" (STJ, REsp 1.364.668/MG, 3.ª Turma, Rel. Min. Ricardo Villas Bôas Cueva, j. 07.11.2017, *DJe* 17.11.2017).

Além disso, segundo o Enunciado n. 19, do extinto 2.º TACSP: "Está dispensada a notificação premonitória para a retomada motivada". Esse entendimento não é acolhido de forma unânime pela jurisprudência. Destaque-se que alguns magistrados daquele Tribunal entendem que o enunciado não mais se aplica. Vale dizer que o enunciado não consta referenciado em obra coletiva, escrita por juízes do extinto 2.º TACSP, agora desembargadores (CASCONI, Francisco; AMORIM, José Roberto Neves. *Locações...*, 2004, p. 315-318).

Enuncia o § 1.º do art. 47 que na hipótese de retomada para uso próprio ou para pessoa da família do locador, a necessidade de uso do imóvel deverá ser judicialmente demonstrada se:

– O retomante, alegando necessidade de usar o imóvel, estiver ocupando, com a mesma finalidade, outro de sua propriedade situado na mesma localidade ou se, residindo ou utilizando imóvel alheio, já tiver retomado o imóvel anteriormente.

– O ascendente ou descendente beneficiário da retomada já residir em imóvel próprio.

Entretanto, nos demais casos, presume-se a *sinceridade* do pedido do retomante, devendo o locatário provar o contrário, ônus que lhe cabe. Percebe-se, de imediato, que a presunção é relativa ou *iuris tantum*. Segundo a jurisprudência, cabe ao locatário o ônus de afastar essa presunção, sendo interessante transcrever:

> "Locação comercial. Renovatória. Retomada. Uso próprio. Presunção de sinceridade não elidida. Admissibilidade. Cabe ao inquilino, uma vez deduzida a pretensão de retomada do imóvel para uso próprio na ação renovatória, o ônus de elidir a presunção que atua em favor do locador, valendo-se, para tanto, de provas idôneas e convincentes" (2.º TACSP, Ap. c/ rev. 842.250-00/1, 3.ª Câm., Rel. Juiz Antônio Benedito Ribeiro Pinto, j. 10.08.2004. Sobre o tema: *RT* 16/74. J. Nascimento Franco e Nisske Gondo: Ação renovatória e ação revisional de aluguel, *RT*, n. 176, p. 196-197. Anotação: no mesmo sentido: *JTA (RT)* 84/304, 124/0247, Ap. c/ rev. 293.509-00/1, 7.ª Câm., Rel. Juiz Antonio Marcato, j. 30.07.1991; Ap. c/ rev. 300.799-00/7, 7.ª Câm., Rel. Juiz Antonio Marcato, j. 10.12.1991; Ap. c/ Rev. 329.267-00/0, 6.ª Câm., Rel. Juiz Gamaliel Costa, j. 16.03.1993; Ap. c/ Rev. 359.021-00/1, 3.ª Câm., Rel. Juiz Oswaldo Breviglieri, j. 26.10.1993).

Também nos casos de retomada para uso próprio ou de pessoa da família e de demolição ou realização de obras (incisos III e IV do art. 47), o retomante deverá comprovar ser o proprietário, o promissário-comprador ou o promissário-cessionário, em caráter irrevogável, com imissão na posse do imóvel e título registrado junto à matrícula do mesmo (§ 2.º do art. 47 da LL). Isso, para que não pairem dúvidas a respeito do domínio sobre a coisa.

Quanto à previsão do inciso V do mesmo art. 47 (locação superior a cinco anos), dispõe o Enunciado n. 30 do extinto 2.º TACSP a sua aplicação somente para os casos de locações contratadas na vigência da Lei 8.245/1991. Aliás, quanto a essa previsão, trata-se da última oportunidade para o despejo para os contratos descritos no *caput*, não ocorrendo nenhuma das hipóteses previstas nos seus incisos. O caso é de denúncia cheia, não de denúncia vazia, pois o motivo consta da lei. Mas há quem entenda que a hipótese é de denúncia vazia, como Nelson Nery Jr. e Rosa Maria de Andrade Nery (*Código Civil...*, 2005, p. 1.364) e José Fernando Simão (*Legislação civil...*, 2007, p. 38).

CAP. 10 · CONTRATOS EM ESPÉCIE – LOCAÇÃO DE COISAS E FIANÇA | 463

c) *Locação para temporada* – é aquela celebrada para fins de residência temporária do locatário, para a prática de lazer, realização de cursos, tratamento de saúde, feitura de obras em seu imóvel e outros fatos que decorram em determinado tempo, cujo prazo não pode ser superior a 90 dias, esteja ou não mobiliado o imóvel (art. 48 da LL). Em casos tais, o aluguel e os encargos poderão ser cobrados antecipadamente e de uma só vez, cabendo qualquer uma das formas de garantia previstas na Lei de Locação (art. 49 da LL). A locação para temporada necessita da forma escrita, conforme exigência expressa do texto legal (contrato formal). Obrigatoriamente, no contrato de locação por temporada haverá a descrição de todos os bens móveis que o guarnecem, o que protege tanto o locador quanto o locatário da má-fé alheia (art. 48, parágrafo único, da LL). Findo o prazo estipulado, se o locatário permanecer no imóvel por mais de 30 dias, a locação estará prorrogada por tempo indeterminado, não sendo mais cabível exigir o pagamento antecipado dos aluguéis. Ocorrendo essa prorrogação, a locação somente poderá ser denunciada após 30 meses do seu início ou havendo motivos para denúncia cheia (art. 50 da LL). Determina o Enunciado n. 1 do 2.º TACSP que "inexistindo no contrato locativo a indicação de sua natureza para temporada, considera-se tenha sido celebrado para finalidade residencial e com prazo inferior a trinta meses, salvo prova em contrário". Parece correto o seu teor, pois a locação para temporada não pode ser presumida, ao contrário da sua natureza residencial. Como última nota sobre o tema, entendo que os contratos de locação feitos por aplicativos digitais enquadram-se na locação por temporada. As suas limitações no âmbito dos condomínios edilícios estão tratadas no Volume 4 da coleção, com a exposição da grande divergência a respeito desse atual e polêmico tema.

10.3.5 Regras quanto à extinção da locação não residencial

No que concerne à locação não residencial, existe um tratamento legal complexo previsto entre os arts. 51 a 57 da Lei 8.245/1991.

Como premissa-regra, para a locação de imóvel não residencial – inclusive para fim comercial, ou melhor, empresarial –, sendo celebrado o contrato por qualquer prazo, ou seja, por prazo determinado, estará o mesmo extinto ao seu término, findo o prazo estipulado, independentemente de notificação ou aviso, cabendo a denúncia vazia (art. 56 da LL). Nessas situações, é dispensável a notificação prévia nos trinta dias seguintes ao termo final do contrato.

Findo o prazo estipulado, se o locatário permanecer no imóvel por mais de 30 dias sem oposição do locador, incidirá a presunção de prorrogação da locação nas mesmas condições anteriormente ajustadas, mas sem prazo determinado (art. 56, parágrafo único, da LL). A regra continua sendo de cabimento de denúncia vazia, mas a lei exige que o locatário seja notificado para a desocupação em trinta dias (art. 57 da LL).

A despeito das previsões apontadas por último, o locatário comerciante, empresário ou industrial pode obter judicialmente a renovação do aluguel caso tenha celebrado, por escrito, contrato de locação por prazo superior a cinco anos e cumprido de forma ininterrupta (ação renovatória de aluguel, prevista no art. 51 da Lei 8.245/1991). Também é necessário que o empresário esteja explorando sua atividade, no mesmo ramo, pelo prazo mínimo e ininterrupto de três anos.

Para a configuração desse prazo, a jurisprudência admite que prazos de contratos sucessivos sejam somados, como se depreende pelo teor da Súmula 482 do STF, "o locatário que não for sucessor ou cessionário do que o precedeu na locação, não pode somar os prazos concedidos a este, para pedir a renovação do contrato, nos termos do Decreto n. 24.150". Como se percebe, a súmula admite a *soma temporal* como regra.

A ação renovatória deverá ser proposta nos primeiros seis meses do último ano de vigência do contrato (entre um ano e seis meses antes do término da locação), prazo que é decadencial, segundo o entendimento doutrinário majoritário. Isso porque a ação renovatória tem natureza constitutiva positiva, segundo o critério científico adotado por Agnelo Amorim Filho, o que justifica a sua natureza decadencial (*RT* 300/7 e 744/725).

As sociedades civis com fins lucrativos têm também direito à ação renovatória. A Lei de Locação revogou expressamente a antiga *Lei de Luvas* (Decreto 24.150, de 1934), incorporando, porém, no seu texto a matéria revogada. Sobre o tema, prevê o Enunciado n. 9 do extinto 2.º TACSP que a Lei 8.245/1991 *não* proíbe a cobrança de luvas no contrato inicial da locação comercial. As chamadas *luvas* são valores em dinheiro, além do aluguel, pagos pelo locatário ao locador, quando da elaboração do contrato inicial de locação comercial ou empresarial, para que tenha preferência na locação, ou por ocasião da sua renovação (DINIZ, Maria Helena. *Dicionário...*, 2005, p. 202). Também é comum a sua cobrança de novos locatários, por uma suposta transmissão do *ponto* comercial ou empresarial.

Entendo que a cobrança das *luvas* constitui abusividade, a gerar o enriquecimento sem causa do locador, pois não há qualquer prestação que a fundamente. Nesse sentido já se posicionou o Superior Tribunal de Justiça, quando vigente um contrato de locação:

> "Direito civil. Locação. Pagamento do ponto e/ou luvas. Art. 45 da Lei 8.245/91. Interpretação. 1 – A exigência de pagamento pelo ponto comercial e/ou luvas, quando já em vigor o contrato de locação, ainda que não seja uma renovação, no sentido estrito da palavra, representa verdadeira perturbação ao direito do locatário de permanecer no imóvel, ferindo os princípios norteadores da Lei n. 8.245/91, insculpidos no seu art. 45. 2 – Recurso conhecido e provido" (STJ, REsp 440.872/SC (200200677282), 475.783, 6.ª Turma, j. 20.02.2003, *DJ* 17.03.2003, p. 300, *RJADCOAS*, v. 46, p. 85).

A *locação não residencial civil*, que abrange os locatários que exercem atividades civis, bem como suas sedes, escritórios, estúdios e consultórios, rege-se pelos princípios da locação comercial, particularmente pelas regras da denúncia vazia. Mas, em casos tais, não haverá direito à ação renovatória, como já concluiu o Superior Tribunal de Justiça, especialmente sobre as atividades de advogado: "o escritório de advocacia não pode ser concebido como atividade comercial capaz de garantir a possibilidade de ingressar com ação renovatória com base no Dec. 24.150/34" (STJ, REsp 278.768/CE, 6.ª Turma, Rel. Min. Vicente Leal, j. 18.04.2002, *DJ* 27.05.2002, p. 205). As mesmas regras valem para a *locação em benefício ou vantagem profissional indireta*, quando o locatário for pessoa jurídica e o imóvel estiver destinado ao uso de seus titulares, diretores, sócios, gerentes, executivos ou empregados (art. 55 da LL).

A Lei 8.245/1991 trata ainda da chamada *locação não residencial especial* para imóveis utilizados como hospitais, unidades sanitárias oficiais, asilos, estabelecimentos

CAP. 10 · CONTRATOS EM ESPÉCIE – LOCAÇÃO DE COISAS E FIANÇA | **465**

de saúde e ensino autorizados e fiscalizados pelo Poder Público, bem como por entidades religiosas devidamente registradas (art. 53 da LL). Diante de patente caráter social relacionado com os interesses da coletividade somente caberá a desocupação por denúncia cheia em duas hipóteses:

I) Nas hipóteses do art. 9.º da LL (mútuo acordo desrespeitado, infração legal ou contratual, falta de pagamento, para realização de obras e reparos urgentes determinados pelo Poder Público).

II) Se o proprietário, promissário comprador ou promissário cessionário, em caráter irrevogável e imitido na posse, com título registrado, que haja quitado o preço da promessa ou que, não o tendo feito, seja autorizado pelo proprietário a pedir o imóvel para demolição, edificação licenciada ou reforma que venha resultar em aumento mínimo de cinquenta por cento da área útil do imóvel.

A ilustrar a aplicação desse diploma, recente aresto do Superior Tribunal de Justiça, publicado no seu *Informativo* n. *547,* considerou que:

"Pode haver denúncia vazia de contrato de locação de imóvel não residencial ocupado por instituição de saúde apenas para o desempenho de atividades administrativas, como marcação de consultas e captação de clientes, não se aplicando o benefício legal previsto no art. 53 da Lei de Locações. O objetivo do legislador ao editar o referido artigo fora retirar do âmbito de discricionariedade do locador o despejo do locatário que preste efetivos serviços de saúde no local objeto do contrato de locação, estabelecendo determinadas situações especiais em que o contrato poderia vir a ser denunciado motivadamente. Buscou-se privilegiar o interesse social patente no desempenho das atividades-fim ligadas à saúde, visto que não podem sofrer dissolução de continuidade ao mero alvedrio do locador. Posto isso, há de ressaltar que, conforme a jurisprudência do STJ, esse dispositivo merece exegese restritiva, não estendendo as suas normas, restritivas por natureza do direito do locador, à locação de espaço voltado ao trato administrativo de estabelecimento de saúde" (STJ, REsp 1.310.960/SP, Rel. Min. Paulo de Tarso Sanseverino, j. 04.09.2014).

A Lei de Locação trata, ainda, da *locação em shopping center*, particularmente da relação entre empreendedores (locadores) e lojistas (locatários), caracterizada como uma locação não residencial pela norma, o que possibilita o ingresso de ação renovatória (art. 54 da LL). Nesses contratos prevalecerão as regras que forem livremente pactuadas por locador e locatário, sem prejuízo das normas constantes da Lei 8.245/1991, que também devem subsumir. Para os fins de incidência da Lei da Locação, vale destacar o Enunciado n. 83, da *III Jornada de Direito Comercial* (2019), segundo o qual "o complexo edilício constituído por unidades condominiais comerciais autônomas, sem exploração econômica coordenada de forma unitária, ainda que chamado 'shopping do tipo vendido', não caracteriza contrato de *shopping center*". Sendo assim, em casos tais, não é possível o ingresso de ação renovatória pelo interessado.

Para a jurisprudência do Superior Tribunal de Justiça, aplicando o conteúdo da norma, em tais contratos não é abusiva a previsão contratual que estabelece a duplicação do valor do aluguel no mês de dezembro em contrato de locação de espaço em *shopping center*.

Conforme o aresto, publicado no *Informativo* n. *582* da Corte, "a locação de espaço em *shopping center* é uma modalidade de contrato empresarial, contendo fundamentalmente os seguintes elementos: o consentimento dos contratantes, a cessão do espaço e o aluguel. O aluguel em si é composto de uma parte fixa e de uma parte variável. A parcela fixa é estabelecida em um valor preciso no contrato com possibilidade de reajuste pela variação da inflação, correspondendo a um aluguel mínimo mensal. A parcela variável consiste em um percentual sobre o montante de vendas (faturamento do estabelecimento comercial), variando em torno de 7% a 8% sobre o volume de vendas. Se o montante em dinheiro do percentual sobre as vendas for inferior ao valor do aluguel fixo, apenas este deve ser pago; se for superior, paga-se somente o aluguel percentual. No mês de dezembro, é previsto o pagamento em dobro do aluguel para que o empreendedor ou o administrador indicado faça também frente ao aumento de suas despesas nessa época do ano, sendo também chamado de *aluguel dúplice* ou 13.º aluguel. A cobrança do 13.º aluguel é prevista em cláusula contratual própria desse tipo peculiar de contrato de locação, incluindo-se entre as chamadas cláusulas excêntricas". E mais, adentrando no debate sobre os princípios contratuais e a necessária mitigação do dirigismo nos contratos empresariais:

> "A discussão acerca da validade dessa cláusula centra-se na tensão entre os princípios da autonomia privada e da função social do contrato. De acordo com doutrina especializada, o princípio da autonomia privada corresponde ao poder reconhecido pela ordem jurídica aos particulares para dispor acerca dos seus interesses, notadamente os econômicos (autonomia negocial), realizando livremente negócios jurídicos e determinando os respectivos efeitos. A autonomia privada, embora modernamente tenha cedido espaço para outros princípios (como a boa-fé e a função social do contrato), apresenta-se, ainda, como a pedra angular do sistema de direito privado, especialmente no plano do Direito Empresarial. O pressuposto imediato da autonomia privada é a liberdade como valor jurídico. Mediatamente, o personalismo ético aparece também como fundamento, com a concepção de que o indivíduo é o centro do ordenamento jurídico e de que sua vontade, livremente manifestada, deve ser resguardada como instrumento de realização de justiça. O princípio da autonomia privada concretiza-se, fundamentalmente, no direito contratual, por meio de uma tríplice dimensão: a liberdade contratual, a força obrigatória dos pactos e a relatividade dos contratos. A liberdade contratual representa o poder conferido às partes de escolher o negócio a ser celebrado, com quem contratar e o conteúdo das cláusulas contratuais. É a ampla faixa de autonomia conferida pelo ordenamento jurídico à manifestação de vontade dos contratantes" (STJ, REsp 1.409.849/PR, Rel. Min. Paulo de Tarso Sanseverino, j. 26.04.2016, *DJe* 05.05.2016).

Como se percebe, o julgado superior acaba por adotar premissas que orientam a *Lei da Liberdade Econômica* (Lei 13.874/2019). Entendo que a conclusão pela prevalência da autonomia privada está correta, desde que o contrato celebrado entre as partes, empresários, seja plenamente paritário, e não de adesão, não havendo a imposição do conteúdo contratual, especialmente da cláusula de *aluguel dúplice*. Caso contrário, pode ela ser reputada nula, por força do que consta do art. 424 do Código Civil.

Ainda no que diz respeito ao conteúdo das cláusulas da locação em *shopping center*, no mesmo ano de 2016, entendeu aquele Tribunal Superior pela validade da *cláusula de raio*, segundo a qual "o locatário de um espaço comercial se obriga – perante o locador – a não exercer atividade similar à praticada no imóvel objeto da locação em outro estabelecimento situado a um determinado raio de distância contado a partir de certo ponto do terreno do *shopping center*". Conforme a argumentação constante do julgamento:

"Em que pese a existência de um *shopping center* não seja considerado elemento essencial para a aplicação dessa cláusula, é inquestionável que ela se mostra especialmente apropriada no contexto de tais centros comerciais, notadamente em razão da preservação dos interesses comuns à generalidade dos locatários e empreendedores dos *shoppings*. Além disso, a 'cláusula de raio' não prejudica os consumidores. Ao contrário, os beneficia, ainda que indiretamente. O simples fato de consumidor não encontrar em todos os *shopping centers* que frequenta determinadas lojas não implica efetivo prejuízo a ele, pois a instalação dos lojistas em tais ou quais empreendimentos depende, categoricamente, de inúmeros fatores. De fato, a lógica por detrás do empreendimento se sobrepõe à pretensão comum do cidadão de objetivar encontrar, no mesmo espaço, todas as facilidades e variedades pelo menor preço e distância. (...) Além do mais, o fato de *shopping center* exercer posição relevante no perímetro estabelecido pela 'cláusula de raio' não significa que esteja infringindo os princípios da ordem econômica estampados na CF, visto que inserções de 'cláusulas de raio' em determinados contratos de locação são realizadas com o propósito de servir à logística do empreendimento. Aliás, a conquista de mercado resultante de processo natural fundado na maior eficiência de agente econômico em relação a seus competidores não caracteriza ilícito, tanto que prevista como excludente de infração da ordem econômica (§ 1.º do art. 36 da Lei n. 12.529/2011)" (STJ, REsp 1.535.727/RS, Rel. Min. Marco Buzzi, j. 10.05.2016, *DJe* 20.06.2016, publicado no *Informativo* n. *585* da Corte).

A minha posição é a mesma manifestada quanto ao *aluguel dúplice*, ou seja, a *cláusula de raio* somente será válida se o contrato for celebrado entre empresas, não havendo a imposição do seu conteúdo por qualquer uma delas, em contrato de adesão, o que geraria a sua nulidade, pelo que consta do art. 424 do Código Civil.

Como outro acórdão a ser destacado sobre o art. 54 da Lei de Locação – e a minha dedução é a mesma dos anteriores, a respeito dos contratos de adesão –, em 2020 o STJ julgou ser possível a inclusão de valor relativo a honorários advocatícios contratuais, previamente ajustados pelas partes, na execução do contrato de locação em *shopping center*. Nos termos do trecho final da sua ementa, "a atividade empresarial é caracterizada pelo risco e regulada pela lógica da livre concorrência, devendo prevalecer nesses ajustes, salvo situação excepcional, a autonomia da vontade e o princípio *pacta sunt servanda*. Não há como afastar a incidência de cláusula de contrato de locação de espaço em *shopping center* com base em alegação genérica de afronta à boa-fé objetiva, devendo ficar demonstrada a situação excepcional que autoriza a intervenção do Poder Judiciário" (STJ, REsp 1.644.890/PR, 3.ª Turma, Rel. Min. Ricardo Villas Bôas Cueva, j. 18.08.2020, *DJe* 26.08.2020).

Do ano de 2021, também trazendo a ideia de menor intervenção nos contratos de "shopping center", pelo teor do art. 54 da Lei de Locação, julgou a Corte Superior que, "frente às singularidades que diferenciam tais contratos, o art. 54 da Lei n.º 8.245/91 assegura a prevalência dos princípios da autonomia da vontade e do *pacta sunt servanda*. Nesse sentido, alteração do aluguel percentual em sede de ação renovatória de locação de espaço em *shopping center* somente é viável caso demonstrado pela parte postulante – locatário ou locador –, o desequilíbrio econômico superveniente resultante de evento imprevisível (arts. 317 e 479 do CC/02). Vale dizer, a dissonância entre o locativo percentual contratado e o valor de mercado não autoriza, por si só, a alteração do aluguel, sob pena de o juiz se imiscuir na economia do contrato 8. Recurso especial conhecido e provido" (STJ, REsp 1.947.694/SP, 3.ª Turma, Rel. Min. Nancy Andrighi, j. 14.09.2021, *DJe* 16.09.2021).

Sobre esse último acórdão, somente faço a ressalva a respeito do termo "autonomia da vontade", que está superado pela autonomia privada, como demonstrado em vários trechos deste livro. Entretanto, a respeito da revisão do contrato, nada a criticar, uma vez que os contratos de adesão, desde que civis, estão submetidos aos últimos comandos citados, devendo-se comprovar o elemento da imprevisibilidade para o negócio celebrado, para que ela seja juridicamente possível.

Como último exemplo jurisprudencial superior a respeito da temática da redução da intervenção do julgador nos contratos de locação em *shopping center*, merece ser citado acórdão de 2024, que igualmente utiliza o termo "autonomia da vontade", afirmando que "a instalação de lojas do mesmo ramo em *shopping center* não configura, por si só, atividade predatória nem ofensa ao *tenant mix*, desde que essa opção não implique desrespeito aos contratos firmados com os lojistas" (STJ, REsp 2.101.659/RJ, 3.ª Turma, Rel. Min. Ricardo Villas Bôas Cueva, j. 21.05.2024, *DJe* 24.05.2024, m.v.).

Quanto ao interessante instituto do *tenant mix*, como está no próprio aresto superior, "refere-se à organização do espaço e é uma das principais características de um *shopping center*. Nesse contexto, cabe ao empreendedor a escolha das lojas que comporão o empreendimento, a instalação de áreas de lazer e a realização de propaganda e promoções. Essas estratégias servem para atrair o maior número de consumidores ao empreendimento e alcançar a melhor lucratividade, finalidade que atende aos interesses dos lojistas e do próprio *shopping*, que faz *jus* ao recebimento de aluguel calculado sobre o faturamento". E mais, "apesar de, em um primeiro momento, parecer que a concorrência entre lojas no mesmo *shopping center* não é a melhor estratégia, o fato é que em empreendimentos maiores é comum a presença de lojas do mesmo segmento concorrendo entre si, instaladas lado a lado, ou frente a frente, como no caso das lanchonetes de *fast food*, lojas de sapatos e roupas, trazendo atratividade para o *shopping*, beneficiando os consumidores e, portanto, os demais lojistas". Ao final, entendeu-se que o empreendedor do *shopping* pode sim optar pela concorrência direta entre os lojistas, desde que isso não desrespeite o contrato com eles firmado, o que ingressa na alocação dos riscos pelas partes (STJ, REsp 2.101.659/RJ, 3.ª Turma, Rel. Min. Ricardo Villas Bôas Cueva, j. 21.05.2024, *DJe* 24.05.2024, m.v.).

Sobre a ação renovatória que tenha por objeto o espaço em *shopping center*, é importante ressaltar a seguinte peculiaridade: o locador não poderá recusar a renovação com fundamento na alegação de que o imóvel passará a ser utilizado por ele próprio ou para transferência de fundo de comércio existente há mais de um ano, sendo detentor da maioria do capital o locador, seu cônjuge, ascendente ou descendente (art. 52, § 1.º, da LL).

Outra peculiaridade existente nesse contrato se refere à impossibilidade de os empreendedores-locadores cobrarem dos lojistas-locatários, segundo o § 1.º do art. 54 da Lei de Locação:

a) As despesas extraordinárias de condomínio relacionadas com obras de reformas ou acréscimos que interessarem à estrutura integral do imóvel; as pinturas de fachadas em geral e das esquadrias externas; as indenizações trabalhistas e previdenciárias decorrentes da dispensa de empregados, desde que ocorridas em data anterior ao início da locação.

b) As despesas com obras ou substituições de equipamentos, que impliquem a modificação do projeto ou do memorial descritivo da data do habite-se bem como das obras de paisagismo nas partes de uso comum.

Diante do dever de informar relativo à boa-fé objetiva, as despesas cobradas do locatário devem ser previstas e devidamente demonstradas em orçamento, salvo nos casos de urgência ou de força maior. Em situações tais, poderá o locatário, a cada sessenta dias, por si ou entidade de classe que representa os lojistas, exigir a comprovação de tais despesas. Para a jurisprudência, esse prazo não pode ser tido como decadencial "por se tratar de simples possibilidade de o locatário postular a apresentação de contas no prazo ali referido, sem que tanto se constitua num dever a ser exercitado no lapso temporal de 60 dias" (2.º TACSP, Ap. 504184, 2.ª Câmara, Rel. Juiz Vianna Cotrim, j. 16.02.1998. In: NERY JR., Nelson; NERY, Rosa Maria de Andrade. *Código Civil...*, 2005, p. 1.375).

No mesmo sentido, decidiu recentemente o Superior Tribunal de Justiça: "o art. 54, § 2.º, da Lei 8.245/61 não estabelece prazo decadencial de 60 dias para que se formule pedido de prestação de contas no seio de contrato de locação em *shopping center*, mas sim estatui uma periodicidade mínima para essa prestação" (STJ, REsp 2.003.209/PR, 3.ª Turma, Rel. Min. Nancy Andrighi, j. 27.09.2022, *DJe* 30.09.2022).

Como outro tema de grande relevo para o presente tópico, a Lei 12.744/2012, que trata da locação nos contratos de construção ajustada ("built-to-suit"), introduziu o art. 54-A na Lei 8.245/1991. O *caput* do novo dispositivo legal passou a definir tais negócios como locações não residenciais em que o locador procede à prévia aquisição, construção ou substancial reforma, por si mesmo ou por terceiros, do imóvel então especificado pelo pretendente à locação, a fim de que seja a este locado por prazo determinado. De acordo com as lições de Adriano Ferriani, professor da PUCSP:

> "*Built to suit*, numa tradução livre, seria 'construído para servir', ou 'construído para ajustar'. Juridicamente, a expressão é utilizada em referência a contratos de locação (antes considerados atípicos por alguns) de bens imóveis urbanos, em que o locador investe dinheiro no imóvel, nele edificando ou por meio de reformas substanciais, sempre com vistas a atender às necessidades previamente identificadas pelo locatário. Exemplificando, se uma rede de varejo precisa locar um imóvel que tenha determinadas características, qualquer investidor pode providenciar a compra e construção, ou reforma, com a finalidade única de atender aos interesses desse inquilino especificamente. Para tanto, antes do investimento, o locador celebra o contrato *built to suit*, contemplando um prazo de vigência que lhe permita ter a segurança de recuperar o capital investido, além de perceber rendimentos da locação" (FERRIANI, Adriano. *O contrato...* Disponível em: www.migalhas.com.br. Publicado em: 16 jan. 2013).

Como desenvolve Alexandre Junqueira Gomide, em sua dissertação de mestrado, defendida na Faculdade de Direito da USP e recentemente publicada, o contrato em questão não seria uma locação, mas uma figura atípica. A atipicidade, segundo o autor, decorre pelo fato de que, no contrato *built-to-suit*, a prestação da locação não é referencial. As prestações da empreitada e, eventualmente, da compra e venda também possuem extrema relevância. E é justamente a somatória das prestações, segundo Gomide, que faz surgir o negócio em questão (GOMIDE, Alexandre Junqueira. *Contratos...*, 2017, p. 61). Conforme suas palavras:

"Sendo um contrato atípico, em nossa opinião, não havia qualquer necessidade de o legislador procurar regulamentar o contrato *built to suit* na Lei do Inquilinato. O contrato atípico não requer regulamentação e o Código Civil autoriza que as partes contratem modelos contratuais fora aqueles disciplinados em lei. Essa não foi, infelizmente, a opção do legislador. Possivelmente imaginando que a regulamentação legal é sinônimo de segurança jurídica, o legislador resolveu incluir o *built to suit* na Lei 8.245/1991. Ao prever o contrato *built to suit* no texto legal, o legislador criou uma situação indesejada: intitula o contrato *built to suit* como 'contrato de locação comercial', mas aduz que prevalecem as condições contratuais estabelecidas pelas partes" (GOMIDE, Alexandre Junqueira. *Contratos...*, 2017, p. 197).

Apesar da força das palavras transcritas, a opção do legislador pelo enquadramento como locação é clara, devendo esse tratamento ser considerado como o majoritário, para os devidos fins teóricos e práticos. E confirmando tratar-se de uma locação, na *I Jornada de Direito Notarial e Registral,* realizada em agosto de 2022, aprovou-se ementa doutrinária admitindo o seu registro, para alguns fins semelhantes previstos na Lei de Locação. Consoante o Enunciado n. 29, "a locação *built to suit* pode ser registrada ou averbada nas hipóteses previstas no art. 167, I, 3 (cláusula de vigência), e II, 16 (direito de preferência), da Lei n. 6.015/1973". O registro repercute para o exercício do direito de preferência do locatário, o que ainda será aqui analisado.

Pois bem, na linha das últimas lições transcritas e ainda na dicção do *caput* do novo preceito, em tais contratos prevalecerão as condições livremente pactuadas no instrumento respectivo e as disposições procedimentais ou processuais previstas na Lei de Locação. Assim, em tese, algumas das normas materiais da Lei 8.245/1991 ficariam afastadas para os negócios de *built-to-suit*, como ocorre com o art. 4.º da norma, antes analisado.

Além disso, de acordo com § 1.º do art. 54-A, poderá ser convencionada a renúncia ao direito de revisão do valor dos aluguéis durante o prazo de vigência do contrato de locação. Em outras palavras, a revisão é tida pelo novo preceito como um direito disponível pelas partes, podendo ser afastada por acordo entre elas. Reconhecendo essa plena possibilidade de renúncia, notadamente em se tratando de grandes empresas, afastando a revisão do contrato por tutela provisória, diante da crise gerada pela pandemia de Covid-19, colaciona-se:

"Agravo de instrumento. Ação revisional de contrato de locação atípica. Pedido liminar de depósito judicial de metade da diferença entre o valor de mercado e o atual do aluguel. Artigos 317 e 478 do Código Civil. Art. 54-A da Lei de Locações. Pandemia. Cláusula de renúncia expressa que é contraposta à alegação de onerosidade excessiva, com vantagem indevida. Desequilíbrio contratual, *a priori*, não comprovado. Situação que não representa perigo de dano imediato. Recurso não provido. Para concessão de tutela de urgência é mister que os pressupostos estejam presentes de imediato. Por ora, não há preponderância das alegações e o perigo de dano, até porque o contrato de locação é atípico (*sale-lease-back*), com cláusula expressa de renúncia à revisão, firmado por empresa de grande porte, com atividades constantes e o Fundo Imobiliário de Investimentos. Sendo o pleito pautado em onerosidade excessiva e vantagem à outra parte, são exigidos maiores subsídios para a concessão de tutela ainda que assecuratória, não bastando o laudo unilateral" (TJSP, Agravo de Instrumento 2188284-60.2020.8.26.0000, Acórdão 13975042, 32.ª Câmara de Direito Privado, São Paulo, Rel. Des. Kioitsi Chicuta, j. 18.09.2020, *DJESP* 25.09.2020, p. 2.683).

Seguindo no estudo do tema, em caso de denúncia antecipada do vínculo locatício pelo locatário, compromete-se este a cumprir a multa convencionada, que não excederá, porém, a soma dos valores dos aluguéis a receber até o termo final da locação (§ 2.º do art. 54-A). Essa exceção é que foi incluída no art. 4.º da Lei 8.245/1991, devendo a multa ser paga integralmente, não cabendo, em tese, a sua redução.

De toda sorte, apesar da alteração desse último comando e do art. 4.º da Lei de Locação, acredito sempre na possibilidade de redução da multa ou cláusula penal nos termos do art. 413 do Código Civil. Trata-se de norma de ordem pública com relação direta com o princípio da função social do contrato (art. 421 do CC/2002), devendo sempre prevalecer, notadamente quando a multa for exagerada ou traduzir onerosidade excessiva à parte.

Em sua obra monográfica sobre o assunto, Alexandre Junqueira Gomide também defende a eventual aplicação do art. 413 do Código Civil para o contrato "built-to-suit", mas com grande cuidado, de forma extrema e excepcionalíssima. Conforme suas lições, "embora seja possível admitir que o art. 413 do Código Civil é norma de ordem pública e inderrogável, a aplicação analógica desse dispositivo deve ser utilizada com extrema cautela pelo intérprete. Antes de ser determinada a redução da multa com base naquele dispositivo, o intérprete deve se atentar ao quanto é estabelecido no art. 54-A, § 2.º, da Lei do Inquilinato, que já impõe limites à multa contratual. Aplicando-se o dispositivo é possível que a multa seja reduzida automaticamente, de forma suficiente para que a pena não seja excessivamente onerosa, dispensando a aplicação analógica da regra geral, do Código Civil" (GOMIDE, Alexandre Junqueira. *Contratos...*, 2017, p. 166).

Para encerrar o tópico, merece ser comentado enunciado doutrinário aprovado na *II Jornada de Direito Comercial*, promovida pelo Conselho da Justiça Federal em fevereiro de 2015. Nos termos do Enunciado n. 67 daquele evento, "na locação *built to suit,* é válida a estipulação contratual que estabeleça cláusula penal compensatória equivalente à totalidade dos alugueres a vencer, sem prejuízo da aplicação do art. 416, parágrafo único, do Código Civil".

Desse modo, a conclusão dos juristas participantes da *Jornada* foi no sentido de não ser a norma específica sobre *built to suit* totalmente excludente do Código Civil. Vale lembrar que o parágrafo único do art. 416 da codificação material estabelece que ainda que o prejuízo exceda ao previsto na cláusula penal, não pode o credor exigir indenização suplementar se assim não foi convencionado. Em outras palavras, presente a cláusula penal compensatória, o credor deve optar entre a exigência da multa ou das perdas e danos.

Entretanto, admite-se, por pactuação das partes, uma cláusula de cumulação da multa com as perdas e danos. Em situações tais, conforme a mesma norma codificada, a pena vale como mínimo da indenização, competindo ao credor provar o prejuízo excedente. Essa última cláusula é perfeitamente viável para os contratos de *built to suit*, o que contou com o meu pleno apoio quando daquele evento de aprovação do enunciado.

10.3.6 O direito de preferência do locatário

Sem prejuízo do direito de preferência do condômino na venda de coisa comum (art. 504 do CC) e do vendedor no caso da preempção convencional (arts. 513 a 520 do CC), a Lei de Locação, entre os seus arts. 27 a 33, consagra o direito de preferência a favor do locatário de imóvel urbano. Como o regime é de proteção do locatário, qualquer cláusula de renúncia à preferência deve ser tida como nula. Para tanto, pode ser até invocado o princípio da função social do contrato, no sentido de que a cláusula de renúncia representa um abuso de direito, sendo ilícita (arts. 166, inc. II, 187 e 421 do CC).

No caso de alienação do imóvel, o locatário terá preferência (preempção ou prelação legal) para adquirir o imóvel locado, em igualdade de condições com terceiros (e em especial, quanto ao preço), devendo o locador dar-lhe conhecimento do negócio mediante notificação judicial, notificação extrajudicial ou outro meio de ciência inequívoca.

De forma detalhada, estatui o art. 27 da Lei 8.245/1991 que "no caso de venda, promessa de venda, cessão ou promessa de cessão de direitos ou dação em pagamento, o locatário tem preferência para adquirir o imóvel locado, em igualdade de condições com terceiros devendo o locador dar-lhe conhecimento do negócio mediante notificação judicial, extrajudicial ou outro meio de ciência inequívoca". Em complemento, enuncia o parágrafo único do dispositivo que essa comunicação deverá conter todas as condições do negócio a ser celebrado com o terceiro, constando:

a) o preço da venda;
b) a forma de pagamento;
c) a existência de ônus reais sobre o imóvel;
d) o local e o horário em que pode ser examinada a documentação relacionada com o imóvel e o negócio.

O locatário deverá se manifestar de forma inequívoca no prazo de 30 dias, contados da notificação, sob pena de caducar o seu direito de preferência (art. 28 da LL). Esse prazo, como se pode perceber, é de decadência, de perda de um direito potestativo, eis que a lei utiliza a expressão *caducar*. Outra justificativa para a natureza decadencial do prazo é que a ação de preferência é predominantemente constitutiva.

Ocorrendo a aceitação da proposta pelo locatário e posterior desistência por parte do locador, este deverá responder pelos prejuízos causados ao primeiro, particularmente pelos danos emergentes e lucros cessantes, nos termos dos arts. 402 a 404 do Código Civil em vigor. Essa é, igualmente, a regra constante do art. 29 da Lei de Locação. É importante deixar claro, de qualquer forma, que para a responsabilização do locador o locatário deverá provar a existência desses prejuízos que não são presumidos na espécie. Sobre o último dispositivo, comenta Sílvio de Salvo Venosa que "essa inovação da lei visou, sem dúvida, coibir eventual abuso de direito do locador. Por vezes, engendra ele uma proposta de venda, sem a real intenção de fazê-lo, a fim de facilitar a desocupação do imóvel. Erige-se nesse dispositivo hipótese de responsabilidade pré-contratual. A proposta deve ser séria. Feita a proposta, o proponente não está obrigado a vender, mas sujeita-se a indenização se não o fizer" (VENOSA, Sílvio de Salvo. *Direito civil...*, 2005, p. 188).

O art. 30 da Lei de Locação reconhece o direito de preferência também ao sublocatário, se o imóvel estiver locado em sua totalidade e tenha existido autorização expressa para a sublocação. Em seguida, terá preferência o locatário. Sendo vários os sublocatários, a preferência poderá ser exercida por todos, em comum, ou por qualquer deles, se um só for o interessado no imóvel.

Por fim, havendo pluralidade de pretendentes, caberá o exercício do direito de preferência ao locatário mais antigo e, se da mesma data, ao mais idoso (art. 30, parágrafo único, da LL).

Nos casos de alienação de mais de uma unidade imobiliária, o direito de preferência incidirá sobre a totalidade dos bens objeto da alienação (art. 31 da LL). Em outras palavras, havendo *venda em bloco* a preferência também deverá ser exercida em bloco, não podendo o titular do domínio ser obrigado a fracionar o seu imóvel. A regra é aplicada, por exemplo, no caso de venda de um prédio onde se encontram vários escritórios.

Segundo o art. 32 da Lei 8.245/1991, o direito de preferência *não* alcança as seguintes hipóteses:

a) venda por decisão judicial;
b) permuta;
c) doação;
d) integralização de capital;
e) cisão, fusão ou incorporação de empresas.

Para os contratos firmados a partir de 1.º de outubro de 2001, o direito de preferência não alcançará ainda os casos de constituição da propriedade fiduciária e de perda da propriedade ou venda por quaisquer formas de realização de garantia, inclusive mediante leilão extrajudicial, devendo essa condição constar expressamente em cláusula contratual específica, destacando-se das demais por sua apresentação gráfica. Essa é a regra constante do parágrafo único do art. 32 da Lei em comento, introduzida pela Medida Provisória 2.223/2001 e posteriormente convertida em lei (art. 61 da Lei 10.931/2004).

Sendo o locatário preterido no seu direito de preferência, poderá este reclamar do alienante as perdas e danos ou, depositando o preço e demais despesas do ato de transferência, haver para si o imóvel locado, se o requerer no prazo de seis meses contados do registro da compra e venda (art. 33 da Lei 8.245/1991). Mas, para exigir o bem para si, é necessário que o contrato de locação esteja averbado na matrícula do imóvel, pelo menos 30 dias antes da alienação da coisa imóvel. Nos termos do parágrafo único da última norma, a averbação far-se-á à vista de qualquer das vias do contrato de locação, desde que subscrito também por duas testemunhas (parágrafo único do art. 33 da LL).

Parece-me que a exigência quanto às duas testemunhas foi afastada pela Lei 14.382/2022, que instituiu o Sistema Eletrônico de Registros Públicos (SERP), tendo sido revogado o último comando quanto a essa parte. Isso porque foi incluído um parágrafo único no o art. 167 da Lei de Registros Públicos, admitindo o registro eletrônico do contrato de locação para o fim do direito de preferência do locatário, com a seguinte redação: "o registro previsto no item 3 do inciso I do *caput* e a averbação prevista no item 16 do inciso II do *caput* deste artigo serão efetuados no registro de imóveis da circunscrição onde o imóvel estiver matriculado, mediante apresentação de uma via do contrato assinado pelas partes, admitida a forma eletrônica e bastando a coincidência entre o nome de um dos proprietários e o do locador". O registro eletrônico não exige as duas testemunhas, não havendo mais a necessidade de tal exigência para todos os casos. Houve, portanto, revogação tácita, nos termos do art. 2.º da LINDB, pois a lei nova tratou totalmente da matéria prevista na lei anterior.

A medida judicial prevista para o exercício desse direito é denominada *ação de preferência*, seguindo o rito ordinário (CPC/1973) ou o procedimento comum (CPC/2015). Não se aplicam a essa ação de preferência os preceitos processuais especiais previstos no art. 58 da Lei de Locação, que serão devidamente estudados. Há controvérsias quanto à natureza jurídica dessa ação, sendo certo que entendo tratar-se de ação adjudicatória, que visa invalidar a negociação feita em desrespeito ao direito de preferência do locatário, tendo, portanto, natureza constitutiva negativa. Concorda-se com Sílvio Venosa quando o doutrinador afirma que se trata de exemplo de obrigação com eficácia real (*Direito civil...*, 2005, p. 190). Essa afirmação demonstra os efeitos *erga omnes* do direito de preferência decorrente de lei, devendo a ação de preferência ser proposta contra o alienante e o adquirente do imóvel.

Repise-se que, para que o locatário possa haver o imóvel para si, o contrato deverá estar devidamente registrado, conforme consta expressamente da lei. Porém, entendo, assim a como doutrina e jurisprudência consolidadas, que, para que o locatário pleiteie as perdas e danos, o registro é dispensável, pois em casos tais os efeitos são tão somente pessoais obrigacionais (STJ, REsp 14.905, Rel. Min. Eduardo Ribeiro, j. 10.12.1991, julgado citado por Nelson Nery Jr. e Rosa Maria de Andrade Nery, *Código Civil...* 2004, p. 1.268). Assim também se posiciona Sílvio Venosa, na obra citada (*Direito civil...*, 2005, p. 190). Entretanto, é preciso assinalar que alguns autores, caso de Maria Helena Diniz, concluem que para que o locatário tenha direito às perdas e danos é preciso que o contrato também esteja registrado (*Lei...*, 1999, p. 135).

Entre os acórdãos mais recentes do Superior Tribunal de Justiça, cito decisão monocrática do Ministro Luis Felipe Salomão, prolatada no âmbito da Quarta Turma, no sentido de que "a falta de averbação de contrato de locação não impede o pleito de indenização por perdas e danos eventualmente configurados pela não oportunização do direito de preferência" (STJ, REsp 1.680.638/RS, 4.ª Turma, Min. Luis Felipe Salomão, j. 24.09.2018, *DJe* 04.10.2018, p. 6.653). Como consta da decisão, que cita dois outros precedentes, "em razão da falta de averbação do contrato de locação, subsiste apenas a possibilidade de pedido de indenização pela ausência de oportunidade de exercer alegado direito de preferência".

Um dos precedentes destacados foi proferido no Recurso Especial 1.554.437/SP, pela Terceira Turma, publicado em 7 de junho de 2016, tendo sido Relator o Ministro João Otávio de Noronha. Nos termos de trecho de sua ementa:

"O art. 27 da Lei n. 8.245/91 prevê os requisitos para que o direito de preferência seja exercido pelo inquilino que tenha interesse em adquirir o imóvel locado em igualdade de condições com terceiros, sendo certo que, em caso de inobservância de tal regramento pelo locador, poderá o locatário fazer jus a indenização caso comprove que tinha condições de comprar o bem nas mesmas condições que o adquirente. Além dos efeitos de natureza obrigacional correspondentes ao direito a perdas e danos, o desrespeito à preempção do locatário pode ter eficácia real consubstanciada no direito de adjudicação compulsória do bem, uma vez observados os ditames do art. 33 da Lei do inquilinato. (...) O direito real à adjudicação do bem somente será exercitável se o locatário a) efetuar o depósito do preço do bem e das demais despesas de transferência de propriedade do imóvel; b) formular referido pleito no prazo de 6 (seis) meses do registro do contrato de compra e venda do imóvel locado adquirido por terceiros; c) promover a averbação do contrato de locação assinado por duas testemunhas na matrícula do bem no cartório de registro de imóveis, pelo menos 30 (trinta) dias antes de referida alienação. (...) Impõe-se a obrigação legal de averbar o contrato de locação para possibilitar a geração de efeito *erga omnes* no tocante à intenção do locatário de fazer valer seu direito de preferência e tutelar os interesses de terceiros na aquisição do bem imóvel. (...) Ainda que obstada a averbação do contrato de locação por falha imputável ao locador, não estaria assegurado o direito à adjudicação compulsória do bem se o terceiro adquirente de boa-fé não foi cientificado da existência de referida avença quando da lavratura da escritura de compra e venda do imóvel no cartório de registro de imóveis" (STJ, REsp 1.554.437/SP, 3.ª Turma, Rel. Min. João Otávio de Noronha, *DJe* 07.06.2016).

Essa é a posição a ser considerada para os devidos fins práticos.

Deve-se compreender que o prazo decadencial de seis meses previsto no *caput* do art. 33 da LL somente se aplica para o exercício do direito real, para que o locatário tenha o bem para si. Para pleitear o ressarcimento pelas perdas e danos, aplica-se o prazo prescricional de três anos previsto para a reparação civil (art. 206, § 3.º, V, do CC), contado a partir do registro do negócio que preteriu o direito do locatário ou da ciência inequívoca dessa venda.

A encerrar a análise da preferência do locatário, comanda o art. 34 da Lei de Locação que, havendo condomínio sobre o imóvel, a preferência do condômino terá prioridade sobre a do locatário. Em tom didático, pode-se dizer que a regra do art. 504 do CC – que institui a preferência do condômino no condomínio *pro indiviso* – é *mais forte* do que a regra do art. 33 da Lei de Locação, devendo aquela prevalecer, por pura opção legislativa. Não exercendo o condômino o seu direito no prazo legal, a oportunidade passará para o locatário ou para eventual sublocatário.

10.3.7 Benfeitorias e nulidades contratuais

Enuncia o art. 35 da Lei de Locação que as benfeitorias necessárias introduzidas pelo locatário, ainda que não autorizadas pelo locador, bem como as úteis, estas desde que autorizadas, são indenizáveis e permitem o direito de retenção. Por outro lado, as benfeitorias voluptuárias não são indenizáveis, podendo ser levantadas pelo locatário, finda a locação, desde que a sua retirada não afete a estrutura e a substância do imóvel (art. 36 da LL).

A primeira regra apontada é de ordem privada, pois tal disposição pode ser deliberada de modo diverso no contrato de locação, renunciando o locatário a tais benfeitorias, segundo previsão do próprio art. 35 da Lei 8.245/1991. A propósito, prevê o Enunciado n. 15 do extinto 2.º TACSP que "é dispensável prova sobre benfeitorias se há cláusula contratual em que o locatário renunciou ao respectivo direito de retenção ou de indenização". Mais recentemente, como mencionado anteriormente, o STJ editou a Súmula 335, consagrando a validade da cláusula de renúncia às benfeitorias na locação.

Entretanto, assumindo o contrato de locação a forma de contrato por adesão, opino que não terá validade a cláusula de renúncia às benfeitorias pela previsão do art. 424 do CC, de aplicação subsidiária ao negócio jurídico em análise. Vale lembrar que, pelo dispositivo do Código Civil, será nula, no contrato de adesão, qualquer cláusula que implique renúncia prévia do aderente a direito resultante da natureza do negócio. A primeira defesa desse posicionamento se deu por ocasião de minha dissertação de mestrado (TARTUCE, Flávio. *Função social...*, 2005, p. 251); e aqui já foi comentado. Nunca é demais rever essa posição.

Analisando a questão sob o enfoque do art. 35 da Lei de Locação, será nula a cláusula de renúncia às benfeitorias necessárias no contrato de locação de adesão, pois o próprio comando legal reconhece como direito inerente ao locatário-aderente a possibilidade de ser indenizado ou reter as benfeitorias necessárias – mesmo as não autorizadas –, bem como as úteis autorizadas. Fazendo *diálogo* com o CDC, é interessante verificar que o seu art. 51, inc. XVI, consagra a nulidade absoluta de cláusulas que determinam a renúncia às benfeitorias necessárias. Em reforço, anote-se que o locatário é possuidor de boa-fé, tendo esse último direito de retenção ou de ser indenizado pelas benfeitorias necessárias e úteis (art. 1.219 do CC). Como se pode perceber, há uma hipótese em que a parte está renunciando a um direito que lhe é inerente.

Em complemento a essas previsões, o art. 424 do Código Civil merece subsunção, afastando a aplicação do art. 35 da Lei de Locação e a admissão da cláusula de renúncia às benfeitorias, caso o contrato de locação assuma a forma de adesão. Como a lei assegura o direito de indenização e de retenção ao locatário, possuidor de boa-fé, não terá validade eventual renúncia veiculada a ambas pelo contrato.

Compartilhando dessas premissas, repise-se o enunciado aprovado na *V Jornada de Direito Civil*, em 2011, nos seguintes termos: "a cláusula de renúncia antecipada ao direito de indenização e retenção por benfeitorias necessárias é nula em contrato de locação de imóvel urbano feito nos moldes do contrato de adesão" (Enunciado n. 433). Entre os especialistas na matéria locatícia, cabe pontuar que Sylvio Capanema de Souza sempre foi um dos grandes críticos da renúncia prévia às benfeitorias necessárias, o que é confirmado em sua obra (SOUZA, Sylvio Capanema. *A Lei do Inquilinato...*, 2012, p. 162).

Um argumento contrário ao que está sendo exposto poderia sustentar que uma norma geral constante do Código Civil (art. 424) não pode sobrepor-se a uma norma especial prevista em *microssistema jurídico* próprio, aplicável às relações locatícias que têm como objeto imóveis urbanos (art. 35 da Lei 8.245/1991). Para tanto, poderia ser até invocado o art. 2.036 do CC, que traz a regra pela qual a lei específica em questão continua sendo aplicável às locações de imóvel urbano.

Mas a questão não é tão simples assim. Na realidade, o art. 424 do CC é norma especial, *especialíssima*, com maior grau de especialidade do que o art. 35 da Lei de Locação. Isso porque o comando legal em questão é aplicável aos contratos de locação que assumam a forma de adesão, forma especial de contratação dentro desses contratos de locação.

Portanto, deverá prevalecer o que consta no Código Civil atual. De fato, o Código Civil, em si, é norma geral, mas está repleto de normas gerais e especiais. Entre essas últimas, estão os comandos legais previstos para os contratos de adesão, quais sejam, os arts. 423 e 424 do CC.

Anoto, mais uma vez, que, para resolver o dilema até hoje existente, nos mais de vinte anos de vigência do Código Civil, a Comissão de Juristas encarregada da sua

Reforma pretende inserir, no art. 1.219 da Lei Geral Privada, o teor do Enunciado n. 433, da *V Jornada de Direito Civil*. Assim, nos termos do projetado § 3.º para o dispositivo, "a cláusula de renúncia antecipada ao direito de indenização e retenção por benfeitorias necessárias pelo possuidor de boa-fé é nula quando inserida em contrato de adesão". Aguarda-se, portanto, a sua aprovação pelo Congresso Nacional, para solucionar essa divergência.

Quanto ao art. 2.036 do CC/2002, repita-se que esse comando intertemporal somente impede a aplicação das normas previstas no atual Código Civil (arts. 565 a 578) em relação à locação de imóveis urbanos.

Tratando especificamente das nulidades, expressa o art. 45 da Lei 8.245/1991 que "são nulas de pleno direito as cláusulas do contrato de locação que visem elidir os objetivos da presente lei, notadamente que proíbam a prorrogação prevista no art. 47 ou que afastem o direito à renovação, na hipótese do art. 51, ou que imponham obrigações pecuniárias para tanto". Além das cláusulas mencionadas, deverão ser tidas como nulas todas as cláusulas que impliquem lesão às normas de ordem pública, cabendo ao intérprete analisar o caso concreto. Isso é uma aplicação direta da eficácia interna do princípio da função social dos contratos, mitigando o antigo adágio *pacta sunt servanda*, e controlando o conteúdo dos negócios locatícios. Há ainda relação com a boa-fé objetiva, que exige uma boa conduta das partes em todas as fases contratuais.

A concretizar o diploma, Sylvio Capanema de Souza apresenta os seguintes exemplos de cláusulas que podem ser tidas como nulas pelo comando em análise:

> "a) As que estabeleçam, num mesmo contrato, duas modalidades de garantias; b) as que importem em renúncia prévia ao direito de preferência do locatário para a aquisição do imóvel locado; c) as que cominam ao locatário o pagamento da totalidade dos aluguéis vincendos, até o fim do contrato, em caso de denúncia antecipada, por iniciativa do inquilino, ou que afastem a regra do art. 413 do Código Civil; d) as que vedam a sub-rogação, por ocasião da morte do locatário, pelas pessoas referidas no art. 11; e) as que adotam periodicidade de correção inferior ao mínimo legal, ou indexadores vedados em lei; f) as que exigem aluguel antecipado, salvo nas hipóteses legais; g) as que exonerem o locador dos deveres que lhe são impostos por lei; h) as que repassam ao inquilino a responsabilidade pelo pagamento das despesas extraordinárias do condomínio, de constituição do fundo de reserva, da taxa de cadastro, ou de qualquer outro encargo que a lei lhe atribua, com exclusividade, ao locador; i) as que mudem o regime jurídico da locação residencial, adotando, para ela, as regras da não residencial; j) as que vedam a soma dos prazos ininterruptos dos contratos, para efeito do ajuizamento da ação renovatória; k) as que importem em resilição antecipada do contrato; l) as que sejam meramente potestativas; m) as que dispensem o locador de dar ao imóvel o destino declarado na reprise" (SOUZA, Sylvio Capanema. *A Lei do Inquilinato...*, 2012, p. 189-190).

Nelson Nery Jr. e Rosa Maria de Andrade Nery anotam, no tocante ao dispositivo da Lei de Locação, que "este sistema é assemelhado ao regime das cláusulas abusivas instituído pelo CDC 51, que se aplica integralmente às relações locatícias, por extensão" (*Código Civil...*, 2005, p. 1.361). Em suma, deve ser feito também um diálogo de complementaridade entre a lei locatícia e a lei consumerista (*diálogo das fontes*), desde que isso não prejudique a aplicação da primeira, que é lei especial, nem os direitos dos consumidores. Consigne-se, contudo, que, conforme o entendimento reiterado da jurisprudência, o locatário não é considerado consumidor. Quiçá e felizmente isso tende a mudar, para os casos em que o locador for profissional em sua atividade.

De qualquer modo, o art. 45 da Lei de Locação confirma a tese de que as cláusulas abusivas não ocorrem exclusivamente nas relações de consumo, sendo possível identificá-las também nos contratos civis comuns (Enunciado n. 172 CJF/STJ). Como ficou claro, a função social dos contratos e a boa-fé objetiva têm aplicação direta no contrato de locação de imóvel urbano.

10.3.8 Transferência do contrato de locação

Admite-se que um contrato de locação seja transferido para terceiros nas seguintes formas:

a) *inter vivos* – pela cessão, sublocação ou empréstimo;
b) *mortis causa* – pela morte de um dos contratantes, do locador ou do locatário.

Vejamos tais conceitos, que podem ser retirados dos arts. 10 a 16 da Lei de Locação. Primeiramente, será tratada a transferência *inter vivos*.

A *cessão locacional* consiste na transferência a outrem, mediante alienação, da posição contratual do locatário. O locatário desliga-se do contrato primitivo, desaparecendo a sua responsabilidade, devendo o cessionário regular as relações jurídicas com o locador. A cessão, por importar em transferência de direito pessoal, rege-se pelas disposições do Código Civil atinentes à cessão de crédito. Prevê a Súmula 411 do STF, com interessante feição prática, que "o locatário autorizado a ceder a locação pode sublocar o imóvel". Como explica Sylvio Capanema, quanto a sumular, "a conclusão lógica é indiscutível, em decorrência do princípio de 'quem pode o mais, pode o menos'" (SOUZA, Sylvio Capanema. *A Lei do Inquilinato...*, 2012, p. 86).

Já a *sublocação* consiste na concessão do gozo – parcial ou total – da coisa locada, por parte do locatário, a uma terceira pessoa, que se torna *locatária do locatário*, sendo-lhe assegurados os mesmos direitos e deveres. Entretanto, o locatário primitivo, denominado *sublocador*, não se exonera da locação original. Trata-se, desse modo, de uma cessão parcial de contrato.

Nesse sentido, expressa o art. 14 da Lei de Locação, que "aplicam-se às sublocações, no que couber, as disposições relativas às locações". Simplificando, o sublocatário estará sujeito às mesmas regras legais e contratuais a que estiver submetido o locatário.

Rescindida ou finda a locação, qualquer que seja a sua causa, resolver-se-ão as sublocações, devendo ser ressalvado o direito de indenização do sublocatário contra o sublocador (art. 15 da Lei de Locação).

O sublocatário responde subsidiariamente ao locador pela importância que dever ao sublocador, quando este for demandado e, ainda, pelos aluguéis que se vencerem durante a lide (art. 16 da LL). Assim, a responsabilidade do sublocatário não é solidária, mas indireta ou mediata (subsidiária), devendo primeiro ser demandado o locatário

CAP. 10 · CONTRATOS EM ESPÉCIE – LOCAÇÃO DE COISAS E FIANÇA | **479**

(sublocador). Esgotadas todas as vias para a satisfação obrigacional, o locador poderá demandar o sublocatário (STJ, AgRg no Ag 344.395/SP, Processo 2000/0118763-5, 6.ª Turma, Rel. Min. Maria Thereza de Assis Moura, j. 21.02.2008, *DJe* 10.03.2008).

Pode ocorrer ainda o *empréstimo* do imóvel objeto da locação, hipótese em que o locatário cede o imóvel locado a terceiro de forma gratuita e por breve tempo (contrato de comodato). Em situações tais, o locatário continua responsável perante o locador.

Na cessão, na sublocação e no empréstimo deve haver consentimento prévio e por escrito do locador, seja a cessão total ou parcial (art. 13 da Lei da Locação). A falta desse consentimento é motivo para denúncia cheia, a possibilitar o despejo por infração legal (art. 9.º, II, da LL).

De qualquer modo, não se presume o consentimento pela simples demora do locador em manifestar formalmente a sua oposição, ou seja, *quem cala não consente* (§ 1.º do art. 13 da LL). Nos casos de cessão, sublocação ou empréstimo, notificado o locador pelo locatário, o primeiro terá prazo de trinta dias para manifestar formalmente a sua oposição (§ 2.º). Se não o fizer no prazo previsto em lei, deve-se entender pela decadência do direito de opor-se à cessão, sublocação ou comodato, conforme entende a doutrina, caso de Nelson Nery e Rosa Maria de Andrade Nery (*Código Civil...*, 2004, p. 1.251).

Na locação de prédio urbano, falecendo o locador, os herdeiros receberão os direitos inerentes à locação (art. 10 da LL). Em outras palavras, não se extingue a locação, uma vez que seus direitos e obrigações passarão aos sucessores.

Em caso de óbito do locatário, têm direito à continuidade da locação, caracterizando hipótese de *sub-rogação subjetiva passiva* (art. 11 da LL):

a) Cônjuge ou companheiro sobrevivente e sucessivamente os herdeiros necessários e pessoas que viviam na dependência econômica do locatário, desde que residentes no imóvel para fins residenciais. Nesse sentido, percebe-se que o contrato de locação é *intuitu familiae* (com intuito familiar). Como a tendência é de ampliação do conceito de família, diante das mudanças sociais da contemporaneidade, deve-se estender a regra também para as uniões entre pessoas do mesmo sexo ou uniões homoafetivas.

b) Espólio do locatário falecido e a seguir o seu sucessor, no caso de locação não residencial.

Em casos de separação de fato, separação judicial, divórcio ou dissolução da sociedade convivencial (união estável), a locação prosseguirá automaticamente com o cônjuge ou o companheiro que permanecer no imóvel, o que ressalta o caráter *intuitu familiae* da locação de imóveis urbanos (art. 12, *caput*, da LL). A norma foi atualizada pela Lei 12.112/2009, que substituiu o termo "dissolução da sociedade concubinária" por "dissolução da união estável", em consonância com a evolução do Direito de Família e o reconhecimento da união estável como uma entidade familiar, e não mais como mera sociedade de fato.

O dispositivo deve ser estendido para atingir o separado extrajudicialmente, por escritura pública, diante da Lei 11.441/2007. De fato, ficaria sem sentido proteger o separado de fato e o separado judicialmente; e não o separado extrajudicialmente. De toda sorte, deve ficar claro que estou filiado ao entendimento que afirma que a separação de direito – a englobar a separação judicial e a extrajudicial –, desapareceu do sistema jurídico nacional com a entrada em vigor da Emenda do Divórcio (EC 66/2010). A premissa é mantida mesmo tendo o CPC/2015 reafirmado a separação de direito, o que é seguido por algumas decisões jurisprudenciais, inclusive do STJ. Desse modo, a menção à separação judicial e a conclusão em relação à separação extrajudicial somente se aplicam às pessoas que se encontrarem separadas na entrada em vigor da citada Emenda Constitucional.

Nota-se que a redação do art. 12 da Lei de Locação também protege a moradia, nos termos do art. 6.º da CF/1988, pois seria totalmente injusto desalojar o parente do locatário. A regra consagra, mais uma vez, casos de *sub-rogação subjetiva passiva de origem legal*.

Houve alterações importantes nos parágrafos do dispositivo em estudo, diante da Lei 12.112/2009.

De início, o parágrafo único da norma previa que, nas hipóteses previstas neste artigo, a sub-rogação seria comunicada por escrito ao locador, o qual teria o direito de exigir, no prazo de trinta dias, a substituição do fiador ou o oferecimento de qualquer das garantias previstas nesta lei. Com a alteração legislativa passou-se a enunciar que nas hipóteses previstas neste artigo e no art. 11 da LL, a sub-rogação será comunicada por escrito ao locador e ao fiador, se esta for a modalidade de garantia locatícia.

Ato contínuo de estudo, como inovação importante, passou-se a prescrever que em casos tais o fiador poderá exonerar-se das suas responsabilidades no prazo de trinta dias contados do recebimento da comunicação oferecida pelo sub-rogado. Essa exoneração se dá por meio de notificação ao credor (resilição unilateral), ficando responsável pelos efeitos da fiança durante cento e vinte dias após a notificação ao locador.

A inovação segue a tendência constante do art. 835 do CC/2002, que possibilita a exoneração unilateral do fiador, quando se tratar de fiança com prazo indeterminado. Assim, vem em boa hora, pois não se pode admitir que a garantia pessoal seja perpétua ou atrelada a questões não convencionadas originalmente no contrato. Como é notório, a fiança não admite interpretação extensiva (art. 819 do CC/2002).

Aplicando a norma, recente julgado do Superior Tribunal de Justiça concluiu que, "ocorrendo a sub-rogação legal de contrato de locação, o fiador do locatário original poderá exonerar-se das suas responsabilidades em relação ao negócio jurídico locatício, no prazo de 30 dias contado da ciência inequívoca da referida sub-rogação, nos termos do art. 12, § 2.º, da Lei 8.245/1991 c/c 244 do CPC/73 (277 do CPC/2015)". Nos termos do mesmo aresto, "não há aditamento em contrato de locação sub-rogado por lei, nos termos do art. 12, *caput*, §§ 1.º e 2.º, da Lei 8.245/1991, sendo – portanto – inaplicável a Súmula 214/STJ (O fiador na locação não responde por obrigações resultantes de aditamento ao qual não anuiu) nessas situações" (STJ, REsp 1.510.503/ES, 3.ª Turma, Rel. Min. Ricardo Villas Bôas Cueva, Rel. p/ Acórdão Min. Nancy Andrighi, j. 05.11.2019, *DJe* 19.11.2019). A conclusão do *decisum* parece-me perfeita.

Superada essa atualização, nota-se que pelo que consta dos arts. 11 e 12 da Lei de Locação, o contrato de locação é personalíssimo (*intuitu personae*) no plano *inter vivos*, pois a sua transmissão necessita de autorização. O mesmo não se pode dizer no plano *mortis causa*, pois o contrato se transmite automaticamente, em regra e nos casos descritos.

10.3.9 As garantias locatícias

O art. 37 da Lei 8.245/1991 elenca as seguintes formas de garantia para o contrato de locação:

a) Caução real, em dinheiro (de até três aluguéis) ou em títulos e ações.
b) Fiança pessoal ou bancária.
c) Seguro de fiança locatícia.
d) Cessão fiduciária de quotas de fundo de investimento (incluído pela Lei 11.196/2005).

Vejamos o tratamento geral dessas formas de garantia, antes de adentrar na análise do parágrafo único do dispositivo, que desperta controvérsias.

A respeito da caução real, poderá ser de bens móveis ou imóveis (art. 38, *caput*, da LL), devendo ser aplicadas, por analogia, as regras gerais previstas para os direitos reais de garantia (arts. 1.419 a 1.430 do CC); e ainda aquelas previstas especialmente para o penhor e a hipoteca, o que depende do bem que está sendo garantido. Se for bem móvel, serão aplicadas as regras do penhor; sendo imóvel, as normas da hipoteca. Pela sua natureza real, tal garantia gera efeitos *erga omnes*. Para tanto, a caução de bens móveis deve ser registrada no Cartório de Títulos e Documentos, enquanto a de bens imóveis deve ser averbada à margem da respectiva matrícula do registro de imóveis (art. 38, § 1.º, da LL).

Apesar da citada aplicação das regras relativas à hipoteca, a caução de bem imóvel não tem o condão de quebrar a impenhorabilidade do bem de família, prevista na Lei 8.009/1990. Primeiro, porque não se situa automaticamente na exceção prevista no inc. V do art. 3.º da Lei 8.009/1990, pois a hipoteca deve ser no interesse da entidade familiar. Segundo, porque não se trata de fiança, prevista no inc. VII do mesmo comando legal, que é uma garantia pessoal ou fidejussória, e não uma garantia real.

Esse entendimento – pela não aplicação da exceção à impenhorabilidade do bem de família em havendo caução de imóvel – está consolidado nas duas Turmas de Direito Privado do Superior Tribunal de Justiça. Entre os acórdãos recentes, da Terceira Turma, destaco o seguinte: "a caução oferecida em contrato de locação comercial não tem o condão de afastar a garantia da impenhorabilidade do bem de família. Precedentes. Em caso de caução, a proteção se estende ao imóvel registrado em nome da sociedade empresária quando utilizado para moradia de sócio e de sua família" (STJ, REsp 1.935.563/SP, 3.ª Turma, Rel. Min. Ricardo Villas Bôas Cueva, j. 03.05.2022, *DJe* 11.05.2022). Da sua Quarta Turma, por todos:

> "O escopo da Lei nº 8.009/90 não é proteger o devedor contra suas dívidas, mas sim a entidade familiar no seu conceito mais amplo, razão pela qual as hipóteses permissivas da penhora do bem de família, em virtude do seu caráter excepcional, devem receber interpretação restritiva. Precedentes. O benefício conferido pela mencionada lei é norma cogente, que contém princípio de ordem pública, motivo pelo qual o oferecimento do bem em garantia, como regra, não implica renúncia à proteção legal, não sendo circunstância suficiente para afastar o direito fundamental à moradia, corolário do princípio da dignidade da pessoa humana. Precedentes. A caução levada a registro, embora constitua

garantia real, não encontra previsão em qualquer das exceções contidas no artigo 3.º da Lei nº 8.009/1990, devendo, em regra, prevalecer a impenhorabilidade do imóvel, quando se tratar de bem de família" (STJ, REsp 1.789.505/SP, 4.ª Turma, Rel. Min. Marco Buzzi, j. 22.03.2022, *DJe* 07.04.2022).

Por outra via, a caução em dinheiro não pode exceder o correspondente a três aluguéis (§ 2.º do art. 38 da LL). Esses valores são depositados em conta poupança, autorizada pelo Poder Público e por ele regulamentada (qualquer banco oficial), revertendo-se em benefício do locatário todas as vantagens dela decorrentes por ocasião do levantamento da soma respectiva. Dessa forma, os juros, frutos civis ou rendimentos, serão revertidos a favor do locatário. Eventual cláusula contratual em sentido contrário, prevendo que o locatário não terá direito à caução, é nula, pelo que consta do art. 45 da Lei 8.245/1991, uma vez que a norma em comento é protetiva do locatário. Ademais, haveria nessa cláusula enriquecimento sem causa, o que é vedado expressamente pelos arts. 884 a 886 do CC.

No que concerne à eventual caução em títulos e ações, deverá ser substituída, no prazo de trinta dias, em casos de concordata, falência ou liquidação das sociedades emissoras (§ 3.º do art. 38 da LL). Logicamente, diante da vigente Lei de Falências, o termo "concordata" deve ser desprezado tendo em vista a sua substituição pelos modernos institutos da recuperação judicial e extrajudicial.

O art. 39 da Lei 8.245/1991 foi alterado pela Lei 12.112, de dezembro de 2009. Originalmente, expressava que, salvo disposição contratual em contrário, quaisquer garantias da locação se estenderiam até a efetiva devolução do imóvel. Atualmente, a sua redação é a seguinte: "salvo disposição contratual em contrário, qualquer das garantias da locação se estende até a efetiva devolução do imóvel, ainda que prorrogada a locação por prazo indeterminado, por força desta Lei".

Pois bem, o comando legal em sua redação original sempre provocou controvérsias, particularmente no que toca à fiança, diante do seu confronto com o art. 835 do CC/2002. Essas questões serão comentadas quando do tratamento específico deste contrato de garantia, ainda no presente capítulo da obra. Na ocasião será demonstrado que a redação dada ao art. 39 da LL pela Lei 12.112/2009 parece ter encerrado uma das polêmicas.

Relativamente à fiança, o locador poderá exigir novo fiador ou a substituição da modalidade da garantia, nos seguintes casos (art. 40 da LL):

a) Morte do fiador, o que gera a extinção da fiança, por *cessação contratual*, conforme a feliz expressão de Orlando Gomes.

b) Ausência, interdição, recuperação judicial, falência ou insolvência do fiador, desde que declaradas judicialmente. A menção à recuperação judicial foi introduzida pela Lei 12.112/2009, na esteira das inovações introduzidas pela vigente Lei de Falências.

c) Alienação ou gravação de todos os bens imóveis do fiador ou sua mudança de residência sem comunicação ao fiador.

d) Exoneração do fiador.

e) Prorrogação da locação por prazo indeterminado, sendo a fiança ajustada por prazo certo.

CAP. 10 • CONTRATOS EM ESPÉCIE – LOCAÇÃO DE COISAS E FIANÇA | **483**

f) Desaparecimento dos bens imóveis dados em garantia.

g) Desapropriação ou alienação do imóvel dado em garantia.

h) Exoneração de garantia constituída por quotas de fundo de investimento (incluído pela Lei 11.196/2005).

i) Liquidação ou encerramento do fundo de investimento cujas cotas serviram de garantia (cessão fiduciária) para o contrato de locação (incluído pela Lei 11.196/2005).

j) Prorrogação da locação por prazo determinado uma vez notificado o locador pelo fiador de sua intenção de desoneração, ficando obrigado por todos os efeitos da fiança, durante cento e vinte dias após a notificação do locador (introduzido pela Lei 12.112/2009). Trata-se de uma das principais inovações da alteração legislativa, possibilitando a exoneração por resilição unilateral do fiador, mediante simples notificação dirigida ao locador (credor). A diferença em relação ao art. 835 do CC é que o fiador continua responsável por 120 dias após a notificação, e não por 60 dias, como consta da codificação privada. Como consequência da extinção da fiança, o locador pode exigir novo garantidor. Para o Superior Tribunal de Justiça, essa previsão não significa a necessidade de que a notificação seja realizada apenas no período da indeterminação do contrato de locação, "podendo, assim, os fiadores, no curso da locação com prazo determinado, notificarem o locador de sua intenção exoneratória, mas os seus efeitos somente poderão se projetar para o período de indeterminação do contrato. Notificado o locador ainda no período determinado da locação acerca da pretensão de exoneração dos fiadores, os efeitos desta exoneração somente serão produzidos após o prazo de 120 dias da data em que se tornou indeterminado o contrato de locação, e não da notificação" (STJ, REsp 1.798.924/RS, 3.ª Turma, Rel. Min. Paulo de Tarso Sanseverino, j. 14.05.2019, *DJe* 21.05.2019). À primeira leitura, o acórdão causou-me perplexidade. Porém, trata-se de correta e justa mitigação do texto legal, ao possibilitar exoneração do fiador ainda na vigência do contrato com prazo determinado, tutelando o dever de informar decorrente da boa-fé e com vistas à manutenção do contrato principal. Em complemento e da mesma Corte, em 2024 firmou-se a tese segundo a qual "na locação por prazo determinado, embora possa ser enviada notificação exoneratória ao locador durante a vigência do contrato, o fiador somente irá se exonerar de sua obrigação ao término do contrato por prazo determinado, ainda que haja alteração no quadro social da empresa afiançada, ou em 120 dias a partir da data em que o contrato se torna indeterminado, por qualquer razão" (STJ, REsp 2.121.585/PR, 3.ª Turma, Rel. Min. Nancy Andrighi, j. 14.05.2024, *DJe* 17.05.2024, v.u.).

Como outra regra incluída pela lei de 2009, o parágrafo único do art. 40 da Lei de Locação passou a prever que o locador poderá notificar o locatário para apresentar nova garantia no prazo de trinta dias, sob pena de desfazimento da locação. A inovação está de acordo com o dever de informar, corolário da boa-fé objetiva, dando prazo razoável para que o locatário obtenha nova garantia, sob pena de resolução do contrato.

Em relação ao seguro de fiança locatícia, esse contrato abrangerá a totalidade das obrigações do locatário, conforme o art. 41 da Lei de Locação. A regra, a meu ver, está do mesmo modo sintonizada com o princípio da boa-fé objetiva, por razões óbvias aplicável às relações locatícias.

Vale lembrar que, não estando a locação garantida por qualquer uma das formas previstas no art. 39 da norma especial, poderá o locador exigir o pagamento do aluguel e encargos de forma antecipada, até o sexto dia útil do mês vincendo (art. 42 da LL). O pagamento antecipado apenas se refere a um mês, e não a todos os meses do contrato, o que constituiria uma cláusula abusiva (art. 45 da LL), principalmente se introduzida em contrato de locação de adesão (art. 424 do CC). Isso porque cláusula, nesse sentido, causa onerosidade excessiva, uma desproporção enorme, sendo injusta e tendente ao enriquecimento sem causa.

Para findar a análise da matéria, é pertinente comentar o parágrafo único do art. 37 da Lei de Locações. De acordo com esse comando legal, "é vedada, sob pena de nulidade, mais de uma das modalidades de garantia num mesmo contrato de locação". Destaque-se que a exigência da dupla garantia na locação configura contravenção penal, conforme prevê o art. 43, inc. II, da própria Lei 8.245/1991. Algumas questões interessantes poderão surgir da vedação da dupla garantia locatícia.

Inicialmente, é preciso saber quais são os limites da vedação de cumulação. Aplicando o princípio da função social dos contratos e visando a proteger o locatário, que na grande maioria das vezes é a parte mais fraca da relação jurídica, é forçoso concluir que se deve dar interpretação extensiva ao comando legal em comento.

Seguindo essa interpretação de cunho social, exemplificando, é vedado ao locador exigir fiança pessoal e fiança bancária, ou caução real e caução e dinheiro. Como se pode perceber, essas garantias enquadram-se em uma mesma modalidade, ou seja, em um mesmo inciso do art. 37 da LL. Mesmo assim, entendo que o caso é de nulidade. Também por razões óbvias, não é possível exigir simultaneamente a fiança e o seguro-fiança. Mas, por outro lado, até porque não há que se falar em exagero, o locador poderá exigir tais garantias quando existirem vários locatários como, por exemplo, um casal de fiadores, situação muito comum na prática locatícia.

Também não há problema na *fiança recíproca*, prestada por um locatário em face dos demais, conforme estabelece a afirmação 6 constante da Edição n. 53 da ferramenta *Jurisprudência em Teses*, do STJ, a saber: "havendo mais de um locatário, é válida a fiança prestada por um deles em relação aos demais, o que caracteriza fiança recíproca". No mesmo sentido, a tese n. 4, publicada na Edição n. 101 da mesma ferramenta.

Outra questão importante refere-se a qual garantia deverá ser considerada nula. Segundo aponta a doutrina, deve-se entender que a primeira garantia prestada é válida, sendo as demais nulas. Esse posicionamento é defendido pelo Desembargador do Tribunal Paulista Luiz Antonio Rodrigues da Silva, em obra coletiva escrita pelos juízes do extinto 2.º TACSP (*Garantias...*, 2004, p. 150).

Eventualmente, sendo as garantias prestadas ao mesmo tempo, compreendo que deverá prevalecer a garantia que traga menos onerosidade à parte mais fraca da relação contratual, que na grande maioria das vezes é o locatário. Isso, mais uma vez, aplicando-se o princípio da função social dos contratos.

No que concerne à situação prática comum no mercado imobiliário, em que o fiador oferece um bem imóvel de sua propriedade, há julgado do Tribunal de São Paulo concluindo que não há que se falar em dupla garantia, mas apenas na prevalência da fiança. Nesse sentido:

"Despejo por falta de pagamento cumulada com cobrança de alugueres e acessórios da locação. 1. O caucionamento, em contrato de locação, de um dos bens do fiador é mera superfetação, vez que todos seus bens garantem aquele contrato, não havendo destarte se falar em dupla garantia. 2. O abono pontualidade não é nulo, apenas não sendo cumulável com a multa moratória, porque não é admissível dupla penalidade moratória para uma mesma inadimplência. Recurso parcialmente provido" (TJSP, Apelação Cível 844.731-0/6, 28.ª Câmara de Direito Privado, Mogi Mirim, Rel. Amaral Vieira, j. 28.06.2005, v.u.).

Entretanto, do extinto 2.º TACSP, agora TJSP, podem ser encontrados outros julgados em sentido contrário, que aplicam a nulidade da garantia:

"Locação. Contrato. Dupla garantia. Nulidade da excedente. Reconhecimento. Aplicação do artigo 37, parágrafo único, da Lei 8.245/91. Constatando-se que o contrato de locação prevê duas espécies de garantia, fiança e caução de imóvel, há nulidade parcial, nos termos do artigo 37, parágrafo único, da Lei n. 8.245/91, devendo prevalecer aquela que as partes primeiramente estabeleceram, no caso a fiança, sendo insubsistente, portanto, a caução" (2.º Tribunal de Alçada Civil de São Paulo, Ap. c/ rev. 670.366-00/6, 6.ª Câm., Rel. Juiz Thales do Amaral, j. 22.09.2004 (quanto à Lei 8.245/91). Anotação: no mesmo sentido: quanto à Lei 8.245/91: *JTA (LEX)* 157/429, 154/222; *JTA (RT)* 101/300 AI 678.967-00/3; *JTA (LEX)* 188/415 Ap. c/ rev. 509.894-00/8, 10.ª Câm., Rel. Juiz Adail Moreira, j. 18.02.1998, Ap. c/ rev. 519.121-00/4, 11.ª Câm., Rel. Juiz Artur Marques, j. 08.06.1998, Ap. c/ rev. 518.838-00/6, 10.ª Câm., Rel. Juiz Gomes Varjão, j. 23.09.1998, Ap. c/ rev. 527.172-00/5, 12.ª Câm., Rel. Juiz Campos Petroni, j. 04.02.1999, Ap. s/ rev. 567.003-00/0, 3.ª Câm., Rel. Juiz Ribeiro Pinto, j. 08.02.2000, Ap. c/ rev. 570.778-00/1, 7.ª Câm., Rel. Juiz Américo Angélico, j. 11.04.2000, AI 734.980-00/0, 6.ª Câm., Rel. Juiz Souza Moreira, j. 12.06.2002, Ap. s/ rev. 638.292-00/1, 12.ª Câm., Rel. Juiz Romeu Ricupero, j. 13.06.2002, Ap. s/ rev. 656.566-00/0, 10.ª Câm., Rel. Juíza Rosa Maria de Andrade Nery, j. 12.03.2003, Ap. c/ rev. 814.296-00/2, 12.ª Câm., Rel. Juiz Jayme Queiroz Lopes, j. 20.11.2003, quanto à Lei 6.649/1979: Ap. 183.524-00/7, *JTA (RT)* 101/352).

Seguindo a mesma linha de raciocínio, o Tribunal Gaúcho entendeu que deve prevalecer a caução, que foi a primeira garantia prestada:

"Apelação cível. Locação. Dupla garantia. A configuração de duas modalidades de garantia para o mesmo contrato determina a nulidade da que por último foi prestada, no caso, da fiança, permanecendo hígida a caução, cujo valor deve ser abatido do débito. Aluguéis e encargos. A prova do pagamento se faz com a apresentação do respectivo recibo, ônus do qual não se desincumbiu a locatária. Deram parcial provimento à unanimidade e, por maioria, reconhecerem como inválida a caução, mantida a fiança, vencido nesta parte o relator" (TJRS, Processo 70010288397, 16.ª Câmara Cível, Gravataí, Rel. Juiz Ergio Roque Menine, j. 02.03.2005).

Estou filiado aos últimos julgados, mais justos e tendentes a proteger o locatário e o fiador, na grande maioria das vezes partes mais fracas da relação contratual, ou seja, vulneráveis contratuais. O julgado do Tribunal do Rio Grande do Sul parece perfeito, justamente diante dessa tendência de proteção dos *mais frágeis* contratualmente.

10.3.10 Regras processuais relevantes da Lei de Locação. As ações específicas

Como se pode notar, a Lei 8.245/1991 é complexa, trazendo também regras processuais importantes, que merecem ser estudadas. Anote-se que as principais alterações introduzidas pela Lei 12.112, de 2009, referem-se a aspectos instrumentais. Dessa forma, serão analisadas as *ações locatícias*, pontualmente. Os *diálogos*, a partir de agora, serão processuais, atualizados perante o CPC de 2015.

10.3.10.1 Da ação de despejo (arts. 59 a 66 da Lei 8.245/1991)

Trata-se da principal ação a ser promovida pelo locador para a retomada do imóvel, podendo ser fundamentada em denúncia vazia (sem motivos) ou cheia (com motivos), nas hipóteses aqui estudadas. A ação de despejo seguia, em regra, o rito ordinário. Com o CPC de 2015, passa a seguir o procedimento comum.

Entretanto, é interessante anotar que a ação de despejo por falta de pagamento tem regras próprias, que devem ser observadas (art. 62 da LL). A Lei 12.112/2009 introduziu novas peculiaridades para tal ação. Vejamos:

– O pedido de rescisão poderá estar cumulado com a cobrança de aluguéis e acessórios da locação. Como novidade, nesta hipótese, deverá ser citado o locatário para responder ao pedido de rescisão e o locatário e os fiadores para responderem ao pedido de cobrança. Nos dois casos, deve ser apresentado com a petição inicial o cálculo discriminado do débito.

– Com inovação referente à previsão do fiador, este e o locatário poderão evitar a rescisão do contrato efetuando, no prazo de quinze dias, contado da citação, o pagamento do débito atualizado, independentemente de cálculo e mediante depósito judicial, incluídos: os aluguéis e acessórios da locação que vencerem até a sua efetivação; as multas e penalidades contratuais, quando exigíveis; os juros de mora; as custas e os honorários do advogado do locador, fixados em dez por cento sobre o montante devido, se do contrato não constar disposição diversa. Conforme decisão recente do STJ, esse prazo de quinze dias para a purgação da mora deve ser contado da juntada aos autos do mandado de citação ou do aviso de recebimento, o que está de acordo com o princípio da boa-fé objetiva processual (STJ, REsp 1.624.005/DF, 3.ª Turma, Rel. Min. Ricardo Villas Bôas Cueva, j. 25.10.2016, *DJe* 09.11.2016).

– Efetuada a purga da mora, se o locador alegar que a oferta não é integral, justificando a diferença, o locatário poderá completar o depósito no prazo de dez dias, contado da intimação, que poderá ser dirigida ao locatário ou diretamente ao patrono deste, por carta ou publicação no órgão oficial, a requerimento do locador. Como inovação introduzida pela Lei 12.112/2009 é possível intimar o advogado do locatário para a complementação do valor para a purgação da mora.

– Não sendo integralmente complementado o depósito, o pedido de rescisão prosseguirá pela diferença, podendo o locador levantar a quantia depositada. A inovação aqui foi somente a adição do termo "integralmente", para dar melhor sentido ao texto.

– Os aluguéis que forem vencendo até a sentença deverão ser depositados à disposição do juízo, nos respectivos vencimentos, podendo o locador levantá-los desde que incontroversos.

– Havendo cumulação dos pedidos de rescisão da locação e cobrança de aluguéis, a execução desta pode ter início antes da desocupação do imóvel, caso ambos tenham sido acolhidos.

Diante dessas regras, expostas por Nelson Nery Jr. e Rosa Maria de Andrade Nery, é de se concordar com os juristas quando afirmavam que a ação de despejo por falta de

CAP. 10 · CONTRATOS EM ESPÉCIE – LOCAÇÃO DE COISAS E FIANÇA | **487**

pagamento seguiria o rito especial e não o anterior rito ordinário, agora procedimento comum (NERY JR., Nelson; NERY, Rosa Maria de Andrade. *Código Civil...*, 2005, p. 1.381).

Alguns pontos devem ser comentados a respeito do art. 62 da Lei de Locação, todos eles destacados pelos doutrinadores citados, cuja obra serviu como referência para o estudo da Lei 8.245/1991 e a elaboração deste livro.

De início, preceitua a antiga Súmula 173 do STF, ainda aplicável, que "em caso de obstáculo judicial, admite-se a purga da mora, pelo locatário, além do prazo legal", o que relativiza o tratamento legal diante de dificuldades encontradas na prática da atuação jurisdicional.

Sob outro prisma, o Enunciado n. 21 do extinto 2.º TACSP prevê que o não pagamento de aluguel provisório também enseja o despejo por falta de pagamento. Como se verá, o aluguel provisório é aquele fixado na ação revisional de aluguéis.

Quanto à cumulação de pedidos, outro enunciado do extinto 2.º TACSP, o de número 13, ordena que somente contra o locatário é admissível a cumulação do pedido de rescisão da locação com o de cobrança de aluguéis e acessórios. Em outras palavras, não é possível a cumulação em face do fiador. É fundamental dizer que o referido enunciado foi aprovado por maioria e que, por essa razão, encontra resistências doutrinárias e jurisprudenciais. Os próprios Nelson Nery e Rosa Maria de Andrade Nery são contrários ao seu teor, entendendo pela possibilidade de constar no polo passivo o fiador, em litisconsórcio facultativo com o locatário (NERY JR., Nelson; NERY, Rosa Maria de Andrade. *Código Civil...*, 2005, p. 1.384). Esse último entendimento é confirmado pelo STJ (REsp 432.093/MG, 6.ª Turma, Rel. Min. Vicente Leal, *DJU* 16.09.2002, p. 243).

Como é notório, essa Corte Superior editou a Súmula n. 268, prescrevendo que "o fiador que não integrou a relação processual na ação de despejo não responde pela execução do julgado". Desse modo, já era imperioso que o fiador constasse no polo passivo da demanda. Em definitivo, as inovações introduzidas pela Lei 12.112/2009 tornam clara tal possibilidade de inclusão do fiador no polo passivo. Destaque-se a nova previsão do art. 62, inc. I, da Lei de Locação, que possibilita a ação de rescisão do contrato cumulada com cobrança em face do fiador.

Com tom complementar às premissas anteriores, entende-se, no âmbito do Superior Tribunal de Justiça, que "se o fiador não participou da ação de despejo, a interrupção da prescrição para a cobrança dos aluguéis e acessórios não o atinge". O teor transcrito compõe a premissa 10 da Edição n. 53 da ferramenta *Jurisprudência em Teses*, daquela Corte, publicada no ano de 2016.

Em relação à contestação ofertada pelo locatário na ação de despejo, ela somente surtirá efeito desconstitutivo do direito do locador se acompanhada do depósito da importância tida como incontroversa (Enunciado n. 28 do extinto 2.º TACSP). Ademais, entende a jurisprudência superior que nas ações de despejo, o direito de retenção por benfeitorias deve ser exercido no momento em que apresentada a contestação; admitindo-se, ainda, que a matéria seja alegada por meio de reconvenção (afirmação número 20, publicada na Edição n. 53 da ferramenta *Jurisprudência em Teses*, do STJ).

No tocante à emenda da mora, que constitui exercício de direito por parte do locatário, não descaracteriza o exato cumprimento do contrato de locação comercial

(Enunciado n. 14 do extinto 2.º TACSP). Mais ainda, ao deferir a purga da mora na ação de despejo, o magistrado deverá arbitrar os honorários advocatícios de acordo com o que constar do contrato, salvo se esse valor constituir abuso de direito (Enunciado n. 17 do extinto 2.º TACSP). Na purgação da mora, o débito deverá ser corrigido monetariamente (Enunciado n. 18 do extinto 2.º TACSP).

Também no âmbito da jurisprudência, agora do STJ, entende-se que o locatário não pode ofertar a purgação da mora e apresentar contestação ao mesmo tempo. Nessa linha, a premissa 3, constante da Edição n. 53 da ferramenta *Jurisprudência em Teses* do STJ, que trata da locação de imóveis urbanos, *in verbis:* "na ação de despejo por falta de pagamento, não se admite a cumulação do pedido de purgação da mora com o oferecimento de contestação, motivo pelo qual não se faz obrigatório o depósito dos valores tidos por incontroversos".

Outra inovação relevante refere-se ao parágrafo único do art. 62 da LL. Previa esse comando legal que a emenda da mora não seria cabível se o locatário já tivesse utilizado essa faculdade por duas vezes nos doze meses imediatamente anteriores à propositura da ação. A última norma surgiu do entendimento pelo qual as emendas sucessivas da mora constituiriam abuso de direito. Relembre-se que o abuso de direito é vedado pela codificação civil, que o equipara ao ilícito (art. 187 do CC).

Ora, com a Lei 12.112/2009 o prazo que era de doze foi aumentado para vinte e quatro meses, ou seja, houve uma ampliação para a caracterização do abuso de direito, até porque era rara a situação de sucessivas emendas da mora em prazos tão curtos. Assim, veio em boa hora tal inovação, desprestigiando os atos abusivos de emulação.

Ademais, não há mais previsão ao número de duas vezes para a purgação da mora, o que também merece aplausos. Vejamos então a redação completa do atual art. 62, parágrafo único, da Lei 8.245/1991: "não se admitirá a emenda da mora se o locatário já houver utilizado essa faculdade nos 24 (vinte e quatro) meses imediatamente anteriores à propositura da ação".

Com a Lei de Locação, surgiu a possibilidade de se pleitear a concessão de medida liminar para que se proceda à desocupação do imóvel. Disciplinada pelo art. 59 da referida norma – que também sofreu alterações pela Lei 12.112/2009 –, essa liminar para desocupação em quinze dias independe da audiência da parte contrária, desde que seja prestada a caução no valor equivalente a três meses de aluguel, e é cabível nas ações que tiverem por fundamento exclusivo:

– O descumprimento do mútuo acordo no qual tenha sido ajustado o prazo mínimo de seis meses para desocupação, contados da assinatura do instrumento.

– A rescisão do contrato de trabalho, com prova escrita ou sendo ela demonstrada em audiência prévia.

– O término do prazo da locação para temporada.

– A morte do locatário, sem deixar sucessor nas hipóteses da lei.

– A permanência do sublocatário no imóvel, extinta a locação, entre locador e locatário (sublocador).

– A necessidade de se produzir reparações urgentes no imóvel, determinadas pelo Poder Público, nos termos do art. 9.º, inc. IV, da LL, que não possam ser normalmente executadas com a permanência do locatário, ou, podendo, ele se recuse a consenti-las. A inovação, justa, foi introduzida pela Lei 12.112, de dezembro de 2009.

– O término do prazo notificatório previsto no parágrafo único do art. 40 da LL, sem apresentação de nova garantia apta a manter a segurança inaugural do contrato. Mais uma vez a previsão, correta do ponto de vista prático, foi introduzida pela Lei 12.112/2009. Assim, não havendo reforço da garantia locatícia, justifica-se a concessão de liminar.

– O término do prazo da locação não residencial, tendo sido proposta a ação em até trinta dias do termo ou do cumprimento de notificação comunicando o intento de retomada. Trata-se de outra feliz novidade, que prestigia a conduta de boa-fé do locador, que demonstra que quer mesmo a retomada do imóvel.

– A falta de pagamento de aluguel e acessórios da locação no vencimento, estando o contrato desprovido de qualquer das garantias previstas no art. 37, por não ter sido contratada ou em caso de extinção ou pedido de exoneração dela, independentemente de motivo.

No último dispositivo – art. 59, § 1.º, inc. IX, da LL –, está uma das mais comentadas inovações da lei de 2009, a possibilitar o despejo liminar quando não há garantias locatícias. O tempo e a prática já demonstram que a inovação veio em boa hora. Isso porque, de início, dispensa a existência de garantias que muitas vezes são ineficientes, caso da fiança, principalmente celebrada por *fiadores profissionais*. Aliás, esse contrato de garantia pessoal tende a desaparecer do mercado, diante das regras de proteção do fiador e da emergência de uma visão personalizada do Direito Privado.

Além disso, a nova norma possibilita a retomada imediata do imóvel, o que mais interessa ao locador, que, via de regra, conta com as rendas derivadas dos aluguéis. Podem ser encontrados inúmeros julgados aplicando muito bem a inovação. Entre tantos, podem ser colacionadas três ementas de destaque:

"Agravo de instrumento. Ação de despejo por falta de pagamento. Decretação liminar do desalijo, com base no art. § 1.º, inc. IX, da Lei n.º 8.245/91, dispositivo introduzido pela Lei n.º 12.112/09. Irresignação improcedente. Situação dos autos se encaixando no arquétipo do novo dispositivo instrumental, com aplicação imediata aos processos pendentes ou não instaurados. Mecanismo consubstanciando espécie do gênero tutela de urgência e que, embora devendo ser empregado com extremo cuidado, não infringe garantias fundamentais, até porque reclama caução destinada a, minimamente, garantir a oportuna composição dos eventuais danos ao locatário, além de assegurar a este último plenas condições de emenda da mora. Agravo a que se nega provimento" (TJSP, Agravo de Instrumento 990.10.436489-2, Acórdão 4764282, 25.ª Câmara de Direito Privado, São Paulo, Rel. Des. Ricardo Pessoa de Mello Belli, j. 19.10.2010, *DJESP* 05.11.2010).

"Agravo de instrumento. Ação de despejo. Falta de pagamento. Aplicação da Lei n.º 11.112/09. Medida liminar inaudita *altera pars* para desocupação do imóvel. Presenças dos requisitos legais. Deferimento. I. Se o pedido liminar de desocupação do imóvel foi feito pelo requerido, sob a vigência da Lei n.º 11.112/09, deve sua análise ser feita nos termos da novel Lei, tendo em vista a aplicação imediata das Leis processuais aos atos futuros. II. Presentes, nos autos, todos os requisitos necessários a concessão de medida liminar para desocupação do imóvel *sub judice* em 15 dias, impõe-se seu deferimento, nos termos do art. 59, § 1.º, IX, da Lei n.º 8.245/91, com redação dada pela Lei n.º 12.112/09" (TJMG,

Agravo de Instrumento 0328185-89.2010.8.13.0000, 17.ª Câmara Cível, Belo Horizonte, Rel. Des. Luciano Pinto, j. 26.08.2010, *DJEMG* 23.09.2010).

"Agravo interno. Locação. Ação de despejo por falta de pagamento. Liminar deferida. Determinação de desocupação do imóvel em 15 dias, sob pena de despejo compulsório, condicionada à prestação de caução, assegurado o direito à purga da mora. Contrato de locação desprovido das garantias previstas no art. 37, da Lei n.º 8.245/91. Locatário inadimplente há cerca de um ano e oito meses. Possibilidade de concessão da liminar para desocupação do imóvel em 15 dias, desde que prestada caução no valor equivalente a três meses de aluguel, nos termos do art. 59, § 1.º, inc. IX, da Lei de Locações, com a redação dada pela Lei n.º 12.112, de 09.12.2009. Ato judicial agravado que consoou com a Lei e o entendimento desta Corte. Outrossim, viabilizada, pelo ato judicial recorrido, a purga da mora ao demandado, nos termos do art. 62, inc. II, do CPC, poderá ele, dentro do prazo legal, externar o pedido de quitação do débito mediante a entrega do terreno que refere possuir no Município de Torres ou de parcelamento da dívida. Agravo interno desprovido" (TJRS, Agravo 70037333168, 16.ª Câmara Cível, Gravataí, Rel. Des. Marco Aurélio dos Santos Caminha, j. 29.07.2010, *DJERS* 05.08.2010).

Ato contínuo, anote-se que a boa jurisprudência tem entendido que cabe a concessão de liminar quando desaparecem as garantias primitivas prestadas no contrato, como na hipótese em que o débito ultrapassa os três meses de aluguel dados em caução:

"Despejo. Liminar. Falta de pagamento e de garantia locatícia. Art. 59, § 1.º, IX, da Lei n.º 8.245/1991, alteração da Lei n.º 12.112/09. Possibilidade. Valor da caução superada pelo valor do débito. Extinção da garantia do art. 37. Com a ampliação das hipóteses de despejo liminar do § 1.º do art. 59 da Lei de Locação pela Lei n.º 12.112/2009, é direito do locador de imóvel obter a desocupação, antes do contraditório e audiência, se inexistente ou extinta garantia locatícia prevista no art. 37 da Lei de Locação. É considerada extinta a caução cujo montante já está superado pelo valor do débito. A garantia que deixa de ser efetiva deve ser considerada extinta para os termos do inciso IX do § 1.º do art. 59. Liminar concedida. Agravo provido" (TJSP, Agravo de Instrumento 0503900-85.2010.8.26.0000, Acórdão 4864724, 35.ª Câmara de Direito Privado, São Paulo, Rel. Des. José Malerbi, j. 13.12.2010, *DJESP* 18.01.2011).

"Agravo de instrumento. Ação de despejo por falta de pagamento c.c. cobrança de aluguéis. O contrato de locação não conta com garantia, nos moldes como determinado pelo instrumento firmado entre as partes. O depósito efetivado foi menor do que o devido. Despejo liminar. Possibilidade. Decisão reformada. Recurso provido" (TJSP, Agravo de Instrumento 990.10.343672-5, Acórdão 4811533, 27.ª Câmara de Direito Privado, São Paulo, Rel. Des. Hugo Crepaldi, j. 16.11.2010, *DJESP* 17.12.2010).

No que concerne à prestação da caução para a concessão da liminar, é forçoso concluir pela possibilidade de se oferecer o próprio imóvel locado em garantia. Nesse sentido, da melhor jurisprudência:

"Locação de imóveis. Ação de despejo. Tutela antecipada. 1. As alterações trazidas pela Lei n.º 12.112, de 9 de dezembro de 2009, fizeram incidir novas hipóteses de concessão da liminar de despejo, ampliando o rol previsto no § 1.º do artigo 59 da Lei n.º 8.245/1991. 2. Revelando-se a ocupante do imóvel terceira estranha ao trato locatício, sem atuar como sucessora da empresa locatária, e nem detendo, ao menos, poderes de administração ou gerência da inquilina, a liminar de evacuação é de rigor. 3. A caução determinada pelo § 1.º do artigo 59 da Lei de Locação pode ser efetuada na modalidade de caução real, a recair sobre o Imóvel objeto da locação, mediante termo respectivo. 4. Cassaram a tutela antecipada recursal parcial concedida e negaram provimento ao recurso, com observação" (TJSP, Agravo de Instrumento 990.09.295735-0, Acórdão 4355305, 25.ª Câmara de Direito Privado, São Paulo, Rel. Des. Vanderci Álvares, j. 04.03.2010, *DJESP* 25.03.2010. No mesmo sentido: TJSP, Agravo de Instrumento 990.10.328195-0, Acórdão 4649472, 35.ª Câmara de Direito Privado, São Paulo, Rel. Des. Clóvis Castelo, j. 16.08.2010, *DJESP* 14.09.2010).

Porém, a questão não é pacífica, pois existem julgados – aos quais não se filia, pelo excesso de formalismo – que exigem a caução em dinheiro para que a liminar seja concedida:

"Agravo de instrumento. Locação de imóveis. Despejo por falta de pagamento c.c. cobrança. 1. A relação locatícia fundada em contrato verbal por si só torna temerária a concessão da liminar de despejo a que alude o artigo 59, § 1.º, inciso IX da Lei n.º 8.245/1991, havendo necessidade da instauração do contraditório para possibilitar o reexame da questão. 2. Embora seja possível a concessão de liminar nas ações de despejo por falta de pagamento dos aluguéres e encargos locatícios onde não houver sido estabelecida nenhuma garantia, deve o locador prestar caução no equivalente a três meses de aluguel e, em dinheiro, a fim de garantir eventual ressarcimento de danos ao locatário, não sendo possível a oferta do próprio imóvel locado como garantia. Decisão mantida. Recurso improvido" (TJSP, Agravo de Instrumento 990.10.303574-7, Acórdão 4610955, 26.ª Câmara de Direito Privado, Vargem Grande do Sul, Rel. Des. Felipe Ferreira, j. 28.07.2010, *DJESP* 09.08.2010).

Como nota importante de atualização, a Lei 14.010/2020 – que criou Regime Jurídico Emergencial e Transitório das relações jurídicas de Direito Privado (RJET) no período da pandemia do coronavírus (Covid-19) – trouxe norma suspendendo a concessão de liminares de despejo em alguns casos. Essa suspensão vale desde 20 de março de 2020 – data da publicação do Decreto Legislativo n. 6, como termo inicial dos eventos derivados da pandemia do coronavírus (Covid-19) – até 30 de outubro de 2020. Como apontava na edição anterior deste livro, essa data poderia ser até prorrogada, caso os efeitos econômicos drásticos da pandemia voltassem e fossem retomadas quarentenas mais duras. Isso acabou ocorrendo por força de uma nova lei, como se verá a seguir.

Nos termos do art. 9.º da Lei 14.010/2020, "não se concederá liminar para desocupação de imóvel urbano nas ações de despejo, a que se refere o art. 59, § 1.º, incisos I, II, V, VII, VIII e IX, da Lei n.º 8.245, de 18 de outubro de 1991, até 30 de outubro de 2020". Como se pode perceber, as hipóteses de suspensão da liminar previstas no diploma são as seguintes: *a)* o descumprimento do mútuo acordo no qual tenha sido ajustado o prazo mínimo de seis meses para desocupação, contados da assinatura do instrumento; *b)* a rescisão do contrato de trabalho, com prova escrita ou sendo ela demonstrada em audiência prévia; *c)* a permanência do sublocatário no imóvel, extinta a locação, celebrada com o locatário; *d)* o término do prazo notificatório previsto no parágrafo único do art. 40 da lei, sem apresentação de nova garantia apta a manter a segurança inaugural do contrato; *e)* o término do prazo da locação não residencial, tendo sido proposta a ação em até trinta dias do termo ou do cumprimento de notificação comunicando o intento de retomada; e *f)* a falta de pagamento de aluguel e acessórios da locação no vencimento, estando o contrato desprovido de qualquer das garantias previstas no art. 37 da Lei n. 8.245/1991, por não ter sido contratada ou em caso de extinção ou pedido de exoneração dela, independentemente de motivo. Afastando o despejo liminar no último caso, e representando aplicação da norma, do Tribunal Paulista:

> "Locação de imóvel aparelhado exclusivamente para a hospedagem de cães e casa de apoio. Ação de despejo por falta de pagamento. Deferimento do pedido liminar. Diante do disposto na Lei nº 14.010/2020, que dispõe sobre o Regime Jurídico Emergencial e Transitório das relações jurídicas de Direito Privado (RJET) no período da pandemia do coronavírus (Covid-19), tratando-se de despejo fundado no inc. IX, do § 1.º, do art. 59 da Lei de Locações e da alegação do locatário, de que teria introduzido benfeitorias necessárias no imóvel, fato que, em tese e nos termos do art. 35 da Lei de Locações, permitiria o exercício do direito de retenção, é prudente a reforma da r. decisão agravada, que deferiu o pedido de despejo liminar. Recurso provido" (TJSP, Agravo de Instrumento 2219449-28.2020.8.26.0000, Acórdão 14017884, 34.ª Câmara de Direito Privado, Vargem Grande Paulista, Rel. Des. Gomes Varjão, j. 30.09.2020, *DJESP* 05.10.2020, p. 2.435).

Como se pode perceber, quanto ao inadimplemento do locatário, somente estava prevista a hipótese de inadimplência dos aluguéis em que há falta ou superação da garantia celebrada; e somente para os fins de concessão de liminar. Não se suspendeu, portanto, o despejo regular por falta de pagamento, diante de sentença definitiva, solução que foi adotada em outros países da Europa.

A norma pareceu-me necessária, diante da profunda crise econômica causada pela Covid-19, visando a manter e conservar atividades privadas, contratos, empresas, empregos e a circulação de riquezas. Por isso, teve o meu total apoio quando da sua elaboração e tramitação, desde o PL 1.179/2020, sob a liderança acadêmica do Professor Otávio Luiz Rodrigues. Por isso, não concordei com o veto inicial feito pelo Sr. Presidente da República, que acabou caindo no Congresso Nacional. Conforme as razões do veto, "a propositura legislativa, ao vedar a concessão de liminar nas ações de despejo, contraria o interesse público por suspender um dos instrumentos de coerção ao pagamento das obrigações pactuadas na avença de locação (o despejo), por um prazo substancialmente longo, dando-se, portanto, proteção excessiva ao devedor em detrimento do credor, além de promover o incentivo ao inadimplemento e em desconsideração da realidade de diversos locadores que dependem do recebimento de aluguéis como forma complementar ou, até mesmo, exclusiva de renda para o sustento próprio". Como antes pontuei, a norma apenas afastava o despejo liminar em um caso específico de inadimplemento do locatário, não havendo qualquer proteção excessiva do devedor.

Mais do que isso, reitero que seria até necessária uma regra relativa à revisão dos contratos de locação, em proteção dos locatários e de suas atividades, o que acabou não prosperando no âmbito do Congresso Nacional, desde a tramitação inicial do PL 1.179/2020, no Senado Federal. A falta de norma específica sobre a revisão das locações acabou por gerar uma *grande judicialização* a respeito desses contratos, como exposto no Capítulo 4 desta obra.

Pois bem, em 2021, infelizmente, tivemos a segunda onda da pandemia, mais devastadora do que a primeira, inclusive quanto aos seus impactos econômicos. Assim,

CAP. 10 · CONTRATOS EM ESPÉCIE – LOCAÇÃO DE COISAS E FIANÇA | **493**

surgiu uma nova norma tratando do tema das locações, a Lei 14.216, de 7 de outubro de 2021, estabelecendo "medidas excepcionais em razão da Emergência em Saúde Pública de Importância Nacional (Espin) decorrente da infecção humana pelo coronavírus SARS-CoV-2".

Releve-se que o Supremo Tribunal Federal já havia decidido, em decisão publicada em 7 de junho de 2021, nos autos da medida cautelar na arguição de descumprimento de preceito fundamental (ADPF) 828, originária do Distrito Federal e com relatoria do Ministro Roberto Barroso, pela impossibilidade de se efetivar tais medidas. Restou decidido o seguinte:

> "i) Com relação a ocupações anteriores à pandemia: suspender pelo prazo de 6 (seis) meses, a contar da presente decisão, medidas administrativas ou judiciais que resultem em despejos, desocupações, remoções forçadas ou reintegrações de posse de natureza coletiva em imóveis que sirvam de moradia ou que representem área produtiva pelo trabalho individual ou familiar de populações vulneráveis, nos casos de ocupações anteriores a 20 de março de 2020, quando do início da vigência do estado de calamidade pública (Decreto Legislativo n.º 6/2020); ii) com relação a ocupações posteriores à pandemia: com relação às ocupações ocorridas após o marco temporal de 20 de março de 2020, referido acima, que sirvam de moradia para populações vulneráveis, o Poder Público poderá atuar a fim de evitar a sua consolidação, desde que as pessoas sejam levadas para abrigos públicos ou que de outra forma se assegure a elas moradia adequada; e iii) com relação ao despejo liminar: suspender pelo prazo de 6 (seis) meses, a contar da presente decisão, a possibilidade de concessão de despejo liminar sumário, sem a audiência da parte contrária (art. 59, § 1.º, da Lei n.º 8.425/1991), nos casos de locações residenciais em que o locatário seja pessoa vulnerável, mantida a possibilidade da ação de despejo por falta de pagamento, com observância do rito normal e contraditório".

Em dezembro de 2021, houve nova decisão do STF, já formando maioria, estendendo a suspensão dos despejos até 31 de março de 2022. Sucessivamente, houve mais uma prorrogação quanto à impossibilidade dessas medidas pelo Plenário da Corte, até 31 de outubro de 2022, conforme *decisum* de 5 de agosto do mesmo ano.

Em decisão liminar prolatada em 31 de outubro de 2022 e na mesma ação, foi restabelecida a possibilidade das medidas de remoção, desde que observados alguns parâmetros pelas Cortes, a saber:

> "1. Tribunais de Justiça e Tribunais Regionais Federais devem instalar, imediatamente, comissões de conflitos fundiários que sirvam de apoio aos juízes. De início, as comissões precisam elaborar estratégia para retomar decisões de reintegração de posse suspensas, de maneira gradual e escalonada;
>
> 2. As comissões de conflitos fundiários devem realizar inspeções judiciais e audiências de mediação antes de qualquer decisão para desocupação, mesmo em locais nos quais já haja decisões que determinem despejos. Ministério Público e Defensoria Pública devem participar;
>
> 3. Além de decisões judiciais, quaisquer medidas administrativas que resultem em remoções também devem ser avisadas previamente, e as comunidades afetadas devem ser ouvidas, com prazo razoável para a desocupação e com medidas para resguardo do direito à moradia, proibindo em qualquer situação a separação de integrantes de uma mesma família".

Feita tal observação, e passando ao estudo da norma emergente, conforme o art. 4.º da Lei 14.216/2021, "em virtude da Espin decorrente da infecção humana pelo coronavírus SARS-CoV-2, não se concederá liminar para desocupação de imóvel urbano nas ações de despejo a que se referem os incisos I, II, V, VII, VIII e IX do § 1.º do art. 59 da Lei n.º 8.245, de 18 de outubro de 1991, até 31 de dezembro de 2021, desde que o locatário demonstre a ocorrência de alteração da situação econômico-financeira decorrente de medida de enfrentamento da pandemia que resulte em incapacidade de pagamento do aluguel e dos demais encargos sem prejuízo da subsistência familiar". Como se percebe, retomou-se a suspensão dos despejos liminares até o fim de 2021, com a inclusão da ressalva pela necessidade de o locatário demonstrar dificuldades econômicas.

Além disso, essa suspensão da nova lei limitou-se a determinados contratos, prevendo o parágrafo único do art. 4.º da Lei 14.216 que o comando somente se aplica aos contratos cujo valor mensal do aluguel não seja superior a: *a)* R$ 600,00 (seiscentos reais), em caso de locação de imóvel residencial; e *b)* R$ 1.200,00 (mil e duzentos reais), em caso de locação de imóvel não residencial.

Como outra regra que foi incluída, dando direito ao locatário de resilir ou denunciar o contrato, sem a necessidade de motivação (denúncia vazia), o art. 5.º da Lei 14.216/2021 estabeleceu que, "frustrada tentativa de acordo entre locador e locatário para desconto, suspensão ou adiamento, total ou parcial, do pagamento de aluguel devido desde a vigência do estado de calamidade pública reconhecido pelo Decreto Legislativo n.º 6, de 20 de março de 2020, até 1 (um) ano após o seu término, relativo a contrato findado em razão de alteração econômico-financeira decorrente de demissão, de redução de carga horária ou de diminuição de remuneração que resulte em incapacidade de pagamento do aluguel e dos demais encargos sem prejuízo da subsistência familiar, será admitida a denúncia da locação pelo locatário residencial até 31 de dezembro de 2021".

Como consequência, o diploma estabeleceu que, nos contratos por prazo determinado, o locatário está dispensado do pagamento da multa convencionada para o caso dessa denúncia antecipada do vínculo locatício. Por outra via, nos contratos por prazo indeterminado, não há necessidade de cumprimento do aviso prévio de desocupação, mais uma vez dispensado o pagamento da multa indenizatória.

Seguindo com o estudo da Lei 14.216/2021, o seu art. 5.º, § 1.º, enuncia que essa denúncia da locação seria aplicada somente à locação de imóvel não residencial urbano no qual se desenvolva atividade que tenha sofrido a interrupção contínua em razão da imposição de medidas de isolamento ou de quarentena, por prazo igual ou superior a trinta dias, se frustrada tentativa de acordo entre locador e locatário para desconto, suspensão ou adiamento, total ou parcial, do pagamento de aluguel devido desde março de 2020 até dezembro de 2021. Porém, levando-se em conta também a posição do locador, está previsto que a denúncia não deveria incidir quando o imóvel objeto da locação for o único de propriedade do locador, excluído o utilizado para sua residência, desde que os aluguéis consistam na totalidade de sua renda (art. 5.º, § 2.º, da Lei 14.216/2021).

Como última previsão a ser destacada, com o fim de facilitar a composição entre as partes, estabeleceu-se que as tentativas de acordo para desconto, suspensão ou adiamento de pagamento de aluguel, ou que estabeleçam condições para garantir o reequilíbrio contratual dos contratos de locação de imóveis durante a Espin, poderiam ser realizadas por meio de correspondências eletrônicas ou de aplicativos de mensagens, caso do *WhatsApp*. Além disso, o conteúdo deles extraído teria o valor de aditivo contratual, com efeito de título executivo extrajudicial, bem como provaria a não celebração do acordo, para fins da denúncia vazia prevista na norma (art. 6.º da Lei 14.126/2021). Penso que a tendência é que novas leis tragam previsões no mesmo sentido, a fim de facilitar a renegociação contratual.

Superada a análise das normas referentes à liminar com as correspondentes adições legais emergentes, o Enunciado n. 31 do extinto 2.º TACSP confirma o anterior entendimento jurisprudencial majoritário, pelo qual seria incabível, nas ações de despejo, a anterior tutela antecipada tratada no art. 273 do CPC/1973. Todavia, houve uma mudança no panorama jurisprudencial, pois o STJ vinha admitindo a anterior tutela antecipada em casos de despejo que não estejam elencados no art. 59 da LL:

> "Processual civil. Locação. Ação de despejo por falta de pagamento de aluguéis e outros encargos. Tutela antecipada. Concessão. Possibilidade. Pressupostos autorizativos. Existência. Reexame de matéria fático-probatória. Impossibilidade. Súmula 7/STJ. Recurso especial conhecido e improvido. 1. A jurisprudência do Superior Tribunal de Justiça, em consonância com abalizada doutrina, tem se posicionado no sentido de que, presentes os pressupostos legais do art. 273 do CPC, é possível a concessão de tutela antecipada mesmo nas ações de despejo cuja causa de pedir não esteja elencada no art. 59, § 1.º, da Lei 8.245/1991. 2. Tendo a Corte de origem, além de adotar a tese contrária, segundo a qual seria incabível a concessão de tutela antecipada nas ações de despejo, concluído, também, pela ausência dos requisitos autorizativos previstos no art. 273 do CPC, infirmar tal entendimento demandaria o revolvimento de matéria fático-probatória, o que atrai o óbice da Súmula 7/ STJ. Precedentes. 3. Recurso especial conhecido e improvido" (STJ, REsp 702.205/SP, 5.ª Turma, Rel. Min. Arnaldo Esteves Lima, j. 12.09.2006, *DJ* 09.10.2006, p. 346).

Alinha-se a tal mudança de entendimento. Preenchidos os requisitos do art. 273 do CPC/1973, a tutela antecipada deveria ser deferida. Cite-se o caso em que o locatário está simplesmente destruindo o imóvel locado, ou utilizando-o para fins ilícitos. Aliás, essa previsão deveria ter sido incluída pela Lei 12.112/2009 para a concessão de liminar, o que não ocorreu. Acredito, assim, que essa posição anterior seja mantida na vigência do CPC/2015, passando a ser viáveis as tutelas provisórias de urgência e de evidência, de acordo com as circunstâncias do caso concreto (arts. 300 a 311 do CPC/2015).

Pois bem, não sendo o caso de concessão da liminar ou de tutela provisória, deverá ser dado prosseguimento à instrução do feito para posterior decretação do despejo. A instrução implica o conhecimento da contestação e dos argumentos do réu. Todavia, a lei defere ao réu a possibilidade de concordar com o pedido do autor e assim gozar de alguns benefícios. Vejamos essas regras.

O art. 61 da Lei de Locação estipula que se o locatário, no prazo de contestação, manifestar sua concordância com a desocupação do imóvel, o juiz acolherá o pedido fixando prazo de seis meses para a desocupação, contados da citação. Nessa hipótese, os honorários advocatícios serão fixados em vinte por cento (20%) sobre o valor dado à causa, ficando o réu isento desse pagamento caso a desocupação ocorra dentro do prazo estabelecido. A regra somente deverá ser aplicada aos casos de concordância, pois se o réu contestar ou mesmo for revel, deverá ocorrer o decreto do despejo pelo juiz da causa.

O Enunciado n. 8 do extinto 2.º TACSP determina que o reconhecimento da procedência na ação de despejo somente acarreta a concessão de prazo de seis meses para a desocupação, contado da citação, se a pretensão se apoiar em qualquer das hipóteses referidas no art. 61 da LL, a saber: *a)* prorrogação da locação residencial fixada por escrito por prazo igual ou superior a trinta meses; *b)* uso e demolição na locação residencial verbal ou por escrito e com prazo superior a trinta meses.

O decreto do despejo deverá obedecer ao disposto no art. 63 da LL – outra norma que sofreu alterações pela lei de 2009 –, sendo que julgada procedente a ação de despejo o juiz determinará a expedição de mandado de despejo, que conterá o prazo de trinta dias para a desocupação voluntária. A inovação se refere à menção atual de expedição de mandado de despejo e não mais de um "prazo de trinta dias para desocupação voluntária", o que é melhor do ponto de vista técnico processual.

Porém, há exceções, uma vez que o prazo para a desocupação é reduzido para quinze dias nas seguintes situações:

– Se entre a citação e a sentença de primeira instância tiver decorrido mais de quatro meses, o que é comum pela morosidade do Poder Judiciário brasileiro.

– Nas hipóteses do art. 9.º (mútuo acordo, infração legal ou contratual, falta de pagamento de aluguéis e encargos e realização de reparos urgentes determinados pelo Poder Público), ou do § 2.º do art. 46 (despejo de imóvel residencial, em contrato com prazo igual ou superior a trinta meses). Aqui houve outra alteração pela norma do final de 2009, eis que o dispositivo somente fazia menção aos incs. II e III do art. 9.º. Atualmente, todas as hipóteses do comando legal estão abrangidas, o que merece elogios.

Outras regras de cunho social também constam do art. 63 da Lei 8.245/1991. Para os casos de estabelecimento de ensino autorizado e fiscalizado pelo Poder Público, nos termos da lei, deverá ser respeitado o prazo mínimo de seis meses e o máximo de um ano para o despejo e o Juízo deverá decretar tal despejo de modo que a desocupação coincida com o período de férias escolares. Da mesma forma, nos casos de hospitais, repartições públicas, unidades sanitárias oficiais, asilos e estabelecimentos de saúde, se o despejo for decretado com fundamento no inciso IV do art. 9.º (reparações urgentes) ou no inciso II do art. 53 (reforma para aumento de área), o prazo para desocupação será de um ano. Isso, exceto nos casos em que entre a citação e a sentença de primeira instância houver decorrido mais de um ano, hipótese em que o prazo será de seis meses.

A sentença que decretar o despejo fixará o valor da caução para o caso de ser executada provisoriamente (art. 63, § 4.º, da LL). Essa execução dependerá da prestação de caução, sendo esta indispensável (Enunciado n. 23 do extinto 2.º TACSP).

A respeito da caução para a execução provisória do despejo, houve alteração no art. 64 da Lei de Locação, o que merece destaque em quadro comparativo:

Art. 64 da Lei de Locação – redação original	Art. 64 da Lei de Locação – após a Lei 12.112/2009
"Salvo nas hipóteses das ações fundadas nos incisos I, II, IV do art. 9.º, a execução provisória do despejo dependerá de caução não inferior a doze meses e nem superior a dezoito meses do aluguel, atualizado até a data do depósito da caução".	"Salvo nas hipóteses das ações fundadas no art. 9.º, a execução provisória do despejo dependerá de caução não inferior a 6 (seis) meses nem superior a 12 (doze) meses do aluguel, atualizado até a data da prestação da caução".

CAP. 10 • CONTRATOS EM ESPÉCIE – LOCAÇÃO DE COISAS E FIANÇA | **497**

Como primeira inovação instituída em 2009, nota-se que o valor da caução para o despejo provisório foi reduzido. Antes, o parâmetro era entre 12 e 18 aluguéis; enquanto atualmente é entre 6 e 12 aluguéis. A alteração veio em boa hora, eis que a norma anterior era duramente criticada, uma vez que a caução era considerada exagerada por especialistas na área, principalmente advogados de locadores. Além disso, foi incluída a previsão do inc. III do art. 9.º – falta de pagamento de aluguéis e encargos –, como hipótese de dispensa da caução, mais uma norma a proteger o locador, em prol da função social da propriedade (art. 5.º, incs. XX e XXII, da CF/1988). As duas normas merecem elogios, sendo certo que sempre critiquei os excessos quanto à caução em aulas e palestras.

Superados esses pontos de atualização frente à norma de 2009, consigne-se que essa caução poderá ser real ou fidejussória e será prestada nos próprios autos da execução provisória (art. 64, § 1.º, da LL). Obviamente, a caução, para ser eficaz, deve ser idônea e, na prática, geralmente o próprio imóvel locado é oferecido como garantia para a execução provisória do despejo.

Ocorrendo a reforma da sentença ou da decisão que concedeu liminarmente o despejo, o valor da caução reverterá a favor do réu, no caso o locatário, como indenização mínima das perdas e danos, podendo este reclamar, em ação própria, a diferença pelo que a exceder (art. 64, § 2.º, da LL).

Findo o prazo assinado para a desocupação, que será contado a partir da data da notificação, será efetuado o despejo, se necessário com o emprego de força, inclusive arrombamento (art. 65 da LL). Os móveis e utensílios serão entregues a um depositário se o locatário não quiser retirá-los do imóvel (§ 1.º do art. 65 da LL). O despejo não poderá ser executado até o trigésimo dia seguinte ao do falecimento do cônjuge, ascendente, descendente ou irmão de qualquer das pessoas que habitem o imóvel (§ 2.º do art. 65 da LL). A última regra visa a respeitar o luto da família, tendo importante cunho social.

A encerrar a análise da ação de despejo, prevê o art. 66 da Lei de Locações que na hipótese em que o imóvel for abandonado depois de ajuizada a ação, o locador poderá imitir-se na posse do mesmo. Conforme o Enunciado n. 27 do extinto 2.º TACSP, essa imissão deverá ser precedida de laudo de constatação do imóvel, com a demonstração do abandono em auto circunstanciado.

10.3.10.2 *Da ação de consignação de aluguéis e acessórios da locação (art. 67 da Lei 8.245/1991)*

Inicialmente, é interessante perceber que, apesar de similar, a ação de consignação de aluguéis e acessórios da locação não se confunde com a ação de consignação em pagamento, tratada a partir do art. 539 do CPC/2015, equivalente ao art. 890 do CPC/1973. Isso porque as regras do art. 58 da Lei 8.245/1991, que serão vistas oportunamente, não se aplicam à consignação em pagamento tratada no Estatuto Processual.

Com relação à primeira ação, a Lei de Locações traz regras especiais que devem ser necessariamente observadas. O autor da demanda, no caso o locatário, deverá especificar na petição inicial a falta de pagamento dos aluguéis e acessórios da locação com indicação dos respectivos valores. Deverá, ainda, no prazo de vinte e quatro horas, contado da determinação de citação do réu (locador), efetuar o depósito judicial da importância indicada na petição inicial, sob pena de ser extinto o processo sem resolução do mérito (art. 485 do CPC/2015, equivalente ao art. 267 do CPC/1973). O locatário deverá ainda depositar os valores correspondentes às obrigações que se vencerem durante a tramitação do feito até ser prolatada a sentença.

Os motivos que podem fundamentar a ação de consignação de aluguéis e chaves podem ser retirados do art. 335 do CC/2002, a saber: *a)* se o credor-locador não puder, ou, sem justa causa, recusar receber o pagamento, ou dar quitação na devida forma; *b)* se o credor não for, nem mandar receber a coisa no lugar, tempo e condição devidos; *c)* se o locador for incapaz de receber, for desconhecido, declarado ausente, ou residir em lugar incerto ou de acesso perigoso ou difícil; *d)* se ocorrer dúvida sobre quem deva legitimamente receber o objeto do pagamento; *e)* se pender litígio sobre o objeto do pagamento. Ainda são possíveis outras hipóteses não previstas em lei, como nos casos de divergências pessoais entre o locatário e o representante do locador.

Não havendo contestação por parte do réu, ou se o locador receber os valores depositados, o juiz deverá acolher o pedido do autor locatário, declarando quitadas as obrigações e condenando o réu ao pagamento das custas e honorários de vinte por cento sobre o valor dos depósitos.

Mas, por outro lado, poderá o réu-locador contestar e, nesse caso, a contestação apenas poderá versar sobre as seguintes matérias de fato:

– Não ter havido recusa ou mora em receber a quantia devida.
– Ter sido justa a causa da recusa.
– Não ter sido efetuado o depósito no prazo ou no lugar do pagamento.
– Não ter sido efetuado o depósito integral. Nessa situação, o réu-locador deverá apontar o valor da diferença, para que o autor-locatário possa, nos termos do inciso VII do art. 67 da LL, complementar o depósito inicial.

Limitado quanto à matéria de fato em sua contestação, o réu poderá ainda, conforme determina o inciso VI do art. 67 da LL, fazer uso da reconvenção para pedir o despejo e a cobrança da quantia objeto da ação consignatória ou da diferença do depósito inicial. Nesse sentido, transcreve-se o seguinte julgado:

> "Recurso. Agravo de instrumento. Decisão de impugnação ao valor da causa. Consignação em pagamento. Reconvenção. Pedido de despejo cumulado com cobrança. Controvérsia sobre o aluguel vigente. Questão de mérito. Descabimento. Havendo controvérsia a respeito de qual seria aluguel vigente, aquele que cada qual dos litigantes estiver defendendo poderá ser considerado na atribuição de valor à ação de consignação de aluguel e à reconvenção com pedido de despejo" (2.º Tribunal de Alçada Civil, AI 731.507-00/9, 12.ª Câm., Rel. Juiz Palma Bisson, j. 11.04.2002).

Como se pode perceber, a reconvenção acaba funcionando quase que como uma ação de despejo por falta de pagamento incidental, uma vez que possibilita não só o despejo como também que a ação continue pela cobrança dos valores devidos, após o decreto judicial.

Valioso ressaltar, ainda, que o réu-locador poderá levantar a qualquer momento as importâncias depositadas sobre as quais não penda controvérsia (art. 67, parágrafo único, da LL). No que concerne ao valor da causa da ação consignatória, esta será correspondente a uma anuidade do aluguel (Súmula 449 do STF). O prazo para resposta do réu é de quinze dias (Enunciado n. 5 do extinto 2.º TACSP). A complementação do depósito pelo autor, na ação consignatória, independe de reconvenção do réu (Enunciado n. 3 do extinto 2.º TACSP). O depósito extrajudicial, previsto no CPC e no art. 334 do CC, também pode ser utilizado nos casos de consignação de aluguéis e acessórios (Enunciado n. 41 do extinto 2.º TACSP).

Por fim, segundo o Enunciado n. 42 do mesmo Tribunal, não se aplica à consignação de aluguéis e encargos a previsão do § 2.º do art. 899 do CPC/1973, pelo qual "a sentença que concluir pela insuficiência de depósito determinará, sempre que possível, o montante devido, e, neste caso, valerá como título executivo, facultado ao credor promover-lhe a execução nos mesmos autos". Pontue-se que esse dispositivo processual anterior corresponde, com pequenas alterações, ao art. 545, § 2.º, do CPC/2015, *in verbis*: "a sentença que concluir pela insuficiência do depósito determinará, sempre que possível, o montante devido e valerá como título executivo, facultado ao credor promover-lhe o cumprimento nos mesmos autos, após liquidação, se necessária". Todavia, a tese constante do enunciado deve ser mantida.

10.3.10.3 *Da ação revisional de aluguel (arts. 68 a 70 da Lei 8.245/1991)*

Por razões óbvias, essa ação era muito comum nos períodos de inflação pelos quais passou o País. Entretanto, nos últimos tempos a ação perdeu a sua relevância prática pela estabilidade da nossa economia, o que está sendo ameaçado, podendo a citada demanda voltar ao mercado imobiliário, notadamente diante da crise ocasionada pela pandemia de Covid-19. Nos últimos anos, a sua aplicação ficou restrita às hipóteses de variações do aluguel conforme as regras de mercado. A ação revisional também sofreu contundentes alterações pela Lei 12.112, de 9 de dezembro de 2009.

Como foi dito, dispõe o art. 19 da Lei de Locação que, "não havendo acordo, o locador ou o locatário, após três anos de vigência do contrato ou do acordo anteriormente realizado, poderão pedir revisão judicial do aluguel, a fim de ajustá-lo ao preço de mercado". A referida ação pode ser proposta tanto pelo locador quanto pelo locatário e tem como objetivo adequar o valor do contrato à realidade social (*ação de natureza dúplice*).

Questão muito debatida no ano de 2020, diante da pandemia de Covid-19, diz respeito à possibilidade de rever o valor locatício, tendo em vista as mudanças de mercado decorrentes da profunda crise que enfrentamos, antes desse período de três anos. A minha resposta é positiva, tendo em vista a inevitabilidade do evento pandêmico, notadamente se isso gerar consequências diretas para a região onde se localiza o imóvel e internas para o contrato de locação.

Vale lembrar, a propósito, que o art. 7.º da Lei 14.010/2020, que criou o Regime Jurídico Emergencial e Transitório das relações jurídicas de Direito Privado (RJET), prevê, em seu § 2.º, que "as regras sobre revisão contratual previstas na Lei nº 8.078, de 11 de setembro de 1990 (Código de Defesa do Consumidor), e na Lei nº 8.245, de

18 de outubro de 1991, não se sujeitam ao disposto no *caput* deste artigo". A última norma afasta a possibilidade de revisão do contrato, com base em dispositivos do Código Civil, em virtude do aumento da inflação, da variação cambial, da desvalorização ou da substituição do padrão monetário. A alteração substancial do valor do aluguel, por mudanças de mercado, no meu entender, não está enquadrada em qualquer uma dessas hipóteses, sendo viável a revisão contratual antes do prazo de três anos, sem que a nova norma exclua tal possibilidade. Como está exposto no Capítulo 4 desta obra, já existem vários julgados deferindo a revisão contratual, e até suspendendo o pagamento, por determinados períodos.

Para o exercício do direito de promover a dita ação, deve-se verificar se a locação já tem três anos de duração. Sendo assim, a ação revisional de aluguel seguiria o rito sumário, conforme enuncia agora expressamente o art. 68 da Lei 8.245/1991. Antes da Lei 12.112/2009 havia previsão quanto ao rito sumaríssimo. Todavia, a norma era anterior à Lei 9.099/1995, que passou a tratar do rito sumaríssimo para os Juizados Especiais Cíveis. Por isso, doutrina e jurisprudência já afirmavam que a ação revisional seguiria o rito sumário, o que foi confirmado pela norma do final de 2009.

Com o desaparecimento do rito sumário, diante da emergência do CPC/2015, fica em xeque a aplicação dessa última regra. Assim, parece que a ação de revisional de aluguéis passa a seguir o procedimento comum, o que, sem dúvida, representa um sério prejuízo para o autor da demanda.

Para essa ação revisional de aluguel, devem ser observadas as seguintes regras, nos termos dos incisos e parágrafos do art. 68 da Lei de Locação:

- A petição inicial deverá indicar o valor do aluguel cuja fixação é pretendida.
- O juiz, ao designar audiência de instrução e julgamento e se houver pedido com base nos elementos fornecidos tanto pelo locador quanto pelo locatário, ou nos que indicar, fixará aluguel provisório, que será devido desde a citação, nos seguintes moldes: *a)* em ação proposta pelo locador, o aluguel provisório não poderá ser excedente a 80% (oitenta por cento) do pedido; *b)* em ação proposta pelo locatário, o aluguel provisório não poderá ser inferior a 80% (oitenta por cento) do aluguel vigente. Duas foram as inovações introduzidas pela nova lei. Primeiro, há menção também ao locatário como fornecedor de elementos para a fixação do aluguel provisório, eis que a ação de igual modo pode por ele ser proposta. Segundo, há norma expressa relativa a parâmetro de fixação do aluguel provisório na ação proposta pelo locatário (não poderá ser inferior a 80% do aluguel vigente). Fazendo-se a devida confrontação, a lei anterior somente referia-se ao aluguel provisório em ação proposta pelo locador. Em suma, como a ação pode ser proposta por ambos, as alterações vieram em boa hora.
- O réu poderá pedir a revisão do aluguel provisório cujo valor será mantido até a data em que for realizada a audiência.
- Como inovação da Lei 12.112/2009, na nova audiência de conciliação, apresentada a contestação – que deverá conter contraproposta, se houver discordância quanto ao valor pretendido –, o juiz tentará a conciliação. Não sendo a conciliação possível, na própria audiência, o juiz determinará a realização de perícia, se necessária, designando, desde logo, audiência de instrução e julgamento.
- Como outra novidade da legislação de 2009, o art. 68, inc. V, passou a prever que o pedido de revisão do aluguel provisório interrompe o prazo para interposição de recurso contra a decisão que fixá-lo (questão prejudicial). A inovação segue, em parte,

CAP. 10 · CONTRATOS EM ESPÉCIE – LOCAÇÃO DE COISAS E FIANÇA | 501

a linha de raciocínio do que constava do Enunciado n. 7 do extinto 2.º TACSP, a saber "Fixado o aluguel provisório na ação revisional, o interesse recursal do réu somente surgirá se não for atendido o seu pedido de revisão naquela fixação".

Com relação ao aluguel fixado na sentença, o valor deste retroage à data da citação (efeitos *ex tunc*), e as diferenças devidas durante a ação de revisão, descontados os alugueres provisórios satisfeitos, serão pagas com correção monetária e se tornarão exigíveis a partir do trânsito em julgado da decisão que fixar o novo aluguel (art. 69 da LL). Se requerida a revisão pelo locador ou pelo sublocador, a sentença poderá estabelecer uma periodicidade de reajustamento do aluguel diversa daquela prevista no contrato revisando, bem como adotar outro indexador para o reajustamento do aluguel (§ 1.º do art. 69 da LL). A execução das diferenças será feita nos autos da ação de revisão (§ 2.º).

Quanto ao valor do aluguel revisto, entende a jurisprudência superior que este será fixado até a devolução das chaves, em caso de prorrogação automática do contrato por prazo indeterminado, nos termos do art. 56, parágrafo único, da Lei de Locação. Conforme aresto publicado no *Informativo* n. *578* do STJ, do ano de 2016:

"A procedência do pedido formulado em ação revisional de aluguel acarreta alteração de uma das condições ajustadas: a do valor da locação. Entretanto, essa situação não dispensa o locatário, nas hipóteses de prorrogação de contrato por prazo indeterminado, do dever de observar o valor reajustado do aluguel. Isso porque a razão de ser da revisão de aluguéis é justamente assegurar a manutenção do equilíbrio do contrato de locação diante das modificações da realidade do mercado, a fim de evitar injusto prejuízo ou enriquecimento sem causa a ambas as partes. Sendo assim, ilógico seria admitir que o Poder Judiciário apontasse o novo valor dos aluguéis para o período de vigência do contrato de locação, mas tal valor fosse desconsiderado em caso de prorrogação da avença por prazo indeterminado. Desse modo, uma vez reajustado o valor do aluguel por meio do ajuizamento de ação revisional, é o valor revisado, e não o originalmente pactuado, que será devido na hipótese de prorrogação da avença perpetrada nos moldes do previsto no parágrafo único do art. 56 da Lei n. 8.245/1991" (STJ, REsp 1.566.231/PE, Rel. Min. Ricardo Villas Bôas Cueva, j. 1.º.03.2016, *DJe* 07.03.2016).

Além disso, conforme outro acórdão, de 2019, na execução de contrato locatício, é possível a inclusão dos aluguéis vencidos no curso do processo com base em valor fixado provisoriamente em anterior ação revisional. Nos termos exatos do trecho final da sua ementa, "as diferenças às quais alude o art. 69 da mesma lei dizem respeito ao quanto o valor do aluguel provisório, cobrado antecipadamente, é maior ou menor que o valor do aluguel definitivamente arbitrado, resultando essa operação matemática de subtração em um crédito para o locador, se este for maior que aquele, ou para o locatário, na hipótese contrária. A eventual existência desse crédito, no entanto, não fulmina a pretensão dos locadores de executar os aluguéis devidos pela locatária desde a citação na ação revisional, tal qual decidiu o Tribunal de origem" (STJ, REsp 1.714.393/SP, 3.ª Turma, Rel. Min. Nancy Andrighi, j. 13.08.2019, *DJe* 15.08.2019).

Ademais, como outro aspecto importante, o Superior Tribunal de Justiça julgou, de forma correta, que "em ação revisional de contrato de locação comercial, o reajuste do aluguel deve refletir o valor patrimonial do imóvel locado, inclusive considerando em seu cálculo benfeitorias e acessões realizadas pelo locatário com autorização do locador". Ainda conforme o acórdão:

"A ação revisional é resguardada para as hipóteses em que não há acordo entre locador e locatário sobre o valor do aluguel. Por exercício da autonomia privada das partes contratantes, nada impede que: i) os gastos relativos à acessão sejam descontados do valor do aluguel por determinado tempo; ii) a acessão seja realizada por investimento exclusivo de uma das partes com a correspondente indenização ao final do contrato, seja pelo locador, seja pelo locatário; iii) a acessão seja custeada por apenas uma parte, renunciando-se à indenização correspondente ao investimento. Contudo, ausente consenso entre as partes, em sede de ação revisional de locação comercial, o novo aluguel deve refletir o valor patrimonial do imóvel locado, inclusive decorrente de benfeitorias e acessões nele realizadas pelo locatário, pois estas incorporam-se ao domínio do locador, proprietário do bem" (STJ, EREsp 1.411.420/DF, Corte Especial, Rel. Min. Nancy Andrighi, j. 03.06.2020, *DJe* 27.08.2020).

Por fim, como último aspecto, na ação de revisão do aluguel o juiz poderá homologar acordo de desocupação, que será executado mediante expedição de mandado de despejo (art. 70 da LL).

10.3.10.4 *Da ação renovatória (arts. 51 a 53 e 71 a 75 da Lei 8.245/1991)*

Dentro do ordenamento jurídico brasileiro, é possibilitada ao locatário a renovação de locação não residencial, uma vez presentes os seguintes requisitos essenciais da formação do *ponto comercial* ou *empresarial,* conforme o art. 51 da Lei de Locação:

"Art. 51. Nas locações de imóveis destinados ao comércio, o locatário terá direito a renovação do contrato, por igual prazo, desde que, cumulativamente:

I – o contrato a renovar tenha sido celebrado por escrito e com prazo determinado;

II – o prazo mínimo do contrato a renovar ou a soma dos prazos ininterruptos dos contratos escritos seja de cinco anos;

III – o locatário esteja explorando seu comércio, no mesmo ramo, pelo prazo mínimo e ininterrupto de três anos".

Trazendo uma análise contemporânea a respeito da atividade empresarial, para os fins do ingresso da ação renovatória, merece ser destacado aresto do Superior Tribunal de Justiça, que considerou ser a estação *rádio base* (ERB) – popularmente conhecida como "antena de celular" –, instalada em imóvel locado, um fundo de comércio de empresa de telefonia móvel celular, a conferir o interesse processual no manejo de ação renovatória, fundada no art. 51 da Lei de Locação. Isso porque tais estações ou antenas, nos termos exatos do acórdão:

"Emitem sinais que viabilizam as ligações por meio dos telefones celulares que se encontram em sua área de cobertura (célula). E a formação de uma rede de várias células – vinculadas às várias ERBs instaladas – permite a fluidez da comunicação, mesmo quando os interlocutores estão em deslocamento, bem como possibilita a realização de várias ligações simultâneas, por meio de aparelhos situados em diferentes pontos do território nacional e também do exterior. As ERBs se apresentam como verdadeiros centros de comunicação espalhados por todo o território nacional, cuja estrutura, além de servir à própria operadora, responsável por sua instalação, pode ser compartilhada com outras concessionárias do setor de telecomunicações, segundo prevê o art. 73 da Lei 9.472/97, o que, dentre outras vantagens, evita a instalação de diversas estruturas semelhantes no mesmo local e propicia a redução dos custos do serviço"(STJ, REsp 1.790.074/SP, 3.ª Turma, Rel. Min. Nancy Andrighi, j. 25.06.2019, *DJe* 28.06.2019).

Ao final, conclui-se, de forma correta que "as ERBs são, portanto, estruturas essenciais ao exercício da atividade de prestação de serviço de telefonia celular, que demandam investimento da operadora, e, como tal, integram o fundo de comércio e se incorporam ao seu patrimônio. O cabimento da ação renovatória não está adstrito ao imóvel para onde converge a clientela, mas se irradia para todos os imóveis locados com o fim de promover o pleno desenvolvimento da atividade empresarial, porque, ao fim e ao cabo, contribuem para a manutenção ou crescimento da clientela. A locação de imóvel por empresa prestadora de serviço de telefonia celular para a instalação das ERBs está sujeita à ação renovatória" (STJ, REsp 1.790.074/SP, 3.ª Turma, Rel. Min. Nancy Andrighi, j. 25.06.2019, *DJe* 28.06.2019).

Outra hipótese em que também cabe a ação renovatória diz respeito à franquia empresarial. Como consta expressamente do art. 3.º da nova *Lei das Franquias Empresariais* (Lei 13.966/2019), nos casos em que o franqueador subloque ao franqueado o ponto comercial onde se acha instalada a franquia, qualquer uma das partes terá legitimidade para propor a renovação do contrato de locação do imóvel, vedada a exclusão de qualquer uma delas do contrato de locação e de sublocação por ocasião da sua renovação ou prorrogação, em regra. Admite-se, contudo, essa exclusão da renovatória nos casos de inadimplência dos respectivos contratos ou do contrato de franquia.

Destaque-se que apenas será cabível a ação renovatória de locação se houver uma locação comercial (ou *empresarial,* conforme a *teoria da empresa* adotada pelo Código Civil de 2002), contratada por escrito, com a soma de prazos igual ou superior a cinco anos, sob a condição de que o locatário esteja explorando o mesmo ramo, ininterruptamente, por três anos. Em complemento, prevê a Súmula 482 do STF que "o locatário que não for sucessor ou cessionário do que o precedeu na locação, não pode somar os prazos concedidos a este, para pedir a renovação do contrato, nos termos do Decreto n. 24.150".

A manifestação do locatário, enquanto interessado na prestação dessa tutela, deve ocorrer dentro de um determinado espaço de tempo, sob pena de decair seu direito. Assim, nos termos da legislação vigente, deve o locatário ajuizar a ação renovatória dentro do prazo de 1 (um) ano a 6 (seis) meses anteriores ao vencimento do contrato. Nesse sentido, vejamos a previsão do § 5.º do art. 51 da Lei de Locação: "do direito a renovação decai aquele que não propuser a ação no interregno de um ano, no máximo, até seis meses, no mínimo, anteriores à data da finalização do prazo do contrato em vigor". Repise-se que o prazo é notadamente decadencial, o que pode ser percebido pela utilização da expressão "decai". Ademais, a ação renovatória é, essencialmente, uma ação constitutiva positiva.

Com efeito, além dos requisitos comprobatórios da formação do *ponto comercial* ou *empresarial,* o locatário-autor deverá observar os prazos previstos para o exercício do seu direito. Dessa forma, não poderá ajuizar ação alguma antes de um ano do término do contrato, porque o direito ainda não surgiu. A ação assim proposta deverá ser extinta sem resolução de mérito, por falta de interesse processual, pois houve desrespeito à adequação (art. 485 do CPC/2015, correspondente ao art. 267, VI, do CPC/1973).

Do mesmo modo, não caberá mais a discussão da renovatória se a ação for proposta após os seis meses anteriores ao vencimento do contrato que se pretende renovar. Em casos tais, a ação será julgada extinta com resolução de mérito, pelo reconhecimento da decadência (art. 487, inc. II, do CPC/2015, equivalente ao art. 269, inc. IV, do CPC/1973).

Preenchidas essas condições de processamento da ação, passa-se à análise dos pressupostos processuais atinentes ao rito específico da ação renovatória, que deverá, além de satisfazer aos requisitos do art. 319 do CPC/2015 (correspondente ao art. 282 do CPC/1973), ter a petição inicial instruída, nos termos do art. 71 da Lei de Locação, a saber:

a) Com a prova do preenchimento dos requisitos dos incisos I, II e III do art. 51 da Lei de Locação, ou seja, o contrato escrito e cópia do contrato social.

b) Com a prova do exato cumprimento do contrato em curso, juntando-se os documentos pertinentes, exceto os decorrentes de prova negativa.

c) Com a prova da quitação dos impostos e taxas que incidiram sobre o imóvel e cujo pagamento lhe incumbia, nos termos da lei ou do contrato. Para o Superior Tribunal de Justiça, a certidão de parcelamento fiscal é documento suficiente para suprir essa exigência formal. Nos termos de recente acórdão da Corte, "a interpretação sistemática e teleológica do disposto no inciso III do art. 71 da LL conduz ao reconhecimento da regularidade do parcelamento fiscal firmado antes do ajuizamento da ação para propositura da renovatória de locação comercial. Ausência de prejuízo ao locador e inocorrência de falta grave a cláusula constante do contrato de locação, devendo ser priorizada a tutela do fundo de comércio" (STJ, REsp 1.698.814/SP, 3.ª Turma, Rel. Min. Paulo de Tarso Sanseverino, j. 26.06.2018, *DJe* 29.06.2018).

d) Com a indicação clara e precisa das condições oferecidas para a renovação da locação, que deverá constar da inicial.

e) Com a indicação do fiador, quando houver no contrato a renovar e quando não for o mesmo. O dispositivo foi alterado pela Lei 12.112/2009, constando agora as expressões "quando houver no contrato" e "não for o mesmo". Ademais, diante da boa-fé, passou-se a exigir dados completos do fiador, a saber: indicação do nome ou denominação completa, número de sua inscrição no Ministério da Fazenda, endereço, e, tratando-se de pessoa natural, a nacionalidade, o estado civil, a profissão e o número da carteira de identidade; comprovando-se, desde logo, mesmo que não haja alteração do fiador, a sua atual idoneidade financeira.

f) Com a prova de que o fiador aceitou os encargos da fiança, autorizado por seu cônjuge, o que se tem através de carta de fiança.

g) Com a prova, quando for o caso, de ser o cessionário ou sucessor, em virtude de título oponível a terceiro.

A respeito do fiador da nova locação, previa o Enunciado n. 15 do extinto 2.º TACSP que seria dispensada a prova da sua idoneidade, que seria presumida, salvo se fundamentadamente contestada. Porém, diante da redação da parte final do art. 71, inc. V, da Lei de Locação – dada pela Lei 12.112/2009 –, a idoneidade do fiador, mesmo que seja o mesmo, deve ser comprovada, estando prejudicado o entendimento constante do enunciado jurisprudencial. A *idoneidade*, por óbvio, envolve questões patrimoniais e não morais ou de outra natureza.

Segundo o § 1.º do art. 51 da Lei de Locação, a ação renovatória poderá ser exercida pelos cessionários ou sucessores da locação. Em casos de sublocação total do imóvel, o direito a renovação somente poderá ser exercido pelo sublocatário.

Além disso, quando o contrato autorizar que o locatário utilize o imóvel para as atividades de sociedade de que faça parte e que a esta passe a pertencer o fundo de comércio, o direito a renovação poderá ser exercido pelo locatário ou pela sociedade (art. 51, § 2.º, da LL). Dissolvida a sociedade comercial pela morte de um dos sócios, o sócio sobrevivente se sub-rogará no direito a renovação, desde que continue a exercer a atividade empresarial no mesmo ramo (art. 51, § 3.º, da Lei de Locação). O direito a renovação do contrato estende-se às locações celebradas por indústrias e sociedades civis com fins lucrativos, regularmente constituídas, desde que ocorrentes os pressupostos previstos no art. 51, *caput*, da LL (§ 4.º).

Questão importante é saber qual o prazo da nova locação derivada da ação renovatória. De acordo com a antiga Súmula 178 do STF a nova locação não poderá exceder cinco anos. Entretanto, por ser muito antiga, a referida súmula vinha perdendo aplicação prática. Muito ao contrário, o Enunciado n. 6 do extinto 2.º TACSP determinava que "na renovação judicial do contrato de locação, o prazo mínimo do novo contrato é de cinco anos".

Todavia, mais recentemente, o Superior Tribunal de Justiça voltou a aplicar a sumular do STF e, em 2016, foi publicada premissa na sua ferramenta *Jurisprudência em Teses*, com o seguinte teor:

> "O prazo máximo de prorrogação do contrato locatício não residencial estabelecido em ação renovatória é de cinco anos" (Edição n. 53, tese 15). Em 2022, esse entendimento foi reafirmado no seguinte acórdão: "em sede da ação renovatória de locação comercial prevista no art. 51 da Lei 8.245/91, o prazo máximo de prorrogação contratual será de cinco (5) anos. Assim, ainda que o prazo da última avença supere o lapso temporal de cinco anos, a renovação compulsória não poderá excedê-lo, porquanto o quinquênio estabelecido em lei é o limite máximo" (STJ, REsp 1.990.552/RS, 4.ª Turma, Rel. Min. Raul Araújo, j. 17.05.2022, *DJe* 26.05.2022).

Assim, aquela antiga posição, agora reafirmada, deve ser considerada como majoritária para os devidos fins práticos locatícios.

Ainda quanto ao novo contrato, a Súmula 376 do STF determina que o seu início se conta a partir da transcrição da decisão da ação renovatória no Registro de Títulos e Documentos, mas "começa, porém, da terminação do contrato anterior, se esta tiver ocorrido antes do registro".

Outro Enunciado do extinto 2.º TACSP, o de número 22, dispõe que, uma vez proposta a ação renovatória no prazo legal, a demora na efetivação da citação não acarreta a decadência do direito. O enunciado, portanto, afasta qualquer entendimento pelo qual o prazo decadencial corre no curso da ação renovatória, o que parece ser justo.

O art. 52 da Lei de Locação traz as matérias que o locador pode alegar em defesa, ou seja, as hipóteses em que ele, réu da ação, não está obrigado a renovar o contrato, a saber:

–   Se, por determinação do Poder Público, tiver que realizar no imóvel obras que importarem na sua radical transformação; ou para fazer modificações de tal natureza que aumente o valor do negócio ou da propriedade. Nesses casos, a contestação deverá trazer prova da determinação do Poder Público ou um relatório pormenorizado das obras que devem ser realizadas e da estimativa de valorização que sofrerá o imóvel, assinado por engenheiro devidamente habilitado (art. 72, § 3.º, da LL).

–   Se o imóvel vier a ser utilizado por ele próprio, o locador, ou para transferência de fundo de comércio existente há mais de um ano, sendo detentor da maioria do capital o locador, seu cônjuge, ascendente ou descendente. Nesse caso, o imóvel não poderá ser destinado ao uso do mesmo ramo do locatário, salvo se a locação também envolvia o fundo de comércio, com as instalações e pertences. Nas locações de espaço em *shopping centers* o locador não poderá recusar a renovação do contrato com base nesse fundamento, ou seja, para uso próprio ou para transferência de fundo de comércio.

Utilizando-se o locador de qualquer um desses argumentos para afastar a renovação do contrato, o locatário terá direito a uma indenização para o ressarcimento dos prejuízos e dos lucros cessantes que tiver que arcar com a mudança, a perda do lugar e a desvalorização do fundo de comércio. O dever de indenizar também existirá se a renovação não ocorrer em razão de proposta de terceiro, em melhores condições, cujo contrato não foi celebrado (em outras palavras, apesar da melhor proposta, o locador não celebrou contrato com o terceiro); ou, ainda, se o locador, no prazo de três meses da entrega do imóvel, não der o destino alegado ou não iniciar as obras determinadas pelo Poder Público ou que declarou pretender realizar (art. 52, § 3.º, da LL).

Aplica-se o *princípio da reparação integral dos danos*, sendo também reparáveis os danos morais, caso presentes, notadamente no caso de uma pessoa jurídica, que pode sofrê-los, conforme a Súmula 227 do STJ. Para a mesma jurisprudência do Tribunal da Cidadania, esse direito à indenização pelo fundo de comércio está intrinsecamente ligado ao exercício da ação renovatória, prevista no art. 51 do referido diploma (premissa 16 da Edição n. 53 da ferramenta *Jurisprudência em Teses*, do STJ).

Complementando, o art. 72 da Lei de Locação enuncia que a contestação do locador, além dessas defesas de direito, ficará adstrita, quanto à matéria de fato, ao seguinte:

–   Não preencher o autor os requisitos estabelecidos nesta lei.
–   Não atender, a proposta do locatário, o valor locativo real do imóvel na época da renovação, excluída a valorização trazida por aquele ao ponto ou lugar.
–   Ter proposta de terceiro para a locação, em condições melhores.
–   Não estar obrigado a renovar a locação, nos termos dos incisos I e II do art. 52.

No caso de não estar o valor locatício de acordo com a realidade do mercado, o locador deverá apresentar, em contraproposta, as condições de locação que repute compatíveis com o valor locativo real e atual do imóvel.

Em havendo melhor proposta de terceiro, o locador deverá juntar prova documental da proposta, subscrita pelo terceiro e por duas testemunhas, com a clara indicação do ramo a ser explorado, que não poderá ser o mesmo do locatário. Nessa hipótese, o locatário poderá, em réplica, aceitar tais condições para obter a renovação pretendida. Também nesse caso, a sentença fixará desde logo a indenização devida ao locatário em consequência da não prorrogação da locação, cujo montante será solidariamente devido pelo locador e o proponente (art. 75 da LL).

Na contestação, o locador – ou o sublocador – poderá pedir, ainda, a fixação de aluguel provisório, para vigorar a partir do primeiro mês do prazo do contrato a ser renovado, não excedente a oitenta por cento do pedido, desde que apresentados elementos hábeis para aferição do justo valor do aluguel. Quanto a esse aluguel provisório, este deve ser contemporâneo ao início do contrato renovando, facultado ao locador, nessa ocasião, oferecer elementos hábeis à aferição do justo valor (Enunciado n. 29 do extinto 2.º TACSP).

Se requerido pelo locador ou pelo sublocador, a sentença da ação renovatória poderá estabelecer uma periodicidade de reajustamento do aluguel diversa daquela prevista no contrato renovando, bem como adotar outro indexador para o reajustamento do aluguel.

Renovada a locação, as diferenças dos aluguéis vencidos serão executadas nos próprios autos da ação e pagas de uma só vez (art. 73 da LL). Sobre a cobrança de juros relacionados a esses aluguéis vencidos, o STJ tem entendido, corretamente, "sobre as diferenças entre os valores do aluguel estabelecido no contrato e aquele fixado na renovatória, incidirão juros de mora desde *i)* a data para pagamento fixada na própria sentença transitada em julgado (mora *ex re*) ou *ii)* a data da intimação do devedor para pagamento na fase de cumprimento de sentença (mora *ex persona*). Precedente da Terceira Turma" (STJ, REsp 1.888.401/DF, 3.ª Turma, Rel. Min. Marco Aurélio Bellizze, j. 22.03.2022, *DJe* 05.04.2022). Assim, a incidência dos juros depende da natureza da mora, se automática (*ex re*) ou pendente de notificação (*ex persona*).

Como novidade da Lei 12.112/2009, o art. 74 da Lei de Locação passou a preconizar que não sendo renovada a locação, o juiz determinará a expedição de mandado de despejo, que conterá prazo de trinta dias para a desocupação voluntária, se houver pedido na contestação. A alteração foi substancial, eis que o prazo antes previsto pela lei para a desocupação era de até seis meses após o trânsito em julgado da sentença, se houvesse pedido na contestação. A redução veio em boa hora, pelos interesses que tem o locador em relação ao uso do imóvel.

Aplicando a modificação legislativa, deduziu o Superior Tribunal de Justiça que "o termo inicial do prazo de trinta dias para o cumprimento voluntário de sentença que determine a desocupação de imóvel alugado é a data da intimação pessoal do locatário realizada por meio de mandado de despejo. A Lei n. 12.112/2009, que modificou o art. 74 da Lei n. 8.245/1991, encurtou o prazo para a desocupação voluntária do imóvel e retirou do ordenamento jurídico a disposição dilatória de aguardo do trânsito em julgado constante da antiga redação do referido artigo, a fim de evitar o uso do processo como obstáculo ao alcance da efetividade da jurisdição" (STJ, REsp 1.307.530/SP, Rel. originário Min. Paulo de Tarso Sanseverino, Rel. para acórdão Min. Sidnei Beneti, j. 11.12.2012).

Por fim, resta uma questão importante a ser abordada sobre o polo passivo no caso de sublocação. Nessa hipótese, deverão ser citados o sublocador e o locador, como litisconsortes, salvo se, em virtude de locação originária ou renovada, o sublocador dispuser de prazo que o autorize a renovar a sublocação.

No caso de sublocação do imóvel onde está localizado posto de combustíveis, o antigo 2.º TACSP vinha entendendo que o posto revendedor não teria legitimidade para propor ação renovatória contra o proprietário. Isso, embora dotem os estabelecimentos revendedores dos implementos necessários à comercialização dos seus produtos, ou os orientem e fiscalizem, ainda que lhes propiciando financiamento e cuidando de investimentos com publicidade. Entretanto, esse entendimento não vem sendo mais aplicado pelo Tribunal Paulista.

Vale dizer que o mesmo 2.º TACSP também entendia pela possibilidade de a ação renovatória ser proposta pela distribuidora de combustíveis:

"Locação comercial. Renovatória. Legitimidade. Distribuidora de produtos derivados de petróleo e revendedor (posto). Sublocação total. Reconhecimento. Inobstante a divergência jurisprudencial acerca da matéria, é descabida a alegada ilegitimidade ativa da distribuidora de produtos derivados de petróleo para a ação renovatória, cuja finalidade evidente é a proteção ao fundo de comércio" (2.º TACSP, AI 773.918-00/0, 1.ª Câmara, Rel. Juiz Linneu de Carvalho, j. 28.01.2003).

Entretanto, o STJ já entendeu justamente o contrário, pela ilegitimidade da distribuidora de combustível:

"Agravo regimental em recurso especial. Processual civil. Locação comercial. Ação renovatória. Distribuidora de petróleo. Ilegitimidade ativa. 1. A distribuidora de derivados de petróleo que subloca totalmente posto de serviço ao seu revendedor, mesmo que impossibilitada de comercializar diretamente seus produtos, não tem legitimidade para propositura da ação de renovação do contrato (Ag. Rg. no Ag. 325.399/GO, Rel. Min. Edson Vidigal, *DJ* 11.12.2000) 2. Agravo regimental improvido" (STJ, AGRESP 593.999/SP (200301781720), 624.353, j. 19.05.2005, 6.ª Turma, Rel. Min. Hamilton Carvalhido, *DJ* 01.07.2005, p. 662, Veja: STJ, REsp 178.439/MG, REsp 34.909/RJ, AGRG no AG 325.399/GO).

A questão, como se vê, é muito polêmica para o âmbito prático.

10.3.10.5 Das regras processuais comuns (art. 58 da Lei 8.245/1991)

Com relação às ações baseadas na Lei de Locação aqui estudadas, há regras gerais estabelecidas pelo art. 58 do discutido diploma legal, a saber:

a) Os processos tramitam durante as férias forenses e não se suspendem pela superveniência delas. Ressalte-se que esse dispositivo perdeu eficácia em virtude da EC 45/2004 que promoveu a Reforma do Judiciário para extinguir, dentre outras modificações, as férias forenses (art. 93, XII da CF/1988: "A atividade jurisdicional será ininterrupta, sendo vedado férias coletivas nos juízos e tribunais de segundo grau, funcionando, nos dias em que não houver expediente forense normal, juízes em plantão permanente"). Todavia, com o CPC/2015, a norma parece voltar a ter incidência, pois as férias forenses foram tratadas pelos seus arts. 214 e 215.

b) Será competente para conhecer e julgar tais ações o foro do lugar da situação do imóvel, salvo se outro houver sido eleito no contrato (cláusula de foro de eleição). No tocante ao contrato de adesão sempre se discutiu a validade desta cláusula, principalmente após o advento do art. 424 do CC. A jurisprudência, citada por Nelson Nery e Rosa Maria de Andrade Nery, vinha entendendo que a cláusula de eleição não teria validade, sendo considerada cláusula abusiva se oferecesse obstáculos ao locatário, geralmente parte mais fraca da relação contratual – 2.º TACSP, Ag. 679.759-00/1, rel. Juiz Irineu Pedrotti, j. 21.02.2001 (*Código Civil...*, p. 1.361). Com a reforma anterior do Código de Processo Civil, a Lei 11.280/2006 introduziu o art. 112, parágrafo único, no CPC/1973, que passou a determinar a nulidade absoluta da cláusula de eleição de foro no contrato de adesão, podendo o juiz conhecê-la de ofício, declinando da competência. Como era dito anteriormente, tratava-se de exemplo cabal da eficácia interna da função social dos contratos, conforme o Enunciado n. 360 CJF/STJ. Repise-se que o CPC/2015 alterou substancialmente o tratamento da matéria, conforme o seu art. 63, que corresponde parcialmente ao art. 112, parágrafo único, da norma instrumental anterior, sem prejuízo de outros dispositivos. Conforme o *caput* do art. 63 do CPC/2015, as partes podem modificar a competência em razão do valor e do território, elegendo foro onde será proposta ação oriunda de direitos e obrigações. Além disso, a eleição de foro só produz efeito quando constar de instrumento escrito e aludir expressamente a determinado negócio jurídico (§ 1.º do art. 63 do CPC/2015). O foro contratual obriga os herdeiros e sucessores das partes (§ 2.º do art. 63 do CPC/2015). Antes da citação, a cláusula de eleição de foro, se abusiva, pode ser reputada ineficaz de ofício pelo juiz, que determinará a remessa dos autos ao juízo do foro de domicílio do réu (§ 3.º do art. 63 do CPC/2015). Assim, o que se nota é que a abusividade da cláusula de eleição de foro, em qualquer contrato, seja paritário ou de adesão, não gera mais a sua nulidade absoluta, mas mera ineficácia, o que parece ser um retrocesso, na minha opinião doutrinária. Por fim, citado, incumbe ao réu alegar a abusividade da cláusula de eleição de foro na contestação, sob pena de preclusão (§ 4.º do art. 63 do CPC/2015).

c) O valor da causa corresponderá a doze meses de aluguel, ou, na hipótese do II do art. 47 da LL (despejo em decorrência de extinção de contrato de trabalho), a três salários vigentes por ocasião do ajuizamento.

d) Desde que autorizada no contrato, a citação, intimação ou notificação far-se-á mediante correspondência com aviso de recebimento, ou, tratando-se de pessoa jurídica ou firma individual, também mediante telex ou *fac-símile*, ou, ainda, sendo necessário, pelas demais formas previstas no Código de Processo Civil, caso do meio eletrônico. Diante da alteração do art. 221 do CPC/1973, tal disposição, que só atendia às ações dessa lei, passou a ser de aplicação geral, o que foi confirmado pelo art. 246 do CPC/2015. Quanto a essa regra, dois enunciados do extinto 2.º TACSP devem ser transcritos: "Realizada a citação mediante telex ou *fac-símile*, o prazo de resposta tem início da data da juntada aos autos do comprovante de expedição do chamamento" (Enunciado n. 2) e "A autorização para as citações, intimações e notificações por telex ou *fac-símile* deve conter o número ou designação da estação destinatária, nos autos devendo ser juntado o original do ato expedido ou a cópia indelével, comprobatória da expedição" (Enunciado n. 20).

e) Os recursos interpostos contra as sentenças terão efeito somente devolutivo. Conforme a premissa 12, publicada na Edição 53 da ferramenta *Jurisprudência em Teses* do STJ, "Nas ações de despejo, renovatória ou revisional o recurso de apelação terá apenas efeito devolutivo, nos termos do art. 58, V, da Lei n. 8.245/1991".

Resta claro que essas regras se aplicam a todas as ações aqui visualizadas (ação de despejo, consignatória, renovatória e revisional de aluguéis e acessórios). Além dessas, devem ser observadas as regras específicas que foram objeto de estudo. Conforme exposto anteriormente, as normas em comento não se aplicam à ação de preferência.

10.4 CONTRATO DE FIANÇA

10.4.1 Conceito e natureza jurídica

A fiança, também denominada *caução fidejussória,* é o contrato pelo qual alguém, o fiador, garante satisfazer ao credor uma obrigação assumida pelo devedor, caso este não cumpra (arts. 818 a 838 do CC). O contrato é celebrado entre o fiador e o credor, assumindo o primeiro uma responsabilidade sem existir um débito propriamente dito (*"Haftung ohne Schuld"* ou, ainda, *"obligatio sem debitum"*).

No Direito Privado brasileiro existem duas formas de garantia: *a) garantia real,* em que uma determinada coisa garante a dívida, como ocorre no penhor, na hipoteca, na anticrese e na alienação fiduciária em garantia; e *b) garantia pessoal* ou *fidejussória,* em que uma pessoa garante a dívida, como ocorre na fiança e no aval.

Visualizada essa importante distinção, não há que se confundir os conceitos expostos. A fiança não é um direito real de garantia, ao mesmo tempo que o penhor, a hipoteca, a anticrese e a alienação fiduciária não são contratos, no sentido jurídico e restrito do termo. Na verdade, os últimos institutos, os direitos reais, podem e são instrumentalizados por meio de contratos, no sentido de negócios jurídicos.

Percebe-se que a fiança é espécie do gênero *contratos de caução* ou *de garantia.* A garantia por meio de fiança pode ser dada a qualquer tipo de obrigação civil, seja ela de dar coisa certa ou incerta, de fazer ou de não fazer ou de quantia certa contra devedor solvente.

Apesar de serem formas de garantia pessoal, a fiança não se confunde com o aval. Primeiro porque a fiança é um contrato acessório, enquanto o aval traz como conteúdo uma relação jurídica autônoma. Segundo, porque a fiança é um contrato, enquanto o aval traduz uma obrigação cambial. Terceiro, porque na fiança, em regra, há benefício de ordem a favor do fiador, enquanto no aval há solidariedade entre o avalista e o devedor principal.

Voltando ao tratamento específico da fiança, notadamente no seu campo estrutural, esse contrato traz duas relações jurídicas: uma *interna,* entre fiador e credor; e outra *externa,* entre fiador e devedor. A primeira relação é considerada como essencial ao contrato. Tanto isso é verdade, que o art. 820 do atual Código Civil Brasileiro dispõe que a fiança pode ser estipulada ainda que sem o consentimento do devedor, ou até mesmo contra a sua vontade.

A fiança é um contrato complexo, especial, *sui generis.* Isso, diante da sua natureza jurídica especial, o que faz com que a fiança tenha características próprias, não encontradas em qualquer outro negócio. Vejamos essas características.

De início, trata-se de um contrato unilateral, pois gera obrigação apenas para o fiador que se obriga em relação ao credor com quem mantém o contrato. Porém, o último nenhum dever assume em relação ao fiador.

Em regra, trata-se de um contrato gratuito, pois o fiador não recebe qualquer remuneração. É um contrato benévolo, em que o fiador pretende ajudar o devedor, garantindo ao credor o pagamento da dívida, e por isso somente admite interpretação restritiva, nunca declarativa ou extensiva (arts. 114 e 819 do CC). Como se extrai da premissa 1, publicada na Edição n. 101 da ferramenta *Jurisprudência em Teses* do STJ, dedicada a esse negócio, "o contrato de fiança deve ser interpretado restritivamente, de modo que a responsabilidade dos fiadores se resume aos termos do pactuado no ajuste original, com o qual expressamente consentiram".

Entretanto, em alguns casos, a fiança é onerosa, recebendo o fiador uma remuneração em decorrência da prestação de garantia à dívida. Isso ocorre em fianças prestadas por instituições bancárias e seguradoras, que são remuneradas pelo devedor para garantirem dívidas frente a determinados credores. O valor da remuneração, na maioria das vezes, constitui uma porcentagem sobre o valor garantido. Para essas fianças prestadas por instituições bancárias, pode ser aplicado o CDC, se o interessando for destinatário final desse serviço de garantia (Súmula 297 do STJ). Em verdade, o que se percebe nas fianças bancárias é uma situação atípica. Tanto isso é verdade que o negócio é celebrado entre o fiador e devedor.

Observo que, no Projeto de Reforma do Código Civil, a Comissão de Juristas sugere, para os fins de aperfeiçoamento do seu art. 818, a inclusão de regra a respeito das fianças tidas como atípicas, caso do seguro-fiança e da fiança bancária, em que o contrato é celebrado entre o fiador e o devedor. Nesse contexto, o parágrafo único do dispositivo passará a prever o seguinte: "o contrato de seguro-fiança e a fiança bancária são celebrados entre o credor e o fiador, aplicando-se os dispositivos a seguir apenas no que couber".

O contrato de fiança exige a forma escrita, conforme enuncia o art. 819 do CC/2002. Assim, o contrato é formal. Todavia, o contrato é não solene, pois não se exige escritura pública.

Analisando o art. 819 do CC, percebe-se que a fiança deverá ser instrumentalizada pela forma pública ou particular. De outra forma, não se admite a fiança verbal, ainda que provada com testemunhas, pois a fiança não se presume. Essa instrumentalização pode ser realizada no próprio corpo do contrato principal, ou em separado, de acordo com a autonomia privada das partes.

Pelo mesmo dispositivo, *a fiança não admite interpretação extensiva*, regra que tem importantes consequências práticas. Isso porque a fiança será interpretada restritivamente, uma vez que se trata de um contrato benéfico que não traz qualquer vantagem ao fiador, que responde por aquilo que expressamente constou do instrumento do negócio. Surgindo alguma dúvida, deve-se interpretar a questão favoravelmente ao fiador, parte vulnerável em regra, presumindo-se a sua boa-fé objetiva, sendo patente essa vulnerabilidade.

Alguns exemplos são interessantes. Primeiro, se a fiança for concedida para garantir um contrato de locação, o seu alcance não se estenderá em relação aos danos causados no prédio em decorrência de um evento imprevisível. Segundo, se concedida a fiança para garantir o contrato de locação no tocante ao aluguel, esta não se estenderá em relação ao pagamento de tributos que incidem sobre o bem, como, por exemplo, o IPTU.

Em ilustração concreta, conforme reconheceu recente aresto do STJ, igualmente aplicando essa regra de interpretação, "por se tratar de contrato benéfico, as disposições relativas à fiança devem ser interpretadas de forma restritiva (CC, art. 819), ou seja, da maneira mais favorável ao fiador, razão pela qual, no caso, em que a dívida é oriunda de contrato de locação, tendo o recorrente outorgado fiança limitada até R$ 30.000,00 (trinta mil reais), forçoso reconhecer que a sua responsabilidade não pode ultrapassar esse valor" (STJ, REsp 1.482.565/SP, 3.ª Turma, Rel. Min. Marco Aurélio Bellizze, j. 06.12.2016, *DJe* 15.12.2016).

Também diante do que consta do art. 819 do CC, a fiança não se estende além do período de tempo convencionado. Assim, entendia-se que para que a fiança fosse prorrogada, seria preciso a concordância expressa do fiador. Nesse sentido, a respeito da locação, foi editada a Súmula 214 do STJ com a seguinte redação: "o fiador na locação não responde por obrigações resultantes de aditamento ao qual não anuiu".

Todavia, na fiança da locação urbana, o tratamento mudou, diante da redação dada ao art. 39 da Lei de Locação pela Lei 12.112/2009, a saber: "Salvo disposição contratual em contrário, qualquer das garantias da locação se estende até a efetiva devolução do imóvel, ainda que prorrogada a locação por prazo indeterminado, por força desta Lei".

Dessa forma, pelo entendimento sumulado anterior, eventualmente, se houvesse fiança garantindo uma dívida decorrente de locação urbana por prazo determinado, prorrogado este contrato em virtude do silêncio das partes após o seu término, passando a ser por prazo indeterminado sem a participação do fiador, a garantia pessoal prestada deveria ser considerada extinta. Assim vinham entendendo os nossos Tribunais, sobretudo o STJ, dando justa aplicação ao art. 819 do CC:

> "Agravo regimental em agravo de instrumento. Locação. Fiança. Prorrogação do contrato sem a anuência dos fiadores. Responsabilidade. Ausência. 1. A jurisprudência deste Superior Tribunal de Justiça é firme no sentido de que o contrato acessório de fiança deve ser interpretado de forma restritiva, vale dizer, a responsabilidade do fiador fica delimitada a encargos do pacto locatício originariamente estabelecido, de modo que a prorrogação do contrato por tempo indeterminado, compulsória ou voluntária, sem a anuência dos fiadores, não os vincula, pouco importando a existência de cláusula de duração da responsabilidade do fiador até a efetiva devolução do bem locado. 2. 'O fiador na locação não responde por obrigações resultantes de aditamento ao qual não anuiu' (Súmula do STJ, Enunciado n. 214). 3. Agravo regimental improvido" (STJ, AGA 510.498/SP (200300584423), 632730, j. 07.06.2005, 6.ª Turma, Rel. Min. Hamilton Carvalhido, *DJ* 29.08.2005, p. 447, Veja: STJ, AGRG no REsp 617.281/RS, AGRG no AG 593.951/RJ, REsp 421.098/DF, AGRG no AG 481.030/RJ (*RSTJ* 179/436), REsp 331.593/SP (*LEXSTJ* 150/234), REsp 255.392/GO (JBCC 186/129, *LEXSTJ* 140/219), REsp 195.884/ES).

> "Fiança. Locação. Prazo determinado. Contrato prorrogado. Subsistência da garantia. Inadmissibilidade. A fiança prestada em contrato de locação esgota sua força no último dia do prazo determinado especificado no contrato, salvo se o fiador expressamente assumiu aquela garantia para a hipótese de prorrogação da avença por prazo indeterminado ou até a entrega das chaves pelo afiançado" (2.º TACSP, Ap. c/ rev. 546.261-00/0, 4.ª Câm., Rel. Juiz Amaral Vieira, j. 15.06.1999. Referências: MONTEIRO, Washington de Barros. *Curso...*, 1976, p. 356; WALD, Arnoldo. *Curso...*, p. 396).

Sem prejuízo de tudo isso, conforme anotavam Jones Figueirêdo Alves e Mário Luiz Delgado, o STJ vinha concluindo, também muito justamente, pela invalidade e ineficácia da *cláusula de prorrogação automática da fiança* em contratos de locação:

CAP. 10 · CONTRATOS EM ESPÉCIE – LOCAÇÃO DE COISAS E FIANÇA | **513**

"Entendimento adotado pela 3.ª Seção do Superior Tribunal de Justiça, ainda sob a égide do antigo Código, aloja a mesma diretriz, dispondo que 'a impossibilidade de conferir interpretação extensiva à fiança locativa, consoante pacífico entendimento desta Egrégia Corte, torna, na hipótese, irrelevante, para o efeito de se aferir o lapso temporal da obrigação afiançada, cláusula contratual que preveja que a obrigação do fiador até a entrega das chaves, bem como aquela que pretenda afastar a disposição prevista no art. 1.500 do CC' (EREsp 302.209/MG, Rel. Min. Gilson Dipp, *DJU* 18.11.2002). Como se observa, na esteira da jurisprudência, a cláusula legal inquilinária deve, agora, ser harmonizada com o novo Código" (ALVES, Jones Figueirêdo; DELGADO, Mário Luiz. *Código...*, 2005, p. 361).

Vale lembrar que o art. 1.500 do CC/1916, correspondente ao art. 835 do CC/2002, trazia a possibilidade de exoneração da fiança, mas tão somente por ato amigável com o credor ou por sentença judicial. A grande inovação da nova codificação privada reside na possibilidade de o fiador exonerar-se por meio de uma simples notificação dirigida ao credor (resilição unilateral).

Antes da inovação da Lei 12.112/2009, já havia uma mudança de entendimento na jurisprudência do Superior Tribunal de Justiça, pois julgados a partir do final de 2006 passaram a entender pela prorrogação da fiança, principalmente nos casos em que houvesse uma cláusula de prorrogação automática. O primeiro precedente teve como relator o Min. Paulo Medina, podendo ser destacadas as seguintes ementas:

"Embargos de divergência. Locação. Fiança. Prorrogação. Cláusula de garantia até a efetiva entrega das chaves. Continuam os fiadores responsáveis pelos débitos locatícios posteriores à prorrogação legal do contrato se anuíram expressamente a essa possibilidade e não se exoneraram nas formas dos artigos 1.500 do CC/1916 ou 835 do CC/2002, a depender da época que firmaram a avença. Embargos de divergência a que se dá provimento" (STJ, EREsp 566.633/CE, 3.ª Seção, Rel. Min. Paulo Medina, j. 22.11.2006, *DJ* 12.03.2008, p. 1).

"Agravo regimental. Locação. Fiança. Exoneração. Prorrogação contratual. Distinção. Súmula 214/STJ. Inaplicabilidade. 1. O entendimento predominante neste Superior Tribunal de Justiça era de que o contrato de fiança, por ser interpretado restritivamente, não vincula o fiador à prorrogação do pacto locatício sem sua expressa anuência, ainda que houvesse cláusula prevendo sua responsabilidade até a entrega das chaves. 2. A Terceira Seção desta Corte, no julgamento dos Embargos de Divergência 566.633/CE, em 22.11.2006, acórdão pendente de publicação, assentou, contudo, compreensão segundo a qual não se confundem as hipóteses de aditamento contratual e prorrogação legal e tácita do contrato locatício, concluindo que 'continuam os fiadores responsáveis pelos débitos locatícios posteriores à prorrogação legal do contrato se anuíram expressamente a essa possibilidade e não se exoneraram nas formas dos artigos 1.500 do CC/1916 ou 835 do CC/2002, a depender da época em que firmaram o acordo'. 3. Na linha da recente jurisprudência da Terceira Seção, não sendo hipótese de aditamento, mas de prorrogação contratual, tem-se como inaplicável o enunciado de n. 214 de nossa Súmula, sendo de rigor a manutenção do julgado. 4. Agravo regimental provido" (STJ, AgRg no AgRg nos EDcl no AgRg no Ag 562.477/RJ, 6.ª Turma, Rel. Min. Hamilton Carvalhido, Rel. p/ Acórdão Min. Paulo Gallotti, j. 09.10.2007, *DJ* 25.02.2008, p. 369).

Em edições anteriores desta obra, não se concordava com a mudança de entendimento, pois se sustentava a prevalência do art. 819 do CC, pelo qual a fiança não admite interpretação extensiva, norma de ordem pública que protege o fiador. Ademais, alegava-se que a aceitação da cláusula de prorrogação automática não se coadunava com a ideia de justiça contratual relacionada com a eficácia interna do princípio da função social do contrato. Afirmava-se que a referida cláusula seria antissocial, devendo ser considerada nula por abusividade (arts. 166, inc. II, 187 e 421 do CC). Na doutrina contemporânea, José Fernando Simão também não via com bons olhos essa mudança de perspectiva, uma vez que trazia um aumento desmedido de responsabilidade para o fiador, criando uma obrigação excessiva e exacerbada com relação ao contrato (SIMÃO, José Fernando. *Legislação...*, 2007, p. 93).

Pois bem, com a emergência da Lei 12.112/2009 ficou expressamente estabelecido pela norma que, prorrogada a locação, prorroga-se automaticamente a garantia, caso da fiança.

Todavia, chegou-se a um *meio-termo*, pois, com a prorrogação, passa a ser admitida a exoneração unilateral por parte do fiador, mediante simples notificação dirigida ao credor (locador). Após a notificação a responsabilidade do fiador persiste por mais cento e vinte dias (art. 40, inc. X, da Lei de Locação, também introduzido pela Lei 12.112/2009). A norma prevalece em relação ao art. 835 do CC/2002, por ser mais especial. Relembre-se que o último dispositivo de igual modo dispõe de um direito a exoneração para o fiador, na fiança sem prazo determinado. A diferença é que nesta norma geral há previsão de sua responsabilidade por sessenta dias após a notificação do credor.

Em suma, a divergência anterior parece ter sido solucionada pela lei, de modo razoável, na minha opinião doutrinária. Ilustrando, há julgados estaduais aplicando a inovação, merecendo colação o seguinte, do Tribunal do Distrito Federal, que reconhece a possibilidade de pedido judicial de exoneração do fiador locatício:

"Direito processual civil. Apelação. Contrato de locação prorrogado por prazo indeterminado. Inexistência de débitos. Pedido de exoneração da fiança. Possibilidade. 1. Se o fiador pode se exonerar da responsabilidade mediante simples notificação ao locador, pela qual fica obrigado por todos os efeitos da fiança durante os 120 (cento e vinte dias) após a notificação, nos termos do inciso X do artigo 40 da Lei n.º 8.245/91, com redação dada pela Lei n.º 12.112/2009, com muito mais razão para que seja destituído por meio de pedido judicial. 2. Com efeito, cláusula contratual que determine a responsabilidade de fiador até a resolução do contrato, não impede o pedido de exoneração de fiança, desde que observados seus efeitos nos termos dos artigos 835 do Código Civil e 40, X, da Lei n.º 8.245/91. 3. Conquanto a Terceira Seção do Superior Tribunal de Justiça tenha firmado entendimento pela prorrogação da responsabilidade do fiador nos casos dos contratos locatícios, que possuem cláusula expressa de responsabilidade do garante até a entrega das chaves, importante observar a ressalva quanto à exoneração da fiança na forma legal. 4. Recurso conhecido e provido" (TJDF, Recurso 2009.05.1.006438-5, Acórdão 458.947, 5.ª Turma Cível, Rel. Des. João Egmont, *DJDFTE* 05.11.2010, p. 190).

Mais recentemente julgou o Superior Tribunal de Justiça o seguinte:

"Em contrato de locação ajustado por prazo determinado antes da vigência da Lei n. 12.112/2009, o fiador somente responde pelos débitos locatícios contraídos no período da prorrogação por prazo indeterminado se houver prévia anuência dele no contrato. A Lei n. 8.245/1991 (Lei do Inquilinato) prevê em seus arts. 46 e 50 que, findo o prazo ajustado, a locação será prorrogada por prazo indeterminado se o locatário continuar na posse do imóvel alugado por mais de trinta dias sem oposição do locador. Conforme a Súm. n. 214/

STJ, 'o fiador na locação não responde por obrigações resultantes de aditamento ao qual não anuiu'. Todavia, diferente é a situação para os contratos de fiança firmados na vigência da Lei n. 12.112/2009, que não pode retroagir para atingir pactos anteriores. Referida lei conferiu nova redação ao art. 39 da Lei n. 8.245/1991, passando a estabelecer que 'salvo disposição contratual em contrário, qualquer das garantias da locação se estende até a efetiva devolução do imóvel, ainda que prorrogada a locação por prazo indeterminado, por força desta Lei'. Dessa forma, para os novos contratos, a prorrogação da locação por prazo indeterminado implica também prorrogação automática da fiança (*ope legis*), salvo pactuação em sentido contrário, resguardando-se, evidentemente, durante essa prorrogação, a faculdade do fiador de exonerar-se da obrigação mediante notificação resilitória" (STJ, REsp 1.326.557/PA, Rel. Min. Luis Felipe Salomão, j. 13.11.2012).

Em julho de 2015, o Superior Tribunal de Justiça acabou por consolidar ainda mais a tese, estendendo-a também para a fiança prestada em contratos bancários. Nos termos do Recurso Especial 1.253.411/CE, proferido pela Segunda Seção do Tribunal da Cidadania:

"A prorrogação do contrato principal, a par de ser circunstância prevista em cláusula contratual – previsível no panorama contratual –, comporta ser solucionada adotando-se a mesma diretriz conferida para fiança em contrato de locação – antes mesmo da nova redação do art. 39 da Lei do Inquilinato pela Lei n. 12.112/2009 –, pois é a mesma matéria disciplinada pelo Código Civil. A interpretação extensiva da fiança constitui em utilizar analogia para ampliar as obrigações do fiador ou a duração do contrato acessório, não o sendo a observância àquilo que foi expressamente pactuado, sendo certo que as causas específicas legais de extinção da fiança são taxativas. Com efeito, não há falar em nulidade da disposição contratual que prevê prorrogação da fiança, pois não admitir interpretação extensiva significa tão somente que o fiador responde, precisamente, por aquilo que declarou no instrumento da fiança".

O aresto também teve como relator o Ministro Luis Felipe Salomão, trazendo farta citação doutrinária e jurisprudencial, como sempre.

Em 2022, no mesmo sentido, foi editada a Súmula n. 656 da Corte, prevendo que "é válida a cláusula de prorrogação automática de fiança na renovação do contrato principal. A exoneração do fiador depende da notificação prevista no artigo 835 do Código Civil". Esta é a posição consolidada no Tribunal Superior, a ser levada, portanto, em conta para os devidos fins práticos.

Como último acórdão a ser citado, com uma nota crítica, no final de 2017 a Terceira Turma do Superior Tribunal de Justiça julgou da seguinte forma:

"O art. 39 da Lei 8.245/91 dispõe que, salvo disposição contratual em contrário, qualquer das garantias da locação se estende até a efetiva devolução do imóvel, ainda que prorrogada a locação por prazo indeterminado. Da redação do mencionado dispositivo legal depreende-se que não há necessidade de expressa anuência dos fiadores quanto à prorrogação do contrato quando não há qualquer disposição contratual que os desobrigue até a efetiva entrega das chaves. Ademais, a própria lei, ao resguardar a faculdade do fiador de exonerar-se da obrigação mediante a notificação resilitória, reconhece que a atitude de não mais responder pelos débitos locatícios deve partir do próprio fiador, nos termos do art. 835 do CC/02.

Na hipótese sob julgamento, em não havendo cláusula contratual em sentido contrário ao disposto no art. 39 da Lei de Inquilinato – isto é, que alije os fiadores da responsabilidade até a entrega das chaves – e, tampouco, a exoneração da fiança por parte dos garantes, deve prevalecer o disposto na lei especial quanto à subsistência da garantia prestada" (STJ, REsp 1.607.422/SP, 3.ª Turma, Rel. Min. Nancy Andrighi, j. 17.10.2017, *DJe* 17.11.2017).

A nota crítica faz-se necessária pelo fato de o Tribunal Superior ter admitido a exoneração do fiador, após a prorrogação do contrato, pelo que se extrai do art. 835 do Código Civil. Na verdade, como a extinção da locação já se deu na vigência da Lei 12.112/2009, deveria ter sido utilizada a nova redação do art. 40, inc. X, da Lei de Locação, que tem conteúdo diverso do que consta do preceito da Norma Geral Privada.

De toda forma, a posição atual da Corte é a que consta da afirmação 2 publicada na Edição n. 101 da ferramenta *Jurisprudência em Teses do STJ*, publicada em 2018: "existindo, no contrato de locação, cláusula expressa prevendo que os fiadores respondam pelos débitos locativos até a efetiva entrega do imóvel, subsiste a fiança no período em que referido contrato foi prorrogado, ressalvada a hipótese de exoneração do encargo".

Superada a análise dessa intrincada questão e da lei emergente, ainda quanto à natureza jurídica da fiança, trata-se de um contrato acessório, sendo certo que não existe a fiança sem um contrato principal, onde se encontra a obrigação que está sendo garantida. Desse modo, tudo o que ocorrer no contrato principal repercutirá na fiança. Sendo nulo o contrato principal, nula será a fiança (art. 824 do CC). Sendo anulável o contrato principal, anulável será a fiança (art. 184 do CC). Sendo novada a dívida principal sem a participação do fiador, extinta estará a fiança, exonerando-se este (art. 366 do CC).

Cabe anotar que, como consequência desse art. 366 da codificação privada, na *VI Jornada de Direito Civil* foi aprovado o Enunciado n. 547, segundo o qual, na hipótese de alteração da obrigação principal sem o consentimento do fiador, a exoneração deste é automática. Sendo assim, não é necessária a exoneração unilateral por notificação do fiador, nos termos do que consta do art. 835 do Código Civil, comando aprofundado a seguir.

Tudo isso decorre da regra pela qual o acessório segue o principal (*accessorium sequitur principale*) – *princípio da gravitação jurídica*. No entanto, a recíproca não é verdadeira, de tal forma que o que ocorre na fiança não atinge o contrato principal. Além dessas regras importantes, é pertinente lembrar que a fiança abrange todos os acessórios da dívida principal, caso dos juros, da cláusula penal ou de outras despesas.

A fiança, contrato típico, pode assumir a forma paritária ou de adesão, sendo a última forma a mais comum no mercado imobiliário. Para ilustrar melhor essa situação, deve-se lembrar daqueles modelos de contratos de locação comercializados em papelarias e casas do ramo, constando neles a estipulação de fiança (contrato-tipo ou formulário). Ou, ainda, os modelos que são preenchidos automaticamente na *internet*, em plataformas montadas por imobiliárias. Esses são os exemplos típicos de *fiança de adesão*.

Sendo o contrato de adesão, serão aplicadas as normas protetivas dos arts. 423 e 424 do CC. De qualquer modo, em regra, não é possível caracterizá-lo como contrato de consumo diante de sua nítida natureza civil. Eventualmente, somente a garantia prestada por instituição bancária enquadra-se no art. 3.º da Lei 8.078/1990. De qualquer modo, a questão é controvertida.

10.4.2 Efeitos e regras relativas à fiança

Não só dívidas atuais ou presentes como também as dívidas futuras podem ser objeto de fiança (art. 821 do CC). No caso de a fiança garantir uma obrigação futura, o fiador não será demandado senão depois que se fizer certa e líquida a dívida do devedor principal. Trata-se de uma *fiança condicional*, eficaz somente se a dívida vier a existir. A título de exemplo, cite-se a fiança relacionada ao contrato de desconto de duplicatas ainda não emitidas (TJSP, Apelação 0017784-72.2009.8.26.0196, Acórdão 6584594, 11.ª Câmara de Direito Privado, Franca, Rel. Des. Rômolo Russo, j. 14.03.2013, *DJESP* 26.03.2013).

A fiança pode ser total ou parcial, inclusive de valor inferior ao da obrigação principal e contraída em condições menos onerosas do que as do contrato principal. No entanto, a fiança nunca poderá ser superior ao valor do débito principal, pois o acessório não pode ser maior do que o principal. Sendo mais onerosa do que a obrigação principal, a fiança deverá ser reduzida ao limite da dívida que foi afiançada (art. 823 do CC). O legislador não optou pela caracterização de nulidade absoluta, mas sim de revisão do contrato, privilegiando o princípio da conservação dos negócios jurídicos (Enunciado n. 22 CJF/STJ e art. 184 do CC).

Em regra, a fiança será total, ilimitada ou indefinida, garantindo a dívida com todos os seus acessórios, incluindo juros, multa, cláusula penal, despesas judiciais desde a citação do fiador, entre outros (art. 822 do CC). Aplicando tal preceito, concluiu o Superior Tribunal de Justiça pela inclusão das despesas judiciais, aduzindo que:

> "Segundo dispõe o art. 822 do CC, não sendo limitada, a fiança compreenderá todos os acessórios da dívida principal, inclusive as despesas judiciais, desde a citação do fiador. Isso para que a lei não se afaste da fundamental equidade, impondo ao fiador uma responsabilidade excessivamente onerosa, sem antes verificar se ele deseja satisfazer a obrigação que afiançou. Precedentes citados: REsp 473.830/DF, *DJ* 15.05.2006, e REsp 153.659/SP, *DJ* 16.02.1998" (STJ, REsp 1.264.820/RS, Rel. Min. Luis Felipe Salomão, j. 13.11.2012, publicado no seu *Informativo* n. *509*).

Ressalte-se que o mesmo acórdão incluiu os juros decorrentes do inadimplemento pelo locatário ao fiador, desde o vencimento das respectivas parcelas do contrato de locação. De toda sorte, como restou claro, é possível que a fiança seja parcial por força do contrato (autonomia privada), sendo denominada *fiança limitada*.

As obrigações eivadas de nulidade absoluta não são suscetíveis de fiança, exceto se a nulidade resultar apenas da incapacidade pessoal do devedor, hipótese em que pode ser reputada válida e eficaz (art. 824 do CC). Essa exceção não atinge o mútuo feito a menor sem autorização do representante, conforme o art. 588 do CC, sendo certo que o valor não pode ser reavido nem do mutuário, nem de seus fiadores (art. 824, parágrafo único, do CC).

Seguindo-se uma premissa da Reforma do Código Civil, de não mais utilizar o termo "menor", projeta-se no novo § 1.º do art. 824 do Código Civil a seguinte redação: "a exceção estabelecida neste artigo não abrange o caso de mútuo feito a criança ou adolescente". Além disso, consoante o § 2.º ora proposto, "as obrigações oriundas da invalidação ou da declaração de ineficácia da obrigação podem ser objeto de fiança, desde que haja estipulação expressa que indique o valor máximo a ser garantido". A nova previsão será aplicada, por exemplo, às obrigações atingidas pela nulidade relativa e pela prescrição (ineficazes), admitindo-se a fiança em casos tais.

Diante do princípio da boa-fé que também rege a fiança, o fiador deve ser pessoa idônea. Se assim não o for, o credor poderá rejeitá-lo (art. 825 do CC). Na prática, essa idoneidade é provada pela ausência de protestos, de inscrição em cadastro de inadimplentes, pela existência de bens móveis ou imóveis, pela inexistência de demandas em geral. Na essência, portanto, a idoneidade é patrimonial. Todavia, não se afasta totalmente a possibilidade de se discutir outras espécies de idoneidade. Imagine-se a hipótese em que o locador é um magistrado e o fiador indicado pelo locatário, um conhecido criminoso local. Obviamente, o credor pode negar tal indicação.

Pelo mesmo dispositivo, o credor também poderá rejeitar o fiador se este não for domiciliado no Município onde a fiança será prestada ou, ainda, se não possuir bens suficientes para cumprir a obrigação. Isso porque o legislador presumiu a ocorrência de dificuldades quanto à satisfação obrigacional da dívida afiançada nessas situações. Para evitar a existência de obstáculos para essa satisfação é que existe a norma. Todavia, a regra pode ser afastada por acordo entre as partes, eis que é de ordem privada. Aliás, ilustrando, pode até ser mais interessante ao credor que o imóvel do fiador esteja em outro local, onde ele, credor, tem a sua residência. Ademais, o fiador pode ter vários imóveis em lugares distintos, sendo notória a sua idoneidade patrimonial.

Anoto que a Comissão de Juristas encarregada da Reforma do Código Civil propõe a retirada da dura e hoje injustificada exigência de que o fiador tenha domicílio no mesmo Município onde se tenha que prestar a fiança, bastando que esteja no mesmo Território Nacional. Conforme as justificativas da Subcomissão de Direito Contratual, "com a digitalização dos processos e dos registros públicos, perdeu o sentido restringir a pessoas domiciliadas no município a aptidão de serem indicadas como fiadoras. O fato de o fiador estar em outro município não acarretará prejuízos tão significativos assim a ponto de inviabilizar eventual execução. Além do mais, nada impede que, no contrato, as partes estabeleçam outras regras objetivas de elegibilidade de fiadores. A lei aqui apenas estabelece o padrão".

Também são alterados os parâmetros para a ciência a respeito da existência de bens do fiador, passando a norma do art. 825 a expressar o seguinte: "quando alguém houver de oferecer fiador, o credor não pode ser obrigado a aceitá-lo, se não for pessoa idônea, domiciliada no território nacional em que tenha de prestar a fiança nem poderá aceitar a garantia dada por quem, comprovadamente, o credor sabia ou deveria saber, não possuía bens penhoráveis suficientes para cumprir a obrigação". A locução "deveria saber" traz como encargo uma maior responsabilidade dos credores, o que vem em boa hora.

A mesma tese de facilitação do crédito serve para justificar o atual art. 826 do CC pelo qual, tornando-se insolvente ou incapaz o fiador, o credor poderá exigir a sua substituição. Essa não substituição do fiador pode gerar o vencimento antecipado de dívidas, conforme o art. 333, III, do Código Civil em vigor.

O fiador não é devedor solidário, mas subsidiário. Isso porque tem a seu favor o chamado *benefício de ordem* ou *de excussão*, pelo qual será primeiro demandado o devedor principal. Dispõe o art. 827 do CC que "o fiador demandado pelo pagamento da dívida tem direito a exigir, até a contestação da lide, que sejam primeiro executados os bens do devedor". O fiador que alega o benefício de ordem deve nomear bens livres e desembargados do devedor principal que bastem para a satisfação da dívida, localizados no mesmo município onde corre a cobrança da dívida (parágrafo único do art. 827).

A Reforma do Código Civil propõe apenas uma melhora da redação do *caput* do seu art. 827, para deixá-lo mais claro, sem mudanças no seu conteúdo, *in verbis*: "o fiador demandado pelo pagamento da dívida tem direito a exigir, até a contestação da lide, que sejam primeiramente executados os bens do devedor". O termo "sejam primeiro" é assim substituído por "sejam primeiramente".

Como exceções à previsão anterior, o art. 828 do Código Civil em vigor prevê hipóteses em que o fiador não poderá alegar o benefício de ordem, a saber:

I) se ele o renunciou expressamente;
II) se se obrigou como principal pagador, ou devedor solidário;
III) se o devedor for insolvente, ou falido.

Como se pode aduzir, as hipóteses dos incisos I e II são casos em que o fiador abre mão, por força de previsão no contrato, do direito de alegar um benefício que a lei lhe faculta. Justamente porque o fiador está renunciando a um direito que lhe é inerente é que defendemos, na *IV Jornada de Direito Civil*, que essa renúncia não valerá se o contrato de fiança for de adesão, por força da aplicação direta do art. 424 do CC.

Assim, repise-se, foi aprovado o Enunciado n. 364 CJF/STJ, segundo o qual "no contrato de fiança é nula a cláusula de renúncia antecipada ao benefício de ordem quando inserida em contrato de adesão". Também foram proponentes do enunciado doutrinário os professores Marcos Jorge Catalan e Rodrigo Toscano de Brito.

A questão ainda não é pacífica em nossos Tribunais. Em sentido contrário, cabe demonstrar:

> "Execução. Fiança. Benefício de ordem. Renúncia. Alegação do contrato ser de adesão para invalidá-la. Irrelevância. Inadmissibilidade. Ainda que de adesão o ajuste da fiança, esta sua natureza não ostenta força para invalidar a renúncia dos fiadores ao benefício de ordem, aliás nem questionada, por uma simples razão: mesmo quem adere manifesta vontade, contrata e se obriga" (2.º TACSP, Ap. c/ rev. 615.371-00/0, 12.ª Câmara, Rel. Juiz Palma Bisson, j. 07.02.2002).

Como se pode perceber, o julgado é anterior ao Código Civil de 2002. Seguindo outra solução, o Tribunal de Justiça do Rio Grande do Sul adotou a nova orientação esposada, fazendo uso das regras do Código de Defesa do Consumidor:

> "Embargos à execução. Contrato de abertura de crédito fixo. Aplicação do Código de Defesa do Consumidor. O Código de Defesa do Consumidor é aplicável aos negócios jurídicos firmados entre as instituições financeiras e os usuários de seus produtos e serviços, consoante a regra contida no art. 3.º, § 2.º, do referido diploma legal. Controle das cláusulas abusivas em contratos de adesão. Aplica-se o Código de Defesa do Consumidor às cláusulas contratuais abusivas de fixação e cobrança de encargos financeiros nos negócios

jurídicos bancários. Da nulidade da cláusula de renúncia ao benefício de ordem. Evidenciada a abusividade da cláusula, pois não redigida com destaque, dificultando imediata e rápida compreensão, nos termos do art. 54, § 4.º, da Lei n. 8.078/90. Juros remuneratórios. Manutenção da sentença que acolheu a decisão proferida em outros embargos, por se tratar do mesmo contrato. Descabida a rediscussão da matéria, nos termos do instituto da coisa julgada. Compensação da verba honorária. Impossibilidade ante a concessão de AJG ao autor. Apelação do banco desprovida. Parcialmente provida a apelação do embargante" (TJRS, Apelação Cível 70010717791, 11.ª Câmara Cível, Rel. Túlio de Oliveira Martins, j. 22.02.2006).

Mais recentemente, citando e seguindo o caminho trilhado pelo Enunciado n. 364 da *IV Jornada de Direito Civil*, do ano de 2006, cabe colacionar três ementas, que demonstram uma mudança no entendimento jurisprudencial:

"Nulidade. Cláusula contratual. Dano moral. Cerceamento de defesa. Ausência de fundamentação. Preliminares afastadas. Renúncia ao beneficiário de ordem. Abusividade. Contrato de adesão. Cláusula limitativa de direito. Inobservância do art. 54, CDC. Inscrição indevida do nome. Recurso parcialmente provido. Se a decisão expõe suficientemente os motivos que convenceram o julgador a proferi-la, inexiste nulidade por falta de fundamentação. Pode o magistrado proceder ao julgamento antecipado da lide, se a matéria for unicamente de direito, podendo dispensar a produção das provas que achar desnecessária à solução do feito, conforme lhe é facultado pela Lei processual civil, sem que isso configure supressão do direito de defesa das partes. Inteligência do art. 330, I, do CPC. Nos termos do Enunciado n. 364, aprovado na 4.ª Jornada de Direito Civil da CJF: no contrato de fiança é nula a cláusula de renúncia antecipada ao benefício de ordem quando inserida em contrato de adesão. A mesma interpretação se dá com o artigo 424 do Código Civil, que dispõe expressamente 'nos contratos de adesão, são nulas as cláusulas que estipulem a renúncia antecipada ao aderente a direito resultante na natureza do negócio'. O art. 54, § 4.º, do CDC, estabelece que em se tratando de cláusula limitativa de direito do consumidor, deve ser redigida com destaque, permitindo sua imediata e fácil compreensão. A jurisprudência pacífica do c. STJ soa no sentido de que para adimplemento da obrigação consubstanciada no art. 43, § 2.º, do CDC, basta que os cadastros de inadimplência comprovem a postagem da correspondência no endereço fornecido pelo credor notificando o consumidor quanto à inscrição de seu nome no respectivo cadastro, sendo desnecessário aviso de recebimento. A inscrição indevida do nome do autor no cadastro de inadimplente é ato ilícito e comporta dano moral, presumível e independente de prova. O valor arbitrado na indenização deve estar em consonância com os critérios recomendados pela doutrina e jurisprudência, ainda que estes sejam subjetivos, não podendo extrapolar a razoabilidade, devendo manter equilíbrio entre os fatos ocorridos, inibindo a repetição do abuso e confortando a vítima" (TJMT, Apelação 1455/2013, 5.ª Câmara Cível, Marcelândia, Rel. Des. Carlos Alberto Alves da Rocha, *DJMT* 16.08.2013, p. 36).

"Cláusula abusiva relativa à fiança. Artigo 424 do Código Civil. Pretensão de reforma da sentença que julgou improcedentes os pedidos iniciais. Pretensão dos apelantes de que seja reconhecida a nulidade da cláusula que previa a renúncia dos fiadores aos benefícios previstos no ordenamento civil, de que o réu seja impedido de efetuar a cobrança dos valores junto aos fiadores enquanto não esgotadas as tentativas de satisfação do crédito perante a devedora principal, de que seja determinada a sustação dos protestos irregulares e que o réu seja condenado a indenizar os autores pelo dano moral decorrente da inscrição indevida de seus nomes no cadastro de inadimplentes, com o pagamento de R$ 94.176,90. Cabimento parcial. Hipótese em que é abusiva a renúncia ao benefício de or-

CAP. 10 · CONTRATOS EM ESPÉCIE – LOCAÇÃO DE COISAS E FIANÇA | **521**

dem da fiança em contrato de adesão (CC, art. 424). Necessidade de que sejam esgotadas as tentativas de obtenção do crédito perante a devedora principal. Sustação dos protestos irregulares que deve ser determinada e condenação do banco em indenizar os fiadores pela inscrição indevida de seus nomes nos cadastros de inadimplentes. Valor pretendido a título de indenização por dano moral que se revela excessivo. Indenização fixada em R$ 10.000,00. Recurso parcialmente provido" (TJSP, Apelação 0018121-16.2010.8.26.0038, Acórdão 6576192, 13.ª Câmara de Direito Privado, Araras, Rel. Des. Ana de Lourdes, j. 13.03.2013, *DJESP* 22.03.2013).

"Fiança. Cláusula de renúncia ao benefício de ordem. Nulidade. Impossibilidade de renúncia antecipada em contrato de adesão. Enunciado n.º 364 da *IV Jornada de Direito Civil*. Responsabilidade subsidiária. Recurso provido. 3.º Apelo. Momento da incidência dos encargos moratórios. Obrigação líquida. Vencimento. Art. 397, CC. Recurso provido. (...). A despeito de haver previsão no referido contrato de cláusula de renúncia antecipada ao benefício de ordem do fiador, restou pacificado no Enunciado n.º 364 da *IV Jornada de Direito Civil*, relativamente aos artigos 828 e 424 do Código Civil, que 'No contrato de fiança é nula a cláusula de renúncia antecipada ao benefício de ordem quando inserida em contrato de adesão'. Destarte, remanesce apenas a obrigação subsidiária do fiador em face do inadimplemento contratual, conforme previsto no artigo 821 do Código Civil. Recurso conhecido e provido. 3.º Apelo. Considerando-se que a obrigação contratualmente prevista é líquida, nos exatos termos do artigo 397 do Código Civil, eis que possui data certa de vencimento (mora *ex re*) considera-se o devedor em mora desde a data do vencimento da obrigação, momento a partir do qual passa a incidir os encargos decorrentes de seu inadimplemento. Recurso conhecido e provido" (TJES, Apelação Cível 0007978-74.2011.8.08.0024, 2.ª Câmara Cível, Rel. Des. Álvaro Manoel Rosindo Bourguignon, j. 11.12.2012, *DJES* 18.12.2012).

Para esse art. 828 do Código Civil, a Comissão de Juristas encarregada da sua Reforma propõe a inclusão de um parágrafo único, trazendo para a norma o teor·desse Enunciado n. 364 da *IV Jornada de Direito Civil*, destacado nos meus comentários, a saber: "em contratos de adesão, são nulas de pleno direito as cláusulas de renúncia ao benefício de ordem ou de imposição de solidariedade ao fiador". Com isso, resolve-se mais uma divergência prática verificada nos mais de vinte anos da atual Lei Geral Privada.

Como se pode perceber da atual leitura dos arts. 827 e 828 do CC, *não há solidariedade legal entre o fiador e o devedor principal*. No máximo, poderá existir solidariedade convencional por força de contrato paritário. Em suma, entre o fiador e o devedor principal a regra é de responsabilidade subsidiária, não solidária.

Porém, o art. 829 do CC traz como regra a solidariedade *entre fiadores*, expressando que "a fiança conjuntamente prestada a um só débito por mais de uma pessoa importa o compromisso de solidariedade entre elas, se declaradamente não se reservarem o benefício de divisão". A parte final desse dispositivo traz uma exceção à regra, podendo as partes convencionar a divisão da dívida entre os fiadores. Vale aqui transcrever as anotações de Maria Helena Diniz, para esclarecer o conteúdo do comando legal em questão:

"O benefício de divisão só existirá se houver estipulação. E, uma vez convencionado o benefício da divisão, cada fiador só responderá *pro rata* pela parte que, em proporção, lhe couber no pagamento. P. ex.: se a dívida for de 90 mil reais, sendo dois os fiadores que estipularam o benefício de divisão, o credor só poderá reclamar 45 mil de cada um, havendo inadimplemento do devedor" (DINIZ, Maria Helena. *Código...*, 2005, p. 652).

O comentário da Professora Titular da PUCSP explica ainda o parágrafo único do art. 829 do CC, eis que uma vez estipulado o *benefício de divisão*, cada fiador responderá unicamente pela parte que, em proporção, lhe couber no pagamento (divisão *pro rata*).

O art. 830 do CC/2002 complementa o teor do dispositivo anterior ao enunciar que cada fiador poderá fixar no contrato a parte da dívida que toma sob sua responsabilidade, caso em que não será por mais obrigado. A regra, portanto, é a da divisão igualitária (*concursu partes fiunt*), o que não obsta que o contrato traga divisões da responsabilidade de forma diferenciada, em decorrência da autonomia privada das partes. No exemplo de Maria Helena Diniz é possível, assim, que a responsabilidade de um fiador seja por 60 mil (2/3 da dívida), enquanto a do outro por 30 mil (1/3 da dívida), dos 90 mil que totalizam a dívida.

Nas hipóteses aqui discutidas, o fiador que pagar integralmente a dívida ficará sub-rogado nos direitos do credor; mas só poderá demandar a cada um dos outros fiadores pela respectiva quota (art. 831 do CC). Eventual parte de fiador insolvente deverá ser distribuída entre os outros. Como os fiadores são devedores de mesma classe, aquele que paga somente poderá cobrar dos demais as quotas respectivas. Essa regra também pode ser retirada do art. 283 do CC, a respeito da solidariedade, segundo o qual "o devedor que satisfez a dívida por inteiro tem direito a exigir de cada um dos codevedores a sua quota, dividindo-se igualmente por todos a do insolvente, se o houver, presumindo-se iguais, no débito, as partes de todos os codevedores".

No entanto, se o fiador solidário pagar integralmente a dívida de um devedor principal, poderá cobrar desse, interessado na dívida, o valor integral, pelo que consta do art. 285 do CC, pelo qual "se a dívida solidária interessar exclusivamente a um dos devedores, responderá este por toda ela para com aquele que pagar". O caso também é de *sub-rogação legal*, de um terceiro interessado que paga a dívida pela qual poderia ser responsabilizado (art. 346, inc. III, do CC), mas de forma integral.

A Comissão de Juristas, no Projeto de Reforma do Código Civil, sugere uma melhora no tratamento do tema da *sub-rogação legal* em favor do fiador e de seus efeitos no art. 831, com redação mais completa e clara quanto à eficácia desse pagamento feito pelo fiador e à consequente substituição na dívida. Assim, nos termos do *caput* e do § 1.º, que são mantidos, pelo menos parcialmente, "o fiador que pagar integralmente a dívida fica sub-rogado nos direitos do credor. (...) A parte do fiador insolvente distribuir-se-á pelos outros fiadores". Pelo novo § 2.º, que traz de forma separada os efeitos na relação interna entre os fiadores e o consequente fracionamento da dívida entre eles, "o fiador só poderá voltar-se contra cada um dos outros fiadores na proporção de suas respectivas quotas". Porém, em se tratando do devedor principal, repetindo o que está no art. 285 do Código Civil, passa o § 3.º a expressar que, "no caso de a obrigação principal ser solidária, o fiador pode voltar-se contra cada um dos codevedores solidários pela dívida inteira". Por fim, o novo § 4.º do art. 831 enunciará que "o fiador que alegar o benefício de ordem, a que se refere este artigo, deve nomear bens do devedor, preferencialmente, situados no mesmo município, livres e desembaraçados, quantos bastem para solver o débito".

De volta ao sistema vigente, o devedor responderá também perante o fiador por todas as perdas e danos que este pagar e pelos que sofrer em razão da fiança (art. 832 do CC). Por essa regra percebe-se que o fiador poderá, por força do contrato, responsabilizar-se por outros valores que não sejam a dívida e os seus acessórios, como aqueles correspondentes às perdas e danos, inclusive em decorrência de caso fortuito e força maior (*cláusula de assunção convencional* – art. 393 do CC).

Como foi defendido no volume anterior desta coleção, é discutível a validade dessa última cláusula em contrato de adesão, aplicando-se o tão mencionado art. 424 da codificação privada em vigor. Aliás, também é discutível a responsabilização do fiador por essas perdas e danos, quando a cláusula de responsabilidade constar em contrato de adesão. Isso porque, em regra, o fiador não responde por tais prejuízos, uma vez que a fiança não admite interpretação extensiva (art. 819 do CC).

No caso de pagamento, o fiador tem direito aos juros do desembolso pela taxa estipulada na obrigação principal, e, não havendo taxa convencionada, aos juros legais da mora (art. 833 do CC). Como é notório, os juros legais de mora constantes do art. 406 do CC são de 1% ao mês ou 12% ao ano, segundo o entendimento doutrinário e jurisprudencial dominante (Enunciado n. 20 CJF e entendimento majoritário do STJ).

O art. 834 do CC traz um direito a favor do fiador. Quando o credor, sem justa causa, deixar de dar andamento à execução iniciada contra o devedor, poderá o fiador fazê-lo. Anote-se que, pelo art. 778, § 1.º, inc. III, do CPC/2015 – correspondente ao art. 567, inc. II, do CPC/1973 –, também poderá promover a execução ou nela prosseguir o sub-rogado, nos casos de sub-rogação legal ou convencional. E, como se sabe, a hipótese do fiador que paga a dívida é justamente a de sub-rogação legal. Ambas as normas visam a afastar do fiador maiores prejuízos, pois nesses casos ele está de boa-fé.

O comando legal a seguir é um dos mais debatidos da codificação de 2002. Assim, merece destaque especial para os devidos comentários:

> "Art. 835. O fiador poderá exonerar-se da fiança que tiver assinado sem limitação de tempo, sempre que lhe convier, ficando obrigado por todos os efeitos da fiança, durante sessenta dias após a notificação do credor".

Trata-se de uma norma especial, aplicável para a fiança sem prazo determinado ou, em outras palavras, para a fiança celebrada com prazo indeterminado. Para esses casos, o fiador poderá exonerar-se a qualquer tempo, mediante notificação, judicial ou extrajudicial, dirigida ao credor com quem mantém o contrato. A garantia se estende até sessenta dias após a notificação, estando o fiador totalmente exonerado depois desse prazo. Não há dúvidas de que se trata de uma forma de resilição unilateral, uma vez que a lei expressamente assegura esse direito potestativo ao fiador, independentemente de qualquer descumprimento do contrato (art. 473, *caput*, do CC).

Conforme reconheceu recente julgado do STJ, cabe ao fiador provar que a notificação foi efetivada, uma vez que "não se pode conceber a exoneração do fiador com o simples envio de notificação, pois só com a ciência pessoal do credor é que se inicia o prazo de 60 (sessenta) dias previsto no art. 835 do CC/02, razão pela qual caberá ao fiador, em situação de eventual litígio, o ônus de provar não só o envio, mas o recebimento da notificação pelo credor" (STJ, REsp 1.4282.71/MG, 3.ª Turma, Rel. Min. Nancy Andrighi, j. 28.03.2017, *DJe* 30.03.2017). Diante do dever de informação decorrente da boa-fé objetiva, estou totalmente filiado ao julgado.

Outras questões interessantes podem ser retiradas do dispositivo. A primeira delas refere-se à possibilidade de renúncia ao que nele consta, por expressa previsão no contrato de fiança. Filio-me ao entendimento segundo o qual se trata de norma de ordem pública, o que faz que qualquer forma de renúncia convencional seja nula, para qualquer contrato. Nesse sentido, ensina o Desembargador do TJSP, Cláudio Antônio dos Santos Levada, quanto à irrenunciabilidade do que consta no aludido art. 835 do CC:

"A cláusula contratual de renúncia realmente é ineficaz em face do caráter nitidamente cogente do art. 835 do CC e da natureza benéfica do contrato acessório de fiança. Como muito bem já se decidiu, em v. acórdão relatado pelo ilustre Juiz Irineu Pedrotti, as circunstâncias pessoais que motivaram a prestação da garantia podem ter mudado com o tempo, fazendo com que o elo de confiança original tenha desaparecido, a justificar a exoneração do garante" (LEVADA, Cláudio Antonio dos Santos. *Fiança...*, 2004, p. 60).

Vale dizer que alguns julgados do extinto 2.º TACSP confirmam a tese, conforme artigo escrito por outro Desembargador do TJSP, Luiz Antonio Rodrigues da Silva (*Garantias...*, 2004, p. 159). Também entendeu dessa forma o Tribunal de Justiça do Estado do Rio Grande do Sul, sempre pioneiro nas questões que envolvem o Direito Civil:

"Contrato de locação. Prorrogação por prazo indeterminado. Fiança. Pedido de exoneração. Possibilidade. É possível a exoneração da fiança nos termos do art. 1.500 do CC de 1916, regra recepcionada pelo Código Civil em vigor, nos contratos de locação em que haja prorrogação por prazo indeterminado. Cláusula contratual que prevê a renúncia ao direito de exoneração do fiador revela-se abusiva e iníqua. Fiança é ato de liberalidade e a título gratuito que não comporta interpretação extensiva. Apelação improvida" (TJRS, Apelação Cível 70009398009, 15.ª Câmara Cível, Rel. Victor Luiz Barcellos Lima, j. 20.10.2004).

De data mais recente, aresto do Tribunal Paulista, assim ementado:

"A norma do art. 835 do CC/2002 assegura ao fiador o direito de se exonerar da fiança, sendo esta norma de ordem pública, não se admitindo transação a seu respeito. Assim, a renúncia a tal direito é nula, não produzindo qualquer efeito jurídico. Contudo, a exoneração não é ato automático e não é abusiva a cláusula contratual que estipula a responsabilidade do fiador até a entrega das chaves, porquanto a própria Lei regente da matéria reconhece que a fiança pode ser prestada sem limitação no tempo. Para que dela possa se exonerar, necessário se faz que o fiador notifique o credor deste fato, ficando, todavia, responsável por todas as obrigações assumidas com a fiança concedida, durante 60 (sessenta) dias após tal notificação. Considerando que, no caso dos autos, os fiadores enviaram a notificação à imobiliária que intermediou a locação, aliado ao fato de não constar o endereço do locador no contrato locatício, de rigor o reconhecimento da desoneração da garantia prestada" (TJSP, Apelação 0013026-96.2009.8.26.0019, Acórdão 6910434, 31.ª Câmara de Direito Privado, Americana, Rel. Des. Paulo Ayrosa, j. 06.08.2013, *DJESP* 13.08.2013).

A outra questão controversa existente refere-se à aplicação do art. 835 do CC/2002 à fiança prestada na locação de imóvel urbano. Em edições anteriores desta obra, entendíamos pela sua incidência nos casos de fiança locatícia sem prazo determinado. Se a fiança fosse com prazo determinado, prevaleceria até o término da locação, pela previsão anterior do art. 39 da Lei de Locação. Com a Lei 12.112/2009, repise-se, manteve-se

CAP. 10 · CONTRATOS EM ESPÉCIE – LOCAÇÃO DE COISAS E FIANÇA | **525**

a regra da prevalência da garantia até o término do contrato de locação. Todavia, há agora a prorrogação automática da fiança. Porém, prorrogada a fiança, o fiador poderá exonerar-se unilateralmente, mediante notificação ao locador, persistindo a sua responsabilidade por cento e vinte dias após a notificação (art. 40, inc. X, da Lei de Locação). Pela existência da última norma, de cunho especial para a fiança locatícia, não mais se justifica a aplicação do art. 835 do CC/2002 em casos tais.

Como ficou claro quando da análise da Lei de Locação, exonerando-se o fiador no caso de locação de imóvel urbano, o locador poderá exigir a substituição da fiança por uma nova forma de garantia, sob pena de desfazimento da locação (art. 40, parágrafo único, da LL). Para as demais obrigações eventualmente garantidas por fiança, não havendo substituição da garantia, poderá ocorrer o vencimento antecipado da dívida (art. 333, inc. III, do CC).

Para encerrar a temática, dois novos parágrafos são sugeridos pela Comissão de Juristas encarregada da Reforma do Código Civil a respeito do seu art. 835 e do *direito de exoneração unilateral* em favor do fiador. Pelo primeiro, há o reconhecimento de que a norma é cogente ou de ordem pública no tocante ao direito potestativo atribuído por lei, não podendo ser afastada ou renunciada: "§ 1.º A renúncia pelo fiador do direito de que trata este artigo é nula de pleno direito". Por outro lado, reconhece-se que o prazo de sessenta dias pode ser dobrado, para cento e vinte dias, exatamente como está previsto no art. 40, inc. X, da Lei de Locação: "§ 2.º Permite-se às partes estipularem prazo superior ao indicado no *caput* deste artigo, desde que não ultrapasse cento e vinte dias".

Superada a análise do art. 835 do CC, é importante verificar alguns conceitos expostos pelo Professor Flávio Augusto Monteiro de Barros a respeito da fiança (*Manual...*, 2005, p. 378-380).

O primeiro deles é a figura do *abonador*, que seria o *fiador do fiador*, hipótese em que se tem a *subfiança*. Para o citado professor, "trata-se de um subcontrato ou contrato derivado. O abonador tem uma responsabilidade subsidiária, pois só pode ser acionada na hipótese de insolvência do devedor e do fiador". A figura estava tratada no art. 1.482 do Código Civil de 1916, nos seguintes termos: "Se o fiador tiver quem lhe abone a solvência, ao abonador se aplicará o disposto neste Capítulo sobre fiança". Como não houve nenhum dispositivo correspondente no atual Código Civil, à primeira vista pode parecer que o instituto foi banido. Entretanto, é forçoso concluir que não há ilicitude na sua previsão, podendo o contrato celebrado nessas circunstâncias ser enquadrado no art. 425 do CC, como contrato atípico.

Com relação à *retrofiança,* segundo Flávio Monteiro de Barros, "o fiador exige do devedor outro fiador, contra o qual poderá exercer o direito de regresso". Também não há vedação de sua previsão, também como contrato atípico, aplicando-se o atual Código Civil e as regras quanto à fiança.

Flávio Monteiro de Barros também apresenta ainda interessante classificação da fiança:

a) *Fiança legal*: é aquela que decorre de lei, estando prevista nos arts. 495 e 260, inc. II, do CC. O primeiro dispositivo trata da caução exigida pelo vendedor na compra e venda diante da possibilidade de o comprador cair em insolvência antes da tradição.

526 | DIREITO CIVIL • VOL. 3 – *Flávio Tartuce*

O segundo comando legal trata da caução de ratificação exigida pelo devedor na obrigação indivisível. Com todo respeito, em minha opinião, o último caso é de caução real, não de caução pessoal ou fiança.

b) *Fiança judicial*: é aquela ordenada pelo juiz, no curso do processo, como ocorre na execução provisória (art. 520, inc. IV, do CPC/2015, que corresponde ao art. 475-O, inc. III, do CPC/1973).

c) *Fiança mercantil*: é aquela que deriva de causa comercial ou mercantil. Com a entrada em vigor do atual Código Civil e a unificação do Direito Privado, a fiança mercantil está sujeita às regras da fiança civil, não havendo mais qualquer distinção entre os dois contratos. Como é notório, o Código Civil de 2002 consagrou a unificação do Direito Privado no tocante aos contratos.

Como outro tema importante a respeito dos efeitos do contrato ora estudado, é de se lembrar que o art. 1.647, inc. III, do CC em vigor exige a outorga conjugal (marital – do marido; uxória – da mulher) para que a fiança seja prestada. Segundo o art. 1.649 do mesmo diploma legal, não havendo outorga conjugal, a fiança é anulável, desde que proposta a correspondente ação anulatória pelo cônjuge do fiador, no prazo decadencial de dois anos, contados da dissolução da sociedade conjugal. A ação também cabe aos herdeiros do fiador, em igual prazo (art. 1.650 do CC). Há possibilidade, contudo, da outorga ser suprida por juiz (art. 1.648 do CC).

Em novembro de 2006, o Superior Tribunal de Justiça editou a Súmula 332, com a seguinte redação: "a anulação de fiança prestada sem outorga uxória implica a ineficácia total da garantia". A ementa já recebe críticas desde a segunda edição da presente obra.

Primeiro, porque faz referência à ineficácia total da garantia, e não à invalidade. Tecnicamente, o certo seria falar em invalidade e não em ineficácia. Entretanto, acredito que, didaticamente, é melhor a expressão que consta na súmula. Isso porque, se a fiança foi prestada sem a outorga, na vigência do CC/1916, será nula (arts. 235, 242 e 252).

Se for prestada a fiança sem a outorga, na vigência do CC/2002, será anulável (arts. 1.647 e 1.649). Essa conclusão é aplicação direta do art. 2.035, *caput*, do CC, antes estudado, e que traz como conteúdo a *Escada Ponteana*. Para afastar dúvidas a respeito da invalidade absoluta ou relativa da fiança, justifica-se o termo *ineficácia*, eis que o ato inválido, em regra, não gera efeitos. A propósito dessa afirmação, em 2022, surgiu acórdão da Quarta Turma da Corte Superior, concluindo pela nulidade relativa da fiança nesse caso e não pela mera ineficácia:

> "A melhor exegese é aquela que mantém a exigência geral de outorga conjugal para prestar fiança, sendo indiferente o fato de o fiador prestá-la na condição de comerciante ou empresário, considerando a necessidade de proteção da segurança econômica familiar. A fiança prestada sem outorga conjugal conduz à nulidade do contrato. Incidência da Súmula n. 332 do STJ" (STJ, REsp 1.525.638/SP, 4.ª Turma, Rel. Min. Antonio Carlos Ferreira, j. 14.06.2022, *DJe* 21.06.2022).

Entretanto, era lamentável o fato de a súmula utilizar a expressão *outorga uxória* e não outorga conjugal, uma vez que a mulher é plenamente capaz desde o Estatuto da Mulher Casada. Aqui, estavam presentes resquícios do entendimento de que a mulher seria incapaz para celebrar contratos. Por óbvio que a súmula também se aplicaria aos

CAP. 10 · CONTRATOS EM ESPÉCIE – LOCAÇÃO DE COISAS E FIANÇA

casos em que falta a outorga marital. Por isso, ouvindo as *queixas doutrinárias*, o próprio STJ retificou o teor da súmula em 5 de março de 2008, substituindo a expressão *outorga uxória* por *autorização de um dos cônjuges*. É a sua redação atual: "a fiança prestada sem autorização de um dos cônjuges implica a ineficácia total da garantia" (Súmula 332 do STJ).

Acrescente-se que, em julgado do ano de 2020, a Corte Superior acabou por concluir que é necessária a outorga conjugal para fiança em favor de sociedade cooperativa (STJ, REsp 1.351.058/SP, 4.ª Turma, Rel. Min. Luis Felipe Salomão, por unanimidade, j. 26.11.2019, *DJe* 04.02.2020). Como se retira da publicação do acórdão, "em se tratando de dívida de sociedade cooperativa – a qual nem à luz do Código Comercial ou do Código Civil de 2002 ostenta a condição de comerciante ou de sociedade empresária –, não há falar em fiança mercantil, caindo por terra o fundamento exarado pelas instâncias ordinárias para afastar a exigência da outorga conjugal encartada nos artigos 235, inciso III, do Código Civil de 1916 e 1.647, inciso III, do Código Civil de 2002". Por isso, a conclusão foi pela incidência da citada sumular em casos tais.

Existe profundo debate se essa exigência para a fiança alcança também a união estável, ou seja, se há necessidade da autorização do companheiro ou convivente para que a parte seja fiadora. Sempre respondi negativamente, pois o art. 1.647 do CC/2002 é norma de exceção que, como tal, não admite analogia ou interpretação extensiva.

Pontue-se que, em 2014, importante julgado do Superior Tribunal de Justiça seguiu essa forma de pensar o Direito Civil. Conforme ementa publicada no *Informativo* n. *535* do Tribunal da Cidadania:

"Ainda que a união estável esteja formalizada por meio de escritura pública, é válida a fiança prestada por um dos conviventes sem a autorização do outro. Isso porque o entendimento de que a 'fiança prestada sem autorização de um dos cônjuges implica a ineficácia total da garantia' (Súmula 332 do STJ), conquanto seja aplicável ao casamento, não tem aplicabilidade em relação à união estável. De fato, o casamento representa, por um lado, uma entidade familiar protegida pela CF e, por outro lado, um ato jurídico formal e solene do qual decorre uma relação jurídica com efeitos tipificados pelo ordenamento jurídico. A união estável, por sua vez, embora também represente uma entidade familiar amparada pela CF – uma vez que não há, sob o atual regime constitucional, famílias estigmatizadas como de 'segunda classe' –, difere-se do casamento no tocante à concepção deste como um ato jurídico formal e solene. Aliás, nunca se afirmou a completa e inexorável coincidência entre os institutos da união estável e do casamento, mas apenas a inexistência de predileção constitucional ou de superioridade familiar do casamento em relação a outra espécie de entidade familiar. Sendo assim, apenas o casamento (e não a união estável) representa ato jurídico cartorário e solene que gera presunção de publicidade do estado civil dos contratantes, atributo que parece ser a forma de assegurar a terceiros interessados ciência quanto a regime de bens, estatuto pessoal, patrimônio sucessório etc. Nesse contexto, como a outorga uxória para a prestação de fiança demanda absoluta certeza por parte dos interessados quanto à disciplina dos bens vigente, e como essa segurança só é obtida por meio de ato solene e público (como no caso do casamento), deve-se concluir que o entendimento presente na Súmula 332 do STJ – segundo a qual a 'fiança prestada sem autorização de um dos cônjuges implica a ineficácia total da garantia' –, conquanto seja aplicável ao casamento, não tem aplicabilidade em relação à união estável. Além disso, essa conclusão não é afastada diante da celebração de escritura pública entre os consortes, haja vista que a escritura pública serve apenas como prova relativa de uma união fática, que não se sabe ao certo quando começa nem quando termina, não sendo ela própria o ato constitutivo da união estável. Ademais, por não alterar o estado civil dos conviventes, para que dele o contratante tivesse conhecimento, ele teria que percorrer todos os cartórios de notas do Brasil, o que seria inviável e inexigível" (STJ, REsp 1.299.866/DF, Rel. Min. Luis Felipe Salomão, j. 25.02.2014).

O *decisum* merece elogios, especialmente por analisar muito bem as diferenças existentes entre as duas entidades familiares e suas repercussões para o Direito Contratual. A mesma afirmação consta da Edição n. 101 da ferramenta Jurisprudência em Teses do STJ: "a fiança prestada por fiador convivente em união estável, sem a outorga uxória do outro companheiro, não é nula, nem anulável" (Tese n. 8).

De toda sorte, cabe pontuar que o CPC/2015 equiparou a união estável ao casamento para todos os fins processuais, inclusive para a necessidade de a companheira dar a outorga para as demandas reais imobiliárias, desde que a união seja comprovada nos autos (art. 73, § 3.º, do CPC/2015).

Como é notório, essa regra processual de exigência, já constante do art. 10 do CPC/1973 para o casamento, equivale ao art. 1.647, inciso II, do Código Civil ("Ressalvado o disposto no art. 1.648, nenhum dos cônjuges pode, sem autorização do outro, exceto no regime da separação absoluta: (...). II – pleitear, como autor ou réu, acerca desses bens ou direitos").

Sendo assim, fica fortalecido o argumento de que haveria a necessidade de *outorga convivencial* para todos os incisos do art. 1.647 do Código Civil, servindo o CPC/2015 como alento de relevo para a tese de equiparação total das duas entidades familiares.

Apesar da emergência da norma processual, continuo a entender que os demais incisos da norma material não se aplicam por analogia à união estável, por ser norma restritiva da autonomia privada. Não obstante a manutenção da minha posição anterior, será necessário acompanhar qual será a posição da doutrina e da jurisprudência nos próximos anos, pois o debate, sem dúvidas, será aprofundado.

A recente decisão do STF que equiparou a união estável ao casamento para fins sucessórios, reconhecendo a inconstitucionalidade do art. 1.790 do CC, deve aprofundar ainda mais tal debate (Recurso Extraordinário 878.694/MG, Rel. Min. Luís Roberto Barroso, julgado em 10 de maio de 2017, com repercussão geral, publicado no seu *Informativo* n. 864). O tema está abordado no Volume 6 desta coleção.

Encerrando o tópico, para ainda tratar dos efeitos da fiança, anoto que a Comissão de Juristas nomeada pelo Senado Federal para a Reforma do Código Civil sugere a inclusão do art. 836-A no Código Civil, relativo ao dever de informação ao fiador de circunstância fundamental a respeito do contrato principal, qual seja, o seu inadimplemento, sendo certo que, como visto, a fiança não admite interpretação extensiva. Pela norma projetada, "no prazo máximo de noventa dias do inadimplemento da dívida ou de parcela desta, o credor é obrigado: I – a comunicar ao fiador o fato, admitido o uso de canal eletrônico de comunicação indicado no contrato de fiança; e II – a adotar medidas efetivas de cobrança forçada da dívida".

Ademais, como está no seu proposto parágrafo único, "no caso de descumprimento ao disposto no *caput* deste artigo, o fiador ficará exonerado dos encargos acessórios incidentes após o transcurso do prazo". A proposta tem conteúdo ético indiscutível, consolidando na lei um dos mais importantes deveres anexos, relativos ao princípio da boa-fé objetiva.

Também há sugestão relevante de um novo art. 836-B, para tratar do direito do fiador em exigir o pagamento ou o cumprimento da obrigação principal, com um procedimento específico. Pelo texto construído pelos juristas da Subcomissão de Direito Contratual, "constitui direito do fiador agir em seu nome próprio mas no interesse do credor, na cobrança da dívida, desde que o credor não tenha iniciado nenhum procedimento contra o devedor, após noventa dias do inadimplemento da dívida". Os parágrafos do preceito tratam de regras procedimentais a respeito dessa cobrança, prevendo o seu § 1.º que "o credor será intimado, no início do procedimento de cobrança, antes da citação do devedor, sendo admitido que ingresse como parte ao lado do autor, ou se este consentir, em seu lugar independentemente do consentimento da parte contrária".

Além disso, "o fiador deverá levantar os valores obtidos no procedimento de cobrança, na hipótese de inércia do credor, situação em que se sub-rogará nos deveres do devedor, até o limite do valor levantado" (§ 2.º). Entende-se como procedimento de cobrança para os fins da proposta "qualquer medida que siga as vias judiciais ou extrajudiciais admitidas pelo ordenamento para a expropriação de bens do devedor, com finalidade de solver a dívida" (§ 3.º do novo art. 836-B).

As proposições são louváveis, com o fim de facilitar o recebimento do crédito e proteger o fiador, devendo ser aprovada pelo Congresso Nacional.

10.4.3 Extinção da fiança

Sem prejuízo da exoneração por ato unilateral (art. 835 do CC), autora estudada, também gera a extinção da fiança a morte do fiador, conforme o art. 836 do CC. Vale transcrevê-lo para que não haja interpretações equivocadas:

> "Art. 836. A obrigação do fiador passa aos herdeiros; mas a responsabilidade da fiança se limita ao tempo decorrido até a morte do fiador, e não pode ultrapassar as forças da herança".

Pode parecer que o dispositivo indica que a condição de fiador se transmite aos herdeiros. Nada disso. O contrato de fiança é personalíssimo, *intuitu personae*, sendo extinto pela morte do fiador. Utilizando-se a feliz expressão de Orlando Gomes, há, na espécie, uma *cessação contratual*. Entretanto, as obrigações vencidas enquanto era vivo o fiador transmitem-se aos herdeiros, até os limites da herança.

Aponte-se que o fiador assume uma responsabilidade sem ter obrigação ("*Haftung sem Schuld*"). Por isso, em regra, não há obrigação do fiador, mas apenas responsabilidade. Quando a lei faz menção à obrigação do fiador que passa aos herdeiros, por óbvio está se referindo àquelas vencidas enquanto ele era vivo e até os limites da herança.

Segundo a doutrina, também constitui caso de extinção da fiança a morte do afiançado (devedor principal), nos mesmos termos do que consta do dispositivo (NERY JR., Nelson e NERY, Rosa Maria de Andrade. *Código Civil...*, 2005, p. 513). Por razões óbvias, a morte do credor não gera a extinção do contrato em questão.

Além da extinção da fiança em decorrência da morte do fiador e da resilição unilateral anteriormente estudada, os arts. 837 a 839 do CC trazem outras causas de extinção.

Pelo primeiro dispositivo, o fiador poderá opor ao credor as defesas ou exceções que lhe forem pessoais e que geram a extinção do contrato (*v.g.*, nulidade, anulabilidade, incapacidade). Poderá alegar também as defesas extintivas da obrigação que competem ao devedor principal (*v.g.*, pagamento direto ou indireto, prescrição). No último caso, não caberá a alegação de incapacidade pessoal, salvo em caso de mútuo feito a pessoa menor.

A segunda norma (art. 838 do CC) estabelece que o fiador, ainda que solidário, ficará desobrigado nos seguintes casos:

> I – Se, sem o seu consentimento, o credor conceder moratória ao devedor. O Superior Tribunal de Justiça entende que a regra também se aplica no caso de transação entre as partes, o que parece óbvio: "conquanto a transação e a moratória sejam institutos jurídicos diversos, ambas têm o efeito comum de exoneração do fiador que não anuiu com o acordo firmado entre credor e devedor (art. 838, I, do CC)" (STJ, REsp 1.013.436-RS, Rel. Min. Luis Felipe Salomão, j. 11.09.2012, publicado no seu *Informativo* n. *504*).
>
> II – Se, por fato do credor, for impossível a sub-rogação nos seus direitos e preferências. A título de exemplo, pode ser citado o caso em que o credor renuncia a eventual preferência sobre coisa que detinha, em decorrência de direito real de garantia, hipótese em que não interessará a sub-rogação ao fiador. Cite-se, ainda, a devolução de objeto empenhado pelo credor ao devedor, o que gera a extinção do penhor. Com a extinção dessa garantia real, a fiança também não terá mais eficácia.
>
> III – Se o credor, em pagamento da dívida, aceitar amigavelmente do devedor objeto diverso do que conteúdo da dívida obrigada, ainda que depois venha a perdê-lo em decorrência de evicção. A hipótese, como se pode perceber, é de dação em pagamento, ou seja, de substituição do objeto da dívida, o que gera a extinção da fiança mesmo ocorrendo a evicção, a perda da coisa dada (art. 356 do CC).

Por fim, como última regra a respeito da extinção da fiança, o art. 839 do CC prevê que se for invocado o benefício de ordem e o devedor, retardando-se a execução, cair em insolvência, ficará exonerado o fiador que invocou este benefício. Para tanto, deverá o fiador comprovar que os bens por ele indicados eram, ao tempo da penhora, suficientes para a solução da dívida afiançada. A norma tende a punir a inoperância do credor pelo *retardo na execução,* a negligência do mesmo em receber a sua dívida.

Além do que consta nesses dispositivos, a extinção da fiança pode ocorrer também por ato amigável entre o fiador e o credor (distrato) ou por decisão judicial em *ação de exoneração de fiança*, que seguia o rito ordinário (CPC/1973), ora procedimento comum (CPC/2015). Nessa ação caberá ao fiador alegar todas as causas aqui elencadas, seja em relação à fiança, seja em relação à dívida garantida.

Para encerrar o tópico, sobre a extinção da fiança, são propostos alguns aperfeiçoamentos no art. 838 do Código Civil e novas previsões legais, no Projeto de Reforma do Código Civil. Em relação ao inciso III, sugere-se a menção, com clareza, à dação em pagamento e à evicção judicial ou extrajudicial ("nos casos de dação em pagamento, ainda que a coisa dada depois venha a ser perdida por evicção judicial ou extrajudicial"). Para o proposto novo inciso IV, haverá a extinção da fiança "se o credor violar dever legal

CAP. 10 · CONTRATOS EM ESPÉCIE – LOCAÇÃO DE COISAS E FIANÇA | **531**

impositivo na oferta e na concessão do crédito". Também se insere a extinção da fiança "se houver alteração da obrigação principal sem consentimento do fiador", hipótese já consagrada em doutrina e jurisprudência, uma vez que a fiança não admite interpretação extensiva (art. 819 do CC).

Com vistas a trazer uma maior segurança jurídica para o instituto, a Comissão de Juristas ainda propõe a inclusão de um parágrafo único no art. 838, enunciando que "a extinção da fiança nas hipóteses deste artigo é automática e prevalece sobre qualquer prazo legal ou contratual de sua subsistência após a resilição unilateral". Não se pode negar que todas as proposições trazem uma maior estabilidade para o contrato em estudo.

10.4.4 A impenhorabilidade do bem de família do fiador

Mesmo tendo discutido a questão em outros volumes desta coleção, pretendo aqui mais uma vez trazê-la a lume, diante da polêmica que ela desperta.

Como se sabe, uma das exceções à impenhorabilidade do *Bem de Família Legal* refere-se ao imóvel de residência do fiador de locação da locação imobiliária, conforme previsão do art. 3.º, inc. VII, da Lei 8.009/1990 (c/c art. 82 da Lei 8.245/1991). Conforme está exposto no Volume 1 da presente coleção, quanto a essa exceção, sempre divergiram tanto a doutrina quanto a jurisprudência em relação à sua suposta inconstitucionalidade.

Sempre prevaleceu no Superior Tribunal de Justiça a tese da penhorabilidade do imóvel do fiador da locação imobiliária, cabendo transcrever, entre as ementas anteriores:

> "Locação e processual civil. Agravo regimental no agravo de instrumento. Ausência de contrariedade ao art. 535, inciso II, do CPC. Fiador. Penhora. Bem de família. Possibilidade. Agravo desprovido. 1. Não subsiste a alegada ofensa ao art. 535 do Código de Processo Civil, visto que todas as questões relevantes para a apreciação e o julgamento do recurso foram analisadas de maneira clara e coerente pelo Tribunal *a quo*, inexistindo qualquer nulidade a ser sanada. 2. Consoante a nova redação do art. 3.º da Lei n.º 8.009/90, é válida a penhora do bem destinado à moradia da família do fiador, em razão da obrigação decorrente de pacto locatício, aplicando-se, também, aos contratos firmados antes da sua vigência. Precedentes. 3. Agravo regimental desprovido" (STJ, AgRg no Ag 638.339/RS, 5.ª Turma, Rel. Min. Laurita Vaz, j. 15.02.2005, *DJ* 14.03.2005, p. 413).

> "Locação. Fiança. Penhora. Bem de família. Sendo proposta a ação na vigência da Lei 8.245/1991, válida é a penhora que obedece seus termos, excluindo o fiador em contrato locatício da impenhorabilidade do bem de família. Recurso provido" (STJ, REsp 299663/RJ, 5.ª Turma, Rel. Min. Felix Fischer, j. 15.03.2001, *DJ* 02.04.2001, p. 334).

Contudo, uma posição ainda minoritária entende ser essa previsão inconstitucional, por violar a isonomia (art. 5.º, *caput*, da CF/1988) e a proteção da dignidade humana (art. 1.º, inc. III, da CF/1988). Primeiro, porque o devedor principal (locatário) não pode ter o seu bem de família penhorado, enquanto o fiador (em regra, devedor subsidiário, nos termos do art. 827 do CC) pode suportar a constrição. A lesão à isonomia e à proporcionalidade reside no fato de a fiança ser um contrato acessório, que não pode trazer mais obrigações do que o contrato principal (locação). Em reforço, há desrespeito à proteção constitucional da moradia (art. 6.º da CF/1988), uma das exteriorizações do princípio de proteção da dignidade da pessoa humana.

Como é notório, estou há tempos filiado à tese da inconstitucionalidade da previsão, seguindo corrente substancial da civilística contemporânea, à qual também se filiam Pablo Stolze Gagliano e Rodolfo Pamplona Filho (*Novo curso...*, 2003, p. 289), Cristiano Chaves de Farias e Nelson Rosenvald (*Direito civil...*, 2006, p. 357) e José Fernando Simão (*Legislação civil...*, 2007, p. 93-102); entre outros doutrinadores contemporâneos.

Aliás, na jurisprudência paulista, a inconstitucionalidade da previsão sempre foi sustentada pela renomada professora e atual Desembargadora Rosa Maria de Andrade Nery, por esses mesmos argumentos (2.º TACSP, Ap. c/ rev. 593.812-0/1).

Pablo Stolze Gagliano e Rodolfo Pamplona Filho, com acuidade, argumentam que "à luz do Direito Civil Constitucional – pois não há outra forma de pensar modernamente o Direito Civil –, parece-nos forçoso concluir que este dispositivo de lei viola o princípio da isonomia insculpido no art. 5.º da CF, uma vez que trata de forma desigual locatário e fiador, embora as obrigações de ambos tenham a mesma causa jurídica: o contrato de locação" (GAGLIANO, Pablo Stolze; PAMPLONA FILHO, Rodolfo. *Novo curso...*, 2003, p. 289). Sem dúvidas, concorda-se que, à luz do Direito Civil Constitucional e da *personalização do Direito Privado*, não há como aceitar tal previsão.

Esse entendimento foi reconhecido pelo então Ministro Carlos Velloso, em decisão monocrática pronunciada em sede de recurso extraordinário em curso perante o Supremo Tribunal Federal, no ano de 2005 e nos seguintes termos:

> "Em trabalho doutrinário que escrevi 'Dos Direitos Sociais na Constituição do Brasil', texto básico de palestra que proferi na Universidade de Carlos III, em Madri, Espanha, no Congresso Internacional de Direito do Trabalho, sob o patrocínio da Universidade Carlos III e da ANAMATRA, em 10.03.2003, registrei que o direito à moradia, estabelecido no art. 6.º, CF, é um direito fundamental de 2.ª geração – direito social que veio a ser reconhecido pela EC 26, de 2000.
>
> O bem de família – a moradia do homem e sua família – justifica a existência de sua impenhorabilidade: Lei 8.009/1990, art. 1.º. Essa impenhorabilidade decorre de constituir a moradia um direito fundamental.
>
> Posto isso, veja-se a contradição: a Lei 8.245, de 1991, excepcionando o bem de família do fiador, sujeitou o seu imóvel residencial, imóvel residencial próprio do casal, ou da entidade familiar, à penhora. Não há dúvida que ressalva trazida pela Lei 8.245, de 1991, inciso VII do art. 3.º, feriu de morte o princípio isonômico, tratando desigualmente situações iguais, esquecendo-se do velho brocardo latino: *ubi eadem ratio, ibi eadem legis dispositio*, ou em vernáculo: onde existe a mesma razão fundamental, prevalece a mesma regra de Direito. Isto quer dizer que, tendo em vista o princípio isonômico, o citado dispositivo inciso VII do art. 3.º, acrescentado pela Lei 8.245/1991, não foi recebido pela EC 26, de 2000" (STF, RE 352940/SP, Rel. Min. Carlos Velloso, j. 25.04.2005, pendente de publicação).

O que se percebia é que a tese por mim defendida já na primeira edição do Volume 1 desta coleção ganhou força para esse *decisum* anterior. Isso porque vinha crescendo na jurisprudência uma análise do Direito Privado à luz do Texto Maior e de três princípios básicos: a proteção da dignidade da pessoa humana (art. 1.º, inc. III), a solidariedade social (art. 3.º, inc. I) e a isonomia (art. 5.º, *caput*). Esses são justamente os princípios basilares daquilo que se denomina *Direito Civil Constitucional, caminho hermenêutico que propõe uma análise dos institutos civis a partir do Texto Maior e dos direitos fundamentais.*

CAP. 10 · CONTRATOS EM ESPÉCIE – LOCAÇÃO DE COISAS E FIANÇA | **533**

Essa é a interpretação que se espera de nossos Tribunais, visando a consubstanciar um Direito Civil renovado, mais justo e solidário. O contrato não pode fugir dessa concepção, sendo certo que a interpretação de inconstitucionalidade do art. 3.º, inc. VII, da Lei 8.009/1990 mantém relação direta com o *princípio da função social dos contratos.*

Por esse princípio, os contratos devem ser interpretados de acordo com o contexto da sociedade, o que constitui um regramento de ordem pública e com fundamento constitucional, podendo ser retirado dos arts. 421 e 2.035, parágrafo único, do Código Civil e da tríade *dignidade-solidariedade-igualdade.* Em reforço, a função social dos contratos encontra fundamento na função social da propriedade, que deve ser concebida em sentido amplo (arts. 5.º, incs. XXII e XXIII, e 170, inc. III, todos da CF/1988).

Assim sendo e reforçando tais afirmações, cite-se o Enunciado n. 23, aprovado na *I Jornada de Direito Civil* promovido pelo Conselho da Justiça Federal, segundo o qual: "a função social do contrato, prevista no art. 421 do novo Código Civil, não elimina o princípio da autonomia contratual, mas atenua ou reduz o alcance desse princípio quando presentes interesses metaindividuais ou interesse individual relativo à dignidade da pessoa humana". O direito constitucional à moradia acaba limitando a autonomia privada, portanto.

Ademais, não cabe mais o argumento pelo qual as normas programáticas constitucionais merecem regulamentação pelas normas infraconstitucionais, o que seria o caso do art. 3.º, VII, da Lei 8.009/1990. Como se sabe, cresce na doutrina constitucionalista a corrente pela qual tais normas têm aplicação imediata. Para o aprofundamento do tema, sugere-se a leitura das obras de Daniel Sarmento (*Direitos...*, 2004) e Ingo Wolfgang Sarlet (*A eficácia...*, 2004). Esses autores defendem a *eficácia horizontal dos direitos fundamentais* consagrados no Texto Maior, ou seja, o seu reconhecimento entre particulares (*horizontalização dos direitos fundamentais*). O fundamento para essa aplicação imediata está no art. 5.º, § 1.º, da CF/1988: "as normas definidoras dos direitos e garantias fundamentais têm aplicação imediata".

Por tudo isso, filiava-se integralmente à decisão monocrática do Ministro Carlos Velloso aqui transcrita, concluindo pela inconstitucionalidade do art. 3.º, inc. VII, da Lei 8.009/1990.

Entretanto, infelizmente, o plenário do Supremo Tribunal Federal julgou a questão no dia 8 de fevereiro de 2006. Por maioria de votos o STF entendeu ser constitucional a previsão do art. 3.º, VII, da Lei 8.009/1990. De acordo com o relator da decisão, Ministro Cezar Peluso, a lei do bem de família é clara ao prever a possibilidade de penhora do imóvel de residência de fiador de locação de imóvel urbano, sendo esta regra inafastável, por ser inerente à proteção do mercado, nos termos do art. 170 da CF/1998.

Entendeu, ainda, que a pessoa tem plena liberdade de querer ou não assumir a condição de fiadora, e quando assina o contrato sabe que pode perder o bem de família. Dessa maneira, deve subsumir a norma infraconstitucional se assim o faz, não havendo qualquer lesão à isonomia constitucional. Votaram com ele os Ministros Joaquim Barbosa, Gilmar Mendes, Ellen Gracie, Marco Aurélio, Sepúlveda Pertence e Nelson Jobim, sendo interessante transcrever a ementa do julgado:

"Fiador. Locação. Ação de despejo. Sentença de procedência. Execução. Responsabilidade solidária pelos débitos do afiançado. Penhora de seu imóvel residencial. Bem de família.

Admissibilidade. Inexistência de afronta ao direito de moradia, previsto no art. 6.º da CF. Constitucionalidade do art. 3.º, VII, da Lei 8.009/1990, com a redação da Lei 8.245/1991. Recurso extraordinário desprovido. Votos vencidos. A penhorabilidade do bem de família do fiador do contrato de locação, objeto do art. 3.º, VII, da Lei 8.009, de 23 de março de 1990, com a redação da Lei 8.245, de 15 de outubro de 1991, não ofende o art. 6.º da Constituição da República" (STF, RE 407.688/SP, Recurso Extraordinário, Rel. Min. Cezar Peluso, j. 08.02.2006).

A votação não foi unânime, pois entenderam pela inconstitucionalidade os Ministros Eros Grau, Ayres Britto e Celso de Mello. Em seu voto, o então Ministro Eros Grau ressaltou a grande preocupação dos civilistas em defender os preceitos constitucionais, apontando que a previsão do art. 3.º, VII, da Lei 8.009/1990 violaria a isonomia constitucional. Isso, vale repetir, porque a fiança é contrato acessório, que não pode trazer mais obrigações que o contrato principal.

Resumindo, o debate jurídico parecia ter sido encerrado com a decisão do STF. Ledo engano, sendo certo que não entendia dessa forma, o que poderia ser percebido pela divergência gerada no próprio STF. A questão não estava totalmente pacificada na minha opinião doutrinária, também, diante da existência de projetos legislativos de revogação do inc. VII do art. 3.º da Lei 8.009/1990, norma essa que é totalmente incompatível com a Constituição Federal.

Ademais, não obstante a decisão do STF, alguns Tribunais Estaduais, caso do Tribunal de Justiça de Minas Gerais, vinha entendendo pela inconstitucionalidade da previsão, pela flagrante lesão à isonomia e à proteção da moradia:

"Agravo de instrumento. Embargos à execução julgados improcedentes. Apelação. Efeito suspensivo. Penhora. Imóvel do fiador. Bem de família. Direito à moradia. Violação aos princípios da dignidade humana e igualdade. Irrenunciabilidade. A partir da Emenda Constitucional 26/2000, a moradia foi elevada à condição de direito fundamental, razão pela qual a regra da impenhorabilidade do bem de família foi estendida ao imóvel do fiador, caso este seja destinado à sua moradia e à de sua família. No processo de execução, o princípio da dignidade humana deve ser considerado, razão pela qual o devedor, principalmente o subsidiário, não pode ser levado à condição de penúria e desabrigo para que o crédito seja satisfeito. Em respeito ao princípio da igualdade, deve ser assegurado tanto ao devedor fiador quanto ao devedor principal do contrato de locação o direito à impenhorabilidade do bem de família. Por tratar-se de norma de ordem pública, com *status* de direito social, a impenhorabilidade não poderá ser afastada por renúncia do devedor, em detrimento da família" (Tribunal de Justiça de Minas Gerais, Número do processo: 1.0480.05.076516-7/002(1), Relator: D. Viçoso Rodrigues, Relator do Acórdão: Fabio Maia Viani, Data do Julgamento: 19.02.2008, Data da Publicação: 13.03.2008).

Merecem destaque os argumentos do então Des. Elpídio Donizetti, terceiro juiz no julgamento anteriormente transcrito:

"Por razões ético-sociais e até mesmo humanitárias, houve por bem o legislador brasileiro prever algumas hipóteses em que, embora disponíveis, certos bens pertencentes ao patrimônio do devedor não são passíveis de penhora.

Assim, a Lei 8.009/1990, ao dispor sobre bem de família, vedou a penhora não apenas do imóvel residencial do casal ou da entidade familiar, mas também definiu como impenhoráveis os móveis que guarneçam a residência. Desse modo, desde que não constituam adornos suntuosos, são impenhoráveis os bens necessários à regular utilização da moradia.

Todavia, o mesmo diploma normativo, Lei 8.009/1990, retira, no seu art. 3.º, a garantia de impenhorabilidade dos citados bens em algumas situações específicas. É o caso dos objetos que garantem obrigação decorrente de fiança prestada em contrato de locação, conforme inciso acrescentado ao art. 3.º pela Lei 8.245/1991, senão vejamos: (...). Com base em tal dispositivo legal, o entendimento que tem prevalecido nos tribunais é de que, em se tratando de obrigação decorrente de fiança concedida em contrato de locação, deve-se afastar a impenhorabilidade dos bens de família prevista pelo art. 1.º da Lei 8.009/1990.

Conforme decidiu recentemente o STF, no RE 407.688/SP, da relatoria do Ministro Cézar Peluso, o bem de família pertencente ao fiador em contrato de locação é passível de ser penhorado, ao fundamento de que não existe violação ao direito social à moradia, previsto no art. 6.º da CF, porquanto este não se confunde com o direito à propriedade imobiliária. Ademais, a possibilidade de penhora do bem de família do fiador estimula e facilita o acesso à habitação arrendada, porquanto afasta a necessidade de garantias mais onerosas. Conquanto o próprio STF tenha decidido, conforme já ressaltado, pela aplicação do art. 3.º, VII, da Lei 8.009/1990, penso que a solução deva se dar em sentido oposto.

Em primeiro lugar, verifica-se que a Emenda Constitucional 26, de 14 de fevereiro de 2000, incluiu a moradia entre os direitos sociais previstos no art. 6.º da CF/1988, o qual constitui norma de ordem pública. Ora, ao proceder de tal maneira, o constituinte nada mais fez do que reconhecer o óbvio: a moradia como direito fundamental da pessoa humana para uma vida digna em sociedade.

Com espeque na alteração realizada pela Emenda Constitucional 26 e no próprio escopo da Lei 8.009/1990, resta claro que as exceções previstas no art. 3.º dessa lei não podem ser tidas como irrefutáveis, sob pena de dar cabo, em alguns casos, à função social que exerce o bem de família, o que não pode ser admitido. Na esteira de tal entendimento, já se pronunciou o STJ:

'Recurso especial. Processual civil e constitucional. Locação. Fiador. Bem de família. Impenhorabilidade. Art. 3.º, VII, da Lei 8.009/1990. Não recepção. Com respaldo em recente julgado proferido pelo Pretório Excelso, é impenhorável bem de família pertencente a fiador em contrato de locação, porquanto o art. 3.º, VII, da Lei 8.009/1990 não foi recepcionado pelo art. 6.º da Constituição Federal (redação dada pela Emenda Constitucional 26/2000). Recurso desprovido' (STJ, 5.ª Turma, REsp 699.837/RS, Relator: Ministro Félix Fischer, data do julgamento: 02.08.2005).

Ademais, a prevalecer o entendimento segundo o qual o direito à moradia não se confunde com o direito à propriedade imobiliária, o que se verá é o insensato desalojamento de inúmeras famílias ao singelo argumento de que subsiste o direito à moradia arrendada, como se a ordem econômica excludente sob a qual vivemos não trouxesse agruras bastantes à classe média. Em outras palavras, com efeito, facilita-se a moradia do locatário e subtrai a do fiador.

Não se olvida que a penhorabilidade do bem de família do fiador, além de afrontar o direito à moradia, fere os princípios constitucionais da isonomia e da razoabilidade. Isso devido ao fato de que não há razão para estabelecer tratamento desigual entre o locatário e o seu fiador, sobretudo porque a obrigação do fiador é acessória à do locatário, e, assim, não há justificativa para prever a impenhorabilidade do bem de família em relação a este e vedá-la em relação àquele.

Por derradeiro, insubsistente é o argumento de que a possibilidade de penhora do bem de família do fiador estimula e facilita o acesso à habitação arrendada. É que, diante de tal possibilidade, poucos se aventurarão a prestar fiança, o que dificultará sobremaneira o cumprimento de tal requisito por parte do locatário, que terá a penosa tarefa de conseguir um fiador.

Destarte, entende-se que a exceção à impenhorabilidade do bem de família prevista no art. 3.º, VII, da Lei 8.009/1990 não deve ser aplicada ao caso sob julgamento".

Assim também vejo a proteção da moradia que consta do art. 6.º da CF/1988. Em reforço, foram encontradas outras decisões de outros Tribunais concluindo do mesmo modo, ou seja, pela inconstitucionalidade do art. 3.º, inc. VII, da Lei 8.009/1990. Nessa linha, há acórdãos do Tribunal de Justiça do Mato Grosso do Sul (TJMS, Acórdão 2008.025448-7/0000-00, 5.ª Turma Cível, Campo Grande, Rel. Des. Vladimir Abreu da Silva, *DJEMS* 08.06.2009, p. 36), do Tribunal de Sergipe (TJSE, Agravo de Instrumento 2008203947, Acórdão 3245/2009, 1.ª Câmara Cível, Rel. Des. Cláudio Dinart Déda Chagas, *DJSE* 11.05.2009, p. 11), do Tribunal de Santa Catarina (TJSC, Embargos de Declaração 2006.027903-6, 2.ª Câmara de Direito Civil, Blumenau, Rel. Des. Salete Silva Sommariva, *DJSC* 19.03.2008, p. 139), do Tribunal do Paraná (TJPR, Agravo de Instrumento 352151-1, Acórdão 4269, 16.ª Câmara Cível, Curitiba, Rel. Des. Maria Mercis Gomes Aniceto, j. 16.11.2006, *DJPR* 01.12.2006) e do Tribunal do Rio Grande do Sul (TJRS, Apelação Cível 251772-57.2013.8.21.7000, 15.ª Câmara Cível, Porto Alegre, Rel. Des. Otávio Augusto de Freitas Barcellos, j. 11.09.2013, *DJERS* 18.09.2013).

Ao final de 2014, o Superior Tribunal de Justiça julgou a questão em sede de incidente de recursos repetitivos, diante dessa tendência nos Tribunais Estaduais, visando a afastá-la. Conforme publicação constante do *Informativo* n. 552 daquela Corte:

"É legítima a penhora de apontado bem de família pertencente a fiador de contrato de locação, ante o que dispõe o art. 3.º, VII, da Lei 8.009/1990. A Lei 8.009/1990 institui a proteção legal do bem de família como instrumento de tutela do direito fundamental à moradia da entidade familiar e, portanto, indispensável à composição de um mínimo existencial para uma vida digna. Nos termos do art. 1.º da Lei 8.009/1990, o bem imóvel destinado à moradia da entidade familiar é impenhorável e não responderá pela dívida contraída pelos cônjuges, pais ou filhos que sejam seus proprietários e nele residam, salvo nas hipóteses previstas no art. 3.º da aludida norma. Nessa linha, o art. 3.º excetua, em seu inciso VII, a obrigação decorrente de fiança concedida em contrato de locação, isto é, autoriza a constrição de imóvel – considerado bem de família – de propriedade do fiador de contrato locatício. Convém ressaltar que o STF assentou a constitucionalidade do art. 3.º, VII, da Lei 8.009/1990 em face do art. 6.º da CF, que, a partir da edição da Emenda Constitucional 26/2000, incluiu o direito à moradia no rol dos direitos sociais (RE 407.688/ AC, Tribunal Pleno, *DJ* 06.10.2006 e RE 612.360/RG, Tribunal Pleno, *DJe* 03.09.2010)" (STJ, REsp 1.363.368/MS, Rel. Min. Luis Felipe Salomão, j. 12.11.2014).

Em outubro de 2015, também infelizmente, tal posição foi resumida na Súmula n. 549 da Corte, segundo a qual: "É válida a penhora de bem de família pertencente a fiador de contrato de locação".

Com a última sumular, a questão parecia ter sido resolvida mais uma vez, pois o CPC/2015 estabelece que as decisões ementadas do Superior Tribunal de Justiça vinculam os advogados (art. 332, inciso I) e os juízes de primeira e segunda instância (art. 489, § 1.º, inciso VI). Porém, nota-se a presença no nosso sistema de uma súmula que dá fundamento a um dispositivo totalmente ilógico e inconstitucional, criticado por toda a doutrina contemporânea.

A demonstrar toda a instabilidade jurisprudencial a respeito do tema, em 2018 surgiu nova decisão do Supremo Tribunal Federal concluindo pela inconstitucionalidade da previsão a respeito da penhora do bem de família do fiador, em caso de locação não residencial e retomando os argumentos do Ministro Carlos Velloso. A ementa é da Primeira Turma do Tribunal, tendo sido prolatada por maioria e assim publicada no *Informativo* n. *906* da Corte Suprema:

> "Impenhorabilidade do bem de família e contratos de locação comercial. Não é penhorável o bem de família do fiador, no caso de contratos de locação comercial. Com base neste entendimento, a Primeira Turma, por maioria e em conclusão de julgamento, deu provimento a recurso extraordinário em que se discutia a possibilidade de penhora de bem de família do fiador em contexto de locação comercial. Vencidos os Ministros Dias Toffoli (relator) e Roberto Barroso que negaram provimento ao recurso. Ressaltaram que o Supremo Tribunal Federal pacificou o entendimento sobre a constitucionalidade da penhora do bem de família do fiador por débitos decorrentes do contrato de locação. A lógica do precedente é válida também para os contratos de locação comercial, na medida em que – embora não envolva o direito à moradia dos locatários – compreende o seu direito à livre-iniciativa. A possibilidade de penhora do bem de família do fiador – que voluntariamente oferece seu patrimônio como garantia do débito – impulsiona o empreendedorismo, ao viabilizar a celebração de contratos de locação empresarial em termos mais favoráveis. Por outro lado, não há desproporcionalidade na exceção à impenhorabilidade do bem de família (Lei n.º 8.009/1990, art. 3.º, VII). O dispositivo legal é razoável ao abrir a exceção à fiança prestada voluntariamente para viabilizar a livre-iniciativa" (STF, RE 605.709/SP, Rel. Min. Dias Toffoli, red. p/ ac. Min. Rosa Weber, j. 12.06.2018).

Diante dessa decisão, e de outras, o Pleno do Supremo Tribunal Federal reconheceu a repercussão geral a respeito do assunto em março de 2021. Isso se deu nos autos do Recurso Extraordinário 1.307.334 (Tema 1.127). Em março de 2022, o STF julgou a questão, reafirmando sua posição anterior – em prol da livre-iniciativa e da proteção do mercado –, no sentido de ser constitucional essa previsão legal a respeito da penhora do bem de família do fiador.

Votaram nesse sentido os Ministros Roberto Barroso, Nunes Marques, Dias Toffoli, Gilmar Mendes, André Mendonça e Luiz Fux, seguindo-se ainda o argumento de que a Lei de Locação não faz distinção entre fiadores de locações residenciais e comerciais em relação à possibilidade da penhora do seu bem de família.

Em sentido contrário votaram os Ministros Edson Fachin, Ricardo Lewandowski, Rosa Weber e Cármen Lúcia, pois o Direito Constitucional à moradia deveria prevalecer sobre os princípios da livre-iniciativa e da autonomia contratual, que podem ser resguardados de outras formas. Ao final foi ementada a seguinte tese em repercussão geral, que deve ser adotada para os devidos fins práticos: "é constitucional a penhora de bem de família pertencente a fiador de contrato de locação, seja residencial, seja comercial".

Acrescente-se que, na sequência, o Superior Tribunal de Justiça cristalizou a mesma posição em julgamento de recursos repetitivos, ementando que:

> "Tese definida no Tema 1127 foi a de que 'é constitucional a penhora de bem de família pertencente a fiador de contrato de locação, seja residencial, seja comercial'. Nessa

perspectiva, a Segunda Seção do STJ, assim como o fez o STF, deve aprimorar os enunciados definidos no REsp Repetitivo 1.363.368/MS e na Súmula 549 para reconhecer a validade da penhora de bem de família pertencente a fiador de contrato de locação comercial. Isso porque a lei não distinguiu entre os contratos de locação para fins de afastamento do bem de família, (art. 3.º, inciso VII, da Lei n. 8.009/1990)" (STJ, REsp 1.822.040/PR, 2.ª Seção, Rel. Min. Luis Felipe Salomão, v.u., j. 08.06.2022 – Tema 1091).

De todo modo, por todo esse panorama de dúvidas e incertezas no âmbito da jurisprudência, continuo a entender que a melhor solução para a temática, de fato, é que a norma seja revogada, resolvendo-se definitivamente a questão e afastando-se a grande instabilidade que sempre existiu sobre o tema. Com esse instigante debate, encerram-se o estudo da fiança e o presente capítulo.

10.5 RESUMO ESQUEMÁTICO

Locação de coisas. Conceito: Contrato pelo qual o locador se obriga a ceder ao locatário, por tempo determinado ou não, o uso e o gozo de coisa não fungível, mediante certa remuneração (aluguel).

Natureza jurídica: O contrato é bilateral, oneroso, consensual, comutativo e informal (em regra).

Tratamento legislativo: A locação de coisas é tratada pelo Código Civil, pela Lei de Locação (Lei 8.245/1991) e pelo Estatuto da Terra (Lei 4.504/1964). Também pode ser aplicado à locação de coisas móveis o Código de Defesa do Consumidor (exemplo: locação de veículos).

As normas previstas para a locação de coisas no Código Civil (arts. 565 a 578) aplicam-se aos bens móveis e a alguns imóveis, como aqueles que são excluídos de aplicação pelo art. 1.º da própria Lei 8.245/1991 (exemplos: vagas de garagem, espaços publicitários e hotéis e similares). O art. 2.036 do CC em vigor apenas afasta a aplicação das regras previstas no Código Civil para a locação de imóveis urbanos.

Para a caracterização do que seja imóvel urbano, leva-se em conta a DESTINAÇÃO DA COISA, não a sua localização. O Código de Defesa do Consumidor não se aplica às relações locatícias tratadas pela Lei de Locação, segundo o entendimento majoritário da doutrina e da jurisprudência.

Esquematizando:

Principais regras quanto à extinção do contrato de locação previstas na Lei 8.245/1991

1.ª Regra: *Locação residencial com contrato fixado por escrito por 30 meses ou mais* – O contrato rescinde-se no término do prazo, com prorrogação por tempo indeterminado, caso silentes as partes por mais de 30 dias. Ocorrida a prorrogação, caberá denúncia imotivada (*denúncia vazia*), a qualquer tempo, com 30 dias para a desocupação, em regra.

2.ª Regra: *Locação residencial com contrato fixado verbalmente ou por escrito, por menos de 30 meses* – As duas formas de locação (verbal ou por escrito com prazo inferior a trinta meses) merecem o mesmo tratamento no art. 47 da Lei de Locação. Quanto ao contrato celebrado por escrito, findo o prazo ajustado sem a celebração de novo contrato, a locação prorrogar-se-á automaticamente. Em todos esses casos, a retomada do imóvel só será possível por meio da denúncia cheia, nas seguintes hipóteses: A) Previsões do art. 9.º da Lei de Locação (mútuo acordo, infração contratual ou legal, falta de pagamento e obras aprovadas pelo Poder Público). B) Em decorrência de extinção do contrato de trabalho, se a ocupação do imóvel estiver relacionada com o seu emprego. C) Havendo pedido para uso próprio, do cônjuge, companheiro ou para uso residencial de ascendente ou descendente que não disponha, assim como seu cônjuge ou companheiro, de imóvel residencial próprio. D) Se o imóvel for pedido para demolição licenciada ou para a realização de obras aprovadas pelo Poder Público, que aumentem a área construída em, no mínimo, vinte por cento (20%), ou se o imóvel for destinado a exploração de hotel ou pensão, em cinquenta por cento (50%). E) Se a vigência sem interrupção do contrato superar cinco anos.

3.ª Regra: *Locação para temporada* – É aquela celebrada para fins de residência temporária do locatário, para a prática de lazer, realização de cursos, tratamento de saúde, feitura de obras em seu imóvel e outros fatos que decorram de determinado tempo, cujo prazo não pode ser superior a 90 dias, esteja ou não mobiliado o imóvel (art. 48 da LL). Findo o prazo estipulado, se o locatário permanecer no imóvel por mais de 30 dias, a locação estará prorrogada por tempo indeterminado, não sendo mais cabível exigir o pagamento antecipado dos aluguéis. Ocorrendo essa prorrogação, a locação somente poderá ser denunciada após 30 meses do seu início ou havendo motivos para denúncia cheia (art. 50 da LL).

4.ª Regra: *Locação não residencial* – Como regra, para a locação de imóvel não residencial (inclusive para fim comercial, ou melhor, empresarial), sendo celebrado o contrato por qualquer prazo (ou seja, por prazo determinado), estará o mesmo extinto findo o prazo estipulado, independentemente de notificação ou aviso, cabendo denúncia vazia (art. 56 da LL). Em casos tais, é dispensável a notificação prévia nos 30 dias seguintes ao termo final do contrato. Findo o prazo estipulado, se o locatário permanecer no imóvel por mais de 30 dias sem oposição do locador, incidirá a presunção de prorrogação da locação nas mesmas condições anteriormente ajustadas, mas sem prazo determinado (art. 56, parágrafo único, da LL). Nessa situação, a regra continua sendo de cabimento de denúncia vazia, mas a lei exige que o locatário seja notificado para a desocupação em 30 dias (art. 57 da LL).

Atenção: Existem outras formas de locação não residencial que merecem tratamento especial pela lei, caso das locações para asilos, escolas e hospitais.

Ações tratadas pela Lei 8.245/1991:

a) *Ação de Despejo* (arts. 59 a 66 da LL) – É a principal ação a ser promovida pelo locador para retomada do imóvel, podendo ser fundamentada em denúncia vazia (sem motivos) ou cheia (com motivos). A ação de despejo segue, em regra, o procedimento comum.

b) *Ação de Consignação de Aluguéis e Acessórios da Locação* (art. 67 da LL) – Ação que visa ao depósito judicial pelo locatário dos aluguéis e acessórios da locação, constando o locador ou o seu representante como réu. A ação segue rito especial próprio, não aquele tratado pelo CPC para a consignação em pagamento.

c) *Ação Revisional de Aluguel* (arts. 68 a 70 da LL) – Prevê o art. 19 da Lei de Locação que, "não havendo acordo, o locador ou o locatário, após três anos de vigência do contrato ou do acordo anteriormente realizado, poderão pedir revisão judicial do aluguel, a fim de ajustá-lo ao preço de mercado". A referida ação pode ser proposta tanto pelo locador quanto pelo locatário e tem como objetivo adequar o valor do contrato à realidade social. O rito era o sumário, antes do Novo CPC. Agora, passa a seguir o procedimento comum, o que é desfavorável ao autor da ação.

d) *Ação Renovatória* (arts. 51 a 53 e 71 a 75 da LL) – Dentro do ordenamento jurídico brasileiro, é possibilitada ao locatário a renovação de locação não residencial, uma vez presentes os seguintes requisitos essenciais da formação do ponto comercial ou empresarial, conforme o art. 51 da Lei de Locação. O rito da ação é especial.

CAP. 10 · CONTRATOS EM ESPÉCIE – LOCAÇÃO DE COISAS E FIANÇA | 541

Fiança. Conceito: A fiança, também denominada caução fidejussória, é o contrato pelo qual alguém, o fiador, garante satisfazer ao credor uma obrigação assumida pelo devedor, caso este não a cumpra (arts. 818 a 838 do CC). O fiador assume pessoalmente uma dívida de terceiro frente ao credor.

Natureza jurídica: Contrato unilateral, gratuito, consensual, comutativo, exigindo forma escrita. Trata-se de um contrato acessório *sui generis*.

Regras importantes:

– Como regra geral, o fiador não é devedor solidário, mas subsidiário, pois tem a seu favor o chamado *benefício de ordem ou de excussão*. Isso significa dizer que primeiro deve ser demandado o devedor principal. Entretanto, como é comum na prática, o fiador pode renunciar a esse benefício de ordem ou assumir a condição de devedor solidário.

– Por outra via, haverá solidariedade ENTRE FIADORES, salvo se for estipulado o *benefício de divisão* entre eles, o que afasta esta regra.

– A fiança não admite interpretação extensiva. A Súmula 214 do STJ prevê que o fiador na locação não responde por obrigações resultantes de aditamento ao qual não anuiu.

– O art. 835 do CC traz uma forma de exoneração unilateral a favor do fiador, por simples notificação do credor, se a fiança for fixada sem prazo determinado. A Lei 12.112/2009 introduziu sistema semelhante na Lei 8.245/1991 (art. 40, X).

10.6 QUESTÕES CORRELATAS

01. (AL – GO – CS-UFG – Procurador – 2015) A matéria relativa às locações dos imóveis urbanos e os procedimentos a elas pertinentes é objeto de minuciosa normatização pela Lei n. 8.245, de 18 de outubro de 1991, conhecida como Lei do Inquilinato. No tocante às garantias locatícias, esse diploma legal prescreve:

(A) a caução, a fiança, o seguro de fiança locatícia e o aval são modalidades específicas.

(B) a presença de mais de uma das modalidades de garantia em um mesmo contrato de locação é permitida.

(C) a garantia da locação, em qualquer modalidade, se estende até a efetiva devolução do imóvel, independentemente de disposição contratual em contrário.

(D) a caução poderá ser em bens móveis ou imóveis.

02. (TRT – MT – FCC – Juiz do Trabalho Substituto – 2015) Lucas, empregado de Fit Construções, firmou contrato de locação com Mauro, pelo prazo de 30 meses, tendo sido estipulado que, em caso de devolução antecipada do imóvel, seria devida multa equivalente a 3 aluguéis. Depois do início do contrato, Fit Construções transferiu Lucas para localidade diversa, levando-o a devolver o imóvel. Para que ocorra a devolução, Lucas deverá

(A) notificar Mauro com antecedência mínima de 30 dias, ficando dispensado do pagamento de multa apenas no caso de Fit Construções se tratar de empresa pública.

(B) pagar a multa pactuada, em sua integralidade.

(C) pagar a multa pactuada proporcionalmente ao período de cumprimento do contrato.

(D) notificar Mauro com antecedência mínima de 30 dias e pagar a multa pactuada proporcionalmente ao período de cumprimento do contrato.

(E) notificar Mauro com antecedência mínima de 30 dias, ficando dispensado do pagamento de multa, seja Fit Construções empresa pública ou privada.

542 | DIREITO CIVIL • VOL. 3 – *Flávio Tartuce*

03. (FGV – OAB – Exame de Ordem Unificado XVIII – 2015) João Henrique residia com sua companheira Natália em imóvel alugado a ele por Frederico pelo prazo certo de trinta meses, tendo como fiador Waldemar, pai de João Henrique. A união do casal, porém, chegou ao fim, de forma que João Henrique deixou o lar quando faltavam seis meses para o fim do prazo da locação. O locador e o fiador foram comunicados a respeito da saída de João Henrique do imóvel. Sobre o caso apresentado, assinale a afirmativa correta.

(A) Como o locatário era João Henrique, sua saída do imóvel implica a extinção do contrato de locação, podendo Frederico exigir, imediatamente, que Natália o desocupe.

(B) Como João Henrique era o locatário, sua saída permite que Natália continue residindo no imóvel apenas até o término do prazo contratual, momento em que o contrato se extingue, sem possibilidade de renovação, salvo nova convenção entre Natália e Frederico.

(C) Com a saída do locatário do imóvel, a locação prossegue automaticamente tendo Natália como locatária, porém a fiança prestada por Waldemar caduca, permitindo a Frederico exigir de Natália o oferecimento de nova garantia, sob pena de resolução do contrato.

(D) Com a saída do locatário, a locação prossegue com Natália, permitido a Waldemar exonerar-se da fiança em até trinta dias da data em que for cientificado da saída do seu filho do imóvel; ainda assim, a exoneração só produzirá efeitos cento e vinte dias depois de notificado o locador.

04. (VUNESP – TJSP – Titular de Serviços de Notas e de Registros – 2016) O exercício do direito de preferência pelo locatário que pretender haver o imóvel, mediante o depósito do preço e das despesas de transferência, pressupõe

(A) a averbação do contrato de locação junto à matrícula do imóvel no início da locação.

(B) a formalização do contrato de locação por instrumento público.

(C) a averbação do contrato de locação junto à matrícula do imóvel pelo menos 30 dias antes da alienação.

(D) a manifestação de interesse na aquisição do imóvel, para o registrador, pelo menos 90 dias antes da alienação.

05. (FCC – TJAL – Juiz Substituto – 2015) No contrato de locação predial urbana

(A) salvo expressa disposição contratual em contrário, as benfeitorias necessárias introduzidas pelo locatário, ainda que não autorizadas pelo locador, bem como as úteis, desde que autorizadas, serão indenizáveis e permitem o exercício do direito de retenção.

(B) as partes não podem dispor a respeito da indenização por benfeitorias, devendo seguir só o que a lei estabelece.

(C) as benfeitorias necessárias introduzidas, ainda que não autorizadas pelo locador, bem como as úteis, desde que autorizadas, serão indenizáveis e permitem o exercício do direito de retenção, não sendo permitida cláusula em sentido contrário, quando tratar de locação de imóvel residencial.

(D) as benfeitorias voluptuárias não são indenizáveis, podendo ser levantadas pelo locatário, finda a locação, ainda que sua retirada afete a estrutura ou a substância do imóvel, mas, neste caso, poderá o locador optar pela indenização.

(E) somente são indenizáveis as benfeitorias necessárias, independentemente de autorização do locador, não se admitindo cláusula em sentido contrário.

06. (UFMT – DPE-MT – Defensor Público – 2016) Sobre o contrato de locação, assinale a assertiva *incorreta*.

(A) Havendo mais de um locador ou mais de um locatário, entende – se que são solidários se o contrário não se estipulou.

(B) O contrato de locação pode ser ajustado por qualquer prazo, dependendo de vênia conjugal, se igual ou superior a dez anos.

(C) Seja qual for o fundamento do término da locação, a ação do locador para reaver o imóvel é a de despejo, mas se a locação termina em decorrência de desapropriação, haverá imissão do expropriante na posse do imóvel, não sendo necessária a ação de despejo.

CAP. 10 · CONTRATOS EM ESPÉCIE – LOCAÇÃO DE COISAS E FIANÇA | **543**

(D) Em casos de separação de fato, separação judicial, divórcio ou dissolução da união estável, a locação residencial prosseguirá automaticamente com o cônjuge ou companheiro que permanecer no imóvel. Nesse caso, o fiador poderá exonerar-se das suas responsabilidades no prazo de 30 (trinta) dias contado do recebimento da comunicação, ficando responsável pelos efeitos da fiança durante 120 (cento e vinte) dias após a notificação ao locador.

(E) Se o imóvel for alienado durante a locação, o adquirente poderá denunciar o contrato, com o prazo de trinta dias para a desocupação, salvo se a locação for por tempo determinado e o contrato contiver cláusula de vigência em caso de alienação e estiver averbado junto à matrícula do imóvel.

07. (UECE – FUNECE – Advogado – 2017) Assinale a opção que completa corretamente a lacuna do dispositivo legal a seguir:

"_____, uma das partes se obriga a ceder à outra, por tempo determinado ou não, o uso e gozo de coisa não fungível, mediante certa retribuição".

(A) No comodato

(B) No mútuo

(C) Na locação de coisas

(D) Na prestação de serviço

08. (TJSP – VUNESP – Juiz Substituto – 2017) Assinale a alternativa correta.

(A) O fiador pode se exonerar do cumprimento da garantia estabelecida sem limitação de tempo, desde que promova a notificação do credor.

(B) A ausência de renúncia ao benefício de ordem impede a excussão de bens do fiador, caso o devedor recaia em insolvência.

(C) A fiança por dívida futura não admite exoneração do fiador, exceto se a obrigação ainda não exigível for cumprida antecipadamente.

(D) A manifestação de vontade do devedor é requisito essencial à validade da fiança.

09. (Assistente Securitário – FGV – 2018) Uma das garantias pessoais ao cumprimento de um contrato é a fiança, que é prestada por um terceiro denominado fiador. Acerca dessa garantia, analise as afirmativas a seguir.

I. O contrato de fiança pode ser celebrado verbalmente ou por escrito, admitindo, em qualquer caso, interpretação extensiva. II. A fiança pode ser parcial e, nesse caso, o fiador não será obrigado além da parte da dívida que toma sob sua responsabilidade. III. Se o fiador se tornar insolvente ou incapaz, poderá o credor exigir que seja substituído.

Está correto o que se afirma em:

(A) somente I;

(B) somente II;

(C) somente I e III;

(D) somente II e III;

(E) I, II e III.

10. (Defensor Público – DPE-RS – FCC – 2018) O contrato de fiança é o instrumento pelo qual uma pessoa garante satisfazer ao credor uma obrigação assumida pelo devedor, caso este não a cumpra. Considerando as normas que regulamentam o instituto da fiança, avalie as seguintes asserções e a relação proposta por elas:

I. A estipulação da fiança é condicionada ao consentimento expresso do devedor.

PORQUE

II. A fiança deve se dar por escrito e não admite interpretação extensiva.

Nesse caso,

(A) a asserção I é uma proposição falsa e a II é uma proposição verdadeira.

(B) as asserções I e II são proposições verdadeiras e a II é uma justificativa da I.

(C) as asserções I e II são proposições verdadeiras, mas a II não é uma justificativa da I.

544 DIREITO CIVIL • VOL. 3 – *Flávio Tartuce*

(D) a asserção I é uma proposição verdadeira e a II é uma proposição falsa.

(E) as asserções I e II são proposições falsas.

11. **(Juiz Leigo – TJ-RJ – VUNESP – 2018) Diego possuía, em sua casa, um freezer que não estava utilizando e teve conhecimento de que Cláudia, sua vizinha, doceira, estava precisando de um freezer para guardar suas encomendas para as festas de final de ano. Diego ofereceu o freezer à venda, mas Cláudia fez a proposta de apenas alugá-lo.**

Diante da situação hipotética, e considerando o disposto no Código Civil sobre a locação de coisas, assinale a alternativa correta.

(A) Se durante o período de locação do freezer, Diego vier a falecer, a locação é extinta.

(B) Para a locação de coisas é necessário que o aluguel seja por prazo determinado.

(C) Se findo o prazo de locação, Cláudia continuar na posse do freezer, sem oposição de Diego, presumir-se-á a venda do objeto.

(D) Se Cláudia empregar o freezer em uso diverso do ajustado, Diego poderá rescindir o contrato, mas não poderá exigir perdas e danos.

(E) Se Cláudia, notificada, não restituir o freezer, pagará, enquanto o tiver em seu poder, o aluguel que Diego arbitrar, e responderá por danos que o freezer venha a sofrer, embora proveniente de caso fortuito.

12. **(Defensor Público – DPE-PE – CESPE – 2018) Com base na jurisprudência do STJ, assinale a opção correta, a respeito de locação de imóveis urbanos.**

(A) É impenhorável o bem de família pertencente a fiador em contrato de locação.

(B) Em contrato de locação, as benfeitorias voluptuárias não são passíveis de indenização; finda a locação, essas benfeitorias podem ser levantadas pelo locatário, desde que a sua retirada não afete a estrutura nem a substância do imóvel.

(C) Nos contratos de locação, a inclusão de cláusulas de renúncia à indenização das benfeitorias e de direito de retenção é ilegal.

(D) Benfeitorias necessárias serão indenizáveis apenas se autorizadas pelo locador.

(E) Se o locatário estiver em situação de vulnerabilidade, aplica-se o CDC ao contrato de locação.

13. **(Procurador Jurídico – Câmara de Campo Limpo Paulista – SP – VUNESP – 2018) A respeito do contrato de fiança, é correto afirmar:**

(A) é espécie de contrato bilateral.

(B) a fiança prestada sem autorização de um dos cônjuges implica a ineficácia parcial da garantia.

(C) a estipulação da fiança depende do consentimento do credor.

(D) a fiança, sem prazo determinado, gera a possibilidade de exoneração unilateral do fiador.

(E) o valor da fiança deve ser igual ao valor da obrigação principal.

14. **(Procurador – VUNESP – FAPESP – 2018) O denominado "desconto de pontualidade", concedido por um locador de máquinas a uma empresa que faz serviços de pavimentação, para que efetue o pagamento das mensalidades até a data do vencimento ajustado, pode ser considerado como**

(A) cláusula abusiva.

(B) cláusula nula.

(C) espécie de cláusula penal.

(D) modo de incentivar o contratante a realizar um comportamento positivo.

(E) multa compensatória.

15. **(Advogado Legislativo-Procurador – AL-AP – FCC – 2020) No tocante ao contrato de fiança, é correto afirmar:**

(A) Dívidas futuras não podem ser objeto de fiança, por impossibilidade jurídica do objeto.

(B) Pode ser estipulada livremente, mas não sem a anuência do devedor, nem contra sua vontade expressamente exteriorizada.

CAP. 10 · CONTRATOS EM ESPÉCIE – LOCAÇÃO DE COISAS E FIANÇA | 545

(C) O fiador demandado pelo pagamento da dívida tem direito a exigir, até a sentença, que primeiro sejam executados os bens do devedor.

(D) As obrigações nulas não são suscetíveis de fiança, exceto se a nulidade resultar apenas de inca-pacidade pessoal do devedor, mas essa exceção não abrange o caso de mútuo feito a menor.

(E) A fiança pode dar-se por escrito ou verbalmente, nesse caso provando-se por testemunhas, não se admitindo interpretação extensiva.

16. **(Advogado – Prefeitura de São Roque-SP – VUNESP – 2020) Judas alugou uma casa de Pedro. José, casado sob o regime da comunhão universal de bens, foi o fiador do con-trato de locação, sem a participação de sua esposa. Em razão de ter sido despedido de seu emprego, Judas deixou de pagar o aluguel. Após 12 meses sem pagamento, Judas e Pedro assinaram um aditamento do contrato, sem a participação de José, por meio do qual foram os valores em atraso perdoados e o aluguel aumentado em 50%. Judas continuou a não pagar o aluguel, e Pedro ajuizou uma ação de despejo contra Judas, cumulada com cobrança dos valores devidos. A ação foi julgada procedente e foi iniciado o cumprimento de sentença contra Judas e contra José, tendo sido penhorada a única casa deste, onde residia com sua família.**

Pode-se corretamente afirmar que

(A) a fiança prestada sem autorização de um dos cônjuges implica a ineficácia total da garantia, mesmo no regime da comunhão universal de bens.

(B) o fiador que não integrou a relação processual na ação de despejo responde pela execução do julgado, visto que sua responsabilidade decorre do contrato.

(C) o fiador, na locação, responde por obrigações resultantes de aditamento ao qual não anuiu, visto que o dever de pagar decorre do contrato aditado.

(D) a interrupção da prescrição para a cobrança dos aluguéis e acessórios atinge o fiador, que não participou da ação de despejo.

(E) não é válida a penhora de bem de família pertencente a fiador de contrato de locação.

17. **(Procurador do Trabalho – MPT – 2020) Analise as seguintes proposições:**

I – De acordo com o Código Civil, os efeitos da sentença que decretar a resolução do contrato de execução continuada ou diferida, por onerosidade excessiva, valerão a partir da data da intimação das partes de sua publicação.

II – Os contratos civis e empresariais presumem-se paritários e simétricos até a presença de elementos concretos que justifiquem o afastamento dessa presunção, ressalvados os regimes jurídicos previstos em leis especiais.

III – Nos termos da Lei n.º 8.245/1991, que dispõe sobre as locações dos imóveis urbanos e procedimentos a elas pertinentes, quando ajustada com prazo inferior a 30 (trinta) meses, findo o prazo estabelecido, a locação prorroga-se automaticamente por prazo indeterminado, podendo, contudo, ser retomado o imóvel em decorrência de extinção do contrato de trabalho, se a ocupação do imóvel pelo locatário estiver relacionada com seu emprego.

Assinale a alternativa **correta**:

(A) Apenas a assertiva I está incorreta.

(B) Apenas a assertiva II está incorreta.

(C) Apenas a assertiva III está incorreta.

(D) Todas as assertivas estão corretas.

18. **(Advogado – Indústria de Material Bélico do Brasil – FGV – 2021) A sociedade empresária W e a sociedade empresária Y são parceiras comerciais de longa data. Diante dessa antiga relação de confiança, a sociedade Y aceitou assumir a posição de fiadora da sociedade W em contrato de compra de equipamento, celebrado entre W e a sociedade K. Tal avença foi estipulada por escrito.**

A respeito dessa hipótese, segundo o Código Civil, é correto afirmar que

(A) W e Y são devedores solidários em razão do contrato de fiança celebrado.

(B) O patrimônio de W será responsabilizado primeiramente pelo pagamento, não sendo lícito Y renunciar a esta ordem.

(C) Y, caso renuncie ao benefício de ordem, não poderá exigir que sejam primeiro executados os bens de W.

(D) W e Y são devedores solidários, não sendo lícita convenção em contrário.

(E) O patrimônio de Y será responsabilizado primeiramente pelo pagamento, caso renuncie ao benefício de ordem.

19. **(Defensor Público de 1ª Classe – DPE-MT – FCC –2022) De acordo com o Código Civil, na elaboração, formalização e execução do contrato de fiança,**

(A) exige-se o consentimento do devedor.

(B) é permitida a interpretação extensiva da garantia.

(C) é vedado que dívidas futuras sejam objeto do ajuste.

(D) admite-se que apenas parte da dívida fique sob a responsabilidade do fiador.

(E) em qualquer hipótese, é vedada a transmissão da obrigação do fiador aos herdeiros, em caso de falecimento daquele.

20. **(DPE-RO – Cespe/Cebraspe – Defensor Público substituto – 2023) É obrigação do locador de imóvel urbano arcar com as despesas relativas a**

(A) salários, encargos trabalhistas, contribuições previdenciárias e sociais dos empregados do condomínio.

(B) limpeza, conservação e pintura das instalações e dependências de uso comum.

(C) manutenção e conservação das instalações e dos equipamentos hidráulicos, elétricos, mecânicos e de segurança que sejam de uso comum.

(D) decoração e paisagismo nas partes de uso comum.

(E) manutenção e conservação das instalações e dos equipamentos de uso comum destinados à prática de esportes e ao lazer.

21. **(TJSP – Vunesp – Juiz substituto – 2023) Basílio emprestou R$ 30.000,00 para Marcela. Exigiu garantia fidejussória. O contrato foi assinado por Marcela e pelo fiador Joaquim. Marcela não pagou a dívida. Basílio ingressou com ação em face da devedora principal e do fiador. Considerando que Joaquim, no momento da contratação, omitiu que era casado com Maria, assinale a alternativa correta sobre o contrato de fiança, segundo a jurisprudência dominante e atual do Superior Tribunal de Justiça.**

(A) A fiança sem autorização do companheiro em união estável implica a ineficácia parcial da garantia. Não há, nesse caso, diferença de tratamento entre casamento e união estável.

(B) A responsabilidade do fiador pode exceder a dívida principal atribuída ao afiançado e ser contraída em condições mais onerosas. E, não sendo limitada, compreenderá todos os acessórios da dívida principal, inclusive as despesas judiciais, desde a citação do devedor.

(C) O fiador pode exonerar-se da fiança que tiver assinado sem limitação de tempo, sempre que lhe convier, ficando obrigado por todos os efeitos da sentença, durante 60 (sessenta) dias após a notificação do credor. Assim, dispensa-se o processo judicial, exigindo-se apenas a notificação. Essa regra do Código Civil se aplica igualmente às locações residenciais e não residenciais de imóveis urbanos, inclusive no que tange ao prazo para a exoneração da fiança.

(D) A fiança prestada sem autorização de um dos cônjuges implica a ineficácia total da garantia, salvo se o fiador emitir declaração falsa para ocultar seu estado civil de casado.

22. **(TJSP – Juiz substituto – Vunesp – 2024) Em relação ao contrato de fiança, assinale a alternativa correta.**

(A) O fiador pode compensar a sua dívida com a de seu credor ao afiançado.

(B) Dívidas futuras não admitem fiança.

CAP. 10 · CONTRATOS EM ESPÉCIE – LOCAÇÃO DE COISAS E FIANÇA | **547**

(C) A constituição da fiança depende do consentimento do devedor.

(D) A fiança conjuntamente prestada a um só débito por mais de uma pessoa importa o benefício da divisão, exceto se prevista solidariedade.

23. (Câmara de Americana-SP – Procurador Jurídico – Avança SP – 2024) A respeito do contrato de fiança, é CORRETO o que se afirma em:

(A) Poderá ser estipulado na forma verbal.

(B) Admite interpretação extensiva.

(C) Poderá ser estipulado ainda que sem consentimento do devedor ou contra a sua vontade.

(D) Não poderá ser de valor inferior ao da obrigação principal.

(E) As dívidas futuras não poderão ser objeto de fiança.

24. (Câmara de Americana-SP – Procurador Jurídico – Avança SP – 2024) Considerando um locatário de bem imóvel urbano, é correto afirmar que:

(A) O locatário possui legitimidade ativa para repetir indébito de IPTU e de taxas referentes ao imóvel alugado.

(B) O locatário possui legitimidade ativa para discutir a relação jurídico-tributária de IPTU referentes ao imóvel alugado, mas, não possui legitimidade ativa para discutir a relação jurídico-tributária de taxas referentes ao imóvel alugado.

(C) O locatário possui legitimidade ativa para discutir a relação jurídico-tributária de IPTU e de taxas referentes ao imóvel alugado e possui legitimidade ativa para repetir indébito desses tributos.

(D) O locatário não possui legitimidade ativa para discutir a relação jurídico-tributária de IPTU e de taxas referentes ao imóvel alugado nem para repetir indébito desses tributos.

(E) O locatário possui legitimidade ativa para discutir a relação jurídico-tributária de IPTU e de taxas referentes ao imóvel alugado, mas, não possui legitimidade ativa para repetir indébito desses tributos.

25. (TJMA – Analista Judiciário – Instituto Consulplan – 2024) Nos termos do Código Civil, a responsabilidade da fiança em caso de falecimento do fiador:

(A) Transfere-se integralmente aos herdeiros, sem limitação temporal ou financeira.

(B) Limita-se ao tempo decorrido até a morte do fiador e pode ultrapassar as forças da herança.

(C) Limita-se ao tempo decorrido até a morte do fiador e não pode ultrapassar as forças da herança.

(D) Extingue-se automaticamente com o falecimento do fiador, sem qualquer obrigação para os herdeiros.

26. (TJSC – Analista Jurídico – FGV – 2024) Marisa celebra contrato de locação residencial de imóvel de sua propriedade. Falece em 2019; os inquilinos são avisados e permanecem no imóvel, passando a pagar ao herdeiro Luiz. Em 2020, os locatários tornam-se inadimplentes. Luiz, então, ajuíza ação de cobrança. Em contestação, os réus alegam a ilegitimidade de Luiz, seja porque não é o locador, seja porque há outros três herdeiros de Marisa.

Nesse caso, é correto afirmar, exclusivamente à luz do direito civil, que:

(A) não assiste razão aos réus;

(B) assiste razão aos réus, uma vez que, por força da Lei nº 8.245/1991, com a morte do locador na locação residencial, sub-roga-se em seus direitos e obrigações o espólio, em vez dos herdeiros;

(C) assiste parcial razão aos réus, uma vez que, havendo vários herdeiros, todos se sub-rogam nos direitos e obrigações do devedor original, mas cada qual só pode cobrar sua cota parte;

(D) não assiste razão aos réus; mesmo assim, Luiz, ao receber, deverá lhes dar caução de ratificação quanto aos outros credores;

(E) assistia, a princípio, razão aos réus, uma vez que a Lei nº 8.245/1991 nada dispõe acerca da sucessão contratual; no entanto, quando aceitaram pagar diretamente a Luiz, ocorreu a novação do negócio jurídico.

GABARITO

01 – D	02 – E	03 – D
04 – C	05 – A	06 – E
07 – C	08 – A	09 – D
10 – A	11 – E	12 – B
13 – D	14 – D	15 – D
16 – A	17 – A	18 – C
19 – D	20 – D	21 – D
22 – A	23 – C	24 – D
25 – C	26 – A	

11

CONTRATOS EM ESPÉCIE – PRESTAÇÃO DE SERVIÇO E EMPREITADA

Sumário: 11.1 Introdução – 11.2 O contrato de prestação de serviço: 11.2.1 Conceito e natureza jurídica; 11.2.2 Regras do contrato de prestação de serviços previstas no Código Civil de 2002; 11.2.3 A extinção da prestação de serviço e suas consequências jurídicas – 11.3 O contrato de empreitada: 11.3.1 Conceito e natureza jurídica; 11.3.2 Regras específicas quanto à empreitada no Código Civil de 2002; 11.3.3 Extinção do contrato de empreitada – 11.4 Resumo esquemático – 11.5 Questões correlatas – Gabarito.

11.1 INTRODUÇÃO

Os contratos de prestação de serviço e de empreitada, tipificados no Código Civil de 2002 entre os arts. 593 e 626, ganharam uma nova relevância prática com a Emenda Constitucional 45, de 2004, que instituiu a *Reforma do Judiciário*. Por isso, o objeto deste capítulo é de muita utilidade para a prática trabalhista e para as provas dessa área.

Isso porque prescreve o atual art. 114, inc. I, da Constituição Federal a competência da Justiça do Trabalho para apreciar "as ações oriundas da relação de trabalho, abrangidos os entes de direito público externo e da administração pública direta e indireta da União, Estados, do Distrito Federal e dos Municípios". Para parte considerável da doutrina a previsão constitucional abrange os contratos de prestação de serviço e de empreitada, em que uma parte negocial exerce uma atividade laborativa, de forma individual.

Nesse sentido é o parecer de Estevão Mallet, professor da Faculdade de Direito da USP, analisando o citado artigo da CF/1988, com a sua atual redação:

"Deixa a Justiça de Trabalho de ter como principal competência, à vista da mudança, o exame dos litígios relacionados com o contrato de trabalho, para julgar os processos associados ao trabalho de pessoa natural em geral. Daí que agora lhe compete apreciar também as ações envolvendo a atividade de prestadores autônomos de serviço, tais como:

corretores, médicos, engenheiros, arquitetos além de outros profissionais liberais, além de transportadores, empreiteiros, diretores de sociedade anônima sem vínculo de emprego, representantes comerciais, consultores, etc., desde que desenvolvida a atividade diretamente por pessoa física" (MALLET, Estevão. *Apontamentos...*, 2005, p. 356).

Consigne-se que no âmbito jurisprudencial a questão vinha sendo debatida arduamente, havendo numerosos julgados que concluíam da mesma forma, abrangendo até a relação entre cliente e advogado (TRT 2.ª Região, RS 01825-2008-045-02-00-7, Acórdão 2009/0487308, 4.ª Turma, Rel. Des. Fed. Ricardo Artur Costa e Trigueiros, *DOESP* 03.07.2009, p. 10; TRT 10.ª Região, Recurso Ordinário 1258/2008-018-10-00.2, 2.ª Turma, Rel. Juiz Paulo Henrique Blair, *DEJT* 24.04.2009, p. 92).

Todavia, no âmbito da jurisprudência superior surgiram resistências, mormente no Tribunal Superior do Trabalho e no Superior Tribunal de Justiça. Quanto ao primeiro Tribunal, transcreve-se a seguinte ementa:

> "Incompetência da Justiça do Trabalho. Cobrança de honorários profissionais. Contrato de prestação de serviços. Não se insere na competência da Justiça do Trabalho a tarefa de dirimir controvérsia relativa à prestação dos serviços levada a cabo por profissional autônomo que, senhor dos meios e das condições da prestação contratada, coloca-se em patamar de igualdade (senão de vantagem) em relação àquele que o contrata. Tal é o caso típico dos profissionais da engenharia, advocacia, arquitetura e medicina que exercem seus misteres de forma autônoma, mediante utilização de meios próprios e em seu próprio favor. Recurso de revista não provido" (TST, Recurso de Revista 1110/2007-075-02-00.5, 1.ª Turma, Rel. Min. Lelio Bentes Corrêa, *DEJT* 05.06.2009, p. 242).

Em sede de Superior Tribunal de Justiça, na mesma linha, foi editada a Súmula 363, prevendo que "compete à Justiça estadual processar e julgar a ação de cobrança ajuizada por profissional liberal contra cliente".

De toda sorte, os dois últimos entendimentos – apesar de majoritários para a prática – parecem ser equivocados, pois o intuito da Emenda Constitucional 45 foi o de ampliar a competência da Justiça do Trabalho, para abranger toda e qualquer relação de trabalho, e não necessariamente a relação de emprego. Dessa forma, seguindo a conclusão da ampliação da competência, os aplicadores do Direito que atuam na área trabalhista passaram a ter que lidar com contratos de natureza essencialmente privada, previstos no atual Código Civil brasileiro, desde que os serviços prestados tenham sido desempenhados por pessoas naturais. Por razões óbvias, caso o serviço seja prestado por uma pessoa jurídica, não há que se falar em competência da Justiça do Trabalho.

Mais recentemente, porém, o Supremo Tribunal Federal passou a afastar a presença dos elementos da relação de emprego em contratos de prestação de serviços como aqueles envolvendo os aplicativos e o uso de novas tecnologias; em negócios celebrados por meio de pessoas jurídicas, com a conhecida "pejotização"; e em situações específicas previstas em lei.

A partir de 2018, e até 2023, foi firmada tese nos julgamentos da ADPF 324 e do Tema 725 de repercussão geral da Suprema Corte, segundo os quais, respectivamente: "1. É lícita a terceirização de toda e qualquer atividade, meio ou fim, não se configurando relação de emprego entre a contratante e o empregado da contratada. 2. Na terceirização, compete à contratante: i) verificar a idoneidade e a capacidade econômica da terceirizada; e ii) responder subsidiariamente pelo descumprimento das normas trabalhistas, bem como por obrigações previdenciárias, na forma do art. 31 da Lei 8.212/1993" (ADPF 324, Rel. Min. Roberto Barroso); e "é lícita a terceirização ou qualquer outra forma de divisão do trabalho entre pessoas jurídicas distintas, independentemente do objeto social das empresas envolvidas, mantida a responsabilidade subsidiária da empresa contratante" (STF, RE 958.252, Rel. Min. Luiz Fux, Tema 725).

Esses entendimentos geraram outros acórdãos, reconhecendo a licitude de diferentes formas de relação de trabalho que não a relação de emprego regida pela Consolidação das Leis do Trabalho.

Nesse contexto, pode ser citada a contratação que se dá nos termos da Lei 11.442/2007, que trata do transporte rodoviário de cargas, como foi reconhecido pelo próprio Supremo Tribunal Federal no julgamento da ADC 48 e da ADI 3.961. Em julgamento de abril de 2020 foi afirmada a seguinte tese, para os fins de repercussão geral: "1 – A Lei 11.442/2007 é constitucional, uma vez que a Constituição não veda a terceirização, de atividade-meio ou fim. 2 – O prazo prescricional estabelecido no art. 18 da Lei 11.442/2007 é válido porque não se trata de créditos resultantes de relação de trabalho, mas de relação comercial, não incidindo na hipótese o art. 7.º, XXIX, CF. 3 – Uma vez preenchidos os requisitos dispostos na Lei 11.442/2007, estará configurada a relação comercial de natureza civil e afastada a configuração de vínculo trabalhista" (relatoria da Ministra Rosa Weber).

Também merece destaque o julgamento da ADI n. 5.625, em outubro de 2021, com a seguinte tese final: "1) É constitucional a celebração de contrato civil de parceria entre salões de beleza e profissionais do setor, nos termos da Lei n. 13.352, de 27 de outubro de 2016; 2) É nulo o contrato civil de parceria referido, quando utilizado para dissimular relação de emprego de fato existente, a ser reconhecida sempre que se fizerem presentes seus elementos caracterizadores" (Rel. Min. Nunes Marques).

A partir daí vieram outros julgamentos importantes, como o que afastou vínculo de emprego de médica contratada por meio de pessoa jurídica, por casa de saúde em São Paulo, que cita todos esses entendimentos anteriores (STF, Reclamação n. 65.011/SP, Rel. Min. Alexandre de Moraes, j. 11.01.2024).

Com grande expressão, merece ser também destacado o entendimento da Corte que afasta o vínculo de emprego entre empresa de aplicativo e motorista, podendo ser citado, por todos, o julgamento da Reclamação n. 59.975 oriunda de Minas Gerais, novamente com a relatoria do Ministro Alexandre de Moraes, em 19 de maio de 2024. Cabe destacar que pende a análise do tema pela Corte Suprema, em sede de repercussão geral, reconhecida em março de 2024, no Recurso Extraordinário 1.446.336 (Rel. Min. Edson Fachin, Tema 1.291).

Não se pode negar que essa última forma de julgar tem esvaziado não só a competência como também o conteúdo do próprio Direito do Trabalho, havendo uma *fuga para o Direito Privado*, tema que está em franco debate na realidade jurídica brasileira, envolvendo também os advogados e o Tribunal Superior do Trabalho. Aguardemos qual será o deslinde da última questão no âmbito da Suprema Corte Brasileira.

Como se pode perceber, tratar com os institutos contratuais não é tarefa fácil, como se pode notar da leitura da presente obra. De início, para compreender a gênese contratual, é preciso dominar todos os conceitos relacionados com a teoria geral do negócio jurídico, pois todo contrato é um negócio jurídico patrimonial. Além disso, é preciso conhecer a fundo o direito obrigacional, pois a maioria dos contratos são relações obrigacionais complexas, caracterizadas pelo *sinalagma*, pela proporcionalidade das prestações.

A teoria geral dos contratos talvez seja a ferramenta mais importante para a aplicação correta das regras contratuais. Nesse ponto, o Código Civil de 2002 traz uma verdadeira revolução, diante dos princípios da função social dos contratos e da boa-fé objetiva, analisados sob o prisma da autonomia privada. Por fim, para dominar a matéria é preciso conhecer as regras específicas dos contratos em espécie, o que está sendo feito neste momento.

Tudo isso passou a ser objeto de estudo e de atuação dos profissionais da área trabalhista. Por tal realidade, este livro traz subsídios para os que almejam a prática dessa área, sem perder de vista também as outras áreas.

Serão analisadas as regras específicas previstas para a prestação de serviço e a empreitada, tendo como pano de fundo os princípios contratuais e também o Projeto de Reforma do Código Civil, ora em tramitação no Congresso Nacional.

11.2 O CONTRATO DE PRESTAÇÃO DE SERVIÇO

11.2.1 Conceito e natureza jurídica

O contrato de prestação de serviços (*locatio operarum*) pode ser conceituado como o negócio jurídico pelo qual alguém – o prestador – compromete-se a realizar uma determinada atividade com conteúdo lícito, no interesse de outrem – o tomador –, mediante certa e determinada remuneração.

Trata-se de um contrato bilateral, pela presença do *sinalagma* obrigacional, eis que as partes são credoras e devedoras entre si. O tomador é ao mesmo tempo credor do serviço e devedor da remuneração. O prestador é credor da remuneração e devedor do serviço.

O contrato é oneroso, pois envolve sacrifício patrimonial de ambas as partes, estando presente uma remuneração denominada *preço* ou *salário civil*. Há um contrato consensual, que tem aperfeiçoamento com a mera manifestação de vontade das partes. Constitui um contrato comutativo, pois o tomador e o prestador já sabem de antemão quais são as suas prestações, qual o objeto do negócio. Por fim, o contrato é informal ou não solene, não sendo exigida sequer forma escrita para sua formalização, muito menos escritura pública.

O art. 593 do Código Civil de 2002 consagra a incidência da codificação somente em relação à prestação de serviço que não esteja sujeita às leis trabalhistas ou à lei especial. Desse modo, pelos exatos termos do que prevê a codificação privada, havendo elementos da relação de emprego regida pela lei especial, tais como a continuidade, a dependência e a subordinação, merecerão aplicação as normas trabalhistas, particularmente aquelas previstas na Consolidação das Leis do Trabalho (CLT – Decreto-lei 5.452/1943).

CAP. 11 • CONTRATOS EM ESPÉCIE – PRESTAÇÃO DE SERVIÇO E EMPREITADA | **553**

Ademais, em havendo uma prestação de serviço caracterizada como relação de consumo, deverá ser aplicado o Código de Defesa do Consumidor, caso estejam presentes os requisitos constantes dos arts. 2.º e 3.º da Lei 8.078/1990. Aplica-se o CDC nos casos em que um prestador, profissional na atividade que desempenha, oferece um serviço a um destinatário final, denominado *consumidor*, mediante uma remuneração direta ou vantagens indiretas. Como é notório, o CDC abrange os serviços de natureza bancária, financeira, de crédito e securitária, desde que não tenham natureza trabalhista (art. 3.º, § 2.º, da Lei 8.078/1990).

Na minha opinião doutrinária, o art. 593 do CC não é totalmente excludente, no sentido de não se aplicar as normas previstas nesses estatutos jurídicos, de forma complementar. Em outras palavras, as regras do Código Civil podem ser perfeitamente aplicáveis à relação de emprego ou de consumo, desde que não entrem em conflito com as normas especiais e os princípios básicos dessas áreas específicas e, ainda, desde que não coloque o empregado ou o consumidor em situação desprivilegiada. A conclusão é a retirada da aplicação da festejada tese do *diálogo das fontes* aqui exaustivamente citada (Claudia Lima Marques e Erik Jayme). Nesse contexto, é possível aplicar, com sentido de complementaridade, o Código Civil e a Consolidação das Leis do Trabalho, ou o Código Civil e o Código de Defesa do Consumidor a uma determinada prestação de serviço.

Ainda quanto à prestação de serviço, é forçoso reforçar que ela não é mais tratada pelo Código Civil como espécie de locação, pois a atual codificação distancia a prestação de serviços da locação de coisas, tratando-a após o contrato de empréstimo (comodato e mútuo). Essa alteração estrutural demonstra uma mudança de paradigma em relação ao anterior enquadramento da matéria, uma vez que a locação de serviços era apontada como espécie do gênero locatício. Então, deve ficar claro que apenas para fins didáticos é que se está tratando a prestação de serviço antes do contrato de empréstimo.

Superada essa análise preliminar, parte-se para o estudo das regras específicas constantes no atual Código Civil.

11.2.2 Regras do contrato de prestação de serviços previstas no Código Civil de 2002

Inicialmente, o art. 594 do CC/2002 veda que o objeto do contrato de prestação de serviços seja ilícito, dispondo: "toda a espécie de serviço ou trabalho lícito, material ou imaterial, pode ser contratada mediante retribuição". A menção à retribuição demonstra que o contrato é sempre oneroso. Não havendo remuneração, haverá, na verdade, uma *doação de serviço*.

Em sentido contrário, na *VI Jornada de Direito Civil*, evento realizado em 2013, aprovou-se o polêmico Enunciado n. 541 do CJF/STJ, *in verbis*: "o contrato de prestação de serviço pode ser gratuito". As justificativas do enunciado doutrinário citam como defensores da onerosidade Roberto Senise Lisboa, Jones Figueirêdo Alves, Vera Helena Mello Franco e o autor deste livro. Por outra via, sustentando ser possível a gratuidade, são invocados César Fiuza e Paulo Lôbo. Com o devido respeito, penso que a prestação até pode ser gratuita. Todavia, em casos tais, diante da atipicidade da prestação, devem ser aplicadas as regras previstas para a doação, e não as relativas à categoria que ora se estuda. Em outras palavras, haverá uma *doação de serviço*.

Quanto à ilicitude, essa deve ser analisada em sentido amplo, nos termos dos arts. 186 e 187 do CC/2002. Assim a prestação de serviço não pode trazer contrariedade à função social ou econômica de um determinado instituto jurídico, bem como à boa-fé objetiva ou aos bons costumes, sob pena de nulidade absoluta da previsão (art. 187 c/c o art. 166, incs. II e VI, do CC). Ora, o abuso de direito pode existir em sede de autonomia privada, principalmente porque o art. 187 do CC faz menção à boa-fé objetiva e ao fim social do instituto.

A título de exemplo, deve ser considerado como nulo o contrato de prestação de serviços que envolva a contratação de um matador de aluguel. Ou, ainda, conforme a jurisprudência trabalhista, "é nulo o contrato de trabalho celebrado para o desempenho de atividade inerente à prática do jogo do bicho, ante a ilicitude de seu objeto, o que subtrai o requisito de validade para a formação do ato jurídico" (Orientação jurisprudencial n. 199 da SDI-1, do Tribunal Superior do Trabalho).

Pelo mesmo art. 594 do CC retira-se a natureza jurídica da prestação de serviço, que é um contrato bilateral e oneroso, pela presença de remuneração que é denominada *preço* ou *salário civil*. Diante da nova competência instituída pela EC 45/2004, não haveria óbice em utilizar a última denominação, por suposta confusão com o contrato de emprego regido pela legislação trabalhista especial.

De qualquer forma, havia proposta de alteração desse art. 594, pelo antigo Projeto de Lei 7.312/2002, seguindo parecer do jurista Jorge Salomo, pelo qual o dispositivo ficaria com a seguinte redação: "A prestação de serviço compreende toda atividade lícita de serviço especializado, realizado com liberdade técnica, sem subordinação e mediante certa retribuição".

A proposta é até louvável, visando a esclarecer o conteúdo do negócio em questão, diante da operabilidade, um dos baluartes da atual codificação. Entretanto, a proposta perderia um pouco de relevância prática, diante da tese do *diálogo das fontes*. Isso porque a proposta pretendia afastar a caracterização do negócio como um contrato de trabalho.

Surge, então, a indagação: seria interessante alterar o comando legal, uma vez que a Justiça do Trabalho passou a ter competência para apreciar a matéria nos casos envolvendo a prestação de serviço por pessoa natural? A resposta parecia-me ser negativa, no passado, diante da já citada competência ampliada da Justiça do Trabalho, que acabou sendo esvaziada, mais recentemente. Assim, para os casos envolvendo a prestação de serviço por pessoa jurídica, a alteração até se justificaria. Mas é melhor deixar o dispositivo como está, eis que não há prejuízos práticos com a sua atual redação, sendo certo que no Projeto de Reforma do Código Civil não foi feita qualquer proposta quanto a ele.

Ainda quanto à natureza jurídica da prestação de serviços, foi mencionado que se trata de um contrato informal, que pode ser celebrado de forma verbal. Em complemento preceitua o art. 595 do CC:

> "Art. 595. No contrato de prestação de serviço, quando qualquer das partes não souber ler, nem escrever, o instrumento poderá ser assinado a rogo e subscrito por duas testemunhas".

A norma em questão pretende dar uma maior segurança ao negócio celebrado na situação descrita. É pertinente deixar claro que o Código Civil de 2002 diminuiu

CAP. 11 · CONTRATOS EM ESPÉCIE – PRESTAÇÃO DE SERVIÇO E EMPREITADA | 555

o número de testemunhas para provar o contrato, que era de quatro, conforme o art. 1.217 do Código Civil anterior. A redução do número de testemunhas está de acordo com a busca da facilitação do Direito Privado (princípio da operabilidade). Não se trata, assim, de regra que diga respeito à validade do negócio, mas apenas questão relativa à sua prova, de sua eficácia perante terceiros.

Não se pode esquecer que, no caso específico do contrato de emprego regido pelas normas trabalhistas especiais, o negócio é provado pelas anotações na carteira de trabalho, de acordo com o art. 13 da CLT.

De todo modo, é preciso fazer alguns ajustes no comando, o que está sendo proposto pelo Projeto de Reforma do Código Civil. De início, é preciso deixar o seu *caput* mais técnico e efetivo, para mencionar que a regra se aplica apenas às pessoas naturais: "no contrato de prestação de serviço entre pessoas naturais, quando qualquer das partes não souber ler nem escrever, o instrumento poderá ser assinado a rogo e subscrito por duas testemunhas, tendo que ser lido e explicado à pessoa analfabeta, antes da referida assinatura". Em prol do dever de informação inerente à boa-fé objetiva, como se nota, é pertinente incluir regra sobre o esclarecimento do conteúdo à pessoa analfabeta.

Além disso, sugere-se a introdução de um parágrafo único nesse art. 595 do Código Civil, tendo em vista a proteção da pessoa com deficiência e o que está previsto no seu estatuto próprio, a Lei 13.146/2015, a saber: "de forma semelhante, quando qualquer das partes for pessoa com deficiência, a outra deve encetar esforços para lhe informar o conteúdo do contrato". Como se pode perceber, as proposições são necessárias para a determinação do alcance das regras ora vigentes e a sua atualização diante das normas atuais, sobretudo o Estatuto da Pessoa com Deficiência.

Quanto ao preço ou salário civil, enuncia o art. 596 do CC ora vigente que ele sempre deve estar presente, para a própria configuração do contrato. Isso porque, não tendo sido estipulada a remuneração e não havendo acordo entre as partes, a retribuição será fixada por arbitramento, segundo o costume do lugar, o tempo de serviço e sua qualidade. O dispositivo pode perfeitamente *dialogar* com o art. 460 da CLT, em se tratando de prestação de serviços por pessoa natural, *in verbis*:

> "Art. 460. Na falta de estipulação de salário ou não havendo prova sobre a importância ajustada, o empregado terá direito a perceber salário igual ao daquele que, na mesma empresa, fizer serviço equivalente, ou do que for habitualmente pago para serviço semelhante".

Como é notório, reafirme-se que não se pode falar em prestação de serviços se não houver remuneração, o que é herança da antiga vedação do trabalho escravo. Em virtude desse mesmo motivo, o Código Civil estabelece que a duração do contrato está limitada a quatro anos, no máximo (art. 598 do CC).

Ainda quanto ao art. 596 do CC/2002, o dispositivo mantém relação direta com a função social do contrato e com a boa-fé objetiva. A relação com a função social pode ser sentida pela vedação do enriquecimento sem causa. O contrato de prestação de serviços não pode gerar injustiça social ou onerosidade excessiva (eficácia interna da função social, conforme o Enunciado n. 360 CJF/STJ, da *IV Jornada de Direito Civil*).

556 | DIREITO CIVIL • VOL. 3 – *Flávio Tartuce*

Em reforço, não havendo acordo entre as partes quanto à remuneração, o arbitramento judicial do salário deve levar em conta a realidade social. A boa-fé objetiva pode ser percebida pela grande similaridade entre a parte final do dispositivo e o art. 113, *caput,* do mesmo Código Civil de 2002, que prevê que os negócios jurídicos devem ser interpretados conforme a boa-fé e os usos e costumes do lugar da celebração. Esse último comando legal traz a *função interpretativa da boa-fé objetiva.* Por fim, pode-se perceber pelo art. 596 do CC a confirmação da tese de que a real função do contrato não é a segurança jurídica, mas sim atender aos interesses da pessoa, o que está de acordo com a tendência de *personalização do Direito Privado,* sempre defendida.

Em complemento, essa análise da prestação de serviços de acordo com o contexto da sociedade pode ser percebida pelo teor do art. 597 do CC, pois "a retribuição pagar-se-á depois de prestado o serviço, se, por convenção, ou costume, não houver de ser adiantada, ou paga em prestações". Observe-se que o pagamento ao final da prestação é preceito de ordem privada podendo a remuneração ser adiantada, pelo próprio permissivo legal. Em algumas atividades, como na prestação de serviços jurídicos, é comum a antecipação da remuneração, especialmente de forma parcial, a título de adiantamento. Na verdade, o que ditará o conteúdo negocial é a confiança existente entre as partes, a boa-fé.

Entretanto, se a forma de pagamento estipulada entre as partes produzir uma situação injusta, o contrato merecerá revisão. Assim como ocorre com os demais contratos, a prestação de serviços não pode trazer situação de onerosidade excessiva. Ainda quanto ao art. 597 do CC, a exemplo do que ocorre com o dispositivo que o antecede, o costume mencionado é o *secundum legem* (segundo a lei).

Como mencionado anteriormente, o Código Civil de 2002 continua limitando o prazo da prestação de serviços em quatro anos (art. 598), o que é consagração da velha regra romana de que o negócio em questão não pode ser perpétuo (*nemo potest locare opus in perpetuum*). É a exata redação do dispositivo em questão:

> "Art. 598. A prestação de serviço não se poderá convencionar por mais de quatro anos, embora o contrato tenha por causa o pagamento de dívida de quem o presta, ou se destine à execução de certa e determinada obra. Neste caso, decorridos quatro anos, dar-se-á por findo o contrato, ainda que não concluída a obra".

Doutrina e jurisprudência sempre se posicionaram no sentido de que, havendo fixação de prazo superior, o contrato deve ser reputado extinto em relação ao excesso, ocorrendo redução temporal (DINIZ, Maria Helena. *Código*..., 2004, p. 517; LÔBO, Paulo Luiz Netto. *Código Civil*..., 2004, p. 365). Diante do princípio da conservação dos contratos, esse entendimento deve ainda ser aplicado, buscando a preservação da autonomia privada. A extinção negocial sempre deve ser o último caminho a ser percorrido, a *ultima ratio.*

Porém, há entendimento segundo o qual a norma não se aplica às pessoas jurídicas, eis que a hipótese foge dos fins sociais que justificaram a proibição. Com essa conclusão, vejamos julgados do Tribunal de Justiça de São Paulo:

> "Apelação. Ação Ordinária para Resolução Contratual. Parcial procedência. Recurso da autora. Art. 598 do Código Civil. Inaplicabilidade à prestação de serviços de pessoas jurídicas.

CAP. 11 · CONTRATOS EM ESPÉCIE – PRESTAÇÃO DE SERVIÇO E EMPREITADA | **557**

Renovação automática. Possibilidade. Ferramenta que possibilita maior previsibilidade das contratações. Multa. Abusividade não constatada. Contratante que é empresa de grande porte, apta a entender os termos contratuais e a ponderar os fatores preço-prazo-multa, decidindo contratar quando verifica que tais lhe são favoráveis. Sentença mantida. Recurso não provido" (TJSP, Apelação n. 1013340-29.2016.8.26.0100, Acórdão n. 10614216, 38.ª Câmara de Direito Privado, São Paulo, Rel. Des. Spencer Almeida Ferreira, j. 20.07.2017, *DJESP* 25.07.2017, p. 1.666).

"Prestação de serviços. Cominatória. Indenizatória. Cerceamento de defesa. Ausência. Contrato de prestação de serviços. Desinteresse na renovação. Prazo contratual desobedecido. Artigo 598 do Código Civil. Inaplicabilidade a contratantes pessoas jurídicas. Vigência e validade. Fornecimento de energia elétrica. Obrigação contratual. Multa devida. Procedência mantida. Assistência Judiciária Gratuita. Pessoa jurídica. Filantropia. Assistência social. Benefício concedido. Preliminar rejeitada. Recurso parcialmente provido" (TJSP, Apelação 9081895-20.2006.8.26.0000, Acórdão 5138991, 29.ª Câmara de Direito Privado, São José dos Campos, Rel. Des. Ferraz Felisardo, j. 18.05.2011, *DJESP* 07.06.2011).

Com o devido respeito, não se filia na atualidade ao posicionamento constante dos acórdãos, eis que a regra do art. 598 do CC é preceito de ordem pública, não podendo ser contrariado por convenção entre as partes, não importando quem elas sejam.

De toda sorte, reforçando essa corrente à qual não se filia, na *I Jornada de Direito Comercial,* evento promovido pelo Conselho da Justiça Federal em outubro de 2012, aprovou-se enunciado doutrinário segundo o qual nos contratos de prestação de serviços nos quais as partes contratantes forem empresárias, e a função econômica do contrato estiver relacionada à exploração de atividade empresarial, as partes poderão pactuar prazo superior aos citados quatro anos (Enunciado n. 32). Em suma, a contratação de prazo diverso não constituiria violação à regra do art. 598 do Código Civil. Nota-se, assim, que a aplicação da norma civil vem sendo colocada em xeque em algumas situações concretas.

Seguindo-se a linha do necessário aperfeiçoamento da Lei Geral Privada, em prol de maior segurança jurídica e estabilidade para os contratos civis empresariais, a Comissão de Juristas nomeada para a Reforma do Código Civil sugere que o art. 598 apenas mencione os contratos em que o prestador for pessoa natural, aumentando-se, ainda, por *regras de tráfego* hoje consolidadas, o prazo máximo para cinco anos.

Assim, o *caput* do comando passará a enunciar o seguinte: "quando o prestador for pessoa natural, a prestação de serviço não se poderá convencionar por mais de cinco anos, embora o contrato tenha por causa o pagamento de dívida de quem o presta, ou se destine à execução de certa e determinada obra; dar-se-á por ineficaz o contrato, decorridos cinco anos, ainda que não concluída a obra". Seguem-se, ainda, as premissas da *Lei da Liberdade Econômica,* de valorização da força obrigatória das convenções (*pacta sunt servanda*) e de uma menor intervenção estatal nos negócios jurídicos privados em geral.

Além disso, insere-se no art. 598 do Código Civil um parágrafo único, prevendo que, se os serviços prestados não forem suficientes para pagar a dívida ou para que a obra seja concluída, o tomador de serviços terá direito a cobrar o saldo da dívida ou a exigir perdas e danos pela inexecução da obra. O objetivo, assim, é deixar evidentes regras relativas ao inadimplemento do que foi contratado entre as partes, o que vem em boa hora.

Ainda com relação ao art. 598 do Código Civil ora em vigor, vale comentar as hipóteses em que é celebrado um contrato de prestação de serviço com a mencionada limitação de tempo, com o intuito de mascarar um verdadeiro contrato de trabalho com todos os elementos da relação de emprego. Em casos tais, pode ser aplicado o art. 167 do CC, havendo *simulação*. Assim sendo, a prestação de serviço (negócio simulado) é nula, mas será válido o contrato de emprego (negócio dissimulado), gerando o negócio efeitos como este último.

Essas são as regras quanto ao contrato de prestação de serviços previstas no Código Civil de 2002, cabendo ainda estudar a sua extinção.

11.2.3 A extinção da prestação de serviço e suas consequências jurídicas

A primeira norma que trata da extinção do contrato de prestação de serviço é o art. 599 do CC. Por esse comando legal, sendo o referido negócio celebrado sem prazo, não podendo o elemento temporal ser retirado da sua natureza ou do costume do lugar, poderá qualquer uma das partes, a seu arbítrio e mediante prévio aviso, resolver o contrato. Desse modo, não havendo prazo especificado, a prestação de serviço deve ser considerada como celebrada por prazo indeterminado. É muito importante aprofundar o estudo desse dispositivo, esclarecendo alguns pontos.

Primeiro, esclareça-se que não há qualquer conflito do art. 599 com relação ao art. 598 do CC. Desse modo, o prazo máximo a ser estipulado é o de quatro anos. Não havendo prazo previsto pelas partes, reputa-se o negócio como de prazo indeterminado, cabendo o citado direito à extinção.

Segundo, cumpre destacar uma questão técnica relevante. A norma em questão menciona a possibilidade de resolução. Todavia, não se trata de resolução propriamente dita, mas de *resilição unilateral*. Isso porque a resolução é uma forma de extinção do contrato, por motivo posterior à celebração e em virtude de descumprimento.

Contudo, pode-se perceber que o comando legal não trata de descumprimento, mas sim de um direito potestativo que a parte tem em relação à extinção, nos termos do art. 473, *caput*, do Código Civil em vigor. Pode-se falar, ainda, em denúncia vazia, de forma unilateral. Reconhecendo tratar-se de resilição unilateral, transcreve-se decisão do Tribunal Gaúcho, relativa à prestação de serviços presente em contrato de transporte:

"Transporte. Ação de indenização por danos morais, materiais e lucros cessantes. Contrato verbal de prestação de serviço. Resilição unilateral. Cabimento. 1. Tendo o próprio autor informado, na petição inicial, que foi previamente comunicado pela parte-ré, mediante seus prepostos, da intenção de ser resilido o contrato verbal pactuado, restou atendido o disposto art. 599 do Código Civil, que não prevê forma especial para a sua realização. 2. Não há falar em indenização a título de danos morais, materiais e lucros cessantes, levando em conta que o autor teve conhecimento, na forma da legislação aplicável ao caso *sub judice*, de que a contratação seria desfeita. Apelação desprovida" (TJRS, Acórdão 70021841663, 11.ª Câmara Cível, Santa Cruz do Sul, Rel. Des. Voltaire de Lima Moraes, j. 25.06.2008, *DOERS* 08.07.2008, p. 39).

Outros arestos seguem a mesma trilha, associando o preceito à resilição unilateral (por todos: TJSP, Apelação 0032751-95.2003.8.26.0564, Acórdão 6999798, 17.ª Câmara de Direito Privado, São Bernardo do Campo, Rel. Des. Nelson Jorge Júnior, j. 04.09.2013, *DJESP* 19.09.2013; TJSC, Apelação Cível 2007.040382-9, Câmara Especial Regional de Chapecó, Coronel Freitas, Rel. Des. Subst. Jorge Luis Costa Beber, j. 24.05.2011, *DJSC* 08.06.2011, p. 563; TJSP, Apelação 9136371-08.2006.8.26.0000, Acórdão 5453118, 2.ª Câmara de Direito Privado, Araraquara, Rel. Des. Aguilar Cortez, j. 02.08.2011, *DJESP* 13.10.2011; e TJGO, Apelação Cível 200903215556, Goiânia, Rel. Des. Vítor Barboza Lenza, *DJGO* 29.04.2010, p. 202). Não se pode esquecer que, diante da presença de uma resilição unilateral, tem plena aplicação o parágrafo único do art. 473 da codificação material, que posterga o seu momento diante da existência de investimentos considerá-veis realizados no contrato com prazo indeterminado. Reafirme-se a relação do último comando com os princípios sociais contratuais da boa-fé objetiva e da função social dos contratos.

Como terceiro ponto, é interessante analisar o parágrafo único do art. 599 do CC, que traz confusos e hoje superados prazos específicos para a denúncia do contrato, ou seja, prazos para o *aviso prévio*, a saber:

a) com antecedência de oito dias, se a retribuição se houver fixado por tempo de um mês, ou mais;

b) com antecipação de quatro dias, se a retribuição se tiver ajustado por semana, ou quinzena;

c) de véspera, quando se tenha contratado por menos de sete dias.

Constata-se que o comando legal consagra prazos para o exercício do dever de informar pela parte, um dos deveres anexos ou laterais relacionados à boa-fé objetiva. Aplicam-se tais prazos tanto ao prestador quanto ao tomador de serviços, diante da proporcionalidade das prestações que deve estar presente nas relações contratuais, vi-sando ao seu equilíbrio. Não sendo respeitados os prazos para o aviso prévio, poderá a outra parte pleitear perdas e danos, nos moldes dos arts. 402 a 404 do CC/2002, e sem prejuízo dos danos imateriais.

Fazendo importante confrontação quanto ao aviso prévio do contrato de emprego, é forçoso apontar que esse é de oito dias se o pagamento for efetuado por semana ou tempo inferior e de trinta dias se o salário for pago por quinzena ou mês (art. 487 da CLT).

Cabe destacar, contudo, que além do grave problema técnico no *caput* do art. 599, percebe-se que os incisos do seu parágrafo único têm redação confusa, distante dos comuns prazos que hoje são aplicados na prática contratual, de quinze ou trinta dias. Ademais, é evidente que a norma foi criada para a tutela dos serviços prestados por pessoas naturais, sendo urgente a sua reforma e atualização diante da realidade contemporânea de contratos de prestação de serviços firmados entre pessoas jurídicas e empresas.

Por todos esses problemas, a Comissão de Juristas encarregada da Reforma do Código Civil sugere que o comando passe a mencionar a resilição em seu *caput*, com a possibilidade de notificação judicial ou extrajudicial da parte contrária: "Art. 599. Não havendo prazo estipulado para o contrato nem se podendo inferi-lo da sua natureza ou dos usos e costumes do lugar, qualquer das partes, a seu arbítrio, mediante prévio aviso, pode resilir unilateralmente o contrato, mediante notificação judicial ou extrajudicial". Ademais, o § 1.º do preceito passará a mencionar um prazo único de quinze dias para o aviso prévio, com a possibilidade de se convencionar o contrário: "nos casos deste artigo, não havendo prazo fixado para o contrato, dar-se-á o aviso para a resilição unilateral com antecedência de quinze dias".

Além disso, inclui-se, em boa hora, um § 2.º no art. 599 do CC/2002, para que seja possível em contratos amplamente negociados entre as partes (paritários) a cláusula de resilição unilateral, mesmo quando o contrato seja fixado sem tempo determinado. Como é notório, há grande divergência doutrinária a respeito da validade dessa previsão, pois o art. 473 menciona a resilição unilateral apenas nos casos em que a lei expressa ou implicitamente a admita, sem qualquer previsão a respeito da viabilidade jurídica de a autonomia privada criar o direito potestativo à extinção.

Como se pode notar, portanto, vários problemas e dilemas práticos são resolvidos com as proposições, cuja aprovação é urgente e necessária, pelo Congresso Nacional.

Além da prestação de serviço sem prazo, é possível que o contrato tenha um prazo determinado. Nesse caso, o vigente art. 600 do CC enuncia que não se conta no prazo do contrato o tempo em que o prestador de serviço, por culpa sua, deixou de servir. Quanto a esse dispositivo, tem razão Washington de Barros Monteiro quando comenta que, "se o prestador deixa de servir por motivo estranho à sua vontade, ou sem culpa, como, por exemplo, enfermidade, convocação para o serviço militar, sorteio como jurado, requisição para trabalhos eleitorais, serviços públicos etc., o respectivo tempo é computado no prazo contratual; mas o tempo em que o prestador deixa de servir por sua culpa exclusiva, por exemplo, viagem de recreio, ausência deliberada ao trabalho, simulação de doença, não se conta no prazo contratual, que terá, destarte, de ser completado" (MONTEIRO, Washington de Barros. *Curso...*, 2003, p. 219).

Em complemento, não sendo o prestador de serviço contratado para certo e determinado trabalho, entender-se-á que se obrigou a todo e qualquer serviço compatível com as suas forças e condições (art. 601 do CC). Há regra semelhante na CLT, no art. 456, parágrafo único, a saber: "à falta de prova ou inexistindo cláusula expressa a tal respeito, entender-se-á que o empregado se obrigou a todo e qualquer serviço compatível com a sua condição pessoal". Não sendo o caso do que consta dos dispositivos em questão, o contrato deverá ser reputado extinto a partir do momento em que o serviço for prestado a contento. De qualquer forma, a interpretação do que sejam "forças e condições" não pode perder de vista a dignidade humana, que goza de proteção constitucional (art. 1.º, inc. III, da CF/1988).

Os arts. 602 e 603 do Código Civil trazem regras específicas quanto à rescisão do contrato de prestação de serviço que merecem ser estudadas de forma detalhada.

Pelo primeiro artigo, o prestador de serviço contratado por tempo certo ou por obra determinada não pode se ausentar ou se despedir, sem justa causa, antes de preenchido o tempo, ou concluída a obra. Se o prestador se despedir sem justa causa, terá direito à retribuição vencida, mas deverá pagar perdas e danos ao tomador de serviços. O mesmo vale se o prestador for despedido por justa causa. Há regra semelhante no art. 480 da CLT, nos seguintes termos: "havendo termo estipulado, o empregado não se poderá desligar do contrato, sem justa causa, sob pena de ser obrigado a indenizar o empregador dos prejuízos que desse fato lhe resultarem".

De acordo com o segundo dispositivo legal (art. 603 do CC), se o prestador de serviço for despedido sem justa causa, a outra parte será obrigada a pagar-lhe por inteiro a retribuição vencida, e por metade a que lhe tocaria de então até o termo legal do contrato. O valor correspondente à metade da prestação de serviços serve como antecipação das perdas e danos materiais.

No tocante aos danos morais, lembre-se que podem ser pleiteados independentemente do que consta do dispositivo, eis que os danos imateriais não admitem qualquer tipo de tarifação ou tabelamento, o que é consagração do *princípio da reparação integral dos danos*, que pode ser retirado do art. 5.º, incs. V e X, da CF/1988. Para ilustrar, aplicando o art. 603 do CC, seguem duas ementas da jurisprudência paulista:

> "Cessão de direitos artísticos e prestação de serviços profissionais – Pleito de rescisão contratual, formulado por artista, cumulado com indenização por danos materiais e morais – Reconvenção com pedido de resolução da avença por culpa do autor – Pedido de atribuição de efeito suspensivo ao recurso – Não cabimento – Hipótese prevista no artigo 520, inciso IV, do Código de Processo Civil – Ausência dos requisitos do artigo 558, do mesmo diploma legal – Rescisão unilateral do contrato, por meio de notificação extrajudicial, fundada em aventado inadimplemento contratual do autor – Impossibilidade – Necessidade de prévia rescisão judicial – Violação de cláusulas contratuais por parte do corréu Juarez – Resolução do ajuste por culpa deste – Multa contratual devida – Valor reconhecido pelo próprio autor como excessivo – Cabimento em montante inferior ao estipulado na avença – Lucros cessantes – Ocorrência – Resolução do contrato antes do prazo final convencionado – Indenização calculada nos termos do art. 603 do CC – Indenização por dano moral igualmente cabível – Desídia do produtor no gerenciamento da carreira do artista – Honorários advocatícios em pleito reconvencional – Verba devida – Independência entre ação principal e reconvenção – Apelo dos réus desprovido, acolhido, em parte, o do autor" (TJSP, Apelação 00710155020058260100, 9.ª Câmara de Direito Privado, Rel. Galdino Toledo Júnior, j. 05.05.2015, data de publicação 05.05.2015).

> "Ação de prestação de serviços de manutenção de paisagismo. Rescisão unilateral pelo contratante após prorrogação por período determinado. Condenação do contratante ao pagamento de metade da remuneração do período de junho a dezembro de 2005. Aplicação do artigo 603 do novo Código Civil. Sentença mantida. Recurso não provido" (TJSP, Apelação 992.07.031763-0, Acórdão 4405716, 33.ª Câmara de Direito Privado, São Paulo, Rel. Des. Eros Piceli, j. 29.03.2010, *DJESP* 23.04.2010).

Ato contínuo de estudo, anote-se que, na *I Jornada de Direito Comercial do* CJF/STJ, aprovou-se proposta doutrinária segundo a qual, nos contratos de prestação de serviços entre empresários, é lícito às partes pactuarem, para a hipótese de denúncia imotivada do contrato, multas superiores àquelas previstas no art. 603 do Código Civil (Enunciado n. 33). De toda sorte, se a multa for exagerada, penso que caberá a redução preconizada pelo art. 413 do CC/2002.

Constam propostas de alteração dos arts. 602 e 603 do CC do mesmo modo, por intermédio do antigo PL 7.312, de 07.11.2002. Pelas propostas, o primeiro dispositivo ficaria com a seguinte redação: "Art. 602. O prestador de serviço contratado por tempo certo, ou por obra determinada, não se pode ausentar, *ou denunciar imotivadamente*, antes de preenchido o tempo, ou concluída a obra. Parágrafo único. Se denunciar imotivadamente, terá direito à retribuição vencida, mas responderá por perdas e danos, ocorrendo o mesmo se denunciado motivadamente o contrato". O segundo dispositivo seria alterado para os seguintes termos: "Art. 603. Se *denunciado imotivadamente* o contrato, pelo contratante, este será obrigado a pagar ao prestador do serviço por inteiro a retribuição vencida, e por metade a que lhe tocaria de então ao termo legal do contrato" (destacamos). As propostas, mais uma vez, são do jurista Jorge Salomo.

Conforme anotações da doutrina, as proposições pretendem adequar os dispositivos a uma linguagem mais apropriada aos contratos de natureza civil, desprezando expressões típicas da legislação trabalhista, principalmente o termo *justa causa*, substituindo-a por *denúncia motivada e imotivada*, expressões que trazem a ideia de resilição unilateral (ALVES, Jones Figueirêdo e DELGADO, Mário Luiz. *Código...*, 2005, p. 290).

No passado, entendia que as propostas teriam perdido em razão de importância diante da Emenda Constitucional 45/2004, pois a competência para apreciar questões envolvendo o contrato de prestação de serviços em que há um trabalhador passou a ser da Justiça do Trabalho, repita-se, quando o serviço for prestado por pessoa natural ou por profissional liberal.

Por tal motivo, na minha opinião anterior, hoje superada em parte, as atuais redações deveriam ser mantidas, como também poderiam ser utilizadas as razões previstas no art. 482 da CLT para a *justa causa*, também para a rescisão do contrato envolvendo a prestação de serviços por pessoa natural (*diálogo das fontes*):

"Art. 482. Constituem justa causa para rescisão do contrato de trabalho pelo empregador:

a) ato de improbidade;

b) incontinência de conduta ou mau procedimento;

c) negociação habitual por conta própria ou alheia sem permissão do empregador, e quando constituir ato de concorrência à empresa para a qual trabalha o empregado, ou for prejudicial ao serviço;

d) condenação criminal do empregado, passada em julgado, caso não tenha havido suspensão da execução da pena;

e) desídia no desempenho das respectivas funções;

f) embriaguez habitual ou em serviço;

g) violação de segredo da empresa;

h) ato de indisciplina ou de insubordinação;

i) abandono de emprego;

j) ato lesivo da honra ou da boa fama praticado no serviço contra qualquer pessoa, ou ofensas físicas, nas mesmas condições, salvo em caso de legítima defesa, própria ou de outrem;

k) ato lesivo da honra ou da boa fama ou ofensas físicas praticadas contra o empregador e superiores hierárquicos, salvo em caso de legítima defesa, própria ou de outrem;

l) prática constante de jogos de azar;

m) perda da habilitação ou dos requisitos estabelecidos em lei para o exercício da profissão, em decorrência de conduta dolosa do empregado (incluído pela Lei 13.467/2017).

Parágrafo único. Constitui igualmente justa causa para a dispensa de empregado a prática, devidamente comprovada em inquérito administrativo, de atos atentatórios à segurança nacional".

CAP. 11 · CONTRATOS EM ESPÉCIE – PRESTAÇÃO DE SERVIÇO E EMPREITADA | **563**

Isso porque a expressão *justa causa* constante do Código Civil de 2002 constituiria uma cláusula geral, podendo a CLT auxiliar no seu preenchimento. Com isso, seria feito um *diálogo* entre a CLT e o Código Civil, no sentido de uma complementaridade entre as leis.

De todo modo, acabei mudando o meu entendimento anterior, diante do citado esvaziamento da Justiça do Trabalho verificado nos últimos anos, como antes pontuei, e do incremento das prestações de serviços por pessoas jurídicas e empresas.

Como é notório, os comandos legais previstos na lei trabalhista, caso do último transcrito, somente serão aplicados para os casos em que o prestador de serviços for pessoa natural. Para os casos em que o prestador é pessoa jurídica, não haverá tal incidência. Para esses últimos casos, o dispositivo da CLT não tem o condão de preencher a cláusula geral *justa causa*, que consta da atual codificação, por razões óbvias. Em síntese, nessas situações, a expressão *com justa causa* pode ser entendida como *denúncia motivada*; o termo *sem justa causa* pode ser tido como *denúncia imotivada*. Tal interpretação, aliás, já conta do enunciado doutrinário aprovado na *I Jornada de Direito Comercial* aqui citado (Enunciado n. 33).

Nesse contexto, mudando o meu entendimento anterior, passei a entender ser clara e evidente a necessidade de reparar os arts. 602 e 603 do Código Civil, que trazem regras específicas a respeito da rescisão do contrato de prestação de serviço, mencionando a "justa causa", em previsões mais uma vez criadas para a proteção do prestador de serviços pessoa natural, muito distantes da realidade dos contratos entre pessoas jurídicas e entre empresas. Assim, urge alterar os comandos, como está sendo proposto no Projeto de Reforma do Código Civil, elaborado pela Comissão de Juristas nomeada no âmbito do Senado Federal.

Pela proposição, o art. 602 da codificação privada passará a prever o seguinte: "o prestador de serviço contratado por tempo certo ou para obra determinada, não se pode ausentar ou denunciar imotivadamente o contrato, antes de preenchido o tempo ou concluída a obra". E, nos termos do seu parágrafo único ora projetado, com uma melhor organização ao que hoje está previsto, de forma até confusa: "vigente o prazo do contrato, se o prestador denunciar imotivamente o contrato, terá direito à retribuição vencida, mas responderá por perdas e danos, ocorrendo o mesmo se denunciado motivadamente, pela outra parte".

Também pelo que está sendo sugerido pela Comissão de Juristas, o art. 603 do Código Civil passará a enunciar que, "se denunciado imotivadamente o contrato pelo tomador, este será obrigado a pagar ao prestador do serviço por inteiro a retribuição vencida, e por metade a que lhe tocaria ao termo legal do contrato". E mais, "em se tratando de contrato de prestação de serviços, paritário e simétrico, é lícito às partes pactuarem, para a hipótese de denúncia imotivada do contrato, penalidades superiores àquelas previstas no *caput*" (parágrafo único).

Como se pode notar, as propostas em nada inovam no sistema jurídico quanto à correta interpretação das normas civis, apenas atualizando os comandos para as necessidades do mundo contemporâneo, na linha da melhor doutrina. O Código Civil deve tratar em sentido genérico as citadas categorias jurídicas, a englobar também as contratações por pessoas jurídicas ou por empresas.

Ainda no que concerne à extinção do contrato, findo o negócio pelo seu termo final, o prestador de serviço tem o direito de exigir da outra parte a declaração de que o contrato está extinto. Igual direito lhe cabe se for despedido sem justa causa, ou se tiver havido motivo justo para deixar o serviço (art. 604 do CC). O dispositivo está sintonizado com o direito à informação, anexo à boa-fé objetiva.

Também foi feita proposta de alteração desse dispositivo, que passaria a ter a seguinte redação: "Art. 604. Findo o contrato, o prestador de serviço tem direito a exigir da outra parte a declaração de que o contrato está findo. Igual direito lhe cabe, se a outra parte denunciar imotivadamente o contrato, ou se o prestador de serviço tiver motivo justo para deixar o serviço" (antigo PL 7.312, de 07.11.2002). A razão, mais uma vez, era a de retirar a expressão *justa causa*, que é comum das relações de emprego, e distante das prestações de serviços por empresas e pessoas jurídicas.

Também na linha da mudança do meu entendimento anterior, concordo com tal proposição, e fiz sugestão próxima para o Projeto de Reforma e Atualização do Código Civil, conforme sugerido pela Comissão de Juristas nomeada no âmbito do Senado Federal. Nesse contexto, o *caput* do art. 604 passará a preceituar que "encerrado o contrato, o prestador de serviço tem direito a exigir da outra parte declaração que ateste o seu fim, salvo estipulação em contrário entre as partes paritárias e simétricas". Além disso, o seu parágrafo único passará a prever que "igual direito lhe cabe, se houver denúncia imotivada do contrato ou se tiver havido motivo justo para deixar o serviço".

De volta ao sistema vigente, o art. 605 do Código Civil em vigor enuncia que o tomador, ou aquele a quem os serviços são prestados, não poderá transferir a outrem o direito aos serviços ajustados. Por outra via, o prestador de serviços, sem a concordância da outra parte, não poderá substituir-se para a atuação contratada. O dispositivo veda a cessão de contrato, sem que haja autorização para tanto, uma vez que a prestação de serviços é *intuitu personae*, ou seja, é um contrato personalíssimo em relação a ambas as partes. Em reforço, a cessão de contrato somente é possível havendo autorização para tanto. Além da invalidade ou ineficácia, a cessão sem autorização pode gerar a rescisão do contrato, com a imputação civil dos danos (art. 391 do CC).

Caso o serviço seja prestado por quem não possui título de habilitação, ou por quem não satisfaça outros requisitos estabelecidos em lei, não poderá quem os prestou cobrar a retribuição normalmente correspondente ao trabalho executado. Mas, se do negócio assim celebrado resultar benefício para a outra parte, o juiz atribuirá a quem o prestou uma compensação razoável, desde que tenha agido com boa-fé (art. 606 do CC).

A primeira parte do comando legal veda o enriquecimento sem causa, uma vez que a pessoa que não tem a habilidade exigida não terá direito à remuneração que caberia a um perito. Por outro lado, se a pessoa prestou o serviço a contento, e de boa-fé, caberá ao juiz, por equidade, fixar uma remuneração dentro dos limites do razoável. Essa segunda parte do dispositivo valoriza a boa-fé objetiva.

No que interessa a essa situação, o parágrafo único do art. 606 prevê que não se aplica essa segunda parte do dispositivo na hipótese em que a proibição da prestação de serviço resultar de lei de ordem pública, como é o caso de serviços da área da saúde (médicos, dentistas, enfermeiros, auxiliares de enfermagem, entre outros). Não há dúvidas de que a norma em questão tem um sentido ético muito importante, pois veda o exercício irregular de profissão (ALVES, Jones Figueirêdo; DELGADO, Mário. *Código...*, 2005, p. 291).

Não se pode negar, contudo, que a redação atual do art. 606 é hoje truncada e confusa, razão pela qual está sendo sugerida, no Projeto de Reforma do Código Civil, uma melhor organização do artigo, com dois parágrafos. Nesse contexto de melhora, em prol da operabilidade, o seu *caput* passará a prever que, "se o serviço for prestado por quem não possua título de habilitação ou não satisfaça requisitos outros estabelecidos em lei, não poderá quem os prestou cobrar a retribuição normalmente correspondente ao serviço prestado". Ademais, consoante o seu novo § 1.º, "se deste serviço resultar benefício para a outra parte, o julgador atribuirá a quem o prestou compensação razoável, desde que tenha agido com boa-fé". Por fim, o projetado § 2.º do art. 606 preverá que "não se aplica o parágrafo anterior quando a proibição da prestação de serviço resultar de norma de ordem pública". Não restam dúvidas de que a proposição melhora o texto, assim como muitas outras sugestões da Comissão de Juristas.

Foi esclarecido que a prestação de serviços é um negócio jurídico personalíssimo. Sendo assim, o contrato de prestação de serviço encerra-se com a morte de qualquer uma das partes (art. 607 do CC), o que somente vale para as pessoas naturais, obviamente. O mesmo dispositivo estabelece que a prestação de serviços termina, ainda:

a) pelo escoamento do prazo;
b) pela conclusão da obra;
c) pela rescisão do contrato mediante aviso prévio (resilição unilateral);
d) por inadimplemento de qualquer das partes (resolução); ou
e) pela impossibilidade da continuação do contrato, motivada por força maior.

O Projeto de Reforma do Código Civil pretende melhorar o redação do preceito, para que esse art. 607 passe a prever, em boa hora e em seu *caput*, que "o contrato de prestação de serviço, celebrado por pessoas naturais, termina com a morte de qualquer das partes, salvo estipulação em contrário". Além disso, projeta-se um parágrafo único, mais bem tecnicamente elaborado: "também se encerra o contrato de prestação de serviços, com o seu cumprimento, pelo escoamento do prazo, pela conclusão da obra, pela resilição unilateral do contrato mediante aviso prévio, por inadimplemento de qualquer das partes ou pela impossibilidade da continuação do contrato, motivada por caso fortuito ou por força maior". A troca do termo "rescisão" por "resilição" é salutar, além da equiparação legal do caso fortuito à força maior, evitando-se debates práticos desnecessários.

Retornando-se ao sistema vigente, prescreve o art. 608 do Código Civil em vigor que: "aquele que aliciar pessoas obrigadas em contrato escrito a prestar serviço a outrem pagará a este a importância que ao prestador de serviço, pelo ajuste desfeito, houvesse de caber durante dois anos". Esse dispositivo merece comentários importantes em virtude da relação indeclinável que guarda com os princípios sociais contratuais.

De início, o comando legal traz aquilo que se denomina *tutela externa do crédito*, reconhecida pelo Enunciado n. 21 CJF/STJ como conceito relacionado com a função social do contrato. Pela *tutela externa do crédito* é possível responsabilizar um terceiro que desrespeita o contrato, que despreza a sua existência e a sua importante função social. O art. 608 do CC determina a prefixação da indenização pelos danos materiais, devida pelo terceiro à parte contratante. Relativamente aos danos morais, ressalte-se que não podem ser tarifados, diante do princípio da especialidade, segunda parte da isonomia constitucional e da *reparação integral dos danos*.

A relação do art. 608 do CC com a boa-fé objetiva também é flagrante, uma vez que o aliciador desrespeita esse princípio ao intervir no contrato mantido entre outras duas partes. Age, portanto, em abuso de direito, em sede de autonomia privada, sendo a sua responsabilidade de natureza objetiva (Enunciado n. 37 CJF/STJ).

A inovação do dispositivo é notável, pois o seu correspondente no CC/1916, o art. 1.235, previa: "aquele que aliciar pessoas obrigadas a outrem por locação de serviços agrícolas, haja ou não instrumento deste contrato, pagará em dobro ao locatário prejudicado a importância, que ao locador, pelo ajuste desfeito, houvesse de caber durante 4 (quatro) anos". A aplicação anterior era restrita aos contratos agrários de locação de serviços agrícolas. Agora não mais, tendo aplicação a qualquer contrato de prestação de serviços, o que pode até abranger os contratos desportivos, celebrados com técnicos e jogadores de futebol.

Ademais, a aplicação direta desse novel comando legal pode ocorrer no famoso e notório caso do cantor Zeca Pagodinho que foi aliciado por uma cervejaria enquanto mantinha contrato de publicidade com outra. A empresa aliciadora respondera perante a parte contratual por desprezar a existência do contrato (*função externa da função social dos contratos*). Esse exemplo é meramente didático, pronunciado para fins de magistério, para a compreensão da matéria. Não se pretende, assim, dar pareceres sobre o caso, que ainda corre perante o Poder Judiciário.

Vale lembrar e aprofundar, a propósito, que a Quinta Câmara de Direito Privado do Tribunal de Justiça de São Paulo julgou a situação descrita na Apelação 9112793-79.2007.8.26.000, conforme acórdão proferido em 12 de junho de 2013 e relatado pelo Desembargador Mônaco da Silva. Frise-se que o julgado está fundamentado na função social do contrato e no art. 209 da Lei 9.279/1996, que trata da concorrência desleal, e não no art. 608 do CC/2002. Essa não fundamentação, na minha opinião doutrinária, não prejudica o seu conteúdo.

Conforme se extrai do voto prevalecente, "assim, resta evidente que a requerida, ao aliciar o cantor ainda na vigência do contrato e veicular a campanha publicitária com referência direta à campanha produzida anteriormente pela autora, causou-lhe prejuízos, porque, por óbvio, foram inutilizados todos os materiais já produzidos pela requerente com tal campanha e perdidos eventuais espaços publicitários já adquiridos e não utilizados. O art. 421 do Código Civil prevê o princípio da função social do contrato ao prescrever que 'A liberdade de contratar será exercida em razão e nos limites da função social do contrato'. Ora, tal princípio não observado pela requerida ao aliciar o cantor contratado pela requerente e ao se comprometer a pagar eventual indenização que Zeca Pagodinho viesse a ser condenado. Ademais, a cooptação exercida pela ré constituiu patente ato de concorrência desleal, vedada pelo direito pátrio, o que impõe a sua responsabilidade pelos danos causados à autora".

Complemente-se que o *decisum* revê o entendimento da sentença de primeiro grau, que afastava o direito de indenização por não existir qualquer relação contratual direta entre as cervejarias. De fato, o julgamento monocrático deveria ser mesmo afastado, por revelar completo desconhecimento quanto à amplitude do princípio da função social do contrato, especialmente em relação à sua eficácia externa.

Outro caso rumoroso de debate sobre a aplicação do art. 608 do Código Civil envolveu o apresentador e comediante Danilo Gentili e as redes de televisão SBT e Bandeirantes. No caso concreto, julgado em outubro de 2022, discutiu-se a incidência da norma – e da teoria do terceiro cúmplice ou ofensor –, pelo fato de a primeira emissora ter assediado o apresentador quando ele tinha contrato com a segunda empresa. Ao final, o Superior Tribunal de Justiça não aplicou a norma, por entender que não estavam preenchidos os requisitos de sua incidência. Consoante trecho da ementa do acórdão:

> "A interpretação do art. 608 do Código Civil de 2002 deve levar em consideração o comportamento de mercado dos concorrentes envolvidos no ramo de atividade em questão. A doutrina brasileira e a jurisprudência desta Corte Superior admitem a responsabilização de terceiro pela quebra de contrato em virtude dos postulados da função social do contrato, dos deveres decorrentes da boa-fé objetiva, da prática de concorrência desleal e da responsabilidade por ato ilícito ou abusivo. Na hipótese, não restou demonstrada a violação de tais preceitos ou a prática de aliciamento para fins de incidência do disposto no art. 608 do Código Civil de 2002. Prejudicado o fundamento subsidiário de violação do art. 186 do Código Civil de 2002, nos casos de responsabilização com fundamento no art. 608 do referido Código, a lei dispensa a prova do prejuízo, prefixando a indenização no valor que a lesada pagaria ao prestador pelo período de 2 (dois) anos" (STJ, REsp 2.023.942/SP, 3.ª Turma, Rel. Min. Ricardo Villas Bôas Cueva, j. 25.10.2022, *DJe* 28.10.2022).

Com o devido respeito, não me filio a tal interpretação, mas ao voto vencido da Ministra Fátima Nancy Andrighi, que cita a posição do Desembargador Marco Aurélio Bezerra de Melo, constante de nosso *Código Civil Comentado*, publicado por esta mesma casa editorial. Segundo ela, "quanto ao conceito de 'aliciar', como visto, a partir interpretação histórica, teleológica, sistemática e até literal da norma, depreende-se que aliciar consiste em seduzir, angariar, convencer ou induzir e pode ser caracterizada mediante o oferecimento de uma nova proposta, por terceiro, ao prestador já obrigado por contrato escrito a prestar serviço a outrem, incidindo a sanção pecuniária prevista no dispositivo se resultar no desfazimento do contrato". E, no caso concreto, como bem pontuado pela julgadora:

> "Todos os requisitos previstos no art. 608 do CC/2002 foram preenchidos na hipótese em exame, porquanto (I) a emissora de TV recorrente ofereceu proposta de novo contrato ao artista; (II) enquanto vigorava contrato de prestação de serviços entre ele e a emissora recorrida; (III) com o conhecimento dessa situação; e (IV) em razão dessa proposta (aliciamento), o contrato foi desfeito" (REsp 2.023.942/SP, voto da Ministra Nancy Andrighi).

Aguardemos novas posições da Corte Superior sobre a interpretação do art. 608 do Código Civil, servindo o caso descrito, e os votos vencedor e vencido, para o devido estudo da amplitude da eficácia externa da função social do contrato e da norma citada.

Encerrando o atual tratamento da prestação de serviços na atual Lei Geral Privada, determina o art. 609 do CC que a alienação do prédio agrícola, onde a prestação dos serviços se opera, não importa a rescisão do contrato, ressalvando-se ao prestador de serviço a opção entre continuá-lo com o adquirente da propriedade ou com o primitivo contratante.

Para Marco Aurélio Bezerra de Melo, o dispositivo traz mais uma exceção ao princípio da relatividade dos efeitos contratuais "ao gerar uma obrigação com eficácia real para o adquirente do prédio agrícola caso o prestador de serviços rurais queira continuar executando a sua atividade no imóvel alienado. Registre-se que a lei defere ao prestador de serviços direito potestativo de optar entre continuar com o contrato anterior ou permanecer com seu trabalho no prédio agrícola" (*Novo...*, 2004, p. 309). É de se concordar totalmente com as palavras do autor e desembargador fluminense.

De todo modo, não há razão para o dispositivo mencionar apenas o prédio agrícola, sendo imperioso ampliar a regra para qualquer imóvel, em prol da continuidade e da conservação do contrato de prestação de serviços nele localizado. Assim sendo, a Comissão de Juristas encarregada da Reforma do Código Civil sugere que o comando passe a expressar o seguinte: "a alienação do prédio em que a prestação dos serviços se opera não importa a extinção do contrato, podendo o prestador optar entre continuá-lo com o adquirente da propriedade ou com o primitivo contratante". Como se pode notar, trata-se de uma proposta louvável, que necessita ser aprovada pelo Parlamento Brasileiro.

Para findar o estudo tema, pontuo que a Comissão de Juristas, em boa hora, seguindo proposições da Professora Claudia Lima Marques, almeja inserir no Código Civil um tratamento típico sobre a prestação de serviços e de acesso a conteúdos digitais, o que é mais do que necessário no mundo contemporâneo (arts. 609-A a 609-F). Na definição proposta pela jurista, e aceita amplamente na nossa comissão, nos termos do primeiro comando a ser incluído na Norma Geral Privada, "a prestação digital de serviço ou de acesso a seus conteúdos digitais é composta por um conjunto de prestações de fazer, economicamente relevantes, que permitam ao usuário criar, tratar, armazenar ou ter acesso a dados em formato digital, assim como partilhar, efetivar mudanças ou qualquer outra interação com dados em formato digital e no ambiente virtual" (art. 609-A).

Em termos gerais, as novas regras propostas tratam: *a)* da atuação dos prestadores de serviços e de conteúdo digital, conforme a boa-fé objetiva e a transparência (art. 609-B); *b)* do seu dever de notificação dos usuários, em sistema de suporte claro e duradouro, sobre quaisquer propostas de alteração das suas cláusulas contratuais gerais, sendo nulas as cláusulas que imponham unilateralmente alterações aos contratos ou extensão de efeitos retroativos a cláusulas contratuais, exceto se mais benéficas para os usuários, mesmo que empresários (art. 609-C); *c)* da determinação de que contrato de prestação de serviço pode ser celebrado por tempo determinado e renovável, mantendo-se ao menos pelo tempo necessário para a compensação dos investimentos realizados pelas partes (art. 609-D); *d)* do dever de os prestadores de serviços digitais tomarem medidas para salvaguardar a segurança esperada e necessária para o meio digital e a natureza do contrato, em especial contra fraudes, contra programas informáticos maliciosos, contra violações de dados ou contra a criação de outros riscos em matéria de cibersegurança, sob pena de sua responsabilização civil (art. 609-E); *e)* da necessidade de que a utilização

CAP. 11 · CONTRATOS EM ESPÉCIE – PRESTAÇÃO DE SERVIÇO E EMPREITADA | 569

de inteligência artificial na prestação do serviço digital seja claramente identificada, seguindo-se os padrões éticos segundo os princípios da boa-fé e da função social do contrato (art. 609-F); e *f)* da possibilidade de aplicação de outras leis para o contrato em questão, como o Código de Defesa do Consumidor, bem como de princípios constantes de convenções de que o País seja signatário, envolvendo, direta ou indiretamente, os serviços prestados no ambiente digital (art. 609-G).

A aprovação das propostas, em prol do *Direito Civil Digital*, um dos motes da Reforma, é mais do que necessária, é essencial, sobretudo para a esperada segurança jurídica nas relações privadas.

11.3   O CONTRATO DE EMPREITADA

11.3.1   Conceito e natureza jurídica

O contrato de empreitada (*locatio operis*) sempre foi conceituado como uma forma especial ou espécie de prestação de serviço. Por meio desse negócio jurídico, uma das partes – empreiteiro ou prestador – obriga-se a fazer ou a mandar fazer determinada obra, mediante uma determinada remuneração, a favor de outrem – dono de obra ou tomador. Mesmo sendo espécie de prestação de serviço, com esse contrato a empreitada não se confunde, principalmente quanto aos efeitos, conforme poderá ser percebido a partir de então.

Interpretando o que há de melhor na doutrina (MONTEIRO, Washington de Barros. *Curso...*, 2003, p. 224; DINIZ, Maria Helena. *Código...*, 2005, p. 462; PEREIRA, Caio Mário da Silva. *Instituições...*, 2004, p. 316), podem ser apresentadas três modalidades de empreitada, analisando o art. 610 do atual Código Civil:

a) *Empreitada sob administração*: é aquela em que o empreiteiro apenas administra as pessoas contratadas pelo dono da obra, que também fornece os materiais.

b) *Empreitada de mão de obra* ou *de lavor*: é aquela em que o empreiteiro fornece a mão de obra, contratando as pessoas que irão executar a obra. Os materiais, contudo, são fornecidos pelo dono da obra.

c) *Empreitada mista* ou *de lavor e materiais*: é aquela em que o empreiteiro fornece tanto a mão de obra quanto os materiais, comprometendo-se a executar a obra inteira. Nesse caso, o empreiteiro assume *obrigação de resultado* perante o dono da obra. Conforme § 1.º do art. 610 do CC, a obrigação de fornecer materiais não pode ser presumida, resultando da lei ou da vontade das partes.

No que concerne à natureza jurídica do negócio jurídico em questão, trata-se de um contrato bilateral (*sinalagmático*), oneroso, comutativo, consensual e informal. O que se percebe é que as suas características são as mesmas da prestação de serviço, diante da grande similaridade entre os dois negócios jurídicos, eis que a empreitada pode sim ser encarada como uma espécie de prestação de serviço.

Não se pode confundir o contrato de empreitada com o de elaboração de um simples projeto de uma obra, assumido por um engenheiro ou arquiteto. Nesse sentido, prescreve o § 2.º do art. 610 do CC que o contrato para elaboração de um projeto não implica a obrigação de executá-lo, ou de fiscalizar-lhe a execução. Na prática, portanto, a pessoa que elabora o projeto não é a mesma que desenvolve ou "toca a obra", em regra. Isso reforça a tese de que a própria empreitada não pode ser presumida.

Nas hipóteses em que um profissional executa esse projeto, haverá uma prestação de serviço, que pode ou não ser caracterizada como relação de consumo ou relação de trabalho.

Superada essa análise preliminar, passa-se ao estudo específico das regras relacionadas com a empreitada previstas no Código Civil de 2002. Antes, apenas cumpre esclarecer que, na *I Jornada de Direito Comercial*, evento promovido pelo Conselho da Justiça Federal no ano de 2012, aprovou-se proposta segundo a qual, com exceção da garantia contida no artigo 618 do Código Civil, os demais artigos aplicáveis especialmente ao contrato de empreitada aplicar-se-ão somente de forma subsidiária às condições contratuais acordadas pelas partes de contratos complexos de engenharia e construção (Enunciado n. 34). Tais contratos complexos são estudados pela disciplina Direito Comercial ou Empresarial.

11.3.2 Regras específicas quanto à empreitada no Código Civil de 2002

De início, prescreve o art. 611 da norma geral privada em vigor que, na hipótese de o empreiteiro fornecer os materiais, correrão por sua conta os riscos até o momento da entrega da obra, a contento de quem a encomendou, se este não estiver em mora de receber. Mas se o dono da obra estiver em atraso no recebimento, por sua conta correrão os riscos. Complementando, estatui o art. 612 do Código Civil que, se o empreiteiro só forneceu mão de obra, todos os riscos em que não tiver culpa correrão por conta do dono.

Pela *soma* dos dois artigos, nota-se que a obrigação do empreiteiro é de resultado quando a empreitada for mista. Por outro lado, sendo a empreitada de lavor, a obrigação do empreiteiro será de meio ou de diligência. Isso faz com que a responsabilidade do empreiteiro, em face do dono da obra, seja objetiva, na empreitada mista; e subjetiva, ou dependente de culpa, na empreitada de mão de obra.

Na verdade, a responsabilidade do empreiteiro em face do dono da obra já é objetiva pelo que consta do Código de Defesa do Consumidor, que trata da responsabilidade pelo vício e pelo fato do produto e do serviço, nos seus arts. 18 e 14. Para a subsunção dessas regras, porém, é preciso estar configurada a relação de consumo, ou seja, que o empreiteiro seja profissional na sua atividade e o dono da obra destinatário final do serviço (STJ, REsp 706.417/RJ, 3.ª Turma, Rel. Min. Nancy Andrighi, j. 13.02.2007, *DJ* 12.03.2007, p. 221).

Na ótica do CDC, se o serviço for prestado por um profissional liberal, a sua responsabilidade é subjetiva no caso de fato do serviço (art. 14, § 4.º, do CDC). Mas exceção deve ser feita se o empreiteiro assumiu obrigação de resultado, sendo a empreitada mista. Essas conclusões foram retiradas da aplicação da tese do *diálogo das fontes* e da incidência da norma consumerista.

Em complemento, ainda no que concerne às regras específicas da responsabilidade do empreiteiro em relação ao dono da obra, determina o art. 617 do Código Civil em vigor que o empreiteiro é obrigado a pagar os materiais que recebeu, se por imperícia

CAP. 11 · CONTRATOS EM ESPÉCIE – PRESTAÇÃO DE SERVIÇO E EMPREITADA | **571**

ou negligência os inutilizou. O dispositivo traz hipótese de responsabilização mediante culpa, pela menção à imperícia e à negligência (responsabilidade subjetiva).

Também quanto à responsabilidade do empreiteiro, sendo a empreitada unicamente de lavor, se a coisa perecer antes de ser entregue, sem mora do dono nem culpa do empreiteiro, este perderá a retribuição a que tem direito. No entanto, se o empreiteiro provar que a perda resultou de defeito dos materiais e que em tempo reclamou contra a sua quantidade ou qualidade, não perderá a retribuição (art. 613 do CC).

Uma regra que sempre é comentada e estudada quanto à responsabilidade do empreiteiro em relação ao dono da obra é a constante no art. 618 do atual Código Civil, a saber:

> "Art. 618. Nos contratos de empreitada de edifícios ou outras construções consideráveis, o empreiteiro de materiais e execução responderá, durante o prazo irredutível de cinco anos, pela solidez e segurança do trabalho, assim em razão dos materiais, como do solo.
>
> Parágrafo único. Decairá do direito assegurado neste artigo o dono da obra que não propuser a ação contra o empreiteiro, nos cento e oitenta dias seguintes ao aparecimento do vício ou defeito".

O dispositivo traz dois prazos diferentes, tendo grande relevância prática. No *caput* está previsto um prazo de garantia legal, específico para os casos de empreitada, a ser respeitado pelo empreiteiro. O prazo de cinco anos refere-se à estrutura do prédio, à sua solidez e à segurança do trabalho (prazo decadencial).

Em relação ao parágrafo único, filio-me à corrente doutrinária que aponta que o prazo específico para a resolução (redibição) do negócio celebrado é de 180 dias, contados do aparecimento do problema, desde que o direito esteja fundado na presença do vício mencionado no *caput*, ou seja, um problema estrutural do prédio. Esse prazo é também decadencial, pois a ação redibitória é essencialmente constitutiva negativa.

Por outra via, para que o dono da obra pleiteie perdas e danos em decorrência de alguma conduta lesiva provocada pelo empreiteiro, deve ser aplicado o art. 206, § 3.º, inc. V, do CC (prazo prescricional de 3 anos), em caso de sua responsabilidade extracontratual; ou mesmo o art. 27 do CDC (prazo prescricional de 5 anos), em havendo relação jurídica de consumo. Compartilha-se, assim, do entendimento de José Fernando Simão (Aspectos..., 2005, p. 379).

No mesmo sentido, prevê o Enunciado n. 181 CJF/STJ, aprovado na *III Jornada de Direito Civil* que "o prazo referido no art. 618, parágrafo único, do CC refere-se unicamente à garantia prevista no *caput*, sem prejuízo de poder o dono da obra, com base no mau cumprimento do contrato de empreitada, demandar perdas e danos". Na minha opinião, deve ser tida como superada a Súmula 194 do STJ, de 1997, que consagrava um prazo prescricional de vinte anos para se obter, do construtor, indenização por defeitos da obra.

No que concerne ao prazo para se pleitear indenização por descumprimento contratual que ocasiona prejuízos (responsabilidade civil contratual), estou alinhado à posição do STJ que aplica o prazo geral de dez anos, do art. 205 do Código Civil de 2002. Nos termos de correta ementa do Tribunal da Cidadania:

"Possibilidade de responsabilização do construtor pela fragilidade da obra, com fundamento tanto no art. 1.245 do CCB/1916 (art. 618 CCB/2002), em que a sua responsabilidade é presumida, ou com fundamento no art. 1.056 do CCB/1916 (art. 389 CCB/2002), em que se faz necessária a comprovação do ilícito contratual, consistente na má-execução da obra. Enunciado n. 181 da *III Jornada de Direito Civil*. Na primeira hipótese, a prescrição era vintenária na vigência do CCB/1916 (cf. Súmula 194 do STJ), passando o prazo a ser decadencial de 180 dias por força do disposto no parágrafo único do art. 618 do CC/2002. Na segunda hipótese, a prescrição, que era vintenária na vigência do CCB/1916, passou a ser decenal na vigência do CCB/2002. Precedente desta Turma. O termo inicial da prescrição é a data do conhecimento das falhas construtivas, sendo que a ação fundada no art. 1.245 do CCB/1916 (art. 618 CCB/2002) somente é cabível se o vício surgir no prazo de cinco anos da entrega da obra. 6. Inocorrência de prescrição ou decadência no caso concreto" (STJ, REsp 1.290.383/SE, 3.ª Turma, Rel. Min. Paulo de Tarso Sanseverino, j. 11.02.2014, *DJe* 24.02.2014).

Na mesma linha, mais recentemente, merece colação em destaque outro acórdão superior, que traz interessante debate sobre a incidência de prazo decadencial previsto no Código de Defesa do Consumidor, no tratamento relativo aos vícios do produto:

"Direito civil e do consumidor. Recurso especial. Ação de indenização por danos materiais. Promessa de compra e venda de imóvel. Embargos de declaração. Omissão, contradição ou obscuridade. Ausência. Acórdão recorrido. Fundamentação adequada. Defeitos aparentes da obra. Metragem a menor. Prazo decadencial. Inaplicabilidade. Pretensão indenizatória. Sujeição à prescrição. Prazo decenal. Art. 205 do Código Civil. (...). É de 90 (noventa) dias o prazo para o consumidor reclamar por vícios aparentes ou de fácil constatação no imóvel por si adquirido, contado a partir da efetiva entrega do bem (art. 26, II e § 1.º, do CDC). No referido prazo decadencial, pode o consumidor exigir qualquer das alternativas previstas no art. 20 do CDC, a saber: a reexecução dos serviços, a restituição imediata da quantia paga ou o abatimento proporcional do preço. Cuida-se de verdadeiro direito potestativo do consumidor, cuja tutela se dá mediante as denominadas ações constitutivas, positivas ou negativas. Quando, porém, a pretensão do consumidor é de natureza indenizatória (isto é, de ser ressarcido pelo prejuízo decorrente dos vícios do imóvel) não há incidência de prazo decadencial. A ação, tipicamente condenatória, sujeita-se a prazo de prescrição. À falta de prazo específico no CDC que regule a pretensão de indenização por inadimplemento contratual, deve incidir o prazo geral decenal previsto no art. 205 do CC/2002, o qual corresponde ao prazo vintenário de que trata a Súmula 194/STJ, aprovada ainda na vigência do Código Civil de 1916 ('Prescreve em vinte anos a ação para obter, do construtor, indenização por defeitos na obra')" (STJ, REsp 1.534.831/DF, 3.ª Turma, Rel. Min. Ricardo Villas Bôas Cueva, Rel. p/ Acórdão Min. Nancy Andrighi, j. 20.02.2018, *DJe* 02.03.2018).

No tocante ao prazo prescricional oriundo dessas situações, deve-se entender que, em regra, no caso de relação civil, o seu início se dará a partir da ocorrência do evento danoso, ou seja, a partir da violação do direito subjetivo, conforme o Enunciado n. 14 CJF/STJ, da *I Jornada de Direito Civil*. Todavia, também merece respaldo, na linha do último acórdão, a tese que determina que o prazo prescricional tem início do conhecimento da lesão ao direito subjetivo, ou seja, a teoria *actio nata* em sua feição subjetiva, que vem sendo amplamente aplicada pelo STJ nas relações civis (ver, ainda: STJ, REsp 830.614/RS, 3.ª Turma, Rel. Min. Nancy Andrighi, j. 1.º.06.2006, *DJ* 1.º.02.2008, p. 1).

No caso de relação de consumo, o prazo terá justamente início da ocorrência do fato ou do conhecimento de sua autoria (art. 27 do CDC), uma vez que a Lei 8.078/1990 adotou a teoria *actio nata*. A título de exemplo, imagine-se o caso de um acidente decorrente da obra, que causou danos físicos ao seu dono.

Como está evidente pelos meus comentários doutrinários e anotações quanto à jurisprudência, o art. 618 do Código Civil necessita de reparos urgentes, em prol da segurança jurídica. Por isso, a Comissão de Juristas encarregada da Reforma do Código Civil, e nomeada no âmbito do Senado Federal, sugere alterações no seu conteúdo.

Nesse contexto, propõe-se que o *caput* do comando passe a prever que, "nos contratos de empreitada de edifícios ou outras construções consideráveis, o empreiteiro de materiais e execução estará sujeito ao regime dos vícios ocultos, durante o prazo irredutível de cinco anos, respondendo pela solidez e segurança do trabalho, assim em razão dos materiais, como do solo". Sobre a decadência para a alegação desses vícios, o novo § 1.º preverá, com clareza, que "decairá do direito à garantia assegurada no *caput* dono de obra que não notificar o empreiteiro, judicial ou extrajudicialmente, no prazo decadencial de cento e oitenta dias, contados do aparecimento do vício".

Por fim, sobre o prazo prescricional eventualmente aplicável, que passará a ser de cinco anos (art. 205), o projetado § 2.º do art. 618 disporá o seguinte: "a decadência do direito à garantia legal prevista neste artigo não extingue a pretensão de reparação de danos em face do empreiteiro, sujeita ao prazo geral previsto neste Código". Espera-se, com isso, a superação de todas as divergências verificadas nos mais de vinte anos de vigência da atual Lei Geral Privada.

Analisando essa importante temática, não se pode esquecer que as regras estudadas até o momento são aplicadas na relação entre o empreiteiro e o dono da obra. Mas existem outras previstas no Código Civil em vigor.

Se, eventualmente, o empreiteiro ou um dos seus prepostos causar dano a terceiros, o dono da obra poderá ser responsabilizado se comprovada a culpa do empregado ou preposto (arts. 932, III, e 933 do CC), hipótese de *responsabilidade objetiva indireta*. A responsabilidade é, ainda solidária, entre o dono da obra e o empreiteiro (art. 942, parágrafo único, do CC), assegurado o direito de regresso daquele que arcou com o prejuízo em face do culpado (art. 934 do CC).

Além disso, o construtor ou o dono do prédio responde pela sua ruína, que causar danos a terceiros, quando restar patente a necessidade de reparos urgentes (art. 937 do CC). A responsabilidade é objetiva também pela aplicação do CDC, conforme comentado no Volume 2 desta coleção, tanto em relação àqueles que compraram as unidades no prédio quanto em relação a terceiros, consumidores equiparados ou *bystanders*.

Concluída a obra de acordo com o ajuste, ou o costume do lugar, o dono é obrigado a recebê-la. Essa é a regra constante do art. 615 do Código Civil em vigor que prevê que o dono da obra poderá rejeitá-la, se o empreiteiro se afastou das instruções recebidas e dos planos dados, ou das regras técnicas em trabalhos de tal natureza. Nesses casos aplicam-se as regras previstas para o inadimplemento da obrigação e da responsabilidade civil contratual, previstas entre os arts. 389 e 391 da atual codificação.

574 | DIREITO CIVIL • VOL. 3 – *Flávio Tartuce*

Eventualmente, poderá o dono da obra requerer abatimento proporcional no preço, caso o serviço não tenha sido prestado a contento pelo empreiteiro (art. 616 do CC). A norma tem relação direta com a vedação do enriquecimento sem causa (art. 884 do CC). Aplicando-a, pode ser transcrito o seguinte julgado do Tribunal do Paraná:

> "Apelação cível. Cobrança de contrato de empreitada. As provas juntadas aos autos foram devidamente analisadas e valoradas pelo juiz sentenciante. Obra com defeitos na estrutura e no acabamento, responsabilidade do apelante pela má execução da obra. Abatimento no preço. Incidência do artigo 616, do Código Civil. Recurso desprovido. Sentença mantida" (TJPR, Apelação Cível 0483253-5, 7.ª Câmara Cível, Curitiba, Rel. Juiz Convocado Francisco Luiz Macedo Junior, *DJPR* 25.07.2008, p. 60).

Relativamente ao pagamento da remuneração, mais bem denominado como *preço*, expressa o art. 614 que "se a obra constar de partes distintas, ou for de natureza das que se determinam por medida, o empreiteiro terá direito a que também se verifique por medida, ou segundo as partes em que se dividir, podendo exigir o pagamento na proporção da obra executada". Essa é a empreitada por medida (*ad mensuram*) ou *marché sur devis*, em que a execução do serviço é pactuada pelo empreiteiro e pelo dono da obra em partes.

O preço da empreitada também pode ser estipulado para a obra inteira, ou seja, por *preço global*, não se levando em conta o fracionamento da atividade desenvolvida pelo empreiteiro ou o resultado da mesma. Em casos tais, está presente a empreitada *marché à forfait*. Ensina Caio Mário da Silva Pereira que "não é incompatível com o parcelamento dessas prestações, nem deixa de ser global ou forfaitário o preço pelo fato de ficar ajustado que determinado em função da obra como um conjunto" (*Instituições...*, 2004, p. 317).

Os dois parágrafos do art. 614 complementam o tratamento da matéria. O § 1.º prescreve que tudo o que se pagou presume-se verificado. De acordo com o § 2.º, o que se mediu presume-se verificado se, em trinta dias, a contar da medição, não forem denunciados os vícios ou defeitos pelo dono da obra ou por quem estiver incumbido da sua fiscalização. As presunções são relativas (*iuris tantum*), admitindo prova ou mesmo previsão em contrário.

O art. 619 do Código Civil em vigor trata da *empreitada com preço fixo absoluto* e da *empreitada com preço fixo relativo*. Prevê esse comando legal que salvo estipulação em contrário, o empreiteiro que se incumbir de executar uma obra, segundo plano aceito por quem a encomendou, não terá direito a exigir acréscimo no preço (*empreitada com preço fixo absoluto*). Isso mesmo que sejam introduzidas modificações no projeto, a não ser que estas resultem de instruções escritas do dono da obra (*empreitada com preço fixo relativo*). Aplicando a ideia de preço fixo absoluto em uma relação de consumo, cumpre transcrever interessante decisão do Tribunal de Minas Gerais:

> "Apelação cível. Ação de indenização. Danos materiais. Contrato de empreitada. Inexecução contratual. Dever de reparar os danos. Alteração do preço. Inadmissibilidade. Rescisão do contrato. Prova da inadimplência. Ônus da prova. Obriga-se a empreiteira contratada por preço certo e que assumiu o custeio da mão de obra e do material de construção, a

entregar a obra nos termos ajustados. Cabe à construtora realizar previsão de custo utilizando os seus conhecimentos específicos da área, bem como da prática no mercado, para dar segurança ao consumidor acerca das despesas demandadas, sendo vedada a alteração ulterior do preço sob o fundamento de necessidade de acréscimo à obra ou aumento do custo do material ou da mão de obra, pois essas oscilações devem ser ponderadas pela empreiteira no momento da formação do ajuste. Entendimento que decorre do art. 619 do Código Civil em vigor. Incumbe à empreiteira o ônus de comprovar o inadimplemento do contratante, como motivo justificador de sua negativa em concluir a obra. Demonstrado o ilícito contratual, o dano e o nexo de causalidade, cabe o dever de indenizar, podendo ser diferido para cálculo em liquidação por artigos o valor da prestação devida para compensar o autor pelo pagamento total da obra que foi realizada apenas em parte" (TJMG, Acórdão 1.0024.05.694640-3/001, 14.ª Câmara Cível, Belo Horizonte, Rel. Des. Heloisa Combat, j. 18.08.2006, *DJMG* 11.10.2006).

Eventualmente, ainda que não tenha havido autorização escrita, o dono da obra é obrigado a pagar ao empreiteiro todos os aumentos e acréscimos da obra, segundo o que for arbitrado, se, sempre presente à obra, por continuadas visitas, não podia ignorar o que se estava passando, e nunca protestou (parágrafo único do art. 619 do CC). O objetivo da norma é de evitar a onerosidade excessiva, por meio da revisão contratual, aplicação da *teoria da quebra da base objetiva do negócio jurídico*, de Karl Larenz.

Desse modo, entendo que o último dispositivo não trata da cláusula *rebus sic stantibus* ou da teoria da imprevisão, a justificar a revisão do contrato. Isso porque o comando legal não faz menção a eventos imprevisíveis ou extraordinários a motivar a dita revisão. Em suma, o art. 619, parágrafo único, do CC está mais próximo do art. 6.º, inc. V, do CDC do que dos arts. 317 e 478 do próprio CC. Para relembrar a diferença entre esses dispositivos, recomenda-se a releitura do Capítulo 4 da presente obra, que trata da revisão contratual.

Caso ocorra uma diminuição no preço do material ou da mão de obra superior a um décimo do preço global convencionado, poderá este ser revisto, a pedido do dono da obra, para que se lhe assegure a diferença apurada (art. 620 do CC). Trata-se de importante inovação, frente à codificação anterior, mais uma vez visando equilibrar o negócio jurídico celebrado, mantendo a sua base estrutural, o *sinalagma obrigacional*.

No Projeto de Reforma do Código Civil, pretende-se incluir nesse último dispositivo um parágrafo único, estabelecendo, em boa hora, que "em contrato simétrico e paritário que tratar de empreitada de edifícios, de construções consideráveis ou de obras complexas de engenharia, poderão as partes afastar o disposto no *caput*, contanto que o façam expressamente e por escrito". Segue-se, portanto, a linha de um aumento da liberdade para os grandes contratos, geralmente celebrados entre empresas de porte econômico considerável.

Diante da boa-fé objetiva, sem a anuência de seu autor, não pode o proprietário da obra introduzir modificações no projeto por ele aprovado, ainda que a execução seja confiada a terceiros. Exceção é feita diante da função social dos contratos e das obrigações, quando, por motivos supervenientes ou razões de ordem técnica, ficar comprovada a inconveniência ou a excessiva onerosidade de execução do projeto em sua forma originária (art. 621 do CC).

Mais uma vez, como o dispositivo menciona *motivos supervenientes* e não *motivos imprevisíveis*, acredito que ele também está mais próximo do art. 6.º, inc. V, do CDC (revisão contratual por fato superveniente diante de simples onerosidade excessiva – teoria da equidade contratual ou teoria da base objetiva do negócio jurídico) do que dos arts. 317 e 478 do CC (revisão contratual por fato superveniente diante de uma imprevisibilidade somada a uma onerosidade excessiva, com origem na teoria da imprevisão).

Em complemento, o parágrafo único do art. 621 estabelece que a proibição de modificações no projeto aprovado não abrange as alterações de pouca monta, ressalvada sempre a unidade estética da obra projetada. Para a conclusão do que seja *alteração de pouca monta* deve-se analisar caso a caso.

Como é notório, a execução da obra poderá ser transferida a terceiro. Isso ocorre, por exemplo, na empreitada de mão de obra ou de lavor, sendo denominada *subempreitada*, que pode ocorrer de forma total ou parcial. Entretanto, sendo a execução da obra confiada a terceiros, a responsabilidade do autor do projeto respectivo, desde que não assuma a direção ou fiscalização da obra, ficará limitada ao prazo de garantia de cinco anos pela solidez da obra (art. 618 do CC). Essa é a regra constante no art. 622 do Código Civil em vigor.

Observo que esse dispositivo hoje menciona os "danos resultantes dos defeitos previstos no art. 618 e seu parágrafo único"; e o Projeto de Reforma do Código Civil pretende alterá-lo para que, melhor tecnicamente, passe a mencionar os *vícios*, como realmente são: "Art. 622. Se a execução da obra for confiada a terceiros, a responsabilidade do autor do projeto respectivo, desde que não assuma a direção ou fiscalização daquela, ficará limitada aos danos resultantes de vícios previstos no art. 618 e seus parágrafos". Trata-se de mero ajuste redacional, que melhora a compreensão do dispositivo citado.

Mesmo após iniciada a construção, poderá o dono da obra suspendê-la, desde que pague ao empreiteiro as despesas e lucros relativos aos serviços já feitos, mais o pagamento de uma indenização razoável, calculada em função do que ele teria ganho, se concluída a obra (art. 623 do CC). Esse dispositivo legal trata da *execução frustrada da obra por decisão do seu dono*, cumprindo-lhe indenizar o empreiteiro das despesas que teve, dos lucros relativos ao serviço já executado e dos lucros cessantes em face da não conclusão da obra. Ademais, trata-se de hipótese de extinção do contrato.

Prevê o art. 624 do atual Código Civil que, suspensa a execução da empreitada sem justa causa, responde o empreiteiro por perdas e danos. Mais uma vez, é de se concordar com a manutenção da expressão *justa causa*, podendo ser aplicadas as regras previstas na CLT, por analogia, se o empreiteiro não for pessoa jurídica. Isso porque, como se sabe, em casos tais, a competência para apreciar a empreitada pode ser da Justiça do Trabalho (nesse sentido, entre tantos julgados: TST, Agravo de Instrumento em Recurso de Revista 17.766/2002-014-09-40.1, 7.ª Turma, Rel. Min. Guilherme Augusto Caputo Bastos, *DJU* 20.06.2008, p. 291; TJRS, Recurso Cível 71002010700, 3.ª Turma Recursal Cível, Veranópolis, Rel. Des. Eduardo Kraemer, j. 30.06.2009, *DOERS* 08.07.2009, p. 134; TRT 3.ª Região, Recurso Ordinário 106/2009-080-03-00.1, 2.ª Turma, Rel. Des. Sebastião Geraldo de Oliveira, *DJEMG* 24.06.2009; TRT 14.ª Região, Recurso Ordinário 00877.2008.111.14.00-1, 1.ª Turma, Rel. Des. Elana Cardoso, *DJERO* 24.04.2009, p. 9).

CAP. 11 · CONTRATOS EM ESPÉCIE – PRESTAÇÃO DE SERVIÇO E EMPREITADA | **577**

A suspensão da obra está autorizada no art. 625 do CC, nas seguintes hipóteses:

a) Por culpa do dono, ou por motivo de força maior (evento previsível, mas inevitável).

b) Quando, no decorrer dos serviços, se manifestarem *dificuldades imprevisíveis* de execução, resultantes de causas geológicas ou hídricas, ou outras semelhantes, de modo que torne a empreitada excessivamente onerosa, e o dono da obra se opuser ao reajuste do preço inerente ao projeto por ele elaborado – aqui sim aplicação da *teoria da imprevisão*.

c) Se as modificações exigidas pelo dono da obra, por seu vulto e natureza, forem desproporcionais ao projeto aprovado, ainda que o dono se disponha a arcar com o acréscimo de preço.

Ao contrário do que ocorre com a prestação de serviços, o contrato de empreitada, em regra, não é personalíssimo. Nesse sentido, prevê o *estranho* art. 626 do CC que o contrato de empreitada não será extinto por morte de qualquer das partes, salvo se isso for ajustado, em consideração às qualidades pessoais do empreiteiro. A exceção é feita justamente para o caso de constar do contrato que o negócio é *intuitu personae*, ou seja, personalíssimo em relação ao empreiteiro.

A *estranheza* é causada pelo fato de ser a prestação de serviço, gênero da empreitada, um contrato personalíssimo, sendo extinto pela morte de qualquer das partes (art. 607 do CC). Ora, a mesma solução deveria ocorrer na empreitada, que é espécie daquele contrato. Pela solução dada pelo art. 626 do CC, a presunção é que o filho do empreiteiro também se dedica à mesma atividade de seu pai, uma vez que, em caso de falecimento do último, deverá seguir a obra.

A encerrar o tratamento da matéria, segue o estudo específico da extinção do contrato de empreitada.

11.3.3 Extinção do contrato de empreitada

Conforme ensina Caio Mário da Silva Pereira (*Instituições...*, 2004, p. 325), o contrato de empreitada poderá ser extinto das seguintes formas:

a) Pelo seu cumprimento, desde que a obra encomendada seja concluída nos exatos termos do pactuado, sendo também integralmente pago o preço.

b) Pela morte do empreiteiro se o contrato for celebrado *intuitu personae*. Todavia, deve ficar claro que, em regra, o contrato não é extinto pela morte das partes (art. 626 do CC).

c) Pela resilição bilateral, em virtude de distrato.

d) Pela resolução, nos casos de inadimplemento.

e) Pela falência do empreiteiro.

f) Pela rescisão contratual, por parte do dono da obra, com a indenização do empreiteiro das despesas e lucros relativos aos serviços já feitos, mais indenização razoável, calculada em função do que ele teria ganho, se concluída a obra (art. 623 do CC).

g) Pela onerosidade excessiva diante de fatos imprevisíveis ou não, de acordo com as hipóteses analisadas, o que também pode motivar a revisão do contrato. Para tanto, podem ser invocados os arts. 317, 478, 479 e 480 do CC e o art. 6.º, V, da Lei 8.078/1990.

h) Diante da desproporcionalidade entre o vulto e a natureza da obra e as modificações exigidas pelo seu dono, a critério do empreiteiro, ainda que o dono da obra se disponha a arcar com o acréscimo do preço.

Com a extinção do contrato de empreitada, encerra-se o presente capítulo.

11.4 RESUMO ESQUEMÁTICO

Importante: Com a nova competência da Justiça do Trabalho, conforme a Emenda Constitucional 45/2004, muitos contratos de prestação de serviço e empreitada deveriam ser apreciados por essa Justiça Especializada. Assim, seria necessário um *diálogo de complementaridade* entre as normas previstas no Código Civil e na CLT (aplicação da tese do *diálogo das fontes*). Todavia, nos últimos anos, por decisões do Supremo Tribunal Federal, houve um esvaziamento da competência da Justiça Especializada do Trabalho.

Prestação de serviço. Conceito: O contrato de prestação de serviços (*locatio operarum*) pode ser conceituado como o negócio jurídico pelo qual alguém (o prestador) compromete-se a realizar uma determinada atividade com conteúdo lícito, no interesse de outrem (o tomador), mediante certa e determinada remuneração.

Natureza jurídica: Contrato bilateral, oneroso, consensual, comutativo e informal.

Regras importantes quanto à prestação de serviço:

- A remuneração é obrigatória na prestação de serviços, podendo ser denominada preço ou salário civil. Não havendo acordo quanto à remuneração, esta será fixada por arbitramento ou de acordo com o costume do lugar, o tempo do serviço e sua qualidade (art. 596 do CC).
- A prestação de serviço não poderá ser convencionada por mais de quatro anos (art. 598 do CC). O art. 599 do CC traz prazos especiais para o aviso prévio pelas partes.
- Os arts. 601 e 602 do CC trazem regras quanto à extinção do contrato havendo justa causa ou não. As normas da CLT podem ser utilizadas para preencher o conceito de *justa causa*, se o serviço for prestado por pessoa natural.
- O art. 608 do CC trata da *tutela externa do crédito*, conceito que mantém relação direta com a função social dos contratos. Aquele que aliciar pessoas obrigadas por contrato escrito a prestar serviços a outrem pagará à parte prejudicada o correspondente a dois anos de prestação de serviço, a título de danos materiais.
- A extinção do contrato de prestação de serviços pode se dar pelas seguintes formas básicas: a) pelo escoamento do prazo; b) pela conclusão da obra; c) pela rescisão do contrato mediante aviso prévio; d) por inadimplemento de quaisquer das partes; ou e) pela impossibilidade da continuação do contrato, motivada por força maior.

Empreitada. Conceito: O contrato de empreitada (*locatio operis*) é aquele pelo qual uma das partes (empreiteiro ou prestador) obriga-se a fazer ou a mandar fazer determinada obra, mediante uma determinada remuneração, a favor de outrem (dono de obra ou tomador). Mesmo sendo espécie de prestação de serviço, com esse contrato a empreitada não se confunde, principalmente quanto aos efeitos.

Natureza jurídica: Contrato bilateral oneroso, comutativo, consensual e informal.

Modalidades de empreitada:

a) Empreitada sob administração: é aquela em que o empreiteiro apenas administra as pessoas contratadas pelo dono da obra, que também fornece os materiais.

CAP. 11 · CONTRATOS EM ESPÉCIE – PRESTAÇÃO DE SERVIÇO E EMPREITADA | 579

b) *Empreitada de mão de obra* ou *de lavor*: é aquela em que o empreiteiro fornece a mão de obra, contratando as pessoas que irão executar a obra. Os materiais, contudo, são fornecidos pelo dono da obra.

c) *Empreitada mista* ou *de lavor e materiais*: é aquela em que o empreiteiro fornece tanto a mão de obra quanto os materiais, comprometendo-se a executar a obra inteira. Nesse caso, o empreiteiro assume *obrigação de resultado* perante o dono da obra. Conforme o § 1.º do art. 610 do CC, a obrigação de fornecer materiais não pode ser presumida, resultando da lei ou da vontade das partes.

Extinção da empreitada:

a) Pelo seu cumprimento, desde que a obra encomendada seja concluída nos exatos termos do pactuado, sendo também integralmente pago o preço.

b) Pela morte do empreiteiro se o contrato for celebrado *intuitu personae*.

c) Pela resilição bilateral, em virtude de distrato.

d) Pela resolução, nos casos de inadimplemento.

e) Pela falência do empreiteiro.

f) Pela rescisão contratual, por parte do dono da obra, com a indenização do empreiteiro das despesas e lucros relativos aos serviços já feitos, mais indenização razoável, calculada em função do que ele teria ganhado se concluída a obra (art. 623 do CC).

g) Pela onerosidade excessiva diante de fatos imprevisíveis ou não, de acordo com as hipóteses já analisadas, o que também pode motivar a revisão do contrato. Para tanto, podem ser invocados os arts. 317, 478, 479 e 480 do CC e o art. 6.º, V, da Lei 8.078/1990.

h) Diante da desproporcionalidade entre o vulto e a natureza da obra e as modificações exigidas pelo seu dono, a critério do empreiteiro, ainda que o dano da obra se disponha a arcar com o acréscimo do preço.

11.5 QUESTÕES CORRELATAS

01. (TCE/CE – FCC – Procurador de Contas – 2015) No que se refere à prestação de serviço, é correto afirmar:

(A) Pode ser contratada somente para trabalhos lícitos de natureza material, pois serviços imateriais são regidos somente pelas normas de direito autoral.

(B) Pode ser estipulada por prazo indeterminado, a não ser que se destine à execução de obra certa e determinada, caso em que a convenção deverá ser o tempo de sua execução.

(C) Sua retribuição será paga sempre antecipadamente, salvo se ajustada em parcelas sucessivas.

(D) Não havendo prazo estipulado, nem se podendo inferir da natureza do contrato, ou do costume do lugar, qualquer das partes, a seu arbítrio, mediante prévio aviso, pode resolver o contrato.

(E) Se o serviço for prestado por quem não possua título de habilitação, ou não satisfaça requisitos estabelecidos em lei, não poderá quem os prestou cobrar qualquer quantia a título de retribuição.

02. (TRF-5.ª Região – CESPE – Juiz Federal Substituto – 2015) A respeito da transação, do mandato, da empreitada, da prestação de serviço e do pagamento indevido, assinale a opção correta.

(A) Ainda que o empreiteiro forneça os materiais para a execução de determinada obra, a responsabilidade pelos danos causados nos prédios vizinhos será solidária com o proprietário da obra.

(B) A nulidade de uma cláusula constante de transação realizada para dirimir dúvida não contamina todo o ato.

580 | DIREITO CIVIL • VOL. 3 – *Flávio Tartuce*

(C) É considerada não escrita a cláusula pela qual o mandatário assume a obrigação de não renunciar ao mandato.

(D) O contrato de prestação de serviços celebrado por tempo superior ao permitido em lei deve ter sua nulidade decretada com efeitos *ex nunc*.

(E) Para dar ensejo à repetição do indébito, o erro pode ser de fato ou de direito, mas não pode ser grosseiro.

03. (TRT/PE – FCC – Juiz do Trabalho Substituto – 2015) Na prestação de serviço,

(A) não havendo prazo estipulado, qualquer das partes pode resolver o contrato, a seu arbítrio, independentemente de prévio aviso.

(B) o contrato correspondente termina, exclusivamente, pela morte do prestador do serviço, pelo escoamento do prazo ou pela conclusão da obra.

(C) mesmo que o contrato tenha por causa o pagamento de dívida de quem o presta, ou ainda que se destine à execução de certa e determinada obra, não se pode convencioná-la por mais de dois anos.

(D) a retribuição será paga sempre após prestado o serviço contratado.

(E) não se tendo estipulado, nem chegado a acordo entre as partes, fixar-se-á por arbitramento a retribuição, segundo o costume do lugar, o tempo de serviço e sua qualidade.

04. (TRF-1.ª Região – CESPE – Juiz Federal Substituto – 2015) De acordo com o Código Civil, assinale a opção correta a respeito da prestação de serviço, da empreitada, do mandato, do transporte e do depósito.

(A) No contrato de depósito, em caso de superveniente incapacidade do depositário, o depósito será estendido, até o prazo avençado, à pessoa que assumir a administração dos bens.

(B) No contrato de prestação de serviço, a ausência de habilitação para o serviço contratado acarreta o não recebimento do objeto e o impedimento do pagamento.

(C) No contrato de empreitada, a ausência de verificação da obra por parte do comitente não obsta a rejeição da obra.

(D) No mandato, os atos praticados pelo substabelecido serão considerados inexistentes se a proibição de substabelecer constar da procuração.

(E) No contrato de transporte, o conhecimento de transporte é documento essencial para a comprovação do recebimento da carga e para a conclusão do negócio.

05. (TRT/MG – TRT/3.ª Região – Juiz do Trabalho – 2014) NÃO se aplica à empreitada o seguinte preceito:

(A) Quando o empreiteiro fornece os materiais, correm por sua conta os riscos até o momento da entrega da obra, a contento de quem a encomendou, desde que este não esteja em mora de receber.

(B) Salvo estipulação em contrário, o empreiteiro que se incumbir de executar uma obra, segundo plano aceito por quem a encomendou, não terá direito a exigir acréscimo no preço, ainda que sejam introduzidas modificações no projeto, a não ser que estas resultem de instruções escritas do dono da obra ou quando ele, sempre presente à obra, por continuadas visitas, não podia ignorar o que se estava passando, e nunca protestou.

(C) Tudo o que se pagou pela empreitada e que se mediu presume-se verificado se, em sessenta dias, a contar da medição, não forem denunciados os vícios ou defeitos pelo dono da obra ou por quem estiver incumbido da sua fiscalização.

(D) Sem anuência de seu autor, não pode o proprietário da obra introduzir modificações no projeto por ele aprovado, ainda que a execução seja confiada a terceiros, a não ser que, por motivos supervenientes ou razões de ordem técnica, fique comprovada a inconveniência ou a excessiva onerosidade de execução do projeto em sua forma originária.

(E) Sendo a empreitada unicamente de lavor, se a coisa perecer antes de entregue, sem mora do dono nem culpa do empreiteiro, este perderá a retribuição, se não provar que a perda resultou de defeito dos materiais e que em tempo reclamara contra a sua quantidade ou qualidade.

CAP. 11 · CONTRATOS EM ESPÉCIE – PRESTAÇÃO DE SERVIÇO E EMPREITADA | 581

06. **(FCC – Prefeitura de Teresina/PI – Auditor Fiscal – 2016) Sobre o contrato de prestação de serviços, considere:**

I. Caso pessoa obrigada por contrato escrito a prestar serviço a alguém venha a prestar serviço a outrem mediante aliciamento de terceiro, caberá ao prestador de serviços indenizar o tomador prejudicado, pois o terceiro é pessoa estranha ao contrato.

II. A lei proíbe expressamente que a prestação de serviço seja convencionada por prazo superior a quatro anos, de modo que caso haja fixação de prazo superior, o contrato, não sendo de natureza empresarial, deve ser reputado extinto em relação ao excesso, ocorrendo a redução temporal, ainda que não concluída a obra.

III. O contrato de prestação de serviços é personalíssimo, de modo que nem o tomador poderá transferir a outrem o direito aos serviços ajustados, nem o prestador de serviços, sem anuência da outra parte, apresentar substituto.

IV. É considerado serviço de consumo qualquer atividade fornecida no mercado de consumo, mediante remuneração, salvo as de natureza bancária, financeira, de crédito, securitária ou trabalhista.

Está correto o que se afirma APENAS em

(A) III e IV

(B) II, III e IV

(C) I, II e III

(D) II e III

(E) I e III

07. **(FAUEL – CISMEPAR-PR – Advogado – 2016) Sobre o contrato de empreitada, é INCORRETO afirmar que:**

(A) Se o empreiteiro só forneceu mão de obra, todos os riscos em que não tiver culpa correrão por conta do dono.

(B) Nos contratos de empreitada de edifícios ou outras construções consideráveis, o empreiteiro de materiais e execução responderá, durante o prazo irredutível de cinco anos, pela solidez e segurança do trabalho, assim em razão dos materiais, como do solo.

(C) Salvo estipulação em contrário, o empreiteiro que se incumbir de executar uma obra, segundo plano aceito por quem a encomendou, não terá direito a exigir acréscimo no preço, ainda que sejam introduzidas modificações no projeto, a não ser que estas resultem de instruções escritas do dono da obra.

(D) Mesmo com a anuência de seu autor, não pode o proprietário da obra introduzir modificações no projeto por ele aprovado, ainda que a execução seja confiada a terceiros, a não ser que, por motivos supervenientes ou razões de ordem técnica, fique comprovada a inconveniência ou a excessiva onerosidade de execução do projeto em sua forma originária.

08. **(CS-UFG – Prefeitura de Goiânia-GO – Auditor de Tributos – 2016) No que se refere ao contrato de prestação de serviços, o Código Civil em vigor prescreve que**

(A) a extinção desse contrato pode se dar apenas com a morte ou inadimplemento de qualquer das partes em face de seu caráter pessoal.

(B) a retribuição deve ser, em regra, fixada por arbitramento, segundo o costume do lugar, o tempo de serviço e sua qualidade.

(C) o pagamento da retribuição deve ocorrer depois de prestado o serviço, vedado o adiantamento ou a paga em prestações por acordo entre as partes.

(D) o objeto desse contrato pode ser toda a espécie de serviço ou trabalho lícito, material ou imaterial.

09. **(CESPE – Prefeitura de Salvador-BA – Procurador – 2015) Carlos celebrou contrato de empreitada com João para que este construísse uma casa. No contrato, foi pactuado o fornecimento dos materiais por João e o pagamento da obra por preço certo. Com referência a essa situação hipotética, assinale a opção correta**

(A) Iniciada a construção, Carlos não poderá suspendê-la sem comprovar justa causa.

(B) Concluída a obra após o prazo previsto no contrato, João deverá receber de forma proporcional ao tempo nela empregado.

582 | DIREITO CIVIL • VOL. 3 – *Flávio Tartuce*

(C) A inobservância de regras técnicas não será causa suficiente para a rejeição da obra; nesse caso, o preço deverá ser abatido em proporção correspondente às regras não observadas.

(D) Carlos não poderá alterar o projeto após o início da construção.

(E) Até a data em que Carlos receber a obra, os riscos da construção correrão por conta de João.

10. **(TJMG – CONSULPLAN – Titular de Serviços de Notas e de Registros-Provimento – 2017) José da Silva contratou a Construtora BETA para edificar sua casa em um lote de terreno urbano. Foi feito contrato escrito, fixando o preço do serviço, mão de obra e materiais por responsabilidade da construtora e prazo de sua conclusão e providências junto à Prefeitura, para fins de documentação, sem nada dispor sobre responsabilidade técnica, segurança ou qualidade da obra ou seus materiais. Terminada a obra, aprovada com "habite-se" pela Prefeitura e entregue a casa ao contratante José da Silva sem nenhuma ressalva ou reclamação. Quinze meses depois daquele ato de conclusão e entrega da obra, o imóvel começou a dar defeito, com rachaduras em paredes e piso cedendo, ficando a casa insegura para fins de moradia. Diante desses fatos, é correto afirmar que:**

(A) O empreiteiro é responsável pela solidez e segurança das construções, ainda que não conste cláusula contratual neste sentido.

(B) Não responde o construtor pelos danos que apareceram no imóvel, porque foi feita a entrega ao contratante, e sem nenhuma ressalva ou reclamação, além do que a Prefeitura emitiu o habite-se, com efetiva presunção de observância de todas as normas técnicas que regem a segurança de edificações.

(C) Está prescrito o direito de reclamar, porque passaram mais de 12 meses entre entrega do imóvel ao contratante e a reclamação sobre os alegados danos.

(D) Não responde o construtor porque não contratou nenhuma responsabilidade civil após a entrega da obra ao contratante, sendo ato jurídico perfeito, que não pode ser revisto, sob pena de se criar insegurança jurídica.

11. **(Oficial de Justiça Avaliador Federal – TRT 15.ª Região – FCC – 2018) Em relação ao contrato de prestação de serviço, considere:**

I. Toda a espécie de serviço ou trabalho lícito, desde que material, pode ser contratada mediante retribuição. II. Não se tendo estipulado, nem chegado a acordo as partes, fixar-se-á por arbitramento a retribuição, segundo o costume do lugar, o tempo de serviço e sua qualidade. III. A retribuição pagar-se-á no início da prestação do serviço, se, por convenção ou costume, não houver de ser paga ao final de sua prestação. IV. Se o prestador de serviço for despedido sem justa causa, a outra parte será obrigada a pagar-lhe por inteiro a retribuição vencida, e por metade a que lhe tocaria de então ao termo legal do contrato. V. Findo o contrato, o prestador de serviço tem direito a exigir da outra parte a declaração de que o contrato está findo. Igual direito lhe cabe, se for despedido sem justa causa, ou se tiver havido motivo justo para deixar o serviço.

Está correto o que consta APENAS de

(A) II, III e V.

(B) I, II e III.

(C) I, IV e V.

(D) II, IV e V.

(E) III, IV e V.

12. **(Analista Judiciário – TRT 2.ª Região – FCC – 2018) Josué, proprietário de um terreno na cidade de Itaquaquecetuba/SP, firmou contrato de empreitada com o empreiteiro Manoel, envolvendo trabalho e materiais, para construção de um imóvel comercial no local. No curso da obra o arquiteto contratado pelo dono da obra Josué, com a anuência deste, apresenta diversas modificações substanciais, desproporcionais ao projeto originalmente aprovado para o contrato celebrado entre as partes. Neste caso, se Josué exigir que as modificações sejam realizadas pelo empreiteiro Manoel, nos termos estabelecidos pelo Código Civil,**

(A) Manoel somente poderá suspender a obra caso notifique previamente Josué com antecedência mínima de 90 dias.

CAP. 11 · CONTRATOS EM ESPÉCIE – PRESTAÇÃO DE SERVIÇO E EMPREITADA | 583

(B) Manoel poderá suspender a obra apenas no caso de Josué não arcar com o acréscimo do preço.

(C) estará extinto automaticamente o contrato de empreitada, independentemente da manifestação das partes, diante da alteração do projeto por iniciativa exclusiva de Josué.

(D) Manoel não poderá suspender a obra e nem exigir acréscimo no preço.

(E) Manoel poderá suspender a obra ainda que Josué arque com o acréscimo do preço.

13. **(Advogado – CRN – 3.ª Região (SP e MS) – IADES – 2019) O Conselho Regional de Nutrição (CRN) local firmou contrato de empreitada com determinada empresa de construção, a fim de edificar a nova sede do conselho. O referido contrato foi encaminhado ao Departamento Jurídico do CRN para análise.**

Considerando a situação hipotética apresentada e as várias espécies de contrato previstas no Código Civil, assinale a alternativa correta.

(A) Operam-se, de pleno direito, a cláusula resolutiva expressa e a tácita.

(B) Nos contratos de empreitada de edifícios ou outras construções consideráveis, o empreiteiro de materiais e execução responderá, durante o prazo irredutível de 10 anos, pela solidez e segurança do trabalho, assim em razão dos materiais, como do solo.

(C) Sempre se extingue o contrato de empreitada pela morte de qualquer das partes.

(D) Independentemente de o empreiteiro só fornecer mão de obra, todos os riscos correrão por conta dele.

(E) O empreiteiro que se incumbir de executar uma obra, segundo plano aceito por quem a encomendou, salvo estipulação em contrário, não terá direito a exigir acréscimo no preço, ainda que sejam introduzidas modificações no projeto, a não ser que estas resultem de instruções escritas do dono da obra.

14. **(Advogado – Analista de Fomento – AFAP – FCC – 2019) Em relação à prestação de serviços,**

(A) toda a espécie de serviço ou trabalho lícito, desde que material, pode ser contratada mediante remuneração.

(B) pode seu contrato ser estipulado por qualquer prazo, mesmo que se destine à execução de obra certa e determinada.

(C) não havendo prazo estipulado, nem se podendo inferir da natureza do contrato, ou do costume do lugar, qualquer das partes pode resolver o contrato, a seu arbítrio, independentemente de prévio aviso.

(D) a retribuição pagar-se-á depois de prestado o serviço se, por convenção ou costume, não houver de ser adiantada, ou paga em prestações.

(E) se o prestador de serviço for despedido sem justa causa, quem o despediu deverá pagar-lhe por inteiro tanto a remuneração vencida como a que venceria até o termo legal do contrato.

15. **(Advogado – CAU-MS – Iades – 2021) Com base no contrato de prestação de serviços, regulado pelo Código Civil, assinale a alternativa correta.**

(A) Não haverá remuneração ao prestador, se o serviço for prestado por quem não possua título de habilitação, ou não satisfaça requisitos outros estabelecidos em lei, ainda que o trabalho executado resulte em benefício para o tomador.

(B) A prestação de serviços ocasionais de natureza civil regula-se precipuamente pela Consolidação das Leis do Trabalho (CLT), diante da formação de vínculo empregatício.

(C) Quando omisso o contrato acerca da remuneração do prestador, presume-se gratuita a contratação, de forma que nada será devido ao prestador.

(D) É lícito ao prestador de serviços, independentemente da concordância do tomador, transferir a outrem a responsabilidade pela sua execução.

(E) Toda a espécie de serviço ou trabalho lícito, material ou imaterial, pode ser contratada mediante retribuição.

16. **(Procurador Municipal – Prefeitura de Porto Alegre-RS – Fundatec – 2022) Sobre o contrato de empreitada, considerando o regime de Direito Civil, é correto afirmar que:**

(A) A empreitada se diferencia do contrato de prestação de serviços pela circunstância de a empreitada resultar, necessariamente, em uma obra de construção civil.

584 | DIREITO CIVIL • VOL. 3 – *Flávio Tartuce*

(B) Na chamada empreitada "mista", os riscos dos bens empregados na obra correm por conta do dono da obra, desde o início dela, salvo disposição contratual em contrário.

(C) Em toda e qualquer empreitada que resulte em uma construção civil, a responsabilidade pela solidez e segurança da obra é do empreiteiro pelo período máximo de cinco anos, contados da conclusão da obra, salvo disposição contratual em contrário.

(D) A suspensão da obra pelo empreiteiro só é juridicamente aceita nas empreitadas "de lavor", porque, nesses casos, ninguém pode ser coagido a executar fato.

(E) Se o empreiteiro concluir a obra em conformidade com o ajuste feito com o dono da obra, o não recebimento da obra por este gerará mora do credor.

17. (Analista Judiciário – TRT-22ª Região – FCC – 2022) De acordo com o Código Civil, na empreitada,

(A) os riscos correm sempre por conta do dono.

(B) a obrigação de fornecer os materiais, em regra, se presume.

(C) o empreiteiro goza do prazo legal de carência de 180 dias para entrega da obra.

(D) o contrato não se extingue pela morte de qualquer das partes, salvo se houver sido celebrado em caráter personalíssimo.

(E) o empreiteiro só responde pela inutilização dos materiais se esta decorrer de dolo ou culpa grave.

18. (Câmara de Aparecida-SP – Vunesp – Procurador Legislativo – 2023) O contrato de empreitada se caracteriza pela presença da figura do empreiteiro e do dono da obra. Assinale a opção correta a respeito dessa importante modalidade contratual tipicamente regulada pelo Código Civil de 2002.

(A) Se ocorrer diminuição no preço do material, mas não de mão de obra superior, independentemente do preço global convencionado, poderá este ser revisto, a pedido do dono da obra, para que se lhe assegure a diferença apurada.

(B) Concluída a obra de acordo com o ajuste, ou o costume do lugar, o dono é obrigado a recebê-la, ainda que o empreiteiro tenha se afastado das instruções recebidas e dos planos dados, ou das regras técnicas em trabalhos de tal natureza.

(C) Se o empreiteiro forneceu mão de obra e materiais, todos os riscos pelos quais não tiver culpa correrão por conta do dono da obra.

(D) Nesse tipo contratual, a obrigação de fornecer os materiais se presume.

(E) Poderá o empreiteiro suspender a obra, se as modificações exigidas pelo dono da obra, por seu vulto e natureza, forem desproporcionais ao projeto aprovado, ainda que o dono se disponha a arcar com o acréscimo de preço.

19. (TJSC – Juiz substituto – FGV – 2024) Eis o disposto no art. 608 do Código Civil:

"Art. 608. Aquele que aliciar pessoas obrigadas em contrato escrito a prestar serviço a outrem pagará a este a importância que ao prestador de serviço, pelo ajuste desfeito, houvesse de caber durante dois anos".

A norma incorpora, ao regime da prestação de serviços civis, a seguinte teoria:

(A) inadimplemento eficiente;

(B) violação positiva do contrato;

(C) tutela externa do crédito;

(D) lucro da intervenção;

(E) *tu quoque*.

20. (TRF-3ª Região – Analista Judiciário – FCC – 2024) De acordo com as disposições do Código Civil acerca do contrato de empreitada, o contrato para elaboração de um projeto

(A) importa a obrigação de executá-lo, mas não de fiscalizar a sua execução, mesmo que esta seja cometida a terceiro.

(B) importa a obrigação de fiscalizar a sua execução, mas não de executá-lo.

CAP. 11 • CONTRATOS EM ESPÉCIE – PRESTAÇÃO DE SERVIÇO E EMPREITADA | 585

(C) não importa a obrigação de executá-lo nem de fiscalizar a sua execução.

(D) importa a obrigação de executá-lo e de fiscalizar a sua execução por qualquer pessoa que para ela concorra.

(E) importa a obrigação de executá-lo ou de fiscalizar a sua execução, se esta tiver sido cometida a terceiro.

21. **(TJRJ – Programa de Residência – FGV – 2024) O Condomínio Aurora Boreal contratou com a empresa Serviços Islandeses Rápidos e Gerais Ltda. os serviços de portaria, limpeza e segurança, incluindo controle de acesso e acompanhamento visual ou por meio de Sistema de "CFTV" de entrada e saída de pessoas e veículos da empresa, cujo pagamento deverá ser feito mensalmente. O contrato foi celebrado por escrito sem prazo determinado. Nos últimos meses diversos problemas aconteceram no condomínio em razão de falhas graves praticadas pelos empregados da empresa, entre eles, o furto de duas unidades condominiais. Registra-se que todos os problemas foram relatados oportunamente à prestadora de serviço, que permaneceu inerte.**

Diante da situação hipotética narrada, com base no Código Civil brasileiro, assinale a afirmativa correta.

(A) O contrato de prestação de serviço somente se extingue pela morte de qualquer das partes ou pelo escoamento do prazo.

(B) A ausência de prazo determinado torna o contrato de prestação de serviço pelo prazo de três anos prorrogável por igual período.

(C) Como não há prazo estipulado, qualquer das partes poderá resolver o contrato desde que haja aviso prévio de trinta dias.

(D) Caso o Condomínio pretenda o rompimento do contrato, deverá pagar o valor integral das prestações vincendas.

(E) As falhas graves praticadas pelos empregados da empresa prestadora de serviço permitem a rescisão do contrato por justa causa.

GABARITO

01 – D	02 – A	03 – E
04 – C	05 – C	06 – D
07 – D	08 – D	09 – E
10 – A	11 – D	12 – E
13 – E	14 – D	15 – E
16 – E	17 – D	18 – E
19 – C	20 – C	21 – E

12

CONTRATOS EM ESPÉCIE – DO EMPRÉSTIMO (COMODATO E MÚTUO) E DO DEPÓSITO

Sumário: 12.1 Do contrato de empréstimo. Introdução – 12.2 Do comodato ou empréstimo de uso – 12.3 Do mútuo ou empréstimo de consumo – 12.4 Do contrato de depósito: 12.4.1 Conceito e natureza jurídica; 12.4.2 Regras quanto ao depósito voluntário ou convencional; 12.4.3 O depósito necessário; 12.4.4 A prisão do depositário infiel na visão civil-constitucional – 12.5 Resumo esquemático – 12.6 Questões correlatas – Gabarito.

12.1 DO CONTRATO DE EMPRÉSTIMO. INTRODUÇÃO

O contrato de empréstimo pode ser conceituado como o negócio jurídico pelo qual uma pessoa entrega uma coisa a outra, de forma gratuita, obrigando-se esta a devolver a coisa emprestada ou outra de mesma espécie e quantidade. Como se observa, o contrato de empréstimo é um exemplo claro de contrato unilateral e gratuito, abrangendo duas espécies:

a) *Comodato* – empréstimo de bem infungível e inconsumível, em que a coisa emprestada deverá ser restituída findo o contrato (*empréstimo de uso*).

b) *Mútuo* – empréstimo de bem fungível e consumível, em que a coisa é consumida e desaparece, devendo ser devolvida outra de mesma espécie e quantidade (*empréstimo de consumo*).

Resumindo, a entrega da coisa, dependendo de sua natureza, bem como dos direitos envolvidos, pode dar ensejo aos seguintes contratos:

	Para uso:	comodato
Entrega da coisa	Para consumo:	mútuo
	Para guarda:	depósito
	Para administração:	mandato

588 | DIREITO CIVIL • VOL. 3 – *Flávio Tartuce*

Os dois contratos de empréstimo, além de serem unilaterais e gratuitos (benéficos), em regra, são também negócios comutativos, informais e reais. A última característica decorre do fato de que esses contratos têm aperfeiçoamento com a entrega da coisa emprestada (tradição ou *traditio*). Isso desloca a tradição do plano da eficácia – terceiro degrau da *Escada Ponteana* – para o plano da validade – segundo degrau.

O comodato e o mútuo estão tipificados na Parte Especial do Código Civil. O comodato está previsto entre os arts. 579 a 585; o mútuo nos arts. 586 a 592 do CC/2002. Passa-se à análise dessas importantes regras.

12.2 DO COMODATO OU EMPRÉSTIMO DE USO

Conforme foi exposto, o comodato é um contrato unilateral, benéfico e gratuito em que alguém entrega a outra pessoa uma coisa infungível, para ser utilizada por um determinado tempo e devolvida findo o contrato. Por razões óbvias, o contrato pode ter como objeto bens móveis ou imóveis, pois ambos podem ser infungíveis (insubstituíveis).

A parte que empresta a coisa é denominada comodante, enquanto a que recebe a coisa é o comodatário. O contrato é *intuitu personae*, baseado na fidúcia, na confiança do comodante em relação ao comodatário. Não exige sequer forma escrita, sendo contrato não solene e informal.

Em regra, o comodato terá como objeto bens não fungíveis e não consumíveis. Entretanto, a doutrina aponta a possibilidade de o contrato ter como objeto bens fungíveis utilizados para enfeite ou ornamentação, sendo denominado comodato *ad pompam vel ostentationem*.

Ilustrando, esse contrato está presente quando "se empresta uma cesta de frutas ou garrafas de uísque para ornamentação ou exibição numa exposição, hipótese em que a convenção das partes tem o condão de transformar a coisa fungível por sua natureza em infungível, pois só dessa maneira será possível, findo o comodato, a restituição da mesma coisa que foi emprestada. Nessa última hipótese ter-se-á o '*comodatum pompae vel ostentationis causa*'" (DINIZ, Maria Helena. *Curso...*, 2005, p. 326. No mesmo sentido: GONÇALVES, Carlos Roberto. *Direito civil...*, 2007, p. 313). Destaque-se que a categoria interessa mais à doutrina do que à prática.

Percebe-se que o comodato é gratuito, eis que não há qualquer contraprestação do comodatário. Entretanto, no empréstimo de uma unidade em condomínio edilício, pode ser convencionado que o comodatário pagará as despesas de condomínio. Isso, contudo, não desfigura ou desnatura o contrato, pois a onerosidade do comodatário é inferior à contraprestação, havendo um *comodato modal* ou *com encargo* (DINIZ, Maria Helena. *Curso...*, 2005, p. 326; GONÇALVES, Carlos Roberto. *Direito civil...*, 2007, p. 311).

O art. 579 do CC é claro ao prever que o comodato se perfaz com a tradição do objeto, com a sua entrega, o que denota a sua natureza real. Não há qualquer formalidade para a avença, que pode ser verbal, como é comum na prática. Nesse sentido, julgado do Tribunal de Justiça do Rio Grande do Sul considerou que "o comodato caracteriza-se como empréstimo gratuito da coisa móvel ou imóvel infungível. É o contrato pelo qual durante um tempo determinado uma pessoa empresta algo para ser utilizado por outro e

CAP. 12 · CONTRATOS EM ESPÉCIE – DO EMPRÉSTIMO (COMODATO E MÚTUO) E DO DEPÓSITO | 589

depois devolvido. Não se exige a titularidade do bem, basta que as partes sejam capazes, como regra geral, e que o comodante tenha posse. É contrato não solene, não exigindo formalidade, conforme art. 579 do Código Civil, de forma que pode haver comodato verbal" (TJRS, Acórdão 0173360-10.2016.8.21.7000, 17.ª Câmara Cível, Lajeado, Rel. Des. Liege Puricelli Pires, j. 25.08.2016, *DJERS* 06.09.2016).

Quanto à possibilidade de celebração de promessa de comodato, é de se responder positivamente como Marco Aurélio Bezerra de Melo, enquadrando a hipótese dentro dos contratos preliminares (arts. 462 a 466 do CC). Entende esse doutrinador que, não havendo a entrega da coisa, estará presente somente a promessa de empréstimo, figura negocial atípica (MELO, Marco Aurélio Bezerra de. *Novo Código Civil...*, 2004, p. 256).

Limitando a sua celebração, o art. 580 do CC reza que os tutores, curadores em geral ou administradores de bens alheios não poderão dar em comodato, sem autorização especial, os bens confiados à sua guarda. A exemplo do que ocorre com o art. 497 do CC, aplicável à compra e venda, trata-se de uma limitação à liberdade de contratar. Para que essa venda seja realizada é preciso haver autorização do próprio dono ou autorização judicial, ouvido o Ministério Público se o negócio envolver interesses de incapaz.

O contrato de comodato é apontado como um negócio temporário, fixado com prazo determinado ou indeterminado, sendo pertinente verificar a diferença de regras nas duas categorias, sobretudo quanto à sua extinção.

Se o contrato não tiver prazo convencional (prazo indeterminado), será presumido para o uso concedido. Nessa hipótese, não pode o comodante, salvo necessidade imprevista e urgente reconhecida pelo juiz, suspender o uso e gozo da coisa emprestada. A última regra também vale para o contrato celebrado com prazo determinado. Em outras palavras, antes de findo o prazo ou do uso concedido, não poderá o comodante reaver a coisa, em regra (art. 581 do CC). O desrespeito a esse dever gera o pagamento das perdas e danos que o caso concreto determinar. Aplicando muito bem a inteligência do art. 581 do CC/2002, transcreve-se, do Tribunal de Minas Gerais:

> "Agravo de Instrumento. Reintegração de posse. Comodato verbal. Prazo indeterminado. Concessão de prazo para desocupação. Inteligência do art. 581 do CC/2002. Para a concessão da liminar de reintegração de posse, faz-se necessário que o autor comprove, com a inicial ou em audiência de justificação prévia, a sua posse anterior, o esbulho praticado pelo réu, a data do esbulho e a perda da posse. Atendidos tais requisitos, o juiz deverá deferir a expedição do mandado liminar de reintegração de posse. Contudo, em se tratando de contrato de comodato verbal por prazo indeterminado, em observância ao disposto no art. 581 do CC/2002, inexistindo prova da necessidade urgente e imprevista, não há se falar em suspensão do uso do imóvel sem que se conceda prazo necessário para desocupação, pois a notificação do comodatário de que já não interessa à comodante o empréstimo do imóvel é insuficiente para que o juiz determine a imediata reintegração de posse" (TJMG, Agravo 1.0362.07.085581-6/0011, 17.ª Câmara Cível, João Monlevade, Rel. Des. Irmar Ferreira Campos, j. 10.04.2008, *DJEMG* 23.04.2008).

Ainda do art. 581 do Código Civil podem ser retiradas algumas conclusões práticas. De início, quanto ao comodato com prazo determinado, findo este, será devida a devolução da coisa, sob pena de ingresso da ação de reintegração de posse e sem prejuízo

590 | DIREITO CIVIL • VOL. 3 – *Flávio Tartuce*

de outras consequências previstas em lei. Em casos tais, encerrado o prazo, haverá mora automática do devedor (mora *ex re*), nos termos do art. 397, *caput*, do CC. Aplica-se a máxima *dies interpellat pro homine* (o dia do vencimento interpela a pessoa).

Fazendo incidir a premissa, com citação ao meu entendimento doutrinário, ilustre-se com interessante julgado do Tribunal de Justiça de São Paulo, do ano de 2016, assim ementado:

"Ação Monitória. Contrato de Comodato de 'Ipad', integrante de Contrato de Prestação de Serviços Educacionais, com prazo determinado. Cancelamento da Matrícula pela requerida embargante, sem a devolução do equipamento eletrônico disponibilizado a título de comodato. Previsão de cláusula penal para a hipótese. Sentença de improcedência dos Embargos Monitórios, com a constituição de pleno direito do título executivo judicial. Apelação da embargante, que visa à anulação da sentença, por ausência de fundamentação e por inépcia da petição inicial, pugnando no mérito pela reforma para o acolhimento dos Embargos, com pedido subsidiário de redução do valor atribuído ao bem objeto do contrato de comodato. Rejeição. Preliminares afastadas. Questões de fato e de direito que foram examinadas na sentença, 'ex vi' do artigo 458 do CPC de 1973. Inépcia da petição inicial não configurada, conforme disposto nos artigos 282 e 283 do CPC de 1973. Prática abusiva consubstanciada em 'venda casada' não demonstrada. Comodato que constitui contrato de empréstimo gratuito de coisa não fungível, que se perfaz com a tradição do objeto. Ausência de devolução do bem que pode dar causa ao ajuizamento de Ação Judicial para a retomada do bem, sem prejuízo de outras consequências, tais como o arbitramento de 'aluguel-pena' e a incidência de eventual cláusula penal prevista contratualmente. Ação Monitória ajuizada com base no contrato escrito firmado entre as partes, sem eficácia de título executivo, que estabeleceu cláusula penal para a hipótese de não entrega do bem, possibilitando a cobrança do valor do equipamento entregue à requerida embargante. Mora da comodatária que se configura automaticamente, conforme previsto nos artigos 394 e 397 do Código Civil (mora 'ex re'). Requerida embargante que sequer se propôs à devolução do bem. Título executivo que deve ser constituído pela quantia equivalente ao produto que foi entregue a ela, sem qualquer desconto (R$ 1.332,14), acrescida de correção monetária a contar de 12 de janeiro de 2015 (primeiro dia útil após o prazo para a devolução do produto), mais juros de mora a contar da citação, tendo em vista os critérios da proporcionalidade e da razoabilidade. Sentença mantida" (TJSP, Apelação 1008813-68.2015.8.26.0003, 27.ª Câmara de Direito Privado, São Paulo, Rel. Des. Daise Fajardo Nogueira Jacot, j. 27.06.2016).

Não havendo prazo fixado, a coisa será utilizada conforme a sua natureza, presumindo-se o citado uso concedido de acordo com as circunstâncias do caso concreto. Finda a utilização, o comodante deverá notificar o comodatário para devolvê-la, constituindo-o em mora, nos termos do art. 397, parágrafo único, do CC (mora *ex persona*). Não sendo atendido o comodante, caberá ação de reintegração de posse, sem prejuízo de outras penalidades. A jurisprudência do STJ tem divergido se a mera notificação, por si só, é motivo para a reintegração da posse. Entendendo que sim, cumpre transcrever:

"Civil. Ação de reintegração de posse. Comodato verbal. Pedido de desocupação. Notificação. Suficiência. CC anterior, art. 1.250. Dissídio jurisprudencial comprovado. Procedência. I. Dado em comodato o imóvel, mediante contrato verbal, onde, evidentemente, não há prazo assinalado, bastante à desocupação a notificação ao comodatário da pretensão do comodante,

CAP. 12 • CONTRATOS EM ESPÉCIE – DO EMPRÉSTIMO (COMODATO E MÚTUO) E DO DEPÓSITO

não se lhe exigindo prova de necessidade imprevista e urgente do bem. II. Pedido de perdas e danos indeferido. III. Precedentes do STJ. IV. Recurso especial conhecido e parcialmente provido. Ação de reintegração de posse julgada procedente em parte" (STJ, REsp 605.137/PR, 4.ª Turma, Rel. Min. Aldir Passarinho Junior, j. 18.05.2004, *DJ* 23.08.2004, p. 251).

Mas, em sentido contrário, há julgado até mais recente, assim ementado:

"1. Civil. Comodato por prazo indeterminado. Retomada do imóvel. Se o comodato não tiver prazo convencional, presumir-se-lhe-á o necessário para o uso concedido, salvo necessidade imprevista e urgente do comodante (CC, art. 1.250). 2. Processo civil. Reintegração de posse. Medida liminar. A só notificação do comodatário de que já não interessa ao comodante o empréstimo do imóvel é insuficiente para que o juiz determine a imediata reintegração de posse; ainda que deferida a medida liminar, deve ser assegurado o prazo necessário ao uso concedido sem perder de vista o interesse do comodante, para não desestimular a benemerência. Recurso especial conhecido em parte e, nessa parte, provido" (STJ, REsp 571.453/MG, 3.ª Turma, Rel. Min. Ari Pargendler, j. 06.04.2006, *DJ* 29.05.2006, p. 230).

Em 2023, o tema foi retomado na Corte, com o surgimento de um novo acórdão da sua Quarta Turma, concluindo, por maioria, que, "no contrato de comodato por prazo indeterminado, após o transcurso do intervalo suficiente à utilização do bem, é devida a sua restituição, pelo comodatário, bastando para tanto a sua notificação". São citadas algumas especificidades do caso concreto e outro precedente superior, com mesma conclusão. Vejamos:

"A questão é que houve uma notificação extrajudicial para extinção do comodato, na linha da jurisprudência citada pelo eminente relator: não tendo prazo determinado, após o transcurso do intervalo suficiente à utilização do bem, pelo comodatário, conforme sua destinação, basta a notificação, concedendo um prazo razoável para a restituição da coisa (REsp 1.327.627/RS, 4.ª Turma, Rel. Min. Luis Felipe Salomão, j. 25.10.2016, *DJe* 1.º.12.2016). Dessa forma, o direito potestativo de rescindir o contrato é do proprietário do bem, que, por ato de liberalidade, faz o comodato e pode, sem declinar nenhuma razão, realizar a denúncia vazia do comodato, requerendo a coisa de volta, desde que esta tenha ficado por um prazo razoável à disposição do comodatário" (STJ, Ag. Int. no REsp 1.641.241/SP, 4.ª Turma, Rel. Min. Antonio Carlos Ferreira, Rel. p/ acórdão Min. Maria Isabel Gallotti, j. 07.02.2023, *DJe* 03.07.2023).

Na minha opinião doutrinária, em regra, a notificação é suficiente para a reintegração de posse, mas em algumas situações deve ser analisado o caso concreto. A título de exemplo, pode ser aplicado o art. 473, parágrafo único, do CC, sendo postergado o contrato nos casos em que o comodatário tiver realizado investimentos consideráveis no negócio. Entram em cena a *conservação contratual* e a *função social do contrato*.

De todo modo, em alguns casos, a notificação pode ser até dispensada, como naqueles em que o comodatário tem ciência inequívoca da intenção do comodante em retomar o bem emprestado. Exatamente nessa linha, julgou o STJ o seguinte:

"No caso concreto, todavia, a despeito de o comodato ter-se dado por tempo indeterminado e de não ter havido a prévia notificação dos comodatários, não se pode conceber que os mesmos detinham a posse legítima do bem. Isso porque o próprio ajuizamento de ação cautelar inominada por parte do espólio – que se deu anteriormente à propositura da própria ação possessória – já demonstrava esse intuito, mostrando-se a notificação premonitória uma mera formalidade, inócua aos fins propriamente pretendidos. Verificada a ciência inequívoca dos recorridos para que providenciassem a devolução do imóvel cuja posse detinham em função de comodato verbal com a falecida proprietária, configurado está o esbulho possessório, hábil a justificar a procedência da lide" (STJ, REsp 1.947.697/SC, 3.ª Turma, Rel. Min. Nancy Andrighi, j. 28.09.2021, *DJe* 01.10.2021).

Em outra hipótese fática a ser considerada, se houver desvio da finalidade do comodato antes ajustado, haverá motivo suficiente para a retomada imediata da coisa. Esse entendimento foi adotado em importante aresto superior, sobre situação peculiar, eis que:

"À luz das conclusões perfilhadas pelas instâncias ordinárias – com base nas provas produzidas nos autos –, sobressai o fato de que o pastor/comodatário, abusando da confiança do comodante, procedeu ao uso do imóvel em flagrante dissonância com o propósito da celebração da avença, qual seja, a realização de cultos da Igreja do Evangelho Quadrangular. De fato, ao se desligar da igreja, logo após o pacto, e ministrar cultos em outra instituição religiosa, o pastor/comodatário incorreu em evidente quebra de confiança, o que atinge a boa-fé do negócio jurídico, configurando causa apta a fundamentar a resilição unilateral (denúncia) promovida pelo comodante". Ao final, consta da ementa que "infere-se a regularidade da resilição unilateral do comodato operada mediante denúncia notificada extrajudicialmente ao comodatário (artigo 473 do Código Civil), pois o 'desvio' da finalidade encartada no ato de liberalidade constitui motivo suficiente para deflagrar seu vencimento antecipado e autorizar a incidência da norma disposta na primeira parte do artigo 581 do retrocitado Codex, sobressaindo, assim, a configuração do esbulho em razão da recusa na restituição da posse do bem a ensejar a procedência da ação de reintegração" (STJ, REsp 1.327.627/RS, 4.ª Turma, Rel. Min. Luis Felipe Salomão, j. 25.10.2016, *DJe* 01.12.2016).

A parte final do art. 582 do CC/2002 consagra outras penalidades nos casos em que o bem não é devolvido, pois "o comodatário constituído em mora, além de por ela responder, pagará, até restituí-la, o aluguel da coisa que for arbitrado pelo comodante". Como é notório, as consequências da mora do devedor estão previstas no art. 399 do CC, respondendo o comodatário no caso em questão por caso fortuito e força maior, a não ser que prove a ausência de culpa ou que a perda do objeto do contrato ocorreria mesmo se não estivesse em atraso.

Essas penalidades são bem delineadas pela jurisprudência, podendo ser transcrito importante acórdão do STJ do ano de 2022. O caso disse respeito a condomínio e comodato, sendo a sua tese principal a seguinte: "o condômino privado da posse do imóvel tem direito ao recebimento de indenização equivalente aos aluguéis proporcionais ao seu quinhão, dos proprietários que permaneceram na posse exclusiva do bem, os quais, caso não notificados extrajudicialmente, podem ser constituídos em mora por meio da citação nos autos da ação de arbitramento dos aluguéis". Vejamos a sua ementa, que trata de hipótese de condomínio decorrente de casamento:

"Quanto ao dever de pagar aluguéis aos comodatários, a jurisprudência do STJ orienta que 'se houve prévia estipulação do prazo do comodato, o advento do termo previsto implica, de imediato, no dever do comodatário de proceder à restituição da coisa. Não o fazendo, incorrerá o comodatário automaticamente em mora (mora 'ex re'). Sua posse sobre o bem, anteriormente justa em razão da relação jurídica obrigacional, converte-se em injusta e caracteriza esbulho possessório. [...] De outro turno, na ausência de ajuste acerca do prazo, o comodante, após o decurso de tempo razoável para a utilização da coisa, poderá promover a resilição unilateral do contrato e requerer a restituição do bem, constituindo o comodatário em mora mediante interpelação, judicial ou extrajudicial, na forma do art. 397, parágrafo único, do CC/02 (mora 'ex persona'). O esbulho possessório se caracterizará se o comodatário, devidamente cientificado da vontade do comodante, não promover a restituição do bem emprestado. [...] O comodatário constituído em mora, seja de forma automática no vencimento ou mediante interpelação, está submetido a dupla sanção, conforme prevê o art. 582, segunda parte, do CC. Por um lado, recairá sobre ele a responsabilidade irrestrita pelos riscos da deterioração ou perecimento do bem emprestado, ainda que decorrente de caso fortuito ou de força maior. Por outro, deverá o comodatário pagar, até a data da efetiva restituição, aluguel pela posse injusta da coisa, conforme arbitrado pelo comodante' (REsp 1.662.045/RS, Relatora Ministra Nancy Andrighi, Terceira Turma, julgado em 12/09/2017, *DJe* 14/09/2017). (...). E ainda, 'o pagamento de aluguéis não envolve discussão acerca da licitude ou ilicitude da conduta do ocupante. O ressarcimento é devido por força da determinação legal segundo a qual a ninguém é dado enriquecer sem causa à custa de outrem, usufruindo de bem alheio sem contraprestação' (REsp 1.613.613/RJ, Relator Ministro Ricardo Villas Bôas Cueva, Terceira Turma, julgado em 12/06/2018, *DJe* 18/06/2018). Portanto, na linha dos precedentes antes citados, cessado o comodato, por meio de notificação judicial ou extrajudicial, o condômino privado da posse do imóvel tem direito ao recebimento de indenização equivalente aos aluguéis proporcionais ao seu quinhão, devida pelos proprietários e comodatários que permaneceram na posse exclusiva do bem, medida necessária para evitar o enriquecimento sem causa da parte que usufrui da coisa. Sobre a forma de constituição em mora do comodatário e quanto ao termo inicial de apuração do pagamento, o entendimento desta Corte Superior, em se tratando de 'comodato precário – isto é, sem termo certo – [...] a constituição do devedor em mora reclamará, no caso, a prévia notificação judicial ou extrajudicial (mora 'ex persona'), com a estipulação de prazo razoável para a restituição da coisa, cuja inobservância implicará a caracterização do esbulho autorizador do interdito possessório' (REsp 1.327.627/RS, Relator Ministro Luis Felipe Salomão, Quarta Turma, julgado em 25/10/2016, DJe 01/12/2016). No entanto, 'nos termos da jurisprudência desta Corte, a citação pode ser admitida como sucedâneo da interpelação para fins de constituição do devedor em mora' (AgRg no AREsp 652.630/SC, Relator Ministro Moura Ribeiro, Terceira Turma, *DJe* 06/11/2015). Nesse contexto, em relação ao termo inicial do arbitramento dos aluguéis, no comodato precário, em regra, 'o marco temporal para o cômputo do período a ser indenizado (...), é a data da citação para a ação judicial de arbitramento de aluguéis, ocasião em que se configura a extinção do comodato gratuito que antes vigorava' (REsp 1.375.271/SP, Relatora Ministra Nancy Andrighi, Terceira Turma, julgado em 21/09/2017, *DJe* 02/10/2017)" (STJ, REsp 1.953.347/SP, 4.ª Turma, Rel. Min. Antonio Carlos Ferreira, v.u., j. 09.08.2022).

Quanto ao aluguel fixado pelo comodante, geralmente quando da notificação, este tem caráter de penalidade, não sendo o caso de se falar em conversão do comodato em locação. Referente à fixação desse *aluguel-pena*, prevê o Enunciado n. 180 CJF/STJ, aprovado na *III Jornada de Direito Civil* que "a regra do parágrafo único do art. 575 do novo CC, que autoriza a limitação pelo juiz do aluguel arbitrado pelo locador, aplica-se também ao aluguel arbitrado pelo comodante, autorizado pelo art. 585, 2.ª parte, do novo CC".

Pelo teor do enunciado, será *facultado* ao juiz reduzir o aluguel arbitrado pelo comodante se ele for excessivo, a exemplo do que ocorre com a locação regida pelo Código Civil. Concordo em parte com o teor desse enunciado, que afasta a onerosidade excessiva. De qualquer forma, melhor seria se a norma fosse completada pelo art. 413 do Código, que traz a redução da penalidade como um *dever do magistrado*, por aplicação do princípio da função social dos contratos (eficácia interna do princípio).

Julgado do Superior Tribunal de Justiça, do ano de 2012, estabeleceu a relação entre os arts. 582 e 575 do CC/2002, deduzindo o seguinte de forma correta:

> "A natureza desse aluguel é de uma autêntica pena privada, e não de indenização pela ocupação indevida do imóvel emprestado. O objetivo central do aluguel não é transmudar o comodato em contrato de locação, mas sim coagir o comodatário a restituir o mais rapidamente possível a coisa emprestada, que indevidamente não foi devolvida no prazo legal. O arbitramento do aluguel-pena não pode ser feito de forma abusiva, devendo respeito aos princípios da boa-fé objetiva (art. 422/CC), da vedação ao enriquecimento sem causa e do repúdio ao abuso de direito (art. 187/CC). Havendo arbitramento em valor exagerado, poderá ser objeto de controle judicial, com eventual aplicação analógica da regra do parágrafo único do art. 575 do CC, que, no aluguel-pena fixado pelo locador, confere ao juiz a faculdade de redução quando o valor arbitrado se mostre manifestamente excessivo ou abusivo. Para não se caracterizar como abusivo, o montante do aluguel-pena não pode ser superior ao dobro da média do mercado, considerando que não deve servir de meio para o enriquecimento injustificado do comodante" (STJ, REsp 1.175.848/PR, Rel. Min. Paulo de Tarso Sanseverino, j. 18.09.2012, publicado no seu *Informativo* n. *504*).

A primeira parte do art. 582 do CC traz a regra pela qual o comodatário deve conservar a coisa emprestada como se sua fosse. O comodatário não pode, ainda, usá-la em desacordo do que prevê o contrato ou à própria natureza da coisa, sob pena de responder, de forma integral, pelas perdas e danos que o caso concreto indicar. O dispositivo impõe as seguintes obrigações ao comodatário:

a) *obrigação de fazer* – guardar e conservar a coisa;
b) *obrigação de não fazer* – não desviar o uso da coisa do convencionado ou da natureza da coisa.

Em continuidade, desse dispositivo retira-se a conclusão segundo a qual o comodatário deve arcar com as despesas de conservação da coisa, caso dos impostos que sobre ela recaem e do IPTU relativo ao imóvel emprestado. Nessa linha, tem-se julgado, de forma correta, que "é dever do comodatário arcar com as despesas decorrentes do uso e gozo da coisa emprestada, assim como conservar o bem como se seu fosse, não implicando a referida responsabilidade em enriquecimento ilícito do comodante" (STJ, Ag. Int. no AREsp 1.657.468/SP, 4.ª Turma, Rel. Min. João Otávio de Noronha, j. 21.08.2023, *DJe* 23.08.2023).

O desrespeito a esses deveres, além de gerar a imputação das perdas e danos, poderá motivar a rescisão contratual por inexecução voluntária. A obrigação do comodatário é cumulativa ou conjunta, pois o desrespeito a qualquer um desses deveres é motivo suficiente para a resolução contratual. Demonstrando a aplicação do art. 582 do CC a respeito das perdas e danos, da jurisprudência gaúcha:

CAP. 12 · CONTRATOS EM ESPÉCIE – DO EMPRÉSTIMO (COMODATO E MÚTUO) E DO DEPÓSITO | **595**

"Apelação cível. Direito privado não especificado. Ação ordinária de cobrança. Contrato de comodato. *Freezer.* Perda da coisa sob a guarda do comodatário. Dever de ressarcir reconhecido. Exegese do art. 582 do Código Civil. Nos termos do art. 582 do Código Civil, o comodatário é obrigado a conservar, como se sua própria fora, a coisa emprestada, pena de responder por perdas e danos. Responsabilidade reconhecida no caso, diante do fato de o comodatário ter fechado seu estabelecimento comercial sem proceder à devolução do *freezer* dado em comodato, tornando-o suscetível de ser objeto de furto. Recurso de apelação ao qual se nega provimento" (TJRS, Apelação Cível 70033049800, 18.ª Câmara Cível, Capão da Canoa, Rel. Des. Pedro Celso Dal Pra, j. 26.11.2009, *DJERS* 02.12.2009, p. 83).

Como se pode notar, muitas são as consequências jurídicas que constam do conteúdo do art. 582, havendo proposta no Projeto de Reforma do Código Civil para que ele fique melhor organizado, com dois novos parágrafos.

Nesse contexto, de seu necessário aperfeiçoamento, o seu *caput* passará a prever que "o comodatário é obrigado a conservar, como se sua própria fora, a coisa emprestada, não podendo usá-la senão de acordo com o contrato ou a natureza dela, sob pena de responder por perdas e danos". A previsão a respeito da constituição em mora passará a integrar o § 1.º do preceito, mencionando-se expressamente o *aluguel-pena*: "o comodatário constituído em mora, além de por ela responder, pagará, até restituí-la, o aluguel-pena pelo uso da coisa que for arbitrado pelo comodante".

Por fim, o § 2.º do art. 582 preverá, em consonância com o Enunciado n. 180, da *III Jornada de Direito Civil*, e em sua correta leitura, que "se o aluguel-pena arbitrado unilateralmente pelo comodante for manifestamente excessivo, deverá o julgador reduzi-lo, tendo-se em vista a natureza e a finalidade do negócio, bem como o seu caráter de penalidade". Além da melhora de redação, coloca-se no texto da lei o entendimento hoje considerado majoritário, por doutrina e jurisprudência nacionais.

De volta ao sistema em vigor, o art. 583 do CC/2002 também traz uma consequência importante para o comodatário. Se, caindo em risco a coisa emprestada, o comodatário deixar de salvá-la para salvar coisa própria, responderá pelo dano ocorrido, ainda que em decorrência de caso fortuito (evento totalmente imprevisível) e força maior (evento previsível, mas inevitável). Vejamos um exemplo para ilustrar o caso.

Pablo empresta um cavalo puro sangue para Rodolfo, que o coloca em um estábulo junto com outro cavalo de sua propriedade, um pangaré. Um raio atinge o estábulo que começa a pegar fogo, colocando os animais em risco. Como tem um apreço muito grande pelo pangaré, Rodolfo resolve salvá-lo, deixando o puro-sangue arder nas chamas. A consequência do caso em questão é a responsabilidade integral do comodatário (Rodolfo) em relação ao comodante (Pablo).

Como se pode perceber, a norma acaba penalizando a *conduta egoísta* do comodatário, sendo caso de responsabilização por eventos imprevisíveis e inevitáveis. Constitui, portanto, exceção à regra de que a parte não responde por tais ocorrências.

Ressaltando o caráter gratuito do contrato, o comodatário não poderá, em hipótese alguma, recobrar do comodante as despesas feitas com o uso e o gozo da coisa emprestada (art. 584 do CC). Em relação a esse dispositivo, anota Maria Helena Diniz o seguinte:

"O comodatário pagará as despesas ordinárias (p. ex., taxa de luz, água e lixo, IPTU, abastecimento de veículo, lubrificação de máquinas, conserto de fechadura, troca, de vidro trincado) feitas com o uso e gozo do bem dado em comodato, não podendo recobrá-las do comodante (*RT* 481/177), mas poderá cobrar os dispêndios não relacionados com a fruição daquele bem (p. ex., multa por edificação irregular da casa emprestada) e as despesas extraordinárias e necessárias feitas em caso de urgência, podendo reter a coisa emprestada até receber o pagamento dessas despesas, por ser possuidor de boa-fé (*RF* 158/299, 28/340, 112/285 e 95/378; *RT* 192/738 e 198/130; *AJ* 108/607; *RJTJSP* 130/207)" (*Código...*, 2005, p. 509).

Todavia, justamente por ser possuidor de boa-fé, conforme aponta a renomada doutrinadora, é que o comodatário, em regra, terá direito à indenização e direito de retenção pelas benfeitorias necessárias e úteis, como prevê o art. 1.219 do CC. Além disso, poderá levantar as benfeitorias voluptuárias, se isso não danificar o bem. Contudo, podem as partes, em contrato paritário, prever o contrário, sendo perfeitamente válida a cláusula nesse sentido em tais contratos plenamente discutidos.

De toda sorte, a questão não é pacífica, pois há julgados que apontam que o comodatário não tem direito a ser indenizador por tais benfeitorias pela norma do art. 584 do CC. Nesse sentido, do Tribunal Fluminense e do Tribunal Paulista, respectivamente:

"Reintegração de posse. Comodato verbal. Imóvel utilizado para exercício de atividade empresarial. Benfeitorias realizadas em proveito do comodatário, cuja finalidade era adequar o imóvel a atividade exercida. Inexistência do dever de indenizar. Desnecessidade de prova pericial. Inteligência do artigo 584 do Código Civil. Manutenção da sentença. Desprovimento do apelo" (TJRJ, Apelação 2009.001.16394, 1.ª Câmara Cível, Rel. Des. Vera Maria Soares Van Hombeeck, j. 14.04.2009, *DORJ* 27.04.2009, p. 116).

"Contrato. Comodante. Imóvel. Pretensão a indenização por benfeitorias. Inadmissibilidade, mesmo em face da revelia dos réus, que apresentaram contestação e reconvenção intempestivas. Inteligência do disposto no art. 584 do Código Civil" (TJSP, Apelação Cível 7276634-2, Acórdão 3590228, 14.ª Câmara de Direito Privado, São Paulo, Rel. Des. José Tarcisio Beraldo, j. 25.03.2009, *DJESP* 02.06.2009).

A questão não é pacífica na própria jurisprudência, havendo julgados que reconhecem a possibilidade de indenização pelas benfeitorias necessárias e úteis no comodato (TJSP, Agravo de Instrumento 7301347-5, Acórdão 3628632, 20.ª Câmara de Direito Privado, Mogi Mirim, Rel. Des. Cunha Garcia, j. 09.03.2009, *DJESP* 09.06.2009; TJMG, Apelação Cível 1.0514.07.024211-0/0011, 16.ª Câmara Cível, Pitangui, Rel. Des. Nicolau Masselli, j. 22.04.2009, *DJEMG* 05.06.2009). Fico com os últimos julgados, mais condizentes com a proteção do possuidor de boa-fé. Em suma, o art. 1.219 do Código Civil deve prevalecer em relação ao art. 584 da mesma codificação.

Em complemento, tem-se admitido a renúncia prévia, pelo comodatário, das benfeitorias. Assim, do Superior Tribunal de Justiça o julgado a seguir ementado, que reconhece o direito às benfeitorias, pela prevalência do art. 1.219:

"Recurso especial. Ação de manutenção de posse. Direito de retenção por acessão e benfeitorias. Contrato de comodato modal. Cláusulas contratuais. Validade. 1. A teor do artigo 1.219 do Código Civil, o possuidor de boa-fé tem direito de retenção pelo valor das benfeitorias necessárias e úteis e, por semelhança, das acessões, sob pena de enriquecimento ilícito, salvo se houver estipulação em contrário. 2. No caso em apreço, há previsão contratual de que a comodatária abre mão do direito de ressarcimento ou retenção pela acessão e benfeitorias, não tendo as instâncias de cognição plena vislumbrado nenhum vício na vontade apto a afastar as cláusulas contratuais insertas na avença. 3. A atribuição de encargo ao comodatário, consistente na construção de casa de alvenaria, a fim de evitar a 'favelização' do local, não desnatura o contrato de comodato modal. 4. Recurso Especial não provido" (STJ, REsp 1.316.895/SP, 3.ª Turma, Rel. Desig. Min. Ricardo Villas Boas Cueva, *DJe* 28.06.2013, p. 856).

De toda sorte, se a renúncia às benfeitorias for imposta ao comodatário por meio de contrato de adesão, deve ser reputada nula a cláusula de renúncia, o que é incidência do art. 424 do CC/2002 e da função social do contrato em sua eficácia interna. Em suma, a conclusão é a mesma existente no caso da locação.

Com o fim de resolver mais um dilema prático, anoto que o Projeto de Reforma do Código Civil pretende inserir um parágrafo único no seu art. 584, adotando a última solução, com o seguinte texto: "o comodatário não tem direito a indenização por benfeitorias realizadas sem o expresso consentimento do comodante, salvo as que forem necessárias". Aguarda-se, portanto, a sua aprovação pelo Parlamento Brasileiro.

Em havendo pluralidade de comodatários, haverá responsabilidade solidária entre os mesmos (art. 585 do CC). A hipótese é de solidariedade passiva de origem legal, no que se refere ao conteúdo do contrato. Anote-se que, se a coisa se perder por culpa de um dos devedores, todos responderão pelo seu valor, mas pelas perdas e danos somente responde o comodatário culpado (art. 279 do CC).

Para encerrar o estudo do comodato, com interessante diálogo com a legislação trabalhista, vale comentar proposta de enunciado exposta na *IV Jornada de Direito Civil* e que, por falta de tempo e excesso de trabalho, não foi sequer analisada.

A proposta do enunciado doutrinário foi apresentada por José Geraldo da Fonseca, Juiz Federal do Trabalho da 7.ª Turma do TRT do Rio de Janeiro, sendo o seu teor: "o comodato, como direito real, é um contrato de empréstimo gratuito e temporário de coisas não fungíveis e inconsumíveis, móveis, imóveis ou semoventes. O comodato de imóvel utilizado como habitação extingue-se com a morte do comodatário porque se trata de empréstimo pessoal. O comodato de imóvel será sempre incompatível com o contrato de trabalho quando, pela natureza da prestação dos serviços, o uso do imóvel for essencial à própria formação do contrato de trabalho ou da relação de emprego. Inteligência dos arts. 579 do Código Civil e 458 da CLT". A proposta tem conteúdo interessante, sendo as suas justificativas:

> "No direito do trabalho – *quando o comodato for compatível com o contrato de trabalho –, resolve-se* o *comodato* com a *extinção do contrato*. Em tese, o comodato *não é incompatível* com o contrato de emprego, *salvo naqueles tipos de contrato* em que o uso do imóvel é essencial à própria formação do contrato de trabalho. É o caso, por exemplo, do *caseiro*. O art. 458 da CLT dá à habitação que o patrão habitualmente fornece ao empregado, por contrato ou pelo costume, natureza jurídica de salário-utilidade, salvo se a utilidade é indispensável ao exercício do próprio trabalho. Se a residência do empregado é salário

em sentido lato, e salário é a contraprestação do trabalho *subordinado*, há um contrato de emprego a justificar o uso *oneroso* do imóvel, e não um de comodato, que pressupõe *gratuidade* do empréstimo. A posse direta e precária da propriedade somente é legítima se e enquanto existir o contrato de trabalho. Cessando o contrato de trabalho, cessa a posse precária do bem, que passa, contra a vontade do proprietário, a posse clandestina e ilegítima (esbulho possessório). O *retomante* deve valer-se de ação de reintegração de posse. A utilidade do enunciado está em pôr fim ao dissenso quanto ao *dies a quo* da extinção do comodato de imóvel emprestado para habitação do comodatário, na jurisdição comum e na trabalhista, e, em especial, em inibir a celebração de contratos de comodato com o propósito de mascarar a relação de emprego".

Sem dúvidas, o enunciado tem importante aplicação prática e, se levado à votação, seríamos favoráveis ao seu conteúdo. Frise-se que a proposição traz como conteúdo outro interessante exemplo de diálogo entre a legislação civil e trabalhista.

Para finalizar, é imperioso ainda dizer que o Superior Tribunal de Justiça tem entendido há tempos que, se o contrato de comodato de um imóvel mantiver relação direta com um contrato de trabalho, será competente para analisar eventual conflito contratual a Justiça do Trabalho. Por todos:

"Competência. Comodato. Relação trabalhista. Compete à Justiça do Trabalho apreciar e julgar a controvérsia sobre a reintegração do empregador na posse de imóvel dado em comodato ao empregado para sua moradia durante o contrato de trabalho. Isso se deve às alterações promovidas pela EC n. 45/2004 no art. 114, VI, da CF/1988" (STJ, CC 57.524/PR, Rel. Min. Carlos Alberto Menezes Direito, j. 27.09.2006).

Como não poderia ser diferente, estou totalmente filiado a tal forma de julgar.

12.3 DO MÚTUO OU EMPRÉSTIMO DE CONSUMO

O mútuo é o empréstimo de coisas fungíveis (art. 586 do CC), sendo partes do contrato o mutuante (aquele que cede a coisa) e o mutuário (aquele que a recebe). Em regra, trata-se de contrato unilateral e gratuito, exceção feita para o mútuo oneroso. Além disso, o contrato é comutativo, real, temporário e informal. O exemplo típico envolve o empréstimo de dinheiro, uma vez que o mútuo somente terá como objeto bens móveis, pois somente esses podem ser fungíveis (art. 85 do CC).

Como a coisa é transferida a outrem e consumida, sendo devolvida outra de mesmo gênero, qualidade e quantidade, o contrato é *translativo* da propriedade, o que o aproxima da compra e venda somente neste ponto. Por transferir o domínio da coisa emprestada, por conta do mutuário correm todos os riscos da coisa desde a tradição (art. 587 do CC).

Com aplicação direta ao empréstimo de dinheiro, estatui o art. 590 do CC que o mutuante pode exigir do mutuário garantia real ou fidejussória, da restituição da coisa emprestada, se antes do vencimento do contrato o último sofrer notória mudança em sua situação econômica. Não sendo atendido o mutuante, ocorrerá o vencimento antecipado da dívida, segundo apontam a doutrina e a jurisprudência (GONÇALVES, Carlos Roberto. *Direito civil...*, 2007, p. 333). O art. 590 mantém relação com o art. 477 do CC,

CAP. 12 · CONTRATOS EM ESPÉCIE – DO EMPRÉSTIMO (COMODATO E MÚTUO) E DO DEPÓSITO | **599**

com redação muito parecida, e que trata da *exceptio non rite adimpleti contractus*, para os contratos bilaterais.

O mútuo feito a menor de 18 anos, tema clássico do Direito Civil, continua tratado pela atual codificação. Em regra, o mútuo feito a menor sem a autorização do seu representante ou daquele sob cuja guarda estiver, não poderá ser reavido nem do mutuário, nem de seus fiadores (art. 588 do CC). Trata-se, portanto, de caso de ineficácia do negócio, pois a obrigação é natural ou incompleta: a dívida existe, mas não há a correspondente responsabilidade ("*Schuld* sem *Haftung*").

Ensina Tereza Ancona Lopez, citando Silvio Rodrigues e Washington de Barros Monteiro, que a regra contida no art. 588 do CC "tem sua origem no *senatus consultus macedoniano*, que negava ao credor ação destinada a obter o pagamento de um dinheiro emprestado a um *filius familiae*". Relata a professora da USP que a incapacidade do filho para receber empréstimo surgiu em Roma quando certo menor, filho do Senador Macedo, assassinou o próprio pai, a fim de obter recursos para pagar credores. Desde então, essa proibição passou a ser a regra, constando ainda em codificações modernas (*Comentários...*, 2003, p. 154).

No Código Civil brasileiro de 2002, a exemplo do que já ocorria com o seu antecessor, a regra comporta exceções. Enuncia o art. 589 do CC/2002 que não se aplica a regra do artigo anterior nos seguintes casos:

I – Se a pessoa, de cuja autorização necessitava o mutuário para contrair o empréstimo, o ratificar posteriormente.

II – Se o menor, estando ausente essa pessoa, se viu obrigado a contrair empréstimo para os seus alimentos habituais.

III – Se o menor tiver ganhos com o seu trabalho. Mas, em tal caso, a execução do credor não lhe poderá ultrapassar as forças.

IV – Se o empréstimo reverteu em benefício do menor.

V – Se o menor obteve o empréstimo maliciosamente.

Os incisos III, IV e V da norma merecem comentário, sendo os dois últimos novidades da codificação atual. O inciso III visa a proteger a dignidade do menor (art. 1.º, III, da CF/1988), preservando um *piso mínimo de direitos* (*Estatuto jurídico do patrimônio mínimo*, tese desenvolvida pelo Ministro Luiz Edson Fachin).

Já o inciso IV pretende afastar o enriquecimento sem causa, nos termos do que ordena o art. 884 do CC. Aplicando tal preceito, prático acórdão do Tribunal Paulista, assim resumido:

"Anulatória de negócio jurídico c.c. reparação de danos morais. Cerceamento de defesa. Inocorrência. Dilação probatória desnecessária. Menor relativamente incapaz que contratou empréstimo automático em terminal eletrônico. Contrato de abertura de conta-corrente assinado por seu genitor, com cláusula validando o empréstimo contratado nessa modalidade. Validade do negócio jurídico. Mútuo que beneficiou o Apelante (artigos 588 e 589, inc. IV, do Código Civil). Negativação em razão da inadimplência da obrigação. Exercício regular de direito. Inocorrência de danos morais. Litigância de má-fé. Alteração da verdade dos fatos e busca de objetivo ilegal (enriquecimento sem causa). Hipóteses do art. 17 do

CPC caracterizadas. Prejudicada a questão da justiça gratuita. Sentença mantida na íntegra. Recurso não provido" (TJSP, Apelação 9141927-20.2008.8.26.0000, Acórdão 5983089, 12.ª Câmara de Direito Privado, Presidente Prudente, Rel. Des. Tasso Duarte de Melo, j. 13.06.2012, *DJESP* 02.07.2012).

Por fim, o inciso V mantém relação direta com a boa-fé objetiva, protegendo a parte que age de acordo com os ditames da ética e a tutela da confiança. Aliás, esse inciso V do art. 589 é complementado pelo art. 180 do mesmo Código Civil em vigor, prescrevendo o último comando que "o menor, entre dezesseis e dezoito anos, não pode, para eximir-se de uma obrigação, invocar a sua idade se dolosamente a ocultou quando inquirido pela outra parte, ou se, no ato de obrigar-se, declarou-se maior".

Anoto que no Projeto de Reforma do Código Civil almeja-se substituir o termo "menor", para que a menoridade deixe de ser uma condição jurídica. Nesse contexto, o seu art. 588 passará a prever que "o mútuo feito à criança ou ao adolescente que não tenha tido sua maioridade antecipada, sem prévia autorização daquele sob cuja autoridade estiver, não pode ser reavido nem do mutuário nem de seus fiadores ou outros garantidores".

Ademais, será a nova redação do dispositivo seguinte: "cessa a disposição do artigo antecedente, se: I – a pessoa, de cuja autorização necessitava o mutuário para contrair o empréstimo, ratificá-lo posteriormente; II – a criança ou o adolescente, estando ausente seu representante, viram-se obrigados a contrair o empréstimo para a sua subsistência; III – a criança ou o adolescente tiverem bens ganhos com o seu trabalho, hipótese em que a execução do credor não lhes poderá ultrapassar a força do trabalho ou dos ganhos; IV – o empréstimo reverteu em benefício da criança ou do adolescente; V – a criança ou o adolescente obtiveram o empréstimo maliciosamente" (art. 589). As proposições são apenas terminológicas, sem mudanças no seu conteúdo.

Seguindo-se nos estudos do sistema vigente, o mútuo oneroso, comum no empréstimo de dinheiro, também denominado *mútuo feneratício*, está tratado pelo art. 591 do CC/2002, com a redação colacionada e alterada pela Lei n. 14.905/2024:

> "Art. 591. Destinando-se o mútuo a fins econômicos, presumem-se devidos juros.
>
> Parágrafo único. Se a taxa de juros não for pactuada, aplica-se a taxa legal prevista no art. 406 deste Código".

Pela leitura do dispositivo percebe-se que o mútuo oneroso de dinheiro envolve a cobrança de juros, que constituem remuneração devida pela utilização de capital alheio (frutos civis ou rendimentos). Quanto a esse dispositivo, dispõe o Enunciado n. 34 CJF/STJ, aprovado na *I Jornada de Direito Civil,* que "no novo Código Civil, quaisquer contratos de mútuos destinados a fins econômicos presumem-se onerosos (art. 591), ficando a taxa de juros compensatórios limitada ao disposto no art. 406, com capitalização anual".

Sobre a Lei n. 14.905/2024, esta trouxe ao dispositivo uma melhor organização, pois todo o seu conteúdo estava previsto apenas em um *caput*. Não há mais menção à redução dos juros, bem como à permissão para a capitalização anual, até porque essa lei trouxe a diminuição da intervenção nos juros, pela não aplicação da Lei de Usura em determinadas situações, vistas a seguir (art. 3.º).

CAP. 12 · CONTRATOS EM ESPÉCIE – DO EMPRÉSTIMO (COMODATO E MÚTUO) E DO DEPÓSITO | **601**

Vale lembrar, ademais, que por força dessa nova lei, a taxa de juros do art. 406 do CC passou a ser a SELIC, subtraída dela a correção monetária que, como regra geral, passou a ser o IPCA. Conforme a nova redação desse comando, em seu *caput*, "quando não forem convencionados, ou quando o forem sem taxa estipulada, ou quando provierem de determinação da lei, os juros serão fixados de acordo com a taxa legal".

Nos termos do seu § 1.º, que adota esse critério, "a taxa legal corresponderá à taxa referencial do Sistema Especial de Liquidação e de Custódia (SELIC), deduzido o índice de atualização monetária de que trata o parágrafo único do art. 389 deste Código". A respeito do último comando, passou ele a expressar que "na hipótese de o índice de atualização monetária não ter sido convencionado ou não estar previsto em lei específica, será aplicada a variação do Índice Nacional de Preços ao Consumidor Amplo (IPCA), apurado e divulgado pela Fundação Instituto Brasileiro de Geografia e Estatística (IBGE), ou do índice que vier a substituí-lo".

Por fim, os novos §§ 2.º e 3.º do art. 406 do Código Civil estabelecem que "a metodologia de cálculo da taxa legal e sua forma de aplicação serão definidas pelo Conselho Monetário Nacional e divulgadas pelo Banco Central do Brasil" e "caso a taxa legal apresente resultado negativo, este será considerado igual a 0 (zero) para efeito de cálculo dos juros no período de referência".

Já comentei a questão relativa ao limite de cobrança dos juros de forma exaustiva no volume anterior desta coleção, para onde se remete aquele que pretenda os devidos aprofundamentos.

Mesmo assim, é de se lembrar que, para a jurisprudência superior, as entidades bancárias não estão sujeitas à Lei de Usura (Decreto-lei 22.626/1933), norma que ainda veda a cobrança de juros abusivos, além do dobro da taxa legal. Esse entendimento consta da Súmula 596 do STF, confirmada pelo STJ e por Tribunais Inferiores, inclusive nos casos de mútuo oneroso. A tese foi confirmada por julgado publicado no *Informativo* n. *343* do STJ, de 16 de fevereiro de 2008, que afastou a incidência do art. 591 do CC/2002 aos contratos bancários:

> "Juros. Capitalização. CC/2002. A MP 1.963-17/2000, republicada sob o n. 2.170-36/2001 (de garantida vigência em razão do art. 2.º da EC 32/2001), é direcionada às operações realizadas pelas instituições integrantes do Sistema Financeiro Nacional, daí sua especificidade, a fazê-la prevalecer sob o novo Código Civil. Dessarte, depois de 31.03.2000, data em que entrou em vigor o art. 5.º da referida MP, as instituições financeiras, se expressamente pactuado, fazem jus à capitalização dos juros em periodicidade inferior à anual em contratos não regulados por lei específica, direito que não foi afastado pelo art. 591 do CC/2002, dispositivo aplicável aos contratos civis em geral. No caso, cuidou-se de contrato de financiamento garantido por alienação fiduciária, firmado após a vigência do novo Código Civil. Precedentes citados: REsp 602.068/RS, *DJ* 21.03.2005; REsp 680.237/RS, *DJ* 15.03.2006; AgRg no REsp 714.510/RS, *DJ* 22.08.2005, e REsp 821.357/RS, *DJ* 23.08.2007" (REsp 890.460/RS, Rel. Min. Aldir Passarinho Junior, j. 18.12.2007).

De forma sucessiva, o mesmo STJ editou três súmulas anteriores a respeito do tema, que ainda aludem à taxa de juros legais como sendo de 1% (um por cento) ao mês, ou 12% (doze por cento) ao ano. A primeira, de número 382, prevê que "a estipulação de juros remuneratórios superiores a 12% ao ano, por si só, não indica abusividade". Assim sendo, as entidades bancárias estão permitidas a cobrar as famosas *taxas de mercado*, muito além do limite estabelecido no art. 591 do CC. Por outro lado, de acordo com a Súmula 379, "nos contratos bancários não regidos por legislação específica, os juros moratórios poderão ser convencionados até o limite de 1% ao mês". O entendimento da última súmula tem sido aplicado a empréstimo de dinheiro feito por empresas de *factoring*. Nesse sentido, do ano de 2022 e citando outros acórdãos:

> "Não há proibição legal para empréstimo de dinheiro (mútuo feneratício) entre particulares (pessoas físicas ou jurídicas não integrantes do Sistema Financeiro Nacional). Nessa hipótese, entretanto, devem ser observados os arts. 586 a 592 do CC/2002, além das disposições gerais, e eventuais juros devidos não podem ultrapassar a taxa de 12% ao ano, permitida apenas a capitalização anual (arts. 591 e 406 do CC/2002; 1.º do Decreto nº 22.626/1933; e 161, § 1.º, do CTN), sob pena de redução ao limite legal, conservando-se o negócio. Precedentes. Assim, embora não constitua instituição financeira, não é vedado à sociedade empresária de factoring celebrar contrato de mútuo feneratício, devendo apenas serem respeitadas as regras dessa espécie contratual aplicáveis aos particulares" (STJ, REsp 1.987.016/RS, 3.ª Turma, Rel. Min. Nancy Andrighi, j. 06.09.2022, DJe 13.09.2022).

Do ano de 2015, merece destaque a Súmula 530 da Corte, segundo a qual nos contratos bancários, na impossibilidade de comprovar a taxa de juros efetivamente contratada – por ausência de pactuação ou pela falta de juntada do instrumento aos autos –, aplica-se a taxa média de mercado, divulgada pelo Banco Central e praticada nas operações da mesma espécie, salvo se a taxa cobrada for mais vantajosa para o devedor.

Mesmo não concordando com a tese constante das sumulares do STJ, é de se concluir que, para essa mesma jurisprudência, o art. 591 do CC não será aplicado aos contratos bancários, valendo as regras de mercado. Esse é o entendimento que deve ser considerado como majoritário, para os devidos fins práticos, o que foi confirmado pelo art. 3.º da Lei n. 14.905/2024.

Nos termos da última norma, não se aplicam as limitações da Lei de Usura às obrigações: *a)* contratadas entre pessoas jurídicas; *b)* representadas por títulos de crédito ou valores mobiliários; *c)* contraídas perante instituições financeiras e demais instituições autorizadas a funcionar pelo Banco Central do Brasil; fundos ou clubes de investimento; sociedades de arrendamento mercantil e empresas simples de crédito e organizações da sociedade civil de interesse público que se dedicam à concessão de crédito; ou *d)* realizadas nos mercados financeiro, de capitais ou de valores mobiliários. Em certa medida, a nova norma, infelizmente, libera a usura no País, na cobrança de juros, retirando travas importantes para a concessão de créditos sem lastro.

Preocupa-me muito a primeira previsão, no sentido de que a Lei de Usura, com a sua trava do dobro da taxa legal, não se aplica a qualquer contrato celebrado entre pessoas jurídicas. Penso que o impacto dessa previsão será muito negativo, até incentivando e liberando a *agiotagem* no País.

Aliás, é curioso verificar uma interessante contradição anterior, uma vez que o mútuo bancário feito a correntista de um banco, pessoa natural ou física, é caracterizado como contrato de consumo, aplicando-lhe o Código de Defesa do Consumidor (Súmula

CAP. 12 · CONTRATOS EM ESPÉCIE – DO EMPRÉSTIMO (COMODATO E MÚTUO) E DO DEPÓSITO

297 do STJ e entendimento do STF na ADIN 2.591/DF, julgada em 7 de junho de 2006). Porém, mesmo com a aplicação da lei protetiva do consumidor, o CDC, a instituição bancária não estará sujeita à Lei de Usura ou a outras limitações, podendo cobrar as abusivas *taxas de mercado*.

No entanto, para os demais contratos o dispositivo em estudo merecerá aplicação, estando os juros limitados agora à taxa SELIC, descontado o IPCA. O meu entendimento anterior, agora superado, era a aplicação da taxa de 1% (um por cento) ao mês, ou 12% (doze por cento) ao ano, como determinava o Enunciado n. 20 do CJF/STJ, aprovado em relação ao art. 406 do CC quando da *I Jornada de Direito Civil*. Vale lembrar que já havia outro entendimento, segundo o qual a taxa SELIC é a que complementaria o art. 406 do CC/2002. A divergência dividia a doutrina e a jurisprudência, especialmente a do Superior Tribunal de Justiça, conforme exposto no Volume 2 desta coleção.

Em 2024, logo após o surgimento da nova lei, a Corte Especial do STJ julgou a questão, resolvendo-se pela adoção da taxa SELIC, pois esse foi o critério do recente legislador pátrio. Nos termos do julgado, "a taxa a que se refere o art. 406 do Código Civil é a SELIC, sendo este o índice aplicável na correção monetária e nos juros de mora das relações civis". E mais, "é obrigatória a incidência da taxa SELIC na correção monetária e na mora, conjuntamente, sobre o pagamento de impostos devidos à Fazenda Nacional, sendo, pois, inconteste sua aplicação ao disposto no art. 406 do Código Civil de 2002. De fato, percebe-se que o legislador optou por não repetir a regra de taxa predeterminada para os juros moratórios, como o fazia expressamente o Código Civil de 1916, que aplicava a taxa de 6% por ano. Nesse contexto, tem-se a inaplicabilidade do normativo do Código Tributário Nacional, porque a SELIC é o principal índice oficial macroeconômico, definido e prestigiado pela Constituição da República, pelas Leis de Direito Econômico e Tributário invocadas e pelas autoridades competentes. Esse indexador rege a todo o sistema financeiro pátrio. Assim, todos os credores e devedores de obrigações civis comuns devem, também, submeter-se ao índice, por força do art. 406 do CC" (STJ, REsp 1.795.982/SP, Corte Especial, Rel. Min. Luis Felipe Salomão, Rel. p/ Acórdão Min. Raul Araújo, j. 21.08.2024, m.v.). Essa é a posição a ser adotada para o âmbito das dívidas civis.

Ainda a propósito dessas limitações, julgado de 2020 da Corte Superior concluiu que as lojas varejistas não podem cobrar juros acima desses limites, pois não são instituições financeiras. De acordo com o *decisum*, que tem o meu total apoio doutrinário:

"A cobrança de juros remuneratórios superiores aos limites estabelecidos pelo Código Civil de 2002 é excepcional e deve ser interpretada restritivamente. Apenas às instituições financeiras, submetidas à regulação, controle e fiscalização do Conselho Monetário Nacional, é permitido cobrar juros acima do teto legal. Súmula 596/STF e precedente da 2ª Seção. A previsão do art. 2.º da Lei 6.463/77 faz referência a um sistema obsoleto, em que a aquisição de mercadorias a prestação dependia da atuação do varejista como instituição financeira e no qual o controle dos juros estava sujeito ao escrutínio dos próprios consumidores e à regulação e fiscalização do Ministério da Fazenda. Após a Lei 4.595/64, o art. 2.º da Lei 6.463/77 passou a não mais encontrar suporte fático apto a sua incidência, sendo, pois, ineficaz, não podendo ser interpretado extensivamente para permitir a equiparação dos varejistas a instituições financeiras e não autorizando a cobrança de encargos cuja exigibilidade a elas é restrita. Na hipótese concreta, o contrato é regido pelas disposições do Código Civil e não pelos regulamentos do CMN e do BACEN, haja vista a ora recorrente não ser uma instituição financeira. Assim, os juros remuneratórios devem observar os limites do art. 406 c/c art. 591 do CC/02" (STJ, REsp 1.720.656/MG, 3.ª Turma, Rel. Min. Nancy Andrighi, j. 28.04.2020, *DJe* 07.05.2020).

A respeito da capitalização dos juros, a posição do STJ é de que a sua cobrança é permitida quando houver expressa pactuação entre as partes (REsp 1.388.972/SC, 2.ª Seção, Rel. Min. Marco Buzzi, por unanimidade, j. 08.02.2017, *DJe* 13.03.2017, publicado no seu *Informativo* n. *599*), o que acabou por motivar a alteração do art. 591 pela Lei n. 14.905/2024. Conforme o trecho principal da publicação:

"É inegável que a capitalização, seja em periodicidade anual ou ainda com incidência inferior à ânua – cuja necessidade de pactuação, aliás, é firme na jurisprudência desta Casa –, não pode ser cobrada sem que tenham as partes contratantes, de forma prévia e tomando por base os princípios basilares dos contratos em geral, assim acordado, pois a ninguém será dado negar o caráter essencial da vontade como elemento do negócio jurídico, ainda que nos contratos de adesão, uma vez que a ciência prévia dos encargos estipulados decorre da aplicação dos princípios afetos ao dirigismo contratual. De fato, sendo pacífico o entendimento de que a capitalização inferior à anual depende de pactuação, outra não pode ser a conclusão em relação àquela em periodicidade ânua, sob pena de ser a única modalidade (periodicidade) do encargo a incidir de maneira automática no sistema financeiro, embora inexistente qualquer determinação legal nesse sentido, pois o artigo 591 do Código Civil apenas permite a capitalização anual e não determina a sua aplicação automaticamente" (REsp 1.388.972/SC, de 2017).

Em 2018, a Segunda Seção do Superior Tribunal de Justiça pacificou a impossibilidade de os mutuários obterem a repetição de indébito com a mesma taxa de juros que é cobrada pelas mutuantes instituições financeiras. O acórdão foi assim publicado:

"Recurso especial repetitivo. Tema 968/STJ. Direito civil e processual civil. CPC/1973. Negócios jurídicos bancários. Mútuo feneratício. Crédito rural. Atualização pelos índices da poupança. IPC/BTNF de março de 1990. Plano Collor I. Repetição de indébito. Juros remuneratórios. 1. Delimitação da controvérsia: 1.1. Limitação da controvérsia à repetição de indébito em contrato de mútuo feneratício celebrado com instituição financeira. 2. Tese para os fins do art. 1.040 do CPC/2015: 2.1. Tese aplicável a todo contrato de mútuo feneratício celebrado com instituição financeira mutuante: 'Descabimento da repetição do indébito com os mesmos encargos do contrato'. 3. Caso concreto: 3.1. Existência de afetação ao rito dos repetitivos da controvérsia sobre 'Ilegalidade da aplicação do IPC de março de 1990 (índice de 84,32%) na correção do saldo devedor' (Tema 653/STJ), tornando-se inviável o julgamento do caso concreto por esta Seção. 3.2. Devolução dos autos ao órgão fracionário para julgamento do caso concreto, no momento oportuno. 4. Recurso especial devolvido à turma para julgamento do caso concreto" (STJ, REsp 1.552.434/GO, 2.ª Seção, Rel. Min. Paulo de Tarso Sanseverino, j. 13.06.2018, *DJe* 21.06.2018).

Como exposto no Volume 2 desta coleção (Capítulo 1, quando do estudo do enriquecimento sem causa), o julgamento debateu a possibilidade de se aplicar a tese do *lucro da intervenção*, que reconhece o direito de indenização levando-se em conta os ganhos

CAP. 12 · CONTRATOS EM ESPÉCIE – DO EMPRÉSTIMO (COMODATO E MÚTUO) E DO DEPÓSITO | **605**

auferidos pela outra parte. Porém, a premissa foi afastada, eis que proposta e acatada "uma tese menos abrangente, apenas para eliminar a possibilidade de se determinar a repetição com base nos mesmos encargos praticados pela instituição financeira, pois esses encargos, como já visto, não correspondem ao dano experimentado pela vítima, tampouco ao lucro auferido pelo ofensor" (REsp 1.552.434/GO).

Também merece destaque o recente debate que se deu no âmbito da Corte a respeito da possibilidade de retenção de salário ou outros proventos por instituição bancária, com o fim de pagamento de valores devidos por mútuo oneroso. Inicialmente, em fevereiro de 2018, foi editada a Súmula 603 do STJ, com a seguinte dicção: "é vedado ao banco mutuante reter, em qualquer extensão, os salários, vencimentos e/ou proventos de correntista para adimplir o mútuo (comum) contraído, ainda que haja cláusula contratual autorizativa, excluído o empréstimo garantido por margem salarial consignável, com desconto em folha de pagamento, que possui regramento legal específico e admite a retenção de percentual".

Todavia, em agosto do mesmo ano, a referida sumular foi cancelada pela sua Segunda Seção do próprio STJ. Como constou do novo julgamento sobre o tema:

> "Na análise da licitude do desconto em conta-corrente de débitos advindos do mútuo feneratício, devem ser consideradas duas situações distintas: a primeira, objeto da Súmula, cuida de coibir ato ilícito, no qual a instituição financeira apropria-se, indevidamente, de quantias em conta-corrente para satisfazer crédito cujo montante fora por ela estabelecido unilateralmente e que, eventualmente, inclui tarifas bancárias, multas e outros encargos moratórios não previstos no contrato; a segunda hipótese, vedada pela Súmula 603/STJ, trata de descontos realizados com a finalidade de amortização de dívida de mútuo, comum, constituída bilateralmente, como expressão da livre manifestação da vontade das partes. É lícito o desconto em conta-corrente bancária comum, ainda que usada para recebimento de salário, das prestações de contrato de empréstimo bancário livremente pactuado, sem que o correntista, posteriormente, tenha revogado a ordem. Precedentes" (STJ, REsp 1.555.722/SP, 2.ª Seção, Rel. Min. Lázaro Guimarães (Desembargador convocado do TRF da 5.ª Região), j. 22.08.2018, *DJe* 25.09.2018).

Com o devido respeito, fico com o voto vencido do Ministro Luis Felipe Salomão, para quem "da leitura do enunciado de Súmula, fica clara a sua teleologia de prevenir que o banco administrador da conta-corrente, abusivamente, se valha dessa circunstância para submeter o correntista ao seu arbítrio, isto é, em patente harmonia com o estabelecido no supramencionado art. 3.º, parágrafos, da Resolução do CMN n. 3.695/2009, que estabelece que o banco não pode reter (*sponte propria*, isto é, sem a prévia ou atua anuência do cliente) valores para pagamento do débito, e que os descontos do crédito de mútuo só poderão perdurar enquanto for mantida a permissão por parte do correntista. Com efeito, evidentemente, não se tem por fim restringir a autonomia privada, visto que, como máxima de experiência, é comum que os mútuos tenham previsão dessa forma de pagamento, pois traz comodidade e tem o óbvio condão de reduzir o *spread* bancário, visto que diminui os custos de cobrança (*v.g.*, emissão de boleto), assim como, estatisticamente, o risco de mora" (REsp 1.555.722/SP). Porém, para os devidos fins práticos, passa a prevalecer a tese que consta do acórdão, no sentido de que são possíveis os descontos dos salários.

Encerrando o tratamento do mútuo, o art. 592 do CC dispõe dos prazos do contrato caso não haja previsão no instrumento, nos seguintes termos:

a) Nos casos de mútuo de produtos agrícolas, tanto para consumo quanto para a semeadura, presume-se o prazo até a próxima colheita.

b) Nos casos de empréstimo de dinheiro, o prazo será de trinta dias, contados da sua celebração. No Projeto de Reforma do Código Civil pretende-se deixar a norma mais clara, a respeito da eventual necessidade de notificação em mora do devedor após esse prazo: "de trinta dias, pelo menos, se for de dinheiro, observado que, após esse prazo, o credor deverá constituir o devedor em mora, nos termos do parágrafo único do art. 397 deste Código".

c) Para os demais casos envolvendo coisa fungível, presume-se o prazo como o que declarar o mutuante de qualquer forma. Esse prazo será fixado por aquele que emprestou a coisa por meio de interpelação judicial feita pelo mutuário, o que não obsta que o magistrado venha a aumentá-lo se as circunstâncias fáticas trouxerem evidências de que o prazo estabelecido pelo mutuante é insuficiente (DINIZ, Maria Helena. *Código...*, 2005).

Acrescente-se, para findar este tópico, que, havendo valor de empréstimo fixado em instrumento particular ou público de forma líquida – certo quanto à existência e determinado quanto ao valor –, o prazo prescricional para a pretensão de cobrança será de 5 anos, a contar do vencimento da obrigação, conforme preconiza o art. 206, § 5.º, inc. I, do Código Civil.

Porém, tratando-se de mútuo verbal, por ausência de previsão legal, aplica-se o prazo geral de prescrição de 10 anos, previsto no art. 205 da mesma codificação material. Essa posição foi firmada pelo Superior Tribunal de Justiça, em *decisum* do ano de 2017, segundo o qual "a pretensão de exigir o adimplemento do contrato verbal de mútuo não se equipara à de ressarcimento por dano contratual, circunstância que impede a aplicação do prazo prescricional de 3 (três) anos dedicado às reparações civis (art. 206, § 3.º, inc. V, do Código Civil). A contratação verbal não possui existência e objeto definidos documentalmente, sendo impossível classificá-la como dívida líquida constante em instrumento público ou particular, conforme art. 206, § 5.º, inc. I, do CC/02, especialmente porque as normas pertinentes à prescrição exigem interpretação restritiva. Não havendo prazo específico para manifestar a pretensão de cobrança de valor inadimplido em contrato de mútuo verbal, é aplicável o prazo ordinário de 10 (dez) anos, previsto no art. 205 do Código Civil" (STJ, REsp 1.510.619/SP, 3.ª Turma, Rel. Min. Ricardo Villas Bôas Cueva, j. 27.04.2017, *DJe* 19.06.2017). Esse entendimento constante do acórdão tem o meu total apoio, sendo tecnicamente perfeito.

12.4 DO CONTRATO DE DEPÓSITO

12.4.1 Conceito e natureza jurídica

O contrato de depósito está tratado entre os arts. 627 a 652 do atual Código Civil Brasileiro. Conforme o primeiro dispositivo, pelo contrato de depósito o depositário recebe um objeto móvel e corpóreo, para guardar, até que o depositante o reclame. De acordo com a manifestação da vontade, o depósito pode ser classificado em *voluntário* ou

CAP. 12 · CONTRATOS EM ESPÉCIE – DO EMPRÉSTIMO (COMODATO E MÚTUO) E DO DEPÓSITO | 607

necessário (ou obrigatório), subdividindo-se este último em *legal* e *miserável*. O esquema a seguir demonstra o tratamento dado pela lei ao contrato em questão:

Depósito	*Voluntário* (resulta da vontade das partes)	
	Necessário (ou obrigatório)	Legal (resulta da lei)
		Miserável (calamidade pública)

Em relação ao objeto, o depósito também pode ser classificado em *regular*, quando se tratar de coisa infungível; e *irregular*, quando se tratar de coisa fungível:

Depósito	Regular	Coisa infungível
	Irregular	Coisa fungível

O depósito é um contrato, em regra, unilateral e gratuito (art. 628 do CC). Entretanto, é possível o depósito bilateral e oneroso, diante de convenção das partes, atividade ou profissão do depositário. Há depósito oneroso naqueles contratos de guarda em cofres prestados por instituições bancárias, negócios esses que podem ser configurados como contratos de consumo, aplicando-lhes o CDC (ver: TJSP, Apelação 7132284-2, Acórdão 2615160, 21.ª Câmara de Direito Privado, São Paulo, Rel. Des. Richard Paulo Pae Kim, j. 15.05.2008, *DJESP* 02.06.2008).

Sendo o depósito oneroso ou sinalagmático, não constando da lei ou de convenção o valor da remuneração do depositário, será essa determinada pelos costumes do lugar e, na falta destes, por arbitramento (art. 628, parágrafo único, do CC).

O contrato em questão é comutativo e também personalíssimo (*intuitu personae*), fundado na confiança do depositante em relação ao depositário. Em tom didático, pode-se afirmar que *o depositante deposita confiança no depositário*. Trata-se de um contrato temporário, que pode ser fixado por prazo determinado ou indeterminado. Constitui contrato real, pois, a exemplo do comodato e do mútuo, tem aperfeiçoamento com a entrega da coisa a ser depositada (tradição). Mais uma vez, a tradição é deslocada do plano da eficácia para o plano da validade do negócio jurídico.

Restam dúvidas se o contrato é formal ou informal pelo que consta do art. 646 do CC, que prevê "o depósito voluntário provar-se-á por escrito". Ora, o contrato de depósito é informal e não solene. Isso porque o dispositivo fala em prova do contrato (*ad probationem*), o que está no plano da eficácia do negócio jurídico, e não no da sua validade. Em outras palavras, a forma escrita com fins de prova está no *terceiro degrau* (plano da eficácia) e não no *segundo degrau* (plano da validade) da *Escada Ponteana*.

Apesar da similaridade, o contrato não se confunde com o comodato. No depósito o depositário apenas guarda a coisa, tendo uma *obrigação de custódia*, sem poder usá-la. No comodato, como se demonstrou, a coisa é utilizada pelo comodatário. Apesar de serem institutos diferentes, ambos os negócios têm características próximas (contratos unilaterais e gratuitos, em regra, reais, temporários, informais ou não solenes). Não obstante isso, assim como ocorre com o comodato, o depósito tem como objeto coisas não fungíveis, em regra. Porém, quando o depósito tiver como objeto bens fungíveis, será denominado *depósito irregular*, aplicando-se as regras previstas para o mútuo (art. 645 do CC).

Superada essa introdução, serão abordadas as regras específicas previstas para o contrato.

12.4.2 Regras quanto ao depósito voluntário ou convencional

O contrato de depósito é um contrato de guarda, sendo o depositário obrigado a ter na guarda e conservação da coisa depositada o cuidado e diligência que costuma ter com o que lhe pertence, bem como a restituí-la, com todos os frutos e acrescidos, quando o exija o depositante (art. 629 do CC).

Justamente por essa natureza do contrato é que a jurisprudência vinha entendendo há tempos que a cláusula de não indenizar não tem validade no contrato de depósito, particularmente no caso de depósito de joias e pedras preciosas em cofre de bancos, diante da citada aplicação do CDC:

"Direito civil. Penhor. Danos morais e materiais. Roubo/furto de joias empenhadas. Contrato de seguro. Direito do consumidor. Limitação da responsabilidade do fornecedor. Cláusula abusiva. Ausência de indício de fraude por parte da depositante. I – O contrato de penhor traz embutido o de depósito do bem e, por conseguinte, a obrigação acessória do credor pignoratício de devolver esse bem após o pagamento do mútuo. II – Nos termos do artigo 51, I, da Lei n.º 8.078/1990, são abusivas e, portanto, nulas, as cláusulas que de alguma forma exonerem ou atenuem a responsabilidade do fornecedor por vícios no fornecimento do produto ou do serviço, mesmo que o consumidor as tenha pactuado livre e conscientemente. III – Inexistente o menor indício de alegação de fraude ou abusividade de valores por parte da depositante, reconhece-se o dever de ressarcimento integral pelos prejuízos morais e materiais experimentados pela falha na prestação do serviço. IV – Na hipótese dos autos, em que o credor pignoratício é um banco e o bem ficou depositado em cofre desse mesmo banco, não é possível admitir o furto ou o roubo como causas excludentes do dever de indenizar. Há de se levar em conta a natureza específica da empresa explorada pela instituição financeira, de modo a considerar esse tipo de evento, como um fortuito interno, inerente à própria atividade, incapaz de afastar, portanto, a responsabilidade do depositário. Recurso Especial provido" (STJ, REsp 1.133.111/PR, 3.ª Turma, Rel. Min. Sidnei Beneti, j. 06.10.2009, *DJe* 05.11.2009).

"Responsabilidade civil. Danos morais e materiais. Roubo em agência bancária. Subtração de bens dos autores depositados em cofre situado na agência. Contrato de prestação de serviços que tem natureza de depósito e não de locação. Conduta negligente do banco configurada. Responsabilidade objetiva do banco nos termos do art. 14 do CDC. Cláusula excludente de responsabilidade considerada nula em contratos de consumo. Dever de indenizar configurado. Danos materiais e morais que devem ser reparados, porém, com a diminuição do valor a título de danos morais. Valor que não pode ensejar o enriquecimento sem causa dos autores. Recursos parcialmente providos. Sentença parcialmente reformada. Responsabilidade civil. Danos morais e materiais. Valor de atualização de mercado dos danos materiais. Contagem que se dá a partir da declaração de imposto de renda trazida aos autos. Modificação impossibilitada pela ausência de elementos probatórios tempestivamente ofertados. Documentos juntados com o recurso de apelação que não podem ser considerados, por ofensa aos arts. 396 e 397, do CPC. Recursos parcialmente providos. Sentença parcialmente reformada. Sucumbência. Reciprocidade. Procedência. Repartição da sucumbência proporcionalmente de acordo com a parcela vencida por cada uma das partes na demanda. Recursos parcialmente providos. Sentença parcialmente reformada" (TJSP, Apelação 7218784-7, Acórdão 3437153, 21.ª Câmara de Direito Privado, Piracicaba, Rel. Des. Ademir de Carvalho Benedito, j. 03.12.2008, *DJESP* 05.02.2009).

CAP. 12 · CONTRATOS EM ESPÉCIE – DO EMPRÉSTIMO (COMODATO E MÚTUO) E DO DEPÓSITO | **609**

"Responsabilidade civil. Ato ilícito. Subtração de joias e dinheiro existentes em cofre bancário alugado pelo cliente. Avença que caracteriza contrato de depósito e não de locação. Existência, ademais, de prestação de serviços, sujeita ao Codecon. Cláusula de não indenizar inaplicável. Responsabilidade objetiva do banco-réu pelos serviços que causaram prejuízo ao cliente. Danos alegados e configurados por fotos e depoimentos de testemunhas que comprovam a existência das joias e de parte do dinheiro. Valores das joias a serem apurados em liquidação por arbitramento. Pagamento de 50.000 dólares americanos (que estavam no cofre) com conversão para a moeda corrente nacional na data do ajuizamento. Ausência de verossimilhança da alegação em relação às quantias restantes que estariam no cofre: 3.000 dólares americanos e 85.000 marcos alemães. Indenizatória parcialmente procedente. Recurso parcialmente provido" (1.º TACSP, Processo 1224607-6, Apelação, 5.ª Câmara, São Paulo, Rel. Álvaro Torres Júnior, revisor Manoel Mattos, j. 10.12.2003, deram provimento em parte, v.u.).

Quanto ao conteúdo do que estava dentro do cofre, como há, na grande maioria das vezes, uma relação de consumo, a jurisprudência vinha concluindo que esse ônus cabe à instituição depositária, o que é aplicação da inversão do ônus da prova constante do art. 6.º, inc. VIII, da Lei 8.078/1990:

"Processo civil e consumidor. Recurso especial. Ação de indenização por danos materiais e morais. Violação de cofre durante furto ocorrido em agência bancária. Inversão do ônus da prova. Possibilidade. Aplicação do direito à espécie. Procedência do pedido de indenização pelos danos materiais apontados na inicial. Pedido de indenização formulado por consumidor-locatário de cofre alugado em instituição financeira, que perdeu seus bens nele depositados por ocasião de furto ocorrido no interior de instituição bancária. Foi reconhecida nas instâncias ordinárias que a consumidora habitualmente guardava bens valiosos (joias) no cofre alugado pela locadora-instituição bancária, portanto, verossímeis as afirmações. Hipótese de aplicação do art. 6.º, VIII, do CDC, invertendo-se o ônus da prova em favor do consumidor, no que concerne ao valor dos bens depositados no cofre locado. Reconhecido o dever de inversão do ônus probatório em favor da consumidora hipossuficiente e com alegações verossímeis que exsurgem do contexto das provas que produziu, aplica-se o disposto no art. 257 do RISTJ e a Súmula n.º 456 do STF, ressaltando-se que a instituição financeira-recorrida nunca impugnou o valor pleiteado a título de danos materiais. Recurso especial provido" (STJ, REsp 974.994/SP, 3.ª Turma, Rel. Min. Fátima Nancy Andrighi, j. 05.06.2008, *DJe* 03.11.2008).

"*Prova*. Cerceamento de defesa. Instrução probatória. Pleito objetivando provar conteúdo do cofre roubado à instituição financeira e que fora alugado pelo autor. Descabimento. Art. 6.º, inciso VIII, e 51, incisos I, IV, do Código de Defesa do Consumidor e não o art. 333, inciso I, do CPC. Embargos infringentes rejeitados" (1.º TACSP, Processo: 1150219-7/02, Recurso: Embargos Infringentes, Origem: São Paulo, Julgador: 5.ª Câm., j. 03.09.2003, Rel. Álvaro Torres Júnior, Revisor: Manoel Mattos. Apelação 1.150.219-7 no mesmo sentido).

Como se extrai dos julgados, as instituições financeiras, corriqueiramente, pretendem afastar sua responsabilidade denominando o contrato como de locação, e não de depósito, o que não pode prosperar, no meu entender.

De todo modo, na atual composição do STJ surgiram julgados admitindo a limitação da responsabilidade do banco pelo cofre e tratando o contrato como de locação e não como depósito, o que representa retrocesso e violação às citadas normas do CDC.

Assim concluindo, por exemplo: "nos contratos de aluguel de cofre, não é abusiva a cláusula que impõe limite aos valores e objetos que podem ser armazenados, sobre os quais incidirá a obrigação de segurança e proteção. Precedentes" (STJ, AgInt no AREsp 772.822/SP, 4.ª Turma, Rel. Min. Maria Isabel Gallotti, j. 30.08.2018, *DJe* 11.09.2018). Ou, ainda, reconhecendo a validade apenas da cláusula limitativa de indenização, da Terceira Turma da Corte:

> "O contrato bancário de locação de cofre particular é espécie contratual mista que conjuga características tanto de um contrato de depósito quanto de um contrato de loca-ção, qualificando-se, ainda, pela verdadeira prestação dos serviços de segurança e guarda oferecidos pela instituição financeira locadora, ficando o banco locador responsável pela guarda e vigilância do recipiente locado, respondendo por sua integridade e inviolabili-dade. A prática de crimes por terceiros que importem no arrombamento do cofre locado (roubo/furto) constitui hipótese de fortuito interno, revelando grave defeito na prestação do serviço bancário contratado, provocando para a instituição financeira o dever de inde-nizar seus consumidores pelos prejuízos eventualmente suportados. Não se revela abusiva a cláusula meramente limitativa do uso do cofre locado, ou seja, aquela que apenas de-limita quais são os objetos passíveis de serem depositados em seu interior pelo locatário e que, consequentemente, estariam resguardados pelas obrigações (indiretas) de guarda e proteção atribuídas ao banco locador. A não observância, pelo consumidor, de regra contratual limitativa que o impedia de, sem prévia comunicação e contratação de seguro específico, depositar no interior do cofre bens de valor superior ao expressamente fixado no contrato exime o banco locador do dever de reparação por prejuízos materiais diretos relativos à perda dos bens excedentes ali indevidamente armazenados. Precedente" (STJ, AgInt nos EDcl no AREsp 1.206.017/SP, 3.ª Turma, Rel. Min. Ricardo Villas Bôas Cueva, j. 25.11.2019, *DJe* 27.11.2019).

Mesmo a última conclusão parece entrar em conflito com os arts. 25 e 51, inc. I, do CDC, não podendo prevalecer na Corte em arestos sucessivos, especialmente no tratamento do negócio como locação e não como depósito.

Destaco que, para resolver esse dilema, o Projeto de Reforma do Código Civil pretende incluir um parágrafo único no seu art. 629, a fim de possibilitar a cláusula de não indenizar e a limitativa da indenização apenas em contratos paritários e simétricos, seguindo-se a linha de outras projeções. Assim, nos termos da proposição, que vem em boa hora, "em contratos paritários e simétricos, é válida a cláusula de limitação ou de exclusão da responsabilidade do depositário, sendo nulas, de pleno direito, em contratos de adesão".

Se o depósito se entregou fechado, colado, selado, ou lacrado, nesse mesmo estado se manterá, devendo ser mantido o seu sigilo (art. 630 do CC). Relembre-se a proteção do sigilo como um direito da personalidade e fundamental, sendo a vida privada da pessoa natural inviolável (art. 21 do CC e art. 5.º, inc. X, da CF/1988). Sendo descum-prido esse dever por parte do depositário, o depositante poderá ingressar com ação de rescisão do contrato por resolução (inexecução voluntária), sem prejuízo das perdas e danos (arts. 389, 391, 402, 403 e 404 do CC), inclusive por danos morais (art. 5.º, incs. V e X, da CF/1988).

Prescreve o art. 631 do CC que, salvo disposição em contrário, a restituição da coisa deve dar-se no lugar em que tiver de ser guardada. As despesas de restituição

CAP. 12 · CONTRATOS EM ESPÉCIE – DO EMPRÉSTIMO (COMODATO E MÚTUO) E DO DEPÓSITO | **611**

correm por conta do depositante. Como se pode perceber, a norma não é cogente, mas dispositiva, podendo as partes dispor em contrário em relação ao local de entrega, o que é comum na prática.

Se a coisa houver sido depositada no interesse de terceiro, e o depositário tiver sido cientificado deste fato pelo depositante, não poderá o depositário exonerar-se restituindo a coisa ao depositante, sem consentimento do terceiro (art. 632 do CC). O dispositivo constitui mais uma exceção ao princípio da relatividade dos efeitos contratuais, aproximando-se da estipulação em favor de terceiro (arts. 436 a 438 do CC). Desse modo, se o terceiro não foi cientificado, terá direito a ser indenizado.

Ainda que o contrato fixe prazo para a restituição, o depositário entregará a coisa depositada assim que a mesma seja exigida pelo depositante (art. 633 do CC), exceção feita aos seguintes casos:

a) Se tiver o direito de retenção a que se refere o art. 644 do CC em vigor, em relação a despesas e prejuízos do depósito.

b) Se o objeto for judicialmente embargado.

c) Se sobre ele pender execução, notificada ao depositário.

d) Se houver motivo razoável de suspeitar que a coisa foi dolosamente obtida. Havendo essa suspeita, desde que exposto o seu fundamento, o depositário requererá que se recolha a coisa ao Depósito Público, mediante pedido judicial (art. 634 do CC).

Salvo os casos listados, o depositário não poderá furtar-se à restituição do depósito, alegando não pertencer a coisa ao depositante ou sustentando haver a possibilidade de compensação, diante da existência de dívidas recíprocas, exceto se o depósito tiver origem em outro contrato de depósito estabelecido entre as partes (art. 638 do CC).

O art. 635 do CC faculta ao depositário converter o depósito convencional em judicial na hipótese em que, por motivo plausível, não puder guardar a coisa e o depositante não quiser recebê-la. Para esse caso de conversão, podem ser aplicadas as regras previstas tanto no Código Civil (arts. 334 a 345) quanto no Código de Processo Civil (arts. 539 a 549 do CPC/2015, correspondente aos arts. 890 a 900 do CPC/1973) para o pagamento em consignação ou consignação em pagamento. Para a jurisprudência superior, não há óbice para se aplicar o direito de retenção do art. 644 do Código Civil também para o depósito judicial, o que parece correto (STJ, REsp 1.300.584/MT, Rel. Min. João Otávio de Noronha, j. 03.03.2016, *DJe* 09.03.2016).

O depositário que, por caso fortuito (evento imprevisível) ou força maior (evento previsível, mas inevitável), houver perdido a coisa depositada e recebido outra em seu lugar, é obrigado a entregar a segunda ao depositante. Além disso, o depositário deverá ceder ao depositante as ações que no caso tiver contra o terceiro responsável pela restituição da primeira (art. 636 do CC/2002). Em outras palavras, deverá ser restituída a coisa sub-rogada, que substituiu a primeira, caso de sub-rogação real e legal. Isso, sem prejuízo da indenização que couber diante da referida substituição.

Como antes apontado, o contrato de depósito é personalíssimo, sendo extinto com a morte do depositário. Com a extinção do contrato por cessação, resta aos herdeiros do depositário a obrigação de devolver a coisa. No entanto, quanto ao herdeiro do depositário que de boa-fé vendeu a coisa depositada, este será obrigado a *assistir* o depositante na reivindicação e a restituir ao comprador o preço recebido (art. 637 do CC).

Quando o dispositivo fala em *assistir*, está se referindo à assistência processual, prevista entre os arts. 50 a 55 do CPC/1973. Pontue-se que tais dispositivos foram reproduzidos pelos arts. 119 a 124 do CPC/2015, com algumas alterações, que não mudam a posição anterior a respeito do depósito. Ademais, é de se concordar, de forma integral, com Marco Aurélio Bezerra de Melo quando esse autor menciona que a boa-fé referenciada nesse comando legal não é a boa-fé objetiva, relacionada com a conduta de lealdade, mas a boa-fé subjetiva, ou *boa-fé crença*, fundada na intenção da parte (*Novo Código Civil...*, 2004, p. 357).

O Código Civil de 2002 reconhece ainda a possibilidade de depósito voluntário conjunto, constando dois ou mais depositantes (art. 639). Sendo divisível a coisa, no ato da sua devolução, o depositário entregará a cada um dos depositantes a respectiva parte, salvo se houver entre eles solidariedade estabelecida por força de contrato (solidariedade ativa convencional). A presunção relativa é de divisão igualitária dos quinhões, aplicando-se a máxima *concursu partes fiunt* (art. 257 do CC).

Frise-se que o contrato de depósito, ao contrário do contrato de comodato, não traz a possibilidade de uso da coisa. Trata-se de mero contrato de guarda, conforme mencionado anteriormente. Justamente por isso, é motivo para a rescisão do contrato (resolução com perdas e danos) o fato de o depositário servir-se da coisa depositada ou alienar a coisa a outrem sem a expressa autorização do depositante (art. 640 do CC). Com essa conduta, o depositário quebra com a finalidade social do contrato, o que motiva a sua rescisão. A ilustrar a aplicação desse comando, podem ser colacionados os seguintes julgados:

"Bem móvel. Ação de depósito. Procedência. Alegação de que alguns dos objetos depositados estavam deteriorados. Assertiva que não autoriza o depositário dispor dos bens. Vedação de fazer uso dos móveis sem anuência do depositante. Incidência do art. 640 do Código Civil. Perdas e danos. Verba devida. Móveis em mau estado de conservação e sujeitos ao desgaste natural pelo decurso do tempo. Redução. Recurso provido em parte. Nos termos do art. 640 do Código Civil, não pode o depositário servir-se dos bens depositados sem anuência do depositante, sob pena de responder por perdas e danos. Bem por isso, a indenização é devida e deve abranger aquilo que o credor efetivamente perdeu na hipótese (art. 402 do Código Civil), fazendo os autores jus ao recebimento do valor correspondente aos móveis que foram dados em depósito, por ocasião da locação celebrada entre as partes e retirados do imóvel locado pelos réus. O montante fixado a título de perdas e danos mostra-se exagerado e deve ser reduzido para R$ 1.000,00 (hum mil reais), havendo demonstração satisfatória de que parte dos bens dados em depósito e retirados do imóvel estava em mau estado de conservação e sujeitos ao desgaste natural pelo decurso do tempo" (TJSP, Apelação 0013158-58.2010.8.26.0007, Acórdão 6366578, 32.ª Câmara de Direito Privado, São Paulo, Rel. Des. Kioitsi Chicuta, j. 29.11.2012, *DJESP* 06.12.2012).

"Apelação cível. Responsabilidade civil. Depósito judicial. Utilização do veículo pelo depositário. Destituição do encargo. Alegação de negligência por parte do depositário. Pedido de ressarcimento de danos materiais. Ônus de sucumbência. 1. Caso em que o veículo foi entregue ao requerido, na condição de depositário judicial. Ocorrida a destituição do encargo e a devolução do bem ao autor, este alegou uma série de avarias, objeto

CAP. 12 • CONTRATOS EM ESPÉCIE – DO EMPRÉSTIMO (COMODATO E MÚTUO) E DO DEPÓSITO | **613**

do pedido indenizatório. 2. Sendo incontroverso nos autos que o requerido utilizou-se do veículo depositado consigo, sem qualquer prévia autorização judicial, deve arcar com os danos decorrentes da fadiga material decorrente do uso, ainda que diligente. Aplicação do artigo 640, do Código Civil. 3. Danos materiais parcialmente afastados. Ausência de provas quanto à alegada necessidade de reparos mecânicos no automóvel. Confirmada a indenização em relação aos danos materiais decorrentes da substituição de pneus. Reduzida a indenização devida para conserto de para-choque, consoante o menor orçamento constante dos autos. 4. Sucumbência redimensionada, na forma do art. 20, do Código de Processo Civil. Apelo provido parcialmente. Unânime" (TJRS, Apelação Cível 514527-07.2011.8.21.7000, 9.ª Câmara Cível, Erechim, Rel. Des. Iris Helena Medeiros Nogueira, j. 14.12.2011, *DJERS* 16.12.2011).

Mas como exceção, havendo a autorização para uso da coisa, se o depositário, devidamente autorizado, confiar a coisa em depósito a terceiro, será responsável se tiver agido com culpa na escolha deste (art. 640, parágrafo único, do CC). Sem prejuízo dessa regra, entendo que o depositário responde objetivamente, independentemente de culpa, perante o depositante, desde que comprovada a culpa do seu preposto, aplicando-se os arts. 932, inc. III, e 933 do CC. A aplicação é por analogia, pois esses dispositivos tratam da responsabilidade extracontratual, sendo o caso, ao contrário, de responsabilidade contratual.

Se, por algum motivo, o depositário se tornar absoluta ou relativamente incapaz (*incapacidade superveniente*), a pessoa que lhe assumir a administração dos bens diligenciará imediatamente para restituir a coisa depositada (art. 641 do CC). Em outras palavras, a hipótese legal é de rescisão do contrato por inexecução involuntária (resolução sem perdas e danos). Não querendo ou não podendo o depositante recebê-la, recolherá a coisa ao Depósito Público ou promoverá nomeação de outro depositário. Mais uma vez, o pedido de depósito é judicial, aplicando-se as regras da consignação em pagamento.

Por uma razão lógica, em regra, o depositário não responde por caso fortuito ou força maior (art. 642 c/c art. 393, ambos do CC). Mas, para que lhe valham essas excludentes de responsabilidade, terá de prová-las. O contrato, todavia, poderá trazer a *cláusula de assunção convencional*, pela qual a parte responderá por tais ocorrências. Entretanto, deve-se entender que a referida cláusula deverá ser reputada nula, por ser abusiva, em relação aos contratos de consumo ou de adesão, aplicação respectiva dos arts. 51 do CDC e 424 do CC. Isso porque, em ambos os casos, a parte vulnerável (consumidor ou aderente) está renunciando a um direito que lhe é inerente não podendo, portanto, responder por tais ocorrências. Além disso, é presumida a boa-fé objetiva do consumidor e do aderente, diante de sua situação de vulnerabilidade.

Por fim, quanto aos efeitos do depósito voluntário, mesmo sendo o contrato gratuito, em regra, o depositante é obrigado a pagar ao depositário as despesas feitas com a coisa, e os prejuízos que do depósito provierem. Não ocorrendo esse pagamento, o depositário poderá reter o depósito (direito de retenção) até que se lhe pague a retribuição devida, o líquido valor das despesas ou de eventuais prejuízos, desde que devidamente comprovados (arts. 643 e 644 do CC).

Prevê o parágrafo único do art. 644 que se essas dívidas, despesas ou prejuízos não forem provados suficientemente, ou forem ilíquidos, o depositário poderá exigir caução idônea do depositante ou, na falta desta, a remoção da coisa para o Depósito Público, até que se liquidem. Essa caução pode ser real ou fidejussória (fiança).

12.4.3 O depósito necessário

Segundo os ensinamentos de Maria Helena Diniz, "o depósito necessário é aquele que independe da vontade das partes, por resultar de fatos imprevistos e irremovíveis, que levam o depositante a efetuá-lo, entregado a guarda de um objeto a pessoa que desconhece, a fim de subtraí-lo de uma ruína imediata" (*Código...*, 2005, p. 542). A matéria está tratada entre os arts. 647 e 652 do CC em vigor. Para a renomada doutrinadora, três são as espécies de depósito necessário (DINIZ, Maria Helena. *Curso...*, 2005, p. 351):

a) *Depósito legal* – é aquele realizado no desempenho de obrigação decorrente de lei, como ocorre no caso previsto no art. 641 do CC (depósito legal em caso de incapacidade superveniente, negando-se o depositante a receber a coisa).

b) *Depósito miserável* (*depositum miserabile*) – é aquele efetuado por ocasião de calamidades, como nos casos de inundação, incêndio, naufrágio ou saque. Em casos tais, o depositário é obrigado a se socorrer da primeira pessoa que aceitar o depósito salvador.

c) *Depósito do hospedeiro* – refere-se à bagagem dos viajantes ou hóspedes nas hospedarias onde eles estiverem (art. 649 do CC). Os hospedeiros responderão como depositários, assim como pelos furtos e roubos que perpetrarem as pessoas empregadas ou admitidas nos seus estabelecimentos, já que o contrato é de guarda (art. 649, parágrafo único, do CC). Cessa essa responsabilidade dos hospedeiros, se estes provarem que os fatos prejudiciais aos viajantes ou hóspedes não podiam ter sido evitados (art. 650 do CC). Esse contrato é também regido pelos arts. 932, inc. IV, 933 e 942 do CC, respondendo objetivamente o hospedeiro por ato culpado do seu hóspede, frente a terceiros. A responsabilidade de ambos é, ainda, solidária. Entendo que à relação entre hóspede e hospedeiro pode ser ainda aplicado o CDC, presentes os elementos descritos nos arts. 2.º e 3.º da Lei 8.078/1990, *diálogo das fontes*.

No que se refere ao depósito legal, reger-se-á pela disposição da respectiva lei. No silêncio ou sendo deficiente a norma, deverão ser aplicadas de forma residual as regras previstas para o depósito voluntário (art. 648 do CC). Aliás, no exemplo mencionado, de incidência do art. 641 do CC, isso já ocorre. O mesmo vale para o depósito miserável, aplicando-se, eventualmente, as regras já analisadas quanto ao depósito voluntário.

Em regra, o depósito necessário não se presume gratuito. No caso de depósito do hospedeiro, contrato oneroso, a remuneração pelo depósito está incluída no preço da hospedagem. Essas regras constam do art. 651 do Código Civil de 2002.

12.4.4 A prisão do depositário infiel na visão civil-constitucional

O art. 5.º, inc. LXVII, da CF/1988 possibilita a prisão civil por dívidas em dois casos, inadimplemento voluntário e inescusável da obrigação alimentar e do depositário infiel.

Questão que sempre levantou enorme polêmica refere-se à possibilidade de prisão do *depositário infiel* diante do descumprimento de um contrato. Neste volume da coleção será analisado somente o art. 652 do atual Código Civil, norma prevista para os casos de depósito regidos pelo Código Civil (depósito voluntário ou necessário). O

CAP. 12 • CONTRATOS EM ESPÉCIE – DO EMPRÉSTIMO (COMODATO E MÚTUO) E DO DEPÓSITO | **615**

tema da prisão civil na alienação fiduciária em garantia de bem móvel está aprofundado no Volume 4 da coleção. Pois bem, vejamos o que prevê o dispositivo que agora nos interessa, e superado na atualidade:

> "Art. 652. Seja o depósito voluntário ou necessário, o depositário que não o restituir quando exigido será compelido a fazê-lo mediante prisão não excedente a um ano, e ressarcir os prejuízos".

Pelo que consta da norma, o depositário que, injustificadamente, não restituir a coisa depositada ao final do contrato, ou quando solicitada, e desde que não esteja amparado pelas causas de exclusão da obrigação de restituir (arts. 633 e 634 do CC), passará a ser considerado depositário infiel e poderá ter decretada sua prisão, pelo prazo de até um ano, sem prejuízo de eventual indenização cabível. A prisão estaria justificada na quebra da confiança, da *fiducia* que o depositante tem em relação ao depositário. A norma tinha o escopo justamente de regulamentar o art. 5.º, incs. LXVII, da Constituição Federal de 1988.

Desde a primeira edição da presente obra, estou filiado à corrente pela qual não é admissível a prisão civil do depositário, mesmo diante do que consta no art. 652 do CC/2002. Essa conclusão sempre esteve baseada no que consagra o Pacto Internacional dos Direitos Civis e Políticos aprovado na Convenção sobre Direitos Humanos de São José de Costa Rica, que a proíbe expressamente. Estabelece o art. 11 desse Tratado Internacional, do qual o nosso País é signatário, que "ninguém poderá ser preso apenas por não poder cumprir com uma obrigação contratual". Como se nota, a norma tem aplicação direta ao contrato de depósito.

Na doutrina, sempre existiram manifestações contrárias a tal prisão civil, visando prestigiar o Pacto de San José da Costa Rica. Antes mesmo da entrada em vigor do Código Civil de 2002, o doutrinador Valério de Oliveira Mazzuoli sustentava a inconstitucionalidade do art. 652 do CC. São suas palavras:

> "Sem embargo, entretanto, como vimos, a norma do art. 652 do novo Código Civil, será, desde a sua entrada em vigor (em janeiro de 2003), absolutamente inconstitucional, violadora que será do preceito do art. 5.º, LXVII, da Carta da República, modificada em sua segunda parte ('rectius': inaplicável a sua Segunda partes) pelo Pacto de San José da Costa Rica, de modo que o Decreto-lei 911/1969, mesmo com o ingresso desse novo diploma civil em vigor, continuará equiparando o devedor do contrato de alienação fiduciária a algo que continua a não existir, perpetuando-se como uma norma eternamente vazia no que toca à imposição a esse devedor da medida coativa da prisão. Somente esta saída é que resta na resolução desse futuro problema que, brevemente, virá à tona. O problema, aqui, como se vê, deixa de ser mero conflito de leis no tempo, para dar lugar a verdadeiro conflito entre leis internas e a Constituição" (MAZZUOLI, Valério de Oliveira. *Prisão...*, 2002, p. 180).

A discussão ganhou ainda mais relevo diante da Emenda Constitucional 45/2004, que acrescentou um § 3.º ao art. 5.º do Texto Maior, prevendo que "os tratados e as convenções internacionais sobre direitos humanos, aprovados em cada Casa do Congresso Nacional, em dois turnos, por três quintos dos votos dos respectivos membros, serão equivalentes às emendas à Constituição". Várias dúvidas surgiram, nos anos iniciais de sua vigência, a respeito do respectivo dispositivo e da prisão civil por dívidas contratuais.

A primeira questão seria saber se a norma iria atingir os tratados anteriores à EC 45/2004. Sempre entendi que sim, pois seria ilógico sustentar o contrário, uma vez que os tratados mais importantes sobre o tema já foram editados e ratificados pelos Países Democráticos, caso do nosso. Outro argumento interessante colaciona o juiz federal e professor da Universidade Mackenzie, José Carlos Francisco, Doutor em Direito Constitucional pela USP:

> "Enfim, a interpretação sistemática da Emenda Constitucional 45 surge como último argumento que nos ocorre, a este tempo, para defender que os tratados internacionais sobre direitos humanos, validamente editados antes de 8 de dezembro de 2004 (sob o aspecto formal e material), devem ser recepcionados como regras constitucionais equivalentes a emendas. Isso porque em situação similar, dispondo sobre as súmulas vinculantes, o art. 8.º da mencionada Emenda teve o cuidado de prever expressamente que 'as atuais súmulas do Supremo Tribunal Federal somente produzirão efeito vinculante após sua confirmação por dois terços dos seus integrantes e publicação na imprensa oficial', regra que não foi estendida (até o presente momento) para os tratados internacionais anteriores à Emenda Constitucional 45, reafirmando o cabimento da possibilidade da recepção desses diplomas sobre direitos humanos como regras constitucionais" (*Bloco...*, 2005, p. 104).

Outra dúvida seria saber se esses tratados internacionais anteriores necessitam de aprovação pelo Congresso Nacional, conforme ordena a EC 45/2004. Pelo que consta do seu texto, fazendo-se uma interpretação literal, a resposta seria positiva. No entanto, em sentido contrário, Flávia Piovesan igualmente sempre sustentou que os tratados internacionais de direitos humanos, a partir da sua ratificação, já têm força constitucional quanto ao aspecto material: "contudo, para que os tratados de direitos humanos obtenham assento formal na Constituição, requer-se a observância do *quorum* qualificado" (*Reforma...*, 2005, p. 48). Sintetizando as palavras da professora da PUCSP, "todos os tratados internacionais de direitos humanos são materialmente constitucionais, por força do § 2.º do art. 5.º da CF/1988 ('Os direitos e garantias expressos nesta Constituição não excluem outros decorrentes do regime e dos princípios por ela adotados, ou dos tratados internacionais em que a República Federativa do Brasil seja parte')".

Por tais premissas, reafirme-se, sempre concluímos que, realmente, o art. 652 do CC estaria eivado de inconstitucionalidade, pois a prisão civil não é admitida por um tratado internacional de Direitos Humanos do qual o Brasil é signatário, e que tem força constitucional.

Argumento contrário a esse poderia sustentar que a prisão civil por dívidas prevista no art. 5.º, inc. LXVII, da CF/1988 constitui cláusula pétrea. Pois bem, realmente é um ótimo argumento, sendo evidente a presença de uma antinomia entre dois preceitos constitucionais, uma vez que os tratados internacionais de direitos humanos, caso do Pacto de San José, também têm força constitucional desde a EC 45/2004.

No caso em questão pode ser invocado o critério cronológico, para apontar que prevalece o teor do Pacto de San José (que também "entra" no referido art. 5.º da CF/1988). Vale lembrar que essa "entrada" definitiva como cláusula pétrea, no aspecto material, ocorreu com a entrada em vigor da EC 45/2004.

CAP. 12 · CONTRATOS EM ESPÉCIE – DO EMPRÉSTIMO (COMODATO E MÚTUO) E DO DEPÓSITO | **617**

Outro caminho é fazer uma *ponderação* entre os direitos fundamentais em conflito, quais sejam, o direito do credor de pedir a prisão do devedor, com base no art. 5.º, inc. LXVII, da CF/1988 *versus* o direito do devedor de não ser preso, diante do Pacto de San José, art. 5.º, § 3.º, da CF/1988. A ponderação será feita de forma contrária à prisão, entrando em cena o *princípio dos princípios*, aquele que visa a proteger a dignidade da pessoa humana (art. 1.º, inc. III, da CF/1988). Também trilhando esse caminho a prisão deve ser afastada. Vale lembrar, a propósito, que a técnica de ponderação ganhou força como argumento jurídico com a emergência do CPC/2015, tendo sido adotada expressamente pelo seu art. 489, § 2.º, *in verbis:* "no caso de colisão entre normas, o juiz deve justificar o objeto e os critérios gerais da ponderação efetuada, enunciando as razões que autorizam a interferência na norma afastada e as premissas fáticas que fundamentam a conclusão".

O Tribunal de Justiça do Rio Grande do Sul, seguindo esse raciocínio, entendeu, em 2006, que não caberia a prisão do depositário infiel, no depósito convencional e voluntário, pelas mesmas razões apontadas:

> "Agravo de instrumento. Ação de execução. Penhora de imóvel. Depositário. Alienação de área. Descabida a vinculação do depósito do valor obtido, com a venda de parte do bem penhorado, com a possibilidade de prisão civil do depositário, ainda que infiel, uma vez que esta não mais vigora no ordenamento jurídico nacional, limitando-se a mesma apenas aos casos de inadimplência da obrigação alimentícia. EC n. 45 – Pacto de San José da Costa Rica. *Deram provimento ao agravo de instrumento. Unânime*" (TJRS, Agravo de Instrumento 70014986525, 17.ª Câmara Cível, Rel. Alexandre Mussoi Moreira, j. 28.09.2006).

Do corpo do julgado pode-se extrair o seguinte trecho que confirma toda a tese esposada: "De acordo com o citado § 3.º, do art. 5.º, da CF/88, a Convenção continua em vigor, com força de emenda constitucional. A regra emanada pelo dispositivo é clara no sentido de que os tratados internacionais concernentes a direitos humanos nos quais o Brasil seja parte devem ser assimilados pela ordem jurídica do país como normas de hierarquia constitucional, não se podendo olvidar que o § 1.º do art. 5.º, peremptoriamente, que '(...) *as normas definidoras dos direitos e garantias fundamentais têm aplicação imediata*'. Assim, com a redação dada pela EC 45/2004 ao § 3.º do art. 5.º, o Pacto de São José da Costa Rica foi resgatado pela nova disposição constitucional" (destacamos). O que se percebe é que foi adotado no acórdão o entendimento pelo qual as normas que protegem a pessoa humana, previstas na Constituição Federal de 1988, têm aplicação imediata entre os particulares (*eficácia horizontal dos direitos fundamentais*).

Mas, realmente, a decisão que revolucionou a matéria foi prolatada pelo pleno do Supremo Tribunal Federal em julgamento encerrado em 3 de dezembro de 2008. De forma definitiva, os ministros do STF entenderam ser inconstitucional a prisão do depositário no caso de alienação fiduciária em garantia de bens móveis, regida pelo Decreto-lei 911/1969 (STF, RE 466.343/SP). Mais do que isso, a conclusão foi estendida para qualquer hipótese de depósito.

No voto que acabou prevalecendo, o Ministro Gilmar Mendes concluiu que "a prisão civil do depositário infiel não mais se compatibiliza com os valores supremos assegurados pelo Estado Constitucional, que não está mais voltado apenas para si mesmo, mas compartilha com as demais entidades soberanas, em contextos internacionais e supranacionais, o dever de efetiva proteção dos direitos humanos". Assim, por esse caminho, o Pacto de San José da Costa Rica teria força *supralegal*, em uma posição hierárquica entre a Constituição Federal e as leis ordinárias, a afastar a possibilidade de prisão civil por descumprimento contratual. A ementa do julgado foi assim publicada:

> "Prisão civil. Depósito. Depositário infiel. Alienação fiduciária. Decretação da medida coercitiva. Inadmissibilidade absoluta. Insubsistência da previsão constitucional e das normas subalternas. Interpretação do art. 5.º, inc. LXVII e §§ 1.º, 2.º e 3.º, da CF, à luz do art. 7.º, § 7, da Convenção Americana de Direitos Humanos (Pacto de San José da Costa Rica). Recurso improvido. Julgamento conjunto do RE n. 349.703 e dos HCs n. 87.585 e n. 92.566. É ilícita a prisão civil de depositário infiel, qualquer que seja a modalidade do depósito" (STF, RE 466.343/SP, Tribunal Pleno, Rel. Min. Cezar Peluso, j. 03.12.2008).

Anote-se que o Supremo Tribunal Federal acabou por concluir que a prisão civil não é possível em qualquer hipótese de depósito, seja ele convencional, legal ou judicial. Deve ser feita a ressalva de que estou filiado ao entendimento dos Ministros Celso de Mello, Cezar Peluso, Ellen Gracie e Eros Grau, que no julgamento entenderam que o Pacto de San José tem força constitucional, e não supralegal, como acabou por prevalecer. Os julgados se sucederam no STF, com referida conclusão, o que acabou por atingir outros Tribunais (nesse sentido, do STF, ver *Informativo* n. *531*, que traz outro importante precedente – HC 87.585/TO).

Destaque-se que a questão se consolidou de tal forma que os Tribunais Superiores editaram súmulas afastando a possibilidade da prisão do depositário. De início, cite-se a Súmula 419 do STJ, de março de 2010, segundo a qual "descabe a prisão civil do depositário judicial infiel". Além dela, merece relevo a Súmula Vinculante 25 do Supremo Tribunal Federal, que enuncia: "é ilícita a prisão civil de depositário infiel, qualquer que seja a modalidade do depósito" (aprovada em 16.12.2009).

Encerrando o tópico, destaco que o Projeto de Reforma do Código Civil pretende resolver o problema hoje existente no seu art. 652, de superação de seu conteúdo pela jurisprudência superior, retirando-se a menção à prisão civil do depositário, e para que a norma tenha alguma aplicação quanto ao restante do seu conteúdo. Assim, nos termos da proposta, "seja o depósito voluntário ou necessário, o depositário que não o restituir quando exigido será interpelado a fazê-lo e a ressarcir os prejuízos".

Como não poderia ser diferente, a proposta deve ser aprovada pelo Parlamento Brasileiro, pois traz conteúdo importante para a responsabilização do depositário.

12.5   RESUMO ESQUEMÁTICO

Empréstimo. Conceito: O contrato de empréstimo pode ser conceituado como o negócio jurídico pelo qual uma pessoa entrega uma coisa a outra, de forma gratuita, obrigando-se esta a devolver a coisa emprestada ou outra da mesma espécie e quantidade.

Natureza jurídica: Contrato unilateral, gratuito, real (tem aperfeiçoamento com a entrega da coisa), comutativo e informal.

Classificação do empréstimo:

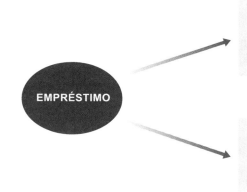

- Empréstimo de uso. Comodato. Tem bens infungíveis e inconsumíveis como objeto. A coisa é utilizada e devolvida.

- Empréstimo de consumo. Mútuo. Tem bens fungíveis e consumíveis como objeto. É devolvida outra coisa de mesmo gênero e quantidade.

Principais regras quanto ao comodato e ao mútuo:

Comodato	Mútuo
– Partes: comodante (que transfere a coisa) e comodatário (que recebe a coisa). Exemplo: empréstimo de um veículo. – Os tutores, curadores em geral ou administradores de bens alheios não poderão dar em comodato, sem autorização especial, os bens confiados à sua guarda. – Na vigência do contrato, o comodante não pode reaver a coisa. Findo o contrato ou notificado o comodatário, deve o último devolvê-la. Se assim não faz, passa a responder pela conservação da coisa, devendo arcar com um aluguel-pena a ser fixado pelo comodante. Cabe, ainda, ação de reintegração de posse. – Caindo em risco a coisa emprestada, se o comodatário deixar de salvá-la para salvar coisa própria, responderá por caso fortuito e força maior (art. 583 do CC). – O art. 585 do CC prevê responsabilidade solidária passiva entre comodatários.	– Partes: mutuante (transfere) e mutuário (recebe a coisa, devendo devolver outra) Exemplo: empréstimo de dinheiro. – O mútuo feito a menor de 18 anos, tema clássico do Direito Civil, continua tratado pela nova codificação. Em regra, o mútuo feito a menor sem a autorização de seu representante ou daquele sob cuja guarda estiver não poderá ser reavido nem do mutuário, nem de seus fiadores (art. 588 do CC). Origem no *senatus consultus macedoniano*. – Por transferir o domínio da coisa emprestada, por conta do mutuário correm todos os riscos da coisa desde a tradição (art. 587 do CC). – No caso de *mútuo feneratício* de dinheiro (mútuo oneroso), com a cobrança de juros, o art. 591 do CC limita os mesmos à taxa prevista no art. 406 do CC (1% ao mês). A norma não se aplica se o empréstimo for bancário.

Depósito. Conceito: Pelo contrato de depósito o depositário recebe um objeto móvel e corpóreo, para guardar, até que o depositante o reclame. Ao contrário do comodato, o depositário não pode usar a coisa, mas apenas guardá-la, em regra.

Natureza jurídica: Trata-se de um contrato, em regra, unilateral e gratuito. Entretanto, é possível o depósito bilateral e oneroso, diante de convenção das partes, atividade ou profissão do depositário. O contrato em questão é comutativo e também personalíssimo (*intuitu personae*), fundado na confiança do depositante em relação ao depositário. É um contrato real, temporário e informal.

620 | DIREITO CIVIL • VOL. 3 – *Flávio Tartuce*

Modalidades de depósito:

1.º) Depósito voluntário: resulta da autonomia privada, do acordo de vontade das partes.

2.º) Depósito necessário ou obrigatório:

a) *Depósito legal* – é aquele realizado no desempenho de obrigação decorrente de lei, como ocorre no caso de depósito legal em caso de incapacidade superveniente, negando-se o depositante a receber a coisa.

b) *Depósito miserável* – é aquele efetuado por ocasião de calamidades, como nos casos de inundação, incêndio, naufrágio ou saque. Em casos tais, o depositário é obrigado a se socorrer da primeira pessoa que aceitar o depósito salvador.

c) *Depósito do hospedeiro* – refere-se à bagagem dos viajantes ou hóspedes nas hospedarias onde eles estiverem (art. 649 do CC).

Prisão do depositário: Questão que sempre levanta enorme polêmica refere-se à possibilidade de prisão do *depositário infiel* diante do descumprimento de um contrato. Quanto ao depósito em si, prevê o art. 652 do CC/2002 que: "seja o depósito voluntário ou necessário, o depositário que não o restituir quando exigido será compelido a fazê-lo mediante prisão não excedente a um ano, e ressarcir os prejuízos". O STF acabou por concluir pela inconstitucionalidade da previsão, diante da força supralegal do Pacto de San José da Costa Rica, tratado internacional do qual o Brasil é signatário e que proíbe a prisão civil por descumprimento contratual (STF, RE 466.343/SP e HC 87.585/TO). Tal conclusão gerou a edição da Súmula Vinculante 25 pelo STF, que enuncia: "é ilícita a prisão civil de depositário infiel, qualquer que seja a modalidade do depósito" (aprovada em 16.12.2009).

12.6 QUESTÕES CORRELATAS

01. (TRT/MT – FCC – Juiz do Trabalho Substituto – 2015) Luiz Henrique emprestou a Cláudio, sem nenhum ônus, obra de arte assinada pelo respectivo autor, a qual ficou exposta na sala de sua residência. A residência, durante uma tempestade, foi atingida por um raio e se incendiou. Durante o incêndio, Cláudio houve por bem salvar outras obras de arte, de sua propriedade, por possuírem maior valor. Considerada a situação descrita, analise:

I. O contrato celebrado entre Luiz Henrique e Cláudio chama-se comodato, o qual tem por objeto bem infungível, como é o caso da obra de arte assinada pelo respectivo autor.

II. O empréstimo de bem fungível ou infungível é um contrato de natureza real, perfazendo-se com a entrega do objeto.

III. Cláudio não será obrigado a indenizar Luiz Henrique pelo perecimento da obra de arte, tendo em vista que o caso fortuito e a força maior afastam o nexo de causalidade, o qual é pressuposto para a responsabilização civil.

IV. Independentemente do dever de indenizar, Cláudio poderá recobrar de Luiz Henrique as despesas feitas com o uso e gozo da coisa emprestada.

Está correto o que consta APENAS em

(A) III e IV.

(B) I e III.

(C) I e II.

(D) II e IV.

(E) I, II e III.

CAP. 12 · CONTRATOS EM ESPÉCIE – DO EMPRÉSTIMO (COMODATO E MÚTUO) E DO DEPÓSITO | **621**

02. (TJGO – FCC – Juiz Substituto – 2015) O comodato é o empréstimo de bem

(A) fungível, a exemplo do dinheiro, aperfeiçoando-se com a tradição, tal como ocorre com o mútuo.

(B) fungível, a exemplo de obra de arte autografada por seu autor, aperfeiçoando-se com a tradição, diferentemente do que ocorre com o mútuo.

(C) infungível, a exemplo do dinheiro, aperfeiçoando-se com o acordo de vontades, tal como ocorre com o mútuo.

(D) infungível, a exemplo de obra de arte autografada por seu autor, aperfeiçoando-se com o acordo de vontades, tal como ocorre com o mútuo.

(E) infungível, a exemplo de obra de arte autografada por seu autor, aperfeiçoando-se com a tradição, tal como ocorre com o mútuo.

03. (SEFAZ/PI – FCC – Auditor Fiscal da Fazenda Estadual – 2015) De acordo com o Código Civil, o mútuo

(A) não transfere ao mutuário o domínio da coisa emprestada.

(B) autoriza o mutuário a devolver coisa de gênero, qualidade e quantidades diferentes da emprestada, desde que de igual valor.

(C) é empréstimo de coisa infungível.

(D) será de um ano, pelo menos, se for de dinheiro e as partes não houverem estipulado prazo.

(E) pode se destinar a fins econômicos, presumindo-se, neste caso, serem devidos juros, permitida a capitalização anual.

04. (SEFAZ/PI – FCC – Auditor Fiscal da Fazenda Estadual – 2015) De acordo com o Código Civil, o depósito

(A) obriga a restituição da coisa, em regra, no lugar em que tiver sido celebrado o negócio, ainda que não seja o mesmo em que a coisa tenha sido guardada.

(B) transfere ao depositário o domínio de bem móvel e necessariamente infungível.

(C) obriga o depositário a pagar as despesas feitas com a coisa.

(D) é oneroso, em regra.

(E) não autoriza o depositário a servir-se da coisa depositada, salvo licença expressa do depositante.

05. (UFMT – DPE-MT – Defensor Público – 2016) Em relação aos contratos de empréstimo e mandato, assinale a afirmativa INCORRETA.

(A) O comodatário não poderá jamais recobrar do comodante as despesas feitas com o uso e gozo da coisa emprestada.

(B) Sendo omissa a procuração quanto ao substabelecimento, o procurador será responsável se o substabelecido proceder culposamente.

(C) Havendo poderes de substabelecer, só serão imputáveis ao mandatário os danos causados pelo substabelecido, se tiver agido com culpa na escolha deste ou nas instruções dadas a ele.

(D) O comodato é o empréstimo gratuito de coisas não fungíveis; perfaz-se com acordo de vontades.

(E) O maior de dezesseis e menor de dezoito anos não emancipado pode ser mandatário, mas o mandante não tem ação contra ele senão de conformidade com as regras gerais, aplicáveis às obrigações contraídas por menores.

06. (FCC – PGE-MT – Procurador do Estado – 2016) Acerca do comodato, considere:

I. O comodato é contrato real, perfazendo-se com a tradição do objeto.

II. O comodatário constituído em mora, além de por ela responder, pagará, até restituí-la, o aluguel da coisa que for arbitrado pelo comodante.

III. O comodatário responde pelo dano decorrente de caso fortuito ou força maior se, correndo risco o objeto do comodato, juntamente com os seus, antepuser a salvação destes, abandonando o do comodante.

IV. Se o comodato não tiver prazo convencional, o comodante poderá, a qualquer momento, suspender o uso e gozo da coisa emprestada, independentemente de decisão judicial e da finalidade do negócio.

622 | DIREITO CIVIL • VOL. 3 – *Flávio Tartuce*

Está correta o que ser afirma em

(A) I, II e III, apenas.

(B) II e III, apenas.

(C) II e IV, apenas.

(D) I, III e IV, apenas.

(E) I, II, III e IV.

07. (TJPR – CESPE – Juiz Substituto – 2017) Assinale a opção correta a respeito das espécies de contratos.

(A) Em contrato de comodato, jamais o comodatário poderá pleitear restituição ao comodante das despesas realizadas com o uso e gozo da coisa.

(B) No contrato de prestação de serviço, o aliciamento de pessoa já obrigada em contrato escrito anterior é causa violadora da boa-fé subjetiva.

(C) Devido ao fato de o contrato de empreitada ser personalíssimo, em regra, nessa modalidade de contrato, a morte do empreiteiro é causa de extinção do contrato.

(D) Não será devida a remuneração ao corretor, no contrato de corretagem em que se obtenha o resultado almejado pela mediação, se tal contrato for desfeito posteriormente pelas partes.

08. (Juiz Federal Substituto – TRF 3.ª Região – 2018) Em relação ao contrato de depósito voluntário, é correto afirmar:

(A) o depositário poderá deixar de restituir a coisa, dentre outras razões, se houver motivo razoável para suspeitar que a coisa foi dolosamente obtida pelo depositante.

(B) o depositário poderá furtar-se à restituição da coisa se houver fundamento para alegar compensação, mesmo que essa última não se funde em outro contrato de depósito.

(C) sendo dois ou mais depositantes e divisível a coisa depositada, o depositário só entregará a cada um a respectiva parte, ainda que entre eles haja solidariedade.

(D) a prova da existência do contrato pode ser feita exclusivamente por testemunhas, independentemente do respectivo valor.

09. (Analista Legislativo Municipal – Câmara de Salvador – BA – FGV – 2018) Arlindo e Geraldo, vizinhos no Município de Salvador, estabeleceram contrato de mútuo nas seguintes condições: Arlindo emprestaria R$ 30.000,00 (trinta mil reais) a Geraldo, que deveria lhe pagar, em 06 (seis) meses, a importância principal acrescida de correção pela variação do dólar norte-americano e juros remuneratórios de 2,5% ao mês. A respeito do mútuo, que, por livre vontade, veio a ser contratado, é correto afirmar que:

(A) o mútuo é nulo de pleno direito, nada devendo Geraldo a Arlindo, visto que não são lícitas as condições financeiras do negócio;

(B) Geraldo deve pagar o valor principal acrescido da variação cambial, posto que o pacto de juros é ilegal;

(C) o valor devido por Geraldo será apenas o montante principal, visto que não se pode aplicar variação cambial e tampouco os juros neste índice;

(D) Geraldo deve pagar o valor total, visto que sua vontade foi livre e desembaraçada e manifestada sob plena liberdade contratual;

(E) a importância devida será o valor principal acrescido de juros remuneratórios de acordo com o índice legal.

10. (Advogado – IADES – CRF – 2017) A respeito da figura dos contratos em espécie, assinale a alternativa correta.

(A) pelo contrato de agência, uma pessoa assume, em caráter eventual e sem vínculos de dependência, a obrigação de promover, à conta de outra, mediante retribuição, a realização de certos negócios, em zona determinada, caracterizando-se a distribuição quando o agente tiver à sua disposição a coisa a ser negociada.

CAP. 12 · CONTRATOS EM ESPÉCIE – DO EMPRÉSTIMO (COMODATO E MÚTUO) E DO DEPÓSITO | 623

(B) o contrato de comissão tem por objeto a aquisição ou a venda de bens pelo comissário, em nome e à conta do comitente.

(C) pelo contrato de depósito, recebe o depositário um objeto móvel, para guardar, até que o depositante o reclame.

(D) o comodato é o empréstimo gratuito de coisas fungíveis, perfazendo-se com a tradição do objeto.

(E) o mútuo é o empréstimo de coisas não fungíveis.

11. (Advogado – UEM – 2018) Marque a alternativa incorreta.

(A) A liberdade de contratar será exercida em razão e nos limites da função social do contrato. Os contratantes são obrigados a guardar, assim na conclusão do contrato, como em sua execução, os princípios de probidade e boa-fé.

(B) A coisa recebida em virtude de contrato comutativo pode ser enjeitada por vícios ou defeitos ocultos, que a tornem imprópria ao uso a que é destinada, ou lhe diminuam o valor.

(C) Considera-se doação o contrato em que uma pessoa, por liberalidade, transfere do seu patrimônio bens ou vantagens para o de outra. A doação em comum a mais de uma pessoa entende-se distribuída entre elas por igual, salvo declaração em contrário.

(D) Pelo contrato de depósito recebe o depositário um objeto imóvel, para guardar, até que o depositante o reclame.

(E) É depósito necessário: o que se faz em desempenho de obrigação legal; o que se efetua por ocasião de alguma calamidade, como o incêndio, a inundação, o naufrágio ou o saque.

12. (Advogado – EBSERH – VUNESP – 2020) José e João são comodatários de um bem indivisível e infungível de propriedade de Pedro. Após o término do prazo do contrato de comodato, José e João não devolveram o bem objeto do contrato de comodato a Pedro. Este vai procurar o bem objeto do contrato de comodato e descobre que ele encontra-se totalmente destruído, por culpa exclusiva de José. Nesse contexto, é correto afirmar:

(A) após a destruição do bem objeto do contrato de comodato, a obrigação deixou de ser indivisível, de modo que José e João são responsáveis, cada um, por apenas 50% do equivalente acrescido das perdas e danos.

(B) se João pagar a dívida, sub-roga-se nos direitos de Pedro.

(C) subsiste, para José e João, o encargo de pagar o equivalente, mas pelas perdas e danos só responde José.

(D) se João falecer, seus herdeiros poderão ser obrigados a pagar o valor total da dívida, tendo em vista que as obrigações decorrentes de comodato são indivisíveis, por determinação legal.

(E) apenas José é obrigado a pagar o equivalente acrescido de perdas e danos, por ter causado a destruição do objeto da obrigação.

13. (Advogado – Coden-SP – Vunesp – 2021) O comodato é uma espécie de empréstimo que tem as seguintes características:

(A) é gratuito, tem por objeto coisas fungíveis, perfaz-se com a tradição do objeto, tem prazo determinado e, no caso de dois comodatários simultâneos, a responsabilidade é solidária.

(B) é gratuito, tem por objeto coisas não fungíveis, perfaz-se na data de assinatura, não tem prazo determinado e, mesmo no caso de dois comodatários simultâneos, a responsabilidade é subsidiária, respondendo primeiro o responsável pela assinatura do comodato.

(C) é gratuito, tem por objeto coisas não fungíveis, perfaz-se com a tradição do objeto e, no caso de dois comodatários simultâneos, a responsabilidade é solidária.

(D) é oneroso, tem por objeto coisas não fungíveis, perfaz-se na data de assinatura, não tem prazo determinado e, mesmo no caso de dois comodatários simultâneos, a responsabilidade é subsidiária, respondendo primeiro o responsável pela assinatura do comodato.

(E) é oneroso, tem por objeto coisas fungíveis, perfaz-se com a tradição do objeto, tem prazo determinado e, no caso de dois comodatários simultâneos, a responsabilidade é solidária.

14. (Procurador – Câmara de Ji-Paraná-RO – Ibade – 2020) No tocante ao mútuo e ao comodato, marque a opção correta.

(A) O comodato é empréstimo para consumo apenas.

(B) O mútuo é empréstimo para o uso apenas.

(C) No comodato, a restituição será de coisa equivalente.

(D) No mútuo, a restituição será da própria coisa emprestada.

(E) No mútuo, o mutuário vira o proprietário da coisa emprestada, assumindo os riscos por sua perda.

15. (Procurador Municipal – Prefeitura de Presidente Prudente-SP – Vunesp – 2022) Mévio emprestou um imóvel a Caio e Tício. O instrumento particular de comodato foi firmado em 03.01.2021, tendo sido entregues as chaves do imóvel em 10.01.2021. O instrumento não previa prazo de término do comodato. Com relação ao caso hipotético, assinale a alternativa correta.

(A) O contrato teve início em 03.01.2021.

(B) Não tendo prazo convencional, pode o comodante reaver a coisa a qualquer tempo, mesmo não tendo decorrido o tempo necessário para o uso concedido.

(C) Caio e Tício, salvo caso fortuito ou força maior, respondem pelo dano ocorrido à coisa, se, correndo risco seus bens, juntamente com o bem objeto do comodato, derem preferência àqueles, em detrimento deste.

(D) Caio e Tício não poderão jamais recobrar do comodante as despesas feitas com o uso e gozo da coisa emprestada.

(E) Caio e Tício somente podem ser, cada um, demandados pela metade do valor do imóvel dado em comodato.

16. (Defensor Público – DPE-PA – CESPE/CEBRASPE – 2022) Ao final do contrato, o comodatário, possuidor de boa-fé, que tiver realizado benfeitorias em bem imóvel

(A) não será indenizado pelas referidas benfeitorias, sejam elas necessárias, úteis ou voluptuárias.

(B) deverá ser indenizado pelas benfeitorias necessárias ou úteis, e terá direito de levantar as benfeitorias voluptuárias que não lhe forem pagas, desde que isso não gere prejuízo à coisa.

(C) deverá ser indenizado apenas pelas benfeitorias necessárias, e terá direito de levantar apenas as benfeitorias úteis que não lhe forem pagas, desde que isso não gere prejuízo à coisa.

(D) deverá, obrigatoriamente, ser indenizado pelas benfeitorias necessárias, úteis e voluptuárias.

(E) deverá ser indenizado apenas pelas benfeitorias necessárias, e terá direito de levantar as benfeitorias úteis ou voluptuárias que não lhe forem pagas, desde que isso não gere prejuízo à coisa.

17. (Juiz de Direito substituto – TJAP – FGV – 2022) Pedro (comodante) celebrou contrato de comodato com Maria (comodatária), tendo por objeto um imóvel de sua propriedade para que ela residisse com sua família pelo prazo de 12 meses. Findo esse prazo, Maria permaneceu no imóvel alegando não ter condições de realizar a sua mudança, que somente veio a se concretizar 6 meses depois.

Considerando o caso hipotético, é correto afirmar que:

(A) a negativa de Maria de sair do imóvel não gera automaticamente a mora ex re e depende de interpelação judicial ou extrajudicial por Pedro;

(B) a justificativa apresentada por Maria para permanecer no imóvel após o termo final do contrato de comodato descaracteriza a posse injusta e o esbulho possessório;

(C) Maria deverá pagar aluguel a Pedro após o termo final do contrato de comodato pelo prazo de 6 meses;

(D) o contrato de comodato passou a vigorar por prazo indeterminado, já que Pedro não realizou a interpelação judicial ou extrajudicial de Maria;

(E) após o termo final do contrato de comodato, como Maria permaneceu no imóvel, o contrato será considerado de locação e Pedro deverá ingressar com ação de despejo.

CAP. 12 · CONTRATOS EM ESPÉCIE – DO EMPRÉSTIMO (COMODATO E MÚTUO) E DO DEPÓSITO | 625

18. **(DPE-SP – FCC – Defensor Público – 2023) De acordo com a jurisprudência consolidada dos tribunais superiores sobre o contrato de mútuo feneratício envolvendo instituições bancárias:**

(A) O reconhecimento da abusividade de encargos (essenciais ou acessórios) não descaracteriza a mora do mutuário.

(B) É vedada a cumulação da cobrança da comissão de permanência com a cobrança de juros (remuneratórios ou moratórios) e de multa contratual.

(C) É nula a cláusula autorizativa que permite ao banco mutuante a retenção total ou parcial dos salários, vencimentos e/ou proventos do mutuário para satisfação da dívida.

(D) A propositura da ação revisional descaracteriza a mora do mutuário, sendo vedado, entretanto, ao julgador conhecer, de ofício, da abusividade das cláusulas contratuais.

(E) Comprovada a ocorrência de cláusulas abusivas, a repetição do indébito deverá considerar os mesmos índices utilizados pela instituição mutuante para cálculo da dívida do mutuário.

19. **(TJSP – Titular de Serviços de Notas e de Registros – Vunesp – 2024) Maria, em razão do casamento do filho, cedeu-lhe em comodato imóvel de sua propriedade, para que ele e a esposa residissem no local. Na constância do casamento, celebrado sob o regime da comunhão parcial de bens, os cônjuges ampliaram a casa que havia no imóvel, construindo quarto e banheiro, em vista do nascimento do filho comum. Dissolvido o casamento, ficou ajustado, no acordo de divórcio consensual, que a ex-mulher permaneceria residindo no imóvel juntamente com o filho, enquanto este fosse menor. Após o divórcio dos cônjuges, a ex-sogra notificou extrajudicialmente a ex-nora, resilindo unilateralmente o comodato e assinando-lhe prazo para desocupar o imóvel, o qual não foi atendido pela comodatária. Nesse caso,**

(A) a comodante pode pedir sua reintegração na posse do imóvel, uma vez caracterizado o esbulho possessório, e a comodatária não poderá exercer direito de retenção por metade do valor das benfeitorias úteis feitas de boa-fé, porquanto a respectiva indenização deverá ser pleiteada em face do ex-marido, em se tratando de crédito adquirido na constância do casamento celebrado sob o regime da comunhão parcial de bens.

(B) a comodante pode pedir sua reintegração na posse do imóvel, uma vez caracterizado o esbulho possessório, e a comodatária não tem direito à indenização das benfeitorias úteis, porque a sua posse, com a extinção do contrato de comodato, deixou de ser justa e de boa-fé.

(C) a comodante pode pedir sua reintegração na posse do imóvel, uma vez caracterizado o esbulho possessório, e a comodatária tem direito à indenização das benfeitorias úteis, porque feitas de boa-fé, podendo exercer direito de retenção por metade do respectivo valor, já que a outra metade cabe ao ex-marido, por força do regime de bens do casamento.

(D) a comodante não pode pedir sua reintegração na posse do imóvel enquanto o neto não atingir a maioridade civil, uma vez que a posse exercida pela comodatária, malgrado a extinção do contrato de comodato, é justa e de boa-fé, diante do acordo de divórcio consensual.

GABARITO

01 – C	02 – E	03 – E
04 – E	05 – D	06 – A
07 – A	08 – A	09 – E
10 – C	11 – D	12 – C
13 – C	14 – E	15 – D
16 – B	17 – C	18 – B
19 – C		

13

CONTRATOS EM ESPÉCIE – DO MANDATO

Sumário: 13.1 Conceito e natureza jurídica – 13.2 Principais classificações do mandato – 13.3 Regras e efeitos do mandato – 13.4 Do substabelecimento – 13.5 Extinção do mandato – 13.6 Resumo esquemático – 13.7 Questões correlatas – Gabarito.

13.1 CONCEITO E NATUREZA JURÍDICA

Contrato com grande aplicação prática é o de mandato, tipificado no atual Código Civil entre os arts. 653 a 692. Pelo primeiro dispositivo, trata-se do contrato pelo qual alguém (o mandante) transfere poderes a outrem (o mandatário) para que este, em seu nome, pratique atos ou administre interesses. Como se vê, o mandatário age sempre em nome do mandante, havendo um *negócio jurídico de representação*.

Como é até comum na prática, não se pode confundir o mandato com a procuração, uma vez que, pelo senso comum, esta última não constitui um contrato, mas sim o meio pelo qual o negócio se instrumentaliza. De toda sorte, há quem veja outras diferenças entre os conceitos.

Conforme leciona Cláudio Luiz Bueno de Godoy, a procuração "em tese é independente do mandato, na exata medida em que a representação o é. Mesmo na sua configuração essencial, distinguem-se os dois institutos. O mandato é contrato, portanto negócio jurídico bilateral a regrar as relações internas entre mandante e mandatário, que pressupõe aceitação, o que não ocorre com a procuração, ato jurídico unilateral mediante o qual são atribuídos ao procurador poderes para agir em nome do outorgante (autorização representativa) e para conhecimento de terceiros" (GODOY, Cláudio Luiz Bueno de. *Código Civil...*, 2010, p. 669).

Preconiza o art. 654 do Código Civil em vigor que todas as pessoas capazes são aptas para dar procuração mediante instrumento particular, que terá validade desde que tenha a assinatura daquele que pretende outorgar poderes. O instrumento de procuração deverá conter (art. 654, § 1.º):

a) a indicação do lugar onde foi passado;

b) a qualificação do outorgante (mandante) e do outorgado (mandatário);

c) a data da outorga;

d) o objetivo da outorga;

e) a designação e a extensão dos poderes outorgados.

Eventual terceiro poderá exigir, para que o negócio lhe gere efeitos, que a procuração tenha firma reconhecida (art. 654, § 2.º, do CC). Em outras palavras, esse reconhecimento de firma é requisito para que o mandato tenha efeitos contra todos (*erga omnes*). O Superior Tribunal de Justiça já entendeu que o reconhecimento de firma é essencial para o exercício de poderes especiais no mandato *ad judicia*:

> "Processual civil. Procuração. Prática de atos processuais em geral. Poderes especiais. Art. 38 do CPC. Lei 8.906/1994 (Estatuto da Advocacia). Reconhecimento de firma do constituinte. O art. 38 do CPC e o § 2.º, do art. 5.º, da Lei 8.906/1994, prestigiam a atuação do advogado com dispensar o reconhecimento da firma, no instrumento de procuração, do outorgante para a prática de atos processuais em geral. Para a validade, contudo, dos poderes especiais, se contidos no mandato, necessariamente há de ser reconhecida a firma do constituinte. Precedentes. Recurso conhecido e provido" (STJ, REsp 616.435/PE, 5.ª Turma, Rel. Min. José Arnaldo da Fonseca, j. 04.08.2005, *DJ* 05.09.2005, p. 461).

Todavia, da mesma Corte Superior, seguindo outro caminho, mais afeito à operabilidade ou facilitação do Direito Privado, um dos baluartes do Código Civil de 2002, e traduzindo a posição majoritária do Tribunal, vejamos três ementas:

> "Civil e processual civil. Direito de família e sucessório no Código Civil de 1916. Omissão ou obscuridade no julgado. Inocorrência. Fundamentação sucinta, mas suficiente. Procuração sem observância de formalidade legal. Ausência de reconhecimento de firma da assinatura. Irrelevância. Autenticidade comprovada por prova pericial grafotécnica. Cessão de quotas de sociedade empresária entre sócios cônjuges casados sob o regime da comunhão universal de bens. Nulidade da doação. Comunicabilidade, copropriedade e composse incompatíveis com a doação entre os cônjuges. Sucessão hereditária. Ascendente vivo ao tempo do falecimento. Ordem da vocação hereditária. Exclusão do cônjuge, a quem se reserva a meação. Deferimento da outra parte ao herdeiro. Dissídio jurisprudencial prejudicado. (...) Os propósitos recursais consistem em definir: (i) se houve omissão ou obscuridade relevante no acórdão recorrido; (ii) se era exigível o reconhecimento de firma na procuração outorgada pela falecida que serviu de base à cessão de quotas que se pretende nulificar; (iii) se foi nula a doação de bens havida entre os cônjuges casados em regime de comunhão universal de bens, seja ao fundamento de impossibilidade do objeto, seja ao fundamento de desrespeito ao quinhão de herdeiro necessário. (...). A procuração outorgada pelo mandante sem que tenha sido reconhecida a firma de sua assinatura não invalida, por si só, o mandato, especialmente se a dúvida eventualmente existente acerca da autenticidade do documento vier a ser dirimida por prova suficiente, como a perícia grafotécnica" (STJ, REsp 1.787.027/RS, 3.ª Turma, Rel. Min. Nancy Andrighi, j. 04.02.2020, *DJe* 24.04.2020).

> "Sindical. Ação rescisória. Alegação de afronta ao art. 38 do CPC, c/c o art. 1.289, § 3.º, do CC/1916. Não ocorrência. Desnecessidade de reconhecimento da firma de procuração outorgada a advogado, para postulação em juízo. Arts. 522, 538, § 4.º, e 539 da CLT.

CAP. 13 · CONTRATOS EM ESPÉCIE – DO MANDATO | **629**

Administração interna das federações de sindicatos. Número de dirigentes. Composição do conselho de representantes: dois membros de cada delegação dos sindicatos filiados à federação. Dissídio jurisprudencial não configurado. 1. Após a reforma introduzida pela Lei n. 8.952/94 não se mostra necessário o reconhecimento da firma do outorgante nas procurações *ad judicia*, porquanto até os instrumentos com outorga de poderes especiais igualmente dispensam essa formalidade após a reforma da referida lei, se a outorga é utilizada exclusivamente perante o juízo da causa. (...)" (STJ, REsp 296.489/PB, 2.ª Turma, Rel. Min. Humberto Martins, j. 06.11.2007, *DJ* 19.11.2007, p. 215).

"Processual civil. Recurso especial em mandado de segurança. Legitimidade ativa *ad causam*. Necessidade de dilação probatória. Reexame do contexto fático-probatório. Súmula 7/STJ. Reconhecimento de firma em procuração com poderes especiais. Precedente da Corte especial do STJ. (...). 2. A atual redação do art. 38 do Código de Processo Civil, com a redação dada pela Lei 8.952/94, passou a dispensar o reconhecimento de firma para as procurações *ad judicia et extra*, o que vale dizer que mesmo os instrumentos com poderes especiais estão acobertados pela dispensa legal. Revisão da jurisprudência da Segunda Turma a partir do precedente da Corte Especial (REsp 256.098, Ministro Sálvio de Figueiredo Teixeira, *DJ* de 07.12.2001). 3. Recurso especial parcialmente conhecido e, nessa parte, improvido" (STJ, REsp 716.824/AL, 2.ª Turma, Rel. Min. Eliana Calmon, j. 11.04.2006, *DJ* 22.05.2006, p. 185).

Quanto à sua natureza jurídica, ensina Sílvio de Salvo Venosa que se trata de um contrato unilateral, em regra, "porque salvo disposição expressa em contrário, somente atribui obrigações ao mandatário. O mandante assume a posição de credor na relação obrigacional. A vontade das partes ou a natureza profissional do outorgado podem convertê-lo, contudo, em bilateral imperfeito. Presume-se gratuito o mandato civil (art. 658) e oneroso o mercantil, nos termos de nossa tradição, admitindo-se prova em contrário em ambas as hipóteses. A gratuidade do mandato civil não lhe é essencial, ainda porque, na prática, esse mandato é geralmente oneroso. A onerosidade do mandato provém, na maioria das vezes, da própria atividade profissional e usual do mandatário. Esse o sentido do parágrafo único do art. 658" (VENOSA, Sílvio de Salvo. *Direito civil...*, 2005, p. 284).

Filia-se às palavras de Venosa quanto à natureza jurídica do contrato em questão, mesmo entendendo alguns autores que o contrato é bilateral (DINIZ, Maria Helena. *Curso...*, 2005, p. 369). Lembre-se, contudo, de que não há que se falar mais em *mandato mercantil*, pois a matéria foi unificada e consolidada pelo atual Código Civil brasileiro. Resumindo, em regra, o mandato é unilateral e gratuito. Mas, na prática, prevalecem os contratos bilaterais e onerosos, o que faz que o mandato seja qualificado como um *contrato bilateral imperfeito*.

Com relação à remuneração do mandato oneroso, no caso de ofício ou de profissão (*v.g.*, advogados), caberá ao mandatário a retribuição prevista em lei ou no contrato. Sendo estes omissos, será a remuneração determinada pelos usos do lugar, ou, na falta destes, por arbitramento pelo juiz (art. 658, parágrafo único, do CC). A previsão de fixação conforme os usos do lugar está de acordo com o princípio da operabilidade, uma vez que o conceito constitui uma *cláusula geral*, a ser preenchida caso a caso. A socialidade também se faz presente, eis que o contrato de mandato será analisado de acordo com o contexto da sociedade.

Anote-se que, em casos envolvendo advogados, a jurisprudência, de forma correta, tem presumido a onerosidade do contrato, conforme acórdão a seguir:

"Ação de arbitramento de honorários. Cerceamento de defesa. Inocorrência. Prestação de serviços. Fato incontroverso. Contrato verbal. Presunção de onerosidade não desconstituída. Ônus da prova. Arbitramento cabível. Forte no artigo 473 do Código de Processo Civil, é defeso à parte discutir, no curso do processo, as questões já decididas, a cujo respeito se operou a preclusão, especialmente aquelas relacionadas à idoneidade e imparcialidade das testemunhas. Compete ao requerido comprovar a alegação de que o causídico se dispôs a defendê-lo de forma gratuita, porque paira sobre o mandato judicial a presunção legal de onerosidade (artigo 658, *caput*, do Código Civil). O mero fato de outrora ter o advogado aceitado atuar gratuitamente, por razões de desprendimento e humanidade, não leva à conclusão de que o mandato judicial 'sub examine' também foi gratuito, especialmente quando o conjunto probatório aponta em sentido contrário" (TJMG, Apelação Cível 1.0074.06.031787-7/0011, 14.ª Câmara Cível, Bom Despacho, Rel. Des. Renato Martins Jacob, j. 06.09.2007, *DJEMG* 01.10.2007).

Além disso, sobre a fixação da remuneração em favor de advogado e sob o enfoque da boa-fé objetiva, recente aresto superior julgou da seguinte forma:

"Não é demasiado trazer à baila o tão decantado dever de observância ao princípio da boa-fé objetiva, exigido pelo art. 422 do CC/2002, por meio do qual se almeja estabelecer um padrão ético de conduta entre as partes nas relações obrigacionais, assim como o disposto no art. 423 do mesmo diploma legal, que assegura ao aderente a interpretação mais favorável das cláusulas ambíguas. Por influxo de tais normas, entende-se que o advogado não age com boa-fé ao impor, em contratos com cláusula *quota litis*, a formalização do pacto de prestação de serviços advocatícios no qual sua remuneração venha a ser calculada em percentual sobre o valor 'apurado em liquidação de sentença', e não sobre aquele efetivamente recebido pelo contratante, porquanto em desacordo com o estabelecido no Código de Ética e Disciplina erigido pela própria categoria. Ademais, tal cláusula se mostra ambígua, uma vez que o valor apurado em liquidação de sentença nem sempre representa a vantagem da parte vencedora no processo, sendo comum a não satisfação do crédito reconhecido na fase de conhecimento, mormente quando o devedor/condenado é insolvente ou se encontra em processo de falência, a exemplo do que ocorre na hipótese em anunciação. Desse modo, estando, na espécie, as condições fáticas descritas pelas instâncias ordinárias, deve a cláusula contratual que fixou a remuneração do advogado em percentual elevado (23%) sobre o valor da condenação ser aplicada de modo a que o referido percentual incida, ou seja, tenha como base de cálculo o benefício alcançado pela parte na demanda trabalhista. Deve-se considerar, portanto, o montante correspondente à cessão do crédito, sob pena de o causídico receber honorários em quantia maior que a vantagem obtida por seu cliente, uma vez que, dos R$ 10.782,85 recebidos por intermédio da cessão, terá que transferir ao advogado R$ 8.554,00 corrigidos monetariamente e acrescidos de juros, o que já ultrapassa o valor de R$ 13.000,00" (STJ, REsp 1.354.338/SP, 4.ª Turma, Rel. Min. Luis Felipe Salomão, Rel. p/ Acórdão Ministro Raul Araújo, j. 19.03.2019, *DJe* 24.05.2019).

A conclusão final é precisa e correta, tendo o meu apoio doutrinário, notadamente por considerar como sendo cabível a intervenção do julgador quanto aos honorários somente em hipóteses excepcionais.

O mandato é um contrato consensual, pois tem aperfeiçoamento com a mera manifestação de vontade das partes. Constitui contrato comutativo, pois as partes sabem, no momento da celebração do negócio, quais são as suas incumbências, deveres e direitos. A doutrina ensina que o contrato é *preparatório* pelo fato de servir para a prática de outro ato ou negócio (DINIZ, Maria Helena. *Curso...*, 2007, p. 370; GONÇALVES, Carlos Roberto. *Direito civil...*, 2007, p. 388; VENOSA, Sílvio de Salvo. *Direito civil...*, 2005, p. 285).

Trata-se, ainda, de contrato informal e não solene, pois o mandato pode ser expresso ou tácito, verbal ou por escrito (art. 656 do CC). Aliás, mesmo que o mandato seja outorgado por instrumento público, poderá haver substabelecimento mediante instrumento particular, o que confirma a liberdade das formas (art. 655 do CC). No que concerne ao último dispositivo, de forma acertada, prevê o Enunciado n. 182 CJF/STJ, aprovado na *III Jornada de Direito Civil*, que "o mandato outorgado por instrumento público previsto no art. 655 do CC somente admite substabelecimento por instrumento particular quando a forma pública for facultativa e não integrar a substância do ato".

A título de exemplo, se o mandato é para venda de imóvel com valor superior a trinta salários mínimos, tanto a procuração quanto o substabelecimento deverão ser celebrados por escritura pública. Repise-se que a escritura pública pode ser feita pela via digital ou eletrônica, nos termos do Provimento n. 100 do Conselho Nacional de Justiça, de maio de 2020, depois incorporado ao seu Código Nacional de Normas (*e-notariado*).

Na verdade, o Enunciado n. 182 ainda mantém relação com o art. 657 do CC/2002, pelo qual a outorga do mandato está sujeita à forma exigida por lei para o ato a ser praticado. O mandato verbal não é admitido para os casos em que o ato deva ser celebrado por escrito, como o mandato para prestar fiança (art. 819 do CC).

Anoto que no Projeto de Reforma e Atualização do Código Civil, pretende-se, de forma correta e justificável, alterar seu art. 655, que passará a ter a seguinte redação: "ainda quando se outorgue mandato por instrumento público, pode substabelecer-se mediante instrumento particular, se a forma pública não era da substância do ato". Como se pode perceber, trata-se de proposição que traz para o texto da lei o citado Enunciado n. 182, da *III Jornada de Direito Civil*, em prol da segurança jurídica, e concretizando-se na norma a posição doutrinária amplamente majoritária.

Relativamente à aceitação por parte do mandatário, esta pode ser expressa ou tácita (art. 659 do CC). Haverá aceitação tácita se resultar do começo de cumprimento do contrato. Em outras palavras, se o mandatário der início a atos de execução, presume que o beneficiado por tais atos (o mandante) aceitou o mandato. O simples silêncio não indica aceitação do mandato, pois *quem cala não consente* (art. 111 do CC).

O mandato, pela sua natureza, é um contrato personalíssimo (*intuitu personae*), fundado na confiança, na fidúcia que o mandante tem no mandatário e vice-versa.

No que tange ao objeto do mandato, ensina Renan Lotufo que o seu conteúdo é a obrigação assumida pelo mandatário em face do mandante. Essa obrigação pode ser *de dar* ou *de fazer*, mas nunca *de não fazer*. Isso porque "a instrumentalidade do mandato não se compadece com a inércia. Se não há uma ação exigível, não se tem objeto no mandato, não há sequência fática a ensejar a sua operatividade. O conteúdo da obrigação do mandatário é efetivamente positiva, envolvendo atos materiais e jurídicos necessários à satisfação do mandante" (LOTUFO, Renan. *Questões...*, 2001, p. 88).

Por fim, com relação à caracterização do contrato de mandato como de consumo, é possível a aplicação da Lei 8.078/1990 se estiverem presentes os requisitos previstos nos arts. 2.º e 3.º do CDC. Vale dizer, aliás, que o STJ já concluiu pela aplicação da Lei Consumerista às relações entre advogados e clientes, ou seja, ao mandato *ad judicia*. Nesse sentido, transcreve-se a seguinte ementa:

"Código de Defesa do Consumidor. Incidência na relação entre advogado e cliente. Precedentes da Corte. 1. Ressalvada a posição do Relator, a Turma já decidiu pela incidência do Código de Defesa do Consumidor na relação entre advogado e cliente. 2. Recurso especial conhecido, mas desprovido" (STJ, REsp 651.278/RS [200400869500], 586715, j. 28.10.2004, 3.ª Turma, *DJ* 17.12.2004, p. 00544 REPDJ Data: 01.02.2005, p. 559, Veja: (Entendimento do órgão julgador] STJ, REsp 364.168/SE [*RDDP* 18/157] [Ressalva do relator] STJ, REsp 532.377/RJ [*RT* 820/228]).

Todavia, a questão não é pacífica, havendo julgados no próprio STJ em sentido contrário, merecendo destaque o seguinte:

"Recurso especial. Contrato de prestação de serviços advocatícios. Código de Defesa do Consumidor. Inaplicabilidade. Legitimidade do negócio jurídico. Reconhecimento. 1. As normas protetivas dos direitos do consumidor não se prestam a regular as relações derivadas de contrato de prestação de serviços de advocacia, regidas por legislação própria. Precedentes. 2. O contrato foi firmado por pessoa maior e capaz, estando os honorários advocatícios estabelecidos dentro de parâmetros razoáveis, tudo a indicar a validade do negócio jurídico. 3. Recurso especial conhecido e provido" (STJ, REsp 914.105/GO, 4.ª Turma, Rel. Min. Fernando Gonçalves, j. 09.09.2008, *DJe* 22.09.2008).

Na verdade, conforme publicado na ferramenta *Jurisprudência em Teses*, do STJ, em 2015, parece prevalecer naquela Corte, no momento, a posição de que "não se aplica o Código de Defesa do Consumidor à relação contratual entre advogados e clientes, a qual é regida pelo Estatuto da Advocacia e da OAB – Lei n. 8.906/94" (AgRg nos EDcl no REsp 1.474.886/PB, 4.ª Turma, Rel. Min. Antonio Carlos Ferreira, j. 18.06.2015, *DJe* 26.06.2015; REsp 1.134.709/MG, 4.ª Turma, Rel. Min. Maria Isabel Gallotti, j. 19.05.2015, *DJe* 03.06.2015; REsp 1.371.431/RJ, 3.ª Turma, Rel. Min. Ricardo Villas Bôas Cueva, j. 25.06.2013, *DJe* 08.08.2013; REsp 1.150.711/MG, 4.ª Turma, Rel. Min. Luis Felipe Salomão, j. 06.12.2011, *DJe* 15.03.2012; e REsp 1.123.422/PR, 4.ª Turma, Rel. Min. João Otávio de Noronha, j. 04.08.2011, *DJe* 15.08.2011). Esse é o entendimento a ser adotado para os devidos fins práticos.

13.2 PRINCIPAIS CLASSIFICAÇÕES DO MANDATO

O mandato admite várias classificações doutrinárias, normalmente solicitadas em provas de cursos de graduação, de pós-graduação e em concursos públicos. Utilizando as obras que servem de referência para o presente trabalho, podem ser apontadas as seguintes classificações:

CAP. 13 · CONTRATOS EM ESPÉCIE – DO MANDATO | **633**

I) Quanto à origem:

a) *Mandato legal* – é aquele que decorre de lei e dispensa a elaboração de qualquer instrumento. São exemplos de mandato legal os existentes a favor dos pais, tutores e curadores para a administração dos bens dos filhos, tutelados e curatelados.

b) *Mandato judicial* – é aquele conferido em virtude de uma ação judicial, com a nomeação do mandatário pela autoridade judicial. É o caso do inventariante que representa o espólio e do administrador judicial que representa a massa falida (a antiga figura do síndico foi substituída com a nova Lei de Falências).

c) *Mandato convencional* – é aquele que decorre de contratos firmados entre as partes, sendo manifestação da autonomia privada. Esse mandato pode ser *ad judicia* ou judicial, para a representação da pessoa no campo judicial; ou *ad negotia* ou extrajudicial, para a administração em geral na esfera extrajudicial. De acordo com o art. 692 do CC/2002, o mandato convencional judicial (*ad judicia*) fica subordinado às normas que lhe dizem respeito, constante da legislação processual, e, supletivamente, àquelas estabelecidas pelo próprio Código Civil. Não se pode esquecer que o mandato *ad judicia* é privativo dos advogados inscritos na Ordem dos Advogados do Brasil, conforme regulamenta a Lei 8.906/1994 (Estatuto da Advocacia).

II) Quanto às relações entre mandante e mandatário:

a) *Mandato oneroso* – é a denominação dada ao contrato de mandato em que a atividade do mandatário é remunerada, nos termos do art. 658, parágrafo único, do CC.

b) *Mandato gratuito* – é a denominação dada ao contrato de mandato em que não há qualquer remuneração a ser paga ao mandatário, sendo a forma presumida pela lei como regra, segundo o art. 658, *caput*, do CC.

III) Quanto à pessoa do mandatário ou procurador:

a) *Mandato singular* ou *simples* – é o contrato em que existe apenas um mandatário.

b) *Mandato plural* – é o contrato em que existem vários procuradores ou mandatários, podendo assumir as seguintes formas (art. 672 do CC):

– *Mandato conjunto* ou *simultâneo* – é o mandato cujos poderes são outorgados aos mandatários para que estes atuem de forma conjunta. Ilustrando, se nomeados dois ou mais mandatários, nenhum deles poderá agir de forma separada, sem a intervenção dos outros (salvo se houver ratificação destes, cuja eficácia retroagirá à data do ato).

– *Mandato solidário* – é o mandato pelo qual os diversos mandatários nomeados podem agir de forma isolada, independentemente da ordem de nomeação, cada um atuando como se fosse um único mandatário (cláusula *in solidum*). Em regra, não havendo previsão no instrumento, presume-se que o mandato assumiu essa forma (art. 672, *caput*, do CC).

– *Mandato fracionário* – é o mandato em que a ação de cada mandatário está delimitada no instrumento, devendo cada qual agir em seu setor.

– *Mandato sucessivo* ou *substitutivo* – é aquele em que um mandatário só poderá agir na falta do outro, sendo designado de acordo com a ordem prevista no contrato.

IV) Quanto ao modo de manifestação de vontade:

a) *Mandato expresso* – é aquele em que existe a elaboração de um instrumento de procuração que estipula os poderes do mandatário (representante).

b) *Mandato tácito* – é aquele em que a aceitação do encargo decorre da prática de atos que a presumem (*v.g.*, início da execução do ato).

V) Quanto à forma de celebração:

a) *Mandato verbal* – é permitido em todos os casos em que não se exige a forma escrita, podendo ser provado por testemunhas.

b) *Mandato escrito* – é aquele elaborado por meio de instrumento particular ou de instrumento público.

VI) Quanto aos poderes conferidos:

a) *Mandato geral* – é a hipótese em que há outorga de todos os direitos que tem o mandante. Prevê o art. 661, *caput*, do CC, que o mandato em termos gerais só confere poderes para a prática de atos de administração.

b) *Mandato especial* – engloba determinados direitos, estando, por isso, restrito aos atos ou negócios especificados expressamente no mandato. Para alienar, hipotecar, transigir ou praticar outros atos que exorbitem a administração ordinária, há necessidade de procuração com poderes especiais e expressos (art. 661, § 1.º, do CC). Quanto ao poder de transigir, este não implica o poder de firmar compromisso de arbitragem (art. 661, § 2.º, do CC). Prescreve o Enunciado n. 183 CJF/STJ, da *III Jornada de Direito Civil*, que "para os casos em que o parágrafo primeiro do art. 661 exige poderes especiais, a procuração deve conter a identificação do objeto". Ilustrando a aplicação do dispositivo e do enunciado doutrinário para caso de doação, a jurisprudência do Superior Tribunal de Justiça entendeu que "diante da solenidade que a doação impõe, em razão da disposição de patrimônio que acarreta, somente o mandatário munido de poderes especiais para o ato é que pode representar o titular do bem a ser doado. Assinale-se que a doutrina e a jurisprudência brasileiras têm admitido a doação por procuração, desde que o doador cuide de especificar o objeto da doação e o beneficiário do ato (donatário). A propósito, o STJ já exarou o entendimento de que o *animus donandi* materializa-se pela indicação expressa do bem e do beneficiário da liberalidade, razão por que é insuficiente a cláusula que confere poderes genéricos para a doação (REsp 503.675/SP, Terceira Turma, *DJ* 27.06.2005)" (STJ, REsp 1.575.048/SP, Rel. Min. Marco Buzzi, j. 23.02.2016, *DJe* 26.02.2016). O Superior Tribunal de Justiça também tem entendido que no caso de mandato para a venda de imóvel os poderes especiais atribuídos precisam indicar precisamente qual o bem que será alienado, não bastando meras expressões genéricas. Assim concluindo: "O propósito recursal é definir se a procuração que estabeleceu ao causídico poderes para alienar 'quaisquer imóveis localizados em todo o território nacional' atende aos requisitos do art. 661, § 1.º, do CC/2002, que exige poderes especiais e expressos para tal desiderato. Nos termos do art. 661, § 1.º, do CC/2002, para alienar, hipotecar, transigir ou praticar quaisquer atos que exorbitem da administração ordinária, depende a procuração de poderes especiais e expressos. Os poderes expressos identificam, de forma explícita (não implícita ou tácita), exatamente qual o poder conferido (por exemplo, o poder de vender). Já os poderes serão especiais quando determinados, particularizados, individualizados os negócios para os quais se faz a outorga (por exemplo, o poder de vender tal ou qual imóvel). No particular, de acordo com o delineamento fático feito pela instância de origem, embora expresso o mandato – quanto aos poderes de alienar quaisquer imóveis localizados em todo território nacional – não se conferiu ao mandatário poderes especiais para alienar aquele determinado imóvel. A outorga de poderes de alienação de 'quaisquer imóveis em todo o território nacional' não supre o requisito de especialidade exigido por lei que, como anteriormente referido, exige referência e determinação dos bens concretamente mencionados na procuração" (STJ, REsp 1.814.643/SP, 3.ª Turma, Rel. Min. Nancy Andrighi, j. 22.10.2019, *DJe* 28.10.2019). Mais uma vez seguindo a posição doutrinária consolidada em *Jornadas de Direito Civil*, o projeto de Reforma do Código Civil pretende alterar o dispositivo em estudo, nos seus parágrafos. Assim, na linha do que está previsto no Enunciado n. 183, da *III Jornada*, o seu § 1.º passaria a prever, com menção expressa à autorização de firmar compromisso, que, "para alienar, hipotecar, transigir, firmar compromisso ou praticar quaisquer outros atos que exorbitem os de administração ordinária, o mandatário depende da investidura de poderes especiais e expressos, constantes claramente do instrumento de procuração". E mais, consoante o novo § 2.º, "para os casos do parágrafo anterior, em que se exigem poderes especiais, a procuração deve conter a identificação precisa sobre seu objeto". A proposta deixa as regras mais claras, valorizando o clausulado e visando a trazer mais segurança jurídica e estabilidade para o contrato de mandato.

Superadas essas classificações, segue-se o estudo das regras e efeitos do contrato de mandato, inclusive para as partes contratantes.

13.3 REGRAS E EFEITOS DO MANDATO

Primeiramente, quanto aos efeitos do contrato e aos atos praticados por quem não tenha mandato, ou o tenha sem poderes suficientes, são ineficazes em relação àquele em cujo nome foram praticados, salvo se este os ratificar (art. 662 do CC). Assim sendo, em regra, não terão eficácia os atos praticados sem que haja poderes para tanto, por parte do *falsus procurator*, sob pena de prestigiar o exercício arbitrário de direitos não conferidos.

Entretanto, a parte final do dispositivo privilegia o princípio da conservação do negócio jurídico ou do contrato ao prever que o ato pode ser confirmado pelo mandante, principalmente nos casos em que a atuação daquele que agiu como mandatário lhe é benéfica. O que se percebe, é que interessa ao mandato a atuação em benefício do mandante. Essa ratificação ou confirmação há de ser expressa, ou resultar de ato inequívoco (confirmação tácita), e retroagirá à data do ato, tendo efeitos *ex tunc* (art. 662, parágrafo único, do CC).

Sempre que o mandatário realizar negócios expressamente em nome do mandante, será este o único responsável (art. 663 do CC). Haverá responsabilidade pessoal do mandatário se ele agir em seu próprio nome, ainda que o negócio seja por conta do mandante. No que interessa a esse dispositivo, comenta Araken de Assis:

> "Deste singular acontecimento resulta, em primeiro lugar, a consequência prevista no art. 663, segunda parte. Nenhuma relação jurídica se estabeleceu, eficazmente, entre o mandante e o terceiro, e vice-versa, ficando o mandatário pessoalmente obrigado, nada importando a natureza civil ou comercial do negócio.
>
> Por exemplo, a 3.ª Turma do STJ reconheceu que, no endosso-mandato, o endossatário age em nome do endossante, e, portanto, não lhe cabe figurar em demandas que visem à sustação do protesto ou à anulação do título. Em outra oportunidade, a mesma 3.ª Turma do STJ admitiu que, no substabelecimento da procuração em causa própria, há 'negócio celebrado pelo mandatário em seu próprio nome e o terceiro', motivo por que ao último toca 'exigir o cumprimento do contrato do substabelecente, com quem contratou, não do outorgante da procuração'" (ASSIS, Araken de. *Contratos...*, 2005, p. 70).

Como o mandatário é possuidor de boa-fé, diante do justo título que fundamenta o contrato, tem ele o direito de reter do objeto da operação que lhe foi cometida tudo quanto baste para pagamento do que lhe for devido em consequência do mandato (art. 664 do CC). Isso, desde que, logicamente, o mandato seja oneroso. Segundo o Enunciado n. 184 CJF/STJ, também aprovado na *III Jornada de Direito Civil*, esse dispositivo deve ser interpretado em conjunto com o art. 681 do mesmo Código Civil, *in verbis*:

> "Art. 681. O mandatário tem sobre a coisa de que tenha a posse em virtude do mandato, direito de retenção, até se reembolsar do que no desempenho do encargo despendeu".

Na literalidade, preconiza o Enunciado n. 184 CJF/STJ que "da interpretação conjunta desses dispositivos, extrai-se que o mandatário tem o direito de reter, do objeto da operação que lhe foi cometida, tudo o que lhe for devido em virtude do mandato, incluindo-se a remuneração ajustada e o reembolso de despesas". O enunciado doutrinário visa a demonstrar que os dois comandos legais se complementam, elucidando quais são os valores devidos.

Ainda em relação ao art. 681 do CC, mais uma vez a Comissão de Juristas composta no Senado Federal procurou valorizar as posições consolidadas nas *Jornadas de Direito Civil*, no presente caso colocando na lei o Enunciado n. 184, da *III Jornada*, de 2004. De acordo com a proposição, o dispositivo passará a ter a seguinte redação no seu *caput*, com mesmo conteúdo, mas apenas com o intuito de deixar a norma mais clara e operável: "o mandatário tem direito de retenção sobre a coisa de que tenha a posse em virtude de mandato, até se reembolsar do que, no desempenho do encargo, despendeu". A inovação estaria no novo parágrafo único do comando, *in verbis*: "o mandatário tem o direito de reter, do objeto da operação que lhe foi cometida, tudo o que lhe for devido em virtude do mandato, incluindo-se a remuneração ajustada e o reembolso de despesas". Trata-se, portanto, da necessária interpretação conjunta dos arts. 681 e 664, tão defendida pela doutrina.

O mandatário que exceder os poderes outorgados, ou proceder contra eles, será considerado mero *gestor de negócios*, nos termos dos arts. 861 a 875 do CC. Tal presunção perdurará enquanto o mandante não ratificar ou confirmar o ato (art. 665 do CC). A ratificação pelo mandante a converter a gestão de negócio em mandato retroage ao dia do começo da gestão produzindo, portanto, efeitos *ex tunc* (art. 873 do CC). Colacionando interessante conclusão a respeito do art. 665 do CC, do Tribunal do Rio de Janeiro:

> "Administradora de imóveis. Rescisão de contrato. Excesso de mandato. Teoria da aparência. Validade do ato. Locação. Rescisão. Entrega das chaves à administradora que detinha mandato com poderes para a administração em geral, excluída a rescisão do contrato e quitação das respectivas verbas. Excesso de mandato. Aplicação dos artigos 665, 861, 866 e 874 do CC/2002. Responsabilidade do mandatário perante o mandante e terceiros de boa-fé pelos atos praticados com extrapolação dos poderes. Convolação do contrato de mandato em gestão de negócios. Teoria da aparência. Vigora em nosso sistema a teoria da aparência que impõe a validade do ato praticado por pessoa que apresente sinais exteriores de poderes, influenciando a credibilidade do homem médio. Com esta teoria, o sistema jurídico prestigia as relações que se baseiam na confiança e na boa-fé. Neste aspecto, se o locatário rescindiu o contrato junto à administradora que aparentava poderes para tanto, o ato será válido e eficaz, em relação ao contratante de boa-fé, devendo o mandante postular eventuais prejuízos em face do mandatário desidioso. Quanto à pretensão apelante de

remover os bens móveis deixados pelo locatário para o depósito público, merece acolhimento, em vista da dificuldade daí decorrente para futura utilização. Recurso parcialmente provido" (TJRJ, Acórdão 18908/2003, 13.ª Câmara Cível, Rio de Janeiro, Rel. Des. Antonio Saldanha Palheiro, j. 17.09.2003).

Quanto ao menor relativamente incapaz (maior de dezesseis e menor de dezoito anos não emancipado), este pode ser mandante ou mandatário.

Sendo mandante, no caso de mandato com procuração *ad negotia* – conferida para a prática e administração dos negócios em geral – ou *ad judicia* – conferida para a propositura de ações e para a prática de atos judiciais –, os poderes deverão ser outorgados por meio de instrumento público (art. 654 do CC), se o negócio tiver por objeto a prática de atos da vida civil. Se a procuração tiver por objeto a atuação em juízo (procuração ou mandato judicial – regidos pelo art. 105 do CPC/2015, equivalente ao art. 38 do CPC/1973; conforme determina o art. 692 do CC), o menor púbere poderá outorgá-la, seja *ad judicia* ou *ad negotia*, por instrumento particular, desde que também esteja assistido por seu representante legal.

Sendo o menor relativamente incapaz mandatário, na hipótese de mandato extrajudicial, o mandante não terá ação contra este, senão em conformidade com as *regras gerais* aplicáveis às obrigações contraídas por menores. Essas *regras gerais* referenciadas, constantes do Código Civil, são as seguintes:

> "Art. 180. O menor, entre dezesseis e dezoito anos, não pode, para eximir-se de uma obrigação, invocar a sua idade se dolosamente a ocultou quando inquirido pela outra parte, ou se, no ato de obrigar-se, declarou-se maior.
>
> Art. 181. Ninguém pode reclamar o que, por uma obrigação anulada, pagou a um incapaz, se não provar que reverteu em proveito dele a importância paga".

Com relação às obrigações do mandatário, estas constam dos arts. 667 a 674 da codificação material privada em vigor, a saber:

a) O mandatário é obrigado a aplicar toda sua diligência habitual na execução do mandato e a indenizar qualquer prejuízo causado por culpa sua ou daquele a quem substabelecer, sem autorização, poderes que devia exercer pessoalmente. Assim sendo, como a obrigação do mandatário é de meio, a sua responsabilidade é subjetiva, em regra.

b) O mandatário é obrigado a prestar contas de sua gerência ao mandante, transferindo-lhe as vantagens provenientes do mandato, por qualquer título que seja.

c) O mandatário não pode compensar os prejuízos a que deu causa com os proveitos que, por outro lado, tenha granjeado ao seu constituinte (vedação de compensação). Segundo Maria Helena Diniz, o que justifica essa regra é o fato de que a compensação exige dívidas líquidas – certas quanto à existência e determinadas quanto ao valor – e recíprocas, ao passo que as vantagens não são créditos a favor do mandatário, mas do mandante, já que o primeiro age em nome do último (*Código...*, 2005, p. 558).

d) Pelas somas que devia entregar ao mandante ou recebeu para despesa, mas empregou em proveito seu, pagará o mandatário juros, desde o momento em que abusou. Os juros devidos podem ser convencionados pelo próprio contrato. Não havendo previsão, os juros serão os legais, nos termos do art. 406 do CC (1% ao mês, conforme o Enunciado n. 20 CJF/STJ). O art. 670 do CC visa, portanto, a penalizar o abuso de direito do mandatário, regulamentando o art. 187 do CC, que também pode ser aplicado em sede de autonomia privada.

e) Se o mandatário, tendo fundos ou crédito do mandante, comprar, em nome próprio, algo que deveria comprar para o mandante, por ter sido expressamente designado no mandato, terá este último ação para obrigar o mandatário à entrega da coisa comprada. A ação cabível para haver a coisa para si é a ação reivindicatória, fundada no domínio sobre a coisa.

f) Quanto ao terceiro que, depois de conhecer os poderes do mandatário, com ele celebrar negócio jurídico exorbitante do mandato, este não terá ação contra o mandatário, salvo se este lhe prometeu ratificação do mandante ou se responsabilizou pessoalmente (art. 673 do CC). Esse dispositivo pretende punir o terceiro que agiu de má-fé, não tendo o último ação contra o mandatário se sabia da atuação em abuso de direito, eis que ninguém pode beneficiar-se da própria torpeza, o que é corolário da boa-fé. Mas, se o mandatário fizer promessa da confirmação do negócio ou obrigar-se pessoalmente, haverá responsabilidade deste.

g) Embora ciente da morte, interdição ou mudança de estado do mandante, deverá o mandatário concluir o negócio já começado, se houver perigo na demora. Se o mandatário assim não agir, poderá ser responsabilizado por perdas e danos, tanto pelo mandante quanto pelos sucessores prejudicados.

Por outro lado, os arts. 675 a 681 do CC/2002 trazem as obrigações do mandante, a seguir elencadas:

a) O mandante é obrigado a satisfazer todas as obrigações contraídas pelo mandatário, na conformidade do mandato conferido. Além disso, deve adiantar as importâncias necessárias à execução do mandato, quando o mandatário lhe pedir, sob pena de rescisão do contrato por inexecução voluntária, a gerar a resolução com perdas e danos.

b) O mandante é obrigado a pagar ao mandatário a remuneração ajustada e as despesas da execução do mandato, ainda que o negócio não surta o esperado efeito, salvo se houver culpa do mandatário (responsabilidade contratual subjetiva).

c) As somas adiantadas pelo mandatário para a execução do mandato geram o pagamento de juros desde a data do desembolso. Não havendo estipulação de juros convencionais, aplicam-se os juros legais previstos no art. 406 do CC (1% ao mês ou 12% ao ano – Enunciado n. 20 CJF/STJ).

d) O mandante é obrigado a ressarcir ao mandatário as perdas que este sofrer com a execução do mandato, sempre que estas não resultarem de culpa sua ou de excesso de poderes.

e) Ainda que o mandatário contrarie as instruções do mandante, se não exceder os limites do mandato, ficará o mandante obrigado para com aqueles com quem o seu procurador contratou (art. 679 do CC). Mas, em casos tais, o mandante terá ação contra o mandatário, para pleitear as perdas e danos resultantes da inobservância das instruções dadas. A título de exemplo, se a outorga de poderes é para a venda de um imóvel por R$ 30.000,00, e se o mandatário o vender por R$ 20.000,00, a venda será válida. Nesse caso, o mandante somente poderá pleitear as perdas e danos referentes aos R$ 10.000,00 do mandatário, não havendo qualquer direito em relação ao terceiro que adquiriu o bem.

f) Sendo o mandato outorgado por duas ou mais pessoas, e para negócio comum, cada uma ficará solidariamente responsável perante o mandatário por todos os compromissos e efeitos do mandato (art. 680 do CC). É de se concordar com Araken

CAP. 13 • CONTRATOS EM ESPÉCIE – DO MANDATO

de Assis, quando o autor afirma que o art. 680 do Código em vigor é uma norma dispositiva, admitindo a solidariedade ajuste em contrário (*Contratos...*, 2005, p. 107). Ainda quanto ao dispositivo, ele consagra o direito regressivo a favor do mandante que pagar quantias, contra os demais, pelas quotas correspondentes.

Sem prejuízo das regras analisadas, parte-se para o estudo do substabelecimento, instituto que mantém relação direta com o mandato.

13.4 DO SUBSTABELECIMENTO

O substabelecimento constitui uma cessão parcial de contrato, em que o mandatário transmite os direitos que lhe foram conferidos pelo mandante a terceiro. O substabelecimento pode ser feito por instrumento particular, ainda que o mandatário tenha recebido os poderes por procuração pública. No entanto, se a lei exigir que a procuração seja outorgada por instrumento público, o substabelecimento não poderá ser feito por instrumento particular.

Nesse negócio de cessão, o mandatário é denominado *substabelecente* e o terceiro *substabelecido*. Com relação às responsabilidades que surgem do negócio em questão, há regras previstas nos parágrafos do art. 667 do CC, a saber:

a) Se, não obstante a proibição do mandante, o mandatário se fizer substituir na execução do mandato, responderá ao seu constituinte pelos prejuízos ocorridos sob a gerência do substituto, embora provenientes de caso fortuito (evento totalmente imprevisível). No entanto, se provar que o caso fortuito teria sobrevindo ainda que não tivesse havido substabelecimento – ou seja, que o prejuízo ocorreria de qualquer forma –, o mandatário não será responsabilizado.

b) Havendo poderes de substabelecer, só serão imputáveis ao mandatário os danos causados pelo substabelecido se tiver agido com culpa na escolha deste ou nas instruções dadas a ele (responsabilidade subjetiva). Sobre esse comando, concluiu o Superior Tribunal de Justiça que "de seus termos ressai absolutamente claro, que, em regra, na hipótese de haver autorização para substabelecer, o mandatário não responde pelos atos praticados pelo substabelecido que venham causar danos ao mandante, salvo se for comprovada a sua culpa *in eligendo*, que se dá no caso de o mandatário proceder a uma má escolha do substabelecido, recaindo sobre pessoa que não possui capacidade legal (geral ou específica), condição técnica ou idoneidade para desempenhar os poderes a ela transferidos. A culpa *in eligendo* resta configurada, ainda, se o substabelecente negligenciar orientações ou conferir instruções deficientes ao substabelecido, subtraindo-lhe as condições necessárias para o bom desempenho do mandato. De suma relevância anotar que, para o reconhecimento da culpa *in eligendo* do substabelecente, é indispensável que este, no momento da escolha, tenha inequívoca ciência a respeito da ausência de capacidade legal, de condição técnica ou de idoneidade do substabelecido para o exercício do mandato. Efetivamente, compreender que o mandatário incorre em culpa *in eligendo* pelo fato de o substabelecido ter, durante o exercício do mandato, por ato próprio, causado danos ao mandante, a revelar – somente nesse momento – sua inaptidão legal, técnica ou moral, equivaleria a reconhecer, sempre e indistintamente, a responsabilidade solidária entre eles, o que se afasta por completo dos ditames legais. Assim, a inaptidão do eleito para o exercício do mandato (em substabelecimento) deve ser uma circunstância contemporânea à escolha e, necessariamente, de conhecimento do mandatário, a configurar a sua culpa *in eligendo*" (STJ, REsp 1.742.246/ES, 3.ª Turma, Rel. Min. Marco Aurélio Bellizze,

j. 19.03.2019, *DJe* 22.03.2019). O caso, portanto, é de culpa presumida na escolha ou na eleição (culpa *in eligendo*) e, em regra, o substabelecente não responde pelos atos praticados pelo substabelecido.

c) Se a proibição de substabelecer constar da procuração, os atos praticados pelo substabelecido não obrigam o mandante, salvo ratificação expressa, que retroagirá à data do ato (efeitos *ex tunc*).

d) Sendo omissa a procuração quanto ao substabelecimento, o procurador será responsável se o substabelecido proceder culposamente. Entendo que a responsabilidade do substabelecente é objetiva indireta, desde que comprovada a culpa do substabelecido, aplicando-se novamente por analogia os arts. 932, inc. III, e 933 do CC.

Quanto à extensão, o substabelecimento pode ser assim classificado:

a) *Substabelecimento sem reserva de poderes* – o substabelecente transfere os poderes ao substabelecido de forma definitiva, renunciando ao mandato que lhe foi outorgado. Nesse caso deve ocorrer a notificação do mandante, pois se assim não proceder o mandatário, não ficará isento de responsabilidade pelas suas obrigações contratuais.

b) *Substabelecimento com reserva de poderes* – o substabelecente outorga poderes ao substabelecido, sem perdê-los. Em caso tais, tanto o substabelecente quanto o substabelecido podem exercer os poderes conferidos pelo mandante.

Superada a análise dessa importante forma de cessão de contrato, passa-se à análise da extinção do contrato de mandato.

13.5 EXTINÇÃO DO MANDATO

O mandato, sendo um contrato especial, diante da confiança depositada pelas partes, merece um tratamento diferenciado quanto à sua extinção, constante entre os arts. 682 a 691 do Código Civil em vigor. Aliás, quanto à *estrutura interna* do contrato em questão, merece transcrição a clássica obra de San Tiago Dantas:

> "Conservaram-se, entretanto, outros elementos que já dominaram o Direito Romano, a 'fiducia' do mandante e a benevolência do mandatário. Aquela compara-se à confiança que o depositante tem no depositário, esta diz respeito ao desejo de colaboração nutrido pelo mandatário para com o mandante, para uma atividade civil ou mercantil. A importância desses dois elementos é enorme. Daí uma primeira regra: o mandato, a qualquer época pode ser revogado pelo mandatário (art. 1.316, I), salvo nos casos previstos por lei (art. 1.317, I a III, do Cód. Civil). O desaparecimento da 'affectio' é, geralmente, a causa disto. Se o mandante perde a confiança no mandatário, pode revogar este contrato, desaparecendo, ato contínuo, toda a relação entre eles. Da mesma forma, pode o mandatário renunciar ao mandato em favor de seu constituinte sendo apenas obrigado a indenizá-lo no caso dessa denúncia ser intempestiva" (DANTAS, San Tiago. *Programa...*, 1983, p. 372).

No Código Civil de 2002, o primeiro dispositivo que trata da extinção do mandato é o art. 682, prevendo que cessa o mandato:

a) pela revogação, por parte do mandante, ou pela renúncia pelo mandatário;

b) pela morte ou interdição de uma das partes (eis que o contrato é personalíssimo);

CAP. 13 • CONTRATOS EM ESPÉCIE – DO MANDATO | **641**

c) pela mudança de estado que inabilite o mandante a conferir os poderes, ou o mandatário para exercê-los;

d) pelo término do prazo ou pela conclusão do negócio.

O próprio Código Civil autoriza a cláusula de irrevogabilidade, que afasta o direito potestativo do mandante resilir unilateralmente o contrato (art. 683 do CC). Havendo esta cláusula e tendo sido o contrato revogado, arcará o mandante com as perdas e danos que o caso concreto determinar.

Sobre essa previsão, na *I Jornada de Direito Notarial e Registral,* promovida pelo Conselho da Justiça Federal e pelo Superior Tribunal de Justiça, em agosto de 2022, aprovou-se enunciado segundo o qual "o ato notarial de revogação do mandato outorgado por instrumento público é admitido sem a presença do mandatário, ainda que haja cláusula de irrevogabilidade".

Consoante as suas justificativas, que explicam o seu conteúdo, "o Código Civil prevê a possibilidade de revogação do mandato ainda que este tenha cláusula de irrevogabilidade, elencando como consequência jurídica o ônus de arcar com perdas e danos, se comprovados. Portanto, não há na legislação federal exigência do consentimento do outorgado para que o mandato seja revogado. Contudo, diversos estados da federação preveem em suas normas de serviço extrajudicial o comparecimento do outorgado como condição para revogação da procuração que contenha cláusula de irrevogabilidade, o que, por vezes, conduz à inviabilidade da prática do ato".

São citadas normas dos Estados do Espírito Santo e da Bahia, que o enunciado procura afastar, com vistas de uma uniformização a respeito do tema, que pode surgir em breve. Entretanto, quando a cláusula de irrevogabilidade for condição de um negócio bilateral, ou tiver sido estipulada no exclusivo interesse do mandatário, a revogação do mandato será ineficaz (art. 684 do CC). A parte final do dispositivo acaba por vedar a cláusula de irrevogabilidade no *mandato em causa própria.*

Visando agilizar procedimentos e evitar a judicialização desnecessária, na *IX Jornada de Direito Civil,* em 2022, aprovou-se o Enunciado n. 655, estabelecendo que, "nos casos do art. 684 do Código Civil, ocorrendo a morte do mandante, o mandatário poderá assinar escrituras de transmissão ou aquisição de bens para a conclusão de negócios jurídicos que tiveram a quitação enquanto vivo o mandante".

No Projeto de Reforma e Atualização do Código Civil, em relação ao tema, o objetivo, mais uma vez, é trazer para a lei os entendimentos doutrinários das *Jornadas de Direito Civil*, especialmente do Enunciado n. 655, da *IX Jornada*. Nesse contexto, propôs-se incluir um novo art. 684-A, prevendo que, "ocorrendo a morte do mandante, o mandatário com poderes para alienar e adquirir bens, poderá assinar escrituras de transmissão ou aquisição de bens para a conclusão de negócios jurídicos, perfeitos e acabados, que foram quitados enquanto vivo o mandante, salvo se houver sido por este resilido o mandato". Incluiu-se, para que não haja dúvidas, a expressão "perfeitos e acabados", em prol da proteção do ato jurídico perfeito e da circulação de negócios consolidados no mercado. A exceção relativa à resilição igualmente complementa o teor do enunciado, visando a trazer mais segurança para as relações contratuais.

Em relação ao art. 684 original, há proposta apenas de deixar mais clara a norma, sem alteração de conteúdo, passando a ter a seguinte dicção e mencionando "outro negócio":

"quando a cláusula de irrevogabilidade for condição de outro negócio bilateral ou tiver sido estipulada no exclusivo interesse do mandatário, a revogação do mandato será ineficaz".

Voltando-se ao sistema em vigor, o mandato em causa própria é ainda reconhecido, de forma especial e expressa, pelo art. 685 do CC. Na verdade, o dispositivo veda também a revogação do contrato em questão:

"Art. 685. Conferido o mandato com a cláusula 'em causa própria', a sua revogação não terá eficácia, nem se extinguirá pela morte de qualquer das partes, ficando o mandatário dispensado de prestar contas, e podendo transferir para si os bens móveis ou imóveis objeto do mandato, obedecidas as formalidades legais".

Conforme foi exposto, no mandato em causa própria (com cláusula *in rem propriam* ou *in rem suam*), o mandante outorga poderes para que o mandatário atue em seu próprio nome. O art. 117 do CC autoriza a sua previsão, como demonstrado. A título de exemplo, é de se lembrar a hipótese em que o mandante outorga poderes para que o mandatário venda um imóvel, constando autorização para que o último venda o imóvel para si mesmo. A vedação tanto da revogação quanto da cláusula de irrevogabilidade existe porque não há no contrato a confiança típica do contrato de mandato regular. No mandato em causa própria, o procurador também estará isento do dever de prestar contas, tendo em vista que o ato caracteriza uma cessão de direitos em proveito dele mesmo. Aplicando tais deduções, julgou aresto do Tribunal Paulista sobre compromisso de compra e venda de imóvel:

"Demanda ajuizada em face dos vendedores e do mandatário. Legitimidade passiva deste último. Hipótese de mandato em causa própria (e, portanto, evidente o interesse do mandatário que, no caso em exame, agia como se o imóvel lhe pertencesse). Correta aplicação do disposto no art. 685 do Código Civil. Contrato rescindido por culpa do comprador/autor" (TJSP, Apelação 0102477-20.2008.8.26.0003, Acórdão 6775072, 8.ª Câmara de Direito Privado, São Paulo, Rel. Des. Salles Rossi, j. 29.05.2013, *DJESP* 19.06.2013).

Como outra decorrência prática importante, a Quarta Turma do Superior Tribunal de Justiça julgou, em 2021, que a procuração relacionada ao mandato em causa própria não constitui título translativo de propriedade, por se tratar de negócio jurídico unilateral. Consoante a ementa:

"A procuração em causa própria (*in rem suam*) é negócio jurídico unilateral que confere um poder de representação ao outorgado, que o exerce em seu próprio interesse, por sua própria conta, mas em nome do outorgante. Tal poder atuará como fator de eficácia de eventual negócio jurídico de disposição que vier a ser celebrado. Contudo, até que isso ocorra, o outorgante permanece sendo titular do direito (real ou pessoal) objeto da procuração, já o outorgado apenas titular do poder de dispor desse direito, sem constituir o instrumento, por si só, título translativo de propriedade. Nesse caso, há uma situação excepcional: ao procurador é outorgado o poder irrevogável de dispor do direito objeto do negócio jurídico, exercendo-o em nome do outorgante (titular do direito), mas em seu próprio interesse e sem nem mesmo necessidade de prestação de contas. É contraditório que se reconheça ter sido outorgada procuração com essa natureza ao ex-marido da autora e se aluda, no tocante às alienações com uso do instrumento, a erro, dolo, simulação ou fraude. E não pode ser atribuída a esse negócio jurídico unilateral a função de substituir, a um só tempo, os negócios jurídicos obrigacionais (por exemplo, contrato de compra e venda, doação) e dispositivos (*v.g.*, acordo de transmissão) indispensáveis, em regra, à transmissão dos direitos subjetivos patrimoniais, notadamente do direito de propriedade, sob pena de abreviação de institutos consolidados e burla às regras jurídicas" (STJ, REsp 1.345.170/RS, 4.ª Turma, Rel. Min. Luis Felipe Salomão, j. 04.05.2021, *DJe* 17.06.2021).

Como se retira do voto do Ministro Relator, "é de toda conveniência não confundir os institutos, notadamente por possuírem naturezas jurídicas diversas: a procuração é negócio jurídico unilateral; o mandato, contrato que é, apresenta-se como negócio jurídico geneticamente bilateral. De um lado, há uma única declaração jurídico-negocial; de outro, duas declarações jurídico-negociais que se conjugam por serem congruentes quanto aos meios e convergentes quanto aos fins" (REsp 1.345.170/RS).

Em outra decisão a ser destacada, do mesmo ano de 2021, igualmente da Quarta Turma, o Tribunal concluiu pela necessidade de o mandato com causa própria ser celebrado por escritura pública. Como se retira do *decisum*:

> "É certo que a procuração (ou o mandato) em causa própria, por si só, não formaliza a transferência da propriedade, o que depende de contrato por meio de escritura pública e registro imobiliário. Mas também é certo que o mandato em causa própria opera a transmissão do direito formativo de dispor da propriedade. Dessa forma, a disposição da faculdade de dispor, inerente ao próprio conceito jurídico de propriedade, quando tem por objeto imóvel de valor superior ao teto legal, não prescinde da forma pública, sob pena de subverter o sistema legal de disciplina da transmissão da propriedade imobiliária, dando margem a fraudes, que a regra da atração da forma trazida pelo art. 657 do Código Civil de 2002 buscou prevenir" (STJ, REsp 1.894.758/DF, 4.ª Turma, Rel. Min. Luis Felipe Salomão, Rel. p/ acórdão Min. Maria Isabel Gallotti, por maioria, j. 19.10.2021).

Ocorrendo a revogação do mandato pelo mandante e a notificação somente do mandatário, a resilição unilateral não gera efeitos em relação a terceiros que, ignorando a revogação, de boa-fé, celebraram negócios com o mandatário (art. 686 do CC). A boa-fé referenciada é a subjetiva, aquela relacionada com o plano intencional, a um estado psicológico. Devem ser ressalvadas, em casos tais, eventuais ações, inclusive de indenização, que o mandante possa ter contra o mandatário pela celebração desses negócios com terceiros.

Também é irrevogável o mandato que contenha poderes de cumprimento ou confirmação de *negócios encetados* (aqueles já celebrados e efetivados pelo mandatário), aos quais se ache vinculado (art. 686, parágrafo único, do CC).

Quanto aos meios ou formas, a revogação pode ser expressa ou tácita. Haverá revogação tácita, nos termos da lei, quando for comunicada ao mandatário a nomeação de outro procurador (art. 687 do CC).

Além da revogação, que constitui um direito potestativo do mandante, como *outro lado da moeda* há a renúncia por parte do mandatário. Essa será comunicada ao mandante, que, se for prejudicado pela resilição unilateral, por ser essa inoportuna ou pela falta de tempo para a substituição do procurador, será indenizado pelo mandatário por perdas e danos (art. 688 do CC). No entanto, se o mandatário provar que não podia continuar no mandato sem prejuízo considerável, e que não lhe era dado substabelecer, estará isento do dever de indenizar.

Na verdade, como a renúncia constitui um direito potestativo do mandatário, não há que se incidir multa ou cláusula penal pelo seu exercício, eis que não se trata de inadimplemento do contrato. Exatamente nessa linha, destaque-se precisa decisão do Superior Tribunal de Justiça referente a contratação de advogado, segundo a qual:

"Em razão da relação de confiança entre advogado e cliente, por se tratar de contrato personalíssimo (*intuitu personae*), dispõe o Código de Ética, no tocante ao advogado, que 'a renúncia ao patrocínio deve ser feita sem menção do motivo que a determinou' (art. 16). Trata-se, portanto, de direito potestativo do advogado em renunciar ao mandato e, ao mesmo tempo, do cliente em revogá-lo, sendo anverso e reverso da mesma moeda, do qual não pode se opor nem mandante nem mandatário. Deveras, se é lícito ao advogado, por imperativo da norma, a qualquer momento e sem necessidade de declinar as razões, renunciar ao mandato que lhe foi conferido pela parte, respeitado o prazo de 10 dias seguintes, também é da essência do mandato a potestade do cliente de revogar o patrocínio *ad nutum*". Diante dessas deduções, concluiu o julgado pela impossibilidade de se estipular multa no contrato de honorários para as situações de renúncia ou revogação unilateral do mandato, independentemente de motivação para tanto, respeitando-se apenas o direito de recebimento dos honorários proporcionais ao serviço prestado (STJ, REsp 1.346.171/PR, 4.ª Turma, Rel. Min. Luis Felipe Salomão, j. 11.10.2016, *DJe* 07.11.2016).

Exatamente na mesma linha há *decisum* da Terceira Turma da Corte, de 2020, segundo o qual "não é possível a estipulação de multa no contrato de honorários para as hipóteses de renúncia ou revogação unilateral do mandato do advogado, independentemente de motivação, respeitado o direito de recebimento dos honorários proporcionais ao serviço prestado" (STJ, REsp 1.882.117/MS, 3.ª Turma, Rel. Min. Nancy Andrighi, j. 27.10.2020, *DJe* 12.11.2020). Como se pode perceber, portanto, tal visão está consolidada na Segunda Seção do Tribunal. Sendo o contrato de mandato um negócio personalíssimo ou *intuitu personae*, a morte de uma das partes gera a sua extinção, hipótese de *cessação contratual*. Nesse sentido, a prestação de contas que cabia ao mandatário não se transmite aos seus herdeiros, conforme o entendimento da jurisprudência:

"Ação de prestação de contas. Mandato. Falecimento do mandatário. Espólio. Ilegitimidade passiva reconhecida. Obrigação personalíssima. A finalidade da ação de prestar contas está na apuração judicial do saldo devedor, a que o direito brasileiro atribui, inclusive, força executiva. Mas, para que a isso se chegue, é indispensável verificar-se, previamente, se há obrigação de prestar contas. O contrato de mandato judicial é baseado na confiança entre as partes, sendo celebrado 'intuitu personae', e, por isso, extingue-se com a morte do mandatário e não se transmite aos herdeiros a obrigação de prestar contas sobre o destino de indenização obtida em ação judicial, salvo se tinham ciência do mandato e se algum deles estava regularmente habilitado para o exercício da advocacia" (Tribunal de Alçada de Minas Gerais, Acórdão 0395717-3 Apelação Cível, ano: 2003, Processo principal 98.002703-8, Órgão julgador: 5.ª Câmara Cível, Juiz Rel. Mariné da Cunha, Comarca: Caratinga, j. 11.09.2003, dados publ.: não publicado, v.u.).

CAP. 13 · CONTRATOS EM ESPÉCIE – DO MANDATO | **645**

Destaque-se que do mesmo modo concluiu o Superior Tribunal de Justiça, colacionando-se julgado publicado no seu *Informativo* n. *427*:

> "Prestação. Contas. Natureza personalíssima. O condomínio (recorrente) ingressou com ação de prestação de contas contra o espólio (recorrido) representado pelo cônjuge varoa supérstite, na qualidade de inventariante, alegando que como proprietário de imóvel, outorgara procuração ao *de cujus* para que, em seu nome, pudesse transigir, fazer acordos, conceder prazos, receber aluguéis, dar quitação e representá-lo perante o foro em geral relativamente ao imóvel. Sustentou o recorrente que o *de cujus* apropriou-se indevidamente dos valores recebidos a título de aluguel, vindo a falecer em 1995, momento em que a inventariante teria continuado a receber os alugueres em nome do falecido, sendo o espólio recorrido parte legítima para prestar contas. O cerne da questão está em saber se o dever de prestar contas se estende ao espólio e aos sucessores do falecido mandatário. Para o Min. Relator, o mandato é contrato personalíssimo por excelência, tendo como uma das causas extintivas, nos termos do art. 682, II, do CC/2002, a morte do mandatário. Sendo o dever de prestar contas uma das obrigações do mandatário perante o mandante e tendo em vista a natureza personalíssima do contrato de mandato, por consectário lógico, a obrigação de prestar contas também tem natureza personalíssima. Desse modo, somente é legitimada passiva na ação de prestação de contas a pessoa a quem incumbia tal encargo por lei ou contrato, sendo tal obrigação intransmissível ao espólio do mandatário, que constitui, na verdade, uma ficção jurídica. Considerando-se, ainda, o fato de já ter sido homologada a partilha no inventário em favor dos herdeiros, impõe-se a manutenção da sentença que julgou extinto o feito sem resolução do mérito, por ilegitimidade passiva, ressalvada ao recorrente a pretensão de direito material nas vias ordinárias. Diante disso, a Turma negou provimento ao recurso" (STJ, REsp 1.055.819/SP, Rel. Min. Massami Uyeda, j. 16.03.2010).

No caso de morte de uma das partes, são válidos, a respeito dos contratantes de boa-fé, os atos com estes ajustados em nome do mandante pelo mandatário, enquanto este ignorar a morte daquele ou a extinção do mandato, por qualquer outra causa (art. 689 do CC). A boa-fé referenciada, mais uma vez, é a boa-fé subjetiva, aquela que existe no plano intencional.

Porém, se falecer o mandatário, pendente o negócio a ele cometido, os herdeiros, tendo ciência do mandato, deverão avisar o mandante e tomarão as providências cabíveis para o resguardo dos interesses deste, de acordo com as circunstâncias do caso concreto (art. 690 do CC).

Em casos tais, os herdeiros também não poderão abusar no exercício desse dever, devendo limitar-se às medidas conservatórias, ou a continuar os negócios pendentes que se não possam demorar sem perigo, regulando-se os seus serviços pelas mesmas normas a que o mandatário estiver sujeito (art. 691 do CC).

13.6 RESUMO ESQUEMÁTICO

Mandato. Conceito: É o contrato pelo qual alguém (o mandante) transfere poderes a outrem (o mandatário) para que este, em seu nome, pratique atos ou administre interesses. Como se vê, o mandatário age sempre em nome do mandante, havendo um negócio jurídico de representação.

Natureza jurídica: O contrato é, em regra, unilateral, podendo assumir também a forma bilateral (por isso é conceituado como um *contrato bilateral imperfeito*). Assim sendo, o contrato pode ser gratuito ou oneroso. É contrato consensual, comutativo e informal.

Principais classificações do mandato:

I) Quanto à origem: a) *Mandato legal* – é aquele que decorre de lei e dispensa a elaboração de qualquer instrumento. Ex.: mandatos existentes a favor dos pais, tutores e curadores para a administração dos bens dos filhos, tutelados e curatelados. b) *Mandato judicial* – é aquele conferido em virtude de uma ação judicial, com a nomeação do mandatário pela autoridade judicial. É o caso do inventariante que representa o espólio. c) *Mandato convencional* – é aquele que decorre de contratos firmados entre as partes. Esse mandato pode ser *ad judicia* ou judicial, para a representação da pessoa no campo judicial; ou *ad negotia* ou extrajudicial, para a administração em geral na esfera extrajudicial.

II) Quanto às relações entre mandante e mandatário: a) *Mandato oneroso* – é a denominação dada ao contrato de mandato em que a atividade do mandatário é remunerada. b) *Mandato gratuito* – é a denominação dada ao contrato de mandato em que não há qualquer remuneração a ser paga ao mandatário, sendo a forma presumida pela lei como regra.

III) Quanto à pessoa do mandatário ou procurador: a) *Mandato singular* ou *simples* – é o contrato em que existe apenas um mandatário. b) *Mandato plural* – é o contrato em que existem vários procuradores ou mandatários, podendo assumir as seguintes formas:

– *Mandato conjunto* ou *simultâneo* – é o mandato cujos poderes são outorgados aos mandatários para que estes atuem de forma conjunta; em outras palavras, se nomeados dois ou mais mandatários, nenhum deles poderá agir de forma separada, sem a intervenção dos outros.

– *Mandato solidário* – é o mandato pelo qual os diversos mandatários nomeados podem agir de forma isolada, independentemente da ordem de nomeação, cada um atuando como se fosse um único mandatário (cláusula *in solidum*). Em regra, não havendo previsão no instrumento, presume-se que o mandato assumiu essa forma.

– *Mandato fracionário* – é o mandato em que a ação de cada mandatário está delimitada no instrumento, devendo cada qual agir em seu setor.

– *Mandato sucessivo* ou *substitutivo* – é aquele em que um mandatário só poderá agir na forma do outro, sendo designado de acordo com a ordem prevista no contrato.

IV) Quanto ao modo de manifestação de vontade: a) *Mandato expresso* – é aquele em que existe a elaboração de um instrumento de procuração que estipula os poderes do mandatário (representante). b) *Mandato tácito* – é aquele em que a aceitação do encargo decorre da prática de atos que a presumem (*v.g.,* início da execução do ato).

V) Quanto à forma de celebração: a) *Mandato verbal* – é permitido em todos os casos em que não se exige a forma escrita, podendo ser provado por testemunhas. b) *Mandato escrito* – é aquele elaborado por meio de instrumento particular ou de instrumento público.

CAP. 13 · CONTRATOS EM ESPÉCIE – DO MANDATO | **647**

VI) Quanto aos poderes conferidos: a) *Mandato geral* – é a hipótese em que há outorga de todos os direitos que tem o mandante. b) *Mandato especial* – engloba determinados direitos estando, por isso, restrito aos atos ou negócios especificados expressamente no mandato. Para alienar, hipotecar, transigir ou praticar outros atos que exorbitem a administração ordinária, há necessidade de procuração com poderes especiais e expressos.

Formas de extinção do mandato:

a) Pela revogação, por parte do mandante, ou pela renúncia pelo mandatário.

b) Pela morte ou interdição de uma das partes (já que o contrato é personalíssimo).

c) Pela mudança de estado que inabilite o mandante a conferir os poderes, ou o mandatário para exercê-los.

d) Pelo término do prazo ou pela conclusão do negócio.

13.7 QUESTÕES CORRELATAS

01. (VUNESP – IPSMI – Procurador – 2016) Antonio outorgou mandato a João para a compra de uma casa. No entanto, Antonio foi interditado depois dessa outorga. Diante desse fato, assinale a alternativa correta.

(A) O mandato permanece válido, por ter sido outorgado quando Antonio era capaz.

(B) O curador de Antonio deverá revogar o mandato por instrumento público.

(C) O juiz da interdição deverá revogar o mandato.

(D) A interdição equivale à renúncia do mandato.

(E) Cessa o mandato com a interdição, como ocorreria com a morte do mandatário.

02. (CONSULPLAN – TJMG – Prova – Titular de Serviços de Notas e de Registros – Remoção – 2016) São características do mandato *in rem suam* ou *in rem propriam*, EXCETO:

(A) Possui natureza jurídica de negócio jurídico translativo de direitos.

(B) Responsabilidade do mandatário pela evicção.

(C) Revogabilidade e prestação de contas.

(D) Os herdeiros do mandatário, caso este faleça, sub-rogam-se no crédito.

03. (TJRJ – CETRO – Titular de Serviços de Notas e de Registros – 2017) Em relação ao mandato e à procuração, assinale a alternativa incorreta.

(A) Pelo mandato em causa própria, o mandante transfere todos os seus direitos sobre um bem, móvel ou imóvel, passando o mandatário a agir por sua conta, em seu próprio nome, deixando de ser uma autorização, típica do contrato do mandato, para se transformar em representação. Conferido o mandato com a cláusula em "causa própria", a sua revogação não terá eficácia, nem se extinguirá pela morte de qualquer das partes, podendo o mandatário transferir para si os bens móveis ou imóveis objeto do mandato.

(B) A procuração em causa própria constitui-se em verdadeiro negócio jurídico de alienação. Dessa forma, o Tabelião de Notas deve exigir os mesmos documentos necessários para a lavratura de Escritura Pública de Compra e Venda, inclusive o recolhimento do imposto de transmissão competente. Com efeito, a procuração deverá observar os requisitos da compra e venda e por suas normas será regida.

(C) Consoante Consolidação Normativa da Corregedoria Geral da Justiça do Estado do Rio de Janeiro, a revogação de mandato com cláusula de irrevogabilidade ou cláusula em causa própria ou vinculado a negócio jurídico dependerá de ordem judicial, ainda que o mandante notifique o mandatário por notificação registrada no Registro de Títulos e Documentos.

648 | DIREITO CIVIL • VOL. 3 – *Flávio Tartuce*

(D) Nem todo mandato importa na existência de procuração. Com efeito, procuração e mandato são institutos que não se confundem: o mandato é um negócio jurídico bilateral apto a conferir poderes a outrem para gerir negócios alheios, enquanto a procuração é um negócio jurídico unilateral receptício do qual se conferem poderes de representação. É possível afirmar, portanto, que a procuração é abstrata em relação ao mandato.

(E) A revogação do mandato, salvo quando se tratar de mandato irrevogável, em causa própria ou vinculado a negócio jurídico, para se tornar eficaz, depende da manifestação do outorgante e do outorgado; e por força do princípio da simetria das formas, a revogação faz-se pela mesma forma exigida para o mandato.

04. (Advogado – AL-RO – FGV – 2018) Com relação ao direito dos contratos, analise as afirmativas a seguir.

I. O mandato conferido com a cláusula "em causa própria" é irrevogável e não se extingue pela morte do mandante nem do mandatário.

II. É nula a venda de ascendente a descendente, salvo se os outros descendentes e o cônjuge do alienante expressamente houverem consentido.

III. Ao transportador incumbe o ônus de provar a excludente do fato de terceiro com vistas a exonerar-se do dever de indenizar o passageiro que sofreu dano no trajeto.

Está correto o que se afirma em

(A) I, somente.

(B) I e II, somente.

(C) I e III, somente.

(D) II e III, somente.

(E) I, II e III.

05. (Analista do Ministério Público – MPE-AL – FGV – 2018) Por meio de mandato, a Cores Ltda. contratou os serviços de João Silva para aquisição, em nome da mandante, de galões de tinta da fabricante Pincel Ltda. Com o intuito de promover economia para Cores Ltda., João Silva procura Demão S/A, também fabricante de tintas, e com ela contrata a compra de galões de tinta a ele solicitados pela mandante. Considerando que Demão S/A tinha conhecimento da extensão do mandato, diz que o negócio da aquisição

(A) produz efeitos em relação a Cores Ltda., pois João Silva obteve proveito econômico.

(B) obriga João Silva a cumprir com os deveres decorrentes da compra e venda.

(C) não produz efeitos em relação a Cores Ltda. e João Silva, pois Demão S/A assumiu o risco do negócio.

(D) é inexistente, visto que não houve emissão de vontade válida pelas partes.

(E) é ineficaz em relação a Demão S/A, ainda que Cores Ltda. venha a ratificá-lo.

06. (Oficial de Justiça Avaliador Federal – TRT 1.ª Região – Instituto AOCP – 2018) William, maior e capaz, realizará com Denise um contrato de mandato, fornecendo ainda a esta uma procuração, sendo que ambos os documentos prestar-se-ão para que possa realizar a prática de todos os atos de sua vida civil, podendo representá-lo amplamente. Diante do exposto e de acordo com a legislação civil vigente, assinale a alternativa INCORRETA.

(A) Mesmo diante da inexistência de poderes expressos, poderá Denise realizar a prática de atos de alienação e hipoteca em relação aos bens de William, tendo-se em vista que o mandato e a procuração constam de forma ampla e genérica para a prática dos atos da vida civil.

(B) Caso seja o mandato oneroso e William não realize o pagamento da contraprestação à Denise, poderá esta reter objetos utilizados na realização dos serviços, o que poderá servir de pagamento daquilo que lhe é devido.

(C) Caso o contrato de mandato seja omisso em relação ao aspecto oneroso, poderá o contrato ser presumido como gratuito, exceto se o seu objeto corresponder ao daquele que o mandatário trata por ofício ou profissão lucrativa.

CAP. 13 · CONTRATOS EM ESPÉCIE – DO MANDATO | 649

(D) Caso Denise pratique atos que excedam os limites de seu contrato, tais atos serão tratados como ineficazes em relação àquele em cujo nome foram praticados.

(E) Todas as pessoas capazes são aptas para dar procuração mediante instrumento particular, que valerá desde que tenha a assinatura do outorgante.

07. (Titular de Serviços de Notas e de Registros – Remoção – TJ-DFT – CESPE – 2019) Paulo outorgou poderes, por meio de procuração feita por escritura pública, a Marcos, para ser por este representado na venda a terceiros de seu imóvel, que vale cem salários mínimos. Nesse caso, é correto afirmar que

(A) a descrição do bem a ser alienado deverá constar da lavratura da procuração.

(B) a outorga do poder de alienar o bem imóvel abrange o poder de hipotecá-lo.

(C) a referida procuração teria a mesma validade caso fosse celebrada por instrumento particular.

(D) a natureza da espécie contratual impede que Paulo vede o substabelecimento.

(E) caso o imóvel seja vendido por valor superior ao esperado por Paulo, Marcos poderá reter a diferença.

08. (Analista Judiciário – Área Judiciária – TRF – 4.ª REGIÃO – FCC – 2019) Por meio de escritura pública, André outorgou a Beatriz mandato para que, em seu nome, ela pudesse celebrar contratos. A escritura foi omissa quanto à possibilidade de substabelecer (não a autorizava, nem a vedava expressamente). Ainda assim, por meio de instrumento particular, Beatriz substabeleceu os poderes que a ela tinham sido outorgados a Carlos, que praticou atos em nome de André. Nesse caso,

(A) o substabelecimento é inválido, pois exigia, necessariamente, a mesma forma do mandato (instrumento público); além disso, Beatriz responderá, perante André, pelos atos praticados por Carlos, independentemente de culpa deste.

(B) o substabelecimento é inválido, pois a possibilidade de substabelecer não foi prevista na escritura pública de mandato; além disso, Beatriz responderá, perante André, por eventuais atos culposos praticados por Carlos.

(C) o substabelecimento é válido, sendo que Beatriz responderá, perante André, por eventuais atos culposos praticados por Carlos.

(D) o substabelecimento é válido, sendo que Beatriz não responderá, perante André, por eventuais atos culposos praticados por Carlos.

(E) o substabelecimento é válido, sendo que Beatriz responderá, perante André, pelos atos praticados por Carlos, independentemente de culpa deste.

09. (Fiscal de Tributos – Prefeitura de Morro Agudo-SP – VUNESP – 2020) O mandato é um contrato por meio do qual alguém recebe de outrem poderes para, em seu nome, praticar atos ou administrar interesses. A seu respeito, é correto afirmar:

(A) o mandato poderá ser outorgado por instrumento público ou particular, mas o substabelecimento será feito necessariamente mediante instrumento público.

(B) a outorga do mandato está sujeita à forma exigida por lei para o ato a ser praticado, não se admitindo, em nenhuma hipótese, o mandato verbal.

(C) é necessária outorga de poderes especiais e expressos para se alienar, transigir ou praticar outros atos que exorbitem da administração ordinária.

(D) os atos praticados por quem não tenha mandato, ou o tenha sem poderes suficientes, são nulos em relação àquele em cujo nome foram praticados.

(E) o maior de dezesseis e menor de dezoito anos não emancipado não pode ser mandatário.

10. (Oficial de Justiça – TJ-RS – FGV – 2020) Vitor foi contratado para representar o senhor Gervásio na realização de determinados atos jurídicos que lhe reverteriam benefício patrimonial. No curso da atuação, entretanto, Vitor toma ciência de que Gervásio veio a falecer. Diante disso, o mandato:

(A) se extingue, e Vitor não deve mais atuar;

(B) se extingue, mas Vitor deve concluir os atos já começados, se houver perigo na demora;

650 | DIREITO CIVIL • VOL. 3 – *Flávio Tartuce*

(C) se mantém até a abertura de inventário, e Vitor deve continuar atuando;

(D) se mantém, mas os atos de Vitor deverão ser ratificados pelo inventariante;

(E) se mantém até que Vitor termine todos os atos de que foi incumbido, não podendo o inventariante revogar seus poderes.

11. (Juiz substituto – TJSP – Vunesp – 2021) Assinale a alternativa incorreta sobre representação e contrato de mandato.

(A) É válido o contrato consigo mesmo, se o permitir a lei ou o representado.

(B) O mandato para venda exige poderes expressos (menção ao tipo negocial) e especiais (menção ao bem a ser alienado).

(C) Quando o contrato de mandato contiver cláusula de irrevogabilidade não pode ser revogado pelo mandante, ainda que este responda por perdas e danos.

(D) A revogação provoca a extinção do mandato e deve ser notificada ao mandatário, mas não pode ser oposta a terceiros que, ignorando-a e de boa-fé, com ele contrataram.

12. (Promotor de Justiça – MPE-RS – MPE-RS – 2021) No contexto de contrato de compra e venda de automóvel, José confere mandato a Pedro contendo a cláusula "em causa própria". Acerca dos efeitos jurídicos da outorga deste mandato, assinale a alternativa que está de acordo com o Código Civil.

(A) Eventual revogação do mandato será inválida.

(B) Eventual revogação do mandato será ineficaz.

(C) Pedro não estará dispensado de prestar contas a José.

(D) Pedro estará dispensado de prestar contas a José, mas o mandato se extinguirá se uma das partes vier a falecer.

(E) Eventual revogação do mandato será eficaz, desde que Pedro seja comunicado com antecedência razoável em face das circunstâncias do negócio.

13. (Auditor de Controle Externo – Tribunal de Contas-DF – Cespe/Cebraspe – 2021) Considere que Pedro tenha sido designado mandatário em um contrato regulado pelo Código Civil e que, nesse contrato, haja uma cláusula segundo a qual Pedro assume a obrigação de não renunciar ao mandato. Nessa situação, a cláusula que define a obrigação de não renunciar ao mandato é nula.

( ) Certo

( ) Errado

14. (Juiz substituto – TRF-3ª Região – TRF-3ª Região – 2022) Assinale a assertiva CORRETA:

(A) O mandato é contrato de acordo com o qual uma pessoa capaz ou incapaz recebe de outrem poderes para, em seu nome, praticar atos ou administrar interesses.

(B) O mandato é o instrumento da procuração.

(C) O mandato pode se dar por instrumento particular e deve conter a indicação do lugar no qual foi passado, a qualificação do outorgante, a data e objetivo da outorga com a designação e a extensão dos poderes conferidos.

(D) O terceiro com quem o mandatário tratar não poderá exigir que a procuração traga a firma reconhecida, por ser formalidade que a lei não exige.

15. (Prefeitura de São Carlos-SP – Nosso Rumo – Procurador Municipal – 2023) Assinale a alternativa correta.

(A) O mandato pode ser expresso, mas não pode ser tácito, verbal ou escrito.

(B) A outorga de mandato por instrumento público não permite o substabelecimento mediante instrumento particular.

(C) O mandatário tem o direito de reter, do objeto da operação que lhe foi cometida, quanto baste para pagamento de tudo que lhe for devido em consequência do mandato.

CAP. 13 · CONTRATOS EM ESPÉCIE – DO MANDATO | 651

(D) O maior de dezesseis e menor de dezoito anos não emancipado não podem ser mandatários.

(E) A morte do mandatário não cessa o mandato.

16. (Câmara de Marília-SP – Vunesp – Procurador Jurídico – 2023) Acerca do contrato de mandato, assinale a alternativa correta.

(A) O mandato deve ser expresso, podendo ser outorgado de maneira verbal ou por escrito.

(B) A aceitação do mandato deve ser expressa e resulta do começo da execução.

(C) O mandato em termos gerais confere poderes para alienar, hipotecar e transigir.

(D) Ainda quando se outorgue mandato por instrumento público, pode substabelecer-se mediante instrumento particular.

(E) Os atos praticados por quem não tenha mandato, ou o tenha sem poderes suficientes, são inexistentes em relação àquele em cujo nome foram praticados, salvo se este os ratificar.

17. (TRF-3ª Região – Analista Judiciário – FCC – 2024) De acordo com o Código Civil, o mandato

(A) presume-se oneroso sempre que as partes não estipularem retribuição.

(B) outorgado por instrumento público não pode ser substabelecido por instrumento particular, mas o contrário é permitido.

(C) não poderá ser aceito tacitamente, exceto para evitar ao mandante dano grave.

(D) pode ser verbal, exceto quando o ato deva ser celebrado por escrito.

(E) em termos gerais não confere poderes de administração, que dependem de previsão expressa.

GABARITO

01 – E	02 – C	03 – E
04 – A	05 – C	06 – A
07 – A	08 – C	09 – C
10 – B	11 – C	12 – B
13 – ERRADO	14 – C	15 – C
16 – D	17 – D	

14

CONTRATOS EM ESPÉCIE – DA COMISSÃO, DA AGÊNCIA E DISTRIBUIÇÃO E DA CORRETAGEM

Sumário: 14.1 Introdução – 14.2 Da comissão – 14.3 Da agência e distribuição – 14.4 Da corretagem – 14.5 Resumo esquemático – 14.6 Questões correlatas – Gabarito.

14.1 INTRODUÇÃO

O Código Civil de 2002 buscou a unificação parcial do Direito Privado, tratando também de temas que antes eram analisados pelo Direito Comercial. Isso ocorreu, por exemplo, com os contratos em espécie.

Diante dessa tentativa de unificação, o atual Código Civil trata de contratos empresariais, caso da comissão (arts. 693 a 709), da agência e distribuição (arts. 710 a 721) e da corretagem (arts. 722 a 729). Esses contratos eram regulamentados, parcialmente, pelo Código Comercial de 1850, dispositivo esse que foi derrogado pelo Código Civil de 2002, conforme o seu art. 2.045.

Mesmo com a ciência de que esses contratos, além de outros aqui tratados, são objeto de provas e estudos de Direito Comercial ou de Direito Empresarial, na presente obra serão abordados tais institutos, visando também à unificação do exame dos contratos típicos. Vejamos, então, tais figuras negociais.

14.2 DA COMISSÃO

O contrato de comissão pode ser conceituado como aquele pelo qual o comissário realiza a compra ou venda de bens, mútuo ou outro negócio jurídico de crédito, em seu próprio nome, à conta do comitente (art. 693 do CC, na redação dada pela Lei 14.690/2023). A última norma ampliou o objeto da comissão mencionando a possibilidade de o comissário também realizar contratos de mútuo, empréstimo de dinheiro, ou de outros negócios de crédito à conta do comitente. A diferença substancial em relação ao mandato está no fato de que o comissário age em seu próprio nome, enquanto o mandatário age em nome do mandante.

O contrato de comissão é bilateral, oneroso, consensual e comutativo. Constitui contrato não solene e informal, pois a lei não lhe exige escritura pública ou forma escrita. É contrato personalíssimo, fundado na confiança, na *fidúcia* que o comitente tem em relação ao comissário.

Justamente porque o comissário age em seu próprio nome, ele fica diretamente obrigado para com as pessoas com quem contratar, sem que estas tenham ação contra o comitente, nem este contra elas, salvo se o comissário ceder seus direitos a qualquer das partes (art. 694 do CC). Sustenta Gustavo Tepedino, ao comentar a norma, que "não se estabelecem, assim, relações diretas entre o terceiro e o comitente, mas somente entre o terceiro e o comissário. Desse modo, por não existir representação no contrato de comissão, o comissário não vincula diretamente na esfera jurídica do comitente nos contratos que celebrar à conta deste, sendo certo que, muitas vezes, o terceiro sequer tem conhecimento que existe o contrato de comissão" (TEPEDINO, Gustavo. *Comentários...*, 2008, v. X, p. 228).

No Projeto de Reforma do Código Civil, a Subcomissão de Direito dos Contratos nomeada pelo Senado Federal – e formada pelos Professores Carlos Eduardo Elias de Oliveira, Angélica Carlini, Claudia Lima Marques e Carlos Pianovski – fez proposta de incluir um novo parágrafo único no art. 694 do Código Civil, sugestão acatada pela Relatoria Geral: "o contrato de comissão tratado por este Código tem aplicação exclusiva para os negócios jurídicos que envolvam bens móveis". Como bem justificou, a doutrina civilista majoritária aponta a impossibilidade, teórica e prática, de o contrato em questão ser utilizado para negócios jurídicos relativos a bens imóveis. Isso porque, pelo sistema registral brasileiro, para agir em nome próprio, deveria o comissário adquirir o bem para si, para cumprir ou atingir os objetivos da comissão, o que é incompatível com a sua natureza jurídica aqui antes destacada. A esse propósito, as justificativas da Subcomissão foram baseadas no seguinte julgado superior, que aponta a descaracterização do contrato de comissão, se o comissário não age e não se obriga em nome próprio: STJ, Ag. 220.506/RJ, 4.ª Turma, Rel. Min. Ruy Rosado de Aguiar, j. 25.03.1999, *DJU* 13.04.1999.

Segue-se, portanto, a posição consolidada na doutrina e externada há tempos na jurisprudência do Superior Tribunal de Justiça, o que justifica a necessária alteração da lei.

Pois bem, ensina José Maria Trepat Cases, Doutor pela USP, que três são as espécies de comissão (CASES, José Maria Trepat. *Código...*, 2003, p. 24):

a) *Comissões imperativas* – são aquelas que não deixam margem de manobra para o comissário.

b) *Comissões indicativas* – são aquelas em que o comissário tem alguma margem para atuação. Entretanto, o comissário deve, sempre que possível, comunicar-se com o comitente acerca de sua atuação, o que representa a aplicação do dever de informação, anexo à boa-fé objetiva.

c) *Comissões facultativas* – são aquelas em que o comitente transmite ao comissário as razões de seu interesse no negócio, sem qualquer restrição ou observação especial para a atuação do último.

CAP. 14 · CONTRATOS EM ESPÉCIE – DA COMISSÃO, DA AGÊNCIA E DISTRIBUIÇÃO E DA CORRETAGEM

Mesmo havendo esta autonomia do comissário, ele é obrigado a agir de acordo com as ordens e instruções do comitente (art. 695, *caput*, do CC). Não havendo instruções e não sendo possível pedi-las a tempo, o comissário deverá agir conforme os usos e costumes do lugar da celebração do contrato. O dispositivo mantém relação direta com o art. 113, *caput,* do CC, que consagra a interpretação dos negócios jurídicos conforme a boa-fé objetiva, usos e costumes.

Haverá presunção de que o comissário agiu bem, justificando-se a sua atuação, se dela houver resultado alguma vantagem ao comitente. A mesma regra vale para os casos em que, não admitindo demora a realização do negócio, o comissário agiu de acordo com os usos locais (art. 695, parágrafo único, do CC).

O comissário é obrigado, no desempenho das suas incumbências, a agir com cuidado e diligência, não só para evitar qualquer prejuízo ao comitente, mas ainda para lhe proporcionar o lucro que razoavelmente se podia esperar do negócio (art. 696 do CC). A obrigação do comissário é, portanto, uma obrigação de meio ou diligência, estando ele sujeito à responsabilidade subjetiva que a lei prevê.

Isso é confirmado pelo parágrafo único do comando legal em questão, pelo qual "responderá o comissário, salvo motivo de força maior, por qualquer prejuízo que, por ação ou omissão, ocasionar ao comitente". Apesar da falta de menção, o caso fortuito (evento totalmente imprevisível) também é excludente da responsabilidade do comissário. Primeiro, porque exclui o nexo de causalidade. Segundo, porque constitui um evento de maior amplitude do que a força maior (evento previsível, mas inevitável). Terceiro, porque há julgados do próprio STJ que consideram caso fortuito e força maior expressões sinônimas (por todos: EREsp 772.620/MG, 2.ª Seção, Rel. Min. Fernando Gonçalves, j. 12.03.2008, *DJ* 24.03.2008, p. 1; REsp 613.036/RJ, 3.ª Turma, Rel. Min. Castro Filho, j. 14.06.2004, *DJ* 01.07.2004, p. 194; REsp 269.293/SP, 2.ª Seção, Rel. Min. Nancy Andrighi, j. 09.05.2001, *DJ* 20.08.2001, p. 345).

Exatamente na linha dessas notas, no Projeto de Reforma e Atualização do Código Civil, almeja-se tornar o art. 696 do Código Civil ainda mais claro. Assim, no seu § 1.º, há pretensão de incluir também a menção ao caso fortuito – evento totalmente imprevisível –, na tentativa que a atualização traz de sua equiparação à força maior – evento previsível, mas inevitável. No mesmo preceito, a palavra "prejuízo" é trocada por "dano", também com o intuito de uma objetivação e clareza do texto, que passaria a prever o seguinte: "responderá o comissário, salvo motivo de caso fortuito ou força maior, por qualquer dano que, por ação ou omissão, ocasionar ao comitente".

Também há proposição de se incluir no comando um § 2.º, estabelecendo que, "salvo proibição expressa no contrato, o comissário poderá adquirir a coisa que lhe tenha sido entregue para venda, abatido do preço final o valor que lhe seria devido a título de comissão". A Subcomissão de Direito Contratual fundamentou a última sugestão na doutrina, pontuando que "o contrato de comissão tem tido sua utilização intensificada no ambiente digital (*on-line*) e essa realidade demanda atualizar a legislação civil para prevenir conflitos nas relações entre comitente e comissário". Assim sendo, o último parágrafo proposto, ao tratar da possibilidade de aquisição do bem pelo comissário, "estabelece duas condições objetivas: a previsão de possibilidade no contrato entre comitente e comissário; e que o pagamento da comissão será devido com abatimento do preço final a ser pago pelo adquirente da coisa, no caso, o comissário".

Voltando-se ao sistema em vigor, a responsabilidade contratual subjetiva do comissário também pode ser retirada do art. 697 do CC. Prescreve o comando legal que o comissário não responde pela insolvência das pessoas com quem tratar, exceto em caso de culpa.

Entretanto, se no contrato de comissão constar a cláusula *del credere*, responderá o comissário solidariamente com as pessoas com que houver tratado em nome do comitente, hipótese em que, salvo estipulação em contrário, o comissário terá direito a remuneração mais elevada, para compensar o ônus assumido (art. 698 do CC).

Interpretando o art. 1.736 do Código Civil Italiano, que influencia o dispositivo brasileiro, comentam Giorgio Cian e Alberto Trabuchi que a cláusula *del credere* gera a responsabilidade agravada e direta do comissário (*Commentario...*, 1992, p. 1.406). Na doutrina brasileira, ensina Maria Helena Diniz que a comissão *del credere* "é uma modalidade contratual pela qual o comissário assume a responsabilidade pela solvência daquele com quem vier a contratar e por conta do comitente. Esse pacto acessório inserido no contrato é um estímulo à seleção dos negócios, evitando que o comissário efetive atos prejudiciais ao comitente, comprometendo-se pela liquidez da dívida contraída em caso de venda a prazo. A comissão 'del credere' constitui o comissário garante solidário ao comitente" (DINIZ, Maria Helena. *Código...*, 2005, p. 573).

No entanto, é importante ressaltar que os riscos da evicção e os vícios redibitórios não podem ser repartidos por meio da cláusula *del credere*. Conforme os comentários de Gustavo Tepedino, a cláusula *del credere* pode ser convencionada de forma oral, mas desde que de forma expressa, "não podendo ser inferida das circunstâncias ou presumida" (TEPEDINO, Gustavo. *Comentários...*, 2008, v. X, p. 242).

Anote-se que, no contrato de representação comercial autônoma, a cláusula *del credere* é vedada (art. 43 da Lei 4.886/1965). Além de ser considerada nula, a inserção da cláusula pode motivar a rescisão contratual (por todos: TJSP, Apelação 992.05.039454-0, Acórdão 4755239, 28.ª Câmara de Direito Privado, Regente Feijó, Rel. Des. Eduardo Sá Pinto Sandeville, j. 23.03.2010, *DJESP* 27.10.2010; e TJRS, Acórdão 70025966771, 15.ª Câmara Cível, São Leopoldo, Rel. Des. Paulo Roberto Félix, j. 17.06.2009, *DOERS* 02.07.2009, p. 117).

Em 2024, julgou o Superior Tribunal de Justiça que é também vedada a pactuação da cláusula *del credere* nos contratos de agência ou distribuição, *por aproximação*. Vejamos trecho da ementa do *decisum*:

> "(...). Pelo princípio da especialidade, a incompatibilidade normativa soluciona-se pela aplicação da norma que contém elementos especializantes, subtraindo da regulação do espectro normativo da norma geral em virtude de determinados critérios que são especiais. Pela mesma razão, que justifica a disciplina especial de determinada hipótese fática e a retira do âmbito de incidência da norma geral, no caso de conflito entre os critérios cronológico e de especialidade, a solução deve privilegiar a regulamentação particular. (...). Vedação de pactuação da cláusula *del credere* (pacto a ser inserido no contrato e pelo qual o colaborador assume a responsabilidade pela solvência da pessoa com quem

CAP. 14 • CONTRATOS EM ESPÉCIE – DA COMISSÃO, DA AGÊNCIA E DISTRIBUIÇÃO E DA CORRETAGEM

contratar em nome do fornecedor, tornando-se solidariamente responsável) nos contratos de agência ou distribuição por aproximação, por força do disposto no art. 43 da Lei n. 4.886/1965. (...). Inaplicabilidade por analogia do art. 698 do Código Civil uma vez que o recurso à autointegração do sistema pela analogia pressupõe que estenda a uma hipótese não regulamentada a disciplina legalmente prevista para um caso semelhante. Esta forma de expansão regulatória, portanto, depende da similitude fática significativa entre o caso em referência e seu paradigma, o que não ocorre no caso em questão, porquanto existe previsão normativa expressa acerca da vedação da cláusula *del credere* aos contratos de que se trata e há dessemelhança entre os tipos contratuais" (STJ, REsp 1.784.914/SP, 4.ª Turma, Rel. Min. Antonio Carlos Ferreira, j. 23.04.2024, *DJe* 30.04.2024).

Ainda sobre a citada cláusula *del credere,* na *II Jornada de Direito Comercial*, promovida pelo Conselho da Justiça Federal em fevereiro de 2015, aprovou-se o Enunciado n. 68, prevendo que no contrato de comissão com cláusula *del credere,* responderá solidariamente com o terceiro contratante também o comissário que tiver cedido seus direitos ao comitente, nos termos da parte final do art. 694 do Código Civil. Vejamos os termos das suas justificativas:

> "O enunciado tem por objetivo conciliar os arts. 694 e 698 do Código Civil. A cláusula *del credere* afasta a irresponsabilidade presumida do comissário, prevista no art. 697 do Código Civil, tornando-o responsável perante o comitente do cumprimento da obrigação assumida e descumprida pelo terceiro. A princípio, não pode haver solidariedade entre o comissário e o terceiro que com ele contratou perante o comitente, porque o art. 694 do Código Civil dispõe que não haverá direito de ação do comitente em face das pessoas com quem o comissário contratar, mesmo que no interesse daquele. O *del credere* não pode vincular o terceiro ao contrato de comissão porque este dele não tem conhecimento e os efeitos não se estendem à compra e venda (princípio da relatividade dos contratos). Assim, o comissário somente se constituirá garante solidário ao terceiro por força do *del credere* se houver cedido seus direitos ao comitente, nos termos do que faculta a parte final do art. 694 do Código Civil".

Pontue-se que o enunciado foi aprovado com ampla maioria, traduzindo o pensamento majoritário dos doutrinadores presentes ao evento.

No Projeto de Reforma do Código Civil, a *Comissão de Juristas* propõe alterações para o seu art. 698, na linha da melhor doutrina e do entendimento constante do Enunciado n. 68, da *II Jornada de Direito Comercial.* Nesse contexto, o *caput* do comando passará a prever, consoante a última ementa doutrinária, que, "se do contrato de comissão constar a cláusula *del credere*, responderá o comissário solidariamente com as pessoas com que houver tratado em nome do comitente, se tiver cedido seus direitos ao comitente, nos termos da parte final do art. 694 deste Código".

Como exceção à regra da solidariedade, o que vem em boa hora, valorizando a convenção entre as partes, o novo § 1.º do preceito passa a prever que "a cláusula *del credere*, de que trata o *caput* deste artigo, poderá ser convencionada com previsão de responsabilidade parcial ou fracionada". Por fim, a previsão da parte final do atual *caput* seria deslocada para um novo § 2.º, para dar mais clareza e melhor organização ao texto, estatuindo que, "salvo disposição em contrário no contrato, o comissário terá direito a uma remuneração mais elevada, se do contrato de comissão constar a cláusula *del credere*".

Pois bem, no sistema ainda em vigor, a solidariedade decorrente da cláusula *del credere* acabou por ser mitigada por força da Lei 14.690, de 3 de outubro de 2023, que introduziu um parágrafo único ao art. 698 do CC, com a seguinte redação: "a cláusula *del credere* de que trata o *caput* deste artigo poderá ser parcial". O objetivo é que a cláusula gere uma espécie de *solidariedade parcial*, por força da autonomia privada e do convencionado entre as partes, relativizando a regra geral do comando.

De todo modo, não havendo a responsabilidade integral do comissário, não se pode falar propriamente em solidariedade, que gera uma responsabilidade *in solidum* de todos os devedores, com opção de demanda em favor do credor. A hipótese, assim, seria de *responsabilidade fracionária*, por força do contrato.

Em regra, presume-se que o comissário é autorizado a conceder dilação do prazo para pagamento por terceiros, na conformidade dos usos do lugar onde se realizar o negócio, se não houver instruções diversas do comitente (art. 699 do CC). A presunção, por razões óbvias, é relativa (*iuris tantum*), admitindo previsão em contrário, ou seja, a proibição da concessão de prazo. De qualquer modo, como outros dispositivos, este também está sintonizado com o art. 113 do CC, pela utilização da expressão "usos do lugar onde se realizar o negócio", o que deve ser analisado casuisticamente, dentro da ideia de função social.

Mais uma vez para deixar a norma mais clara, com a valorização de usos, costumes e *regras de tráfego* consolidadas, que podem afastar a atual presunção relativa, pelo Projeto de Reforma do Código Civil, o *caput* do art. 699 passará a enunciar que, "salvo prova em contrário de usos e costumes do lugar, presume-se o comissário autorizado a conceder dilação do prazo para pagamento, se não houver instruções diversas do comitente". E mais, o novo parágrafo único proposto para o comando, seguindo em parte o que estava previsto no art. 178 do revogado Código Comercial, estabelece que, "vencidos os prazos concedidos para o pagamento dos bens vendidos a prazo, o comissário é obrigado a efetivar a sua cobrança, sob pena de responder por perdas e danos supervenientes perante o comitente, em caso de omissão dolosa ou culposa". Como corretamente justificou a Subcomissão de Direito dos Contratos, "a ampliação da utilização dos contratos de comissão no comércio digital (*on-line*) e a desterritorialização das transações no ambiente digital impõem que o comissário seja incumbido da imediata cobrança, ainda que o fornecedor do bem esteja em outro país ou em localidade territorial distante daquela em que se encontra o comissário. A facilidade de transação comercial no ambiente digital não pode ser obstáculo para a cobrança dos valores devidos, no tempo certo e sem prejuízo para o comitente".

Feitas essas notas, por outro lado, se houver instruções do comitente proibindo prorrogação de prazos para pagamento por terceiros, ou se a prorrogação não for conforme os usos locais, poderá o comitente exigir que o comissário pague imediatamente os valores devidos ou responda pelas consequências da dilação concedida (art. 700 do CC). A mesma regra deve ser aplicada se o comissário não der ciência ao comitente dos prazos concedidos e de quem é seu beneficiário.

Os usos e costumes ainda constam do art. 701 do Código Civil em vigor. Como exposto, o contrato de comissão é oneroso, devendo o comissário ser remunerado pela sua atuação. Lembra Araken de Assis que "em geral, os parceiros fixam um percentual

CAP. 14 · CONTRATOS EM ESPÉCIE – DA COMISSÃO, DA AGÊNCIA E DISTRIBUIÇÃO E DA CORRETAGEM

sobre o produto bruto do negócio, porque, do contrário, poder-se-ia chegar a uma contraprestação irrisória, e, portanto, desestimulante para o comissário. Admite-se a fixação de um valor fixo e invariável e, também, a participação nos lucros, com ou sem repartição das despesas, o que não desnatura a comissão" (*Contratos...*, 2005, p. 180). Essa remuneração recebe o mesmo nome do contrato: *comissão*. Entretanto, se no contrato não estiver estipulada a remuneração devida ao comissário, será ela arbitrada segundo os usos correntes no lugar. Essa regra já constava no art. 186 do Código Comercial.

No Projeto de Reforma do Código Civil, a proposta da Comissão de Juristas é de um necessário aperfeiçoamento da redação, passando a prever como critério para a remuneração do comissário a complexidade do negócio realizado, o que vem em boa hora: "não sendo estipulada a remuneração devida ao comissário, será ela arbitrada segundo o grau de complexidade do negócio realizado e dos usos correntes do lugar da sua celebração".

Como constou das precisas justificativas da Subcomissão de Direito dos Contratos, "a referência a usos e costumes é controversa em uma sociedade que se desterritorializa continuamente em decorrência da utilização de sistemas digitais (*on-line*) cada vez mais frequentes, presentes em diferentes atividades e, em especial, nos contratos de comissão de agências de viagem, plataformas digitais de *e-commerce*, entre outras. A referência mais adequada nesse contexto é que a remuneração atenda ao grau de complexidade do negócio realizado pelo comissário no interesse do comitente. Quanto maior o grau de utilização de recursos profissionais que demandem conhecimento e/ou emprego de equipamentos e dispositivos tecnológicos de alta precisão para garantia da qualidade do negócio, maior deverá ser a remuneração nos casos em que não tiver sido previamente pactuada entre as partes". Nota-se, portanto, que a alteração proposta para o art. 701 do Código Civil é imperiosa, para adaptação do contrato de comissão aos novos tempos.

Voltando-se ao sistema em vigor, para se manter o *sinalagma obrigacional*, no caso de morte do comissário, ou, quando, por motivo de força maior, não puder ele concluir o negócio, será devida pelo comitente uma remuneração proporcional aos trabalhos realizados (art. 702 do CC). Consigne-se que na hipótese de morte do comissário, como o contrato é personalíssimo, ocorrerá a sua extinção por *cessação contratual*. A remuneração proporcional prevista no dispositivo está de acordo com a eticidade (boa-fé objetiva), vedando o enriquecimento sem causa.

Também para evitar o enriquecimento sem causa, mesmo que o comissário tenha motivado a sua dispensa, terá ele direito a ser remunerado pelos serviços úteis prestados ao comitente, ressalvado a este o direito de exigir daquele os prejuízos sofridos (art. 703 do CC). O dispositivo não elucida quais sejam os *serviços úteis*. Trata-se de uma cláusula geral, um conceito legal indeterminado, a ser preenchido pelo aplicador do Direito caso a caso. Para esse preenchimento, entra em cena a análise do contrato de acordo com o contexto social, ou seja, a função social dos pactos.

A Comissão de Juristas nomeada no Senado Federal sugere que a menção à *dispensa*, típica de contratos de trabalho e de relações de emprego, seja substituída pelo termo *resolução*, que é mais amplo e serve para denotar o inadimplemento em contratos civis e empresariais, celebrados por pessoas naturais e jurídicas, como se dá na comissão, em que não há vínculo empregatício. Assim, o art. 703 do Código Civil passará a prever o seguinte: "ainda que tenha dado motivo à resolução do contrato, terá o comissário direito a ser remunerado pelos serviços úteis prestados ao comitente, ressalvado a este o direito de exigir os prejuízos sofridos, ainda que exclusivamente imateriais". Também é corretamente incluída a plena possibilidade de reparação dos danos imateriais ou extrapatrimoniais, além dos danos materiais ou patrimoniais, no preceito, o que vem em boa hora.

Determina hoje o art. 704 do CC que, em regra, pode o comitente, a qualquer tempo, alterar as instruções dadas ao comissário, entendendo-se por elas regidos também os negócios pendentes. Mas, conforme determina o próprio dispositivo, é possível previsão em contrário, ou seja, cláusula que não autoriza essa alteração unilateral. Isso evidencia que o comando legal é preceito de ordem privada, podendo ser contrariado por convenção entre as partes, pela autonomia privada. Como assinala Gustavo Tepedino, com razão, se o comissário for prejudicado por tais novas orientações, poderá pleitear indenização do comitente. Ademais, essas novas orientações não podem implicar abuso de direito servindo como parâmetro o art. 187 do CC, que trata do fim econômico e social do instituto, da boa-fé objetiva e dos bons costumes (*Comentários...*, 2008, p. 253-254).

Com os fins de tornar mais regrada a possibilidade de alteração das regras inicialmente pactuadas pelas partes e vedar o citado abuso de direito, a Comissão de Juristas encarregada da Reforma do Código Civil sugere a inclusão de um novo parágrafo único no art. 704 do Código Civil, com os seguintes dizeres: "as alterações determinadas pelo comitente não poderão aumentar o grau de complexidade para a sua realização ou tornar o negócio inviável, hipóteses em que o comissário poderá pleitear a resolução do contrato cumulada com perdas e danos".

Consoante as justificativas da Subcomissão de Direito dos Contratos, "a diferença de capacidade econômica entre comitente e comissário pode ser muito expressiva no ambiente de negócios digitais (*on-line*), como acontece, por exemplo, com marcas mundialmente conhecidas que não são fabricantes de produtos, mas contratam comissários para comprarem serviços de terceiros para produção. A mudança das instruções do comitente é legal por se tratar de preceito de ordem privada, no entanto, é relevante que o comitente seja compelido por lei a manter a boa-fé objetiva sem a qual poderá se caracterizar abuso de direito ou prática de má-fé, com as consequências legais aplicáveis".

Retornando-se ao sistema vigente, sendo o comissário despedido sem justa causa, terá direito a ser remunerado pelos trabalhos prestados, bem como a ser ressarcido pelas perdas e danos resultantes de sua dispensa (art. 705 do CC). O dispositivo equivale parcialmente ao art. 188 do Código Comercial. As perdas e danos devem ser compreendidos em sentido amplo, englobando os danos materiais e morais.

Como sustentado quando da análise da prestação de serviço, não há problema de a lei utilizar a expressão *justa causa*, até porque este contrato também pode ser apreciado pela Justiça do Trabalho, sendo o comissário uma pessoa natural. Por isso, é imperioso entender hoje que se deve considerar a expressão *justa causa* como uma cláusula geral, a ser preenchida pelo juiz caso a caso e que para esse preenchimento podem ser aplicadas as regras trabalhistas de caracterização da justa causa, no caso de pessoa física que celebra o contrato (art. 482 da CLT).

CAP. 14 · CONTRATOS EM ESPÉCIE – DA COMISSÃO, DA AGÊNCIA E DISTRIBUIÇÃO E DA CORRETAGEM | **661**

De todo modo, no Projeto de Reforma do Código Civil, seguindo-se a linha de outras propostas, como se dá com a prestação de serviços, objetiva-se a retirada da menção à *justa causa*, que é típica dos contratos de trabalho e das relações de emprego, e incompatível com os contratos civis e empresariais. Nesse contexto da correta menção categórica, o art. 705 do Código Civil preverá o seguinte: "se o contrato de comissão for denunciado imotivadamente, o comissário terá direito a ser remunerado pelos trabalhos prestados, bem como a ser reparado pelos danos resultantes da resilição". Além da precisa troca da *justa causa* por *denúncia imotivada*, passa-se a mencionar a *resilição*, que é extinção do contrato pelo exercício de um direito potestativo, como previsto no art. 473 da própria codificação privada.

Quanto aos deveres das partes, enuncia o vigente art. 706 do CC que tanto o comitente quanto o comissário são obrigados a pagar juros um ao outro. O comitente é obrigado a pagar pelo que o comissário houver adiantado para o cumprimento de suas ordens, enquanto o comissário se encarrega das despesas decorrentes da mora na entrega dos fundos que pertencerem ao comitente. Esses juros podem ser *convencionais*, fixados pelas partes. Não havendo previsão, aplica-se o art. 406 do Código Civil em vigor (1% ao mês, conforme o Enunciado n. 20 CJF/STJ). A ação para cobrança desses juros prescreverá em três anos, segundo o art. 206, § 3.º, III, do Código Civil em vigor.

Em havendo falência ou insolvência do comitente, o crédito do comissário, relativo a comissões e despesas feitas, goza, nos termos expressos da codificação privada, de privilégio geral, tendo em vista o seu caráter de remuneração (art. 707 do CC).

Diante da Lei de Falências (Lei 11.101/2005), em seu tratamento anterior, Araken de Assis revelava ser importante identificar, na ordem de preferência, o crédito do comissário (*Contratos...*, 2005, p. 187). Para tanto, preconizava o art. 83 da referida Lei, em sua redação original, que a classificação dos créditos na falência obedeceria à seguinte ordem:

"I – os créditos derivados da legislação do trabalho, limitados a 150 (cento e cinquenta) salários mínimos por credor, e os decorrentes de acidentes de trabalho;

II – créditos com garantia real até o limite do valor do bem gravado;

III – créditos tributários, independentemente da sua natureza e tempo de constituição, excetuadas as multas tributárias;

IV – créditos com privilégio especial, a saber:

a) os previstos no art. 964 da Lei 10.406, de 10 de janeiro de 2002;

b) os assim definidos em outras leis civis e comerciais, salvo disposição contrária desta Lei;

c) *aqueles a cujos titulares a lei confira o direito de retenção sobre a coisa dada em garantia*;

d) aqueles em favor dos microempreendedores individuais e das microempresas e empresas de pequeno porte de que trata a Lei Complementar n.º 123, de 14 de dezembro de 2006 (Incluído pela Lei Complementar n.º 147, de 2014.)

V – créditos com privilégio geral, a saber:

a) os previstos no art. 965 da Lei 10.406, de 10 de janeiro de 2002;

b) os previstos no parágrafo único do art. 67 desta Lei;

c) *os assim definidos em outras leis civis e comerciais, salvo disposição contrária desta Lei*;

VI – créditos quirografários, a saber:

a) aqueles não previstos nos demais incisos deste artigo;

b) os saldos dos créditos não cobertos pelo produto da alienação dos bens vinculados ao seu pagamento;

c) os saldos dos créditos derivados da legislação do trabalho que excederem o limite estabelecido no inciso I do *caput* deste artigo;

VII – as multas contratuais e as penas pecuniárias por infração das leis penais ou administrativas, inclusive as multas tributárias;

VIII – créditos subordinados, a saber:

a) os assim previstos em lei ou em contrato;

b) os créditos dos sócios e dos administradores sem vínculo empregatício".

Os destaques no texto demonstram que o crédito do comissário, em regra, seria enquadrado, sob esse texto, na quinta classe de créditos (*privilégio geral*). Entretanto, ensina o próprio Araken de Assis que o crédito também poderia ser enquadrado na quarta classe com *privilégio especial* ("aqueles a cujos titulares a lei confira o direito de retenção sobre a coisa dada em garantia"), em decorrência do disposto no art. 708 do CC/2002, a saber: "para reembolso das despesas feitas, bem como para recebimento das comissões devidas, tem o comissário direito de retenção sobre os bens e valores em seu poder em virtude da comissão".

Portanto, nunca foi tão simples o enquadramento do crédito do comissário no texto original da Lei de Falência, o que sempre mereceu uma maior atenção pelo aplicador do direito. A Lei 14.112, de 24 de dezembro de 2020 – que trouxe amplas modificações à Lei 11.101/2005 –, altera esse tratamento, com a revogação dos incs. IV e V do art. 83 da norma anterior. Incluiu-se, ainda, um § 6.º no último preceito, prevendo que "para os fins do disposto nesta Lei, os créditos que disponham de privilégio especial ou geral em outras normas integrarão a classe dos créditos quirografários". Supera-se, então, o debate antes existente, e o crédito do comissário passa a ser tido como comum ou quirografário.

Para deixar o comando mais claro, objetivo e direto, propõe-se que ele passe a ter a seguinte dicção, no Projeto de Reforma do Código Civil: "Art. 708. O comissário tem direito de reter do objeto da operação tudo o que lhe for devido em virtude do contrato, incluindo-se a remuneração ajustada e o reembolso de despesas". De acordo com a Subcomissão de Direito dos Contratos, a proposta também visa a equalizar o contrato de comissão com o mandato, como se retira do comando seguinte.

Conforme justificaram os juristas que a compuseram, "a redação sugerida coloca o comissário em condições de igualdade com o mandatário que, conforme artigo 664 do Código Civil, tem direito de reter do objeto da operação que lhe foi cometida, quanto baste para o pagamento de tudo que lhe for devido em consequência do mandato". Citam, a esse propósito, o Enunciado n. 184, da *III Jornada de Direito Civil*, com a sua incidência também para a comissão, por força do art. 709 do CC, estudado a seguir: "o mandatário tem o direito de reter, do objeto da operação que lhe foi cometida, tudo o que lhe for devido em virtude do mandato, incluindo-se a remuneração ajustada e o reembolso de despesas". Como se pode notar, as proposições são necessárias, em prol da segurança jurídica.

CAP. 14 • CONTRATOS EM ESPÉCIE – DA COMISSÃO, DA AGÊNCIA E DISTRIBUIÇÃO E DA CORRETAGEM | **663**

A encerrar o tratamento do contrato de comissão, devem ser aplicadas, no que couber, as regras previstas para o mandato, conforme consta do art. 709 do CC (*aplicação residual*). Ora, apesar de serem institutos diversos, o dispositivo reconhece a aplicação residual das regras do mandato, conforme previa anteriormente o art. 190 do Código Comercial.

A justificativa é muito bem apresentada por Maria Helena Diniz, eis que "como a comissão se apresenta com a feição de mandato sem representação, ou, como preferimos, de representação indireta, as normas sobre mandato aplicar-se-lhe-ão subsidiariamente, no que couber, e, havendo omissão legal ou contratual, seus efeitos reger-se-ão pelos usos" (DINIZ, Maria Helena. *Código...*, 2005, p. 578).

14.3 DA AGÊNCIA E DISTRIBUIÇÃO

Pelo contrato de *agência*, uma pessoa assume, em caráter não eventual e sem vínculos de dependência, a obrigação de promover, à conta de outrem e mediante retribuição, a realização de certos negócios, em zona determinada, caracterizando-se a *distribuição* quando o agente tiver à sua disposição a coisa a ser negociada. O art. 710 do Código Civil em vigor é o que traz o conceito dos contratos em questão, o que representa aplicação do *princípio da operabilidade*, no sentido de facilitação do Direito Civil.

Interpretando o que consta da lei, leciona José Maria Trepat Cases que "contrato de agência é contrato pelo qual uma pessoa obriga-se, mediante retribuição, sem relação de emprego, a praticar negócios jurídicos, à conta e ordem de outra pessoa, em caráter não eventual" (*Código...*, 2003, p. 53). Ensina ainda que "o contrato de agência muito se assemelha ao contrato de representação comercial, mas tal semelhança não os iguala. Alguns dispositivos poderão ser comuns; outros, entretanto, serão específicos para cada uma das modalidades contratuais, que objetivam negócios diversos. Note-se que vários são os doutrinadores que adotam como semelhantes as denominações: agente ou representante comercial e, ainda, contrato de agência ou representação comercial". Essa similaridade pode ser percebida pelo parágrafo único do art. 710, segundo o qual "o proponente pode conferir poderes ao agente para que este o represente na conclusão dos contratos".

Jones Figueirêdo Alves e Mário Luiz Delgado são autores que entendem que o contrato de agência ou distribuição é semelhante ao contrato de representação comercial. São suas palavras:

> "O novo Código Civil trouxe como nova figura contratual o contrato de agência e distribuição. Trata-se, a rigor, do contrato de representação comercial regulado pela Lei 4.886/1965, cuja nova definição, com melhor enquadramento jurídico, é agora oferecida pelo Código Civil. Diversamente, porém, da Lei do Representante Comercial, exclui-se a expressão 'negócios mercantis', o que guarda identidade com o sistema. A distribuição, como figura contratual diferenciada, é o incremento da relação de agência. No que diz respeito à distribuição de veículos automotores, esta continua regulada pela Lei 6.729/1975 (Lei Ferrari)" (ALVES, Jones Figueirêdo; DELGADO, Mário Luiz. *Código...*, 2005, p. 320).

A doutrina critica o fato de o Código Civil de 2002 ter tratado a agência e a distribuição de forma unificada. Para José Maria Trepat Cases a diferenciação de ambos os contratos não é tão simples assim, especificamente como consta do art. 710 do CC, ou seja, somente pelo fato de o distribuidor ter à sua disposição a coisa a ser negociada. Ensina esse autor que "a distribuição é modalidade contratual recente, de concepção estrutural da economia moderna. A distribuição é a contratação voltada para otimizar a produção e circulação de bens, aproximando o produtor do consumidor, por intermédio do distribuidor. A distribuição engloba de forma orgânica e coordenada a figura do colaborador-intermediário (distribuidor) e o produtor, numa integração vertical, segundo Roberto Baldi" (*Código...*, 2003, p. 64). Na doutrina contemporânea, Pablo Stolze Gagliano e Rodolfo Pamplona Filho também veem diferenças entre a agência e a distribuição, em sentido próximo ao doutrinador por último transcrito (*Novo curso...*, 2008, p. 384-385).

Tentando elucidar a questão, na *I Jornada de Direito Comercial,* evento promovido pelo Conselho da Justiça Federal em 2012, aprovou-se enunciado doutrinário estabelecendo que o contrato de distribuição previsto no art. 710 do Código Civil é, de fato, uma modalidade de agência. Isso porque o agente atua como mediador ou mandatário do preponente e faz *jus* à remuneração devida por este correspondente aos negócios concluídos em sua zona ou área de atuação. Ato contínuo, estabelece a proposta de que, no contrato de distribuição autêntico, o distribuidor comercializa diretamente o produto recebido do fabricante ou fornecedor e seu lucro resulta das vendas que faz por sua conta e risco (Enunciado n. 31). Destaque-se que o enunciado é de autoria do Professor Alexandre Ferreira de Assumpção Alves, da Universidade do Estado do Rio de Janeiro.

Como exemplo prático de hipótese fática em que há uma das figuras em estudo, importante julgado do STJ reconheceu a aplicação das regras de agência para o contrato de venda de consórcios, bem como a existência de um negócio colaborativo entre as partes. Como constou do acórdão:

> "O vínculo entre as partes litigantes é típico contrato de agência, regulado pelos arts. 710 e seguintes do CC/2002, por meio do qual a promotora das vendas se obriga a disponibilizar ao consumidor a aquisição de quotas consorciais, mediante remuneração, recolhendo propostas e transmitindo-as à administradora do consórcio (contratante). O vínculo contratual colaborativo originado do contrato de agência importa na administração recíproca de interesses das partes contratantes, viabilizando a utilização da ação da prestação de contas e impondo a cada uma das partes o dever de prestar contas à outra. A remuneração devida à promotora é apurada, após a conclusão dos contratos de aquisição de quotas, podendo ser influenciada também em razão de desistências posteriores, como no caso concreto, de modo que não é possível o conhecimento de todas as parcelas que compõem a remuneração final, sem a efetiva participação da administradora" (STJ, REsp 1.676.623/SP, 3.ª Turma, Rel. Min. Marco Aurélio Bellizze, j. 23.10.2018, *DJe* 26.10.2018, p. 1.531).

Adotando justamente o teor do citado Enunciado n. 31, da *I Jornada de Direito Comercial,* a Comissão de Juristas constituída no Senado Federal para a Reforma do Código Civil sugere a seguinte redação para o art. 710, para os fins de afastar as comuns dúvidas relativas às diferenças entre a agência e a distribuição: "pelo contrato de agência, uma pessoa assume, em caráter não eventual e sem vínculos de dependência, a obrigação de promover, à conta de outra, mediante retribuição, a realização de certos negócios, em zona determinada". Como se verá a seguir, há também propostas de inclusão de regras específicas e separadas do contrato de distribuição empresarial, modalidade de agência,

CAP. 14 · CONTRATOS EM ESPÉCIE – DA COMISSÃO, DA AGÊNCIA E DISTRIBUIÇÃO E DA CORRETAGEM

nos novos arts. 721-A a 721-I, seguindo textos de normas elaborados pela Professora Paula Andrea Forgioni, componente da citada comissão.

Quanto ao contrato de agência, trata-se de contrato bilateral, oneroso, consensual, comutativo, personalíssimo e informal. Também constitui contrato de trato sucessivo, pois as obrigações devem ser cumpridas de forma periódica no tempo. O contrato de distribuição possui as mesmas características, ou seja, a mesma natureza jurídica que o contrato de agência, no tocante às classificações.

Nos dois casos, constituem *contratos de exclusividade*, em regra, o que ressalta os seus intuitos personalíssimos ou *intuitu personae*. Nesse sentido, o art. 711 do CC estatui que, salvo ajuste em contrário, o proponente, ou representado, não pode constituir, ao mesmo tempo, mais de um agente, na mesma zona, com idêntica incumbência. A norma tem relação direta com a boa-fé objetiva, conforme se depreende do seguinte julgado do Tribunal Paulista:

> "Contrato. Distribuição e venda de softwares. Cobrança de comissões que seriam devidas por vendas feitas diretamente pela empresa concedente e outros distribuidores em área tida por exclusiva. Alegação da inadmissibilidade de exclusividade de área ou possibilidade de rompimento de tal reserva em relações de representação e distribuição. Impropriedade. Falta de ajuste que impede que contratante constitua ao mesmo tempo mais de um agente em uma mesma zona de distribuição. Art. 711 do Código Civil de 2002. Exclusividade que decorre da natureza do contrato de distribuição. Princípio da boa-fé objetiva. Distribuidora, ademais, que alavancou esforços e meios para dedicar-se exclusivamente ao contratante. Verbas calculadas em perícia devidas. Inadmissibilidade do pedido reconvencional de compensação com valores ainda em discussão em outra demanda e sobre outros contratos. Apelação não provida nesta parte" (TJSP, Apelação 1164259-0, Acórdão 2635834, 19.ª Câmara de Direito Privado, São Paulo, Rel. Des. Ricardo Negrão, j. 29.04.2008, *DJESP* 24.06.2008).

Por outro lado, ressaltando a sua bilateralidade, não pode o agente assumir o encargo de nela tratar de negócios do mesmo gênero, à conta de outros proponentes. A exclusividade da representação já constava dos arts. 27 e 31 da Lei 4.886/1965, que, como visto, regula as atividades dos representantes comerciais autônomos.

Além disso, o agente, no desempenho que lhe foi cometido, deve agir com toda diligência, atendo-se às instruções recebidas do proponente ou representado (art. 712 do CC). Isso sob pena de caracterização do descumprimento contratual, a gerar a sua resolução com a imputação das perdas e danos.

Em regra, todas as despesas com a agência ou distribuição correm a cargo do agente ou distribuidor, que age por conta própria, salvo estipulação em contrário (art. 713 do CC).

Na Reforma do Código Civil, para o último dispositivo, a Comissão de Juristas propõe apenas retirar a menção ao distribuidor, uma vez que a distribuição empresarial receberá um tratamento em separado, nas novas letras do art. 721. Assim, passará a prever o seguinte: "salvo estipulação diversa, todas as despesas com a agência ou distribuição correm a cargo do agente". Mesma sugestão é feita para o dispositivo seguinte.

Englobando todas essas previsões legais, pode ser citado interessante julgado do Superior Tribunal de Justiça, que concluiu pelo descumprimento contratual por posto de combustíveis que adquiriu produtos de outra distribuidora, desrespeitando aquela com quem mantinha contrato de distribuição. O descumprimento gerou o despejo do posto de combustíveis, pois o imóvel onde se localizava era da própria distribuidora de combustíveis. O caso envolvia a coligação de um contrato de distribuição com outro de locação de imóveis:

"Processual civil. Locação. Recurso especial. Ação de despejo por infração contratual. Violação ao art. 535 do CPC. Inexistência. Contratos de fornecimento entre a distribuidora e a revendedora. Exclusividade na compra dos produtos. Vedação à compra de produtos fornecidos por terceiros. Ato jurídico perfeito. Violação aos arts. 131 do CPC e 1.092 do Código Civil de 1916. Aferição. Reexame de matéria fático-probatória. Impossibilidade. Código de defesa do consumidor. Inaplicabilidade. Precedentes. Recurso especial conhecido e improvido. 1. É firme a jurisprudência do Superior Tribunal de Justiça no sentido de que não há falar em ofensa ao art. 535 do CPC quando o Tribunal de origem pronuncia-se de forma clara e precisa sobre as questões postas nos autos, assentando-se em fundamentos suficientes para embasar a decisão, não estando o magistrado obrigado a rebater, um a um, todos os argumentos aduzidos pela parte. 2. É legal a exigência de exclusividade na compra dos produtos fornecidos pela recorrida, contratualmente prevista, porquanto era autorizada pela Portaria 61 do Departamento Nacional de Combustíveis – DNC. Destarte, sua revogação pela Portaria 9/97, da Agência Nacional do Petróleo – ANP, não tem o condão de alterar tal disposição, uma vez que o contrato estipulado entre as partes constitui ato jurídico perfeito, baseado nas normas aplicáveis à época. 3. Tal entendimento também é suficiente para afastar a aplicação do art. 21, XI, da Lei 8.884/1994, uma vez que, não obstante este vede a imposição, 'no comércio de bens ou serviços, a distribuidores, varejistas e representantes, preços de revenda, descontos, condições de pagamento, quantidades mínimas ou máximas, margem de lucro ou quaisquer outras condições de comercialização relativas a negócios destes com terceiros', não poderia ele ser aplicável a ato jurídico perfeito, anteriormente celebrado. 4. Outrossim, ainda que considerada nula a cláusula contratual que fixa as quantidades mínimas de combustível a serem fornecidas pela recorrida à recorrente, esta, por si só, não teria o condão de anular o contrato como um todo. Isso porque a infração contratual imputada à recorrente diz respeito à compra de produtos de terceiros, em afronta a cláusula contratual que determina a exclusividade de fornecimento de produtos pela recorrida, cuja legalidade resta demonstrada. 5. Tendo a Corte *a quo* afastado a aplicação, na espécie, do princípio *exceptio non rite adimplenti contractus* com base no conjunto probatório dos autos, aferir a ocorrência de ofensa aos arts. 131 do CPC e 1.092 do Código Civil de 1916 implicaria o revolvimento de matéria fático-probatória, inviável em sede especial, por atrair o óbice da Súmula 7/STJ. 6. O Código de Defesa do Consumidor não se aplica aos contratos firmados entre postos revendedores de combustível e distribuidores, uma vez que aqueles não se enquadram no conceito de consumidor final, previsto no art. 2.º da referida lei. Precedentes. 7. Recurso especial conhecido e improvido" (STJ, REsp 858.239/SC, 5.ª Turma, Rel. Min. Arnaldo Esteves Lima, j. 05.10.2006, *DJ* 23.10.2006, p. 356).

O agente ou distribuidor terá direito à remuneração correspondente aos negócios concluídos dentro de sua zona, ainda que sem a sua interferência. Essa remuneração, prevista no art. 714 da codificação, é denominada pela doutrina também como *comissão*. José Maria Trepat Cases ensina que essa remuneração poderá assumir as formas a seguir (*Código Civil...*, 2003, p. 77):

a) *Comissão variável* – é a comissão cuja remuneração tem como base um percentual sobre o valor do negócio realizado.

CAP. 14 · CONTRATOS EM ESPÉCIE – DA COMISSÃO, DA AGÊNCIA E DISTRIBUIÇÃO E DA CORRETAGEM

b) *Comissão fixa* – é a comissão cuja remuneração decorre da realização de um certo número de operações, cujo mínimo é ajustado por força do contrato, não se aplicando essa forma de remuneração na representação comercial autônoma.

c) *Comissão mista* – é uma combinação das duas formas anteriores, também não se aplicando à representação autônoma.

Essa remuneração será devida ao agente também quando o negócio deixar de ser realizado por fato imputável ao proponente ou representado (art. 716 do CC). Esse fato imputável é motivo para a resolução do contrato por inexecução voluntária do representado ou proponente, ou seja, mediante a sua culpa em sentido amplo ou *lato sensu*. O pagamento da remuneração não afasta o pagamento de todas as perdas e danos sofridos pelo agente.

Além disso, se o proponente, sem justa causa, cessar o atendimento das propostas e reduzir o atendimento a ponto de tornar antieconômica a continuação do contrato, o agente ou distribuidor terá direito à indenização (art. 715 do CC). O dispositivo trata de um caso de deslealdade do proponente, a gerar a resolução do negócio e a aplicação do princípio da reparação integral dos danos. Havendo dano à imagem-atributo ou honra objetiva do agente ou distribuidor, há que se falar em indenização por danos morais, mesmo nas hipóteses em que o agente ou distribuidor for pessoa jurídica, que também pode sofrer dano moral (Súmula 227 do STJ).

Assim como se dá com os dois dispositivos anteriores, no Projeto de Reforma do Código Civil, a Comissão de Juristas sugere a retirada da menção ao distribuidor, diante do tratamento específico que será visto mais à frente. Nesse contexto, o art. 715 preceituará o que segue: "o agente tem direito à indenização, se o proponente, sem justa motivação, cessar o atendimento das propostas ou reduzi-las tanto que se torne antieconômica a continuação do contrato". Ademais, na linha do que foi comentado em dispositivos anteriores, e sobretudo no que diz respeito à prestação de serviços, retira-se a menção à *justa causa*, própria das relações de emprego e incompatível com os contratos civis e empresariais, substituída por *justa motivação*, que ainda é mais específica e própria do tipo de contratação da agência.

Ainda quanto ao descumprimento do contrato, duas regras deverão ser observadas:

a) Mesmo quando dispensado por justa causa, terá o agente direito a ser remunerado pelos serviços úteis prestados ao proponente, sem embargo de haver este perdas e danos pelos prejuízos sofridos (art. 717 do CC).

b) Por outro lado, se a dispensa se der sem culpa do agente (sem justa causa), terá ele direito à remuneração até então devida, inclusive sobre os negócios pendentes, além das indenizações previstas em lei especial (art. 718 do CC).

Mais uma vez deve-se compreender que a expressão *justa causa* constitui uma cláusula geral, a ser preenchida pelo juiz caso a caso. Os arts. 35 e 36 da Lei 4.886/1965, que tratam da representação comercial, podem auxiliar no preenchimento dessa cláusula geral.

Pelo art. 35 da referida norma, constituem motivos justos para rescisão do contrato de representação comercial, pelo representado:

- a desídia do representante no cumprimento das obrigações decorrentes do contrato;
- a prática de atos que importem em descrédito comercial do representado;
- a falta de cumprimento de quaisquer obrigações inerentes ao contrato de representação comercial;
- a condenação definitiva por crime considerado infamante;
- força maior (evento previsível, mas inevitável).

Por outra via, pelo art. 36 da mesma lei específica, constituem motivos justos para rescisão do contrato de representação comercial, pelo representante:

- a redução de esfera de atividade do representante em desacordo com as cláusulas do contrato;
- a quebra, direta ou indireta, da exclusividade, se prevista no contrato;
- a fixação abusiva de preços em relação à zona do representante com o exclusivo escopo de impossibilitar-lhe ação regular;
- o não pagamento de sua retribuição na época devida;
- força maior.

Quanto às *indenizações previstas em lei especial*, nos termos do art. 718 do CC, a norma refere-se àquelas constantes do art. 27 da mesma Lei 4.886/1965, a saber:

- Indenização devida ao representante, pela rescisão do contrato fora dos casos previstos no art. 35, cujo montante não poderá ser inferior a 1/12 (um doze avos) do total da retribuição auferida durante o tempo em que exerceu a representação (letra *j*). Sobre essa previsão, o Enunciado n. 82, aprovado na *III Jornada de Direito Comercial*, em 2019, prevê que tal montante deve ser apurado com base nas comissões recebidas durante todo o período em que a parte exerceu a representação, afastando-se os efeitos de eventual pagamento a menor, decorrente de prática ilegal ou irregular da representada, reconhecida por decisão judicial ou arbitral transitada em julgado. A ementa doutrinária procura consolidar a ética contratual e a boa-fé, contando com o meu apoio. Além disso, em julgado do final do ano de 2019, o Superior Tribunal de Justiça acabou por concluir que não cabe a antecipação desses valores por cláusula contratual. Segundo o aresto, "o pagamento antecipado, em conjunto com a remuneração mensal devida ao representante comercial, desvirtua a finalidade da indenização prevista no art. 27, 'j', da Lei 4.886/65, pois o evento, futuro e incerto, que autoriza sua incidência, é a rescisão unilateral imotivada do contrato. Essa forma de pagamento subverte o próprio conceito de indenização. Como é sabido, o dever de reparar somente se configura a partir da prática de um ato danoso. No particular, todavia, o evento que desencadeou tal dever não havia ocorrido – nem era possível saber se, de fato, viria a ocorrer – ao tempo em que efetuadas as antecipações mensais". Cita-se em seguida, como fundamento, a boa-fé objetiva, porque esse princípio "impede que as partes de uma relação contratual exercitem direitos, ainda que previstos na própria avença de maneira formalmente lícita, quando, em sua essência, esse exercício representar deslealdade ou gerar consequências danosas para a contraparte. A cláusula que extrapola o que o ordenamento jurídico estabelece como padrão mínimo para garantia do equilíbrio entre as partes da relação contratual deve ser declarada inválida" (STJ, REsp 1.831.947/PR, 3.ª Turma, Rel. Min. Nancy Andrighi, j. 10.12.2019, *DJe* 13.12.2019). As conclusões do julgado têm o meu apoio doutrinário.

CAP. 14 • CONTRATOS EM ESPÉCIE – DA COMISSÃO, DA AGÊNCIA E DISTRIBUIÇÃO E DA CORRETAGEM | **669**

– Na hipótese de contrato a prazo certo, a indenização corresponderá à importância equivalente à média mensal da retribuição auferida até a data da rescisão, multiplicada pela metade dos meses resultantes do prazo contratual (§ 1.º).

Como última observação a respeito do seu art. 718, a Comissão de Juristas nomeada no Senado Federal para a Reforma do Código Civil propõe uma melhora no *caput*, para que passe a mencionar a denúncia do contrato, sem culpa, e não mais a dispensa, que é própria das relações de emprego e dos contratos de trabalho, e não de contratos civis e empresariais: "se a denúncia do contrato se der sem culpa do agente, terá ele direito à remuneração até então devida, inclusive sobre os negócios pendentes, além das indenizações previstas em lei especial". Além disso, almeja-se positivar na norma o teor do Enunciado n. 82, da *III Jornada de Direito Comercial*, com a inclusão do seguinte parágrafo único, que vem em boa hora, de acordo com os comentários doutrinários antes desenvolvidos: "o montante da indenização deverá ser apurado com base nas comissões recebidas durante o período em que o agente exerceu sua atividade para o proponente".

Preceitua ainda o Código Civil que, se o agente não puder continuar o trabalho por motivo de força maior, terá direito à remuneração correspondente aos serviços realizados, cabendo esse direito aos herdeiros no caso de morte (art. 719 do CC). Por razões óbvias, mais uma vez, o dispositivo também abrange o caso fortuito.

O art. 720 do Código Civil em vigor trata da resilição unilateral para o contrato em questão, prescrevendo que "se o contrato for por tempo indeterminado, qualquer das partes poderá resolvê-lo, mediante aviso prévio de noventa dias, desde que transcorrido prazo compatível com a natureza e o vulto do investimento exigido do agente". Apesar de a lei falar em *resolução*, trata-se de um direito potestativo da parte, havendo *resilição*, nos termos do art. 473 do CC. Portanto, houve aqui um descuido do legislador, o que é reconhecido por outros autores contemporâneos (TEPEDINO, Gustavo. *Comentários...*, 2008, v. X, p. 372; GAGLIANO, Pablo Stolze; PAMPLONA FILHO, Rodolfo. *Novo curso...*, 2008, p. 397).

Aliás, o art. 720 do CC/2002 deve ser entendido com íntima relação com o art. 473, parágrafo único, da própria codificação material, pelo qual a *resilição unilateral* pode ser afastada se uma parte tiver feito investimentos consideráveis no contrato, hipótese em que o contrato deve ser prorrogado de acordo com a natureza e o vulto dos investimentos. Ambos os dispositivos, trazem como conteúdo o princípio da conservação do contrato, que mantém íntima relação com a função social, assegurando trocas úteis e justas no negócio (Enunciado n. 22 CJF/STJ). Aplicando a ideia de prorrogação compulsória do contrato, da jurisprudência:

> "Liminar. Medida cautelar de manutenção de contrato. Cabimento da liminar já examinada e reconhecida em outro recurso. Suspensão ou sua substituição por depósito mensal da remuneração pactuada. Contrato de prestação de serviço de representação e gerenciamento por prazo determinado, rescindido unilateralmente pelo contratante. Descabimento. Inadmissível a pretensão do representado de, mediante depósito judicial da remuneração a que teria direito o representante, suspender a liminar de manutenção do contrato, sob pena de, por vias tortuosas, conferir ao representado, réu na medida cautelar de manutenção de contrato, autorização para rescindi-lo, não se olvidando que o contrato de representação, vigente por prazo determinado, a rigor não pode ser denunciado de forma unilateral e imotivadamente pelo representado, exceto pela via Judiciária ou do juízo arbitral, mediante

propositura de demanda própria. Exegese do art. 720 do Código Civil, e art. 35 da Lei n.º 4.886/1965, com redação alterada pela Lei n.º 8.420/1992. A indenização por perdas e danos, em caso de rescisão injusta de contrato por prazo determinado, prevista nos arts. 715 do diploma civil, e 27, alínea *j*, da Lei n.º 4.886/1965 com redação dada pela Lei n.º 8.420/1992, não exclui a necessidade de prévia incursão na via Judiciária ou no juízo arbitral" (TJSP, Agravo de Instrumento 0027765-92.2013.8.26.0000, Acórdão 6608700, 35.ª Câmara de Direito Privado, São Paulo, Rel. Des. Clóvis Castelo, j. 25.03.2013, *DJESP* 02.04.2013).

"Contrato de distribuição. Prazo de aviso-prévio. Dilação pelo Poder Judiciário. Possibilidade. Antecipação dos efeitos da tutela. Requisitos preenchidos. 1. Presentes os requisitos do art. 273 do CPC, cabível a antecipação dos efeitos da tutela, dilatando-se o prazo de aviso-prévio do contrato de distribuição havido entre as partes. 2. Nos termos do parágrafo único do art. 720 do Código Civil de 2002, é lícito ao Poder Judiciário dilatar o prazo de aviso-prévio do contrato de distribuição, de modo a compatibilizá-lo com a natureza e o vulto dos investimentos realizados para sua execução. 3. Provimento em parte do recurso" (TJRS, Agravo de Instrumento 70022003586, 5.ª Câmara Cível, Pelotas, Rel. Des. Paulo Sérgio Scarparo, j. 12.12.2007, *DOERS* 18.12.2007, p. 40).

No caso de prorrogação do contrato, havendo divergência entre as partes, quanto ao prazo de alongamento e ao valor da remuneração devida, o juiz decidirá com razoabilidade e equidade (art. 720, parágrafo único, do CC), o que constitui mais uma confirmação da conservação contratual.

Em relação ao art. 720, a Comissão de Juristas encarregada da Reforma do Código Civil propõe ajustes pontuais mais do que necessários, constituindo, o primeiro deles, alterar a menção à *resolução* para *resilição* e *denúncia*, sendo a primeira expressão totalmente imprópria e representando um desvio de categoria jurídica, como antes pontuei. Nesse contexto, o *caput* do preceito enunciará o seguinte: "se o contrato for por tempo indeterminado, qualquer das partes poderá resili-lo ou denunciá-lo, mediante aviso prévio de pelo menos noventa dias, desde que transcorrido prazo compatível com a natureza e o vulto dos investimentos exigidos pelas partes".

Ademais, para uma melhor expressão do caráter bilateral ou *sinalagmático* do avençado, substitui-se a menção final a *agente* por *partes*. No parágrafo único, melhor a norma mencionar o julgador, que inclui juiz ou árbitro, do que apenas utilizar o primeiro termo: "no caso de divergência entre as partes, o julgador decidirá sobre o prazo e o valor devido".

Encerrando o atual tratamento da matéria, a codificação privada preceitua que devem ser aplicadas ao contrato de agência e distribuição, no que couberem, as regras concernentes ao mandato e à comissão e as constantes de lei especial (art. 721 do CC). A aplicação residual, mais uma vez, justifica-se pela grande similaridade entre os contratos. Como lei especial, será incidente a citada Lei da Representação Comercial (Lei 4.886/1965, com as alterações introduzidas pela Lei 8.420/1992).

Para findar o tópico, anoto que no Projeto de Reforma do Código Civil propõe-se um tratamento detalhado e separado do contrato de distribuição empresarial, que passa a ser um novo contrato típico do Código Civil de 2002, com regras entre os arts. 721-A e 721-I (Capítulo XII-A do Título VI – "Das Várias Espécies de Contrato").

As propostas foram originalmente formuladas pela Professora Paula Andrea Forgioni, componente da comissão, aceitas pela Subcomissão de Direito dos Contratos e

CAP. 14 · CONTRATOS EM ESPÉCIE – DA COMISSÃO, DA AGÊNCIA E DISTRIBUIÇÃO E DA CORRETAGEM | **671**

pela Relatoria Geral, formada por mim e pela Professora Rosa Maria de Andrade Nery, sem modificações.

De início, o contrato é definido como aquele em que o concedente se obriga à venda reiterada de bens ou de serviços ao distribuidor, para que este os revenda, tendo como proveito econômico a diferença entre o preço de aquisição e o de revenda e assumindo obrigações voltadas à satisfação das exigências do sistema de distribuição do qual participa (art. 721-A, *caput*). O concedente e o distribuidor são considerados empresas independentes, cabendo a cada qual os riscos, as despesas, os investimentos, as responsabilidades e os proveitos próprios de sua própria atividade, salvo os casos expressamente previstos em legislação específica (art. 721-A, parágrafo único).

Como ocorre em todos os contratos celebrados em regime de colaboração empresarial, o distribuidor deve empregar em seu negócio a diligência do empresário ativo e probo, de forma que não comprometa a reputação e a imagem do concedente (art. 721-B). Para a eficiência do sistema de distribuição, o contrato pode estabelecer, por cláusulas nele previstas, que o distribuidor siga as orientações e os padrões de atuação impostos pelo concedente (art. 721-C). Ademais, salvo ajuste das partes em sentido contrário e respeitada a legislação específica, ao distribuidor compete fixar os preços de revenda a seus clientes (art. 721-D).

Igualmente, salvo ajuste das partes em sentido contrário, o distribuidor poderá utilizar gratuitamente os sinais distintivos do concedente, desde que não comprometa a sua imagem, regra que tem grande importância na prática desse negócio empresarial (art. 721-E). Entretanto, o concedente não pode exercer seus direitos contratuais com o escopo exclusivo de prejudicar o distribuidor, sob pena de resolução do contrato com perdas e danos – norma ética que tem relação direta com a boa-fé objetiva (art. 721-F). Como não poderia ser diferente, o concedente não poderá alterar, abruptamente e sem justo motivo, as condições de fornecimento ao distribuidor, o que visa a dar uma maior segurança jurídica e estabilidade para os negócios do último (art. 721-G). São consideradas nulas de pleno direito, hipótese de nulidade absoluta, as cláusulas que estipulem a renúncia antecipada do distribuidor à indenização garantida por lei ou a direito resultante da natureza do negócio (art. 721-H) – preceito que dialoga com o art. 424 do próprio Código Civil.

Por fim, está previsto no projetado art. 721-I que "aplica-se o art. 720 à denúncia imotivada do contrato de distribuição celebrado por tempo indeterminado", conclusão que não poderia ser diferente, pelo que vimos a respeito do último comando citado.

Como se pode perceber, há proposição de um tratamento amplo e seguro para o contrato de distribuição empresarial, na linha da doutrina da autora do texto, a Professora Paula Forgioni, e das corretas aplicações jurisprudenciais a respeito do tema, muitas delas aqui antes estudadas.

14.4 DA CORRETAGEM

O Código Civil de 2002 conceitua o contrato de corretagem ou mediação no art. 722, sendo este o negócio jurídico pelo qual uma pessoa (o corretor ou intermediário), não ligada a outra em virtude de mandato, de prestação de serviços ou por qualquer relação de dependência, obriga-se a obter para a segunda um ou mais negócios, conforme as instruções recebidas. A pessoa que busca o serviço do corretor é denominada *comitente*.

A atuação do corretor ou intermediário é comum na venda de imóveis, bem como na venda de mercadorias e ações na Bolsa de Valores, sendo regulamentada por normas específicas. Nesse sentido, a doutrina é unânime em apontar duas grandes categorias de corretores: os oficiais e os livres (TEPEDINO, Gustavo. *Questões controvertidas...*, 2004, p. 129; COLTRO, Antonio Carlos Mathias. *Contrato...*, 2007, p. 37).

Quanto aos corretores oficiais, gozam eles de fé pública, havendo seis classes apontadas pelos doutrinadores citados: *a)* fundos públicos; *b)* mercadorias; *c)* navios; *d)* operações de câmbio; *e)* seguros; *f)* valores (TEPEDINO, Gustavo. *Questões controvertidas...*, 2004, p. 129; COLTRO, Antonio Carlos Mathias. *Contrato...*, 2007, p. 37). As suas atuações estão regulamentadas por leis específicas.

No que concerne aos corretores livres, não dependem de qualquer investidura oficial, "tendo como único pressuposto a capacidade civil, além da submissão à legislação corporativa, que regulamenta a profissão, através dos Conselhos Federais e Regionais, habilitando-os para o exercício profissional", conforme ensina Gustavo Tepedino (*Questões controvertidas...*, 2004, p. 131). É o caso do corretor de imóveis, cuja atividade é disciplinada pela Lei 6.530/1978, regulamentada pelo Decreto 81.871/1978.

Em algumas hipóteses fáticas debate-se a licitude do conteúdo da corretagem, como na *corretagem matrimonial*, em que há a aproximação de um casal efetuada por terceiro. Como bem aponta Sílvio de Salvo Venosa, "A tendência moderna nela é não ver ilicitude nessa atividade crescente, desde que conduzida dentro dos princípios éticos e morais. Desvios que tangenciam a ilicitude ou frontalmente transgridem o ordenamento podem ocorrer em qualquer atividade" (VENOSA, Sílvio de Salvo. *Código Civil...*, 2010, p. 681). Essa também é a minha posição doutrinária.

Ainda quanto ao art. 722 da codificação privada, anoto que o Projeto de Reforma do Código Civil almeja incluir um parágrafo único nele, prevendo que "não constitui contrato de corretagem o serviço de mera indicação de bens para aquisição, inclusive em ambiente virtual". O objetivo é diferenciar a corretagem – que envolve uma série de atos coordenados, com fim específico, uma atividade – da mera indicação de bens para venda ou locação – o que é feito por muitos funcionários de condomínios pelo País. Como é notório, essa indicação tem sido intermediada por empresas especializadas na *internet*, em um contrato atípico, que envolve apenas uma das fases da corretagem.

Quanto à sua natureza jurídica, o contrato de comissão é bilateral (*sinalagmático*), oneroso e consensual. O contrato é também acessório, pois depende de outro negócio para existir, qual seja, um contrato principal celebrado no interesse do comitente. É aleatório, pois envolve a álea, o risco, particularmente a celebração desse negócio principal. Nesse sentido, leciona Antonio Carlos Mathias Coltro que "é aleatório o contrato, porque o corretor depende da sorte de seu trabalho para ter direito ao recebimento da corretagem, aí estando o risco da atividade" (*Contrato...*, 2007, p. 28).

O contrato é ainda informal, não sendo exigida sequer a forma escrita. O art. 723 do CC foi alterado pela Lei 12.236/2010. Vejamos a redação anterior e a atual:

CAP. 14 · CONTRATOS EM ESPÉCIE – DA COMISSÃO, DA AGÊNCIA E DISTRIBUIÇÃO E DA CORRETAGEM | 673

Redação anterior	Redação atual
Art. 723. O corretor é obrigado a executar a mediação com a diligência e prudência que o negócio requer, prestando ao cliente, espontaneamente, todas as informações sobre o andamento dos negócios; deve, ainda, sob pena de responder por perdas e danos, prestar ao cliente todos os esclarecimentos que estiverem ao seu alcance, acerca da segurança ou risco do negócio, das alterações de valores e do mais que possa influir nos resultados da incumbência.	Art. 723. O corretor é obrigado a executar a mediação com diligência e prudência, e a prestar ao cliente, espontaneamente, todas as informações sobre o andamento do negócio. Parágrafo único. Sob pena de responder por perdas e danos, o corretor prestará ao cliente todos os esclarecimentos acerca da segurança ou do risco do negócio, das alterações de valores e de outros fatores que possam influir nos resultados da incumbência.

Como se pode notar, não houve alteração no conteúdo do texto, mas apenas uma adaptação à Lei Complementar 95/1998, que trata da elaboração de leis. Foi inserido um parágrafo único na redação para que a norma ficasse mais bem organizada e redigida. Em suma, no meu entendimento, a alteração não tem qualquer utilidade prática, apesar de algumas manifestações no sentido de o texto ter ampliado a responsabilidade do corretor.

O que o dispositivo consagra é a obrigação do corretor de executar o contrato com a diligência e prudência necessárias, prestando ao cliente, espontaneamente, todas as informações sobre o andamento dos negócios (obrigação de meio ou diligência). O corretor deve, ainda, prestar ao cliente todos os esclarecimentos que estiverem ao seu alcance, acerca da segurança ou riscos do negócio, das alterações de valores e de tudo o mais que possa influir nos resultados da incumbência, o que está em total sintonia com o princípio da boa-fé objetiva. O desrespeito a tais deveres gera a resolução do contrato com perdas e danos. Trazendo interessante conclusão a respeito do comando, do Tribunal do Rio Grande do Sul:

> "Ação declaratória de inexistência de débito cumulada com reparação por danos materiais e morais. Promessa de compra e venda de imóvel. Negligência dos corretores. Inobservância do dever de prestar espontaneamente informações sobre o andamento do negócio. Comissão de corretagem indevida. Pedido contraposto improcedente. Não tendo os corretores da empresa ré observado as suas obrigações decorrentes da própria profissão, conforme o estipulado pelo art. 723 do Código Civil, não fazem *jus* à comissão de corretagem prevista no contrato. Hipótese em que a ré deixou de informar os autores sobre o andamento do negócio, limitando-se a apresentar o comprador. A insatisfação dos autores quanto ao serviço prestado restou amplamente demonstrada pelas diversas tentativas de contato com a ré, inclusive, através de carta de pedido de esclarecimentos e por notificação extrajudicial para revogação dos poderes conferidos inicialmente para intermediação da compra e venda do imóvel. Sentença confirmada por seus próprios fundamentos. Recurso improvido" (TJRS, Recurso Cível 71001393065, 1.ª Turma Recursal Cível, Porto Alegre, Rel. Des. Ricardo Torres Hermann, j. 28.08.2008, *DOERS* 02.09.2008, p. 112).

Araken de Assis, reunindo o que há de melhor na doutrina, aponta que quatro são os deveres do corretor, extraídos diretamente e indiretamente desse comando legal (*Contratos...*, 2005, p. 258):

a) dever de obter o negócio;

b) dever de diligência;

c) dever de sigilo;

d) dever de informar.

Esses deveres são impostos sem prejuízo daqueles específicos aos corretores oficiais. Como se pode notar, a relação com o princípio da boa-fé objetiva (art. 422 do CC) é indeclinável e inafastável.

A remuneração a que faz *jus* o corretor é também denominada *comissão*, podendo esta ser fixa, variável ou mista, assim como ocorre com a representação comercial. Prevê o art. 724 do CC que, se esta remuneração não estiver fixada em lei, nem ajustada entre as partes, será arbitrada segundo a natureza do negócio e os usos locais. A título de exemplo de incidência do comando, cite-se acórdão do Tribunal de Justiça de São Paulo que fixou a remuneração do corretor em 4% do valor do contrato principal, não havendo estipulação por escrito da corretagem:

> "Comprovada a autorização dada ao corretor para realizar a intermediação, bem como que este praticou os atos ensejadores do negócio, a ele cabe receber a respectiva comissão de corretagem devida. Riscos de desfazimento do negócio que configuram causas estranhas à atividade de intermediação, sobre as quais não é razoável exigir que eles tivessem controle. Quantificação. Ausência de contrato escrito. Arbitramento (CC, art. 724). Redução (4% do valor do contrato)" (TJSP, Embargos de Declaração 9146334-69.2008.8.26.0000/50000, Acórdão 6960578, 31.ª Câmara de Direito Privado, São Paulo, Rel. Des. Hamid Bdine, j. 25.06.2013, *DJESP* 03.09.2013).

Pontue-se que, na prática do mercado imobiliário, é comum fixar esse percentual entre 3% e 8% do valor da transação, o que varia de local para local, pelos costumes e regras de tráfego.

Tema que foi amplamente debatido na prática nos últimos anos diz respeito à cobrança de taxa de corretagem, com a aquisição de imóvel novo, na planta, direto no estande de vendas, sem a intermediação ou atuação concreta por corretor.

Sempre entendi que tais valores não poderiam ser cobrados dos consumidores, fazendo com que fosse cabível a sua devolução em dobro, incidindo plenamente a regra do parágrafo único do art. 42 do CDC.

Demonstrando toda a polêmica a respeito do assunto, vejamos aresto anterior do Tribunal de Justiça de São Paulo, que conclui pela impossibilidade da devolução em dobro dos referidos valores, pela ausência da prova de má-fé:

> "Verbas de assessoria imobiliária. Devolução dos valores. Possibilidade, segundo o Enunciado n.º 38.3 desta Câmara, exibindo as vendedoras legitimidade para a restituição: 'O adquirente que se dirige ao estande de vendas para a aquisição do imóvel não responde pelo pagamento das verbas de assessoria imobiliária (corretagem e taxa SATI). É da responsabilidade da vendedora o custeio das referidas verbas, exibindo legitimidade para eventual pedido de restituição'. Devolução em dobro, entretanto, afastada. Má-fé não demonstrada. Incidência do enunciado pela Súmula n.º 159 do STF. 5. Despesas de condomínio e taxas de IPTU exigidas antes da entrega das chaves. Impossibilidade, segundo o Superior Tribunal de Justiça: 'Para efeitos do art. 543-C do CPC, firmam-se as seguintes teses: A) O que define a responsabilidade pelo pagamento das obrigações condominiais

não é o registro do compromisso de compra e venda, mas a relação jurídica material com o imóvel, representada pela imissão na posse pelo promissário comprador e pela ciência inequívoca do condomínio acerca da transação'. Devolução em dobro dos valores, entretanto, afastada. Ausência de má-fé na realização da cobrança. 6. Indenização por danos materiais. Arbitramento de lucros cessantes. Admissibilidade, segundo o entendimento do STJ também adotado pela Câmara (Enunciado n.º 38.5). Necessidade, entretanto, de arbitramento da verba no equivalente ao aluguel do imóvel a contar da data de constituição das vendedoras em mora até a efetiva entrega das chaves. Apuração do valor devido em liquidação de sentença. 7. Indenização por danos morais. Acolhimento do pleito indenizatório. Frustração relacionada à aquisição do imóvel que importou em lesão extrapatrimonial" (TJSP, Apelação Cível 0006490-36.2013.8.26.0114, Acórdão 8762314, 3.ª Câmara de Direito Privado, Campinas, Rel. Des. Donegá Morandini, j. 31.08.2015, *DJESP* 04.09.2015).

Como se observa, o aresto reconheceu que a cobrança da taxa de corretagem em casos tais seria abusiva, ao lado da taxa SATI (Serviço de Assessoria Técnica Imobiliária).

Em 2016, a Segunda Seção do Superior Tribunal de Justiça analisou a questão em sede de julgamento de incidente de recursos repetitivos, pacificando a matéria. Acabou por concluir que a taxa SATI é, sim, abusiva, cabendo sua devolução simples.

Quanto à taxa de corretagem, entendeu a Corte Superior que não haveria abusividade na sua cobrança, diante do esclarecimento prévio feito ao consumidor do seu pagamento, em consonância com o princípio da boa-fé objetiva. Vejamos as três ementas que firmaram as teses:

"Recurso especial repetitivo. Direito civil e do consumidor. Processual civil. Incorporação imobiliária. Venda de unidades autônomas em estande de vendas. Corretagem. Cláusula de transferência da obrigação ao consumidor. Alegação de abusividade. Teoria da asserção. Legitimidade passiva da incorporadora. Validade da cláusula. Serviço de assessoria técnico-imobiliária (SATI). Cobrança. Descabimento. Abusividade. 1. Tese para os fins do art. 1.040 do CPC/2015: 1.1. Legitimidade passiva 'ad causam' da incorporadora, na condição de promitente-vendedora, para responder pela restituição ao consumidor dos valores pagos a título de comissão de corretagem e de taxa de assessoria técnico-imobiliária, nas demandas em que se alega prática abusiva na transferência desses encargos ao consumidor. 2. Caso concreto: 2.1. Aplicação da tese ao caso concreto, rejeitando-se a preliminar de ilegitimidade. 2.2. 'Validade da cláusula contratual que transfere ao promitente-comprador a obrigação de pagar a comissão de corretagem nos contratos de promessa de compra e venda de unidade autônoma em regime de incorporação imobiliária, desde que previamente informado o preço total da aquisição da unidade autônoma, com o destaque do valor da comissão de corretagem' (tese firmada no julgamento do REsp 1.599.511/SP). 2.3. 'Abusividade da cobrança pelo promitente-vendedor do serviço de assessoria técnico-imobiliária (SATI), ou atividade congênere, vinculado à celebração de promessa de compra e venda de imóvel' (tese firmada no julgamento do REsp 1.599.511/SP). 2.4. Improcedência do pedido de restituição da comissão de corretagem e procedência do pedido de restituição da SATI. 3. Recurso especial provido, em parte" (STJ, REsp 1.551.951/SP, 2.ª Seção, Rel. Min. Paulo de Tarso Sanseverino, j. 24.08.2016, *DJe* 06.09.2016).

"Recurso especial repetitivo. Direito civil e do consumidor. Incorporação imobiliária. Venda de unidades autônomas em estande de vendas. Corretagem. Serviço de assessoria técnico-imobiliária (SATI). Cláusula de transferência da obrigação ao consumidor. Prescrição trienal da pretensão. Enriquecimento sem causa. 1. Tese para os fins do art. 1.040 do CPC/2015: 1.1. Incidência da prescrição trienal sobre a pretensão de restituição dos valores pagos a título de comissão de corretagem ou de serviço de assistência técnico-imobiliária (SATI), ou atividade congênere (art. 206, § 3.º, IV, CC). 1.2. Aplicação do precedente da Segunda Seção no julgamento do Recurso Especial n. 1.360.969/RS, concluído na sessão de 10.08.2016, versando acerca de situação análoga. 2. Caso concreto: 2.1. Reconhecimento do implemento da prescrição trienal, tendo sido a demanda proposta mais de três anos depois da celebração do contrato. 2.2. Prejudicadas as demais alegações constantes do recurso especial. 3. Recurso especial provido" (STJ, REsp 1.551.956/SP, 2.ª Seção, Rel. Min. Paulo de Tarso Sanseverino, j. 24.08.2016, *DJe* 06.09.2016).

"Recurso especial repetitivo. Direito civil e do consumidor. Incorporação imobiliária. Venda de unidades autônomas em estande de vendas. Corretagem. Cláusula de transferência da obrigação ao consumidor. Validade. Preço total. Dever de informação. Serviço de assessoria técnico-imobiliária (SATI). Abusividade da cobrança. I – tese para os fins do art. 1.040 do CPC/2015: 1.1. Validade da cláusula contratual que transfere ao promitente-comprador a obrigação de pagar a comissão de corretagem nos contratos de promessa de compra e venda de unidade autônoma em regime de incorporação imobiliária, desde que previamente informado o preço total da aquisição da unidade autônoma, com o destaque do valor da comissão de corretagem. 1.2. Abusividade da cobrança pelo promitente-vendedor do serviço de assessoria técnico-imobiliária (SATI), ou atividade congênere, vinculado à celebração de promessa de compra e venda de imóvel. II – Caso concreto: 2.1. Improcedência do pedido de restituição da comissão de corretagem, tendo em vista a validade da cláusula prevista no contrato acerca da transferência desse encargo ao consumidor. Aplicação da tese 1.1. 2.2. Abusividade da cobrança por serviço de assessoria imobiliária, mantendo-se a procedência do pedido de restituição. Aplicação da tese 1.2. III – Recurso especial parcialmente provido" (STJ, REsp 1.599.511/SP, 2.ª Seção, Rel. Min. Paulo de Tarso Sanseverino, j. 24.08.2016, *DJe* 06.09.2016).

Como se pode perceber, a Corte Superior aplicou, ainda, o prazo prescricional de três anos para a repetição de indébito da taxa SATI, por subsunção do art. 206, § 3.º, inciso IV, do Código Civil, que trata da ação relativa ao enriquecimento sem causa.

Lamento o teor das decisões, pois entendo que ambas as taxas são claramente abusivas, conduzindo ao enriquecimento sem causa das construtoras e dos corretores. Além disso, a repetição de indébito deveria ser em dobro, para os dois valores, aplicando-se o art. 42, parágrafo único, do CDC. Essa afirmação é mantida mesmo tendo a recente Lei 13.786/2018, conhecida como "Lei dos Distratos", previsto que o adquirente responde integralmente pela comissão do corretor em casos de inadimplemento, o que está aprofundado no Volume 4 desta coleção.

Por fim, entendo que o prazo a ser aplicado deveria ser o de dez anos, previsto no art. 205 do Código Civil, por ser mais favorável ao consumidor, em consonância com a *teoria do diálogo das fontes*. Cite-se, a esse propósito, que o STJ tem até sumular estabelecendo que o consumidor tem esse prazo maior para repetir tarifas abusivas, como as de água e esgoto (Súmula 412). Houve, assim, uma contradição do julgamento em relação a essa súmula, com o devido respeito.

Pontue-se, em complemento, que em 2018, o Superior Tribunal de Justiça ampliou o pensamento a respeito da possibilidade de cobrança da taxa de corretagem dos adquirentes nos contratos imobiliários vinculados ao programa social *Minha Casa, Minha Vida*, regido pela Lei 11.977/2009. Nos termos do aresto:

"Ressalvada a denominada Faixa 1, em que não há intermediação imobiliária, é válida a cláusula contratual que transfere ao promitente-comprador a obrigação de pagar a comissão de corretagem nos contratos de promessa de compra e venda do Programa Minha Casa, Minha Vida, desde que previamente informado o preço total da aquisição da unidade autônoma, com o destaque do valor da comissão de corretagem. Solução do caso concreto: Considerando que as partes convencionaram que o valor correspondente à comissão de corretagem seria pago diretamente pelo proponente ao corretor, impõe-se julgar improcedente o pedido de repetição dos valores pagos a esse título" (STJ, REsp 1.601.149/RS, 2.ª Seção, Rel. Min. Paulo de Tarso Sanseverino, Rel. p/ Acórdão Min. Ricardo Villas Bôas Cueva, j. 13.06.2018, *DJe* 15.08.2018).

Na verdade, penso que esses julgamentos já estão trazendo um infeliz impacto social e até econômico, uma vez que as pessoas não mais estão procurando os negócios de financiamento da casa própria, para uso próprio ou para investimento, informadas por situações anteriores, de pagamento de montantes extorsivos e abusivos.

Exposta essa divergência, segundo a correta interpretação dos dispositivos que tratam da corretagem, entende a jurisprudência superior que o pagamento da remuneração deve ser feito por aquele que busca os serviços do corretor. Nesse sentido, vejamos preciso e didático aresto publicado no *Informativo* n. 556 do Superior Tribunal de Justiça:

"Inexistindo pactuação dispondo em sentido contrário, a obrigação de pagar a comissão de corretagem é daquele que efetivamente contrata o corretor. Na forma do art. 722 do CC, o contrato de corretagem é aquele por meio do qual alguém se obriga a obter para outro um ou mais negócios de acordo com as instruções recebidas. Essa relação não pode existir em virtude de mandato, de prestação de serviços ou de qualquer relação de dependência. A pessoa que contrata o serviço do corretor é denominada de comitente. Observe-se que, no mercado, há hipóteses em que é o proprietário (vendedor) do imóvel que busca alguém para comprá-lo. Em outras, o contrário ocorre, ou seja, é o comprador que busca a aquisição de imóvel. Em qualquer dos casos, a partir do momento em que o corretor é chamado para ingressar na relação entre comprador e devedor, passa a ser devida a sua comissão. O encargo, pois, do pagamento da remuneração desse trabalho depende, em muito, da situação fática contratual objeto da negociação, devendo ser considerado quem propõe ao corretor nela intervir. Independentemente dessas situações, existindo efetiva intermediação pelo corretor, as partes podem, livremente, pactuar como se dará o pagamento da comissão de corretagem. Há, porém, casos em que tanto o comprador quanto o vendedor se acham desobrigados desse encargo, pois entendem que ao outro compete fazê-lo. Há casos ainda em que essa pactuação nem sequer existe, porquanto nada acordam as partes a respeito, daí surgindo a interpretação que se ampara no art. 724 do CC. Em face dessas dúvidas ou omissões e em virtude da proposta dirigida inicialmente ao corretor, conforme acima exposto, é justo que a obrigação de pagar a comissão de corretagem seja de quem efetivamente contrata o corretor, isto é, do comitente, que busca o auxílio daquele, visando à aproximação com outrem cuja pretensão, naquele momento, está em conformidade com seus interesses, seja como comprador ou como vendedor. Ressalte-se ainda que, quando o comprador vai ao mercado, pode ocorrer que seu interesse se dê por bem que está sendo vendido já com a intervenção de corretor. Aí, inexistindo convenção das partes, não lhe compete nenhuma obrigação quanto à comissão de corretagem, pois o corretor já foi anteriormente contratado pelo vendedor. Diferente é a hipótese em que o comprador, visando à aquisição de bem, contrate o corretor para que, com base em seu conhecimento de mercado, busque bem que lhe interesse. Nessa situação, a tratativa inicial com o corretor foi do próprio comprador" (STJ, REsp 1.288.450/AM, Rel. Min. João Otávio de Noronha, j. 24.02.2015, *DJe* 27.02.2015).

Para classificar a remuneração do corretor, mais uma vez recorre-se aos ensinamentos de José Maria Trepat Cases, para quem essa remuneração "poderá ser fixada para pagamento periódico ou aleatório. No primeiro caso, o pagamento ao corretor é feito de forma periódica, como se dá nos negócios jurídicos realizados com maior frequência. Já na segunda hipótese, o pagamento a ser efetuado tem vinculação direta com a conclusão do contrato principal, que por sua intermediação virá a realizar-se. Prefere-se denominar essa modalidade de remuneração, em vez de aleatória, como remuneração de êxito ou de resultado" (CASES, José Maria Trepat. *Código...*, 2003, p. 114).

O art. 725 do CC/2002 traz regra de grande relevância prática para o contrato em estudo. Estabelece esse dispositivo que a remuneração é devida ao corretor uma vez que tenha conseguido o resultado previsto no contrato de mediação, ou ainda que este não se efetive em virtude de arrependimento das partes. Sobre essa regra, posicionou-se por diversas vezes a nossa jurisprudência.

Inicialmente, é notório o julgado do STJ, pelo qual o corretor tem direito à remuneração mesmo tendo sido realizado o negócio por ele intermediado após o prazo do contrato de mediação:

> "Direito civil. Corretagem. Negócio concretizado após o prazo concedido ao mediador. Direito a comissão. Recurso inacolhido. O corretor faz jus a sua remuneração se o negócio agenciado for concluído mesmo após o vencimento do período estabelecido na autorização, desde que com pessoa por ele indicada ainda quando em curso o prazo do credenciamento e nas mesmas bases e condições propostas. O que não se admite é que o mediador, sem concordância do comitente, arregimente pretendentes quando já expirado o lapso temporal ajustado. Se, porém, indicou interessados no prazo da opção, é-lhe devida a comissão, uma vez alcançado o resultado útil como decorrência da atividade de intermediação pelo mesmo desenvolvida" (STJ, Processo REsp 29.286/RJ, Recurso Especial 1992/0029079-5, 4.ª Turma, Rel. Min. Sálvio de Figueiredo Teixeira (1088), j. 27.04.1993, *DJ* 31.05.1993, p. 10.672).

Outro julgado, da mesma Corte Superior, considerou devida a remuneração mesmo não havendo contrato escrito, o que confirma a tese pela qual o contrato é informal:

> "Corretagem. Inexistência de contrato escrito. Negócio concretizado. 1. A existência da avença é suscetível de ser aferida mediante exame do quadro probatório e não somente através de contrato escrito. 2. Aperfeiçoado o negócio jurídico, com a formalização da promessa de venda e compra e o recebimento do sinal, e devida a remuneração do corretor, ainda que os contraentes desfaçam a transação *a posteriori*. 3. Dissídio jurisprudencial não configurado" (STJ, Recurso Especial não conhecido, REsp 8.216/MG, 4.ª Turma, Rel. Min. Barros Monteiro, j. 27.08.1991, *DJ* 30.09.1991, p. 134.90; *REVJUR* vol. 173, p. 31, *RT* vol. 680, p. 202).

Pela parte final da última ementa, percebe-se que não interessa se o negócio seja desfeito, posteriormente, pelas partes. O que se remunera é a *utilidade* da atuação do corretor ao aproximar as partes e o respeito aos deveres que lhe são inerentes. Nessa *utilidade* é que está a *finalidade* do negócio jurídico em questão.

Todavia, em outro *decisum*, entendeu o Superior Tribunal de Justiça pela inexistência de resultado útil, a afastar a remuneração do corretor, pelo fato de a parte ter

CAP. 14 • CONTRATOS EM ESPÉCIE – DA COMISSÃO, DA AGÊNCIA E DISTRIBUIÇÃO E DA CORRETAGEM

desistido da compra de um imóvel. O acórdão demonstra que há divergência naquele Tribunal Superior quanto à diferenciação entre a desistência do contrato e o arrependimento pelas partes. Vejamos:

"Civil. Recurso especial. Contrato de corretagem. Alienação de empresa. Proposta aceita pelo comprador. Desistência posterior. Resultado útil não configurado. Comissão indevida. Nos termos do entendimento do STJ, a comissão de corretagem só é devida se ocorre a conclusão efetiva do negócio e não há desistência por parte dos contratantes. É indevida a comissão de corretagem se, mesmo após a aceitação da proposta, o comprador se arrepende e desiste da compra. Recurso especial provido" (STJ, REsp 753.566/RJ, 3.ª Turma, Rel. Min. Nancy Andrighi, j. 17.10.2006, *DJ* 05.03.2007, p. 280).

Cabe também colacionar aresto da mesma Corte Superior, no sentido de que a remuneração é devida mesmo havendo inadimplemento posterior de uma das partes, pois o que é fundamental é o resultado útil de aproximação dos negociantes. Conforme a decisão:

"Ainda que o negócio jurídico de compra e venda de imóvel não se concretize em razão do inadimplemento do comprador, é devida comissão de corretagem no caso em que o corretor tenha intermediado o referido negócio jurídico, as partes interessadas tenham firmado contrato de promessa de compra e venda e o promitente comprador tenha pagado o sinal. (...) A realização de um negócio jurídico de compra e venda de imóvel é um ato complexo, que se desmembra em diversas fases – incluindo, por exemplo, as fases de simples negociação, de celebração de contrato de promessa de compra e venda ou de pagamento de arras – até alcançar sua conclusão com a transmissão do imóvel, quando do registro civil do título imobiliário no respectivo Cartório de Registro, nos termos do art. 1.227 do CC/2002. Nesse contexto, somente com a análise, no caso concreto, de cada uma dessas fases, é possível aferir se a atuação do corretor foi capaz de produzir um resultado útil para a percepção da remuneração de que trata o art. 725 do CC/2002. Assim, para o efeito de tornar devida a remuneração a que faz jus o corretor, a mediação deve corresponder somente aos limites conclusivos do negócio jurídico, mediante acordo de vontade entre as partes, independentemente da execução do próprio negócio. A inadimplência das partes, após a conclusão deste, mesmo que acarrete a rescisão contratual, não repercute na pessoa do corretor" (STJ, REsp 1.339.642/RJ, Rel. Min. Nancy Andrighi, j. 12.03.2013, publicada no seu *Informativo* n. 518).

Em outro importante precedente digno de nota, o Tribunal da Cidadania considerou a necessidade de se interpretar esse *resultado útil* para a parte que contrata o corretor, com os deveres do último retirados do art. 723 do Código Civil. Como constou do acórdão, "a remuneração devida ao corretor – e preceituada no art. 725 do CC/02 como sendo cabível quando atingido o resultado útil da mediação, ainda que haja arrependimento dos contratantes – deve harmonizar-se com o disposto no art. 723 do mesmo diploma legal, que prevê que a sua atividade de mediação deve pautar-se na prudência e diligência de seus atos" (STJ, REsp 1.810.652/SP, 3.ª Turma, Rel. Min. Nancy Andrighi, j. 04.06.2019, *DJe* 06.06.2019).

No caso concreto, porém, foi afastado o dever de remunerar os corretores, pois verificou-se que "os ora recorrentes (corretores) não atuaram com prudência e diligência na mediação do negócio, porque lhes cabia conferir previamente sobre a existência de eventuais ações judiciais que pendiam em desfavor dos promitentes vendedores – ou das pessoas jurídicas de que são sócios –, a fim de proporcionar aos promissários compradores todas as informações necessárias à segura conclusão da avença. Assim, ainda que tenha havido a concreta aproximação das partes, com a assinatura da promessa de compra e venda e, inclusive, pagamento do sinal, o posterior arrependimento por parte dos promissários compradores deu-se por fato atribuível aos próprios corretores, sendo indevida, por este motivo, a comissão de corretagem" (STJ, REsp 1.810.652/SP, 3.ª Turma, Rel. Min. Nancy Andrighi, j. 04.06.2019, *DJe* 06.06.2019).

Como outra ilustração prática, haverá *resultado útil* da corretagem mesmo se o negócio for celebrado em condições diferentes ao inicialmente pactuado, como no caso de um contrato de parceria imobiliária que acaba substituindo uma compra e venda. Nos termos de importante acórdão da mesma Terceira Turma do Superior Tribunal de Justiça, do ano de 2018, que merece destaque:

> "É devida a comissão de corretagem por intermediação imobiliária se o trabalho de aproximação realizado pelo corretor resultar, efetivamente, no consenso das partes quanto aos elementos essenciais do negócio. Precedentes. Conforme expressamente reconhecido pelas instâncias ordinárias, em razão da atuação do corretor, os recorridos celebraram com a empresa Realiza Loteadora, Incorporadora, Pavimentação e Obras Ltda um 'contrato de compromisso de parceria para loteamento urbano'. Inegável o benefício patrimonial obtido pelos recorridos com a parceria realizada, pois a gleba de terra rural, sem uso e benfeitorias, foi transformada em um empreendimento imobiliário de grande porte. Deve ser remunerada a atuação do corretor que, no caso concreto, promoveu a aproximação dos seus contratantes com a interessada em assumir o loteamento, em razão do inegável resultado útil obtido. Diante das particularidades do caso concreto e para evitar o 'bis in idem', a comissão de corretagem deve observar o sugerido pelos próprios recorridos" (STJ, REsp 1.765.004/SP, 3.ª Turma, Rel. Min. Ricardo Villas Bôas Cueva, Rel. p/ Acórdão Min. Paulo de Tarso Sanseverino, j. 27.11.2018, *DJe* 05.12.2018).

Por fim, como última ilustração, em aresto de 2022 entendeu a Corte que é devida a remuneração do corretor mesmo havendo o inadimplemento do compromisso de compra e venda que foi intermediado. O aresto demonstra que "no contrato de corretagem, conforme a disciplina legal, a obrigação fundamental do comitente é a de pagar a comissão ao corretor assim que concretizado o resultado a que este se obrigou, qual seja, a aproximação das partes e a conclusão do negócio de compra e venda, ressalvada a previsão contratual em contrário". Assim: "A relação jurídica estabelecida no contrato de corretagem é diversa daquela firmada entre o promitente comprador e o promitente vendedor do imóvel, de modo que a responsabilidade da corretora está limitada a eventual falha na prestação do serviço de corretagem. Não se verificando qualquer falha na prestação do serviço de corretagem nem se constatando o envolvimento da corretora no empreendimento imobiliário, não se mostra viável o reconhecimento da sua responsabilidade solidária em razão da sua inclusão na cadeia de fornecimento" (STJ, REsp 1.811.153/SP, 3.ª Turma, Rel. Min. Marco Aurélio Bellizze, j. 15.02.2022, *DJe* 21.02.2022).

Diante de todas essas interpretações e tentando elucidar tal polêmica e o teor do art. 725 do CC/2002, na *I Jornada de Direito Comercial*, evento promovido pelo Conselho da Justiça Federal no ano de 2012, aprovou-se interessante enunciado do Professor Alexandre Ferreira de Assumpção Alves (UERJ). De acordo com a proposta doutrinária, o pagamento da comissão de corretagem entre empresários pode ser condicionado à celebração do negócio previsto no contrato ou à mediação útil ao cliente, conforme os entendimentos prévios entre as partes. Em complemento, o enunciado doutrinário estabelece que, na ausência de ajuste ou previsão contratual, o cabimento da comissão deve ser analisado no caso concreto, à luz do princípio da boa-fé objetiva e da vedação ao enriquecimento sem causa (Enunciado n. 36).

Com vistas a confirmar todo o entendimento doutrinário e jurisprudencial aqui exposto, a Comissão de Juristas encarregada da Reforma do Código Civil sugere alterações necessárias para o art. 725 do Código Civil. De início, o seu *caput* preverá que "a remuneração é devida ao corretor uma vez que tenha conseguido o resultado útil previsto no contrato, ou ainda que este não se efetive em virtude de arrependimento". Além da menção expressa ao *resultado útil*, como deve ser interpretada a norma, é retirado o termo *mediação*, com o fim de afastar confusões em relação à última figura, hoje tão debatida no âmbito do Processo Civil Brasileiro.

São também incluídos dois novos parágrafos no comando, na linha do que vêm entendendo a doutrina e a jurisprudência nacionais. Nesse contexto, consoante o novo § 1.º, "salvo disposição das partes em sentido contrário, em contrato paritário, a obrigação de pagar a comissão de corretagem é daquele que, comprovadamente, contratou o corretor". A regra do pagamento por aquele que contratou o corretor, portanto, somente pode ser afastada em contratos paritários amplamente negociados entre as partes. Conforme o novo § 2.º, novamente com vistas a afastar dúvidas e polêmicas sobre quem deve remunerar o corretor, "havendo dúvidas sobre quem contratou o corretor, há presunção relativa de ter sido contratado por aquele que ofertou o produto ou serviço".

De acordo com as justificativas da Subcomissão de Direito dos Contratos, as duas propostas estão fundadas em acórdão do Superior Tribunal de Justiça aqui antes destacado, do qual se retira o seguinte trecho, que deve ser relembrado: "é justo que a obrigação de pagar a comissão de corretagem seja de quem efetivamente contrata o corretor, isto é, do comitente, que busca o auxílio daquele, visando à aproximação com outrem cuja pretensão, naquele momento, está em conformidade com seus interesses, seja como comprador ou como vendedor" (STJ, REsp 1.288.450/AM, Rel. Min. João Otávio de Noronha, j. 24.02.2015, *DJe* 27.02.2015). Portanto, as proposições são imperiosas, devendo ser aprovadas pelo Congresso Nacional.

A complementar a relevância da utilidade da atuação do corretor, preconiza o vigente art. 726 do CC que, sendo iniciado e concluído o negócio diretamente entre as partes, sem a atuação do corretor, nenhuma remuneração será devida a este.

No entanto, se por escrito tiver sido ajustada a corretagem com exclusividade – por meio do instrumento que se denomina *opção* –, terá o corretor direito à remuneração integral, ainda que realizado o negócio sem a sua mediação. Mas essa remuneração não será devida se comprovada a inércia ou ociosidade do corretor. *Inércia* e *ociosidade* são conceitos indeterminados que devem ser analisados de acordo com o caso concreto, constituindo, sem dúvidas, duas cláusulas gerais com praticidade indiscutível. Obviamente, o ônus de sua prova cabe a quem as alega.

Quanto ao art. 726 da codificação privada, para seu *caput*, a Comissão de Juristas encarregada da Reforma do Código Civil propõe novamente a retirada do termo *mediação*, para evitar confusões em relação a essa figura, hoje com maior aplicação no âmbito do Processo Civil Brasileiro. Nesse contexto, o dispositivo passará a expressar o seguinte: "iniciado e concluído o negócio diretamente entre as partes, nenhuma remuneração será devida ao corretor; mas se, por escrito, for ajustada a corretagem com exclusividade, terá o corretor direito à remuneração integral, ainda que realizado o negócio sem a sua atuação, salvo se comprovada sua inércia ou ociosidade". O dispositivo também receberá dois parágrafos. Pelo § 1.º, ao tratar da exclusividade, ela "deverá ser prevista por escrito e por tempo determinado". Porém, "na falta de previsão expressa quanto ao tempo da exclusividade, esta será de cinco anos" (novo § 2.º do art. 726). Nas suas justificativas, a Subcomissão de Direito dos Contratos cita a doutrina de Sílvio de Salvo Venosa e Marco Aurélio Bezerra de Melo, no sentido de ser necessária a pactuação expressa e com prazo da exclusividade, a fim de trazer mais segurança jurídica para a corretagem.

Na hipótese em que, não havendo prazo determinado para a atuação do corretor, o dono do negócio o dispensar realizando o negócio posteriormente como fruto da mediação, a corretagem será devida. Essa a justa regra constante do art. 727 do CC, visando mais uma vez à utilidade da atuação do corretor. Igual solução se adotará se o negócio se realizar após o decurso do prazo contratual, mas por efeito dos trabalhos do corretor, conforme entendeu o STJ em ementa aqui transcrita. Fica claro, portanto, que o dispositivo protege o corretor de boa-fé.

Em havendo mediação ou corretagem conjunta, com mais de um corretor, a remuneração será paga a todos em partes iguais, salvo ajuste em contrário (art. 728 do CC). O dispositivo possibilita que as remunerações sejam distintas, de acordo com os atributos profissionais de cada corretor, o que não quebra o *sinalagma obrigacional*.

Os preceitos sobre corretagem constantes do Código Civil em vigor não excluem a aplicação de outras normas da legislação especial. É o que prevê o art. 729 do Código Civil de 2002. A título de exemplo, como faz Maria Helena Diniz, ilustre-se que a Lei 6.530/1978, o Decreto 81.871/1978 e a Lei 10.795/2003 disciplinam a atuação do corretor de imóveis (DINIZ, Maria Helena. *Código*..., 2005, p. 589).

Encerrando, é interessante trazer à baila o que comenta Gustavo Tepedino, em trabalho profundo sobre o tema, a respeito das cláusulas abusivas e lesão contratual presentes no contrato de corretagem. Para o doutrinador, é perfeitamente possível a aplicação do Código de Defesa do Consumidor, argumento com o qual se concorda, desde que o serviço prestado se enquadre nos arts. 2.º e 3.º da Lei 8.078/1990.

Como exemplo, o último doutrinador menciona julgado que afastou cláusula que previa como comissão do corretor o valor correspondente a 30% do valor da coisa vendida, tendo sido citado na ementa o princípio de vedação do enriquecimento sem causa. Refere-se, ainda, a outro julgado, do Tribunal de Justiça de São Paulo, que considerou abusiva a cláusula de pagamento da comissão pela compradora na hipótese de desistência do negócio, caracterizada como *cláusula imoral* (TEPEDINO, Gustavo. *Questões controvertidas*..., 2004, p. 150).

CAP. 14 · CONTRATOS EM ESPÉCIE – DA COMISSÃO, DA AGÊNCIA E DISTRIBUIÇÃO E DA CORRETAGEM | **683**

14.5 RESUMO ESQUEMÁTICO

Comissão (arts. 693 a 709 do CC)	Agência e distribuição (arts. 710 a 721 do CC)	Corretagem (arts. 722 a 729 do CC)
O contrato tem por objeto a aquisição ou a venda de bens pelo comissário em um território determinado, em seu próprio nome, mas à conta do comitente. O contrato é bilateral, oneroso, consensual, comutativo e informal. Constitui também contrato personalíssimo. O comissário fica pessoalmente obrigado com as pessoas com quem contratar. Comissão *del credere* – o comissário passa a responder solidariamente com as pessoas com quem houver tratado perante o comitente. Em casos tais, o comissário tem direito a uma remuneração mais elevada.	Pelo contrato de *agência* uma pessoa assume, em caráter não eventual e sem vínculos de dependência, a obrigação de promover, à conta de outrem, mediante retribuição, a realização de certos negócios em zona determinada. Há uma atuação livre do agente. Nos termos do CC em vigor, a *distribuição* ocorre da mesma forma, tendo o agente à sua disposição a coisa a ser negociada. O distribuidor também age em conta própria. Ambos os contratos são bilaterais, onerosos, comutativos e informais. Ambos os contratos são de trato sucessivo.	Pelo contrato de corretagem, uma pessoa, não ligada a outra em virtude de mandato, de prestação de serviços ou por qualquer relação de dependência, obriga-se a obter para a segunda um ou mais negócios, conforme as instruções recebidas. Quanto à sua natureza jurídica, o contrato de comissão é bilateral, oneroso e consensual. O contrato é também acessório, pois depende de outro negócio para existir, qual seja, um contrato principal celebrado no interesse do comitente. O contrato é aleatório pois envolve riscos, particularmente à celebração desse negócio principal. O contrato é informal. Obtido o resultado previsto no contrato, o corretor tem direito à remuneração, denominada *comissão*.

14.6 QUESTÕES CORRELATAS

01. (TJSP – VUNESP – Juiz Substituto – 2017) Mediante contrato escrito, José efetua a venda de imóvel a Maria. Embora consumado o negócio, Maria desiste da compra depois de noventa dias. O corretor Antônio exige de José o pagamento de remuneração pelo trabalho de mediação.

A respeito do caso hipotético, é correto afirmar que a remuneração

(A) não é exigível, ainda que a corretagem tenha sido contratada por escrito e com exclusividade.

(B) é exigível, exceto se a compradora deixou de efetuar o pagamento total ou parcial do preço, independentemente de tal circunstância ter sido prevista em contrato pelo vendedor e pelo corretor.

(C) não é exigível, uma vez que o rompimento do contrato de venda e compra equivale à não obtenção do resultado do trabalho do corretor.

(D) é exigível, uma vez que o contrato de venda e compra foi concluído e que o arrependimento de uma das partes não é oponível ao corretor.

02. (TJMG – CONSULPLAN – Titular de Serviços de Notas e de Registros-Remoção – 2017) De acordo com a legislação, pelo contrato de corretagem, uma pessoa, não ligada a outra em virtude de mandato, de prestação de serviços ou por qualquer relação de dependência, obriga-se a obter para a segunda um ou mais negócios, conforme as instruções recebidas. E para efeito de remuneração do corretor, é correto dizer que a remuneração do corretor

(A) será sempre fixada em lei, já que se trata de uma profissão devidamente regulamentada, e tem suas normas próprias e como toda remuneração é de ordem pública, portanto devem ser seguidas.

(B) se não estiver fixada em lei, nem ajustada entre as partes, será arbitrada segundo a natureza do negócio e os usos locais.

684 | DIREITO CIVIL • VOL. 3 – *Flávio Tartuce*

(C) será sempre contratual, já que a lei não cuidou de sua remuneração, sendo profissão autônoma, exercida de forma livre, como todo profissional liberal.

(D) é contratual, e se não se chegar a um acordo sobre o seu valor ou se divergirem as partes após conclusão do serviço contratado, deve-se pedir o arbitramento em juízo ou em Câmaras Arbitrais.

03. **(TJMG – CONSULPLAN – Titular de Serviços de Notas e de Registros-Provimento – 2017) José da Silva colocou uma casa de sua propriedade à venda. Antônio Pedro e Paulo Nogueira, corretores autônomos, passando pelo local viram a placa de "vende-se" e procuraram individualmente o dono José da Silva e ofereceram os serviços de intermediação. José Silva concordou, mas não deu exclusividade para nenhum deles, combinando percentual de 4% sobre valor, em caso de venda, como remuneração. Então ambos os corretores colocam os números de seus telefones ao lado da placa "vende-se". Maria Pia passou pelo local, viu os números de telefones e ligou para Antônio Pedro, agendando visita ao imóvel. Foi ao local, tirou fotos, gostou muito, perguntou preço, fez proposta de compra, mas não fechou o negócio no ato, porque o corretor ficou de conversar com o proprietário. Passados 15 dias, Maria Pia ligou para Antônio Pedro para saber notícia do imóvel, mas não conseguiu o contato com o corretor, pois todas as ligações davam ocupadas ou fora de área. Então, como tinha outro telefone na placa, ligou para Paulo Nogueira, que passou as informações complementares e tirou as dúvidas que Maria Pia tinha, mostrou-lhe a documentação, tudo legal, dispensando nova visita ao imóvel, porque já o conhecia. Então, fechou o negócio de compra e venda, assinou contrato e pagou ao proprietário o valor e entrou na posse do imóvel. A comissão de corretagem foi paga a Paulo Nogueira. Antônio Pedro, posteriormente, viu que a placa "vende-se" foi retirada do local e que havia nova moradora no imóvel. Ela lhe contou o ocorrido e Antônio Pedro entende que tem direito à comissão de corretagem. A esse respeito, marque a afirmativa correta:**

(A) Antônio Pedro não tem nenhum direito à comissão de corretagem porque quando foi procurado pela compradora não foi encontrado, deixando de dar assistência à cliente, portanto, por sua culpa exclusiva, não foi fechado o negócio com sua intermediação e pelo Código Civil a remuneração é devida ao corretor que, efetivamente, tenha conseguido o resultado previsto no contrato de mediação.

(B) Antônio Pedro não tem direito à corretagem, já que não tinha cláusula de exclusividade com o proprietário e isso ficou muito claro no documento que assinou, e sendo pessoa do ramo, presume-se conhecer sua atividade e o risco de não estar sempre à disposição do cliente interessado na compra do imóvel.

(C) Antônio Pedro tem direito à comissão de corretagem, mas apenas parcialmente, pelo serviço que prestou na venda do imóvel, sendo o contato inicial na aproximação das partes compradora e vendedor do bem.

(D) Antônio Pedro tem direito de receber todo o valor da corretagem porque, sem sua participação, o negócio não teria ocorrido e a entrada de Paulo Nogueira no negócio foi sem ética profissional e a lei não pode tutelar quem usurpa a clientela de outrem, porque isso gera concorrência desleal, ferindo a boa-fé objetiva.

04. **(Assistente Securitário – BANESTES – FGV – 2018) No contrato de corretagem celebrado entre A e B ficou estabelecida por escrito a exclusividade do corretor B perante o cliente A. Durante o prazo de vigência do contrato, a obteve a realização do negócio diretamente com domingos, sem a mediação do corretor. Com base nessas informações, é correto afirmar que:**

(A) iniciado e concluído o negócio diretamente entre as partes, nenhuma remuneração será devida ao corretor, mesmo diante da cláusula de exclusividade;

(B) caso ficasse provada a inércia e ociosidade do corretor durante a execução da mediação, ainda assim o cliente teria que pagar a remuneração diante da cláusula de exclusividade;

(C) a cláusula de exclusividade da corretagem, que deve ser ajustada por escrito, torna o corretor mandatário do cliente, podendo aquele representar este na conclusão do negócio;

(D) ajustada a corretagem com exclusividade, terá o corretor direito de ser remunerado integralmente, ainda que o negócio realizado diretamente entre o cliente e domingos não tenha contado com sua mediação;

(E) se o cliente tivesse celebrado o negócio com domingos após o término do prazo contratual, e o negócio se realizasse por efeito dos trabalhos do corretor, nenhuma remuneração lhe seria devida diante da extinção da exclusividade.

CAP. 14 · CONTRATOS EM ESPÉCIE – DA COMISSÃO, DA AGÊNCIA E DISTRIBUIÇÃO E DA CORRETAGEM | 685

05. **(TJ-MG – Titular de Serviços de Notas e de Registros – 2017) De acordo com a legislação, pelo contrato de corretagem, uma pessoa, não ligada a outra em virtude de mandato, de prestação de serviços ou por qualquer relação de dependência, obriga-se a obter para a segunda um ou mais negócios, conforme as instruções recebidas. E para efeito de remuneração do corretor, é correto dizer que a remuneração do corretor:**

(A) será sempre fixada em lei, já que se trata de uma profissão devidamente regulamentada, e tem suas normas próprias e como toda remuneração é de ordem pública, portanto devem ser seguidas.

(B) se não estiver fixada em lei, nem ajustada entre as partes, será arbitrada segundo a natureza do negócio e os usos locais.

(C) será sempre contratual, já que a lei não cuidou de sua remuneração, sendo profissão autônoma, exercida de forma livre, como todo profissional liberal.

(D) é contratual, e se não se chegar a um acordo sobre o seu valor ou se divergirem as partes após conclusão do serviço contratado, deve-se pedir o arbitramento em juízo ou em câmaras arbitrais.

06. **(Procurador do Município – Prefeitura de Jundiaí-SP – Vunesp –2021) O contrato de comissão é um contrato empresarial que tem por objeto a aquisição ou a venda de bens pelo comissário.**

Assinale a alternativa correta quanto a esse negócio jurídico.

(A) Salvo motivo de força maior, o comissário responderá por qualquer prejuízo que ocasionar ao comitente, seja decorrente de ação ou até mesmo de omissão.

(B) O comissário responde pela insolvência das pessoas com quem tratar, exclusivamente se do contrato de comissão constar a cláusula *del credere*.

(C) O comissário responderá subsidiariamente pelas pessoas com quem houver tratado, em nome do comitente.

(D) O comissário fica diretamente obrigado para com as pessoas com quem contratar, salvo se agir em estrita conformidade com as ordens e instruções do comitente.

(E) O crédito do comissário, relativo a comissões e despesas feitas, goza de privilégio especial, no caso de falência.

07. **(Procurador – TCDF – CESPE/CEBRASPE – 2021) A respeito de bens, de negócios jurídicos, de obrigações, e de contratos regulados no Código Civil, julgue o item subsequente.**

No contrato de distribuição, a remuneração do distribuidor somente será devida se realizada dentro de sua zona e com a sua intervenção.

( ) Certo

( ) Errado

08. **(MPE-PA – Cespe/Cebraspe – Promotor de Justiça substituto – 2023) Carlos, não ligado a Pedro em virtude de qualquer contrato ou relação de dependência, obrigou-se a obter para Pedro um negócio, conforme as instruções dele recebidas.**

Nessa situação hipotética, configura-se

(A) comissão.

(B) agência.

(C) corretagem.

(D) contrato estimatório.

(E) prestação de serviços.

09. **(TJSP – Titular de Serviços de Notas e de Registros – Vunesp – 2024) Osvaldo é proprietário de um imóvel e contratou os serviços de corretagem de Beatriz para expô-lo à venda. Após única visita, promovida pela corretora, Jussara interessou-se pelo bem. Passadas algumas semanas, as partes entabularam tratativas diretas e firmaram compromisso de compra e venda, sem inclusão de corretagem. Ante a situação narrada, é correto afirmar que a comissão da corretora é**

(A) indevida, uma vez que o negócio se aperfeiçoou diretamente entre as partes interessadas.

686 | DIREITO CIVIL • VOL. 3 – *Flávio Tartuce*

(B) devida, porquanto caracterizada a aproximação útil.

(C) indevida, ante a ausência de cláusula de exclusividade na intermediação.

(D) devida e, na falta de estipulação em contrário, deve ser rateada pelas partes contratantes.

10. **(TJAP – Analista Judiciário – FGV – 2024) A concessionária G é contratada para, mediante remuneração previamente pactuada e a conta da montadora X, promover as vendas de um veículo lançado no último verão, no âmbito da cidade de Macapá, com exclusividade. As vendas seriam conduzidas inteiramente pela concessionária, com quem ficariam os automóveis e, também, a quem se permitiria representar a montadora na conclusão dos negócios.**

Nesse caso, à luz do Código Civil, tem-se um contrato:

(A) de corretagem;

(B) de mandato;

(C) de distribuição;

(D) de agência;

(E) de venda consignada ou estimatório.

11. **(TJSC – Juiz substituto – FGV – 2024) Flávio contrata os serviços de Reinaldo, que atuava informalmente como corretor de imóveis, para vender um terreno que tinha em frente à praia. Reinaldo consegue achar um interessado para permutar o terreno por dois outros menores no interior do Estado de Santa Catarina, o que é aceito por Flávio. Logo depois de lavrada a escritura pública para conclusão do negócio, mas antes de seu registro, sobrevém a notícia de evicção de um dos imóveis que seriam negociados.**

Nesse caso, à luz do Código Civil, a comissão de Reinaldo:

(A) será devida integralmente;

(B) não será devida, porque ele não tem inscrição no Conselho Profissional;

(C) deverá ser arbitrada judicialmente em valor inferior ao que receberia profissional inscrito no Conselho Profissional;

(D) não será devida, porque a conclusão do negócio e a obtenção do resultado útil foram inviabilizados pela evicção de um dos imóveis;

(E) não será devida, porque o resultado útil não foi obtido, considerando que Reinaldo não conseguiu achar interessado no negócio proposto por Flávio (compra e venda), mas apenas em uma permuta.

GABARITO

01 – D	02 – B	03 – C
04 – D	05 – B	06 – A
07 – ERRADO	08 – C	09 – B
10 – C	11 – A	

15

CONTRATOS EM ESPÉCIE – DO TRANSPORTE

Sumário: 15.1 Conceito e natureza jurídica – 15.2 Regras gerais para o contrato de transporte – 15.3 Do transporte de pessoas – 15.4 Do transporte de coisas – 15.5 Resumo esquemático – 15.6 Questões correlatas – Gabarito.

15.1 CONCEITO E NATUREZA JURÍDICA

O contrato de transporte passou a ser tipificado pelo Código Civil de 2002 entre os seus arts. 730 a 756. Trata-se do contrato pelo qual alguém (o transportador) se obriga, mediante uma determinada remuneração, a transportar de um local para outras pessoas ou coisas, por meio terrestre (rodoviário e ferroviário), aquático (marítimo, fluvial e lacustre) ou aéreo.

O que se percebe é que o Código Civil acaba *ordenando* as regras de transporte, de forma parcial, como prevê a Constituição Federal. Segundo o art. 178 da CF/1988, "a lei disporá sobre a ordenação dos transportes aéreo, aquático e terrestre, devendo, quanto à ordenação do transporte internacional, observar os acordos firmados pela União, atendido o princípio da reciprocidade. Parágrafo único. Na ordenação do transporte aquático, a lei estabelecerá as condições em que o transporte de mercadorias na cabotagem e a navegação interior poderão ser feitos por embarcações estrangeiras". Analisando o Código Civil de 2002, pode-se afirmar que o legislador da atual codificação atendeu a esse mandamento constitucional.

No que tange a esse tratamento previsto na nova codificação privada, houve uma subdivisão em três seções. A primeira traz regras gerais para o contrato em questão, as demais versam sobre o *transporte de pessoas* e o *transporte de coisas*, respectivamente. Essa divisão metodológica também orientará o presente capítulo.

O conceito de contrato de transporte consta do art. 730 do CC/2002: "pelo contrato de transporte alguém se obriga, mediante remuneração, a transportar de um lugar para outro, pessoas ou coisas". Aquele que realiza o transporte é o *transportador*, a pessoa transportada é o *passageiro* ou *viajante*, enquanto a pessoa que entrega a coisa a ser transportada é o *expedidor*. O que identifica o contrato é uma obrigação de resultado do transportador, diante da *cláusula de incolumidade* de levar a pessoa ou a coisa ao destino, com total segurança.

Filia-se a Carlos Roberto Gonçalves, para quem, embora seja o transporte um dos negócios jurídicos mais comuns na prática, não havia uma legislação tão específica, na qual se mencionasse, com riqueza de detalhes, as regras basilares do contrato de transporte (*Direito...*, 2004, p. 450). Também se concorda com a afirmação de que o Código Civil de 1916 era deficiente, pois não regulamentava tal espécie de contrato. Ensina o doutrinador citado que o antigo Código Comercial, de forma sucinta e escassa, foi a primeira norma a discipliná-lo. Posteriormente ao Código Comercial, veio a regulamentação do transporte ferroviário (Decreto-lei 2.681/1912), que se estendeu por analogia a todos os meios de transporte. Entendo que se encontra revogado o Código Comercial, no que concerne a esse contrato, diante da unificação parcial do Direito Privado e pelo que consta do art. 2.045 do CC/2002.

Ao contrato de transporte aplica-se o Código Civil e, havendo uma relação jurídica de consumo, como é comum, o CDC (Lei 8.078/1990). Desse modo, deve-se buscar um *diálogo das fontes* entre as duas leis no que tange a esse contrato, sobretudo o *diálogo de complementaridade*. Além disso, não se pode excluir a aplicação de leis específicas importantes, como é o caso do Código Brasileiro de Aeronáutica (Lei 7.565/1986).

Outra norma recente que deve ser aplicada ao transporte é o Estatuto da Pessoa com Deficiência (Lei 13.146/2015), que reconhece o direito das pessoas com deficiência à acessibilidade. Conforme o seu art. 3.º, inc. I, essa é conceituada como a "possibilidade e condição de alcance para utilização, com segurança e autonomia, de espaços, mobiliários, equipamentos urbanos, edificações, transportes, informação e comunicação, inclusive seus sistemas e tecnologias, bem como de outros serviços e instalações abertos ao público, de uso público ou privados de uso coletivo, tanto na zona urbana como na rural, por pessoa com deficiência ou com mobilidade reduzida". Em complemento, o art. 53 do EPD expressa que a acessibilidade visa à garantia à pessoa o direito de viver de forma independente e exercer os seus direitos de cidadania e de participação social.

A título de exemplo de sua incidência, essas normas emergentes protetivas foram aplicadas pelo Superior Tribunal de Justiça para responsabilizar empresa de transporte público diante dos atos de seus motoristas que não paravam os ônibus no ponto para transportar cadeirante, que tinha até que se esconder para conseguir o acesso ao veículo. Nos termos do acórdão, que demonstra outros problemas no transporte, no Brasil:

> "A acessibilidade no transporte coletivo é de nodal importância para a efetiva inclusão das pessoas com deficiência, pois lhes propicia o exercício da cidadania e dos direitos e liberdades individuais, interligando-as a locais de trabalho, lazer, saúde, dentre outros. Sem o serviço adequado e em igualdade de oportunidades com os demais indivíduos, as pessoas com deficiência ficam de fora dos espaços urbanos e interações sociais, o que agrava ainda mais a segregação que historicamente lhes é imposta. (...). Consoante destacou o acórdão

recorrido, houve sucessivas falhas na prestação do serviço, a exemplo do não funcionamento do elevador de acesso aos ônibus e do tratamento discriminatório dispensado ao usuário pelos prepostos da concessionária. A renitência da recorrente em fornecer o serviço ao recorrido é de tal monta que se chegou à inusitada situação de o usuário 'precisar se esconder e pedir a outra pessoa dar o sinal, pois o motorista do ônibus não pararia se o visse no ponto'. Nesse cenário, o dano moral, entendido como lesão à esfera dos direitos da personalidade do indivíduo, sobressai de forma patente. As barreiras físicas e atitudinais impostas pela recorrente e seus prepostos repercutiram na esfera da subjetividade do autor-recorrido, restringindo, ainda, seu direito à mobilidade" (STJ, REsp 1.733.468/MG, 3.ª Turma, Rel. Min. Nancy Andrighi, j. 19.06.2018, *DJe* 25.06.2018).

Pontue-se que, no caso concreto destacado, a indenização imaterial foi mantida em R$ 25.000,00 (vinte e cinco mil reais). Esse julgado confirma novamente a tese de que é possível a indenização por danos morais em decorrência do descumprimento de um contrato, conforme estatui o Enunciado n. 411, da *V Jornada de Direito Civil*, de minha autoria.

Quanto à sua natureza jurídica, o contrato de transporte é bilateral ou *sinalagmático*, pois gera direitos e deveres proporcionais para ambas as partes. Isso tanto para o transportador (que deverá conduzir a coisa ou pessoa de um lugar para outro) quanto para o passageiro ou expedidor (que terá a obrigação de pagar o preço convencionado pelas partes).

O contrato é consensual, pois tem aperfeiçoamento com a manifestação de vontades dos contraentes, independentemente da entrega coisa ou do embarque do passageiro. Nesse sentido, Sílvio de Salvo Venosa ensina que a entrega da coisa ou o embarque do passageiro interessam à execução do contrato, não ao seu aperfeiçoamento ou validade (VENOSA, Sílvio de Salvo. *Direito...*, 2005, p. 352). Por isso, não se pode falar que o contrato é real.

O contrato é ainda comutativo, pois as partes já sabem de imediato quais são as suas prestações. A *álea* não é fator determinante do contrato de transporte, apesar de existente o risco.

Na grande maioria das vezes, o contrato constitui-se em um típico contrato de adesão, por não estar presente a plena discussão das suas cláusulas. O transportador acaba por impor o conteúdo do negócio, restando à outra parte duas opções: aceitar ou não os seus termos (*take it or leave it*, como se afirma nos países de língua inglesa). Assumindo o contrato essa forma, deverão ser aplicadas as normas de proteção do aderente constantes do Código Civil em vigor (arts. 423 e 424), consagradores dos princípios da equivalência material e da função social dos contratos, em sua eficácia interna.

Pode-se bem visualizar tal afirmação, no exemplo dado por Carlos Roberto Gonçalves, da seguinte forma: "quem toma um ônibus, ou qualquer outro meio de transporte, tacitamente celebra um contrato de adesão com a empresa transportadora. Com o pagamento da passagem, o transportado adere ao regulamento da empresa. Esta, implicitamente, assume a obrigação de conduzi-lo ao seu destino, são e salvo. Se no trajeto ocorre um acidente e o passageiro fica ferido, configura-se o inadimplemento contratual, que acarreta a responsabilidade de indenizar, nos termos dos arts. 389 e 734 do CC" (GONÇALVES, Carlos Roberto. *Direito...*, 2004, p. 453).

Entretanto, em situações fáticas excepcionais, principalmente quando o expedidor de uma coisa for uma empresa, o contrato pode ser plenamente discutido, assumindo a forma paritária ou negociada.

Sendo o transportador ou o expedidor destinatário final do serviço, preenchendo-se os requisitos dos arts. 2.º e 3.º da Lei 8.078/1990, aplica-se o Código de Defesa do Consumidor, visando à proteção da parte vulnerável, o que é comum na jurisprudência (por todos: STJ, REsp 286.441/RS, 3.ª Turma, Rel. Min. Antônio de Pádua Ribeiro, Rel. p/ Acórdão Min. Carlos Alberto Menezes Direito, j. 07.11.2002, *DJ* 03.02.2003, p. 315). Repise-se, contudo, que o contrato de adesão não se confunde com o contrato de consumo, conforme aqui exposto (Enunciado n. 171 CJF/STJ).

Não se olvide, em complemento, que, em alguns casos, o contrato de transporte pode não ser de consumo, como ocorre no transporte de mercadorias ou de insumos para a atividade produtiva de uma empresa. Nessa esteira, recente aresto superior aduziu sobre "controvérsia acerca da aplicabilidade do Código de Defesa do Consumidor a um contrato internacional de transporte de insumos. Não caracterização de relação de consumo no contrato de compra e venda de insumos para a indústria de autopeças (teoria finalista). Impossibilidade de se desvincular o contrato de compra e venda de insumo do respectivo contrato de transporte. Inaplicabilidade do Código de Defesa do Consumidor à espécie, impondo-se o retorno dos autos ao Tribunal de origem" (STJ, REsp 1.442.674/PR, 3.ª Turma, Rel. Min. Paulo de Tarso Sanseverino, j. 07.03.2017, *DJe* 30.03.2017).

Como não há qualquer formalidade prevista para o contrato, o mesmo é tido como negócio informal ou não solene, sendo muitas vezes estabelecido de forma verbal, diante de regras de tráfego há muito tempo consolidadas.

Assim, sobre a caracterização desse importante negócio, conforme ensinam Gustavo Tepedino, Heloísa Helena Barboza e Maria Celina Bodin de Moraes, o contrato de transporte não se confunde com o de *praticagem*. O último consiste "no serviço auxiliar do transporte aquaviário, que tem por fim a condução de embarcações em zonas perigosas à navegação (trechos de costa, barras, portos, canais, lagoas, rios), realizadas por pessoas conhecedoras do local, denominados 'práticos' (CCom., art. 507)" (*Código Civil...*, 2006, p. 518). Existe no último caso não um contrato de transporte, mas uma prestação de serviços.

Superadas a conceituação do transporte e a análise de sua natureza jurídica, segue a abordagem das regras gerais e específicas quanto ao contrato em questão.

15.2 REGRAS GERAIS PARA O CONTRATO DE TRANSPORTE

Iniciando a análise das regras gerais previstas para o contrato de transporte, preconiza o art. 731 do CC/2002 que "o transporte exercido em virtude de autorização, permissão ou concessão, rege-se pelas normas regulamentares e pelo que foi estabelecido naqueles atos, sem prejuízo do disposto neste Código". A norma está sintonizada com o art. 175 da CF/1988, pelo qual incumbe ao Poder Público, na forma da lei, diretamente ou sob o regime de concessão ou permissão, sempre através de licitação, a prestação de serviços públicos.

Dessa forma, haverá a aplicação concomitante das normas de Direito Administrativo, particularmente aquelas relacionadas à concessão do serviço público, com as normas previstas no Código Civil de 2002. Anote-se, ademais, que o serviço público também é considerado um serviço de consumo, nos termos do art. 22 do CDC. A título de exemplo, haverá relação de consumo entre passageiro e empresa privada prestadora do serviço público de transporte (STJ, REsp 226.286/RJ, 1999/0071157-2, *DJ* 24.09.2001, *RSTJ* 151/197).

Além dessa relação com o Direito Administrativo, o Código Civil consagra uma relação com o Direito Internacional. Segundo o art. 732 do CC/2002, serão aplicadas as normas previstas na legislação especial e em tratados e convenções internacionais ao contrato de transporte, desde que as mesmas não contrariem o que consta da codificação vigente. Ilustrando, no caso de transporte aéreo, pode ser aplicado o Código Brasileiro de Aeronáutica (CBA – Lei 7.656/1986), desde que o mesmo não entre em conflito com o Código Civil em vigor.

O dispositivo do Código Civil em questão merece alguns comentários, diante da sua grande relevância prática e do necessário *diálogo* com outras normas.

A exemplificar a aplicação desse comando legal, lembro a questão envolvendo a Convenção de Varsóvia e a Convenção de Montreal, tratados internacionais dos quais nosso País é signatário e que preveem limitações de indenização em casos de perda ou atraso de voo e extravio de bagagem em viagens internacionais (transporte aéreo). A Convenção de Varsóvia, que sempre teve entre nós força de lei ordinária, era – e continua sendo – utilizada pelas companhias aéreas como justificativa para a redução das indenizações pretendidas pelos passageiros. Anote-se que o Brasil é signatário ainda da Convenção de Montreal e esta entrou em vigor no País no ano de 2006, em substituição ao primeiro tratado.

Pois bem, como é cediço, o art. 6.º, incs. VI e VIII, da Lei 8.078/1990 consagra o *princípio da reparação integral de danos*, pelo qual tem direito o consumidor ao ressarcimento integral pelos prejuízos materiais e imateriais causados pelo fornecimento de produtos, prestação de serviços ou má informação a eles relacionados. Essa também é a lógica interpretativa decorrente dos arts. 18, 19 e 20 do CDC, que trazem a previsão das *perdas e danos* para os casos de mau fornecimento ou má prestação de um serviço. Ora, não há dúvida de que no caso de viagem aérea, seja nacional ou internacional, haverá relação de consumo, nos termos dos arts. 2.º e 3.º do CDC.

Em um primeiro momento, existindo danos materiais no caso concreto, nas modalidades de *danos emergentes* (aqueles já suportados pelo prejudicado, o que a pessoa efetivamente perdeu) ou *lucros cessantes* (tudo aquilo que o lesado, razoavelmente, deixou de lucrar), terá o consumidor direito à integral reparação, sendo vedada qualquer tipo de tarifação prevista, seja pelo entendimento jurisprudencial, seja por Convenção Internacional. Seguindo essa linha, o Superior Tribunal de Justiça sempre concluiu que a Convenção de Varsóvia não deve prevalecer:

> "Civil e processual. Ação de indenização. Atraso de voo internacional. Indenização. Ilegitimidade passiva da empresa aérea. 'Contrato de compartilhamento'. Revisão. Impossibilidade. Súmulas 5 e 7-STJ. Dano moral. Valor. Convenção de Varsóvia. CDC. Prevalência.

Tarifação não mais prevalente. Valor ainda assim excessivo. Redução. I. A questão acerca da transferência da responsabilidade para outra transportadora, que opera trecho da viagem, contrariamente ao entendimento das instâncias ordinárias, enfrenta o óbice das Súmulas 5 e 7-STJ. II. Após o advento do Código de Defesa do Consumidor, não mais prevalece, para efeito indenizatório, a tarifação prevista tanto na Convenção de Varsóvia, quanto no Código Brasileiro de Aeronáutica, segundo o entendimento pacificado no âmbito da 2.ª Seção do STJ. Precedentes do STJ. III. Não obstante a infraestrutura dos modernos aeroportos ou a disponibilização de hotéis e transporte adequados, tal não se revela suficiente para elidir o dano moral quando o atraso no voo se configura excessivo, a gerar pesado desconforto e aflição ao passageiro, extrapolando a situação de mera vicissitude, plenamente suportável. IV. Não oferecido o suporte necessário para atenuar tais situações, como na hipótese dos autos, impõe-se sanção pecuniária maior do que o parâmetro adotado em casos análogos, sem contudo, chegar-se a excesso que venha a produzir enriquecimento sem causa. V. Recurso especial parcialmente conhecido e provido em parte, para reduzir a indenização a patamar razoável" (STJ, REsp 740.968/RS, 4.ª Turma, Rel. Min. Aldir Passarinho Junior, j. 11.09.2007, *DJ* 12.11.2007, p. 221).

"Civil e processual. Ação de indenização. Transporte aéreo. Extravio de mercadoria. Cobertura securitária. Reembolso. Tarifação afastada. Incidência das normas do CDC. I – Pertinente a aplicação das normas do Código de Defesa do Consumidor para afastar a antiga tarifação na indenização por perda de mercadoria em transporte aéreo, prevista na Convenção de Varsóvia e no Código Brasileiro de Aeronáutica. II – Precedentes do STJ. III – 'A pretensão de simples reexame de prova não enseja recurso especial' – Súmula 7/ STJ. IV – A ausência de prequestionamento torna o recurso especial carecedor do requisito da admissibilidade. V – Agravo improvido" (STJ, AGA 252.632/SP, 4.ª Turma, Rel. Min. Aldir Passarinho Junior, j. 07.08.2001, *DJ* 04.02.2002, p. 373). Veja também: STJ, REsp 209.527/RJ (*JBCC* 189/200), REsp 257.699/SP, REsp 257.298/SP.

Essa também era a posição anterior do Supremo Tribunal Federal, cabendo a seguinte transcrição de ementa, por todas:

"Recurso extraordinário. Danos morais decorrentes de atraso ocorrido em voo internacional. Aplicação do Código de Defesa do Consumidor. Matéria infraconstitucional. Não conhecimento. 1. O princípio da defesa do consumidor se aplica a todo o capítulo constitucional da atividade econômica. 2. Afastam-se as normas especiais do Código Brasileiro da Aeronáutica e da Convenção de Varsóvia quando implicarem retrocesso social ou vilipêndio aos direitos assegurados pelo Código de Defesa do Consumidor. 3. Não cabe discutir, na instância extraordinária, sobre a correta aplicação do Código de Defesa do Consumidor ou sobre a incidência, no caso concreto, de específicas normas de consumo veiculadas em legislação especial sobre o transporte aéreo internacional. Ofensa indireta à Constituição da República. 4. Recurso não conhecido" (STF, RE 351.750-3/RJ, 1.ª Turma, Rel. Min. Carlos Britto, j. 17.03.2009, *DJe* 25.09.2009, p. 69).

De toda sorte, cabe ressaltar que a questão a respeito das Convenções de Varsóvia e de Montreal alterou-se no âmbito da jurisprudência superior nacional, uma vez que, em maio de 2017, o Pleno do Supremo Tribunal Federal acabou por concluir pelas suas prevalências sobre o Código de Defesa do Consumidor, lamentavelmente (Recurso Extraordinário 636.331 e Recurso Extraordinário no Agravo 766.618). Conforme publicação constante do *Informativo* n. 866 da Corte, referente a tal mudança de posição:

"Nos termos do art. 178 da Constituição da República, as normas e os tratados internacionais limitadores da responsabilidade das transportadoras aéreas de passageiros, especialmente as Convenções de Varsóvia e Montreal, têm prevalência em relação ao Código de Defesa do Consumidor. (...). No RE 636.331/RJ, o Colegiado assentou a prevalência da Convenção de Varsóvia e dos demais acordos internacionais subscritos pelo Brasil em detrimento do CDC, não apenas na hipótese de extravio de bagagem. Em consequência, deu provimento ao recurso extraordinário para limitar o valor da condenação por danos materiais ao patamar estabelecido na Convenção de Varsóvia, com as modificações efetuadas pelos acordos internacionais posteriores. Afirmou que a antinomia ocorre, a princípio, entre o art. 14 do CDC, que impõe ao fornecedor do serviço o dever de reparar os danos causados, e o art. 22 da Convenção de Varsóvia, que fixa limite máximo para o valor devido pelo transportador, a título de reparação. Afastou, de início, a alegação de que o princípio constitucional que impõe a defesa do consumidor [Constituição Federal (CF), arts. 5.º, XXXII, e 170, V] impediria a derrogação do CDC por norma mais restritiva, ainda que por lei especial. Salientou que a proteção ao consumidor não é a única diretriz a orientar a ordem econômica. Consignou que o próprio texto constitucional determina, no art. 178, a observância dos acordos internacionais, quanto à ordenação do transporte aéreo internacional. Realçou que, no tocante à aparente antinomia entre o disposto no CDC e na Convenção de Varsóvia – e demais normas internacionais sobre transporte aéreo –, não há diferença de hierarquia entre os diplomas normativos. Todos têm estatura de lei ordinária e, por isso, a solução do conflito envolve a análise dos critérios cronológico e da especialidade".

A solução pelos critérios da especialidade e cronológico é que conduziu à prevalência das duas Convenções sobre o CDC, infelizmente. Foram vencidos apenas os Ministros Marco Aurélio e Celso de Mello, que entenderam de forma contrária, pois a Lei 8.078/1990 teria posição hierárquica superior. Assim, todos os demais julgadores votaram seguindo os Relatores das duas ações, Ministros Gilmar Mendes e Roberto Barroso.

Sucessivamente, surgiu decisão do Superior Tribunal de Justiça aplicando essa solução da Corte Constitucional brasileira, com destaque para o seguinte trecho de sua ementa: "no julgamento do RE n. 636.331/RJ, o Supremo Tribunal Federal, reconhecendo a repercussão geral da matéria (Tema 210/STF), firmou a tese de que, 'nos termos do art. 178 da Constituição da República, as normas e os tratados internacionais limitadores da responsabilidade das transportadoras aéreas de passageiros, especialmente as Convenções de Varsóvia e Montreal, têm prevalência em relação ao Código de Defesa do Consumidor'" (STJ, REsp 673.048/RS, 3.ª Turma, Rel. Min. Marco Aurélio Bellizze, j. 08.05.2018, *DJe* 18.05.2018).

Entendo que se trata de um enorme retrocesso quanto à tutela dos consumidores, pelos argumentos outrora expostos. Em complemento, como desenvolvemos no Capítulo 1 do nosso *Manual de Direito do Consumidor,* escrito em coautoria com Daniel Amorim Assumpção Neves, o CDC é *norma principiológica,* tendo posição hierárquica superior diante das demais leis ordinárias, caso das duas Convenções Internacionais citadas. Porém, infelizmente, tal entendimento, muito comum entre os consumeristas, não foi adotado pela maioria dos julgadores.

Esclareça-se, por oportuno, que o *decisum* apenas disse respeito à limitação tabelada de danos materiais, não atingindo danos morais e outros danos extrapatrimoniais ou imateriais, em uma leitura preliminar do julgado. Em decisão monocrática prolatada em abril de 2018, no âmbito do Recurso Extraordinário 351.750, o Ministro Roberto Barroso determinou que um processo que envolvia pedido de indenização por danos morais em razão de atraso em voo internacional fosse novamente apreciado pela instância de origem, levando-se em consideração a citada decisão do Tribunal Pleno.

Se tal posição prevalecesse, com o devido respeito, o retrocesso seria ainda maior, pois as Cortes Superiores brasileiras não admitem o tabelamento do dano moral, por entenderem que isso contraria o princípio da isonomia constitucional (art. 5.º, *caput*, da CF/1998), especialmente no sentido de *tratar de maneira desigual os desiguais.*

Felizmente, de forma correta, em 2020, surgiu aresto no âmbito do Superior Tribunal de Justiça limitando a conclusão a respeito da tarifação apenas aos danos materiais, não incidindo para os danos morais:

> "O STF, no julgamento do RE nº 636.331/RJ, com repercussão geral reconhecida, fixou a seguinte tese jurídica: 'Nos termos do artigo 178 da Constituição da República, as normas e os tratados internacionais limitadores da responsabilidade das transportadoras aéreas de passageiros, especialmente as Convenções de Varsóvia e Montreal, têm prevalência em relação ao Código de Defesa do Consumidor'. Referido entendimento tem aplicação apenas aos pedidos de reparação por danos materiais. As indenizações por danos morais decorrentes de extravio de bagagem e de atraso de voo não estão submetidas à tarifação prevista na Convenção de Montreal, devendo-se observar, nesses casos, a efetiva reparação do consumidor preceituada pelo CDC" (STJ, REsp 1.842.066/RS, 3.ª Turma, Rel. Min. Moura Ribeiro, j. 09.06.2020, *DJe* 15.06.2020).

Encerrando esse debate, em 2023, o Tribunal Pleno do STF, novamente em repercussão geral, concluiu que o seu entendimento anterior não se aplicaria aos danos morais, o que inclui o prazo de prescrição, devendo incidir os cinco anos previstos no art. 27 do CDC em situações tais. Foi assim reformulada a tese do seu Tema 210 de repercussão geral, passando a ter a seguinte afirmação: "nos termos do art. 178 da Constituição Federal, as normas e os tratados internacionais limitadores da responsabilidade das transportadoras aéreas de passageiros, especialmente as Convenções de Varsóvia e Montreal, têm prevalência em relação ao Código de Defesa do Consumidor, o presente entendimento não se aplica aos danos extrapatrimoniais" (STF, ARE 766.618, Tribunal Pleno, Rel. Min. Roberto Barroso, j. 30.11.2023, com unanimidade). Esse é o entendimento a ser considerado para os devidos fins práticos.

Importante ainda anotar que, no Projeto de Reforma do Código Civil, seguindo proposição formulada pela Professora Claudia Lima Marques, a Comissão de Juristas sugere a inclusão de um novo art. 732-A no Código Civil, com a seguinte redação: "as normas e tratados internacionais limitadores da responsabilidade das transportadoras aéreas de passageiros serão aplicados exclusivamente aos danos materiais decorrentes de transporte internacional de pessoas". Como se pode notar, pelo último debate exposto, a proposta segue a linha do entendimento da jurisprudência superior a respeito do tema, do Supremo Tribunal Federal e do Superior Tribunal de Justiça, visando à segurança jurídica.

Feitas tais considerações, ainda pode surgir outra dúvida quanto ao dispositivo da codificação material em estudo: qual a relação entre o CDC e o CC, uma vez que o art. 732 do CC estabelece que os tratados não podem prevalecer em relação ao Código Civil, o mesmo ocorrendo em relação às leis especiais?

Essa relação decorre da aplicação da tese do *diálogo das fontes*, que busca uma complementaridade entre as duas leis, principalmente visando a proteger o consumidor, a parte vulnerável da relação contratual. Nesse diapasão, houve uma forte aproximação principiológica entre as duas leis, no que tange aos contratos, eis que ambas são incorporadoras de uma nova teoria geral dos contratos (Enunciado n. 167 CJF/STJ).

Essa aproximação ocorre em virtude dos princípios sociais contratuais, caso da função social dos contratos e da boa-fé objetiva, que podem ser invocados contra eventual pedido de limitação da indenização pelo causador do dano, constante da Convenção de Varsóvia ou de Montreal, visando, dessa forma, à busca da *justiça contratual*. Por isso o art. 732 do CC não prejudica o atual entendimento do STJ, que é pela não aplicação do referido tratado internacional.

Em suma, o art. 732 do CC/2002 igualmente não prejudica a aplicação do CDC, havendo uma relação jurídica de consumo no contrato de transporte. Nesse sentido, na *IV Jornada de Direito Civil* foi aprovado o Enunciado n. 369 CJF/STJ, com a seguinte redação: "diante do preceito constante no art. 732 do Código Civil, teleologicamente e em uma visão constitucional de unidade do sistema, quando o contrato de transporte constituir uma relação de consumo, aplicam-se as normas do Código de Defesa do Consumidor que forem mais benéficas a este". O enunciado doutrinário confirma a tese já sustentada na primeira edição da presente obra, tendo como principal defensora naquele evento a professora Claudia Lima Marques, precursora da tese do *diálogo das fontes* no Brasil.

Em complemento, merece destaque a argumentação desenvolvida por Marco Fábio Morsello em sua tese de doutoramento defendida na Faculdade de Direito da USP, no sentido de que a norma consumerista sempre deve prevalecer, por seu caráter mais especial, tendo o que ele denomina como *segmentação horizontal*. De outra forma, sustenta que a matéria consumerista é agrupada pela função e não pelo objeto (*Responsabilidade...*, 2006, p. 419). Por fim, para a prevalência do Código Consumerista, é interessante a sua tese no sentido de que a proteção dos consumidores tem força normativa constitucional, pela previsão do art. 5.º, inc. XXII, da CF/1988 (MORSELLO, Marco Fábio. *Responsabilidade...*, 2006, p. 419). A propósito, consigne-se que os argumentos do Professor Morsello servem perfeitamente para a manutenção da supremacia do CDC sobre a Convenção de Montreal, ao contrário do que entendeu o STF, em claro retrocesso, repise-se.

Ainda quanto à aplicação do art. 732 do CC/2002, especificamente quanto às leis especiais, Araken de Assis traz outros exemplos:

> "Por conseguinte, as disposições da Lei 7.565/1986 incompatíveis com os princípios da responsabilidade civil consagrada (*v.g.*, a exigência de culpa grave ou dolo para afastar a avaliação a forfait do dano: art. 248), no contrato de transporte, nos arts. 734 a 736, se encontram revogadas. Da responsabilidade civil cuidou, principalmente, o diploma civil. Não se encontra recepcionada, nesta linha de raciocínio, o art. 22 da Lei 9.611/1998, que estipula o exíguo prazo de um ano para ação de responsabilidade, 'contado da data da entrega da mercadoria no ponto de destino ou, caso isso não ocorra, do nonagésimo dia após o prazo referido para a referida entrega'. O art. 206, § 3.º, V, do CC estabelece prazo de três anos para a prescrição da 'pretensão de reparação civil'. A legislação especial tem caráter residual e supletivo em aspectos secundários. Por exemplo, vigoram os requisitos do conhecimento de transporte aéreo (art. 235, I a XIII, da Lei 7.656/1986). É claro que, tratando-se de relação de consumo, aplica-se a Lei 8.078/1990, e não o Código Civil vigente.

Esta orientação se estende à Lei 9.432/1997, que ordena o transporte aquaviário; à Lei 9.611/1998, que reestrutura o transporte multimodal de cargas; à Lei 10.233/2001, que reestrutura o transporte terrestre e aquaviário; à Lei 9.4787/1997, relativamente aos arts. 56 a 59, que contemplaram o transporte de petróleo; ao Dec. 1.832/1996, que regulamenta o transporte ferroviário; ao Dec. 96.044/1988, que regulamenta o transporte rodoviário de transportes perigosos; ao Dec. 98.973/1990, relativo ao transporte ferroviário destes últimos produtos, e quaisquer outros diplomas análogos" (ASSIS, Araken de. *Contratos...*, 2005, p. 310).

Pois bem, o que o último doutrinador quer dizer é que o Código Civil de 2002 é imperativo no sentido da sua prevalência. E, pelo que consta do art. 732 do CC, não se aplica o critério da especialidade, que prevalece sobre o cronológico, a guiar a conclusão de que as normas especiais anteriores continuam em vigor, prevalecendo sobre as normas gerais posteriores. Reconhece-se, na verdade, que as normas constantes da atual codificação também são especiais, razão de sua prevalência. Entretanto, o Código Civil não pode afastar a aplicação do Código de Defesa do Consumidor nas situações em que a última lei foi mais favorável aos consumidores nos contratos de transporte. Reforçando a tese, cumpre assinalar a proteção constitucional dos consumidores, prevista no art. 5.º, inc. XXII, do Texto Maior.

O art. 733 do CC/2002 trata do *transporte cumulativo*, ou seja, aquele em que vários transportadores se obrigam a cumprir o contrato por um determinado percurso. Em complemento, o art. 756 do Código Civil prevê que no transporte cumulativo todos os transportadores respondem solidariamente. A regra deve ser aplicada tanto para o transporte de pessoas quanto de coisas, o que pode ser retirado da análise do próprio art. 733 do CC.

Em casos tais, havendo danos a pessoas ou a coisas, haverá responsabilidade objetiva, pois a obrigação de cada transportador é de resultado (*cláusula de incolumidade*). Para essa responsabilização independente de culpa ainda pode ser invocado o Código de Defesa do Consumidor, em *diálogo das fontes*.

Caso esteja presente dano resultante do atraso ou da interrupção da viagem, este será determinado em razão da totalidade do percurso, diante da indivisibilidade da obrigação dos transportadores (art. 733, § 1.º, do CC). Ocorrendo a substituição de um transportador por outro nessa mesma forma de contratação, a responsabilidade solidária também será estendida ao substituto (art. 733, § 2.º, do CC). Nesse último caso, há o que a doutrina denomina como *contratação de subtransporte* (ASSIS, Araken de. *Contratos...*, 2005, p. 317).

Para encerrar o tópico, anoto que no Projeto de Reforma do Código Civil, a Comissão de Juristas nomeada no âmbito do Senado Federal sugere que o art. 733 faça menção expressa ao *transporte cumulativo unimodal* – utilizando um mesmo meio em todas as suas fases – e *multimodal* – com mais de um meio de transporte, como se dá, por exemplo, no uso de avião, trem e metrô, sucessivamente. Como é notório, esses termos são os mais utilizados na prática na contemporaneidade, passando o *caput* do comando a prever o seguinte: "nos contratos de transporte cumulativo unimodal ou multimodal, cada transportador se obriga a cumprir o contrato relativamente ao respectivo percurso, respondendo todos de forma solidária pelos danos causados a pessoas e coisas". A menção expressa à responsabilidade solidária vem em boa hora, concretizando o que já é o entendimento amplamente majoritário. Na mesma linha, há proposta de melhora do texto do § 2.º, para enunciar que, "se houver substituição de algum dos transportadores, no decorrer do percurso, a responsabilidade solidária estender-se-á ao substituto". Como se pode notar, as proposições são necessárias, a fim de deixar o dispositivo mais efetivo tecnicamente.

Superada a análise das regras gerais previstas para o contrato em questão, passa-se ao estudo específico do transporte de pessoas e de coisas.

15.3 DO TRANSPORTE DE PESSOAS

O transporte de pessoas é aquele pelo qual o transportador se obriga a levar uma pessoa e a sua bagagem até o destino, com total segurança, mantendo incólume os seus aspectos físicos e patrimoniais. São partes no contrato o *transportador*, que é aquele que se obriga a realizar o transporte, e o *passageiro*, aquele que contrata o transporte, ou seja, aquele que será transportado mediante o pagamento do preço, denominado *passagem*.

A obrigação assumida pelo transportador é sempre de resultado, justamente diante dessa *cláusula de incolumidade*, o que fundamenta a sua responsabilização independentemente de culpa, em caso de prejuízo (responsabilidade objetiva). Nesse sentido, ensina Washington de Barros Monteiro que "é dever do transportador levar o passageiro são e salvo a seu destino, e responderá pelos danos a ele causados, bem como à sua bagagem. Em todo contrato de transporte está implícita a cláusula de incolumidade. Ora, se um passageiro contrata uma empresa para levá-lo ao Rio de Janeiro, subentende-se que ele quer chegar ao seu destino por inteiro e não 'em tiras'" (*Curso...*, 2003, p. 326).

Essa responsabilidade objetiva pode ser evidenciada pelo art. 734 do CC, que prevê que o transportador somente não responde nos casos de força maior (evento previsível, mas inevitável). O caso fortuito (evento totalmente imprevisível) também constitui excludente, até porque muitos doutrinadores e a própria jurisprudência consideram as duas expressões como sinônimas (STJ, REsp 259.261/SP, 4.ª Turma, Rel. Min. Sálvio de Figueiredo Teixeira, j. 13.09.2000, *DJ* 16.10.2000, p. 316).

Vale relembrar aqui questão ventilada no Volume 2 desta coleção, a respeito do assalto à mão armada como excludente de responsabilidade do transportador. Como visto naquela obra, o STJ acabou por considerar o assalto como fato desconexo ao contrato de transporte, a excluir a responsabilidade da transportadora. Em suma, consolidou-se o entendimento de que o assalto está fora do risco do negócio ou do risco do empreendimento da transportadora.

Primeiramente, entendendo pela caracterização como caso fortuito e força maior – tidos também nesse acórdão, como expressões sinônimas –, transcreve-se o seguinte julgado da 3.ª Turma do STJ, em caso envolvendo transporte de mercadorias:

> "Transporte de mercadoria. Roubo. Responsabilidade da transportadora. O roubo de mercadoria praticado mediante ameaça exercida com arma de fogo é fato desconexo do contrato de transporte e, sendo inevitável, diante das cautelas exigíveis da transportadora, constitui-se em caso fortuito ou força maior, excluindo a responsabilidade dessa pelos danos causados. Agravo não provido" (STJ, AGREsp470.520/SP (200201079819), 499.790, 3.ª Turma, Rel. Min. Nancy Andrighi, j. 26.06.2003, *DJ* 25.08.2003, p. 301).

Mas existiam julgados anteriores apontando para o dever de indenizar do transportador nos casos de assaltos à mão armada em transporte coletivo. Da Quarta Turma do STJ destaque-se o seguinte:

"Responsabilidade civil do transportador. Assalto no interior de ônibus. Lesão irreversível em passageiro. Recurso especial conhecido pela divergência, mas desprovido pelas peculiaridades da espécie. Tendo se tornado fato comum e corriqueiro, sobretudo em determinadas cidades e zonas tidas como perigosas, o assalto no interior do ônibus já não pode mais ser genericamente qualificado como fato extraordinário e imprevisível na execução do contrato de transporte, ensejando maior precaução por parte das empresas responsáveis por esse tipo de serviço, a fim de dar maior garantia e incolumidade aos passageiros. Recurso especial conhecido pela divergência, mas desprovido" (STJ, REsp 232.649/SP (199900875729), 494.515, 4.ª Turma, Rel. p/ acórdão Min. Cesar Asfor Rocha, j. 15.08.2002, *DJ* 30.06.2003, p. 250. Veja: (Voto vencido – Caso fortuito – Força maior) STJ – REsp 30.992/RJ (*RSTJ* 62/271), 13.351/RJ (*RSTJ* 29/507), 35.436/SP (*RSTJ* 52/208), 74.534/RJ (*REVJUR* 238/51), 286.110/RJ, 118.123/SP (*LEX-STJ* 120/147) STF – RE 88.408/RJ).

A questão era de grande debate e *dividia* a Terceira e a Quarta Turma daquele Superior Tribunal. Foi utilizado o verbo destacado no passado, pois julgados prolatados nos anos de 2005 e 2006, da própria Quarta Turma do Superior Tribunal de Justiça, sepultaram a discussão ao reconhecer o assalto ao meio de transporte como força maior (evento previsível, mas inevitável), mesmo nos casos de transporte de pessoas:

"Civil. Indenização. Transporte coletivo (ônibus). Assalto à mão armada seguido de morte de passageiro. Força maior. Exclusão da responsabilidade da transportadora. 1. A morte decorrente de assalto à mão armada, dentro de ônibus, por se apresentar como fato totalmente estranho ao serviço de transporte (força maior), constitui-se em causa excludente da responsabilidade da empresa concessionária do serviço público. 2. Entendimento pacificado pela Segunda Seção. 3. Recurso especial conhecido e provido" (STJ, REsp 783.743/RJ, 4.ª Turma, Rel. Min. Fernando Gonçalves, j. 12.12.2005, *DJ* 01.02.2006, p. 571).

"Processo civil. Recurso especial. Indenização por danos morais e estéticos. Assalto à mão armada no interior de ônibus coletivo. Força maior. Caso fortuito. Exclusão de responsabilidade da empresa transportadora. Configuração. 1. Este Tribunal já proclamou o entendimento de que, fato inteiramente estranho ao transporte (assalto à mão armada no interior de ônibus coletivo), constitui caso fortuito, excludente de responsabilidade da empresa transportadora. 2. Entendimento pacificado pela eg. Segunda Seção desta Corte. Precedentes: REsp 435.865/RJ; REsp 402.227/RJ; REsp 331.801/RJ; REsp 468.900/RJ; REsp 268.110/RJ. 3. Recurso conhecido e provido" (STJ, REsp 714.728/MT, 4.ª Turma, Rel. Min. Jorge Scartezzini, j. 12.12.2005, *DJ* 01.02.2006, p. 566).

Como apontado na primeira edição desta obra, o entendimento anterior do STJ – o de não exclusão de responsabilidade da transportadora – entendia que os ônibus que rodavam em regiões perigosas das grandes cidades deveriam ser blindados e escoltados. A conclusão, portanto, fugia da lógica do razoável. Por isso é que não se alinhava com aquele entendimento anterior. Ora, quem deve zelar pela segurança pública é o Estado e não os entes privados. Em razão dessa constatação, a tese da responsabilidade subjetiva do Estado, para os casos de omissão (caso da falta de segurança), merece ser urgentemente rediscutida.

De toda sorte, havendo falha do serviço de transporte aéreo, com a necessidade de transporte terrestre dos passageiros, a conclusão do Superior Tribunal de Justiça modifica-se, entendendo a Corte que o roubo passa a ingressar no risco da atividade da empresa, uma vez que a necessidade de alteração do meio de locomoção foi causada pelo transportador. Conforme se retira de julgado do ano de 2018:

> "A jurisprudência do STJ reconhece que o roubo dentro de ônibus configura hipótese de fortuito externo, por se tratar de fato de terceiro inteiramente independente do transporte em si, afastando-se, com isso, a responsabilidade da empresa transportadora por danos causados aos passageiros. Não obstante essa seja a regra, o caso em análise guarda peculiaridade que comporta solução diversa. Com efeito, a alteração substancial e unilateral do contrato firmado pela recorrente – de transporte aéreo para terrestre –, sem dúvida alguma, acabou criando uma situação favorável à ação de terceiros (roubo), pois o transporte rodoviário é sabidamente muito mais suscetível de ocorrer crimes dessa natureza, ao contrário do transporte aéreo. Dessa forma, a conduta da transportadora concorreu para o evento danoso, pois ampliou significativamente o risco de ocorrência desse tipo de situação, não podendo, agora, se valer da excludente do fortuito externo para se eximir da responsabilidade" (STJ, REsp 1.7280.68/SP, 3.ª Turma, Rel. Min. Marco Aurélio Bellizze, j. 05.06.2018, *DJe* 08.06.2018).

Ainda quanto ao art. 734, *caput*, do CC, o dispositivo não considera como excludente a *cláusula de não indenizar* (*cláusula excludente de responsabilidade* ou *cláusula de irresponsabilidade*), previsão contratual inserida no instrumento do negócio que exclui a responsabilidade da transportadora. O art. 734, *caput*, do CC apenas confirma o entendimento jurisprudencial anterior, consubstanciado na Súmula 161 do STF, segundo a qual: "em contrato de transporte é inoperante a cláusula de não indenizar".

A referida súmula pode até parecer desnecessária atualmente, mas não o é, podendo ser invocada para os casos de transporte de coisas, uma vez que o art. 734 do CC trata do transporte de pessoas. Conclui-se que a cláusula de não indenizar deve ser considerada nula também para o transporte de mercadorias. Para tanto, podem igualmente ser invocados os arts. 25 e 51, inc. I, do CDC e o art. 424 do CC, eis que o contrato em questão é de consumo e de adesão, na grande maioria das vezes. A nulidade dessa cláusula é evidente, pois o emitente renuncia a um direito que lhe é inerente como parte contratual: o direito à segurança.

O parágrafo único do art. 734 do CC/2002 merece maiores digressões, *in verbis*: "é lícito ao transportador exigir a declaração do valor da bagagem a fim de fixar o limite da indenização". O dispositivo visa a valorizar a boa-fé objetiva no contrato de transporte, particularmente quanto ao dever do passageiro de informar o conteúdo da sua bagagem para que o transportador possa prefixar eventual valor indenizatório.

Dúvida resta quanto à incompatibilidade desse dispositivo em relação ao CDC na hipótese de existir relação de consumo no contrato de transporte, porque o art. 6.º, incs. VI e VIII, consagra o *princípio da reparação integral de danos*, o que afasta qualquer possibilidade de tarifação da indenização, principalmente por força de contrato.

Inicialmente, deve-se entender que o art. 734 do CC não torna obrigatória ao consumidor-passageiro a referida declaração. Na verdade, o dispositivo enuncia que é lícito exigir a declaração do valor da bagagem, visando a facilitar a prova do prejuízo sofrido em eventual demanda. Não sendo feita a referida declaração, torna-se difícil comprovar o que está dentro da bagagem. Para tanto, pode o consumidor utilizar-se da inversão do ônus da prova, nos termos do art. 6.º, inc. VIII, do CDC? O Superior Tribunal de Justiça vem entendendo que sim, ou seja, pela aplicação dessa inversão em casos tais:

"Processo civil. Civil. Recurso especial. Indenização por danos materiais e morais. Extravio de bagagem. Empresa aérea. Danos materiais comprovados e devidos. Inversão do ônus da prova. Art. 6.º, VIII, do CDC. Danos morais. Ocorrência. Indenização. Razoabilidade do *quantum* fixado. 1. Divergência jurisprudencial comprovada, nos termos do art. 541, parágrafo único, do CPC, e art. 255 e parágrafo, do Regimento Interno desta Corte. 2. Com base nos documentos comprobatórios trazidos aos autos, tanto a r. sentença singular quanto o eg. Tribunal de origem, tiveram por verossímil as alegações do autor – uma vez que a relação dos bens extraviados mostra-se compatível com a natureza e duração da viagem – aplicando, então, a regra do art. 6.º, VIII, do CDC, invertendo-se o ônus da prova. 3. A inversão do ônus da prova, de acordo com o art. 6.º, VIII, do CDC, fica subordinada ao critério do julgador, quanto às condições de verossimilhança da alegação e de hipossuficiência, segundo as regras da experiência e de exame fático dos autos. Tendo o Tribunal *a quo* julgado que tais condições se fizeram presente, o reexame deste tópico é inviável nesta via especial. Óbice da Súmula 07 desta Corte. 4. Como já decidiram ambas as Turmas que integram a Segunda Seção desta Corte, somente é dado, ao STJ, em sede de recurso especial, alterar o *quantum* da indenização por danos morais, quando ínfimo ou exagerado o valor. 5. Considerando-se as peculiaridades fáticas assentadas nas instâncias ordinárias e os parâmetros adotados nesta Corte em casos semelhantes a este, de extravio de bagagem em transporte aéreo, o valor fixado pelo Tribunal de origem, a título de indenização por danos morais, mostra-se excessivo, não se limitando à compensação dos prejuízos advindos do evento danoso, pelo que se impõe a respectiva redução a R$ 4.000,00 (quatro mil reais). 6. Recurso conhecido e provido" (STJ, REsp 696.408/MT, 4.ª Turma, Rel. Min. Jorge Scartezzini, j. 07.06.2005, *DJ* 29.05.2006, p. 254).

"Responsabilidade civil. Extravio de bagagem. Danos materiais e morais. Aplicação do Código de Defesa do Consumidor. Retorno ao local de residência. Precedente da Terceira Turma. 1. Já está assentado na Seção de Direito Privado que o Código de Defesa do Consumidor incide em caso de indenização decorrente de extravio de bagagem. 2. O fato de as notas fiscais das compras perdidas em razão do extravio estarem em língua estrangeira, não desqualifica a indenização, considerando a existência de documento nacional de reclamação com a indicação dos artigos perdidos ou danificados que menciona os valores respectivos, cabendo à empresa provar em sentido contrário, não combatida a inversão do ônus da prova acolhida na sentença. 3. Precedente da Terceira Turma decidiu que não se justifica a 'reparação por dano moral apenas porque a passageira, que viajara para a cidade em que reside, teve o incômodo de adquirir roupas e objetos perdidos' (REsp 158.535/PB, Relator para o acórdão o Senhor Min. Eduardo Ribeiro, *DJ* 09.10.2000). 4. Recurso especial conhecido e provido, em parte" (STJ, REsp 488.087/RJ, 3.ª Turma, Rel. Min. Carlos Alberto Menezes Direito, j. 18.09.2003, *DJ* 17.11.2003, p. 322; *RT* 823/171). VEJA: (Bagagem – Transporte aéreo – Aplicação – Código de Defesa do Consumidor) STJ – REsp 300.190/RJ (*RT* 803/177), REsp 169.000/RJ (*RDR* 18/291), REsp 173.526/SP, REsp 209.527/RJ (*JBCC* 189/200, *RDTJRJ* 50/106), REsp 154.943/DF (*RSTJ* 143/274) (Descabimento – Indenização – Dano moral – Passageiro) STJ – REsp 158.535/PB (*RJADCOAS* 20/104, *JBCC* 185/346).

Seguindo essa linha de raciocínio favorável ao consumidor, percebe-se que o art. 734, parágrafo único, do CC, em certo sentido, entra em colisão com a proteção do destinatário final do serviço, ao estabelecer que ele tem o dever de declarar o conteúdo de sua bagagem, sob pena de perder o direito à indenização. Apesar de o dispositivo não dizer isso expressamente, poder-se-ia supor dessa forma. Trata-se de uma mera suposição, uma vez que o passageiro, como consumidor, tem direito à indenização integral. Assim deve ser interpretada a suposta controvérsia.

De qualquer forma, um entendimento contrário poderia sustentar que o art. 734, parágrafo único, do Código Civil deveria se sobrepor à Lei 8.078/1990, segundo o que ordena o art. 732 da mesma codificação material, outrora comentado (prevalência do Código Civil).

Esse argumento pode ser afastado pela aplicação da tese do *diálogo das fontes* e diante dos princípios da função social dos contratos e da boa-fé objetiva, sempre mencionados e que conduzem a uma interpretação contratual mais favorável à parte vulnerável da relação negocial. Além disso, para ficar bem claro, cumpre mais uma vez transcrever o Enunciado n. 369 CJF/STJ, aprovado na *IV Jornada de Direito Civil*: "diante do preceito constante no art. 732 do Código Civil, teleologicamente e em uma visão constitucional de unidade do sistema, quando o contrato de transporte constituir uma relação de consumo, aplicam-se as normas do Código de Defesa do Consumidor que forem mais benéficas a este".

Isso vale com relação aos danos materiais, particularmente quanto ao valor da coisa em si. No que concerne aos danos morais, no caso de a coisa ser de estima, eventual reparação não pode ser tarifada nem mesmo por lei. A tarifação ou tabelamento do dano moral entra em conflito com o princípio da especialidade, que consta da segunda parte da isonomia constitucional (*a lei deve tratar de maneira igual os iguais, e de maneira desigual os desiguais* – art. 5.º, *caput*, da CF/1988).

De qualquer modo, vale o alerta constante da parte final da última ementa transcrita, no sentido de que a Corte Superior vem entendendo que a mera perda da bagagem não gera dano moral. Nesse ponto, é preciso provar a lesão a direito da personalidade pelo extravio do conteúdo da bagagem ou que ali estava um objeto de estima. Entretanto, ressalte-se que o mesmo STJ já entendeu, no passado, pela existência de danos morais por perda de bagagem em inúmeros casos. Por todos, ilustre-se:

> "Transporte aéreo. Extravio temporário e violação de bagagens. Danos morais. Fixação. Razoabilidade e proporcionalidade verificadas. Revisão. Reexame de prova. Inadmissibilidade. Se o valor fixado a título de danos morais atende aos critérios da razoabilidade e da proporcionalidade, não se admite a revisão do montante em sede de recurso especial, por ser aplicável à espécie a Súmula n. 7/STJ" (STJ, AgRg no Ag 538.459/RJ, 3.ª Turma, Rel. Min. Nancy Andrighi, j. 06.11.2003, *DJ* 09.12.2003, p. 288).

Aliás, em sede de STJ, há até julgados anteriores presumindo o dano moral no caso de perda de bagagem por grande lapso temporal. Cumpre lembrar que, muitas vezes, o passageiro chega ao destino sem a sua mala, onde estão as suas roupas, os seus bens de uso pessoal e de higiene íntima. Nesse sentido:

> "Ação de indenização. Extravio de bagagem. Dano moral caracterizado. O extravio de bagagem por longo período traz, em si, a presunção da lesão moral causada ao passageiro, atraindo o dever de indenizar. Não se configurando valor abusivo no *quantum* fixado a

título de ressarcimento, desnecessária a excepcional intervenção do STJ a respeito" (STJ, REsp 686.384/RS, 4.ª Turma, Rel. Min. Aldir Passarinho Junior, j. 26.04.2005, *DJ* 30.05.2005, p. 393).

Ainda sobre o tema, atualizando a obra, a Lei 14.034/2020 consagrou regras emergenciais para a aviação civil brasileira, em razão da pandemia de Covid-19. Todavia, ao contrário da Lei 14.010/2020, a norma emergente trouxe regras definitivas, muito além do reembolso do valor das passagens que foram canceladas em virtude da pandemia, no longo prazo de doze meses, contados da data do voo cancelado (art. 3.º).

Entre essas normas permanentes, foi incluído um art. 251-A no Código Brasileiro de Aeronáutica, exigindo a prova efetiva do dano moral – chamado na norma de dano extrapatrimonial –, em virtude de falha na execução do contrato de transporte, o que inclui o atraso de voo e o extravio de bagagem. Trata-se de um claro retrocesso na tutela dos consumidores, diante justamente dos julgados que vinham concluindo pela presença de danos presumidos ou *in re ipsa* em casos tais.

Como última nota a respeito do art. 734 no Projeto de Reforma do Código Civil, uma das premissas seguidas pela Comissão de Juristas para a atualização do Código Civil foi a necessária equiparação do caso fortuito à força maior, e vice-versa, em todos os dispositivos da codificação privada, para que não pairem dúvidas práticas a respeito dos efeitos comuns dessas duas excludentes da responsabilidade civil. Seguindo essa ideia, o *caput* do art. 734 passará a expressar o seguinte: "o transportador responde pelos danos causados às pessoas transportadas e suas bagagens, salvo motivo de caso fortuito ou força maior, sendo nula de pleno direito qualquer cláusula excludente da responsabilidade". Também se incluiu o termo "de pleno direito", para que fique evidente ser a hipótese da cláusula excludente de responsabilidade civil de nulidade absoluta, nos termos do art. 166 do próprio Código Civil.

Em relação ao seu parágrafo único, sugere-se a superação do dilema exposto, sobretudo diante de um claro conflito com o Código de Defesa do Consumidor. Para que não exista mais a polêmica declaração do valor da bagagem, ela apenas será possível juridicamente em contratos paritários, amplamente negociados entre as partes, passando a norma a prever o seguinte: "em contratos paritários, é lícito ao transportador exigir a declaração do valor da bagagem, a fim de fixar o limite da indenização". Imagine-se, a título de exemplo, um contrato de transporte de passageiros celebrado entre empresas.

Quanto à capacidade para celebrar o contrato como passageiro, deve ser observada a regra geral de capacidade prevista para os negócios jurídicos (art. 104, inc. I, do CC). Entretanto, em transportes urbanos, não é exigida tal capacidade plena, podendo fazer uso deles os passageiros menores ou incapazes, desde que paguem preço de passagem.

Sobre viagens para outras cidades, o art. 83 do Estatuto da Criança e do Adolescente (Lei 8.069/1990), na nova redação dada pela Lei 13.812/2019 dispõe que "nenhuma criança ou adolescente menor de 16 (dezesseis) anos poderá viajar para fora da comarca onde reside desacompanhado dos pais ou dos responsáveis sem expressa autorização judicial". Entretanto, duas exceções são feitas no mesmo dispositivo (§ 1.º), sendo desnecessária essa autorização:

CAP. 15 · CONTRATOS EM ESPÉCIE – DO TRANSPORTE

a) Quando se tratar de Comarca contígua à da residência da criança ou do adolescente menor de 16 anos, se na mesma unidade da Federação, ou incluída na mesma região metropolitana.

b) Quando a criança menor de 16 anos estiver acompanhada dos pais, responsáveis, colateral maior, até o terceiro grau, desde que comprovado o parentesco documentalmente, ou ainda de pessoa maior, expressamente autorizada.

Mesmo havendo um contrato celebrado por incapaz, não há que se falar em nulidade ou anulabilidade, diante dessas regras especiais de legitimação previstas no Estatuto da Criança e do Adolescente.

Estabelece o art. 735 da atual codificação material que "a responsabilidade contratual do transportador por acidente com o passageiro não é elidida por culpa de terceiro contra qual tem ação regressiva". Essa redação segue a Súmula 187 do STF, que previa o mesmo, ou seja, que a culpa exclusiva de terceiro não é excludente do dever de indenizar do transportador, assegurado o direito de regresso da transportadora em face desse terceiro.

Essa Súmula 187 do STF parece fundamentar o entendimento pelo qual a transportadora responde pelo assalto à mão armada. Surge a dúvida: pagando a indenização, a empresa transportadora terá ação regressiva contra a quadrilha de assaltantes? Fica claro ser um absurdo pensar dessa maneira. Não seria o caso de o Estado ser responsabilizado pela falta de segurança? Reafirmo que entendo que sim. A questão está aprofundada no Volume 2 da presente coleção, no estudo da responsabilidade objetiva do Estado.

O art. 735 do CC/2002 e a Súmula 187 do STF servem também para responsabilizar as empresas aéreas por acidentes que causam a morte de passageiros. Mesmo havendo culpa exclusiva de terceiros, inclusive de agentes do Estado, as empresas que exploram o serviço devem indenizar os familiares das vítimas, tendo ação regressiva contra os responsáveis. O que se nota, assim, é que a aplicação do Código Civil de 2002 é até mais favorável aos consumidores do que o próprio CDC, eis que a Lei 8.078/1990 prevê a culpa exclusiva de terceiro como excludente de responsabilização, havendo prestação de serviços (art. 14, § 3.º).

A título de exemplo, cite-se o célebre caso de acidente aéreo causado por pilotos de outra aeronave, respondendo a companhia aérea em face das vítimas e assegurado o seu direito de regresso contra os terceiros. Analisando tal situação fática, podem ser colacionados os seguintes arestos jurisprudenciais:

"Agravo regimental. Responsabilidade civil objetiva. Acidente aéreo envolvendo o avião Boeing 737-800, da Gol Linhas Aéreas, e o jato Embraer/Legacy 600, da Excel Air Service. Dano moral. Irmã da vítima falecida. Cabimento. Precedentes. 1. Os irmãos possuem legitimidade ativa *ad causam* para pleitear indenização por danos morais em razão do falecimento de outro irmão. Precedentes. 2. Restou comprovado, no caso ora em análise, conforme esclarecido pelo Tribunal local, que a vítima e a autora (sua irmã) eram ligados por fortes laços afetivos. 3. Ante as peculiaridades do caso, reduzo o valor indenizatório para R$ 120.000,00 (cento e vinte mil reais), acrescido de correção monetária, a partir desta data (Súmula n.º 362/STJ), e juros moratórios, a partir da citação. 4. Agravo regimental parcialmente provido" (STJ, AgRg-Ag 1.316.179/RJ, 4.ª Turma, Rel. Min. Luis Felipe Salomão, j. 14.12.2010, *DJe* 01.02.2011).

"Apelação cível. Ação de indenização. Acidente aéreo Gol X Legacy. Dano moral. Indenização a irmão de vítima fatal. Possibilidade. Majoração ou redução do *quantum* indenizatório. Responsabilidade objetiva da empresa aérea. Juros e correção monetária. Termo *a quo* de incidência. Sentença mantida. O irmão de vítima fatal em acidente aéreo é parte legítima para postular indenização por dano moral pela perda do ente querido. Valor da indenização, a ser paga ao irmão da vítima, pelo dano moral decorrente de acidente aéreo fatal deve ser estabelecido segundo critérios do julgador, de acordo com a noção da dor que a perda prematura e abrupta de um ente querido pode gerar no psiquismo do requerente, do quão próximos, psicologicamente, eram os entes etc. A fixação de juros de mora e de correção monetária, nas ações de indenização por dano moral, deve obedecer aos parâmetros efetivamente utilizados no julgamento de mérito, de forma que, se se considerar que a responsabilidade é contratual, os juros de mora incidem a partir da citação, mas, por outro lado, se se considerar que a responsabilidade é extracontratual, os juros de mora incidem a partir do evento danoso. Como é vedada a reforma do *decisum* em prejuízo da parte apelante, em caso de não provimento das razões de apelação, deve-se manter a forma de cálculo anteriormente fixada, ainda que em desacordo com o parâmetro que, em tese, deveria ser aplicado, sob pena de violação à proibição da *reformatio in pejus*. Recursos conhecidos e não providos" (TJDF, Recurso 2012.01.1.093449-7, Acórdão 642.944, 3.ª Turma Cível, Rel. Des. Cesar Laboissiere Loyola, *DJDFTE* 10.01.2013, p. 231).

Surge controvérsia sobre a admissão da culpa ou fato exclusivo de terceiro como excludente do dever de indenizar no transporte de coisas. A jurisprudência superior tem respondido positivamente, especialmente porque, pelo menos em regra, não há relação de consumo em tal modalidade de transporte. Por todos os arestos superiores, destaque-se o seguinte, relativo ao roubo de carga, não mais enquadrado como caso fortuito ou força maior, curiosamente: "consagrou-se na jurisprudência do Superior Tribunal de Justiça o entendimento de que o roubo de cargas, em regra, caracteriza-se como caso fortuito ou de força maior, excludente de responsabilidade do transportador" (STJ, AgRg no REsp 1.374.460/SP, 3.ª Turma, Rel. Min. Ricardo Villas Bôas Cueva, j. 02.06.2016, *DJe* 09.06.2016).

Anoto que no Projeto de Reforma do Código Civil, sugere-se a seguinte redação para o art. 735 da codificação privada: "a responsabilidade contratual do transportador por acidente com o passageiro não é afastada por culpa ou fato de terceiro, contra o qual tem ação regressiva". Dois são, portanto, os ajustes pontuais sugeridos. O primeiro é a troca de "elidida" por "afastada", para que o texto fique mais compreensível. O segundo é a menção também ao "fato de terceiro", conceito mais correto e bem adaptado ao modelo de responsabilidade objetiva ou sem culpa verificado em relação ao transportador, e na linha dos meus comentários.

Relativamente ao transporte feito de forma gratuita, por amizade ou cortesia, popularmente denominado *carona*, não se subordina às normas do contrato de transporte (art. 736, *caput*, do CC). O dispositivo está sintonizado com a Súmula 145 do STJ, pela qual: "No transporte desinteressado, de simples cortesia, o transportador só será civilmente responsável por danos causados ao transportado quando incorrer em dolo ou culpa grave".

Observe-se, nesse contexto, que no transporte por cortesia não há responsabilidade contratual objetiva daquele que dá a carona. A responsabilidade deste é extracontratual, subjetiva, dependendo da prova de culpa.

Forçoso concluir, porém, que a parte final da referida súmula deve ser revista, pois, segundo os arts. 944 e 945 do CC/2002, que expressam a *teoria da causalidade adequada*, não se exige como essencial a existência de culpa grave ou dolo para a reparação civil. Na realidade, o dolo ou a culpa grave somente servem como parâmetros para a fixação da indenização. Todavia, infelizmente, o STJ ainda vem aplicando a súmula em sua redação original:

> "Civil. Transporte de cortesia (carona). Morte do único passageiro. Indenização. Responsabilidade objetiva. Não cabimento. Súmula 145-STJ. 1. 'No transporte desinteressado, de simples cortesia, o transportador só será civilmente responsável por danos causados ao transportado quando incorrer em dolo ou culpa grave' (Súmula 145-STJ). 2. Na espécie, padece o acórdão recorrido de flagrante dissídio com o entendimento desta Corte quando, firmando-se na tese da responsabilidade objetiva, despreza a aferição de culpa *lato sensu* (dolo e culpa grave). 3. Recurso especial conhecido e provido" (STJ, REsp 153.690/SP, 4.ª Turma, Rel. Min. Fernando Gonçalves, j. 15.06.2004, *DJ* 23.08.2004, p. 238).

A questão igualmente não é pacífica na doutrina contemporânea. José Fernando Simão, por exemplo, entende que aquele que deu a carona apenas responde nos casos de dolo ou culpa grave, nos exatos termos da citada Súmula 145 do STJ. Isso porque a hipótese da carona continua sendo de responsabilidade civil contratual e, havendo um negócio jurídico gratuito, somente há o dever de reparar do caronista nos casos de sua atuação com dolo, conforme o art. 392 do CC. Em complemento, como a culpa grave a esta se equipara, mantém-se a integralidade da sumular do Tribunal da Cidadania.

O jurista traz um argumento a ser considerado, qual seja, a *função social da carona*, pontuando que "a carona deve ser estimulada e não punida. Já que o transporte público é ineficiente, a carona é uma das formas de reduzir o número de carros nas ruas, e com isso, reduzir o trânsito e melhorar o meio ambiente, sem poluição. É ato de solidariedade e que faz bem ao meio ambiente" (SIMÃO, José Fernando. *Quem tem medo...* Disponível em: www.flaviotartuce.adv.br. Acesso em: 7 set. 2014). De fato, os fundamentos nos interesses coletivos são plausíveis, fazendo-me refletir sobre uma mudança de posição para o futuro. Porém, não se pode negar que a posição por mim defendida preocupa-se mais com a vítima do que com o agente causador do dano, atendendo à função preventiva da responsabilidade civil.

Exposta mais uma controvérsia, a título de ilustração, vejamos dois acórdãos estaduais mais recentes, que aplicam a atual redação do art. 736 do Código Civil, ingressando no debate aqui apresentado:

> "Acidente de veículo. Indenização por danos materiais e morais. Transporte gratuito (carona). Acidente causado pelo condutor do outro automóvel. Ausência de dolo ou culpa grave pelo réu. Improcedência do pedido mantida. Assistência Judiciária gratuita. Concessão que não afasta a condenação da parte aos ônus sucumbenciais. Suspensão da execução por até cinco anos. Ausência de menção neste sentido na r. Sentença. Na medida em que a responsabilidade objetiva do transportador não se aplica às hipóteses de transporte gratuito (art. 736 do Código Civil) e, não tendo sido comprovada a incidência do réu em dolo ou culpa grave (mesmo porque, conforme anotado pela própria autora, o acidente foi causado pelo condutor do outro automóvel, que inobservou a luz semafórica vermelha),

de rigor é a improcedência do pedido inicial. A concessão da justiça gratuita não afasta a condenação da parte beneficiária ao pagamento das custas e despesas processuais, bem como dos honorários advocatícios, pois o vencido está sujeito ao princípio da sucumbência. A benesse, na verdade, enseja a suspensão da execução das verbas até que o vencido possa saldá-las sem prejuízo de seu próprio sustento e de sua família, observado o prazo máximo de cinco anos, nos termos do art. 12 da Lei 1.060/1950, referência que não constou da r. Sentença. Apelo parcialmente provido" (TJSP, Apelação 0507216-09.2010.8.26.0000, Acórdão 6607881, 35.ª Câmara de Direito Privado, São Paulo, Rel. Des. José Malerbi, j. 25.03.2013, *DJESP* 02.04.2013).

"Contrato de transporte – 'Carona' cortesia – Aplicação das regras gerais da responsabilidade civil – Culpa do réu – Ausência de prova – Recurso provido. Nos termos do art. 736 do Código Civil, a responsabilidade do transportador que concede uma 'carona' em virtude de um vínculo de amizade é subjetiva. Para tanto, deve ser aferido se o réu agiu com culpa, nos termos dos arts. 186 e 927, ambos do Código Civil. O réu não estava embriagado e conduzia seu veículo em baixa velocidade. A culpa do acidente foi de terceiro, que conduzia seu veículo em alta velocidade e invadiu a mão de direção em que o automóvel do réu transitava, fazendo com que o requerido perdesse o controle de seu veículo. Como o réu não agiu com culpa, o mesmo não é responsável pelos danos sofridos pelos autores em virtude da morte de seu ascendente" (TJMG, Apelação Cível 0034.05.033533-9/0011, 15.ª Câmara Cível, Araçuaí, Rel. Des. Tibúrcio Marques, j. 02.07.2009, *DJEMG* 14.07.2009).

Complementando, não se considera gratuito o transporte quando, embora feito sem remuneração, trouxer ao transportador *vantagens indiretas* (art. 736, parágrafo único, do CC). Nesses casos, a responsabilidade daquele que transportou outrem volta a ser contratual objetiva. Pode ser citado como *vantagens indiretas auferidas* o pagamento de combustível ou pedágio por aquele que é transportado. A questão recomenda análise caso a caso. Cite-se, em complemento, o transporte cedido pelo empregador aos seus empregados, sem remuneração direta, tendo ele vantagens indiretas pelo fato de levar os seus trabalhadores até o local de desempenho de suas funções. Nessa linha, concluindo pela responsabilidade objetiva do primeiro:

"Apelação cível. Acidente de trânsito no percurso para o trabalho. Transporte fornecido pelo empregador. Morte do empregado. Responsabilidade objetiva do empregador que somente pode ser afastada por culpa exclusiva da vítima, caso fortuito ou força maior. Excludentes não verificadas na hipótese. Culpa de terceiro insuficiente para excluir o dever de indenizar. Alegação de transporte gracioso. Insubsistência" (TJSP, Apelação Cível 00015364720098240047, 5.ª Câmara Cível, Rel. Cláudia Lambert de Faria, j. 11.07.2017).

"O transporte de empregado efetivado pelo empregador não pode ser considerado gratuito, já que há nítido interesse, ainda que indireto, por parte deste último, no que tange à prestação do serviço. Sendo assim, aplicam-se as regras do contrato de transporte, previstas no Código Civil, segundo as quais a responsabilidade do transportador só é elidida se verificados motivos de força maior, fortuito externo e culpa exclusiva da vítima, sendo certo que a culpa de terceiro não afasta o seu dever de indenizar" (TJMG, Apelação Cível 100430701247550021, Rel. Des. Eduardo Mariné da Cunha, j. 17.09.2009, data de publicação 06.01.2009).

Também ilustrando, quando da *IV Jornada de Direito Civil* foi proposto enunciado de conteúdo interessante pelo juiz federal do TRF da 5.ª Região, Bruno Leonardo Câmara Carrá: "diante da regra do parágrafo único do art. 736 do Código Civil, é contratual a responsabilidade no transporte de pessoas que resulta da aquisição de bilhete de passagem em decorrência de sorteios em campanhas publicitárias ou programas de acúmulo de milhagens ofertados no mercado de consumo". Foram as suas justificativas para o enunciado:

> "O Código Civil de 2002, embora não empregando a nomenclatura tradicional da doutrina italiana, firmou no parágrafo único do art. 736 a distinção entre o contrato de transporte gratuito (que é equiparado ao contrato de transporte de pessoas e é sempre oneroso) e o benévolo/de mera cortesia (que não possui feição contratual). Portanto, somente se pode qualificar como desinteressado, ou mais propriamente benévolo, o transporte que se realiza sem qualquer pretensão de lucro ou vantagem. Apenas 'o transporte de mera cortesia, a carona altruística, por amizade ou outro sentimento íntimo'. Assim nas chamadas promoções ou campanhas publicitárias, onde se oferecem viagens ou passeios aos contemplados, o transporte realizado como premiação tem feição puramente contratual. Também dentro desse conceito se incluiriam os prêmios (bilhetes de passagem) obtidos através de programas de milhagem. Em ambas, haverá um contrato de transporte de natureza gratuita (equiparado para todos os efeitos, como acima afirmado, ao contrato oneroso). O fundamento em tal assimilação reside no fato de que há um evidente ganho publicitário capitaneado pela empresa patrocinadora do evento ou que lançou o projeto de aquisição de milhas, com a maior divulgação de seu produto no mercado de consumo e, de conseguinte, com o aumento de clientela (aumento da venda de bilhetes de passagem e de carga conduzida). Muito dificilmente essas situações deixarão de ser regidas pelo Código de Defesa do Consumidor, o que permitirá, também, que a entidade que projeta o evento publicitário (quando não seja a própria empresa de transporte) seja solidariamente responsabilizada nos termos do art. 25, § 1.º, do CDC. Relativamente ao transporte aéreo, incumbe registrar ainda que o Código Brasileiro de Aeronáutica, para fins de responsabilidade civil, já considerava equiparada qualquer hipótese de transporte gratuito efetuado dentro dos denominados serviços aéreos públicos (voos de carreira), não importando a que título fosse".

Concordava-se integralmente com o teor da proposta que infelizmente não foi discutida na *IV Jornada de Direito Civil* por falta de tempo e excesso de trabalho. Na *VI Jornada de Direito Civil*, realizada em 2013, o tema voltou a ser debatido. Felizmente, um bom enunciado sobre a matéria foi aprovado, com o seguinte teor: "no transporte aéreo, nacional e internacional, a responsabilidade do transportador em relação aos passageiros gratuitos, que viajarem por cortesia, é objetiva, devendo atender à integral reparação de danos patrimoniais e extrapatrimoniais" (Enunciado n. 559 CJF/STJ).

Acrescente-se que há julgados que aplicam o mesmo raciocínio para o transporte entre aeroportos ofertado pelas companhias áreas, presentes as citadas vantagens indiretas, a ensejar a aplicação das regras do transporte e a consequente responsabilidade objetiva. Por todos, transcreve-se o seguinte trecho de acórdão, que reconheceu o direito à indenização pelos danos suportados pelos passageiros no trajeto:

> "A companhia responde pelos danos ocorridos ao longo da cadeia de serviços, colocados à disposição dos consumidores e não apenas pelo serviço típico de transporte aéreo. Ao eleger como base operacional o aeroporto de Viracopos, na região metropolitana de Campinas, a fim de atrair consumidores de outras localidades, a companhia aérea colocou à disposição serviço de ônibus para transporte terrestre de passageiros entre a Capital e

aquele aeroporto. Ainda que não fosse remunerado direta e separadamente, o preço do serviço estava incluído no custo operacional da companhia. Destarte, existindo vantagens diretas e indiretas da companhia, não seria justificável tecnicamente a alegação de ausência de responsabilidade. Não é por outro motivo que o parágrafo único do artigo 736 do Código Civil estabelece não se considerar gratuito o transporte quando – embora efetuado sem remuneração – o transportador auferir vantagens indiretas" (TJSP, Apelação 00109086920128260011, 24.ª Câmara de Direito Privado, Rel. Des. Silvia Maria Facchina Esposito Martinez, j. 15.09.2016, data de publicação 29.09.2016).

Como última nota sobre o art. 736 do CC, seguindo as premissas fundamentais da necessária reforma e atualização do Código Civil, a Comissão de Juristas propõe a adequação do texto ao entendimento doutrinário e jurisprudencial dominante. Assim, seguindo em parte o teor da citada Súmula n. 145 do Superior Tribunal de Justiça, mas não mencionando mais a culpa grave – como é o meu entendimento antes exposto –, o § 1.º passará a enunciar o seguinte: "nos casos do *caput*, a responsabilidade daquele que transportou outrem somente se dá nos casos de dolo ou culpa". E, mais, confirmando também em parte o teor do Enunciado n. 559, da *VI Jornada de Direito Civil*, inclui-se um § 2.º no art. 736, *in verbis*: "não se considera gratuito o transporte quando, embora feito sem remuneração, o transportador auferir vantagens indiretas, como nos casos de programas de incentivo, realizados inclusive em meios virtuais". Os programas de incentivo são justamente os de pontuação ou milhagem das empresas aéreas e muitas vezes com venda de passagens decorrentes desses pontos, por empresas especializadas e pela *internet*.

Superado esse ponto, é importante ressaltar que o *transporte gratuito* não se confunde com o *transporte clandestino*, tendo implicações diversas no campo da responsabilidade civil. Sílvio de Salvo Venosa anota que "no transporte clandestino, o transportador não sabe que está levando alguém ou alguma mercadoria. Lembre-se da hipótese de clandestinos que viajam em compartimento de carga não pressurizado de aeronaves e vêm a falecer, assim como clandestinos em caminhões e navios. Provada a clandestinidade, não há responsabilidade do transportador nem do prisma da responsabilidade contratual, nem do da responsabilidade aquiliana" (VENOSA, Sílvio de Salvo. *Direito...*, 2004, p. 148).

Em resumo, sobre a responsabilidade civil no contrato de transporte, tanto de pessoas quanto de coisas, deve ser observado o seguinte quadro:

	Clandestino	Não há responsabilidade civil
Transporte	Puramente gratuito ou desinteressado	Responsabilidade extracontratual (por ser benéfico exige o dolo ou culpa grave do transportador – Súmula 145 do STF)
	Gratuito com vantagens indiretas	Responsabilidade contratual objetiva
	Oneroso (cláusula de garantia implícita)	

Cabe esclarecer que, no meu entendimento, apesar da pendência de uma legislação específica, o UBER e outras formas de *transporte compartilhado* não se enquadram como transporte clandestino, no sentido de não estar regulamentado por lei federal, mas como modalidades de carona, com vantagens indiretas. Assim, deve-se aplicar o parágrafo único do art. 736 do Código Civil, com a incidência das regras de transporte e da correspondente responsabilidade civil objetiva, sem prejuízo da subsunção do Código de Defesa do Consumidor, em *diálogos das fontes*.

Nessa linha, destaco o teor do Enunciado n. 686, aprovado na *IX Jornada de Direito Civil*, em 2022: "aplica-se o sistema de proteção e defesa do consumidor, conforme disciplinado pela Lei n. 8.078, de 11 de setembro de 1990, às relações contratuais formadas entre os aplicativos de transporte de passageiros e os usuários dos serviços correlatos". Isso faz com que não só o transportador eventualmente responda por danos causados ao passageiro, mas também a empresa que administra o aplicativo, presente um *risco-proveito* desta última.

Importante lembrar que, no Projeto de Reforma do Código Civil, se pretende tratar dos contratos celebrados por meios digitais, no novo livro sobre o *Direito Civil Digital*. Assim, consoante a primeira proposta formulada, com tom genérico, "entende-se por contrato digital todo acordo de vontades celebrado em ambiente digital, como os contratos eletrônicos, pactos via aplicativos, *e-mail*, ou qualquer outro meio tecnológico que permita a comunicação entre as partes e a criação de direitos e deveres entre elas, pela aceitação de proposta de negócio ou de oferta de produtos e serviços". Também se sugere que "as mesmas regras que regem os contratos celebrados por instrumentos particulares ou públicos também se aplicam à regência da contratação feita em ambiente digital, atendidas suas especificidades e observado o tratamento previsto neste Código e na legislação especial".

Ainda pela proposição, são princípios consagrados para esses contratos celebrados por meios digitais: *a)* imaterialidade: diante da formação e armazenamento por meio eletrônico; *b)* autonomia privada: com o reconhecimento da liberdade das partes na criação de negócios digitais, desde que não contrariem a legislação vigente, sobretudo as normas cogentes e de ordem pública; *c)* boa-fé: entendida como a exigência de que as partes atuem com honestidade, transparência, probidade, cooperação e lealdade durante a formação, a execução e a resolução dos contratos digitais; *d)* equivalência funcional: com o entendimento de que os contratos digitais possuem a mesma validade legal que os contratos tradicionais e analógicos, desde que cumpridos os requisitos legais para sua formação; *e)* segurança jurídica: com a garantia de proteção aos direitos das partes envolvidas, assegurando a clareza, a precisão e a integridade dos termos acordados; e *f)* função social do contrato: nos termos do que está assegurado nos arts. 421 e 2.035, parágrafo único, do próprio Código Civil. Ainda se insere previsão segundo a qual, na interpretação dos contratos digitais, devem ser considerados a sua funcionalidade conjunta, a compatibilidade, a interoperabilidade, a durabilidade e o seu uso comum e esperado.

Voltando-se ao sistema vigente, o transportador está sujeito aos horários e itinerários previstos, sob pena de responder por perdas e danos, salvo motivo de força maior. Essa é a regra constante do art. 737 do CC, que fundamenta eventual indenização no caso de atraso do transportador, o que faz com que o passageiro perca um compromisso remunerado que tinha no destino. O dispositivo reforça a tese pela qual o transportador assume obrigação de resultado, a gerar a sua responsabilidade objetiva. O dever de pontualidade do transportador, aliás, já constava do art. 24 do Decreto-lei 2.681/1912, que tratava da responsabilidade civil das empresas de estradas de ferro.

Anoto, mais uma vez, que no Projeto de Reforma do Código Civil, a Comissão de Juristas propõe a necessária equiparação do caso fortuito à força maior, e vice-versa, para os fins de exclusão da responsabilidade civil, para que não pairem dúvidas práticas a respeito do tema. Nessa linha, o art. 737 passará a ter a seguinte redação: "o transportador está sujeito aos horários e itinerários previstos, sob pena de responder por perdas e danos, salvo motivo de caso fortuito ou força maior".

Complementando o art. 737 do CC, os arts. 230 e 231 da Lei 7.565/1986 (Código Brasileiro de Aeronáutica – CBA) preveem que havendo atraso de partida de voo por mais de quatro horas, o transportador deverá providenciar o embarque do passageiro, em outro voo, que ofereça serviço equivalente para o mesmo destino, ou restituirá de imediato, se o passageiro preferir, o valor do bilhete de passagem (art. 229 da Lei 7.565/1986). Além disso, todas as despesas correrão por conta do transportador, tanto no caso de atraso quanto no de suspensão do voo, tais como alimentação e hospedagem, sem prejuízo da indenização que couber, inclusive por danos morais. Araken de Assis analisa a questão com interessante enfoque social:

> "Essas considerações se aplicam ao cumprimento do horário. Nos aeroportos centrais das grandes cidades brasileiras, homens e mulheres atazanados, à beira do histerismo coletivo, aguardam transladação ao seu destino, no qual se desincumbiriam de reuniões previamente agendadas. Não importa, neste caso, chegar ao destino. É inútil chegar depois do horário previsto: a viagem está arruinada. O art. 256, II, da Lei 7.656/1986 prevê, explicitamente, a responsabilidade do transportador aéreo pelo atraso. O dever existe para qualquer contrato de transporte, seja qual for o meio (rodoviário, ferroviário e aquaviário). Mas acontece de as condições atmosféricas, quer no ponto de partida, quer no de destino, impedirem decolagens e pousos. Tal fato, bem como outros similares, elide a responsabilidade do transportador" (ASSIS, Araken de. *Contratos...*, 2005, p. 339).

O doutrinador refere-se, ao final da sua explanação, ao *fechamento de aeroportos* diante de péssimas condições climáticas, nas hipóteses em que *não há teto para voo*. Trata-se de uma força maior (evento previsível, mas inevitável), a obstar o nexo de causalidade. Portanto, não há que se falar, nessa situação, em responsabilidade da transportadora aérea. Lembra também o jurista que a Lei 7.565/1986 compara à força maior a determinação de autoridade aeronáutica para que o voo não ocorra, o que exclui a responsabilização da transportadora.

O debate também existe no tocante aos atrasos de voos diante do que se denomina *operação padrão*, movimento dos operadores no sistema de tráfego aéreo, que se tornou comum nos últimos tempos de caos aéreo, ou "apagão" no setor. Considerando-se que o fato é uma força maior, não haveria responsabilidade das empresas aéreas, pelo que consta do Código Civil. Entretanto, parece-me que a ocorrência estaria mais próxima da culpa exclusiva de terceiros, o que não elide a responsabilização das empresas aéreas.

Pelo último caminho, portanto, haveria responsabilidade das empresas que exploram o setor, assegurado o direito de regresso contra os efetivamente responsáveis, no caso, o Estado. Nesse contexto, insta colacionar julgados que responsabilizavam as empresas pelo chamado "apagão aéreo", ocorrido no passado. A primeira decisão trata o evento como um *fortuito interno*, com relação direta com o risco da atividade desenvolvida pela empresa aérea (risco do negócio ou risco do empreendimento):

> "Responsabilidade civil. Transporte aéreo. Danos morais e materiais. Apagão aéreo. Atraso no voo. Cliente que, para honrar compromisso, seguiu para o destino no seu próprio carro, depois de ficar muitas horas na sala de embarque, sem explicação ou atendimento adequados. Caso fortuito ou força maior. Não reconhecimento da excludente. 'Fortuito interno'. Falha na prestação de serviço por omissão. Incidência do CDC. Reparação moral fixada em R$ 3.800,00, valor equivalente a dez salários mínimos. Manutenção. Princípios da razoabilidade e proporcionalidade atendidos. Valores relativos aos danos patrimoniais que devem ser corrigidos da data do prejuízo. Súmula n.º 43 do Superior Tribunal de Justiça. Juros de mora. Termo inicial da citação. Honorários advocatícios mantidos. Respeito ao art. 20, § 3.º, do CPC. Recurso do autor parcialmente provido, não provido o da ré" (TJSP, Apelação 7256443-5, Acórdão 3462329, 24.ª Câmara de Direito Privado, São Paulo, Rel. Des. Antônio Ribeiro Pinto, j. 22.01.2009, *DJESP* 25.02.2009).

> "Transporte aéreo. Voo nacional. Atraso por cerca de seis horas, no chamado período do 'apagão aéreo'. Dano moral. Cabimento. Fixação, porém, em valor razoável e proporcional. Recurso parcialmente provido. E cabível compensação por danos morais a passageiros obrigados a suportar atraso de voo por várias horas, gerando situação de indiscutível desconforto e aflição. Mas o valor deve ser fixado com moderação, em termos razoáveis e proporcionais, evitando que a reparação enseje enriquecimento indevido, com manifestos abusos e exageros" (TJSP, Apelação 7322839-8, Acórdão 3480714, 11.ª Câmara de Direito Privado, São Paulo, Rel. Des. Gilberto dos Santos, j. 05.02.2009, *DJESP* 12.03.2009).

De todo modo, com a emergência da Lei 14.034/2020 – que, como visto, surgiu para socorrer as empresas aéreas em tempos de pandemia de Covid-19 –, esse entendimento tende a ser alterado para os fatos que eventualmente ocorrerem no futuro, uma vez que foram incluídas novas excludentes de responsabilidade civil dessas empresas, caracterizadoras de caso fortuito ou força maior.

Nos termos do novo § 3.º do art. 256 do Código Brasileiro de Aeronáutica, incluído pelo diploma, constitui caso fortuito ou força maior, para fins de análise do atraso do voo, a ocorrência de um ou mais dos seguintes eventos, desde que supervenientes, imprevisíveis e inevitáveis: *a)* restrições ao pouso ou à decolagem decorrentes de condições meteorológicas adversas impostas por órgão do sistema de controle do espaço aéreo; *b)* restrições ao pouso ou à decolagem decorrentes de indisponibilidade da infraestrutura aeroportuária, podendo aqui ser enquadrado o citado "apagão aéreo"; *c)* restrições ao voo, ao pouso ou à decolagem decorrentes de determinações da autoridade de aviação civil ou de qualquer outra autoridade ou órgão da Administração Pública, que será responsabilizada, podendo aqui também se enquadrar aquele "apagão"; e *d)* a decretação de pandemia ou publicação de atos de Governo que dela decorram, com vistas a impedir ou a restringir o transporte aéreo ou as atividades aeroportuárias, hipótese, essa sim, que tem relação com a crise decorrente da Covid-19, objeto da Lei 14.034/2020.

Entendo que foram incluídas na lei excludentes que antes não eram admitidas, pois ingressavam no risco do empreendimento ou risco do negócio das empresas de transporte aéreo; o que representa outro retrocesso na tutela e proteção dos passageiros-consumidores, além da antes citada necessidade de prova efetiva do dano moral.

Feito esse esclarecimento, cabe pontuar que o respeito aos horários previstos é um dever que também se impõe ao passageiro. Desse modo, caso este perca a viagem por sua própria desídia, não se cogita o dever de reparar da parte contrária, presente a culpa ou fato exclusivo da vítima. Assim deduzindo, julgou o Superior Tribunal de Justiça, em 2015:

> "Responsabilidade civil. Recurso especial. Transporte interestadual de passageiros. Usuário deixado em parada obrigatória. Culpa exclusiva do consumidor. 1. A responsabilidade decorrente do contrato de transporte é objetiva, nos termos do art. 37, § 6.º, da Constituição da República e dos arts. 14 e 22 do Código de Defesa do Consumidor, sendo atribuído ao transportador o dever reparatório quando demonstrado o nexo causal entre o defeito do serviço e o acidente de consumo, do qual somente é passível de isenção quando houver culpa exclusiva do consumidor ou uma das causas excludentes de responsabilidade genéricas (arts. 734 e 735 do Código Civil). 2. Deflui do contrato de transporte uma obrigação de resultado que incumbe ao transportador levar o transportado incólume ao seu destino (art. 730 do CC), sendo certo que a cláusula de incolumidade se refere à garantia de que a concessionária de transporte irá empreender todos os esforços possíveis no sentido de isentar o consumidor de perigo e de dano à sua integridade física, mantendo-o em segurança durante todo o trajeto, até a chegada ao destino final. 3. Ademais, ao lado do dever principal de transladar os passageiros e suas bagagens até o local de destino com cuidado, exatidão e presteza, há o transportador que observar os deveres secundários de cumprir o itinerário ajustado e o horário marcado, sob pena de responsabilização pelo atraso ou pela mudança de trajeto. 4. Assim, a mera partida do coletivo sem a presença do viajante não pode ser equiparada automaticamente à falha na prestação do serviço, decorrente da quebra da cláusula de incolumidade, devendo ser analisadas pelas instâncias ordinárias as circunstâncias fáticas que envolveram o evento, tais como, quanto tempo o coletivo permaneceu na parada; se ele partiu antes do tempo previsto ou não; qual o tempo de atraso do passageiro; e se houve por parte do motorista a chamada dos viajantes para reembarque de forma inequívoca. 5. O dever de o consumidor cooperar para a normal execução do contrato de transporte é essencial, impondo-se-lhe, entre outras responsabilidades, que também esteja atento às diretivas do motorista em relação ao tempo de parada para descanso, de modo a não prejudicar os demais passageiros (art. 738 do CC). 6. Recurso especial provido" (STJ, REsp 1.354.369/RJ, 4.ª Turma, Rel. Min. Luis Felipe Salomão, j. 05.05.2015, DJe 25.05.2015).

O art. 738 do Código Civil em vigor dispõe que a pessoa transportada deve sujeitar-se às normas estabelecidas pelo transportador, constantes no bilhete ou afixadas à vista dos usuários, abstendo-se da prática de quaisquer atos que causem incômodo ou prejuízo, danifiquem o veículo, dificultem ou impeçam a execução normal de serviço. O comando legal em questão traz os deveres do passageiro.

A título de exemplo, se os prepostos da transportadora perceberem que o passageiro pode oferecer riscos à viagem, haverá possibilidade de impedir a sua entrada no meio de transporte. Concretizando, é o caso de passageiros bêbados que pretendem ingressar em voos nacionais ou internacionais.

CAP. 15 · CONTRATOS EM ESPÉCIE – DO TRANSPORTE

Se o prejuízo sofrido por pessoa transportada for atribuível à transgressão de normas pelo próprio passageiro, o juiz reduzirá equitativamente a indenização, na medida em que a vítima houver concorrido para a ocorrência do dano (art. 738, parágrafo único, do CC). A norma em questão baseia-se nos arts. 944 e 945 do Código em vigor e na aplicação da *teoria da causalidade adequada*, pela qual a indenização deve ser adequada às condutas dos envolvidos (Enunciado n. 47 do CJF/STJ).

Além disso, o primeiro dispositivo traz a ideia de culpa ou fato concorrente da vítima, que também pode ser discutida em casos de responsabilidade objetiva, visando a atenuar a responsabilidade do agente, diminuindo o valor do *quantum* indenizatório. Nesse sentido, na *IV Jornada de Direito Civil*, em 2006, foi aprovado enunciado a partir de proposta formulada por mim, pelo qual deveria ser suprimida a parte final do Enunciado n. 46, da *I Jornada de Direito Civil*, que previa a não aplicação do art. 944 do CC para os casos de responsabilidade objetiva (Enunciado n. 380 CJF/STJ). Em complemento, na *V Jornada de Direito Civil* (2011), aprovou-se o Enunciado n. 459, também proposto por mim, segundo o qual a conduta da vítima pode ser fator atenuante do nexo de causalidade na responsabilidade civil objetiva.

Na linha dos enunciados doutrinários em questão, é notório que a própria jurisprudência do STJ tem admitido a discussão de culpa concorrente da vítima no contrato de transporte, particularmente nos casos envolvendo o "pingente", aquele que viaja pendurado no trem ou no ônibus:

> "Recurso especial. Responsabilidade civil. Transporte ferroviário. 'Pingente'. Culpa concorrente. Precedentes da corte. I – É dever da transportadora preservar a integridade física do passageiro e transportá-lo com segurança até o seu destino. II – A responsabilidade da companhia de transporte ferroviário não é excluída por viajar a vítima como 'pingente', podendo ser atenuada se demonstrada a culpa concorrente. Precedentes. Recurso especial parcialmente provido" (STJ, REsp 226.348/SP, 3.ª Turma, Rel. Min. Castro Filho, j. 19.09.2006, *DJ* 23.10.2006, p. 294).

No Projeto de Reforma do Código Civil, com a importante finalidade prática de diferenciar a culpa ou o fato concorrente da vítima em relação à sua culpa ou ao seu fato exclusivo, a Comissão de Juristas propõe a inclusão de um § 2.º no art. 738, prevendo o seguinte: "se o prejuízo sofrido for atribuível, exclusivamente, à pessoa transportada, não caberá qualquer reparação de danos". Como se pode notar, a proposta serve justamente para diferenciar a hipótese do *pingente de trem* – em que há culpa ou risco concorrente – da do *surfista ferroviário* – que age com culpa ou risco exclusivo, a afastar totalmente a responsabilidade civil da empresa transportadora.

Em complemento, o transportador não pode recusar passageiros, salvo nos casos previstos nos regulamentos, ou se as condições de higiene ou de saúde do interessado o justificarem (art. 739 do CC). Como há, na grande maioria das vezes, uma relação de consumo, recorde-se aqui o teor do art. 39, II, do CDC, que considera prática abusiva não atender às demandas dos consumidores. A título de exemplo, transcrevem-se as anotações de Maria Helena Diniz quanto a esse dispositivo:

> "Assim sendo, se o viajante estiver fedendo, ante a sua sujeira corporal, ou afetado por moléstia contagiosa ou em estado de enfermidade física ou mental, que possa causar

incômodo aos demais viajantes, o transportador poderá recusá-lo se impossível for conduzi-lo em compartimento separado. Da mesma forma permitida está em transporte interestadual a recusa de viajante incapaz sem estar devidamente autorizado para efetuar a viagem" (DINIZ, Maria Helena. *Código...*, 2005, p. 596).

Também servem para elucidar as ilustrações de Zeno Veloso: "embora este artigo não mencione expressamente, devem ser incluídas outras situações, como a do passageiro que se encontre em trajes menores, indecentemente, ou o que está completamente embriagado ou drogado, ou que porta, na cintura, de modo ostensivo, arma branca ou de fogo. Isso para não falar no viajante que forçou a entrada em ônibus interurbano, na rodovia Transamazônica, trazendo uma serpente enrolada no braço, alegando que a cobra venenosa era seu animal de estimação e que tinha de viajar em sua companhia" (VELOSO, Zeno. *Novo Código Civil...*, 2004, p. 680).

O art. 740 da atual codificação material privada trata da possibilidade de rescisão, ou mais especificamente, de resilição unilateral do contrato de transporte pelo passageiro. Esta será possível antes da viagem, desde que feita a comunicação ao transportador em tempo de a passagem poder ser renegociada. Anote-se que parte da doutrina entende que se trata de um direito de arrependimento assegurado ao passageiro pela lei (GODOY, Cláudio Luiz Bueno de. *Código Civil...*, 2007). De qualquer forma, o comando deixa dúvidas, pois é utilizado o termo "rescindir", que mais tem relação com a resilição unilateral, nos termos do *caput* do art. 473 do CC.

Mesmo depois de iniciada a viagem, ou seja, no meio do percurso, é facultado ao passageiro desistir do transporte, tendo direito à restituição do valor correspondente ao trecho não utilizado, desde que fique provado que outra pessoa haja sido transportada em seu lugar no percurso faltante (art. 740, § 1.º, do CC).

Entretanto, se o usuário não embarcar, não terá direito, por regra, ao reembolso do valor da passagem, salvo se conseguir provar que outra pessoa foi transportada em seu lugar, caso em que lhe será restituído o valor do bilhete não utilizado (§ 2.º do art. 740 do CC).

Fica a ressalva, contudo, de que nas hipóteses de resilição unilateral o transportador terá direito à retenção de até cinco por cento (5%) da importância a ser restituída ao passageiro, a título de multa compensatória. Como se trata de cláusula penal, sendo esta exagerada – o que será difícil de ocorrer na prática, diga-se de passagem –, pode-se aplicar a redução equitativa da multa constante do art. 413 do CC, como corolário da eficácia interna do princípio da função social dos contratos.

Como restou evidenciado, pois foi dito e redito, o contrato de transporte traz como conteúdo uma obrigação de resultado do transportador. Assim sendo, preceitua o art. 741 do CC que, "interrompendo-se a viagem por qualquer motivo alheio à vontade do transportador, ainda que em consequência de evento imprevisível, fica ele obrigado a concluir o transporte contratado em outro veículo da mesma categoria, ou, com a anuência do passageiro, por modalidade diferente, à sua custa, correndo também por sua conta as despesas de estada e alimentação do usuário, durante a espera de novo transporte".

A título de exemplo, se em uma viagem de São Paulo a Passos, Minas Gerais, o ônibus quebra por problemas no motor, a empresa transportadora será obrigada a

CAP. 15 · CONTRATOS EM ESPÉCIE – DO TRANSPORTE | **715**

disponibilizar aos passageiros outro ônibus para concluir o transporte. Não sendo isso possível de imediato, deverá arcar com todas as despesas de estadia e alimentação que os passageiros tiverem enquanto o novo ônibus não é disponibilizado.

Ainda a ilustrar a incidência do art. 741 do CC, *decisum* do Tribunal do Distrito Federal aduziu:

> "Na forma do art. 737 do Código Civil, o transportador está sujeito aos horários e itinerários previstos, sob pena de responder por perdas e danos. A responsabilidade do transportado não se encerra com o endosso do bilhete para outra companhia, mas subsiste até o efetivo cumprimento do contrato. O cancelamento de voo de retorno obriga o transportador a ressarcir as despesas de estada e alimentação do usuário, na forma do art. 741 do Código Civil, bem como dos demais danos, na forma do art. 475 do mesmo diploma. A reparação civil deve abranger os danos morais decorrentes dos transtornos decorrentes de um dia a mais de viagem não programada. A indenização fixada em R$ 6.000,00 para os dois autores está em conformidade com as circunstâncias do caso e com a necessidade de compensação e prevenção dos danos. 5 – Recurso conhecido, mas não provido. Sentença mantida. O recorrente pagará as custas e os honorários advocatícios, no valor de R$ 900,00 (novecentos reais)" (TJDF, Recurso 2011.01.1.204996-5, Acórdão 617.589, 2.ª Turma Recursal dos Juizados Especiais do Distrito Federal, Rel. Juiz Aiston Henrique de Sousa, *DJDFTE* 13.09.2012, p. 184).

Encerrando a análise do transporte de pessoas, o art. 742 do CC traz, a favor do transportador, o direito de retenção sobre a bagagem de passageiro e outros objetos pessoais deste, para garantir-se do pagamento do valor da passagem que não tiver sido feito no início ou durante o percurso.

Quanto à natureza jurídica do instituto em questão, não se trata de um penhor legal, mas somente de um direito pessoal colocado à disposição da parte contratual, conforme ensina Sílvio de Salvo Venosa: "nessa hipótese, não há penhor legal, mas direito procedimental de retenção sobre a bagagem do passageiro, que poderá ser alegado também como matéria de defesa, enquanto não pago o valor da passagem. Da mesma forma, uma vez realizado o transporte, o transportador poderá validamente reter a bagagem do passageiro, e seus objetos pessoais transportados até o efetivo pagamento. A hipótese é de pagamento diferido para o final da viagem. Não se aplica, por exemplo, se foi contratado o pagamento da passagem a prazo" (VENOSA, Sílvio de Salvo. *Direito...*, 2005, p. 360).

De todo modo, a aplicação da norma pode representar ofensa à intimidade dos passageiros, razão pela qual no Projeto de Reforma do Código Civil a Comissão de Juristas propõe a alteração do comando, para que não mencione genericamente os seus objetos pessoais, e que traga necessárias exceções a respeito da retenção pelo transportador.

Sugere-se, assim, que o art. 742 passe a prever o seguinte: "o transportador, uma vez executado o transporte, tem direito de retenção sobre a bagagem de passageiro para garantir-se do pagamento do valor da passagem que não tiver sido feito no início ou durante o percurso, exceção feita aos seus documentos, pertences de higiene pessoal, medicamentos e outros pertences necessários para garantia do bem-estar do passageiro inadimplente". Por razões óbvias, a proposição é necessária e salutar.

15.4 DO TRANSPORTE DE COISAS

Pelo contrato de transporte de coisas, o expedidor ou remetente entrega bens corpóreos ou mercadorias ao transportador, para que o último os leve até um destinatário, com pontualidade e segurança. É preciso ressalvar, contudo, que o destinatário pode ser o próprio expedidor.

A remuneração devida ao transportador, nesse caso, é denominada *frete*. Como ocorre com o transporte de pessoas, o transportador de coisas assume uma obrigação de resultado, o que justifica a sua responsabilidade contratual objetiva.

A coisa, entregue ao transportador, deve necessariamente estar caracterizada pela sua natureza, valor, peso e quantidade, e o que mais for necessário para que não se confunda com outras. Também o destinatário deverá ser indicado ao menos pelo nome e endereço (art. 743 do CC). Isso, tendendo ao cumprimento perfeito do contrato, à satisfação obrigacional.

Existe a necessidade de se adaptar o dispositivo ao uso das novas tecnologias. Por isso, a Comissão de Juristas encarregada da Reforma do Código Civil propõe a inclusão de uma locução final no comando, a saber: "a coisa, entregue ao transportador, deve estar caracterizada pela sua natureza, valor, peso e quantidade, e o mais que for necessário para que não se confunda com outras, devendo o destinatário ser indicado pelo nome e endereço ou outro sistema definido entre as partes contratantes, inclusive na forma eletrônica". Como bem justificou a Subcomissão de Direito dos Contratos, "os contratos de transporte de coisa têm sido fortemente facilitados pelo uso de inovações tecnológicas, entre elas o uso de sistema de identificação por QR Code, ou de aplicativos de uso viabilizado para as partes desde o início da transação". Assim, imperiosa e necessária é a mudança.

Dispõe o art. 744 do CC que ao receber a coisa o transportador emitirá conhecimento com a menção dos dados que a identifiquem, obedecido ao disposto em lei especial. Trata-se do *conhecimento de frete* ou *de carga*, que comprova o recebimento da coisa e a obrigação de transportá-la. Esse documento é um título de crédito atípico, inominado ou impróprio, devendo ser aplicadas a eles as normas previstas no atual Código Civil, a partir do seu art. 887.

Ainda quanto ao conhecimento de frete, o transportador poderá exigir que o remetente lhe entregue, devidamente assinada, a relação discriminada das coisas a serem transportadas, em duas vias – uma das quais, por ele devidamente autenticada, fará parte integrante do conhecimento (art. 744, parágrafo único, do CC). Essa regra, que decorre do dever de informar relacionado com a boa-fé objetiva, pretende evitar que o expedidor pleiteie eventual indenização à qual não tem direito.

Com vistas a flexibilizar as exigências de elementos ou requisitos para o conhecimento de transporte, a Comissão de Juristas nomeada no Senado Federal para empreender a Reforma do Código Civil sugere alterações no art. 744, para incluir a sua viabilidade pelo meio digital. Assim, o *caput* do comando passará a estabelecer que, "ao receber a coisa, o transportador emitirá, físico ou digital, conhecimento de transporte, com a menção de dados que a identifiquem, obedecido o disposto em lei especial". Ademais, sugere-se um novo § 2.º prevendo a dispensa das formalidades do § 1.º "nos casos de

CAP. 15 · CONTRATOS EM ESPÉCIE – DO TRANSPORTE | **717**

conhecimento de transporte digital, cabendo apenas aquilo que as partes pactuaram como necessário para a sua comprovação".

O art. 745 do CC apresenta problema técnico, que precisa ser reparado por alteração legislativa, merecendo transcrição destacada:

> "Art. 745. Em caso de informação inexata ou falsa descrição no documento a que se refere o artigo antecedente, será o transportador indenizado pelo prejuízo que sofrer, devendo a ação respectiva ser ajuizada no prazo de cento e vinte dias, a contar daquele ato, sob pena de decadência".

Como se pode perceber, o dispositivo prevê que o transportador terá um direito subjetivo de pleitear indenização por perdas e danos, se o contratante prestar falsa informação no conhecimento de frete. Para essa ação condenatória, o comando legal prevê prazo decadencial de 120 dias, contados da data em que foi prestada a informação inexata.

O problema aqui é que o dispositivo entra em conflito com a tese de Agnelo Amorim Filho, adotada pela nova codificação quanto à prescrição e decadência. Como se sabe, esse autor relacionou o prazo de prescrição a ações condenatórias e os prazos decadenciais a ações constitutivas positivas ou negativas (*RT* 300/7 e 744/725).

Ora, a ação indenizatória referenciada no art. 745 do CC é condenatória, não se justificando o prazo decadencial que nele consta. Trata-se de um descuido do legislador, um sério *cochilo*, eis que foi sua intenção concentrar todos os prazos de prescrição nos arts. 205 e 206 do Código Civil de 2002. Isso, em prol do princípio da operabilidade, que busca a facilitação do Direito Privado. Aqui, a regra é quebrada, infelizmente, e de forma *atécnica*.

Desse modo, é de se concordar integralmente com Nelson Nery Jr. e Rosa Maria de Andrade Nery quando esses autores afirmam, com veemência, que não obstante a lei referenciar que o prazo é decadencial, trata-se de prazo prescricional, diante da natureza condenatória da ação prevista na norma (*Código Civil...*, 2005, p. 496).

Com o fim de se corrigir esse problema técnico e metodológico, a respeito de o prazo de prescrição estar colocado na Parte Especial do Código Civil, a Comissão de Juristas constituída no Senado Federal para a Reforma do Código Civil sugere retirar a menção a ele, passando o art. 745 a prever somente o seguinte: "em caso de informação inexata ou falsa descrição no documento a que se refere o artigo antecedente, será o transportador indenizado pelo prejuízo que sofrer". Na verdade, o prazo que antes era de cento e vinte dias é deslocado para o art. 206, § 1.º, inc. VII, passando a ser de um ano. Por esse comando, prescreve nesse lapso temporal a pretensão "para o transportador indenizar-se pelos prejuízos que sofrer, em decorrência de informação inexata ou falsa descrição aposta no conhecimento de transporte, a contar de 60 (sessenta) dias após o desembarque". Dessa forma, depois de sessenta dias após o desembarque das mercadorias, o expedidor terá o início do prazo prescricional de um ano para a correspondente ação e eventual ação reparatória de danos por problemas de descrição no comprovante de transporte. Além da necessária correção técnica da Lei Civil, há maior segurança jurídica na nova previsão do prazo.

Superado esse ponto e de volta ao sistema vigente, prescreve o art. 746 do CC que poderá o transportador recusar a coisa cuja embalagem for inadequada, bem como a que possa pôr em risco a saúde das pessoas envolvidas no transporte, danificar o veículo ou outros bens. Isso, inclusive, é motivo para a rescisão ou resolução do contrato celebrado.

A norma é complementada por outra, pela qual o transportador deverá obrigatoriamente recusar a coisa cujo transporte ou a comercialização não sejam permitidos, ou que venha desacompanhada dos documentos exigidos por lei ou regulamento (art. 747 do CC). Trata-se de dever legal imposto ao transportador, exigindo-se a licitude das coisas a serem transportadas, sob pena de sua responsabilização nos âmbitos civil, criminal e administrativo.

No Projeto de Reforma do Código Civil, há importante proposição quanto ao seu art. 746, incluindo-se menção ao risco ao meio ambiente no seu *caput*, como fundamento para a recusa ao transporte, o que vem em boa hora, *in verbis*: "poderá o transportador recusar a coisa cuja embalagem seja inadequada, bem como a que possa pôr em risco a saúde das pessoas, o meio ambiente ou que possa danificar o veículo e outros bens". E mais, para proteger não só o transportador, como também os interesses do expedidor e de terceiros, caso dos consumidores dos produtos transportados, ao final, sugere-se um parágrafo único do comando, com os seguintes dizeres: "em nenhum caso, o transportador poderá aceitar o transporte de mercadoria com embalagem inadequada, se o conteúdo da coisa transportada colocar em risco a salubridade de pessoas ou o meio ambiente ou se o poder público fixar normas específicas de como devam ser transportadas". A tutela da saúde e da segurança dos consumidores atende ao previsto no art. 10 do Código de Defesa do Consumidor (Lei 8.078/1990), segundo o qual o fornecedor não poderá colocar no mercado de consumo produto ou serviço que sabe ou deveria saber apresentar alto grau de nocividade ou periculosidade à saúde ou à segurança.

Da mesma forma como ocorre no transporte de pessoas, é facultado ao remetente, até a entrega da coisa, desistir do transporte e pedi-la de volta. Pode, ainda, ordenar que a coisa seja entregue a outro destinatário, pagando, em ambos os casos, os acréscimos de despesas decorrentes da contraordem, mais as perdas e danos que houver (art. 748 do CC).

Sobre esse preceito, no Projeto de Reforma do Código Civil, a Subcomissão de Direito dos Contratos fez propostas de alteração do art. 748, a fim de se atender ao dinamismo do setor de transporte e de logística. Como pontuou, "não é difícil que o embarcador tenha interesse que a carga seja imediatamente desembarcada para ser destinada a outro objetivo, por vezes até com melhor resultado econômico. Essa previsão de desembarque imediato era prevista no Decreto 19.473, de 1930, artigo 7.º, revogado pelo Decreto Sem Número de 25.04.1991, e, na atualidade, é uma possibilidade bastante útil para o proprietário da mercadoria transportada que, para usufruir deverá assumir os custos decorrentes da mudança do contrato". Para atender a essa finalidade, propõem-se mudanças no texto do *caput* do preceito, que passará a prescrever o seguinte: "até a entrega da coisa, pode o remetente desistir do transporte e pedi-la de volta, inclusive com desembarque imediato ou ordenar seja entregue a outro destinatário, pagando, em todos os casos, os acréscimos de despesas decorrentes da contraordem, mais perdas e danos se houver". A Relatoria Geral acrescentou parâmetros necessários para se efetivar desembarque imediato, com a inclusão de um parágrafo único na norma, prevendo que "as condições para desembarque imediato da coisa a ser transportada deve especificamente constar do conhecimento de transporte, fixando-se o prazo até quando a providência possa vir a ser reclamada pelo proprietário da mercadoria".

O transportador conduzirá a coisa ao seu destino, tomando todas as cautelas necessárias para mantê-la em bom estado e entregá-la no prazo ajustado ou previsto (749 do CC). Esse dispositivo traz a *cláusula de incolumidade* especificamente no transporte de coisas, a fundamentar a responsabilidade objetiva, exaustivamente citada. Repise-se que a *cláusula de não indenizar* é inoperante também no transporte de mercadorias (Súmula 161 do STF).

A *cláusula de incolumidade* ainda é retirada do art. 750 do Código Civil em vigor, pois a responsabilidade do transportador limita-se ao valor constante do conhecimento. Essa responsabilidade tem início no momento em que ele ou os seus prepostos recebem a coisa e somente termina quando é entregue ao destinatário ou depositada em juízo, se o destinatário não for encontrado.

Quanto à limitação constante desse último dispositivo, concorda-se integralmente com a Professora Maria Helena Diniz, quando anota que o limite da responsabilidade ao valor atribuído pelo contratante somente se refere aos casos de perda e avaria: "o transportador responderá pelas perdas e danos que remetente, destinatário ou terceiro vierem a sofrer com o transporte, em razão de atraso, desvio de itinerário etc., sem qualquer limitação ao valor contido no conhecimento de frete" (*Código...*, 2005, p. 301).

Sem prejuízo disso, se o expedidor for consumidor, haverá prestação de serviço regida pelo CDC, não se aplicando a referida limitação aos demais danos sofridos, tendo em vista a aplicação do *princípio da reparação integral* constante da Lei Consumerista (art. 6.º, inc. V, da Lei 8.078/1990). Valem os mesmos comentários que foram feitos quando do estudo do transporte de pessoas.

Ainda no que diz respeito ao art. 750, o Projeto de Reforma do Código Civil traz necessárias sugestões de melhora técnica do texto legal. Como primeira proposta de aprimoramento do texto, sugere-se a menção ao depósito judicial ou extrajudicial da mercadoria no seu *caput*: "a responsabilidade do transportador, limitada ao valor constante do conhecimento, começa quando ele ou seus prepostos recebam a coisa; termina quando é entregue ao destinatário ou depositada, judicial ou extrajudicialmente, se aquele não for encontrado". Esse depósito extrajudicial poderá ser feito, no meu entender, em qualquer local seguro indicado pelo transportador.

Além disso, a Subcomissão de Direito Contratual sugere um parágrafo único no comando, prevendo que, "se o conhecimento não estiver preenchido com o valor da carga transportada, caberá ao embarcador a prova do valor da mercadoria, para os fins de responsabilização civil do transportador". De acordo com as suas justificativas, que contaram com o total apoio dos membros da Comissão de Juristas, "a emissão do conhecimento de transporte é de responsabilidade do transportador a partir dos dados fornecidos pelo embarcador da mercadoria. Assim, com fundamento no princípio da equidade, se o transportador emite o conhecimento sem fazer constar o valor da mercadoria porque não tinha a informação ou porque cometeu uma falha e, o embarcador aceita a omissão desse valor, caberá a ele provar quando necessário o valor da mercadoria para efeito de caracterizar o limite de responsabilidade do transportador".

A coisa depositada ou guardada nos armazéns do transportador, em virtude de contrato de transporte, rege-se, no que couber, pelas disposições relativas ao contrato de depósito. Essa a norma do art. 751 do CC, que ordena a aplicação das regras contidas entre os arts. 627 a 652 para o transporte, em casos tais.

Ato contínuo de estudo do sistema vigente, preconiza o art. 752 do CC que, "desembarcadas as mercadorias, o transportador não é obrigado a dar aviso ao destinatário, se assim não foi convencionado, dependendo também de ajuste a entrega a domicílio, e devem constar do conhecimento de embarque as cláusulas de aviso ou de entrega a domicílio". Apesar de a norma ser clara, não concordo definitivamente com o teor da inovação, particularmente com a primeira parte do dispositivo.

Isso porque o comando legal entra em conflito com o princípio da boa-fé objetiva, particularmente com o dever anexo de informar, ao prever que, em regra, o transportador não é obrigado a avisar ao destinatário que o contrato foi cumprido. Ora, trata-se de um dever anexo, ínsito a qualquer negócio patrimonial, não havendo sequer a necessidade de previsão no instrumento.

Como se pode perceber, a atual previsão do art. 752 do CC é passível de críticas, por estar distante do dever de informação relacionado à boa-fé objetiva. Por isso, no Projeto de Reforma do Código Civil são propostas mudanças radicais no seu teor, em prol da eticidade – um dos fundamentos da atual codificação privada –, passando o seu *caput* a prever que "as partes deverão definir previamente o endereço e o prazo de entrega da mercadoria e qualquer alteração deverá ser informada pelos meios habituais de comunicação entre elas, inclusive digitais e virtuais".

Além disso, consoante o projetado parágrafo único do comando, "devem constar do conhecimento de embarque, ainda que por forma abreviada, conhecida e estabelecida pelos usos e costumes, as cláusulas relativas ao aviso de desembarque, ao local da entrega da coisa ou pessoa ou quanto à sua entrega em domicílio". Como corretamente justificaram os juristas que compuseram a Subcomissão de Direito dos Contratos, "as partes contratantes têm dever de boa-fé e, em consequência dele, dever de informar e de colaborar para que o contrato atenda plenamente os objetivos convencionados. Todos os dados relevantes para garantia do correto cumprimento do contrato deverão ser pactuados anteriormente ao transporte e o dever de informar será daquele que for detentor da informação, a quem caberá utilizar os meios normalmente utilizados pelas partes para contato, seja por telefone, mensagem eletrônica, mensagem de texto por aplicativo ou qualquer outro disponível". Como não poderia ser diferente, as projeções estão bem fundamentadas, não tendo o texto atual qualquer argumento plausível para a sua manutenção.

Se o transporte não puder ser feito ou sofrer longa interrupção, em razão de obstrução de vias, conflitos armados, manifestações populares, suspensão do tráfego diante de queda de barreira, entre outras causas, o transportador solicitará, de imediato, instruções do remetente sobre como agir. Ademais, zelará pela coisa, por cujo perecimento ou deterioração responderá, salvo caso fortuito e força maior (art. 753 do CC). Como se pode perceber, ao contrário do dispositivo anterior, este traz como conteúdo o dever anexo de informar. O Código Civil, aqui, entra em contradição consigo mesmo, em mais um sério *cochilo* do legislador.

Se esse impedimento perdurar, sem culpa do transportador e o remetente não se manifestar, poderá o transportador depositar a coisa em juízo, ou posteriormente vendê-la, logicamente obedecidos os preceitos legais e regulamentares ou os costumes (art. 753, § 1.º, do CC).

No entanto, se o impedimento decorrer de responsabilidade do transportador, este poderá depositar a coisa por sua conta e risco. Nesse último caso, a coisa somente poderá ser vendida se for perecível (art. 753, § 2.º, do CC).

Em ambos os casos, havendo culpa ou não do transportador, tem ele o dever de informar o remetente sobre a realização do depósito ou da eventual venda. Curiosamente e para o bem, o § 3.º do art. 753 volta a trazer o dever anexo de informar, contradizendo o criticado e malfadado art. 752 do CC.

Se o transportador mantiver a coisa depositada em seus próprios armazéns, continuará a responder pela sua guarda e conservação, sendo-lhe devida, porém, uma remuneração pela custódia. Essa remuneração pode ser ajustada por contrato ou será fixada pelos usos adotados em cada sistema de transporte (art. 753, § 4.º, do CC). Nesta hipótese, haverá uma coligação de contratos decorrente de lei (transporte + depósito), aplicando-se as regras de ambos.

Ao final do percurso, as mercadorias deverão ser entregues ao destinatário, ou a quem apresente o conhecimento de frete endossado. Essa pessoa tem o dever de conferi-las e apresentar as reclamações que tiver, sob pena de decadência dos direitos (art. 754 do CC). O dispositivo traz o dever de vistoria por parte do destinatário, que pode ser o próprio emitente. Aplicando a última norma ao transporte marítimo, para ilustrar, colaciona-se acórdão do Tribunal de Justiça de São Paulo:

> "Seguro. Transporte internacional marítimo de mercadoria a granel. Ação regressiva de seguradora contra a dona do navio. Constatação de falta de parte da carga que supera o percentual de perda costumeiramente tolerável. Ausência, todavia, de reclamação em tempo hábil, conforme exigido no disposto no art. 754 do Código Civil, com as necessárias ressalvas. Vistoria unilateral feita mais de seis meses após o desembarque. Improcedência da ação por tais motivos que não afronta o direito a inversão ao ônus da prova em razão do CDC. Decisão mantida. Apelação improvida" (TJSP, Apelação 7302745-5, Acórdão 3516458, 14.ª Câmara de Direito Privado, Santos, Rel. Des. José Tarcisio Beraldo, j. 18.02.2009, *DJESP* 03.04.2009).

O parágrafo único desse art. 754 da codificação determina que, havendo avaria ou perda parcial da coisa transportada não perceptível à primeira vista, o destinatário conserva a sua ação contra o transportador, desde que denuncie o dano em dez dias, a contar da entrega.

Conjugando-se os dois comandos, percebe-se, mais uma vez, um equívoco do legislador ao prever prazo de natureza decadencial para a ação indenizatória. Como da vez anterior, filia-se a Nelson Nery Jr. e Rosa Maria de Andrade Nery, visto que, apesar de o *caput* tratar de decadência, havendo ação indenizatória, o prazo é de prescrição (*Código Civil...*, 2005, p. 498).

Em virtude de o prazo previsto no parágrafo único do art. 754 do CC ser exíguo (10 dias), defendo que o prazo será, em regra, prescricional de três anos, conforme o art. 206, § 3.º, V, do CC. Havendo relação de consumo e fato do serviço, utiliza-se o prazo prescricional de cinco anos, previsto no art. 27 do CDC.

Quanto à matéria, ainda está vigente a Súmula 109 do STJ, pela qual "o reconhecimento do direito à indenização, por falta de mercadoria transportada via marítima, independe de vistoria". Isso porque o art. 754 do CC/2002 equivale parcialmente ao art. 109 do revogado Código Comercial de 1850, tendo sido a súmula editada na vigência deste último dispositivo. Em conclusão, nada mudou.

Mais uma vez para se manter a técnica e a metodologia adotada pela vigente codificação privada, é necessário se retirar a menção ao prazo de dez dias do art. 754, que deve ser remetido para o art. 206 do Código Civil, diante da natureza reparatória da pretensão a ele relacionada. Isso é proposto pelo Projeto de Reforma do Código Civil.

Também não há qualquer razão para o *caput* desse mencionar decadência de direitos, uma vez que não se trata de uma ação constitutiva negativa, mas de demanda indenizatória. Por isso, a Comissão de Juristas propõe que o preceito passe a ter a seguinte redação: "as mercadorias devem ser entregues ao destinatário ou a quem apresentar o conhecimento endossado, devendo aquele que as receber conferi-las e apresentar as reclamações que tiver de imediato, tendo início a partir deste momento o prazo prescricional para reparação dos danos se constatados". Em complemento, o parágrafo único ficará assim mais bem escrito: "igual pretensão indenizatória tem o dono da mercadoria ou o destinatário delas, em caso de perda parcial ou de avaria da coisa transportada, não perceptíveis à primeira vista".

Desse modo, o prazo para a correspondente ação de reparação de danos passará a ser de um ano, sendo deslocado para o inciso VI do § 1.º do art. 206, segundo o qual prescreve nesse lapso "a pretensão para o dono da mercadoria postular indenização sobre perdas e avarias das coisas transportadas, a contar de 60 (sessenta) dias após o desembarque".

Novamente, com vistas a trazer mais segurança jurídica, o prazo prescricional de um ano somente terá início depois de sessenta dias após o desembarque das mercadorias.

Havendo dúvida acerca de quem seja o destinatário da coisa, o transportador tem o dever de depositar a mercadoria em juízo, desde que não lhe seja possível obter informações do emissor ou remetente. Porém, se a demora do depósito puder provocar a deterioração da coisa o transportador deverá vendê-la, depositando o valor obtido em juízo (art. 755 do CC).

O outrora comentado art. 756 do CC traz a solidariedade entre todos os transportadores no transporte cumulativo. Porém, deve ser ressalvada a apuração final da responsabilidade entre eles, de modo que o ressarcimento recaia, por inteiro, ou mesmo proporcionalmente, naquele em cujo percurso houver ocorrido o dano.

Como se constata, o transportador não culpado que pagar a indenização ao remetente sub-roga-se nos direitos de credor em relação a eventual culpado. Concluindo, reconhece-se o direito de regresso em face do responsável pelo evento danoso.

Encerrando, cumpre informar que está em vigor a Lei 11.442/2007 que, revogando a Lei 6.813/1980, passou a tratar do transporte rodoviário de cargas, realizado em vias públicas, no território nacional, por conta de terceiros e mediante remuneração.

Em consonância com o Código Civil e o Código de Defesa do Consumidor, a traz a responsabilidade objetiva do transportador, seja por ato próprio ou de preposto.

CAP. 15 · CONTRATOS EM ESPÉCIE – DO TRANSPORTE | **723**

Vale dizer que o seu art. 18 consagra prazo prescricional de um ano para a pretensão à reparação pelos danos relativos a esses contratos de transporte, iniciando-se a contagem do prazo a partir do conhecimento do dano pela parte interessada. A lei, assim, adotou a teoria da *actio nata*, pela qual o prazo prescricional deve ter início a partir do conhecimento da lesão ao direito subjetivo.

15.5   RESUMO ESQUEMÁTICO

Transporte. Conceito: Trata-se do contrato pelo qual alguém se obriga, mediante uma determinada remuneração, a transportar de um local para outro pessoas ou coisas, por meio terrestre (rodoviário e ferroviário), aquático (marítimo, fluvial e lacustre) ou aéreo.

Natureza jurídica: Contrato bilateral, oneroso, consensual, comutativo e informal. Na grande maioria das vezes o transporte assume a forma de contrato de consumo (Lei 8.078/1990) ou de adesão. Assim, é possível buscar *diálogos* entre o CC e o CDC no que se refere ao contrato em questão, aplicando-se os princípios sociais contratuais.

Modalidades de transporte tratadas pelo Código Civil de 2002:

a) *Transporte de pessoas*: O transporte de pessoas é aquele pelo qual o transportador se obriga a levar uma pessoa e a sua bagagem até o destino, com total segurança, mantendo incólume os seus aspectos físicos e patrimoniais. São partes no contrato o *transportador*, que é aquele que se obriga a realizar o transporte, e o *passageiro*, aquele que contrata o transporte, ou seja, aquele que será transportado mediante o pagamento do preço, denominado *passagem*. A obrigação assumida pelo transportador é sempre de resultado, justamente diante dessa *cláusula de incolumidade*, o que fundamenta a sua responsabilização independentemente de culpa, em caso de prejuízo (responsabilidade objetiva).

b) *Transporte de coisas*: Pelo contrato de transporte de coisas, o expedidor ou remetente entrega bens corpóreos ou mercadorias ao transportador, para que o mesmo os leve até um destinatário, com pontualidade e segurança. É preciso ressalvar, contudo, que o destinatário pode ser o próprio expedidor. A remuneração devida ao transportador, nesse caso, é denominada *frete*. Como ocorre com o transporte de pessoas, o transportador de coisas também assume uma obrigação de resultado, o que justifica a sua responsabilidade contratual objetiva. A coisa, entregue ao transportador, deve necessariamente estar caracterizada pela sua natureza, valor, peso e quantidade, e o que mais for necessário para que não se confunda com outras. Também deverá constar a identificação de quem seja o destinatário.

15.6   QUESTÕES CORRELATAS

01. (PGE-TO – FCC – Procurador do Estado – 2018) Em transporte gratuito de pessoa, a responsabilidade civil do transportador é regulada pela seguinte regra, extraída da lei e da jurisprudência:

(A) no transporte desinteressado, de simples cortesia, o transportador só será civilmente responsável por danos causados ao transportado quando incorrer em dolo ou culpa grave.

(B) o transportador não responde em nenhuma hipótese pelos danos causados à pessoa transportada, mas responde pelos danos causados à sua bagagem, salvo motivo de força maior ou fortuito interno.

724 | DIREITO CIVIL • VOL. 3 – *Flávio Tartuce*

(C) subordina-se às normas do contrato de transporte aquele realizado gratuitamente por amizade ou cortesia.

(D) não se considera gratuito o transporte apenas se o transportador receber remuneração em dinheiro, não desnaturando a gratuidade o recebimento de vantagem indireta, como o pagamento de pedágio e alimentação do transportador.

(E) é vedado o transporte de menores desacompanhados dos pais ou responsáveis, sujeitando essa infração à responsabilidade objetiva do transportador.

02. (ALESE – FCC – Analista Legislativo – 2018) No contrato oneroso de transporte, a responsabilidade do transportador:

(A) é elidida se as partes estipularem cláusula excludente de responsabilidade.

(B) não admite nenhuma excludente de responsabilidade.

(C) não difere do transporte feito gratuitamente.

(D) deixa de existir se houver prova de culpa de terceiro, não sendo afastada por motivo de força maior.

(E) existe independentemente de prova de culpa do transportador, salvo se o fato decorrer de força maior.

03. (CS-UFG – TJ-GO – Juiz Leigo – 2017) De acordo com o Código Civil, o contrato de transporte abrange o transporte de coisas ou pessoas. Sendo assim, conforme previsão legal, o contrato:

(A) obriga-se, mediante retribuição ou cortesia, a levar de um lugar para outro, pessoas ou coisas.

(B) subordina-se às normas do contrato de transporte seja ele gratuitamente, por amizade ou por cortesia.

(C) tem direito de reter pertences e bagagens do passageiro para garantir o pagamento do valor da passagem que não foi paga.

(D) deve aceitar passageiros independentemente de suas condições de higiene e de saúde.

(E) deve reembolsar o usuário que deixar de embarcar independentemente de comprovação de que outra pessoa tenha embarcado em seu lugar.

04. (Analista do Ministério Público – Área Jurídica – MPE-AL – FGV – 2018) A propósito da indenização pelos danos materiais decorrentes do extravio de bagagem em voos internacionais, assinale a afirmativa correta.

(A) A disciplina do Código de Defesa do Consumidor sempre prevalece sobre os acordos internacionais subscritos pelo Brasil.

(B) As transportadoras aéreas de passageiros em voos internacionais não podem estipular contratualmente indenizações superiores aos limites indenizatórios estabelecidos nas Convenções de Varsóvia e Montreal e demais acordos internacionais subscritos pelo Brasil.

(C) As normas e os tratados internacionais limitadores da responsabilidade das transportadoras aéreas de passageiros, especialmente as Convenções de Varsóvia e Montreal, têm prevalência em relação ao Código de Defesa do Consumidor.

(D) As normas e os tratados internacionais limitadores da responsabilidade das transportadoras aéreas de passageiros, salvo as Convenções de Varsóvia e Montreal, têm prevalência em relação ao Código de Defesa do Consumidor.

(E) Não é aplicável o limite indenizatório estabelecido nas Convenções de Varsóvia e Montreal e demais acordos internacionais subscritos pelo Brasil em relação às condenações por dano material decorrente de extravio de bagagem em voos internacionais.

05. (Juiz leigo – TJGO – FGV – 2022) Uma usina metalúrgica decidiu contratar os serviços de uma transportadora para tornar mais confortável o deslocamento de casa para o trabalho dos únicos doze funcionários que não são domiciliados na mesma cidade da sua sede. Poucas semanas depois do início da relação contratual, porém, o micro-ônibus da transportadora que conduzia os funcionários da usina foi abalroado por um carro particular. Alguns dos passageiros do micro-ônibus sofreram lesões corporais graves em decorrência da colisão, além de terem restado danificados diversos computadores portáteis e outros

CAP. 15 · CONTRATOS EM ESPÉCIE – DO TRANSPORTE | 725

dispositivos eletrônicos que eles levavam consigo. Perícia posterior comprovou que o acidente foi causado exclusivamente por falha mecânica no carro particular, provocada por grave falta de manutenção do veículo por parte de seu proprietário, que o conduzia. Restou incontroverso, por outro lado, que o micro-ônibus da transportadora trafegava em perfeito estado e que não houve nenhuma contribuição do seu condutor para a colisão.

Considerando não existir relação de consumo entre as partes, é correto afirmar que:

(A) a transportadora pode vir a responder pela integralidade dos danos causados aos passageiros e aos seus pertences, mas, se for responsabilizada, terá direito de regresso integral em face do condutor do carro particular;

(B) a transportadora e o condutor do carro particular são corresponsáveis pelos danos produzidos, de modo que, caso aquela venha a responder integralmente pelos prejuízos, terá apenas direito de regresso parcial em face deste;

(C) a transportadora não é responsável por quaisquer dos danos produzidos, tendo em vista a configuração de culpa exclusiva de terceiro, consistente na conduta negligente do condutor do carro, que é quem deve responder pelo evento danoso;

(D) os danos causados aos passageiros podem ser imputados à transportadora, que não responde, porém, por nenhum dano causado aos pertences que eles carregavam, já que não assumiu expressamente a responsabilidade pela sua guarda;

(E) nenhum dos danos produzidos aos passageiros ou aos seus pertences poderá ser imputado à transportadora, tendo em vista o princípio geral segundo o qual ninguém pode ser responsabilizado pelo fortuito.

06. **(TJES – Ibade – Juiz leigo – 2023) De acordo com o entendimento sumulado do Supremo Tribunal Federal, acerca do contrato de transporte, é correto afirmar que:**

(A) a responsabilidade contratual do transportador, pelo acidente com o passageiro, não é elidida por culpa de terceiro, contra o qual tem ação regressiva.

(B) em contrato de transporte, é eficaz a cláusula de não indenizar.

(C) para a ação de indenização, em caso de avaria, é indispensável que a vistoria se faça judicialmente.

(D) a empresa locadora de veículos responde, civil e subsidiariamente com o locatário, pelos danos por este causados a terceiros, no uso do carro locado.

(E) a ausência de registro da transferência implica a responsabilidade do antigo proprietário por dano resultante de acidente que envolva o veículo alienado.

07. **(TJSP – Titular de Serviços de Notas e de Registros – Vunesp – 2024) Assinale a alternativa correta sobre o transporte de pessoas.**

(A) Se o passageiro rescindir o contrato de transporte, desistir do transporte ou deixar de embarcar, o transportador terá direito de reter até cinco por cento da importância a ser restituída àquele, a título de multa compensatória.

(B) O passageiro pode rescindir o contrato de transporte antes de iniciada a viagem, sendo-lhe devida a restituição do valor da passagem, desde que feita a comunicação ao transportador com antecedência de vinte e quatro horas.

(C) Se o passageiro desistir do transporte depois de iniciada a viagem, terá direito à restituição do valor correspondente ao trecho não utilizado, se a desistência for motivada.

(D) O passageiro que deixar de embarcar não terá direito ao reembolso do valor da passagem, salvo se provar justo impedimento.

GABARITO

01 – A	02 – E	03 – C
04 – C	05 – A	06 – A
07 – A		

16

CONTRATOS EM ESPÉCIE – DO CONTRATO DE SEGURO

Sumário: 16.1 Conceito e natureza jurídica – 16.2 Regras gerais quanto ao contrato de seguro constantes do Código Civil – 16.3 Do seguro de dano – 16.4 Do seguro de pessoa – 16.5 Resumo esquemático – 16.6 Questões correlatas – Gabarito.

16.1 CONCEITO E NATUREZA JURÍDICA

O conceito de contrato de seguro consta do art. 757 do atual Código Civil (art. 1.432 do CC/1916, parcialmente), que dispõe: "pelo contrato de seguro, o segurador se obriga, mediante o pagamento do prêmio, a garantir interesse legítimo do segurado, relativo a pessoa ou a coisa, contra riscos predeterminados". Sem dúvidas, trata-se de um dos contratos mais complexos e importantes do Direito Privado Brasileiro, uma vez que viver tornou-se algo arriscado. Na prática, o contrato representa instrumento de *socialização dos riscos*.

Isso pode ser confirmado pelas palavras de Arnaldo Rizzardo, para quem "trata-se de um dos contratos mais desenvolvidos pela lei civil. Em quarenta e cinco artigos (no Código de 1916 havia um total de quarenta e quatro) vem regulada a matéria, sem contar os inúmeros diplomas que a regem em casos particulares. Dentre eles, destaca-se a Lei 9.656, de 03.06.1998, dispondo sobre os planos privados de assistência à saúde, de vital importância no ordenamento de tal matéria, que se encontrava praticamente à mercê e livre manipulação das seguradoras e operadoras de planos" (*Contratos...*, 2004, p. 841).

Diante disso, esclareça-se que não há qualquer pretensão em esgotar o estudo da matéria. Cumprindo o papel de um *manual*, serão analisados os dispositivos que ainda constam do Código Civil (arts. 757 a 802), tendo como *pano de fundo* os principais pontos explorados pela doutrina, fazendo *diálogo* com o CDC, eis que, na maioria das vezes, o contrato é considerado como de consumo (*diálogo das fontes*).

Destaco que, como não poderia ser diferente, o Projeto de Reforma e Atualização do Código Civil, ora em tramitação no Congresso Nacional, pretendia fazer alterações a respeito desse contrato, em prol de um justo equilíbrio entre os interesses dos segurados e das seguradoras.

Esse trabalho foi empreendido mesmo com a anterior tramitação de um antigo projeto de lei específico para o tratamento do assunto, retirando-o da Lei Geral Privada, e inaugurando um microssistema próprio e geral a respeito do contrato de seguro.

De todo modo, em novembro de 2024, acabou por ser aprovada essa antiga projeção pelo Congresso Nacional, que teve mais de dezessete anos de tramitação, e foi capitaneada pelo Instituto Brasileiro de Direito do Seguro (IBDS), sob a presidência do advogado especialista do setor de seguros Ernesto Tzirulnik. Em 9 de dezembro de 2024, foi promulgada pelo Presidente da República (Lei 15.040). Surgiu, assim, a *Nova Lei dos Seguros*, com 134 artigos, e que revoga expressamente os arts. 206 – sobre prescrição securitária – e 757 a 802 da Lei Privada.

A nova lei tem uma *vacatio legis* de um ano e, até lá, permanecerão em vigor os dispositivos aqui estudados, do Código Civil, razão pela qual, para esta edição de 2025 do livro ainda não serão aqui analisados. Para as próximas, farei um estudo profundo da nova regulamentação, o que constará nesta obra nas suas edições sucessivas, a partir de 2026 e de um livro específico sobre a temática.

Penso que haverá muitos debates e discussões sobre o seu teor, especialmente porque já há doutrina e jurisprudência consolidadas sobre os temas securitários no País, como se verificará a seguir.

Quanto à sua natureza jurídica, o contrato de seguro é um contrato bilateral, pois apresenta direitos e deveres proporcionais, de modo a estar presente o *sinalagma*. Constitui um contrato oneroso pela presença de remuneração, denominada *prêmio*, a ser pago pelo segurado ao segurador. O contrato é consensual, pois tem aperfeiçoamento com a manifestação de vontade das partes. Trata-se de um típico contrato aleatório, pois o *risco* é fator determinante do negócio em decorrência da possibilidade de ocorrência do *sinistro*, evento futuro e incerto com o qual o contrato mantém relação.

Vale dizer, de qualquer forma, que há corrente doutrinária que entende que o contrato de seguro seria comutativo, pois o risco poderia ser determinado por cálculos atuariais. Ademais, como assinalam Ernesto Tzirulnik, Flávio de Queiroz B. Cavalcanti e Ayrton Pimentel, o contrato seria comutativo por trazer a ideia de garantia. São suas palavras:

> "A ideia de garantia ('o segurador se obriga (...) a *garantir* interesse legítimo do segurado'), embora não viesse explicitada no Código anterior, já era proclamada pela doutrina brasileira como elemento nuclear para a compreensão da natureza jurídica e efeitos do contrato de seguro. A positivação conjugada de garantia e interesse (objeto da garantia) e o abandono da ideia de indenização como elemento essencial do contrato esvaziam, no direito positivo brasileiro, a secular polêmica entre dualistas e os unilateralistas a respeito da função indenizatória (ou não) dos seguros de pessoas.
>
> (...).
>
> A comutatividade do contrato tem por base justamente o reconhecimento de que a prestação do segurador não se restringe ao pagamento de uma eventual indenização (ou capital), o que apenas se verifica no caso de sobrevir a lesão ao interesse garantido em virtude da

realização do risco predeterminado. Tal prestação consiste, antes de tudo, no fornecimento de garantia e é devida durante toda a vigência material do contrato. A comutação ocorre entre prêmio (prestação) e garantia (contraprestação)" (*O contrato...*, 2003, p. 30).

O tema, de fato, tem despertado grandes discussões nos meios acadêmicos e práticos. Vários foram os enunciados propostos na *IV Jornada de Direito Civil*, realizada em 2006, alguns sugerindo a comutatividade; outros a aleatoriedade do negócio, sendo certo que nenhum deles foi aprovado.

Com o devido respeito, parece-me temerário afirmar que o seguro é contrato comutativo. A causa do contrato em questão continua sendo a álea, o risco, o medo quanto à ocorrência do sinistro. Além disso, o argumento da comutatividade pode servir a interesses escusos de seguradoras. Imagine-se, por exemplo, que a seguradora pode alegar que o contrato é comutativo para resolver ou rever o negócio que foi pago anos a fio pelo segurado, com base na imprevisibilidade e na onerosidade excessiva (arts. 317 e 478 do CC). Nesse contexto, a tese da comutatividade parece ser antifuncional, ou mesmo antissocial, em conflito ao que consta dos arts. 421 e 2.035, parágrafo único, do CC/2002.

Ademais, a tese de que o contrato de seguro é comutativo pode ser alegada por empresas seguradoras para auferir vantagens excessivas frente aos consumidores, particularmente com o intuito de obter a rescisão unilateral do contrato. Para tal instrumentalização, a tese, em hipótese alguma, pode ser aceita e adotada. Destaque-se que a jurisprudência do STJ tem considerado há tempos como nula por abusividade a cláusula que autoriza a seguradora a rescindir unilateralmente o contrato de seguro-saúde:

> "Consumidor. Plano de saúde. Cláusula abusiva. Nulidade. Rescisão unilateral do contrato pela seguradora. Lei 9.656/1998. É nula, por expressa previsão legal, e em razão de sua abusividade, a cláusula inserida em contrato de plano de saúde que permite a sua rescisão unilateral pela seguradora, sob simples alegação de inviabilidade de manutenção da avença. Recurso provido" (STJ, REsp 602.397/RS, 3.ª Turma, Rel. Min. Castro Filho, j. 21.06.2005, *DJ* 01.08.2005, p. 443).

Na grande maioria das vezes, o seguro constitui um contrato de adesão, pois o seu conteúdo é imposto por uma das partes, geralmente a seguradora. Assim sendo, prevê o Enunciado n. 370 CJF/STJ, aprovado na *IV Jornada de Direito Civil*, que, "nos contratos de seguro por adesão, os riscos predeterminados indicados no art. 757, parte final, devem ser interpretados de acordo com os arts. 421, 422, 424, 759 e 799 do Código Civil e 1.º, III, da Constituição Federal". Em outras palavras, essa determinação dos riscos deve ser analisada à luz da função social dos contratos, da boa-fé objetiva e da proteção da dignidade humana, não podendo colocar o segurado aderente em situação de extrema desvantagem ou de onerosidade excessiva.

A título de exemplo dessa análise, aresto do Superior Tribunal de Justiça do ano de 2019 considerou o seguinte:

> "As complicações decorrentes de gravidez, parto, aborto, perturbações e intoxicações alimentares, intercorrências ou complicações consequentes da realização de exames, tratamentos clínicos ou cirúrgicos constituem eventos imprevisíveis, fortuitos e inserem-se na

modalidade de acidente pessoal e, qualquer cláusula excludente do conceito de acidente pessoal relacionada a elas é efetivamente abusiva, porque limita os direitos do consumidor" (STJ, REsp 1.635.238/SP, 3.ª Turma, Rel. Min. Nancy Andrighi, j. 11.12.2018, *DJe* 13.12.2018).

Cabe destacar que essas conclusões se deram no âmbito de uma ação civil pública, de importante discussão a respeito da cobertura do seguro-saúde.

De todo modo, pontue-se que o contrato de seguro também pode ser paritário ou negociado, como ocorre, por exemplo, em negócios celebrados com grandes empresas, que procuram proteger a sua máquina produtiva. Também podem ser citados os chamados *seguros de grandes riscos*. Em casos tais, o contrato poderá não ser regido pelo Código de Defesa do Consumidor, o que igualmente ocorre no caso de seguro empresarial que cobre danos suportados por terceiro. Nesse sentido, pronunciou-se a jurisprudência superior:

> "Há relação de consumo no seguro empresarial se a pessoa jurídica o firmar visando à proteção do próprio patrimônio (destinação pessoal), sem o integrar nos produtos ou serviços que oferece, mesmo que seja para resguardar insumos utilizados em sua atividade comercial, pois será a destinatária final dos serviços securitários. Situação diversa seria se o seguro empresarial fosse contratado para cobrir riscos dos clientes, ocasião em que faria parte dos serviços prestados pela pessoa jurídica, o que configuraria consumo intermediário, não protegido pelo CDC" (STJ, REsp 1.352.419/SP, 3.ª Turma, Rel. Min. Ricardo Villas Bôas Cueva, j. 19.08.2014, *DJe* 08.09.2014).

Especificamente quanto ao contrato de seguro-saúde, este tem como objeto a cobertura de serviços médico-hospitalares pela seguradora, também mediante o pagamento de um prêmio pelo segurado. Além de estar regulamentado pelo Código Civil e pela Lei 9.656/1998, aplicar-se-á a ele o Código de Defesa do Consumidor (Lei 8.078/1990), pois se trata também de contrato de consumo.

Não há dúvidas quanto à aplicação do Código de Defesa do Consumidor aos contratos de seguro-saúde, pelo que consta do art. 3.º, § 2.º, da Lei 8.078/1990, pelo qual "serviço é qualquer atividade fornecida no mercado de consumo, mediante remuneração, inclusive as de natureza bancária, financeira, de crédito e *securitária*, salvo as decorrentes das relações de caráter trabalhista" (destacamos). Nesse mesmo sentido, o Superior Tribunal de Justiça tem entendido com unanimidade:

> Súmula 608 do STJ. "Aplica-se o Código de Defesa do Consumidor aos contratos de plano de saúde, salvo os administrados por entidades de autogestão".

> "Ação de indenização. Contrato de seguro. Cerceamento de defesa. Indeferimento de prova. CDC. Aplicabilidade. Cláusula abusiva. Nulidade. Ofensa não caracterizada. Agravo regimental desprovido" (STJ, Acórdão: AGA 455.006/SP, 3.ª Turma, Rel. Min. Antônio de Pádua Ribeiro, j. 26.06.2003, *DJ* 12.08.2003, p. 220).

Anote-se, a propósito, que o Superior Tribunal de Justiça, em 2018, cancelou e fez um adendo à sua antiga Súmula 469, para excluir da abrangência do CDC os planos de saúde administrados em sistema colaborativo de autogestão, constituídos sob a forma de fundação, de sindicato ou de associação, que gerenciam por si mesmos os programas de assistência médica de trabalhadores ou associados. Nesse contexto é que surgiu a citada Súmula 608 da Corte, acima transcrita.

Mesma tese quanto à abrangência do CDC vale para o seguro de dano ou de pessoa, quando o segurado for destinatário final do serviço, fático e econômico, nos termos da Lei Consumerista. Em casos tais, também deve ser aplicado o Código de Defesa do Consumidor (Lei 8.078/1990), com todos os princípios e regras que protegem o destinatário final, parte vulnerável da relação jurídica estabelecida.

Quanto ao contrato de seguro e ao Código Civil de 2002, lembram Jones Figueirêdo Alves e Mário Delgado que "as mudanças do Código Civil relativas aos contratos securitários foram consideradas positivas durante o III Fórum de Direito do Seguro, promovido pelo Instituto Brasileiro de Direito do Seguro (IBDS), em São Paulo (nov. 2002). Juristas brasileiros e estrangeiros que compareceram ao seminário jurídico demonstraram entusiasmo com as cláusulas gerais e com os princípios do Código, segundo afirmou o presidente do IBDS, Ernesto Tzirulnik. Em sua avaliação, 'foi unânime durante o evento que o novo Código é um passo enorme para a modernidade. Com ele, agora é possível ter uma lei de seguro mais moderna'. Segundo a Federação Nacional das Empresas de Seguros Privados e de Capitalização – Fenaseg – 'o setor emprega diretamente mais de 44 mil pessoas e teve faturamento bruto de R$ 22,07 bilhões em 2001, com 74 milhões de contratos vigentes, garantindo patrimônio avaliado em R$ 7,9 trilhões' (Fonte: *Gazeta Mercantil*, 29.11.2002)" (ALVES, Jones Figueirêdo; DELGADO, Mário Luiz. *Código...*, 2005, p. 335). Os valores mencionados são de outra realidade e, obviamente, são bem maiores no presente momento.

Com algumas exceções, também vejo com entusiasmo o tratamento do Código Civil atual quanto ao contrato em questão. O entusiasmo não é o mesmo quanto aos lucros obtidos pelas empresas seguradoras.

Iniciando o desafio de abordar negócio jurídico tão complexo e importante, passamos ao estudo das regras específicas do atual Código Civil.

16.2 REGRAS GERAIS QUANTO AO CONTRATO DE SEGURO CONSTANTES DO CÓDIGO CIVIL

Somente pode ser parte, no contrato de seguro, como segurador, entidade legalmente autorizada para tal fim. Essa a regra constante do parágrafo único do art. 757 do CC em vigor. A atividade de segurador deve ser exercida, no contexto da norma, por sociedades anônimas, mútuas ou cooperativas (estas terão por objeto somente os seguros agrícolas), mediante autorização do Governo Federal, estando a matéria disciplinada pela Lei 8.177/1991 e pelos Decretos-leis 73/1966 e 2.063/1940.

Contudo, preceitua o Enunciado n. 185 CJF/STJ, aprovado na *III Jornada de Direito Civil*, que "a disciplina dos seguros do Código Civil e as normas de previdência privada que impõe a contratação exclusivamente por meio de entidades legalmente autorizadas não impedem a formação de grupos restritos de ajuda mútua, caracterizados pela autogestão". O enunciado refere-se ao *seguro-mútuo*, o que inclui a antes citada *autogestão*, cuja possibilidade é reconhecida e cujo conceito consta do próprio enunciado.

No entanto, é preciso ressaltar que as sociedades de seguros mútuos, reguladas pelo Decreto-lei 2.063/1940, não se confundem com as companhias seguradoras, pois naquelas os segurados não contribuem por meio do prêmio, mas sim por meio de quotas necessárias para se protegerem de determinados prejuízos por meio da dispersão do evento danoso entre os seus vários membros.

No que toca à prova do contrato em questão, esta se dá por meio da apólice ou bilhete do seguro (art. 758 do CC). Na falta deles, o contrato pode ser provado por documento comprobatório do pagamento do respectivo prêmio, ou seja, a forma é livre, nos termos do art. 107 do CC (*princípio da liberdade das formas*).

Demonstrando a falta de exigência de forma específica para o contrato em questão, preciso julgado do Superior Tribunal de Justiça do ano de 2014 concluiu da seguinte forma:

> "A seguradora de veículos não pode, sob a justificativa de não ter sido emitida a apólice de seguro, negar-se a indenizar sinistro ocorrido após a contratação do seguro junto à corretora de seguros se não houve recusa da proposta pela seguradora em um prazo razoável, mas apenas muito tempo depois e exclusivamente em razão do sinistro. Isso porque o seguro é contrato consensual e aperfeiçoa-se tão logo haja manifestação de vontade, independentemente da emissão da apólice, que é ato unilateral da seguradora, de sorte que a existência da relação contratual não poderia ficar à mercê exclusivamente da vontade de um dos contratantes, sob pena de se ter uma conduta puramente potestativa, o que é vedado pelo art. 122 do CC. Ademais, o art. 758 do CC não confere à emissão da apólice a condição de requisito de existência do contrato de seguro, tampouco eleva esse documento ao degrau de prova tarifada ou única capaz de atestar a celebração da avença. Além disso, é fato notório que o contrato de seguro é celebrado, na prática, entre corretora e segurado, de modo que a seguradora não manifesta expressamente sua aceitação quanto à proposta, apenas a recusa ou emite a apólice do seguro, enviando-a ao contratante juntamente com as chamadas condições gerais do seguro" (STJ, REsp 1.306.364/SP, Rel. Min. Luis Felipe Salomão, j. 20.03.2014, publicado no seu *Informativo* n. 537).

A apólice é o instrumento do contrato de seguro, contendo as regras gerais do negócio celebrado e devendo a sua emissão ser precedida de proposta escrita com a declaração dos elementos essenciais do interesse a ser garantido e do risco (art. 759 do CC). Já o bilhete constitui um instrumento simplificado do negócio, pelo qual se pode contratar o seguro (DINIZ, Maria Helena. *Código...*, 2005, p. 613).

Nos termos do art. 760 do Código Civil em vigor, a apólice ou o bilhete de seguro podem ser nominativos, à ordem ou ao portador, e mencionarão os riscos assumidos, o início e o fim de sua validade, o limite da garantia e o prêmio devido, e, quando for o caso, o nome do segurado e o do beneficiário. Vejamos as suas características:

a) *Apólice* ou *bilhete nominativo* – mencionam o nome do segurador, do segurado, de representante do último ou de terceiro beneficiário, sendo transmissíveis por meio de cessão civil ou mesmo por alienação.

b) *Apólice* ou *bilhete à ordem* – são transmissíveis por endosso em preto, datado e assinado pelo endossante e o endossatário, conforme art. 785, § 2.º, do CC.

c) *Apólice* ou *bilhete ao portador* – são transmissíveis por tradição simples ao detentor da apólice, não sendo admitidas em alguns casos, como no seguro de vida (art. 760, parágrafo único, do CC).

CAP. 16 · CONTRATOS EM ESPÉCIE – DO CONTRATO DE SEGURO | **733**

O art. 761 do CC/2002, bem como os arts. 78 e segs. do Decreto-lei 2.063/1940 tratam do *cosseguro*, quando os riscos de um seguro direto são assumidos por várias seguradoras. Em casos tais, a apólice indicará a seguradora que administrará o contrato e representará os demais, para todos os seus efeitos, denominada *seguradora líder*. O *cosseguro* não se confunde com o *resseguro*, hipótese em que uma seguradora contrata outra seguradora (*resseguradora*), temendo os riscos do contrato anterior, aplicando-se as mesmas regras previstas para o contrato regular.

O Código Civil veda expressamente o *golpe do seguro*, ao prever que nulo será o contrato para garantia de risco proveniente de ato doloso do segurado, do beneficiário, ou de representante de um ou de outro (art. 762 do CC). O vício atinge a validade do contrato, sendo caso de *nulidade textual* (art. 166, inc. VI, do CC). Essa nulidade vicia todo o ato, não podendo ser invocado o princípio da conservação contratual em hipótese alguma.

Em um Código Civil que privilegia a boa-fé objetiva, não poderia ser diferente. De toda sorte, insta anotar, na esteira da melhor jurisprudência, que não se pode presumir a má-fé do segurado, principalmente quando for ele um consumidor. Em outras palavras, a fraude praticada pelo segurado deve ser devidamente comprovada. Nessa linha de pensamento, do Tribunal Fluminense:

> "Seguro de automóvel. Veículo roubado. Alegação infundada de fraude. Golpe do seguro. Pela seguradora. Recusa do pagamento. Indenização. Lei n.º 8078/1990. Aplicação. A responsabilidade do segurador é objetiva fundada no risco contratual e, em razão das peculiaridades do contrato de seguro, o fato do segurado só pode ser invocado como excludente da responsabilidade do segurador, quando se tratar de dolo ou má-fé. O segurado só perde o direito à indenização se efetivamente houver agido com fraude, devidamente comprovada. No caso, o Autor foi vítima de assalto a mão armada e temeroso só compareceu à Delegacia Policial seis dias após a ocorrência. Tal fato, por si só, não dá ensejo a perda do direito à indenização. Provada a ocorrência do sinistro, não pode o segurador eximir-se dos riscos assumidos no contrato mediante alegações que não provam eficazmente a ocorrência de fraude ou algum ato ilícito capaz de ilidir o pagamento do prêmio, por descumprimento contratual" (TJRJ, Apelação Cível 2005.001.44242, 2.ª Câmara Cível, Rel. Des. Elisabete Filizzola, j. 18.01.2006).

Por outra via, entendendo pela presença do "golpe do seguro", interessante ementa do Superior Tribunal de Justiça, que assim concluiu:

> "Reconhecimento, pelo Tribunal de origem, da prática do chamado 'golpe do seguro', em que o segurado comunica à seguradora o furto de seu veículo, quando, na realidade, este já fora negociado com terceiros, que o transportam normalmente para outro país. Utilização, para este reconhecimento, de instrumento contratual, redigido em espanhol, de compra e venda do veículo segurado, firmado e registrado por terceiros, no Paraguai, quatro dias antes do furto noticiado. Rejeição das alegações relativas aos arts. 215 do CC/02, 757 do CC/02, 389 do CPC e 364 do CPC. Como a ausência de tradução do instrumento de compra e venda, redigido em espanhol, contendo informações simples, não comprometeu a sua compreensão pelo juiz e pelas partes, possibilidade de interpretação teleológica, superando-se os óbices formais, das regras dos arts. 157 do CPC e 224 do CC/02. Precedentes específicos deste Superior Tribunal de Justiça. A exigência de registro

de que trata os arts. 129, § 6.º, e 148 da Lei 6.015/73, constitui condição para a eficácia das obrigações objeto do documento estrangeiro, e não para a sua utilização como meio de prova. Inteligência do art. 131 do CPC, que positiva o princípio do livre convencimento motivado. Recurso especial não provido" (STJ, REsp 924.992/PR, 3.ª Turma, Rel. Min. Paulo de Tarso Sanseverino, j. 19.05.2011, *DJe* 26.05.2011).

Existe polêmica sobre se a norma do art. 762 do Código Civil, além do dolo, deve incluir a culpa grave, diante da antiga máxima *culpa lata dolus aequiparatur*, que equipara as duas figuras. A minha posição doutrinária é pela resposta positiva, sendo igualmente nulo o contrato de seguro para garantia de risco proveniente de ato praticado com culpa grave pelo segurado, pelo seu beneficiário, ou pelo representante de um ou de outro.

Ressalte-se, a esse propósito, a plena validade da cláusula contratual, sobretudo em grandes contratos empresariais, que prevê que a seguradora não responde em casos de dolo ou culpa grave do segurado, o que, em certo sentido, tem fundamento no comando e na regra que o ampara. Essa cláusula contratual é comum em praticamente todos os países, seja da *Common Law*, seja da *Civil Law*, já ingressando nas regras de tráfego dos grandes seguros brasileiros, nos termos da parte final do art. 113, *caput*, do Código Civil.

O próximo dispositivo é o que apresenta, na minha opinião doutrinária, o primeiro grave problema técnico, se confrontado com a proteção do consumidor e com os novos paradigmas contratuais:

"Art. 763. Não terá direito a indenização o segurado que estiver em mora no pagamento do prêmio, se ocorrer o sinistro antes de sua purgação".

Ora, a norma entra em conflito com a tese do adimplemento substancial (*substantial performance*), que vinha sendo aplicada pelos nossos Tribunais, inclusive pelo STJ, nos casos de pagamento quase integral do prêmio pelo segurado (REsp 415.971/SP, 3.ª Turma, Rel. Min. Nancy Andrighi, j. 14.05.2002, *DJ* 24.06.2002, p. 302).

A questão é muito bem abordada pelo Desembargador Jones Figueirêdo Alves, em artigo sobre o tema, aqui citado em momento anterior (*A teoria...*, 2005, p. 412). Ensina o doutrinador que, "posicionou-se o STJ no efeito de considerar que a ausência de quitação da última parcela, na data do sinistro, não autoriza a companhia seguradora dar por extinto o contrato, porquanto a segurada havia cumprido substancialmente o contrato, ao prover o REsp 76.362/MT (STJ – 4.ª Turma, rel. Min. Ruy Rosado de Aguiar, 11.12.1995)".

Esse Tribunal Superior, aliás, chegou a entender que "o mero atraso no pagamento de prestação do prêmio do seguro não importa em desfazimento automático do contrato, para o que se exige a prévia constituição em mora do contratante pela seguradora, mediante interpelação, ou o ajuizamento de ação competente (STJ, REsp 286.472/ES, 4.ª Turma, Rel. Min. Aldir Passarinho, 19.11.2002, *DJU* 17.02.2003, p. 282)". Como se pode perceber, a atual redação do dispositivo afastaria esses entendimentos jurisprudenciais.

Filio-me integralmente ao Ilustre Desembargador do Tribunal Pernambucano, pois o art. 763 do CC/2002 entra em conflito com a aplicação da referida teoria, mais justa e que mantém relação direta com o princípio da função social dos contratos. Assim como ele, entendo que o referido dispositivo merece interpretação restritiva, diante da *teoria do adimplemento substancial.*

Nesse sentido, foi aprovado o Enunciado n. 371 na *IV Jornada de Direito Civil* do Conselho da Justiça Federal e do Superior Tribunal de Justiça, segundo o qual "a mora do segurado, sendo de escassa importância, não autoriza a resolução do contrato, por atentar ao princípio da boa-fé objetiva". Esse enunciado pode ser complementado pelo outrora estudado Enunciado n. 361 CJF/STJ, *in verbis*: "O adimplemento substancial decorre dos princípios gerais contratuais, de modo a fazer preponderar a função social do contrato e o princípio da boa-fé objetiva, balizando a aplicação do art. 475". Como foi destacado, o último enunciado é de autoria de Jones Figueirêdo Alves e Eduardo Bussatta, tendo o advogado e professor paranaense obra específica sobre o tema (BUSSATTA, Eduardo. *Resolução...*, 2007).

Com relação ao art. 763 do CC, foi ainda aprovado na *IV Jornada de Direito Civil* o Enunciado n. 376, que prescreve que, "para efeito do art. 763 do Código Civil, a resolução do contrato depende de prévia interpelação", no caso, do segurado devedor. Em outras palavras, a mora do segurado não é automática ou *ex re,* mas *ex persona*, pela necessidade de sua notificação prévia. O enunciado adotou propostas do juiz federal fluminense Guilherme Couto de Castro e do advogado e professor Marcos Jorge Catalan. O último doutrinador justificou assim a sua proposta:

> "O art. 763 do CC versa que 'não terá direito a indenização o segurado que estiver em mora no pagamento do prêmio, se ocorrer o sinistro antes de sua purgação' e comungando com a interpretação literal da regra em questão estão, dentre outros, José Augusto Delgado, Maria Helena Diniz, Silvio Rodrigues, Orlando Gomes e Caio Mário da Silva Pereira. Com o merecido respeito, tais posturas, ortodoxas, tutelam apenas os interesses do polo mais forte da relação obrigacional em detrimento dos segurados, levam a indagar se seria possível sustentar reflexão diversa, com amparo, por exemplo, no princípio do *favor debitoris*, e na regra que dita que dentre mais de uma alternativa, deve-se permitir que o devedor opte pelo caminho que lhe seja menos oneroso.
>
> Buscando subsídio na teoria geral dos contratos, tem-se que a regra em questão ampara-se não nas diretrizes que orientam a resolução, mas sobre a exceção do contrato não cumprido, regra que dita que nenhuma das partes pode exigir o adimplemento da outra, antes de desempenhar a prestação a que se obrigou; mecanismo de defesa de natureza meramente dilatória, não excluindo a prestação do credor que ainda não recebeu o que lhe é devido, apenas e tão somente, condicionando sua exequibilidade à condição da prévia execução da contraprestação. Há de considerar-se que o segurador sempre terá direito ao prêmio, ainda que não seja obrigado a desempenhar a prestação que assumiu, haja vista que é essencial à sobrevivência da atividade securitária a distribuição dos riscos entre seus clientes e neste contexto, os argumentos segundo os quais a ausência de pagamento do prêmio pelo segurado exerceria influência sobre o equilíbrio financeiro da seguradora e desestimularia os devedores a honrarem suas obrigações são falácias que não podem ser consideradas, pois basta às seguradoras, na ausência de pagamento, exigir o desempenho da prestação pelos meios que o sistema põe a sua disposição.
>
> Neste contexto, considerando-se ainda que é provável que um credor possa perder o interesse em receber prestação em pecúnia e que tal conduta seria incompatível com o dever lateral de cooperação, já sustentamos que o segurado teria direito à purgação da mora, mesmo após o sinistro, impedindo, assim, o direito formativo extintivo de resolver o negócio nestas situações, outrossim, reservando-se ao mesmo, o direito de invocar o

mecanismo da exceção do contrato não cumprido. Considerando-se que o caso não trata de obrigação com termo essencial, ainda que se aceite a tese de que o segurador possa deixar de cumprir sua obrigação com amparo na regra do art. 763 do CC, seria coerente sustentar, que este, na medida em que o princípio da boa-fé objetiva lhe impõe o dever lateral de cooperação, deva notificar o segurado para que este possa purgar a mora em prazo razoável, como por exemplo ocorre no direito português, italiano e espanhol; e em terras pátrias, como previsto pela Lei 6.766/79.

Outra não é a proposta de alteração do art. 763 do CC, em trâmite na Câmara dos Deputados, que pretende dar à regra em comento o seguinte teor: 'não terá direito a indenização o segurado que estiver em mora no pagamento do prêmio, se ocorrer o sinistro antes de sua purgação, desde que o segurado tenha sido intimado, por escrito, para tanto' e em que pese a modificação sugerida não ser a melhor para resolver o problema apresentado, pois não dá a solução jurídica adequada, tratando a mora do devedor, mais uma vez como inadimplemento e não como fator de suspensão provisória de eficácia da obrigação do segurador, é melhor que redação atual.

Não se pode deixar de comentar que ainda que se admita a possibilidade de aceitar-se a incidência da aludida regra à situação apresentada, caberá ao segurador buscar o Judiciário para que este desconstitua o negócio pactuado, com amparo em condição resolutiva tácita, inerente a todos os contratos sinalagmáticos, máxima que se impõe com base no art. 51, I e V, do CDC, como já decidiu o STJ ao frisar que 'é nula a cláusula de cancelamento automático da apólice'. O que não mais se admite é a manutenção da interpretação literal da regra insculpida no Código Civil, exegese esta que obriga os segurados a continuarem se sujeitando à boa vontade das seguradoras, que contabilizam lucros astronômicos que ultrapassam, no Brasil, os 40 bilhões de reais anuais".

Consigne-se que o primoroso entendimento constante desse Enunciado n. 376 CJF/STJ vinha há tempos sendo adotado pelo Superior Tribunal de Justiça, merecendo destaque os seguintes:

"Agravo regimental. Recurso especial. Seguro. Veículo. Negativa de cobertura. Atraso no pagamento de prestações. Ausência de notificação. Não configuração da mora. Súmula 83/STJ. 1. O atraso no pagamento de prestações do prêmio do seguro não determina a resolução automática do contrato de seguro, exigindo-se a prévia constituição em mora do contratante pela seguradora, mostrando-se indevida a negativa de pagamento da indenização correspondente. 2. Incidência da Súmula 83/STJ. 3. Agravo regimental desprovido" (STJ, AgRg no REsp 1.255.936/PE, 3.ª Turma, Rel. Min. Paulo de Tarso Sanseverino, j. 19.02.2013, DJe 25.02.2013).

"Seguro de vida. Cancelamento. Mora. Notificação. Requisito. Mero atraso. A Turma decidiu que, para a caracterização da mora no pagamento de prestações relativas ao prêmio, é preciso antes a interpelação do segurado, uma vez que o mero atraso não é suficiente para desconstituir o contrato. Não obstante, 15 meses de atraso não podem ser qualificados como 'mero atraso', pelo que inexiste o direito à indenização securitária mesmo na falta da notificação da seguradora. Precedentes citados: REsp 286.472/ES, DJ 17/2/2203; REsp 318.408/SP, DJ 10.10.2005; REsp 316.552/SP, DJ 12.04.2004; REsp 647.186/MG, DJ 14.11.2005, e REsp 278.064/MS, DJ 14.04.2003" (STJ, REsp 842.408/RS, Rel. Min. Humberto Gomes de Barros, j. 16.11.2006).

Em complemento, a mesma Corte Superior entende reiteradamente como nula por abusividade a cláusula que considera a mora do segurado como automática ou *ex re*, afastando a necessidade de sua notificação prévia: "nos termos dos precedentes desta Corte, considera-se abusiva a cláusula contratual que prevê o cancelamento ou a extinção do contrato de seguro em razão do inadimplemento do prêmio, sem a prévia constituição em mora do segurado, mediante prévia notificação" (STJ, AgRg no AREsp 292.544/SP, 4.ª Turma, Rel. Min. Raul Araújo, j. 23.04.2013, *DJe* 27.05.2013).

Em maio de 2018, a questão se consolidou na Corte Superior, com a edição da Súmula 616, *in verbis*: "a indenização securitária é devida quando ausente a comunicação prévia do segurado acerca do atraso no pagamento do prêmio, por constituir requisito essencial para a suspensão ou resolução do contrato de seguro".

Por óbvio, é de se concordar integralmente com os três enunciados doutrinários aprovados na *IV Jornada de Direito Civil* aqui citados e com os julgados mencionados, pois propõem a análise do contrato de seguro tendo como pano de fundo os princípios sociais contratuais, quais sejam, a boa-fé objetiva e a função social dos contratos. A recente sumular do Tribunal da Cidadania, sem dúvidas, confirma essas afirmações.

A propósito, com correta aplicação da sumular, em julgado de 2020, entendeu a Terceira Turma do próprio Superior Tribunal de Justiça que:

> "O contrato de seguro de vida tem expressiva relevância social, dado seu caráter previdenciário, justificando a aplicação da ideia de sociedade do risco. Portanto, a rescisão do contrato de seguro, fundada na inadimplência do segurado, deverá ser precedida de interpelação do segurado para sua constituição em mora, assim como ser observada a extensão da dívida e se esta é significativa diante das peculiaridades do caso concreto. Inteligência da Súmula 616/STJ. Na hipótese dos autos, levando-se em consideração o longo período de regularidade contratual e a extensão do débito, não se mostra plausível a dispensa da notificação do segurado para a rescisão contratual em razão da inadimplência" (STJ, REsp 1.838.830/RS, 3.ª Turma, Rel. Min. Marco Aurélio Bellizze, j. 18.08.2020, *DJe* 26.08.2020).

Superado esse ponto, prescreve o art. 764 do CC que, salvo disposição especial, o fato de não se ter verificado o risco, em previsão do qual se faz o seguro, não exime o segurado de pagar o prêmio. Esse dispositivo é o que demonstra que o contrato é aleatório, não importando a ocorrência ou não do sinistro, pois o prêmio, em qualquer caso, deve ser pago pelo segurado. Exemplificando, se alguém celebrar um contrato de seguro do automóvel por um ano e se não ocorrer qualquer acidente ou roubo, mesmo assim o prêmio, a remuneração do seguro, deverá ser pago pelo segurado.

A boa-fé objetiva deve estar presente em todas as fases do contrato de seguro (fase pré-contratual, fase contratual e fase pós-contratual). Há norma específica nesse sentido, o que evidencia a afirmação de Clóvis Beviláqua no sentido de ser o seguro *um contrato de boa-fé*. Nesse ponto, o contrato de seguro é privilegiado, pois não há norma semelhante, com esta especificidade, para os demais contratos:

> "Art. 765. O segurado e o segurador são obrigados a guardar na conclusão e na execução do contrato, a mais estrita boa-fé e veracidade, tanto a respeito do objeto como das circunstâncias e declarações a ele concernentes".

Consigne-se que o dispositivo consagra expressamente o dever anexo de informar, o que não afasta a aplicação dos demais deveres anexos, antes estudados. Tudo o que foi exposto quanto à boa-fé objetiva deve ser aplicado ao contrato em questão. A quebra dos deveres anexos no contrato seguro gera a violação positiva do contrato e a responsabilização independentemente de culpa daquele que o descumpriu (responsabilidade objetiva, conforme o Enunciado n. 24 CJF/STJ). Anote-se, nesse contexto, que o art. 46 do CDC prevê que não vinculará o consumidor as cláusulas incompreensíveis e ininteligíveis, muito comuns no contrato de seguro, impostas pelas seguradoras.

Imperioso ainda citar a proposta de enunciado apresentada na *IV Jornada de Direito Civil* pelo jurista Wanderlei de Paula Barreto, no sentido de que "a boa-fé objetiva (arts. 422 e 765) impõe ao segurado, especificamente (art. 766), a obrigação pré-contratual de declarar *sponte propria*, com exatidão e de maneira completa, os dados e circunstâncias de que tenha ou deva ter conhecimento capazes de influir na aceitação da proposta ou na contratação em bases diferentes. Exige do segurador, por outro lado, que adote conduta compatível (não contratar ou apresentar contraproposta), quando o segurado fornecer informação, ou o segurador, por qualquer outro meio, tomar conhecimento de circunstâncias capazes de influir na contratação; contudo, deve prestar a garantia, se tiver aceitado a proposta desacompanhada das informações que o segurado, comprovadamente, desconhecia". Apesar de o enunciado não ter sido aprovado, seu conteúdo é interessante, por especificar condutas das partes contratuais guiadas pela boa-fé.

Vários são os exemplos, na jurisprudência nacional, de aplicação da boa-fé objetiva ao contrato em questão. Vejamos alguns casos interessantes.

Primeiramente, entendeu o STJ que a empresa seguradora que nega o pagamento de indenização desrespeita a boa-fé objetiva, diante de uma expectativa gerada:

> "Direito do consumidor. Contrato de seguro de vida inserido em contrato de plano de saúde. Falecimento da segurada. Recebimento da quantia acordada. Operadora do plano de saúde. Legitimidade passiva para a causa. Princípio da boa-fé objetiva. Quebra de confiança. Os princípios da boa-fé e da confiança protegem as expectativas do consumidor a respeito do contrato de consumo. A operadora de plano de saúde, não obstante figurar como estipulante no contrato de seguro de vida inserido no contrato de plano de saúde, responde pelo pagamento da quantia acordada para a hipótese de falecimento do segurado se criou, no segurado e nos beneficiários do seguro, a legítima expectativa de ela, operadora, ser responsável por esse pagamento" (STJ, REsp 590.336/SC, 3.ª Turma, Rel. Min. Fátima Nancy, j. 07.12.2004, *DJ* 21.02.2005, p. 175).

Também é o momento de lembrar o que dispõe a Súmula 302 do STJ, pela qual é abusiva a cláusula contratual de plano de saúde que limita no tempo a internação hospitalar do segurado. A súmula, além de manter relação com a função social dos contratos, está associada à boa-fé objetiva, já que a imposição da cláusula é ato de má-fé.

É muito importante destacar que o mesmo STJ tem entendido que a negativa de internação por parte da seguradora pode gerar danos morais presumidos ao segurado (danos *in re ipsa*), diante das inúmeras e graves lesões à personalidade causadas:

> "Indenização. Dano moral. Seguro. Saúde. Acometido de um tumor cerebral maligno, o recorrente viu a seguradora recusar-se a custear as despesas de cirurgia de emergência que o extirpou, ao fundamento de que tal doença não fora informada na declaração de

saúde quando da assinatura da proposta de seguro de assistência à saúde. Só conseguiu seu intento em juízo, mediante a concessão de antecipação de tutela para o pagamento dos custos médicos e hospitalares decorrentes da cirurgia e o reembolso do que despendido em tratamento quimioterápico. Porém, pleiteava, em sede do especial, a indenização por danos morais negada pelo Tribunal *a quo*. A Turma, então, ao reiterar os precedentes da jurisprudência deste Superior Tribunal, deu provimento ao recurso, por entender que a recusa indevida à cobertura é sim causa de dano moral, pois agrava a situação de aflição psicológica e de angústia do segurado, já em estado de dor, abalo psicológico e saúde debilitada. Anotou-se não ser necessário demonstrar a existência de tal dano porque esse decorre dos próprios fatos que deram origem à propositura da ação (*in re ipsa*). Ao final, fixou o valor da indenização devida àquele título em cinquenta mil reais. Precedentes citados: REsp 657.717/RJ, *DJ* 12.12.2005; REsp 341.528/MA, *DJ* 9.05.2005, e REsp 402.457/RO, *DJ* 5.05.2003, Ag 661.853/SP, *DJ* 23.05.2005" (STJ, REsp 880.035/PR, Rel. Min. Jorge Scartezzini, j. 21.11.2006).

O último julgado segue o entendimento pelo qual a indenização por danos morais tem caráter pedagógico, ou mesmo punitivo (*punitive damages*), dentro da ideia de desestímulo. Além disso, a decisão confirma a conclusão constante de enunciado aprovado na *V Jornada de Direito Civil,* por mim proposto, que preconiza: "o descumprimento de um contrato pode gerar dano moral, quando envolver valor fundamental protegido pela Constituição Federal de 1988" (Enunciado n. 411). Ora, um contrato que envolve um desses valores é justamente o contrato de seguro-saúde.

Feito tal esclarecimento, destaque-se que, em outro acórdão, o Superior Tribunal de Justiça aplicou o dever anexo de evitar o agravamento do próprio prejuízo (Enunciado n. 169 CJF/STJ), relacionado com a boa-fé objetiva:

"Lucros cessantes. Execução de sentença. Período a considerar. Boa-fé. Seguro. Citação do IRB. 1. Constando da sentença exequenda que os lucros cessantes devem ser considerados até a data do efetivo pagamento, essa data limite deve corresponder à do depósito judicial efetuado pela seguradora sobre a parte incontroversa, superior ao valor dos danos emergentes. 2. A avaliação do período a considerar para os lucros cessantes deve ser feita de acordo com a boa-fé objetiva, que impõe ao lesado colaborar lealmente, praticando atos que estavam ao seu alcance, para evitar a continuidade do prejuízo. 3. Depositado o valor suficiente para a reconstrução do prédio onde se localizava a cozinha do restaurante explorado pelo segurado, é de se ter que nessa data terminou a contagem dos lucros cessantes, ampliado o período de mais 90 dias, julgado pela sentença como necessário para as obras. 4. A citação do IRB deveria ter sido requerida na contestação da seguradora, sendo intempestivo o requerimento feito já no processo de execução da sentença. 5. Omissões inexistentes. Recurso conhecido em parte e provido" (STJ, REsp 256.274/SP, 4.ª Turma, Rel. Min. Ruy Rosado de Aguiar, j. 26.09.2000, *DJ* 18.12.2000, p. 204).

Sucessivamente, a mesma Corte Superior estabeleceu a relação direta entre a função social do contrato e a boa-fé objetiva para concluir que determinada seguradora deveria arcar com o pagamento de indenização em hipótese envolvendo seguro de vida:

"Recurso especial – Execução de título extrajudicial – Seguro de vida e acidentes pessoais – Artigos 1.432, 1.434 e 1.435 do Código Civil de 1916 – Fundamentação deficiente – Incidência da Súmula 284/STF – Morte de policial – Exercício de suas funções legais – Indenização – Cabimento – Ausência de discricionariedade dos agentes policiais de AGIR, por força de imposição legal – Art. 1.460 do Código Civil de 1.916 – Limitações – Necessidade de demonstração inequívoca – Princípios da boa-fé objetiva e da função social do contrato – Ausência de cláusula contratual que exclua os acidentes 'in itinere' – Revisão – Vedação – Incidência das Súmulas 5 E 7/STJ – Recurso parcialmente conhecido e, nessa extensão, improvido. (...). II – O policial, seja militar, civil ou federal, que falece, dentro ou fora do horário de serviço, desde que no estrito cumprimento de suas obrigações legais, faz *jus* à indenização securitária. III – Não há discricionariedade ao agente policial em sua atuação na medida em que se depara com situações aptas à consumação de qualquer espécie de delito. Em outras palavras, cuida-se de dever funcional de agir, independentemente de seu horário ou local de trabalho, ao contrário dos demais cidadãos, realizando-se seu mister ainda que fora da escala de serviço ou mesmo em trânsito, como na espécie. IV – As limitações contidas no art. 1.460 do Código Civil de 1.916, devem constar, de forma expressa, clara e objetiva, de modo a se evitar qualquer dúvida em sua aplicação, sob pena de inversão em sua interpretação a favor do aderente, da forma como determina o art. 423 do Código Civil, decorrentes da boa-fé objetiva e da função social do contrato. V – A recorrente não demonstrou, efetivamente, a existência de cláusula contratual apta a excluir eventuais acidentes denominados 'in itinere', o que enseja a vedação de exame de tal circunstância, por óbice das Súmulas 5 e 7/STJ. VI – Recurso especial conhecido parcialmente e, nessa extensão, improvido" (STJ, REsp 1192609/SP, 3.ª Turma, Rel. Min. Massami Uyeda, j. 07.10.2010, *DJe* 21.10.2010).

Outro exemplo da jurisprudência superior relativo à incidência da boa-fé objetiva no contrato de seguro envolve o Enunciado n. 543, da *VI Jornada de Direito Civil*, de 2013, que assim se expressa, com precisão: "constitui abuso do direito a modificação acentuada das condições do seguro de vida e de saúde pela seguradora quando da renovação do contrato". Vejamos as suas precisas justificativas:

"Os contratos de seguro de vida e de saúde normalmente são pactuados por longo período de tempo. Nesses casos, verificam-se relações complexas em que, muitas vezes, os consumidores se tornam clientes cativos de determinado fornecedor. Tais situações não podem ser vistas de maneira isolada, mas de modo contextualizado com a nova sistemática contratual e com os novos paradigmas principiológicos. Trata-se de consequência da massificação das relações interpessoais com especial importância nas relações de consumo. Parte-se da premissa de que a relação contratual deve responder a eventuais mudanças de seu substrato fático ao longo do período contratual. É uma aplicação do princípio da boa-fé objetiva, que prevê padrão de comportamento leal entre as partes. A contratação em geral ocorre quando o segurado é ainda jovem. A renovação anual pode ocorrer por anos, às vezes décadas. Se, em determinado ano, de forma abrupta e inesperada, a seguradora condicionar a renovação a uma repactuação excessivamente onerosa para o segurado, há desrespeito ao dever anexo de cooperação. Dessa forma, o direito de renovar ou não o contrato é exercido de maneira abusiva, em consonância com o disposto no art. 187 do Código Civil. Não se trata de impedimento ou bloqueio a reajustes, mas de definir um padrão justo de reequilíbrio em que os reajustes devam ocorrer de maneira suave e gradual".

As justificativas do enunciado doutrinário citam que assim vem entendendo o Superior Tribunal de Justiça, com a menção aos seguintes julgados: AgRg nos EDcl no Ag 1.140.960/RS, 3.ª Turma, Rel. Min. Nancy Andrighi, j. 23.08.2011; REsp 1.073.595/ MG, 2.ª Seção, Rel. Min. Nancy Andrighi, j. 23.03.2011. Entendo que a função social do contrato em sua eficácia interna igualmente serve para fundamentar o enunciado doutrinário e os julgados em comento, tanto no sentido de tutelar a dignidade humana quanto com o fim de conservar ou manter o pacto.

Também estabelecendo a correlação entre função social do contrato, boa-fé objetiva e dignidade humana, consigne-se preciosa decisão do Tribunal da Cidadania no sentido de reconhecer o direito de cobertura do segurado quanto ao *home care,* mesmo não havendo previsão no contrato. Nos termos do acórdão publicado no *Informativo* n. *564* da Corte:

> "No caso em que o serviço de *home care* (tratamento domiciliar) não constar expressamente do rol de coberturas previsto no contrato de plano de saúde, a operadora ainda assim é obrigada a custeá-lo em substituição à internação hospitalar contratualmente prevista, desde que observados certos requisitos como a indicação do médico assistente, a concordância do paciente e a não afetação do equilíbrio contratual, como nas hipóteses em que o custo do atendimento domiciliar por dia supera a despesa diária em hospital. Isso porque o serviço de *home care* constitui desdobramento do tratamento hospitalar contratualmente previsto, serviço este que, a propósito, não pode sequer ser limitado pela operadora do plano de saúde, conforme a Súmula 302 do STJ ('É abusiva a cláusula contratual de plano de saúde que limita no tempo a internação hospitalar do segurado'). Além do mais, nota-se que os contratos de planos de saúde, além de constituírem negócios jurídicos de consumo, estabelecem a sua regulamentação mediante cláusulas contratuais gerais, ocorrendo a sua aceitação por simples adesão pelo segurado. Por consequência, a interpretação dessas cláusulas contratuais segue as regras especiais de interpretação dos contratos de adesão ou dos negócios jurídicos estandardizados, como aquela segundo a qual havendo dúvidas, imprecisões ou ambiguidades no conteúdo de um negócio jurídico, deve-se interpretar as suas cláusulas do modo mais favorável ao aderente. Nesse sentido, ainda que o serviço de *home care* não conste expressamente no rol de coberturas previstas no contrato do plano de saúde, havendo dúvida acerca das estipulações contratuais, deve preponderar a interpretação mais favorável ao consumidor, como aderente de um contrato de adesão, conforme, aliás, determinam o art. 47 do CDC, a doutrina e a jurisprudência do STJ em casos análogos ao aqui analisado" (STJ, REsp 1.378.707/RJ, Rel. Min. Paulo de Tarso Sanseverino, j. 26.05.2015, *DJe* 15.06.2015).

Como última ilustração do plano da jurisprudência superior – e são muito numerosos os acórdãos do STJ que relacionam a boa-fé objetiva ao contrato de seguro – a sua Terceira Turma concluiu, ao final de 2018, que a quitação do contrato de mútuo para aquisição de imóvel não extingue a obrigação da seguradora – em seguro habitacional –, de indenizar os compradores por vícios de construção ocultos, que impliquem ameaça de desabamento. O *decisum* traz a notória afirmação de Beviláqua, no sentido de ser *o seguro um contrato de boa-fé*. Nos termos de sua ementa, "a par da regra geral do art. 422 do CC/02, o art. 765 do mesmo diploma legal prevê, especificamente, que o contrato de seguro, tanto na conclusão como na execução, está fundado na boa-fé dos contratantes, no comportamento de lealdade e confiança recíprocos, sendo qualificado pela doutrina como um verdadeiro 'contrato de boa-fé'. De um lado, a boa-fé objetiva impõe ao segurador, na fase pré-contratual, o dever, dentre outros, de dar informações claras e objetivas sobre o contrato para que o segurado compreenda, com exatidão, o alcance da garantia contratada; de outro, obriga-o, na fase de execução e também na pós-contratual, a evitar subterfúgios para tentar se eximir de sua responsabilidade com relação aos riscos previamente cobertos pela garantia" (STJ, REsp 1.622.608/RS, 3.ª Turma, Rel. Min. Nancy Andrighi, *DJe* 19.12.2018). E arremata o acórdão:

"O seguro habitacional tem conformação diferenciada, uma vez que integra a política nacional de habitação, destinada a facilitar a aquisição da casa própria, especialmente pelas classes de menor renda da população. Trata-se, pois, de contrato obrigatório que visa à proteção da família, em caso de morte ou invalidez do segurado, e à salvaguarda do imóvel que garante o respectivo financiamento, resguardando, assim, os recursos públicos direcionados à manutenção do sistema. À luz dos parâmetros da boa-fé objetiva e da proteção contratual do consumidor, conclui-se que os vícios estruturais de construção estão acobertados pelo seguro habitacional, cujos efeitos devem se prolongar no tempo, mesmo após a extinção do contrato, para acobertar o sinistro concomitante à vigência deste, ainda que só se revele depois de sua conclusão (vício oculto)" (STJ, REsp 1.622.608/ RS, 3.ª Turma, Rel. Min. Nancy Andrighi, *DJe* 19.12.2018).

Seguindo nas ilustrações, em sede de Tribunais Estaduais, o extinto 1.º TACSP considerou que a empresa seguradora não pode negar o pagamento da indenização havendo documentação idônea a comprovar o sinistro, não cabendo o argumento de que não há documentos demonstrando a entrada regular de veículo importado no País. Assim agindo, estará desrespeitando a boa-fé objetiva:

"Seguro. Apólice. Veículo importado. Realização e pagamento do prêmio por dois anos sem condicionar, cogitar ou suspender a sua exigibilidade à falta dos documentos da regularização de sua entrada no País. Furto e perda do bem. Comunicação idônea com os documentos necessários, inclusive o boletim de ocorrência policial. Recusa fundada na inexistência dos documentos comprovadores do ingresso regular do veículo no País. Exigibilidade abusiva que atenta às regras da Lei 8.078, de 1990, e à boa-fé objetiva que é exigida na celebração do contrato de seguro em consonância com o disposto no artigo 1.443 do Código Civil. Pagamento da indenização pelo valor de mercado. Impossibilidade, eis que pagou o prêmio pelo valor contratado. Cobrança parcialmente procedente. Sentença mantida" (1.º TACSP, Apel. Cív. 1302771-9/SP, 7.ª Câmara, Rel. Conti Machado, Rev. Barreto de Moura, j. 14.09.2004, decisão: Negaram provimento, v.u.).

Em outro julgado, o mesmo 1.º TACSP entendeu que é abusiva, por contrariar a boa-fé objetiva que consta do CDC, a cláusula que exige a anuência da seguradora visando o reembolso de valores pagos para cobrir o prejuízo sofrido pelo segurado:

"Seguro. Responsabilidade civil. Cobrança pelo segurado de quantia desembolsada em acordo com vítimas de acidente de trânsito. Falta de anuência da seguradora exigida pelo contrato. Irrelevância ante a relação de consumo existente entre as partes. Cláusula que, no caso, diante das circunstâncias fáticas, se apresentava abusiva e ofensiva à boa-fé objetiva. Dever de a seguradora reembolsar o valor reconhecido. Recurso provido. Declaração de voto vencido" (1.º TACSP, Apel. Cív. 0845488-2/Dracena, 6.ª Câmara, Rel. Coutinho de Arruda, Rev. Marciano da Fonseca, j. 06.05.2003).

Bons exemplos de aplicação dos princípios da boa-fé objetiva e da função social dos contratos sempre vêm do Tribunal de Justiça do Rio Grande do Sul. Aqui não poderia ser diferente. A ementa a seguir é *autoexplicativa* e demonstra muito bem a aplicação desses princípios sociais no contrato de seguro:

> "Contrato de arrendamento mercantil com cláusula de seguro. Furto do veículo arrendado. Repasse de valores relativos ao prêmio diretamente à arrendadora. Segurado desprovido do uso de um automóvel reserva e sem condições de recompor seu *status quo ante*. Demanda principal lastreada em dois fundamentos: obrigação de fazer (devolução de valores indevidamente recebidos) e indenização por danos morais (recomposição da situação anterior). Antecipação de tutela para disponibilização de carro reserva enquanto se discute o ato ilícito. Concedido. Boa-fé objetiva. Função socioeconômica do contrato de *leasing* vinculado ao contrato de seguro. Operação de venda casada entre arrendadora e seguradora do mesmo grupo econômico. Cumprimento dos deveres laterais do contrato. Agravo provido. O agravante ajuizou ação principal de obrigação de fazer cumulada com danos morais em face do cumprimento irregular e deficitário do contrato de seguro, vinculado ao contrato de *leasing*. Afirma que seu carro (arrendado) fora furtado, e que a seguradora teria repassado os valores que lhe eram devidos diretamente à arrendadora. Pediu tutela antecipada para que a agravada disponibilizasse um carro reserva até que a discussão se tornasse definitiva. No caso dos autos, o pedido antecipatório (disponibilização de automóvel reserva) compatibiliza-se com o objeto do cumprimento da obrigação de fazer e com o objeto do pedido indenizatório previstos na ação principal, porquanto a natureza da ação de danos morais é eminentemente reparatória/compensatória, visando, fundamentalmente, recompor o *status quo ante*" (TJRS, Apel. Cív. 70008460024, 14.ª Câmara Cível, Porto Alegre, Rel. Juiz Íris Helena Medeiros Nogueira, j. 27.05.2004).

A incidência dos princípios sociais no julgado acima se encontra perfeita, inclusive com as repercussões que essa aplicação deve gerar no campo processual. Também do mesmo Tribunal do Rio Grande do Sul, cite-se o caso em que uma seguradora não informou o terceiro, beneficiário do contrato de seguro, que não estaria coberto no caso de separação judicial em relação ao segurado. O Tribunal entendeu pelo dever de pagar o valor da indenização:

> "Seguro. Ação de cobrança. Separação judicial e posterior morte do ex-marido beneficiário e segurado. Pagamento da indenização negado. Dever de transparência e de informação pela seguradora não cumprido. A ré não agiu de forma transparente com a autora, quando não se desincumbiu de informar a ela que, no caso de separação judicial dos segurados, o – benefício suplementar – de pagamento da indenização em caso de morte do ex-cônjuge seria cancelado. Princípios da transparência e da boa-fé objetiva – art. 4.º, *caput* e III, do CDC. Sentença mantida. Apelação cível desprovida" (TJRS, 70007902935, 6.ª Câmara Cível, Barra do Ribeiro, Rel. Juiz Cacildo de Andrade Xavier, j. 17.11.2004).

Outro Tribunal que também se destaca na aplicação correta desses princípios é o Tribunal de Justiça de Minas Gerais. Ilustrando, entendeu essa Corte Estadual que "não deve a operadora de plano de saúde, tratando-se de procedimento de urgência e emergência, ficar discutindo a interpretação de cláusulas contratuais referentes ao período de carência se, nos termos do art. 12, inciso V, letra 'c', da Lei 9.656/1998, tem o 'prazo máximo de vinte e quatro horas', devendo, ao contrário, concentrar-se nos deveres de cuidado e cooperação oriundos do princípio da boa-fé objetiva, eis que o tratamento de saúde deve ser prestado ao consumidor com lealdade pelo seu parceiro contratual"

(TACMG, Apelação Cível 0376517-1/2002, Uberlândia/Siscon, 7.ª Câmara Cível, Rel. Juiz William Silvestrini, j. 20.03.2003, unânime).

Superada a análise de alguns julgados, por óbvio sem esgotar a matéria, é importante lembrar que o antigo Projeto Ricardo Fiuza pretendia alterar o dispositivo, aprimorando a sua redação, nos seguintes termos: "Art. 765. O segurado e o segurador são obrigados a guardar, assim nas negociações preliminares e conclusão do contrato, como em sua execução e fase pós-contratual, os princípios da probidade e boa-fé, tanto a respeito do objeto como das circunstâncias e declarações a ele concernentes". Aplaude-se a proposta de alteração, pois melhor especifica a aplicação do princípio da boa-fé objetiva em todas as fases contratuais.

Como outra nota doutrinária a respeito do art. 765 do Código Civil, na *IX Jornada de Direito Civil*, realizada em 2022, foram aprovados dois enunciados a respeito da sua incidência ao processo administrativo de regulação do sinistro, em que a seguradora analisa as causas e as circunstâncias do sinistro comunicado a fim de concluir se pagará ou não a indenização ao segurado.

Pelo primeiro deles, e nos termos do Enunciado n. 656, "do princípio da boa-fé objetiva, resulta o direito do segurado, ou do beneficiário, de acesso aos relatórios e laudos técnicos produzidos na regulação do sinistro". Ademais, consoante o Enunciado n. 657, da mesma *IX Jornada de Direito Civil,* "diante do princípio da boa-fé objetiva, o regulador do sinistro tem o dever de probidade, imparcialidade e celeridade, o que significa que deve atuar com correção no cumprimento de suas atividades".

As ementas doutrinárias são perfeitas e contaram com o meu total apoio quando da realização do evento. Na verdade, julgados já aplicam a boa-fé objetiva à regulação de sinistro, na mesma linha dos enunciados. A título de exemplo:

> "Pedido de pagamento da indenização securitária, pelos beneficiários, na esfera administrativa. Inércia da seguradora, decorridos mais de 30 dias da protocolização do requerimento. Recusa informada somente na contestação, restrita à falta de documentos. Seguradora que não comprovou, ônus que lhe competia, a solicitação de documentação complementar aos interessados durante o processo de regulação do sinistro. Comportamento da seguradora que não se coaduna com a boa-fé exigível dos contratantes. Comprovação, por uma das autoras, de que a beneficiária renunciou em seu favor à sua quota parte. Prova documental idônea e não impugnada pela seguradora. Demais autores que comprovaram o grau de parentesco com o beneficiário falecido (cônjuge e filhos). Direito ao recebimento da parte cabente ao beneficiário falecido, na proporção de 50% para o cônjuge e 25% para cada herdeiro filho. Inteligência do art. 792 do CC. Levantamento condicionado à apresentação de declaração de únicos herdeiros em fase de cumprimento de sentença" (TJSP, Apelação cível 1006705-79.2019.8.26.0309, Acórdão 15531031, Jundiaí, 27.ª Câmara de Direito Privado, Rel. Des. Sergio Alfieri, j. 29.03.2022, *DJESP* 11.04.2022, p. 2.166).

> "Apelação cível. Direito do Consumidor. Contrato de seguro de veículo. Ação objetivando o recebimento da indenização após a ocorrência do sinistro, bem como indenização por danos morais. Recusa da seguradora em efetuar o pagamento da indenização ao argumento de que foram prestadas informações inverídicas pela segurada. Sentença de parcial procedência. Recurso da ré. Falha na prestação de serviço configurada. Ré que não comprovou de forma inequívoca que a segurada teria prestado informações falsas quando da contratação do seguro, descumprindo o disposto no artigo 373, II do CPC. Suposta sindicância realizada por ocasião da regulação do sinistro que sequer foi juntada aos autos. Recusa

CAP. 16 · CONTRATOS EM ESPÉCIE – DO CONTRATO DE SEGURO | **745**

injustificada ao pagamento de indenização coberta pela apólice. Princípio da boa-fé nas relações securitárias. (...)" (TJRJ, Apelação 0035599-31.2019.8.19.0001, Rio de Janeiro, 11.ª Câmara Cível, Rel. Des. Luiz Henrique de Oliveira Marques, *DORJ* 16.06.2021, p. 362)

Feitas todas essas observações, os dispositivos a seguir comentados por igual mantêm relação com o princípio da boa-fé objetiva, trazendo deveres contratuais que decorrem desse regramento básico. Não há qualquer conflito com o CDC, mas, muito ao contrário, os comandos legais a seguir estão em sintonia com a boa-fé objetiva que deve existir na ótica consumerista (art. 4.º, inc. III, da Lei 8.078/1990).

De início, preconiza o art. 766 do CC/2002 o seguinte:

"Art. 766. Se o segurado, por si ou por seu representante, fizer declarações inexatas ou omitir circunstâncias que possam influir na aceitação da proposta ou na taxa do prêmio, perderá o direito à garantia, além de ficar obrigado ao prêmio vencido.

Parágrafo único. Se a inexatidão ou omissão nas declarações não resultar de má-fé do segurado, o segurador terá direito a resolver o contrato, ou a cobrar, mesmo após o sinistro, a diferença do prêmio".

O dispositivo em questão equivale ao art. 1.444 do CC/1916, com corriqueira aplicação por nossos Tribunais. A título de exemplo, nossa jurisprudência entende que constitui violação a esse dever o fato de o segurado não informar uma doença preexistente e celebrar o contrato de seguro-saúde, para se ver coberto. Por lógico, há desrespeito ao dever anexo de informar e à boa-fé objetiva. Nesse sentido:

"Ação de indenização. Seguro individual de vida e invalidez. Prévia ciência da moléstia pelo segurado. Caracterização pela perícia judicial. Omissão da informação. Ofensa ao princípio da boa-fé objetiva. Doença preexistente. Risco não coberto. Perda do direito ao seguro. Se a prova demonstra que o segurado contratou o seguro de vida e invalidez um dia depois de ter em mãos o resultado de exame laboratorial que confirmara ser portador de moléstia grave, a omissão desse fato na proposta de seguro implica ofensa à boa-fé objetiva que deve fundamentar o pacto e importa na perda do direito à indenização (art. 1.444, CC/1916). Provado que a doença incapacitante preexistia à celebração do contrato de seguro, cuja apólice excluiu expressamente esse risco, incabível o pagamento da indenização, ainda que o segurado desconhecesse ser portador daquele mal. Recurso não provido" (TACMG, Apel. Cív. 0368162-1/2002, Comarca: Barbacena/Siscon, 2.ª Câmara Cível, Rel. Juiz Edgard Penna Amorim, j. 24.06.2003, Dados Publ.: Não publicado, Decisão: Unânime).

Relativamente ao tema, foi aprovado, na *IV Jornada de Direito Civil* do Conselho da Justiça Federal e do Superior Tribunal de Justiça, o Enunciado n. 372, pelo qual, em caso de negativa de cobertura securitária por doença preexistente, cabe à seguradora comprovar que o segurado tinha conhecimento inequívoco daquela. Isso porque a boa-fé objetiva do segurado consumidor é presumida, diante do que consta do art. 4.º, inc. III, do CDC. Assim sendo, não se pode entender pela má-fé do segurado. Esse entendimento vem sendo aplicado amplamente pela jurisprudência do STJ:

"Agravo no agravo de instrumento. Contrato de seguro. Cobertura de doenças preexistentes, dever do ente segurador. Má-fé do segurado. Necessidade de comprovação.

Julgamento antecipado da lide, com indeferimento de produção de provas, desprovimento da pretensão justamente pela ausência de comprovação do fato constitutivo do direito. Impossibilidade" (STJ, AgRg no Ag 1138740/SC, 3.ª Turma, Rel. Min. Massami Uyeda, j. 09.06.2009, *DJe* 18.06.2009).

"Direito civil. Recurso especial. Agravo no agravo de instrumento. Doença preexistente. Não demonstração de má-fé do segurado. Necessidade de prévio exame médico ou prova da efetiva má-fé do segurado. Súmula 83/STJ. Súmula 7/STJ. Dano moral. Dissídio não comprovado. Nos termos da jurisprudência dominante deste Tribunal, a doença preexistente pode ser oposta pela seguradora ao segurado apenas se houver prévio exame médico ou prova inequívoca da má-fé do segurado. Agravo não provido" (STJ, AgRg no Ag 818.443/RJ, 3.ª Turma, Rel. Min. Nancy Andrighi, j. 1.º.03.2007, *DJ* 19.03.2007, p. 343).

Pacificando a questão, em abril de 2018, a Corte Superior editou a sua Súmula 609, com o seguinte teor, que tem o meu total apoio doutrinário: "a recusa de cobertura securitária, sob a alegação de doença preexistente, é ilícita se não houve a exigência de exames médicos prévios à contratação ou a demonstração de má-fé do segurado". A sumular representa uma grande vitória da boa-fé objetiva, tutelando os segurados consumidores.

No seguro à conta de outrem, o segurador pode opor ao segurado quaisquer defesas que tenha contra o estipulante, por descumprimento das normas de conclusão do contrato, ou de pagamento do prêmio (art. 767 do CC).

Em outras palavras, havendo estipulação em favor de terceiro beneficiário, nos termos dos arts. 436 a 438 do próprio Código Civil de 2002, a seguradora poderá utilizar-se de qualquer defesa que tinha contra o segurado em face deste terceiro. A regra em questão constitui uma exceção ao princípio da relatividade dos efeitos contratuais, pois a seguradora poderá discutir o negócio jurídico com quem não é parte do contrato. O contrato acaba produzindo efeitos externos.

A boa-fé objetiva é flagrante no art. 768 do CC, que traz regra pela qual o segurado perderá o direito à garantia se agravar intencionalmente o risco objeto do contrato.

Relativamente ao comando legal, prescreve o Enunciado n. 374 CJF/STJ, da *IV Jornada de Direito Civil*, que "no contrato de seguro, o juiz deve proceder com equidade, atentando às circunstâncias reais, e não a probabilidades infundadas, quanto à agravação dos riscos". A equidade representa o próprio senso de Justiça e constitui fonte do Direito Civil, em um Código baseado em cláusulas gerais. O que o enunciado doutrinário quer dizer é que não se pode presumir a má-fé do segurado, principalmente se o contrato for de consumo, pois nesse caso a boa-fé do consumidor é que deve ser presumida (art. 4.º, inc. III, do CDC).

A título de exemplo, vigente um contrato de seguro de vida, não se pode presumir que o segurado falecido tenha agravado intencionalmente os riscos pelo fato de ter ido a uma festa em lugar perigoso onde acabou sendo vítima de um homicídio, o que supostamente afastaria o dever da seguradora de pagar a indenização.

Tema dos mais controversos se refere à embriaguez do segurado, havendo acidente de trânsito. A dúvida que surge é se essa embriaguez, por si só, afasta o dever da seguradora de pagar a indenização. Os julgados sempre se alternaram no Superior Tribunal de Justiça, com uma e outra posição. Entendendo pelo pagamento do seguro, destaque-se:

CAP. 16 • CONTRATOS EM ESPÉCIE – DO CONTRATO DE SEGURO

"Civil. Acidente de trânsito. Beneficiário de seguro. Motorista alcoolizado. Situação que não exclui o pagamento da indenização contratada. Risco inerente à atividade. CC, art. 768. I. Para a configuração da hipótese de exclusão da cobertura securitária prevista no art. 768 do Código Civil vigente, não basta a identificação de que o motorista segurado se achava alcoolizado, mas que o estado mórbido constituiu elemento essencial para a ocorrência do sinistro, prova que a ré, cuja atividade é precisamente a cobertura de eventos incertos, não logrou fazer. II. Precedentes do STJ. III. Recurso especial conhecido e provido" (STJ, REsp 1.012.490/PR, 4.ª Turma, Rel. Min. Aldir Passarinho Junior, j. 25.03.2008, *DJe* 28.04.2008).

Porém, em sentido contrário, do mesmo Tribunal Superior:

"Civil. Seguro de vida. Embriaguez. A cláusula do contrato de seguro de vida que exclui da cobertura do sinistro o condutor de veículo automotor em estado de embriaguez não é abusiva; que o risco, nesse caso, é agravado resulta do senso comum, retratado no dito 'se beber não dirija, se dirigir não beba'. Recurso especial não conhecido" (STJ, REsp 973.725/SP, 3.ª Turma, Rel. Min. Ari Pargendler, j. 26.08.2008, *DJe* 15.09.2008).

Mais recentemente, entre 2016 e 2017, a Terceira Turma do Superior Tribunal de Justiça passou a fazer uma separação da análise da embriaguez do segurado, nos casos de seguro de automóvel e de seguro de vida. A posição firmada foi no sentido de ser a embriaguez fator de agravamento de risco no primeiro caso, a afastar o pagamento da indenização; dedução diversa na hipótese de seguro de vida. Nessa linha, conforme impactante ementa da Corte, merece destaque:

"A direção do veículo por um condutor alcoolizado já representa agravamento essencial do risco avençado, sendo lícita a cláusula do contrato de seguro de automóvel que preveja, nessa situação, a exclusão da cobertura securitária. A bebida alcoólica é capaz de alterar as condições físicas e psíquicas do motorista, que, combalido por sua influência, acaba por aumentar a probabilidade de produção de acidentes e danos no trânsito. Comprovação científica e estatística. O seguro de automóvel não pode servir de estímulo para a assunção de riscos imoderados que, muitas vezes, beiram o abuso de direito, a exemplo da embriaguez ao volante. A função social desse tipo contratual torna-o instrumento de valorização da segurança viária, colocando-o em posição de harmonia com as leis penais e administrativas que criaram ilícitos justamente para proteger a incolumidade pública no trânsito. O segurado deve se portar como se não houvesse seguro em relação ao interesse segurado (princípio do absenteísmo), isto é, deve abster-se de tudo que possa incrementar, de forma desarrazoada, o risco contratual, sobretudo se confiar o automóvel a outrem, sob pena de haver, no Direito Securitário, salvo-conduto para terceiros que queiram dirigir embriagados, o que feriria a função social do contrato de seguro, por estimular comportamentos danosos à sociedade. Sob o prisma da boa-fé, é possível concluir que o segurado, quando ingere bebida alcoólica e assume a direção do veículo ou empresta-o a alguém desidioso, que irá, por exemplo, embriagar-se (culpa *in eligendo* ou *in vigilando*), frustra a justa expectativa das partes contratantes na execução do seguro, pois rompe-se com os deveres anexos do contrato, como os de fidelidade e de cooperação" (STJ, REsp 1.485.717/SP, 3.ª Turma, Rel. Min. Ricardo Villas Bôas Cueva, j. 22.11.2016, *DJe* 14.12.2016, publicado no seu *Informativo* n. 594).

As razões do *decisum* são fortes, estando baseadas na função social do contrato de seguro e nos deveres anexos da boa-fé objetiva. Em complemento, a mesma Turma da

Corte Superior tem concluído que eventual cláusula de exclusão de responsabilidade nos casos de embriaguez não pode prejudicar os terceiros, vítimas do acidente, o que seria uma afronta à citada função social do contrato de seguro. Como se extrai de acórdão do final de 2018:

"Deve ser dotada de ineficácia para terceiros (garantia de responsabilidade civil) a cláusula de exclusão da cobertura securitária na hipótese de o acidente de trânsito advir da embriaguez do segurado ou de a quem este confiou a direção do veículo, visto que solução contrária puniria não quem concorreu para a ocorrência do dano, mas as vítimas do sinistro, as quais não contribuíram para o agravamento do risco. A garantia de responsabilidade civil não visa apenas proteger o interesse econômico do segurado relacionado com seu patrimônio, mas, em igual medida, também preservar o interesse dos terceiros prejudicados à indenização. O seguro de responsabilidade civil se transmudou após a edição do Código Civil de 2002, de forma que deixou de ostentar apenas uma obrigação de reembolso de indenizações do segurado para abrigar também uma obrigação de garantia da vítima, prestigiando, assim, a sua função social. É indônea a exclusão da cobertura de responsabilidade civil no seguro de automóvel quando o motorista dirige em estado de embriaguez, visto que somente prejudicaria a vítima já penalizada, o que esvaziaria a finalidade e a função social dessa garantia, de proteção dos interesses dos terceiros prejudicados à indenização, ao lado da proteção patrimonial do segurado" (STJ, REsp 1.738.247/SC, 3.ª Turma, Rel. Min. Ricardo Villas Bôas Cueva, j. 27.11.2018, *DJe* 10.12.2018).

Entretanto, no caso de seguro de vida, a solução deve ser diferente, segundo o Tribunal Superior, uma vez que:

"No contrato de seguro de vida, ocorrendo o sinistro morte do segurado e inexistente a má-fé dele (a exemplo da sonegação de informações sobre eventual estado de saúde precário – doenças preexistentes – quando do preenchimento do questionário de risco) ou o suicídio no prazo de carência, a indenização securitária deve ser paga ao beneficiário, visto que a cobertura neste ramo é ampla. No seguro de vida, é vedada a exclusão de cobertura na hipótese de sinistros ou acidentes decorrentes de atos praticados pelo segurado em estado de insanidade mental, de alcoolismo ou sob efeito de substâncias tóxicas (Carta Circular SUSEP/DETEC/GAB n.º 08/2007). As cláusulas restritivas do dever de indenizar no contrato de seguro de vida são mais raras, visto que não podem esvaziar a finalidade do contrato, sendo da essência do seguro de vida um permanente e contínuo agravamento do risco segurado" (STJ, REsp 1.665.701/RS, 3.ª Turma, Rel. Min. Ricardo Villas Bôas Cueva, j. 09.05.2017, *DJe* 31.05.2017).

Pontue-se, em complemento, que em 2018 pacificou-se na Segunda Seção da Corte a conclusão pela nulidade absoluta da cláusula que afasta a indenização por embriaguez do segurado na condução de automóvel havendo seguro de vida. Vejamos a ementa desse importante acórdão:

"Embargos de divergência em recurso especial. Ação de cobrança de seguro de vida proposta por familiares beneficiários da cobertura. Acidente de trânsito. Morte do condutor segurado. Negativa de cobertura pela seguradora. Alegação de agravamento de risco. Ingestão de bebida alcoólica. Embriaguez do segurado. Relevância relativa. Orientação contida na Carta Circular SUSEP/DETEC/GAB n.º 08/2007. Precedentes. Embargos de divergência providos. 1. Sob a vigência do Código Civil de 1916, à época dos fatos, a jurisprudência desta Corte e a do egrégio Supremo Tribunal Federal foi consolidada no sentido de que o seguro de vida cobre até mesmo os casos de suicídio, desde que não tenha havido premeditação (Súmulas 61/STJ e 105/STF). 2. Já em consonância com o novel Código Civil, a jurisprudência do Superior Tribunal de Justiça consolidou seu entendimento para preconizar que 'o legislador estabeleceu critério objetivo para regular a matéria, tornando irrelevante a discussão a respeito da premeditação da morte' e que, assim, a seguradora não está obrigada a indenizar apenas o suicídio ocorrido dentro dos dois primeiros anos do contrato (AgRg nos EDcl nos EREsp 1.076.942/PR, Rel. p/ acórdão Ministro João Otávio de Noronha). 3. Com mais razão, a cobertura do contrato de seguro de vida deve abranger os casos de sinistros ou acidentes decorrentes de atos praticados pelo segurado em estado de insanidade mental, de alcoolismo ou sob efeito de substâncias tóxicas, ressalvado o suicídio ocorrido dentro dos dois primeiros anos do contrato. 4. Orientação da Superintendência de Seguros Privados na Carta Circular SUSEP/DETEC/GAB n.º 08/2007: '1) Nos Seguros de Pessoas e Seguro de Danos, é vedada a exclusão de cobertura na hipótese de 'sinistros ou acidentes decorrentes de atos praticados pelo segurado em estado de insanidade mental, de alcoolismo ou sob efeito de substâncias tóxicas'; 2) Excepcionalmente, nos Seguros de Danos cujo bem segurado seja um veículo, é admitida a exclusão de cobertura para 'danos ocorridos quando verificado que o veículo segurado foi conduzido por pessoa embriagada ou drogada, desde que a seguradora comprove que o sinistro ocorreu devido ao estado de embriaguez do condutor'. Precedentes: REsp 1.665.701/RS, Rel. Ministro Ricardo Villas Bôas Cueva, Terceira Turma; e AgInt no AREsp 1.081.746/SC, Rel. Ministro Raul Araújo, Quarta Turma'. 5. Embargos de divergência providos" (STJ, EREsp 973.725/SP, 2.ª Seção, Rel. Min. Lázaro Guimarães (Desembargador convocado do TRF 5.ª Região), j. 25.04.2018, *DJe* 02.05.2018).

Confirmando essa forma de julgar, no final de 2018 o Tribunal da Cidadania editou ementa estabelecendo que a embriaguez do segurado não exime a seguradora do pagamento da indenização prevista em contrato de seguro de vida (Súmula 620 do STJ). Em complemento, em 2022, a mesma Corte consolidou, em sua Segunda Seção, que nos seguros de pessoas, caso do seguro de vida, é vedada a exclusão de cobertura na hipótese de sinistros ou acidentes decorrentes de atos praticados pelo segurado em estado de insanidade mental, de alcoolismo ou sob efeito de substâncias tóxicas (STJ, REsp 1.999.624/PR, 2.ª Seção, Rel. Min. Luis Felipe Salomão, Rel. Acd. Min. Raul Araújo, m.v., j. 28.09.2022).

De toda forma, apesar de o penúltimo julgado transcrito trazer em parte a solução mais recente da Terceira Turma, ao admitir a cláusula de exclusão da responsabilidade por embriaguez no seguro de automóvel, entendo que não se pode atribuir ao segurado pelo simples fato da embriaguez a intenção de agravar o risco, o que seria presumir de forma exagerada a má-fé, mesmo no seguro de automóvel. Assim, o primeiro julgado aqui destacado – REsp 1.012.490/PR – traz a melhor conclusão, até porque está mais bem sintonizado com a própria natureza do contrato de seguro, que visa a cobrir riscos do cotidiano. No caso do seguro de vida, na linha dos mais recentes arestos, de fato, não se pode presumir que a simples ingestão de bebida alcoólica é fator de agravamento de risco para a morte do segurado.

Ainda ilustrando sobre o agravamento do risco, anote-se que o STJ editou em 2010 a Súmula 465, prevendo que, ressalvada a hipótese de efetivo agravamento do risco, a seguradora não se exime do dever de indenizar em razão da transferência do veículo sem a sua prévia comunicação.

Por fim quanto às concretizações sobre o debate a respeito do agravamento intencional do risco, cabe trazer a lume aresto do mesmo Tribunal da Cidadania, do ano de 2014, que tratou de direção de veículo segurado por empregado não habilitado. Vejamos parte do acórdão:

"Caso a sociedade empresária segurada, de forma negligente, deixe de evitar que empregado não habilitado dirija o veículo objeto do seguro, ocorrerá a exclusão do dever de indenizar se demonstrado que a falta de habilitação importou em incremento do risco. Isso porque, à vista dos princípios da eticidade, da boa-fé e da proteção da confiança, o agravamento do risco decorrente da culpa *in vigilando* da sociedade empresária segurada, ao não evitar que empregado não habilitado se apossasse do veículo, tem como consequência a exclusão da cobertura (art. 768 do CC), haja vista que o apossamento proveio de culpa grave do segurado. O agravamento intencional do risco, por ser excludente do dever de indenizar do segurador, deve ser interpretado restritivamente, notadamente em face da presunção de que as partes comportam-se de boa-fé nos negócios jurídicos por elas celebrados. Por essa razão, entende-se que o agravamento do risco exige prova concreta de que o segurado contribuiu para sua consumação. Assim, é imprescindível a demonstração de que a falta de habilitação, de fato, importou em incremento do risco. Entretanto, o afastamento do direito à cobertura securitária deve derivar da conduta do próprio segurado, não podendo o direito à indenização ser ilidido por força de ação atribuída exclusivamente a terceiro. Desse modo, competia à empresa segurada velar para que o veículo fosse guiado tão somente por pessoa devidamente habilitada" (STJ, REsp 1.412.816/SC, Rel. Min. Nancy Andrighi, j. 15.05.2014, publicado no seu *Informativo* n. *542*).

Destaque-se o comentário de Jones Figueirêdo Alves e Mário Luiz Delgado no sentido de o art. 768 do Código Civil consagrar o *princípio do absenteísmo*, regramento atributivo do direito securitário, com incidência a todas as espécies contratuais do seguro, ao afirmar o seguinte:

"Por este princípio, o segurado tem o dever jurídico de abster-se de todo e qualquer ato que possa agravar os riscos. A violação desse princípio implica, inexoravelmente, na perda ao direito à indenização securitária, do que decorre como sanção civil legalmente prevista. Semelhante sanção está prevista no artigo seguinte, para as hipóteses de omissão dolosa, que trata, no particular, dos incidentes agravadores do risco, que não dizem respeito, por óbvio, a atos do próprio segurado" (ALVES, Jones Figueirêdo; DELGADO, Mário Luiz. *Código*..., 2005, p. 340).

O dispositivo seguinte referenciado pelos doutrinadores é o art. 769 do CC, que traz contido o dever de informar, como corolário da boa-fé objetiva:

"Art. 769. O segurado é obrigado a comunicar ao segurador, logo que saiba, todo incidente suscetível de agravar consideravelmente o risco coberto, sob pena de perder o direito à garantia, se provar que silenciou de má-fé.

§ 1.º O segurador, desde que o faça nos quinze dias seguintes ao recebimento do aviso da agravação do risco sem culpa do segurado, poderá dar-lhe ciência, por escrito, de sua decisão de resolver o contrato.

§ 2.º A resolução só será eficaz trinta dias após a notificação, devendo ser restituída pelo segurador a diferença do prêmio".

CAP. 16 · CONTRATOS EM ESPÉCIE – DO CONTRATO DE SEGURO | **751**

Anote-se, contudo, que, havendo dúvidas, tais regras deverão ser interpretadas da maneira mais favorável ao consumidor (art. 47 do CDC) ou ao aderente (art. 423 do CC), na grande maioria das vezes o segurado. Nesse sentido, aliás, o Enunciado n. 585, aprovado na *VII Jornada de Direito Civil*, de setembro 2015, pela qual impõe-se o pagamento do seguro mesmo diante de condutas, omissões ou declarações ambíguas do segurado, que não guardem relação com o sinistro. Como exemplo de aplicação das regras citadas e dessa correta interpretação, transcreve-se o seguinte julgado, do extinto TACMG, fazendo referência a outros:

"Ação de cobrança. Seguro. Veículo. Perda total. Acidente de trânsito. Culpa grave. Dolo. Agravamento dos riscos. Ausência de prova. Estipulante. Legitimidade ativa. Princípio da boa-fé objetiva. Dever de informar. Inobservância. Não há que se falar em ilegitimidade ativa se consta da apólice que o autor é o beneficiário do seguro, e, portanto, responsável legal pelo veículo, sendo irrelevante que o bem segurado esteja alienado fiduciariamente. Não comprovada a culpa ou o dolo na ocorrência do sinistro, nem verificada a agravação do risco pelo segurado, incabível a exclusão da responsabilidade contratual da seguradora quanto aos danos sofridos pelo veículo. Os princípios da transparência e da boa-fé objetiva prevalecem nas relações contratuais, mormente quando a relação jurídica estabelecida é tipicamente de consumo" (TACMG, Apel. Cív. 0439859-6/2003, Comarca: Belo Horizonte/Siscon, 6.ª Câm. Cível, Rel. Juíza Heloísa Combat, j. 16.09.2004, Dados Publ.: MG 09.11.2004 (Texto adaptado), Decisão: Unânime. Indexação: Indenização securitária – Corretora – Alienação fiduciária – Beneficiário da apólice – Princípio da transparência – Cláusula restritiva de direitos Observações: AC 288.347-8, TAMG, Rel. Juiz Geraldo Augusto, j. 07.10.1999; AC 392.626-5, TAMG, Rel. Juiz Valdez Leite Machado, j. 08.05.2003; AC 381.581-4, TAMG, Rel. Juiz Beatriz Pinheiro Cairos, j. 19.12.2002).

Outro comentário importante que deve ser feito quanto ao dispositivo por último transcrito refere-se às previsões dos seus parágrafos. Isso porque a lei menciona as expressões *resolver* e *resolução*, quando o certo seria falar em *resilir* e *resilição*, no caso, uma resilição unilateral, nos termos do art. 473 do CC, conforme entende parte respeitável da doutrina (por todos: TREPAT CASES, José Maria. *Código...*, 2003, p. 243). Isso porque se trata de um direito potestativo que tem o segurador no caso de agravamento do risco. Contudo, se imaginar-se que o agravamento do risco é caso de descumprimento contratual, realmente a hipótese é de resolução. Lembro, ademais, que o credor tem o dever de evitar o agravamento das consequências do sinistro, *duty to mitigate the loss* (Enunciado n. 169 CJF/STJ). Concluindo, a questão parece ser controversa, apesar do meu entendimento de que se trata de hipótese de resilição.

Partindo-se para o estudo de outro preceito legal em vigor, salvo disposição em contrário, a diminuição do risco no curso do contrato não acarreta a redução do prêmio estipulado. Todavia, se a redução do risco for considerável, o segurado poderá exigir a revisão do prêmio, ou a resolução do contrato (art. 770 do CC).

Esse dispositivo mantém relação direta com os efeitos internos da função social dos contratos (Enunciado n. 360 CJF/STJ), possibilitando a revisão ou a resolução do contrato por simples onerosidade excessiva ao segurado. Na sua parte final, o comando legal parece dialogar com o art. 6.º, inc. V, do CDC, que adota a *teoria da base objetiva do negócio jurídico*, desenvolvida por Karl Larenz. Assim, não é exigido um fato imprevisível e/ou extraordinário para essa revisão ou resolução, como o fazem os arts. 317 e 478 do CC (revisão por imprevisibilidade somada à onerosidade excessiva, em decorrência de um fato superveniente).

A regra é a da não redução do valor do prêmio, ou *princípio da irredutibilidade do pretium periculi*, contribuição para o *princípio da indivisibilidade do prêmio* (ALVES, Jones Figueirêdo; DELGADO, Mário Luiz. *Código...*, 2005, p. 341). Mas, de acordo com o caso concreto, presente a situação de injustiça contratual, justifica-se a revisão do valor pago pelo segurado. A *redução do risco considerável*, a motivar a revisão ou resolução, constitui uma cláusula geral a ser preenchida pelo aplicador do direito caso a caso.

Sob pena de perder o direito à indenização, o segurado informará o sinistro ao segurador logo que souber, e tomará as providências imediatas para minorar-lhe as consequências. Essa é a regra do art. 771 do CC que, ao mesmo tempo que traz o dever de informar do segurado, consagra, mais uma vez, o dever de mitigação da perda por parte do credor (*duty to mitigate the loss*), relacionado com a boa-fé objetiva. O próprio dispositivo determina a consequência do desrespeito a esse dever, qual seja, a perda pelo segurado do direito à indenização devida, não importando se pagou o prêmio de forma integral.

Cumprindo o segurado com esse dever, correrão por conta do segurador, até o limite fixado no contrato, as despesas de salvamento consequentes ao sinistro (art. 771, parágrafo único, do CC). A título de exemplo, sendo gastos valores para apagar incêndio que atinge uma casa segurada, imediatamente avisado o sinistro pelo segurado, o segurador dever arcar com tais despesas. Tais valores, portanto, são implícitos ao contrato, integrando o risco do negócio.

Trazendo interessante análise da última norma, aresto do Superior Tribunal de Justiça afastou a incidência da penalidade nela prevista pelo fato de o segurado sofrer ameaças de criminoso que roubava o seu veículo, não tendo condições de atender ao conteúdo do preceito, comunicando o fato à seguradora. Nos termos do acórdão, "fatos relevantes impediram o segurado de promover a imediata comunicação de sinistro: temor real de represálias em razão de ameaças de morte feitas pelo criminoso quando da subtração do bem à mão armada no interior da residência da própria vítima. Assim, não poderia ser exigido comportamento diverso, que poderia lhe causar efeitos lesivos ou a outrem, o que afasta a aplicação da drástica pena de perda do direito à indenização, especialmente considerando a presença da boa-fé objetiva, princípio-chave que permeia todas as relações contratuais, incluídas as de natureza securitária" (STJ, REsp 1.546.178/SP, 3.ª Turma, Rel. Min. Ricardo Villas Bôas Cueva, j. 13.09.2016, *DJe* 19.09.2016). O julgamento também está fundado no art. 421 do Código Civil, que trata da função social do contrato.

Partindo-se para o estudo do dispositivo seguinte, ensina José Maria Trepat Cases que a *pontualidade* é um dos requisitos para o cumprimento perfeito do contrato de seguro: "o prazo para a seguradora indenizar o segurado em caso de sinistro será de 10 até 30 dias após a apresentação de toda a documentação necessária, variando o prazo em decorrência do objeto do contrato de seguro" (*Código...*, 2003, p. 249).

Havendo mora do segurador em pagar o sinistro, incidirá atualização monetária sobre a indenização devida, sem prejuízo dos juros moratórios (art. 772 do CC). Quanto aos juros moratórios legais, mais uma vez será aplicado o art. 406 do Código em vigor. Sem prejuízo disso, havendo mora, a seguradora passará a responder por caso fortuito e força maior, nos termos do art. 399 do CC. A mora do segurador também gera o dever de indenizar os danos sofridos, inclusive os danos morais (STJ, REsp 821.506/RJ, 3.ª Turma, Rel. Min. Carlos Alberto Menezes Direito, j. 07.12.2006, *DJ* 26.02.2007, p. 588).

A Lei n. 14.905/2024 retirou do dispositivo a locução "segundo índices oficiais regularmente estabelecidos", pois o índice de correção monetária passou a ser, regra geral, o IPCA. Nesse contexto de afirmação, vejamos o novo art. 389, parágrafo único, igualmente inserido por essa norma: "na hipótese de o índice de atualização monetária não ter sido convencionado ou não estar previsto em lei específica, será aplicada a variação do Índice Nacional de Preços ao Consumidor Amplo (IPCA), apurado e divulgado pela Fundação Instituto Brasileiro de Geografia e Estatística (IBGE), ou do índice que vier a substituí-lo". Quanto aos juros, pela mesma norma emergente, o art. 406, § 1.º, do CC passou a enunciar que "a taxa legal corresponderá à taxa referencial do Sistema Especial de Liquidação e de Custódia (Selic), deduzido o índice de atualização monetária de que trata o parágrafo único do art. 389 deste Código".

Além desse caso de má-fé do segurador, que não paga a indenização, prevê o art. 773 do Código Privado outra hipótese. Segundo esse dispositivo, o segurador que, ao tempo do contrato, sabia que estava superado o risco de que o segurado se pretendia cobrir, e, não obstante, expediu a apólice, pagará em dobro o prêmio estipulado.

Ora, cessado o risco, não pode mais ser cobrado o prêmio, pois a álea é elemento essencial do contrato em questão. O segurador que emite a apólice age com intuito de enriquecimento sem causa, o que justifica o pagamento do valor do prêmio em dobro. Como consequência, o contrato de seguro deve ser tido como nulo, nos termos do art. 166, VI, do CC, havendo fraude à lei imperativa, também por lesão à função social do contrato.

A título de exemplo, se está segurada uma determinada mercadoria, não sendo o caso do seu transporte para qualquer lugar e se uma seguradora emite a apólice contra a proprietária da coisa, estará configurado o ato proibido. Cite-se, ainda, a emissão de apólice de seguro de vida quando o segurado já faleceu (TJSP, Apelação 0002873-60.2009.8.26.0356, Acórdão 5925610, 26.ª Câmara de Direito Privado, Mirandópolis, Rel. Des. Renato Sartorelli, j. 23.05.2012, *DJESP* 05.06.2012). As situações podem ser tipificadas também como prática abusiva, nos termos do art. 39, inc. III, do CDC, ou seja, envio de produto ou serviço sem solicitação.

Quanto à *cláusula de recondução tácita do contrato pelo mesmo prazo*, ou seja, a previsão de seu prolongamento nas mesmas condições antes contratadas, essa não poderá operar mais de uma vez (art. 774 do CC). Relativamente a esse comando legal, novidade trazida pela atual codificação, frente à anterior, comentam Jones Figueirêdo Alves e Mário Luiz Delgado: "trata-se de inovação de severo impacto nas relações securitárias, não mais se admitindo as renovações sucessivas e automáticas, em face de cláusula que assim disponha, salvante uma única renovação. Tal previsão está perfeitamente adequada ao previsto no Código de Defesa do Consumidor, que proíbe prática semelhante no seu artigo 39" (*Código...*, 2005, p. 342).

Mesmo sendo referenciado o art. 39 do CDC pelos autores transcritos, acredita-se que a inserção de cláusula de renovações sucessivas caracteriza a avença como abusiva, nos termos do art. 51, inc. IV, da mesma Lei 8.078/1990. Isso porque a referida cláusula contraria a boa-fé objetiva, colocando o segurado-consumidor em posição de desvantagem.

Aplicando-se o princípio da conservação contratual ao contrato de consumo (art. 51, § 2.º, do CDC), deve-se considerar somente a cláusula como nula, aproveitando-se todo o restante do contrato. Detalhando, a nulidade deve atingir somente a renovação sucessiva, não a primeira renovação, cuja licitude é reconhecida pelo art. 774 do CC. Procura-se preservar ao máximo a autonomia privada, diante da função social do contrato (Enunciado n. 22 CJF/STJ).

Outra inovação da codificação material de 2002 consta do art. 775 do CC, segundo o qual: "os agentes autorizados do segurador presumem-se seus representantes para todos os atos relativos aos contratos que agenciarem". Pelo comando legal em questão, a conduta dos representantes, caso dos corretores, vincula o segurador, incidindo os princípios da boa-fé objetiva e da função social dos contratos.

Em havendo danos a terceiros causados por corretores, a responsabilidade da seguradora por ato do seu representante ou preposto é objetiva, desde que comprovada a culpa destes (arts. 932, inc. III, e 933 do CC). Em complemento, a responsabilidade de todos os envolvidos é solidária (art. 942, parágrafo único, do CC), assegurado o direito de regresso da seguradora contra o culpado (art. 934 do CC). Para a responsabilidade objetiva e solidária, pode também ser invocado o CDC (arts. 7.º, parágrafo único, e 14).

A título de exemplo, vale relembrar um caso citado nesta obra, de publicidade veiculada pela qual determinada empresa de seguro-saúde divulga que não há prazo de carência para internação ou que o serviço prestado traz *carência zero*. Essa informação prestada vincula o prestador de serviços, conforme vem entendendo a jurisprudência (TJSP, Apel. Cív. 104.633-4/SP, 3.ª Câm. de Direito Privado de julho 2000, Rel. Juiz Carlos Stroppa, j. 1.º.08.2000, v.u.). Para fins de oferta em geral, inclusive aquela realizada por corretor de seguros e havendo relação de consumo, pode ser citado o art. 30 da Lei 8.078/1990, pelo qual o meio de oferta vincula o conteúdo do negócio jurídico celebrado.

Concernente ao pagamento da indenização, este deverá ser feito em dinheiro, mas as partes poderão convencionar a reposição da coisa, por força da autonomia contratual (art. 776 do CC). Exemplificando, é possível convencionar, em um seguro de dano, que o veículo será reposto, em um caso de acidente e perda total, por outro semelhante, de mesmo modelo, marca e ano. Entretanto, assinale-se que essa *cláusula de reposição* não pode trazer situação de injustiça ao aderente ou ao consumidor, devendo ser aplicadas as normas que protegem essas partes vulneráveis.

Ocorrendo o pagamento pela seguradora, é possível a sua ação regressiva em face do culpado pelo evento danoso. É o que prevê a Súmula 188 do STF: "o segurador tem ação regressiva contra o causador do dano, pelo que efetivamente causou, até o limite previsto no contrato de seguro". O caso é de *sub-rogação legal* quanto ao valor pago ao prejudicado, nos termos do art. 346, inc. III, e do art. 786 do Código Civil.

Outra hipótese de sub-rogação consta do Enunciado n. 552 CJF/STJ, da *VI Jornada de Direito* Civil (2013), segundo o qual constituem danos reflexos reparáveis as despesas suportadas pela operadora de plano de saúde decorrentes de complicações de procedimentos por ela não cobertos. O direito de regresso é exercido pela seguradora em face dos prestadores de serviços médico-hospitalares.

Encerrando as regras gerais relacionadas com o contrato de seguro, prescreve o art. 777 do CC em vigor que: "O disposto no presente Capítulo aplica-se, no que couber, aos seguros regidos por leis próprias". José Maria Trepat Cases aponta exemplos de seguros regidos por leis especiais, a saber (*Código...*, 2003, p. 257):

a) Lei 9.656/1998 – planos de saúde e seguros privados de assistência à saúde.
b) Lei 6.367/1976 – seguro de acidente do trabalho a cargo do INSS.
c) Lei 4.518/1964 – seguro social dos economiários (funcionários da Caixa Econômica Federal).
d) Lei Complementar 207/2024 – dispõe sobre o Seguro Obrigatório para Proteção de Vítimas de Acidentes de Trânsito (SPVAT), revogando a anterior Lei 6.194/1974, que tratava das sociedades mútuas de seguros sobre a vida e seguro obrigatório de danos pessoais causados por veículos automotores de via terrestre (DPVAT), substituindo-se o último instituto.

Para todos esses casos, poderá ser aplicado o Código Civil e, havendo relação de consumo, também o Código de Defesa do Consumidor (*diálogo das fontes*).

Superada a análise das regras gerais previstas para o seguro na atual codificação, passaremos a estudar as duas modalidades especificadas pelo Código Civil em vigor: o *seguro de dano* e o *seguro de pessoas*.

16.3 DO SEGURO DE DANO

O Código Civil de 2002, a exemplo do seu antecessor, traz um tratamento específico para o seguro de dano, cujo conteúdo é indenizatório, restrita a indenização ao valor de interesse do segurado no momento do sinistro, geralmente relacionado com uma coisa (TREPAT CASES, José Maria. *Código...*, 2003, p. 258).

Nesse contrato de seguro de dano, a garantia prometida não pode ultrapassar o valor do interesse segurado no momento da conclusão do contrato, sob pena de perder o segurado a garantia e ter de pagar o prêmio (art. 778 do CC); sem prejuízo da imposição de medida penal cabível, por falsidade ideológica, por exemplo.

Quanto ao risco do seguro, este compreenderá todos os prejuízos resultantes ou consequentes como, por exemplo, os estragos ocasionados para evitar o sinistro, minorar o dano ou salvar a coisa (art. 779 do CC). Concorda-se com José Maria Trepat Cases quando o autor afirma que a norma é cogente, não admitindo previsão em contrário pelas partes (*Código...*, 2003, p. 260).

Desse modo, qualquer cláusula que contrarie o que consta do art. 779 do CC/2002 deve ser tida como nula, por entrar em colisão com preceito de ordem pública, o que constitui aplicação do princípio da função social dos contratos, em sua eficácia interna (nulidade de *cláusulas antissociais*).

Além disso, a respeito dos danos cobertos, o Superior Tribunal de Justiça editou em novembro de 2009 a Súmula 402, prevendo que "o contrato de seguro por danos pessoais compreende os danos morais, salvo cláusula expressa de exclusão". A ementa tem caráter prático indiscutível, diante das discussões que sempre estiveram presentes no Poder Judiciário, principalmente relacionadas ao seguro de veículos.

Havendo contrato de seguro de coisas transportadas, a vigência da garantia começa no momento em que estas são recebidas pelo transportador, e cessa com a sua entrega ao destinatário (art. 780 do CC). A hipótese é de contratos coligados ou de contratos conexos (seguro + transporte), fazendo com que a obrigação da seguradora seja de resultado, assim como ocorre no transporte de coisa (art. 750 do CC).

Relativamente à indenização a ser recebida pelo segurado, prevê o art. 781 do CC que essa não pode ultrapassar o valor do interesse segurado no momento do sinistro, e, em hipótese alguma, o limite máximo da garantia fixado na apólice, salvo em caso de mora do segurador. A título de exemplo, alguém celebra um contrato de seguro para proteger um veículo contra roubo, furto e avaria. Quando da celebração do contrato, o veículo, novo, valia R$ 150.000,00. Dois anos após a celebração do contrato, quando o veículo vale R$ 80.000,00, é roubado (sinistro). Esse último será o valor devido pela seguradora, devendo ser observado o valor de mercado. Para tanto, é aplicada, na prática, a *Tabela Fipe*, adotada pelas seguradoras. Sobre a correção monetária, a propósito, o Superior Tribunal de Justiça editou em 2019 a sua Súmula 632, prevendo que, nos contratos de seguro regidos pelo Código Civil, a correção monetária sobre a indenização securitária incide a partir da contratação até o efetivo pagamento.

Ressalte-se, contudo, a previsão final do art. 781 do CC/2002, pela qual a única hipótese em que se admite o pagamento de indenização superior ao valor que consta da apólice é no caso de mora da seguradora.

Ainda sobre o tema, consoante correto julgado publicado no *Informativo* n. *583* do STJ, "é abusiva a cláusula de contrato de seguro de automóvel que, na ocorrência de perda total do veículo, estabelece a data do efetivo pagamento (liquidação do sinistro) como parâmetro do cálculo da indenização securitária a ser paga conforme o valor médio de mercado do bem, em vez da data do sinistro". Vejamos a publicação que merece destaque:

> "Nos termos do art. 781 do CC, a indenização no contrato de seguro possui alguns parâmetros e limites, não podendo ultrapassar o valor do bem (ou interesse segurado) no momento do sinistro nem podendo exceder o limite máximo da garantia fixado na apólice, salvo mora do segurador. Nesse contexto, a Quarta Turma do STJ já decidiu pela legalidade da 'cláusula dos contratos de seguro que preveja que a seguradora de veículos, nos casos de perda total ou de furto do bem, indenize o segurado pelo valor de mercado na data do sinistro' (REsp 1.189.213/GO, *DJe* 27/6/2011). Nesse sentido, a Terceira Turma deste Tribunal (REsp 1.473.828/RJ, Terceira Turma, *DJe* 5/11/2015) também firmou o entendimento de que o princípio indenizatório deve ser aplicado no contrato de seguro de dano, asseverando que a indenização deve corresponder ao valor do efetivo prejuízo experimentado pelo segurado no momento do sinistro, mesmo em caso de perda total dos bens garantidos. Assim, é abusiva a cláusula contratual do seguro de automóvel que impõe o cálculo da indenização securitária com base no valor médio de mercado do bem vigente na data de liquidação do sinistro, pois onera desproporcionalmente o segurado, colocando-o em situação de desvantagem exagerada, indo de encontro ao princípio indenitário, visto que, como cediço, os veículos automotores sofrem, com o passar do tempo, depreciação econômica, e quanto maior o lapso entre o sinistro e o dia do efetivo pagamento, menor será a recomposição do patrimônio garantido. Trata-se, pois, de disposição unilateral e benéfica somente à seguradora, a qual poderá também atrasar o dia do pagamento, ante os trâmites internos e burocráticos de apuração do sinistro" (STJ, REsp 1.546.163/GO, Rel. Min. Ricardo Villas Bôas Cueva, j. 05.05.2016, *DJe* 16.05.2016).

CAP. 16 • CONTRATOS EM ESPÉCIE – DO CONTRATO DE SEGURO | **757**

Como outra questão importante, anote-se que o art. 781 do Código Civil deve ser interpretado em conformidade com o art. 778 que, como visto, prevê que nos seguros de dano a garantia prometida não pode ultrapassar o valor do interesse segurado no momento da conclusão do contrato. Nesse contexto, julgou-se no âmbito da Terceira Turma do STJ que:

> "Conjugando essas duas regras, tem-se que o valor atribuído ao bem segurado no momento da contratação é apenas um primeiro limite para a indenização securitária, uma vez que, de ordinário, corresponde ao valor da apólice. Como segundo limite se apresenta o valor do bem segurado no momento do sinistro, pois é esse valor que representa, de fato, o prejuízo sofrido em caso de destruição do bem. Assim, nas hipóteses de perda total do bem segurado, o valor da indenização só corresponderá ao montante integral da apólice se o valor segurado, no momento do sinistro, não for menor" (STJ, REsp 1.943.335/RS, 3.ª Turma, Rel. Min. Moura Ribeiro, j. 14.12.2021, *DJe* 17.12.2021).

Ao final, no caso concreto, o sinistro se deu poucos dias após a contratação do seguro, concluindo os julgadores não haver motivo para se cogitar a desvalorização do bem. Também foi pontuado que a seguradora vistoriou o imóvel e o estoque, concordando com as estimativas econômicas dos bens que aceitou segurar, sendo razoável admitir que o valor do bem segurado coincidia com o da apólice, no momento do sinistro (REsp 1.943.335/RS). Acrescento que, em 2022, a mesma afirmação se repetiu na Quarta Turma da Corte, a demonstrar ser pacífico esse entendimento de conciliação dos arts. 778 e 781 do CC/2002 na Segunda Seção do STJ (STJ, REsp 1.955.422/PR, 4.ª Turma, Rel. Min. Antonio Carlos Ferreira, j. 14.06.2022, *DJe* 1.º.08.2022).

Feitas essas anotações, e seguindo na análise dos demais dispositivos do Código Civil, sabe-se que uma determinada coisa pode ser segurada mais de uma vez. Não há óbice legal quanto a isso, sendo possível a cumulação de seguros ou *seguro duplo*. Entretanto, em casos tais, o segurado que pretender obter novo seguro sobre o mesmo interesse e contra o mesmo risco junto à outra seguradora, deve previamente comunicar sua intenção por escrito à primeira, indicando a soma por que pretende segurar-se (art. 782 do CC).

Isso para comprovar obediência à regra pela qual o valor do seguro não pode ser superior ao do interesse do segurado, sob pena de resolução contratual por descumprimento de dever obrigacional (arts. 778 e 766 do CC). O que a norma jurídica pretende é evitar que alguém utilize o contrato de seguro para enriquecer-se sem ter justa causa para tanto, o que é proibido pelo art. 884 do CC. O contrato de seguro não pode ser objeto de golpes ou *negócios da China*. É justamente isso que o art. 782 do CC tenta evitar.

Ilustrando, se alguém tem um veículo que vale R$ 150.000,00 e quer segurá-lo contra riscos futuros, poderá até celebrar dois contratos de seguro, com seguradoras distintas (cumulação de seguros), desde que o valor das indenizações somadas não supere o valor do bem móvel em questão. Havendo cumulação exagerada, será caso de resolução do segundo contrato, cumulando-se as regras dos arts. 778 e 766 do CC. Somente o primeiro seguro continuará a ter eficácia nesse caso.

Ao mesmo tempo que a lei admite a cumulação de seguros, nunca superior ao valor da coisa, o art. 783 do CC autoriza o *seguro parcial*, ou seja, o seguro de um interesse por menos do que ele valha. Nessa hipótese, ocorrendo o sinistro parcial, a indenização a ser paga também deverá ser reduzida proporcionalmente, por meio do que se denomina *cláusula de rateio*.

Vejamos um exemplo prático, a fim de elucidar essa previsão legal: alguém celebra um contrato de seguro contra incêndio que possa vir a atingir uma casa, um bem imóvel cujo valor é R$ 1.000.000,00. O valor da indenização pactuado é de R$ 500.000,00 (*seguro parcial*). Em uma noite qualquer, ocorre um incêndio, o sinistro, mas este é rapidamente contido, gerando um prejuízo ao segurado de R$ 10.000,00. Com a redução proporcional, o valor a ser pago pela seguradora é de R$ 5.000,00. A norma visa a manter o *sinalagma obrigacional*, a base objetiva que forma o negócio jurídico em questão.

Entretanto, o próprio art. 783 do CC preconiza, ao utilizar a expressão "*salvo estipulação em contrário*", que as partes podem convencionar o contrário. Essa estipulação pode ser feita tanto para determinar uma redução que lhes convier quanto para afastar a mesma. É de se discutir a validade dessas cláusulas se o contrato for de consumo ou de adesão, eis que a parte interessada acaba renunciando a um direito que lhe é inerente. Por isso essas cláusulas podem ser consideradas nulas por abusividade, nos termos do art. 51 do CDC (contratos de consumo) e do art. 424 do CC (contratos de adesão).

Quanto à garantia, esta não inclui o sinistro provocado por vício intrínseco da coisa segurada e não declarado pelo segurado quando da celebração do contrato. O *vício intrínseco*, também denominado *vício próprio* ou *vício corpóreo*, é aquele defeito próprio da coisa, que não se encontra normalmente em outras da mesma espécie (art. 784 do CC). Entendeu o Superior Tribunal de Justiça que o vício próprio da coisa constitui excludente do dever de pagar a indenização ao segurado (STJ, REsp 28.118/SP, 3.ª Turma, Rel. Min. Nilson Naves, j. 30.03.1993, v.u.).

A título de ilustração, se um carro segurado apresenta sério problema de freio, vício de fabricação, fazendo com que ocorra o acidente, não há que se falar em responsabilidade da seguradora. A responsabilidade, na verdade, é dos fornecedores (fabricante e comerciante) quanto ao fato e ao vício do produto (arts. 12, 13, 18 e 19 do CDC).

Em regra, o contrato de seguro de dano não é personalíssimo, admitindo-se a transferência do contrato a terceiro com a alienação ou cessão do interesse segurado (art. 785). O segurado pode, assim, ceder o contrato a outrem, sem sequer a necessidade de autorização da seguradora. Porém, é possível a cláusula proibitiva de cessão. Como exemplo dessa transmissão, cite-se o caso de venda de um veículo segurado, transferindo-se o seguro ao novo proprietário (TJMG, Acórdão 1.0145.05.278338-1/001, 12.ª Câmara Cível, Juiz de Fora, Rel. Des. Nilo Lacerda, j. 02.05.2007, *DJMG* 12.05.2007).

Sendo o instrumento contratual nominativo, a transferência só produz efeitos em relação ao segurador mediante aviso escrito assinado pelo cedente e pelo cessionário (art. 785, § 1.º, do CC). O efeito é similar à cessão de crédito, devendo ser notificado o cedido (segurador). A ilustrar, conforme aresto do Tribunal Gaúcho, "o art. 785, parágrafo primeiro do Código Civil é claro em condicionar a transferência do contrato de seguro a terceiro à comunicação ao segurador mediante aviso escrito, fato que não ocorreu. Inexiste, portanto, obrigação legal ou contratual de as rés responderem por eventuais prejuízos decorrentes do sinistro narrado na inicial. Sentença mantida" (TJRS, Apelação

Cível 70030281448, 5.ª Câmara Cível, Porto Alegre, Rel. Des. Romeu Marques Ribeiro Filho, j. 18.08.2010, *DJERS* 26.08.2010).

Por outro lado, como demonstrado, a apólice ou o bilhete à ordem só se transfere por *endosso em preto*, datado e assinado pelo endossante e pelo endossatário (art. 785, § 2.º, do CC). O *endosso em preto*, também denominado *endosso completo*, *pleno* ou *nominativo*, é justamente aquele em que o endossante menciona expressamente quem é o endossatário, o beneficiário da transferência do negócio (DINIZ, Maria Helena. *Dicionário...*, 2005, p. 383).

Conforme já previa em parte a outrora citada Súmula n. 188 do STF, sendo paga a indenização, o segurador sub-roga-se, nos limites do valor respectivo, nos direitos e ações que competirem ao segurado contra o autor do dano. Essa é a regra constante do art. 786 do CC em vigor, que traz a hipótese de *sub-rogação legal securitária*, tendo incorporado o teor da sumular, pelo menos em parte.

A sumular fundamenta-se em uma regra elementar de equidade, qual seja a de que aquele que repara dano causado por outrem tem o direito de cobrar daquele por quem pagou, o que se denomina como *direito de regresso* e está previsto no art. 934 do Código Civil.

De toda sorte, não se pode negar que o texto do art. 786 do Código Civil em vigor – ao tratar da *sub-rogação legal securitária* – foi além do teor do enunciado jurisprudencial, dispondo que o segurador sub-roga-se nos direitos e nas ações que competirem ao segurado contra o autor do dano. Como é notório, o instituto da sub-rogação abrange o chamado direito de regresso, mas é categoria jurídica de extensão muito maior. Ao dispor sobre a eficácia da sub-rogação, o art. 349 do Código Civil expressa que "a sub-rogação transfere ao novo credor todos os direitos, ações, privilégios e garantias do primitivo em relação à dívida, contra o devedor principal e os fiadores".

Nesse contexto, por efeito da sub-rogação, o sub-rogado – novo credor – assume a posição jurídica que era ocupada pelo credor primitivo e que, total ou parcialmente, foi satisfeito pelo pagamento da obrigação. A única ressalva que se pode fazer a tal preceito diz respeito às exceções ou defesas de cunho pessoal ou personalíssimo (*intuitu personae*), caso da alegação de vícios da vontade ou do consentimento.

Aprofundando, a exata compreensão desse instituto conduz à afirmação de que se trata de uma sub-rogação legal e pessoal, fenômeno próprio da relação jurídica obrigacional. Verifica-se que, quando o terceiro interessado paga a dívida pela qual era ou podia ser obrigado no todo ou em parte, as normas jurídicas determinadoras da sub-rogação – arts. 346, inc. III e 786 do Código Civil – incidem sobre a relação jurídica obrigacional antecedente e, como eficácia desta incidência, têm-se, a um só tempo, a satisfação do credor pelo *solvens* – aquele que paga –, e a assunção por ele da posição jurídica até então ocupada pelo credor ora satisfeito.

Dito de outra forma, aquele que pagou toma o lugar daquele que poderia exigir o pagamento na relação jurídica, inclusive quanto ao direito de alegar a aplicação do Código de Defesa do Consumidor em seu favor. Ao conferir ao terceiro que pagou dívida pela qual era ou poderia vir a ser obrigado, as mesmas posições jurídicas ativas até então tituladas pelo antigo credor, o sistema jurídico busca garantir ao sub-rogado o máximo de efetividade para o exercício de seu direito de regresso contra o devedor. A sub-rogação pessoal legal, portanto, tem por premissa o fato de alguém pagar dívida que deveria ser paga por outrem.

Nesse contexto, entendo que o art. 786 do Código Civil, ao tratar da *sub-rogação legal securitária*, reclama interpretação extensiva, na medida em que claramente disse menos do queria dizer. Isso porque o legislador redigiu o dispositivo em questão com olhos no *quod plerumque fit*, ou seja, no fato de que ordinariamente quem deve ressarcir o dano é o seu causador. No entanto, é claro que o direito de regresso, além de ser voltado contra o causador do dano, pode ser promovido também em face do responsável por sua reparação.

A título de ilustração, imagine-se que Carlos é proprietário de um veículo e contrata, com a seguradora X, seguro para se precaver contra danos próprios e de terceiros. José, motorista particular de Maria, colide com o veículo de Carlos. É evidente que a seguradora X, após indenizar Carlos, poderá regressar contra Maria que, nos termos do art. 932, inc. III, do Código Civil responde pelos danos causados por seus empregados. Ademais, há responsabilidade solidária entre ambos, Maria e José, nos termos do art. 942, parágrafo único, da mesma Norma Geral Privada.

Sigo, portanto, a solução de que a adequada interpretação do art. 786 do Código Civil de 2002 é a que confere ao segurador sub-rogado o direito ou a pretensão de cobrar em regresso de todo aquele de quem o segurado poderia ter cobrado a indenização. E essa sub-rogação, no meu entender, inclui os acessórios materiais e processuais da obrigação principal.

Ressalte-se que essa regra da sub-rogação não se aplica ao seguro de pessoas por força do disposto no art. 800 do CC, que diz: "nos seguros de pessoas, o segurador não pode sub-rogar-se nos direitos e ações do segurado, ou do beneficiário, contra o causador do sinistro". Em relação ao seguro de coisas, merece destaque o disposto no art. 786, § 1.º, do CC, segundo o qual: "salvo dolo, a sub-rogação não tem lugar se o dano foi causado pelo cônjuge do segurado, seus descendentes ou ascendentes, consanguíneos ou afins".

Duas outras súmulas do STF também tratam da sub-rogação mencionada pelo art. 786 do CC. De acordo com a Súmula 151, prescreve em um ano a ação do segurador sub-rogado para haver a indenização por extravio ou perda de carga transportada em navio. A Súmula 257, por sua vez, estabelece que são cabíveis honorários de advogado na ação regressiva do segurador contra o causador do dano. Estas súmulas ainda são aplicadas pelos demais Tribunais, não tendo sido afastadas pelo Código Civil de 2002.

Como exceção à regra prevista no art. 786 do CC, o seu § 1.º determina que a sub-rogação não terá lugar se o dano tiver sido causado pelo cônjuge do segurado, seus descendentes ou ascendentes, consanguíneos ou afins. Porém, a sub-rogação terá eficácia se o evento foi causado de forma dolosa por essas pessoas.

Ainda quanto à sub-rogação, a lei aponta ser ineficaz qualquer ato do segurado que diminua ou extinga, em prejuízo do segurador, esse direito de regresso (art. 786, § 2.º, do CC). A título de exemplo não terá eficácia qualquer contrato celebrado entre segurado e causador do dano afastando a mencionada sub-rogação legal.

Conforme se extrai de recente aresto superior, publicado no *Informativo* n. 591 do STJ, "dada a importância social do contrato de seguro, as normas insertas no art. 786, *caput* e § 2.º, do CC/2002, ao assegurarem a sub-rogação do segurador nos direitos que competirem ao segurado contra o autor do dano, independentemente da vontade daquele, revestem-se de caráter público, não havendo como um ato negocial do segurado excluir a prerrogativa outorgada por lei ao segurador" (REsp 1.533.886/DF, 3.ª Turma, Rel. Min. Nancy Andrighi, j. 15.09.2016, *DJe* 30.09.2016).

Seguindo no estudo do tema, merece destaque a tese de que a sub-rogação dá direito à seguradora de alegar a aplicação do CDC em seu favor, em havendo relação de consumo na relação jurídica que passa a compor. Assim entendendo, do mesmo STJ:

> "Incide o Código de Defesa do Consumidor na relação entre a seguradora – que se sub-rogou nos direitos da segurada –, e a sociedade empresária administradora de estacionamento, local do furto de veículo segurado. Precedentes do STJ. Revela-se indubitável o direito da seguradora de demandar o ressarcimento dos danos sofridos pelo segurado depois de realizada a cobertura do sinistro. Nesse caso, a seguradora sub-roga-se nos direitos anteriormente titularizados pelo segurado, nos exatos termos dos artigos 349 e 786 do Código Civil e da Súmula n. 188/STF. Precedentes do STJ: REsp 976.531/SP, Rel. Min. Nancy Andrighi, *DJe* de 08.03.2010; REsp 303.776/SP, Rel. Min. Aldir Passarinho Júnior, *DJe* de 25.06.2001; AgRg no REsp 1.169.418/RJ, Rel. Min. Ricardo Villas Bôas Cueva, *DJe* de 14.02.2014; AgRg no REsp 1.121.435/SP, Rel. Min. Sidnei Beneti, *DJe* de 29.03.2012; REsp 177.975/SP, Rel. Min. Carlos Alberto Menezes Direito, *DJ* de 13.12.1999; REsp 982.492/SP, Rel. Min. Luis Felipe Salomão, *DJe* de 17.10.2011. Partindo-se da orientação preconizada na Súmula n. 130/STJ, segundo a qual 'a empresa responde, perante o cliente, pela reparação de dano ou furto de veículo ocorridos em seu estacionamento', conclui-se, pela logicidade do sistema jurídico, que a seguradora, após realizar o adimplemento do prêmio securitário pode, pela sub-rogação legal e contratual, pleitear, junto à empresa que explora o estacionamento, o ressarcimento das despesas do seguro" (STJ, REsp 1.085.178/SP, 4.ª Turma, Rel. Min. Marco Buzzi, *DJe* 30.09.2015).

Espero que a essa solução seja estabilizada no âmbito da Corte Especial do Tribunal da Cidadania, onde pende o julgamento do tema. Isso se deu, em dezembro de 2023, no âmbito dos Recursos Especiais n. 2.092.311/SP, 2.092.308/SP, 2.092.313/SP e 2.092.310/SP com a seguinte delimitação para debate: "possibilidade de sub-rogação das prerrogativas processuais inerentes aos consumidores no contexto das relações de consumo e da consequente aplicação das normas processuais previstas no Código de Defesa do Consumidor". Aguardemos a posição a ser firmada na Corte, em sede de julgamento de recursos repetitivos, e com repercussão geral (Tema 1.282).

Como outro assunto de relevo, o Superior Tribunal de Justiça reafirmou, em 2022, que a sub-rogação legal securitária não atinge a cláusula de eleição de foro, pois a substituição somente se refere a aspectos materiais e não processuais, ao contrário do que afirmei: "o instituto da sub-rogação transmite apenas a titularidade do direito material, isto é, a qualidade de credor da dívida, de modo que a cláusula de eleição de foro firmada apenas pela autora do dano e o segurado (credor originário) não é oponível à seguradora sub-rogada" (STJ, REsp n. 1.962.113/RJ, 3.ª Turma, Rel. Min. Nancy Andrighi, j. 22.03.2022, *DJe* 25.03.2022).

Com o devido respeito, não estou filiado a tal forma de julgar, pois a sub-rogação deve ser considerada da forma mais ampla possível, abrangendo também aspectos materiais, caso da cláusula de eleição de foro e da cláusula compromissória de arbitragem.

Concordo, na verdade, com os julgados que têm entendido que a sub-rogação securitária deve incluir a cláusula compromissória, em especial se houver ciência prévia da seguradora, sobretudo em contratos paritários, caso dos seguintes, e havendo sua ciência prévia:

> "(...) A ciência prévia da seguradora a respeito de cláusula arbitral pactuada no contrato objeto de seguro garantia resulta na sua submissão à jurisdição arbitral, por integrar a unidade do risco objeto da própria apólice securitária, dado que elemento objetivo a ser considerado na avaliação de risco pela seguradora, nos termos do artigo 757 do Código Civil. [...]. Hipótese em que o Tribunal de origem, soberano na análise do conteúdo fático e contratual, entendeu tratar-se de contrato paritário, em razão do significativo porte econômico da contratante do transporte internacional e do elevado valor do bem transportado, concluindo pela efetiva anuência à cláusula compromissória expressa no contrato" (STJ, REsp 1.988.894/SP, 4.ª Turma, Rel. Min. Maria Isabel Gallotti, j. 09.05.2023, *DJe* 15.05.2023).

> "(...) O acórdão objeto do recurso especial concluiu ser da praxe de contratos de transporte internacional que conste a cláusula compromissória arbitral, fazendo parte, portanto, do risco calculado da seguradora, em casos deste jaez, sendo certo ainda que, na espécie, tinha a ora recorrente (seguradora) conhecimento de referida estipulação, o que legitima ser-lhe oponível aquela cláusula. (...). Ao assim decidir, coloca-se em consonância o Tribunal de Justiça com julgados das duas Turmas que compõem a Segunda Seção" (STJ, Ag. Int. no REsp 1.637.167/SP, 4.ª Turma, Rel. Min. Raul Araújo, j. 26.02.2024, *DJe* 29.02.2024).

Superado esse importante tema, o *seguro de responsabilidade civil* é uma importante modalidade de seguro de dano (art. 787 do CC). Por meio desse contrato, a seguradora compromete-se a cobrir os danos causados pelo segurado a terceiro, nos termos dos arts. 186 e 187 do Código Civil. Consigne-se que, conforme o art. 927, *caput*, do CC, a responsabilidade civil está amparada tanto no ato ilícito quanto no abuso de direito, sendo comum, quando se debate o seguro de responsabilidade civil, falar em *socialização dos riscos*. Nesse campo, pode ser citado o seguro contra danos ambientais, cuja existência prática vem sendo reivindicada por aqueles que atuam nessa área específica.

Algumas regras devem ser observadas para o contrato em questão (seguro de responsabilidade civil). De início, diante do dever de informar decorrente da boa-fé objetiva, tão logo saiba o segurado das consequências de ato seu, suscetível de lhe acarretar a responsabilidade incluída na garantia, comunicará o fato ao segurador (art. 787, § 1.º, do CC). O desrespeito a esse dever é motivo para o não pagamento da indenização, por descumprimento contratual.

Além disso, o Código Civil expressa que é proibido ao segurado reconhecer sua responsabilidade ou confessar a ação, bem como transigir com o terceiro prejudicado, ou indenizá-lo diretamente, sem a anuência expressa do segurador (art. 787, § 2.º, do CC). Realmente, o último dispositivo tem redação complicada no que tange à prática contratual.

Primeiro, porque afasta a possibilidade de o segurado reconhecer a existência de culpa, o que é um direito personalíssimo, inafastável e intransmissível, nos termos do art.

11 do CC e do art. 1.º, III, da CF/1988. Parece que foi mais um descuido do legislador, ao prever que esse reconhecimento depende da seguradora.

Outro problema refere-se ao poder de transigir, o que é um direito inerente ao segurado. Sendo o contrato de adesão ou de consumo, há como afastar essa regra, pois a parte contratual está renunciando a um direito que lhe é inerente, havendo infringência ao princípio da função social dos contratos em casos tais (art. 421 do CC), princípio este fundamentado na função social da propriedade (art. 5.º, incs. XXII e XXIII, da CF/1988).

A mesma tese vale para a indenização direta, paga pelo segurado ao ofendido. Trata-se, do mesmo modo, de um direito pessoal do segurado e que não pode ser afastado. Aliás, como fica o direito da outra parte, prejudicada pelo evento danoso e que tem o direito à indenização, diante do *princípio da reparação integral de danos*? A seguradora pode obstar o pagamento da vítima, incluindo os casos de danos morais, por lesão a direito da personalidade? Entendo que ambas as respostas devem ser negativas.

Em suma, na minha opinião doutrinária, o § 2.º do art. 787 do CC entra em conflito com outros preceitos do próprio Código Civil, alguns com fundamento constitucional, a afastar a sua aplicação. Justamente para diminuir o seu campo de aplicação, foi aprovado, na *IV Jornada de Direito Civil* do Conselho da Justiça Federal e do Superior Tribunal de Justiça, o Enunciado n. 373, segundo o qual: "embora sejam defesos pelo § 2.º do art. 787 do Código Civil, o reconhecimento da responsabilidade, a confissão da ação ou a transação não retiram ao segurado o direito à garantia, sendo apenas ineficazes perante a seguradora".

O autor do enunciado é o desembargador do Tribunal de Justiça do Paraná Munir Karam. Nas conclusões de suas justificativas aponta o magistrado:

> "Por esta razão é que o novo Código Civil, para prevenir fraudes, veda que o segurado (a) reconheça a sua responsabilidade, (b) confesse a ação ou (c) transija com o terceiro prejudicado (art. 787, § 2.º). Trata-se de norma inovadora e já bastante polêmica. Vamos raciocinar: Responsável direto perante a vítima é o segurado. Deverá ele faltar aos deveres de boa-fé não reconhecendo sua responsabilidade ou confessando a ação? Como impedi-lo de transacionar com a vítima? E se tal ocorrer, qual a consequência? Entendo que, em quaisquer destas hipóteses, o segurado não perde a garantia. Apenas que este reconhecimento, esta confissão ou esta transação não produzirão quaisquer efeitos em relação ao segurador".

Estou filiado integralmente ao teor do enunciado aprovado, restringindo a aplicação de mais um dispositivo com redação de relevância social duvidosa. No mesmo caminho, da *VI Jornada de Direito Civil*, o Enunciado n. 546 estabelece que "o § 2.º do art. 787 do Código Civil deve ser interpretado em consonância com o art. 422 do mesmo diploma legal, não obstando o direito à indenização e ao reembolso". Confirmando as incidências dos enunciados doutrinários citados, o Superior Tribunal de Justiça decidiu, em 2014, o seguinte:

> "No seguro de responsabilidade civil de veículo, não perde o direito à indenização o segurado que, de boa-fé e com probidade, realize, sem anuência da seguradora, transação judicial com a vítima do acidente de trânsito (terceiro prejudicado), desde que não haja prejuízo efetivo à seguradora. De fato, o § 2.º do art. 787 do CC disciplina que o segurado,

no seguro de responsabilidade civil, não pode, em princípio, reconhecer sua responsabilidade, transigir ou confessar, judicial ou extrajudicialmente, sua culpa em favor do lesado, a menos que haja prévio e expresso consentimento do ente segurador, pois, caso contrário, perderá o direito à garantia securitária, ficando pessoalmente obrigado perante o terceiro, sem direito do reembolso do que despender. Entretanto, como as normas jurídicas não são estanques e sofrem influências mútuas, embora sejam defesos, o reconhecimento da responsabilidade, a confissão da ação ou a transação não retiram do segurado, que estiver de boa-fé e tiver agido com probidade, o direito à indenização e ao reembolso, sendo os atos apenas ineficazes perante a seguradora (Enunciados n. 373 e 546 das *Jornadas de Direito Civil*). A vedação do reconhecimento da responsabilidade pelo segurado perante terceiro deve ser interpretada segundo a cláusula geral da boa-fé objetiva prevista no art. 422 do CC, de modo que a proibição que lhe foi imposta seja para posturas de má-fé, ou seja, que lesionem interesse da seguradora. Assim, se não há demonstração de que a transação feita pelo segurado e pela vítima do acidente de trânsito foi abusiva, infundada ou desnecessária, mas, ao contrário, for evidente que o sinistro de fato aconteceu e o acordo realizado foi em termos favoráveis tanto ao segurado quanto à seguradora, não há razão para erigir a regra do art. 787, § 2.º, do CC em direito absoluto a afastar o ressarcimento do segurado" (STJ, REsp 1.133.459/RS, 3.ª Turma, Rel. Min. Ricardo Villas Bôas Cueva, j. 21.08.2014).

Em complemento, as minhas ressalvas sobre o comando foram consideradas por julgado de 2021 da própria Terceira Turma do Superior Tribunal de Justiça. Consoante o acórdão, que cita o meu entendimento:

"Apesar do caráter protetor da norma, a sua inobservância, por si só, não implicará perda automática da garantia/reembolso para o segurado, porque além de o dispositivo legal em questão não prever, expressamente, a consequência jurídica ao segurado pelo descumprimento do que foi estabelecido, os contratos de seguro devem ser interpretados com base nos princípios da função social do contrato e da boa-fé objetiva. A vedação imposta ao segurado não será causa de perda automática do direito à garantia/reembolso para aquele que tiver agido com probidade e de boa-fé, sem causar prejuízo à seguradora, sendo os atos que tiver praticado apenas ineficazes perante esta, a qual, na hipótese de ser demandada, poderá discutir e alegar todas as matérias de defesa no sentido de excluir ou diminuir sua responsabilidade. Hipótese dos autos em que a segurada faz *jus* à restituição dos valores desembolsados para o pagamento de acordo celebrado com terceiro, em sede de cumprimento definitivo de sentença condenatória, mesmo sem a anuência da seguradora, por ausência de indícios de que tenha agido com má-fé ou de que o ato tenha causado prejuízo aos interesses da seguradora" (STJ, REsp 1.604.048/RS, 3.ª Turma, Rel. Min. Nancy Andrighi, j. 25.05.2021, *DJe* 09.06.2021).

Trata-se de um correto e esperado precedente a respeito do art. 787, § 2.º, do Código Civil, que o aplicou de forma totalmente adequada, na linha da doutrina majoritária.

Ainda no caso de seguro de responsabilidade civil, intentada a ação contra o segurado, dará este ciência da lide ao segurador (art. 787, § 3.º, do CC). Esta ciência é feita por meio da denunciação da lide, nos termos do art. 70, inc. III, do CPC/1973, conforme vinha entendendo o Superior Tribunal de Justiça (STJ, REsp 713.115/MG, 3.ª Turma, Rel. Min. Castro Filho, j. 21.11.2006, *DJ* 04.12.2006, p. 300). O fundamento para tal denunciação passa a ser o art. 125, inc. II, do CPC/2015, sem qualquer alteração quanto à sua viabilidade.

CAP. 16 • CONTRATOS EM ESPÉCIE – DO CONTRATO DE SEGURO | 765

Todavia, essa denunciação da lide era tida como não obrigatória, sendo reconhecido anteriormente o direito de regresso contra a seguradora, por parte do segurado, por meio de ação específica (STJ, REsp 647.186/MG, 3.ª Turma, Rel. Min. Carlos Alberto Menezes Direito, j. 01.09.2005, *DJ* 14.11.2005, p. 313). Essa premissa deve ser mantida nos julgamentos exarados na vigência do CPC/2015, especialmente pelo fato de o novo art. 125 não fazer mais menção à sua obrigatoriedade.

Ademais, pontue-se que, em 2015, o Superior Tribunal de Justiça editou a Súmula n. 537, prevendo que em ação de reparação de danos, a seguradora denunciada, se aceitar a denunciação ou contestar o pedido do autor, pode ser condenada, direta e solidariamente junto com o segurado, ao pagamento da indenização devida à vítima, nos limites contratados na apólice. De toda sorte, cabe relembrar que o mesmo Tribunal da Cidadania afastou a possibilidade de ação proposta somente pela vítima diretamente contra a seguradora do culpado, conforme a sua também Súmula n. 529 ("no seguro de responsabilidade civil facultativo, não cabe o ajuizamento de ação pelo terceiro prejudicado direta e exclusivamente em face da seguradora do apontado causador do dano").

Por fim quanto ao dispositivo em estudo, subsistirá a responsabilidade do segurado perante o terceiro, se o segurador for insolvente (art. 787, § 4.º, do CC). Com isso, os riscos quanto ao negócio, particularmente quanto à celebração do contrato de seguro, correm por conta do segurado. O que se procura aqui é reparar o dano sofrido pela vítima, não importando a insolvência da seguradora.

Existem seguros de responsabilidade civil que são obrigatórios, caso, por exemplo, do antigo DPVAT (seguro obrigatório de danos pessoais causados por veículos automotores de via terrestre), hoje SPVAT (Seguro Obrigatório para Proteção de Vítimas de Acidentes de Trânsito). Nesses seguros de responsabilidade legalmente obrigatórios, a indenização por sinistro será paga pelo segurador diretamente ao terceiro prejudicado (art. 788 do CC). Prevê a Súmula 257 do STJ que a falta de pagamento do prêmio desse seguro obrigatório não é motivo para a recusa do pagamento da indenização por segurador privado. Por certo, os fatos geradores são totalmente distintos. Assim, não há como concordar, de forma alguma, com outra súmula do STJ, a de número 246, pela qual o valor do seguro obrigatório deve ser deduzido da indenização judicialmente fixada. Em tom crítico, pode-se dizer que as duas súmulas são contraditórias entre si.

Demandado em ação direta pela vítima do dano, o segurador não poderá opor a exceção de contrato não cumprido pelo segurado, nos termos do art. 476 do CC, sem promover a citação deste para integrar o contraditório (art. 788, parágrafo único, do CC). Essa *citação* também é feita por meio da denunciação da lide (art. 125, inc. II, do CPC/2015 e art. 70, inc. III, do CPC/1973).

Tanto isso é verdade, que o antigo Projeto Ricardo Fiuza pretendia alterar o art. 788, parágrafo único, do CC, nos seguintes termos: "Demandado em ação direta pela vítima do dano, o segurador não poderá opor a exceção de contrato não cumprido pelo segurado, cabendo a denunciação da lide para o direito de regresso". A inovação é louvável, pois sepulta qualquer discussão processual que possa surgir quanto ao tema. Além disso, substitui-se a expressão *citação*, que não está de acordo com a melhor técnica.

Superada a análise do seguro de dano, segue-se ao estudo do seguro de pessoa.

16.4 DO SEGURO DE PESSOA

Esse contrato de seguro visa à pessoa humana, protegendo-a contra riscos de morte, comprometimentos da sua saúde, incapacidades em geral e acidentes que podem atingi-la. No Código Civil, o contrato de seguro de pessoa está tipificado entre os arts. 789 a 802, sem prejuízo da legislação específica.

Pelo primeiro dispositivo do Código, nos seguros de pessoas, o capital segurado é livremente estipulado pelo proponente, que pode contratar mais de um seguro sobre o mesmo interesse, com o mesmo ou diversos seguradores (art. 789). Por isso, é possível a celebração de vários seguros, sem qualquer limite quanto ao valor da indenização, até porque não há como mensurar o *preço* da vida de uma pessoa natural.

No seguro sobre a vida de outros, o proponente é obrigado a declarar, sob pena de falsidade, o seu interesse pela preservação da vida do segurado (art. 790 do CC). Entretanto, até prova em contrário, presume-se o interesse quando o segurado for cônjuge, ascendente ou descendente do proponente (parágrafo único do art. 790 do CC).

Quanto a esse dispositivo, prevê o Enunciado n. 186 CJF/STJ, aprovado na *III Jornada de Direito Civil* que "o companheiro dever ser considerado implicitamente incluído no rol das pessoas tratadas no art. 790, parágrafo único, por possuir interesse legítimo o seguro da pessoa do outro companheiro". O antigo Projeto Ricardo Fiuza também intentava alterar o dispositivo, justamente para incluir o companheiro, diante da proteção constitucional da união estável como entidade familiar (art. 226, § 3.º, da CF/1988).

Aplicando a norma, em 2024, correto julgado do Superior Tribunal de Justiça firmou a tese segundo a qual "o ato do indivíduo de contratar um seguro sobre a vida de outrem com a intenção de ceifar a vida do segurado impede o recebimento da indenização securitária por quaisquer dos beneficiários e gera nulidade do contrato" (STJ, REsp 2.106.786/PR, 3.ª Turma, Rel. Min. Nancy Andrighi, j. 02.04.2024, v.u.).

Sem dúvidas, a contratação do seguro nesses moldes contraria a boa-fé objetiva e visa ao enriquecimento ilícito do contratante, sendo certo que, nos termos do *decisum*, "além de buscar a garantia de interesse ilegítimo, age, de forma deliberada, com a intenção de prejudicar outrem. A ausência de interesse na preservação da vida do segurado acarreta a nulidade do contrato de seguro por violação ao disposto nos arts. 757, 762 e 790 do CC/02. Ante a gravidade do vício de nulidade que contamina o contrato de seguro celebrado com a intenção de garantir ato doloso e sem interesse legítimo do contratante, ele não pode produzir qualquer efeito jurídico. Logo, ainda que haja outros beneficiários do seguro além do autor do ato ilícito, eles não receberão a indenização securitária" (STJ, REsp 2.106.786/PR, 3.ª Turma, Rel. Min. Nancy Andrighi, j. 02.04.2024, v.u.).

O contrato de seguro de pessoa pode instituir um terceiro beneficiário, que receberá a indenização, por exemplo, em caso de morte do segurado. Nesse caso, se o segurado não renunciar à faculdade, ou se o seguro não tiver como causa declarada a garantia de alguma obrigação, é lícita a substituição do beneficiário por ato entre vivos ou de última vontade (art. 791 do CC). Porém, o segurador deve ser cientificado dessa substituição. Não havendo esta cientificação, o segurador desobrigar-se-á pagando o capital segurado ao antigo beneficiário, sendo o contrato de seguro extinto.

Na falta de indicação da pessoa ou beneficiário, ou se por qualquer motivo não prevalecer a indicação que for feita, o capital segurado será pago pela metade ao cônjuge

CAP. 16 · CONTRATOS EM ESPÉCIE – DO CONTRATO DE SEGURO | **767**

não separado judicialmente, e o restante aos herdeiros do segurado, obedecida a ordem da vocação hereditária (art. 792 do CC). Na ausência dessas pessoas indicadas, serão beneficiários os que provarem que a morte do segurado os privou dos meios necessários à subsistência, o que depende de análise caso a caso. Como a norma é especial para o contrato de seguro, deve ser respeitada, não se aplicando a ordem de sucessão legítima, retirada do art. 1.829 do Código Civil.

Em relação à menção ao separado judicialmente, deve ser lida com ressalvas, eis que se filia à corrente segundo a qual a Emenda do Divórcio (EC 66/2010) retirou do sistema a sua possibilidade, o que é reafirmado mesmo diante do fato de o CPC/2015 ter tratado do instituto e da existência de julgados que admitem a categoria. Aplicando tais premissas da jurisprudência paulista, reconhecendo direito a todos os herdeiros, por falta de menção do beneficiário no contrato:

> "Ação de cobrança. Seguro de vida. Os beneficiários de seguro eleitos pelo segurado são legitimados para receber a indenização. Na ausência de indicação dos beneficiários na apólice, todos os herdeiros devem receber a indenização. Incidência do art. 792 do CC. Impossibilidade de recebimento exclusivo pela autora da quantia segurada, com base em alegação da existência de contrato de seguro que não mais vigia quando do sinistro. Ação improcedente. Recurso da ré provido" (TJSP, Apelação 990.10.155056-3, Acórdão 4501564, 32.ª Câmara de Direito Privado, Sorocaba, Rel. Des. Ruy Coppola, j. 20.05.2010, *DJESP* 02.06.2010).

Ademais, mesmo não constando menção à companheira no art. 792 do CC/2002, deve ela ser considerada como legitimada a receber a indenização, equiparada ao cônjuge (nesse sentido: TJPR, Apelação Cível 1048734-6, 9.ª Câmara Cível, Curitiba, Rel. Des. Dartagnan Serpa As, *DJPR* 20.09.2013, p. 200; TJRS, Recurso Cível 34713-25.2011.8.21.9000, 2.ª Turma Recursal Cível, Santana do Livramento, Rel. Des. Vivian Cristina Angonese Spengler, j. 27.02.2013, *DJERS* 05.03.2013; TJSP, Apelação 0004904-09.2011.8.26.0348, Acórdão 6689971, 27.ª Câmara de Direito Privado, Mauá, Rel. Des. Berenice Marcondes César, j. 16.04.2013, *DJESP* 07.05.2013; TJMS, Apelação Cível 0009457-42.2011.8.12.0008, 1.ª Câmara Cível, Rel. Des. Divoncir Schreiner Maran, *DJMS* 14.09.2012; e TJMG, Apelação Cível 0868948-58.2008.8.13.0481, 2.ª Câmara Cível, Patrocínio, Rel. Des. Roney Oliveira, j. 25.10.2011, *DJEMG* 11.11.2011).

Em 2015, o Superior Tribunal de Justiça aplicou essa ideia em sentido parcial, determinando a divisão do valor segurado entre a esposa separada de fato e a companheira. Contudo, não me filio ao acórdão, pois no caso relatado, estando o segurado separado de fato, o valor deveria ser atribuído à sua companheira, com quem mantinha o relacionamento familiar. Vejamos a ementa do aresto:

> "Recurso especial. Civil. Seguro de vida. Morte do segurado. Ausência de indicação de beneficiário. Pagamento administrativo à companheira e aos herdeiros. Pretensão judicial da ex-esposa. Separação de fato. Configuração. Art. 792 do CC. Interpretação sistemática e teleológica. Divisão igualitária entre o cônjuge não separado judicialmente e o convivente estável. Multa do art. 557, § 2.º, do CPC. Afastamento. Exaurimento da instância ordinária. Necessidade. Intuito protelatório. Não configuração. REsp 1.198.108/RJ (Representativo de Controvérsia). 1. Cinge-se a controvérsia a saber quem deve receber, além dos herdeiros, a indenização securitária advinda de contrato de seguro de vida quando

o segurado estiver separado de fato na data do óbito e faltar, na apólice, a indicação de beneficiário: a companheira e/ou o cônjuge supérstite (não separado judicialmente). 2. O art. 792 do CC dispõe de forma lacunosa sobre o assunto, sendo a interpretação da norma mais consentânea com o ordenamento jurídico a sistemática e a teleológica (art. 5.º da LINDB), de modo que, no seguro de vida, na falta de indicação da pessoa ou beneficiário, o capital segurado deverá ser pago metade aos herdeiros do segurado, segundo a vocação hereditária, e a outra metade ao cônjuge não separado judicialmente e ao companheiro, desde que comprovada, nessa última hipótese, a união estável. 3. Exegese que privilegia a finalidade e a unidade do sistema, harmonizando os institutos do direito de família com o direito obrigacional, coadunando-se ao que já ocorre na previdência social e na do servidor público e militar para os casos de pensão por morte: rateio igualitário do benefício entre o ex-cônjuge e o companheiro, haja vista a presunção de dependência econômica e a ausência de ordem de preferência entre eles. 4. O segurado, ao contratar o seguro de vida, geralmente possui a intenção de amparar a própria família, os parentes ou as pessoas que lhe são mais afeitas, a fim de não deixá-los desprotegidos economicamente quando de seu óbito. 5. Revela-se incoerente com o sistema jurídico nacional o favorecimento do cônjuge separado de fato em detrimento do companheiro do segurado para fins de recebimento da indenização securitária na falta de indicação de beneficiário na apólice de seguro de vida, sobretudo considerando que a união estável é reconhecida constitucionalmente como entidade familiar. Ademais, o reconhecimento da qualidade de companheiro pressupõe a inexistência de cônjuge ou o término da sociedade conjugal (arts. 1.723 a 1.727 do CC). Realmente, a separação de fato se dá na hipótese de rompimento do laço de afetividade do casal, ou seja, ocorre quando esgotado o conteúdo material do casamento. 6. O intérprete não deve se apegar simplesmente à letra da lei, mas perseguir o espírito da norma a partir de outras, inserindo-a no sistema como um todo, extraindo, assim, o seu sentido mais harmônico e coerente com o ordenamento jurídico. Além disso, nunca se pode perder de vista a finalidade da lei, ou seja, a razão pela qual foi elaborada e o bem jurídico que visa proteger. 7. Recurso especial parcialmente provido" (STJ, REsp 1.401.538/RJ, 3.ª Turma, Rel. Min. Ricardo Villas Bôas Cueva, j. 04.08.2015, *DJe* 12.08.2015).

Dúvida que surge diz respeito ao fato de o segurado ter indicado como beneficiária sua amante ou concubina. Ocorrendo o sinistro, o valor deve ser destinado para aquela que consta do contrato ou seguir a ordem estabelecida no art. 792 do CC?

A questão é tormentosa. *A priori*, parece-me que deve prevalecer o que consta do contrato. Todavia, pode-se argumentar que a cláusula não pode prevalecer, por violar os bons costumes, sendo nula por ilicitude do objeto, combinando-se os arts. 187 e 166, inc. II, do CC. Adotando o último caminho, vejamos as seguintes ementas:

"Direito civil. Recursos especiais. Contratos, Família e sucessões. Contrato de seguro instituído em favor de companheira. Possibilidade. É vedada a designação de concubino como beneficiário de seguro de vida, com a finalidade assentada na necessária proteção do casamento, instituição a ser preservada e que deve ser alçada à condição de prevalência, quando em contraposição com institutos que se desviem da finalidade constitucional. A união estável também é reconhecida constitucionalmente como entidade familiar; o concubinato, paralelo ao casamento e à união estável, enfrenta obstáculos à geração de efeitos dele decorrentes, especialmente porque concebido sobre o leito do impedimento dos concubinos para o casamento. Se o Tribunal de origem confere à parte a qualidade de companheira do falecido, essa questão é fática e posta no acórdão é definitiva para o julgamento do Recurso Especial. Se o capital segurado for revertido para beneficiário licitamente designado no contrato de seguro de vida, sem desrespeito à vedação imposta no

CAP. 16 · CONTRATOS EM ESPÉCIE – DO CONTRATO DE SEGURO

art. 1.474 do CC/16, porque instituído em favor da companheira do falecido, o instrumento contratual não merece ter sua validade contestada. – Na tentativa de vestir na companheira a roupagem de concubina, fugiram as recorrentes da interpretação que confere o STJ à questão, máxime quando adstrito aos elementos fáticos assim como descritos pelo Tribunal de origem. Recursos especiais não conhecidos" (STJ, REsp 1.047.538/RS, 3.ª Turma, Rel. Min. Fátima Nancy Andrighi, j. 04.11.2008, *DJe* 10.12.2008).

"Seguro de vida em grupo e acidentes pessoais. Ação de cobrança. Recusa da seguradora em pagar indenização à esposa do segurado sob alegação de que a autora não era a beneficiária indicada na apólice. Ação julgada parcialmente procedente para o fim de a apelante pagar à autora a metade do valor da indenização securitária, cabendo a outra parte aos herdeiros, filhos do segurado. Apelação. Ilegitimidade ativa da viúva do segurado: Não ocorrência. Apólice que indica suposta companheira do segurado como beneficiária. Estipulação da concubina como beneficiária que afrontava o disposto nos artigos 1.474 c. c. 1.177 do Código Civil/1916. Prova testemunhal que corrobora a alegação da autora no sentido de que o segurado com ela vivia maritalmente até sua morte. Segurado casado à época, ausente comprovação de que havia se separado de fato. Ausente comprovação do alegado estado de companheiro da apelada M. M. Aplicação do disposto no artigo 792 do novo Código Civil. Sentença mantida. Recurso improvido" (TJSP, Apelação Cível 9165124-67.2009.8.26.0000, Acórdão 5967756, 32.ª Câmara de Direito Privado, Pirassununga, Rel. Des. Francisco Occhiuto Junior, j. 14.06.2012, *DJESP* 25.07.2013).

Porém, seguindo outro caminho, também por mim trilhado na interpretação do tema, aresto do Tribunal Pernambucano, relatado pelo Des. Jones Figueirêdo Alves:

"Apesar de a regra protetora da família impedir a concubina de ser instituída como beneficiária de seguro de vida, exige-se solução isonômica e razoável, que atenda à melhor aplicação do direito, quando a relação adulterina não estiver devidamente configurada e a relação entre as partes induza à conclusão da existência de uma união estável. O seguro de vida é negócio jurídico que prevê estipulação em favor de terceiro de acordo com a vontade do contratante, a qual não pode ser suprimida ou desconsiderada após a consumação da expressão volitiva. Assim como o autor não pode, a partir da citação, alterar o pedido ou a causa de pedir, ao réu, portanto, não é lícito deduzir novas alegações em apelo recursal. Apelo provido parcialmente. Decisão unânime" (TJPE, Apelação 0220441-1, 4.ª Câmara Cível, Recife, Rel. Des. Jones Figueirêdo Alves, j. 06.10.2011, *DJEPE* 19.10.2011).

Como se nota, a questão sempre foi tida como polêmica, desafiando os aplicadores do Direito em geral. Em 2022, o Superior Tribunal de Justiça reafirmou a linha dos julgados anteriores, afirmando expressamente que "o seguro de vida não pode ser instituído por pessoa casada em benefício de parceiro em relação concubinária". Consoante parte da ementa do aresto, que aplica decisão do Supremo Tribunal Federal a respeito da impossibilidade de se reconhecer relacionamentos familiares paralelos:

"Diante da orientação do STF, no mesmo precedente, no sentido de que 'subsistem em nosso ordenamento jurídico constitucional os ideais monogâmicos, para o reconhecimento do casamento e da união estável, sendo, inclusive, previsto como deveres aos cônjuges, com substrato no regime monogâmico, a exigência de fidelidade recíproca durante o pacto nupcial (art. 1.566, I, do Código Civil)', é inválida, à luz do disposto no art. 793 do Código Civil de 2002, a indicação de concubino como beneficiário de seguro de vida instituído por segurado casado e não separado de fato ou judicialmente na época do óbito.

Não podendo prevalecer a indicação da primeira beneficiária, deve o capital segurado ser pago ao segundo beneficiário, indicado pelo segurado para a hipótese de impossibilidade de pagamento ao primeiro, em relação ao qual, a despeito de filho da concubina, não incide a restrição do art. 793 do Código Civil" (STJ, REsp 1.391.954/RJ, 4.ª Turma, Rel. Min Maria Isabel Gallotti, j. 22.03.2022, *DJe* 27.04.2022).

Essa última posição parece ter-se estabilizado nos Tribunais Superiores Brasileiros, devendo ser seguida, para os devidos fins práticos.

Conforme se pode depreender dos acórdãos antes transcritos, também é válida a instituição do companheiro como beneficiário, se ao tempo do contrato o segurado era separado judicialmente, ou já se encontrava separado de fato (art. 793 do CC). O dispositivo, inovação do atual Código Civil, está em sintonia com a proteção constitucional da união estável, reconhecida como entidade familiar pela atual codificação (art. 1.723, § 1.º, do CC, e art. 226, § 3.º, da CF/1988). Mais uma vez, repise-se, a menção à separação judicial deve ser lida com ressalvas.

Nos casos de seguro de vida ou de acidentes pessoais para o caso de morte, o capital estipulado não está sujeito às dívidas do segurado, nem se considera como herança para todos os efeitos de direito (art. 794 do CC). Isso porque o valor deverá ser revertido ao beneficiário, não aos herdeiros ou ao espólio do segurado falecido. Vários são os acórdãos que aplicam tal preceito, afastando a inclusão do valor do seguro em inventário e afastando pedido de alvará judicial para tais fins (por todos: TJSP, Apelação 9298827-31.2008.8.26.0000, Acórdão 5779256, 28.ª Câmara de Direito Privado, Batatais, Rel. Des. Julio Vidal, j. 20.03.2012, *DJESP* 17.07.2012; TJRS, Apelação Cível 608380-07.2010.8.21.7000, 7.ª Câmara Cível, Jaguarão, Rel. Des. André Luiz Planella Villarinho, j. 08.06.2011, *DJERS* 20.06.2011; e TJRJ, Apelação Cível 2006.001.05468, 9.ª Câmara Cível, Rel. Des. Roberto de Abreu e Silva, j. 28.03.2006). Assim, o pedido do capital segurado deve ser feito diretamente à seguradora. Havendo divergência, pode ser necessária ação específica para o levantamento do valor, que corre na Vara Cível e não na Vara da Família e das Sucessões.

Em reforço, repita-se, a indenização não pode ser considerada como garantia de pagamento das dívidas do segurado, visando à satisfação de credores, pois a estipulação é personalíssima. Lembre-se, em reforço, que o art. 833, inc. VI, do CPC/2015, repetindo o art. 649, inc. VI, do CPC/1973, considera impenhorável o seguro de vida.

No contrato de seguro de pessoa é considerada nula, por abusividade, qualquer transação para pagamento reduzido do capital segurado (art. 795 do CC). A norma tem uma enorme carga ética, mantendo relação direta com a boa-fé objetiva e a função social dos contratos.

No tocante ao prêmio a ser pago pelo segurado no seguro de vida, este será convencionado por prazo limitado ou por toda a vida do segurado, prevalecendo a autonomia privada das partes do contrato (art. 796 do CC). Todavia, tal previsão não afasta a necessidade de observância dos princípios sociais contratuais, notadamente a boa-fé objetiva e a função social do contrato.

Concretizando tais premissas, reafirme-se a aprovação, na *VI Jornada de Direito Civil* de 2013, do Enunciado n. 542, segundo o qual a recusa de renovação das apólices

CAP. 16 · CONTRATOS EM ESPÉCIE – DO CONTRATO DE SEGURO | **771**

de seguro de vida pelas seguradoras em razão da idade do segurado é discriminatória e atenta contra a função social do contrato. O enunciado doutrinário segue a linha de vários julgados do Superior Tribunal de Justiça, podendo ser transcritos os seguintes:

> "Processo civil. Agravo regimental. Agravo em recurso especial. Civil. Seguro de vida. Violação do art. 535 do CPC. Não ocorrência. Não renovação. Fator de idade. Ofensa aos princípios da boa-fé objetiva, da cooperação, da confiança e da lealdade. Aumento. Equilíbrio contratual. Cientificação prévia do segurado. Dispositivos constitucionais. Impossibilidade de análise em recurso especial. (...). 2. Na hipótese em que o contrato de seguro de vida é renovado ano a ano, por longo período, não pode a seguradora modificar subitamente as condições da avença nem deixar de renová-la em razão do fator de idade, sem que ofenda os princípios da boa-fé objetiva, da cooperação, da confiança e da lealdade. 3. A alteração no contrato de seguro consistente na majoração das prestações para o equilíbrio contratual é viável desde que efetuada de maneira gradual e com a prévia cientificação do segurado. (...). 5. Agravo regimental desprovido" (STJ, AgRg no AREsp 125.753/SP, 3.ª Turma, Rel. Min. João Otávio de Noronha, j. 06.08.2013, *DJe* 22.08.2013).

> "Agravo regimental. Agravo em recurso especial. Violação do artigo 535 do Código de Processo Civil. Inexistência. Contrato de seguro de vida renovado ininterruptamente por vários anos. Rescisão unilateral. Descabimento. Ressalva da possibilidade de sua modificação pela seguradora, mediante a apresentação prévia de extenso cronograma, no qual os aumentos sejam apresentados de maneira suave e escalonada. Decisão agravada mantida. Improvimento. (...). 2. Consoante a jurisprudência da Segunda Seção, em contratos de seguro de vida, cujo vínculo vem se renovando ao longo de anos, não pode a seguradora modificar subitamente as condições da avença nem deixar de renová-la em razão do fator de idade, sem ofender os princípios da boa-fé objetiva, da cooperação, da confiança e da lealdade que devem orientar a interpretação dos contratos que regulam as relações de consumo. 3. Admitem-se aumentos suaves e graduais necessários para reequilíbrio da carteira, mediante um cronograma extenso, do qual o segurado tem de ser cientificado previamente. (STJ, REsp 1.073.595/MG, Rel. Min. Nancy Andrighi, *DJe* 29.04.2011). 4. Agravo regimental improvido" (STJ, AgRg no AREsp 257.905/MG, 3.ª Turma, Rel. Min. Sidnei Beneti, j. 26.02.2013, *DJe* 19.03.2013).

Ressalve-se que, apesar de alguns arestos utilizarem como argumento principal a boa-fé objetiva, penso tratar-se de clara aplicação da função social dos contratos em sua eficácia interna, na linha do que prega o louvável enunciado aprovado na *VI Jornada de Direito Civil*.

Ainda no que concerne ao art. 796 do CC/2002, interpretando esse dispositivo, José Maria Trepat Cases nos apresenta três modalidades básicas de seguro de pessoa, que admitem outras classificações (*Código...*, p. 301). Vejamos:

1) *Seguro em casos de morte* – Hipótese em que a indenização é paga ao beneficiário ou beneficiários, ocorrendo o falecimento do segurado, podendo ser subdividido em três formas:

a) *Seguro-pensão* – assegura aos dependentes do segurado uma renda vitalícia ou temporária.

b) *Seguro temporário de capital* – assegura aos dependentes o pagamento de um determinado capital se o segurado morrer em determinado lapso temporal.

c) *Seguro temporário de renda* – assegura aos dependentes o pagamento de uma renda temporária caso ocorra a morte ou sobrevivência do segurado dentro de um prazo estabelecido no contrato.

2) *Seguro de vida* – Aquele em que a duração de vida do segurado serve de parâmetro para o cálculo do prêmio devido ao segurador, para que este último se comprometa a pagar determinada quantia ou renda. Pode assumir as seguintes formas:

a) *Seguro vida inteira* – para os casos de morte, sendo paga a indenização ocorrendo a morte do segurado a qualquer tempo.

b) *Seguro vida temporária* – contrato com duração determinada, sendo duas as suas espécies. Haverá seguro temporário de capital nos casos em que a obrigação de pagamento de um capital somente se faz presente se a morte do segurado ocorrer dentro de um período acertado pelas partes. Por outro lado, no seguro temporário de renda, será paga uma renda temporária ao segurado, em vida, dentro de um prazo determinado no contrato.

3) *Seguro dotal* – Seguro individual, derivado de dote, que tinha a finalidade de prover um capital ou uma renda a um determinado beneficiário, diante de um ato ou expectativa (por exemplo, a maioridade de uma menor). Atualmente, segundo o doutrinador referenciado, "designa um seguro pagável ao beneficiário, o próprio segurado ou terceiro, só em caso de sobrevivência, é o dotal puro, ou por morte ou sobrevivência do segurado, que pode ser dotal misto e dotal de criança" (TREPAT CASES, José Maria. *Código...*, 2003, p. 303). Assim sendo, pode assumir três formas:

a) *Seguro dotal puro* – é o seguro de vida individual no qual o segurado paga prêmios por um período determinado, salvo o caso de prêmio único. Somente haverá o dever de pagar a indenização se o segurado sobreviver ao período pactuado.

b) *Seguro dotal misto* – é a combinação do sistema dotal puro com o temporário, havendo previsão de um prazo determinado. Falecendo ou sobrevivendo o segurado nesse prazo o segurador deverá pagar indenização ao beneficiário indicado, que no caso de sobrevivência, poderá ser o segurado.

c) *Seguro dotal de criança* – nesse contrato, consta uma criança como beneficiária, geralmente filha do segurado, que receberá a indenização, geralmente quando atingir 18 ou 21 anos de idade, independentemente da morte do segurado. Se essa criança falecer, deverão ser devolvidos os prêmios pagos.

Em qualquer uma das hipóteses apontadas, no seguro individual, o segurador não terá ação para cobrar o prêmio vencido, cuja falta de pagamento, nos prazos previstos, acarretará a resolução do contrato (art. 796, parágrafo único, do Código Civil). Com a extinção do contrato, deverá ser restituída a reserva já formada ou reduzido o capital garantido, proporcionalmente ao prêmio pago.

Interpretando-se a última norma, o Superior Tribunal de Justiça acabou por concluir, em acórdão prolatado em sua Segunda Seção no ano de 2018, que nos contratos de seguro de vida em grupo não há direito à renovação da apólice sem a concordância da seguradora ou à restituição dos prêmios pagos em contraprestação à cobertura do risco, no período delimitado no contrato. Em outras palavras, tal restituição somente se daria nos contratos de seguro individual.

Como consta do acórdão, que não conta com o meu apoio, por gerar enriquecimento sem causa da seguradora:

"À exceção dos contratos de seguro de vida individuais, contratados em caráter vitalício ou plurianual, nos quais há a formação de reserva matemática de benefícios a conceder, as demais modalidades são geridas sob o regime financeiro de repartição simples, de modo que os prêmios arrecadados do grupo de segurados ao longo do período de vigência do contrato destinam-se ao pagamento dos sinistros ocorridos naquele período. Dessa forma, não há que se falar em reserva matemática vinculada a cada participante e, portanto, em direito à renovação da apólice sem a concordância da seguradora, tampouco à restituição dos prêmios pagos em contraprestação à cobertura do risco no período delimitado no contrato. A cláusula de não renovação do seguro de vida, quando faculdade conferida a ambas as partes do contrato, mediante prévia notificação, independe de comprovação do desequilíbrio atuarial-financeiro, constituindo verdadeiro direito potestativo" (STJ, REsp 1.569.627/RS, 2.ª Seção, Rel. Min. Maria Isabel Gallotti, j. 22.02.2018, *DJe* 02.04.2018).

No seguro de vida para o caso de morte, é lícito estipular-se um prazo de carência, durante o qual o segurador não responderá pela ocorrência do sinistro (art. 797 do CC). Nessas hipóteses, ocorrendo o sinistro, o segurador é obrigado a devolver ao beneficiário o montante da reserva técnica formada. Essa *reserva técnica* é constituída pelos valores pagos pelo segurado, para garantir eventual cumprimento do contrato pela seguradora diante do sinistro.

Com relação ao beneficiário, este não tem direito ao capital estipulado quando o segurado comete suicídio nos primeiros dois anos de vigência inicial do contrato, ou da sua recondução depois de suspenso, exceção feita para a reserva técnica já formada, que deverá ser devolvida (art. 798 do CC). Ressalvada esta hipótese, é nula a cláusula contratual que exclui o pagamento do capital por suicídio do segurado.

A questão do suicídio do segurado já era tratada por duas súmulas de Tribunais Superiores, a primeira delas canceladas, como se verá a seguir:

"Súmula 61 do STJ: O seguro de vida cobre o suicídio não premeditado".

"Súmula 105 do STF: Salvo se tiver havido premeditação, o suicídio do segurado no período contratual de carência não exime o segurador do pagamento do seguro".

Percebe-se que o legislador do Código Civil de 2002, nos exatos termos da lei, preferiu não tratar da questão da premeditação do suicídio, o que dependia de difícil prova. Desse modo, a codificação em vigor traz um prazo de carência de dois anos, contados da celebração do contrato. Somente após esse período é que o beneficiário terá direito à indenização ocorrendo o suicídio do segurado, o que não exclui o seu direito à reserva técnica. Conforme ensina José Maria Trepat Cases, o atual Código Civil criou uma nova modalidade de seguro, o *seguro de suicídio a prazo determinado* (*Código...*, 2003, p. 307). Quanto ao comando legal em questão, muito interessantes os comentários do doutrinador:

"Se, por um lado, a honra ofendida não se desagrava mais por meio do duelo, como se fazia alhures, por outro lado, o duelo como enfrentamento e imposição de força entre

774 | DIREITO CIVIL • VOL. 3 – *Flávio Tartuce*

grupos rivais, em total desacordo com as regras sociais, é uma realidade nos dias atuais, como sói acontecer nos rachas em vias públicas, praticados com veículos automotores (automóveis e motocicletas) e lutas com mortes entre tribos urbanas (torcidas organizadas, roqueiros, skatistas, funkeiros, pagodeiros, punkeiros, góticos, skinheads, entre outros; usou-se a denominação utilizada por esses grupos). Pode-se afirmar de forma categórica que o duelo urbano praticado na atualidade sobrepuja, em todos os sentidos, o duelo de honra do passado, na falta de ética, na violência, nos requintes de crueldade, na covardia, na imprudência e na torpeza dos duelistas urbanos. Fez-se essa digressão para estabelecer que a morte decorrente de qualquer modalidade de duelo, na normatização do art. 798, não é considerada morte voluntária, e deverá ser indenizado o segurado que participar desses enfrentamentos" (TREPAT CASES, José Maria. *Código...*, 2003, p. 307).

Também no que concerne ao art. 798 do CC, é pertinente transcrever, com destaque, os comentários de Jones Figueirêdo Alves e Mário Luiz Delgado, que tiveram participação ativa na elaboração final do Código Civil de 2002:

> "O Novo Código Civil introduz prazo de carência especial, o determinado prazo de 'inseguração', fixado em dois anos, a partir da vigência do contrato de seguro de vida ou da sua recondução depois de suspenso. Esse prazo legal ao eximir o segurador do pagamento do prêmio por suicídio do segurado, elide o permanente embate jurisprudencial a respeito da premeditação ou não do suicídio, tornando ociosas as Súmulas 61 do STJ e 105 do STF.
>
> Em julgamento recente, o Superior Tribunal de Justiça assentou que a premeditação referida por sua súmula é a existente no momento em que se contratou o seguro, nada influindo, portanto, que tenha sido premeditado o suicídio para a concretização do ato, pelo proponente segurado, no curso regular do seguro, caso em que o suicídio deve se considerar como acidente, sendo devida a indenização (STJ, 3.ª Turma, Rel. Min. Fátima Nancy Andrighi, REsp 472.236)" (*Código...*, 2005, p. 351).

Ainda quanto ao art. 798 do CC/2002, na *III Jornada de Direito Civil* foi aprovado o Enunciado n. 187 CJF/STJ, com a seguinte redação: "no contrato de seguro de vida, presume-se, de forma relativa, ser premeditado o suicídio cometido nos dois primeiros anos de vigência da cobertura, ressalvado ao beneficiário o ônus de demonstrar a ocorrência do chamado 'suicídio involuntário'". O enunciado, como se nota, está perfeitamente adequado ao atual tratamento doutrinário transcrito.

Confirmando essa ideia, colaciona-se julgado anterior do STJ, que mitigou a força do comando em estudo. A decisão foi assim publicada no *Informativo* n. *440* do STJ, com menção ao princípio da boa-fé objetiva:

> "Seguro. Vida. Suicídio. Trata-se de ação de cobrança de seguro de vida ajuizada por beneficiário da apólice em decorrência da morte de sua companheira provocada por suicídio ocorrido após cinco meses da contratação do seguro. A controvérsia, no REsp, consiste em examinar se o advento do art. 798 do CC/2002 (que inovou ao fixar o prazo de dois anos de vigência inicial do contrato para excluir o pagamento do seguro) importa uma presunção absoluta de suicídio premeditado desde que ocorrido no prazo estipulado no citado artigo. No sistema anterior (CC/1916), como cediço, predominava a orientação de que a exclusão da cobertura securitária somente alcançava as hipóteses de suicídio premeditado e o ônus da prova cabia à seguradora (*ex vi* Sum. n. 105-STF e Sum. n. 61-STJ). Esclarece o Min. Relator ser evidente que o motivo da norma é a prevenção de fraude contra o seguro,

CAP. 16 · CONTRATOS EM ESPÉCIE – DO CONTRATO DE SEGURO | **775**

mas daí admitir que aquele que comete suicídio dentro do prazo previsto no CC/2002 age de forma fraudulenta, contratando o seguro com a intenção de provocar o sinistro, a seu ver, seria injusto. Isso porque a boa-fé deve ser sempre presumida enquanto a má-fé, ao contrário, necessita de prova escorreita de sua existência. Dessa forma, o fato de o suicídio ter ocorrido no período de carência previsto pelo CC/2002, por si só, não acarreta a exclusão do dever de indenizar, já que o disposto no art. 798, *caput*, do referido código não afastou a necessidade da comprovação inequívoca da premeditação do suicídio. Por outro lado, explica que a interpretação literal do citado artigo representa exegese estanque que não considera a realidade do caso frente aos preceitos de ordem pública estabelecidos pelo CDC aplicáveis obrigatoriamente na hipótese, pois se trata de uma típica relação de consumo. Também observa o Min. Relator que há certa confusão entre a premeditação ao suicídio por ocasião da contratação com premeditação ao próprio ato. Uma coisa é a contratação causada pela premeditação ao suicídio e outra, diferente, é a preparação do ato suicida; assim, o que permite a exclusão de cobertura é a primeira hipótese, o que não se verifica no caso dos autos; visto que não há prova alguma da premeditação da segurada em matar-se, caberia então à seguradora comprová-la. Após essas considerações, entre outras, conclui o Min. Relator que, salvo comprovação da premeditação, no período de carência (dois anos), não há que se eximir o segurador do pagamento do seguro de vida. Diante do exposto, a Turma prosseguindo o julgamento, por maioria, deu provimento ao recurso" (STJ, REsp 1.077.342/MG, Rel. Min. Massami Uyeda, j. 22.06.2010).

Como se nota, a jurisprudência superior entendia pela presunção de boa-fé em benefício do segurado-consumidor, o que vinha sendo aplicado de forma sucessiva pelo Superior Tribunal de Justiça (ver, na mesma linha, decisão publicada no *Informativo* n. *469* daquela Corte: STJ, AgRg. no Ag. 1.244.022/RS, Rel. Min. Luis Felipe Salomão, j. 13.04.2011). Em suma, entendia-se que a premeditação deveria ser analisada para a atribuição ou não do pagamento do capital segurado.

Todavia, em maio de 2015, o Superior Tribunal de Justiça mudou seu entendimento, posicionando-se agora no sentido de que cabe uma análise objetiva do prazo de dois anos, não cabendo o pagamento da indenização se o fato ocorrer nesse lapso. Conforme a ementa da Segunda Seção do Tribunal da Cidadania, prolatada em sede de incidente de recursos repetitivos, "de acordo com a redação do art. 798 do Código Civil de 2002, a seguradora não está obrigada a indenizar o suicídio ocorrido dentro dos dois primeiros anos do contrato. O legislador estabeleceu critério objetivo para regular a matéria, tornando irrelevante a discussão a respeito da premeditação da morte, de modo a conferir maior segurança jurídica à relação havida entre os contratantes" (STJ, AgRg nos EDcl nos EREsp 1.076.942/PR, 2.ª Seção, Rel. Min. Nancy Andrighi, Rel. p/ Acórdão Min. João Otávio de Noronha, j. 27.05.2015, *DJe* 15.06.2015).

Em 2018, o mesmo Tribunal editou sumular exatamente nessa linha, prevendo que "o suicídio não é coberto nos dois primeiros anos de vigência do contrato de seguro de vida, ressalvado o direito do beneficiário à devolução do montante da reserva técnica formada" (Súmula 610 do STJ). Em complemento, foi cancelada a antiga Súmula 61 da Corte, aqui antes transcrita.

O julgamento que gerou a sumular não foi unânime no Tribunal da Cidadania. Na minha opinião doutrinária, a mera análise objetiva do prazo de dois anos está apegada à rigidez legal, distanciando-se da efetiva proteção dos segurados consumidores. Assim, com o devido respeito, lamenta-se a mudança de posição do STJ.

O segurador não pode eximir-se do pagamento do seguro, ainda que da apólice conste a restrição, se a morte ou a incapacidade do segurado provier da utilização de meio de transporte mais arriscado, da prestação de serviço militar, da prática de esporte, ou de atos de humanidade em auxílio de outrem (art. 799 do CC). Vejamos um exemplo: Nelson celebra um contrato de seguro de vida inteira, do qual consta sua esposa Maria como beneficiária. O segurado é lutador de capoeira, dedicando-se à prática do esporte três vezes por semana. Certo dia, por acidente, Nelson recebe um chute na cabeça vindo a falecer. Mesmo nesse caso, haverá responsabilidade da seguradora pelo sinistro, devendo a indenização ser paga a Maria.

Além dessa importante regra, nos seguros de pessoas, o segurador não pode sub-rogar-se nos direitos e ações do segurado, ou do beneficiário, contra o causador do sinistro. O art. 800 do CC, portanto, afasta a aplicação da Súmula 188 do STF para os casos de seguro de pessoas.

Esse seguro de pessoas pode ser estipulado por pessoa natural ou jurídica em proveito de grupo que a ela, de qualquer modo, se vincule. É o caso daquilo que se denomina *seguro de vida em grupo*. Nessa modalidade contratual, o estipulante não representa o segurador perante o grupo segurado, mas é o único responsável, para com o segurador, pelo cumprimento de todas as obrigações contratuais. A modificação da apólice em vigor dependerá da anuência expressa de segurados que representem três quartos do grupo formado. Todas essas regras constam do art. 801 do CC/2002.

Em relação ao § 2.º do dispositivo, que trata do *quorum* de modificação da apólice, prevê o Enunciado n. 375 CJF/STJ que "no seguro em grupo de pessoas, exige-se o *quorum* qualificado de 3/4 do grupo, previsto no § 2.º do art. 801 do Código Civil, apenas quando as modificações impuserem novos ônus aos participantes ou restringirem seus direitos na apólice em vigor". Em outras palavras, para modificações que tenham outra natureza, o *quorum* qualificado de 3/4 do grupo pode ser dispensado pelas partes integrantes do contrato.

Em 2023, a respeito do dispositivo em estudo, o Superior Tribunal de Justiça julgou o Tema 1.112, em sede de recursos repetitivos e repercussão geral, com as seguintes teses: "(i) na modalidade de contrato de seguro de vida coletivo, cabe exclusivamente ao estipulante, mandatário legal e único sujeito que tem vínculo anterior com os membros do grupo segurável (estipulação própria), a obrigação de prestar informações prévias aos potenciais segurados acerca das condições contratuais quando da formalização da adesão, incluídas as cláusulas limitativas e restritivas de direito previstas na apólice mestre, e (ii) não se incluem, no âmbito da matéria afetada, as causas originadas de estipulação imprópria e de falsos estipulantes, visto que as apólices coletivas nessas figuras devem ser consideradas apólices individuais, no que tange ao relacionamento dos segurados com a sociedade seguradora" (STJ, REsp 1.874.811/SC, 2.ª Seção, Rel. Min. Ricardo Villas Bôas Cueva, j. 02.03.2023, *DJe* 10.03.2023).

Por fim, como última regra a respeito do contrato de seguro, prevê o art. 802 da Lei Geral Privada que não se aplicam as regras previstas para o seguro de pessoas tratadas no Código Civil à garantia do reembolso de despesas hospitalares ou de tratamento médico, nem ao custeio das despesas de luto e de funeral do segurado, nos termos do art. 948, I, do Código Civil. Esses valores, conforme aponta a doutrina, devem ser considerados como objeto de contrato de seguro de dano (DINIZ, Maria Helena. *Código...*, 2005, p. 637).

Com esse dispositivo, encerra-se o estudo do contrato em questão, importantíssimo para a prática cível, para as provas de graduação e para os concursos públicos; lembrando-se que, ao final do ano de 2025, todos esses dispositivos do Código Civil serão revogados, entrando em vigor no País a *Nova Lei dos Seguros.*

16.5 RESUMO ESQUEMÁTICO

Seguro. Conceito: Pelo contrato de seguro, o segurador se obriga, mediante o pagamento do *prêmio*, a garantir interesse legítimo do segurado, relativo a pessoa ou a coisa, contra riscos predeterminados. Trata-se de um dos contratos mais complexos do Direito Brasileiro.

Natureza jurídica: Contrato bilateral, oneroso, consensual e aleatório, dependendo do fator risco. Na maioria das vezes, constitui contrato de adesão, pois o seu conteúdo é imposto por uma das partes, geralmente a seguradora. Também, muitas vezes, o contrato é de consumo, o que justifica a busca de diálogos de complementaridade entre o CC e o CDC (*diálogo das fontes*).

Apólice do seguro: Pelo art. 760 do Código em vigor, a apólice ou o bilhete de seguro podem ser nominativos, à ordem ou ao portador, e mencionarão os riscos assumidos, o início e o fim de sua validade, o limite da garantia e o prêmio devido, e, quando for o caso, o nome do segurado e o do beneficiário. Vejamos as suas características:

a) *Apólice ou bilhete nominativo* – mencionam o nome do segurador, do segurado, de representante do último ou de terceiro beneficiário, sendo transmissíveis por meio de cessão civil ou mesmo por alienação.

b) *Apólice ou bilhete à ordem* – são transmissíveis por endosso em preto, datado e assinado pelo endossante e o endossatário.

c) *Apólice ou bilhete ao portador* – são transmissíveis por tradição simples ao detentor da apólice, não sendo admitidas em alguns casos, como no seguro de vida.

Modalidades de seguro tratadas pelo Código Civil:

a) *Seguro de dano:* O Código Civil de 2002, a exemplo do anterior, traz um tratamento específico para o seguro de dano, cujo conteúdo é indenizatório, restrito à indenização do valor de interesse do segurado no momento do sinistro, geralmente relacionado com uma coisa. A garantia prometida não pode ultrapassar o valor do interesse segurado no momento da conclusão do contrato, sob pena de perder o segurado a garantia e ter de pagar o prêmio (art. 778 do CC), sem prejuízo da imposição de medida penal cabível, por falsidade ideológica, por exemplo. Quanto ao risco do seguro, este compreenderá todos os prejuízos resultantes ou consequentes como, por exemplo, os estragos ocasionados para evitar o sinistro, minorar o dano ou salvar a coisa (art. 779 do CC).

b) *Seguro de pessoas:* Esse contrato de seguro visa à pessoa humana, protegendo-a contra riscos de morte, comprometimentos da sua saúde, incapacidades em geral e acidentes que podem atingi-la. No Código Civil, o contrato de seguro de pessoa está tipificado

778 | DIREITO CIVIL • VOL. 3 – *Flávio Tartuce*

entre os arts. 789 a 802, sem prejuízo da legislação específica. Pelo primeiro dispositivo, nos seguros de pessoas, o capital segurado é livremente estipulado pelo proponente, que pode contratar mais de um seguro sobre o mesmo interesse, com o mesmo ou diversos seguradores. Assim, é possível a celebração de vários seguros, sem qualquer limite quanto ao valor da indenização, até porque não há como mensurar o *preço* da vida de uma pessoa natural.

16.6 QUESTÕES CORRELATAS

01. (TJRR – FCC – Juiz Substituto – 2015) A respeito de contratos de seguro, considere as seguintes assertivas:

I. Nos seguros de dano, a garantia prometida não pode ultrapassar o valor do interesse segurado no momento da contratação e a indenização não pode ultrapassar o valor do interesse segurado no momento do sinistro.

II. Nos seguros de pessoas, o capital segurado é livremente estipulado pelo proponente, que pode contratar mais de um seguro sobre o mesmo interesse, com o mesmo ou diversos seguradores.

III. Salvo disposição em contrário, não se admite a transferência do contrato de seguro de dano a terceiro com a alienação ou cessão do interesse segurado.

IV. No seguro de vida, só podem figurar como beneficiárias pessoas que estejam sob a dependência econômica do segurado, exceto se se tratar de cônjuge ou companheiro.

V. No seguro de vida ou de acidentes pessoais para o caso de morte, o capital estipulado, para o caso de morte, não está sujeito às dívidas do segurado, nem se considera herança.

Está correto o que se afirma APENAS em

(A) III, IV e V.

(B) I, III e IV.

(C) II, III e V.

(D) I, II, e V.

(E) I, III e V.

02. (TJSP – VUNESP – Juiz Substituto – 2014) Assinale a opção correta.

(A) O recebimento do seguro obrigatório implica em quitação das verbas especificamente recebidas, inibindo o beneficiário de promover a cobrança de eventual diferença.

(B) Na implantação de *stent*, embora seja ato inerente à cirurgia cardíaca/vascular, não se configura abusiva a negativa de sua cobertura, se o contrato for anterior à Lei n.º 9.656/98.

(C) É abusiva a cláusula contratual de plano de saúde que limita o tempo de internação do segurado ou usuário.

(D) A devolução das quantias pagas em contrato de compromisso de compra e venda de imóvel obedecerá rigorosamente à forma prevista em contrato.

03. (TER/RO – FCC – Analista Judiciário – 2013) Paulo celebrou contrato de seguro de dano com uma determinada seguradora que opera no mercado nacional, envolvendo um veículo de passeio. Alguns meses depois, a esposa de Paulo, Larissa, dirigindo outro veículo da família, segurado com outra seguradora, ao manobrá-lo na garagem da residência onde residem, colide violentamente e culposamente contra o veículo segurado de propriedade de Paulo. Paulo, então, aciona a seguradora de seu veículo após o acidente e recebe o valor da indenização, nos termos previstos em contrato. Neste caso, a seguradora do veículo de Paulo

(A) não terá direito à sub-rogação, pois a causadora do sinistro é esposa do segurado.

(B) terá direito à sub-rogação e poderá exercer direito regressivo contra Larissa, causadora do sinistro.

(C) terá o direito à sub-rogação e poderá exercer direito regressivo contra Larissa, causadora do sinistro, mas poderá exigir apenas o pagamento de 50% do valor da indenização que pagou para o segurado.

CAP. 16 · CONTRATOS EM ESPÉCIE – DO CONTRATO DE SEGURO | **779**

(D) terá o direito à sub-rogação e poderá exercer direito regressivo contra Larissa, causadora do sinistro, mas poderá exigir apenas o pagamento de 25% do valor da indenização que pagou para o segurado.

(E) terá direito à sub-rogação e poderá exercer direito regressivo contra Larissa, causadora do sinistro, mas poderá exigir apenas o pagamento de 75% do valor da indenização que pagou para o segurado.

04. (CESPE – Prefeitura de Salvador-BA – Procurador do Município – 2.ª Classe – 2015) Com relação ao contrato de seguro de dano, assinale a opção correta.

(A) Pago o prêmio em prestações, o segurado fará jus à percepção do valor do seguro somente após a quitação.

(B) Veda-se ao segurado fazer mais de um seguro para proteger o bem contra o mesmo risco.

(C) A insolvência do segurador afasta do segurado a responsabilidade pela reparação dos danos.

(D) Se for nominativa a apólice, o contrato poderá ser transferido ao adquirente da coisa segurada.

(E) Garantia de risco proveniente de ato doloso exige estipulação expressa e destacada no contrato.

05. (TJSP – VUNESP – Juiz Substituto – 2017) Pedro celebra contrato de seguro, com cobertura para invalidez total e permanente. Em 20 de outubro de 2008, é vítima de acidente. Fica hospitalizado e passa por longo tratamento médico. Cientificado em 20 de julho de 2010 de que é portador de incapacidade total e permanente, formula pedido administrativo de pagamento da indenização securitária em 20 de novembro de 2010. A seguradora alega que não há cobertura e, em 20 de setembro de 2011, formaliza a recusa ao pagamento da indenização, cientificando o segurado. Inconformado, Pedro propõe ação de cobrança de indenização securitária em 20 de janeiro de 2012.

Assinale a alternativa correta.

(A) A ação deve ter prosseguimento, uma vez que o prazo para propositura teve início no momento em que Pedro teve ciência da incapacidade, que o prazo foi suspenso com a formulação do pedido administrativo e voltou a fluir com a cientificação da recusa da seguradora, e que na relação entre segurado e seguradora o prazo para a propositura é de 1 (um) ano, conforme dispõe o artigo 206, § 1.º, inciso II, "b", do Código Civil.

(B) O direito de ação está atingido pela prescrição, uma vez que o prazo para propositura teve início na data do acidente e que na relação entre segurado e seguradora o prazo para a propositura é de 1 (um) ano, conforme dispõe o artigo 206, § 1.º, inciso II, "b", do Código Civil.

(C) A ação deve ter prosseguimento porque o prazo de prescrição envolvendo a pretensão de beneficiário contra a seguradora é de 3 (três) anos, conforme dispõe o artigo 206, § 3.º, do Código Civil, e a contagem tem início com a cientificação da incapacidade.

(D) O direito de ação está atingido pela prescrição, uma vez que, embora o prazo para propositura seja de 3 (três) anos, conforme dispõe o artigo 206, § 3.º, do Código Civil, a contagem teve início na data do acidente e não houve causa de interrupção.

06. (TJMG – CONSULPLAN – Titular de Serviços de Notas e de Registros-Remoção – 2017) No contrato de seguro (artigos 757 e 758 do CC), quando se usa o termo "prêmio", tem-se a exegese ou significado de que

(A) é a indenização ou reparação que o segurado tem direito em caso de sinistro.

(B) é o valor ou prestação paga pelo segurado para ter a proteção da seguradora.

(C) é a indenização que o segurado tem com base no que consta da apólice e a esta vinculando os riscos contratados.

(D) é um bônus que a seguradora concede ao segurado, quando se renova o contrato, em que o cliente não fez uso do seguro no ano anterior.

07. (CRF-DF – IADES – Advogado – 2017) Sobre o contrato de seguro, assinale a alternativa correta.

(A) O contrato de seguro prova-se apenas com a exibição da apólice ou do bilhete do seguro.

(B) A apólice e (ou) o bilhete de seguro serão nominativos, à ordem ou ao portador, de modo que serão mencionados nos referidos instrumentos os riscos assumidos, o início e o fim de sua validade, o limite da garantia e o prêmio devido e, quando for o caso, o nome do segurado e o do beneficiário. Essas diretrizes aplicam-se integralmente ao seguro de pessoas, cuja apólice e (ou) bilhete poderão ser ao portador.

(C) O pedido do pagamento de indenização à seguradora não suspende o prazo de prescrição até que o segurado tenha ciência da decisão referente ao seu pleito perante a seguradora.

(D) O termo inicial do prazo prescricional, na ação de indenização, é a data em que o segurado teve ciência inequívoca da incapacidade laboral.

(E) Ressalvada a hipótese de efetivo agravamento do risco, exime-se a seguradora do dever de indenizar em razão da transferência do veículo sem a sua prévia comunicação.

08. (TRF 3.ª Região – Juiz Federal Substituto – 2018) Sobre o contrato de seguro, é incorreto afirmar que:

(A) ele será nulo se estipulado para garantia de risco proveniente de ato doloso do segurado ou do beneficiário.

(B) se o segurado fizer declaração inexata ou omitir circunstância que possa influir na aceitação da proposta ou na taxa do prêmio, perderá o direito à garantia, mas nesse caso não ficará obrigado a pagar o prêmio vencido.

(C) no seguro de vida, o suicídio não é coberto nos dois primeiros anos de vigência do contrato, ressalvado o direito do beneficiário à devolução do montante da reserva técnica formada.

(D) se o segurador expedir a apólice sabedor de que o risco que o contrato pretendia cobrir estava superado fica obrigado a pagar em dobro o prêmio estipulado.

09. (EBSERH – CESPE – Advogado – 2018) Considerando o que dispõe o Código Civil acerca de negócios jurídicos e contratos, julgue o item a seguir.

Nos contratos de seguro de vida, o segurador se obriga, mediante o recebimento do prêmio, a garantir o interesse do segurado contra eventuais riscos que possam advir de ato doloso por este praticado, observados os princípios da probidade e da boa-fé.

( ) Certo
( ) Errado

10. (Defensor Público – DPE-SP FCC – 2019) O contrato de seguro prestamista é classificado como

(A) acessório, oneroso e de adesão.

(B) aleatório, acessório e paritário.

(C) oneroso, paritário e aleatório.

(D) gratuito, de adesão e aleatório.

(E) principal, oneroso e paritário.

11. (Advogado – Prefeitura de São Roque-SP – VUNESP – 2020) Considerando o entendimento da Jurisprudência sumulada do Superior Tribunal de Justiça sobre o contrato de seguro, pode-se corretamente afirmar:

(A) A embriaguez do segurado exime a seguradora do pagamento da indenização prevista em contrato de seguro de vida.

(B) O suicídio não é coberto nos dois primeiros anos de vigência do contrato de seguro de vida, não havendo o direito do beneficiário à devolução do montante da reserva técnica formada.

(C) Ressalvada a hipótese de efetivo agravamento do risco, a seguradora não se exime do dever de indenizar em razão da transferência do veículo sem a sua prévia comunicação.

(D) No seguro de responsabilidade civil facultativo, cabe o ajuizamento de ação pelo terceiro prejudicado direta e exclusivamente em face da seguradora do apontado causador do dano.

(E) Nas ações de indenização decorrente de seguro DPVAT, a ciência inequívoca do caráter permanente da invalidez, para fins de contagem do prazo prescricional, depende de laudo médico, mesmo nos casos em que o conhecimento anterior resulte comprovado na fase de instrução.

CAP. 16 · CONTRATOS EM ESPÉCIE – DO CONTRATO DE SEGURO | **781**

12. (Advogado – FITO – VUNESP – 2020) O atual entendimento sumulado do Superior Tribunal de Justiça, em relação ao contrato de seguro, é no sentido de que

(A) a embriaguez do segurado exime a seguradora do pagamento da indenização prevista em contrato de seguro de vida.

(B) a indenização securitária é devida quando ausente a comunicação prévia do segurado acerca do atraso no pagamento do prêmio, por constituir requisito essencial para a suspensão ou resolução do contrato de seguro.

(C) o suicídio não é coberto nos primeiros doze meses de vigência do contrato de seguro de vida, não havendo possibilidade de devolução do montante da reserva técnica formada ao beneficiário.

(D) a recusa de cobertura securitária, sob a alegação de doença preexistente, é lícita mesmo diante da exigência de exames médicos prévios à contratação ou a demonstração de má-fé do segurado.

(E) o seguro de vida cobre o suicídio não premeditado.

13. (Advogado – Empresa Gerencial de Projetos Navais – Selecon – 2021) Sheik contratou seguro com a sociedade seguradora APHO, não tendo indicado pessoa beneficiária. Nos termos do Código Civil, no seguro de pessoas, na falta de indicação da pessoa ou beneficiário, o capital segurado será pago por:

(A) inteiro aos herdeiros.

(B) inteiro ao cônjuge.

(C) metade aos indicados em testamento.

(D) metade ao cônjuge não separado judicialmente.

14. (Advogado – Prefeitura de Maravilha-SC – Unoesc – 2021) O contrato de seguro pode ser subdivido em seguro de dano e seguro de pessoa. Dentre as normas gerais e específicas dessas modalidades de contratos, é possível afirmar que:

(A) Nos seguros de pessoas, o segurador não pode sub-rogar-se nos direitos e ações do segurado, ou do beneficiário, contra o causador do sinistro.

(B) O beneficiário tem direito ao capital estipulado ainda quando o segurado se suicida nos primeiros dois anos de vigência inicial do contrato.

(C) Nos seguros de responsabilidade legalmente obrigatórios, a indenização por sinistro será paga pelo segurador diretamente ao segurado.

(D) Em contrato de seguro por responsabilidade civil, independe de anuência da seguradora o reconhecimento da sua responsabilidade por parte do segurado.

15. (Juiz de Direito substituto – TJAP – FGV – 2022) Sobre o contrato de seguro de vida, a jurisprudência do Superior Tribunal de Justiça permite afirmar que:

(A) a constituição em mora, de que trata o Art. 763 do Código Civil, exige prévia interpelação e, portanto, a mora no contrato de seguro de vida é ex persona;

(B) o pagamento de indenização prevista em contrato de seguro de vida é dispensado no caso de embriaguez do segurado;

(C) os contratos de seguro de vida cobrem a hipótese de suicídio desde o início da contratação;

(D) o atraso no pagamento do prêmio pelo segurado, independentemente da sua constituição em mora pela seguradora, implica a suspensão automática do contrato de seguro de vida;

(E) nos contratos de seguro regidos pelo Código Civil, a correção monetária sobre indenização securitária incide desde a ocorrência do sinistro até o efetivo pagamento.

16. (Defensor Público substituto – DPE-MS – FGV – 2022) Andréa sempre foi bastante cautelosa, tendo celebrado seguro de vida em benefício dos filhos e também fez seguro sobre o seu automóvel. No último dia 15, todavia, bebeu três cervejas com amigos e faleceu em decorrência de um acidente ao conduzir seu veículo.

A partir disso, é correto afirmar que:

(A) os filhos de Andréa não poderão exigir a indenização pelo seguro de vida, pois sua embriaguez é reputada agravamento intencional do risco;

(B) a ingestão de álcool gera uma presunção relativa de agravamento do risco no seguro do automóvel, admitindo-se que os herdeiros provem a ausência de nexo causal;

(C) a perda da cobertura securitária nos dois seguros dependerá de a seguradora comprovar o nexo causal entre a embriaguez e o acidente;

(D) os herdeiros poderão exigir ambas as indenizações securitárias, pois somente ocorreria a perda do direito à garantia se houvesse a intenção de agravar o risco.

17. (Titular de Serviços de Notas e de Registros – TJSP – Vunesp – 2022) Marque a alternativa verdadeira acerca do contrato de seguro.

(A) Nulo será o contrato para garantia de risco proveniente de ato doloso ou culposo do segurado, do beneficiário, ou de representante de um ou de outro.

(B) Nos seguros de pessoas, o segurador não pode sub-rogar-se nos direitos e ações do segurado ou do beneficiário, contra o causador do sinistro.

(C) A embriaguez do segurado exime a seguradora do pagamento da indenização prevista em contrato de seguro de vida.

(D) No seguro de responsabilidade civil facultativo, cabe o ajuizamento de ação pelo terceiro prejudicado direta e exclusivamente em face da seguradora do apontado causador do dano.

18. (TJDFT – Cespe/Cebraspe – Juiz de Direito Substituto – 2023) De acordo com o disposto no Código Civil e o entendimento jurisprudencial do STJ acerca dos contratos de seguro, assinale a opção correta.

(A) No seguro de vida, é permitida a exclusão de cobertura na hipótese de sinistros ou acidentes decorrentes de atos praticados pelo segurado em estado de insanidade mental ou sob efeito de bebida alcoólica ou substâncias tóxicas.

(B) Em regra, a embriaguez do segurado não pode eximir a seguradora do pagamento da indenização prevista em contrato de seguro de vida.

(C) Como a legislação estabelece critério objetivo para regular os seguros de vida, o segurador está obrigado ao pagamento de indenização em caso de suicídio do segurado dentro dos dois primeiros anos do contrato.

(D) No seguro de vida ou de acidentes pessoais para o caso de morte, o capital estipulado é considerado herança para todos os efeitos de direito e está sujeito às dívidas do segurado.

(E) Na falta de indicação do beneficiário do seguro de vida, ou, se por qualquer motivo, não prevalecer a indicação feita, metade do capital segurado será pago ao cônjuge sobrevivente, e o restante, às pessoas que provarem que a morte do segurado os privou dos meios necessários à subsistência.

19. (CRC-RJ – Instituto Consulplan – Advogado – 2023) O contrato de seguro é uma ferramenta fundamental para proteção financeira em situações adversas. É essencial que ambas as partes compreendam os termos do contrato, agindo de boa-fé e cumprindo suas obrigações. O Código Civil estabelece as bases legais para a formação e execução do contrato de seguro. Considerando o exposto, assinale a afirmativa correta.

(A) Nulo será o contrato para garantia de risco proveniente de ato culposo do segurado, do beneficiário, ou representante de um ou de outro.

(B) A emissão da apólice poderá ser precedida de proposta escrita com a declaração dos elementos essenciais do interesse a ser garantido e do risco.

(C) O segurado é obrigado a comunicar ao segurador, logo que saiba, todo incidente suscetível de agravar consideravelmente o risco coberto, sob pena de perder o direito à garantia, se provar que silenciou de boa-fé.

(D) O segurado e o segurador são obrigados a guardar na conclusão e na execução do contrato, a mais estrita boa-fé e veracidade, tanto a respeito do objeto quanto das circunstâncias e declarações a ele concernentes.

20. (Câmara de Vinhedo-SP – Procurador Legislativo – Avança SP – 2024) À luz da jurisprudência do Superior Tribunal de Justiça a respeito do contrato de seguro, é INCORRETO o que se afirma em:

CAP. 16 · CONTRATOS EM ESPÉCIE – DO CONTRATO DE SEGURO | 783

(A) A embriaguez do segurado exime a seguradora do pagamento da indenização prevista em contrato de seguro de vida.

(B) A indenização securitária é devida quando ausente a comunicação prévia do segurado acerca do atraso no pagamento do prêmio, por constituir requisito essencial para a suspensão ou resolução do contrato de seguro.

(C) Nos contratos de seguro regidos pelo Código Civil, a correção monetária sobre a indenização securitária incide a partir da contratação até o efetivo pagamento.

(D) O suicídio não é coberto nos dois primeiros anos de vigência do contrato de seguro de vida, ressalvado o direito do beneficiário à devolução do montante da reserva técnica formada.

(E) O contrato de seguro por danos pessoais compreende os danos morais, salvo cláusula expressa de exclusão.

21. (TJSP – Titular de Serviços de Notas e de Registros – Vunesp – 2024) Sobre o seguro de pessoas, é correto afirmar que

(A) o segurador, pago o capital segurado, sub-roga-se nos direitos e ações do segurado, ou do beneficiário, contra o causador do sinistro.

(B) o segurador não pode se eximir ao pagamento do seguro, ainda que da apólice conste a restrição, se a morte ou a incapacidade do segurado provier da utilização de meio de transporte mais arriscado, da prestação de serviço militar, da prática de esporte, ou de atos de humanidade em auxílio de outrem.

(C) na falta de indicação da pessoa ou beneficiário, ou se por qualquer motivo não prevalecer a que for feita, o capital segurado será pago, em quotas iguais, aos dependentes habilitados à pensão por morte perante a Previdência Social ou, à sua falta, aos sucessores previstos na lei civil, indicados em alvará judicial.

(D) o beneficiário não tem direito ao capital segurado na hipótese de suicídio do segurado, independentemente do tempo de vigência do contrato.

22. (TJMS – Analista Judiciário – FGV – 2024) No contrato de seguro de vida, é causa necessária de exclusão da cobertura, à luz do Código Civil e da jurisprudência do STJ:

(A) o suicídio, a qualquer tempo, do segurado, ato intencional do segurado que determina a ocorrência do sinistro;

(B) a constatação de que o segurado faleceu em razão de acidente causado porque dirigia alcoolizado;

(C) a mora *ex re* do segurado, que, no dia previsto, não paga o prêmio e falece nessa condição de inadimplência;

(D) a omissão dolosa de doença preexistente, logo após a descoberta de doença terminal;

(E) o agravamento do risco resultante de ato praticado após uso de substâncias entorpecentes.

GABARITO

01 – D	02 – C	03 – A
04 – D	05 – A	06 – B
07 – D	08 – B	09 – ERRADO
10 – A	11 – C	12 – B
13 – D	14 – A	15 – A
16 – B	17 – B	18 – B
19 – D	20 – A	21 – B
22 – D		

CONTRATOS EM ESPÉCIE – DA CONSTITUIÇÃO DE RENDA E DO JOGO E APOSTA

Sumário: 17.1 Da constituição de renda – 17.2 Do jogo e da aposta – 17.3 Resumo esquemático – 17.4 Questões correlatas – Gabarito.

17.1 DA CONSTITUIÇÃO DE RENDA

A constituição de renda, pelo Código Civil anterior, era tratada tanto como contrato (arts. 1.424 a 1.431 do CC/1916) quanto como um direito real sobre coisa alheia, recebendo, no último caso, a denominação *rendas constituídas sobre imóvel* (arts. 749 a 754 do CC/1916). Diante do princípio da operabilidade, no sentido de facilitação do Direito Privado, o Código Civil de 2002 regula o instituto tão somente como um contrato típico (arts. 803 a 813 do CC/2002).

Por meio desse negócio jurídico, certa pessoa, denominada *instituidor*, *censuísta* ou *censuente*, entrega determinada quantia em dinheiro, bem móvel ou imóvel ao *rendeiro*, *censuário* ou *censatário*, obrigando-se este último, se for o caso, a pagar ao primeiro, de forma temporária, certa renda periódica, que pode ser instituída a favor do próprio rendeiro ou de terceiro.

Em regra, essa transmissão ocorrerá de forma gratuita, não havendo qualquer contraprestação por parte do rendeiro, conforme enuncia o art. 803 do CC/2002. A propósito, esse dispositivo, equivalente ao art. 1.424 do CC/1916, enuncia que "pode uma pessoa, pelo contrato de constituição de renda, obrigar-se para com outra a uma prestação periódica, a título gratuito".

Apesar de a norma mencionar o caráter temporário da constituição de renda, nada impede que ela seja vitalícia. Nessa linha, julgou o Superior Tribunal de Justiça em

2014 que, "na redação do art. 1.424 do Código Civil de 1916, o legislador, ao utilizar a expressão 'por tempo determinado', não restringe a constituição de renda àqueles casos em que há dia certo para cessar a prestação. Autorizada está a constituição de renda vitalícia, ao contrário da perpétua" (STJ, AgRg no REsp 1.445.144/MS, 4.ª Turma, Rel. Min. Luis Felipe Salomão, j. 26.08.2014, *DJe* 01.09.2014).

Ademais, nada impede que a constituição de renda seja onerosa, como consta do art. 804 do CC. No último caso, o instituidor entrega bens móveis ou imóveis ao rendeiro, que se obriga a satisfazer as prestações, por meio de uma renda em favor do credor ou de terceiros. Sendo o contrato oneroso, pode o credor (instituidor ou censuísta), ao contratar, exigir que o rendeiro lhe preste garantia real ou fidejussória (art. 805 do CC).

A natureza jurídica do instituto, portanto, indica que se trata de um contrato unilateral (em regra), gratuito (em regra), comutativo (em regra, mas que pode assumir a forma aleatória), real (tem aperfeiçoamento com a entrega da coisa – art. 809 do CC), temporário e solene (segundo a maioria da doutrina).

A necessidade de escritura pública para o contrato de constituição de renda consta do art. 807 do CC. Porém, na minha opinião doutrinária, esse dispositivo somente será aplicado para as situações concretas envolvendo bens imóveis com valor superior a trinta salários mínimos, diante do que consta do art. 108 do CC.

Todavia, ciente deve estar o aplicador do direito de que a maioria da doutrina entende que o art. 807 do CC incide para todos os casos envolvendo o contrato em questão, não importando o seu conteúdo, inclusive nos episódios envolvendo valores pecuniários e bens móveis (DINIZ, Maria Helena. *Código*..., 2005, p. 639; GOMES, Orlando. *Contratos*..., 2007, p. 500; e TREPAT CASES, José Maria. *Código*..., 2003, p. 342). Esse é o entendimento majoritário, que aponta que o negócio é sempre solene e formal, pois o art. 807 do Código Civil em vigor é tido como norma especial a prevalecer sobre o art. 108 da mesma codificação material.

Entretanto, que fique claro que em decorrência da relação do art. 108 do CC com o princípio da função social dos contratos, preceito de ordem pública e com fundamento constitucional (art. 2.035, parágrafo único, do CC/2002 e art. 5.º, incs. XXII e XXIII, da CF/1988), entendo que o contrato de constituição de renda pode ser solene (nos casos envolvendo bens imóveis com valor superior a 30 salários mínimos) ou não solene (nas situações envolvendo bens imóveis com valor igual ou inferior a 30 salários mínimos e bens móveis).

Isso porque a regra do art. 108 do CC é indeclinável e inafastável, para proteger a parte economicamente mais fraca, que geralmente possui imóvel de pequena monta cujo valor não supera os trinta salários mínimos citados. Reforçando este posicionamento, muitas vezes, a instituição da renda é feita em benefício de uma pessoa vulnerável, o que justifica a desnecessidade da escritura pública firmada em Tabelionato de Notas. Quanto à questão de segurança e de publicidade do ato, esta é mantida pelo registro no caso de bens imóveis, o que não traz maiores prejuízos. Por isso é melhor concluir, contrariando a doutrina majoritária, que o contrato pode ser solene ou não solene.

Com vistas justamente a resolver esse dilema, anoto que a Comissão de Juristas encarregada da Reforma do Código Civil sugere a seguinte redação para seu art. 807: "o contrato de constituição de renda, quando relacionado a rendas sobre imóvel, requer escritura pública, na forma do art. 108 deste Código". O objetivo, portanto, é resolver mais uma discussão, teórica e prática, verificada nos mais de vinte anos de vigência do Código Civil.

A constituição de renda pode ser instituída por ato *inter vivos* ou *mortis causa*, inclusive por testamento, o que depende da autonomia privada do instituidor ou censuísta. Para a maioria da doutrina, a instituição por ato *mortis causa* somente é possível por meio de testamento público. Nesse sentido, por exemplo, posicionam-se Maria Helena Diniz (*Código Civil...*, 2005, p. 639) e Sílvio de Salvo Venosa (*Direito...*, Contratos..., 2005, v. 3, p. 412).

A constituição de renda também pode ser feita por meio de sentença judicial, como ocorre com o pagamento dos alimentos indenizatórios ou ressarcitórios, no caso de homicídio, às pessoas que do morto dependeriam, nos termos do art. 948, inc. II, do CC. A causa, entretanto, está fundada em responsabilidade civil extracontratual, em um direito subjetivo, não na autonomia privada.

Sendo um contrato temporário, a constituição de renda será feita a prazo certo, ou por vida, podendo ultrapassar a vida do devedor (instituidor ou censuísta), mas não a do credor (rendeiro ou censuário), seja ele o contratante, seja terceiro (art. 806 do CC). Trazendo interessante aplicação dessa conclusão, e das regras relativas à doação, transcreve-se, do Tribunal Fluminense:

> "Apelação cível. Viúva de ex-funcionário de empresa seguradora, que chegara a ocupar o cargo de presidência, e que percebia do empregador pensão suplementar de aposentadoria. Advento do falecimento do beneficiário. Requerimento da viúva, dependente do falecido, de extensão do benefício a seu favor, atendido pela ré. Suspensão unilateral do benefício, anos mais tarde. Impossibilidade. Benefício oriundo de pacto com o falecido funcionário cuja finalidade era *intuitu familiae*, visando não apenas ao sustento do funcionário, como também de sua unidade familiar. Contrato de constituição de renda, ao qual se aplicam os princípios do contrato de doação, de forma que, falecendo o credor, transfere-se o benefício ao direito do cônjuge ou herdeiro (art. 1.178 do CC/16). Desprovimento do recurso da ré e provimento do recurso da autora, para majorar a verba honorária" (TJRJ, Acórdão 2006.001.38660, 17.ª Câmara Cível, Rel. Des. Marcos Alcino A. Torres, j. 17.01.2007).

É nula a constituição de renda em favor de pessoa já falecida, ou que, nos trinta dias seguintes, vier a falecer de moléstia que já sofria, quando foi celebrado o contrato (art. 808 do CC). Porém, sendo a doença superveniente à estipulação, o contrato é perfeitamente válido.

Se o rendeiro ou censuário deixar de cumprir a obrigação estipulada, poderá o credor da renda acioná-lo, tanto para que lhe pague as prestações atrasadas como para que lhe dê garantias das futuras, sob pena de rescisão do contrato (art. 810 do CC). A hipótese tratada nesse dispositivo é de resolução do contrato por inexecução voluntária, cabendo eventuais perdas e danos que o caso concreto ordenar. A doutrina ensina que o dispositivo traz uma cláusula resolutiva tácita, a fundamentar essa rescisão (DINIZ, Maria Helena. *Código...*, 2005, p. 640; TREPAT CASES, José Maria. *Código...*, 2003, p. 349; MONTEIRO, Washington de Barros. *Curso...*, 1999, p. 335).

Como a renda constitui um fruto civil (rendimento), o credor adquire esse direito dia a dia, no término de cada período (art. 811 do CC). Isso, se a prestação não tiver que ser paga de forma adiantada, no começo de cada um dos períodos predeterminados, conforme instituição pelas partes. Como a norma é de ordem privada, é possível prever outra forma de periodicidade, bem como outra forma de recebimento da renda.

Quando a renda for constituída em benefício de duas ou mais pessoas, sem determinação da parte de cada uma, entende-se que os seus direitos são iguais, o que representa uma divisão igualitária (art. 812 do CC). Todavia, o contrato poderá trazer divisão diferente em relação às quotas dos beneficiários.

Dessa forma, salvo estipulação diversa, não adquirirão os sobrevivos direito à parte dos que morrerem. Em outras palavras, *não há direito de acrescer entre os beneficiários.* Falecendo um rendeiro, o outro continuará a receber exatamente o que recebia, sendo extinto o benefício daquele que faleceu, em regra (art. 806 do CC).

Como exceção, havendo constituição de renda gratuita, instituto similar à doação, será aplicado o art. 551, parágrafo único, do CC, que prevê o *direito de acrescer legal* entre os cônjuges. Além desse caso, poderá o direito de acrescer entre os rendeiros ser instituído por força do contrato (*direito de acrescer convencional*).

Encerrando o tratamento do contrato em questão na codificação, preceitua o art. 813 do CC/2002 que "a renda constituída por título gratuito pode, por ato do instituidor, ficar isenta de todas as execuções pendentes e futuras. Parágrafo único. A isenção prevista neste artigo prevalece de pleno direito em favor dos montepios e pensões alimentícias". Assim, o instituidor da renda pode também determinar a impenhorabilidade desta. No caso de pensões de caráter alimentar, a impenhorabilidade é automática, por força do art. 649, inc. IV, do CPC/1973, correspondente ao art. 833, inc. IV, do CPC/2015, não havendo necessidade de manifestação de vontade.

Como última nota sobre o tema, aresto do Superior Tribunal de Justiça do ano de 2019 considerou que o prazo de prescrição para a cobrança de valores relativos ao contrato de constituição de renda é o geral de dez anos, previsto no art. 205 do CC/2002. Nos seus exatos termos:

> "O propósito recursal é dizer o prazo prescricional para o exercício da pretensão deduzida pelo recorrente nesta ação de cobrança, qual seja, de recebimento de gratificação mensal prevista em ata de assembleia. Inaplicabilidade da regra do inciso II do § 3.º do art. 206 do CC/02, em que se baseou o Tribunal de origem, tendo em vista que as rendas nele mencionadas são as dispostas pelos arts. 803 a 813 do mesmo diploma legal, que tratam do contrato de constituição de renda, pelo qual uma parte se compromete a entregar a outra prestações periódicas, em dinheiro ou outros bens, por liberalidade ou por ter dela recebido bens móveis ou imóveis (...). Hipótese em que se aplica, no particular, o prazo prescricional decenal, previsto no art. 205 do CC/02" (STJ, REsp 1.780.755/CE, 3.ª Turma, Rel. Min. Nancy Andrighi, j. 19.02.2019, *DJe* 22.02.2019).

A conclusão é precisa, estando em sintonia com a consolidação do entendimento na Corte pela aplicação do prazo geral de dez anos para os casos de responsabilidade civil contratual.

17.2 DO JOGO E DA APOSTA

Conforme alerta Maria Helena Diniz, o jogo e a aposta são dois contratos distintos, mas regulamentados pelos mesmos comandos legais. Ensina a professora que o "jogo é o

CAP. 17 · CONTRATOS EM ESPÉCIE – DA CONSTITUIÇÃO DE RENDA E DO JOGO E APOSTA | **789**

contrato em que duas ou mais pessoas prometem, entre si, pagar certa soma àquela que conseguir um resultado favorável de um acontecimento incerto, ao passo que aposta é a convenção em que duas ou mais pessoas de opiniões discordantes sobre qualquer assunto prometem, entre si, pagar certa quantia ou entregar determinado bem àquela cuja opinião prevalecer em virtude de um evento incerto" (DINIZ, Maria Helena. *Curso...*, 2005, p. 563). O tratamento conjunto, no atual Código Civil, consta entre os arts. 814 a 817 do CC.

Apesar de certa similaridade, conforme decidiu o Superior Tribunal de Justiça, não se podem confundir os contratos de jogo e aposta com os contratos de capitalização, caso da "telesena". Nos termos do acórdão, "o título de capitalização 'telesena' não possui identidade com o jogo de loteria. Nos bilhetes de loteria, após a realização da aposta, caso o apostador não seja contemplado pelo sorteio realizado, perde todo o valor apostado; nos títulos de capitalização o valor aplicado, caso o adquirente não seja contemplado no sorteio, é sempre a ele restituído, acrescido de juros e correção monetária" (STJ, REsp 1.323.669/RJ, 2.ª Turma, Rel. Min. Eliana Calmon, j. 12.11.2013, *REPDJe* 27.11.2013, *DJe* 20.11.2013).

Ambos os contratos, de jogo e de aposta, são bilaterais, onerosos, consensuais, aleatórios por excelência e informais, não necessitando sequer de forma escrita. A existência da *álea* ou sorte como essência de ambos os negócios justifica o tratamento em conjunto.

Como se sabe, em regra, as dívidas de jogo e aposta constituem *obrigações naturais ou incompletas*, havendo um débito sem responsabilidade ("*debitum* sem *obligatio*" ou "*Schuld* sem *Haftung*"). Isso pode ser percebido pelo art. 814, *caput*, do Código Civil em vigor, a saber:

> "Art. 814. As dívidas de jogo ou de aposta não obrigam a pagamento; mas não se pode recobrar a quantia, que voluntariamente se pagou, salvo se foi ganha por dolo, ou se o perdente é menor ou interdito".

Por tal comando, em regra, a dívida não pode ser exigida judicialmente. Entretanto, pode ser paga, não cabendo repetição de indébito em casos tais (*actio in rem verso*). Pelo dispositivo legal, excepcionalmente, caberá esta ação de repetição de indébito em dois casos:

a) Se o jogo ou a aposta for ganha por dolo;
b) Se aquele que perdeu o jogo ou a aposta for menor ou interdito.

Além disso, os parágrafos do artigo trazem algumas regras importantes e que devem ser analisadas.

Primeiro, estende-se esta regra a qualquer contrato que encubra ou envolva reconhecimento, novação ou fiança de dívida de jogo; mas a nulidade resultante não pode ser oposta ao terceiro de boa-fé. Em regra, o jogo e a aposta são negócios que não admitem convalidação, apesar de poderem ser pagos e de não caber repetição de indébito, como regra. O final do comando legal protege os terceiros de boa-fé, valorizando a boa-fé subjetiva.

Segundo, a regra tem aplicação ainda que se trate de jogo não proibido, só se excetuando os jogos e apostas legalmente permitidos. São jogos permitidos os jogos de loterias oficiais (loteria esportiva, mega sena, lotomania etc.), podendo a dívida ser exigida nessas hipóteses, cabendo também a ação de repetição de indébito.

Desse modo, com relação à álea envolvida, vale salientar que o jogo pode ser classificado em *lícito*, aquele cujo resultado decorre da habilidade dos contendores, e *ilícito*, aquele cujo resultado depende exclusivamente do elemento *sorte*. Em regra, ambos os jogos constituem obrigação natural. Entretanto, se estiverem regulamentados pela lei geram obrigação civil, permitindo, por isso, a cobrança judicial do prêmio. Trazendo interessante conclusão a respeito da matéria, cumpre transcrever o seguinte julgado do Tribunal de Justiça de São Paulo:

> "Cambial. Cheque. Alegação de dívida inexigível, porquanto fundada em jogo. Em sede de apelação, aduziu-se tratar de jogo em caça-níqueis, fato não indicado na inicial. Impossibilidade de modificação da causa de pedir após julgamento do feito. Recurso não provido. Cambial. Cheque. Alegação de dívida inexigível, porquanto fundada em jogo. Hipótese em que a autora não especifica qual jogo realizava, ou mesmo a data em que jogava no estabelecimento da ré. Bingo permitido legalmente durante certo período. Recurso não provido. Cambial. Cheque. Alegação de dívida inexigível, porquanto fundada em jogo. Pagamento voluntário. Ainda que a dívida de jogo não seja exigível, não se pode recobrar o que se pagou voluntariamente. Dívida natural. Art. 814, CC. Cheque que representa pagamento à vista. Recurso não provido" (TJSP, Apelação Cível 7302924-6, Acórdão 3478089, 14.ª Câmara de Direito Privado, Santo André, Rel. Des. Melo Colombi, j. 04.02.2009, *DJESP* 09.03.2009).

Ainda no que diz respeito ao § 2.º do art. 814 do Código Civil, recente julgado do Superior Tribunal de Justiça demonstra a classificação doutrinária dos jogos em *autorizados, proibidos* e *tolerados*. Nos termos de publicação constante do *Informativo* n. 566 do Tribunal da Cidadania, que traz importante consequência prática dessa divisão:

> "A dívida de jogo contraída em casa de bingo é inexigível, ainda que seu funcionamento tenha sido autorizado pelo Poder Judiciário. De acordo com o art. 814, § 2.º, do CC, não basta que o jogo seja lícito (não proibido), para que as obrigações dele decorrentes venham a ser exigíveis, é necessário, também, que seja legalmente permitido. Nesse contexto, é importante enfatizar que existe posicionamento doutrinário, no sentido de que os jogos classificam-se em autorizados, proibidos ou tolerados. Os primeiros, como as loterias (Decreto-lei 204/1967) ou o turfe (Lei 7.294/1984), são lícitos e geram efeitos jurídicos normais, erigindo-se em obrigações perfeitas (art. 814, § 2.º, do CC). Os jogos ou apostas proibidos são, por exemplo, as loterias não autorizadas, como o jogo do bicho, ou os jogos de azar referidos pelo art. 50 da Lei das Contravenções Penais. Os jogos tolerados, por sua vez, são aqueles de menor reprovabilidade, em que o evento não depende exclusivamente do azar, mas igualmente da habilidade do participante, como alguns jogos de cartas. Inclusive, como uma diversão sem maior proveito, a legislação não os proíbe, mas também não lhes empresta a natureza de obrigação perfeita. No caso, por causa da existência de liminares concedidas pelo Poder Judiciário, sustenta-se a licitude de jogo praticado em caso de bingo. Porém, mais do que uma aparência de licitude, o legislador exige autorização legal para que a dívida de jogo obrigue o pagamento, até porque, como se sabe, decisões liminares têm caráter precário. Assim, não se tratando de jogo expressamente autorizado por lei, as obrigações dele decorrentes carecem de exigibilidade, sendo meras obrigações naturais" (STJ, REsp 1.406.487/SP, Rel. Min. Paulo de Tarso Sanseverino, j. 04.08.2015, *DJe* 13.08.2015).

Terceiro, excetuam-se, igualmente, os prêmios oferecidos ou prometidos para o vencedor em competição de natureza esportiva, intelectual ou artística, desde que os

CAP. 17 • CONTRATOS EM ESPÉCIE – DA CONSTITUIÇÃO DE RENDA E DO JOGO E APOSTA | 791

interessados se submetam às prescrições legais e regulamentares. Em casos tais, é possível receber o prêmio, havendo, em alguns casos, uma promessa de recompensa, ato unilateral de vontade que constitui fonte obrigacional (arts. 854 a 860 do CC).

Não se pode exigir reembolso do que se emprestou para jogo ou aposta, no ato de apostar ou jogar (art. 815 do CC). Isso porque a obrigação é natural, tendo o negócio o mesmo conteúdo de um contrato de mútuo celebrado com a mesma finalidade.

Contrariando totalmente o que constava no Código Civil anterior, prevê a atual codificação que as regras previstas para os contratos de jogo e aposta não devem ser aplicadas para os contratos que versam sobre títulos de bolsa, mercadorias ou valores, em que se estipulem a liquidação exclusivamente pela diferença entre o preço ajustado e a cotação que eles tiverem no vencimento do ajuste (art. 816 do CC).

Apesar de serem todos contratos aleatórios, os negócios jurídicos em questão não se confundem. Os contratos sobre títulos de bolsa, mercadorias e valores são conceituados como *contratos diferenciais*, não mais recebendo o mesmo tratamento do jogo e aposta, ao contrário do que fazia o art. 1.479 do CC/1916. José Maria Trepat Cases aponta que esse novo tratamento se deu talvez pelo fato de "tais contratos se terem tornado uma prática corriqueira no meio negocial, tornando-se muito comuns como modalidade de especulação, além de constituírem importante fator na estimulação do mercado de capitais" (*Código...*, 2003, p. 379). Concorda-se no mesmo sentido, concluindo que é de se elogiar o novo tratamento legislativo.

Também o sorteio para dirimir questões ou dividir coisas comuns não é considerado como jogo ou aposta, como fazia o art. 1.480 do CC/1916. Em casos tais, considera-se um sistema de partilha ou processo de transação, conforme o caso. O sorteio, como exposto no Volume 2 desta coleção, é previsto para o caso de promessa pública de recompensa, nos termos do art. 859 do atual Código Civil.

Como aspecto fundamental para o estudo do jogo e da aposta, é interessante trazer à baila antigo julgado do Superior Tribunal de Justiça, que confirmou a possibilidade de cobrança de dívida de jogo, contraída por então deputado no estrangeiro. A conclusão foi a de que como o jogo é lícito naquele País é perfeitamente possível a sua satisfação obrigacional (STJ, REsp 307.104/DF, 4.ª Turma, Rel. Min. Fernando Gonçalves, j. 03.06.2004, *DJ* 23.08.2004, p. 239).

Acrescente-se que, em 2017, a Terceira Turma da mesma Corte confirmou a premissa, quando do julgamento do Recurso Especial 1.628.974/SP. De acordo com o Relator, Ministro Villas Bôas Cueva, citando a minha posição e afastando o argumento de que a cobrança no Brasil feriria a ordem pública interna (art. 17 da LINDB), "a matéria relativa à ofensa da ordem pública deve ser revisitada também sob as luzes dos princípios que regem as obrigações na ordem contemporânea, isto é, a boa-fé e a vedação do enriquecimento sem causa. Confira-se, a propósito, a lição de Flávio Tartuce: 'De acordo com o Código Civil Contemporâneo, concebido na pós-modernidade e de acordo com os ditames sociais e éticos, não se admite qualquer conduta baseada na especulação, no locupletamento sem razão. Desse modo, o enriquecimento sem causa constitui fonte obrigacional, ao mesmo tempo em que a sua vedação decorre dos princípios da função social das obrigações e da boa-fé objetiva' (in: Direito Civil, v. 2:

direito das obrigações e responsabilidade civil. 10. ed. Rio de Janeiro: Forense; São Paulo: Método, 2015, pág. 33). Com efeito, aquele que visita país estrangeiro, usufrui de sua hospitalidade e contrai livremente obrigações lícitas não pode retornar a seu país de origem buscando a impunidade civil. A lesão à boa-fé de terceiro é patente, bem como o enriquecimento sem causa e aos bons costumes". Como não poderia ser diferente, estou totalmente filiado ao acórdão.

Do mesmo modo, ilustrando, insta colacionar julgado publicado no *Informativo* n. *429* do STJ, que analisou o direito de apostador à indenização quando a suposto erro na transmissão das informações à entidade responsável pelo jogo:

> "Loteria federal. Bilhete. O recorrido ajuizou ação contra a Caixa Econômica Federal (CEF), recorrente, objetivando sua condenação ao pagamento de R$ 22 milhões, alegando ser o único acertador do sorteio n. 83 da Supersena. Argumentou que, conquanto o bilhete fizesse referência ao sorteio n. 84, tal ocorreu por erro da máquina registradora, tendo em vista que realizou a aposta no último dia permitido para concorrer ao concurso n. 83. Para o Min. Relator, em se tratando de aposta em loteria, com bilhete não nominativo, mostra-se irrelevante a perquirição acerca do propósito do autor, tampouco se a aposta foi realizada neste ou naquele dia, tendo em vista que o que deve nortear o pagamento de prêmios de loterias federais, em casos tais, é a literalidade do bilhete, visto que ele ostenta características de título ao portador. É que o bilhete premiado veicula um direito autônomo cuja obrigação incorpora-se no próprio documento, podendo ser transferido por simples tradição, característica que torna irrelevante a discussão acerca das circunstâncias em que se aperfeiçoou a aposta. Ressaltou o Min. Relator que a tese veiculada pelo autor da ação, de que, devido ao erro no processamento de sua aposta, não foi possível receber o prêmio, somente seria apta a lastrear ação de responsabilidade civil com vistas à reparação do apontado dano sofrido, contra quem entender de direito, mas não para receber o prêmio da loteria com base em bilhete que não ostenta os números sorteados para o concurso indicado" (STJ, REsp 902.158/RJ, Rel. Min. Luis Felipe Salomão, j. 06.04.2010).

Como último aspecto relativo à temática, é interessante tratar, mesmo que brevemente, das apostas esportivas efetivadas por meio eletrônico, pela *internet*, as chamadas *bets*, que tanto se proliferaram no País nos últimos anos, e que estão gerando gravíssimos problemas sociais, pelo vício desenfreado causado nas pessoas.

O tema foi tratado pela Lei n. 13.756/2018, que sofreu alterações posteriores, sobretudo pela Lei n. 14.790/2023, com vistas à regulamentação dessa atividade no território brasileiro e não com base nas empresas no exterior, como antes estava previsto, o que era totalmente incorreto e inconveniente.

Anoto que o Projeto de Reforma do Código Civil pretende remeter expressamente esse assunto para a legislação especial, com a inclusão de um novo art. 817-A, nesse sentido: "os jogos e apostas efetuados em meio digital ou eletrônico estão sujeitos à legislação especial, aplicando-se o presente capítulo apenas naquilo em que essas normas forem omissas". A aplicação da Lei Geral Privada passará a ser, pelo texto da lei, apenas subsidiária, conclusão que já se aplica atualmente.

Pois bem, na atual redação do art. 29 da Lei n. 13.756/2018, criou-se a modalidade lotérica, sob a forma de serviço público, denominada *aposta de quota fixa*, cuja exploração comercial ocorrerá no território nacional. A modalidade lotérica de que

CAP. 17 · CONTRATOS EM ESPÉCIE – DA CONSTITUIÇÃO DE RENDA E DO JOGO E APOSTA

trata o preceito consiste em sistema de apostas relativas a eventos reais ou virtuais de temática esportiva, em que é definido, no momento de efetivação da aposta, quanto o apostador pode ganhar em caso de acerto do prognóstico. A título de exemplos, podem ser citados justamente os *sites* de apostas esportivas relativos a jogos de competições de futebol como o Campeonato Brasileiro. São essas mesmas empresas de apostas que patrocinam, atualmente, a grande maioria dos clubes do futebol brasileiros.

O mesmo comando ainda preceitua que a *loteria de aposta de quota fixa* será concedida, permitida ou autorizada, em caráter oneroso, pelo Ministério da Fazenda e será explorada, exclusivamente, em ambiente concorrencial, sem limite do número de autorizações, com possibilidade de comercialização em quaisquer canais de distribuição comercial, físicos e em meios virtuais. Nesse contexto, deverá observada a regulamentação do Ministério da Fazenda, que tem essa atribuição. Todas essas regras estão no art. 29 da Lei 13.756/2018.

Sem prejuízo do que consta das previsões seguintes dessa lei específica, e de normas que a sucederam, espera-se que a regulamentação recente das apostas esportivas tenha a justa e correta aplicação prática, sem o infeliz incremento dos jogos de azar em nosso País, o que infelizmente já se verifica entre nós. Nesse contexto de afirmação, vejamos as precisas palavras de Rodrigo da Guia Silva:

> "A regulamentação estatal é premente, contudo, não apenas para a disciplina estritamente contratual, mas igualmente (quiçá, com ainda mais urgência) para toda uma miríade de questões relacionadas à exploração da atividade de apostas esportivas pelas plataformas.
>
> Destaco, por exemplo, questões como a necessidade de proteção a crianças e adolescentes, a necessidade de proteção à saúde mental dos apostadores, o crescente risco de superendividamento e a repressão à publicidade enganosa e/ou abusiva. Ademais, avulta a importância premente da regulação no contexto atual de difusão de suspeitas de manipulações de resultados desportivos em razão de interesses escusos no universo das apostas, o que agrava ainda mais a insegurança que infelizmente caracteriza o atual estado do setor em questão.
>
> Nesse cenário, oxalá possa a vindoura regulamentação contribuir para a construção de um arcabouço que propicie segurança jurídica ao mercado sem deixar de estabelecer salvaguardas tanto para a coletividade quanto para cada pessoa humana que eventualmente figure como apostadora. Enfim, a sorte está lançada" (SILVA, Rodrigo da Guia. *As dívidas...*).

A sorte está lançada (*alea jacta est*), mas as palavras transcritas reforçam o que penso e espero a respeito do tratamento desse delicado tema em nosso País. Infelizmente, a realidade que já se vê no momento é profundamente lamentável, o que demanda um repensar a respeito da sua regulamentação em nosso País.

17.3 RESUMO ESQUEMÁTICO

Constituição de renda. Conceito: Por meio desse negócio jurídico, uma determinada pessoa, denominada *instituidor*, *censuísta* ou *censuente*, entrega determinada quantia em dinheiro, bem móvel ou imóvel ao *rendeiro*, *censuário* ou *censatário*, obrigando-se este último, se for o caso, a pagar ao primeiro, de forma temporária, certa renda periódica. Essa renda pode ser instituída a favor do próprio rendeiro ou de terceiro.

794 | DIREITO CIVIL • VOL. 3 – *Flávio Tartuce*

Natureza jurídica: Contrato unilateral (em regra), gratuito (em regra), comutativo (em regra, mas que pode assumir a forma aleatória), real (tem aperfeiçoamento com a entrega da coisa – art. 809 do CC), temporário e solene (segundo a maioria da doutrina).

Atenção: O CC/1916 tratava o instituto tanto como contrato como direito real sobre coisa alheia (rendas constituídas sobre imóvel). O CC/2002 somente o prevê como contrato típico.

Jogo e aposta: Segundo Maria Helena Diniz, o jogo é o contrato em que duas ou mais pessoas prometem, entre si, pagar certa soma àquela que conseguir um resultado favorável de um acontecimento incerto, ao passo que aposta é a convenção em que duas ou mais pessoas de opiniões discordantes sobre qualquer assunto prometem, entre si, pagar certa quantia ou entregar determinado bem àquela cuja opinião prevalecer em virtude de um evento incerto. O tratamento conjunto, no atual Código Civil, consta entre os arts. 814 a 817 do CC.

Natureza jurídica: Ambos os contratos são bilaterais, onerosos, consensuais, aleatórios por excelência e informais, não necessitando sequer de forma escrita.

Obrigação natural: Em regra, as dívidas de jogo e aposta constituem *obrigações naturais ou incompletas*, havendo um débito sem responsabilidade ("*debitum* sem *obligatio*" ou "*Schuld* sem *Haftung*"). Todavia, os jogos e apostas lícitos constituem obrigações civis, que podem ser exigidas.

17.4   QUESTÕES CORRELATAS

01. (Analista Jurídico/FINEP – CESGRANRIO/2014) Na denominada teoria geral dos contratos, o jogo e a aposta são considerados contratos
(A) comutativos.
(B) certificados.
(C) aleatórios.
(D) gratuitos.
(E) contraprestacionais.

02. (CONSULPLAN – TJMG – Titular de Serviços de Notas e de Registros – Remoção – 2016) São efeitos civis do jogo tolerado e proibido, exceto:
(A) Inexigível o mútuo contraído no ato de jogar para pagar dívida de jogo.
(B) A invalidade de dívida de jogo não é oponível a terceiro de boa-fé.
(C) A soma entregue a terceiro para ser paga ao ganhador não pode ser exigida.
(D) A inexigibilidade da dívida de jogo não atinge contrato que tenha por objeto encobrir ou reconhecer a obrigação.

03. (Procurador de Universidade Assistente – VUNESP – 2018) Os casos de dívida de jogo e garantia real prestada por terceiro representam, respectivamente, obrigação:
(A) nula; de garantia pessoal.
(B) anulável; com *debitum* sem *obrigatio*.

CAP. 17 · CONTRATOS EM ESPÉCIE – DA CONSTITUIÇÃO DE RENDA E DO JOGO E APOSTA | 795

(C) com *schuld* sem *haftung*; com *haftung* sem *schuld*.

(D) com *debitum* e *obrigatio*; com *schuld* sem *haftung*.

(E) ilícita; com *debitum* e *obligatio*.

04. **(Titular de Serviços de Notas e de Registros – Remoção – TJ-DFT – CESPE – 2019) He-lena obrigou-se, a título gratuito, mediante contrato que exige escritura pública para ter validade, ao pagamento, pelo período determinado de um ano, de uma prestação mensal a Ana.**

A respeito dessa situação hipotética, assinale a opção que apresenta a denominação do contrato celebrado entre Helena e Ana.

(A) contrato de constituição de renda

(B) contrato de agência e distribuição

(C) contrato de depósito necessário

(D) contrato de doação

(E) contrato estimatório

05. **(Advogado do CREAS – Prefeitura de Paulínia-SP – FGV – 2021) Marcos firmou contrato oneroso com a Administradora de Patrimônios Ltda., no qual cede a gestão do seu portfólio de investimentos à empresa contratada, com pacto adjeto de constituição de renda vitalícia a seu sobrinho Luiz, por instrumento particular.**

Nesse ajuste, a Administradora de Benefícios Ltda. assume a condição de rendeira, Marcos, a qualidade de rentista e Luiz, a de beneficiário. Por sua vez, Marcos reservou para si o direito de substituir Luiz, a qualquer tempo, por outro beneficiário.

Considerando o arranjo exposto, assinale a afirmativa correta.

(A) Marcos pode, a qualquer momento, exigir que o rendeiro lhe preste garantia real, ou fidejussória.

(B) O contrato de constituição de renda não é válido, porque deveria ter sido firmado por escritura pública.

(C) O contrato de constituição de renda é nulo, por não se admitir o pacto vitalício.

(D) Marcos não poderia se reservar o direito de substituir o terceiro designado no contrato.

(E) O contrato reflete pacto sucessório, vedado pelo Código Civil.

06. **(MPE-RJ – Promotor de Justiça substituto – Vunesp – 2024) Ulisses e Márcio, vizinhos, decidiram apostar R$ 5.000,00 (cinco mil reais) em um jogo de azar no qual Ulisses restou como vencedor.**

Diante da obrigação resultante da aposta realizada, assinale a alternativa correta.

(A) Márcio poderá exercer a *condictio indebiti*, mas Ulisses não possui a *soluti retentio*.

(B) Trata-se de uma obrigação moral, uma vez que se Márcio não cumprir voluntariamente, Ulisses não dispõe da ação creditória.

(C) Márcio poderá compensar a dívida do jogo com uma eventual dívida oriunda da prestação de um serviço não pago por Ulisses.

(D) A execução parcial de obrigação autoriza Ulisses a exigir o pagamento do restante.

(E) A obrigação tem como característica produzir a irretratabilidade do pagamento feito em seu cumprimento.

GABARITO

01 – C	02 – D	03 – C
04 – A	05 – B	06 – E

18

CONTRATOS EM ESPÉCIE – DA TRANSAÇÃO E DO COMPROMISSO

Sumário: 18.1 Introdução – 18.2 Da transação – 18.3 Do compromisso e da arbitragem – 18.4 Resumo esquemático – 18.5 Questões correlatas – Gabarito.

18.1 INTRODUÇÃO

Como visto no volume anterior da presente coleção, a transação e o compromisso não são mais tratados como formas de pagamento indireto, como fazia o Código Civil anterior. Agora, no Código Civil de 2002, são contratos típicos, mas que geram a extinção de obrigação de cunho patrimonial.

O contrato de transação consta entre os arts. 840 e 850 do CC de 2002. O compromisso está previsto entre os arts. 851 e 853 do CC, sem prejuízo do tratamento específico que consta da Lei de Arbitragem (Lei 9.307/1996). Passa-se a estudar as regras desses dois contratos, de grande importância para a prática civilística e profissional.

18.2 DA TRANSAÇÃO

A transação consiste no contrato pelo qual as partes pactuam a extinção de uma obrigação por meio de concessões mútuas ou recíprocas, o que também pode ocorrer de forma preventiva (art. 840 do CC). Interessante verificar, contudo, que, se ambas as partes não cedem, não há que se falar em transação. Se não há essas concessões mútuas ou recíprocas, não está presente a transação, mas um mero acordo entre os envolvidos com a obrigação.

Em síntese, a transação constitui um contrato cujo conteúdo é a composição amigável das partes obrigacionais, em que cada qual abre mão de suas pretensões para evitar riscos de uma futura demanda ou para extinguir um litígio já instaurado. As partes do contrato são denominadas *transigentes* ou *transatores*. Segundo a jurisprudência, a transação, mormente a judicial, gera efeitos como a coisa julgada (STJ, REsp 486.056/RJ, 3.ª Turma, Rel. Min. Nancy Andrighi, j. 18.11.2004, *DJ* 06.12.2004, p. 285).

Quanto à sua natureza jurídica, trata-se de um contrato bilateral, oneroso, consensual e comutativo, devendo ter como objeto apenas direitos obrigacionais de cunho patrimonial e de caráter privado (art. 841 do CC). Exemplificando, a transação não pode ter como objeto os direitos da personalidade ou aqueles relacionados a aspectos existenciais do Direito de Família, caso dos alimentos e das relações de parentesco, por exemplo.

Anote-se, contudo, que tem se admitido amplamente a transação quanto aos alimentos, por supostamente envolver direitos patrimoniais. Todavia, opino que os alimentos estão mais para os direitos existenciais de personalidade do que para os direitos patrimoniais, sendo vedada a transação quanto à sua existência. Relativamente ao seu valor, é possível a transação, o que não afasta a possibilidade de discussão posterior, em especial se houver necessidade de quem os pleiteia.

As *ações de estado* também não podem ser objeto de transação por trazerem, na essência, os direitos da personalidade. Nessa linha, merece destaque julgado do mesmo Tribunal Superior, segundo o qual "o formalismo ínsito às questões e ações de estado não é um fim em si mesmo, mas, ao revés, justifica-se pela fragilidade e relevância dos direitos da personalidade e da dignidade da pessoa humana, que devem ser integralmente tutelados pelo Estado". Sendo assim, considerou-se como inadmissível a homologação de acordo extrajudicial de retificação de registro civil em juízo:

> "Ainda que fundada no princípio da instrumentalidade das formas, devendo ser respeitados os requisitos e o procedimento legalmente instituídos para essa finalidade, que compreendem, dentre outros, a investigação acerca de erro ou falsidade do registro anterior, a concreta participação do Ministério Público, a realização de prova pericial consistente em exame de DNA em juízo e sob o crivo do mais amplo contraditório e a realização de estudos psicossociais que efetivamente apurem a existência de vínculos socioafetivos com o pai registral e com a sua família extensa" (STJ, REsp 1.698.717/MS, 3.ª Turma, Rel. Min. Nancy Andrighi, j. 05.06.2018, *DJe* 07.06.2018).

No tocante à transação no Direito do Trabalho, algumas palavras devem ser ditas, especificamente para aqueles que se preparam para as provas da área trabalhista. No sistema anterior, ensinava Alexandre Agra Belmonte que, no Direito do Trabalho, vigora o *princípio da indisponibilidade dos direitos trabalhistas*, o que afasta a transação, em regra. Diante desse princípio, os empregados somente teriam o direito de dispor sobre direitos trabalhistas patrimoniais de cunho privado, nos termos dos arts. 9.º, 444 e 468 da CLT, sob pena de nulidade absoluta da previsão em contrário (*Instituições...*, 2004, p. 403). O que se percebe é que há uma consonância entre o art. 841 do CC/2002 e aquilo que consta da legislação trabalhista (*diálogo das fontes* entre o Direito Civil e o Direito do Trabalho).

O doutrinador por último citado mencionava, nessa ordem de raciocínio, que haveria direitos disponíveis e transacionáveis, como é o caso do direito de ajustar a forma de pagamento do salário e sua periodicidade, o direito de alienar até 1/3 das férias, o direito de ajustar a prestação e a compensação de horas extraordinárias. Outro caso de transação, para Alexandre Belmonte, seria o de adesão ao Plano de Desligamento Voluntário, "embora condicionada à observância do requisito de percepção dos direitos que o empregado teria a receber se despedido fosse, acrescido de um *plus* que sirva de efeito atrativo compensatório do desfazimento do vínculo trabalhista" (*Instituições...*, 2004, p. 404).

De toda sorte, a *Reforma Trabalhista* (Lei 13.467/2017) trouxe mudanças importantes sobre o tema da transação. Não houve alteração no *caput* do art. 444 da CLT, que continua com a seguinte redação: "as relações contratuais de trabalho podem ser objeto de livre estipulação das partes interessadas em tudo quanto não contravenha às disposições de proteção ao trabalho, aos contratos coletivos que lhes sejam aplicáveis e às decisões das autoridades competentes". Assim, as anotações feitas por Alexandre Belmonte ainda devem ser consideradas para a prática.

Porém, foi introduzida uma previsão importante em seu parágrafo único, passando este a estabelecer que essa livre estipulação aplica-se às hipóteses previstas no art. 611-A da CLT, com a mesma eficácia legal e preponderância sobre os instrumentos coletivos, no caso de empregado portador de diploma de nível superior e que perceba salário mensal igual ou superior a duas vezes o limite máximo dos benefícios do Regime Geral de Previdência Social.

Entre as matérias que podem ser objeto de transação por empregados que estejam nessas condições – tidos como em situação de privilégio para a negociação –, o último preceito elenca: *a)* celebração de pacto quanto à jornada de trabalho, observados os limites constitucionais; *b)* negociação quanto ao banco de horas anual; *c)* determinação do intervalo intrajornada, respeitado o limite mínimo de trinta minutos para jornadas superiores a seis horas; *d)* adesão ao Programa Seguro-Emprego (PSE), de que trata a Lei 13.189/2015; *e)* determinação do plano de cargos, salários e funções compatíveis com a sua condição pessoal do empregado, bem como identificação dos cargos que se enquadram como funções de confiança; *f)* pactuação do regulamento empresarial; *g)* escolha do representante dos trabalhadores no local de trabalho; *h)* opção pelo teletrabalho, pelo regime de sobreaviso e pelo trabalho intermitente; *i)* adoção da remuneração por produtividade, incluídas as gorjetas percebidas pelo empregado, e da remuneração por desempenho individual; *j)* determinação da modalidade de registro da jornada de trabalho; *k)* troca do dia de feriado; *l)* opção por enquadramento do grau de insalubridade; *m)* prorrogação de jornada em ambientes insalubres, sem licença prévia das autoridades competentes do Ministério do Trabalho; *n)* escolha de prêmios de incentivo em bens ou serviços, eventualmente concedidos em programas de incentivo do empregador; e *o)* opção por participação nos lucros ou resultados da empresa.

Como se pode notar, houve uma ampliação considerável das situações que podem ser transacionadas no âmbito trabalhista, em especial para os empregadores mais instruídos e mais bem remunerados, em tentativa de se afastar o seu enquadramento como hipossuficientes; o que me parece salutar.

Superada a análise desse diálogo com a CLT, é imperioso lembrar que o contrato de transação é não solene, como regra geral. Mas, eventualmente, haverá a necessidade de escritura pública, se o contrato tiver por objeto um bem imóvel, podendo assumir a forma de contrato solene. Prevê o art. 842 do CC/2002 que "a transação far-se-á por escritura pública, nas obrigações em que a lei o exige, ou por instrumento particular, nas em que ela o admite; se recair sobre direitos contestados em juízo, será feita por escritura pública, ou por termo nos autos, assinado pelos transigentes e homologado pelo juiz". Assim, para os demais casos, exige-se, pelo menos, a forma escrita (contrato formal e não solene).

Em resumo, o dispositivo traz as duas formas básicas que a transação pode assumir:

a) *Transação judicial* ou *extintiva*: é aquela feita perante o juiz, havendo litígio em relação à determinada obrigação. Em casos tais, a lei prevê a necessidade de escritura pública ou de termo nos autos, assinado pelas partes e homologado pelo juiz da causa.

b) *Transação extrajudicial* ou *preventiva*: é aquela realizada com o intuito de prevenir eventual litígio judicial, não havendo maiores solenidades apontadas pela lei, exigindo-se apenas a forma escrita.

Nos dois casos, a transação deve ser interpretada de forma restritiva, nunca de maneira extensiva. Isso porque o negócio é benéfico, de restrição de direitos obrigacionais das partes. O julgado a seguir traz importante aplicação dessa conclusão, particularmente ao contrato de trabalho:

> "Transação firmada na Justiça do Trabalho. Cláusula que estipula renúncia ao pedido de indenização na Justiça comum. Precedentes da Corte. 1. A transação deve ser interpretada restritivamente, como neste caso, quando firmada na Justiça do Trabalho com cláusula de renúncia ao pedido de indenização na Justiça comum, sem que haja sequer a especificação da verba acordada para pôr fim à reclamação trabalhista. 2. Recurso especial não conhecido" (STJ, REsp 565.257/RO, 3.ª Turma, Rel. Min. Carlos Alberto Menezes Direito, j. 14.06.2004, *DJ* 30.08.2004, p. 282).

Por meio da transação não se transmitem, mas apenas se declaram ou reconhecem direitos (art. 843 do CC). Mesmo com essas limitações, em alguns casos é possível transigir acerca do *quantum* a ser pago, como ocorre nas hipóteses de transação envolvendo indenização fundada na responsabilidade civil ou quanto ao valor dos alimentos. Justamente por isso é que a transação é tida como um contrato de natureza declaratória, pois gera a extinção de obrigações.

Diante da sua natureza contratual, a transação não aproveita nem prejudica terceiros, senão aos que nela intervierem, ainda que diga respeito a coisa indivisível, gerando efeitos *inter partes*, em regra (art. 844 do CC). Entretanto, o próprio dispositivo traz algumas exceções:

a) Se a transação for concluída entre o credor e o devedor sem o conhecimento do fiador, este ficará desobrigado.

b) Sendo efetuada entre um dos credores solidários e o devedor, extingue-se a obrigação deste para com os outros credores.

c) Se realizada entre um dos devedores solidários e seu credor, extingue-se a dívida em relação aos codevedores.

Ainda no que concerne ao dispositivo em questão, na *V Jornada de Direito Civil*, evento promovido pelo Conselho da Justiça Federal em 2011, aprovou-se enunciado com interessante enfoque prático, estabelecendo que "a transação, sem a participação do advogado credor dos honorários, é ineficaz quanto aos honorários de sucumbência definidos no julgado" (Enunciado n. 442).

No Projeto de Reforma do Código Civil, é feita apenas uma proposta pontual para esse art. 844, além de pequenos ajustes em sua redação. A proposição é de que o § 1.º passe a mencionar outras obrigações acessórias, além da fiança, da seguinte forma: "se for concluída entre o credor e o devedor, desobrigará o fiador e gerará a extinção de outras obrigações acessórias". Com isso, a norma passará a ser aplicada ao seguro-garantia, ilustrando um dos seus exemplos.

Ocorrendo a evicção da coisa renunciada por um dos transigentes, ou por ele transferida à outra parte, não reviverá a obrigação extinta pela transação; mas ao evicto cabe o direito de reclamar perdas e danos. Essa é a regra constante do art. 845 do Código Civil em vigor.

É interessante, aqui, confrontar o que preceitua esse dispositivo com o art. 359 do CC/2002 para a dação em pagamento. Na *datio in solutum*, ocorrendo a evicção da coisa dada, retornará a prestação primitiva, com todos os seus efeitos, salvo os direitos de terceiros. Como se pode perceber, isso não ocorre na transação, o que diferencia os dois institutos quanto aos efeitos. De qualquer forma, a transação é instituto totalmente diverso da dação em pagamento, forma de pagamento indireto em que ocorre a mera substituição da prestação. A transação é um contrato típico que extingue obrigações por meio de mútuas concessões.

Aliás, a transação também não se confunde com a novação, pois não cria nova obrigação. Na transação, a obrigação é somente *diminuída* pelo acordo entre as partes enquanto a novação não é um contrato, mas sim negócio jurídico bilateral (forma de pagamento indireto).

Ainda quanto ao art. 845 do CC, prescreve o seu parágrafo único que, se um dos transigentes adquirir, depois da transação, novo direito sobre a coisa renunciada ou transferida, a transação feita não o inibirá de exercê-lo. Exemplificando, se o transigente tiver frutos a colher sobre o bem, poderá cobrá-los na forma da lei processual.

No que interessa à transação civil concernente a obrigações resultantes de delito, esta não extingue a ação penal pública (art. 846 do CC). Isso porque a responsabilidade civil independe da criminal, e vice-versa, nos termos do art. 935 do CC. Para Pablo Stolze Gagliano e Rodolfo Pamplona Filho, a regra é desnecessária, diante de princípios de ordem pública e de preservação social (*Novo curso...*, 2003, p. 227). Concorda-se com os doutrinadores baianos.

Diante do seu caráter declaratório, é admissível, na transação, a pena convencional, multa ou cláusula penal, nos termos do art. 847 do CC. No que concerne à multa compensatória, deve-se observar o limite constante do art. 412 do CC (valor da obrigação principal), cabendo a redução por equidade constante do art. 413 do CC se a cláusula penal for exagerada. No caso de multa moratória deverão ser observados os limites que constam em leis específicas, como é o montante de 2% (dois por cento) do valor da dívida, para os casos de relação de consumo, conforme o art. 52, § 1.º, do CDC.

802 | DIREITO CIVIL • VOL. 3 – *Flávio Tartuce*

Em decorrência do *princípio da indivisibilidade* adotado pelo Código Civil no art. 848, sendo nula qualquer cláusula da transação, nula será toda ela. Subsumindo essa indivisibilidade, julgou o Superior Tribunal de Justiça, em 2013:

> "A teor do artigo 1.026 do Código Civil de 1916, correspondente ao art. 848 do CC/02, sendo nula qualquer das cláusulas da transação, nula será esta. Desse modo, eventual anulação da transação implica o retorno ao *statu quo ante*, não podendo resultar em enriquecimento a qualquer das partes, pois é elemento constitutivo do negócio a concessão de vantagens recíprocas, por isso mesmo não se confunde com renúncia, desistência ou doação. 2. 'A transação devidamente homologada, com observância das exigências legais, sem a constatação de qualquer vício capaz de maculá-la, é ato jurídico perfeito e acabado, devendo produzir todos os efeitos legais e almejados pelas partes' (REsp 617.285/SC, Rel. Ministro Fernando Gonçalves, quarta turma, julgado em 08.11.2005, *DJ* 05.12.2005, p. 330)" (STJ, REsp 1.071.641/ RS, 4.ª Turma, Rel. Min. Luis Felipe Salomão, j. 21.05.2013, *DJe* 13.06.2013).

Na mesma linha, mais recentemente e com mesma relatoria, aduziu a Corte que "o Código Civil de 2002, demonstrando maior apuro técnico que o Diploma civilista de 1916, incluiu a transação no título das 'várias espécies de contratos'". Assim sendo, são características desse contrato "a consensualidade, a bilateralidade, a onerosidade, a indivisibilidade e a formalidade. Se apenas um faz concessão, poderá haver renúncia ou reconhecimento, não uma transação. A dupla concessão é o elemento essencial da transação; é a sua diferença específica em relação a figuras jurídicas análogas".

Como consequência dessa afirmação, e aplicando o art. 848 do Código Civil, o julgado conclui que "o escólio doutrinário é uníssono no sentido de que a indivisibilidade é da própria essência da transação, que deve formar um todo unitário e indivisível. Com efeito, a nulidade de uma das cláusulas provoca a nulidade de toda obrigação para o retorno ao *statu quo ante*. Dessarte, como a migração ocorreu por meio de transação, conforme dispõe o art. 848 do CC, sendo nula qualquer das cláusulas da transação, independentemente da natureza constitucional ou infraconstitucional do fundamento invocado para o reconhecimento do vício, nula será esta – o que implicaria o retorno ao *statu quo ante*, o que nem sequer é cogitado pelos autores, ora recorridos, malgrado afirmem ter sido lesados". Cabe esclarecer que o *decisum* trata de transação e migração em contrato de previdência privada complementar (STJ, REsp 1.551.488/MS, 2.ª Seção, Rel. Min. Luis Felipe Salomão, j. 14.06.2017, *DJe* 01.08.2017).

Pelos dois julgados superiores destacados, portanto, o que se percebe é que, em regra, não se aplica o princípio da conservação contratual (Enunciado n. 22 CJF/STJ), também diante do que consta do art. 843 do CC, pelo qual a transação não admite interpretação extensiva.

Mas a aplicação desse último princípio é possível em casos especiais, preceituando o parágrafo único do art. 848 do CC que, na hipótese em que a transação versar sobre diversos direitos contestados e independentes entre si, o fato de não prevalecer em relação a um não prejudicará os demais. Sintetizando, a nulidade de um direito não pode atingir outros, havendo independência entre eles.

O art. 849 do CC, outra norma especial, estatui que "a transação só se anula por dolo, coação, ou erro essencial quanto à pessoa ou coisa controversa. Parágrafo único.

A transação não se anula por erro de direito a respeito das questões que foram objeto de controvérsia entre as partes". Dúvidas surgem a respeito da redação do dispositivo: a transação não se anula pelos demais vícios do negócio jurídico? Não se anula por lesão, por estado de perigo ou por fraude contra credores? Haverá nulidade absoluta no caso de simulação? Seria um descuido do legislador atual a exemplo do que fez o legislador anterior? Vale lembrar que o art. 1.030 do Código Civil de 1916 tinha a seguinte redação: "A transação produz entre as partes o efeito de coisa julgada, e só se rescinde por dolo, violência, ou erro essencial quanto à pessoa ou coisa controversa".

Na doutrina, o equívoco é percebido por vários autores. Pablo Stolze Gagliano e Rodolfo Pamplona Filho lecionam que o dispositivo não afasta a nulidade relativa ou anulabilidade por estado de perigo, lesão e fraude contra credores, e, principalmente, a nulidade absoluta diante da simulação, particularmente porque o art. 167 do CC é norma de ordem pública (*Novo curso...*, 2003, p. 221). A opinião é também compartilhada por Sílvio de Salvo Venosa (*Direito...*, 2003, p. 313) e Carlos Roberto Gonçalves (*Direito...*, 2004, p. 551). Como não poderia ser diferente, filia-se a esses autores, sendo certo que à transação deverá ser aplicada a teoria das nulidades tratada na Parte Geral do Código Civil. Conclui-se, nesse diapasão, que o rol do art. 849, *caput*, do CC é meramente exemplificativo (*numerus apertus*), e não taxativo (*numerus clausus*).

Entretanto, conforme aponta Carlos Roberto Gonçalves, entendimento com o qual também se deve concordar, a ressalva deve ser feita para o erro de direito (*error iuris*), inovação introduzida pelo art. 139, inc. III, do CC. Não se anula a transação por erro de direito a respeito das questões que foram objeto de controvérsia entre as partes (art. 849, parágrafo único, do CC). Essa última norma, assim, deve ser preservada na literalidade.

Justamente para resolver esses problemas, no Projeto de Reforma do Código Civil sugere-se a necessária alteração de seu art. 849, passando o *caput* da norma a prever que "a transação será anulada nas mesmas hipóteses de anulação do negócio jurídico, previstas no art. 171 deste Código". Amplia-se a anulação, portanto, a todos os casos de nulidade relativa ou anulabilidade, incluindo todos os vícios ou defeitos do negócio jurídico. Quanto ao parágrafo único, mantém-se a exceção do erro de direito, que continua não anulando a transação, com texto aprimorado: "como exceção à regra do *caput*, a transação não se anula por erro de direito a respeito das questões que foram objeto de controvérsia entre as partes". Mais uma vez, portanto, almeja-se resolver dilema percebido nos mais de vinte anos de vigência do Código Civil.

Encerrando o tratamento legislativo da transação, prevê o art. 850 do CC que é nula a transação a respeito do litígio decidido por sentença passada em julgado, se dela não tinha ciência algum dos transatores, ou quando, por título ulteriormente descoberto, se verificar que nenhum deles tinha direito sobre o objeto da transação.

A norma é de ordem pública, pois o caso é de *nulidade textual* (art. 166, inc. VII, do CC). O exemplo apresentado por Sílvio Venosa elucida bastante a amplitude da norma: "Acordam, por exemplo, as partes em transigir acerca da posse ou da propriedade de um imóvel. Depois se verifica que a posse ou a propriedade é de um terceiro; falece de objeto a transação efetuada" (*Direito...*, 2003, p. 313).

Outro caso que poderia ser mencionado ocorre quando um mandatário, sem poderes para transigir, realiza uma transação prejudicial ao representado, sem o conhecimento desse último. A situação é também de nulidade absoluta, nos termos do art. 850 do CC.

Deve ficar claro que o art. 850 do CC não afasta a aplicação dos casos de nulidade previstos para os negócios jurídicos em geral, conforme os arts. 166 e 167 do Código em vigor.

Como última nota a respeito da transação, a jurisprudência do Superior Tribunal de Justiça tem entendido que, em regra, é descabido o direito de arrependimento e a rescisão unilateral da transação, ainda que antes da homologação judicial. O aresto que traz essa afirmação, do ano de 2022, cita outros precedentes importantes, a saber:

> "É pacífica a jurisprudência desta Corte no sentido de que, em regra, é descabido o arrependimento e a rescisão unilateral da transação, ainda que antes da homologação judicial (Ag. Int no REsp 1.926,701/MG, Rel. Ministro Raul Araújo, Quarta Turma, julgado em 20/9/2021, *DJe* 15/10/2021). No mesmo sentido: '1. A jurisprudência do STJ firmou-se no sentido de que não é possível a desistência unilateral da transação, ainda que antes de sua homologação. No caso, o acórdão recorrido está em conformidade com a orientação jurisprudencial do STJ. Incidência da Súmula 83/STJ. (...) (Ag. Int, no AREsp 1507448/SP, Rel. Ministro Luis Felipe Salomão, Quarta Turma, julgado em 17/12/2019, *DJe* 4/2/2020)'. '1. É descabido o arrependimento e rescisão unilateral da transação, ainda que não homologada de imediato pelo Juízo. Uma vez concluída a transação, as suas cláusulas ou condições obrigam definitivamente os contraentes, e sua rescisão só se torna possível 'por dolo, coação, ou erro essencial quanto à pessoa ou coisa controversa' (CC/2002, art. 849). (Ag. Int. no REsp 1.793.194/PR, Rel. Ministro Marco Aurélio Bellizze, Terceira Turma, julgado em 2/12/2019, *DJe* 5/12/2019)'" (STJ, Ag. Int. no AREsp 1.952.184/SC, 4.ª Turma, Rel. Min. Maria Isabel Gallotti, v.u., j. 22.08.2022, *DJe* 25.08.2022).

Essa posição, portanto, é consolidada no Tribunal da Cidadania e para a prática, devendo ser levada em conta para os casos concretos.

18.3 DO COMPROMISSO E DA ARBITRAGEM

O compromisso é o acordo de vontades por meio do qual as partes, preferindo não se submeter à decisão judicial, confiam a árbitros a solução de seus conflitos de interesse, de cunho patrimonial. O compromisso, assim, é um dos meios jurídicos que pode conduzir à arbitragem. O Código Civil em vigor trata do compromisso na parte alusiva às várias espécies de contratos, sendo o assunto também regulamentado pela Lei 9.307/1996 (Lei de Arbitragem), tanto no plano interno como no internacional.

Nos dizeres de Carlos Alberto Carmona a arbitragem constitui um "meio alternativo de solução de controvérsia através da intervenção de uma ou mais pessoas que recebem seus poderes de uma convenção privada, decidindo com base nela, sem intervenção estatal, sendo a decisão destinada a assumir a mesma eficácia da sentença judicial" (CARMONA, Carlos Alberto. *Arbitragem...*, 2006, p. 51). Para o jurista, portanto, a *arbitragem é jurisdição*, tendo sido esta a opção da Lei 9.307/1996, seguida por mim.

Além de proporcionar decisão mais rápida, a arbitragem é menos formal, menos dispendiosa (em alguns casos) e mais discreta, pois não há publicidade dos seus atos. Na grande maioria das vezes, aliás, há cláusula de sigilo ou confidencialidade das decisões.

Como assinala a doutrina civilista contemporânea, o conceito de compromisso é mais amplo do que o de arbitragem, pois, por meio do primeiro, as partes se remetam à segunda, para a solução de suas contendas (GAGLIANO, Pablo Stolze; PAMPLONA FILHO, Rodolfo. *Novo curso...* 2007, p. 211). Em suma, a partir das doutrinas aqui citadas, pode-se dizer que o compromisso é contrato, a arbitragem é jurisdição; o compromisso é um contrato que gera efeitos processuais. Sendo contrato, diante da mudança de tratamento dado pela codificação de 2002, o compromisso está regido pelo princípio da autonomia privada, que vem a ser o direito que a pessoa tem de regulamentar os próprios interesses.

Aqui serão comentadas as regras constantes do Código Civil (arts. 851 a 853), bem como as principais normas de cunho material dessa lei específica.

Conforme preconiza o art. 852 do CC/2002, a arbitragem restringe-se somente a *direitos patrimoniais disponíveis*, não podendo atingir os direitos da personalidade ou inerentes à dignidade da pessoa humana, visualizados pelos arts. 11 a 21 do Código Civil em vigor. Também não podem ter como conteúdo a solução de questões de estado, de direito pessoal de família e de outras que não tenham caráter estritamente patrimonial. Debate-se a possibilidade de aplicação da arbitragem ao regime de bens do casamento e da união estável, por estar o tema relacionado a questões patrimoniais e não existenciais.

Superando-se o debate que foi inaugurado na *I Jornada*, aprovou-se o Enunciado n. 96 na *II Jornada de Prevenção e Solução Extrajudicial de Litígios*, em agosto de 2021, *in verbis*: é "válida a inserção da cláusula compromissória em pacto antenupcial e em contrato de união estável". Apesar das minhas resistências doutrinárias – pelo fato de ser difícil a separação absoluta de interesses puramente patrimoniais nas disputas de família –, não se pode negar que o enunciado representa um passo adiante na concreção prática da arbitragem, para o Direito de Família.

Em complemento para a ressalva, surgirão debates sobre a forma como a cláusula compromissória foi inserida em tais contratos, notadamente se houve ou não imposição de um dos consortes ao outro, sobretudo nas hipóteses fáticas em que há disparidade econômica entre eles. Também haverá resistências quanto à própria funcionalidade de arbitragem, pois podem surgir, em meio ao procedimento, debates de questões existenciais, muito além do patrimônio puro das partes.

Não se pode confundir a *arbitragem* com a *mediação*. Na arbitragem, os árbitros nomeados decidem questões relativas a uma obrigação de cunho patrimonial. Na mediação, os mediadores buscam a facilitação do diálogo entre as partes para que elas mesmas se componham. A mediação pode estar relacionada com direitos personalíssimos, como aqueles decorrentes de Direito de Família, o que foi incentivado pelo CPC/2015 em vários de seus dispositivos.

Aliás, o Código de Processo Civil de 2015 procurou especificar a atuação do mediador, diferenciando a mediação da conciliação. Nos termos do seu art. 165, os Tribunais criarão centros judiciários de solução consensual de conflitos, responsáveis pela realização de sessões e audiências de conciliação e mediação e pelo desenvolvimento de programas destinados a auxiliar, orientar e estimular a autocomposição. A composição e a organização dos centros serão definidas pelo respectivo tribunal, observadas as normas do Conselho Nacional de Justiça (art. 165, § 1.º, do CPC/2015).

Em relação ao conciliador, este atuará preferencialmente nos casos em que não houver vínculo anterior entre as partes, podendo sugerir soluções para o litígio, sendo vedada a utilização de qualquer tipo de constrangimento ou intimidação para que as partes conciliem (art. 165, § 2.º, do CPC/2015).

No que diz respeito ao mediador, ele atuará preferencialmente nos casos em que houver vínculo anterior entre as partes, auxiliando os interessados a compreender as questões e os interesses em conflito, de modo que eles possam, pelo restabelecimento da comunicação, identificar, por si próprios, soluções consensuais que gerem benefícios mútuos art. 165, § 3.º, do CPC/2015). Como se nota, o que a atuação do mediador almeja não é o acordo diretamente, mas o *diálogo* e a interação entre os envolvidos com a contenda.

A propósito, em complemento ao CPC/2015, pontue-se que entrou em vigor no Brasil a Lei da Mediação (Lei 13.140/2015), sendo grandes os desafios a respeito das interações dessa lei específica com o Estatuto Processual emergente no futuro.

Quanto ao *compromisso arbitral*, trata-se de um contrato bilateral, oneroso, consensual e comutativo. Como ocorre com a transação, o compromisso muito se aproxima das formas de extinção das obrigações por pagamento indireto, como, aliás, antes era tratado.

O art. 851 do CC admite duas formas de compromisso arbitral, o *judicial* e o *extrajudicial*. O compromisso judicial é aquele celebrado na pendência da lide (*endoprocessual*), por termo nos autos, o que faz cessar as funções do juiz togado. O compromisso extrajudicial está presente nas hipóteses em que ainda não foi ajuizada ação (*extraprocessual*), podendo ser celebrado por escritura pública ou escrito particular a ser assinado pelas partes e por duas testemunhas.

Além dessas hipóteses, o art. 853 do CC prevê a possibilidade da *cláusula compromissória* (*pactum de compromittendo*), para resolver divergências mediante juízo arbitral, na forma estabelecida pela Lei 9.307/1996. Nesse sentido, prevê o art. 4.º da referida lei que "a cláusula compromissória é a convenção através da qual as partes em um contrato comprometem-se a submeter à arbitragem os litígios que possam vir a surgir, relativamente a tal contrato".

Essa cláusula compromissória deve ser estipulada por escrito, podendo estar inserida no próprio contrato ou em documento apartado que a ele se refira. Como se extrai da consolidação doutrinária sobre o tema, a cláusula compromissória pode ser *cheia* ou *vazia*.

A *cláusula arbitral cheia* traz as possibilidades mínimas para se instituir uma arbitragem, sem necessidade de socorro ao Poder Judiciário para que o procedimento possa ser instaurado. Está tratada no art. 5.º da Lei de Arbitragem, que tem a seguinte redação: "reportando-se as partes, na cláusula compromissória, às regras de algum órgão arbitral institucional ou entidade especializada, a arbitragem será instituída e processada de acordo com tais regras, podendo, igualmente, as partes estabelecer na própria cláusula, ou em outro documento, a forma convencionada para a instituição da arbitragem".

Como se pode perceber, a cláusula é denominada como *cheia* ou *em preto,* pelo fato de trazer informações mínimas, previamente ajustadas, para a instituição da arbitragem posterior, em especial com a determinação de qual será o órgão a analisar o eventual

CAP. 18 · CONTRATOS EM ESPÉCIE – DA TRANSAÇÃO E DO COMPROMISSO | **807**

conflito. A título de exemplo, imagine-se uma previsão que estabeleça que, em caso de demanda, será competente para examinar a disputa a Câmara Arbitral da FECOMER-CIOSP ou da FIESP, ambas localizadas na cidade de São Paulo.

Por outra via, a *cláusula arbitral vazia*, também denominada *cláusula arbitral em branco*, é aquela que necessita de um preenchimento posterior, para que seja dada efetividade ao procedimento arbitral. Nas exatas lições de Francisco José Cahali, "também chamada de cláusula em branco, como o próprio nome sugere, a previsão da arbitragem desta forma traz uma lacuna quanto à forma de instauração do procedimento arbitral, que deverá ser suprida por compromisso arbitral quando do surgimento do conflito, celebrado pelas partes diretamente, ou por intermédio do Judiciário" (CAHALI, Francisco José. *Curso...*, 2017, p. 164). Em outras palavras, a cláusula compromissória vazia é aquela que não traz em seu conteúdo os requisitos descritos no art. 5.º da Lei de Arbitragem.

Em regra, a referida cláusula compromissória vincula as partes, sendo obrigatória, diante do princípio da força obrigatória dos contratos (*pacta sunt servanda*). Corroborando essa afirmação de vinculação da cláusula compromissória, a assertiva n. 2 publicada na Edição n. 122 da ferramenta *Jurisprudência em Teses*, do STJ (2019): "uma vez expressada a vontade de estatuir, em contrato, cláusula compromissória ampla, a sua destituição deve vir através de igual declaração expressa das partes, não servindo, para tanto, mera alusão a atos ou a acordos que não tenham o condão de afastar a convenção das partes". Entretanto, enuncia o art. 51, inc. VII, do CDC que, nos contratos de consumo, será nula por abusividade a cláusula que impõe a utilização compulsória da arbitragem.

Consigne-se que havia proposta de inclusão da possibilidade do uso da arbitragem para solução de contendas consumeristas, por meio do projeto convertido na Lei 13.129, de 2015. A projeção visava a acrescentar um § 3.º no art. 4.º da Lei 9.307/1996, com a seguinte redação: "na relação de consumo estabelecida por meio de contrato de adesão, a cláusula compromissória só terá eficácia se o aderente tomar a iniciativa de instituir a arbitragem ou concordar expressamente com a sua instituição".

Conforme as razões do veto, "da forma prevista, os dispositivos alterariam as regras para arbitragem em contrato de adesão. Com isso, autorizariam, de forma ampla, a arbitragem nas relações de consumo, sem deixar claro que a manifestação de vontade do consumidor deva se dar também no momento posterior ao surgimento de eventual controvérsia e não apenas no momento inicial da assinatura do contrato. Em decorrência das garantias próprias do direito do consumidor, tal ampliação do espaço da arbitragem, sem os devidos recortes, poderia significar um retrocesso e ofensa ao princípio norteador de proteção do consumidor". Estou filiado em parte ao teor do veto, pois, sem dúvida, a inclusão poderia representar um retrocesso na proteção dos consumidores perante o mercado, afastando a tutela efetiva consagrada pelo art. 6.º, inc. VIII, da Lei 8.078/1990. De toda sorte, penso que seria até viável admitir a arbitragem em matéria de consumo, em se tratando de pessoa jurídica consumidora, e sendo dela a iniciativa de instauração da arbitragem.

A propósito desse tema, cumpre anotar que, não obstante o veto à proposta de alteração legislativa, julgado do Superior Tribunal de Justiça, do ano de 2016, admitiu a instauração de arbitragem em conflito de consumo, sendo do consumidor a iniciativa de início do painel arbitral. Nos termos do aresto, que merece destaque:

"Não há incompatibilidade entre os arts. 51, inc. VII, do CDC e 4.º, § 2.º, da Lei n. 9.307/96. Visando conciliar os normativos e garantir a maior proteção ao consumidor é que entende-se que a cláusula compromissória só virá a ter eficácia caso este aderente venha a tomar a iniciativa de instituir a arbitragem, ou concorde, expressamente, com a sua instituição, não havendo, por conseguinte, falar em compulsoriedade. Ademais, há situações em que, apesar de se tratar de consumidor, não há vulnerabilidade da parte a justificar sua proteção. (...). Assim, é possível a cláusula arbitral em contrato de adesão de consumo quando não se verificar presente a sua imposição pelo fornecedor ou a vulnerabilidade do consumidor, bem como quando a iniciativa da instauração ocorrer pelo consumidor ou, no caso de iniciativa do fornecedor, venha a concordar ou ratificar expressamente com a instituição" (STJ, REsp 1.189.050/SP, 4.ª Turma, Rel. Min. Luis Felipe Salomão, j. 01.03.2016).

Em 2018, surgiu outro julgado a ser destacado, que atesta todas essas afirmações, no sentido de que "o art. 51, VII, do CDC limita-se a vedar a adoção prévia e compulsória da arbitragem, no momento da celebração do contrato, mas não impede que, posteriormente, diante de eventual litígio, havendo consenso entre as partes (em especial a aquiescência do consumidor), seja instaurado o procedimento arbitral". Porém, na situação julgada, a arbitragem foi afastada, pois, "na hipótese sob julgamento, a atitude da recorrente (consumidora) de promover o ajuizamento da ação principal perante o juízo estatal evidencia, ainda que de forma implícita, a sua discordância em submeter-se ao procedimento arbitral, não podendo, pois, nos termos do art. 51, inc. VII, do CDC, prevalecer a cláusula que impõe a sua utilização, visto ter-se dado de forma compulsória" (STJ, REsp 1.628.819/MG, 3.ª Turma, Rel. Min. Nancy Andrighi, j. 27.02.2018, *DJe* 15.03.2018).

Em 2019, na Edição n. 122 da ferramenta *Jurisprudência em Teses* da Corte, dedicada à arbitragem, publicou-se a afirmação n. 11, preceituando que "a legislação consumerista impede a adoção prévia e compulsória da arbitragem no momento da celebração do contrato, mas não proíbe que, posteriormente, em face de eventual litígio, havendo consenso entre as partes, seja instaurado o procedimento arbitral". Os dois acórdãos transcritos são citados como precedentes, ao lado de outros (STJ, AgInt no AREsp 1.192.648/GO, 4.ª Turma, Rel. Min. Raul Araújo, j. 27.11.2018, *DJe* 04.12.2018 e AgInt no AREsp 1.152.469/GO, 4.ª Turma, Rel. Min. Maria Isabel Gallotti, j. 08.05.2018, *DJe* 18.05.2018).

No âmbito da doutrina, na *II Jornada de Solução e Prevenção Extrajudicial dos Litígios*, promovido pelo Conselho da Justiça Federal em 2021, aprovou-se o Enunciado n. 103, segundo o qual "é admissível a implementação da arbitragem *on-line* na resolução dos conflitos de consumo, respeitada a vontade do consumidor e observada sua vulnerabilidade e compreensão dos termos do procedimento, como forma de promoção de acesso à justiça".

Com o devido respeito, penso não ser possível juridicamente a cláusula compromissória prévia vinculativa ao consumidor, o que entra em conflito com o CDC. Todavia, nos casos de ser o consumidor uma pessoa jurídica, mitigada a sua hipossuficiência, não haveria óbice para que fosse firmado um compromisso arbitral posterior, sendo possível a instauração de arbitragem havendo consenso entre as partes. Tanto isso é verdade que, no último evento, sugeri a substituição do termo "vulnerabilidade" por "hipossuficiência", o que acabou não sendo adotado na aprovação final do enunciado doutrinário. O termo que consta da ementa doutrinária deixa dúvidas práticas, uma vez que todo consumidor, sem exceção, é vulnerável.

Ainda a esse propósito, a Segunda Seção do Superior Tribunal de Justiça, em 2023, reafirmou não ser possível a arbitragem compulsória de consumo, devendo haver, sempre, a concordância expressa do consumidor para que ela seja possível. Conforme a tese exarada, "com o ajuizamento, pelo consumidor, de ação perante o Poder Judiciário, presume-se a discordância dele em submeter-se ao juízo arbitral, sendo nula a cláusula de contrato de consumo que determina a utilização compulsória da arbitragem" (STJ, EREsp 1.636.889-MG, 2.ª Seção, Rel. Min. Nancy Andrighi, v.u., j. 09.08.2023, *DJe* 14.08.2023).

No que se refere aos contratos de adesão, a cláusula compromissória só terá eficácia se o aderente tomar a iniciativa de instituir a arbitragem ou concordar, expressamente, com a sua instituição, desde que por escrito em documento anexo ou em negrito, com a assinatura ou visto especialmente para essa cláusula (art. 4.º, § 2.º, da Lei 9.307/1996).

Aplicando esse preceito, repise-se recente aresto do Superior Tribunal de Justiça considerou que a cláusula que não preenche tais requisitos deve ser tida como *patológica*, o que acarreta a sua nulidade absoluta e não a mera ineficácia:

> "Recurso especial. Direito civil e processual civil. Contrato de franquia. Contrato de adesão. Arbitragem. Requisito de validade do art. 4.º, § 2.º, da Lei 9.307/96. Descumprimento. Reconhecimento *prima facie* de cláusula compromissória 'patológica'. Atuação do Poder Judiciário. Possibilidade. Nulidade reconhecida. Recurso provido. 1. Recurso especial interposto em 07/04/2015 e redistribuído a este gabinete em 25/08/2016. 2. O contrato de franquia, por sua natureza, não está sujeito às regras protetivas previstas no CDC, pois não há relação de consumo, mas de fomento econômico. 3. Todos os contratos de adesão, mesmo aqueles que não consubstanciam relações de consumo, como os contratos de franquia, devem observar o disposto no art. 4.º, § 2.º, da Lei 9.307/96. 4. O Poder Judiciário pode, nos casos em que *prima facie* é identificado um compromisso arbitral 'patológico', *i.e.*, claramente ilegal, declarar a nulidade dessa cláusula, independentemente do estado em que se encontre o procedimento arbitral. 5. Recurso especial conhecido e provido" (STJ, REsp 1.602.076/SP, 3.ª Turma, Rel. Min. Nancy Andrighi, j. 15.09.2016, *DJe* 30.09.2016).

Além da precisa análise técnica, o aresto traz a correta diferenciação entre os contratos de consumo e os de adesão, conforme desenvolvido nos primeiros capítulos desta obra. Vale lembrar que, nos termos do art. 2.º da nova *Lei das Franquias* (Lei 13.966/2019), a franquia empresarial, apesar de ser um contrato de adesão, não está submetida ao Código de Defesa do Consumidor. Conforme o seu teor, "franquia empresarial é o sistema pelo qual um franqueador autoriza por meio de contrato um franqueado a usar marcas e outros objetos de propriedade intelectual, sempre associados ao direito de produção ou distribuição exclusiva ou não exclusiva de produtos ou serviços e também ao direito de uso de métodos e sistemas de implantação e administração de negócio ou sistema operacional desenvolvido ou detido pelo franqueador, mediante remuneração direta ou indireta, sem que, no entanto, se caracterize relação de consumo ou vínculo empregatício, seja em relação ao franqueado ou a seus empregados, ainda que durante o período de treinamento".

810 │ DIREITO CIVIL • VOL. 3 – *Flávio Tartuce*

Ademais, entendo que o enquadramento pela nulidade absoluta da *cláusula patológica* pode se dar pelo que consta do art. 424 do Código Civil, pelo qual, nos contratos de adesão, é nula a cláusula de renúncia a direito inerente ao negócio, no caso à jurisdição estatal. De todo modo, observe-se que essa nova Lei 13.966/2019 estabelece expressamente, no seu art. 7.º, que as partes do contrato podem fazer uso do juízo arbitral. Nos termos do § 1.º desse dispositivo, "as partes poderão eleger juízo arbitral para solução de controvérsias relacionadas ao contrato de franquia". Sendo o contrato de adesão, como parece ser a regra na prática desse negócio, continua tendo aplicação o art. 4.º, parágrafo único, da Lei de Arbitragem e o art. 424 do CC, sendo possível afastar o conteúdo da cláusula compromissória arbitral, se não atender aos requisitos estabelecidos na primeira norma.

Pois bem, para a compreensão da matéria, é imperioso comentar outras regras da Lei de Arbitragem importantes para as provas e para a prática do Direito Civil.

O art. 1.º da Lei 9.307/1996, em sintonia com o que traz o Código Civil, prevê que todas "as pessoas capazes de contratar poderão valer-se da arbitragem para dirimir litígios relativos a direitos patrimoniais disponíveis". Conforme os comentários de Carlos Alberto Carmona, "considerando-se que a instituição de juízo arbitral pressupõe a disponibilidade do direito, não podem instaurar processo arbitral aqueles que tenham apenas poderes de administração, bem como os incapazes (ainda que representados e assistidos). Isto significa que o inventariante do Espólio e o síndico do condomínio não podem, sem permissão, submeter demanda a julgamento arbitral; havendo, porém, autorização (judicial, no caso do inventariante e do síndico da falência, ou da assembleia de condôminos, no que diz respeito ao condomínio), poderá ser celebrada a convenção arbitral. Sem a autorização será nula a cláusula ou o compromisso arbitral" (CARMONA, Carlos Alberto. *Arbitragem...*, 2006, p. 55).

A arbitragem poderá ser *de direito* ou *de equidade*, a critério das partes. Assim sendo, os árbitros podem ter conhecimento jurídico específico ou não, respectivamente (art. 2.º da Lei 9.307/1996). Na prática, contudo, raras são as situações de juízo de equidade, pela falta de segurança que podem gerar às partes.

No caso de *arbitragem de direito*, as partes poderão escolher, livremente, as regras jurídicas que serão aplicadas na arbitragem, desde que não haja violação aos bons costumes e à ordem pública. Poderão, também, convencionar que a arbitragem se realize com base nos princípios gerais de direito, nos usos e costumes e nas regras internacionais de comércio. Para a hipótese de *arbitragem de equidade*, não há normas jurídicas específicas. Entretanto, o seu conteúdo não pode contrariar a lei, a boa-fé objetiva, a ordem pública e os bons costumes.

No caso de cláusula compromissória, reportando-se as partes às regras de algum órgão arbitral institucional ou de entidade especializada, a arbitragem será instituída e processada de acordo com tais regras. Poderão as partes, igualmente, estabelecer na própria cláusula, ou em outro documento, a forma convencionada para a instituição da arbitragem (art. 5.º da Lei 9.307/1996). Isso desde que essa instituição não contrarie normas de ordem pública e interesse social.

Não havendo acordo prévio sobre a forma de instituir a arbitragem, a parte interessada manifestará à outra parte a sua intenção de dar início ao procedimento, por via postal ou por outro meio qualquer de comunicação, mediante comprovação de recebimento. Por esse meio, ocorrerá a convocação da outra parte para, em dia, hora e local certos, firmar o compromisso arbitral (art. 6.º da Lei de Arbitragem).

Não comparecendo a parte convocada ou, comparecendo, recusar-se a firmar o compromisso arbitral, poderá a outra parte propor a demanda de que trata o art. 7.º da Lei 9.307/1996, ou seja, a *ação de instauração de arbitragem*. Essa demanda será proposta perante o órgão do Poder Judiciário, a quem, originariamente, tocaria o julgamento da causa. Esse dispositivo, que elenca todos os procedimentos para a ação em questão, tem a seguinte redação:

> "Art. 7.º Existindo cláusula compromissória e havendo resistência quanto à instituição da arbitragem, poderá a parte interessada requerer a citação da outra parte para comparecer em juízo a fim de lavrar-se o compromisso, designando o juiz audiência especial para tal fim.
>
> § 1.º O autor indicará, com precisão, o objeto da arbitragem, instruindo o pedido com o documento que contiver a cláusula compromissória.
>
> § 2.º Comparecendo as partes à audiência, o juiz tentará, previamente, a conciliação acerca do litígio. Não obtendo sucesso, tentará o juiz conduzir as partes à celebração, de comum acordo, do compromisso arbitral.
>
> § 3.º Não concordando as partes sobre os termos do compromisso, decidirá o juiz, após ouvir o réu, sobre seu conteúdo, na própria audiência ou no prazo de dez dias, respeitadas as disposições da cláusula compromissória e atendendo ao disposto nos arts. 10 e 21, § 2.º, desta Lei.
>
> § 4.º Se a cláusula compromissória nada dispuser sobre a nomeação de árbitros, caberá ao juiz, ouvidas as partes, estatuir a respeito, podendo nomear árbitro único para a solução do litígio.
>
> § 5.º A ausência do autor, sem justo motivo, à audiência designada para a lavratura do compromisso arbitral, importará a extinção do processo sem julgamento de mérito.
>
> § 6.º Não comparecendo o réu à audiência, caberá ao juiz, ouvido o autor, estatuir a respeito do conteúdo do compromisso, nomeando árbitro único.
>
> § 7.º A sentença que julgar procedente o pedido valerá como compromisso arbitral".

Ainda quanto à cláusula compromissória, esta deve ser considerada autônoma em relação ao contrato em que estiver inserida. Tanto isso é verdade que a nulidade do contrato não implica, necessariamente, na nulidade da cláusula compromissória (art. 8.º da Lei 9.307/1996).

O que se percebe é que a cláusula compromissória não é considerada um negócio jurídico acessório, mas um negócio autônomo e independente. Seguindo essa linha de raciocínio, caberá ao árbitro decidir de ofício ou por provocação das partes, as questões acerca da existência, validade e eficácia da convenção de arbitragem e do contrato que contenha a cláusula compromissória (art. 8.º, parágrafo único, da Lei de Arbitragem).

A última norma consagra o princípio *competência-competência* (*Kompetenz-Kompetenz*), segundo o qual cabe ao árbitro controlar eventuais problemas de formação da convenção de arbitragem, geradores da sua invalidade, sendo cabível a intervenção do Poder Judiciário apenas em casos excepcionais. Confirmando essa afirmação, merecem ser citadas duas teses publicadas na Edição n. 122 da ferramenta *Jurisprudência em Teses,* do STJ, dedicada à arbitragem e do ano de 2019. Conforme a assertiva n. 3, "a previsão contratual de convenção de arbitragem enseja o reconhecimento da competência do Juízo arbitral para decidir com primazia sobre Poder Judiciário, de ofício ou por provocação das partes, as questões relativas à existência, à validade e à eficácia da convenção de arbitragem e do contrato que contenha a cláusula compromissória". Além disso, nos termos da tese n. 4, "o Poder Judiciário pode, em situações excepcionais, declarar a nulidade de cláusula compromissória arbitral, independentemente do estado em que se encontre o procedimento arbitral, quando aposta em compromisso claramente ilegal".

Voltando ao compromisso arbitral, este é conceituado especificamente pela lei como "a convenção através da qual as partes submetem um litígio à arbitragem de uma ou mais pessoas, podendo ser judicial ou extrajudicial" (art. 9.º). Conforme aponta a doutrina especializada, trata-se de um contrato e não de mero acordo de vontades (CARMONA, Carlos Alberto. *Arbitragem...*, 2006, p. 167). Quanto a esse compromisso deverão constar, obrigatoriamente, como elementos essenciais, nos termos do art. 10 da Lei 9.307/1996:

a) o nome, profissão, estado civil e domicílio das partes;

b) o nome, profissão e domicílio do árbitro, ou dos árbitros, ou, se for o caso, a iden-tificação da entidade à qual as partes delegaram a indicação de árbitros;

c) a matéria que será objeto da arbitragem; e

d) o lugar em que será proferida a sentença arbitral.

Não havendo alguns desses elementos, o compromisso é considerado nulo, pois os elementos descritos estão no plano da sua validade. Além desses, o compromisso arbitral poderá conter, ainda, como elementos acidentais ou dispensáveis:

a) local, ou locais, onde se desenvolverá a arbitragem;

b) a autorização para que o árbitro(s) julgue(m) por equidade, se assim for convencionado pelas partes;

c) o prazo para apresentação da sentença arbitral;

d) a indicação da lei nacional ou das regras corporativas aplicáveis à arbitragem, quando assim convencionarem as partes;

e) a declaração da responsabilidade pelo pagamento dos honorários e das despesas com a arbitragem; e

f) a fixação dos honorários do árbitro, ou dos árbitros. Fixando as partes os honorários do árbitro, ou dos árbitros, no compromisso arbitral, este constituirá título executivo extraju-dicial. Mas, não havendo tal estipulação, o árbitro requererá ao órgão do Poder Judiciário que seria competente para julgar, originariamente, a causa que os fixe por sentença.

Esses elementos constam do art. 11 da Lei 9.307/1996. Entretanto, como consta do próprio comando legal, não são obrigatórios, sendo dispensáveis e sem prejuízo da validade do compromisso arbitral firmado.

O art. 12 da Lei de Arbitragem enumera as hipóteses de extinção do compromisso arbitral, a saber:

a) Escusando-se qualquer dos árbitros, antes de aceitar a nomeação, desde que as partes tenham declarado, expressamente, não aceitar substituto.

CAP. 18 • CONTRATOS EM ESPÉCIE – DA TRANSAÇÃO E DO COMPROMISSO | **813**

b) Falecendo ou ficando impossibilitado de dar seu voto algum dos árbitros, desde que as partes declarem, expressamente, não aceitar substituto.

c) Tendo expirado o prazo para a sentença arbitral, desde que a parte interessada tenha notificado o árbitro, ou o presidente do tribunal arbitral, concedendo-lhe o prazo de dez dias para a prolação e apresentação da sentença arbitral.

No tocante ao árbitro, poderá assumir o encargo qualquer pessoa capaz e que tenha a confiança das partes (art. 13 da Lei 9.307/1996). Diante da confiança mencionada na lei específica, aplica-se ao contrato em questão, como não poderia ser diferente, o princípio da boa-fé objetiva. Outras regras, constantes do mesmo dispositivo também devem ser observadas quanto ao árbitro.

Primeiramente, por razões óbvias, as partes nomearão um ou mais árbitros, sempre em número ímpar, podendo nomear, também, os respectivos suplentes (art. 13, § 1.º). Quando as partes nomearem árbitros em número par, estes estão autorizados, desde logo, a nomear mais um árbitro. Não havendo acordo, as partes requererão ao órgão do Poder Judiciário a que tocaria, originariamente, o julgamento da causa a nomeação do árbitro. Nesse caso, será aplicável, no que couber, todo o procedimento constante do art. 7.º da Lei 9.307/1996, aqui transcrito (art. 13, § 2.º).

Além disso, poderão as partes, de comum acordo, estabelecer o processo de escolha dos árbitros, ou adotar as regras de um órgão arbitral institucional ou entidade especializada (art. 13, § 3.º).

O § 4.º do art. 13 da Lei de Arbitragem foi alterado pela Lei 13.129/2015. Na sua redação originária, estabelecia que, sendo nomeados vários árbitros, estes, por maioria, elegerão o presidente do tribunal arbitral. Não havendo consenso, seria designado como presidente o membro mais idoso (art. 13, § 4.º). Com a sua nova redação, passou a norma a preceituar que as partes, de comum acordo, poderão afastar a aplicação de dispositivo do regulamento do órgão arbitral institucional ou entidade especializada que limite a escolha do árbitro único, coárbitro ou presidente do tribunal à respectiva lista de árbitros, autorizado o controle da escolha pelos órgãos competentes da instituição. Em complemento, nos casos de impasse e arbitragem multiparte, deverá ser observado o que dispuser o regulamento aplicável.

Além disso, o árbitro ou o presidente do tribunal designará, se julgar conveniente, um secretário, que poderá ser um dos árbitros (art. 13, § 5.º). Esse último preceito não sofreu qualquer alteração, a exemplo dos parágrafos seguintes do mesmo dispositivo.

No desempenho de sua função, o árbitro deverá proceder com imparcialidade, independência, competência, diligência e discrição (art. 13, § 6.º).

Poderá o árbitro ou o tribunal arbitral determinar às partes o adiantamento de verbas para as despesas e a realização das diligências que julgar necessárias (art. 13, § 7.º).

O art. 14 da Lei 9.307/1996 impede que funcionem como árbitros as pessoas que tenham, com as partes ou com o litígio que lhes for submetido, algumas das relações que caracterizam os casos de impedimento ou suspeição de juízes, aplicando-se-lhes, no que couber, os mesmos deveres e responsabilidades.

As pessoas indicadas para funcionar como árbitro têm o dever de revelar, antes da aceitação da função, qualquer fato que denote dúvida justificada quanto à sua imparcialidade e independência (*dever de revelação*). O árbitro somente poderá ser recusado por motivo ocorrido após sua nomeação. Poderá, entretanto, ser recusado por motivo anterior à sua nomeação, quando:

a) não for nomeado, diretamente, pela parte; ou
b) o motivo para a recusa do árbitro for conhecido posteriormente à sua nomeação.

A parte interessada em arguir a recusa do árbitro apresentará a respectiva exceção, diretamente ao árbitro ou ao presidente do tribunal arbitral, deduzindo suas razões e apresentando as provas pertinentes (art. 15 da Lei 9.307/1996). Acolhida a exceção, será afastado o árbitro suspeito ou impedido, que será substituído, nos termos do art. 16 da Lei de Arbitragem, cuja redação merece transcrição:

> "Art. 16. Se o árbitro escusar-se antes da aceitação da nomeação, ou, após a aceitação, vier a falecer, tornar-se impossibilitado para o exercício da função, ou for recusado, assumirá seu lugar o substituto indicado no compromisso, se houver.
>
> § 1.º Não havendo substituto indicado para o árbitro, aplicar-se-ão as regras do órgão arbitral institucional ou entidade especializada, se as partes as tiverem invocado na convenção de arbitragem.
>
> § 2.º Nada dispondo a convenção de arbitragem e não chegando as partes a um acordo sobre a nomeação do árbitro a ser substituído, procederá a parte interessada da forma prevista no art. 7.º desta Lei, a menos que as partes tenham declarado, expressamente, na convenção de arbitragem, não aceitar substituto".

Os árbitros, quando no exercício de suas funções ou em razão delas, ficam equiparados aos funcionários públicos, para os efeitos da legislação penal (art. 17 da Lei 9.307/1996). O árbitro é *juiz de fato* e *de direito*, e a sentença que proferir não fica sujeita a recurso ou a homologação pelo Poder Judiciário (art. 18). Esses dois últimos comandos afastam qualquer dúvida sobre a natureza jurisdicional da arbitragem. Assim sendo, ao lado da *jurisdição estatal* há a *jurisdição arbitral*.

Concluindo desse modo, a assertiva n. 9, publicada na Edição n. 122 da ferramenta *Jurisprudência em Teses*, do STJ (2019): "a atividade desenvolvida no âmbito da arbitragem possui natureza jurisdicional, o que torna possível a existência de conflito de competência entre os juízos estatal e arbitral, cabendo ao Superior Tribunal de Justiça – STJ o seu julgamento". São citados como alguns dos precedentes: CC 157.099/RJ, 2.ª Seção, Rel. Min. Marco Buzzi, Rel. p/ Acórdão Min. Nancy Andrighi, j. 10.10.2018, *DJe* 30.10.2018; CC 150.830/PA, 2.ª Seção, Rel. Min. Marco Aurélio Bellizze, j. 10.10.2018, *DJe* 16.10.2018; AgInt no CC 156.133/BA, 1.ª Seção, Rel. Min. Gurgel de Faria, j. 22.08.2018, *DJe* 21.09.2018; e AgInt no CC 153498/RJ, 2.ª Seção, Rel. Min. Moura Ribeiro, j. 23.05.2018, *DJe* 14.06.2018). Todavia, não se pode esquecer que "o árbitro não possui poder coercitivo direto, sendo-lhe vedada a prática de atos executivos, cabendo ao Poder Judiciário a execução forçada do direito reconhecido na sentença arbitral" (tese n. 7, constante da mesma publicação).

Essas são as regras importantes da lei específica no que tange ao Direito Material.

Quanto às normas que tratam do procedimento arbitral e da sentença arbitral, previstas nos arts. 17 a 32 da Lei 9.307/1996, interessam ao Direito Processual. No que

CAP. 18 · CONTRATOS EM ESPÉCIE – DA TRANSAÇÃO E DO COMPROMISSO | **815**

tange ao reconhecimento e execução de sentenças arbitrais estrangeiras (arts. 34 a 40), interessam ao Direito Internacional e, portanto, também não serão comentadas.

Seguindo no estudo da matéria, cumpre destacar que o Supremo Tribunal Federal entendeu pela constitucionalidade da Lei 9.307/1996, não cabendo alegar que a norma afasta o acesso à justiça ou o direito à ampla defesa.

Esclareça-se que a tendência contemporânea é justamente de *desjudicialização dos conflitos*, ou seja, de *fuga do Judiciário,* o que foi incentivado pelo Novo Código de Processo Civil em vários de seus comandos. Entre todos, vale destacar o art. 3.º do CPC/2015, segundo o qual "Não se excluirá da apreciação jurisdicional ameaça ou lesão a direito. § 1.º É permitida a arbitragem, na forma da lei. § 2.º O Estado promoverá, sempre que possível, a solução consensual dos conflitos. § 3.º A conciliação, a mediação e outros métodos de solução consensual de conflitos deverão ser estimulados por juízes, advogados, defensores públicos e membros do Ministério Público, inclusive no curso do processo judicial".

Em reforço, pode-se afirmar que nos últimos anos houve um aumento expressivo das práticas arbitrais em nosso País. Visando deixar clara a possibilidade de aplicação da Lei de Arbitragem no Brasil, é importante transcrever a ementa da decisão do STF que analisou o efeito vinculante da cláusula compromissória, aqui antes mencionado:

> "Lei de Arbitragem (L. 9.307/1996): constitucionalidade, em tese, do juízo arbitral; discussão incidental da constitucionalidade de vários dos tópicos da nova lei, especialmente acerca da compatibilidade, ou não, entre a execução judicial específica para a solução de futuros conflitos da cláusula compromissória e a garantia constitucional da universalidade da jurisdição do Poder Judiciário (CF, art. 5.º, XXXV). Constitucionalidade declarada pelo plenário, considerando o Tribunal, por maioria de votos, que a manifestação de vontade da parte na cláusula compromissória, quando da celebração do contrato, e a permissão legal dada ao juiz para que substitua a vontade da parte recalcitrante em firmar o compromisso não ofendem o artigo 5.º, XXXV, da CF" (Supremo Tribunal Federal, SE 5.206-AgR, Rel. Min. Sepúlveda Pertence, *DJ* 30.04.2004).

Também sobre esse efeito vinculante das convenções arbitrais, no mesmo sentido, a assertiva n. 1, publicada na Edição n. 122 da ferramenta *Jurisprudência em Teses* do Superior Tribunal de Justiça, dedicada à arbitragem e publicada em 2019. Nos seus termos, "a convenção de arbitragem, tanto na modalidade de compromisso arbitral quanto na modalidade de cláusula compromissória, uma vez contratada pelas partes, goza de força vinculante e de caráter obrigatório, definindo ao juízo arbitral eleito a competência para dirimir os litígios relativos aos direitos patrimoniais disponíveis, derrogando-se a jurisdição estatal".

Realmente, não se pode dizer que a arbitragem afasta o acesso à justiça tutelado pelo art. 5.º, XXXV, da Constituição Federal, sob o argumento de que não se pode admitir que uma controvérsia não seja apreciada pelo Poder Judiciário. Ora, a opção pela arbitragem é um exercício legítimo da autonomia privada, da liberdade individual. A questão pode ser normalmente resolvida pela *ponderação* de interesses ou valores constitucionais, desenvolvida por Robert Alexy e adotada expressamente pelo art. 489, § 2.º, do CPC/2015. A liberdade e a autonomia privada amparam o direito fundamental de

816 | DIREITO CIVIL • VOL. 3 – *Flávio Tartuce*

procurar outros meios para a solução das contendas, caso da arbitragem, que também representa uma modalidade de jurisdição.

Como outro assunto de relevo, básico e fundamental, a respeito da arbitragem, destaque-se que o Superior Tribunal de Justiça editou, no ano de 2012, a Súmula n. 485, enunciando que "a Lei de Arbitragem aplica-se aos contratos que contenham cláusula arbitral, ainda que celebrados antes da sua edição". Três argumentos podem ser utilizados para fundamentar a ementa. O primeiro é o de ser a norma de ordem pública, presente uma *retroatividade motivada*. O segundo argumento está relacionado à aplicação imediata das normas de cunho processual. A terceira premissa é a relativa ao reconhecimento anterior da arbitragem pela cultura jurídica nacional.

Para encerrar a temática, anoto que o Projeto de Reforma do Código Civil traz propostas para alinhar o seu texto à Lei de Arbitragem, seguindo o entendimento hoje majoritário. Sugere-se, assim e de início, a adequação do seu art. 851 ao texto do art. 1.º da Lei de Arbitragem, com menção aos direitos patrimoniais disponíveis, e passando o dispositivo civil a prever que "é admitido compromisso, judicial ou extrajudicial, para dirimir litígios relativos a direitos patrimoniais disponíveis entre pessoas que podem contratar".

Com o mesmo propósito, sugere-se um *espelhamento* do art. 852 do Código Civil ao art. 1.º da Lei de Arbitragem, para que passe a mencionar os direitos patrimoniais indisponíveis, da seguinte forma: "são vedados compromisso e cláusula compromissória para solução de questões de estado, de direito pessoal de família e de outras que sejam relativas a direitos patrimoniais indisponíveis". Isso evita confusões entre a interpretação do que sejam questões que "não tenham caráter estritamente patrimonial" e os "direitos patrimoniais indisponíveis", uma vez que nem sempre há coincidência conceitual entre as duas definições.

Por fim, propõe-se que o art. 853 passe a mencionar também o compromisso, seja judicial, seja extrajudicial, da seguinte forma: "são admitidos, nos negócios jurídicos em geral, a cláusula compromissória e o compromisso arbitral, judicial ou extrajudicial, para resolver divergências mediante juízo arbitral, na forma estabelecida em lei especial". A adequação, portanto, se dá aqui em relação ao art. 3.º da Lei n. 9.307/1996, *in verbis*: "as partes interessadas podem submeter a solução de seus litígios ao juízo arbitral mediante convenção de arbitragem, assim entendida a cláusula compromissória e o compromisso arbitral". Também há a substituição do termo "contratos" por "negócios jurídicos", pois a arbitragem pode envolver outras situações jurídicas que não sejam estritamente contratuais, como as que envolvem direitos reais de gozo ou fruição, como a superfície, e direitos reais de garantia, como a hipoteca e a alienação fiduciária em garantia.

As aprovações dos textos propostos, pelo Parlamento Brasileiro, são, portanto, mais do que necessárias, são fundamentais.

18.4 RESUMO ESQUEMÁTICO

Atenção: Tanto a transação quanto o compromisso ou arbitragem eram tratados como formas de pagamento indireto pelo Código Civil de 1916. O Código Civil de 2002 trata os institutos como contratos típicos, na Parte Especial que trata dos contratos em

CAP. 18 · CONTRATOS EM ESPÉCIE – DA TRANSAÇÃO E DO COMPROMISSO | 817

espécie. Na verdade, são contratos típicos que geram a extinção obrigacional. As diferenças básicas entre os dois institutos constam do quadro a seguir:

Transação (arts. 840 a 850 do CC)	Compromisso e arbitragem (arts. 851 a 853 do CC e Lei 9.307/1996)
Conceito: Trata-se do contrato em que as partes pactuam a extinção de uma obrigação por meio de concessões mútuas ou recíprocas, o que inclusive pode ocorrer de forma preventiva (art. 840 do CC). Interessante verificar, contudo, que se ambas as partes não cedem não há que se falar em transação. **Natureza Jurídica:** Contrato bilateral, oneroso, consensual e comutativo, devendo ter como objeto apenas direitos obrigacionais de cunho patrimonial. **Modalidades:** a) *Transação judicial* ou *extintiva:* é aquela feita perante o juiz, havendo litígio em relação à determinada obrigação. b) *Transação extrajudicial* ou *preventiva:* é aquela realizada com o intuito de prevenir eventual litígio judicial, não havendo maiores formalidades apontadas pela lei. – Nos dois casos a transação deve ser interpretada de forma restritiva, nunca de forma extensiva. Por meio da transação não se transmitem, mas apenas se declaram ou reconhecem direitos (art. 843 do CC).	**Conceito:** O compromisso é o acordo de vontades por meio do qual as partes, preferindo não se submeter à decisão judicial, confiam a árbitros a solução de seus conflitos de interesse, de cunho patrimonial. Pode-se dizer que o compromisso é o contrato que conduz à arbitragem, modalidade de jurisdição. **Natureza Jurídica:** O compromisso arbitral é contrato bilateral, oneroso, consensual e comutativo. **Modalidades:** O art. 851 do CC admite duas formas de compromisso arbitral, o *judicial (por termo nos autos – endoprocessual)* e o *extrajudicial (hipóteses em que não foi ajuizada ação – extraprocessual).* – Além dessas hipóteses, o art. 853 do CC prevê a possibilidade da *cláusula compromissória (pactum de compromittendo),* para resolver divergências mediante juízo arbitral, na forma estabelecida pela Lei 9.307/1996. Nesse sentido, prevê o art. 4.º da referida lei que "a cláusula compromissória é a convenção através da qual as partes em um contrato comprometem-se a submeter à arbitragem os litígios que possam vir a surgir, relativamente a tal contrato".

18.5 QUESTÕES CORRELATAS

01. (TRT/PE – FCC – Juiz do trabalho Substituto – 2015) A transação:

(A) é interpretada restritivamente, mas por ela transmitem-se, declaram-se e reconhecem-se direitos.

(B) será admitida quanto a direitos de qualquer natureza, desde que as partes sejam maiores e capazes.

(C) só se anula por dolo, coação ou erro essencial quanto à pessoa ou coisa controversa, não se anulando por erro de direito a respeito das questões que foram objeto de controvérsia entre as partes.

(D) concernente a obrigações resultantes de delito, extinguirá a ação penal de qualquer natureza.

(E) não desobrigará o fiador, salvo cláusula expressa nesse sentido, se for concluída entre o credor e o devedor.

02. (MPE-PB – FCC – Promotor de Justiça Substituto – 2018) A transação, no Código Civil, submete-se a regime:

(A) contratual, não aproveitando nem prejudicando senão aos que nela intervierem, mesmo que diga respeito a coisa indivisível, não se anulando por erro de direito a respeito das questões que foram objeto de controvérsia entre as partes.

(B) extracontratual, não aproveitando nem prejudicando senão aos que nela intervierem, salvo se disser respeito a coisa indivisível e, sendo nula alguma de suas cláusulas, prevalecerão as demais cláusulas.

(C) contratual, interpretando-se sempre ampliativamente, e, por ela, é possível transmitir, declarar e reconhecer direitos.

818 | DIREITO CIVIL • VOL. 3 – *Flávio Tartuce*

(D) extracontratual, sendo apta a terminar litígios, mediante concessões mútuas, mas não para os previnirem.

(E) contratual ou extracontratual e é anulável em virtude de lesão, dolo, estado de perigo, erro essencial quanto à pessoa ou coisa controversa e fraude contra credores.

03. (Prefeitura de Sorocaba/SP – VUNESP – Procurador do Município – 2018) A nulidade de uma das cláusulas estabelecidas em instrumento de contrato de transação, implica, em regra,

(A) em perdas e danos, em favor da parte prejudicada.

(B) na possibilidade de revisão judicial da transação, reestabelecendo-se seu equilíbrio.

(C) na nulidade da transação como um todo.

(D) na possibilidade de anulação da transação, no prazo decadencial de 4 (quatro) anos.

(E) na possibilidade de anulação da transação, no prazo decadencial de 2 (dois) anos.

04. (Assistente Jurídico – Prefeitura de São Bernardo do Campo – SP – VUNESP – 2018) Sobre o contrato de transação, assinale a alternativa correta.

(A) Permite-se a transação quanto aos direitos patrimoniais de caráter público ou privado.

(B) Por meio da transação se transmitem, se declaram ou se reconhecem os direitos patrimoniais.

(C) A transação não a aproveita, nem prejudica senão aos que nela intervirem, ainda que diga respeito a coisa indivisível.

(D) Sendo nula uma das cláusulas da transação, aproveitar-se-ão as demais cláusulas que dela não dependam.

(E) A transação pode ser anulada por erro de direito a respeito das questões que foram objeto de controvérsia entre as partes.

05. (Procurador Jurídico – Prefeitura de Guarujá-SP – Vunesp – 2021) Acerca da transação, assinale a alternativa correta.

(A) A transação que versa sobre direitos contestados em juízo será feita por escritura pública, instrumento particular ou por termo nos autos assinado pelos transigentes e homologado pelo juiz.

(B) Se for concluída entre o credor e o devedor, não desobrigará o fiador; se, entre um dos credores solidários e o devedor, extingue a obrigação deste para com os outros credores.

(C) Dada a evicção da coisa renunciada por um dos transigentes, ou por ele transferida à outra parte, não revive a obrigação extinta pela transação; mas ao evicto cabe o direito de reclamar perdas e danos.

(D) Se um dos transigentes adquirir, depois da transação, novo direito sobre a coisa renunciada ou transferida, a transação feita o inibirá de exercê-lo.

(E) A transação só se anula por dolo, coação, lesão, estado de perigo ou erro essencial quanto à pessoa ou coisa controversa.

06. (Analista Judiciário – TRT-9ª Região – FCC – 2022) De acordo com o Código Civil, a transação

(A) somente terá validade se firmada por instrumento público, exceto apenas se recair sobre direitos contestados em juízo, caso em que deverá, necessariamente, ser firmada por termo nos autos.

(B) firmada entre um dos credores solidários e o devedor extingue a obrigação deste para com os outros credores.

(C) concluída entre credor e devedor só desobrigará o fiador se isso for expressamente convencionado pelas partes.

(D) concernente a obrigações resultantes de delito extingue a ação penal pública, salvo no caso de tratar-se de ação penal incondicionada à representação da vítima.

(E) não admite pena convencional, salvo se já existisse no negócio que deu causa ao litígio.

07. (Analista Judiciário – TRT-22ª Região – FCC – 2022) De acordo com o Código Civil, a transação

(A) se anula, dentre outras hipóteses, pelo erro de direito a respeito das questões que foram objeto de controvérsia entre as partes.

(B) não admite pena convencional.

CAP. 18 · CONTRATOS EM ESPÉCIE – DA TRANSAÇÃO E DO COMPROMISSO | **819**

(C) só se anula por dolo.

(D) concluída entre credor e devedor principal não desobriga o fiador.

(E) interpreta-se restritivamente, e por ela não se transmitem, apenas se declaram ou se reconhecem direitos.

08. (TJSC – Juiz substituto – FGV – 2024) As empresas X e Y firmaram contrato de prestação de serviços de terraplanagem e, por meio desse instrumento, se comprometeram a submeter à arbitragem eventuais litígios futuros relativos a tal contrato, porém a cláusula compromissória não indicava nenhuma instituição arbitral e o número de árbitros. Diante de um conflito contratual surgido, a empresa Y enviou correspondência à empresa X, com aviso de recebimento, convocando-a para, em dia, hora e local certos, firmar o compromisso arbitral. Ocorre que a empresa X não compareceu, recusando-se a firmar o compromisso arbitral. Diante dessa situação, a empresa Y recorreu ao Poder Judiciário com o objetivo de lavrar o compromisso arbitral.

Sobre a audiência especial designada nesse tipo de demanda, é correto afirmar que:

(A) o juiz não poderá tentar a conciliação acerca do litígio, em razão da competência do juízo arbitral;

(B) se a empresa X não comparecer, caberá ao juiz, ouvida a empresa Y, estatuir a respeito do conteúdo do compromisso arbitral, nomeando árbitro único;

(C) se a empresa Y não comparecer à audiência, deverá o juiz ouvir a empresa X na própria audiência ou no prazo de dez dias, para, na sequência, fixar os termos do compromisso arbitral;

(D) não alcançada a conciliação sobre os termos do compromisso arbitral, caberá ao juiz, depois de ouvidas as partes, estatuir sobre a nomeação dos árbitros, não podendo nomear árbitro único para a solução do litígio;

(E) caberá ao juiz, antes de iniciar os debates sobre o compromisso arbitral, decidir, de ofício ou a requerimento das partes, as questões acerca da existência, validade e eficácia da convenção de arbitragem e do contrato que contenha a cláusula compromissória.

GABARITO

01 – C	02 – A	03 – C
04 – C	05 – C	06 – B
07 – E	08 – B	

19

CONTRATOS EM ESPÉCIE – DO CONTRATO DE ADMINISTRAÇÃO FIDUCIÁRIA DE GARANTIAS

Sumário: 19.1 Introdução – 19.2 Da tramitação do Projeto de Lei 4.188/2021 e suas modificações. Das Instituições Gestoras de Garantia (IGGs) para o contrato de administração fiduciária de garantias – 19.3 Do tratamento do contrato de administração fiduciária de garantias no Código Civil (art. 853-A) – 19.4 Resumo esquemático – 19.5 Questões correlatas – Gabarito.

19.1 INTRODUÇÃO

A Lei 14.711, de 30 de outubro de 2023, instituiu no Brasil um novo *Marco Legal das Garantias*, tratando, entre outros temas, do aprimoramento das regras gerais relativas às garantias reais, da execução extrajudicial de créditos garantidos por hipoteca, da execução extrajudicial de garantia imobiliária em concurso de credores, do procedimento de busca e apreensão extrajudicial de bens móveis em caso de inadimplemento de obrigações assumidas em alienação fiduciária e do resgate antecipado de letra financeira. Também trouxe modificações importantes ao Código Civil, ao Código de Processo Civil e à legislação correlata às garantias reais.

Essa novel legislação teve origem na Câmara dos Deputados, no Projeto de Lei 4.188/2021, sendo considerada por muitos como uma normatização significativa e fundamental para a reformulação das normas jurídicas que regem as garantias de empréstimos no País, com vistas à redução de burocracias e à extrajudicialização, o que geraria como efeito imediato a facilitação da concessão de crédito e a redução das taxas de juros na nossa realidade fática e jurídica.

Para a sua elaboração, no âmbito do Congresso Nacional, houve a atuação de juristas como Daniel Lago Rodrigues, Fábio Rocha Pinto e Silva, Francisco Eduardo Loureiro, Gisela Sampaio da Cruz Guedes, João Carlos de Andrade Uzêda Accioly, José Antônio Cetraro, Luis Vicente De Chiara, Melhim Namen Chalhub, Otávio Luiz

822 | DIREITO CIVIL • VOL. 3 – *Flávio Tartuce*

Rodrigues Júnior, Pablo Waldemar Rentería, Patricia André de Camargo Ferraz, Robson de Alvarenga e Rodrigo Xavier Leonardo. Esses profissionais são reconhecidos no meio jurídico nacional, com especialidades diversas como o Direito Civil, o Direito Notarial e Registral, o Direito Empresarial e o Direito Bancário.

Além dos temas apontados, houve a introdução de um novo contrato em espécie na codificação privada de 2002, em seu art. 853-A e parágrafos, qual seja, o contrato de administração fiduciária de garantias. É sobre essa nova figura que passo a tratar, tendo em vista os objetivos desta obra.

19.2 DA TRAMITAÇÃO DO PROJETO DE LEI 4.188/2021 E SUAS MODIFICAÇÕES. DAS INSTITUIÇÕES GESTORAS DE GARANTIA (IGGS) PARA O CONTRATO DE ADMINISTRAÇÃO FIDUCIÁRIA DE GARANTIAS

Na tramitação original do Projeto de Lei 4.188/2021, que gerou a norma jurídica em comento, havia a intenção de introdução, no sistema jurídico brasileiro, das Instituições Gestoras de Garantias, conhecidas pela sigla IGGs, o que acabou não prosperando, diante de críticas formuladas no âmbito jurídico e dos conflitos surgidos com outros interesses, sobretudo das instituições bancárias e financeiras.

Sobre as críticas jurídicas ao "Sistema das IGGs" que interessam para os fins deste livro, trarei aqui a nota técnica elaborada pelo Instituto Brasileiro de Direito Contratual (IBDCONT), de 27 de agosto de 2022, assinada por mim, na condição de então presidente da entidade, e pelo seu Diretor Professor Pablo Malheiros Cunha Frota, publicada na *Revista Brasileira de Direito Contratual* (TARTUCE, Flavio; FROTA, Pablo Malheiros Cunha. Nota Técnica IBDCONT..., *Revista Brasileira de Direito...*, p. 7-20).

Interessante aqui trazer alguns aspectos que constam da nota técnica, pois, apesar de não ter sido adotado no País esse "Sistema das IGGs", algumas das críticas que desenvolvemos em conjunto valem para o novo tratamento constante da codificação privada a respeito do contrato de administração fiduciária de garantias. A nota técnica também serve para a necessária compreensão do novo marco legal das garantias do Brasil. Ficam os créditos para o trabalho desenvolvido pelo coautor, Professor Pablo Malheiros.

Pois bem, como está nessa manifestação conjunta, os arts. 2.º a 11 do então PL 4.188/2021 tratou do Serviço de Gestão Especializada de Garantias (SGEG), com o objetivo de "facilitar a constituição, a utilização, a gestão, a complementação e o compartilhamento de garantias utilizadas para operações de crédito contratadas com uma ou mais instituições financeiras por pessoas físicas ou jurídicas ou por entes despersonalizados dotados de capacidade jurídica".

A gestão da garantia seria realizada por pessoas jurídicas de Direito Privado, que não poderiam ser instituições financeiras, conforme expressa proibição que estava no § 4.º do art. 5.º da anterior projeção, tendo por atividades aquelas alinhavadas no § 1.º do seu art. 3.º: "o serviço de gestão especializada de garantias será realizado por pessoas jurídicas de direito privado que atuarão como instituições gestoras de garantia. § 1.º As instituições gestoras de garantia realizarão, isolada ou conjuntamente, as seguintes atividades: I – a gestão administrativa das garantias constituídas sobre bens imóveis ou móveis; II – a constituição, o encaminhamento a registro e o pleito à execução das

CAP. 19 • CONTRATOS EM ESPÉCIE – DO CONTRATO DE ADMINISTRAÇÃO FIDUCIÁRIA DE GARANTIAS | **823**

garantias; III – o gerenciamento dos riscos inerentes ao serviço de gestão especializada de garantias; IV – a manutenção e o controle das operações de crédito vinculadas às garantias; V – a avaliação das garantias reais e pessoais; VI – a interconexão com as instituições financeiras; e VII – outros serviços autorizados em regulamento".

Essas pessoas jurídicas, denominadas justamente de "instituições gestoras de garantia" (IGGs), teriam regulamento a cargo do Conselho Monetário Nacional (art. 3.º, § 2.º, do PL), sendo supervisionadas pelo Banco Central (art. 3.º, § 3.º), sujeitando-se ao processo administrativo sancionador do próprio BACEN e da Comissão de Valores Mobiliários (CVM), nos termos da Lei 13.506/2017.

De início, sobre essa tentativa de regulamentação, apontamos na nota técnica a inconstitucionalidade do art. 3.º, §§ 2.º e 3.º, do projeto, por violação ao art. 192 da Constituição Federal de 1988, pois o sistema financeiro nacional deve ser regulado por lei complementar, sendo que a proposta é de lei ordinária. Nesse contexto de afirmação, como decidiu o Supremo Tribunal Federal, "a disciplina do Sistema Financeiro Nacional deve se dar mediante lei complementar (CF/1988, art. 192), mas não se exige iniciativa privativa do Presidente da República. Justamente ao contrário, o art. 48, XIII, da Constituição prevê, expressamente, a competência do Congresso Nacional para dispor sobre matéria financeira, cambial e monetária, que compõem o cerne da atuação do Banco Central" (STF, ADI 6.696, red. do ac. Min. Roberto Barroso, Pleno, *DJe* 13.12.2021). A propósito, a mesma Corte Suprema, ao analisar o art. 192 da CF/1988, também concluiu que "se depreende do texto constitucional, é necessária lei complementar para dispor sobre os aspectos regulatórios do sistema financeiro nacional" (STF, ADI 6.262, Tribunal Pleno, Rel. Min. Edson Fachin, *DJe* 22.04.2020).

Além disso, pontuamos que o art. 3.º, *caput*, §§ 2.º e 3.º, do Projeto de Lei 4.188/2021 violaria os arts. 4.º, inc. VI, e 12 da Lei 4.595/1964, visto que o Conselho Monetário Nacional e o Banco Central não possuem competência para regular e supervisionar qualquer pessoa coletiva de Direito Privado, porque regulam e supervisionam apenas instituições financeiras que atuam no sistema financeiro nacional, o que não era o caso das IGGs.

Destacamos, em continuidade de análise, que mesmo que fosse possível ao Conselho Monetário Nacional regular as IGGs, esse regulamento não poderia trazer requisitos restritivos ou ampliativos de direitos dessas entidades, principalmente pelo fato de que elas estariam envolvidas em relações jurídicas civis, de consumo e empresariais, que possuem intensidades diferentes quanto ao cumprimento do dever de informação acerca dos serviços prestados pelas IGGs.

Outro problema que encontramos no então PL 4.188/2021 foi a omissão quanto a quem deveria gerenciar as IGGs, sendo certo que o eventual regulamento do Conselho Monetário Nacional não poderia restringir ou ir além daquilo que está na proposta de lei. O art. 6.º do PL 4.188/2021 criaria um nefasto e indesejado "sistema paralelo" de registro das garantias, em detrimento do sistema eletrônico de registro públicos de imóveis no País, em franco desenvolvimento diante da Lei do SERP (Lei 14.382/2022), o que poderia dificultar a proteção estatal a quem constitua a garantia, pela modelagem instituída pela então proposta.

Além do mais, esse "sistema paralelo" de registro das IGG não dialogaria com a efetividade do sistema de registro eletrônico de imóveis, que se sujeita à fiscalização pela

Corregedoria do Conselho Nacional de Justiça (CNJ), podendo haver incompatibilidades entre os dois sistemas registrais. Isso geraria dúvidas e insegurança jurídica, em total colisão com as leis recentes deste País.

Com lastro no art. 20 da Lei de Introdução às Normas do Direito Brasileiro (LINDB), outra provável consequência de tal "sistema paralelo" de registros públicos seria gerar a "flexibilização da função estatal de controle e registro de garantias imobiliárias, e a outorga dessa função a instituições privadas, a pretexto de reduzir custos e conquistar agilidade, têm dramáticas lições de sua utilização, a exemplo dos efeitos do *subprime* no mercado americano e a crise financeira mundial de 2008, de onde a proposta parece ter tirado sua linha mestra" (conforme a Nota Técnica do Instituto de Registro Imobiliário do Brasil (IRIB) 04/2021). Sobre esse comando legal da Lei de Introdução, a proposta desconsiderava as consequências práticas da inovação, sobretudo do ponto de vista econômico.

Desse modo, a maneira como as IGGs e o SGEG foram colocados no PL 4.188/2021 afetaria a publicidade derivada do registro público, já consolidada em nossa realidade jurídica e que traz estabilidade às relações jurídicas de Direito Privado. E, como afirmado, permitiram a ocorrência do que aconteceu nos Estados Unidos em 2008, com a concretização de negócios jurídicos relacionados às garantias e com assimetria informacional, cuja consequência foi e seria o ataque à função econômica da titularidade real. Isso porque não se conseguiria aferir o risco do crédito garantido pela IGG.

Como outro aspecto importante, opinamos que o art. 3.º, §§ 4.º a 10, do então PL 4.188/2021 cuidou de forma incompleta das características das IGGs, ao admitir que estas substituíssem processualmente a instituição financeira credora e realizassem toda a atividade posta no § 1.º do art. 3.º da proposição, pois considerou as IGGs uma "agente de cobrança". Ocorre que as IGGs não se enquadravam como gestoras de garantia, procuradoras, cessionárias do crédito ou da posição contratual e, mesmo assim, o art. 3.º, §§ 4.º a 10, do PL permitiria que elas atuassem como substituta processual da instituição financeira credora na cobrança da dívida garantida.

Isso significaria que, processualmente, a IGG poderia, sozinha, figurar no polo ativo de uma demanda cobrando a dívida do devedor. Não haveria a necessidade de a instituição financeira credora figurar no polo ativo da demanda em litisconsórcio, uma vez que ela seria substituída processualmente pela IGG.

O problema, do ponto de vista processual, é que o PL 4.188/2021 era omisso quanto a quem deveria figurar no polo passivo de eventual demanda judicial. A título de exemplo, destacamos o caso de devedor que propõe demanda pleiteando a invalidade ou a ineficácia do negócio jurídico base da relação jurídica firmada entre as partes, como pode ocorrer em situação envolvendo o contrato de empréstimo, a emissão de uma cédula de crédito bancária, entre outros.

A omissão do projeto de lei quanto ao polo passivo da demanda dificultaria muito a defesa dos direitos de quem adquire o crédito, porque não se saberia quem teria de figurar no polo passivo de demandas propostas pelo devedor questionando o contrato-base, como na hipótese de alegação de abusividade de condições gerais contratuais, extinção da dívida por pagamento.

Tudo isso acarretaria, novamente com base no art. 20 da LINDB, a probabilidade de uma quantidade enorme de demandas judiciais, com os devedores expostos ao risco de sofrerem com condenações com honorários sucumbenciais. Mais uma vez não se considerou os efeitos jurídicos de alteração legislativa, nesse ponto com o aumento expressivo de ações judiciais, ou seja, com a judicialização.

Outra dúvida que surgia por omissão do então projeto de lei dizia respeito à possibilidade de as IGGs responderem por questões relativas ao contrato-base que ela não redigiu. Nas relações civis e empresariais, a instituição financeira credora pode assumir a posição de assistente litisconsorcial das IGG, como emana o art. 124 do Código de Processo Civil. Porém, tal intervenção de terceiro pode ser objetada nas relações de consumo, tendo em vista que o CDC possui regramento próprio, como tem decidido a jurisprudência nacional, afastando as intervenções de terceiro em demandas de consumo (por todos: STJ, Ag. Int. no AREsp 2.135.646/SP, 4.ª Turma, Rel. Min. Moura Ribeiro, j. 21.08.2023, *DJe* 23.08.2023).

Outro fator ainda quanto à legitimidade passiva se referiu ao fato de que o § 7.º do art. 3.º do PL apontava que a IGG responderia por seus atos e não pelos atos da instituição financeira credora, sendo esta que redige unilateralmente o negócio jurídico que serve de base da relação jurídica que seria cobrada do devedor pela entidade.

Nesse contexto, o devedor não poderia colocar no polo passivo a IGG, caso a discussão estivesse relacionada apenas ao contrato-base, uma vez que ela não seria parte legítima, e sim substituta processual, o que viola dispositivos do Código de Defesa do Consumidor (Lei 8.078/1990). Na nota técnica, citamos o seu art. 4.º, inc. III, que trata da harmonização da posição jurídica dos consumidores e fornecedores nas relações de consumo; o art. 6.º, inc. VI, ao consagrar a prevenção e a reparação integral dos danos sofridos aos consumidores; o seu art. 6.º, VII, ao prever o amplo acesso dos consumidores ao Poder Judiciário; e art. 6.º, inc. VIII, ao assegurar a facilitação dos meios de defesa como direito básico de todos os consumidores.

Essas violações ficavam claras pelo fato de que, se o ato questionado fosse da instituição financeira credora, quem adquiriu o crédito teria enorme dificuldade de questionar judicialmente, em razão do disposto no art. 3.º do PL 4.188/2021, o que "blindaria" a instituição de qualquer discussão jurídica a respeito da concessão do crédito. Na verdade, como se verá, alguns desses problemas continuam presentes quanto aos agentes de administração fiduciária das garantias, no tratamento do novo contrato típico que constou da codificação privada.

Seguindo no estudo da então projeção legislativa, o art. 4.º do PL 4.188/2021 tratava da qualificação do crédito da IGG para fins da Lei de Falência e de Recuperação Judicial (Lei 11.101/2005), com "os mesmos direitos e privilégios das garantias concedidas sem intermediação da instituição gestora de garantia, inclusive para fins de aplicação do disposto no § 3.º do art. 49 da Lei 11.101, de 9 de fevereiro de 2005". Configurava-se, portanto, um contrato quase sem risco para a instituição financeira credora, a possibilitar um "jogo de ganha-ganha", ou seja, um negócio quase sem risco para a IGG, violando o equilíbrio que se espera não só das relações de consumo, mas também das relações civis e empresariais, em virtude dos princípios da função social do contrato (arts. 421 e 2.035, parágrafo único, do Código Civil) e da boa-fé objetiva (arts. 113, 187 e 422 do Código Civil). Sustentamos, na nota técnica, que o argumento de eventual redução dos juros em virtude do novo tratamento legislativo não vence todos esses fundamentos, até porque, nos últimos anos, surgiram normas com a afirmação de redução de encargos como fundamento, sem que se atingisse o fim almejado.

Por fim, o que acabou restando em parte na Lei 14.711/2023 e é o objeto deste tópico do livro, foi o art. 5.º do original PL 4.188/2021, tratando do denominado "contrato de gestão de garantias", a ser firmado, por instrumento público ou particular, entre a IGG e a pessoa natural ou jurídica prestadora da garantia. Todavia, atualmente, esse contrato não é mais celebrado com a IGG, felizmente, por todos os problemas elencados, sendo o mais grave de todos o "registro paralelo".

Destaque-se que, na projeção anterior, os aspectos mínimos que deveriam constar no contrato não tratavam de como as IGG deveriam gerir as garantias, inclusive com o § 2.º do art. 5.º do então PL admitindo que as "garantias constituídas no âmbito do contrato de gestão de garantias servirão para assegurar todas as operações de crédito autorizadas pelo prestador da garantia, inclusive em favor de terceiro, independentemente de qualquer novo registro ou averbação, além daquelas necessárias para que a instituição gestora de garantia receba em nome próprio a titularidade das garantias, inclusive para fins de publicidade e eficácia perante terceiros". Isso ensejaria, no nosso sentir, mais uma violação do dever de informação a quem adquire o crédito. Em certa medida, a crítica ainda pode ser formulada ao texto ora em vigor.

Como outro ponto que deve ser adiantado, o denominado "contrato de gestão de garantia" era, tecnicamente, um contrato de administração fiduciária de garantia, pois as IGGs realizariam atividades de registro, de cancelamento e de execução da garantia. As garantias reais seriam instituídas em favor das IGGs antes mesmo do nascimento da dívida, a caracterizar uma espécie de garantia autônoma.

Essa garantia não necessitaria, no original projeto de lei, da existência atual de uma dívida e de uma relação de secundariedade em relação ao crédito, ou seja, ela independeria do crédito na qual estaria vinculada. Poderia, assim, a garantia existir por si só, independentemente da obrigação principal. Vale lembrar que o Direito Privado Brasileiro não tem a tradição de regulamentar essa forma de garantia, sendo algo inédito em nosso País.

Desse modo, como estava no PL 4.188/2021, a garantia era tida como autônoma, sendo considerada um contrato atípico e coligado, por servir para assegurar créditos que, futuramente, poderiam vir a nascer na hipótese de o devedor celebrar operações de crédito, como contratos de mútuos, emissão de cédulas de crédito, entre outros negócios jurídicos de concessão de valores. Nesse contexto, sem oferecer muita segurança, a garantia ofertada às IGGs poderia assegurar mais de um contrato de empréstimo com credores iguais ou diferentes, com a execução da dívida sendo realizada pela IGG, como já afirmado anteriormente. Felizmente, tais intenções de alteração do sistema jurídico brasileiro acabaram não prevalecendo.

A rigor, as IGGs poderiam ser enquadradas, embora isto não estivesse claro na projeção legislativa, como agentes fiduciárias sem serem instituições financeiras, entendidas como aquelas que titularizam bens sob condição resolutiva em favor de outrem, nos termos do art. 127 do Código Civil.

Essa realidade jurídica contrariaria a categorização jurídica da própria garantia autônoma, pois o garante é instituição financeira e o art. 5.º, § 4.º, do PL 4.188/2021 impedia que as IGGs fossem instituições financeiras. Pela projeção, as IGGs deteriam a titularidade real de garantia e fariam a gestão em favor das instituições financeiras credoras.

Os bens derivados dessa garantia não responderiam por nenhuma outra dívida pessoal da IGG por estarem sujeitos a um regime de patrimônio de afetação, em favor dos credores (arts. 8.º e 11 do PL 4.188/2021). Sendo assim, em caso de falência ou recuperação judicial, a IGG poderia ser substituída por outra entidade por vontade majoritária de quem fosse o credor dela (art. 9.º do então PL), sem olvidar que ela teria dever fiduciário com os devedores e com os prestadores da garantia (art. 3.º, § 6.º, do PL 4.188/2021).

De forma injustificada, o caso de conflito de interesses entre a IGG e a instituição financeira credora não foi tratado no projeto, o que feria claramente as práticas de governança tão caras ao Direito Brasileiro no presente momento, sendo esse outro argumento considerável para a sua retirada da lei.

Além disso, o § 3.º do art. 5.º do então PL 4.188/2021 já tinha redação dúbia, pois permitia uma compreensão de que a IGG prestaria uma garantia pessoal ou fidejussória – como uma fiança – a quem tomasse o crédito – como o interessado em contrair empréstimo –, a torná-la uma garantia adicional. Tal interpretação não fazia qualquer sentido, por duas dúvidas principais.

Primeira, por qual razão as IGGs dariam garantia ao tomador de crédito, se esse que haveria de se tornar devedor quando viesse a tomar empréstimo? Segunda, a garantia fidejussória seria adicional a quê? Não havia razões para impedir que alguém celebrasse com as IGGs um contrato de fiança para garantir futuros empréstimos que pretendesse obter. Não havia razões para impedir que as IGGs fossem proibidas por lei de exercerem suas atividades, como a de cobrar a dívida, só pelo fato de não haver uma garantia real em conjunto. A restrição legal pontuada era indevida e apenas oporia injustificado obstáculo a quem quisesse dinamizar as operações de crédito.

Seguindo no estudo das propostas, o art. 7.º do PL 4.188/2021 tratou das hipóteses de exoneração da garantia instituída em caso de pagamento do crédito pelo devedor. Não previu, contudo, a hipótese de recusa legítima do garante de ordem de pagamento da dívida via garantia autônoma, como, por exemplo, "abuso do direito por parte do credor, de fraude e no caso de o contrato-base violar a ordem pública ou os bons costumes" (como bem pontuado por: MENDES, Eduardo Heitor da Fonseca. A garantia autônoma... In: GUEDES, Gisela Sampaio da Cruz; MORAES, Maria Celina Bodin de; VENCELAU MEIRELES, Rose Melo (coord.). *Direito das...*). Essa omissão era injustificada, ainda mais pela realidade fática e social brasileira.

O art. 8.º do PL 4.188/2021 disciplinou o patrimônio de afetação advindo dos "direitos correspondentes às garantias e o produto da execução da garantia recebido por instituição gestora de garantia decorrente do contrato de que trata o art. 5.º desta Lei, os seus frutos e os seus rendimentos constituem patrimônio separado e incomunicável". O art. 10 do PL previa a possibilidade de o Conselho Monetário Nacional tratar da aquisição de direitos creditórios por parte das IGG, novamente regulando pessoa jurídica de Direito Privado que não fosse instituição financeira, o que estava fora das competências legais postas ao CMN pela Lei 4.595/1964. O art. 11 do PL tratava da escrituração contábil a ser feita pelas IGGs. As propostas não disciplinavam os direitos do garante quando ele quitasse a dívida como terceiro interessado, na forma dos arts. 304 e 346, inc. III, do Código Civil, como se infere desses últimos comandos citados, o que não tinha qualquer razão jurídica.

Diante de todos esses problemas técnicos, e por outros debates que surgiram na tramitação legislativa, as IGGs e todas essas regras a ela atinentes foram corretamente retiradas do texto da nova Lei 14.711/2023. Restou apenas o tratamento, de forma tímida, do contrato de administração fiduciária de garantias, no art. 853-A do Código Civil, último contrato em espécie que passa a ser previsto pela codificação privada, e sobre o qual exponho a seguir.

19.3 DO TRATAMENTO DO CONTRATO DE ADMINISTRAÇÃO FIDUCIÁRIA DE GARANTIAS NO CÓDIGO CIVIL (ART. 853-A)

Após o tratamento da transação e do compromisso, o Código Civil de 2002 recebeu um novo art. 853-A pela Lei 14.711/2023 (novo *Marco Legal das Garantias*), para cuidar do citado contrato de administração fiduciária de garantias. Advirta-se, contudo, que, apesar de haver uma alínea no último comando que trata do compromisso, não há qualquer relação jurídica com esse outro contrato, cujo objeto principal é a arbitragem como forma de solução extrajudicial das controvérsias.

Consoante o *caput* do preceito emergente, qualquer garantia poderá ser constituída, levada a registro, gerida e ter a sua execução pleiteada por agente de garantia. O contrato, portanto, pode ter por objeto uma garantia pessoal – como é o caso da fiança – ou real – como no penhor, na hipoteca, na anticrese e na alienação fiduciária de garantia, de bens móveis ou imóveis. Não se criou qualquer "registro paralelo", como se almejava originalmente no PL 4.188/2021, com o "Sistema das IGGs", felizmente.

O agente de garantia tem, assim, amplos poderes sendo designado pelos credores da obrigação garantida para esse fim. Atuará ele com nome próprio e em benefício dos credores, inclusive em ações judiciais que envolvam discussões sobre a existência, a validade ou a eficácia do ato jurídico do crédito garantido.

Como se percebe, o contrato é firmado, substancialmente e tendo como relação jurídica principal, entre o agente de garantias e os credores, que deverão ser principalmente os bancos e as instituições financeiras. Fica a dúvida de quem constituirá tais agentes, se as próprias instituições bancárias ou outras pessoas que tenham *expertise* e prática na cobrança e recebimento de créditos, as conhecidas empresas de cobrança. Em certa medida, parece-me que um dos objetivos da nova lei é que os bancos possam terceirizar, com ampla efetividade, os seus setores de recebimento de créditos.

Como última regra do *caput* do art. 853-A do Código Civil, há a locução final "vedada qualquer cláusula que afaste essa regra em desfavor do devedor ou, se for o caso, do terceiro prestador da garantia". Entendo que essa previsão final se aplica a todas as afirmações anteriores do comando, seja quanto à gestão e à execução da garantia pelo agente, em relação à sua atuação em nome próprio e em benefício dos credores, e no tocante às ações judiciais que envolvam discussões jurídicas sobre o ato jurídico do crédito garantido. Eventual cláusula de afastamento dessas regras, pelo menos *a priori*, deve ser considerada nula de pleno direito, por nulidade absoluta virtual ou implícita, pois a lei proíbe a prática do ato sem cominar sanção (art. 166, inc. VI, segunda parte do Código Civil).

De todo modo, em uma primeira análise, entendo que está presente o mesmo problema quanto ao original projeto que gerou a Lei 14.711/2023 no tocante à legitimidade passiva e exclusiva das IGGs para responder em ações relativas à discussão da dívida, sobretudo em casos de abusividades nos contratos em que há a garantia. O texto vigente parece excluir a legitimidade dos credores originais, o que não pode ser admitido nas relações de consumo, pois o CDC consagra a responsabilidade solidária, como premissa geral, de todos os fornecedores e prestadores de serviço, inclusive de crédito. Nesse contexto de afirmação, podem ser citados como fundamentos os arts. 7.º, 14, 18 e 19 da Lei 8.078/1990.

Para a efetivação do recebimento do crédito, o agente poderá valer-se da execução extrajudicial da garantia, quando houver previsão na legislação especial aplicável à modalidade de garantia (art. 853-A, § 1.º, do CC). Assim, a título de ilustração, poderá fazer uso da execução extrajudicial prevista na Lei 9.514/1997, para a alienação fiduciária em garantia de bens imóveis. Ou, ainda, da execução extrajudicial dos créditos garantidos por hipoteca, que foi incluída pela própria Lei 14.711/2023 (art. 9.º).

O agente de garantia terá dever fiduciário em relação aos credores da obrigação garantida e responderá diante dos credores por todos os seus atos (art. 853-A, § 2.º, do CC). Esse dever é aquele fundado na confiança de outra pessoa, devendo o agente de garantia agir na defesa dos interesses dos credores com quem mantém a relação contratual. Como explicam Carlos Eduardo Elias de Oliveira e João Costa-Neto, ao tratarem do *regime fiduciário*, "diz-se 'fiduciário', porque esse regime decorre de forte confiança (fidúcia) na pessoa incumbida da gestão de bens". E mais, o que serve para o novo contrato em espécie em estudo, "especialmente nas hipóteses em que os beneficiários do regime fiduciário ficam difusos, é conveniente a existência de um 'agente fiduciário', que é uma pessoa incumbida de fiscalizar o fiduciário no interesse dos beneficiários e que possui mandato legal para praticar atos em favor destes" (OLIVEIRA, Carlos Eduardo Elias de; COSTA-NETO, João. *Manual de Direito...*, p. 1.144).

De todo modo, o agente de garantia não exerce uma atribuição personalíssima ou *intuitu personae*, podendo ser substituído, a qualquer tempo, por decisão do credor único ou dos titulares que representarem a maioria simples dos créditos garantidos (art. 853-A, § 3.º, do CC). Nos casos de pluralidade de credores, a exclusão será definida em assembleia convocada para esse fim. Porém, consoante o mesmo preceito, a substituição do agente de garantia somente será eficaz após ter sido tornada pública, pela mesma forma por meio da qual tenha sido dada publicidade à garantia. Há, portanto, a exigência da mesma publicidade da efetivação da garantia para que a substituição do agente tenha eficácia *erga omnes*. Exemplificando, se a garantia exigiu algum registro imobiliário específico, assim também deve ser a substituição do agente.

Ainda no que diz respeito às assembleias dos credores, titulares dos créditos garantidos, está previsto no § 4.º do art. 853-A que os requisitos de sua convocação e instalação estarão previstos em ato de designação ou de contratação do agente de garantia. Observo que essa previsão não se aplica apenas ao procedimento de substituição do agente, mas a todas as assembleias de credores, para as tomadas de decisões pela coletividade.

Nota-se, contudo, apesar dessas regras de formalidade, que os agentes de garantia estarão "nas mãos" dos credores que o contratam, ou seja, "nas mãos" dos bancos e das instituições financeiras, o que talvez ocasione no futuro a realidade fática em que sejam todos os envolvidos na relação contratual principal do mesmo grupo econômico.

Como está expresso no § 5.º do art. 853-A do Código Civil, tendo sido "realizada a garantia", ou seja, efetivado o procedimento de excussão ou execução do bem em caso de inadimplemento da obrigação pelo devedor, como no caso de um leilão extrajudicial, o seu produto, enquanto não transferido para os credores garantidos, constitui patrimônio separado daquele do agente de garantia. Sendo assim, a lei prevê que não poderá responder por suas obrigações pelo período de até cento e oitenta dias, contado da data de recebimento desse montante.

A previsão como patrimônio em separado, ou patrimônio de afetação, objetiva proteger os credores, visando ao recebimento dos seus créditos. Resta saber se, em casos de fraude, conluio entre credores e agentes e atos de má-fé em geral, essa regra será mantida, mesmo que no prazo previsto em lei. Entendo que, no futuro, a resposta será negativa, não se podendo admitir "blindagens" absolutas de patrimônio, mesmo que chanceladas em lei. Em havendo conflito dessa previsão com outras normas, cogentes ou de ordem pública, ou mesmo com outros valores superiores no interesse da coletividade, penso que a regra poderá ser quebrada ou afastada.

Seja como for, após receber o valor do produto da realização da garantia, o agente de garantia disporá do prazo de dez dias úteis para efetuar o pagamento aos credores (art. 853-A, § 6.º, do Código Civil). Acredito que também essa previsão, com prazo curto e exíguo, poderá se quebrar no futuro, em casos excepcionais, como em situações de dificuldades econômicas dos agentes, devidamente justificadas.

Por fim, como última regra a respeito do contrato de administração fiduciária de garantias, o § 7.º do art. 853-A do Código Civil traz previsão curiosa e até desafiadora, admitindo que a parte contratada seja um "agente duplo". Nos seus termos, paralelamente ao contrato de que trata a norma, o agente de garantia poderá manter contratos com o devedor para: a) pesquisa de ofertas de crédito mais vantajosas entre os diversos fornecedores; b) auxílio nos procedimentos necessários à formalização de contratos de operações de crédito e de garantias reais, caso da uma alienação fiduciária em garantia; c) intermediação na resolução de questões relativas aos contratos de operações de crédito ou às garantias reais, como a tomada de medidas que visem ao cumprimento da obrigação; e d) outros serviços não vedados em lei e que estejam relacionados ao contrato de concessão de crédito e às garantias, como pesquisa e informação ao devedor de valores devidos e do saldo devedor.

Nessas situações, portanto, o agente de garantias terá duas relações jurídicas, sendo um "agente duplo", como antes afirmei. A primeira delas, principal, com os credores do crédito garantido. A segunda, paralela à primeira, mas subsidiária, mantida com os devedores da mesma obrigação, visando a tomar medidas que facilitem o pagamento da obrigação e o recebimento do crédito pelos primeiros.

Fica em dúvida nesse contexto, por regras de governança, de correição e de eticidade, a aplicação do § 8.º do art. 853-A, segundo o qual nessa última hipótese, de atuação como "agente duplo", "deverá agir com estrita boa-fé perante o devedor". Como manter uma conduta proba, de acordo com a mais estrita veracidade e transparência, se o agente deve sempre agir na defesa dos interesses dos credores, visando ao recebimento do valor devido ou, eventualmente e em casos de inadimplemento, à realização da garantia?

Penso que o equilíbrio entre esses interesses por parte do "agente duplo" é de efetivação praticamente impossível, pela realidade fática do Direito Privado Brasileiro. Aguardemos as aplicações práticas que eventualmente surgirão desse último comando e do próprio contrato de administração fiduciária de garantias.

19.4 RESUMO ESQUEMÁTICO

Contrato de administração fiduciária de garantias	Tratamento no novo art. 853-A do Código Civil, incluído pelo *Novo Marco Legal das Garantias* (Lei n. 14.711/2023).
Conceito	Qualquer garantia poderá ser constituída, levada a registro, gerida e ter a sua execução pleiteada por agente de garantia. O contrato, portanto, pode ter por objeto uma garantia pessoal – como é o caso da fiança – ou real – como no penhor, na hipoteca, na anticrese e na alienação fiduciária de garantia, de bens móveis ou imóveis.
Estrutura e objeto	O agente de garantia tem amplos poderes sendo designado pelos credores da obrigação garantida para esse fim. Atuará ele com nome próprio e em benefício dos credores, inclusive em ações judiciais que envolvam discussões sobre a existência, a validade ou a eficácia do ato jurídico do crédito garantido. O contrato é firmado, substancialmente e tendo como relação jurídica principal, entre o agente de garantias e os credores, que deverão ser principalmente os bancos e as instituições financeiras.
Atuação impessoal	O agente de garantia não exerce uma atribuição personalíssima ou *intuitu personae*, podendo ser substituído, a qualquer tempo, por decisão do credor único ou dos titulares que representarem a maioria simples dos créditos garantidos (art. 853-A, § 3.º, do CC). Nos casos de pluralidade de credores, a exclusão será definida em assembleia convocada para esse fim. A substituição do agente de garantia somente será eficaz após ter sido tornada pública, pela mesma forma por meio da qual tenha sido dada publicidade à garantia. Há, portanto, a exigência da mesma publicidade da efetivação da garantia para que a substituição do agente tenha eficácia *erga omnes*. Exemplificando, se a garantia exigiu algum registro imobiliário específico, assim também deve ser a substituição do agente.
Possibilidade de atuação como "agente duplo"	O § 7.º do art. 853-A do Código Civil traz previsão curiosa e até desafiadora, admitindo que a parte contratada seja um "agente duplo". Nos seus termos, paralelamente ao contrato de que trata a norma, o agente de garantia poderá manter contratos com o devedor para: a) pesquisa de ofertas de crédito mais vantajosas entre os diversos fornecedores; b) auxílio nos procedimentos necessários à formalização de contratos de operações de crédito e de garantias reais, caso da uma alienação fiduciária em garantia; c) intermediação na resolução de questões relativas aos contratos de operações de crédito ou às garantias reais, como a tomada de medidas que visem ao cumprimento da obrigação; e d) outros serviços não vedados em lei e que estejam relacionados ao contrato de concessão de crédito e às garantias, como pesquisa e informação ao devedor de valores devidos e do saldo devedor. Fica em dúvida, por regras de governança, de correição e de eticidade, a aplicação do § 8.º do art. 853-A, segundo o qual nessa última hipótese, de atuação como "agente duplo", "deverá agir com estrita boa-fé perante o devedor".

832 | DIREITO CIVIL • VOL. 3 – *Flávio Tartuce*

19.5 QUESTÕES CORRELATAS

1. **(MPE-SC – Promotor de Justiça substituto – Instituto Consulplan – 2024) Com base no Contrato de Administração Fiduciária de Garantias, introduzido no Código Civil pela Lei nº 14.711/2023, tem-se que após receber o valor do produto da realização da garantia, o agente de garantia disporá do prazo de cinco dias úteis para efetuar o pagamento aos credores.**
   ( ) Certo
   ( ) Errado

2. **(DPE-PR – Fundatec – Defensor Público – 2024) Sobre contratos em geral e em espécie, assinale a alternativa correta.**
   (A) Aquele que tiver prometido fato de terceiro responderá por perdas e danos quando este não o executar, inclusive se o terceiro for o cônjuge do promitente, e qualquer que seja o regime de casamento.
   (B) É nula a venda de ascendente a descendente, salvo se os outros descendentes e o cônjuge do alienante expressamente houverem consentido, independentemente do regime de bens.
   (C) Qualquer garantia poderá ser constituída, levada a registro, gerida e ter a sua execução pleiteada por agente de garantia, que será designado pelos credores da obrigação garantida para esse fim e atuará em nome próprio e em benefício dos credores, inclusive em ações judiciais que envolvam discussões sobre a existência, a validade ou a eficácia do ato jurídico do crédito garantido, vedada qualquer cláusula que afaste essa regra em desfavor do devedor.
   (D) O objeto do contrato de comissão é a aquisição ou a venda de bens pelo comissário no nome e na conta do comitente.
   (E) No contrato de administração fiduciária de garantia, o agente de garantia poderá ser substituído, a qualquer tempo, por decisão do credor único ou dos titulares que representarem a maioria qualificada de 2/3 dos créditos garantidos, reunidos em assembleia, sendo a substituição do agente de garantia eficaz a contar do dia seguinte à assembleia.

GABARITO

01 – ERRADO	02 – C

BIBLIOGRAFIA

AGUIAR, Ruy Rosado de. *Extinção dos contratos por incumprimento do devedor (Resolução).* Rio de Janeiro: Aide, 1991.

AGUIAR, Ruy Rosado de. *Extinção dos contratos por incumprimento do devedor (Resolução).* Rio de Janeiro: Aide, 2004.

ALPA, Guido. *Il diritto dei consumatori.* Roma: Laterza, 2002.

ALVES, Jones Figueirêdo. A teoria do adimplemento substancial. In: ALVES, Jones Figueirêdo; DELGADO, Mário Luiz. *Questões controvertidas no novo Código Civil.* São Paulo: Método, 2005. v. 4.

ALVES, Jones Figueirêdo; DELGADO, Mário Luiz. *Código Civil anotado. Inovações comentadas.* São Paulo: Método, 2005.

ALVIM, Agostinho. *Da doação.* São Paulo: RT, 1963.

AMARAL, Francisco. *Direito civil* – Introdução. 5. ed. Rio de Janeiro: Renovar, 2003.

AMORIM FILHO, Agnelo de. Critério científico para distinguir a prescrição da decadência e para identificar as ações imprescritíveis. *Revista dos Tribunais,* São Paulo: RT, n. 300, p. 7, 1960.

ANDRADE, Darcy Bessone de Vieira. *Do contrato.* Rio de Janeiro: Forense, 1960.

ANDRADE, Darcy Bessone de Vieira. *Aspectos da evolução da teoria dos contratos.* São Paulo: Saraiva, 1949.

ASCENSÃO, José de Oliveira. A desconstrução do abuso de direito. In: DELGADO, Mário Luiz; ALVES, Jones Figueirêdo. *Questões controvertidas no novo Código Civil.* São Paulo: Método, 2005. v. 4.

ASSIS, Araken de. *Contratos nominados.* Estudos em homenagem ao Professor Miguel Reale. São Paulo: RT, 2005. (Col. Biblioteca de Direito Civil.)

ASSUMPÇÃO NEVES, Daniel Amorim. *Novo CPC comentado.* Salvador: JusPodivm, 2016.

ASSUMPÇÃO NEVES, Daniel Amorim. Pretensão do réu em manter o contrato com modificação de suas cláusulas diante de pedido do autor de resolução por onerosidade excessiva – pedido contraposto previsto na lei material (art. 479, CC). In: DIDIER JR., Fredie; MAZZEI, Rodrigo. *Reflexos do novo Código Civil no direito processual.* Salvador: JusPodivm, 2005.

AZEVEDO, Álvaro Villaça. *Comentários ao novo Código Civil*. In: TEIXEIRA, Sálvio de Figueiredo. Rio de Janeiro: Forense, 2005. v. VII.

AZEVEDO, Álvaro Villaça. O novo Código Civil brasileiro: tramitação; função social do contrato; boa-fé objetiva; teoria da imprevisão e, em especial, onerosidade excessiva – "Laesio enormis". In: DELGADO, Mário Luiz; ALVES, Jones Figueirêdo. *Questões controvertidas no novo Código Civil*. São Paulo: Método, 2004. v. 2.

AZEVEDO, Álvaro Villaça. *Teoria geral dos contratos típicos e atípicos*. São Paulo: Atlas, 2002.

AZEVEDO, Antônio Junqueira de. Insuficiências, deficiências e desatualização do Projeto de Código Civil – atualmente Código aprovado – na questão da boa-fé objetiva nos contratos. *Estudos e pareceres de direito privado*. São Paulo, 2004.

AZEVEDO, Antônio Junqueira de. *Negócio jurídico. Existência, validade e eficácia*. 4. ed. São Paulo: Saraiva, 2002.

AZEVEDO, Antônio Junqueira de. Os princípios do atual direito contratual e a desregulação do mercado. Direito de exclusividade nas relações contratuais de fornecimento. Função social do contrato e responsabilidade aquiliana do terceiro que contribui para o inadimplemento contratual. *Estudos e pareceres de direito privado*. São Paulo: Saraiva, 2004.

AZEVEDO JR., José Osório de. *Compra e venda. Troca ou permuta*. Col. Biblioteca de Direito Civil. Estudos em homenagem ao Professor Miguel Reale. São Paulo: RT, 2005.

BARROS, Flávio Augusto Monteiro de. *Manual de direito civil*. São Paulo: Método, 2005. v. 2.

BARROSO, Lucas Abreu. Função ambiental do contrato. In: DELGADO, Mário Luiz; ALVES, Jones Figueirêdo. *Questões controvertidas no novo Código Civil*. São Paulo: Método, 2005. v. 4.

BARROSO, Lucas Abreu. Do contrato com pessoa a declarar. In: HIRONAKA, Giselda Maria Fernandes Novaes; TARTUCE, Flávio. *Direito contratual*. Temas atuais. São Paulo: Método, 2008.

BELMONTE, Alexandre Agra. *Instituições civis no direito do trabalho*. 3. ed. Rio de Janeiro: Renovar, 2004.

BESSA, Leonardo Roscoe. *Manual de direito do consumidor*. São Paulo: RT, 2008.

BETTI, Emilio. *Teoria geral do negócio jurídico*. Trad. Ricardo Rodrigues Gama. Campinas: LZN, 2003. t. I.

BEVILÁQUA, Clóvis. *Código Civil dos Estados Unidos do Brasil*. Rio de Janeiro: Ed. Rio, 1977. v. II (edição histórica).

BEVILÁQUA, Clóvis. *Direito das obrigações*. Rio de Janeiro: J. Ribeiro dos Santos Editor, 1896.

BIERWAGEN, Mônica Yoshizato. *Princípios e regras de interpretação dos contratos no novo Código Civil*. 2. ed. São Paulo: Saraiva, 2003.

BRITO, Rodrigo Toscano de. *Equivalência material dos contratos: civis, empresariais e de consumo*. São Paulo: Saraiva, 2007.

BUSATTA, Eduardo. *Resolução dos contratos e teoria do adimplemento substancial*. Coleção Prof. Agostinho Alvim. São Paulo: Saraiva, 2007.

CAHALI, Francisco José. *Curso de arbitragem*. 6. ed. São Paulo: RT, 2017.

CÂMARA, Alexandre Freitas. Evicção do bem arrematado em hasta pública. Disponível na Internet: <www.flaviotartuce.adv.br>. Seção do Processo Civil. Acesso em: 3 out. 2005.

CÂMARA, Alexandre Freitas. Da evicção – aspectos materiais e processuais. In: HIRONAKA, Giselda Maria Fernandes Novaes; TARTUCE, Flávio. *Direito contratual*. Temas atuais. São Paulo: Método, 2008.

CARMONA, Carlos Alberto. *Arbitragem e processo*. Um comentário à Lei 9.307/1996. 2. ed. São Paulo: Atlas, 2006.

CARVALHO NETO, Inacio de. A venda de ascendente a descendente no novo Código Civil. In: DELGADO, Mário Luiz; ALVES, Jones Figueirêdo. *Questões controvertidas no novo Código Civil*. São Paulo: Método, 2005. v. 4.

CASCONI, Francisco Antonio; AMORIM, José Roberto Neves. *Locações*: aspectos relevantes. São Paulo: Método, 2004.

CASSETTARI, Christiano. A influência da principiologia da nova teoria geral dos contratos na análise dos efeitos do contrato de fiança locatícia. In: Mário Luiz Delgado; Jones Figueirêdo Alves. *Questões controvertidas no novo Código Civil*. São Paulo: Método, 2005. v. 4.

CASSETTARI, Christiano. *Multa contratual* – Teoria e prática. São Paulo: RT, 2009.

CASTRO Y BRAVO, Federico de. *La estructura del negocio jurídico*. Madrid: Civitas, 2002.

CATALAN, Marcos Jorge. *Descumprimento contratual*. Curitiba: Juruá, 2005.

CATALAN, Marcos Jorge. *Direito dos contratos*. Direito civil. Orientação: Giselda M. F. Novaes Hironaka. In: MORRIS, Amanda Zoe; BARROSO, Lucas Abreu. São Paulo: RT, 2008. v. 3.

CHINÈ, Giuseppe; FRATINI, Marco; ZOPPINI, Andrea. *Manuale di diritto civile*. 4. ed. Roma: Nel Diritto, 2013.

CHINELLATO, Silmara Juny. *Tutela civil do nascituro*. São Paulo: Saraiva, 1999.

CIAN, Giorgio; TRABUCHI, Alberto. *Commentario breve al Codice Civile*. Padova: Cedam, 1992.

COLTRO, Antonio Carlos Mathias. *Contrato de corretagem imobiliária*. 2. ed. São Paulo: Atlas, 2007.

COSTA, Almeida. *Direito das obrigações*. Coimbra: Almedina, 1979.

COUTO E SILVA, Clóvis do. *A obrigação como processo*. São Paulo: Bushatsky, 1976.

DANTAS, San Tiago. Evolução contemporânea do direito contratual. *Revista dos Tribunais*, São Paulo: RT, v. 199, p. 144, 1981.

DANTAS, San Tiago. *Programa de direito civil*. Rio de Janeiro: Ed. Rio, 1983. v. II (aulas proferidas na Faculdade Nacional de Direito, fim de 1943-1945).

DELGADO, Mário Luiz. *Código Civil comentado - Doutrina e Jurisprudência*. Rio de Janeiro: Forense, 2019.

DELGADO, Mário Luiz. *Problemas de direito intertemporal no Código Civil*. São Paulo: Saraiva, 2004.

DIDIER JR., Fredie. *Regras processuais no novo Código Civil*. São Paulo: Saraiva, 2004.

DÍEZ-PICAZO, Luis; GULLÓN, Antonio. *Sistema de derecho civil*. 11. ed. Madrid: Tecnos, 2003. v. 1.

DINAMARCO, Cândido Rangel. *Intervenção de terceiros*. São Paulo: Malheiros, 2006.

DINIZ, Maria Helena. *Código Civil anotado*. 11. ed. São Paulo: Saraiva, 2005.

DINIZ, Maria Helena. *Código Civil anotado*. 15. ed. São Paulo: Saraiva, 2010.

DINIZ, Maria Helena. *Comentários ao Código Civil*. In: AZEVEDO, Antônio Junqueira de. São Paulo: Saraiva, 2003.

DINIZ, Maria Helena. *Curso de direito civil brasileiro*. Teoria geral das obrigações contratuais e extracontratuais. 16. ed. São Paulo: Saraiva, 2001. v. 3.

DINIZ, Maria Helena. *Curso de direito civil brasileiro*. 17. ed. São Paulo: Saraiva, 2002. v. 3.

DINIZ, Maria Helena. *Curso de direito civil brasileiro*. 19. ed. São Paulo: Saraiva. v. 3.

DINIZ, Maria Helena. *Curso de direito civil brasileiro*. 21. ed. São Paulo: Saraiva, 2005. v. 3.

DINIZ, Maria Helena. *Curso de direito civil brasileiro*. 23. ed. São Paulo: Saraiva, 2007. v. 3.

DINIZ, Maria Helena. *Dicionário jurídico*. 2. ed. São Paulo: Saraiva, 2005. v. 2.

DINIZ, Maria Helena. *Dicionário jurídico*. 2. ed. São Paulo: Saraiva, 2005. v. 3.

DINIZ, Maria Helena. *Lei de Introdução ao Código Civil interpretada*. 8. ed. São Paulo: Saraiva, 2001.

DINIZ, Maria Helena. *Lei de locações de imóveis urbanos comentada*. 5. ed. São Paulo: Saraiva, 1999.

DINIZ, Maria Helena. *Tratado teórico e prático dos contratos*. – Teoria das obrigações contratuais. 4. ed. São Paulo: Saraiva, 2002. v. 1.

DINIZ, Maria Helena. *Tratado teórico e prático dos contratos*. – Teoria das obrigações contratuais. 5. ed. São Paulo: Saraiva, 2003. v. 1.

DINIZ, Maria Helena. *Tratado teórico e prático dos contratos e Curso de direito civil brasileiro*. 4. ed. São Paulo: Saraiva. 2002. v. III.

DUARTE, Ronnie Preuss. A cláusula geral da boa-fé no novo Código Civil brasileiro. In: DELGADO, Mário Luiz; ALVES, Jones Figueirêdo. *Questões controvertidas no novo Código Civil*. São Paulo: Método, 2004. v. 2.

FACHIN, Luiz Edson. *Direito civil*. Sentidos, transformações e fim. Rio de Janeiro: Renovar, 2014.

FACHIN, Luiz Edson. *Estatuto jurídico do patrimônio mínimo*. Rio de Janeiro: Renovar, 2001.

FALCÃO, Wladimir Alcebíades Marinho. *Revisão judicial dos contratos*. Do Código de Defesa do Consumidor ao Código Civil de 2002. São Paulo: Método, 2007.

FARIAS, Cristiano Chaves de; ROSENVALD, Nelson. *Direito civil*. Teoria geral. 4. ed. Rio de Janeiro: Lumen Juris, 2006.

FERRIANI, Adriano. O contrato *built-to-suit* e a Lei 12.744/2012. Disponível em: <www.migalhas.com.br>. Publicado em: 16 jan. 2013.

FILOMENO, José Geraldo Brito. *Código de Defesa do Consumidor comentado pelos autores do Anteprojeto*. 6. ed. Rio de Janeiro: Forense Universitária, 1999.

FIUZA, Ricardo. *O novo Código Civil e as propostas de aperfeiçoamento*. São Paulo: Saraiva, 2003.

FRANCISCO, José Carlos. Bloco de constitucionalidade e recepção dos tratados internacionais. In: TAVARES, André Ramos; LENZA, Pedro; ALARCÓN, Pietro de Jesús Lora. *Reforma do Judiciário*. São Paulo: Método, 2005.

FRANCO, J. Nascimento; GONDO, Nisske. *Ação renovatória e ação revisional de aluguel*. São Paulo: RT, 1987.

BIBLIOGRAFIA | **837**

FRANTZ, Laura Coradini. Bases dogmáticas para interpretação dos artigos 317 e 478 do novo Código Civil brasileiro. In: DELGADO, Mário Luiz; ALVES, Jones Figueirêdo. *Questões controvertidas no novo Código Civil*. São Paulo: Método, 2005. v. 4.

GAGLIANO, Pablo Stolze; PAMPLONA FILHO, Rodolfo. *Novo curso de direito civil*. São Paulo: Saraiva, 2003. v. I.

GAGLIANO, Pablo Stolze; PAMPLONA FILHO, Rodolfo. *Novo curso de direito civil*. 3. ed. São Paulo: Saraiva, 2003. v. II.

GAGLIANO, Pablo Stolze; PAMPLONA FILHO, Rodolfo. *Novo curso de direito civil*. São Paulo: Saraiva, 2005. v. IV, t. I.

GAGLIANO, Pablo Stolze; PAMPLONA FILHO, Rodolfo. *Novo curso de direito civil*. 8. ed. São Paulo: Saraiva, 2007. v. II.

GAGLIANO, Pablo Stolze; PAMPLONA FILHO, Rodolfo. *Novo curso de direito civil*. São Paulo: Saraiva, 2008. v. IV, t. II.

GODOY, Cláudio Luiz Bueno de. *Código Civil comentado*. 4. ed. Coord. Ministro Cezar Peluso. São Paulo: Manole, 2010.

GODOY, Cláudio Luiz Bueno de. *Código Civil interpretado*. Coord. Ministro Cezar Peluso. São Paulo: Manole, 2007.

GODOY, Cláudio Luiz Bueno de. *Função social do contrato*. De acordo com o novo Código Civil. São Paulo: Saraiva, 2004. (Col. Prof. Agostinho Alvim.)

GOMES, Orlando. *Contrato de adesão* – Condições gerais dos contratos. São Paulo: RT, 1972.

GOMES, Orlando. *Contratos*. 17. ed. Rio de Janeiro: Forense, 1996.

GOMES, Orlando. *Contratos*. Atualizadores: Antonio Junqueira de Azevedo e Francisco Paulo de Crescenzo Marino. In: BRITO, Edvaldo. 26. ed. Rio de Janeiro: Forense, 2007.

GOMIDE, Alexandre Junqueira. *Contratos* built to suit. São Paulo: RT, 2017.

GONÇALVES, Carlos Roberto. *Direito civil brasileiro*. São Paulo: Saraiva, 2004. v. III.

GONÇALVES, Carlos Roberto. *Direito civil brasileiro*. Contratos e atos unilaterais. 3. ed. São Paulo: Saraiva, 2007. v. III.

GONÇALVES, Carlos Roberto. *Direito civil brasileiro*. Contratos e atos unilaterais. 6. ed. São Paulo: Saraiva, 2009. v. III.

HIRONAKA, Giselda Maria Fernandes Novaes. Contrato: estrutura milenar de fundação do direito privado. Disponível em: <www.flaviotartuce.adv.br>. Artigos de convidados. Acesso em: 8 ago. 2005.

HIRONAKA, Giselda Maria Fernandes Novaes; TARTUCE, Flávio. O princípio da autonomia privada e o direito contratual brasileiro. In: HIRONAKA, Giselda Maria Fernandes Novaes; TARTUCE, Flávio. *Direito contratual*. Temas atuais. São Paulo: Método, 2008.

HIRONAKA, Giselda Maria Fernandes Novaes; TARTUCE, Flávio. *Direito contratual*. Temas atuais. São Paulo: Método, 2008.

HORA NETO, João. O princípio da função social do contrato no Código Civil de 2002. *Revista Trimestral de Direito Civil*, v. 13, p. 286, 2003.

IZZO, Luciano Ciafardini Fausto. *Codice Civile annotato com la giurisprudenza*. 16. ed. Napoli: Simone, 2013.

JAYME, Erik. *Identité culturelle et intégration: le droit international privé postmoderne. Recueil des Cours de l'Académie de Droit International de la Haye*, II, Kluwer, Haia, 1995.

838 DIREITO CIVIL • VOL. 3 – *Flávio Tartuce*

KHOURI, Paulo R. Roque. *A revisão judicial dos contratos no Novo Código Civil, Código do Consumidor e Lei 8.666/1993*. São Paulo: Atlas, 2006.

KONDER, Carlos Nelson. *Contratos conexos*. Rio de Janeiro: Renovar, 2006.

LARENZ, Karl. *Base del negocio jurídico y cumplimiento de los contratos*. Trad. Carlos Fernandéz Rodríguez. Granada: Comares, 2002.

LEONARDO, Rodrigo Xavier. Os contratos coligados. Disponível em: <http://www.rodrigoxavierleonardo.com.br/arquivos/20150319192927.pdf>. Acesso em: 18 de maio de 2015.

LEVADA, Cláudio Antônio dos Santos. Fiança locatícia. In: CASCONI, Francisco Antonio; AMORIM, José Roberto Neves. *Locações*: aspectos relevantes. São Paulo: Método, 2004.

LISBOA, Roberto Senise. *Manual de direito civil*. 3. ed. São Paulo: RT, 2005. v. 3.

LÔBO, Paulo Luiz Netto. *A teoria do contrato e o novo Código Civil*. Recife: Nova Livraria, 2003.

LÔBO, Paulo Luiz Netto. *Código Civil anotado*. In: PEREIRA, Rodrigo da Cunha. Porto Alegre: Síntese, 2004.

LÔBO, Paulo Luiz Netto. *Comentários ao Código Civil*. In: AZEVEDO, Antônio Junqueira de. São Paulo: Saraiva, 2003. v. 6.

LÔBO, Paulo Luiz Netto. *Comentários ao Código Civil*: parte especial: das várias espécies de contratos (arts. 481 a 564). São Paulo: Saraiva, 2012, v. 6.

LÔBO, Paulo Luiz Netto. Do contrato estimatório e suas vicissitudes. In: DELGADO, Mário Luiz; ALVES, Jones Figueirêdo. *Questões controvertidas no novo Código Civil*. São Paulo: Método, 2004. v. 2.

LÔBO, Paulo Luiz Netto. *Teoria geral das obrigações*. São Paulo: Saraiva, 2005.

LOPES, Miguel Maria de Serpa. *Curso de direito civil*. 4. ed. Rio de Janeiro: Freitas Bastos, 1963. v. III.

LOPEZ, Tereza Ancona. *Comentários ao novo Código Civil*. In: AZEVEDO, Antonio Junqueira de. São Paulo: Saraiva, 2003. v. 7.

LORENZETTI, Ricardo. *Fundamentos do direito privado*. São Paulo: RT, 1998.

LOTUFO, Renan. *Código Civil comentado*. São Paulo: Saraiva, 2003. v. I.

LOTUFO, Renan. *Código Civil comentado*. São Paulo: Saraiva, 2003. v. 2.

LOTUFO, Renan. *Questões relativas a mandato, representação e procuração*. São Paulo: Saraiva, 2001.

LOUREIRO, Luiz Guilherme. *Contratos no novo Código Civil*. 2. ed. São Paulo: Método, 2005.

MALLET, Estevão. Apontamentos sobre a competência da Justiça do Trabalho. In: TAVARES, André Ramos; LENZA, Pedro; ALARCÓN, Pietro de Jesús Lora. *Reforma do Judiciário*. São Paulo: Método, 2005.

MARQUES, Claudia Lima; BENJAMIN, Antonio Herman; MIRAGEM, Bruno. *Comentários ao Código de Defesa do Consumidor*. Introdução. São Paulo: RT, 2004.

MARQUES, Claudia Lima. *Contratos no Código de Defesa do Consumidor*. São Paulo: RT, 2003.

MARQUES, Claudia Lima. *Manual de direito do consumidor*. In: BENJAMIN, Antonio Herman V., MARQUES, Claudia Lima Marques e BESSA, Leornardo Roscoe. São Paulo: RT, 2007.

MARTINS, Guilherme Magalhães. *Formação dos contratos eletrônicos de consumo via Internet*. Rio de Janeiro: Forense, 2003.

MARTINS-COSTA, Judith. *A boa-fé no direito privado*. São Paulo: RT, 1999.

MARTINS-COSTA, Judith. *Comentários ao Novo Código Civil*. In: TEIXEIRA, Sálvio de Figueiredo. Rio de Janeiro: Forense, 2003. v. V, t. I.

MARTINS-COSTA, Judith. Reflexões sobre o princípio da função social dos contratos. *Revista Direito GV*, São Paulo, v. 1, n. 1, p. 41-67, maio 2005.

MAZZUOLI, Valério de Oliveira. *Prisão civil por dívida e o Pacto de San José da Costa Rica*. Rio de Janeiro: Forense, 2002.

MEIRA, Sílvio A. B. *Instituições de direito romano*. 4. ed. São Paulo: Max Limonad, 1971.

MELLO, Marcos Bernardes de. *Teoria do fato jurídico*. Plano da existência. 12. ed. São Paulo: Saraiva, 2003.

MELO, Marco Aurélio Bezerra de. *Código Civil comentado* – Doutrina e jurisprudência. Rio de Janeiro: Forense, 2019.

MELO, Marco Aurélio Bezerra de. *Direito dos contratos*. Teoria geral dos contratos. São Paulo: Atlas, 2015. v. III, t. I.

MELO, Marco Aurélio Bezerra de. *Novo Código Civil anotado*. Rio de Janeiro: Lumen Iuris, 2004. v. III, t. I.

MENDONÇA, Manuel Inácio Carvalho de. *Contratos no direito brasileiro*. 4. ed. Rio de Janeiro: Forense, 1957. t. I.

MENEZES CORDEIRO, Antônio Manuel da Rocha e. *Da boa-fé no direito civil*. Coimbra: Almedina, 2001.

MENGER, Antonio. *El derecho civil y los pobres*. Madrid: Librería General de Victoriano Suárez, 1898.

MONTEIRO, Washington de Barros. *Curso de direito civil. Direito das obrigações*. 2.ª Parte. 9. ed. São Paulo: Saraiva, 1973.

MONTEIRO, Washington de Barros. *Curso de direito civil. Direito das obrigações*. 2.ª Parte. 34. ed. atual. por Carlos Alberto Dabus Maluf e Regina Beatriz Tavares da Silva. São Paulo: Saraiva, 2003. v. 5.

MONTEIRO, Washington de Barros. *Curso de direito civil. Direito das obrigações*. 2.ª Parte. 31. ed. São Paulo: Saraiva, 1999.

MORAES, Renato José de. *Cláusula "rebus sic stantibus"*. São Paulo: Saraiva, 2001.

MORSELLO, Marco Fábio. *Responsabilidade civil no transporte aéreo*. São Paulo: Atlas, 2006.

MULHOLLAND, Caitilin Sampaio. Relações contratuais eletrônicas. *Jornal Carta Forense*. São Paulo, p. b-11, jun. 2009.

NALIN, Paulo. *Do contrato: conceito pós-moderno*. 1. ed. 5. tir. Curitiba: Juruá, 2005.

NALIN, Paulo; STEINER, Renata C. Atraso na obrigação de entrega e essencialidade do tempo do cumprimento na CISG. *Compra e venda internacional de mercadorias*. Curitiba: Juruá, 2014.

NEGREIROS, Teresa. *Teoria do contrato*. Novos paradigmas. Rio de Janeiro: Renovar, 2002.

NERY JR., Nelson. A base do negócio jurídico e a revisão do contrato. *Questões de direito civil e o novo código*. São Paulo: Ministério Público. Procuradoria-Geral de Justiça: Imprensa Oficial do Estado de São Paulo, 2004.

NERY JR., Nelson. *Código Brasileiro de Defesa do Consumidor. Comentado pelos autores do anteprojeto*. 6. ed. Rio de Janeiro: Forense Universitária, 1999.

NERY JR., Nelson. Contratos no Código Civil. Apontamentos gerais. *O novo Código Civil. Estudos em homenagem ao Prof. Miguel Reale.* São Paulo: LTr, 2003.

NERY JR., Nelson; NERY, Rosa Maria de Andrade. 2. ed. *Código Civil anotado.* São Paulo: RT, 2004.

NERY JR., Nelson; NERY, Rosa Maria de Andrade. *Código Civil comentado.* 3. ed. São Paulo: RT, 2005.

NORONHA, Fernando. *O direito dos contratos e seus princípios fundamentais*: autonomia privada, boa-fé, justiça contratual. São Paulo: Saraiva, 1994.

NOVAES, Alinne Arquette Leite. *A teoria contratual e o Código de Defesa do Consumidor.* São Paulo: RT, 2003.

NUNES, Luiz Antônio Rizzatto. *Comentários ao Código de Defesa do Consumidor.* São Paulo: Saraiva, 2000.

NUNES, Luiz Antônio Rizzatto. *Comentários ao Código de Defesa do Consumidor.* 3. ed. São Paulo: Saraiva, 2007.

PEDROTTI, Irineu; PEDROTTI, William. *Comentários à Lei de Locação.* São Paulo: Método, 2005.

PENTEADO, Luciano de Camargo. *Doação com encargo e causa contratual.* São Paulo: Milennium, 2004.

PENTEADO, Luciano de Camargo. *Efeitos contratuais perante terceiros.* São Paulo: Quartier Latin, 2007.

PEREIRA, Caio Mário da Silva. *Instituições de direito civil.* Rio de Janeiro: Forense, 1990. v. III.

PEREIRA, Caio Mário da Silva. *Instituições de direito civil.* 11. ed. atual. por Régis Fichtner. Rio de Janeiro: Forense, 2004. v. III.

PINHEIRO, Patrícia Peck. *Direito digital.* 2. ed. São Paulo: Saraiva, 2008.

PIOVESAN, Flávia. Reforma do Judiciário e direitos humanos. In: TAVARES, André Ramos; LENZA, Pedro; ALARCÓN, Pietro de Jesús Lora. *Reforma do Judiciário.* São Paulo: Método, 2005.

PODESTÁ, Fábio. Notas sobre a revisão do contrato. In: TARTUCE, Flávio e CASTILHO, Ricardo. *Direito civil. Direito patrimonial. Direito existencial. Estudos em homenagem à professora Giselda Maria Fernandes Novaes Hironaka.* São Paulo: Método, 2006.

PONTES DE MIRANDA, Francisco Cavalcanti. *Tratado de direito privado.* 3. ed. Rio de Janeiro: Borsoi, 1972. t. XLVI.

REALE, Miguel. *O Projeto do novo Código Civil brasileiro.* 2. ed. São Paulo: Saraiva, 1999.

REALE, Miguel. *Questões de direito privado.* São Paulo: Saraiva, 1997.

REALE, Miguel. *Um artigo-chave do Código Civil.* História do Código Civil. São Paulo: 2006.

RÉGIS, Mário Luiz Delgado. *Código Civil comentado.* 6. ed. In: SILVA, Regina Beatriz Tavares da. São Paulo: Saraiva, 2008.

RENTERIA, Pablo. Considerações acerca do atual debate sobre o princípio da função social do contrato. *Princípios do direito civil contemporâneo.* In: MORAES, Maria Celina Bodin de. Rio de Janeiro: Renovar, 2006.

RIZZARDO, Arnaldo. *Contratos.* 3. ed. Rio de Janeiro: Forense, 2004.

RODRIGUES JÚNIOR, Otávio Luiz. A célebre lei do deputado Failliot e a teoria da imprevisão. *Consultor Jurídico*, 2 abr. 2020. Disponível em: <https://www.conjur.com.br/2020-abr-02/

direito-comparado-celebre-lei-deputado-failliot-teoria-imprevisao>. Acesso em: 15 out. 2020.

RODRIGUES, Sílvio. *Direito civil*. 24. ed. São Paulo: Saraiva, 1994, v. 1.

RODRIGUES, Sílvio. *Direito civil*. 29. ed. São Paulo: Saraiva, 2003. v. 3.

RODRIGUES JUNIOR, Otávio Luiz. *Revisão judicial dos contratos*. 2. ed. São Paulo: Atlas, 2006.

ROPPO, Enzo. *O contrato*. Coimbra: Almedina, 1988.

ROPPO, Vincenzo. Morte e transfiguração do contrato de consumo? In-Pactum. Publicação quadrimestral da *Revista do Centro de Ciências Jurídicas da Universidade Católica de Pernambuco*, Recife: UCAP, ano 1, n. 3, p. 1, jan.-abr. 2009.

ROSENVALD, Nelson. *Código Civil comentado*. In: PELUSO, Ministro Cezar. São Paulo: Manole, 2007.

ROSENVALD, Nelson. *Cláusula penal*. A pena privada nas relações negociais. Rio de Janeiro: Lumen Juris, 2007.

ROSENVALD, Nelson. *Dignidade humana e boa-fé no Código Civil*. São Paulo: Saraiva, 2005.

SANSEVERINO, Paulo de Tarso. Contratos nominados II. *Estudos em homenagem ao professor Miguel Reale*. São Paulo: RT, 2006.

SANTIAGO, Mariana Ribeiro. *O princípio da função social do contrato*. Curitiba: Juruá, 2005.

SANTOS, Antonio Jeová dos. *Função social do contrato. Lesão, imprevisão no CC/2002 e no CDC*. 2. ed. São Paulo: Método, 2004.

SANTOS, Eduardo Sens dos. O novo Código Civil e as cláusulas abusivas: exame da função social do contrato. *Revista de Direito Privado*, v. 10, 2002.

SARLET, Ingo Wolfgang. *A eficácia dos direitos fundamentais*. 5. ed. Porto Alegre: Livraria do Advogado, 2005.

SARMENTO, Daniel. *Direitos fundamentais e relações privadas*. Rio de Janeiro: Lumen Juris, 2004.

SCHREIBER, Anderson. A boa-fé objetiva e o adimplemento substancial. In: HIRONAKA, Giselda Maria Fernandes Novaes e TARTUCE, Flávio. *Direito contratual*. Temas atuais. São Paulo: Método, 2008.

SCHREIBER, Anderson. *A proibição do comportamento contraditório. Tutela de confiança e venire contra factum proprium*. Rio de Janeiro: Renovar, 2005.

SCHREIBER, Anderson. *Código Civil comentado* – Doutrina e jurisprudência. Rio de Janeiro: Forense, 2019.

SCHREIBER, Anderson. *Manual de direito civil contemporâneo*. São Paulo: Saraiva, 2018.

SILVA, Luis Renato Ferreira da. A função social do contrato no novo Código Civil e sua conexão com a solidariedade social. *O novo Código Civil e a Constituição*. In: SARLET, Ingo Wolfgang. Porto Alegre: Livraria do Advogado, 2003.

SILVA, Luiz Antonio Rodrigues da. Garantias locatícias. In: CASCONI, Francisco Antonio e AMORIM, José Roberto Neves. *Locações*: aspectos relevantes. São Paulo: Método, 2004.

SIMÃO, José Fernando. Aspectos controvertidos da prescrição e da decadência na teoria geral dos contratos e contratos em espécie. In: DELGADO, Mário Luiz; ALVES, Jones Figueirêdo. *Questões controvertidas no novo Código Civil*. São Paulo: Método, 2005. v. 4.

SIMÃO, José Fernando. *Código Civil comentado* – Doutrina e jurisprudência. Rio de Janeiro: Forense, 2019.

SIMÃO, José Fernando. *Direito civil. Contratos.* São Paulo: Atlas, 2005. (Série Leituras Jurídicas.)

SIMÃO, José Fernando. *Direito civil. Contratos.* 3. ed. São Paulo: Atlas, 2008. (Série Leituras Jurídicas.)

SIMÃO, José Fernando. *Legislação civil especial.* Locação e propriedade fiduciária. São Paulo: Atlas, 2007. (Série Leituras Jurídicas.)

SIMÃO, José Fernando. Quem tem medo de dar carona? Disponível em: <www.flaviotartuce. adv.br>. Acesso em: 7 set. 2014.

SIMÃO, José Fernando. *Vícios do produto no novo Código Civil e no Código de Defesa do Consumidor.* São Paulo: Atlas, 2003.

SOUZA, Sérgio Iglesias Nunes de. O novo art. 285-B (Lei 12.810/13) do CPC (Lei 5.869/73) e os contratos de empréstimos habitacionais. Disponível em: <www.migalhas.com.br>. Acesso em: 4 set. 2013.

SOUZA, Sylvio Capanema. *Comentários ao novo Código Civil.* In: TEIXEIRA, Sálvio de Figueiredo. Rio de Janeiro: Forense, 2004. v. VIII.

SOUZA, Sylvio Capanema. *A Lei do Inquilinato comentada.* 7. ed. Rio de Janeiro: GZ, 2012.

STRENGER, Irineu. *Contratos internacionais do comércio.* 3. ed. São Paulo: LTr, 1999.

TARTUCE, Fernanda. Seção Bate-Boca. A proposta celebrada via internet faz com que o contrato seja formado entre presentes? *Revista Eletrônica Intelligentia Jurídica.* Acesso em: 10 maio 2006.

TARTUCE, Flávio. A formação do contrato no novo Código Civil, no Código de Defesa do Consumidor e a via eletrônica. In: DELGADO, Mário Luiz; ALVES, Jones Figueirêdo. *Questões controvertidas no novo Código Civil.* São Paulo: Método, 2005, v. 4.

TARTUCE, Flávio. A revisão do contrato pelo novo Código Civil. Crítica e proposta de alteração do art. 317 da Lei 10.406/2002. In: DELGADO, Mário Luiz; ALVES, Jones Figueirêdo. *Questões controvertidas no novo Código Civil.* São Paulo: Método, 2003. v. 1.

TARTUCE, Flávio. A situação jurídica do nascituro: uma página a ser virada no direito civil brasileiro. In: DELGADO, Mário Luiz; ALVES, Jones Figueirêdo. *Questões controvertidas no novo Código Civil.* Parte Geral. São Paulo: Método, 2007. v. 6.

TARTUCE, Flávio. A venda de ascendente para descendente. In: HIRONAKA, Giselda Maria Fernandes Novaes. *A outra face do Poder Judiciário.* Belo Horizonte: Del Rey, 2005.

TARTUCE, Flávio. *Código Civil comentado* – Doutrina e jurisprudência. 4. ed. Rio de Janeiro: Forense, 2022.

TARTUCE, Flávio. Diálogos entre o direito civil e o direito do trabalho. In: TARTUCE, Flávio; CASTILHO, Ricardo. *Direito civil. Direito patrimonial. Direito existencial. Estudos em homenagem à professora Giselda Maria Fernandes Novaes Hironaka.* São Paulo: Método, 2006.

TARTUCE, Flávio. *Direito civil.* Lei de introdução e parte geral. 19. ed. Rio de Janeiro: Forense, 2023. v. 1.

TARTUCE, Flávio. *Direito civil.* Direito das obrigações e responsabilidade civil. 18. ed. Rio de Janeiro: Forense, 2023. v. 2.

TARTUCE, Flávio. *Direito civil.* Direito das coisas. 15. ed. Rio de Janeiro: Forense, 2023. v. 4.

TARTUCE, Flávio. *Direito civil.* Direito de família. 16. ed. Rio de Janeiro: Forense, 2023. v. 5.

BIBLIOGRAFIA **843**

TARTUCE, Flávio. *Direito civil.* Direito das sucessões. 16. ed. Rio de Janeiro: Forense, 2023. v. 6.

TARTUCE, Flávio. *Função social dos contratos.* Do Código de Defesa do Consumidor ao novo Código Civil. São Paulo: Método, 2005.

TARTUCE, Flávio. *Função social dos contratos.* Do Código de Defesa do Consumidor ao Código Civil de 2002. 2. ed. São Paulo: Método, 2007.

TARTUCE, Flávio. *Manual de Direito Civil.* 13. ed. São Paulo; Método, 2023.

TARTUCE, Flávio. *Responsabilidade Civil.* 4. ed. São Paulo; Método, 2023.

TARTUCE, Flávio. O coronavírus e os contratos – Extinção, revisão e conservação – Boa-fé, bom senso e solidariedade. *Migalhas*, Coluna Migalhas Contratuais, 27 mar. 2020. Disponível em: <https://migalhas.uol.com.br/coluna/migalhas-contratuais/322919/o-coronavirus-e-os-contratos---extincao--revisao-e-conservacao---boa-fe--bom-senso-e-solidariedade>. Acesso em: 15 out. 2020.

TARTUCE, Flávio. *O Novo CPC e o direito civil.* Impactos, diálogos e interações. 2. ed. São Paulo: Método, 2016.

TARTUCE, Flávio; ASSUMPÇÃO NEVES, Daniel Amorim. *Manual de Direito do Consumidor.* 12. ed. São Paulo: Método, 2023.

TARTUCE, Flavio; OLIVEIRA, Carlos Eduardo Elias de. *Lei do Sistema Eletrônico.* Rio de Janeiro: Forense, 2023.

TARTUCE, Flavio; FROTA, Pablo Malheiros Cunha. Nota Técnica IBDCONT: Projeto de Lei n. 4.188/2021 – Projeto de Lei das Garantias. *Revista Brasileira de Direito Contratual*, v. 12 (jul./set. 2022). Coordenadores: Flávio Tartuce e Pablo Malheiros da Cunha Frota, p. 7-20.

TARTUCE, Flávio; SALOMÃO, Luis Felipe (Coord.). *Direito civil.* Diálogos entre a doutrina e a jurisprudência. São Paulo: Atlas, 2018.

TARTUCE, Flávio; SIMÃO, José Fernando; BUNAZAR, Maurício. Da necessidade de uma norma emergencial sobre locação imobiliária em tempos de pandemia. *Jusbrasil*. Disponível em: <https://flaviotartuce.jusbrasil.com.br/artigos/844559552/da-necessidade-de-uma-norma-emergencial-sobre-locacao-imobiliaria-em-tempos-de-pandemia?ref=feed#comments>. Acesso em: 15 out. 2020.

TEPEDINO, Gustavo. *A parte geral do novo Código.* 2. ed. Rio de Janeiro: Renovar, 2003.

TEPEDINO, Gustavo. *Código Civil interpretado.* Rio de Janeiro: Renovar, 2006.

TEPEDINO, Gustavo. *Comentários ao novo Código Civil.* In: TEIXEIRA, Sálvio de Figueiredo. Rio de Janeiro: Forense, 2008. v. X.

TEPEDINO, Gustavo. Questões controvertidas sobre o contrato de corretagem. *Temas de direito civil.* Rio de Janeiro: Renovar, 2004.

TEPEDINO, Gustavo; BARBOZA, Heloísa Helena; MORAES, Maria Celina Bodin de. *Código Civil interpretado conforme a Constituição Federal.* Rio de Janeiro: Renovar, 2006.

THEODORO JÚNIOR, Humberto. *O contrato e a sua função social.* Rio de Janeiro, 2004.

TRABUCCHI, Alberto. *Istituzioni di diritto civile.* 40. ed. Padova: Cedam, 2001.

TREPAT CASES, José Maria. *Código Civil comentado.* In: AZEVEDO, Álvaro Villaça de. São Paulo: Atlas, 2003. v. VIII.

TZIRULNIK, Ernesto; CAVALCANTI, Flávio de Queiroz B.; PIMENTEL, Ayrton. *O contrato de seguro*: de acordo com o novo Código Civil brasileiro. 2. ed. São Paulo: RT, 2003.

VELOSO, Zeno. *Novo Código Civil comentado*. 2. ed. In: FIUZA, Ricardo. São Paulo: Saraiva, 2004.

VENOSA, Sílvio de Salvo. *Código Civil Interpretado*. São Paulo: Atlas, 2010.

VENOSA, Sílvio de Salvo. *Direito civil*. 3. ed. São Paulo: Atlas, 2003. v. 2.

VENOSA, Sílvio de Salvo. *Direito civil*. 3. ed. São Paulo: Atlas, 2003. v. 3.

VENOSA, Sílvio de Salvo. *Direito civil*. São Paulo: Atlas, 2004. v. 4.

VENOSA, Sílvio de Salvo. *Direito civil*. Contratos em espécie. 12. ed. São Paulo: Atlas, 2012. v. 4.

VENOSA, Sílvio de Salvo. *Direito civil*. 5. ed. São Paulo: Atlas, 2005. v. 3.

VENOSA, Sílvio de Salvo. *Direito civil*. 6. ed. São Paulo: Atlas, 2006. v. II.

WALD, Arnoldo. *Curso de direito civil brasileiro. Obrigações e contratos*. São Paulo: RT, 1999.

ZANETTI, Cristiano de Souza. *Responsabilidade pela ruptura das negociações*. São Paulo: Juarez de Oliveira, 2005.

ZANETTI, Cristiano de Souza; ROBERT, Bruno. A conclusão do contrato pelo silêncio. In: TARTUCE, Flávio; CASTILHO, Ricardo. *Direito civil. Direito patrimonial. Direito existencial*. Estudos em homenagem à professora Giselda Maria Fernandes Novaes Hironaka. São Paulo: Método, 2006.

ZANETTI, Cristiano de Souza. *Direito contratual contemporâneo*. São Paulo: GEN | Método, 2008.

ZULIANI, Ênio Santarelli. Resolução do contrato por onerosidade excessiva. *Revista Magister de Direito Civil e Processual Civil*, Porto Alegre: Magister, n. 40, p. 35, jan.-fev. 2011.